Y0-BGD-890
GABEROFF

GABEROFF

Снежана Боянова
Лена Илиева

ENGLISH-BULGARIAN DICTIONARY

АНГЛИЙСКО-БЪЛГАРСКИ РЕЧНИК

трето издание
30 000 думи

GABEROFF

Английско-български речник

Трето издание

Технически редактор Боряна Калинова
Формат 70x100x32
Отпечатано в "Абагар" АД, В. Търново.
Тираж 2000 бр.
ISBN 954-9607-47-X

СЪКРАЩЕНИЯ

АНГЛИЙСКИ:

adj adjective	прилагателно
adv adverb	наречие
attr attributive	атрибутивно
aux auxiliary	спомагателен (глагол)
cj conjunction	съюз
comp comparative degree	сравнителна степен
f. feminine	женски род
demonstr demonstrative (pronoun)	показателно (местоимение)
ger gerund	герундий
imp imperative	повелително наклонение
impers impersonal	безличен (глагол)
inf infinitive	инфинитив
int interjection	междуметие
inter interrogative (pronoun)	въпросително (местоимение)
m. masculine	мъжки род
n noun	съществително
num numeral	числително
o.s.	*oneself*
o.'s	*one's*
part particle	частица
pass passive	страдателен залог
perf perfect	перфект
pers personal (pronoun)	лично (местоимение)
pl plural	множествено число
poss possessive (pronoun)	притежателно (местоимение)
pp past participle	минало причастие
predic predicative	предикативно
pref prefix	представка
prep preposition	предлог
pres p present participle	сегашно причастие
pron pronoun	местоимение
pt past tense	минало време
refl reflexive	възвратен
rel relative (pronoun)	относително (местоимение)
sing singular	единствено число
sl slang	жаргон
s.o. someone	някой, някого, някоя
s.o.'s someone's	нечий
s.th. something	нещо
suf suffix	наставка
super. superlative degree	превъзходна степен
v verb	глагол
vbl verbal	отглаголен
vi verb intransitive	непреходен глагол
vt verb transitive	преходен глагол

БЪЛГАРСКИ:

ав.	авиация
австр.	австралийски израз (дума)
авт.	автомобилен термин
адм.	административен
акуст.	акустика
ам.	американски израз (дума)

анат.	анатомия
англ.	английски, употребяван в Англия
англоинд.	англоиндийска дума (израз)
антроп.	антропология
араб.	арабски (език)
архит.	архитектура
археол.	археология
астр.	астрономия
афр.	африкански
банк.	банково дело
безл.	безлично
библ.	библейски
биол.	биология
бот.	ботаника
брит.	британски израз (дума)
букв.	буквално
в.	век
вет.	ветеринарна медицина
вж	виж
вин.	винителен (падеж)
вм.	вместо
воен.	военно дело
вр.	време
в съчет.	в съчетания
въпр.	въпросително изречение
геогр.	география
геод.	геодезия
геол.	геология
геом.	геометрия
гл.	глагол
готв.	готварство
грам.	граматика
грц.	гръцки (език)
дат.	дателен (падеж)
дет.	детска дума (израз)
диал.	диалектна дума
дипл.	дипломация
евр.	еврейски (език)
евфем.	евфемизъм
егип.	египетски
ед. ч.	единствено число
ез.	езикознание
екол.	екология
ел.	електротехника
елипт.	елиптичен
етн.	етнография
жарг.	жаргонен
жп	железопътен
ж. р.	женски род
журн.	журналистика
застр.	застрахователно дело
звукоподр.	звукоподражателно
зоол.	зоология
знач.	значение
и др.	и други
изк.	изкуство
изт.	източен
икон.	икономика
им.	именителен (падеж)
инд.	индийски
и под.	и подобни
и пр.	и прочее
ирл.	ирландски, употребяван в Ирландия
ирон.	иронично
исп.	испански (език)
исп.-ам.	испано-американска дума (израз)
ист.	история
ит.	италиански (език)
и т. н.	и така нататък
кан.	канадски израз (дума)
канц.	канцеларски израз
картогр.	картография
келт.	келтски
кит.	китайски (език)
книж.	книжовно
комп.	компютърна техника
конкр.	конкретно
косм.	космическа техника, космонавтика
крист.	кристалография
кул.	кулинария
л.	лице
лат.	латински (език)
лес.	лесовъдство
лит.	литературознание; литературен

лич.	лично (местоимение)	*печ.*	печатарство
		п-в	полуостров
лов.	ловджийски термин	*под.*	подобен, подобни
		подигр.	подигравателно
лог.	логика	*поет.*	поетична дума
мат.	математика	*полит.*	политически, политика
мед.	медицина		
межд.	междуметие	*полож.*	положителен
мекс.	мексикански	*порт.*	португалски (език)
мест.	местоимение	*пощ.*	пощенски
мет.	металургия	*превз.*	превзето
метеор.	метеорология	*превъзх. ст.*	превъзходна степен
мин.	минно дело	*предл.*	предлог
минер.	минералогия	*предст.*	представка
мит.	митология	*презр.*	презрително
мн.	множествено число	*прен.*	преносно
мор.	морски термин, морско дело	*пренебр.*	пренебрежително
		прех.	преходен (глагол)
м. р.	мъжки род	*прибл.*	приблизително
муз.	музика	*прил.*	прилагателно име
напр.	например	*прит. мест.*	притежателно местоимение
нар.	народна дума		
нареч.	наречие	*прич.*	причастие
науч.	научен термин	*проз.*	прозодия
нем.	немски (език)	*провинц.*	провинциализъм
неодобр.	неодобрително	*противоп.*	противоположно
неолог.	неологизъм	*псих.*	психология
непр.	неправилно, неправилна употреба	*рад.*	радиотехника
		разг.	разговорна дума
непрех.	непреходен (глагол)	*рел.*	религия, религиозен
непром.	непроменен	*ретор.*	реторика, реторичен
норв.	норвежки (език)		
обикн.	обикновено	*рим.*	римски
обр.	обратно на	*рус.*	руски (език)
ок.	около	*сег.*	сегашно (време)
опт.	оптика	*сел.-ст.*	селско стопанство
особ.	особено	*сз.*	съюз
остар.	остаряла дума, израз	*сканд.*	скандинавски
		соц.	социология, социологически
относ.	относително (местоимение)		
		сп.	спорт
отриц.	отрицание, отрицателно (изречение)	*сравн. ст.*	сравнителна степен
		срв.	сравни
пад.	падеж	*средновек.*	средновековен
палеогр.	палеография	*старогрц.*	старогръцки
палеонт.	палеонтология	*староевр.*	староеврейски
парл.	парламентарен израз	*строит.*	строителство
		счет.	счетоводство
перс.	персийски (език)	*събир.*	събирателно

съкр. съкращение
съчет. съчетание
същ. съществително
тв телевизия
т. е. тоест
театр. театрален
текст. текстилен
тел. телефон, телеграф
тех. техника, технически
т. нар. така наречен
топогр. топография
тур. турски (език)
търг. търговия,търговски
търж. тържествено
увел. увеличително име
укор. укорително
умал. умалително
унив. университетски
усл. условно изречение
уч. училищен термин
фам. фамилиарно
фарм. фармацевтика
физ. физика
физикохим. физикохимия
физиол. физиология
филос. философия
фин. финанси
фолкл. фолклор, фолклорен
фон. фонетика
фот. фотография
фр. френски (език)
хералд. хералдичен
хим. химия
хол. холандски (език)
църк. църковен термин
ч. число
числ. числително име
швед. шведски (език)
шег. шеговито
шотл. шотландски, употребяван в Шотландия
южноамер. южноамерикански
южноафр. южноафрикански
юрид. юридически термин
яп. японски (език)

A

A, a$_1$ [ei] (*pl* **As, A's** [eiz]) **1.** буквата А; **from A to Z** от край до край, от началото до края, изцяло; **2.** *уч.* отлична оценка; **straight ~** *амер.* пълен отличен; **3.** *муз.* ла.

a$_2$ [ə, ei] **1.** *indefinite article пред съгласни звуци* (*напр.* **a note, a unit**); *пред гласни звуци, а понякога и пред "h" в неударена сричка* (*напр.* **historician, honour**) *се употребява дублетната форма* **an**: **~ woman** (една) жена; **2.** *пред съществителни за брой:* **~ lot** много; **3.** *пред собствени имена:* **he is ~ Mozart in composing** в композирането той е (истински) Моцарт.

a$_3$ [ə] *prep ост., диал.* = **of**; **house ~ wood** къща от дърво, дървена къща.

a$_4$ [a:] *шотл.* = **all**.

a$_5$ **, a-** *prep* **1.** *със значение на предлога* **on**: **aboard** на борда; **aside** настрана; **to go a-fishing** отивам на риболов; **2.** *редуцирана форма на староанглийското* **of**: **anew, afresh** наново, отново.

a$_6$ *prep ист., непр., смесено с indef. art.* (*в думи като:* **aglow, ablaze**) всеки, за, на: **three times ~ day** три пъти дневно.

A. B. *abbr* **1.** бакалавър по изкуствата; **2.** моряк първа категория в британския флот.

abaca ['æbəkə] *n бот.* **1.** манилски коноп *Musa textilis*; **2.** филипинска палма.

aback [ə'bæk] *adv* **1.** назад; изотзад; обратно, заднешком, ра̀чешката (*нар.*); **to stand ~ from** избягвам, отбягвам; държа се на разстояние (настрана) от; **to be taken ~** изненадан съм неприятно, слисан съм; **2.** *мор.* с платна, притиснати към мачтата от насрещен вятър.

abaculus [ə'bʌkjuləs] *n строит.* мозаична плочка; мраморна плочка.

abandon ['bændən] **I.** *v* **1.** изоставям, предавам, напускам; **to ~ fortress** напускам (изоставям) крепост; **2.** занемарявам, зарязвам; **3.** *refl* предавам се; отдавам се; **II.** *n ост.* увлечение, страст; невъздържаност.

abandonment [ə'bændənmənt] *n* **1.** изоставяне, напускане; занемаряване; **2.** страст, увлечение; невъздържаност; **3.** *юрид.* оттегляне (*на иск, на претенции за авторско право или патент*).

abashment [ə'bæʃmant] *n* разстройване, смущение, сконфузване; объркване.

abask [ə'ba:sk] *adv* на слънце, на припек.

abator [ə'beitə] *n юрид.* човек, незаконно владеещ чужда собственост.

abattoir ['æbətwa:] *n* скотобойна, кланица, касапница.

abat-vent [ə'beitvənt] **1.** навес с едноскатен покрив; **2.** *арх.* жалузи, щори.

abbess ['æbis] *n* игуменка, абатиса.

abbey ['æbi] *n* **1.** аба̀тство; манастир под управлението на абат; **2.** манастирска църква; **the A.** *англ.* Уестминстърското абатство; **~ land** манастирски имот.

abbot ['æbət] *n* абат, игумен; **the ~ of unreason** *шотл.* "царят" на коледно увеселение.

abbreviation [ə,bri:vi'eiʃən] *n* **1.** съкращение; **2.** *муз.* абревиатура.

ABC *abbr* ['eibi:'si:] **I.** *n* **1.** азбука; **~ books** буквар; **2.** основен принцип, начало; **3.** двупосочен билет за пътуване с предварителна заявка; **II.** *adj воен.* атомен, биологически и химически.

abettal [ə'betəl] *n* подбуждане, подтикване (*към престъпление*).

abeyance [ə'beiəns] *n* **1.** временно отменяне, суспендиране, преустановяване, прекъсване, премахване; **to leave a decree in ~** суспендирам постановление; **the matter is still in ~** въпросът е все още висящ; **land in ~** свободна (незаета, безстопанствена) земя; **2.** *тех.* неактивно (латентно) състояние.

abhor [æb'ho:] *v* презирам; отвращавам се; ужасявам се; гнуся се; ненавиждам, мразя.

abhorrence [əb'hɔrəns] *n* погнуса, отвращение, ужас.

abide [ə'baid] *v* (**abode** *или* **abided** [ə'boud, ə'baidid]) **1.** понасям, издържам; толерирам; **to ~ the test** издържам изпитанието; **I can not ~** не мога да издържа, няма да изтърпя; **2.** оставам, устоявам; **to ~ by** приемам (*правилата*), оставам верен на решението си; **3.** очаквам, чакам, изчаквам; **to ~ one's time** изчаквам удобен момент, чакам да ми дойде времето.

ability [ə'biliti] *n* **1.** способност, умение; кадърност; **to the best of my ~** според моите възможности; **2.** *юрид.* компетентност, компетенция; **3.** *pl* дарби, заложби, дарования.

abiogenetic [,eibaiundʒi'netik] *adj* *биол.* абиогенетичен.

abjection [æb'dekʃən] *n* **1.** унижение, падение; деградация; оскърбление, компрометиране, излагане; **2.** низост, подлост, позор.

abjectness ['æbdʒektnis] *n* низост, подлост.

abjuration [,æbdu'reiʃən] *n* официално отричане (*от клетва за вярност, длъжност, претенции*); отказване; **oath of ~** *ам.* клетвено отричане от поданство.

ablactation [,æblæk'teiʃən] *n* **1.** отбиване (*на кърмаче*); **2.** спиране на лактацията.

ablaze [ə'bleiz] *adj* **1.** в пламъци, в огън; **2.** разпален, пла̀менен, възпламенѐн; *прен.* пламнал, изгарящ, горящ; **~ with excitement** пламнал от възбуда (вълнение, въодушевление).

able [eibl] *adj* **1.** способен, компетентен, годен; **~ in boby and mind** *юрид.* физически и умствено здрав; **2.** надарен, талантлив; **3.** : **to be ~ to** мога.

able-bodied ['eibl'bɔdid] *adj* здрав, силен, мощен, крепък, як, издръжлив; годен (*за военна служба*); **~ seaman** *мор.* моряк първа категория.

abled ['eib(ə)ld] *adj* физически здрав; годен.

ableism [eibəlizəm] *n* ейбълизъм, дискриминация в полза на физически здравите (годните) при наемане на работа.

ablution [ə'blu:ʃən] *n* **1.** ритуално измиване, очистване; **2.** *тех.* промиване, промивка; **3.** течност, която служи за промиване (очистване).

abnegate ['æbnigeit] *v* отричам, отказвам; не признавам, отхвърлям; **to ~ o.'s religion** отказвам (отричам) се от вярата си.

abnormal [æb'nɔ:ml] *adj* ненормален, анормален; неестествен, патологичен, патогенен, извратен; нередовен; неправилен, необичаен; *тех.* отклоняващ се от средна стойност.

aboard [ə'bɔ:d] **I.** *adv* **1.** на борда, на кораба (самолета); *амер.* *и* в автобус (влак); **all ~!** качвайте се! всички да се качват! **2.** *мор.* отстрани, покрай; **II.** *prep* на (борда на), в (*кораб, самолет*); **~ a camel** *разг.* яхнал камила.

abode [ə'boud] *n* дом, къща; местопребиваване.

abolish [ə'bɔlish] *v* отменям (*обичай*); анулирам (*закон, решение*); закривам (*учреждение*).

abolition [,æbo'liʃən] *n* **1.** отменяне, отмяна, премахване; ликвидиране; **2.** *ист., амер.* премахване на робството.

abominable snowman [ə'bɔminəbl 'snoumən] *n* йети, човекоподобно създание, обитаващо Хималаите.

abominate [ə'bɔmineit] *v* **1.** отвращавам се; ненавиждам; отблъсква ме, погнусявам се; презирам; **2.** *разг.* мразя (не обичам да правя нещо).

à bon marché [a bɔ marʃe] *adv фр.* на сметка, на далавера.

aborning [ə'bɔ:niŋ] *adv* в процес на раждане (зараждане, реализация).

aboriginal [,æbə'ridinəl] **I.** *adj* туземен; автохтонен; **II.** *n* абориген, туземец.

aborigines [,æbə'ridini:z] *n pl* абоpигени, туземци; автохтони.

abort [ə'bo:t] *v* **1.** помятам, раждам преждевременно; **2.** *прен.* търпя неуспех; **3.** *биол.* закърнявам.

abortion [ə'bɔ:ʃən] *n* **1.** аборт, помятане; преждевременно раждане; **2.** недоносче (*за животно*); **3.** *прен.* неуспех, несполука.

about [ə'baut] **I.** *adv* **1.** наоколо; навсякъде; тук-там; в кръг, околовръст; **there's a lot of flies ~** пълно е с мухи; **2.** приблизително, горе-долу; почти; **3.** назад; в обратна посока; • **~ East** *разг.* правилно, вярно; **II.** *prep* **1.** за, заради, относно, във връзка с; **he worries ~ his health** той е загрижен за здравето си; **2.** около, край, в кръг около; **3.** из, по, в района на; • **go ~ your business!** гледай си работата!; **III.** *v мор.* променям курса, лавирам.

above [ə'bʌv] **I.** *adv* **1.** предшестващ; гореспоменат; **the ~ evidence is conclusive** гореспоменатото доказателство е решаващо; **2.** нагоре; **II.** *prep* **1.** над, отгоре, по-високо от; **~ my head** над главата ми; **2.** над, повече от; свръх; **~ 100 cars** над сто автомобила; **3.** по-назад от (*за време*); • **~ all** над всичко, повече от всичко; най-вече; на първо място; **III.** *adj* гореспоменат (споменат погоре), предшестващ; **the ~ matter** гореспоменатият въпрос; **IV.** *n* (**the ~**) гореспоменатото, горереказаното.

abreaction [,æbri'ækʃən] *n псих.* отреагиране, катарзис.

abroad [ə'brɔ:d] *adv* **1.** в чужбина, зад граница; **from ~** от чужбина; **2.** на открито, извън дома; **3.** нашироко, на всички страни, навсякъде.

abrupt [ə'brʌpt] *adj* **1.** рязък; **2.** внезапен, неочакван; **an ~ turn in a road** внезапен завой на пътя; **3.** безцеремонен, груб; рязък.

abscess ['æbsis] *n* **1.** *мед.* абсцес, гнойно възпаление; **2.** *тех.* шупла (*в метал*).

absence ['æbsəns] *n* **1.** отсъствие, липса (*на внимание, на желание и под.*); **~ of mind** разсеяност, несъсредоточеност; **2.** липса; **3.** разсеяност; невнимание.

absent I. ['æbsənt] *adj* **1.** отсъстващ, липсващ; **he is ~** той отсъства; няма го; • **long ~, soon forgotten** далеч от очите, далеч от сърцето; очи, които не се виждат се забравят; **2.** разсеян; **II.** [əb'sent] *v refl* оттеглям се; отделям се; няма ме; отсъствам (**from**).

absent-minded ['æbsənt'maindid] *adj* разсеян; невнимателен.

absolute ['æbsəlju:t] **I.** *adj* **1.** абсолютен; съвършен; пълен; безусловен; върховен, самовластен; **~ truth** безусловна (абсолютна) истина; **2.** чист, без примеси; **II.** *n филос.* **the ~** абсолют - безкрайната, съвършената, неизменната, вечната първопричина на Вселената.

absolutely ['æbsəlju:tli] *adv* абсолютно, напълно; безусловно; съвършено; **we ~ must do it** ние непременно трябва да го направим.

absorb [əb'sɔ:b] *v* поглъщам, абсорбирам; попивам; поемам; *тех.* амортизирам, поглъщам; смекчавам (*удар*); **~ed in thoughts** погълнат от мисли.

absorbed [əb'sɔ:bd] *adj* погълнат; абсорбиран.

abstain [əb'stein] *v* въздържам се, пазя се (**from**); **to ~ from voting** въздържам се от гласуване.

abstergent [əb'stə:dʒənt] *adj* почистващ.

abstract ['æbstrækt] **I.** *adj* **1.** абстрактен, отвлечен, неконкретен; **~ art** абстракционизъм; **2.** теоретичен; **II.** *n* **1.** абстракция, отвлечено понятие; **in the ~** абстрактно (теоретично) погледнато; на теория; **2.** резюме, конспект; извлечение; съкратена версия; **III.** [æb'strækt] *v* **1.** изваждам, отнемам, отделям; **2.** отвличам (*внимание*); **3.** резюмирам, конспектирам; правя извлечение.

abstractionism [æb'strækʃə'nizəm] *n* абстракционизъм.

absurd [əb'sə:d] *adj* абсурден, нелогичен; глупав, нелеп; смешен.

absurdity [əb'sə:diti] *n* абсурд; нелепост; глупост.

abundance [ə'bʌndəns] *n* изобилие; богатство, охолство; **to live in ~** живея в охолство.

abundant [ə'bʌndənt] *adj* изобилен, обилен; богат; **to be ~** изобилствам (в изобилие съм).

abuse I. [ə'bju:z] *v* **1.** злоупотребявам; **to ~ a privilege** злоупотребявам с привилегия; **2.** малтретирам; безчестя; *юрид.* изнасилвам; **3.** обиждам, оскърбявам, ругая; **II.** [əb'ju:s] *n* **1.** злоупотреба; неправда; зло; **crying ~** крещящо зло; **2.** ругатни (*върху някого*); **3.** измама; заблуда.

abuttals [ə'bʌtəlz] *n pl* мера; граница на имот.

abyssopelagic [ə,bisoupe'lædʒik] *adj* дълбоководен.

AC ['ei 'si] *abbr* променлив ток.

acacia [ə'keiʃə] *n бот.* акация *Robinia pseudoacacia* и растенията от сем. *Leguminosae*.

academical [,ækə'demikəl] **I.** *adj* академически, университетски; **~ training** университетско образование; **II.** *n pl* университетско наметало и шапка.

academy [ə'kædəmi] *n* **1.** академия; **the (Royal) A.** Лондонската академия за изящни изкуства или ежегодната ѝ изложба; **2.** висше учебно заведение; **A. of Music** музикална академия, консерватория; **3.** частно учебно заведение за получаване на средно образование; *шотл.* колеж; *амер.* пансион.

accelerate [æk'seləreit] *v* ускорявам се, засилвам се; придавам поголяма скорост.

accent ['æksent] **I.** *n* **1.** ударение; *муз.* акцент; **sentence ~** логическо ударение, синтактично ударение; **2.** произношение, акцент; **3.** *pl поет.* слова, реч, стихове; **II.** [æk'sent] *v* **1.** слагам (поставям) ударение на (върху); **2.** произнасям с ударение (акцент); подчертавам, натъртвам; акцентирам.

accept [ək'sept] *v* **1.** приемам (*ост. и с* **of**); допускам; съгласявам се с; признавам; **to ~ an apology** приемам извинение; **2.** приемам служба, встъпвам в длъжност; **3.** утвърждавам, парафирам (*доклад, заповед и под.*).

acceptive [ək'septiv] *adj* благоразположен към; одобряващ; **he is ~ of this doctrine** той с готовност приема доктрината.

access ['ækses] **I.** *n* **1.** достъп (**to**); **easy of ~** леснодостъпен, леснодостижим; **2.** проява; взрив, избухване (*на чувства и под.*); **3.** = **accession**; **II.** *v комп.* осъществявам достъп (*до данни, ресурси*).

accessible [æk'sesibl] *adj* **1.** достъпен, достижим; **this collection is not ~ to the public** колекцията не е достъпна за публика; **2.** податлив (*за човек*).

accession [æk'seʃən] *n* **1.** увеличение; прираст, допълнение, прибавка; **~ catalogue** каталог на нови книги; **2.** достъп; пропускане (*на нещо*); **~ of light (air)** достъп на светлина (въздух); **3.** възкачване, заемане (*на престол*); възцаряване; встъпване (*в длъжност*); **~ to power** идване на власт.

accident ['æksidənt] **I.** *n* **1.** злополука, нещастен случай, премеждие, катастрофа; **to meet with an ~** търпя злополука; **2.** случайност; **II.** *adj печ.* акцидентен.

accidental [,æksi'dentəl] **I.** *adj* **1.** случаен; ненадеен, неочакван; **~ sharp (flat, natural)** *муз.* случаен диез (бемол, бекар); **2.** дребен, незначителен; допълнителен, спомагателен; **II.** *n* **1.** случайност; **2.** нещо несъществено, незначителен елемент; **3.** *муз.* неарматурен хроматичен знак; алтерационен знак.

accidie ['æksidi] *n* духовна леност; апатия, безразличие.

acclaim [ə'kleim] **I.** *v* **1.** аплодирам; одобрявам, приветствам или поздравявам с шумни възгласи; **2.** провъзгласявам с акламации; **II.** *n поет.* акламация, възторжен възглас.

acclimation [,əklai'meiʃən] *n* аклиматизация (естествена).

acclamatory [ək'læmətəri] *adj* възторжен, одобрителен (*с акламации*), ликуващ, екзалтиран, ентусиазиран, патетичен.

acclivity [ə'kliviti] *n* нагорнище, стръмнина; надолнище, урва, склон, скат.

accommodation [ə,kɔmə'deiʃən] *n* **1.** акомодация, приспособяване; нагаждане, нагласяне; **2.** помещение, квартира; **3.** настаняване, подслоняване; разквартируване.

accompaniment [ə'kʌmpənimənt] *n* **1.** придружаване, съпровождане; **2.** *муз.* акомпанимент, съпровод; **3.** допълнение, добавка (*за симетрия, украса и пр.*).

accompany [ə'kʌmpəni] *v* **1.** придружавам, съпровождам; съпътствам; **2.** *муз.* акомпанирам, съпровождам.

accomplish [ə'kɔmpliʃ] *v* завършвам; изпълнявам; осъществявам, постигам, реализирам, довеждам докрай; **to ~ one's object** постигам целта си.

accomplished [ə'kɔmpliʃt] *adj* **1.** завършен, постигнат, реализиран; окончателен; **an ~ fact** свършен факт; **2.** завършен, изграден изцяло, усъвършенстван; **3.** изискан, културен, галантен.

accordance [ə'kɔ:dəns] *n* **1.** съгласие, мир; съответствие; съобразност; **in ~ with** в съгласие с, според, съгласно; **2.** даване, предоставяне, оказване.

according [ə'kɔ:diŋ] *adv* **1.** : **~ to** според, съгласно, по, в съгласие с; съобразно с; **2.** : **~ as** съответно на, съразмерно с; според.

accordingly [ə'kɔ:diŋli] *adv* съответно, съобразно с това; **he began to understand and his face changed**

~ той започна да проумява и изразът на лицето му се промени.

accordion [ə'kɔ:djən] *n муз.* акордеон, хармоника.

accost [ə'kɔst] **I.** *v* **1.** обръщам се към, заговарям; **2.** съблазнявам, прелъстявам (*за проститутка*); **II.** *n ост.* поздрав, приветствие.

account [ə'kaunt] **I.** *n* **1.** сметка; отчет; баланс; ~ **current** текуща сметка; **2.** отчет, описание, разказ; **3.** опис; • **to be called to one's ~**, *амер.* **to hand in one's ~** умирам, "хвърлям топа"; **II.** *v* **1.** давам сметка, отговарям, обяснявам (**for**) ; **this ~s for his behaviour** това обяснява неговото държание (поведение); **2.** минавам, приемам (се), смятам (се) за.

accountant [ə'kauntənt] *n* **1.** счетоводител; **~'s department** счетоводство; **2.** *юрид.* ответник.

accredit [ə'kredit] *v* **1.** акредитирам (*дипломатически представител*); упълномощавам; **2.** приписвам (**to, with**); **to ~ a thing to a person, to ~ a person with a thing** приписвам някому нещо; **3.** доверявам; поверявам.

accrue [ə'kru:] *v* **1.** падам се; произхождам; **the advantages that ~d to us from this** ползата, която имаме от това; **2.** увеличавам се, нараствам, прибавям, натрупвам се; **interest ~s from today** лихвата започва да тече от днес; **3.** *юрид.* ставам изпълним (*за иск и пр.*).

accuracy ['ækjurəsu] *n* точност, прецизност, акуратност; правилност; достоверност; **~ of fire** *воен.* точност (меткост) на стрелбата.

accurate ['ækjurit] *adj* точен, акуратен; верен, правилен; **he is quick and ~ at figures** той смята бързо и точно.

accusation [,ækju:'zeiʃən] *n* **1.** обвинение; **to bring an ~ against s.o.** повдигам обвинение срещу някого; **2.** *юрид.* обвинителен акт.

accuse [ə'kju:z] *v* обвинявам, виня; **to ~ s.o. of theft** обвинявам някого в кражба.

accustom [ə'kʌstəm] *v* **1.** свиквам, привиквам; **2.** приучвам; **she ~ed the child to sleeping alone** тя приучи детето да спи само.

ace [eis] **I.** *n* **1.** асо, туз, единица, едно, бирлик (*тур.*) (*карти*); **~ of spades** асо пика; **2.** ек, едно (*на табла*); **3.** ас, първокласен летец (*спортист и под.*); • **within an ~ of** насмалко, почти; **II.** *adj* отличен, изключителен, първокласен.

acellular [ei'seljulə] *adj биол.* безклетъчен.

acetum [ə'si:təm] *n хим.* оцет.

acey-deucy ['eisi'dju:si] *n* вид игра на табла.

ache$_1$ [eik] **I.** *n* болка (*тъпа, продължителна*); **he is all ~s and pains** навсякъде (всичко) го боли, боли го цялото тяло, целият е в болки; **II.** *v* **1.** боли, измъчва ме; **I am aching all over** всичко ме боли; **2.** *разг.* силно (страстно) се стремя към нещо, жадувам, копнея (**for, to do**).

ache$_2$, aitch [eitʃ] *n* буквата "h"; **to drop one's aches** говоря диалектно.

achievable [ə'tʃi:vəbl] *adj* постижим, достижим, реализуем.

achieve [ə'tʃi:v] *v* постигам; изпълнявам; осъществявам, реализирам; **to ~ one's purpose (aim, end)** постигам целта си.

achievement [ə'tʃi:vmənt] *n* **1.** постижение; **2.** постигане, достигане; извършване, изпълнение; **3.** *прен.* подвиг.

achiever [ə'tʃi:və:] *n* човек, който постига целите си.

acid ['æsid] **I.** *adj* **1.** кисел; **2.** остър; рязък; груб; *прен.* нелюбезен; **to give an ~ flavour to one's praise**

похвалвам двусмислено; **3.** *хим.* киселинен, кисел; **II.** *n хим.* киселина.

acid-free ['æsid'fri:] *adj* безкиселинен; свободен от киселина.

acknowledge [ək'nɔlidʒ] *v* **1.** признавам (се); приемам; съзнавам; осъзнавам; **to ~ oneself beaten, to ~ oneself defeat** признавам се за победен; предавам се; **2.** потвърждавам; **3.** признателен съм; благодарен съм, отблагодарявам се.

acoustician [,æku'stiʃən] *n* акустик, експерт по акустика.

acoustics [ə'ku:stiks] *n pl* (= *sing*) акустика.

acquaint [ə'kweint] *v* **1.** запознавам (се); опознавам; запознат съм с; **to ~ oneself with** запознавам се с; опознавам; **2.** съобщавам; информирам.

acquaintance [ə'kweintəns] *n* **1.** познанство, запознаване; опознаване; **on closer ~** при по-интимно опознаване; **2.** познат, познайник; **3.** знание, познание (*в известна степен, непълно*).

acquire [ə'kwaiə] *v* придобивам, добивам, спечелвам; постигам, достигам; изграждам; **to ~ a taste for music** придобивам вкус към музиката.

acre ['eikə] *n* **1.** акър, мярка за площ (*4046,86 кв. м*); **2.** *ост.* поле, нива; **God's ~** гробища; **3.** *pl разг.* големи количества.

acrobat ['ækrobæt] *n* акробат.

across [ə'krɔs] **I.** *adv* **1.** напряко, напреки, през средата; напречно; **folded ~** сгънат напречно; **2.** отвъд, от другата страна; оттатък; **3.** на кръст; **II.** *prep* **1.** напряко, напреки, през, от край до край; **to walk ~ the country** ходя без пътека, напряко; **2.** отсреща, насреща, отвъд, оттатък; от другата страна; **3.** *рядко* заблуждавам.

act [ækt] **I.** *n* **1.** акт, действие, постъпка; дело; **~ of God** *юрид.* природно бедствие, природна стихия; **2.** акт, закон, наредба, декрет, указ, постановление; **A. of Parliament** законодателен акт; **3.** акт, документ; **II.** *v* **1.** действам, извършвам, върша; постъпвам, държа се по определен начин; изпълнявам функцията на; **his daughter ~s as his secretary** дъщеря му работи за него като секретарка; **2.** влияя, оказвам давление (върху някого, нещо), въздействам; **3.** *театр.* изпълнявам, играя, представям ролята на, пиесата.

acting ['æktiŋ] **I.** *adj* **1.** временно изпълняващ длъжност, заместващ някого (*вж* **act I.**); **2.** *театр.* **~ company** трупа комедианти; **3.** *тех.* **direct-~ing engine** двигател с директно предаване; **II.** *n театр.* **1.** изпълнение, актьорска игра; **~ over of a play** репетиция на пиеса; **2.** актьорска професия.

actinobiology [æk,tinoubai'ɔlədʒi] *n* дял от биологията, изучаващ ефектите от радиацията върху живите организми.

actinotherapy [,æktinou'θerəpi] *n* радиотерапия.

action [ækʃən] **I.** *n* **1.** акция, действие; дейност; **to take prompt ~** вземам бързи мерки, действам бързо; **2.** постъпка, дело; **3.** въздействие, влияние, действие (*върху нещо, някого*); **II.** *v юрид.* завеждам дело срещу (*някого или за нещо*); водя процес срещу (*някого или за нещо*).

active ['æktiv] **I.** *adj* **1.** активен, деен, енергичен, работен; жив, оживен; **to become ~** активизирам се; **2.** ефикасен; действащ; **3.** *грам.* действителен, действен (*за залог*); **II.** *n грам.* действителен (действен) залог.

activity ['æktiviti] *n* **1.** дейност, активност; **2.** *прен.* енергия, енергичност; ~ **in the world market** оживление на световния пазар; *pl* **social activities** 1) развлечения; 2) културно-просветни мероприятия; **3.** *хим.* активност.

actor ['æktə] *n* артист, актьор; **a bad** ~ *амер., прен.* ненадежден човек.

actress ['æktris] *n* актриса, артистка.

actual ['æktjuəl] *adj* истински, действителен, реален; фактически, съществуващ; **in** ~ **fact** на практика, в действителност, всъщност.

actually ['æktjuəli] *adv* **1.** наистина, фактически, всъщност, в действителност; **2.** сега, понастоящем.

actuate ['æktjueit] *v* **1.** задвижвам; **2.** подтиквам, мотивирам; **~d by jealousy** воден от ревност; **3.** *ел.* възбуждам.

acupressure ['ækjupreʃə] *n мед.* акупресура, шиатсу (*третиране на болест чрез масаж на определени точки от човешкото тяло*).

ad [æd] *амер., разг., съкр. от* **advertisement**.

adapt [ə'dæpt] *v* приспособявам (се), пригодявам (се); адаптирам се; **to** ~ **oneself to the circumstances** приспособявам се към обстоятелствата.

add [æd] *v* **1.** прибавям, притурям; присъединявам; добавям; давам; **this book ~s nothing to what is already known on the subject** тази книга не прибавя (дава) нищо ново към вече известното по въпроса; • **to** ~ **fuel (oil) to the flames** наливам масло в огъня; **2.** *мат.* събирам; **3.** добавям, допълвам.

addition [ə'diʃən] *n* **1.** *мат.* събиране; **2.** прибавяне, допълване; **3.** допълнение, добавка, притурка; **in** ~ **to** допълнение на; освен, покрай.

add-on ['æd,ɔn] *n* прибавка, допълнение, екстра.

address [ə'dres] **I.** *n* **1.** адрес, местожителство; ~ **book** адресник; **2.** обръщение, реч, адрес; **3.** ловкост, сръчност, умение; такт; **II.** *v* **1.** обръщам се към; отнасям се до; **to** ~ **a meeting** държа реч пред събрание; **2.** отправям; адресирам; надписвам (*писмо*); **3.** *рядко* ухажвам.

addressee [ædre'si:] *n* получател; адресант.

adenoidal ['ædi'nɔidəl] *adj* гърлен, носов (*за звук*).

adeptness [ə'deptnis] *n* умелост, вещина.

adequate ['ædikwit] *adj* **1.** достатъчен, задоволителен; **2.** съответстващ, съразмерен; подходящ; адекватен, тъждествен.

adhesive [əd'hi:ziv] *adj* **1.** лепкав, леплив; свързващ; гумиран (*с лепило*); ~ **plaster,** ~ **tape** лейкопласт, пластир; **2.** *разг.* натраплив, натрапчив, *predic* "лепка".

adjourn [ə'dʒə:n] *v* **1.** отлагам, отсрочвам; **to** ~ **the case to the following month** отлагам делото до следващия месец; **2.** бивам закрит (отсрочен) (*за заседание и пр.*); **3.** оттеглям се; преминавам; премествам се.

adjust [ə'dʒʌst] *v* **1.** нагласям, нагласявам; приспособявам, пригласявам; **2.** оправям, поправям, подреждам; коригирам; **3.** изглаждам (*различия*); **to** ~ **differences** отстранявам различията.

administration [əd'ministreiʃən] *n* **1.** управление, ръководство; разпореждане; *юрид.* управление (*на имот*); **2.** администрация; **3.** правителство; режим; управление; **during the Eisenhower** ~ по време на управлението на Айзенхауер.

admiral ['ædmirəl] *n* **1.** адмирал;

англ. **A. of the fleet**, *амер.* **~ of the Navy** генерал-адмирал; **2.** *воен.* адмиралски кораб; флагман; **3.** *зоол.*: **red ~** пеперуда адмирал *Vanessa atlanta*.

admiralty ['ædmirəlti] *n* **1.** адмиралтейство; **2.** *англ.* военноморско министерство, министерство на флота; **the A.** Английското адмиралтейство; **First Lord of the A.** *англ.* министър на флота; **Court of A.** военноморски съд; **~ mile, ~ knot** английска морска миля (*1853,248 м*); **3.** *поет.* господство над моретата.

admiration [,ædmi'reiʃən] *n* **1.** възхищение, възторг; уважение; **lost in ~** преизпълнен от възхищение (възторг); **2.** *ост.* учудване, удивление; **3.** предмет на възхищение (възторг).

admire [əd'maiə] *v* **1.** почитам, уважавам, възхищавам се на, любувам се на; *ост.* удивлявам се на, учудвам се на; **2.** *амер.* силно желая; **I should ~ to know** много бих искал да зная.

admission [əd'miʃən] *n* **1.** допускане; пропускане; приемане; **2.** достъп, вход; **~ fee** всъпителна вноска; входна такса, вход; **3.** признание.

admit [əd'mit] *v* **1.** **(-tt)** допускам; пропускам, пускам, давам достъп на; приемам; **to be ~ted to the bar** *юрид.* получавам адвокатски права; **2.** позволявам **(of)**; **3.** признавам, приемам, съгласен съм; допускам.

adopt [ə'dɔpt] *v* **1.** осиновявам; **2.** приемам, възприемам; вземам; усвоявам, вземам за свое, приемам като свое; **he ~ed a positive attitude** той възприе положителна позиция; **3.** одобрявам, приемам (*закон и пр.*).

adorn [ə'dɔ:n] *v* украсявам; кича, окичвам, накичвам; декорирам.

ad rem [æd'rem] *lat adv* по въпроса, по темата; без отклонение.

adscititious [,ædsi'tiʃəs] *adj* добавъчен, прибавен, допълнителен; ◇ *adv* **adscititiously**.

adult ['ædʌlt] *adj, n* възрастен, пълнолетен; зрял.

advance [əd'va:ns] **I.** *v* **1.** напредвам, придвижвам (се) напред; настъпвам; премествам, местя (придвижвам) напред; **to ~ matters** придвижвам въпросите; **2.** издигам (се), авансирам, напредвам, прогресирам; повишавам, издигам; **3.** предплащам, авансирам, давам (плащам) предварително, заемам; **II.** *n* **1.** напредък, прогрес; възход; **2.** предплата, аванс; заем; **3.** настъпление; придвижване.

advanced [əd'va:nst] *adj* **1.** издаден, изведен напред; преден; **~ guard** авангард, предна охрана; **2.** напреднал; **3.** напредничав; модерен, съвременен; модернистичен; свободомислещ; авангарден.

advantage [əd'va:ntidʒ] **I.** *n* преимущество, предимство, изгода, полза; авантаж; **to take ~ of** възползвам се от; **II.** *v* благоприятствам, подпомагам, облагодетелствам; създавам условия, полза или изгода за.

advantaged [əd'va:ntidʒd] *adj* в поизгодно (*социално или финансово*) положение.

adventure [əd'ventʃə] **I.** *n* **1.** приключение, авантюра; **2.** риск; смела и рискована постъпка; **at ~** *ост.* напосоки, наслука, случайно; безразсъдно; **3.** *ост.* опасност; **II.** *v* рискувам, осмелявам се; **to ~ one's life** рискувам живота си.

advertise ['ædvətaiz] *v* **1.** рекламирам; **2.** разгласявам; известявам, публикувам; привличам вниманието към; съобщавам; **to ~ for a car to rent** давам обявление, че търся кола под наем.

advertisement [əd'və:tismənt] *n* реклама; обявление; обява; известие, съобщение.

advice [əd'vais] *n* **1.** съвет; мнение; **2.** съобщение, уведомление, известие; *търг.* авизо (*и* **letter of ~**).

advise [əd'vaiz] *v* **1.** съветвам (се); **I shall ~ with my friends** ще се посъветвам с приятелите си; **2.** уведомявам, известявам, съобщавам на.

adviser [əd'vaizə] *n* съветник, консултант; **legal ~** юрисконсулт; адвокат.

advisory [əd'vaizəri] *adj* **1.** съвещателен, консултативен; **2.** съветнически.

advocate ['ædvəkeit] **I.** *n* **1.** защитник, покровител, застъпник; привърженик, поддръжник; **devil's ~** (*и* **advocatus diaboli**) *рел.* лице, назначено да изтъкне доводите против канонизацията на някого; *прен.* човек, който вижда само недостатъците у хората; **2.** *шотл.* адвокат; **Lord A.** главен прокурор; **II.** *v* застъпвам, проповядвам, защитавам, пледирам за; пропагандирам.

aerial ['eəriəl] **I.** *adj* **1.** въздушен, атмосферен; **~ mapping** снимане на въздушна топографска карта; **2.** ефирен, издигащ се високо; нереален; **II.** *n рад.* антена.

aerobiologist [,ɛəroubai'ɔlədʒist] *n* аеробиолог.

aerobiology [,ɛəroubai'ɔlədʒi] *n* аеробиология (*дял от биологията, който изучава болестотворните микроорганизми, носени по въздуха*).

aerodrome ['eərədroum] *n* летище.

aerodynamics [,ɛəroudai'næmiks] *n* аеродинамика.

aerosphere ['ɛərə,sfiə] *n* въздушната атмосфера на земята.

aesthetic [i:s'θetik] *adj* естетичен; естетически.

aesthetics [i:s'θetiks] *n pl* (= *sing*) естетика.

affair [ə'feə] *n* **1.** работа; дело; въпрос; **mind your own ~s** *разг.* не се бъркай (меси), гледай си работата; **2.** история, афера; **3.** *разг.* нещо, работа.

affect₁ [ə'fekt] **I.** *v* действам на, въздействам на; повлиявам на; засягам; поразявам; **~ed by cold** простуден, изстинал; **II.** *n ост.* чувство.

affect₂ *v* **1.** преструвам се на; давам си вид на, правя се на; **she ~ed weariness** тя се преструваше на уморена; **2.** предпочитам, харесвам, избирам; служа си с; **3.** *зоол., бот.* обитава, живее в (на); расте (вирее, среща се) по.

affection [ə'fekʃən] *n* **1.** привързаност (**for, towards**), обич; **2.** болест; разстройство; **a gouty ~** подагра; **3.** *мат., физ.* свойство, качество; състояние.

affectionate [ə'fekʃənit] *adj* нежен; привързан, предан, любещ.

affectless [ə'fektlis] *adj* безчувствен, нетрогнат, безразличен.

affiant [ə'faiənt] *n ам.* човек, дал писмена клетвена декларация.

affirm [ə'fə:m] *v* **1.** твърдя, заявявам; уверявам, заявявам тържествено, изявявам; **he ~ed his loyalty to the country** той заяви верността си към родината; **2.** *юрид.* потвърждавам, утвърждавам, декларирам.

affirmative [ə'fə:mətiv] **I.** *adj* утвърдителен; положителен; потвърдителен; **II.** *n* нещо положително; **he answered in the ~** той отговори в положителен смисъл.

afflutter [ə'flʌtə] *adj predic* нервен, неспокоен; възбуден, развълнуван.

afford [ə'fo:d] *v* **1.** (*обикн. с* **can** *и пр.*) имам средствата (за), позволявам си (да), в състояние съм (да), разрешавам си (да); **we can ~ to sell cheap** можем да си позволим да продаваме евтино; **2.** давам, доставям, предоставям; произвеждам; осигурявам.

affreightment [ə'freitmənt] *n* договор за наемане на кораб за транспорт на стоки.

aforementioned [ə'fɔ:,menʃənd] *adj канц.* гореспоменат, горепоказан.

afraid [ə'freid] *adj predic* изплашен, уплашен; **to be ~ of (that)** страхувам се (боя се) от (че).

after ['a:ftə] **I.** *prep* **1.** след, подир, зад; най-накрая; **in a line one ~ the other** в редица един след друг; **2.** относно, за; **3.** по, според, съгласно; като; по подобие на; • **what is he ~?** какво цели (иска) той? **II.** *adv* **1.** впоследствие; след това, по-късно, после; **it happened about three hours ~** това се случи около три часа по-късно; **2.** подир, отзад; **III.** *cj* след като; **~ he went away, we discussed the situation** след като той си замина, ние обсъдихме положението; **IV.** *adj* **1.** по-късен, следващ, последващ; **2.** заден.

afternoon ['a:ftə'nu:n] **I.** *n* следобед; **in the ~** след обяд, през следобеда; **II.** *adj* следобеден; **~ tea** следобеден чай със закуски.

afterpains ['a:ftə,peins] *n* следродови контракции.

aftersensation ['a:ftersen,seiʃən] *n* остатъчен образ, остатъчно чувство.

aftershave ['a:ftə,ʃeir] *n, adj* (лосион за) след бръснене.

afterwards ['a:ftəwədz] *adv* после, впоследствие, след това.

afterword ['a:ftə,wə:d] *n* епилог; послепис.

again [ə'gein, ə'gæn] *adv* **1.** отново, наново, пак, още веднъж; **~ and ~, time and ~** пак и пак, непрекъснато, непрестанно; **2.** пък, освен това; от друга страна; • **now and ~** от време на време.

against [ə'geinst] *prep* **1.** против, срещу; о; **~ the hair** срещу косъма, контра; **2.** на, на фона на; **3.** за.

agarophobic ['ægərə'foubik] *n* човек, страдащ от агарофобия.

age [eidʒ] **I.** *n* **1.** възраст; **of (full) ~** пълнолетен; **2.** век, епоха, период; **the Middle A.s** средните векове; **the A. of Reason** векът на рационализма (*Просвещението*); **Augustan A.** *прен.* златен век за литература и изкуство; **Ice A.** ледников период; **Stone A.** каменна епоха; **3.** вечност; **II.** *v* **1.** старея, остарявам; **2.** състарявам; **3.** отлежавам; оставям да отлежи.

ageing ['eidʒiŋ] **I.** *adj* застаряващ; **II.** *n* стареене.

ageism ['eidʒi:zəm] *n* възрастова дискриминация.

agency ['eidʒənsi] *n* **1.** представителство, агенция; бюро; **2.** средство; съдействие, посредничество; **through the doctor's ~ he got full compensation** със съдействието на лекаря той получи пълна компенсация; **3.** действие; деятелност.

agenda [ə'dʒendə] *n* **1.** дневен ред; **2.** бележник.

agent ['eidʒənt] *n* **1.** деятел; **free ~** човек, който има право да действа съобразно своята собствена воля; **2.** представител, пълномощник; **3.** посредник, комисионер.

aggravate ['ægrəveit] *v* **1.** утежнявам, влошавам; **2.** раздразвам, изкарвам от търпение.

aggression [ə'greʃən] *n* агресия, посегателство, нападение; враждебност; **a war of ~** агресивна война.

agitate ['ædʒiteit] *v* **1.** възбуждам, вълнувам; раздвижвам; **2.** разбърквам, разбивам, размесвам; **3.** агитирам; **to ~ for the repeal of a tax** агитирам за отменянето на данък.

agitation [,ædʒi'teiʃən] *n* **1.** възбуждане; вълнение, възбуда, тревога; **2.** агитация; **outdoor ~** агитация извън парламента; **3.** разискване, обсъждане.

agitpop ['ædʒit,pɔp] *n* използване на попмузика за политическа пропаганда.

agleam [ə'gli:m] *adj predic* светещ, горещ.

agminate ['ægminit] *adj* струпан, на куп.

ago [ə'gou] *adv* преди; **five days ~** преди пет дни.

agony ['ægəni] *n* **1.** силно страдание; гърчения; **~ of death , last ~** агония, предсмъртни болки; **2.** *рядко* тежка борба; **3.** силно чувство.

agrarian [ə'greəriən] **I.** *adj* **1.** аграрен; земеделски; **~ legislation** аграрно законодателство; **2.** *бот.* диворастящ, див; **II.** *n пол.* привърженик на аграрна реформа; земеделец.

agree [ə'gri:] *v* (**agreed** [ə'gri:d]) **1.** съгласявам се, приемам (**with, to**); **~d!** съгласен! дадено! дай си ръката! **2.** установявам се, уговарям се (**on, upon**); **3.** съответствам, подхождам (си), сходен съм, хармонирам (с, на); *ез.* съгласувам се.

agreement [ə'gri:mənt] *n* **1.** съгласие; съгласяване; **~ of opinion** единомислие; **2.** съглашение, споразумение; договор; **3.** сходство, съответствие; хармония.

agricultural ['ægri'kʌltʃərəl] *adj* земеделски, селскостопански; **~ chemistry** агрохимия.

agriculture *n* ['ægrikʌltʃə] земеделие; селско стопанство; **Board of A.** *англ.* министерство на земеделието.

agrimony ['ægriməni]*n бот.* камшик; чотика; **hemp ~** *бот.* дъбравник, конопка.

ahead [ə'hed] **I.** *adv* напред; отпред; **go ~!** карай! давай! **II.** *adj* преден.

ahemeral [æ'hemərəl] *adj* по-кратък от едно денонощие; по-къс от 24 часа.

aid [eid] **I.** *n* **1.** помощ; подкрепа; **~s and appliances** помощни съоръжения (приспособления); **2.** помощник; **3.** *амер.* адютант; **II.** *v* помагам, подкрепям; съдействам на; **to ~ and abet** *юрид.* подстрекавам и активно помагам на.

ailurophile [ai'lourə,fail] *n шег.* любител на котки.

aim [eim] **I.** *v* **1.** целя (се), меря (се), прицелвам (се) (**at**); **we ~ at (to) safeguarding peace** *прен.* ние се стремим да запазим мира; **2.** *амер., диал.* възнамерявам (**to**); **II.** *n* **1.** цел; стремеж; намерение; **2.** прицел; **to take ~** прицелвам се, премервам се.

ain't [eint] *разг., диал., съкр. от* **am not, are not, is not, have not**.

air [eə] **I.** *n* **1.** въздух; **in the ~** висящ, неопределен; несигурен; **2.** лъх, полъх, подухване; ветрец; **3.** изражение, вид, физиономия, изглед; • **to give s.o. the ~** *амер. sl* уволнявам някого (*и прен.*); **II.** *v* **1.** проветрявам, вентилирам; **2.** изкарвам на показ; парадирам с (*качества, мнение и пр.*); **3.** оставям да изсъхне; суша, изсушавам; **III.** *adj* **1.** въздушен, **2.** въздухоплавателен, авиационен.

airbrick ['ɛə,brik] *n* тухла с въздушни мехурчета за изолация.

air brifge ['ɛə,bridʒ] *n* въздушен мост.

airburst ['ɛə,bə:st] *n* взривяване на бомба във въздуха.

air cleaner ['ɛə,kli:nə] *n* въздушен филтър.

air corridor ['εə,kɔridɔ:] *n* въздушен коридор.

air cover ['εə,kʌvə] *n* противовъздушна отбрана на сухопътни войски.

aircraft ['eəkra:ft] *n* (*pl* **aircraft**) летателен апарат; *обикн. събир.* авиация, самолети; **aircraft carrier** самолетоносач.

air dam ['εə,dæm] *n* спойлер.

airdrop ['εə,drɔp] **I.** *n* въздушен десант; **II** *v* спускам (*подкрепления, припаси и пр.*) от въздуха.

airfield ['eəfi:ld] *n* летище, аеродрум.

airflow ['εə,flou] *n* въздушна струя, въздушно течение.

airfreight ['εə,freit] **I.** *n* товар (стоки), транспортирани по въздуха; **II** *v* транспортирам по въздуха.

airhead ['εə,hed] *n sl* тъпак, празноглавец, мухльо, идиот.

airiness ['εərinis] *n* **1.** ефирност, лекота; **2.** безгрижие.

air line ['eəlain] *n* **1.** *ав.* въздушна линия; **2.** права (въздушна) линия.

air liner ['eəlainə] *n* голям пътнически самолет, въздушен лайнер.

air mail ['eə,meil] **I.** *n* въздушна поща; **II.** *v* (**airmail**) изпращам по въздушна поща.

airman ['εə,mæn] *n* авигатор.

airmiss ['εə,mis] *n* разминаване на два самолета на косъм.

airplane ['eəplein] *n амер.* самолет, аероплан; ~ **carrier** самолетоносач.

airport ['eəpɔ:t] *n* летище, въздушно пристанище.

airsock ['εə,sɔk] *n* ветропоказател.

airspray ['εə,sprei] *n* аерозол.

airtime ['εə,taim] *n* ефирно време.

aisle [ail] *n* **1.** *арх.* страничен кораб; **2.** пътека между редове в църква (*в зала, театър, вагон и пр.*).

a la king [a:la:'kiŋ] *adj* сготвен в сметанов сос с гъби и зелени пиперки.

alarm [ə'la:m] **I.** *n* **1.** тревога; бойна тревога, сигнал (*за тревога*); аларма; **air-raid** ~ въздушна тревога; **2.** уплаха, страх, безпокойство; вълнение; смущение; • **~-bell** сигнален звънец; **II.** *v* **1.** вдигам тревога (*на оръжие*), предупреждавам за опасност; **2.** алармирам, тревожа, безпокоя, *прен.* вдигам много шум.

alcohol ['ælkəhɔl] *n* **1.** *хим.* спирт, алкохол; етилов спирт; **2.** спиртни питиета; **not to touch** ~ не близвам алкохол (*спиртни напитки*).

ale [eil] *n* бира, английска бира; **Adam's** ~ *шег.* вода.

alert [ə'lə:t] **I.** *adj* **1.** буден, бдителен, внимателен, готов, нащрек; **an** ~ **mind** буден ум; **2.** чевръст, бърз, жив; **II.** *n* сигнал за тревога; **(be) on the** ~ нащрек, в пълна готовност; **III.** *v воен.* **1.** подготвям (*военна част*) за нападение; **2.** давам сигнал (*за тревога, нападение*).

algal ['ælgal] *adj* от водорасли.

algebra ['ælgibrə] *n* **1.** алгебра; **2.** учебник по алгебра.

algebraic(al) [,ældi'breiik(əl)] *adj* алгебричен, алгебрически.

algebraist, -brist [,ældi'breiist, -brist] *n* алгебрист.

algedonic [ældi'dɔnik] *adj* безцеремонен, безогледен.

algesia [æl'dʒi:ziə] *n псих.* болкочувствителност.

alien ['eiliən] **I.** *adj* **1.** чужд; ~ **subjects** чужди поданици; **2.** чужд по природа или характер, несвойствен, далечен; противен (**to, from**); **II.** *n* **1.** чужд поданик с местожителство в страната, чужденец; **2.** *бот.* чуждоземно растение; **III.** *v поет. и юрид.* прехвърлям (*титла или собственост*) на друго лице.

alienate ['eiliəneit] **I.** *v* **1.** отчуждавам, отделям, отдалечавам, карам да охладнее (**from**); **2.** *юрид.* прехвърлям (*титла или собственост*) на друго лице; **3.** уединен, самотен; *прен.* изстинал, охладнял, равнодушен, хладен; **II.** *adj* отчужден, чужд; отдалечен.

aliform ['eilifɔ:m] *adj* крилообразен, криловиден; крилат.

alight[1] [ə'lait] *v* (**alighted**, *рядко* **alit**) **1.** слизам (*от кон, велосипед*); скачам (**from, out, of**); **2.** кацвам (*за самолет, птица*) (**on, upon**); **~ing gear** механизъм за кацане на самолет; **3.** отдъхвам (*след бой*).

alight[2] *adj predic* **1.** горящ, запален; **2.** осветен.

align [ə'lain] *v* **1.** строявам, подреждам в права линия; строявам се, подравнявам се; **to ~ oneself** нареждам се, присъединявам се, изравнявам се (**with**); **2.** изравнявам, уравнявам, подравнявам; **to ~ the track** изравнявам път; **3.** *тех.* настройвам; регулирам; центрирам.

alike [ə'laik] **I.** *adj predic* подобен, сходен, еднакъв; **II.** *adv* еднакво, подобно, по същия начин; **to treat all people ~** отнасям се еднакво с всички.

alive [ə'laiv] *adj predic* **1.** жив; **~ and kicking** жив и здрав; пълен с живот; здрав и читав; **2.** действащ, в сила; **3.** буден, бодър, пъргав, енергичен.

alkalinity [,ælkə'liniti] *n хим.* алкалност, основност.

alkalization [,ælkəlai'zeiʃən] *n* алкализиране.

all [ɔ:l] **I.** *adj* **1.** целият, всичкият; **~ night** цяла нощ; **2.** = **every**; всеки, всички, вси; всякакъв; **3.** най-голям; **II.** *pron* **1.** *рядко* всички; **~ agreed to go** всички се съгласиха да отидат; **2.** всичко; **III.** *n* **1.** всичко, което притежавам; **he gave his ~ to them** той им даде цялото си имущество; **2.** вселената; **IV.** *adv* **1.** напълно, съвсем; **2.** на всеки, на всички, всекиму; • **~ along** през цялото време, от край време, от самото начало.

allay [ə'lei] *v* **1.** успокоявам, уталожвам (*гняв, вълнение*), укротявам; **2.** облекчавам; **the drug ~ed his pain** лекарството облекчи болката му; **3.** ослабям, намалявам, лишавам.

all-comers ['ɔ:l,kʌmə:z] *n pl* всички желаещи (да участват).

alleged [ə'ledd] *adj* за когото се твърди, набеден, мним; уж; **~ illness of a premier** мнима болест (слухове за заболяване) на министър-председател; **~ artist** набеден художник.

allegedly [ə'ledidli] *adv* уж, както се твърди.

allegoric(al) [æli'gɔrik(l)] *adj* **1.** алегоричен; **2.** символичен; ◇ *adv* **allegorically**.

allegorize ['æligəraiz] *v* **1.** разказвам, пиша в алегорична форма; **2.** представям (тълкувам) алегорично.

all-embracing ['ɔ:lim,breisiŋ] *adj* всеобхватен, цялостен, пълен.

allergy ['ælədi] *n мед.* алергия, свръхчувствителност.

alleviate [ə'li:vieit] *v* облекчавам (*скръб, болка*); *тех.* понижавам, намалявам (напрежение).

alley[1] ['æli] *n* **1.** тясна уличка, сокак, просека; **blind ~** сляпа (задънена) улица (*и прен.*); **2.** пътека (*между редици*); **3.** *рядко.* алея.

alley[2] *вж* **ally**[2].

all fours ['ɔ:l'fɔ:z] *n* **1.** четирите крака на животно; **to crawl on ~** ходя на четири крака; **2.** вид игра на карти.

alliance [ə'laiəns] *n* **1.** алианс, съюз, съглашение, лига; дружество, съдружие; **matrimonial ~** брачен съюз; **2.** връзка, родство, близост.

allied [ə'laid] *adj* **1.** съюзнически, съюзен, съюзѐн; **~ endeavours** дружни усилия; **~ by marriage** обвързан чрез женитба; **2.** сроден, близък, подобен; **history and ~ subjects** история и други сродни предмети; **~ species** близки сортове.

allies [ə'laiz, *ам.* 'ælaiz] *n* **1.** *pl* от **ally** съюзници; **2. (А.)** държавите от Антантата в Първата световна война; **3. (А.)** във Втората световна война - Обединените нации срещу фашизма.

all-important ['ɔ:lim,pɔ:tənt] *adj* съществен, важен, от жизнена важност.

all-inclusive ['ɔ:lin,klu:ziv] *adj* включващ всички разходи и такси (*за цена*).

all-nighter [,ɔ:l'naitə] *n* който продължава цяла нощ (*кино, среща, събиране*), всенощен.

allocate ['ælokeit] *v* **1.** разпределям, определям част или дял; възлагам; отпускам; **2.** отнасям, приписвам, определям (**to**).

allot [ə'lɔt] *v* (**-tt-**) **1.** разпределям, определям, раздавам; възлагам (**to**); **to ~ shares** *фин.* разпределям дялове; **2.** предназначавам, представям, давам, отпускам (*пари и пр.*); **to ~ credit** предоставям кредит; **3.** *воен.* придавам към.

allotment [ə'lɔtmənt] *n* **1.** разпределяне; **2.** *ам., воен.* придаване на личен състав или персонал (към); **3.** полагаема се част, дял; *ам., воен.* част от заплатата на военен, изплащана на друго лице.

allow [ə'lau] *v* **1.** позволявам, разрешавам, давам съгласието си; допускам; толерирам; **no smoking ~ed** пушенето е забранено; **2.** отпускам периодично определена сума (*дарение или помощ*); **3.** давам възможност за.

allowance [ə'lauəns] **I.** *n* **1.** *рядко* разрешение, позволение; допускане; толериране; съгласяване; **2.** отпускане периодично определена сума (*на някого*); добавка; **family ~s** семейни добавки; **3.** дажба; **II.** *v* *неолог.* разпределям строго ограничени дажби.

alloy [æ'lɔi] **I.** *n* **1.** сплав, примес на по-прост метал; смес; **latten ~** месинг; *прен.* облагородяване; преливане на свежа кръв; **2.** проба (*за благороден метал*); **gold of base ~** злато от ниска проба; **II.** *v* **1.** смесвам; правя сплав; сплавям; легирам; **2.** фалшифицирам ценен метал с друг; **3.** *прен.* влошавам, петня.

all-purpose [ɔ:l'pə:pəs] *adj* универсален, за всички случаи, всесветски, миров, световен, всемирен, международен, космополитен; *прен.* общ, всеобщ, всеобхватен, всестранен, повсеместен, масов, *книж., ост.* вездесъщ.

all right ['ɔ:l'rait] **I.** *adv* **1.** добре; задоволително; **2.** да, разбира се; добре; сигурно; **~, you can go** добре, можеш да вървиш; **3.** вярно; правилно; несъмнено; **he's alive ~** той несъмнено е жив; **II.** *adj* **1.** задоволителен; точен; правилен; **2.** добре със здравето; възстановен; оздравял.

all-seater ['ɔ:l,si:tə] *n* стадион без място за правостоящи.

allude [ə'lu:d] *v* **1.** споменавам, упоменавам (**to**); **2.** намеквам, загатвам (**to**); имам пред вид, мисля (**to**); **when I say a hero, I ~ to my friend** когато кажа "герой", имам предвид моя приятел.

allure [ə'ljuə] **I.** *v* привличам, блазня; подмамвам, примамвам, съблазнявам (**to, towards**); **II.** *n* примамливост, привлекателност.

allusion [ə'lu:ən] *n* **1.** намек, подмятане, загатване, подгадка, алюзия; позоваване на нещо (**to**); **2.** *лит.* алюзия, реторична фигура; **a classical ~** класическа алюзия; **3.** *ост.* метафора.

allusion [ə'lu:ən] *n* **1.** намек, подмятане, загатване, подгадка, алюзия; позоваване на нещо (**to**); **2.** *лит.* алюзия, реторична фигура; **a classical ~** класическа алюзия; **3.** *ост.* метафора.

ally$_1$ [ə'lai] **I.** *v* **1.** съюзявам, свързвам (*чрез договор, брак и др.*) (*обикн. pass или refl с* **with, to**); **England and France were allied in the Great War** Англия и Франция бяха в съюз през Първата световна война; **2.** (*в pass*) близък съм, сроден съм (**to**); свързан съм; **jazz is allied to primitive folk music** джазът е свързан (корени се) с първичната народна музика; **3.** сплотявам; **II.** *n* **1.** съюзник; **~ of the moment** временен, случаен съюзник; **2.** съдружник; помощник, приятел.

ally$_2$, alley ['æli] *n* (*и* **alley taw**) голямо топче за детска игра; • **to give one a fair show for an ~** постъпвам честно.

almost ['ɔ:lmoust] *adv* почти, едва ли не, току-речи • **~ never killed a fly (~ was never hanged)** никога няма да сбъркаш, ако казваш "почти".

alone [ə'loun] **I.** *adj* **1.** *predic* сам, самичък, самотен, усамотен; **to leave ~ (to let ~)** оставям на мира; не се бъркам в; **2.** единствен; **II.** *adv* **1.** без чужда помощ, сам; **I did it quite ~** направих го съвсем сам; **2.** само, единствено.

along [ə'lɔŋ] *adv* **1.** по продължение на, покрай; **2.** напред, по-нататък; **to push ~ (to get ~)** поминувам; напредвам, успявам; **3.** : **~ with** заедно с.

alongside [ə'lɔŋ'said] **I.** *adv обикн. мор.* борд до борд, успоредно, паралелно; **we brought the boat ~** докарахме лодката до кея (кораба); **II.** *prep* покрай, до, при, близо до, заедно (*с* **of**); **park ~ the wall** паркирай до стената.

aloud [ə'laud] *adv* **1.** на глас, гласно; високо; **to read ~** чета на глас; **2.** *разг.* силно.

alphabet ['ælfəbet] *n* **1.** азбука; **2.** началните, най-основните принципи (*на учение, наука*); **the ~ of radio** основните принципи на радиото.

alpha-test ['ælfə,test] **I.** *n* изпробване на нов софтуерен продукт; **II.** *v* изпробвам нов софтуеърен продукт.

alpinist ['ælpinist] *n* алпинист.

already [ɔ:l'redi] *adv* вече; досега; предварително.

also ['ɔ:lsou] *adv, cj* **1.** също, по същия начин, така също, при това; **2.** освен това; и, също и; • **~ ran** *разг.* който не е спечелил в състезание (*за кон*), аутсайдер; барабар Петко с мъжете.

altar ['ɔ:ltə] *n* **1.** олтар; **to lead to the ~** оженвам; **2.** жертвеник.

alter ['ɔ:ltə] *v* **1.** променям (се), изменям (се); преправям (*къща, дреха и пр.*); **to ~ one's mind** вземам друго решение, разкандардисвам се; размислям; **2.** *амер., австр.* кастрирам.

alteration [,ɔ:ltə'reiʃən] *n* **1.** изменение, промяна; **2.** поправка.

alterative ['ɔ:ltəreitiv] **I.** *adj* предизвикващ промяна; **II.** *n мед.* лекарство за засилване обмяната на веществата.

although [ɔ:l'ðou] *cj* макар че, макар и; въпреки че; при все че; ако и да.

altitude ['æltitjud] *n* **1.** височина;

надморска височина; *мат.* височина (*на фигура*); **2.** височина, високо място; **mountain ~s** планинска област (местност); **3.** *прен.* висота, вис; • **~ flight** *ав.* височинно летене.

altogether [ˌɔ:ltə'geðə] **I.** *adv* **1.** напълно, съвсем; цялостно, всецяло; изцяло; **~ bad** съвсем лош; **2.** всичко на всичко; **3.** общо взето (погледнато); **II.** *n* цяло, цялост; *разг.* **in the ~** гол (*за модел на художник*).

aluminium [ˌælju'minjəm] *n* алуминий.

always ['ɔ:lweiz] *adv* (*поет.* **alway**) винаги, всякога; все; неизменно, постоянно.

am [æm] *v 1 л., ед., сег. вр. на глагола* **to be** съм.

amalgamation [əˌmælgə'meiʃən] *n* **1.** смесване, съединяване; обединяване; сливане; **~ of railway companies** обединяване на железопътните дружества; **2.** амалгамация, смесване на живак с друг метал; **3.** *мет.* амалгамация, отделяне на благородните метали от руда с помощта на живак.

amateur ['æmətjuə] **I.** *n* **1.** любител; аматьор; **2.** дилетант; **II.** *adj* **1.** любителски, непрофесионален; **2.** дилетантски.

amaze [ə'meiz] **I.** *v* смайвам, изумявам, поразявам, удивлявам; учудвам; възхищавам; **II.** *n поет.* изумление, удивление, почуда.

amazement [ə'meizmənt] *n* **1.** смайване, слисване, удивление, изумление, учудване **(at, over)**,; **to my ~** за мое учудване; **2.** *ост.* стъписване, объркване, недоумение; ужас.

ambassador [æm'bæsədə] *n* **1.** посланик; амбасадор; легат; **~ extraordinary and plenipotentiary** извънреден и пълномощен посланик; **2.** пратеник, представител, пълномощник; вестител; **3.** посредник.

ambiguous [æm'bigjuəs] *adj* **1.** двусмислен, двузначен, неясен; **2.** съмнителен, неясен, неопределен, смътен.

ambition [æm'biʃən] *n* **1.** амбиция; честолюбие, тщеславие; силно желание, стремеж; **his ~ to succeed**, *рядко* **his ~ of success** неговият стремеж за успех; **2.** предмет на силно желание, цел на домогване; *прен.* прищявка.

ambitious [æm'biʃəs] *adj* **1.** амбициозен; тщеславен, честолюбив; силно желаещ; **~ of power** жаден за власт; **2.** смел; новаторски.

ambulance ['æmbjuləns] *n* **1.** болничен автомобил, автомобил за бърза помощ, линейка, санитарна кола; **2.** *воен.* походна военна болница, санитарен отряд; **~ airplane** санитарен самолет; • **~ chaser** *амер. sl* адвокат, който води дела за обезщетение на пострадали при катастрофи.

amen ['eimen, a:'men] **I.** *int, n* амин, истина, така е, вярно, така да бъде; **to say ~ to** съгласявам се; потвърждавам; **II.** *adv* наистина, действително.

amendment [ə'mendmənt] *n* **1.** подобрение; корекция; поправка; промяна, изменение, поправка на закон; **2.** предложение за промяна в резолюция.

American [ə'merikən] **I.** *adj* американски; **~ Federation of Labour** американска федерация на профсъюзите; **II.** *n* американец.

amiable ['eimjəbl] *adj* **1.** мил, приятелски, дружелюбен, приветлив; добродушен, добронамерен; **2.** *ост.* чудесен, красив.

amicable ['æmikəbl] *adj* дружески, приятелски; мирен, миролюбив, спокоен; **an ~ settlement** приятелско уреждане.

amid, amidst [ə'mid(st)] *prep* посред, всред; между.

amnesty ['æmnisti] **I.** *n* амнистия, помилване; **II.** *v* помилвам, амнистирам.

among, amongst [ə'mʌŋ(st)] *prep* между, измежду, у, сред, из; **to go ~ people** отивам сред хората.

amorality [,eimə'ræliti] *n* безнравственост, аморал.

amoretto [,æmə'retou] *n* купидонче.

amount [ə'maunt] **I.** *v* **1.** възлизам на **(to)** (*за сума*); **2.** равнявам се, равнозначен съм; **this ~s to a refusal** това е равносилно на отказ; **II.** *n* **1.** обща сума, сбор; **2.** количество; размер; **a large ~** голямо количество; **3.** значение, смисъл.

ample [æmpl] *adj* **1.** предостатъчен, изобилен **~ room for everyone** място за всеки; **2.** широк, пълен; обширен.

amplifier ['æmplifaiə] *n* **1.** увеличител; **2.** леща на микроскоп; **3.** *рад., ел.* усилвател.

amuse [ə'mju:z] *v* **1.** забавлявам, развличам; веселя, разсмивам; занимавам, доставям удоволствие **(with, by)**; **you ~ me** вие ме разсмивате; **2.** *ост.* поглъщам, завладявам, обсебвам; смущавам, озадачавам.

amusement [ə'mju:zmənt] *n* **1.** развеселеност **(at)**; **to cause (provoke) great ~** създавам весело настроение; предизвиквам голям смях; **2.** забавление, развлечение; **3.** забава, увеселение, забавление.

amusing [ə'mju:ziŋ] *adj* забавен, смешен, занимателен.

an [æn, ən] форма на неопределителния член **a**, която се използва пред думи, които започват с гласен звук; **~ egg** (едно) яйце.

anaemia [ə'ni:miə] *n мед.* анемия, малокръвие.

analogy [ə'nælədʒi] *n* аналогия, сходство, подобие, съответствие **(to, with, between)**; **by ~ with (on the ~ of)** по аналогия на, по подобие на, подобно на, сходно с.

analyse ['ænəlaiz] *v* **1.** анализирам, правя анализ (разбор); разлагам на съставни части; разглеждам обстойно; изследвам; проучвам; вниквам; **2.** *хим.* разлагам, определям състава (на вещество, съединение и под.).

analysis [ə'næləsis] (*pl* **-lyses**) **1.** анализ, анализа; **2.** *ез. и лит.* разбор на текст; **sentence ~** синтактичен разбор; **3.** резюме, кратко изложение.

anarchy ['ænəki] *n* **1.** анархия, безвластие; беззаконие; **2.** безредие, стихийност, разбърканост, хаос.

anatomy [ə'nætəmi] *n* **1.** анатомия; **2.** дисекция; **3.** строеж на тялото (*на животно или растение*).

ancestor ['ænsistə] *n* **1.** прародител, праотец, прадядо; предшественик; **2.** *юрид.* наследодател; **3.** *биол.* предшестващ тип.

anchor ['æŋkə] **I.** *n* **1.** котва; **to cast ~** хвърлям, пускам котва; **2.** *тех.* анкър, желязна съединителна скоба (*при зидане*); анкър на часовник; **3.** *воен.* ключова (командна) позиция; **II.** *v* **1.** закотвям, хвърлям котва, пускам котва; **2.** *тех.* закрепвам, съединявам; • **to ~ one's hopes (in, on)** уповавам се на; надявам се на.

anchorwoman ['ænkə,wumən] *n* водеща на предаване.

ancient$_1$ ['einʃənt] **I.** *adj* **1.** древен, античен, архаичен; **~ history** древна история; **2.** остарял; *лит.* старинен; стар (*за човек*); **II.** *n* **1.** *pl:* **the ~s** древните (народи); **2.** античните писатели; **3.** *ост.* старец; • **A. of Days** Бог.

ancient$_2$ *n ост.* **1.** знаме, флаг, щандарт; **2.** знаменосец; лейтенант.

and [ænd - *силна форма*; ənd, ən, nd - *слаби форми*] *cj* **1.** и; **miles ~ miles** километри и километри; **2.** а; **3.** *разг.* да (за да).

andrology [ˌænd'rɔlədʒi] *n* андрология (*дял от медицината, занимаващ се с мъжките репродуктивни органи*).

anecdotage [ˌænik'doutidʒ] *n събир.* анекдоти, басни.

anergy ['ænədʒi] *n* **1.** липса на енергия; **2.** *мед.* липса на имунозащита.

anew [ə'nju:] *adv* отново, наново, пак, още веднъж, в нова форма или по нов начин.

angel ['eindʒəl] *n* **1.** ангел; **fallen ~** паднал ангел, дявол, сатана; **2.** стара златна английска монета; **3.** *театр.* меценат.

anger ['æŋgə] **I.** *n* **1.** гняв, яд; **2.** *ост., диал.* болка, смъдене; **3.** *ост.* мъка; **II.** *v* **1.** разсърдвам, ядосвам, разгневявам; **2.** *ост., диал.* възпалявам (*рана*).

angina [ˌæn'dʒainə] *n мед.* **1.** ангина; **2.** възпаление на гърлото.

angle$_1$ [æŋgl] *n* **1.** ъгъл; **right ~** прав ъгъл; **2.** гледна точка.

angle$_2$ **I.** *n* въдица; **II.** *v* **1.** ловя риба (*с въдица*); **to ~ for trout** ловя пъстърва; **2.** *прен.* пускам (хвърлям) въдици; интригантствам.

angler ['æŋglə] *n* **1.** въдичар, рибар; **2.** *зоол.* морски дявол *Lophius piscatorius*.

anglophone ['æŋgləˌfoun] *n, adj* англоговорящ.

angry ['æŋgri] *adj* **1.** сърдит; раздразнен, гневен, разгневен, ядосан (**at, with** - *за човек*; **at, about** - *за нещо*); **2.** *прен.* подлютен, възпален (*за рана*); **3.** *поет.* бурен, градоносен; **an ~ sky** буреносен, мрачен небосвод.

anguished ['æŋgwiʃt] *adj* измъчен, изстрадал.

animal ['ænimәl] **I.** *n* животно, добиче; *прен.* скот; **II.** *adj* **1.** животински; **~ black** животински въглен; филтър; **2.** *прен.* скотски, плътски; чувствен; сластолюбив.

animated ['ænimeitid] *adj* **1.** оживен; одушевен; **~ street** оживена улица; **2.** вдъхновен; подбуден; **3.** жив.

ankle, ancle ['æŋkl] *n* глезен; **~ deep** дълбоко до глезените.

annex$_1$ [ə'neks] *v* **1.** присъединявам, прибавям; **2.** прилагам; **3.** насилствено присъединявам територия, анексирам.

annex$_2$ ['æneks] *n* **1.** прибавка, допълнение, приложение; **2.** пристройка, странична сграда.

annihilate [ə'naiəleit] *v* унищожавам, изтребвам.

anniversary [ˌæni'və:səri] **I.** *n* годишнина; **II.** *adj* **1.** *рядко* ежегоден, годишен; **2.** юбилеен.

announce [ə'nauns] *v* **1.** анонсирам, обявявам, публикувам, разгласявам; представям; **2.** съобщавам, известявам; **to ~ guests** въвеждам, представям, съобщавам имена на гости; **3.** водя радио- или телевизионно предаване; чета новини.

announcement [ə'naunsmənt] *n* анонс, обявление, обява; съобщение, известие; представяне.

announcer [ə'naunsə] *n рад.* говорител; водещ.

annoy [ə'nɔi] **I.** *v* раздразвам; досаждам, ядосвам, дразня; безпокоя, закачам; **II.** *n поет.* раздразнение, досада, тегота.

annual ['ænjuəl] **I.** *adj* годишен, ежегоден; **~ income** годишен доход; **II.** *n* **1.** годишник; **2.** едногодишно растение; *прен.* непрекъснато повтарящо се събитие, възникващ въпрос.

annualize ['ænjuəlaiz] *v фин.* превръщам (*лихвен процент*)в годишен.

annus mirabilis ['ænəsmi'ræbilis] *n lat* година на чудеса (или големи природни бедствия).

anonymous [ə'nɔniməs] *adj* анонимен; безименен.

another [ə'nʌðə] **I.** *adj* **1.** допълнителен, още един; **~ cup of tea** допълнителна чаша чай; **2.** различен; **3.** равен на; подобен на; **II.** *pron* **1.** допълнителен от същия вид; **2.** друг; **3.** подобен.

answer ['a:nsə] **I.** *n* **1.** отговор; **to make no ~** не отговарям; **2.** отговор, решение (*на задача*); **3.** *юрид.* защита, ответ; **II.** *v* **1.** отговарям (на); **to ~ a letter** отговарям на писмо; **2.** отвръщам на, връщам, отплащам се с; плащам с; **3.** успявам, постигам целта.

ant [ænt] *n* мравка; **white ~** термит.

antagonism [æn'tægənizəm] *n* антагонизъм, вражда, враждебност; противоречие (**between**); **come (be brought) into ~ with** влизам в противоречие с.

antartic [,ænt'a:ktik] **I.** *adj* антарктически, който се намира на южния полюс; **A. Circle** южен полярен кръг; **A. Ocean** Южен ледовит океан; **A. Pole** южен полюс; **II.** *n:* **the A.** Антарктика.

ante- [ænti] *pref* преди, до(-), предшестващ.

anthem ['ænθəm] **I.** *n* **1.** *рел.* църковно песнопение, хорал (*у католици и протестанти*); **2.** химн, тържествена песен; **national ~** национален химн; **II.** *v поет.* възпявам с (в) химни; славословя.

ante-mortem [,ænti'mɔ:təm] *adj, adv lat* преди смъртта, до смъртта.

ant-hill ['ænthil] *n* мравуняк.

anthropogenesis [,ænθrəpou'dʒenisis] *n* антропогенеза.

anticipate [æn'tisipeit] *v* **1.** предвиждам, очаквам; предчувствам, предугаждам; антиципирам; **I ~d as much** предвиждах го, очаквах такова нещо; **2.** предварвам, изпреварвам, изпълнявам предварително (*желание, заповед и под.*).

anticipation [æn'tisipeiʃən] *n* **1.** очакване; предчувствие; антиципация; **by ~** предварително; **2.** *юрид.* антиципация, предварително изплащане на капитал на малолетен; **3.** *муз.* антиципация, предварително започване на акорд.

anti-fascist ['ænti'fæʃist] **I.** *adj* антифашистки; **II.** *n* антифашист.

antimissile [,ænti'misail] *adj* противоракетен.

antinuclear [,ænti'nju:kliə] *adj* противоядрен.

antique [æn'ti:k] **I.** *adj* **1.** древен, старинен; **2.** античен; **3.** старомоден, архаичен; **II.** *n* **1.** антикварен предмет, антика; **2.** произведение на античното изкуство; **the ~** антично изкуство, произведение на античното изкуство; **3.** *печ.* антиква, печатарски шрифт.

anxiety [æŋ'zaiəti] *n* **1.** загриженост, безпокойство, тревога; грижа; страх, опасение (**for** за); **2.** силно (страстно) желание (**for** за, **to** *с inf* да); **3.** *мед.* потиснатост.

anxious ['æŋ(k)ʃəs] *adj* **1.** загрижен, разтревожен, обезпокоен, неспокоен, тревожен (**about**); **2.** силно желаещ (**for**); **to be ~ for (to do s.th.)** имам силно желание за/да направя нещо; **3.** грижовен, кахърен; изпълнен с грижи; угрижен.

any ['eni] **I.** *pron* **1.** (*във впр. или усл. изречение*) някакъв; някой; малко (*или не се превежда*); **is there ~**

reason? има ли (някаква) причина; **2.** (*в отриц. и отриц. въпр. изречение*) никакъв; никой; никак (*или не се превежда*); **3.** (*в утвърдително изречение*) кой(то) и да е, всеки; какъв(то) и да е; **II.** *adv* (поне) малко; до известна степен; никак, изобщо (*или не се превежда*); **is that ~ better?** така по-добре ли е?

anybody ['enibɔdi] *pron* **1.** (*във въпр. изречение*) някой; **did you see ~?** видя ли някого? **2.** (*в отриц. изречение*) никой; **3.** (*в утвърдително изречение*) всеки.

anyhow ['enihau] *adv* **1.** (*с отриц.*) по никакъв начин, никак; **he couldn't get in ~** по никакъв начин не можеше да влезе; **2.** във всеки случай, и така, и така каквото и да се случи; **3.** как да е, отгоре-отгоре, небрежно.

anyone ['eniwʌn] *pron* **1.** (*във въпр. изречение*) някой; **did you tell ~?** казахте ли някому? **2.** (*в отриц. изречение*) никой; **3.** кой да е, всеки; **~ could have told you that** всеки би могъл да ви каже това.

anything ['eniθiŋ] *pron* **1.** (*във въпр. изречение*) нещо; **did you see ~?** видяхте ли нещо? **2.** (*в отриц. изречение*) нищо; **3.** какво да е; всичко, всяко нещо, нещо въобще, изобщо.

anyway ['eniwei] *adv* **1.** при/във всеки случай; и така, и така; **2.** както и да е, без значение.

anywhere ['enihweə] *adv* **1.** (*във въпр. изречение*), някъде; **2.** (*в отриц. изречение*) никъде; **3.** къде да е; някъде; навсякъде.

apart ['əpa:t] *adv* **1.** настрана, отделно; **to stand ~** 1) стоя (намирам се) настрана; 2) *прен.* страня; 3) отличавам се (**from**); **2.** разделено, отделно.

apartment [ə'pa:tmənt] *n* **1.** стая (за живеене); **2.** апартамент (*обикн. мебелиран*); жилище (*също и pl*); **~s to let** дава се стая (апартамент) под наем.

ape [eip] **I.** *n* **1.** маймуна (*обикн. човекоподобна*); **2.** *прен.* подражател, имитатор, маймуна; **hairy ~** *прен.* изрод; **II.** *v* **1.** подражавам като маймуна на; **2.** имитирам.

apiece [ə'pi:s] *adv* на парче, парчето, едното; на човек, на глава, всеки; **they cost a dollar ~** струват един долар парчето (едното).

aplenty [ə'plenti] *adj predic, adv* в изобилие, "бол".

apologize [ə'pɔlədʒaiz] *v* моля за извинение, извинявам се (**for** за, **to** на).

apology [ə'pɔlədʒi] *n* **1.** извинение; **to make (offer) an (one's) ~ (apologies)** извинявам се, искам извинение; **2.** защита; **3.** *разг.* слаб заместител.

apparatus [,æpə'reitəs] *n* (*pl* **-tus, -tuses**) **1.** апарат; апаратура; уред; **2.** *анат.* апарат, система (*от органи*); **digestive (respivatory) ~** храносмилателна (дихателна) система; **3.** набор от данни, апарат.

apparently [ə'pærəntli] *adv* както изглежда; очевидно.

appeal [ə'pi:l] *v* **1.** обръщам се; апелирам (**to** към); позовавам се (**to** на); **I ~ to your common sense** апелирам към здравия разум; **2.** моля, умолявам; апелирам, подканвам, призовавам, зова; **3.** нравя се, харесвам се; привличам.

appear [ə'piə] *v* **1.** явявам се, появявам се; показвам се, виждам се; **his name did not ~ on the list** името му не беше в списъка; **2.** явявам се, излизам, представям се (*в съда, обществото, в качеството на официален представител и пр.*), излизам (*в ролята на*); **3.** (*за книга и пр.*) излиза (от печат), издава се.

appearance [ə'piərəns] *n* **1.** явяване, проявяване; излизане (*на сцената, от печат*); **to make an (one's) ~, to put in an ~** появявам се (за кратко); **2.** вид, изглед, външност; **3.** приличие; лице.

appendicitis [ə,pendi'saitis] *n мед.* апендицит, апандисит, апендикс.

appendix [ə'pendiks] *n* (*pl* **-xes, -ices** [isiz]) **1.** прибавка, добавка; притурка, приложение (*на книга и пр.*); **2.** *анат.* апендикс (*често* **vermiform ~**); **3.** придатък; израстък.

appetite ['æpitait] *n* **1.** апетит; **to have a good (poor) ~** имам добър (лош) апетит; **2.** желание; стремеж; жажда, охота.

appetizer ['æpitaizə] *n* мезе, аперитив.

applaud [ə'plɔ:d] *v* **1.** ръкопляскам, аплодирам; **2.** одобрявам; възхищавам се от; възхвалявам.

applause [ə'plɔ:z] *n* **1.** ръкопляскане, аплодисменти, аплаузи; **2.** одобрение, възхищение, похвала.

apple [æpl] *n* **1.** ябълка (*плод и дърво*), ябълковиден плод; **2.** очна ябълка; • **~ of discord** ябълка на раздора.

apple butter ['æpl,bʌtə] *n* сладко от ябълки с подправки.

appliance [ə'plaiəns] *n* **1.** прибор, уред; устройство; **electrical ~** електрически уреди; **2.** адаптер, приспособление, принадлежност.

applicant ['æplikənt] *n* **1.** проситeл; кандидат (*особено за служба*); апелант, тъжител; **2.** *амер.* прилежен студент (ученик).

application [,æpli'keiʃən] *n* **1.** апликация, слагане, поставяне; **~ of a dressing** слагане на превръзка; **2.** приложение, употреба; **3.** прилежание, старание, усърдие.

applicative [ə'plikətiv] *adj* приложим; който има отношение (**to** към); ◇*adv* **applicatively**.

applied [əp'laid] *adj* приложен, практичен; **~ linguistics** приложна лингвистика, приложно езикознание.

apply [ə'plai] *v* **1.** слагам, поставям (**to** на, върху); допирам (**to** към, до); **to ~ a poultice** слагам лапа; **2.** използвам, употребявам, прилагам; **3.** съсредоточавам (*ум, внимание*).

appoint [ə'pɔint] *v* **1.** определям (*място, време, работа*); нареждам, уричам, отреждам; назначавам (*среща*); **to come at the ~ed time** идвам в уречения час; **2.** назначавам (*на служба*); **3.** *рядко освен в pp* подреждам, снабдявам.

appointment [ə'pɔintmənt] *n* **1.** среща (*по предварително споразумение*), свиждане; **to keep an ~** отивам на уговорена среща; **2.** назначение, назначаване; **3.** място, служба, длъжност.

appreciate [ə'pri:ʃieit] *v* **1.** ценя (високо); разбирам (от); имам усет, чувство (за); **to ~ music** разбирам (ценя) музиката; **2.** оценявам, правилно преценявам; схващам; **3.** *ост.* оценявам, определям цената (стойността) (на).

apprentice [ə'prentis] **I.** *n* **1.** чирак; **to bind ~ to** давам за чирак на (да учи занаят при); **2.** новак, начинаещ; **II.** *v* давам за чирак.

apprenticeship [ə'prentisʃip] *n* **1.** чиракуване; **2.** чираклък; **articles of ~** договор между чирак и майстор.

approach [ə'proutʃ] **I.** *v* **1.** доближавам, наближавам, приближавам се (до), доближавам се (до); **to ~ completion** завършвам; **2.** обръщам се (към), сондирам, започвам преговори, правя предложение; **3.** търся начин да се справя с нещо **to ~ a problem** търся начин за решаване на проблем; **II.** *n* **1.** наближаване, приближаване, доближаване; **they fled at our ~** те избягаха, щом се приближихме; **2.** близост; **3.** достъп; път, през който се минава, за да се стигне донякъде; *pl воен.* подстъп.

appropriable [ə'proupriəbl] *adj* присвоим.

appropriate [ə'proupriit] **I.** *adj* подходящ, сгоден; съответен; удобен (**to** за); **II.** *v* **1.** апроприирам, присвоявам (си), анексирам; завладявам, обсебвам; **2.** крада; **3.** предназначавам, определям, отпускам, отделям; (**to, for** за); **to ~ profits to a reserve fund** отделям част от печалбата в резервен фонд.

approval [ə'pru:vəl] *n* одобрение, потвърждение; преценка, съгласие; санкция; **I submit this for your ~** представям го за вашето одобрение (за вашата преценка).

approve [ə'pru:v] *v* **1.** одобрявам, предразположен съм, имам добро мнение за нещо (*обикн.* **of**); **2.** одобрявам (*предложение*), утвърждавам (*решение*), приемам, санкционирам, ратифицирам; **to ~ a report** приемам доклад; **3.** *refl* проявявам се (изявявам се) като, налагам се като.

approximate I. [ə'prɔksimit] *adj* приблизителен (**to** до); близък; приблизително верен (точен); **~ weight** приблизително тегло; **II.** [ə'prɔksimeit] *v* **1.** приближавам се, почти съответствам, почти се равнявам (**to** до, на); **figures ~ my guess** цифрите се приближават (почти отговарят на) до моите очаквания; **2.** приближавам (до), доближавам.

apricot ['eiprikɔt] *n* **1.** зарзала, кайсия (*плодът и дървото*); **2.** оранжево-розов цвят.

April ['eipril] *n* април; **~ fool** човек, който е излъган на първи април.

apron ['eiprən] *n* **1.** престилка (*само за отпред*); покривало; **2.** късо владишко расо; **3.** *театр.* авансцена.

apt [æpt] *adj* **1.** подходящ, уместен; на място (**for**); **2.** схватлив, способен, възприемчив; **he is ~ at arthmetic** удава му се аритметиката; **3.** склонен; податлив.

aqualung ['ækwə'lʌŋ] **I.** *n* акваланг; **II.** *v* плувам с акваланг.

aquarium [ə'kweəriəm] *n* аквариум.

aquashow ['ækwə,ʃou] *n* воден празник.

aquatic [ə'kwætik] **I.** *adj* воден (*за животни, растения, спорт*); **II.** *n* **1.** водно животно и пр.; **2.** *pl* воден спорт.

Arab ['ærəb] **I.** *n* **1.** арабин; **2.** арабски кон; **II.** *adj* арабски.

Arabia [ə'reibjə] *n* Арабия.

Arabian [ə'reibiən] **I.** *adj* арабски; **~ Nights** 1001 нощ; **II.** *n* **1.** арабин; **2.** арабски език.

Arabic ['ærəbik] **I.** *adj* арабски; **~ figures (numerals)** арабски цифри; **gum a.** гуми арабика; **II.** *n* арабски език.

arable ['ærəbl] **I.** *adj* орна (*за земя*); **II.** *n* орна земя.

Aram ['ɛəræm] *n* древното име на Сирия.

arbitrary ['a:bitrəri] *adj* **1.** произволен, своеволен, арбитрарен; **2.** деспотичен, тираничен; **3.** предубеден, основан на предубеждения.

arch [a:tʃ] **I.** *n* **1.** арка, свод, дъга; **~ of heaven, vaulted ~** небесен свод; **2.** *анат.* извитата част на ходилото; свод; **II.** *v* **1.** покривам със свод (с арка); **2.** извивам във форма на дъга; **to ~ one's eyebrows** вдигам вежди, показвам неодобрение.

archaeology [,a:ki'ɔlədʒi] *n* археология; **nautical ~** подводна археология.

archaic [a:'keiik] *adj* архаичен, прастар, древен; античен; старомоден, остарял, старинен; остарял, архаичен (*за език, форми*).

archbishop ['a:tʃ'biʃəp] *n* архиепископ.

archetypal ['a:ki,taipəl] *adj* прототипен.

archetypical [,a:ki'tipikəl] *adj* = **archetypal**.

archipelago [,a:ki'peləgou] *n* **1.** море с много острови; **2.** архипелаг, група острови; **3.** **(the A.)** Егейско море.

architect ['a:kitekt] *n* **1.** архитект; строител; **naval ~** корабостроител; **2.** *прен.* творец, създател.

architecture ['a:kitektʃə] *n* **1.** архитектура; **2.** архитектурен стил; **3.** *прен.* постройка, строеж, структура, начин на изграждане; **the ~ of the speech is poor** речта е лошо построена.

archive(s) ['a:kaiv(z)] *n* **1.** архива; **2.** архив.

archt *abbr* [architect] архитект.

arctic ['a:ktik] **I.** *adj* **1.** полярен, арктичен; северен; **the A. Ocean** Северен ледовит океан; **the A. Circle** северен полярен кръг; **2.** *прен.* много студен; **II.** *n* **(the A.)** Северният полярен кръг, северната полярна област, Арктика.

ardent ['a:dənt] *adj* **1.** пламенен, страстен, горещ, ревностен; разпален; **2.** горещ, зноен, жарък, палещ; **~ heat** зной.

ardour ['a:də] *n* **1.** плам, жар; страст; усърдие, ентусиазъм, ревност (пристрастие) (**for** за); **to damp s.o.'s ~** охладявам възторга на някого; **2.** зной, жега.

arduous ['a:djuəs] *adj* **1.** тежък, труден, изнурителен, усилен; **~ winter** тежка зима; **2.** енергичен, ревностен; **3.** стръмен, висок, недостъпен.

are₁ [a:] *n сег. вр., мн. от* **to be**.

are₂ *n* ар (*мярка за повърхнина*).

area ['eəriə] *n* **1.** площ; пространство; *мат.* повърхнина; **~ of a square** повърхнина на квадрат; **2.** област, район; зона; **3.** обсег, обхват; сфера на действие.

aren't [a:nt] *adj* = **are not**.

arena [ə'ri:nə] *n* **1.** арена; **2.** място на действие, полесражение; **3.** поприще; **to enter the ~ of politics** навлизам в политическото поприще; • **the ~ of the bears and the bulls** фондова борса.

Argentina [,a:dzən'ti:nə] *n геогр.* Аржентина.

argue ['a:gju] *v* **1.** споря; обосновавам; опитвам се да докажа, привеждам доводи; (**for** в полза на, **against** против); **to ~ against a person** оспорвам аргумента на някого; **2.** обсъждам; **3.** поддържам мнение.

argument ['a:gjumənt] *n* **1.** довод, аргумент; доказателство (**for, in favour of** за, **against** против); аргументация; **strong (weak, convincing) ~** силен (слаб, убедителен) аргумент, силна (слаба, убедителна) аргументация; **2.** спор; обсъждане; **3.** кратко съдържание, резюме.

arid ['ærid] *adj* **1.** (*за почва*) сух, изсъхнал; безводен; безплоден; **2.** *прен.* сух, скучен; празен, кух.

arise [ə'raiz] *v* (**arose** [ə'rouz]; **arisen** [ə'rizn]) **1.** произлизам, възниквам; следвам; излизам; **nothing ~s out of that statement** от това изявление не следва нищо; **2.** издигам се; появявам се; възниквам; **great confusion arose** стана (вдигна се) голяма бъркотия; **a storm arose** изви се буря; **3.** *ост., поет.* ставам, вдигам се; изгрявам.

aristocratic [,ærista'krætik] *adj* **1.** аристократичен, благороднически;

2. олигархичен.

arithmetic I. [əˈriθmətik] *n* аритметика, смятане; **II.** [æriθˈmetik] *adj* аритметичен; **~ mean** средно аритметично.

arm₁ [a:m] *n* **1.** ръка (*от китката до рамото*); **~ in ~** ръка за ръка; **2.** преден крайник на всяко гръбначно животно, предна лапа; **3.** ръкав (*на дреха*).

arm₂ I. *n* **1.** *обикн. pl* оръжие; въоръжение; **defensive ~s, ~s of defence** оръжия за защита, отбранително оръжие; **2.** род войски; **3.** герб (*обикн.* **coat of ~s**); **II.** *v* въоръжавам (се) (*и прен.*); **~ed forces** въоръжени сили.

armament [ˈa:məmənt] *n* **1.** въоръжение; въоръжаване; **2.** въоръжени сили.

armchair [ˈa:mˈtʃeə] **I.** *n* кресло; **II.** *adj прен.* теоретичен, без връзка с практиката, канцеларски.

Armenia [a:ˈmi:niə] *n геогр.* Армения.

Armenian [a:ˈminiən] **I.** *adj* арменски; **II.** *n* **1.** арменец; **2.** арменски език.

armipotence [a:ˈmipətəns] *n* бойна мощ.

armistice [ˈa:mistis] *n* примирие; **A. Day** 11 ноември, годишнината от края на Първата световна война.

armoured [ˈa:məd] *adj* брониран, блиндиран; **~ forces** *амер.* бронирани войски.

armpit [ˈa:mpit] *n* подмишнична ямка.

army [ˈa:mi] *n* **1.** армия, войска; **regular (standings) ~** редовна войска; **2.** голям брой, множество (**of**); *прен.* армия; **3.** *attr* военен, войскови, боен.

arose *вж* **arise**.

around [əˈraund] **I.** *adv* **1.** наоколо; **to fool ~** играя си, мотам се, мотая се, губя си времето; **2.** *амер.* наблизо, тук-таме; **II.** *prep англ., рядко* около; *амер.* по, из, около, към; **~ the corner** зад ъгъла.

arouse [əˈrauz] *v* **1.** будя, събуждам, разбуждам; **2.** възбуждам, предизвиквам, раздвижвам.

arrange [əˈreindʒ] *v* **1.** аранжирам, нареждам, подреждам, класифицирам, систематизирам; нареждам в боен ред; **2.** уреждам (спор); оправям; разбирам се (**with**); **3.** нагласявам, стъкмявам, приспособявам, преработвам, аранжирам.

arrangement [əˈreindʒmənt] *n* **1.** нареждане, подреждане, аранжиране, класифициране, систематизиране; системно излагане; нареждане в боен ред; *арх.* разпределение; **floral ~** фигура от цветя; **2.** уреждане (на спорен въпрос), оправяне; **3.** нагласяване, стъкмяване, приспособяване, преработване, организиране.

arrest [əˈrest] **I.** *v* **1.** задържам; спирам (*развитие, съдебен процес, изпълнение на съдебно решение, машина*); спирам развитието на; **~ed cancer** рак, развитието на който е спряно; **2.** арестувам; *шотл. и мор.* налагам запор на, конфискувам; **3.** спирам, приковавам (*поглед, внимание*); **II.** *n* **1.** задържане, спиране; **2.** арест(уване), затваряне; **under (close, house) ~** под (строг, домашен) арест.

arrival [əˈraivəl] *n* **1.** пристигане; **2.** идване, достигане (**at**); **3.** човек (нещо), който е пристигнал; *шег.* новородено дете; **late ~** който е пристигнал късно.

arrive [əˈraiv] *v* **1.** пристигам (*в държава, голям град* - **in**, *в малък град* - **at**); **to ~ on the scene** явявам се на сцената; пристигам на местопроизшествието; **2.** идвам, достигам (at); **to ~ at a conclusion, a conviction** идвам до заключение, убеждение; **3.** *разг.* успявам, ставам известен.

arrogance ['ærəgəns] *n* арогантност, високомерие, надменност; безочливост.

arrow ['ærou] *n* **1.** стрела; **an ~ left in one's quiver** нещо, оставено в запас; **2.** стрелка (показалец).

arse [a:s] *n грубо* задник, дирник.

arselicker ['a:s,likə] *n sl* блюдолизец, подмазвач.

arsy-versy ['a:si'və:si] *adv* с главата надолу; в пълен безпорядък.

art$_1$ [a:t] *n* **1.** изкуство; художество; **the ~ of healing** лечебното изкуство; **2.** умение, сръчност; **3.** хитрост, хитрина.

art$_2$ *ост. 2 л., ед., сег. вр. от глагола* **to be**.

artery ['a:təri] *n* артерия.

article ['a:tikl] **I.** *n* **1.** артикул, вид, предмет; **shirts and other ~ of clothing** ризи и други артикули облекло; **2.** точка, клауза, параграф, член (*на закон и под.*); **the A.s of War** военният устав на Англия и САЩ; **Thirty-nine A.s** тридесет и деветте догми на Английската църква; **3.** статия; **II.** *v* **1.** излагам, представям по точки (*обвинение*); **2.** давам на обучаване (*за чирак*) (**to**).

artificial [,a:ti'fiʃəl] *adj* **1.** изкуствен; **~ lake** изкуствено езеро; **2.** : **~ person** юридическа личност; **3.** неестествен, престорен, превзет.

artillery [a:'tiləri] *n* артилерия; *attr* артилерийски; **~ board** планшет.

artist ['a:tist] *n* художник, майстор; артист, човек на изкуството.

artistic(al) [a:'tistik(l)] *n* художествен, артистичен, изящен.

as [æz - *силна форма*, əz - *слаба форма*] *adv, cj, pron* **1.** както, според както, каквото; **~ things go** както вървят работите; **2.** като, като напр. **a country such ~ Spain** страна като (напр.) Испания; **3.** като (*в качеството на*), както.

asbestos [æz'bestɔs] **I.** *n* азбест; **II.** *adj* азбестов.

ascend [ə'send] *v* **1.** изкачвам се на, по, възлизам по; възкачвам се; покачвам се на (**to** до); **to ~ a river** вървя нагоре по течението на река; **2.** издигам се; **3.** извисявам се (*за звук*).

aseismic [ei'saizmik] *adj* **1.** несеизмичен; **2.** земетръсоустойчив.

ash$_1$ [æʃ] *n* **1.** *обикн. pl* пепел; **to burn to ~es** изгарям; **2.** *pl* прах на мъртвец (*след кремация*) или на умъртвен чрез изгаряне.

ash$_2$ *n бот.* ясен; **mountain ~** самодивско дърво.

ashamed [ə'ʃeimd] *adj* засрамен; **to be ~d of** срамувам се, срам ме е от.

ashen-faced ['æʃən,feist] *adj* пребледнял.

ashore [ə'ʃɔ:] *adv* към, на брега; на суша; **to come, go ~** слизам на брега.

ashplant ['æʃ,pla:nt] *n* ясеново бастунче.

ash-tray ['æʃtrei] *n* пепелник.

Asia ['eiʃə] *n* Азия.

Asian ['eiʃən] **I.** *adj* азиатски; **II.** *n* азиатец.

aside [ə'said] **I.** *adv* настрана, настрани, встрани; **~ from** *амер.* настрана от, с изключение на; **II.** *n* думи на актьор, казани настрана от актьор, извън сценария.

ask [a:sk] *v* **1.** питам (**about**), интересувам се (за, от); **to ~ fair** *ост.* питам човешки; **2.** искам, поисквам, моля, помолвам, търся, потърсвам (**for**); • **to ~ for trouble** търся си белята; **3.** каня, поканвам (**to**).

asleep [ə'sli:p] *adv, adj predic* **1.** заспал; **to fall (fast) ~** заспивам (дълбоко); **2.** изтръпнал (*за крайник*); **3.**

"заспал" (*за бързо въртящ се пумпал*).

aspect ['æspekt] *n* **1.** вид, външност, изглед; изражение; **2.** изложение (*на стая, къща*); **3.** страна (*на въпрос*), аспект.

aspersive [əs'pə:siv] *adj* клеветнически, опозоряващ; ◇ *adv* **aspersively**.

asphalt ['æsfælt] **I.** *n* асфалт; **II.** *adj* асфалтов; **III.** *v* асфалтирам.

ass [æs, a:s] *n* **1.** *лит.* магаре, осел; **2.** *прен.* магаре, хапльо, серсем; **to act (play) the ~** постъпвам глупаво; **3. = arse;** *амер., грубо* задник.

assault [ə'sɔ:lt] **I.** *n* **1.** нападение, атака; пристъп, щурм; ръкопашен бой; **to carry by ~** превземам с пристъп; **2.** *юрид.* (опит за) физическо насилие; **3.** *прен.* атака, нападение, кампания (**on**); • **~ of arms** нападение (*при фехтовка*); демонстриране на военни упражнения; **II.** *v* **1.** нападам, нахвърлям се върху; **2.** щурмувам; **3.** *юрид.* извършвам (заплашвам с) физическо насилие; нанасям побой на.

assemble [ə'sembl] *v* **1.** събирам (се); **2.** монтирам, стъкмявам.

assembly [ə'sembli] *n* **1.** събрание; **2.** законодателно или съвещателно тяло, съвет; **3.** монтиране, монтаж.

assert [ə'sə:t] *v* **1.** твърдя, заявявам; **2.** отстоявам, поддържам, изтъквам, изразявам; **to ~ oneself** защищавам правото си; изтъквам се, тикам се, бутам се.

assets ['æsets] *n* **1.** актив; авоари, вещи, имот; **~ and liabilities** актив и пасив; **2.** *юрид.* авоари, вещи, с които могат да се изплатят дълговете на завещател или на несъстоятелен длъжник (фирма); **3.** *счет. sing* отделно перо в сметка; *прен.* актив, ценно качество, предимство, плюс.

assign [ə'sain] **I.** *v* **1.** определям, номинирам, назначавам, възлагам (**to**); **to ~ a day, a place** определям ден, място; фиксирам; **2.** предназначавам, отделям (**to**); **3.** прехвърлям (*право, имот* - **to**); **II.** *n* правоприемник.

assist [ə'sist] *v* **1.** помагам (**with, in**); помагам на, подпомагам; обслужвам; асистирам; **2.** вземам участие (**in**); присъствам (**at**); **3.** *сп.* асистирам.

assistance [ə'sistəns] *n* **1.** помощ, подпомагане; **to give ~ to** подпомагам; **2.** присъстващи (*на някакво събитие и под.*).

assistant [ə'sistənt] *n* помощник, асистент; **shop ~** продавач в магазин.

associate [ə'souʃieit] **I.** *v* **1.** свързвам (се), съединявам (се) (**with**); сдружавам се; **to ~ oneself with** присъединявам се към, изразявам солидарност с; подкрепям; **2.** свързвам, асоциирам; **3.** общувам, имам вземане-даване (**with**); **II.** *adj* присъединен, асоцииран; сроден, от същия вид, придружаващ, който се асоциира с нещо; **~ editor** *амер.* съредактор; **III.** *n* **1.** другар, колега; **2.** партньор, съдружник, съучастник; **3.** младши член на сдружение, колегия; член-кореспондент (*на научно дружество*).

association [ə,sousi'eiʃən] *n* **1.** свързване, съединяване, сдружаване; **2.** сдружение, асоциация, дружество; **3.** връзка, асоциация.

assume [ə'sju:m] *v* **1.** приемам, допускам, предполагам, вземам за дадено; **2.** приемам (*вид*), добивам (*характер*); ставам; **to ~ an air of innocence** правя се на невинен; **3.** поемам (*служба, товар*).

assure [ə'ʃuə] *v* **1.** уверявам, убеждавам (**of**); **to ~ oneself of** убеждавам се в, сигурен съм по отношение на, наясно съм по; **2.** осигурявам, гарантирам, обезпечавам; **3.** осигурявам, застраховам.

astonish [əs'tɔniʃ] *v* **1.** учудвам, удивявам; **2.** шокирам; **to be ~ed at** бивам учуден, удивен от.

astonishment [əs'tɔniʃmənt] *n* учудване, удивление; **to my ~** за мое учудване.

astrobotany [,æstrou'bɔtəni] *n* астроботаника, космическа ботаника.

astronaut ['æstrənɔ:t] *n* астронавт, космонавт.

astronomy [ə'stronəmi:] *n* астрономия.

astrophotography [,æstrəfə'tɔgrəfi] *n* астрофотография.

astrophysicist [,æstrə'fizisist] *n* астрофизик.

asylum [ə'sailəm] *n* **1.** приют, убежище; **to seek ~** потърсвам убежище; **2.** *пол.* убежище.

asymptomatic [,æsimptə'mætik] *adj* безсимптомен.

asynchronism [æ'siŋkrə,nizəm] *n* асинхронизъм, липса на синхрон.

at [æt - *силна форма*, ət - *слаба форма*] *prep* **1.** *за място:* в, на, при, пред, до; **~ home** в къщи; **2.** *място, през което се влиза или излиза*: през; **3.** *разстояние:* на; **~ some distance away** на известно разстояние.

atheist ['eiθiist] *n* атеист.

athlete ['æθli:t] *n* **1.** атлет, спортист; силен, подвижен човек; **2.** *ист.* атлет, борец.

athletic [æθ'letik] **I.** *adj* **1.** атлетически, атлетичен; **2.** силен, подвижен; **~ field** игрище, стадион; **II.** *n pl* атлетика; **light (heavy) ~s** лека, тежка атлетика; *attr* атлетичен.

athleticism [æθ'letisizəm] *n* атлетизъм, физическа здравина.

Atlantic [ət'læntik] **I.** *adj* атлантически; **II.** *n:* **the ~** Атлантическият океан.

atmosphere ['ætməsfiə] *n* **1.** атмосфера; въздух (*и прен.*); **2.** атмосфера, единица за налягане.

atom ['ætəm] *n* **1.** атом; *attr* атомен; **~ bomb** атомна бомба; **2.** *прен.* частица, капка, малко.

atomic [ə'tɔmik] *adj* **1.** атомен; **~ bomb** атомна бомба; **2.** много голям, пълен, цялостен.

atomizer ['ætəmaizə] *n* пулверизатор, пръскачка.

atoneable [ə'tounəbl] *n* поправим; който може да бъде изкупен (изгладен, помирен).

atrocity [ə'trɔsiti] *n* **1.** зверство, варващина, ужас; **2.** голяма грешка, нетактичност.

attach [ə'tætʃ] *v* **1.** прикрепвам (се), закрепвам, закачам (се), залепям (се), лепвам (се), прилепвам (се) (**to**); **to ~ a hook to the line** закачам кукичка на въдицата; **2.** прилагам (документи); **3.** аташирам (**to**).

attache [ə'tæʃei] *n* аташе; **military ~** военен аташе.

attachment [ə'tætʃmənt] *n* **1.** привързаност, преданост, вярност (**to**); **old ~** стара любов; **2.** придаване, придаденост (**to**); **3.** арест, арестуване, налагане на запор.

attack [ə'tæk] **I.** *v* **1.** нападам, атакувам, нахвърлям се върху (*и прен.*); **2.** *хим.* разяждам; **3.** залавям се за; подхващам; започвам; **II.** *n* **1.** нападение, атака; нападка; **to make ~s on** нападам; **2.** пристъп, криза; спазъм, атака; **3.** *воен.* подстъп.

attain [ə'tein] *v* **1.** стигам до, постигам, спечелвам; успявам; **2.** достигам, добирам се (**to**); **to ~ to full maturity** възмъжавам.

attempt [ə'tempt] **I.** *v* опитвам се; заемам се, залавям се за; **to ~ too much** залавям се за нещо, което не е по силите ми; **II.** *n* опит; **an ~ at escape** опит за бягство.

attend [ə'tend] *v* **1.** внимавам, обръщам внимание на, слушам (**to**); **to ~ to one's work** гледам си работата; **2.** изпълнявам (*поръчка*) (**to**); **3.** прислужвам; грижа се, погрижвам се за (**on**).

attendance [ə'tendəns] *n* **1.** грижи, обслужване; **to be in ~ (on)** грижа се за, обслужвам; **2.** присъствие, посещение.

attendant [ə'tendənt] **I.** *adj* **1.** придружаващ, съпътстващ, съпровождащ; **~ circumstances** обстоятелства, свързани с нещо; **2.** обслужващ, който се грижи (**on**); **3.** присъстващ; **II.** *n* **1.** прислужник, разсилен; **2.** компаньон.

attendee [ə,ten'di:] *n* присъстващ.

attention [ə'tenʃən] *n* **1.** внимание; **to call (draw, direct) s.o.'s ~ to** обръщам внимание (*на някого върху*); **2.** грижа, грижи, обслужване; **3.** *pl* внимание, обикаляне, ухажване; • **~!** *воен.* мирно!

attentive [ə'tentiv] *adj* **1.** внимателен (**to**); **2.** грижлив, внимателен; **3.** учтив, вежлив.

attic ['ætik] *n* **1.** таван, тавански етаж, мансарда; *attr* тавански; **2.** *sl* глава, мозък; **3.** *арх.* нисък етаж над корниз.

attitude ['ætitju:d] *n* **1.** стойка, поза; **to assume (strike) an ~** *театр.* заемам поза; **2.** становище, отношение (**towards**).

attorn [ə'tɔ:n] *v ист.* признавам нов собственик на имот.

attorney [ə'tə:ni] *n* пълномощник, адвокат (*амер.* **~ and counsellor-at-law, ~-at-law**); **A. General** главен държавен адвокат; *амер.* министър на правосъдието.

attornment [ə'tɔ:nmənt] *n ист.* признаване на нов собственик; прехвърляне на подчинението към нов феодал.

attract [ə'trækt] *v* привличам, притеглям (**to**); **to play ~ed a lot of notice** пиесата събуди голям интерес.

attractant [ə'træktənt] *n хим.* вещество, което привлича.

attraction [ə'trækʃən] *n* **1.** привличане, притегляне; **~ of gravity** гравитационна сила; **2.** привлекателност, привличаща сила; **3.** атракцион, атракция.

attractive [ə'træktiv] *adj* привлекателен, притегателен, примамлив; атрактивен, атракционен; **~ idea** притегателна идея.

attractiveness [ə'træktivnis] *n* привлекателност; притегателна сила; атрактивност.

attributable [ə'tribjutəbl] *adj* който може да се припише (**to** на); **lung disease is ~ to smoking** пушенето причинява (води до) заболяване на белите дробове.

atween [ə'twi:n] *prep ост.* = **between**.

auction [ɔ:kʃən] **I.** *n* търг, наддаване, аукцион; **to put up to, to sell by (ам. at) ~** продавам на търг; **II.** *v* продавам на търг.

audible ['ɔ:dibl] *adj* който може да се чуе; **hardly ~** едва доловим.

audience ['ɔ:diəns] *n* **1.** публика, слушатели, зрители, читатели; **2.** аудиенция; *юрид.* заседание, сесия; **~-chamber** зала за аудиенции; • **to give ~** слушам, изслушвам.

audio book ['ɔ:diou,buk] *n* запис на книга (*върху касета*).

audio conference ['ɔ:diou,kɔnfərəns] *n* телеконференция, конференция с аудио мост.

audiogenic ['ɔ:diou,dʒenik] *adj* причинен (произтичащ) от звук.

audiology [,ɔ:di'ɔlədʒi] *n* аудиология (*научното изучаване на слуха*).

audiophile ['ɔ:diou,fail] *n* любител (почитател) на висококачествените звукозаписи.

audio response ['ɔ:diouri,spɔns] *n комп.* звуков отговор.

audio-typist ['ɔ:diou,taipist] *n* машинописец, който пише под диктовката на звукозапис.

auditor ['ɔ:ditə] *n* **1.** финансов ревизор; **2.** *амер.* слушател (*в университет*); **3.** *ист.* оглашен, аудитор.

August ['ɔ:gəst] *n* август; *attr* августовски.

au lait [ou'lei] *adv фр.* с мляко.

aunt [a:nt] *n* леля, тетка, стрина, стрика, вуйна; **A. Sally** дървена женска фигура с лула в устата като прицел при игра; *прен.* прицел за нападки, посмешище; "скица", бостанско плашило.

Aunt Sally ['a:nt'sæli] *n* мишена; прицел на подигравки и обиди.

aureus ['ɔ:riəs] *n* златна монета в римската империя.

Australia [ɔ:s'treiliə] *n* Австралия.

Australian [ɔ:s'treiliən] **I.** *adj* австралийски; **II.** *n* австралиец.

Austria ['ɔ:striə] *n* Австрия.

Austrian ['ɔ:striən] **I.** *adj* австрийски; **II.** *n* австриец.

authentic [ɔ:'θentik] *adj* автентичен, истински, действителен, несъмнен, неподправен; достоверен.

author ['ɔ:θə] *n* **1.** автор, писател; **2.** творец, създател; съзидател; **3.** извършител, причинител, виновник (**of**).

authority [ɔ:'θɔriti] *n* **1.** власт, пълномощие (**to** *с inf.*, **for**); **State ~** държавна власт; **2.** *обикн. pl* **the authorities** властите, органите на властта; **local authorities** местни власти; **3.** авторитет, тежест (**with**).

authorize ['ɔ:θəraiz] *v* **1.** упълномощавам, оторизирам, делегирам, възлагам на, натоварвам; **2.** санкционирам, потвърждавам, одобрявам; разрешавам, позволявам; **~d translation** авторизиран превод; **Authorized Version (A. V.)** издаден през 1611 г. английски превод на Библията - преводът на крал Джеймз; **3.** оправдавам, давам основание за.

autobiographer [,ɔ:təbai'ɔgrəfə] *n* автобиограф.

autobiography [,ɔ:tobai'ɔgrəfi] *n* автобиография.

autocross ['ɔ:tou,krɔs] *n* автокрос.

autograft ['ɔ:təgra:ft] *n мед.* тъкан, взета от една част на тялото за присаждане в друга част.

autograph ['ɔ:təgra:f] **I.** *n* **1.** автограф, собственоръчен подпис; **2.** оригинал на ръкопис; **3.** литографско копие; **II.** *adj* написан от самия автор, авторски; **III.** *v* **1.** пиша собственоръчно; **2.** подписвам се; **3.** литографирам.

autohypnosis [,ɔ:touhip'nouzis] *n* автохипноза.

autokinetic [,ɔ:touki'netik] *adj* автоматично самозадвижващ се.

autologous [ɔ:'tɔləgəs] *adj* (*за присадена тъкан, кръвопреливане и пр.*) идващ от реципиента (*а не от друг донор*).

automatic [,ɔ:tə'mætik] **I.** *adj* **1.** автоматичен, автоматически; **~ machine** автоматична машина, (машина) автомат; **2.** механичен, механически, машинален; несъзнателен; **II.** *n* автоматичен уред, оръжие; *амер.* пистолет.

automaton [ɔ:'tɔmətən] *n* (*pl* **automata, automatons**) автомат (*и прен.*).

automobile [,ɔ:təmo'bi:l] **I.** *n* автомобил, моторна кола; **II.** *adj* **1.** автомобилен; **~ transportation** автотранспорт; автомобилен превоз; **2.** самодвижещ се; **III.** *v амер.* возя се на автомобил.

autonomous [ɔ:'tɔnəməs] *adj* автономен, независим, самостоятелен.

autonomy [ɔ:'tɔnəmi] *n* **1.** автономия, самоуправление, самоуправа; **2.** право на самоуправление; **3.** автономна държава, област, общност.

autopsy ['ɔ:tɔpsi] *n* **1.** аутопсия; **2.** *прен.* критично разглеждане, разкритикуване.

autumn ['ɔ:təm] *n* **1.** есен; **2.** *attr* есенен; **~-bells** *бот.* синя тинтява, горчивка *Gentiana pneumonanthe*.

available [ə'veiləbl] *adj* **1.** на разположение, разполагаем, на (под) ръка, подръчен, налице, наличен; **by all ~ means** по всички възможни начини; **2.** валиден, в сила (*за билет*); **3.** достъпен.

avalanche ['ævəla:nʃ] *n* **1.** лавина; **2.** *прен.* дъжд, порой.

avenue ['ævinju:] *n* **1.** път, алея (в парк); **2.** широка улица, авеню, булевард; **3.** *прен.* път, начин, възможност; **an ~ of wealth** средство за (бързо) забогатяване.

average ['ævəridʒ] **I.** *n* **1.** средното; общо равнище, ниво; **at (on, upon) an ~** средно, едно на друго; **2.** *търг.* загуба от повреда, морска авария; разпределение на загуба от повреда между заинтересуваните лица; **II.** *adj* среден, обикновен, нормален; **III.** *v* **1.** намирам средна стойност; **2.** определям общото равнище на; водя се по средното, общото; **3.** разпределям поравно.

aversive [ə'və:siv] *adj* отблъскващ.

avert [ə'və:t] *v* **1.** отблъсквам, отбивам, отклонявам, парирам; **2.** обръщам настрана, отвръщам, отклонявам (**from**); **3.** предотвратявам **to ~ a danger** предотвратявам опасност.

aviarist ['eiviərist] *n* птицевъд.

aviation [,eivi'eiʃən] *n* **1.** авиация, въздухоплаване; **2.** *attr* авиационен, въздухоплавателен.

avoid [ə'vɔid] *v* **1.** отбягвам, въздържам се от, стоя настрана от, страня от; **2.** *юрид.* отхвърлям, отменям, анулирам, касирам; **3.** *ост.* опразвам (се); заминавам, избягвам; слизам от кон.

avoirdupois [,ævədə'pɔiz] *n* **1.** (*и* **~ weight**) обикновената английска система на теглене; **A. pound** фунт (*453,9 г*); **2.** *ам., разг.* тежест, тежина.

avoset, avocet ['ævouset] *n зоол.* птица от рода на бекасите *Recurvirostra*.

avouch [ə'vautʃ] *vt/vi* **1.** гарантирам (за), поръчителствам (за); **2.** утвърждавам, заявявам; **3.** признавам.

avow [ə'vau] *v* **1.** признавам (си, открито); *refl* признавам се за; **to ~ oneself the author** признавам, че аз съм авторът (извършителят); **2.** *юрид.* оправдавам (*деяние, постъпка*); **3.** *ост.* заявявам, твърдя.

avowedly [ə'vauidli] *adv* по общо признание, както се твърди.

avulsion [ə'vʌlʃən] *n* отблъскване, отритване; насилствено разделяне.

avuncular [ə'vʌŋkjulə] *adj* чичов, вуйчов; *прен.* благ, доброжелателен.

awake [ə'weik] **I.** *v* (**awoke; awoke, awaked**); **1.** будя, събуждам, пробуждам (*и прен.*); съживявам, раздвижвам; **to ~ s.o. to a sence of duty** събуждам у някого чувството за дълг; **2.** събуждам се (**from, out of**); *прен.* раздвижвам се, размърдвам се, заемам се за работа; **he awoke to find himself famous** той се видя (осъмна) знаменит; **3.** съзнавам, осъзнавам, разбирам (**to**); **II.** *adj predic* **1.** буден; **to be ~** буден съм, не спя, будувам, бодърствам; **2.** бдителен.

award [ə'wɔ:d] **I.** *v* давам, присъждам (награда) (**to**); награждавам (**with**); **II.** *n* **1.** решение (*на съдия, арбитър*); отсъждане, присъждане; **2.** наложено наказание, дадена (присъдена) награда.

aware [ə'weə] *adj predic* знаещ, който знае (съзнава, чувства, усеща, долавя), осведомен; **to be ~ (of, that)** зная, съзнавам, ясно ми е, имам ясна представа, осведомен съм; чувствам, усещам, долавям.

away [ə'wei] **I.** *adv* **1.** *за разстояние, отсъствие:* далеч; **~ from home** не у дома си, заминал; **2.** *обръщане в друга посока:* настрана; **3.** *отдалечаване*: **to carry ~** отнасям, задигам; увличам; **II.** *adj* **1.** *сп.* който се играе на чуждо игрище; **2.** отсъстващ; **3.** далечен, отдалечен.

awful ['ɔ:ful] *adj* **1.** *разг.* ужасен, страхотен; **2.** *ост.* изпълнен със страхопочитание (благоговение), благоговеен.

awfully ['ɔ:fuli] *adv* **1.** ужасно, страхотно; **2.** *разг.* много; **~ kind of you** много любезно от твоя страна.

awkward ['ɔ:kwəd] *adj* **1.** несръчен, непохватен, неловък, тромав, дървен, вързан, скован; **an ~ workman** вързан в ръцете; **2.** неудобен, неловък, стеснителен, затруднителен, мъчителен, неприятен; **3.** мъчен, труден.

awl [ɔ:l] *n* шило.

awning ['ɔ:niŋ] *n* **1.** тента, чергило; **2.** *мор.* задна палуба; **3.** навес.

awoke *вж* **awake I.**

awkwardness ['ɔ:kwədnis] *n* **1.** несръчност, непохватност, неловкост, тромавост, скованост; **2.** неудобство, затруднителност.

awl [ɔ:l] *n* шило.

awry [ə'rai] **I.** *adv* **1.** накриво, косо, настрана, встрани; **2.** криво, не както трябва, наопаки, недобре, неправилно; **to go (run, tread) ~** постъпвам не както трябва, бъркам, греша, правя грешка, сгрешавам; **to take ~** разбирам криво, обиждам се, тълкувам неправилно; **II.** *adj predic* **1.** крив; **2.** изкривен; **3.** погрешен, неверен, неправилен.

axe [æks] **I.** *n* **1.** брадва, секира; топор; секира на палач; **2. the ~** обезглавяване, наказание; **3.** бюджетни съкращения; окастряне, намаляване; **II.** *v* **1.** служа си с брадва; **2.** съкращавам, окастрям, намалявам драстично; **3.** прекратявам.

axial ['æksiəl] *adj* осев, осов, осен, аксиален; **~ angle** ъгъл на оптически оси; **~ cable** *ав.* осна свръзка; **~ road** *воен.* път, перпендикулярен на фронт; ◇ *adv* **axially**.

axiology [ˌæksi'ɔlədʒi] *n* аксиология (*теория за моралните ценности*).

axis ['æksis] *n* (*pl* **axes**) **1.** ос (*и геом., пол.*); **terrestrial ~, ~ of the equator** земна ос; **2.** *бот.* главно стъбло; **3.** *анат.* вторият шиен прешлен.

axle [æksl] *n* **1.** ос, вал, полуос; **2.** *авт.* водещ мост; **driving ~** двигателна ос; *attr* осен, осов; **~ nut** главина; **crank ~** колянов вал.

axolote [ˌæksɔlote] *n* подобно на саламандър водно животно, обитаващо мексиканските езера.

aye-aye ['ai 'ai] *n зоол.* нощно, подобно на катерица, животно обитаващо Мадагаскар.

azalea [ə'zeiliə] *n бот.* азалея.

azan [æ'zæn] *n* вик на мюезин, с който се събират мюсюлманите за молитва.

azote [ə'zout] *n ост.* азот.

Aztec ['æztek] *n* Ацтек.

azurine ['æzjurain] *adj* светлосин, лазурен.

azyme ['æzaim, 'æzim] *n рел.* **1.** безквасен хляб, който евреите ядат на Пасха; **2.** безквасен хляб, освещаван при служба (*в Католическата църква*).

B

B, b[1] [bi:] *n* **1.** буквата **b**; **2.** *уч.* оценка "добър"; **3.** *муз.* си; **B major, minor** си мажор, минор; **B flat** си бемол, *шег.* дървеница; **B sharp** си диез.

b[2] *abbr* (**bit**) *комп.* бит (*най-малката единица за информация*).

baby ['beibi] *n* **1.** бебе, дете(нце), рожба, чедо, кърмаче, пеленаче; **war ~** (извънбрачно) дете, родено по време на война; новопроизведен офицер; новобранец; **2.** малко на животно; **3.** дете; глупав, наивен, неопитен човек.

baby-minder ['beibi,maində] *n* детегледач(ка), бавачка.

baby-minding ['beibi,maindiŋ] *n* гледане на (чуждо) дете, работа на (като) бавачка.

baby-sitter ['beibi,sitə] *n* приходяща бавачка (*особ. за вечерните часове*).

baby-walker ['beibi,wɔ:kə] *n* проходилка.

baby wipe ['beibi,waip] *n* ароматизирани и навлажнени салфетки за почистване на бебе.

bachelor ['bætʃələ] *n* **1.** ерген, бекяр; **old ~** стар ерген; **2.** бакалавър; **Bachelor of Arts (B.A.)** бакалавър по хуманитарните науки; **3.** *ист.* млад рицар, който служи под чуждо знаме; • **~'s buttons** *бот.* кичесто лютиче, градински парички; вид бисквити.

back [bæk] **I.** *n* **1.** гръб, гърбина; **~ to ~** гръб с гръб; **2.** облегалка (*на стол*); **3.** гребен, било; • **at the ~ of beyond** Бог знае къде; **II.** *adv* **1.** назад, обратно; отново, пак; **~ and forth** напред-назад, насам-натам, нагоре-надолу; **2.** обратно (*за връщане към първоначално положение, състояние*); **3.** отново; **III.** *v* **1.** подпирам, подкрепям, поддържам, подсилвам; подпомагам, субсидирам, финансирам, спонсорирам; **2.** поставям (служа за) гръб, облегало, фон, основа, хастар, подплата; **3.** *разг.* нося на гърба си; **IV.** *adj* **1.** заден; отдалечен; по-долен, по-лош; **~ areas** *воен.* тил, тилови райони; **2.** закъснял, стар, остарял, просрочен; **3.** обратен;

back out 1) движа се заднишком, излизам с гърба напред; 2) не устоявам на думата си; измъквам се (**of**); **to ~ out of an argument** отказвам се да споря за нещо;

back up подкрепям, поддържам.

backbone ['bækboun] *n* **1.** гръбнак (*и прен.*), гръбначен стълб; **to the ~** до мозъка на костите, в червата; **2.** смелост, решителност.

backburner ['bæk,bə:nə] *n*: **to put on the ~** отлагам временно, оставям за по-нататък (на заден план)

backbend ['bæk,bend] *n* мост (*гимнастическо упражнение*).

back boiler ['bæk,bɔilə] *n* инсталация за топлене на вода, монтирана зад камина.

backchat ['bæk,tʃæt] *n разг.* остро отговаряне, дръзка реплика.

backcross ['bæk,krɔs] **I.** *v* правя кръстоска между хибрид и един от родителите му; **II** *n* животното, получено при такава кръстоска.

backgammon [,bæk'gæmən] *n* табла.

background ['bækgraund] *n* **1.** фон, заден план; **against the ~ of** на фона на; **2.** произход, среда, обстановка, обкръжение; **3.** биографични данни; подготовка; опитност, квалификация.

backfile ['bæk,fail] *n* стара годишнина (архив) (*на периодично издание*).

backlot ['bæk,lɔt] *n* районът извън телевизионно студио за филмиране на сцени на открито.

backmatter ['bæk,mætə] *n* приложения, индекс и др. добавки в края на книга.

back slash ['bæk,slæ] *n* чертичка, наклонена наляво (\).

backspace ['bæk,speis] **I.** *v* връщам (курсора) една позиция назад; **II.** *n* клавиш, с който се връща назад.

backswept ['bæk,swept] *adj* наклонен назад.

back-to-back ['bæktu'bæk] *adj* **1.** с гръб един към друг; **2.** *разг.* последователен.

backward ['bækwəd] *adj* **1.** обратен; **~ glance** поглед назад; **2.** назадничав, ретрограден; изостанал, недоразвит; **3.** закъснял; късен, къснозреен.

bacon ['beikən] *n* пушена сланина; бекон; • **to bring home the ~** *sl* успявам, постигам успех.

bad [bæd] **I.** *adj* (**worse** [wə:s]; **worst** [wə:st]) **1.** лош, недоброкачествен, негоден, слаб, калпав, западащ; **from ~ to worse** все по-зле и по-зле; от лошо към по-лошо, от развала към провала; **2.** лош, зъл, злобен, злостен, проклет; **3.** лош (*за болест, време*); • **~ claim** *юрид.* неоснователна претенция; **II.** *n* зло; **to the ~** за лошо; в загуба; в графа "загуби".

badge [bædʒ] *n* **1.** значка; **to put up a ~** *мор. разг.* бивам повишен; **2.** знак, признак, символ.

badger ['bædʒə] **I.** *n* **1.** язовец, борсук; **2.** четка от косми на язовец; **3.** *разг.* жител на Уискънсин; **II.** *v* гоня, преследвам; вадя душата на, дразня, безпокоя, тормозя; *прен.* накарвам някого да се издаде, да си разкрие картите.

badly ['bædli] *adv* (**worse** [wə:s], **worst** [wə:st]) **1.** зле; **2.** много силно; **to want a thing ~** нуждая се много, имам голяма нужда от; **3.** тежко, опасно; • **to be ~ off** зле, в лошо положение съм, нуждая се (**for**).

bad news ['bæd,nju:z] *n sl* нежелан човек; натрапник.

BAF ['bi:'ei'ef] *abbr* **(Britis Athletics Federation)** Британска Атлетическа Федерация.

BAFTA ['bæftə] *abbr* **(British Academy of Film and Television Arts)** Британска Академия за Филмово и Телевизионно изкуство.

bag [bæg] **I.** *n* **1.** торба, торбичка, чанта; чувал; **~ and baggage** с целия си багаж, с всичките си партошини; напълно, изцяло, много; **2.** книжна кесия (*и* **paper~**); **3.** ловджийска чанта; лов (*убит, хванат дивеч*); • **~ of wind, wind ~** бърборко; самохвалко, хвалипръцко; **II.** *v* **1.** пъхвам в торба (торбичка, чанта, чувал); **2.** успявам да осигуря, резервирам, уреждам, вземам; **to ~ a ticket for a performance** осигурявам, сдобивам се с билети за представление; **3.** убивам, удрям (дивеч).

bagel ['beigl] *n* геврек, геврече, кравайче.

baggage ['bægidʒ] *n* **1.** багаж (*и воен.*), партакеши; **~ animal** товарно животно; **2.** хитруша, дяволица; *ост.* лека жена.

bagging ['bægiŋ] *n текст.* кеневир; зебло; материя за чували.

bagpipe(s) ['bægpaip(s)] *n* гайда.

bait [beit] **I.** *n* **1.** стръв; **live ~** жива стръв; **2.** примамка, изкушение; **3.** спиране (*за почивка, хранене*); **II.** *v* **1.** слагам стръв (на); **to ~ the line** слагам стръв на въдицата; *прен.* примамвам, прилъгвам, подмамвам; **2.** храня, нахранвам, зобя, назобвам (*кон*); **3.** спирам се (*за почивка, за хранене*) (**at**).

bake [beik] *v* **1.** пека (се), изпичам (се); **half ~d** недопечен, незрял; *прен.* малоумен; **2.** суша (се), изсушавам (се), опичам (се); **3.** опичам, обгарям (*за слънце*); почернявам, изгарям, добивам тен; узрявам.

bakehouse ['beik,haus] *n* пекарница, фурна.

bakery ['beikəri] *n* **1.** пекарница, пекарня, фурна, магазин за хлебни произведения; **2.** фурнаджийство.

balance ['bæləns] **I.** *n* **1.** везни, теглилка, кантар; **assay-~** аналитични везни; **2.** махало, баланс, балансир; **3.** равновесие **~ of forces** равновесие на сили; • **~ of nature** природен баланс; **II.** *v* **1.** балансирам, уравновесявам, запазвам равновесие, в равновесие съм; **2.** изравнявам, уравнявам, уеднаквявам; **3.** претеглям, преценявам, правя преценка на, сравнявам, съпоставям (**with, against**).

balcony ['bælkəni] *n* **1.** балкон; **2.** *театр.* втори балкон.

bald [bɔ:ld] *adj* **1.** плешив; лис; **(as) ~ as a coot** съвсем плешив; **2.** гол, без растителност, козина, пера, мъх; **3.** лис, с бяло петно.

baldy [bɔ:ldi] *разг.* **I.** *adj* плешив(ичък); **II.** *n* плешивец.

Balkan ['bɔ:lkən] **I.** *adj* балкански; **the Balkan** Балканът, Стара планина; **the ~ peninsula** Балканският полуостров; **II.** *n pl* **the ~s** Балканите, Балканският полуостров.

ball₁ [bɔ:l] **I.** *n* **1.** топка, топче, топчица, кълбо, клъбце, кълбенце, валмо, чиле, чиленце; **~of fire** огнено кълбо; **2.** играя на топка; хвърляне на топка, удар; **3.** куршум; сачма; гюлле; • **~ and socket** ябълковидно съединение; **II.** *v* **1.** събирам (се), натрупвам (се), свивам се на топка; **2.** навивам на кълбо; **~ up** *sl* обърквам, забърквам.

ball₂ *n* бал; **to open the ~** откривам бала; повеждам хорото; започвам да действам.

ballad ['bæləd] *n* **1.** епическа народна песен; **2.** балада.

balladeer [,bælə'diə] *n* певец на балади.

ballerina [,bælə'ri:na:] *n* балерина.

ballet ['bælei] *n* балет.

balloon [bə'lu:n] **I.** *n* **1.** балон, неуправляван аеростат; **captive (barrage) ~** вързан балон; **2.** *арх.* кълбо на върха на стълб и пр.; **3.** *хим.* балон, кълбо; **II.** *v* **1.** издигам се с балон; **2.** издувам се (*и* **out**).

ballot ['bælət] **I.** *n* **1.** избирателна топка, бюлетина; **2.** (тайно) гласуване; **3.** дадени гласове; **II.** *v* **1.** гласувам; **~ for** избирам с тайно гласуване; **2.** тегля жребий.

balm [ba:m] *n* **1.** балсам, мехлем; **2.** благоухание, аромат; **3.** утеха.

balneological [,bælniə'lodʒikl] *adj* балнеоложки.

balneotherapy [,bælniə'θerəpi] *n* балнеотерапия.

bamboo [bæm'bu:] **I.** *n* **1.** бамбук; **2.** *attr* бамбуков; **~ tree** бамбуково дърво; **II.** *v* бия с бамбукова пръчка.

ban₁ [bæn] **I.** *v* **1.** забранявам; не допускам, осъждам; **2.** анатемосвам, проклинам; **II.** *n* **1.** възбрана, забрана, запрещение; **under ~** забранен, под забрана, под запрещение; **2.** църковно проклятие, отлъчване, анатема; **3.** поставяне извън законите, пращане в изгнание; остракизиране.

ban₂ *n ист.* бан.

banal [bə'na:l] *adj* банален.

banana [bə'na:nə] **I.** *n* банан; **II.** *adj* побъркан, глупав; **to drive s.o. ~s** подлудявам, побърквам някого.

band₁ [bænd] **I.** *n* **1.** връзка; *pl* окови; **2.** ивица; лента, панделка, ширит, кордела; колан, пояс; обръч; яка на риза (*и* **shirt~**); околник на фуражка (*и* **cap-~**); **3.** *тех.* трансмисионен ремък; **II.** *v* поставям лента (*и пр.*) на, шаря с ивици.

band₂ [bænd] **I.** *n* **1.** група, чета, отряд; банда, шайка, тайфа; **~ of robbers** банда разбойници; **2.** музика, банда; • **~ wagon** вагон с музика; *sl* партия, страна, която е победила (*на избори и пр.*); **II.** *v* обединявам (се), събирам се, сливам се (*и с* **together**); **to ~ up** съюзяваме се, обединяваме се.

bandage ['bændidʒ] **I.** *n* превръзка, бинт, бандаж; **II.** *v* **1.** превързвам, бинтовам; **2.** *ост.* свързвам.

B and B ['bi:ænd'bi:] *abbr* **(Bed and Breakfast)** нощувка и закуска (*предлагани в хотел*).

bandwidth ['bænd,widθ] *n* диапазон на честоти в определен обхват.

bangle [bæŋgl] *n* гривна.

banister ['bænistə] *n* **1.** стълбче, колонка; **2.** *pl* перила (*на стълба*).

bank₁ [bæŋk] **I.** *n* **1.** насип, тераса, вал, рид, рът, ръглина, издигнатина; **~ of earth** насип; **2.** бряг (*на река, езеро*); крайбрежие; **3.** плитчина, плитко място; **II.** *v* **1.** правя насип (откос), ограждам с насип(и); укрепявам; **2.** натрупвам (се) на куп; **3.** *ав.* навеждам се, накланям се, правя вираж; **to ~ up** натрупвам (се) на куп (купища, пряспа, преспи), образувам маса (*за облаци и пр.*); затрупвам (*огън*).

bank₂ **I.** *n* **1.** банка; **B. of England, The B.** Английската народна банка; **~ of issue** емисионна банка; **2.** *карти* каса, банка; **3.** резерв, запас; • **~ rate** сконтов процент; **II.** *v* **1.** банкер съм, имам банка; **2.** влагам (внасям, държа) пари в банка; **who do you ~ with?** в коя банка си държите парите? **3.** превръщам в пари.

bank₃ **I.** *n* **1.** пейка за гребци (*в галера*); **2.** клавиатура на орган; **3.** нещо, наредено амфитеатрално; **II.** *v* **1.** нареждам на редици; **2.** свързвам в батерия.

banker₁ ['bæŋkə] *n* **1.** банкер; **2.** този, у когото е "банката" при хазартна игра.

banker₂ *n* моряк/риболовен кораб, който ловува край Нюфаундленд.

bankrupt ['bæŋkrʌpt] **I.** *adj* фалирал, банкрутирал, разорен, в несъстоятелност; **to go ~** фалирам, банкрутирам, разорявам се; **II.** *n* длъжник в несъстоятелност, фалирал длъжник; **III.** *v* причинявам фалита на, накарвам да фалира, провалям.

bankruptcy ['bæŋkrəpsi] *n* фалит, банкрут, несъстоятелност; фалиране, банкрутиране; *прен.* провал, проваляне.

banner ['bænə] **I.** *n* **1.** знаме, флаг, стяг, пряпорец; хоругва; **to follow the ~** нареждам се под знамената; **2.** заглавие, разположено на цяла страница на вестник (*и* **~ -headline**); **II.** *adj ам.* отличен, първокачествен, изключителен; **a ~ year** *търг.* година на големи печалби.

bannock ['bænək] *n* плоска неподсладена питка.

banquet ['bæŋkwit] **I.** *n* банкет; угощение, гощавка, гуляй, пир; **II.** *v* давам банкет на, угощавам; правя угощение, пирувам, гуляя.

baptism ['bæptizm] *n* кръщение, кръщавка, кръщаване; **~ of fire** бойно кръщение.

baptize [bæp'taiz] *v* **1.** кръщавам; покръствам; давам име на; **2.** *прен.* очиствам, пречиствам.

bar₁ [ba:] **I.** *n* **1.** пръчка, прът; *pl* решетки, пречки; преграда, препятствие; **he's behind (prison) ~s** той е вътре (*в затвора*); той е зад решетките; **2.** лом, лост; **3.** парче, калъп (*напр. сапун*); слитък (*злато или сребро*); **II.** *v* **1.** преграждам; препречвам; запречвам, запирам (*врата*), залоствам; **all exits are ~red** всички изходи са затворени; няма вече изход; **2.** изключвам, забранявам, не допускам; **3.** затварям, заключвам, не пускам (да излезе) (**~ in**); **III.** *prep разг.* освен, без; изключая; **~ none** без изключение.

bar$_2$ *n* бар, единица за измерване на атмосферно налягане.

barber ['ba:bə] **I.** *n* бръснар; **~'s itch (rash)** сикозис, вид екзема; **II.** *v* подстригвам (*брада или коса*).

bard(e) [ba:d] *n* парче сланина, с което се покрива нетлъсто месо при печене.

bardolatry [ba:'dɔlətri] *n шег.* прекомерно преклонение пред Шекспир.

bare [beə] **I.** *adj* **1.** гол, непокрит, оголен; **in one's ~ skin** гол-голеничък, както го е майка родила; **2.** празен, немебелиран; **3.** открит; неукрасен, прост; **II.** *v* откривам, оголвам; разкривам.

barefoot ['beəfut] **I.** *adj* бос, босоног, необут (*и* **barefooted**); **II.** *adv* с боси крака, бос.

bare-knuckle ['bɛə,nʌkl] *adj* **1.** с голи ръце, без боксови ръкавици (*за бокс, бой*); **2.** безкомпромисен, свиреп, ожесточен.

barely ['beəli] *adv* **1.** едва; само; просто; **2.** *рядко* открито.

bargain ['ba:gin] **I.** *n* **1.** сделка; пазарлък; **to make (strike,conclude, drive, settle) a ~** сключвам сделка; **2.** изгодна сделка; **3.** покупка; **II.** *v* пазаря се, спазарявам се; **(with s. o. about sth)** *прен.* съгласявам се; **to ~ sth away** продавам нещо на неизгодно ниска цена.

barge [ba:dʒ] **I.** *n* **1.** шлеп; баркас; **2.** голяма украсена лодка за тържествен случай, баржа; **3.** *мор.* адмиралтейски катер; **II.** *v разг.* движа се тромаво, блъскам се (**about**); клатя се; налитам, натъквам се (**into, against**); натрапвам се (**in**).

bark$_1$ [ba:k] **I.** *n* **1.** кора (*на дърво*); **~ grafting** *бот.* присаждане (ашладисване) с пъпка; **2.** дъбилна смес от кори; **II.** *v* **1.** обелвам, оголвам (*кора на дърво*); *прен.* ожулвам, съдирам; **2.** щавя, дъбя.

bark$_2$ **I.** *v* **1.** лая (**at**); **to ~ up the wrong tree** "сбъркал съм адреса", "лая на аба"; **2.** *прен.* рева, гърмя; **3.** *ам., разг.* кашлям; **II.** *n* **1.** лай; **his ~ is worse than his bite** той е лош само на думи; не е толкова страшен, колкото изглежда; той само се ежи; **2.** рев, гръм (*на огнестрелно оръжие*); **3.** кашляне.

barley ['ba:li] *n* ечемик; **pearl ~** лющен ечемик.

barmaid ['ba:meid] *n* барманка (*в кръчма*).

barman ['ba:mən] *n* (*pl* **barmen** ['ba:mən]) барман.

barn [ba:n] *n* **1.** хамбар (*и прен.*); плевник; **2.** *ам.* обор (*за едър добитък*); **born in a ~** *ам., разг.* невъзпитан, недодялан, от гората дошъл, в гора расъл.

barometer [bə'rɔmitə] *n* барометър.

barostat ['bærou,stæt] *n* баростат (*уред за поддържане на постоянно налягане*).

barrack ['bærək] **I.** *n pl* казарми; казарма (*и прен.*); **II.** *v* разквартирувам (*войска*) в казарми.

barrel ['bærəl] **I.** *n* **1.** каца, буре, бъчва; варел; **~ bulk** мярка за обем, равна на 141,58 л; **2.** барел, мярка за течности (*англ. 163,65 л, ам. 119* *л; за петрол - 195 л; за тежести - около 89 кг*); **3.** *воен.* цев; тяло (*на оръдие*); **II.** *v* **1.** пълня (напълвам) в бъчви; **2.** движа се много бързо, препускам.

barrel-chested ['bærəl,tʃestid] *adj* с широк гръден кош, широкоплещест.

barrelhouse ['bærəl,haus] *n ам.* евтина долнопробна кръчма.

barren ['bærən] **I.** *adj* **1.** безплоден, ялов; **2.** непроизводителен, неплодороден, неплодоносен; **3.** *прен.* безсъдържателен, празен, пуст, сух, беден, гол; **~ talk, arguments** безсъдържателен разговор, доводи; **II.** *n обикн. pl* безплодна земя, пустош.

barret ['bærit] *n* барета; кепе.

barrette [bə'ret] *n* фиба, шнола за коса.

barrier ['bæriə] *n* **1.** бариера, застава; **to put a ~ across a road** слагам бариера на път; **2.** преграда, пречка, препятствие; **3.** *прен.* граница, ограничение, пречка, препятствие (**to**).

barrister ['bæristə] *n* адвокат, който пледира (**~-at-law**).

base₁ [beis] **I.** *n* **1.** основа, база, базис; долна част; подножие, поли (*на планина*); **2.** *хим.* основа; **3.** *воен.* база; (**war military**) военна база; **~ naval** военноморска база; **• to be off one's ~ about sth** *sl* той не е с ума (акъла) си; **II.** *v* основавам, базирам; **to ~ oneself on** основавам се на.

base₂ **I.** *adj* **1.** низък, долен, подъл, недостоен; **2.** *мет.* неблагороден, окисляващ се; **~ coin** фалшива монета; **3.** *ез.* простонароден, народен; **II.** *n муз. ост.* бас.

baseball ['beisbɔ:l] *n сп.* бейзбол.

baseborn ['beis,bɔ:n] *adj ост.* **1.** със скромен произход; **2.** незаконороден; **3.** долен, мерзък, подъл.

basement ['beismənt] *n* **1.** сутерен; **2.** основа, фундамент.

basic ['beisik] **I.** *adj* **1.** основен; **~ stock** *фин.* основен капитал; **2.** *хим.* основен, алкален; **3.** *минер.* слабо силикатен (*за еруптивни скали*); **II.** *n pl* основна част, правило, принцип.

basin [beisn] *n* **1.** леген; тас; **2.** басейн (*на въглища, вода*); резервоар; **the Mediteranean ~** басейнът на Средиземно море.

basis ['beisis] *n* (*pl* **bases** ['beisi:z] **1.** основа, база, базис; **2.** основание; **3.** начало, принцип, изходна точка.

basket ['ba:skit] **I.** *n* **1.** кошница, кош, кошче; **2. wastepaper ~** канцеларско кошче, кош за отпадъци; *ав.* гондола; **3.** *сп.* баскет, кош; **• ~ lunch** обед на открито; **II.** *v* слагам (хвърлям) в кош; *прен.* захвърлям.

basketball ['ba:skitbɔ:l] *n сп.* **1.** баскетбол; **2.** баскетболна топка.

bass₁ [beis] **I.** *n* **1.** бас; **2.** басова партия; **II.** *adj* басов, нисък; **~ clef** басов ключ.

bass₂ [bæs] *n зоол.* костур.

bass₃ *n* **1.** лико; **2.** *бот.* американска липа *Tilia americana* (*и* **basswood**).

bassoon [bə'su:n] *n* фагот.

bastard ['bæstəd] **I.** *n* **1.** незаконородено (извънбрачно) дете; *грубо* копеле; **2.** хибрид; **3.** *ост.* вид сладко вино; **II.** *adj* **1.** незаконороден, извънбрачен; **2.** фалшив, подправен; присторен, привиден; **3.** нередовен, ненормален; необичаен, необикновен; **~ English** завален (развален) английски език.

bat₁ [bæt] *n зоол.* прилеп; **blind as a ~** съвсем сляп, "кьор кютюк".

bat₂ **I.** *n* **1.** *сп.* хилка, бухалка (*за бейзбол или крикет*); *рядко* ракета; **a good ~** добър играч на крикет; **2.** удар, удряне; **3.** тояга, сопа; **• right off the ~** изведнъж; без подготовка; направо в кариер (*за кон*); **to come** натъквам се на трудност; **II.** *v* (**-tt-**) **1.** *сп.* удрям топката (*при бейзбол, крикет и пр.*); **2.** тупам, пляскам; **3.** *sl* впускам се, втурвам се.

bat$_3$ *v* (**-tt-**) *разг.* мигам (*в израз на изненада*).

batch [bætʃ] *n* **1.** количество хляб от еднократно замесване, "фурна"; **2.** *строит.* количество бетон при едно бъркане; **3.** група, купчина; партида; **of the same ~** от едно тесто, от един дол дренки.

bath [ba:θ] **I.** *n* (*pl* [ba:ðz]) **1.** баня; вана; **~ of blood** кървава баня; сеч, клане; **2.** къпане, баня; **3.** *тех.* баня, вана, ваничка; **II.** *v* слагам или мия във вана (ваничка).

bath bun ['ba:θ,bʌn] *n* сладка кифла със стафиди.

bathe [beið] **I.** *v* **1.** къпя (се), окъпвам (се), изкъпвам (се); **2.** потапям, намокрям; **3.** мия, умивам, измивам; промивам; обливам; **a hall ~d in sunlight** салон, цял облян в слънчева светлина; **II.** *n* къпане (*в море, река*).

bathhouse ['ba:θhaus] *n* баня, бани (*сграда*).

bathrobe ['ba:θroub] *n* хавлия.

bathroom ['ba:θrum] *n* **1.** баня; **2.** *евфем.* тоалетна.

bath salts ['ba:θ,sɔlts] *n pl* соли за вана.

baton ['bætən] *n* **1.** жезъл; **2.** диригентска палка; **3.** полицейска палка.

battle [bætl] **I.** *n* бой, битка, сражение; *прен.* борба; **general's ~** битка, в която стратегията и тактиката играят решаваща роля за победата; **II.** *v* бия се, сражавам се; *прен.* боря се (**with, against**); **to ~ for breath** с мъка си поемам дъх, едва си поемам дъх.

battle line ['bætl,lain] *n* бойна линия, фронт; **the ~s are drawn** конфликтът е назрял.

battlepiece ['bætl,pi:s] *n* картина, изобразяваща битка.

batwing sleeve ['bæt,wiŋ,sli:v] *n* реглан ръкав.

bay$_1$ [bei] *n* залив (*широк*).

bay$_2$ *n* **1.** *строит.* отвор (разстояние, просвет) между две колони; **2.** ниша (*обикновено с издаден навън прозорец*); **3.** клетка, отделение; **horse ~** клетка за кон в общ обор.

bay$_3$ **I.** *n* **1.** кучешки лай при преследване на дивеч; **2.** стойка на преследвано животно за пресрещане или отблъскване на преследвачите; **to stand (be) at ~** *прен.* притиснат съм до стената; **II.** *v* лая; **to ~ (at) the moon** лая по месечината; лая на месечина.

bay$_4$ *n* **1.** *бот.* дафина, лавър *Laurus nobilis*; **2.** *pl* лавров венец; *прен.* слава.

bay$_5$ **I.** *adj* червено-кафяв, кестеняв, дорест; **II.** *n* дорест кон.

bayonet ['beiənit] **I.** *n воен.* байонет, щик, нож; *pl прен.* пехота; **to charge with the ~s** атакувам на нож; **II.** *v* мушкам с щик (нож).

B.B.C. ['bi:bi:,si:] *abbr* (**British Broadcasting Corporation**) Би Би Си, британска информационна корпорация.

B.C. ['bi:'si:] (**before Christ**) пр. н. е., пр. Хр. (преди новата ера, преди Христа).

be [bi:] *v* (**was** [wɔz]; **been** [bi:n]) *pres sing*: (1) **am**; (2) **are**, *ост.* **art**; (3) **is**; *pl*: (1, 2, 3) **are**; *past sing*: (1) **was**; (2) **were**, *ост.* **wast, wert**; (3) **was**; *pl*: (1, 2, 3) **were**; *pres subjunctive*: **~**; *past subjunctive, sing*: (1) **were**; (2) **were**, *ост.* **wert**; (3) **were**; *pl*: (1, 2, 3) **were**; *pp* **been**; *pres p* **being**; *imper* **~ 1.** съм (*като свързващ глагол*); **2.** равнявам се на, съм; **let x be 6** нека *x* е равно на 6; **3.** струвам; **the fee is 20 dollars** таксата е 20 долара;

be about налице съм, навъртам се; **what are you about?** какво (ще) правиш? какво си намислил? **to ~ about to go** каня се (всеки момент) да тръгна;

be along наминавам; идвам;

be at занимавам се; **we are at it again** ние отново се занимаваме с това; **sb has been at my books** някой ми е бутал (бърникал) книгите;

be away отсъствам, няма ме;

be for в полза съм на; желая, възнамерявам да участвам, да се присъединя; **who's for a walk?** кой ще дойде на разходка?

be in вкъщи съм; **to ~ in for it** ще го загазя;

be off отивам си, заминавам; **~ off!** махай се! да те няма!

be out не съм вкъщи; греша; **to ~ out of** свърши ми се, нямам вече; нямам; **I am out of money** нямам пари;

be over свършен съм, преминал съм;

be up на крак съм, станал съм; **time is up** времето е минало, свърши се, край; **it is all up with him** свърши се с него, отпиши го.

beach [bi:tʃ] **I.** *n* **1.** плаж, пясък; **2.** морски бряг, крайбрежие; **~master** *воен.* офицер, който ръководи дебаркирането; **II.** *v* **1.** засядам на пясъка (брега); **2.** изтеглям (изкарвам) на пясъка (брега).

beacon ['bi:kn] **I.** *n* **1.** сигнален огън; фар, маяк (*и прен.*); **2.** място за сигнален огън; хълм; **II.** *v* **1.** осветявам пътя на; водя; **2.** поставям фарове (огньове, светлини) за ориентиране; **3.** светя като фар.

bead [bi:d] **I.** *n* **1.** мънисто, зърно от броеница (огърлица); **2.** *pl* наниз, огърлица; броеница; синци; **to say (tell, count) one's ~s** чета (казвам си) молитвата; **3.** капка, капчица; мехурче; **II.** *v* **1.** нижа, нанизвам, навървям (*синци и пр.*); **2.** украсявам със синци (мъниста); **3.** образувам топчета (капки, мехурчета).

beak [bi:k] *n* **1.** клюн, човка; **2.** *sl* нос; **3.** *мор.* нос на старинен кораб.

beam [bi:m] **I.** *n* **1.** греда; **2.** лъч, сноп; **~ system** *рад.* предаване с насочени вълни; **3.** кросно; **II.** *v* сияя, излъчвам, светя (*обикн. прен.*); **to ~** опитвам се да излъча радиопредаване в определена посока.

bean [bi:n] **I.** *n* **1.** бобче, бобово зърно; *pl* боб, фасул; **runner ~** боб, фасул (*обикн. растението*); **2.** *бот.* зърно (*на кафе и пр.*); **3.** *sl* глава; • **full of ~s, ~-fed** запален, въодушевен; жив, енергичен; **II.** *v* удрям по главата (*обикн. с топка*).

beanery ['bi:nəri] *n sl ам.* евтин ресторант, кръчма.

beano ['bi:nou] *n sl англ.* парти, купон.

bear$_1$ [beə] *v* (**bore** [bɔ:]; **borne, born** [bɔ:n]) **1.** нося (*обикн. прен.*); **to ~ responsibility** нося (имам) отговорност; **2.** раждам; давам (*pp* **born**); **3.** поддържам, подпирам; нося;

bear down събарям; преодолявам; **~ down upon** спускам се върху; връхлетявам върху; (**on**) товар съм за някого;

bear off 1) отнасям, отвличам; 2) отклонявам се, оттеглям се;

bear on 1) отнасям се до, имам връзка с; 2) натискам, тежа на; **time ~s heavily on him** годините му личат, много е застарял;

bear out потвърждавам, подкрепям; съвпадам с;

bear up 1) поддържам, подкрепям; 2) *мор.* държа курс по вятъра; 3) държа се, не падам духом;

bear with търпелив съм спрямо.

bear$_2$ **I.** *n* **1.** мечка, мечок; **grizzly ~** гризли, американска сива мечка *Ursus horribilis*; **2.** спекулант, който се ръководи в сделките си от очакване за спадане на цените, който играе на борса; **3.** *астр.* **Great B.** Голямата мечка; **Little B.** Малката мечка; **II.** *v* **1.** спекулирам в очакване на спадане на цените; **2.** опитвам се да понижа цената на.

beard [biəd] **I.** *n* **1.** брада; **to laugh in one's ~** подсмивам се тайно, усмихвам се под мустак; **2.** *бот.* осили, косми, влакна; **II.** *v* **1.** хващам (дърпам) за брадата; **2.** действам смело против, хвърлям се срещу, противопоставям се смело на ...; **to ~ the lion in his den** *прен.* хващам бика за рогата.

bear raid ['bɛə,reid] *n* опит за намаляване цена на акции чрез продължително продаване.

beast [bi:st] *n* **1.** животно (*четириногото*); *прен.* скот, звяр; **~ of burden** товарно животно; **2.** звяр; **3.** *прен.* животинска природа (*у човека*).

beastie ['bi:sti] *n* **1.** *шотл.* дребно животно; **2.** *разг.* насекомо.

beasty ['bi:sti] **I.** *adj* **1.** животински, скотски; зверски; **2.** *разг.* отвратителен, ужасен, мръсен, гаден, гнусен; **II.** *adv разг.* отвратително, ужасно, страхотно, изключително много.

beat [bi:t] **I.** *v* (**beat** [bi:t, bet], **beaten** [bi:tn]) **1.** бия, удрям, блъскам; **to ~ black ant blue** бия до посиняване; **2.** разбивам (*яйца*); кова (*метал*); счуквам; меся (*тесто*); утъпквам (*път*); **3.** пулсирам, туптя, тупкам;

beat about лутам се, блъскам се; **to ~ about (around) the bush** говоря уклончиво, не казвам най-важното, увъртам;

beat down 1) подбивам, намалявам (*цена*); 2) сломявам, съсипвам; 3) (*за слънце*) сипе жар, пече безмилостно;

beat back (off) отбивам, отблъсквам;

beat out избивам, изчуквам; **to ~ out the meaning** разяснявам значението;

beat up 1) пребивам, удрям силно; 2) *разг.* свиквам, събирам; 3) *мор.* движа се срещу вятъра;

II. *n* **1.** удар; бой, биене (*на барабан*); **the measured ~ of the waves** отмереното плискане на вълните; **2.** туптене, тупкане, пулсиране; **3.** *муз.* тактуване, даване на такт; ритъм, такт; **III.** *adj разг.* изморен, изтощен, капнал, отмалял, изнемощял; (**dead ~**).

beautiful ['bju:tiful] *adj* красив, прелестен, прекрасен; хубав, чудесен; **~ people** хора, чиито имена се появяват често в светските вестникарски хроники.

beauty ['bju:ti] *n* **1.** красота, прелест, хубост; **that's the ~ of it** това му е хубавото; **2.** красавица, хубавица.

beaver$_1$ [bi:və] *n* **1.** бобър *Castor fiber*; **2.** боброва (касторена) кожа; **3.** цилиндър (шапка).

beaver$_2$ *n* **1.** *ист.* наличник (*на шлем*); **2.** *sl* брада; брадат човек.

because [bi'kɔz] *cj adv* защото, тъй като, понеже; **~ of** поради, заради, по причина на, вследствие на.

become [bi'kʌm] *v* (**became** [bi'keim]; **become**) **1.** ставам, случвам се, бивам; **he became ~** той се измори; **2.** подхождам, отивам, прилягам; приличам, подобавам.

bed [bed] **I.** *n* **1.** легло, постеля, ложе; **narrow ~, ~ of dust** *прен.* гроб; **2.** *ост.* дюшек; **3.** квартира, пари за квартира; **II.** *v* (**-dd-**) **1.** *ост.* слагам да легне; поставям, полагам; лягам си; **2.** слагам постеля (*на добитък, от слама*); **3.** разсаждам в лехи (**out**).

beddable [ˈbedəbl] *adj* секси, привлекателен.

bedder [ˈbedə] *n* **1.** *англ.* камериер (*в някои английски колежи*); **2.** растение, отглеждано в леха.

bedding [ˈbediŋ] *n* **1.** завивки и постелки; **2.** постеля (*от слама, за животни*); **3.** *строит.* основа, фундамент.

bedroom [ˈbedru(:)m] *n* спалня; **single (double) ~** спалня с едно (две) легло.

bee [bi:] **I.** *n* **1.** пчела; **to be like a ~ in a bottle** бръмча непрекъснато; **2.** *прен.* трудолюбив човек; **3.** *ам.* компания (*за забавление или работа*); **II.** *v* гледам пчели.

beech [bi:tʃ] **I.** *n бот.* бук; **II.** *adj* (*и* **beechen**) буков.

beef [bi:f] **I.** *n* (*pl* **beeves** [bi:vz], **beefs** [bi:fs], *събир.* **beef**) **1.** *ост.* говедо; **2.** говеждо месо; **horse ~** конско месо; **3.** *разг.* месо, пълнота; тегло; **II.** *v sl* **1.** роптая; **2.** оплаквам се.

beefsteak [ˈbi:fˈsteik] *n* бифтек, говежда пържола.

beehive [ˈbi:haiv] **I.** *n* **1.** кошер; **2.** *прен.* шумно място, "кошер"; **II.** *adj* с (във) форма на кошер.

bee keeping [ˈbi:ˌki:piŋ] *n* пчеларство.

been [bi:n] *pp от* **to be** бил.

beer₁ [biə] *n* бира, пиво; **small ~** слаба бира; *прен.* нещо маловажно, "дребна риба"; • **to think no small ~ of oneself** имам високо мнение за себе си.

beer₂ *n текст.* глава (*на основа*).

bee-stung [ˈbi:ˌstʌŋ] *adj* (за устни) издадени напред, чувствени.

beet [bi:t] *n* (кръмно) цвекло; **sugar ~, white ~** захарно цвекло.

beetle₁ [bi:tl] **I.** *n* **1.** бръмбар; буболечка; **2.** хлебарка (*и* **black ~**); **II.** *v sl* **1.** (*и* **~off, away**) бързам, хуквам, запрасквам; **2.** отправям се.

beetle₂ **I.** *n* **1.** *тех.* трамбовка, баба, тежък дървен чук; **2.** бухалка; **II.** *v* **1.** трамбовам; **2.** дробя камъни; **3.** бухам.

befitting [biˈfitiŋ] *adj* подхождащ, подобаващ; ◇ *adv* **befittingly**.

befool [biˈfu:l] *v* правя на глупак, баламосвам.

before [biˈfɔ:] **I.** *prep* **1.** пред; **he walks ~ me** той върви пред мене; **2.** преди; **3.** пред, в присъствието на; • **~ the mast** като обикновен моряк; **II.** *adv* **1.** отпред, напред; **he ran on ~** той избяга напред; **2.** преди, по-рано; *прен.* по-горе; **3.** досега, по-рано, някога; **III.** *cj* **1.** преди да; **think ~ you answer** мисли, преди да отговориш; **2.** по-скоро, отколкото да; нежели да.

beforehand [biˈfɔ:hænd] *adv* **1.** преди, отпреди, от по-рано, отрано; **2.** предварително, преждевременно; **3.** : **to be ~** избързвам, готов съм преди срока, изпълнявам предсрочно.

beg [beg] *v* (**-gg-**) **1.** прося, изпросвам, измолвам; **to ~ one's life** измолвам живота си; **2.** моля; • **I ~ to differ** казвам, позволявам си да съм на друго мнение.

began *вж* **begin**.

beggar [ˈbegə] **I.** *n* **1.** просяк; **2.** бедняк, сиромах; **3.** *разг.* палангозин; хубостник; човек; **poor ~** завалията, бедното, горкото! **II.** *v* **1.** разорявам, опропастявам; **to ~ o.s.** разорявам се; **2.** превъзхождам, надминавам.

begin [biˈgin] *v* (**began** [biˈgæn]; **begun** [biˈgʌn]; **beginning**) започвам, почвам; **to ~ French** започвам да уча френски?

begin at започвам от; **to ~ at the**

wrong end започвам не откъдето трябва.

begin by започвам, като (*с ger*); **to ~ by thanking** започвам с благодарности; **he began by saying that** най-напред каза, че.

beginning [bi'giniŋ] *n* **1.** започване, начало; *pl* наченки; **a good ~** добро начало; **2.** изходна точка, източник.

begird [bi'gə:d] *v поет.* заобикалям, опасвам.

begun *вж* **begin**.

behalf [bi'ha:f] *n* **1.** : **on ~ of s.o.** от името на някого; **2. in (on) ~ of** заради, в полза на.

behave [bi'heiv] *v* **1.** държа се добре (прилично) (*често refl*); **you must ~** трябва да се държиш добре; **2.** *с adv* държа се, постъпвам; отнасям се (**to, towards**); **3.** *разг.* работя, вървя (*за машина*).

behavio(u)r [bi'heiviə] *n* **1.** държание, поведение, маниери; **proper ~** добро държание; **2.** *тех.* режим (*на работа*).

behind [bi'haind] **I.** *prep* **1.** зад, отзад, оттатък; **~ one's back** зад гърба на някого; **2.** след, зад; **II.** *adv* **1.** отзад; назад; **to stay ~** оставам назад; **2.** назад (*в прогрес, развитие*); **3.** назад (*за часовник*); **III.** *n разг.* задница, задник.

bejesus [bi'dʒeizəs] *int* азг. господи! Боже!; **to scare (beat) the ~ out of** *ирл.* изплашвам (пребивам) до смърт.

belfry ['belfri] *n* камбанария; • **to have bats on one's ~** хлопа ми дъската, не съм с всичкия си.

Belgian ['beldʒən] **I.** *n* белгиец; **II.** *adj* белгийски.

Belgium ['beldʒəm] *n* Белгия.

belief [bi'li:f] *n* **1.** вяра, доверие (**in**); **2.** убеждение, мнение; **to the best of one's ~** доколкото разбирам, доколкото ми е известно, доколкото знам; **3.** *рел.* вярване, вяра.

believe [bi'li:v] **1.** вярвам, доверявам се; **to ~ a person** вярващ съм, вярвам на някого; **2.** мисля, предполагам.

bell[1] [bel] **I.** *n* **1.** камбана; **2.** звънец, звънче; хлопка; **to pull (ring) the ~** позвънявам, звъня; **3.** звънене, звън; • **sound as a ~** в превъзходно състояние съм, чувствам се великолепно (*за вложения, бизнес и др.*); стабилен; **II.** *v* **1.** снабдявам със звънци; **2.** вземам форма на звънец; • **to ~ the cat** предприемам нещо опасно, рисковано.

bell[2] **I.** *n* рев на елен; **II.** *v* рева, муча (*за елен*).

bell-boy ['belbɔi] *n* пиколо.

belles-lettres ['bel'letr] *n pl фр.* белетристика.

bellow ['belou] **I.** *v* **1.** муча; **2.** рева, викам високо; **3.** гърмя, трещя (*за оръдие*); бушувам (*за вятър*); **II.** *n* мучене; рев, вик.

bell push ['bel,puʃ] *n* копче на звънец.

belly ['beli] **I.** *n* **1.** корем, търбух; благоутробие; утроба; тумбак; голям корем, шкембе; **2.** вътрешност; **the ~ of a ship** вътрешност на кораб; **3.** изпъкналост, издутина; *муз.* горен профил (*на струнен инструмент*), коремче; • **~ button** *sl* пъп; **II.** *v* издувам се; **~ing sails** издути платна.

belong [bi'lɔŋ] *v* **1.** принадлежа (**to**) **2.** отнасям се до, спадам (**to; with, among**); **this word ~s to this sentence** тази дума се отнася към това изречение; **3.** мястото ми е.

belonging [bi'lɔŋiŋ] *n* **1.** принадлежност към; **2.** *pl* принадлежности, вещи, багаж.

below [bi'lou] **I.** *adv* **1.** долу, отдолу; **the place ~** адът; **2.** по-долу (*на* *страница*); **3.** по-долу (*за степен, количество и пр.*); **II.** *prep* **1.** под; **~ freezing** под нулата; **2.** под (*за качество, положение и пр.*).

belt [belt] **I.** *n* **1.** колан, пояс, каиш; ремък, портупей; **2.** пояс, зона; район; **shelter ~, (green ~)** полезащитен горски пояс; **3.** *mex.* трансмисионен ремък; ● **to hit below the ~** *сп. и прен.* нанасям непозволен удар, постъпвам непочтено, не подбирам средства; **II.** *v* **1.** опасвам, препасвам, обгръщам; **to ~ on a sword** препасвам сабя; **2.** бия с каиш или колан; *разг.* бия, удрям, пердаша; **3.** : **to ~ it** хуквам.

beltway ['belt,wei] *n ам.* околовръстно шосе.

bench [bentʃ] **I.** *n* **1.** скамейка, пейка, седалище; **2.** мястото на съдия в съд или на целия състав на съда; **3.** съдийска длъжност; съд; *събир.* съдии, управници; **elected to the ~** избран за съдия; **the B.** съдебна власт; **Mr. Justice D. was on the B.** съдията Д. разгледа делото; **to be raised to (be on) the B.** получавам съдийско звание, ставам епископ; ● **on the ~** *сп.* който не играе в момента, резерва; **II.** *v* **1.** снабдявам с, поставям скамейки; **2.** определям местата на състава на съд; заемам мястото си (*като съдия*); **3.** *сп.* изваждам, отстранявам от мач, игра.

bench test ['bentʃ,test] *n* проба, тест, изпитание (*преди пускане в действие*).

bend₁ [bend] (**bent** [bent]) **I.** *v* **1.** извивам (се), превивам (се); свивам (се); изгърбвам се; **bent double** превит на две; **bent over** превит (*за дърво*); **to ~ one's brows** свивам вежди, намръщвам се; **2.** навеждам се; покланям се; **3.** *мор.* завързвам (*въже, платна*); **II.** *n* **1.** извиване, извивка; завой; **2.** навеждане, изгърбване; поклон; **3.** *мор.* възел.

bend₂ *n хералд.* диагонална лента върху щит; **~ sinister** диагоналната лента отляво надясно (*за означаване на незаконороденост*).

beneath [bi'ni:θ] **I.** *prep* **1.** под, отдолу под; **~ one's breath** тихо, шепнешком; **2.** под (*за положение, степен*); **II.** *adv* долу, отдолу.

beneficial [,beni'fiʃəl] *adj* **1.** благотворен, благодатен; полезен, от полза (**to**); **~ owner** плодоползвател; **2.** платен, със заплата.

benefit ['benifit] **I.** *n* **1.** облага, полза, изгода; **for the ~ of** заради; **2.** печалба, доход; **3.** издръжка, помощ; ● **to take the ~** *ам.* обявявам се за неплатежоспособен и се избавям; **II.** *v* **1.** помагам, благодетелствам; **2.** извличам полза (**by**); **3.** ползвам.

benevolence [bi'nevələns] *n* **1.** доброжелателство, благосклонност; доброта, милосърдие; благоволение; **2.** щедрост; благотворителност; **3.** *ист. англ.* данък, насилствен заем, събиран от някои крале като особена привилегия.

benne ['beni] *n* сусам.

bennet ['benit] *n бот.* омайниче (*и* **herb ~**).

benny ['beni] *n sl ам.* мъжки балтон.

bent [bent] **I.** *n* **1.** склонност, наклонност, влечение; **a ~ for languages** склонност към изучаване на езици; **2.** извивка; склон (*на хълм*); **3.** строителна конструкция за опора на мост или постройка; **II.** *adj* **1.** извит, изкривен; **~ lever** извит лост; **2.** твърдо решен, решителен (**on**).

benthal ['benθəl] *adj* дълбоководен, дълбокоокеански.

Bermuda shorts [bə'mludə,ʃɔ:ts] *n pl* бермудки, панталони с дължина до коляното.

berry [beri] **I.** *n* **1.** плод на ягода (малина, боровинка, шипка и пр.); **2.** зрънце от жито; **3.** яйчице на риба или рак; • **to be as brown as a ~** черен съм като циганин; **II.** *v* **1.** раждам (*за ягоди, къпини и пр.*); **2.** бера (*ягоди, малини и пр.*).

berth [bə:θ] **I.** *n* **1.** легло в спален вагон или параход, спално място; **2.** каюта; **3.** *мор.* котвена стоянка; място на кораб на кея; **building ~** стапел; • **to give a wide ~ to** 1) оставям достатъчно място на кораб за маневри; 2) държа се на разстояние, избягвам; **II.** *v* **1.** закотвям кораб (*в пристанище*); **2.** давам каюта (легло) в спален вагон или параход; **3.** давам работа, пост (*на някого*).

beshrew [bi'ʃru:] *v ост.* проклинам, кълна; ~ **me** гръм да ме удари.

beside [bi'said] *prep* **1.** до, при, покрай, близо до; **2.** в допълнение на, освен; **other men ~ ourselves** други хора освен нас; **3.** в сравнение с.

bespread [bi'spred] *v* покривам.

best [best] (*превъзх. степен от* **good, well**) **I.** *adj* **1.** най-добър, най-хубав; **2.** най-голям; **the ~ part** най-голямата част от; **3.** най-изгоден, удобен; • **one's ~ girl** *sl* любимо момиче; **II.** *adv* най-добре; повече от всичко; **had ~** (*с inf без* **to**) най-добре; най-разумно е да; **III.** *n* най-доброто, най-хубавото (нещо); **one's (Sunday) ~** празнични дрехи (премяна).

bet [bet] **I.** *n* **1.** бас, басиране, облог, обзалагане; **to make a ~** басирам се; **2.** нещо, за което се прави бас; **II.** *v* (**bet, betted**) басирам се, хващам се на бас, обзалагам се за (против) (**on, against**), бас държа; **I ~ you** хващам се на бас, бас държа, че.

betake [bi'teik] *v* (**betook, betaken**): **to ~ o.s. to** тръгвам, отправям се към.

betray [bi'trei] *v* **1.** издавам, предавам (*на неприятеля*); **2.** изменям; **3.** разкривам, показвам; **to ~ oneself** издавам се.

betrayal [bi'treiəl] *n* предателство, измяна.

better[1] ['betə] (*ср. степен от* **good, well**) **I.** *adj* **1.** по-добър, по-подходящ; **2.** по-голям; **the ~ part** по-голямата част, мнозинство, повече; • **the ~ sort** по-видни хора; **II.** *adv* по-добре (*и здравословно*); по-хубаво, повече; **III.** *n* **1. one's ~s** по-видни, по-високопоставени, по-възрастни хора; **2.** надминавам; **3.** : **to ~ oneself** постъпвам на по-добра работа; достигам по-високо положение; изучвам (се).

better[2], **bettor** ['betə] *n* човек, който се обзалага.

between [bi'twi:n] *adv и prep* между; помежду (*за време, разстояние*); **~ two fires** между два огъня; **7.30** между 7 и 7.30; • **there is no love lost ~ them** обичат се като кучето и котката.

beverage ['bevəridʒ] *n* напитка, питие.

beware [bi'weə] *v* пазя се, вардя се, внимавам (*обикн. в imp или inf с* **of**); **~ of pickpockets** пази се от джебчии.

bewhiskered [bi'wiskəd] *adj* мустакат.

bewitching [bi'witʃiŋ] *adj* пленителен, чаровен, омайващ; ◇ *adv* **bewitchingly**.

beyond [bi'jɔnd] **I.** *prep* **1.** оттатък, отвъд, от другата страна на; извън; **~ sea(s)** отвъд морето (моретата), зад граница; **2.** по-късно; **3.** над, извън, свръх; **II.** *adv* отвъд, оттатък, от другата страна; **the ocean and the lands ~** океанът и земите отвъд; **III.** *n* **the ~, the great ~** оня свят, задгробният живот.

BFI [ˈbi:ˈefˈai] *abbr* **(British Film Institute)** Британски филмов институт.

bi [bai] *n, adj sl* бисексуален (човек).

bias [ˈbaiəs] **I.** *n* **1.** предразположение, склонност, наклонност, интерес; **2.** пристрастие (**in favour of**); **3.** предубеждение (**against**); предразсъдък; **II.** *v* **1.** повлиявам, предразполагам; **to be ~ed against** имам предубеждение против някого; **2.** накланям; **III.** *adj* диагонален, веревен; **IV.** *adv* косо, полегато, диагонално; на верев, веревно.

Bible [ˈbaibl] *n* Библията (**the ~**); библия, екземпляр от Библията (**a bible**); *прен.* авторитетна книга по даден предмет.

bibliography [ˌbibliˈɔgrəfi] *n* библиография, книгопис.

bice [ˈbais] *n* **1.** меко синьо, ясно синьо (*и* ~ **blue**); **2.** жълтозеленикаво (*и* ~ **green**).

bicki [ˈbiki] *n разг.* бисквитка; **big ~es** *sl австр.* много пари, цяло състояние.

bicoastal [baiˈkoustəl] *adj* свързан с (отнасящ се до) двете крайбрежия на САЩ (*източното и западното*).

bicycle [ˈbaisikl] **I.** *n* велосипед, колело; **II.** *v* карам велосипед.

bicyclist [ˈbaisiklist] *n* велосипедист, колоездач.

bid [bid] **I.** *v* **(bad(e)** [bæd], **bid** [bid]; **bidden, bid** [bid(n)]) **1.** (*past, pp* **bid**) предлагам цена за (*при търг*, **for**), наддавам; *карти* обявявам; **2.** *ост.* заповядвам, нареждам (*с inf без* **to**); **do as you are ~den** прави каквото ти кажат; **3.** *ост.* казвам, пожелавам; **II.** *n* **1.** предлагане на цена; предложена цена, оферта (*на търг*); **2.** *ам. разг.* покана; **3.** *карти* анонс;

bid against наддавам срещу (в съревнование с) (*на търг*);

bid in наддавам над всички, купувам на търг;

bid up наддавам, покачвам цена;

bidirectional [ˌbaidiˈrekʃənəl] *adj* (*за глава на принтер*) която може да печата в двете посоки.

big bang [ˈbigˌbæŋg] *n* радикална промяна; провал; обрат; възникване.

Big Board [ˈbigˌbɔ:d] *n* **1.** табло (екран) с котировки на ценни книжа в Нюйоркската стокова борса; **2.** *разг.* Нюйоркската стокова борса.

big bucks [ˈbigˌbʌks] *n pl разг. ам.* големи пари; купища пари.

big-heartedness [ˌbigˈha:tidnis] *n* великодушие, благородство.

Big-Smoke [ˈbigˌsmouk] *n разг.* голям град (*особ.* Лондон).

big wheel [ˈbigˌwi:l] *n* Виенско колело.

bike [baik] **I.** *n разг. съкр.* = **bicycle**; **II.** *v* карам велосипед.

biker jacket [ˈbaikəˌdʒækit] *n* кожено рокерско яке.

bill₁ [bil] **I.** *n* **1.** сметка; **hotel ~** сметка за хотел; **2.** полица, менителница; **3.** законопроект; • **~ of entry** митническа декларация; **II.** *v* **1.** вписвам в сметката; **2.** обявявам, разгласявам (*с афиш, обява*); **he was ~ed to appear as Hamlet** беше разгласено (обявено), че той ще играе Хамлет; **3.** правя списък.

bill₂ I. *n* **1.** клюн, човка; **2.** връх на котва; **3.** козирка; **II.** *v* целувам с човка (*за гълъби*); *прен.* галя, милвам; **to ~ and coo** галя се, умилквам се, гукам (*и прен.*).

bill₃ *n* **1.** *ист.* бойна брадва, алебарда; **2.** градинарска секира (почесто **billbook**).

billiard [ˈbiljəd] **I.** *adj* билярден; **II.** *n* точка (*отбелязана при билярд*).

billion [ˈbiljən] *n* **1.** билион (*в Англия и Германия*); **2.** милиард (*в САЩ и Франция*).

bimillenary [ˌbaimiˈli:nəri] **I.** *n* 2000-годишнина, двехилядолетие; **II.** *adj* двехилядолетен.

binal [ˈbainəl] *adj* двоен.

bind [baind] **I.** *v* (**bound** [baund]) **1.** връзвам, свързвам; привързвам, стягам (**down to, on**); **fast ~, fast find** покритото мляко котки го не лочат; **2.** *прен.* обвързвам, свързвам, привързвам (се); **bound by a spell** омагьосан; **3.** превързвам рана (**up**); • **to ~ s.o. (over) as an apprentice** давам някого на занаят; **II.** *n муз.* **1.** легато; **2.** втвърдена глина между каменовъглени пластове.

binding [ˈbaindiŋ] **I.** *n* **1.** подвързване; подвързия; материали за подвързия; **2.** задължение, обвързване; **3.** спойка; **II.** *adj* **1.** спояващ; **~ power** способност за спояване; **2.** обвързващ, задължителен; **3.** *мед.* запичащ.

binman [ˈbinmən] *n* боклукчия.

binocular [baiˈnɔkjulə] **I.** *adj* **1.** бинокулярен, служещ си с двете очи; **2.** направен за двете очи; **~ microscope** микроскоп за двете очи; **II.** *n* (*обикн. pl*) бинокъл.

binovular [biˈnɔvjulə] *adj* двуяйчен.

bint [bint] *n sl vulg* маце, мадама, парче (*пренебрежително*).

bio [ˈbaiou] *n разг. съкр.* = **biography**.

biocycle [ˈbaiouˌsaikl] *n* една от двете части на биосферата, в които съществува живот (вода и суша).

biofuel [ˌbaiouˌfjuəl] *n* биогориво.

biographic(al) [ˌbaiəˈgræfik(l)] *adj* биографичен, биографически.

biography [baiˈɔgrəfi] *n* биография, животопис.

biologist [baiˈɔlədʒist] *n* биолог.

biology [baiˈɔlədʒi] *n* биология.

biomechanics [ˌbaioumiˈkæniks] *n* биомеханика.

biomedicine [ˌbaiouˈmedsin] *n* **1.** биомедицина, изучаване ефекта на необичайна среда (*особ. космоса*) върху живите организми; **2.** билколечение.

biometeorology [ˌbaiouˌmitiəˈrɔlədʒi] *n* биометериология, изучаване ефекта на атмосферните условия върху живите организми.

bioscopy [baiˈɔskəpi] *n* биоскопия, изследване на тяло, за да се провери дали е живо.

bipedal [baiˈpi:dl] *adj* двуног, двукрак.

birch [bə:tʃ] **I.** *n* **1.** бреза; **2.** дървен материал от бреза; **3.** пръчка, сноп от пръчки (*за наказване*) (*и* **~ rod**); **II.** *v* бия с пръчка.

bird [bə:d] *n* **1.** птица, птичка; **~ of prey** хищна птица; **2.** *разг.* човек, "птица"; **3.** *sl*: **to get the ~** освиркват ме; *прен.* уволняват ме.

bird-brained [ˈbə:dˌbreind] *adj разг.* глупав, с птичи мозък.

bird dog [ˈbə:dˌdɔg] *n* куче птичар.

birdshot [ˈbə:dˌʃɔt] *n* сачми за обстрел на птици.

birth [bə:θ] *n* **1.** раждане, рождение; **to give ~ to** раждане; *прен.* пораждам, предизвиквам; **2.** произход, род; потекло; благороден произход; **3.** рожба.

birthday [ˈbə:θdei] *n* рожден ден.

birthplace [ˈbə:θpleis] *n* месторождение, родно място.

biscuit [ˈbiskit] **I.** *n* **1.** бисквит; **ship's ~** сухар; **2.** неглазиран порцелан; бисквит; неглазирани глинени изделия (*и* **~-ware**) **3.** светлокафяв цвят; **II.** *v* изпичам (*неглазиран порцелан*).

bish [biʃ] *n sl англ.* гаф, фал,

грешка.

bishop ['biʃəp] *n* **1.** владика, митрополит, епископ; **B.'s Bible** английски превод на Библията от 1568 г.; • **why ask the B. when the Pope is around** защо да питаме подчинения, когато началникът е тук; да пием вода направо от извора; **2.** офицер (*фигура в шахмата*); **3.** вино, подправено с плодове, карамфил и др.

bit₁ [bit] *n* **1.** късче, парче, частица, малко количество; • **~ by ~** постепенно, малко по малко; **2.** дребна монета; *ам.* монета от 12 1/2 цента.

bit₂ **I.** *n* **1.** метална част на юзда, юздечка, мундщук; **to draw ~** спирам кон; *прен.* съкращавам разходите; **2.** *прен.* пречка, "юзда"; **3.** тази част на инструмент, която реже или пробива; острие; свредел, бургия; метална част на брадва; *мин.* длето; **II.** *v* **1.** слагам юздечка на (*кон и пр.*); **2.** *прен.* възпирам, въздържам, слагам юзда на, обуздавам.

bit₃ *n комп.* бит (*най-малката единица за информация*).

bit₄ *v вж* **bite**.

bite [bait] **I.** *v* (**bit** [bit]; **bit, bitten** [bitn]) **1.** захапвам; хапя; ухапвам; **to ~ the dust** падам победен, *прен.* целувам земята; падам на бойното поле; падам от кон; **2.** впивам се, забивам се; **the belt bit her flesh** коланът се впиваше в тялото ѝ; **3.** захапвам (въдицата); *прен.* налапвам въдицата, хващам се, оставям се да ме подведат;

bite at посягам да ухапя;

bite into забивам зъбите си в, захапвам;

bite off (out) отхапвам; **to ~ off more than one can chew** *прен.* лапвам голям залък, залавям се с нещо, което не е по силите ми (което не е за моята уста лъжица);

II. *n* **1.** ухапване, ужилване, ущипване; • **his bark is worse than his ~** не е толкова опасен, колкото изглежда; **2.** ухапано, ужилено, ущипано (*мястото, раната*); **3.** остра болка (*физическа и душевна*).

bitter ['bitə] **I.** *adj* **1.** горчив (*и прен.*); **as ~ as gall (as wormwood)** горчив като пелин; **2.** остър, мъчителен; тежък; **3.** рязък, остър, жесток; • **to the ~ end** до (самия) край; безкомпромисно, до смърт; **II.** *n* **1.** горчивина; **to take the ~ with the sweet** приемам спокойно несгодите (всичко, което дойде); **2.** (чаша) горчива бира; *pl* горчивка (ракия); **III.** *adv* горчиво; рязко, жестоко; **it is ~ cold** ужасно е студено.

bivvy ['bivi] *n sl* малка палатка; подслон.

biyearly [bai'jiəli] *adj*, *adv* веднъж на всеки две години.

bizzy ['bizi] *n sl англ.* полицай, ченге.

blabbermouth ['blæbə,mauθ] *n разг.* бърборко, "дрънкало".

black [blæk] **I.** *adj* **1.** черен; **~ as soot (night, your hat, a coal, the devil, ink, jet, a pot, thunder)** черен като катран (кюмюрджия, дявол, арап и пр.); **2.** тъмен, потъмнял, затъмнен, непрозрачен; **3.** мрачен, унил, безнадежден, печален, скръбен; нерадостен; • **to be ~ in the face (with rage, etc.)** ставам морав от гняв; **II.** *n* **1.** черен цвят; **2.** черни дрехи, черно, траур; **3.** негър, черен; • **~ and white** рисунка с молив или туш; **III.** *v* **1.** лъскам; боядисвам (*обувки*); боядисвам черно (*лице и пр.*); **2.** насинявам; **to ~ s.o.'s eye** насинявам окото на някого.

blackberry ['blækbəri] *n* къпина *Rubus* (*плодът и растението*); **~ bush** къпинов храст.

blackbird ['blækbə:d] *n* **1.** кос

Turdus merula; **2.** *ист.* негър, пленен и продаден като роб.

blackboard ['blækbɔ:d] *n* черна дъска (*училищна*).

blackmail ['blækmeil] **I.** *n* **1.** изнудване, шантаж; **2.** пари, получени чрез изнудване; **II.** *v* **1.** изнудвам, шантажирам; **2.** получавам пари чрез изнудване.

blackout ['blækaut] **I.** *n* **1.** *воен.* затъмнение (*при въздушна отбрана*); **2.** временно спиране на електрическия ток; **3.** безсъзнание; изгубване на съзнание; **II.** *v* затъмнявам.

black powder ['blæk,paudə] *n* барут.

black rat ['blæk,ræt] *n* обикновен домашен плъх.

black run ['blæk,rʌn] *n* много трудна ски писта.

blacksmith ['blæksmiθ] *n* ковач, железар; **~'s shop** ковачница, железарница.

bladder ['blædə] *n* **1.** мехур; пикочен мехур; **2.** плавателен мехур (*на риба*); **3.** плондер.

blade [bleid] *n* **1.** лист, стрък (*на трева, житно растение*); *поет.* листа; **corn in the ~** зелени (неизкласили) жита; **2.** *бот.* петура (*на лист*); **3.** острие (*на нож, сабя и пр.*); сабя.

blame [bleim] **I.** *v* виня, обвинявам; осъждам; приписвам отговорност на, държа отговорен; **he is to ~ for it** той е виновен (крив) за това; **II.** *n* **1.** вина, отговорност; **the ~ is mine (lies with me)** вината е моя, аз съм виновен; **2.** упрек, порицание; **III.** *adj разг.* проклет, пуст, ваджишки.

blameful ['bleimful] *adj* осъдителен; виновен; недостоен; ◇ *adv* **blamefully**.

blank [blæŋk] **I.** *adj* **1.** празен, бял, неизписан (*за лист и пр.*); **~ space** празно място (*на страница*); **2.** празен, незастроен; **3.** халосен; • **a ~ map** карта без писмени означения, няма карта; **II.** *n* **1.** празно място, интервал (*на страница и пр.*); **2.** празнина, празнота; пропуск; пустота; **to fill in the ~s in one's education** попълвам празнотите (пропуските) в образованието си; **3.** тире, многоточие, звездичка (*вместо пропусната дума в текст*); • **blanketry ~** проклет, мръсен (*вместо ругатня*); **III.** *v* **1.** зачерквам; анулирам, правя невалиден; **2.** *разг.* преча на противника да отбележи гол (точка); **3.** разбивам, нанасям крупно поражение.

blanket ['blæŋkit] **I.** *n* **1.** одеяло; **to toss in a ~** подхвърлям с одеяло; **2.** чул (*на кон и пр.*); **3.** покривка (*от сняг, мъгла и пр.*); • **a wet ~** човек, който разваля удоволствието на другите, който става причина да се прекъсне разговорът; **II.** *v* **1.** покривам с одеяло; покривам, завивам; **2.** потулвам; **to ~ rumo(u)rs** спирам (задушавам) клюките; **3.** засенчвам, оставям в сянка; **III.** *adj* общ, групов; **a ~ ban** обща забрана.

blanket bath ['blænkit,ba:th] *n* цялостно изкъпване на човек, прикован на легло.

blast [bla:st] **I.** *n* **1.** силен вятър, силно духане, порив, пристъп на вятър, напор, напън; **an icy ~ of wind** леден вятър; **2.** свирене, свирка, звук на духов инструмент; **3.** *мет.* въздушна струя; тяга (*във висока пещ*); струя; **II.** *v* **1.** разбивам с експлозив, хвърлям във въздуха; **2.** атакувам, нападам (*и прен.*); **to ~ the opposition** атакувам опозицията; **3.** свиря; гърмя (*на инструмент*).

blaze₁ [bleiz] **I.** *n* **1.** пламък, огнен език, огън, пожар; **in a ~** пламнал, в пламъци; **2.** блясък, светлина;

3. великолепие; • **in the ~ of publicity** в центъра на общественото внимание; **II.** *v* **1.** пламтя, лумтя, горя силно; **2.** блестя, светя, сияя; блясвам, светвам, засиявам; **he was blazing with decorations** целият светеше от медали; **his eyes ~d** очите му искряха; **3.** избухвам;

blaze away 1) пламти, продължава да гори буйно; 2) стрелям (непрекъснато); **to ~ away at the enemy** непрекъснато стрелям по (обстрелвам) неприятеля; 3) работя (говоря) непрекъснато;

blaze down светя, пращам лъчите си (**on**);

blaze forth 1) избухвам (*за революция, вълнение, гняв*); 2) явявам се в целия си блясък;

blaze out 1) пламвам; светвам; 2) загасвам, изпускам последни лъчи (пламъци).

blaze₂ **I.** *n* **1.** светло петно на челото на кон, крава и пр.; **2.** маркировка (*на дървета в гора*); **II.** *v* маркирам, поставям маркировъчни знаци; **to ~ a trail (path, way)** проправям път (*и прен.*), прокарвам бразда.

blaze₃ *v* **to ~ about, abroad, forth** разтръбявам, разгласявам.

blazer ['bleizə] *n* **1.** блейзер, цветно спортно сако; **2.** *sl* дебела лъжа; **3.** съд, под който се слага мангалче да го затопля.

bleat [bli:t] **I.** *v* **1.** блея, вряскам, врещя, муча; **2.** говоря с тънък глас, блея, врещя; говоря несигурно; **3.** говоря глупости; • **to ~ out a protest** протестирам плахо; **II.** *n* **1.** блеене, вряскане, мучене; **2.** глупости, празни приказки, безсмислици.

bleed [bli:d] *v* (**bled** [bled]) **1.** тече (ми) кръв; получавам (имам) кръвоизлив; губя кръв; проливам си кръвта; кърви (*за рана*); **to ~ at the nose** тече ми кръв от носа; **2.** страдам, сърцето ми се къса; **3.** сълзя, пускам сок (*за растение*).

bleeding ['bli:diŋ] **I.** *n* **1.** кървене; кръвоизлив; **2.** сълзене (*за растения*); **3.** пропускане (*за тръба*); **II.** *adj* **1.** кървящ; окървавен; **2.** разбит, разкъсан, измъчен; **with a ~ heart** с разбито сърце, с болка на сърцето; **3.** *sl* проклет.

blend [blend] **I.** *v* (**blended** ['blendid], *лит.* **blent**) **1.** смесвам (се); размесвам (се); съединявам (се); **to ~ nations** претопявам народи; **2.** съчетавам (се), хармонирам; **3.** преливат се (*за цветове*); хармонират; **II.** *n* смес, съчетание (*от различни вина, тютюни, чай и пр.*); меланж, смес от различни влакна; **special ~** специална смес; специалитет.

bless [bles] *v* (**blessed; blessed**, *рядко* **blest**) **1.** благославям; произнасям благословия; **God ~ you** Бог да те благослови; наздраве! (*при кихане*); **2.** освещавам; **3.** благославям, благодаря на, благодарен съм на.

blet [blet] *n* меко, полуугнило състояние на някои плодове (*напр.* мушмулата).

blew *вж* **blow₁ I.**

blind₁ [blaind] **I.** *adj* **1.** сляп; **born ~, ~ from birth** сляпороден, сляп от рождение; • **the ~ leading the ~** един слепец води другия, един невежа учи друг; **2.** сляп (*прен.*), необмислен, безразсъден; който не вижда, не забелязва; ненаблюдателен; нечувствителен (**to** към, за); **3.** сляп, задънен (*за улица*); зазидан (*за прозорец, врата*); • **~ date** уредена от трето лице среща между мъж и жена, които не се познават; **II.** *v* **1.** правя да ослепее, ослепявам; **a ~ed ex-service man** слепец от войните; **2.** заслепявам; заблуждавам; **3.** връзвам очите на; **III.** *adv* сляпо, безразсъдно; без посока; **to go at a thing ~** хвърлям се в (залавям се за нещо, без да обмисля).

blind$_2$ *n* **1.** транспарант; жалузи; **roller-~** транспарант; **2.** наочник; **3.** маска, прикритие, параван.

blink [bliŋk] **I.** *v* **1.** мигам, премигвам; **2.** мига, мъждука, трепти; светва и угасва (*за светлина*); **3.** затварям си очите за (пред), игнорирам; **it is no good ~ing the facts** няма смисъл да си затваряме очите пред фактите; **II.** *n* **1.** мигане, премигване; **2.** бърз поглед; **3.** проблясък.

B list ['bi:,list] *n* втора класа, едно ниво под елита.

blister ['blistə] **I.** *n* **1.** мехур, пришка; **to raise a ~** правя пришка; **2.** *мет.* раковина; мехурче (*в стъкло*); **3.** *изк.* набъбване на боята, подкожушване; **II.** *v* **1.** изприщвам (се), карам да се изприщи; *мед.* предизвиквам изприщване; **I ~ easity** лесно се изприщвам; **2.** набъбва, подкожушва се (*за боя на рисунка*); **3.** ругая, хокам; жестоко иронизирам.

blithesome ['blaiðsəm] *adj поет.* весел, радостен.

blizzard ['blizəd] *n* снежна буря, фъртуна, виелица.

bloc [blɔk] *n пол.* блок.

block [blɔk] **I.** *n* **1.** пън; **a mounting-(horse) ~** пън или камък, от който се качват на кон; **2.** дръвник; ешафод; **3.** каменен блок; грамада (скала); **II.** *v* **1.** спирам, препречвам; задръствам; преграждам; **to ~ s.o.'s way** спирам (препречвам пътя на) някого; **2.** *фин.* блокирам (*суми*); **3.** повдигам възражение срещу, спирам приемането на (*законопроект и пр.*);

block in набелязвам в основни линии; нахвърлям, скицирам;

block out 1) набелязвам в основни линии, скицирам; давам директиви; 2) задрасквам, отстранявам, цензурирам (*пасаж*);

block up 1) задръствам; затварям; запречвам; 2) зазиждам (*врата, прозорец*).

blockade [blɔ'keid] **I.** *n* **1.** блокада; **paper ~** фиктивна блокада; **2.** *ам.* спиране на влаковете (*поради снежни преспи*); спиране, задръстване на движението; **II.** *v* блокирам, налагам блокада на.

blocked [blɔkt] *adj sl* блокирал под въздействие на амфетамини, неадекватен.

blocked shoe ['blɔkt,ʃu:] *n* балетна обувка (*с твърди пръсти*).

block-headed ['blɔk,hedid] *adj* тъп, глупав, прост; ◇ *adv* **block-headedly**.

blok(e)ish ['bloukiʃ] *adj разг.* арабийски; непринуден; простоват.

blond(e) [blɔnd] **I.** *adj* рус, светъл, русокос; бял (*за лице*); **II.** *n* блондин(ка), рус човек, руса жена; **a peroxide ~** жена с изрусени коси.

blood [blʌd] **I.** *n* **1.** кръв; **to let (draw) ~** *мед.* пускам кръв; **2.** страст, темперамент, чувство; **3.** живот; **II.** *v* **1.** пускам кръв; **2.** давам на куче за пръв път да вкуси кръв; настървявам; **3.** посвещавам в нещо ново.

blood-and-thunder ['blʌdən 'θʌndə] *adj* мелодраматичен, авантюристичен (*за разказ, роман*).

blood-guilty ['blʌd,gilti] *adj* отговорен за кръвопролитие; виновен за убийство; *прен.* с изцапани ръце.

bloodshed ['blʌdʃed] *n* кръвопролитие.

bloody ['blʌdi] **I.** *adj* **1.** кървав, окървавен; изцапан с кръв; *прен.* кървав, жесток; **to wave the ~ shirt** *ам.* поддържам (подстрекавам) несъгласията между северните и южните щати; **the B. Hand** герб на ирландската област Ълстър; герб на баронет; **2.** *грубо* проклет, пуст, ваджишки; мръсен; **II.** *v* окървавявам, изцапвам с кръв.

bloom₁ [blu:m] **I.** *n* **1.** цвят; **2.** цъфтеж, цъфтене; разцвет, свежест (*и прен.*); **to burst into** разцъфтявам се; **a flower in ~** разцъфтяло цвете; **3.** прашец (*на някои плодове - сливи, грозде, праскови, на пеперуди и пр.*); **II.** *v* цъфтя, разцъфтявам, в разцвет съм (*и прен.*).

bloom₂ *n мет.* блок, брус, блюм.

blossom ['blɔsəm] **I.** *n* цвят (*особ. на плодни дървета*); всички цветове на едно дърво; **a tree in ~** цъфнало дърво; • **a ~ nose** *прен.* младост, свежест; **II.** *v* цъфтя, разцъфтявам (се); **to ~ out** разцъфтявам се (*и прен.*); блестя; блясвам.

blot₁ [blɔt] **I.** *n* **1.** петно (*и прен.*); **a ~ on one's reputation** петно на името ми; **2.** нещо изтрито или зацапано (*при писане*); **II.** *v* (-tt-) **1.** правя петно (*с мастило и пр.*); оставям петна (*за писалка*); лесно става на петна (*за материя*); **2.** замацвам; **to ~ one's copybook** развалям добрата си репутация; **3.** попивам (*с попивателна хартия*);

blot off попивам (*с попивателна, гъба и пр.*); *фот.* изсушавам;

blot out 1) заличавам, изличавам; **the memory was never ~ted out** споменът остана незаличим; 2) замъглявам, закривам; 3) *лит.* унищожавам напълно, заличавам от лицето на земята.

blot₂ *n* **1.** открит пул (*при игра на табла*); **2.** *рядко* слабо, уязвимо място.

blouse [blauz] *n* блуза; работна блуза; *ам. воен.* куртка.

blouson ['blu:zɔn] *n* блузон.

blow₁ [blou] **I.** *v* (**blew** [blu:]; **blown** [bloun], **blowed** [bloud]) **1.** духам, вея; **it is ~ing very hard** вятърът духа много силно; **2.** издишам, пъхтя; **3.** отвявам, завявам, завличам; духвам; блъскам, издухвам, нося; **the wind blew the rain against the windows** вятърът блъскаше дъжда по прозорците;

blow away 1) отвявам, отнасям; разнасям; разпръсквам (*мъгла и пр.*); *воен.* разбивам; **the wind blew away the sails** вятърът отнесе платната; **to ~ away an obstacle** *воен.* унищожавам препятствие (*със стрелба*); 2) хвръквам, изхвърчам (*за предмет*);

blow down събарям, повалям; *тех.* изпразвам;

blow in отварям; счупвам (*за вятър*); **the wind has ~n in the door** вятърът е отворил вратата;

blow off 1) отвявам, отнасям; издухвам; 2) хвръквам; **my hat blew off** шапката ми хвръкна; **to ~ off steam** *тех.* (из)пускам пара; *прен.* изразходвам излишната си енергия; • **to ~ the lid off** разобличавам;

blow out 1) угася(ва)м, изгася(ва)м, духам; угасвам; **the wind blew out the candle** вятърът угаси свещта; **the candle blew out** свещта угасна; 2) издувам, надувам; 3) хвръквам, изхвръквам; 4) *воен.* експлодирам; 5) *тех.* изпразвам; 6) *авт.* пукам се (*за гума*); 7) *ел.* изгарям (*за бушон и пр.*); • **to ~ out one's brains, to ~ one's brains** разбивам (пръсвам) си черепа, застрелвам се в главата, тегля си куршума;

blow over минавам, преминавам, отминавам, разминавам се, забравям се (*за нещастие, смут и пр.*); **the storm has ~n over** бурята премина (*и прен.*);

blow through *тех.* изчиствам, прочиствам (*цилиндър и пр.*); правя отвор (отдушник) на тръба;

blow up 1) експлодирам, избухвам; пръсвам се, *ам. прен.* кипвам, избухвам; 2) хвърлям (вдигам) във въздуха (*с експлозив*); 3) излизам, надигам се (*за вятър, буря*); 4) надувам, напълвам с въздух (*балон и пр.*); напомпвам; 5) *разг.* насолявам, наругавам; 6) *фот.* увеличавам; 7) раздухвам; 8) *ам.* фалирам; • **~n up with pride** надут, високомерен;

II. *n* **1.** духане, издухване, вихър; **2.** разходка; проветряване; **to go for a ~ on the cliffs** разхождам се по скалите край брега; **3.** самохвалство.

blow$_2$ *n* **1.** удар (*и прен.*); **at a ~** с един удар; **2.** взрив; **3.** сблъскване.

blow$_3$ **I.** *v* (**blew** [blu:]; **blown** [bloun]) цъфтя; **II.** *n* **1.** цвят; **2.** разцвет.

blow-in ['blou,in] *n австр., разг.* неканен гост, натрапник.

blowy ['bloui] *adj* ветровит.

blue [blu:] **I.** *adj* **1.** син, лазурен; **2.** посинял; **a face ~ with cold** посиняло от студ лице; **3.** унил, потиснат, меланхоличен; в лошо настроение; • **once in a ~ moon** много рядко, от дъжд на вятър; **II.** *n* **1.** син цвят; **dressed in~** облечен в синьо; **2.** небе; **3.** море; • **to cry the ~s** *sl* правя се на беден; **III.** *v* **1.** боядисвам синьо; слагам в синка; **2.** пилея, разпилявам, прахосвам; **to ~ the pool** изхарчвам (пропилявам) си спестяванията; **3.** придавам тъмен цвят на (*стомана и пр.*); оксидирам.

bluebell ['blu:bel] *n бот.* див зюмбюл *Scilla nutans*; *шотл.* камбанка *Campanula rotundiflora*.

blue pointer ['blu:,pɔintə] *n* голяма акула около бреговете на Австралия *Isuropsis mako*.

blueprint ['blu:print] **I.** *n* **1.** светлописно (хелиографно) копие; **2.** план, проект; описание; **II.** *v* правя светлописно копие.

blue racer ['blu:,reisə] *n* дълга бързоподвижна черно-синя змия *Coluber constrictor flaviventris*.

blue rinse ['blu:,rinz] **I.** *n* вещество за боядисване на сива (бяла) коса в синьо; **II.** *adj* отнасящ се до социално активна поддържана жена в напреднала възраст.

blue run ['blu:,rʌn] *n* лесна ски писта.

blue-sky ['blu:,skai] *n attr* чисто теоретичен, без практическо приложение; абстрактен.

blunder ['blʌndə] **I.** *n* **1.** (глупава) грешка (*обикн. по невнимание*); **2.** нетактичност; нетактична постъпка, гаф; **to commit (make) a ~** правя грешка, постъпвам погрешно (нетактично), правя гаф, сгафям; **II.** *v* **1.** вървя слепешката, бутам се, блъскам се (**about, along, against, into**); **to ~ one's way along** вървя слепешката; **2.** правя груба грешка, постъпвам нетактично; **3.** развалям, обърквам, изпортвам.

blunt$_1$ [blʌnt] **I.** *adj* **1.** тъп; изтъпен; **a ~ angle** тъп ъгъл; **2.** *прен.* тъп, глупав; нечувствителен; невъзприемчив; **3.** прям, откровен; грубичък; рязък; **II.** *v* изтъпявам; притъпявам (*и прен.*); **to ~ s.o.'s anger** уталожвам (успокоявам) малко гнева на някого; **III.** *n* къса тъпа игла.

blunt$_2$ *n sl* готови пари.

blush [blʌtʃ] **I.** *v* **1.** зачервявам се, изчервявам се, червя се (**at, for**); **to ~ for shame** червя се от срам; **2.** *лит.* порозовявам, заруменявам, руменея (*за небе, цветя*); **II.** *n* **1.** изчервяване; засрамване; срам; **to bring ~es to s.o.'s cheeks** карам бузите на някого да зарумеят (от срам), карам някого да се изчерви; **2.** поглед; вид; **3.** червенина, руменина; • **in the first ~ of**

youth в първа младост.

BM ['bi:'em] *abbr* **1.** **(Bachelor of Medicine)** бакалавър по медицина; **2.** **(British Museum)** Британски музей.

board [bɔ:d], [bourd] **I.** *n* **1.** дъска; **bread ~** дъска за (рязане на) хляб; **2.** табло (*за обявления и пр.*) (*и* **bulletin ~, notice ~**); **3.** *тех.* комутатор, превключвател; • **above ~ (above~, above-~)** честно, открито, няма скрито-покрито; **4.** храна (*особено в пансион*); **5.** картонена подвързия; **6.** съвещателно тяло, съвет, комисия; министерство (*в Англия*); **7.** борд (*на кораб*); **8.** *мор.* **to make a ~ (~s)** лавирам; **9.** ръб, край; **II.** *v* **1.** заковавам, обковавам, облицовам, обшивам (с дъски); **2.** подвързвам (*книга*); **3.** храня се (*обикн. на пансион*); приемам на пансион; **I ~ at Mrs. Jones'** храня се у г-жа Джоунз;

board out давам (деца) на пансион;

board up заковавам (*прозорец, врата*); заграждам с дъски, обшивам, облицовам с дъски.

boarding ['bɔ:diŋ] *n* **1.** обковаване с дъски; *разг.* дъски; **2.** подвързия (с картон); **3.** пансион, храна.

boarish ['bɔ:riʃ] *adj* груб, недодялан; чувствен, сладострастен; ◇ *adv* **boarishly**.

boast [boust] **I.** *n* **1.** самохвалство, хвалба; **to make a ~ of** хваля се с; **2.** гордост; **3.** *сп.* страничен удар (*в тениса*); **II.** *v* **1.** хваля се, надувам се, пъча се (**of, about**); **he ~ed of his (of having a) fine voice** хвалеше се с хубавия си глас (че имал хубав глас); **2.** гордея се, славя се (**of** *с, или без предлог*); **3.** *изк.* изработвам грубо (*статуя*).

boat [bout] **I.** *n* **1.** лодка, кораб, параход; плавателен съд; **ship's ~** лодка, която пренася пътниците от кораба до брега; • **to be in the same ~** на едно дередже сме; **2.** продълговат съд (подобен на малка лодка); **II.** *v* **1.** разхождам се с лодка, возя се на лодка; карам лодка; **we ~ed up the river** разходихме се с лодка нагоре по реката; **2.** *търг.* пренасям по вода.

boat deck ['bout,dek] *n* палуба, на която се намират спасителните лодки.

boatie ['bouti] *n австр., разг.* запален ветроходец.

boating ['boutiŋ] *n* **1.** гребане; **to go ~** карам лодка, греба; **2.** *търг.* превоз (*на стоки*) по вода, воден превоз.

boat race ['bout,reis] *n англ.* състезание по гребане (между университетите в Оксфорд и Кеймбридж).

boatswain [bousn], *ам.* ['bout ,swein] *n* боцман.

bobbery ['bɔbəri] *n* **1.** (*и* **~-pack**) група (сбирщина) от ловджийски кучета; **2.** *разг.* шумна компания; гюрултия, тупурдия.

bobby socks ['bɔbi,sɔks] *n* къси чорапки (*особ. носени от млади момичета в стила на 40-те години*).

bobby-soxer ['bɔbi,sɔksə] *n разг.* младо момиче (*облечено в стила на 40-те, с къси чорапки*).

boblet ['bɔblit] *n* двуместен бобслей.

bodacious [bou'deiʃəs] *adj sl ам.* внушителен, забележителен, супер, чудесен.

body ['bɔdi] **I.** *n* **1.** тяло; *анат.* труп, туловище; мъртво тяло, труп; *физ.* тяло; *астр.* небесно тяло (*и* **heavenly ~**); **2.** корсаж; **3.** корпус, скелет (*на кораб, здание, самолет и пр.*), каросерия (*на автомобил и пр.*); *ав.* фюзелаж; главна (централна) част (*на постройка*); стъбло (*на дърво*); дъно (*на шапка*); дръжка (*на* *писалка*); **II.** *v обикн.* **to ~ forth** въплътявам, давам форма на; типизирам.

body blow ['bɔdi,blou] *n* **1.** удар в тялото (*в бокса*); **2.** жестоко разочарование; спънка, пречка.

body double ['bɔdi,dʌbl] *n* дубльор на актьор (*за сцени, в които се снима основно тялото*).

bodyguard ['bɔdiga:d] *n* бодигард, телохранител; лична охрана.

body horror ['bɔdi,hɔrə] *n* филм на ужасите (*с много кръв и разлагащи се трупове*).

body warmer ['bɔdi,wɔ:mə] *n* късо кожухче (ватирано елече) без ръкави.

bogman ['bɔgmən] *n археол.* човешко тяло, запазено в торф.

boil₁ [bɔil] *v* **1.** вря, кипя (*и прен.*); завирам, възвирам; **~ dry** извирам; **2.** варя, слагам да заври, възварявам, изварявам;

boil away извирам, изпарявам се, превръщам се в пара; къкря;

boil down изпарявам (се), сгъстявам (се), правя (ставам) на бульон; *прен.* съкращавам, свеждам (бивам сведен) до най-същественото, опростявам;

boil over кипвам, прекипявам, изкипявам, преливам (*и прен.*);

boil up възвирам, кипвам, надигам се;

II. *n* врене, кипене, точка на кипене; **to be on (at) the ~** кипя, варя се.

boil₂ *n* цирей.

boiled [bɔild] *adj* варен; **~ shirt** *sl* колосана риза; надут, превзет човек.

boiler ['bɔilə] *n* **1.** бойлер, (парен) котел; казан; **2.** птица за варене; **3.** *sl* локомотив.

bold [bould] *adj* **1.** смел, предприемчив; **2.** самоуверен, самонадеян, нескромен; безочлив, безсрамен, нагъл; **3.** ясен, подчертан; който личи, изпъква.

bollocking ['bɔləkiŋ] *n sl* жестоко смъмряне, скастряне; хокане; наругаване.

Bologna-sausage [bə'lounə 'sɔsidʒ] *n* вид колбас.

bolt₁ [boult] **I.** *n* **1.** *ист.* стрела; **to shoot one's ~** изгърмявам патроните си; **2.** гръм, мълния; **3.** резе, мандало; лост; затвор (*на оръжие*); **II.** *v* **1.** заключвам, залоствам (*врата*); **to ~ in** заключвам някого (*не му позволявам да излезе*); **2.** хуквам, избягвам, офейквам; **3.** изгълтвам, излапвам, изяждам набързо; **III.** *adv* **~ upright** прав като свещ; щръкнал; направо.

bolt₂ **I.** *n* сито, решето; **II.** *v* сея, пресявам, отсявам; разглеждам, проучвам; **to ~ out** сея, пресявам, отсявам.

bolt-on ['boult,ɔn] *adj* допълнителен; притурен; добавен.

bomb [bɔm] **I.** *n* **1.** бомба, ръчна граната; *attr* бомбен; **~ attempt** бомбен атентат; **2.** *сп.* дълго подаване, дълъг пас (*във футбола, баскетбола*); **3.** *театр.* неуспех; **II.** *v* нападам (разрушавам) с бомби, бомбардирам; **to ~ out** прогонвам чрез бомбардировки.

bombe [bɔmb] *n* вид мелба (*със сладолед, яйчен крем, натрошен сладкиш и пр.*).

bomber ['bɔmə] *n* бомбардировач.

bombinate ['bɔmbi,neit] *v книж.* жужа, бръмча.

bomb site ['bɔm,sait] *n* район, разрушен от бомбардировка.

bond₁ [bɔnd] **I.** *n* **1.** връзка; **2.** *pl* окови; *прен.* тъмница, затвор, плен; **in ~** в окови, в тъмница; **3.** *прен.* връзка; спойка; окови, верига, спънка; • **in ~** в митницата (*за стока*); **II.** *v* **1.** свързвам; **2.** оставям в митницата; залагам, ипотекирам; **3.** издавам облигации.

bond$_2$ *ост.* **I.** *n* крепостен; **II.** *adj* закрепостен.

bonding [ˈbɔndiŋ] *n* емоционално обвързване, привързване.

bondservant [ˈbɔnd,sə:vənt] *n* крепостник, ратай; роб.

bone [boun] **I.** *n* **1.** кост, кокал; **skin and ~** кожа и кости; **2.** *pl* кости, скелет; останки; **3.** нещо, направено от кост, от слонова кост (*зарове, кастанети и пр.*); "кокалче"; • **a ~ of contention** ябълка на раздора; **II.** *v* **1.** обирам (*месо*) от кокалите, изваждам костите на; обезкостявам; **2.** слагам обръч (*на корсаж и др.*); **3.** *sl* крада; **to ~ up** *ам. разг.* зубря, кълва; **III.** *adv* крайно, твърде много; **he is ~ idle** той е много мързелив.

bone-headed [,bounˈhedid] *adj sl* глупав; дебелоглав; инат.

boneyard [ˈboun,ja:d] *n разг.* гробище.

bonfire [ˈbɔnfaiə] *n* огън на открито (*за ознаменуване на нещо*); огън, подкладен със смет; **to make a ~ of** изгарям, унищожавам.

bonhomous [ˈbɔnəməs] *adj* добродушен, добросърдечен, благ.

bonkbuster [ˈbɔŋk,bʌstə] *n разг.* книга с детайлни описания на еротични сцени.

bonkers [ˈbɔŋkəz] *adj sl* луд, чалнат, пѐрнат.

bon mot [ˈbɔˈmɔ] *n фр.* остроумие, остроумна забележка.

bonnet [ˈbɔnit] **I.** *n* **1.** боне; шапчица; **2.** шотландска мъжка барета; **3.** *тех.* капак, похлупак; • **to have bees in one's ~** имам бръмбари в главата си; **II.** *v* **1.** слагам, нахлузвам шапка на; **2.** смачквам шапката на главата на.

bonus [ˈbounəs] *n* премия, извънредна заплата.

boo-boo [ˈbu:ˈbu:] *n разг.* фал, гаф, грешка.

booby hatch [ˈbu:bi,hætʃ] *n sl ам.* лудница.

book [buk] **I.** *n* **1.** книга, тефтер, бележник; *pl* счетоводни книги; **~ of reference** справочник; **2.** либрето; **3.** списък на залагания за конно надбягване; • **by the ~** точно; **II.** *v* **1.** записвам в книга, тефтер; **2.** купувам, ангажирам, издавам билет; **to ~ a passage** купувам билет за параход; **3.** поканвам, ангажирам; • **I'm ~ed** ангажиран съм; хванаха ме, изгорях.

bookbindery [ˈbuk,baindəri] *n* книговезница.

bookcase [ˈbukkeis] *n* шкаф за книги.

bookkeeper [ˈbukki:pə] *n* счетоводител.

bookkeeping [ˈbukki:piŋ] *n* счетоводство.

booklet [ˈbuklit] *n* брошура, книжка.

bookmaker [ˈbuk,meikə] *n* **1.** съставител на книги, компилатор; **2.** букмейкър.

bookseller [ˈbukselə] *n* книжар; **second-hand ~** букинист.

bookshop [ˈbukʃɔp] *n* книжарница.

boom$_1$ [bu:m] *n* **1.** *мор.* утлегар; **2.** плаващ бараж; **3.** стрела, рамо на кран; приспособен кран.

boom$_2$ **I.** *n* **1.** бумтеж, гръм, ек; **2.** бръмчене; **3.** бързо повишаване на цените, оживление; **building ~** усилен строеж; **II.** *v* **1.** бумтя, гърмя, еча, изгърмявам; **2.** бръмча; **3.** правя сензация, рекламирам, лансирам с шум; агитирам за, подкрепям.

boomer [ˈbu:mə] *n австр.* **1.** голямо мъжко кенгуру; **2.** *разг.* нещо огромно.

boondoggle [ˈbu:n,dɔgl] **I.** *v ам., разг.* занимавам се с нещо безполезно; мотая се; **II.** *n* безполезно занимание; помайване.

boot₁ [bu:t] **I.** *n* **1.** обувка (*цяла, не половинка*); ботуш; **high (riding) ~s** ботуши; **2.** багажник; **3.** *ист.* инструмент за измъчване; • **~ and saddle!** *воен.* на коне! **the ~ is on the other foot** вината е у другиго; сега положението е друго; **to be in s.b.'s ~s** съм на мястото на; **to die in one's ~s** умирам неочаквано, на поста си; умирам от насилствена смърт, бивам обесен; **to have one's heart in one's ~s** изплашвам се, сърцето ми отива в петите; **to lick s.b.'s ~s** пълзя пред; **to shake (shiver) in one's ~s** треперят ми гащите, страхувам се; **II.** *v* **1.** обувам обувки; **2.** ритам.

boot₂ **I.** *n ост.* полза, печалба, предимство, преимущество; **to ~** отгоре на това; **II.** *v ост.* от полза съм, имам смисъл; **what ~s (it) to** какъв смисъл има да; **(it) ~s (me) not** няма смисъл.

booth [bu:θ] *n* **1.** сергия; будка, палатка (*на панаир*); **2.** кабина; **telephone ~** телефонна кабина.

bootlick ['bu:t,lik] *v разг.* блюдолизнича, подмазвам се, подлизурствам.

bootloader ['bu:t,loudə] *n комп.* програма, която зарежда операционната система.

boot money ['bu:t,mʌni] *n* неофициални премии на професионални спортисти (*дадени от клуба им*).

boo-word ['bu:,wə:d] *n* дума, която всява паника.

border ['bɔ:də] **I.** *n* **1.** граница; **the B.** границата между Англия и Шотландия; *ам. ист.* границата на неколонизираните области; **in (out of) the ~s of** в (извън) границите на; *attr* граничен, пограничен; **2.** ръб, край, ивица; обшивка; **3.** широка леха покрай плет; **II.** *v* **1.** гранича (**on**); **2.** приближавам се, клоня (**on, upon**); **3.** слагам ръб на, обшивам.

bore₁ [bɔ:] **I.** *v* **1.** провъртявам, пробивам; издълбавам; **2.** отегчавам, досаждам, омръзвам на; **3.** мушкам с главата си; избутвам (*за кон*); **II.** *n* **1.** бургия, бормашина, сонда; **2.** (*и* **~ hole**) сондажен отвор; шнур, взривна дупка, отвор на цев; калибър.

bore₂ *n* досаден, отегчителен човек, бърборко; напаст.

bore₃ *n* голяма вълна, причинена от прилив в устие на река.

bore₄ *past от* **bear**.

born [bɔ:n] *adj* роден (**of** от); **I was ~ in 1967** роден съм през 1967 г.

borne [bɔ:n] *pp от* **bear**.

borrow ['bɔrou] *v* заемам, заимствам; *мат.* вземам.

bosom ['buzəm] **I.** *n* **1.** пазва, деколте; бюст; **to cherish (nourish, warm) a serpent in one's ~** храня змия в пазвата си; **2.** *поет.* лоно, обятия, гръд, гърди; **3.** сърце, душа; **II.** *v поет.* **1.** скъпя, пазя в най-скрития кът на сърцето си; **2.** *ост.* слагам в пазвата си; **3.** крия, скривам; **III.** *adj* близък, обичан.

bosomy ['buzəmi] *adj* едрогърдеста.

boss₁ [bɔs] **I.** *n* **1.** господар, чорбаджия, шеф, бос; **2.** ръководител на местна партийна организация; **II.** *adj* **1.** главен; **2.** *sl* първокачествен, отличен; **III.** *v разг.* шеф съм на; разпореждам се с (**about, around**); **to ~ the show** играя главната роля, свиря първа цигулка.

boss₂ **I.** *n* **1.** (закръглена) изпъкналост, издатина; кръгъл изпъкнал орнамент в центъра на щит; розетка; **2.** главина на колело; **3.** *геол.* щок, купол, лаколит; **II.** *v* правя (поставям) топчести украшения (розетки).

boss cocky ['bɔs,kɔki] *n австр., разг.* шеф, бос, чорбаджия.

boss-eyed ['bɔs,aid] *adj разг.* кривоглед.

BOT ['bi:,ou'ti:] *abbr* **(Board of Trade)** *ам.* Търговска палата.

botanical [bɔ'tænikl] *adj* ботанически; **~ garden** ботаническа градина.

botanist ['bɔtənist] *n* ботаник.

botany ['bɔtəni] *n* ботаника.

both [bouθ] **I.** *pron, adj* и двамата, и двете; **~ (the) boys** и двете момчета; **II.** *adv, cj* **both - and** и - и, хем-хем; **it is ~ good and cheap** то е и хубаво, и евтино.

bother ['bɔðə] **I.** *n* безпокойство, ядове, грижи, тревоги; неприятности, проблеми; труд, работа (**with, over; of ger**); **II.** *v* безпокоя (се), давам си труд, грижа се, вадя душата на, ядосвам (се) (за нищо и никакво) (**about**); • **oh, ~ it!** дявол го взел!

bottle$_1$ [bɔtl] **I.** *n* **1.** бутилка, шише; буркан (**of**); **over a ~** на чаша; **2.** биберон (*и* **feeding-~**); **II.** *v* наливам в бутилка (-и), слагам в буркан (-и); **to ~ up** скривам, сдържам, потискам.

bottle$_2$ *n* стиска сено, слама.

bottom ['bɔtəm] **I.** *n* **1.** дъно, долният край (част) на; **~ up** обърнат надолу, с дъното нагоре; **2.** седалка на стол; *грубо* задник; **3.** низина, долина; **II.** *v* **1.** основавам, базирам; **2.** достигам до дъното, измервам дълбочината на; **3.** слагам дъно, седалка на.

bottom drawer ['bɔtəm,drɔ:ə] *n англ.* зестра.

bottoming ['bɔtəmiŋ] *n* най-долен пласт (основа) на пътна настилка.

bought *pt pp* = **buy**.

boulevard ['bu:lva:] *n* булевард.

bound$_1$ [baund] **I.** *n* (*обикн. pl*) граница, предел; **out of ~s** *уч.* извън разрешения район, забранен; **II.** *v* **1.** слагам граници на; ограничавам (**by**); **2.** служа за граница на; **3.** гранича (**on** с); *pass* гранича с.

bound$_2$ **I.** *v* **1.** скоквам, подскачам, отскачам (*и с* **off**); **2.** хвърча, нося се; **II.** *n* скок, подскок, отскок; **by leaps and ~s** стремглаво, през глава.

bound$_3$ **I.** *pp* от **bind**; **II.** *adj* **1.** свързан; **~ up with** тясно свързан с; **2.** обвързан; **3.** подвързан.

bound$_4$ *adj* готов да тръгне на път; на път (**for**); **homeward ~** който се завръща в страната си (вкъщи).

boundary ['baundəri] *n* граница; удар извън игрището (*в крикета*).

boundless ['baundlis] *adj* безграничен.

boundlessness ['baundlisnis] *n* безграничност; неограниченост, безкрай.

bounteousness ['bauntiəsnis] *n* щедрост, великодушие.

bouquet ['bukei] *n* **1.** букет; **2.** букет, аромат.

bourgeois ['buəʒwa:] **I.** *n* **1.** буржоа; **petty ~** дребен буржоа; **2.** *печ.* боргис, буржоа; **II.** *adj* буржоазен.

bourgeoisie [,buəʒwa:'zi:] *n* буржоазия; **petty ~** дребна буржоазия.

bovver ['bɔvə] *n sl англ.* безпорядък; смут; безредие (*причинени от младежи гангстери*).

bow$_1$ [bau] **I.** *v* **1.** покланям се (**to**); **to ~ one's thanks** изразявам благодарност чрез поклон; **2.** навеждам, прекланям (се), превивам (се); подчинявам се; **II.** *n* поклон; **to make one's ~** покланям се, оттеглям се.

bow$_2$ [bou] **I.** *n* **1.** лък (*и муз.*); **to bend (draw) the ~** опъвам лък; **2.** дъга, арка; **3.** фльонга, панделка; **II.** *v* служа си с лък (*при свирене*).

bow$_3$ [bau] *n* (*често pl*) нос (*на ко-*

раб, лодка).

bowel ['bauəl] *n* (*обикн. pl*) **1.** черва; **2.** вътрешности, недра; **3.** (чувство на) милост, състрадание; **the ~s of mercy** милост.

bowl₁ [boul] *n* **1.** бокал, чаша; **the ~** пир, пиршество; **2.** паница; купа; **3.** вдлъбната част на лъжица и пр.; огнище на лула.

bowl₂ I. *n* **1.** дървена топка за кегли; **2.** *pl* вид кегли; **3.** *тех.* ролка, кръгов цилиндър; **II.** *v* **1.** играя на вид кегли; **2.** търкалям (*обръч, топка*); търкалям се, движа се бързо; **3.** подавам топката, изваждам от играта (*в крикета*) (*и* **~ out**); хвърлям топката (*в бейзбола*).

bowling ['bouliŋ] *n* боулинг, игра на кегли; подаване на топка (*в крикета*).

box₁ [bɔks] **I.** *n* **1.** кутия, кутийка, сандък, сандъче; ковчег; **mail (letter) ~** пощенска кутия; **2.** будка, кабина; **3.** капра; • **to be in a (tight) ~** в трудно положение съм; **II.** *v* **1.** слагам в кутия, сандък и пр.; **2.** депозирам (*документ*) в съд; **3.** правя дупка в дърво за събиране на сок; **to ~ off** отделям чрез преграда, преграждам; • **to ~ the compass** *мор.* изброявам поред точките на компаса, *прен.* описвам пълен кръг, свършвам там, откъдето съм започнал.

box₂ I. *n* : **a ~ on the ear** плесница; **II.** *v* боксирам се; **to ~ a person's ear** удрям плесница на, зашлевявам.

box₃ *n* чемшир *Buxus sempervivens*.

box₄ *n sl* **the ~** телевизор.

boxboard ['bɔks,bɔ:d] *n* груб картон (*за направа на кутии*).

boxer ['bɔksə] *n* боксер (*порода кучета*).

boxing ['bɔksiŋ] *n* бокс, боксиране; *attr* за бокс.

boxoffice ['bɔks'ɔfis] *n* театрална каса.

boy [bɔi] *n* **1.** момче; **old ~** бивш ученик; дядка; (*обръщение*) драги; *attr* мъжки, млад; **2.** туземен слуга; **3.** *sl* **the ~** шампанско; • **~'s love** боже дръвце *Artemisia abrotanum*.

boycott ['bɔikət] **I.** *v* бойкотирам; **II.** *n* бойкот.

boyo ['bɔiou] *n англ., разг.* младеж, момче (*особ. като обръщение*).

bra [bra:] = **brassiere**.

bracelet ['breislit] *n* **1.** гривна, браслет; **2.** *pl шег.* белезници.

bracket ['brækit] **I.** *n* **1.** скоба; **round ~s** малки скоби; **2.** конзола, подпора; **3.** *воен.* вилка (*при стрелба*); **II.** *v* **1.** слагам в скоби; **2.** свързвам, слагам под еднакъв знаменател (**with**); **3.** *воен.* хващам във вилка.

bradycardia [,brædi'ka:diə] *n мед.* брадикардия, забавен сърдечен ритъм.

braid [breid] **I.** *v* **1.** плета; заплитам (*коса*); сплитам; **2.** завързвам с панделка (*коса*); **3.** обшивам с ширит, сърма; **II.** *n* **1.** плитка; **2.** панделка, ширит, сърма.

braided ['breidid] *adj* (*за река*) течаща по няколко плитки свързани корита (канала).

brain [brein] **I.** *n* **1.** мозък; **~ commotion** *мед.* мозъчно сътресение; **2.** *обикн. pl* ум, умствени способности; **II.** *v* разбивам главата на.

brainbox ['brein,bɔks] *n sl* **1.** череп; **2.** умник, умна глава.

brainsick ['brein,sik] *adj* луд, ненормален.

brake₁ [breik] **I.** *n* спирачка; **II.** *v* слагам спирачка (на), спирам.

brake₂ I. *n* **1.** мъналка, мелица; **2.** голяма брана; **II.** *v* **1.** мъна, чукам; **2.** бранувам.

brake₃ *n* папрат.

brake₄ *n* гъсталак, гъстак, храсталак.

brake-fade ['breik,feid] *n* прегряване на спирачките.

brake light ['breik,lait] *n* стопове (*на автомобил*).

branch [bra:ntʃ] **I.** *n* **1.** клон; **2.** разклонение (*и на планина*); ръкав (*на река*); **3.** отрасъл; филиал, бранш; **~ line, railway-~** *жп* клон; • **root and ~** от корен, из основи; **II.** *v* разклонявам се (**out, forth**); **to ~ away, off** отклонявам се (*за път*); • **to ~ out into different directions** отклонявам се в разни насоки.

brand [brænd] **I.** *n* **1.** главня; *поет.* факел; *бот.* чернилка (*болест по растенията*); **2.** желязо за жигосване; дамга, позорен печат, белег, петно; **3.** търговска фабрична марка; вид, качество; • **~ from the burning** човек, спасен от опасност (ада); човек, обърнат в нова вяра, новопокръстен; **II.** *v* **1.** дамгосвам, жигосвам; **~ed on the memory** запечатан (врязан) в паметта; **2.** клеймя, петня, позоря, опозорявам.

brandnew ['brænd'nju] *adj* съвсем нов, нов-новеничък.

brandy ['brændi] *n* бренди; ракия.

brass [bra:s] *n* **1.** месинг, пиринч; **2.** съд, украшение и пр. от месинг; духови инструменти; **3.** месингова надгробна плоча.

brassbound ['bra:s,baunt] *adj* вкоренен; закостенял; дълбоко загнезден.

brassiere ['bræsieə] *n* сутиен.

brave [breiv] **I.** *adj* **1.** храбър, смел; **2.** доблестен, прекрасен, славен; **3.** *ост.* пременен, нагизден, накипрен; **II.** *v* излизам насреща на; бравирам; не искам да зная за, не се боя от, не ми пука от, предизвиквам; **to ~ it out** не давам пет пари; **III.** *n* **1.** *ост.* храбрец; **2.** индиански воин.

bravery ['breivəri] *n* **1.** храброст, смелост; **2.** *ост.* великолепие, пищност, труфила.

bravo ['bra:vou] **I.** *n* (*pl* - **oes, os**) наемен убиец, главорез, катил; **II.** *int* браво.

breach [bri:tʃ] **I.** *n* **1.** пролом, пробив, бреш; *прен.* прекъсване; **to stand in the ~** посрещам неприятеля; на топа на устата съм; опирам пешкира; **2.** разбиване на вълни в кораб (**clean ~** - когато мачтите и всичко друго на борда бива отнесено; **3.** скъсване (**with**); **II.** *v* правя пролом в, пробивам.

bread [bred] **I.** *n* хляб; **brown ~** черен хляб, *ам.* хляб с примес от царевица; **II.** *v* панирам.

bread sauce ['bred,sɔ:s] *n кул.* бял сос (*приготвен с мляко и галета*).

breadth [bredθ] *n* **1.** широчина, ширина; **by a hair's ~** насмалко; **2.** широта, широчина; размах; • **to travel the length and ~ of** пътувам надлъж и нашир из.

break [breik] **I.** *v* (**broke** [brouk]; **broken** [broukn]) **1.** чупя (се), счупвам (се), троша (се), къртя (се), разбивам (се); **to ~ open** отварям със сила; **2.** начевам, набърквам; разваля́м (*пари*); **3.** скъсвам (се) (*за конец и пр.*);

break away откъсвам (се), отделям (се); освобождавам се, избягвам; отклонявам се, изоставям, скъсвам с (**from**);

break down 1) събарям, развалям (се), разрушавам (се), разтурям (се), разпадам се, съсипвам, продънвам (се); претърпявам авария; 2) провалям се, претърпявам неуспех, бивам осуетен; не издържам, грохвам; 3) разплаквам се, разревавам се;

break even *ам., разг.* приключвам без загуби;

break forth 1) бликвам, избликвам, руквам, шуртя; 2) избивам, избухвам; **to ~ forth into tears** разплаквам се;

break in 1) вмъквам се, намесвам се, прекъсвам (*разговор*); 2) укротявам, дресирам, обяздвам, дисциплинирам;

break in on нарушавам, смущавам, прекъсвам;

break into 1) вмъквам се (в); влизам с взлом (в), разбивам; **to ~ into a till** разбивам чекмедже; 2) променям хода си; 3) отнемам (*времето на някого*);

break off 1) отчупвам (се), откършвам (се); 2) прекъсвам, прекратявам, преустановявам; **to ~ off diplomatic relations** прекратявам дипломатическите отношения (**with**); 3) преставам да говоря; пресеквам (*за глас*);

break out 1) избягвам; 2) избивам (*за пот*), излизам (*за пришки и под.*), показвам се; **to ~ out into a (cold) sweat** избива ме (студена) пот; 3) бликвам, избликвам, руквам, шурвам, потичам;

break through 1) пробивам, прониквам (през); 2) преодолявам, превъзмогвам;

break up 1) развалям (се), разтурвам, разкъсвам, раздробявам, разпокъсвам, разпределям (*работа*); 2) разпадам се (**into**); разпръсвам, разгонвам; 3) свършвам, бивам разпуснат, запразнявам; разотиваме се;

II. *n* **1.** пробиване, пукване, разбиване, разкъсване; **2.** пукнатина, пробив, пробито, пролука, дупка, отвор; лом; **3.** прекъсване, спиране, пауза, почивка, междучасие; **coffee ~** почивка за кафе.

break dance ['breik,da:ns] **I.** *n* брейк; **II.** *v* танцувам брейк.

breakdown truck (van) ['breik ,daun,trʌk (,væn)] *n* автомобил на пътна помощ.

breakfast ['brekfəst] **I.** *n* (сутрешна) закуска; **II.** *v* давам на някого закуска (да закуси); закусвам; **we ~ed on coffee and rolls** закусихме с кафе и кифли.

breakfront ['breik,frɔnt] *adj* с издадена средна част (*напр. за шкаф*).

breakneck ['breiknek] *adj* **1.** опасен; **it was a ~ path** пътеката беше много стръмна и опасна; **2.** главоломен.

break-off ['breik,ɔf] *n* прекратяване, спиране; прекъсване (*и на връзка*), раздяла.

breakwater ['breikwɔ:tə] *n* вълнолом.

breast [brest] **I.** *n* **1.** гръд, гърда; **to give a child the ~** давам на дете да суче; **2.** гърди, гръден кош; гърди (*като месо*); бяло месо (*на пиле*); **3.** предница (*на дреха*); **II.** *v* **1.** изправям се с лице към (*трудности, опасност, борба*); опълчвам се срещу; **to ~ the storm of popular abuse** излагам се на (понасям смело) народното негодувание; **2.** изкачвам се по (*хълм*).

breath [breθ] *n* **1.** дъх, дишане, дихание; **to be out of (short of) ~** запъхтян, задъхан съм, задъхвам се, запъхтявам се; **2.** въздух; ветрец; **3.** миризма, дъх; лъх, полъх.

breathe [bri:ð] *v* **1.** дишам; **to ~ hard** запъхтявам се, задъхвам се, дишам тежко, трудно; духам с пълни гърди; **2.** живея, съществувам; **3.** съвземам се, поемам си дъх.

breeches-buoy ['bri:tʃiz,bɔi] *n* спасително съоръжение за изтегляне на давещ се от водата.

breeder ['bri:də] **1.** плодовито животно; **elephants are slow ~s** слоновете се размножават бавно; **2.** животновъд; **horse-~** коневъд.

breeder document ['bri:də 'dɔkjumənt] *n* фалшиво свидетелство за раждане.

breezy [ˈbri:zi] *adj* **1.** *прен.* жив, оживен, сърдечен, жизнерадостен; весел; **2.** свеж; ветровит (*за време*); **3.** ветровит, изложен на вятъра.

bregma [ˈbregmə] *n* шевове (*на черепа*).

brekky [ˈbreki] *n sl* закуска (*съкр. за* **brteakfast**).

brevity [ˈbreviti] *n* **1.** краткост, краткотрайност; **2.** сбитост, стегнатост (*на стил*); **for ~'s sake** за пократко.

brew [bru:] **I.** *v* **1.** варя (*бира, пиво*); **2.** запарвам, попарвам (*чай*); **3.** приготвям (*питие, напр. пунш*) чрез смесване на различни продукти; • **as you ~ so you must drink** каквото си надробил, това ще сърбаш; на каквото си постелеш, на това ще легнеш; **II.** *n* **1.** количество бира, приготвена при едно варене; **2.** количество бира в една бъчва; **3.** варено питие; билков чай, отвара, настойка.

bribe [braib] **I.** *n* подкуп, рушвет; **to take a ~ (~s)** вземам подкуп (рушвет), корумпиран съм; **II.** *v* давам подкуп, подкупвам.

bribery [ˈbraibəri] *n* подкупничество, рушветчийство, корупция; **open to ~** подкупен, продажен, корумпиран.

brick [brik] **I.** *n* **1.** тухла; **air-dried ~s** кирпич; **2.** *събир.* тухли; **3.** калъп, блок, кубче, брикет; • **to make ~s without straw** заемам се с трудна и безполезна работа, мъча се напразно; **II.** *v* **1. to ~ in (up)** зазиждам; **2.** облицовам с тухли; **III.** *adj* attr тухлен; от тухли.

brickearth [ˈbrik,ə:θ] *n* глинеста почва, подходяща за направа на тухли.

bricklayer [ˈbrikleiə] *n* зидар.

bride₁ [braid] *n* булка (*в деня на сватбата*); годеница (*в навечерието на сватбата*); младоженка, невеста; **the ~ and bridegroom** булката и младоженецът; младоженците.

bride₂ *n* **1.** връзка (*в бродерия*); **2.** връзка, панделки на дамска шапчица.

bridegroom [ˈbraigru(:)m] *n* младоженец.

bridesmaid [ˈbraidzmeid] *n* шаферка.

bridesman [ˈbraidzmən] *n* шафер.

bridewell [ˈbraid,wel] *n* поправителен дом.

bridge₁ [bridʒ] **I.** *n* **1.** мост; **to throw a ~ over (across) a river** хвърлям, построявам мост над река; **2.** *мор.* капитански мостик; **3.** *воен. мор.*: **Admiral's ~** адмиралски мостик; • **a ~ of gold, a golden ~** лесен начин за отстъпление, за излизане от затруднение; **II.** *v* **1.** построявам мост (прекарвам път) над (*река, долина и пр.*) (*и с* **over**); **a plank ~s the stream** една дъска служи за мост над потока; **2.** *прен.* попълвам, запълвам; *икон.* попълвам дефицит; **3.** *прен.* заобикалям, преодолявам (*трудности*) (*с* **over**).

bridge₂ *n* бридж; **to play ~** играя бридж.

bridgebuilder [ˈbridʒ,bildə] *n* човек, който се стреми да изглажда различията между враждуващи страни, групи и др.

bridge roll [ˈbridʒ,roul] *n англ.* вид франзела.

bridle [ˈbraidl] **I.** *n* **1.** юзда, гем, оглавник; *прен.* спирачка; **to give a horse the ~** отпускам юздите (*и прен.*); **2.** поводи (*на кон*); **3.** халка, в която влиза резе; **II.** *v* **1.** слагам юзда (*на кон*); **2.** обуздавам, укротявам, овладявам, задържам, въздържам; **to ~ one's tongue** държа си езика, меря си думите; **3.** виря глава, дърпам назад глава (*за кон*) (*често с* **up**).

bridle rein ['braidl'rein] *n* повод.

bridleway ['braidəlwei] *n* конска пътека.

bridoon [bri'du:n] *n воен.* юзда с един повод.

brie [bri:] *n* бри, меко френско сирене.

brief [bri:f] **I.** *adj* **1.** кратък, къс, краткотраен, кратковременен; **for a ~ period** за кратко време, за известно време; **2.** сбит, стегнат (*за стил*); **3.** рязък (*за поведение, отговор*); **II.** *n* **1.** *рел.* папско писмо по дисциплинарни въпроси; **2.** *юрид.* адвокатско досие; **to have plenty of ~s** много съм зает (*за адвокат*); **3.** *ав. воен.* инструкция, указания; **III.** *v* **1.** *юрид.* **to ~ a case** приготвям досие на дело за адвоката, който ще пледира; **2.** инструктирам, давам сведения, директиви на някого; *воен. ав.* инструктирам пилот (екипаж) преди боен полет.

briefing ['bri:fiŋ] *n* **1.** инструктаж, поставяне на задачи; **2.** инструкция, указания.

brigade [bri'geid] **I.** *n* **1.** *воен.* бригада; (*в кавалерията*) бригада (два конни полка); (*в артилерията*) отделение (четири батареи); (*в пехотата*) три или четири дружини (батальони); **2.** *ам. воен.* голяма войскова част; **3.** бригада, команда, отряд; **fire-~** пожарна, пожарна команда; • **one of the old ~** *разг. прен.* ветеран, стара кримка (*за мъж*); заминала слава (*за жена*); **II.** *v* **1.** *воен.* събирам полкове в бригада; придавам батарея и пр. към бригада; **2.** групирам, образувам група.

bright [brait] **I.** *adj* **1.** светъл, ярък; **2.** блестящ, бляскав, лъчист, сияен, лъскав; **~ eyes** блестящи очи; **3.** полиран, излъскан (*напр. за стомана*); **II.** *adv* светло, силно, ярко (*главно с гл.* **shine**); **the sun shines ~** слънцето грее ярко, слънцето блести; • **~ and early** рано-рано.

brighten ['braitn] *v* **1.** *прен.* разкрасявам, разхубавявам, освежавам, придавам по-свеж вид на; ободрявам; подобрявам; оживявам (се), съживявам (се); **this news ~s (up) the situation** тази новина обнадеждава; **2.** *прен.* пооживявам се, ободрявам се (*обикн. с* **up**); разведрявам се, просветвам, просветлявам, прояснявам се; изяснявам се; просиявам, засиявам; **3.** лъскам, придавам блясък на, излъсквам, полирам (*често с* **up**).

brightwork ['brait,wə:k] *n* лъскави метални украшения на кораб, автомобил и пр.

brilliant ['briljənt] **I.** *adj* бляскав, блестящ, брилянтен (*и прен.*); **II.** *n* **1.** брилянт; **2.** *печ.* диамант.

brim [brim] **I.** *n* **1.** ръб (*на чаша, съд*); **full to the to ~** пълен догоре; **2.** периферия (*на шапка*); **3.** *ост.* бряг на река, езеро или море; **II.** *v* **1.** пълен съм догоре; **to over ~** преливам; **2.** *рядко* пълня (*чаша и пр.*) догоре.

brine [brain] **I.** *n* **1.** саламура; солена вода, солен разтвор; **2.** *поет.* море, океан; морски талази (води); **3.** *поет.* сълзи; **II.** *v* слагам в саламура.

bring [briŋ] *v* (**brought** [brɔ:t]) **1.** довеждам, докарвам, донасям; **~ it to me** донеси ми го; **2.** предизвиквам, причинявам, докарвам до (**to**); задействам; имам като последица, влека след себе си; **3.** скланям, склонявам, предумвам, убеждавам, кандардисвам; накарвам;

bring along довеждам (*някого*), донасям със себе си;

bring away отвеждам (*някого*); отнасям, вземам със себе си;

bring back връщам (обратно); възвръщам; **he has brought back word that the city was captured** той се върна с новината, че градът е превзет; **to ~ back s.o.'s health, to ~ s.o. back to health** възстановявам, възвръщам здравето на някого;

bring forth 1) раждам; **we don't know what the future will ~ forth** не знаем какво ни носи утрешният ден, какво ни чака утре; 2) произвеждам, пораждам;

bring forward 1) издърпвам напред, изнасям; 2) привеждам, цитирам, изтъквам; 3) изтъквам, лансирам (*някого*); 4) поставям (*въпрос*) на разискване; правя (*предложение на събрание*); 5) насрочвам (*събрание и пр.*) за по-ранна дата от предвиденото; 6) *търг.* пренасям (*сума, сбор*); **brought forward** пренос;

bring in 1) въвеждам; донасям, внасям; 2) сервирам (*обед, вечеря*); 3) внасям (*стоки*); 4) вмъквам, споменавам (*цитати в реч*); 5) докарвам, нося (*доход, лихва*); 6) *юрид.* обявявам (*за жури*); **the jury brought him in guilty** журито го обяви за виновен; 7) *сп.*: **to ~ in one's horse first** пристигам пръв (*за жокей*);

bring into задействам; **to ~ into service** въвеждам в експлоатация;

bring off 1) отървавам, спасявам, избавям; 2) довеждам до успешен край, успявам с; **to ~ it off** успявам, улучвам, сполучвам;

bring on 1) предизвиквам, причинявам, докарвам (*болест*); 2) поощрявам, помагам (*на растеж, в работата*); **he is ~ing him on an examination** той го подготвя за изпит;

bring out 1) извеждам; изваждам; 2) изразявам, показвам, изтъквам, подчертавам; **to ~ out the inner meaning of a passage** разкривам истинското значение на откъс;

bring over 1) докарвам, донасям, внасям (*стоки*) (**from**); 2) довеждам (*някого*); 3) предумвам, уговарям, спечелвам на своя страна;

bring round 1) донасям; довеждам; 2) свестявам; изправям, вдигам на крака (*за болен*); 3) развеселявам, ободрявам; скланям, склонявам, предумвам, уговарям, спечелвам на своя страна;

bring through 1) прекарвам през; прокарвам, пробутвам; 2) спасявам, изправям на крака (*болен*);

bring to 1) свестявам; 2) *мор.* спирам (*параход*); спирам (*за параход*);

bring together 1) сближавам, сдобрявам, помирявам; 2) доближавам (*предмети*);

bring under 1) покорявам, подчинявам; **to ~ s.o. under discipline** дисциплинирам някого, приучвам някого да се подчинява; 2) отнасям (*към дадена категория*);

bring up 1) качвам; 2) докарвам; доближавам, приближавам; издърпвам; **to ~ up reinforcements** докарвам подкрепления; • **to ~ up in the rear** вървя последен, на опашката.

brinkmanship ['briŋkmən,ʃip] *n* тактика в международните отношения, целяща съзнателното създаване на опасност от война; рисковани политически маневри.

briny ['braini] **I.** *adj поет.* солен; **the ~ deep** океан, море; **II.** *n* **the ~** *шег.* море, *прен.* много, изобилно.

brio ['bri(:) ou] *n муз.* живост.

briquette [bri'ket] *n* брикет.

brisk [brisk] **I.** *adj* **1.** жив, бърз, чевръст, пъргав, активен, енергичен, жизнен, оживен; **~ fire** силен огън, *воен.* непрекъснат огън; **2.** *търг.*

оживен; **3.** пенлив (*за питие*); **II.** *v* (*обикн. с* **up**) оживявам (се); ободрявам (се), освежавам (се); активизирам, оживявам; **to ~ up a fire** засилвам, съживявам огън.

brisket ['brisket] *n* **1.** месо от гърдите на животно; **2.** *ост.* гърди; **one in the ~** *сп. и sl* удар право в гърдите.

bristling ['brisliŋ] *adj* **1.** набол (*за брада*); остър; четинест; **2.** енергичен, ентусиазиран, жизнен.

bristols ['bristæz] *n pl sl англ.* цици, цомби.

Britain ['britən] *n* **1.** *ист.* Англия; **2.** *геогр.* **Great ~** Великобритания.

Britannic [bri'tænik] *adj* британски; **His (Her) ~ Majesty** Негово (Нейно) кралско величество.

British ['britiʃ] **I.** *adj* британски, английски; **the ~ Isles** Британските острови; **II.** *n* **1.** *pl* **the ~** англичаните; **2.** английски език (от Южна Англия), книжовен английски език.

Britisher ['btitiʃə] *n* англичанин.

Brittany ['britəni] *n* Бретан (Франция).

brittle ['britl] *adj* крехък, чуплив.

Briton ['britən] *n* **1.** *ист.* древен британец; **2.** *поет.* англичанин; **3. North ~** шотландец.

B-road ['bi:'roud] *n* второстепенен път.

broad [brɔ:d] **I.** *adj* **1.** широк; **he has a ~ back** той е (широко)плещест мъж; *прен.* той има широк гръб, носи; **2.** широк, обширен; **3.** общ, в общи линии; най-съществен, основен; • **in ~ daylight** посред бял ден; **II.** *adv* **1.** широко; **2.** свободно; **3.** напълно; **III.** *n* **1.** *геогр. pl* **the (Norfolk) Broads** езера, солени блата (в Норфък); **2.** широката част на нещо; **3.** *sl* лека жена.

broadbill ['brɔ:dbil] *n* **1.** птица с широк клюн; **2.** риба меч.

broad-blown ['brɔ:dbloun] *adj* разцъфтял, цъфнал (*за цвете*).

broadbottomed ['brɔ:d,bɔtəmd] *adj* с широко дъно; *разг.* с дебел задник.

broad-brim ['brɔ:dbrim] *n* широкопола шапка.

broadcast ['brɔ:dka:st] **I.** *v* **1.** предавам по радиото; **2.** хвърлям (*семена*); **3.** разпространявам; **II.** *n* радиопредаване, емисия; **III.** *adj* **1.** *прен.* широко разпространен (*за слух и пр.*); **2.** предаден по радиото; **IV.** *adv* пръснато, чрез хвърляне (*за семена*); **seeds sown ~** семена, посети разпръснато.

broadcaster ['brɔ:dka:stə] *n* **1.** говорител по радиото (телевизията); **2.** радиопредавател (апарат).

broad-eyed ['brɔ:d,aid] *adj* **1.** с големи очи; **2.** ококорен, изблещен, *разг.* опулен.

broadfaced ['brɔ:,feist] *adj* с широко лице.

broad gauge (gage) ['brɔ:d'geidʒ] *n* широка железопътна линия.

broad-spectrum ['brɔ:d,spektrəm] *adj* широкоприложим, ефективен при голям брой заболявания (*за лекарство*).

broadsword ['brɔ:dsɔ:d] *n* **1.** меч; **2.** права кавалерийска сабя.

Brobdingnag ['brɔbdiŋnæg] *n* страната на великаните.

brocade [bro'keid] *n* брокат; **velvet ~** кадифен брокат.

broccoli ['brɔkəli] *n* броколи, вид цветно зеле *Brassica oleracea botrytis asparagoides*.

brochetter [brou'ʃet] *n* шиш за печене (за готвене).

brochure ['brɔʃuə] *n* **1.** брошура, книжка, свезка; **2.** памфлет, сатира, пасквил; оскърбление.

broil₁ [brɔil] **I.** *v* **1.** пека (*на скара*); **2.** *прен.* горещо ми е, умирам от жега; **~ing day** горещ, зноен ден; **3.** *прен. ам.* горя, изгарям от нетърпение; неспокоен, нервен съм; **II.** *n* печено на скара месо, скара.

broil₂ I. *n* кавга, свада, караница, сбиване, бой; **II.** *v ам.* скарвам се, сбивам се.

broke [brouk] *adj* **1.** *ост. pp от* **break**; **2.** *sl* без пукната пара, разорен; **to be dead (stony) ~**, *ам.* **flat ~** без пукната пара съм, нямам пукнат грош; • **to go for ~** влагам всичко в дадено начинание, отдавам се изцяло.

broken ['broukən] **I.** *pp от* **break**; **II.** *adj* **1.** разбит, счупен; **~ stone** чакъл; **2.** *прен.* омаломощен, грохнал, отпаднал; покрусен, смазан; **3.** разорен, фалирал.

broken-down ['broukən'daun] *adj* **1.** разсипан, разклатен, изтощен (*за здраве, сила*); **2.** неработоспособен (*за кон*); **3.** изтъркан, износен; развален, повреден (*за машина*).

broker ['broukə] *n* **1.** брокер, посредник, комисионер, агент; **insurance ~** застрахователен агент; **2.** *юрид.* съдия-изпълнител.

bromism ['brou,mizəm] *n* отравяне с бром.

bronchitis ['brɔŋ'kaitis] *n мед.* бронхит.

bronze [brɔnz] **I.** *n* **1.** бронз; **2.** статуя, медал от бронз; **3.** бронзов цвят; **II.** *adj* **1.** направен от бронз, бронзов; **2.** бронзов, с цвета на бронз; **III.** *v* **1.** бронзирам; **2.** *прен.* почернявам, добивам тен (*от слънцето*).

brooch [broutʃ] *n* брошка.

brook₁ [bruk] *n* поток, ручей.

brook₂ *v* (*обикн.* в *отрицателни и въпросителни изречения*) търпя, понасям, допускам, позволявам; **it ~s no delay** това не търпи отлагане.

brooklet ['bruklet] *n* поточе, ручейче, рекичка.

broom [bru:m] **I.** *n* **1.** метла с дълга дръжка; **2.** *бот.* зановец *Cytisus*; • **a new ~ sweeps clean** нова метла чисто мете; **II.** *v* мета.

bros. ['brʌðəz] *n съкр. от* **brothers** (*в название на фирми*).

broth [brɔθ] *n* супа, бульон; **Scotch ~** шотландски бульон (от овнешка глава с ечемик и зеленчук); • **a ~ of a boy** славно момче.

brothel ['brɔðl] *n* публичен дом, бордей.

brother ['brʌðə] **I.** *n* **1.** брат; **own, full,** *ам.* **whole ~** роден брат; **2.** *рел.* брат, член на религиозно братство (*pl* **brothers, brethren** ['breðrin]); **3.** *attr* събрат, колега, другар; • **B. Jonathan** *разг.* = **Uncle Sam** Чичо Сам (*правителството на САЩ; типичен американец*); **II.** *v* отнасям се братски към някого.

brotherhood ['brʌðəhud] *n* **1.** братство; хора от една професия, колегия; **the literary ~** литературните кръгове; **2.** профсъюз (*особ. на железопътни работници*).

brother-in-law ['brʌðə(r)inlɔ:] *n* (*pl* **brothers-in-law**) шурей, девер, баджанак, зет.

brotherlike ['brʌðəlaik] **I.** *adj* братски, дружески, приятелски; **II.** *adv* по братски, дружески, приятелски.

brought *вж* **bring**.

brow₁ [brau] *n* **1.** чело; **to smooth (unbend) the ~** прояснявам, разведрявам чело; **2.** *обикн. pl* вежди; **3.** стръмен склон.

brow₂ *n мор. рядко* мостче, пасерел.

brown [braun] **I.** *adj* **1.** кафяв; **~ bear** кафява, черна мечка *Ursus americanus*; вид мечка (*в Северна Европа и Америка*) *Ursus arctos*; **2.** загорял, почернял (*от слънцето*);

3. *прен.* тъмен, черен; мрачен; **II.** *n* **1.** кафяв цвят; **2.** кафява пеперуда; **3.** *грубо* медна монета, стотинка; **III.** *v* **1.** загарям, почернявам, добивам тен (*от слънцето*); изгарям, карам да почернее (*за слънцето*); **a face ~ed by the sun** загоряло от слънцето лице; **2.** запържвам (се), зачервявам (*на огън*); **3.** *мет.* брюнирам.

brownout ['braun,aut] *n ам.* намаляване интензитета на осветление (*с цел пестене на електричество*).

brown-state ['braun,steit] *adj* небоядисан (*за лен*).

brownstone ['braun,stoun] *n* **1.** кафеникав камък, използван като строителен материал; **2.** къща, изградена с такъв камък.

brown sugar ['braun'ʃugə] *n* нерафинирана захар.

browser ['brauzə] *n* **1.** човек, който се разхожда из магазин без намерение да пазарува; **2.** животно, което се прехранва с листа, фиданки.

brows-wood ['brauzwud] *n* гора за паша.

Bruce [bru:s] *n англ.* шеговито название на австралиец.

bruise [bru:z] **I.** *v* **1.** натъртвам (се), удрям (се), контузвам (се); **~d fruit** набити плодове; **2.** *прен.* засягам, обиждам; **3.** *ам.* чукам в хаван; грухам (*жито*); **II.** *n* **1.** натъртено място, контузия; **2.** набито място (*на плод*); ударено място (*на дърво*).

bruising ['bru:ziŋ] **I.** *n* натъртено, насинено (място), синина; **II.** *adj журн.* свиреп, ожесточен (*за побой*).

brumal ['bru:məl] *adj* студен, хладен; сдържан, безчувствен.

Brummagem ['brʌmədʒəm] **I.** *n разг.* **1.** Бирмингам (*и* **Brum**); **2.** дрънкулка; евтино кичозно бижу; **II.** *adj* евтин, безстойностен.

Brummie ['brʌmi] **I.** *adj* бирмингамски; **II.** *n* жител на Бирмингам.

brunch ['brʌtʃ] (*съкр. от* **breakfast** *и* **lunch**) *n разг.* закуска-обед, късна закуска, която замества и обеда.

brunet(te) [bru'net] **I.** *n* брюнетка; **II.** *adj* мургава, с кестеняви коси и кафяви очи.

brunt [brʌnt] *n* **1.** главен удар (*обикн. при нападение*); **2.** криза, застой; затруднение; липса; **to bear the ~ of s.th.** *прен.* опъвам, хамалувам; опирам пешкира; на топа на устата съм.

brush [brʌʃ] **I.** *n* **1.** четка; **hair (tooth) ~** четка за коса (за зъби); **2. (paint-) ~** четка за боядисване, рисуване; **3.** лисича опашка; **II.** *v* **1.** четкам, изчетквам; **2.** сресвам; **hair ~ed back** със сресани назад коси; **3.** леко докосвам (*повърхност*); леко се докосвам (допирам) до (**against**), бързо минавам край (**by, past**);

brush aside отминавам, подминавам, отхвърлям, пренебрегвам;

brush away 1) изчетквам (*кал, прах*); 2) леко избърсвам (*сълзи*);

brush down четкам (*някого*); четкам, тимаря (*кон*); четкам по косъма (*влакнеста шапка*);

brush in *изк.* рисувам (нещо) бързо с четката, скицирам, нахвърлям скица;

brush off *разг.* избягвам бързо, измитам се, офейквам; изчетквам (*кал, прах*);

brush out 1) изчетквам (*напр. косата си*); 2) основно почиствам, мета (*стая*); 3) *изк.* **to ~ out a detail** махам, замазвам, заличавам подробност (*на картина*) с четка;

brush over 1) минавам леко с четка по; 2) леко докосвам (*при минаване*);

brush up 1) (по)изчетквам; чистя (се), нагласявам се; 2) опреснявам, възстановявам (*знания*); **to ~ up one's French** възстановявам, опреснявам знанията си по френски език.

brushmark ['brʌʃ,ma:k] *n* следа от (космите на) четка.

brush fire ['brʌʃ,faiə] *n* **1.** пожар в ниската (храстова) растителност; **2.** малка локална война, местен конфликт.

brutal ['bru:tl] *adj* **1.** груб, жесток, брутален; **2.** животински (*за инстинкт*).

brutality [bru:'tæliti] *n* жестокост, грубост, бруталност, наглост, садизъм.

brute [bru:t] **I.** *n* животно, добиче, звяр; гад, скот (*и прен.*); • **it was a ~ of a job** това беше хамалска, много трудна работа; **II.** *adj* животински; жесток, груб, садистичен; **~ facts** голи факти.

bruxism ['brʌksizəm] *n* (несъзнателно) скърцане със зъби.

b/s *комп.* (*съкр. от* **bits per second**) бита в секунда.

BS ['bi:'es] *abbr* **1. (British Standard)** британски стандарт; **2.** *ам.* **(Bachelor of Science)** бакалавър по техническите науки.

B-side ['bi:'said] *n* втората страна на касета, където са по-малко популярните песни.

BT ['bi:'ti:] *abbr* **(British Telecom)** Британски телекомуникации.

bub [bʌb] *n ам., разг.* младеж, момче (*особ. като обръщение*).

bubble ['bʌbl] **I.** *n* **1.** мехур (*въздушен, сапунен*); **to blow ~s** правя сапунени мехури; *прен.* създавам празни теории; занимавам се с детинщини; **2.** шупла (*в стъкло, метал*); **3.** *прен.* неосъществим, нереален проект, план; измама; *прен.* външен блясък, суета; **II.** *v* **1.** пускам мехури; **2.** пеня се (*за питие*); **3.** клокоча, клоквам; кълколя, клокотя.

bubble wrap ['bʌbl,ræp] *n* вид найлонов опаковъчен материал с балончета.

buckboard ['bʌkbɔ:d] *n* кола, състояща се от дълга дъска върху четири колела.

bucker ['bʌkə] *n* **1.** лош кон, който често хвърля ездача си; **2.** общ работник; **3.** трошачка, дробилка; мелница.

bucket ['bʌkit] **I.** *n* **1.** ведро, кофа; **2.** бутало (*на помпа*); **3.** *тех.* перка; лопатка (*на турбина*); кофа (*на багер и пр.*); • **to kick the ~** *sl* умирам, хвърлям топа; **II.** *v* **1.** черпя, нося вода (*с кофа*); **2.** изтощавам, уморявам (*кон*) от езда; яздя бързо; **3.** греба лошо (*като се навеждам прекалено бързо напред*).

bucketful ['bʌkitful] *n* ведро (*като мярка*); **it is raining in ~s** вали из ведро; **by the ~** в големи количества, с лопата (да ги ринеш).

bucket seat ['bʌkit'si:t] *n* допълнително сгъваемо столче в автобус, самолет.

bucket shop ['bʌkit'ʃɔp] *n* **1.** агенция, която продава евтини билети, за да запълни празните места; **2.** *фин.* кантора, в която се извършват измамнически борсови операции.

buckle ['bʌkl] **I.** *n* тока, катарама; **II.** *v* **1.** закопчавам (*с катарама*); **2.** заемам се; залавям се за, захващам се за, запретвам се на работа (*обикн. с* **down**) (**to**); **to ~ to (a task)** запретвам се за работа; **3.** *тех.* изкорубвам (се), деформирам (се), изкривявам (се); разцентрирам се, измятам се (*за колело*).

buckjumper ['bʌk,dʒʌmpə] *n австр.* необязден кон.

buckjumping ['bʌk,dʒʌmpiŋ] *n австр.* родео с необяздени коне.

buckler [ˈbʌklə] *n* **1.** щит, броня; **2.** защитно, предпазно средство; прикритие, закрила.

buckling [ˈbʌkliŋ] *n* **1.** закопчаване; **2.** *тех.* изкорубване, изкривяване; измятане.

buckshee [ˌbʌkˈʃi:] *adj sl англ.* гратис, безплатен, без пари.

buckwheat [ˈbʌkwi:t] *n* **1.** елда *Polygonum esculentum*; **2.** семената на елдата; **3.** черно брашно (*от елда*).

bud₁ [bʌd] **I.** *n* **1.** *бот.* пъпка; **flower (leaf) ~** цветна (листна) пъпка; **2.** *зоол.* пъпка (*при пъпкуване*); **3.** *анат.* телце (*вкусово и пр.*); **II.** *v* **1.** *бот.* напъпвам, покарвам; пускам пъпки; **2.** *зоол.* пъпкувам; **to ~ off from** размножавам се чрез пъпкуване; *прен.* обособявам се, отделям се; **3.** присаждам, ашладисвам.

bud₂ *n* **1.** брат; **2.** друже, момче (*като обръщение*).

Budapest [ˈbju:dəˈpest] *n* Будапеща.

Buddha [ˈbudə, bʌdə] *n* Буда.

Buddhism [ˈbudizm] *n* будизъм.

budget [ˈbʌdʒit] **I.** *n* **1.** бюджет; **to balance the ~** балансирам бюджета; **2.** *ост.* кесия, малка торба; **3.** куп, сбирка; **II.** *v*: **to ~ (for)** предвиждам кредити в бюджета (*за дадени разходи*).

buffalo [ˈbʌfəlou] **I.** *n* **1.** бивол; **~ calf** биволче, малаче; **2.** американски бизон; **3.** *прен. ам. sl* негър; **II.** *v ам. sl* **1.** сплашвам, тероризирам; **2.** обърквам.

buffet₁ [ˈbʌfit] **I.** *n* **1.** удар (*обикн. нанесен с ръка*); **2.** *прен.* удар, нещастие, беда; **II.** *v* **1.** нанасям удар; **2.** удрям плесница; бия с юмрук; нанасям побой; **to ~ (with) the waves** боря се с вълните.

buffet₂ [ˈbufei] *n* **1.** бюфет, ресторант (*на гара и пр.*); **2.** бюфет (*маса със закуски*); **~ luncheon** лек обед (*на крак*); **3.** закуски.

buffo [ˈbufou] **I.** *n* (*pl* **buffi** [ˈbufi:]) **1.** *муз.* комична роля (*обикн. басова*) в опера; **2.** оперен певец, изпълнител на такава роля; **II.** *adj attr* комичен, смешен; развлекателен.

bug [bʌg] **I.** *n* **1.** дървеница (**bed~**); **2.** *разг.* особ. *ам.* буболечка, бръмбар; микроб; **3.** *ост. диал.* страшилище, плашило; • **big ~** *разг.* голяма, важна клечка; **II.** *v* **1.** *разг.* скривам микрофон; **2.** досаждам на, дразня; • *sl* **~ off** махам се, изчезвам, обирам си крушите.

bugle [ˈbju:gl] **I.** *n* **1.** ловджийски рог; **2.** *воен.* сигнална тръба; **~ band** фанфари; **II.** *v* тръбя с рог.

build [bild] **I.** *v* (**built** [bilt]) **1.** строя, построявам; градя, изграждам, издигам, зидам, иззиждам, съзиждам; свивам, вия (*гнездо*); **to ~ a new wing to a hotel** пристроявам ново крило на хотел; **2.** *прен.* създавам, изграждам, правя (*обикн. с* **up**); формирам, оформям (*характер*); кроя (*планове*); **3.** възлагам; уповавам се, разчитам (**on, upon**); • **to ~ a fire** клада, огън; **I am built that way** *прен.* такъв съм си; **II.** *n* **1.** направа, конструкция, структура; устройство; **2.** форма; стил (*на здание*); **3.** телосложение; **a man of powerful ~** човек със здраво телосложение; едър, широкоплещест човек;

build in 1) зазиждам, запушвам (*прозорец, врата*); 2) вграждам; **a built-in closet** вграден шкаф; **to ~ a tablet into a wall** вграждам табелка в стена;

build up 1) зизаждам, запушвам (*прозорец, врата*); 2) застроявам, обкръжавам с къщи; 3) изграждам, създавам, развивам; *прен.* лансирам, правя реклама на някого; **to ~ up a practice** създавам си клиентела (*за лекар, адвокат*);

builder ['bildə] *n* **1.** строител; **master ~** предприемач; **2.** *прен.* създател.

building ['bildiŋ] *n* **1.** изграждане, строеж; строителство; **~ ground, land** място, парцел за строеж; **2.** здание, сграда, постройка; **3.** *pl* жилищни сгради.

built-in ['bilt,in] *adj* вграден.

bulb [bʌlb] **I.** *n* **1.** *бот.* луковица, глава; **~ of garlic** глава чесън; **2.** луковично растение; **3.** *анат.* разширение, надебеляване; корен (*на косъм, нерв*); фоликул; **II.** *v* **1.** образувам луковица (*и с* **up**); **2.** подувам се, издувам се, надувам се; **3.** : **to ~ up** завивам се, свивам се (*за зелка*).

Bulgaria [bʌl'geəriə] *n* България.

Bulgarian [bʌl'geəriən] **I.** *n* **1.** българин, българка; **2.** български (*език*); **II.** *adj* български.

bulge [bʌldʒ] **I.** *v* **1.** изпъквам, издувам (се), деформирам (се), надувам (се) (**out**); **to ~ o.'s cheeks** издувам бузите; **2.** натъпквам (*чувал, торба и пр.*); **a briefcase bulging with documents** куфарче, натъпкано с документи; **II.** *n* **1.** изпъкналост, издатина, издутина, подутина; **the ~ of a curve** изпъкнала страна на крива; **2.** *мор.* дъно на кораб (*вж* **bilge**); изпъкналост на подводната част на кораб (*като защита срещу торпили*); **3.** *фин., ам.* покачване, повишаване (*на цените на борсата*); необичайно повишение;

bulge in *разг.* втурвам се, връхлитам, устремявам се;

bulge off *разг.* запрашвам, офейквам, изчезвам.

bulged [bʌldʒd] *adj* извит, превит, изкривен; корубест; тумбест.

bulger ['bʌldʒə] *n сп.* стик за голф с изпъкнала главичка.

bulk [bʌlk] **I.** *n* **1.** обем, големина; размери; **a ship of great ~** кораб с големи размери; **2.** *мор., търг.* товар (*на кораб*); **3.** по-голямата част от нещо; болшинството, мнозинството; **II.** *v* **1.** налагам се (*с обема, големината, значението си*) (*обикн. с* **large**); **to ~ large in s.o.'s eyes** заемам важно място; налагам се на съзнанието; правя силно впечатление на някого; **2.** натрупвам на камари (*стока*); **3.** установявам, оценявам количеството (*на неопаковани стоки*) при митническа проверка;

bulk up натрупвам се;

bulk up to възлизам на (*количествено*).

bulky ['bʌlki] *adj* обемист, неудобен (*за пренасяне, носене*).

bull$_1$ [bul] **I.** *n* **1.** бик, бивол; мъжки кит, морж, слон и пр.; **2.** борсов спекулант, който залага на повишаване на цените; **the market is ~** цените на борсата се повишават; **3. (the B.)** съзвездието Телец; знак на зодиака; ● **~ of Bashan** гръмогласен човек; **John B.** Джон Бул, олицетворение на английския народ; типичен англичанин; **II.** *v* **1.** спекулирам, за да се повишат цените, надувам цените (*на борсата*); покачвам се (*за ценни книжа*); **2.** добре гледан съм; **3.** *sl* приказвам на едро, лъготя; **III.** *adj* **1.** мъжки, от мъжки пол; **2.** биволски и пр.; **3.** покачващи се, повишаващи се (*за цени*).

bull$_2$ *n* була, папско послание.

bull$_3$ *n* неволно абсурден, парадоксален израз (*често* **Irish ~**); преувеличение.

bulldog ['buldɔg] *n* **1.** булдог; **2.** упорит смелчага; **3.** *разг.* прислужник на заместник-декан в Кембриджкия и Оксфордския университет.

bulldozer ['buldouzə] *n* **1.** *sl* брутален тип, грубиянин; **2.** *тех.* булдозер.

bullet ['bulit] **I.** *n* **1.** куршум; **jacketed ~** блиндиран куршум; **2.** *ост. воен.* гюлленце; • **to get the ~** *прен.* бивам уволнен; **II.** *v* движа се бързо, стрелкам се.

bulletin ['bulitin] *n* бюлетин, комюнике; **news ~** последни новини, съобщения на печата.

bullnose ['bulnouz] *n* тухла със заоблени ъгли.

bullock ['bulək] *n* **1.** *ост.* млад бик; **2.** вол.

bullock-cart ['bulәkka:t] *n* волска кола.

bullpen ['bul,pen] *n ам.* **1.** клетка (бокс) за бикове; **2.** *разг.* временен затвор; **3.** *разг.* временен лагер.

bullring ['bulriŋ] *n* арена за борба с бикове.

bull session ['bul'seʃən] *n* неформално групово обсъждане на обширна тема.

bullyboy ['buli,bɔi] *n* хулиган, грубиян; (нает) побойник.

bulwark ['bulwә(:)k] **I.** *n* **1.** *ост.* редут, насип, вал, крепостна стена; **2.** опора, защита; крепост; **3.** *мор. pl* фалшборт; **II.** *v* **1.** укрепвам със стена, вал; **2.** служа за защита.

bumfreezer ['bʌm,fri:zə] *n sl* късо яке.

bump₁ [bʌmp] **I.** *v* **1.** удрям се, блъсвам се (**into, against**); сблъсквам се, удрям се в дъното (*за параход*); **2.** удрям, буторясвам (**against**); **to ~ one's head against the wall** удрям главата си в стената; **3.** друсам се (*за кола*); **II.** *n* **1.** сблъскване; тъп удар; **2.** друсане, раздрусване, разтърсване (*при возене в кола*); **3.** *сп.* блъскане, настигане, изпреварване; **III.** *adv* туп, друс, тряс; **to come ~ on the floor** тупвам на земята;

bump along друсам се (*при пътуване с кола*);

bump down *разг.* падам, търкулвам се, строполясвам се;

bump into натъквам се на, срещам случайно;

bump off *sl* светя маслото на, убивам.

bump₂ **I.** *n* вик на водния бик; **II.** *v* бумкам (*за воден бик*).

bump-start ['bʌmp,sta:t] **I.** *v* паля кола, като я засилвам и отпускам съединителя (*на втора скорост*); **II.** *n* палене на кола по този начин.

bum rap ['bʌm,ræp] *n sl ам.* **1.** скалъпено обвинение; **2.** несправедливо (незаслужено) наказание.

bumsucking ['bʌm,sʌkiŋ] *n sl vulg англ.* подмазвачество, "дупедавство".

buoyage ['bɔiidʒ] *n* **1.** система от шамандури; **2.** поставяне на шамандури.

bun₁ [bʌn] *n* **1.** симид, кифла; **2.** навита коса, кок; • **to take the ~ (the biscuit, cake)** *sl* заемам първо място, спечелвам, излизам пръв, получавам награда.

bun₂ *n дет.* зайче, катеричка.

bunch [bʌntʃ] **I.** *n* **1.** китка; връзка; грозд; кичур; **a ~ of keys** връзка ключове; **2.** куп (*книжа и пр.*); **3.** *разг.* група, компания, тайфа; • **~ of fives** *sl* (*в бокса*) юмрук, ръка; **II.** *v* **1.** правя, вия, свивам китка; **2.** образувам грозд; **3.** събирам се на куп; струпвам се (*често с* **together**).

bundle ['bʌndl] **I.** *n* **1.** вързоп, бохча, денк; **2.** пакет; **3.** връзка; сноп; ръкойка (*жито*); кичур, снопче; пачка; • **she is a ~ of nerves** тя е кълбо от нерви; **II.** *v* **1.** свързвам на вързоп (*често с* **up**); **2.** слагам на ръкойки (*жито*); **3.** натрупвам (*книжа*);

bundle in влизам бързо, нахълтвам, втурвам се;

bundle off, out омитам се, махам се (бързо), офейквам, отивам си безцеремонно;

bundle up навличам се, обличам се дебело, топло.

bungalow ['bʌŋgəlou] *n* **1.** индийска едноетажна паянтова къща; **2.** бунгало.

burden₁ [bə:dn] **I.** *n* **1.** товар, тежест, бреме; **beast of ~** товарно животно; **2.** *мор.* товароподемност, тонаж; **II.** *v* **1.** товаря; претоварвам; **2.** обременявам, отежнявам.

burden₂ *n* **1.** припев, рефрен; **2.** основна тема (идея), същина.

bureau [bjuə'rou] *n* (*pl* **~x, ~s** [z]) **1.** бюро, писалище; **2.** *ам.* шкаф, скрин; **3.** бюро, управление, дирекция, служба, отдел, отделение, секция.

bureaucratic [,bjuərə'krætik] *adj* бюрократичен.

burglar ['bə:glə] *n* обирджия, крадец с взлом; **~ alarm** охранителна система, алармена инсталация.

burial ['beriəl] *n* погребение; **~ ground** гробище.

Burmese ['bə:'mi:z] *n* **1.** бирмански език; **2.** *pl* бирманец, бирманка.

burn₁ [bə:n] **I.** *v* (**burnt** *или* **burned** [bə:nt]) горя, изгарям; загарям; **his face ~s easily** лицето му лесно загаря; • **to ~ one's boat (bridges)** *прен.* изгарям корабите си; **II.** *n* **1.** изгорено място; изгаряне; **first ~** изгаряне първа степен; **2.** печене (*на тухли, варовик за вар и пр.*).

burn₂ *n шотл.* поток, ручей.

burning ['bə:niŋ] **I.** *n* **1.** горене; **2.** изгаряне, обгаряне; **3.** печене (*на тухли, керамика*); **II.** *adj* горящ; запален; *прен.* горещ, жарък, разгорещен; **~ shame (disgrace)** позорен срам.

burnt [bə:nt] **I.** *вж* **burn₁ I.**; **II.** *adj* изгорен, изгорял; **~ offering** *библ.* жертвоприношение (*чрез изгаряне*); жертва всесъжение.

burn-up ['bə:n,ʌp] *n sl* бързо каране, форсиране (*на автомобил*).

bursiform ['bə:si,fɔ:m] *adj* с форма на торбичка.

burst [bə:st] **I.** *v* (**bust**) пръсвам (се), пуквам (се), разпуквам (се); избухвам, експлодирам; **he is simply ~ing with food** той ще се пръсне от ядене; **II.** *n* **1.** взрив, избухване, експлозия, пукване, пръсване; **2.** изблик; **~ of applause** гръм от ръкопляскания (аплодисменти); **3.** ненадейно, изненадващо появяване;

burst into 1) втурвам се в; 2) : **to ~ into tears** избухвам в сълзи;

burst open 1) разбивам, отварям чрез счупване; 2) отварям се, пуквам се;

burst out 1) избухвам (*за война, епидемия и пр.*); 2) извиквам; **to ~ out laughting** прихвам да се смея.

burton ['bə:tən] *n мор.* леко подемно съоръжение; **to go for a ~** *sl англ.* съсипан (безполезен, загубен) съм; умирам.

bury ['beri] *v* **1.** погребвам, заравям; заривам; **to ~ the hatchet** *прен.* “заравям томахавката”, отказвам се от свадата (враждата); помирявам се, сключвам примирие (мир); **2.** *прен.* покривам, закривам; скривам; • **to ~ one's head in the sand** *прен.* заравям си главата в пясъка, правя се, че не виждам проблемите.

bus [bʌs] **I.** *n* (*pl* buses, busses) **1.** автобус, омнибус; **2.** *sl* самолет (*пътнически*); **3.** *комп.* (входно-изходна) шина; • **to miss the ~** пропускам случай, “изтървам влака”; **II.** *v* пътувам с автобус.

bush₁ [buʃ] **I.** *n* **1.** храст, храсталак, гъсталак, шубрак; **~ beans** бял боб; **2.** *австр., южноафр.*: **the ~** полупустинни области; **3.** гъста коса (*обикн.* ~ **of hair**); • **to beat around the** ~ говоря със заобикалки (недомлъвки), усуквам го, увъртам го; **II.** *v* **1.** поставям, крия (се) в храст; **2.** залесявам с храсти; обрасвам с храсти; **3.** бранувам (*земя*) с храсти.

bush₂ I. *n* **1.** *тех.* втулка, гилза, букса; **2.** запалка (*за снаряд*); **II.** *v* поставям втулка (гилза, букса).

bushbashing ['buʃ,bæʃiŋ] *n австр.*, *разг.* прокарване на пътека през храсталак.

bushbuck ['buʃ,bʌk] *n* малка нощна антилопа със спираловидни рога.

bushed [buʃt] *adj разг.* изтощен, уморен; скапан.

bushel₁ [buʃl] *n* бушел, мярка за обем, равна на 8 галона или 36 литра; • **to hide one's light under a** ~ *библ.* турям светилото си под шиник, погребвам (пренебрегвам) таланта (дарбата) си.

bushel₂ *v* преправям (*обикн. мъжка дреха*).

business ['biznis] *n* **1.** работа, занятие, бизнес; ~ **before pleasure** първо работата, после удоволствията; **2.** професия; занаят; **3.** търговия, търговско предприятие.

businessman ['biznismən] *n* (*pl* **-men**) *n* търговец; делови човек; бизнесмен.

bust₁ [bʌst] *n* бюст.

bust₂ I. *v* **1.** *разг.* = **burst I.**; счупвам, разбивам; удрям; **2.** банкрутирам, фалирам; разорявам се (*и* **go** ~); **3.** *разг.*, *воен.* разжалвам, понижавам в чин; **II.** *n* **1.** пълно разорение, банкрут, фалит; **2.** *sl* гуляй.

bustling ['bʌsliŋ] *adj* трескав, оживен, кипящ.

busy ['bizi] **I.** *adj* **1.** деен, активно зает с нещо (**at, in, over, with**); ~ **as a bee** работлив (работен) като пчела; много зает; **2.** зает, ангажиран, несвободен; **3.** жив, оживен, натоварен; **II.** *v* **1.** ангажирам, давам работа на, намирам работа на; **to** ~ **one's brains** блъскам си главата; **2.** *refl* занимавам се (**with, in, about**); **III.** *n sl* детектив, "копой".

but [bʌt] **I.** *cj* **1.** но, ала, обаче; **not only ...** ~ **also** не само ..., но и; **2.** с изключение на, изключая, освен, само не и; **3.** ако не; • **it never rains** ~ **it pours** когато вали, вали из ведро; *прен.* нещастието никога не идва само; **II.** *prep* освен, с изключение на; **no one replied** ~ **me** никой освен мен не отговори; **III.** *adv книж.* само, едва; **I saw him** ~ **a moment ago** видях го само преди миг.

butcher ['butʃə] **I.** *n* **1.** касапин, месар, търговец на месо; **wholesale** ~, **carcase** ~ търговец на едро на месо; **2.** *ам.* продавач (*на цигари, бонбони и пр.*) във влак (*и* **train** ~); **3.** *прен.* убиец, палач; • ~**'s bill** *прен.* списък на убитите (*по време на война*); **II.** *v* **1.** коля, заколвам; **2.** извършвам небрежно и грубо (*някаква работа*).

butter ['bʌtə] **I.** *n* **1.** масло; **clarified** ~ топено масло (*за готвене*); **2.** грубо ласкателство; **II.** *v* **1.** намазвам с масло; **he knows on which side his bread is** ~**ed** той си знае интереса; **2.** лаская грубо, прехвалвам (*често с* **up**); • **fine (kind, soft) words** ~ **parsnips** хубави приказки работа не вършат.

butterfly ['bʌtəflai] **I.** *n* **1.** пеперуда (*и прен.*); • **to break a** ~ **upon the wheel** *прен.* гърмя врабци с топ; **to have butterflies in one's stomach** в нервно очакване съм; **2.** *сп.* (~ **stroke**) бътерфлай; **II.** *v рядко* флиртувам.

buttermilk ['bʌtəmilk] *n* мътеница.

buttock ['bʌtək] *n* бут, задна част

(*обикн. pl*); круп (*на вол, кон*).

butting [ˈbʌtiŋ] *n* **1.** окръг; **2.** граница, бразда, предел, межда; край.

button [bʌtn] **I.** *n* **1.** копче; **2.** бутон; **~ switch** *тех.* бутонен изключвател; **3.** отличителен белег на политическа партия, носен по време на избори; • **to be a ~ short, to have lost a ~, not to have all one's ~s, not to get (have) o.'s ~ on** *разг.* хлопа му дъската, не е с всичкия си; **II.** *v* **1.** слагам копчета на; **2.** закопчавам (*и* **~up**); **~ed up** *воен. sl* в пълен ред, в пълна готовност; **to ~ up one's mouth** *разг.* затварям си устата, мълча; **to ~ up o.'s pockets (purse)** *разг.* скъпя се, стискам се.

button-through [ˈbʌtn,θru] *adj* с копчета отгоре до долу (*за рокля, пола*).

buy [bai] *v* (**bought** [bɔ:t]) **1.** купувам; **2.** *прен.* подкупвам, "купувам"; • **to ~ a pig in a poke** купувам нещо, без да го видя.

buyer [ˈbaiə] *n* **1.** купувач, клиент; **~s over** *търг.* търсенето превишава предлагането; **2.** закупчик.

buzz₁ [bʌz] **I.** *v* **1.** бръмча; бръмкам; **2.** разпространявам тайно (*слухове*); **3.** говоря тихо, шепна; • **to ~ around (about)** мотая се, увирам се; **II.** *n* **1.** бръмчене; бучене, шум; **to go with a ~** върви ми като по вода (по мед и масло), успявам; **2.** *разг.* слух; **3.** *разг.* повикване по телефона; **III.** *int* стара работа!

buzz₂ *v ост.* пресушавам бутилка (чаша), изпивам до последна капка.

buzzer [ˈbʌzə] *n* **1.** сирена, клаксон; **works-~** фабрична сирена; **2.** *ел.* зумер; **3.** *ел.* електрически звънец.

by [bai] **I.** *prep* **1.** (*за място*); при, край, близо до, до; по; **~ my side** до мене; **2.** (*за посока*) покрай, през; **3.** (*за начин*) чрез, посредством, с, по; за; от; **II.** *adv* **1.** близо, наблизо; **close (hard) ~** съвсем близо; **2.** покрай; настрана; • **~ and ~** след малко, скоро; *ост.* един след друг, поред; непрекъснато; **III.** *adj* случаен, второстепенен; **~ blow** случаен удар.

bye [bai] *n* **1.** нещо второстепенно (странично); **by the ~** впрочем, междувпрочем; **2.** топка, пропусната от вратаря (*в крикета*); • **to draw (have) the ~** *сп.* оставам без партньор, класирам се без игра за следващия кръг; **good ~** сбогом, довиждане.

bye-bye₁ [ˈbai,bai] *n дет.* сън, спане; **to go to ~** *дет.* отивам да нанкам.

bye-bye₂ *int разг.* довиждане.

by-effect [ˈbaii,fekt] *n* страничен ефект.

by-election [ˈbaii,lekʃən] *n* вторични избори, балотаж.

Byelorussian [,bieləˈrʌʃən] **I.** *n* **1.** белорусин; **2.** белоруски език; **II.** *adj* белоруски.

by-product [ˈbai,prɔdəkt] *n* вторичен продукт.

bystander [ˈbaistændə] *n* свидетел, зрител; наблюдател.

bystreet [ˈbai,stri:t] *n* малка второстепенна уличка.

bytalk [ˈbaitɔ:k] *n* случаен (повърхностен) разговор, две-три думи.

byte [bait] *n комп.* байт (*единица за информация обикн. равна на 8 бита*).

byway [ˈbaiwei] *n* страничен (обиколен) път; тих уединен път или улица; **the ~s of learning** по-малко изучените и сравнително второстепенни области на познанието.

Byzantine [biˈzæntain] **I.** *adj* византийски; **II.** *n* византиец.

BZ [ˈbi:ˈzet] *n воен.* нервнопаралитичен газ.

C

C, c [si:] *n* (*pl* **cs, c's** [si:z]) **1.** буквата **c**; **2.** *муз.* до; **3.** *лат.* 100.

cab₁ [kæb] **I.** *n* **1.** такси (*и* **taxicab**); **2.** файтон; кабриолет; **3.** кабина (*на локомотив, самолет, камион*); **II.** *v* (**-bb-**) пътувам с такси (файтон) (*и* **to ~ it**).

cab₂ *уч. sl* **I.** *n* "ключ"; **II.** *v* (**-bb-**) служа си с "ключ" при подготовка на уроците.

cabbage₁ ['kæbidʒ] **I.** *n* зелка; зеле; **~ butterfly, ~ white**; бяла зелева пеперуда *Pieris brassica*; **II.** *v* завивам се като зелка.

cabbage₂ ['kæbidʒ] *n ам.* пари, банкноти.

cabin ['kæbin] **I.** *n* **1.** хижа; колиба; **log ~** дървена хижа; **2.** каюта, кабина; **II.** *v* затварям на тясно; **III.** *adj* **~ed** стеснен, сбит.

cabinet ['kæbinit] **I.** *n* **1.** *пол.* кабинет; **2.** шкаф с етажерки; **3.** кутия, сандъче; **II.** *adj* **1.** кабинетен; **~ crisis** кабинетна (правителствена, министерска) криза; **2.** : **~ size** кабинетен формат (*за снимка и пр.*).

cable [keibl] **I.** *n* **1.** кабел; **2.** дебело въже; верига или въже на котва; **~ way (railway)** въжена железница; фуникулер; **3.** каблограма, телеграма; **II.** *v* **1.** изпращам каблограма, телеграфирам; **2.** привързвам с кабел (въже).

cafè ['kæfei] *n* **1.** кафене, кафесладкарница; **2.** снек-бар; **3.** евтин ресторант.

cafeteria [kæfi'tiəriə] *n ам.* ресторант на самообслужване, кафетерия.

cage [keidʒ] **I.** *n* **1.** клетка, кафез; **2.** *ост.* арест, карцер; **3.** *мин.* клетка за асансьор; кабина; *сп.* хокейната врата; **II.** *v* затварям в клетка, държа в клетка.

cajole [kə'dʒoul] *v* **1.** придумвам, прилъгвам, подмамвам; **he ~d the child into going to bed** придума детето да си легне; **2.** лаская, кланям се.

cake [keik] **I.** *n* **1.** кейк, кекс, торта; **to take the ~** *прен.* печеля награда; имам пълен успех; • не може и вълкът да е сит, и агнето да е цяло; **it sells like hot ~s** продава се като топъл хляб; **2.** питка, парче, кубче; брикет; **II.** *v* спичам (се), втвърдявам (се), вкоравявам се.

calcium ['kælsiəm] *n хим.* калций.

calculate ['kælkjuleit] *v* **1.** изчислявам, пресмятам, калкулирам; **2.** *обикн. разг.* предвиждам; **3.** *разг.* смятам, считам, мисля, предполагам.

calculator ['kælkjuleitə] **1.** калкулатор; **2.** сборник с математически таблици.

calendar ['kælində] **I.** *n* **1.** календар; алманах; **the Gregorian ~** Грегориански календар; **2.** *рел.* списък на светците; църковен календар; **3.** списък, опис; указател; регистър; **II.** *v* вписвам, регистрирам; инвентаризирам.

calf₁ [ka:f] *n* (*pl* **calves** [ka:vz]) **1.** теле; **in (with) ~** стелна, телна; **2.** малкото на елен, слон, кит, тюлен и др.; **3.** *прен.* "теле", глупак, глупчо, тъпак.

calf₂ *n* (*pl* **calves**) *анат.* прасец (*на крака*).

calibre ['kælibə] *n* **1.** *воен.* калибър; **2.** *прен.* разряд, величина; мащаб.

calico ['kælikou] **I.** *n* **1.** платно, калико, американ; **2.** басма; памучно емприме; *текст.* калико; **~ ball** бал, на който се носят само памучни рокли; **II.** *adj* на петна; петнист.

call [kɔ:l] **I.** *n* **1.** вик; **2.** повик, зов, призив, апел, възвание; **3.** призвание, влечение; • **on ~** при поискване; *воен.* призив; **II.** *v* **1.** викам, извиквам, повиквам; **2.** наричам, казвам, наименувам, назовавам, именувам; **3.** правя визита (посещение).

calm [ka:m] **I.** *adj* **1.** тих, спокоен, мирен; хладнокръвен; **2.** безветрен; **II.** *n* покой, спокойствие, тишина; затишие, безветрие; **dead ~** пълно безветрие; **III.** *v* успокоявам (се), умирявам (се); утихвам (*обикн.* **~ down**).

calorie ['kæləri] *n физ.* (малка) калория; **large (kilogram, great) ~** голяма калория.

Cambodia [kæm'boudia] *n* Камбоджа.

came₁ *вж* **come**.

came₂ [keim] *n* оловен уплътнител между отделните стъклени елементи на многоцветен прозорец (витраж).

camel ['kæməl] *n* **1.** камила; **Arabian ~** едногърба камила *Camelus dromedarius*; **2.** *мор.* понтон за повдигане на кораб при преминаване през плитчина; **3.** *adj* с цвят на камилска вълна.

camera ['kæmərə] *n* **1.** фотографски апарат; камера; **~ eye** *прен.* отлична зрителна памет; **2.** : **in ~** *юрид.* извън съдебно заседание, в кабинета на съдията; **3.** (*и* **~ obscura**) *физ.* тъмна камера, камера обскура.

cameraman ['kæmərəmæn] *n* (*pl* **~men**) **1.** кинооператор; оператор; **2.** фоторепортер.

camp [kæmp] **I.** *n* лагер, стан, бивак; къмпинг; *прен.* лагер, страна; **~ -bed** походно легло; **II.** *v* **1.** лагерувам, станувам, бивакувам, разполагам (се) на лагер; живея в палатка (*обикн. с* **out**); **2.** *прен.* настанявам се временно; • **break ~** вдигам лагер.

campaign [kæm'pain] **I.** *n* **1.** военен поход, кампания; **2.** кампания; акция; **II.** *v* организирам, планирам, участвам в кампания (поход, акция).

campus ['kæmpəs] **I.** *n* **1.** двор (район) на университет или колеж; **2.** район на индустриална фирма или болница заедно с постройките; **II.** *adj*: **on off the ~** университетски, училищен.

can₁ ([kæn] (*силна форма*); [kən, kn] (*слаба форма*) *v aux* (**could** [kud]) *с inf* без **to**; **1.** мога, способен съм, в състояние съм; **I will do all I ~** ще направя всичко възможно; **2.** мога, позволено ми е, имам разрешение, имам право; **3.** *ост.* знам, разбирам.

can₂ **I.** *n* **1.** кана, канче; **2.** гюм, бидон; **milk ~** бидон за мляко; **3.** консервна кутия; **II.** *v* **1.** *ам.* консервирам (*продукти*); **2.** уволнявам; **3.** *sl* затварям (*в затвор*), окошарвам; спирам, задържам; • **to be in the can** готов; в кърпа вързан.

Canadian [kə'neidiən] **I.** *adj* канадски; **II.** *n* канадец.

canal [kə'næl] **I.** *n* **1.** канал; **2.** *анат.* канал, проход; **alimentary ~** храносмилателен тракт; **II.** *v ам.* **1.** прокарвам канал; **2.** канализирам.

canary [kə'neəri] **I.** *n* **1.** канарче *Serinus canaria* (*и* **~ bird**); **2.** вид сладко вино от Канарските острови (*и* **~ wine**); **II.** *adj* : **~ yellow** яркожълт.

cancel ['kænsəl] **I.** *v* **1.** зачерквам, зачертавам, задрасквам; изтривам, заличавам; **2.** отменям, анулирам, унищожавам; **to ~ an appointment, a flight** отменям среща, полет; **3.** *мат.* съкращавам (*дроб и пр.*); • **cancel!** *воен.* остави! **II.** *v печ.* **1.** замяна на текст; **2.** изхвърлен текст от шпалта; **3.** компостер.

cancer ['kænsə] *n* **1.** *мед.* рак, злокачествен тумор; канцер; карцинома; **2.** *прен.* зло, язва; беда, нещастие, бедствие; **3.** съзвездието Рак; **Tropic of C.** Тропикът на Рака, северният тропик (*23°27' с.ш.*).

candid ['kændid] **I.** *adj* **1.** прям, открит, откровен, честен, искрен; **2.** *ост.* справедлив, безпристрастен, доброжелателен; **3.** *ост.* бял; ясен, светъл, чист; **II.** *n* непринудена (непозирана) снимка.

candidate ['kændidit] *n* кандидат.

candle ['kændl] **I.** *n* **1.** свещ; **2.** свещ, единица мярка за светлина (*и* **international ~**); **II.** *v* проверявам качеството на яйца на светлина.

candle-stick ['kændlstik] *n* свещник.

candy ['kændi] **I.** *n* **1.** небетшекер, жълта захар; **2.** бонбон(и); **he would take ~ from a baby** *разг.* той е лаком, подъл човек; **3.** *sl* кокаин; **II.** *v* **1.** захаросвам (се); **2.** подслаждам; **3.** кристализирам.

cane [kein] **I.** *n* **1.** тръстика, камъш; захарна тръстика; **2.** стъбло на бамбук, тръстика и под.; **3.** бастун, тръст, пръчка; **II.** *v* **1.** плета мебели (*от тръстика*); **to ~ the seat of a chair** изплитам седалищна част на стол; **2.** бия с пръчка, нашибвам.

cannon₁ ['kænən] *n* **1.** оръдие, топ; *събир.* артилерия, топове; **~ fodder** *разг.* пушечно месо; **2.** мундщук на юзда.

cannon₂ **I.** *n* карамбол (*в билярда*); **II.** *v* **1.** правя карамбол; **2.** сблъсквам се (**into, against, with**). **~ off** отскачам.

cannot *вж* **can.**

canoe [kə'nu:] **I.** *n* кану; **II.** *v* **1.** плувам с кану; **to paddle o.'s own ~** *прен.* действам самостоятелно, независимо; вървя си сам по пътя; **2.** превозвам с кану.

can't ['ka:nt] = **cannot.**

canteen ['kænti:n] *n* **1.** стол, столова (*за хранене*); **2.** лавка; **dry ~** лавка без (с) алкохолни напитки; **3.** бюфет; столова.

canvas ['kænvəs] *n* **1.** *текст.* брезент, платнище, платно за корабни платна; канава; **2.** корабни платна; **under ~** с вдигнати платна; *воен.* на палатки; **3.** платно за рисуване на картина.

canyon ['kænjən] *n* каньон.

cap₁ [kæp] **I.** *n* **1.** каскет, кепе, шапка; боне; четвъртита академическа шапка; униформена шапка, фуражка; **fore and aft ~** боне на пилот; **2.** най-висока точка, връх; **3.** капак, капаче; капсула (*на шише*); капачка; **• feather in o.'s ~** нещо, с което мога да се гордея; **II.** *v* (**-pp-**) **1.** слагам шапка на някого (*спец., шотл.*) при присъждане на научна степен; **2.** свалям шапка (*за поздрав*); **3.** покривам върха на нещо, покривам, закривам.

cap₂ *abbr* **1.** капацитет; **2.** капител; **3.** капсула.

capable ['keipəbl] *adj* **1.** способен, надарен, одарен, талантлив, умен; **2.** опитен, компетентен (**for**); **3.** способен (**of**) (*на нещо лошо*).

capacity [kə'pæsiti] *n* **1.** обем, вместимост, капацитет; **a tank with a ~ of 40 litres** резервоар с вместимост 40 литра; **2.** способност, умствени способности (**for**); **3.** положение; качество.

cape₁ [keip] *n* къса наметка, пелерина.

cape₂ [keip] *n* *геогр.* нос; **C. of Good Hope** нос Добра надежда.

capital₁ ['kæpitl] **I.** *adj* **1.** главен, капитален, основен; **~ goods** средства за производство; **2.** углавен, наказуем със смърт; смъртен (*за при-*

съда); **3.** *разг.* превъзходен, прекрасен; **II.** *n* **1.** столица; **2.** главна буква; **in ~s (in caps)** с главни букви; **3.** капитал, състояние.

capital₂ *арх.* капител.

capitalize ['kæpitəlaiz] *v* **1.** капитализирам, превръщам в капитал; **2.** *ам.* влагам (инвестирам) капитал; **3.** правя капитал (*от нещо*), извличам полза; натрупвам капитал; **to ~ upon** натрупвам капитал, извличам полза.

capitalism ['kæpitəlizm] *n* капитализъм.

capitalist ['kæpitəlist] **I.** *n* капиталист; **cockroach ~** *ам.* дребен капиталист, търгаш; **II.** *adj* капиталистически; **the ~ class** капиталистическата класа, капиталистите.

capital letter ['kæpitəl'letə:] *n* главна буква.

cappuccino ['kæpə'fʃi:nou] *n* капучино.

capricious [kə'priʃəs] *adj* **1.** капризен, своенравен; **2.** непостоянен, нестабилен.

Capricorn ['keiprikɔ:n] *n* **1.** *астр.* съзвездието Козирог; Каприкорн; **2.** Козирог, знак от зодиака; **Tropic of ~** Тропик на Козирога, южният тропик (23°27' ю.ш.).

capsulate ['kæpsjuleit] *v* капсулирам; затварям херметично.

capsule ['kæpsju:l] *n* **1.** метална капачка на бутилка; **2.** *фарм.* желатинова капсула (*за лекарство*); **3.** *бот.* капсулка (кутийка) със семена.

captain ['kæptin] **I.** *n* **1.** *воен.* капитан; *ам.* командир на рота (ескадра, батарея); **~ of the day** дежурен офицер; **2.** *мор.* капитан I или II ранг; капитан на кораб; **3.** военачалник; **II.** *v* ръководя, командвам.

caption ['kæpʃən] **I.** *n* **1.** хващане, вземане, сграбчване; *юрид.* арестуване, арест, задържане; **2.** *юрид.* свидетелство (забележка) към документ с данни за произхода му; **3.** заглавие, рубрика (*на глава на книга, статия и пр.*), филмов надпис (*в нямото кино*); **II.** *v* поставям надписи под илюстрация или снимка.

captive ['kæptiv] **I.** *n* пленник; **II.** *adj* пленен, взет в плен; поробен; задържан, затворен; **~ nation** поробена страна.

captor ['kæptə] *n* **1.** човек, който пленява; **2.** *воен., мор.* кораб, който пленява неприятелски плавателен съд по време на война.

capture ['kæptʃə] **I.** *v* **1.** пленявам, вземам в плен (*насила*); хващам; **to ~ s.o.'s affections** спечелвам любовта на някого; **2.** превземам (*град*); **II.** *n* **1.** пленяване; заграбване; хващане, улавяне; **2.** пленник; *мор.* пръ̀за, пленен неприятелски кораб по време на война; *pl* трофеи.

car [ka:] *n* **1.** автомобил, кола (*и* **motor ~**); **2.** специални вагони: **platform ~** вагон платформа; **3.** трамвай (**street ~**).

carabineer [,kærəbi'niə] *n воен., ост.* карабинер, кавалерист с карабина.

caramel ['kærəmel] *n* **1.** карамел, горена захар; **2.** карамелен бонбон; **3.** светлокафяв (карамелен) цвят.

carat ['kærət] *n* карат.

caravan [,kærə'væn] *n* **1.** керван; **2.** покрита с чергило каруца; фургон; **3.** рулота; подвижна къща (*на колела*); ремарке.

carbon ['ka:bən] *n* **1.** *хим.* въглерод; **~ black** сажди; **2.** химически чист въглен; **3.** *ел.* въгленов електрод, кокс.

carbureter, -tor ['ka:bjureitə] *n тех.* карбуратор.

card₁ [ka:d] **I.** *n* **1.** карта (*за игра*); *обикн. pl* карти; **pack of ~s** тесте (колода) карти; **2.** *pl* игра на карти; картоиграчество; **3.** картичка; • **cooling ~** *ост.* "студен душ"; **II.** *v* **1.** снабдявам с карта; **2.** *sl* изисквам карта за самоличност като доказателство за пълнолетие.

card$_2$ **I.** *n* чепкало, карда, желязна четка; **II.** *v* разчесвам, разчепквам, влача (*вълна и пр.*); кардирам.

cardan ['ka:dən] *adj тех.* кардан, карданен съединител; **~ joint** универсален шарнир (панта).

cardboard ['ka:dbɔ:d] *n* картон, мукава.

cardigan ['ka:digən] *n* плетена вълнена жилетка.

cardinal ['ka:dinəl] **I.** *adj* кардинален, главен, основен; важен; **the four ~ points** четирите посоки на света; **II.** *n* **1.** *рел.* кардинал; **2.** яркочервен цвят; **3.** *зоол., ам.* птица кардинал *Cardinalis cardinalis.*

care [keə] **I.** *n* **1.** грижа, грижи, безпокойство (*и pl*); **free from ~s** без грижи; **2.** надзор, наблюдение, грижа; **3.** внимание, старание, грижа; **II.** *v* **1.** грижа се (**for, about**); **the children are well ~ed for** децата са добре гледани, за тях се полагат грижи; **2.** грижа се, безпокоя се; **3.** харесва ми, обичам (**for**); желая, искам, (**for, to**).

career [kə'riə] **I.** *n* **1.** бързо движение, устрем; кариер (*за кон*); **in mad ~** с бясна сила; **2.** кариера, поприще; успех; **3.** професия, занимание, занятие; • **chequered ~** превратности на съдбата; **II.** *adj* професионален; **a ~ diplomat** дипломат от кариерата; **III.** *v* тичам бързо, буйно (**about, over, along**).

carefree ['keəfri:] *adj* безгрижен; весел.

careful ['keəful] *adj* **1.** внимателен, старателен, грижлив (**of, about, in**); **~ of the rights of others** внимателен (зачитащ) правата на другите; **2.** точен, акуратен; пълен, грижлив, подробен, щателен; **3.** предпазлив.

careless ['keəlis] *adj* **1.** небрежен, невнимателен (**about, of**); **a ~ mistake** грешка по невнимание; **2.** безгрижен, лекомислен; **3.** равнодушен, безразличен (**of, about, in**).

caress [kə'res] **I.** *n* милувка, ласка; **to load s.o. with ~es** отрупвам някого с милувки; **II.** *v* **1.** милвам, галя; целувам; **2.** отнасям се мило; лаская.

cargo ['ka:gou] *n* (*pl* **-goes**) карго, корабен товар; **~ ship, ~ boat** търговски, товарен кораб.

caricature ['kærikətjuə] **I.** *n* карикатура; **II.** *v* карикатуря; **to ~ a role** окарикатурявам роля.

CARICOM ['kæri,kɔm] *abbr* **(Caribean Community)** Карибска общност.

caring ['kɛəriŋ] *adj* **1.** нежен, любящ; **2.** свързан с грижата за хората (*за професия*).

carnage ['ka:nidʒ] *n* сеч, клане, касапница (*на хора*).

carnality [ka:'næliti] *n* чувственост, похот.

carnation [ka:'neiʃən] **I.** *n* **1.** розов цвят; цветът на човешката кожа, телесен цвят; **2.** карамфил; **II.** *adj* розов, ален, светлочервен.

carnival ['ka:nivəl] *n* **1.** карнавал; **2.** седмицата преди Сирни Заговезни.

carp$_1$ [ka:p] *n зоол.* **1.** шаран; **2.** семейство сладководни риби *Cyprinidae.*

carp$_2$ *v* заяждам се; придирчив съм, роптая (**at**).

car park ['ka:'pa:k] *n* автомобилен паркинг.

carpenter ['ka:pintə] **I.** *n* дърводелец; **II.** *v* занимавам се с дърводелство.

carpenter-bee ['ka:pintə,bi:] *n* дива пчела.

carpentry ['ka:pintri] *n* **1.** дърводелство; **2.** дърводелски изделия; дограма.

carpet ['ka:pit] **I.** *n* килим (*и прен.*); **magic ~** вълшебно килимче; • **to be on the ~** разглежда се, обсъжда се (*въпрос, тема*); мъмрят ме, порицават ме; **II.** *v* **1.** застилам с килим; **to ~ the stairs** застилам стълбище с пътека; **2.** *разг.* мъмря, "набивам обръчите", "трия сол".

carpeting ['ka:pitiŋ] *n* **1.** материали за производството на килими; **2.** килими.

car pool ['ka:,pu:l] *n* парк от служебни автомобили за ползване от служителите.

carriage ['kæridʒ] *n* **1.** кола, файтон, кабриолет, екипаж; карета, каросерия; **a ~ and pair (four)** файтон с два (четири) коня; **2.** вагон; купе; **3.** *воен.* лафет.

carriage company ['kæridʒ 'kʌmpəni] *n* **1.** *ост.* отбрано общество, хора със собствен екипаж; **2.** сдружение на превозвачите.

carriage dog ['kæridʒ,dɔg] *n* далматинска порода куче.

carrier ['kæriə] *n* **1.** превозвач, кираджия; **2.** разносвач, преносвач; разсилен; *ам.* **mail ~** раздавач; **3.** търговска компания, специализирана за извършването на куриерски услуги; транспортна компания.

carrier bag ['kæriə'bæg] *n* пазарска чанта (*найлонова или хартиена*).

carrot ['kærət] *n* **1.** морков *Daucus carota*; **2.** *pl* **or ~ top** *разг.* червенокос човек, "морков"; рижав; **3.** примамливо, но измамно обещание.

carry ['kæri] *v* **1.** нося; **to ~ a bundle in o.'s arms** нося вързоп в ръцете си; **2.** пренасям, занасям, докарвам, возя, превозвам, карам; **3.** довеждам.

carrycot ['kærikɔt] *n* преносимо детско креватче с дръжки за носене.

carrying ['kæriŋ] *n* носене, пренасяне, пренос, превоз, транспорт; **~ company** транспортна компания (дружество).

carrying-on ['kæriŋ'ɔn] *n* **1.** продължение; продължаване; **2.** *pl разг.* весело, лекомислено поведение; **such ~s-on!** какво държание! какъв скандал!

carry-on ['kæri,ɔn] *n* **1.** ръчен багаж (*в самолет*); **2.** *sl* неприлично държание, лошо поведение; **3.** *sl* избухване, изпадане в ярост (истерия).

cart [ka:t] **I.** *n* кола, каруца, каручка, талига (*обикн.* двуколка); двуколка; детска количка; • **to put the ~ before the horse** правя нещо наопаки, захващам нещо от краката за главата; **II.** *v* **1.** превозвам (*товар, стока*); **2.** карам кола (каруца).

carte blanche ['ka:t,bla:nʃ] *n фр.* картбланш; **to give ~** предоставям, давам пълна свобода на действие.

cartilaginous [,ka:ti'lædʒinəs] *adj* хрущялен.

cart-load ['ka:t,loud] *n* голямо, неопределено количество; • **to come down (on s.o.) like a ~ of bricks** смъмрям строго (*някого*).

cartographic(al) [,ka:tə'græfik(əl)] *adj* картографски.

carton ['ka:tən] *n* **1.** кашон; **2.** картонен бял диск в центъра на мишена; **3.** изстрел в диска.

cartoon [ka:'tu:n] **I.** *n* **1.** рисунка; **2.** карикатура (*обикн. политическа*); **3.** скица (*на рисунка, картина, мозайка и пр.*); **II.** *v* рисувам карикатури.

cartoonist ['ka:tu:nist] *n* карикатурист.

cartridge ['ka:tridʒ] *n* **1.** патрон;

blank ~ халосен патрон; **2.** фотографски филм.

cartridge-paper ['ka:tridʒ,peipə:] *n* **1.** плътна хартия за патрони; **2.** вид рисувателна хартия.

carve ['ka:v] *v* **1.** изрязвам, дълбая (**out of, in, on**); **to ~ in (on) marble** издълбавам върху мрамор; **2.** изодялвам (*статуя*); **3.** транжирам, режа (*сготвено месо, птица и пр.*).

carving ['ka:viŋ] *n* **1.** резбарство; **2.** резба; **3.** рязане на месо.

carving knife ['ka:rviŋ'naif] *n* голям кухненски нож.

carwash ['ka:,wɔʃ] *n* автомивка.

case₁ [keis] **I.** *n* **1.** случай; **burnt out ~** безнадежден случай; **2.** състояние, положение; **3.** пример; случай; **II.** *vt* оглеждам с цел по-късни действия; инспектирам.

case₂ **I.** *n* **1.** сандък; кутия; **packing ~** сандък за стоки; **2.** чанта, куфар; **3.** рамка на часовник (*златна, сребърна и пр.*); **II.** *v* **1.** покривам, затварям; **2.** поставям в сандък.

casebook ['keizbuk] *n* архивна книга с документи по делата (*водени от адвокат*) или пациентите (*лекувани от лекар*).

casein ['keisin] *n хим.* казеин.

case-law ['keslɔ:] *n юрид.* съдебна практика, основана върху прецедент.

casework ['keizwə:k] *n* практическа работа с хора, нуждаещи се от социална помощ.

cash [kæʃ] **I. 1.** *разг.* пари, мангизи; **to be in ~** имам пари; паралия съм; опаричил съм се; **2.** *фин., търг.* пари в наличност; звонкова монета; **II.** *adj* паричен; **~ sale** в брой; **III.** *v* осребрявам (*чек и пр.*);

cash down *разг.* 1) осребрявам (*чек*); 2) плащам в брой, на ръка; 3) *прен.* умирам;

cash in o.'s chips прекратявам.

cashier₁ [kæ'ʃiə] *n* касиер.

cashier₂ *v* **1.** уволнявам; **2.** *воен.* деградирам, разжалвам.

cashmere ['kæʃmiə] *n* **1.** кашмирска вълна; **2.** кашмирен шал; **3.** кашмир, мек, фин вълнен плат.

cashpoint ['kæʃpɔint] *n* банков автомат, банкомат.

casino [kə'si:nou] *n* казино.

cask [ka:sk] *n* буре, бъчва.

casket ['ka:skit] **I.** *n* **1.** касетка; ковчеже; **2.** *ам.* ковчег; **II.** *v* поставям, затварям в касетка.

cassette [kə'set] *n* касета, касетка (*за запис*).

cassette player [kə'set'pleiə:] *n* касетофон.

cassette recorder [kə'setri'kɔ:də:] *n* записващ касетофон.

cast [ka:st] **I.** *vt* **1.** хвърлям, мятам (**away, off, out**); **to ~ anchor** хвърлям (пускам) котва; **2.** тършувам, запокитвам; **3.** хвърлям, сменям (*рога, кожа, зъби и под.*); • **to ~ (~ in) a bone (between)** всявам вражда (между); **II.** *n* **1.** хвърляне, мятане (*и на мрежа, въдица, жребий, зар и пр.*); **2.** хвърлей, разстояние; **3.** търсене на диря, душене, надушване (*по време на лов*); **III.** *adj* **1.** уволнен, разжалван; **2.** лят.

castanets [,kæstə'nets] *n pl* кастанети.

casting-net ['ka:stiŋ,net] *n* рибарска мрежа, серкме.

castle [ka:sl] **I.** *n* **1.** замък; крепост; кастел; **to build ~s in the air (in Spain)** *прен.* градя въздушни кули (фантазии); **2.** дворец; **3.** тур, топ (*шахматна фигура*); **II.** *v* правя рокада (*при игра на шах*).

castle-builder ['ka:sl,bildə] *n* фантазьор.

castor sugar ['kæstə:'ʃugə:] *n* пудра захар.

castrate [kæs'treit] *v* **1.** кастрирам,

скопявам; 2. *прен.* цензурирам, изхвърлям части от книга.

casual ['kæʒjuəl] **I.** *adj* **1.** случаен, казуален, непредвиден, не по план; непредвидим, неочакван, инцидентен; **a ~ visit** неофициално, непредвидено посещение; **2.** небрежен, разсеян; безсистемен; **3.** *разг. pred* небрежен, нехаен; безотговорен; безцеремонен; **II.** *n* **1.** скитник, безделник; **2.** войник на временен пост; **3.** работник на непостоянна работа, временен (сезонен) работник.

casualness ['kæʒuəlnis] *n* **1.** непринуденост, инцидентност; **2.** небрежност, несериозност.

casualty ['kæʒjuəlti] *n* **1.** нещастен случай, произшествие; **2.** човек, пострадал при произшествие (война), жертва; **an accident with five casualties** произшествие с петима пострадали; **3.** *воен.* изчезнал, убит или ранен войник (*в сражение*); *pl* списък на ранените, убитите и пр. войници; **heavy casualties** тежки загуби в хора; **to sustain (suffer) casualties** понасям загуби (*в хора*).

cat [kæt] **I.** *n* **1.** котка; *зоол.* животно от сем. котки; **Tom ~** котарак, котак; • **the ~ did it** *разг., шег.* не съм аз (виновен); **2.** злобна, хаплива жена; **3.** *sl* 1) джазмузикант; 2) *sl* елегантен сваляч, "бройка"; 3) мъж, човек; **II.** *v* **1.** *мор.* вдигам котва; **2.** бия с камшик; обучавам; **3.** *разг.* повръщам, "дера котки".

cataclysm [,kætə'klizəm] *n* катаклизъм.

catalogue ['kætəlɔg] **I.** *n* **1.** каталог; списък; **author ~** списък по автори; **2.** *уч.* годишник; проспект (*за училище*); **II.** *v* каталогизирам.

catalyst ['kætəlist] *n хим.* катализатор.

cataract ['kætərækt] *n* **1.** катаракт, водопад; *прен.* проливен дъжд; **2.** *мед.* катаракта, перде (*на очите*); **3.** *тех.* регулатор; демпфер; амортисьор.

catarrhal, catarrhous [kə'ta:rəl, kə'ta:rəs] *adj* катарален, който се отнася до катар.

catastrophe [kə'tæstrəfi] *n* **1.** катастрофа; беда, бедствие; голямо нещастие; **2.** *геол.* катаклизъм; **3.** *лит.* развръзка (*на драма*).

catch [kætʃ] **I.** *v* (**caught** [kɔ:t]) **1.** хващам, улавям, ловя, залавям; хващам топката във въздуха (*при игра на крикет*); **he caught me by the hand** хвана ме (улови ме) за ръка; **to ~ a train (a bus)** хващам (вземам) влак (автобус); **I caught him in his fall** хванах го, като падаше; **2.** настигам; **3.** улавям, изненадвам, заварвам, издебвам, уличавам, хващам; настигам, изненадвам (*за буря, дъжд и пр.*); • **to ~ fire** запалвам се, подпалвам се; **II.** *n* **1.** хващане, улавяне; грабване; пресичане, спиране, секване; **a ~ of the breath** пресичане (секване) на дъха; **2.** улов, уловеното (*при риболов*); **3.** печалба, изгода, полза, келепир; добра партия (*за женитба*).

catch-all ['kætʃɔ:l] *n* нещо всеобхватно (включващо множество разнородни неща).

catch-as-catch-can ['kætʃəz'kætʃ 'kæn] *n сп.* кеч, свободна борба; *ост.* гоненица.

catcher ['kætʃə] *n* **1.** ловец; човек, който лови (хваща); кечер (*играч, който стои зад играча с бухалката при игра на крикет*); **2.** капан, въдица; **3.** *тех.* ограничител; уловител; захващащо устройство; **lime ~** средство за омекотяване на водата; • **devil ~** *sl ам.* проповедник, мисионер; **cow-~** скара отпред на локомотив.

catchwater ['kætʃwɔ:tə] *n* канал за

отвеждане на вода (*при ВЕЦ*).

categorize ['kætigəraiz] *v* категоризирам, класифицирам, разпределям.

cat-eyed ['kæt'aid] *adj* с котешки очи; който вижда на тъмно.

category ['kætigəri] *n* **1.** категория (*и филос.*); **2.** *разг.* група, разред; **~ man** *воен.* годен за редовна служба.

caterpillar ['kætəpilə] *n* **1.** гъсеница; **2.** алчен човек, използвач; **3.** *тех.* гъсенична верига (*и* **~ chain, thread**); гъсеничен трактор (*и* **~ tractor**).

cathedral [kə'θi:drəl] **I.** *n* катедрала; **II.** *adj* катедрален; в който има катедрала; **~ church** катедрала.

catheter ['kæθitə:] *n мед.* катетър, уретър.

catholic ['kæθəlik] **I.** *adj* **1.** католически; **the C. Church** 1) Католическата църква; 2) християнството въобще, християнският свят; **2.** ортодоксален, правоверен; **3.** *рел.* вселенски; **II.** *n* **1.** **(C.)** католик (*и* **Roman C.**); **2.** привърженик на течение в Англиканската църква, което най-много се доближава до католицизма.

catkin ['kætkin] *n* реса, класче от еднополови цветове на някои видове дървета (орех, леска, върба); "котенце".

catlike ['kætlaik] *adj* **1.** по котешки, безшумен; **2.** *мед.* тънък хирургически нож.

catling ['kætliŋ] *n* **1.** *рядко* коте, котенце; **2.** *мед.* тънък хирургически нож.

cat-nap ['kætnæp] *n* лека дрямка, котешки сън.

cattish ['kætiʃ] *adj* котешки; *прен.* ехиден, злобен.

cattishness ['kætiʃnis] *n* ехидност, злоба.

cattle [kætl] *n* **1.** говеда, едър рогат добитък; **~ breeding** говедовъдство; **2.** *разг.* коне; **3.** диви бикове.

cattle-feeder ['kætəlfi:də] *n* хранилка.

cattle-leader ['kætəl,li:də] *n* халка, прекарана през носа на говедо (*за водене*).

CATV *abbr* (**Community antenna television**) кабелна телевизия.

Caucasian [kɔ:'keiʃən] **I.** *adj* **1.** кавказки; **2.** от бялата раса; **II.** *n* бял, човек от европеидната раса.

Caucasus ['kɔ:kəsəs] *n:* **the ~** Кавказ.

caudal ['kɔdl] *adj зоол.* опашен; **~ fin** опашен плавник.

caudle [kɔ:dl] *n* **1.** топла напитка; **2.** топло питие за болни (*чай, отвара и под.*).

caught *вж* **catch I.**

cauldron, caldron ['kɔ:ldrən] *n* **1.** котел, казан; **2.** водовъртеж.

cauliflower ['kɔliflauə] *n* карфиол, цветно зеле, карнабит.

cauliflower ear ['kɔliflauəiə] *n мед.* деформирано ухо вследствие на удар.

causable ['kɔ:zəbəl] *adj* причиним, който може да се причини.

causal ['kɔ:zəl] *adj* причинен, каузален.

cause [kɔ:z] **I.** *n* **1.** причина (**of**); **prime ~** първопричина; **the Final C.** *рел.* първопричина, Бог; **2.** причина, основание, повод (**for**); **3.** кауза, дело; **II.** *v* **1.** причинявам, пораждам; **2.** карам, накарвам, принуждавам; **to ~ s.th. to be done** накарвам (ставам причина) да се направи нещо.

causeless ['kɔzlis] *adj* безпричинен.

caution ['kɔ:ʃən] **I.** *n* **1.** внимание, предпазливост; **to proceed (go to work, set about it) with ~** действам предпазливо; **2.** предупреждение; предупредителен сигнал; предупредителен знак (*на път и пр.*); **3.** мъмрене, предупреждение; • **throw ~ to the winds** рискувам, действам смело; **II.** *v* **1.** предупреждавам, предпазвам **(s.o. against s.th.)**; **2.** мъмря, предупреждавам.

cautious ['kɔ:ʃəs] *adj* внимателен, предпазлив; разсъдлив; **~ of s.th.** предпазлив по отношение на нещо.

cavalierly [kævə'liəli] *adv* надменно, пренебрежително, арогантно.

cavalry ['kævəlri] *n* кавалерия, конница; **~ soldier** войник кавалерист.

cavatina [,kævə'ti:nə] *n муз.* каватина.

cave$_1$ [keiv] **I.** *n* **1.** пещера; **2.** *пол.* фракция; **II.** *v* **1.** *рядко* дълбая, издълбавам; **2.** *рядко* хлътвам, пропадам, потъвам; **~ in** 1) потъвам, хлътвам (*за покрив и пр.*); 2) огъвам се (*за греда и пр.*); 3) смачквам, сплесквам (*шапка и пр.*); 4) *прен.* огъвам се, отстъпвам.

cave$_2$ ['keivi] *int лат., уч. sl* пази се! внимание!

cave-bear ['keivbeə] *n* пещерна мечка.

cave-dweller ['keivdwelə] *n* пещерен жител.

cave-in ['keiv,in] *n* внезапно срутване на покрив (*напр. в мина*).

cave-man, cave-woman ['keivmən, -wumən] (*pl* **-men, -women** [wimin]) *n* **1.** пещерен жител, пещерен човек; **2.** *прен.* човек с примитивни и силни импулси.

cavendish ['kævəndiʃ] *n* вид тъмен тютюн за дъвчене.

caver ['keivə:] *n* изследовател на пещери (*любител*).

cavern ['kævən] **I.** *n* **1.** пещера; кухина; бърлога; *геол.* понор; **2.** *прен.* огромно тъмно и неприветливо помещение; **II.** *v* **1.** правя пещера в, пробивам пещера; **2.** живея в пещера (бърлога); **3.** *мед.* каверна, кухина.

caviare ['kævia:] **I.** *n* **1.** черен хайвер; **2.** отстранен (зачеркнат) от цензурата пасаж; **II.** *v* зачерквам, отстранявам (*за цензура*).

cavity ['kæviti] *n* кухина (*и анат.*)

cavy, cavey ['keivi] *n зоол.* морско свинче; други южноамерикански гризачи от вида *Cavea*.

cay [kei] *n* коралов или пясъчен риф.

cayenne ['kei(j)en] *n* лют червен пипер (*и* **~ pepper**).

cayman, caiman ['keimən] *n зоол.* кайман, вид алигатор *Caiman*.

cease [si:s] **I.** *v* **1.** *книж.* спирам, преставам; **to ~ from troubling s.o.** преставам да безпокоя някого; **2.** прекратявам, прекъсвам, спирам; **II.** *n*: **without ~** безспир, неспирно, непрекъснато.

ceaseless ['si:slis] *adj* безспирен, неспирен, постоянен, непрестанен; ◇ *adv* **ceaselessly**.

ceiling ['si:liŋ] *n* **1.** таван (*на стая*), потон; **2.** покрив (*на кола*); **3.** покриване (*на таван*); дъски за таван; облицовка.

celadon ['selədən] *n* светъл сиво-зелен цвят.

celebrate ['selibreit] *v* **1.** (от)празнувам, чествам; ознаменувам; **2.** *рел.* служа, извършвам литургия; **3.** чествам, възхвалявам, прославям, славя.

celebration ['selibreiʃən] *n* **1.** честване, празнуване; тържество; **2.** прослава; **3.** църковна служба.

celebrator ['selibreitə] *n* **1.** който празнува, чества; **2.** който прославя, възхвалява.

celerity [si'leriti] *n* бързина, скорост.

celery ['seləri] *n* керевиз, целина *Apium graveoleus*.

celesta [si'lestə] *n муз.* челеста,

клавирен инструмент.

celeste [si'lest] *n* **1.** небесносин цвят; **2.** *муз.* един от регистрите на орган (*и* **voix ~**).

celibate ['selibit] **I.** *adj* **1.** безбрачен; неженен; **2.** *рел.* който е дал обет за безбрачие; **3.** човек, който се въздържа от полов живот за определен период; **II.** *n* мъж, който се е обрекъл на безбрачие; целибатер, неженен мъж.

cell [sel] *n* **1.** килия (*в затвор, манастир*); изба, стаичка; колиба (*на отшелник*); килийка (*на восъчна пита*); **2.** малък манастир, скит; **3.** *биол.* клетка; **~ membrane** клетъчна мембрана.

cellar ['selə] **I.** *n* **1.** мазе, изба; винарска изба; **to keep a good ~** имам добро вино (добра изба); **2.** навес, барака, заслон (*за въглища, бъчви и пр.*); **II.** *v* прибирам (пазя) в изба (мазе).

cellarage ['seləridʒ] *n* **1.** цялото мазе на къща; **2.** съхраняване на чужди вещи (стоки) в изба; **3.** наем за пазене на чужди вещи в изба.

cellaret, cellarette ['selərit] *n* бар, барче (*на бюфет*), шкафче за напитки.

cello ['tʃelou] *n* виолончело.

cellophane ['selofein] *n* целофан.

cellule ['selju:l] *n* малка клетка.

cellulite ['seljulait] *n* целулит.

celluloid ['seljulɔid] *n* **1.** целулоид; **2.** *attr* целулоиден.

cellulose$_1$ ['seljulous] *n хим., биол.* **1.** целулоза; **2.** *attr* целулозен.

cellulose$_2$ *adj* съставен от клетки.

Celsius ['selsiəs] *n* Целзий.

Celt [kelt, selt] *n* келт.

celticism, Celticism ['keltisizəm, 'seltisizəm] **1.** *adj* келтски обичаи и пр.; келтски характер (дух, принадлежност); **2.** келтски израз (идиом).

cement [si'ment] **I.** *n* **1.** цимент (*и анат.*); **2.** спойка; спояващо вещество; **3.** *прен.* връзка, спойка; **II.** *v* **1.** циментирам; **2.** спојавам, затвърдявам (*и прен.*); **3.** *мет.* циментирам (желязо).

cemetery ['semitri] *n* гробища.

censer ['sensə] *n* кадилница.

censor ['sensə] **I.** *n* **1.** цензор (*и ист.*); цензура; **2.** контрольор; критикар; **3.** служебно лице в Оксфордския университет, което следи за (контролира) дисциплината; **II.** *v* **1.** цензурирам, преглеждам, проверявам; **2.** отстранявам, зачерквам; забранявам.

censorial [sen'sɔ:riəl] *adj* цензорски, цензурен, който се отнася до цензурата или до този, който цензурира.

censorship ['sensəʃip] *n* **1.** цензура; **2.** длъжност на цензор.

censurable ['senʒərəbəl] *adj* достоен за порицание.

census ['sensəs] *n* **1.** преброяване на населението; **2.** статистически данни от преброяване на населението.

cent [sent] *n* **1.** цент (1/100 от долара); монета от един цент; **a red ~** бронзова монета от 1 цент; *разг.* петак; пукната пара; **2.** : **per ~** на сто, процент; **• not worth a ~** не струва пукната пара.

centaur ['sentɔ:] *n мит.* кентавър.

centaury ['sentɔ:ri] *n* **1.** червен кантарион *Erythraeum centaurum*; **2.** растение от рода на метличината *Centaurea*.

centenary [sen'tinəri] **I.** *n* **1.** сто години, век; **2.** стогодишнина; честване на стогодишнина; **II.** *adj* който се отнася до числото 100 или до период от сто години; стогодишен.

centigrade ['sentigreid] *adj* разделен на сто градуса; **~ thermometer** целзиев термометър.

centimetre, centimeter ['sentimi:tə] *n* сантиметър.

central ['sentrəl] **I.** *adj* централен; средищен, главен; най-важен; **~ heating** централно отопление; **II.** *n* телефонна централа.

central heating ['sentrəl'hi:tiŋ] *n* централно отопление.

centralism ['sentrəlism] *n адм.* централизъм.

centrality [sen'træliti] *n* централно положение.

Central Powers ['sentrəl'pauə:z] *n* Централни сили, съюзът между Германия и Австро-Унгария и съюзниците им - България и Турция (*през Първата световна война*).

central reservation ['sentrəl'rezə:ˌveiʃən] *n* ивица земя (*обикн. засадена с някаква растителност*), която разделя двете платна на магистрала.

centre ['sentə:] **I.** *n* **1.** център; **~ of gravity** център на тежестта; **2.** *сп.* центърнападател; **3.** център, средище; **II.** *v* **1.** поставям в центъра, центрирам; **2.** съсредоточавам (се), концентрирам (се) **(in, round); to ~ o.'s affections on** отдавам цялата си любов на; **3.** *сп.* изпращам топката към центъра, центрирам.

centre-forward ['sentəˌfɔ:wəd] *n* *сп.* центърнападател.

centre-half ['sentəha:f] *n сп.* централен полузащитник (халф).

centre-piece ['sentəˌpi:s] *n* **1.** основно събитие, най-голяма атракция, "гвоздеят"; **2.** покривка (украшение) за средата на масата, мильо; украса в средата на таван, розетка.

centre-table ['sentəˌteibl] *n* кръгла маса с един крак.

centric(al) ['sentrik(l)] *adj* **1.** централен, на центъра; **2.** *анат.* който се отнася до определен мозъчен център.

centricity [sen'trisiti] *n* централно положение.

centrifugal [sen'trifjugəl] *adj* **1.** центробежен; **2.** центрофужен; **~ force** центробежна сила.

centrifuge ['sentrifju:dʒ] **I.** *n* центрофуга; **II.** *v* въртя на центрофуга, центрофугирам.

centring ['sentriŋ] *n* **1.** *строит.* скеле при построяване на кубе, свод и пр.; **to strike the ~ of an arch** свалям скеле на кубе и пр.; **2.** *кино*: **~ of the film image** центроване на образа; **3.** *тех.* центровка, центроване, центриране.

centrist ['sentrist] **I.** *n полит.* центрист, човек, който споделя убежденията на политическия център; **II.** *adj* центристки.

century ['sentʃəri] *n* **1.** век, столетие, сто години; **in the 19th ~** през XIX в.; **two centuries old** двестагодишен; **2.** *ист.* центурия, войскова част от 60 до 100 души (в древния Рим); **3.** сто точки (*при игра на крикет*).

Cerberus ['sə:bərəs] *n мит.* Цербер.

cereal ['siəriəl] **I.** *adj бот.* цереален, зърнен, житен; **~ crops** зърнени храни; **II.** *n* **1.** житно растение; **2.** *pl* тестени варива.

cerebral ['seribrəl] *adj* **1.** *анат.* церебрален, който се отнася до главния мозък; **2.** интелектуален.

cerebrum ['serebrəm] *n анат.* главен мозък.

ceremonialism [ˌseri'mouniəlizəm] *n* церемониалност, официалност, спазване на ритуал.

ceremonialist [ˌseri'mouniəlist] *n* човек, който спазва ритуала, държи на церемониите.

ceremony ['seriməni] *n* **1.** церемония, церемониал; ритуал, обред; **a master of ceremonies** церемониалмайстор; конферансие; **a marriage ~** сватбен обред; **2.** церемониалност, формалност, официалност.

cereous ['siəriəs] *adj* като восък.

Ceres [sir'i:s] *n мит.* Церера, римска богиня на плодородието, идентифицирана с гръцката Деметра.

ceria ['siəriə] *n хим.* сериев окис.

cerise [sə'ri:z] **I.** *adj* вишневочервен; **II.** *n* вишневочервен цвят.

cerite ['siərait] *n минер.* серит.

cerium ['siəriəm] *n хим.* серий.

cernuous [sə:njuəs] *adj* увиснал, надвиснал, наведен надолу.

cerograph ['siəgra:f] *n изк.* гравюра върху восък.

cerography [siə'rɔgrəfi] *n изк.* гравиране върху восък, церография.

cert [sə:t] *n разг.* сигурна работа; нещо, вързано в кърпа.

certain [sə:tn] *adj* **1.** сигурен, уверен (**of** в); **to be ~ of o.'s facts** сигурен съм във (зная добре) фактите, които поддържам (излагам); **2.** сигурен, надежден, несъмнен, положителен; **3.** определен, даден, известен.

certainly ['sə:tnli] *adv* **1.** сигурно, уверено, твърдо; убедено; **2.** непременно, несъмнено, без съмнение, положително; безспорно; **3.** разбира се; **~ not** разбира се, че не.

certificate I. [sə:'tifikit] *n* документ, сертификат, свидетелство, писмено уверение, удостоверение; **birth (marriage) ~** удостоверение (документ, акт) за раждане, брачно свидетелство; **II.** [sə:tifikeit] *v* издавам някому (снабдявам се с) удостоверение (свидетелство, диплома, разрешително за нещо).

certification [,sətifi'keiʃən] *n* **1.** уверяване; деклариране; удостоверяване; **2.** даване на диплома (права и пр.); **3.** правоспособност.

certitude ['sə:titju:d] *n* сигурност, увереност, убеденост.

cerulean [si'ru:liən] *adj* небесносин, лазурен, ясносин.

cerumen [si'ru:mən] *n анат.* ушна кал, церумен.

ceruse [sə:'ru:z] *n* оловно белило.

cervical ['sə:vikl] *анат.* **I.** *adj* шиен, цервикален; **II.** *n* **1.** шиен прешлен; **2.** шийни нерви.

cervidae ['sə:vidi:] *n pl зоол.* елени.

cervine ['sə:vain] *adj зоол.* от семейството на елените; подобен, приличащ на елен (на сърна).

cervix ['sə:viks] *n анат.* шия; шийка; цервикс.

cespitose ['sespitous] *adj бот.* който расте на купчинки.

cessation [si'seiʃən] *n* прекъсване, спиране, прекратяване; **~ from work** прекъсване на работата; **~ of arms (hostilities), ~ from arms** примирие.

cession ['seʃən] *n* отстъпване; **~ of territory (rights)** отстъпване на територия (права).

Ceylon [si'lɔn] *n* Цейлон; *attr* цейлонски.

ch. *abbr* (**chapter**) глава (в книга).

cha-cha ['tʃa:tʃa:] *n* ча-ча (*латиноамерикански танц*).

chad [tʃæd] *n* **1.** речен чакъл; трошен камък; **2.** златоносен пясък; едър пясък.

Chadband ['tʃædbænd] *n* лицемер и фразьор.

chafe ['tʃeif] **I.** *v* **1.** стоплям чрез търкане, разтърквам, разтривам; **2.** протърквам (се), жуля, ожулвам (се), протривам (се); **3.** отърквам се (**against**); **II.** *n* **1.** ожулване; **2.** раздразнение; **to be in a ~** ядосвам се, ям се.

chaff [tʃa:f] **I.** *n* **1.** плява; **a grain of wheat in a bushel of ~** дребни резултати от големи усилия; напънала се планината и родила мишка; **to separate (sort) the wheat from the ~** отделям зърното от плявата (*прен.*), пресявам стойностното от безстойностното; **2.** закачки, подбив, лека ирония; **II.** *v* **1.** закачам, шегувам се (с) (**about**); **2.** *рядко* режа сено или слама на ситно.

chaffer₁ ['tʃa:fə:] *n* човек, който обича да се закача; шегаджия, шегобиец, звезек.

chaffer₂ пазаря се.

chaff-weed ['tʃa:f'wi:d] *n* памук (*растението*).

chaffy ['tʃæfi] *adj* **1.** приличен на плява; пълен с плява; **2.** *прен.* сух, скучен, безинтересен; **3.** малоценен; незначителен, нищожен.

chafing-dish, -pan ['tʃeifiŋ,diʃ, -,pæn] *n* спиртник, мангалче (*за затопляне на ядене*).

chafing-gear, -mat ['tʃeifiŋ,giə, -mæt] *n мор.* парчета плат (кълчища и пр.), които се поставят, за да не се изтъркват корабните въжета.

chagrin ['ʃægrin] **I.** *n* огорчение, разочарование; **II.** *v* огорчавам, разочаровам (*особ. в pass*); **~ed at s.th.** огорчен от нещо.

chain ['tʃein] **I.** *n* **1.** верига, синджир; верижка, синджирче, ланец; **to put a dog on the ~** връзвам куче с верига; **2.** *pl* вериги, окови (*и прен.*); **3.** планинска верига (*и* **a ~ of mountains**); **II.** *v* **1.** оковавам във вериги; **to ~ s.o. (down)** оковавам някого; **2.** завързвам с верига; затварям с верига; **3.** обвързвам, приковавам.

chain-bridge ['tʃein,bridʒ] *n* висящ (верижен) мост.

chain-horse ['tшein'hɔ:s] *n* кон, който се впряга допълнително при теглене на по-тежки товари.

chainlet ['tʃeinlit] *n* верижка, ланец.

chain-lightning ['tʃein,laitniŋ] *n* много ярка и силно назъбена светкавица.

chainman ['tʃeinmən] *n* (*pl* **-men**) помощник на земемер.

chain react ['tʃein,riækt] *v* действам във верижна реакция.

chain-rule ['tʃein,ru:l] *n мат.* верижно правило.

chain smoke ['tʃein,smouk] паля цигара от цигара.

chain-smoker ['tʃein,smoukə:] *n* човек, който пуши непрекъснато (който пали цигара от цигара).

chain-stitch ['tʃein,stitʃ] *n* верижен бод.

chain stores ['tʃein,stɔ:z] *n* верига от магазини на една фирма.

chair [tʃɛə] **I.** *n* **1.** стол; **folding ~** сгъваем стол; **grandfather('s) ~** кресло със странични облегала за главата; **to take a ~** сядам; • **one man makes a ~ and another sits in it** един бие тъпана, друг събира парсата; **2.** стол носилка (*и* **sedan ~**); **bath ~** инвалидна количка; **3.** катедра (*на професор*); **holder of a ~** титуляр на катедра; **II.** *v* **1.** избирам за председател; **2.** вдигам и нося някого на стол (*при чествване*); **3.** *жп* слагам подложки на траверсите.

chair-lift ['tʃɛəlift] *n* лифт за скиори със спускащи се седалки.

chair-maker ['tʃɛə,meikə] *n* **1.** дърводелец, майстор на мебели; столар; **2.** производител на столове.

chairman ['tʃɛəmən] (*pl* **-men**) *n* председателстващ (*събрание, комисия, комитет, търговско предприятие и пр.*).

chairmanship ['tʃɛəmənʃip] *n* председателство; **under the ~ of** под председателството на; **to be called to the ~** бивам избран за председател.

chairperson ['tʃɛəpə:sən] *n* председедател, председателстващ.

chairwoman ['tʃɛə,wumən] (*pl* **chairwomen**) *n* председателстваща, жена-председател.

chair-warmer ['tʃɛə,wɔ:mə] *n* лентяй, ленивец.

chaise longue ['ʃeiz'lɔŋ] *n фр.* шезлонг, канапенце.

chalcographer [kæl'kɔgrəfə] *n* гравьор върху мед или бронз, халкограф.

chalet ['ʃælei] *n* **1.** шале, дървена вила (*обикн. в швейцарски стил*); **2.** обществена тоалетна.

chalice ['tʃælis] *n* **1.** *поет.* чаша, бокал; **2.** *рел.* потир; **3.** *бот.* чашка (*на цвят*); **a poisoned ~** нещо, което изглежда примамливо, а води до провал.

chalk ['tʃɔ:k] **I.** *n* **1.** варовик, креда; *sl* любим кон при състезания; **French ~** *минер.* стеатит; **2.** тебешир; креда (*за рисуване*); **3.** знак с тебешир за отбелязване точките при игра; **II.** *v* **1.** отбелязвам с тебешир; пиша с тебешир; **to ~ the pavement** пиша с тебешир по тротоара; **2.** намазвам, нацапвам с тебешир; **3.** отбелязвам като постижение.

chalkboard ['tʃɔ:kbɔ:d] *n* (черна) дъска (*в училище*).

chalk-drawing ['tʃɔ:k,drɔ:iŋ] *n изк.* пастел.

chalkiness ['tʃɔ:kinis] *n* **1.** варовитост (*на почвата и пр.*); **2.** тебеширеноблед цвят (*на лицето*).

chalk-line₁, -mark ['tʃɔ:k,lain, -ma:k] *n* тебеширена линия.

chalk-line₂ *v* чертая линия с тебешир.

chalk-overlay ['tʃɔ:k'ouvəlei] *n* гланцирана хартия.

chalk-pit ['tʃɔ:kpit] *n* кариера за варовик; варница.

chalk-stone ['tʃɔ:k'stoun] *n* **1.** буца варовик; **2.** *мед.* задебеляване на ставите при подагра.

chalky ['tʃɔ:ki] *adj* **1.** варовит (*за почва, вода и пр.*); **2.** покрит (нацапан) с тебешир; **3.** тебеширеноблед.

challenge ['tʃælindʒ] **I.** *n* **1.** предизвикване, повикване; предизвикателство, покана (*за дуел, състезание и пр.*); призив (*за съревнование*); **to meet a ~** отзовавам се на покана (предизвикване и пр.); **2.** предизвикателство, заплаха; нещо, което нарушава (руши); **3.** *воен.* искане на паролата от часовой; **II.** *v* **1.** предизвиквам, извиквам, поканвам; **to ~ to a fight** предизвиквам на борба; **2.** оспорвам; протестирам срещу; **3.** *юрид.* правя отвод на.

challengeable ['tʃælindʒəbəl] *adj* **1.** който може да се оспорва (критикува); оспорим; **2.** *юрид.* срещу който може да се направи отвод.

challenged ['tʃælindʒd] *adj в комбинации* дефектен (*по отношение на нещо*), на който му липсва (*нещо*); **vertically ~** нисък (*за човек*); **intellectually ~** глуповат, простоват, не дотам интелигентен.

challenger ['tʃælindʒə] *n* **1.** претендент (*за титла, пост*); **2.** човек, който предизвиква (поканва) (*на дуел, състезание и пр.*); **3.** *юрид.* човек (страна), който прави отвод.

challis ['tʃæli(s)] *n* мек вълнен или копринен плат.

chamber ['tʃeimbə] **I.** *n* **1.** стая; спалня; *pl* мебелирани стаи; ергенска квартира; **2.** зала; **audience ~** зала за аудиенции; **3.** камара (*в парламента*); **II.** *v* **1.** издълбавам; продупчвам; **2.** правя дъга (*на подметката на обувка, на седло*); **3.** затварям (*в стая*).

chambered ['tʃeimbə:d] *adj* **1.** издълбан; **2.** затворен; • **a six-~ revolver** шестзаряден револвер.

chamber-music ['tʃeimbə,mju:sik]

n камерна музика.

chamber-pot, -utensils [ˈtʃeimbəpot, -juˈtensils] *n* нощно гърне.

chameleon [kəˈmi:liən] *n* хамелеон (*и прен.*).

chamois[1] [ˈʃæmwa:] *n* дива коза.

chamois[2] [ˈʃæmi] *n* замшева кожа, шамоа, гюдерия (*обикн. за миене на прозорци*)(*и* **~ leather**).

champ[1] [tʃæmp] **I.** *v* **1.** дъвча; хапя; хрупам; **2.** скърцам със зъби, проявявам нетърпение или раздразнение; **~ at the bit** нетърпелив съм да започна нещо; **II.** *n* дъвчене; хапене; хрупане.

champ[2] *n разг.* шампион.

champagne [ˌʃæmˈpein] *n* шампанско, газирано бяло вино от областта Шампан (Франция).

champers [ˈtʃæmpə:z] *n разг.* шампанско.

champion, champ [ˈtʃæmpiən, tʃæmp] **I.** *n* **1.** юнак, юначага, герой; **2.** *сп.* шампион, първенец, победител; **3.** защитник, борец, поборник; **~s of peace** борци за мир; **II.** *v* боря се за, защитавам; поддържам; явявам се като защитник на.

championship [ˈtʃæmpiənʃip] *n* **1.** защита; поддръжка, поддържане; **2.** шампионат.

chance [tʃa:ns] **I.** *n* **1.** случай, случайност; **by (mere) ~** съвсем случайно; **2.** случайност, съдба; **3.** риск; съдба; късмет; **II.** *v* **1.** случвам се (*и безл.*); **I ~d to meet him** случи се да го срещна, случайно го срещнах; **2.** : **to ~ upon** случайно попадам (срещам, намирам), натъквам се на; **3.** рискувам, поемам риск; **III.** *adj* случаен; **~ acquaintance** случаен познат.

chanceful [ˈtʃa:nsful] *adj* **1.** паметен; **2.** несигурен; рискован.

chancel [tʃa:nsl] *n* западната (източната) част на църква с олтара.

chancellery, chancellory [ˈtʃa:nsləri] *n* **1.** канцелерско звание; **2.** канцелария (*на легация, консулство и пр.*); **news that disturbs the chancelleries of Europe** новини, които тревожат европейските дипломати; **3.** здание, в което работи канцлер; канцлерство.

chancellor [ˈtʃa:nsələ] *n* **1.** канцлер; **the Lord (High) C., the C. of England** лорд-канцлер, председател на Камарата на лордовете и министър на правосъдието в Англия; **C. of the Exchequer** министър на финансите в Англия; **C. of the Duchy of Lancaster** член на английския кабинет (*обикн. без портфейл*), който представлява краля; **2.** ректор (*на англ. университет*); **~'s office** ректорат; **3.** юридически съветник на епископ.

chancellorship [ˈtʃa:nsələʃip] *n* звание (длъжност, служба) на канцлер (ректор и пр.); канцлерство.

chancer [ˈtʃa:nsə:] *n разг.* човек, който обича да рискува; безразсъден човек.

chancy [ˈtʃa:nsi] *adj* **1.** рискован, с малки шансове, несигурен; **2.** *шотл.* щастлив, удачен, благоприятен.

chandelier [ˌʃa:ndəˈliə] *n* полилей.

chandler [ˈtʃa:ndlə] *n* **1.** свещар (*който прави или продава свещи*); **2.** бакалин, търговец; **ship's ~** търговец, който снабдява кораб с провизии.

chandlery [ˈtʃa:ndləri] *n* **1.** магазин (склад) за свещи; **2.** бакалия.

change [tʃeindʒ] *v* **1.** сменям, променям; **~ jobs** сменям работата си; **2.** меня (се), изменям (се), променям (се), обръщам (се), превръщам (се) (**into**); **3.** сменям, разменям.

changeling [ˈtʃeindʒliŋ] *n* **1.** дете, сменено от феите; **2.** сменено дете; **3.** уродлив човек или животно.

change of life ['tʃeindʒəv'laif] *n* климактериум.

changeover ['tʃeindʒ'ouvə] *n* **1.** промяна (*от една система в друга*); радикална промяна; **2.** смяна на пост; **3.** *тех.* пренастройване, пренастройка, превключване.

changer ['tʃeindʒə] *n* превключвател, устройство за превключване; преобразувател.

changing ['tʃeindʒiŋ] **I.** *adj* променлив; подвижен; **II.** *n* смяна, промяна; **~ of the guard** *воен.* смяна на поста; **~ note** *муз.* аподжатура, форшлаг.

changing-room ['tʃeindʒiŋ,ru:m] *n* гардеробна.

channel₁ ['tʃænl] **I.** *n* **1.** корито, легло, русло (*на река*); **2.** *геогр.* проток, пролив; канал; **the (English) C.** Ламанш; **the C. Fleet** английският флот в Ламанша; **the Irish C.** Ирландско море; **the C. Islands** Англо-нормандските острови; **3.** жлеб, олук, дълбей; улей; **II.** *v* **1.** прокарвам, прокопавам канал(и) през; **2.** правя (изкопавам, издялвам) жлеб (улей, канелюра); **3.** пускам по канала; **to ~ o.'s energy** мобилизирам се.

channel₂ *n мор.* масивно парче дърво или желязо, заковано на страните на кораб, за което се прикрепят мачтовите въжета, вантите.

channel(l)er ['tʃænələ] *n* **1.** медиум; **2.** каменорезна машина; длето.

chant [tʃa:nt] **I.** *n* **1.** песен; монотонно пеене; **2.** *рел.* песнопение; **II.** *v* **1.** *поет.* пея, възпявам; **to ~ s.o.'s praises** славословя някого; **2.** повтарям монотонно; пея монотонно; **3.** пея псалми.

chantry ['tʃa:ntri] *n рел.* **1.** дарение за отслужване на литургия за душата на дарителя; **2.** капела в църквата, където се отслужват такива литургии.

chanty ['ʃa:nti] *n* работна моряшка песен.

chaos ['keiɔs] *n* хаос; безредие, безпорядък, обърканост.

chap₁ [tʃæp] **I.** *v* (**-pp-**) напуквам (се), нацепвам (се); попуквам (се); правя пукнатини в; **~ped hands, lips** напукани ръце, устни (*обикн. от студ*); **II.** *n* пукнатина, цепнатина.

chap₂ *n* челюст; буза (*обикн. на животно*); **bath ~** солена свинска буза.

chap₃ *n разг.* човек, момче; **a good (nice) ~** симпатяга, хубав човек!

chaparral [,tʃæpə'ræl] *n ам.* гъсталак (*в южните щати на Мексико*).

chap-book ['tʃæpbuk] *n* евтина книжка с народни песни, приказки, анекдоти и пр.

chape [tʃeip] *n* **1.** метален обков на връх на ножница; **2.** метален обков на горна част на ножница; **3.** тази част на токà, на която се прикрепя ремъкът.

chapel ['tʃæpəl] *n* **1.** капела, параклис, малка църква, (*в казарма, затвор, университет, частен дом, в погребален дом и пр.*); **to keep (to miss) (~s)** *унив.* присъствам на (отсъствам от) църковна служба; **2.** страничен параклис (олтар) в църква; **3.** сектантска (неангликанска) църква.

chapter ['tʃæptə] **I.** *n* **1.** глава (*на книга*); **to cite (give, have) ~ and verse** цитирам точно главата и стиха от Библията; *прен.* позовавам се на конкретен източник, имам (цитирам) точни данни; **2.** *прен.* тема; **3.** *прен.* глава, страница, епизод (*от живота на някого*); **II.** *v* разделям на глави.

char₁ [tʃa:] **I.** *v* (**-rr-**) **1.** чистя, почиствам (*къща и пр. - за чистач-*

ка); **2.** работя като чистачка; **II.** *n* *рядко* работа, задължение (*което трябва да се извърши*).

char₂ I. *v* овъглявам (се); обгарям; **II.** *n* животински въглища.

character ['kærəktə] **I.** *n* **1.** характер, нрав (*на човек*); **a man of ~** човек с характер; **2.** характер, природа, естество; качество; *биол.* отличителен признак (белег); **hereditary (acquired) ~** *биол.* наследствен (придобит) характер (или белег); **3.** име, репутация, реноме; **of bad ~** с лошо име (слава, репутация); **II.** *v* **1.** *рядко* характеризирам; **2.** *рядко* запечатвам.

character actor ['kærəktə'æktə:] *n* жанров артист.

character comedy ['kærəktə 'kɔmidi] *n* комедия на характери.

characterful ['kærəktəful] *adj* *журн.* с ярка индивидуалност, ярък, отличителен.

characteristic [,kærəktə'ristik] **I.** *adj* характерен, типичен (**of** за); **the ~ odour of cabbage** характерната миризма на зеле; **II.** *n* **1.** характерна черта (*на човек*); **2.** характерен (отличителен) белег; **3.** *ез.* характеристика (*на глаголно време и пр.*).

characterization [,kærəktərai'zeiʃən] *n* **1.** характеристика; **2.** охарактеризиране, обрисовка на характер.

charas [tʃa:rəs] *n* хашиш, марихуана.

charcoal ['tʃa:koul] **I.** *n* **1.** дървени въглища; **2.** *изк.* въглен; **a ~ drawing** рисунка с въглен; **3.** *изк.* рисунка с въглен; **II.** *v* **1.** намазвам (се), нацапвам (се) с дървени въглища; **2.** *refl* отравям се, задушавам се при горене на дървени въглища.

charge ['tʃa:dʒ] **I.** *v* **1.** пълня, зареждам (*оръжие, чаша с вино, акумулатор*); товаря, обременявам (*памет*); насищам (*въздух и пр.*); **air ~d with steam** въздух, наситен с пара; **2.** възлагам на, натоварвам (**with**); **3.** заповядвам на, задължавам, изисквам от; **II.** *n* **1.** пълнеж, снаряд (*на оръжие, акумулатор и пр.*); *тех.* дажба; **full ~** *воен.* боен снаряд; **2.** цена; такса; **3.** (парично) задължение.

charily ['tʃɛərili] *adv* предпазливо.

chariot ['tʃæriət] *ист.* **I.** *n* колесница; **II.** *v* возя на колесница.

charity ['tʃæriti] *n* **1.** милосърдие, милост, благотворителност; **~ begins at home** човек трябва да се грижи първо за себе си; **2.** милостиня, подаяние; **3.** великодушие, снизходителност, либералност, щедрост.

charlatan ['ʃa:lətən] *n* шарлатан(ин).

charleston ['tʃa:lstən] **I.** *n* чарлстон; **II.** *v* танцувам чарлстон.

charlotte ['ʃa:lət] *n* пудинг от ябълки.

charm [tʃa:m] **I.** *n* **1.** магия, вълшебство, заклинание, чародейство; **2.** чар, обаяние, прелест, пленителност, очарование, привлекателност; **3.** талисман, амулет, муска; дрънкулка; **II.** *v* омагьосвам, обайвам, омайвам, очаровам, пленявам; **to ~ out of** изтръгвам от.

charmer ['tʃa:mə] *n* **1.** *шег.* чародейка; **2.** вълшебник, заклинател, магьосник, чародей.

charming ['tʃa:miŋ] *adj* обаятелен, очарователен, пленителен; *ост.* чаровен, омаен.

chars ['tʃa:z] *n pl* дървени въглища.

chart [tʃa:t] **I.** *n* **1.** диаграма, таблица, табло, схема, чертеж; **fever ~** температурен лист; **2.** (*обикн. pl*) лѝста (класация) за бестселъри; **3.** морска карта; **barometric ~** метеорологическа карта; **II.** *v*

1. нанасям върху (на) карта, правя карта; **2.** планирам, запланувам; **3.** *журн.* влизам в класацията (*за муз. албум*).

charter ['tʃa:tə] **I.** *n* харта, грамота, устав; право; **The Great C.** Магна харта либератум; **The Charter of the United Nations** Хартата на Обединените нации; **~ member** член-основател; **II.** *v* **1.** давам право, привилегия на; **2.** наемам (*кораб и пр.*); **3.** *ам.* основавам, учредявам; **III.** *adj* чартърен; **~ flight** чартърен полет.

chase₁ [tʃeis] **I.** *v* **1.** ходя на лов за; **2.** гоня, преследвам; **3.** изгонвам, прогонвам, пропъждам, изпъждам (**from, out of**); премахвам, отстранявам; • **~ yourself!** *sl* махай се!; **4.** *sl* "свалям"; **II.** *n* **1.** лов, гонитба, преследване; **to give ~ to** подгонвам, погвам; **2.** място за лов(уване); хора, които участват в лов; право на ловуване; **3.** дивеч, лов, преследвано животно.

chase₂ ['tʃeis] **I.** *n* **1.** дуло, цев, отвор; **2.** вдлъбнатина, улей, жлеб; **3.** *печ.* рамка; **II.** *v* гравирам, издълбавам, украсявам с релеф; правя нарез на винт.

chase₃ ['tʃeis] *n* орнамент при гравиране върху метал.

chaser ['tʃeisə:] *n* **1.** преследвач; **2.** *ав.* изтребител; **3.** *мор.* оръдие на носа или задната част на кораб.

chasm [kæzəm] *n* **1.** пропаст, бездна (*и прен.*); **2.** празно място, празнота.

chastity ['tʃæstiti] *n* **1.** целомъдрие, девственост, невинност, непорочност, чистота; **2.** чистота, строгост, простота; **3.** въздържание, безбрачие.

chat [tʃæt] **I.** *n* **1.** (непринуден, приятелски, свойски, интимен) разговор, беседа, бъбрене, лаф мохабет; **to have a ~** побъбрям си (**with, about**); **2.** *sl* брътвеж, нахалство; **II.** *v* водя непринуден (приятелски, свойски, интимен) разговор, беседвам, побъбрям си (**with**).

chatter ['tʃætə] **I.** *v* **1.** бъбря, брътвя, бръщолевя, дърдоря, дрънкам, раздрънквам; **2.** дрънкам, тракам (*за зъби, машина*); чукам (*за клапан*); **3.** кряскам (*за птица*); **II.** *n* **1.** бърборене, брътвене, брътвеж, бръщолевене, дърдорене, дрънкане, раздрънкване; **2.** тракане; чукане (*на клапан*); **3.** кряскане.

chatterbox ['tʃætəbɔks] *n* **1.** кречетало (*и прен.*); **2.** *sl* картечница.

chatterer ['tʃætərə:] *n* бъбрица, бърборко, дрънкало, кречетало.

chauvinism ['ʃouvinizəm] *n* шовинизъм.

chauvinist ['ʃouvinist] *n* шовинист.

chauvinistic ['ʃouvi'nistik] *adj* шовинистичен.

cheap [tʃi:p] **I.** *adj* **1.** евтин; на сметка; лошокачествен, долнокачествен, долнопробен; **dirt ~** "без пари"; **2.** *sl* стиснат, скръндзав, свидлив; **II.** *adv* евтино; **to get off ~(ly)** отървам се евтино (леко); • **on the ~** без пари, евтино.

cheapen ['tʃi:pən] *v* **1.** поевтинявам; **2.** намалявам (понижавам, смъквам) цената си; **3.** *ост.* пазаря се.

cheapie ['tʃi:pi] *n sl* **1.** евтина и долнопробна вещ; боклук; **2.** стиснат човек, скръндза.

cheapish ['tʃi:piʃ] *adj* евтиничък.

cheapness ['tʃi:pnis] *n* евтиния; ниска стойност (цена).

cheapo ['tʃi:pou] *adj разг.* евтин, долнопробен.

cheap shot ['tʃi:p'ʃɔt] *n* евтина забележка; несправедлива (неприятна) реплика (изказване).

cheapskate ['tʃi:p,skeit] *n sl* скъперник; скръндза.

cheat [tʃi:t] **I.** *n* **1.** измама, мошеничество; **to put a ~ on** измамвам, изигравам; **2.** измамник, измамница, мошеник, мошеничка; **II.** *v* **1.** изигравам, надхитрям, измамвам, "подхлъзвам", служа си с измама, нечестен съм; **to ~ s.o. out of** обсебвам, вземам от някого чрез измамна, оскубвам, "изяждам"; **2.** залъгвам; "замазвам очите" (*на някого*); **3.** изневерявам; • **to ~ time** убивам времето.

cheater ['tʃi:tə:] *n разг. ам.* мошеник, измамник.

cheaters ['tʃi:təz] *n sl* (тъмни) очила.

check [tʃek] **I.** *n* (*int*) **1.** *сп.* шах; **2.** пречка, спънка, препятствие, спиране, задържане, отпор; **to act as a ~** действам като спирачка на; **3.** *воен.* незначително поражение; временен неуспех; **II.** *v* **1.** *сп.* обявявам шах (*и* **to give ~**); **2.** спирам (се); възпирам, сдържам, забавям; **3.** проверявам, сверявам, сравнявам, контролирам (*ам. - с* **up**).

checkback ['tʃek,bæk] *n* обратно потвърждаване (*на сигнал*).

checker ['tʃekə:] *n* **1.** *ам. pl* дама (*игра*); **2.** контрольор; изпитвателно устройство; **3.** регенераторна камера.

checkerboard ['tʃekə,bɔ:d] **I.** *n* шахматна дъска; **II.** *adj* шахматен (*за шарка*).

checkers ['tʃekə:z] *n pl арх.* шахматно разположени орнаменти.

check-in ['tʃek,in] *n* **1.** бюро за регистрация за полет; **2.** *sl* пристигане.

checking account ['tʃekiŋə'kaunt] *n ам.* текуща (разплащателна) сметка.

check list ['tʃeklist] *n ам.* контролен списък.

checkmate ['tʃekmeit] **I.** *n* **1.** шах и мат; **2.** пълно поражение; **II.** *v* **1.** давам мат; матирам; **2.** нанасям пълно поражение; обърквам, разбърквам, плановете на; парализирам.

check-nut ['tʃeknut] *n тех.* контрагайка.

check-off ['tʃek,ɔf] *n* отмятане, отметка (*на нещо свършено, изпълнено*).

check-out ['tʃek,aut] *n* **1.** каса (*в супермаркет*); **2.** проверка, контрол; **3.** *sl* заминаване, тръгване.

checkpoint ['tʃekpɔint] *n* контролно-пропускателен пункт.

check-room ['tʃekrum] *n ам.* гардероб, гардеробна (*в театър, баня и под.*).

check-up ['tʃekʌp] *n* проверка, контрола, оглед, преглед (*и медицински*).

cheddar ['tʃedə] *n* чедър (*вид сирене*).

cheek ['tʃi:k] **I.** *n* **1.** страна, буза; **2.** нахалство, наглост, дързост, безочие, безочливост; арогантност; **to have the ~ to** имам нахалството да; **3.** *тех.* чело (*на чук*), челюст (*на клещи и пр.*), каса (*на врата*); • **~ by jowl** един до друг, интимно; на четири очи, неофициално; **II.** *v* отговарям нахално, нагрубявам, репча се.

cheek-bone ['tʃi:kboun] *n* скула, ябълчна кост.

cheekiness ['tʃi:kinis] *n* нахалство, наглост, безочие, дързост, безочливост, арогантност.

cheeper ['tʃi:pə] *n* **1.** пиле; **2.** пискливо дете, пискун.

cheer ['tʃiə] **I.** *n* **1.** одобрителен вик, възклицание; ура!; **three ~s for our visitors** да извикаме три пъти ура за (да живеят) нашите гости! **2.** *pl* одобрителни викове, аплодисменти; аплаузи; **3.** *ост.* душевно състояние, настроение; • **with good ~**

охотно, с радост; **II.** *v* **1.** ободрявам, насърчавам, утешавам; давам кураж на; **cheer up** ободрявам (се), окуражавам (се), утешавам (се); **we went to the hospital to ~ up a friend** отидохме на свиждане в болницата да окуражим болен приятел; **2.** аплодирам, акламирам, одобрявам, викам ура на, приветствам.

cheerful ['tʃiəful] *adj* **1.** бодър, весел, в добро настроение; **2.** жив, приятен, ободрителен; **~ surroundings** приятна обстановка; **3.** светъл, слънчев; ◇ *adv* **cheerfully**.

cheerleader ['tʃiəli:də:] *n* **1.** човек, който дава тон на овациите и възгласите; **2.** главен поддържник (*на кауза*); основен организатор на мероприятия в подкрепа на кауза.

cheerless ['tʃiəlis] *adj* мрачен, унил, посърнал, нерадостен; ◇ *adv* **cheerlessly**.

cheery ['tʃiəri] *adj* **1.** весел, в добро настроение, енергичен, жив; **2.** топъл, сърдечен; ◇ *adv* **cheerily**.

cheese ['tʃi:z] **I.** *n* **1.** сирене, кашкавал; пита кашкавал; **rat ~** тип евтино сирене; **2.** пестил, мармалад; **3.** *sl ам.* дръвник, тъпак; • **to get the big ~** оставам с пръст в устата; **II.** *v sl* спирам; **~ it!** изчезвай!

cheese bun ['tʃi:z'bʌn] *sl n* доносник.

cheeseburger ['tʃi:z,bə:gə] *n* сандвич с разтопен кашкавал, сирене.

cheese-cake ['tʃi:zkeik] *n* **1.** сладкиш с извара; **2.** *sl* готина мадама, гадже, "парче"; снимка (често разголена) на жена, която се лепи по стените.

cheese-cloth ['tʃi:zklɔθ] *n* тензух, марля.

cheese-eater ['tʃi:z'i:tə:] *n sl* доносник, информатор.

cheesed-off ['tʃi:zd,ɔf] *adj разг.* раздразнен; отегчен; разочарован; недоволен.

cheese-mite ['tʃi:zmait] *n* червей в сирене (кашкавал).

chemical ['kemikəl] **I.** *adj* **1.** химически, химичен; **~ balance** аптекарски везни; **2.** изпитал (преминал през, попаднал под) въздействието на химикали; **3.** *sl* алкохолно питие, опиат; **II.** *n* химикал.

chemist ['kemist] *n* **1.** химик; **2.** аптекар; **~'s shop** аптека.

chemistry ['kemistri] *n* **1.** химия; **2.** взаимно привличане или отблъскване между хора; **after such a long parting I was not sure the ~ was there** след такава продължителна раздяла не бях сигурна дали все още се харесваме.

cheque (check) ['tʃek] **I.** *n* чек; **to cash a ~** осребрявам чек; **II.** *v* : **~ out** изплащам по чек.

chequebook ['tʃekbuk] *n* чекова книжка.

chequer ['tʃekə] **I.** *v* **1.** чертая (нанасям) квадрати по, разчертавам на квадрати, нашарвам с квадрати; **2.** разнообразявам, нашарвам; **II.** *n* **1.** *pl ост.* дама (*игра*); **2.** карирана материя.

cherish ['tʃeriʃ] *v* **1.** храня, питая, лелея; **2.** обичам много, скъпя, ценя; **to ~ o.'s rights** ценя, отстоявам правата си.

cherry ['tʃeri] **I.** *n* **1.** череша; вишна; **2.** девствена ципа, химен; **3.** *sl* девственост; **II.** *adj* **1.** черешов, вишнов; **2.** неопитен; непокварен

cherry pie ['tʃeri'pai] *n* **1.** сладкиш с череши; **2.** *провинц.* хелиотроп.

cherry-stone ['tʃeri'stoun] *n* **1.** костилка на череша (вишна); **2.** вид мида.

cherry-tree ['tʃeri'tri:] *n* череша, вишна, черешово (вишнево) дърво.

cherub ['tʃerəb] *n* **1.** херувим; **2.** ангелче, купидонче, херувимче.

chess [tʃes] *n* **1.** шах; **2.** вид плевел.

chess-board [ˈtʃesbɔ:d] *n* шахматна дъска.

chess-man [ˈtʃesmən] *n* шахматна фигура.

chessplayer [ˈtʃespleiə] *n* играч на шах, шахматист.

chest [ˈtʃest] *n* **1.** сандък; **~ of drawers** скрин; **2.** каса; ковчежничество; фондове, пари; **3.** гръден кош; гърди.

chestnut [ˈtʃestnʌt] **I.** *n* **1.** кестен (*и* **Spanish sweet ~**); **2.** дорест кон; **3.** изпъкналост над копитото на кон (*от вътрешната страна*); **II.** *adj* **1.** кестеняв, шатен; **2.** дорест.

chevalier [ˌʃevəˈliə] *n* **1.** *ист.* рицар, шевалие, кавалер; **2.** кавалер на орден; • **~ of fortune (industry)** авантюрист, мошеник.

cheviot [ˈtʃeviət] *n* **1.** порода овце; **2.** плешивост; **3.** шевиот (*плат*).

chew [tʃu:] **I.** *v* **1.** дъвча, сдъвквам, предъвквам; дъвча тютюн; **2.** *прен.* размислям, размишлявам (*и с* **on, upon, over**); **to ~ the cud** предъвквам, преживям (*и прен.*); **3.** скастрям; • **to ~ o.'s cabbage (tobacco)** философствам, правя изявления; **II.** *n* **1.** дъвкане, преживяне; **2.** тютюн за дъвкане.

chewing gum [ˈtʃu:iŋgʌm] *n* дъвка.

chewy [ˈtʃju:i] *adj* който се одъвква (*за месо*); който се дъвче продължително.

chic [ʃik] **I.** *adj* моден, елегантен, шикозен; **II.** *n* шик.

chick [tʃik] *n* **1.** пиле(нце); *прен.* дете; **2.** *sl* момиче, мацка.

chicken [ˈtʃikən] **I.** *n* **1.** пиле; петел, кокошка; **to count o.'s ~s before they are hatched** рибата още в морето, а той слага тигана на огъня; **2.** дете; **3.** страхливец; **II.** *v* изоставям план от страх, дезертирам (*обикн.* **chicken out**); • **play ~** заплашвам противника си, за да отстъпи.

chicken feed [ˈtʃikənˈfi:d] *n* дребна сума, жълти стотинки, "трохи".

chicken-hearted [ˈtʃikənˌha:tid] *adj* страхлив, малодушен.

chicken-liver [ˈtʃikənˌlivə] *n* страхливец, страхопъзльо.

chicken-pox [ˈtʃkənpɔks] *n мед.* варицела, лещенка.

chide [tʃaid] *v* **1.** гълча, карам се (на), хокам; **2.** *поет.* вия (*за вятър и пр.*).

chief [tʃi:f] **I.** *n* **1.** шеф, глава, ръководител, началник; **commander-in-~** главнокомандващ; **2.** вожд, водач, главатар; **II.** *adj* главен, пръв, върховен, ръководен, ръководещ, основен, най-важен; **C. Justice** върховен съдия; **~ priest** първосвещеник.

chiefdom [ˈtʃi:fdəm] *n* върховенство, първенство.

chiefly [ˈtʃ:fli] *adv* главно, предимно.

chieftain [ˈtʃi:ftən] *n* вожд, главатар, водач.

chiffon [ˈʃifən] *n* шифон.

chiffonier [ˌʃifəˈniə] *n* бюфетче.

chignon [ˈʃi:njən *ам.* ʃi:ˈnja:n] *n* шиньон, дамска прическа със събрана на тила коса в кок.

chigoe [ˈtʃigou] *n* южноамериканска бълха *Tunga penetrans*.

chihuahua [tʃiˈwa:wa:] *n* чиуауа, порода дребно куче с къс косъм.

chilblain [ˈtʃilblein] *n* измръзнало място.

child [tʃaild] *n* (*pl* **children** [ˈtʃildrən]) дете, рожба (*и прен.*), чедо; **~'s** детски; • **a (the) burnt ~ dreads the fire** парен каша духа.

childbearing [ˈtʃaildˈbeəriŋ] **I.** *n* раждане; **II.** *adj:* **~ age** възраст, в която жената може да ражда.

childbed ['tʃaildbed] *n* раждане; ~ **fever** родилна треска.

child benefit ['tʃaild'benifit] *n* детски помощи.

childbirth ['tʃaildbə:θ] *n* раждане.

childhood ['tʃaildhud] *n* детство, детинство; детски дни; *attr* детски (*за преживяване, психология и пр.*); **from** ~ от детинство.

children ['tʃildrən] *pl om* **child**; **~'s** детски, за деца.

child care ['tʃaildkeə] *n* отглеждане на бебе; ~ **center** ясла, детска градина.

Childermas ['tʃildəmæs] *n рел.* Денят на избиването на младенците (28 декември).

childish ['tʃaildiʃ] *adj* **1.** детски; **2.** детински.

child-labour ['tʃaild,leibə] *n* детски труд.

childless ['tʃaildlis] *adj* бездетен.

childlike ['tʃaildlaik] *adj* чист (невинен, прост, открит) като дете; детски, детински.

childminder ['tʃaildmaində] *n* детегледач(ка).

childminding ['tʃaildmaindiŋ] *n* гледане на деца; грижа за децата.

child prodigy ['tʃaild'prɔdidʒi] *n* дете чудо, вундеркинд.

childproof ['tʃaildpru:f] *adj* защитен от деца; който не може да бъде повреден от дете.

Chilean ['tʃiliən] **I.** *n* чилиец; **II.** *adj* чилийски.

chill [tʃil] **I.** *n* **1.** студ, мраз, хлад, хладина; **a ~ in the air** мразовит въздух; **2.** настинка, простуда; тръпки; **3.** студенина; охладняване; **II.** *adj* **1.** студен(ичък), хладничък, прохладен; **2.** студен, хладен, неприветлив, сдържан, дистанциран, официален, угнетителен, обезсърчителен; **3.** калѐн; **III.** *v* **1.** изстудявам, охлаждам; замразявам; **~ ed (frozen) meat** замразено месо; **2.** изстивам; побиват ме тръпки; **3.** попарвам (*и прен.*), потрисам, покрусвам, съкрушавам, сломявам, обезсърчавам.

chime [tʃaim] **I.** *v* **1.** бия, удрям (*час*), свиря (*мелодия*); **2.** зова, призовавам (**to**); **3.** в хармония съм, хармонирам (*и* **together**), римувам се, съответствам, отговарям (**with**); **II.** *n* **1.** комплект от камбани; звънци; **2.** (*и pl*) мелодия на камбани; **3.** благозвучие, хармония, хармонично съчетание, напевност.

chimney ['tʃimni] *n* **1.** комин, димоотвод; **factory (mill)** ~ фабричен комин; **2.** камина; **3.** лампено шише (на газена лампа).

chin [tʃin] **I.** *n* брада, брадичка; • **up to the ~, ~ -deep** до уши; **II.** *v sl ам.* **1.** дрънкам; **2.** издигам се (набирам се) на успоредка на височина до брадата.

China ['tʃainə] **I.** *n* Китай; **II.** *attr* китайски.

china ['tʃainə] **I.** *n* порцелан, фарфор, порцеланови съдове; **glass and ~** стъклени и порцеланови съдове; **II.** *adj* порцеланен, порцеланов; ~ **cup** порцеланова чаша.

Chinese [,tʃain'ni:z] **I.** *n* **1.** китаец, китайка; **2.** китайски език; **II.** *adj* китайски; ~ **lantern** китайски книжен фенер, лампион.

chip [tʃip] **I.** *n* **1.** треска, тресчица, стружка, стърготина, парченце, отломка; **to make ~** боклуча; **2.** нащърбено място, щърбел; **3.** *pl* дребно нарязани пържени картофи, чипс; • **~ of the old block** бащичко, бащичка; крушата не пада по-далеч от дървото; **II.** *v* **1.** дялам, дълбая; **to ~ a hole in the ice** издълбавам дупка в леда; **2.** нащърбявам (се); **3.** пържа (*картофи*).

chivy, chivvy ['tʃivi] вадя душата на, тормозя, досаждам; **to ~ s.o. up**

припирам.

chlorodyne [ˈklɔ:rədain] *n фарм.* успокоително.

chocolate [ˈtʃɔkəlit] **I.** *n* **1.** шоколад; **2.** шоколадов бонбон; **II.** *adj* шоколаден, тъмнокафяв.

choice [tʃɔis] **I.** *n* **1.** избор; алтернатива; **a wide (poor) ~** голям (малък) избор; **2.** грижлив подбор, вкус; **3.** най-хубавата част, избраното, "цветът"; **II.** *adj* **1.** избран, отбран, подбран; висококачествен, елитен, отличен, превъзходен; **a ~ example** отличен пример; **2.** *книж.* придирчив, взискателен.

choir [ˈkwaiə] **I.** *n* **1.** хор; **2.** *рел.* вътрешната част на църква, пред олтара; **II.** *v поет.* пея в хор.

choke [tʃouk] **I.** *v* **1.** давя (се), душа; задушавам (се), задавям (се) (**with**); **~d voice** задавен глас; **2.** запушвам (се), задръствам (се); задушавам, заглушавам, затлачвам (се); **II.** *n* **1.** (шум от) задавяне; **2.** клапа на машина.

cholera [ˈkɔlərə] *n мед.* холера; **Asiatic, epidemic, malignant ~** азиатска холера.

choose [tʃu:z] *v* (**chose** [tʃouz], **chosen** [tʃouzn]) **1.** избирам (за - *и с* **as, for**); **the Americans chose Bill Clinton as president** американците избраха Бил Клинтън за президент; (*с* **between, from**) **she had to ~ between giving up her career or her family** трябваше да избира между кариерата и семейството си; **2.** предпочитам, намирам за добре, искам.

chop$_1$ [tʃɔp] **I.** *v* **1.** сека, насичам, отсичам, нанасям удар (**at**); **to ~ wood** сека дърва; **2.** кълцам, накълцвам, нарязвам, надробявам; **3.** говоря отсечено (отривисто); **II.** *n* **1.** удар (*с брадва и под.*); **2.** пържола, котлет; **3.** леко вълнение.

chop$_2$ *n* (*обикн. pl*) челюст (*и* **chap**); **down in the ~s** убит, паднал духом, унил, в лошо настроение, потиснат.

chop$_3$ **I.** *n* **1.** промяна, непостоянство, колебание; **2.** *ост.* размяна; **II.** *v* **1.** колебая се, люшкам се, непостоянен съм; **2.** променям посоката си (*за вятър*); **3.** разменям; **to ~ words (logic)** споря.

chop$_4$ *n англоинд. Pidg* **1.** печат, позволително; **2.** търговска марка; сорт, качество; **first-, second- ~** първо, второ качество.

chord$_1$ [kɔ:d] *n* **1.** струна, корда; **to touch (strike) the right ~ with s.o.** успявам да затрогна; **2.** *анат.* (*и* **cord**) гръбна струна, хорда; **3.** *мат.* хорда.

chord$_2$ *n* **1.** акорд; **2.** гама (*от цветове*).

chorus [ˈkɔ:rəs] **I.** *n* **1.** хор; **in ~** в хор; **2.** припев; **3.** *муз.* многогласна вокална пиеса; **II.** *v* пея, повтарям в хор, в един глас.

chose, chosen *вж* **choose**.

christen [krisn] кръщавам, давам име на.

Christian [ˈkristjən] **I.** *adj* **1.** християнски; **~ name** малко (собствено) име; **2.** *разг.* цивилизован, свестен; **II.** *n* **1.** християнин, християнка; **2.** *разг.* цивилизован, свестен човек.

Christmas [ˈkrisməs] *n* Коледа, Рождество Христово (*съкр. и* **Xmas**); **~ comes but once a year** всеки ден не е Великден.

chronic [ˈkrɔnik] *adj* **1.** хронически, хроничен; **~ bronchitis, arthritis, asthma** хроничен бронхит, артрит, астма; **2.** постоянен, повтарящ, вкоренен, затвърден; **3.** лош, ужасен.

church [tʃə:tʃ] **I.** *n* **1.** църква, черква, храм; **the established C., the C of England** Англиканската църква; **Eastern Orthodox ~** Източноправославната църква; **to enter (go into) the C.** ставам свещеник; **2.** *attr* църковен; **II.** *v* "приемам" обратно в църквата (*за родилка, на 40-ия ден след раждането*).

churchyard ['tʃə:tʃ'ja:d] *n* църковен двор, гробище, гробища.

cider ['saidə] *n* ябълково вино, сайдер.

cigar [si'ga:] *n* пура.

cigarette ['sigə'ret] *n* цигара; **~ case** табакера.

C-in-C *abbr* **(Commander-in-Chief)** главнокомандващ.

cinder ['sində] **I.** *n* **1.** сгурия, шлак(а); пепел; **2.** изгаснал въглен (*и пр.*); *pl* сажди от локомотив; • **to burn to a ~** изгарям, правя на въглен (*ядене*); **II.** *v* **1.** изгарям, изпепелявам, превръщам в пепел; **2.** посипвам със сгурия.

Cinderella [sində'relə] *n* Пепеляшка.

cinema ['sinimə] *n* кино, кинотеатър; *attr* кинематографичен; **~ screen** киноекран.

cinnamon ['sinəmən] **I.** *n* **1.** канела, дарчин *Cinnamonum cassia*; **2.** канелен (светлокафяв) цвят; **II.** *adj* канелен, светлокафяв.

circle [sə:kl] **I.** *n* **1.** кръг, окръжност; **in a ~** в кръг; **2.** *геогр.* кръг; **Polar C.** полярен кръг; **Arctic (Antarctic) C.** Северен (Южен) полярен кръг; **3.** орбита (*на планета*); пръстен, кръг (*около Луната*); **II.** *v* **1.** обикалям, въртя се около; **the moon ~s (about, round) the earth** Луната се върти около (обикаля) Земята; **2.** въртя се, вия се, извивам се, кръжа (*за самолет, птица и пр.*) (*и с* **about, round**); **3.** обикалям (*за новина, за вино на маса*) **(round)**.

circuit ['sə:kit] **I.** *n* **1.** обиколка, окръжност; **the ~ of the globe** обиколката на земното кълбо; **2.** обиколка, обикаляне (*на район*); **3.** обиколка, заобикаляне, обиколен път; **II.** *v* обикалям, обхождам; правя кръг.

circulate ['sə:kjuleit] *v* **1.** обикалям, циркулирам, движа се в кръг; **blood circulates through the body** кръвта циркулира в тялото; **2.** преминавам (предавам) от ръка на ръка; разпространявам се; **the wine ~d freely** виното постоянно преминаваше от ръка на ръка, виното се лееше обилно; **3.** *мат.* повтарям се (*за периодична дроб*).

circulation [,sə:kju'leiʃən] *n* **1.** обикаляне, обиколка, циркулиране, циркулация, движение в кръг; **2.** кръвообращение (*и* **~ of the blood**); **3.** разпространяване, разпространение (*на слухове и пр.*); предаване от ръка на ръка (от ухо на ухо).

circumcision [,sə:kəm'siʒən] *n* **1.** обрязване; обрезание; **2.** *прен.* пречистване, очищение (*от грехове*); **3.** *рел.* Обрезание Господне (*1 януари*).

circumstance ['sə:kəmstəns] *n* **1.** *обикн. pl* обстоятелство, положение, условие, ситуация; **what were the circumstances of her death?** как почина? **in (under) the ~s** при тези обстоятелства (условия), при това положение; **2.** обстоятелство, подробност, факт; **3.** положение, състояние (*на нещата*); обществено положение, материално състояние; **what are his circumstances?** какво е материалното му положение?

circus ['sə:kəs] *n* **1.** цирк; **2.** *геогр.* циркус; **3.** кръгъл площад.

citizen ['sitizən] *n* **1.** гражданин, гражданка (*не селянин*); жител, -ка на някой град; **2.** гражданин, гражданка (*на някоя държава*); поданик, поданичка; **3.** цивилно лице; • **~ of the world** космополит.

city ['siti] *n* **1.** (голям) град; сити;

the Celestial C. небесата; the Eternal C., the city of the Seven Hills Рим, Вечният град; the Holy C. Йерусалим; C. of Refuge *библ.* един от шест града в Палестина, където убийците са могли да намерят убежище; *прен.* убежище; Cities of the Plain *библ.* Содом и Гомор; C. of Brotherly Love *ам., шег.* Филаделфия; ~ dwellers граждани (*не селяни*); 2. (*в Англия*) селище, което е добило значение чрез кралски указ; *особ.* седалище на митрополит; 3. централна част на град; *особ.* the C. Сити, търговският център на Лондон.

civil [ˈsivil] *adj* 1. граждански; ~ case *юрид.* граждански процес (дело); 2. цивилен, не военен; 3. учтив, любезен, вежлив, възпитан!

civilian [siˈviliən] I. *adj* цивилен; граждански, не военен; II. *n* 1. цивилен (*не офицер*); 2. държавен служител; чиновник (*в Индия и Судан*); 3. специалист по (познавач на) гражданско право.

civilization [ˌsivilaiˈzeiʃən] *n* цивилизация.

claim [kleim] I. *v* 1. изисквам; предявявам иск(ане) (за); предявявам претенции (за), претендирам (за); предявявам права; to ~ diplomatic immunity предявявам права за дипломатически имунитет; 2. твърдя, претендирам; II. *n* 1. искане; иск, претенция, право; ~ of innocence твърдя, че съм невинен; 2. *мин.* концесия, периметър, участък.

clam$_1$ [klæm] I. *n* 1. *главно ам.* вид ядлива мида; as happy as a ~ (at a high tide) доволен (щастлив) като риба във вода; 2. *разг.* прикрит, необщителен човек; II. *v* 1. събирам (търся) миди; 2. лепвам; 3. *разг.* мълча; ~ up! млъкни! млък! отказвам да говоря.

clam$_2$ *диал.* I. *v* бия всички камбани заедно; II. *n* звън на всички камбани; шум.

clam$_3$ *adj шотл.* подъл, долен.

clamp$_1$ [klæmp] I. *n* скоба; стяга, щипка, хомот; челюсти, стиски; клема; ~ down строги мерки; II. *v* 1. стягам със скоба и пр.; скачам; прикрепям здраво; затягам; to ~ a piece on прикрепвам нещо (*със скоба и пр.*); 2. *разг.* хващам, сграбчвам; стискам.

clamp$_2$ I. *n* куп, купчина; ровник, ровница; тухли, наредени в пещ (*за печене*); пещ за тухли; нареден на куп сух торф; ~ firing of bricks печене на тухли; II. *v* 1. натрупвам, струпвам на куп (*картофи, смет*); 2. нареждам тухли в пещ.

clap$_1$ [klæp] I. *v* (-pp-) 1. пляскам, ръкопляскам; they ~ed their hands in time with the misic пляскаха с ръце в такт с музиката; 2. тупам, потупвам; 3. хлопвам, захлопвам (*капак и пр.*); хлопвам се, затварям се шумно (*и* to ~ to); II. *n* 1. плясък, пляскане, ръкопляскане; to give s.o. a ~ ръкопляскам на някого; 2. потупване (*по гърба*); 3. гръм, гръмотевица (*и* thunder ~, ~ of thunder); • at a ~ *ост.* изведнъж, внезапно, като гръм от ясно небе.

clap$_2$ *n грубо* гонорея.

clarinet [ˌklæriˈnet] *n* 1. *муз.* кларнет; 2. регистър на орган със звук на кларнет.

clash [klæʃ] I. *v* 1. сблъсквам се, удрям (се) един о друг (*обикн. за оръжия*); the two armies ~ed двете армии влязоха в сражение; 2. съвпадам (*по време*), сблъсквам се (with); 3. в конфликт (разрез) съм, сблъсквам се (*за мнения, интереси и пр.*); II. *n* 1. трясък, дрънчене, дрънкане; удар, сблъскване; 2. несъгласие, различие; конфликт, борба; противоречие, сблъскване, сблъсък; **3.** дисхармония.

clasp [kla:sp] **I.** *v* **1.** закачам, закопчавам (*гривна и пр.*); **2.** стискам, притискам; прегръщам (се); **to ~ o.'s hands** стискам (сключвам) ръце (*за молба*); **3.** обхващам, обгръщам, обвивам се около, прилепвам се до (*за пълзящи растения*); **II.** *n* **1.** катарама, тока, пафти; закопчалка; **hair- ~** шнола; **2.** прегръдка, прегръщане, ръкостискане; **3.** бронзова или сребърна пръчица, прикрепена на панделката на военен орден.

class [kla:s] **I.** *n* **1.** класа (*обществена*), социално положение; **a society in which ~ is more important that ability** общество, в което социалното положение се цени повече от професионалните качества; **2.** *биол.* клас; **3.** *уч.* клас; учебен час; **II.** *v* **1.** класифицирам, категоризирам, сортирам; подреждам по вид (сорт, качество); определям вида (сорта, качеството) на; **not to be able to ~ a person** не мога да определя какъв е един човек; **2.** класирам (*кандидати*).

classic ['klæsik] **I.** *adj* **1.** класически, образцов; съвършен; академичен; **a ~ example of red tape** класически пример за бюрократщина; **2.** класически, античен; **3.** важен, много известен; с дълга традиция; **II.** *n* **1.** класик; **2.** *уч.* ученик от класическия отдел; **3.** класическо произведение.

classify ['klæsifai] *v* **1.** класифицирам; **2.** засекретявам (*документ*).

class-room [kla:srum] *n* класна стая.

clause [klɔ:z] *n* **1.** *ез.* просто изречение; подчинено изречение; **2.** пункт, точка, параграф, клауза; **escalator ~** параграф в договор, който предвижда изменението му при известни условия.

claw [klɔ:] **I.** *n* **1.** нокът (*на животно, птица*); щипка (*на рак и пр.*); *презр.* ръка; **to get o.'s ~s into s.o.** нападам някого със злоба (настървение); **2.** *тех.* клещи; голям чук; зъбец; **II.** *v* **1.** хващам (сграбчвам) с нокти; забивам ноктите си в (*и с* **at**); драскам с нокти; драсвам леко, почесвам; **2.** грабя, заграбвам; *мор.* откъсвам се от брега срещу вятъра; **to ~ o.'s way to windward** лавирам срещу вятъра.

clay [klei] **I.** *n* **1.** глина; **rich (greasy) ~** мазна глина; **2.** *attr* глинест; глинен; **3.** пръст (*и прен.*), прах, пепел, плъст; **II.** *v* намазвам с глина; • **to have feet of ~** имам съществен недостатък или слабост.

clean [kli:n] **I.** *adj* **1.** чист (*и прен.*); чистоплътен; (из)пран; **to make s.th. ~** чистя (изчиствам) нещо; **2.** чист, без примес, без дефекти; **3.** чист, празен, неизписан; • **keep o.'s nose ~** вървя в правия път; **II.** *adv* **1.** напълно, съвсем; **I ~ forgot** съвсем забравих; **2.** право, направо, точно; **III.** *v* чистя, изчиствам, прочиствам, почиствам, пречиствам; мия, измивам; търкам, изтърквам, лъскам, излъсквам, полирам; разтребвам, разчиствам; **to ~ o.'s plate** изяждам си всичко, омитам си чинията.

clear [kliə] **I.** *adj* **1.** ясен, бистър, светъл, чист; безоблачен; ярък; **as ~ as a day (light)** ясно като бял ден; **2.** ясен, определен, точен; отчетлив; разбираем, недвусмислен, очевиден, сигурен, явен; **3.** чист, пълен, цял; **II.** *adv* **1.** ясно; **2.** ясно, ярко; **3.** съвсем, напълно (*често усилва значението на* **away, off, out, through**); свободно, без пречки; **to go ~ through** минавам през, пронизвам; **III.** *v* **1.** изяснявам (се), прояснявам (се); освобождавам; изчиствам; избистрям (се); **to ~ the air** освежавам атмосферата (въздуха) (*и прен.*); премахвам напрежението, успокоявам топката; **2.** изчиствам, разчиствам, прочиствам; освобождавам, опразвам, изпразвам; **3.** *търг.* разпродавам.

clef [klef] *n муз.* ключ; **the bass (F) ~** басов ключ, ключ фа.

clench [klentʃ] *v* **1.** стискам (*зъби, юмрук и пр.*); свивам (се); **2.** подвивам край на гвоздей; прикрепвам здраво; зачуквам здраво; занитвам; **3.** потвърждавам; сключвам (уреждам) окончателно.

clergy ['klə:dʒi] *n* **1.** *рел.* духовенство; клир; **regular ~** черно духовенство; монашество; **2.** *ост.* знания, познания.

clergyman ['klə:dʒimən] *n* (*pl* **-men**) *рел.* свещеник, пастор; духовно лице, духовник.

clerk [kla:k, *ам.* klə:k] **I.** *n* **1.** (низш) чиновник, чиновничка, писар, писарка, служещ, служеща, канцеларист, канцеларистка; **desk ~** работещ на рецепцията на хотел; **2.** секретар; **3.** *ост.* духовник, духовно лице, клерк, свещеник (и **~ in holy orders**); **II.** *v* служа като чиновник (писар, секретар) (**for s.o.** на, при някого); **I ~ ed it for ten years** бях десет години чиновник.

clever ['klevə] *adj* **1.** интелигентен, способен, надарен, талантлив, даровит; умен; остроумен; **~ at mathematics** силен по математика; **2.** хитър, тънък, ловък, изкусен; **3.** сръчен, ловък, умел, изкусен.

cliché ['kli:ʃei] *n фр., печ. и прен.* клише; **a ~ ridden style** шаблонен стил.

client [klaiənt] *n* **1.** клиент (*обикн. на адвокат*); довереник; **2.** редовен купувач (посетител), клиент; човек, който прави поръчки (*за стоки*); **3.** *ист.* клиент, плебей, зависим от патриций (*в древния Рим*).

cliff [klif] *n* **1.** стръмна скала, канара (*особ. край бряг*); стръмнина, урва; **2.** страна на бряг (*в игрище за голф*).

climate ['klaimit] *n* **1.** климат; **2.** област с определен климат; *прен.* атмосфера, настроение; обществено мнение; климат.

climb [klaim] *v* **1.** изкачвам, (из)качвам се по, катеря се по; пълзя по (*за растения и пр.*); издигам се по; **to ~ up a wall** катеря се по стена, покатервам се по стена; **2.** *прен.* изкачвам се, издигам се (*в обществото*); **3.** *ав.* изкачвам се, набирам височина; • **~ (jump) on the band wagon** в крак съм с модата.

cling [kliŋ] *v* (**clung** [klŋə]) **1.** прилепвам (се) (**to**); **ivy ~s to the walls** бръшлянът расте прилепен до стените; **2.** прегръщам, притискам, държа се здраво (**to**); **3.** придържам се, държа се (**to**).

clip₁ [klip] **I.** *v* **1.** защипвам; закачвам; закопчавам; **to ~ papers together** защипвам листи (документи) с кламер; **2.** *ост.* прегръщам, притискам; **II.** *n* **1.** клещи, стяга, стегалка, скоба; обръч, халка; **paper ~** кламер; **2.** клипс; **3.** *воен.* пачка, патронна тенекийка.

clip₂ **I.** *v* **1.** клъцвам, подрязвам, кастря, окастрям, орязвам (*с ножици*); стрижа, постригвам, остригвам; **to ~ a hedge (o.'s fingers, a sheep)** подстригвам храст (изрязвам си ноктите, стрижа овца); **2.** не изговарям напълно, гълтам, изяждам (*думи*); **3.** продупчвам, проверявам (*билет*); **II.** *n* **1.** стрижене, стригане (*на овце*); настриг; **2.** *pl шотл.* ножици (*за стригане на овце*); **3.** *sl* силен удар.

clipping ['klipiŋ] *n* **1.** стягане, подрязване и пр. (*вж* **clip₁,₂**); **2.** изрезка; *pl* изрезки, отрязъци; **3.** колона във вестник, която съдържа кратки новини.

cloak [klouk] **I.** *n* **1.** плащ, мантия, пелерина; **~-and-dagger (~-and-sword) play (story)** (испанска) драма; разказ за тайнствени събития и приключения; **2.** *прен.* покривка, мантия, було; прикритие; маска; **II.** *v* **1.** покривам с (като с) мантия; **2.** обличам се с мантия (плащ), намятам мантия (плащ); **3.** прикривам, маскирам.

cloak-room ['kloukrum] *n* **1.** *театр., жп* гардероб(на); **~ attendant** гардеробиер, гардеробиерка; **2.** *ам., пол., разг.* кулоари.

clock₁ [klɔk] **I.** *n* **1.** часовник (*стенен, за маса, градски и пр., но не ръчен и джобен*); **grandfather('s) ~** голям часовник, който стои на пода; **2.** мъхната семенна главичка на глухарче (*и* **dandelion ~**); **3.** *sl* лице; **II.** *v* **1.** отбелязвам времето за влизане на работа и излизане от работа (*чрез часовников механизъм*) (*за влизане* **~ in**, *за излизане* **~ out, off**); отчитам мили; **2.** : **to ~ over** *ав.* забавям (*за мотор*).

clock₂ [klɔk] *n* (*pl често* **clox**) багет (*бродерия на дамски чорап*); **openwork ~** ажурен багет.

close₁ [klous] **I.** *adj* **1.** *ост.* затворен; **a ~ vowel** *ез.* затворена гласна; **2.** душен, задушен, тежък, спарен, запарен; **3.** уединен, самотен; прикрит, потаен, мълчалив; **II.** *predic* (*adv*) **1.** близо, наблизо, непосредствено; **(follow) ~ behind** следвам наблизо, съм (вървя) по петите (на); **2.** отблизо, внимателно, щателно; • **to keep (lie) ~** спотайвам се, крия се, дебна; **III.** *n* оградено място; **a ~ call (shave)** измъквам се от критичната ситуация.

close₂ [klouz] *v* **1.** затварям (се); запушвам, затискам, запълвам (*дупка, цепнатина*); **the shops ~ at 7** магазините се затварят в 7 часа; **2.** свършвам, завършвам, привършвам; приключвам; **3.** затягам, сгъстявам (редици).

closet ['klɔzit] **I.** *n* **1.** малка стаичка; **2.** килер; дрешник; шкаф; **3.** работен кабинет; **of the ~** кабинетен, без връзка с практическия живот; **II.** *v* (-tt-) *ост.* уединявам се; **to be ~ted with s.o.** разговарям с някого насаме (на четири очи); • **come out of the ~** излизам от прикритие (дупката), обявявам открито.

close-up ['klous,ʌp] *n кино* кадър отблизо, близък кадър, едър план.

cloth [klɔθ] *n* **1.** плат; тъкан; платно; вълнен плат, сукно; **American ~** мушама; **2.** черен плат за свещенически одежди; *прен.* свещенически сан; свещеници; **3.** кърпа; парцал, изтривалка; пачавра.

clothe [klouð] *v* (*ост.* **clad** [klæd], **clothed** [klouðd]) **1.** обличам; **to ~ oneself** обличам се; **warmly (lightly) clothed** топло (леко) облечен; **2.** *прен.*: **the ambassador was ~d with full powers** посланикът имаше (на посланика бяха дадени) всички пълномощия.

clothes [klouðz] *n pl* **1.** дрехи, облекло; тоалет; **a suit of ~** костюм; **2. (bed-)~** чаршафи, завивки и пр. за легло.

cloud [klaud] **I.** *n* **1.** облак (*и прен.*); **the dust rose in ~s** прахът се издигаше на облаци; **2.** *прен.* сянка; петно; **3.** мътно петно (*в течност, на стъкло, кристал и пр.*); черно петно (*на челото на кон*); **II.** *v* **1.** заоблачавам се, покривам се с облаци (*и с* **over**); смрачавам се, помрачавам се (*и прен.*); **2.** затъмнявам, потъмнявам, помрачавам (*и прен.*); замъглявам, очерням, хвърлям петно върху; **to ~ s.o.'s happiness** помрачавам (хвърлям сянка върху) щастието на някого; **3.** придавам (*на дърво, кожа*) по-тъмни оттенъци; боядисвам (*конци*) така, че изтъканият плат да има различни оттенъци.

clover ['klouvə] *n* детелина; **to be (live) in ~** живея разкошно.

club$_1$ ['klʌb] **I.** *n* кривак, тояга, сопа, кюския (*обикн. с дебел край*); стик (*за голф, хокей*); *бот., зоол.* бухалка; **Indian ~** *сп.* бухалка (*уред в художествената гимнастика*); **II.** *v* (**-bb-**) **1.** бия със сопа (тояга), налагам; **to ~ s.o. to death** убивам някого от бой; **2.** *воен.* хващам пушката за цевта.

club$_2$ **I.** *n* **1.** клуб; **2.** помещения, използвани от членове на клуб; **let's have a drink at the golf ~** да изпием по нещо в голфклуба; **3.** дружество, бизнес организация; **II.** *v* (**-bb-**) (**~ together**) **1.** събирам, внасям (пари), обединявам; **2.** обединявам се, съюзявам се.

clue [klu:] *n* **1.** указание, нишка, диря, следа; улика; **the ~ of a crossword puzzle** отговори на кръстословица; **2.** глупав, некомпетентен.

clumsy ['klʌnzi] *adj* **1.** тромав, тежък; несръчен, непохватен, неловък; **~ boots** груби (тежки) обувки; **2.** груб, недодялан, селяндурски; **3.** нетактичен.

clung *вж* **cling.**

cluster ['klʌstə] **I.** *n* **1.** грозд; кичур, китка; храст; **~ of grapes** чепка грозде; **2.** *прен.* група, куп, купчина; **3.** рой (*пчели*); **II.** *v* **1.** групирам (се), събирам (се) на група (**round**); тълпя (се), трупам (се), струпвам (се); **reporters ~ed around the survivors** журналистите се тълпяха около оцелелите от нещастния случай; **2.** раста на кичури (гроздове, групи); **3.** роя се (*за пчели*).

c/o (*съкр. от* **care of**) чрез (*при непряк адрес на писмо*).

coach$_1$ [koutʃ] **I.** *n* **1.** удобен автобус за дълги разстояния; **a ~ tour to France** пътувам с автобус до Франция; **2.** *ист.* пощенска кола, дилижанс; **3.** екипаж, карета; • **~ and four (six)** карета, запрегната с четири (шест) коня; **II.** *v* карам (возя се на) карета, пътувам с дилижанс.

coach$_2$ **I.** *n* **1.** репетитор, частен учител, който подготвя ученици за изпит; **2.** *сп.* треньор, инструктор; **II.** *v* **1.** подготвям (се) за изпит (роля); **2.** тренирам, подготвям за състезание.

coal [koul] **I.** *n* **1.** каменни въглища; **hard ~** антрацитни въглища; **2.** въглен; **3.** дървени въглища; **II.** *v* **1.** овъглявам, правя (изгарям) на въглен; **2.** запасявам (се) с въглища.

coal-field ['koul,fi:ld] *n* каменовъглен басейн (находище).

coarse [kɔ:s] *adj* **1.** груб; необработен; недодялан; суров (*материал*); едър (*пясък*); грапав, неизгладен; **~ needle** голяма игла, губерка; **2.** долнокачествен, лошокачествен; **3.** груб, долен; неучтив, нетактичен; непристоен; вулгарен.

coast [koust] **I.** *n* **1.** морски бряг, крайбрежие; **the ~ is clear** *прен.* пътят е свободен; **2.** спускане с шейна по стръмен и заледен склон; *сп.* шус; **3.** спускане по стръмен наклон с велосипед (автомобил) по инерция; **II.** *v* **1.** *мор.* плавам по крайбрежието, каботирам; **2.** спускам се с шейна по стръмен и заледен склон; **3.** спускам се с велосипед (автомобил) по инерция, с изключен мотор.

coat [kout] **I.** *n* **1.** връхна дреха, палто, сако; жакет; *воен.* куртка, мундир, кител; **frock ~** редингот; **2.** козина, мъх, *рядко* кожа (*на животно*); перушина (*на птица*); **3.** покривка, обвивка; слой; пласт; • **to dust a person's ~ for him** напердашвам (отупвам) някого; **II.** *v* покривам, обличам; облицовам, замазвам; **to ~ stones with tar** заливам камъни със смола (*при улични и др. настилки*).

cobbler ['kɔblə] *n* **1.** обущар, кърпач; **~'s wax** обущарски восък; **2.** лош майстор, несръчен и небрежен работник; **3.** разхладително питие от вино, лимон и захар (*и* **cherry-~**).

cobweb ['kɔbweb] *n* **1.** паяжина; *прен.* примка, уловка, капан; **2.** лека и прозрачна материя; **3.** *pl* интриги, сплетни; • **~ morning** мъгливо утро.

cock[1] [kɔk] **I.** *n* **1.** петел (*пред имената на отделни птици означава птица мъжкар*); **a ~ pheasant** мъжки фазан; **2.** кукуригане, "петли" (*първи, втори*); *прен.* разсъмване, зазоряване; **3.** кран; **II.** *v* **1.** изправям, навирвам, вдигам; наострям (*уши*); вирвам (*нос*); **to ~ o.'s eyes** слушам, гледам внимателно; **2.** килвам, накривявам.

cock[2] **I.** *n* купа (*сено*); **II.** *v* пластя, събирам (*сено*) на копа.

cockney ['kɔkni] *n* **1.** кокни, кореняк лондончанин (*предимно от източните квартали*); **2.** кокний, лондонско наречие (произношение).

cockroach ['kɔkroutʃ] *n* хлебарка *Blatta germanica*.

cocktail ['kɔkteil] *n* **1.** коктейл; **~ cabinet (bar)** барче (бар) за спиртни напитки; **2.** кон с подрязана опашка; полупородист кон за надбягване; **3.** прост човек, който иска да минава за джентълмен; парвеню.

cocoa ['koukou] *n* какао (*прах и напитка*); **~ beans** какао на зърна; несмляно какао.

coco(a)nut ['koukənʌt] *n* **1.** кокосов орех; **~ milk** кокосово мляко; **2.** *sl* глава.

cod[1] [kɔd] *n* (*pl* **cod**) *зоол.* треска *Gadus callarius*; (*и* **~ fish**).

cod[2] *n* излъгвам, изигравам, измамвам.

cod[3] **1.** *mex.* подложка на ос; **2.** *бот.* люспа, шушулка, чушка; семенник.

code [koud] **I.** *n* **1.** *юрид.* кодекс, сборник от закони; **civil ~** граждански кодекс; **2.** шифър, азбука; **3.** система от правила; **II.** *v* шифровам; **~d messages** закодирани съобщения.

codliver oil ['kɔdlivə'ɔil] *n* рибено масло.

coed, co-ed ['kou'ed] *n ам. sl* ученичка (студентка) в смесено училище (колеж).

co-education ['kou,edju:keiʃən] *n* съвместно обучение на момчета и момичета.

coexistence [kouig'zistəns] *n* съвместно съществуване, съжителство, коекзистенция; **the peaceful ~ of different ethnic groups** мирното съжителство на различни етнически групи.

coffee ['kɔfi] *n* кафе (*растение, плод, напитка*); **black ~** черно (немско) кафе.

coffee pot ['kɔfi'pɔt] *n* кана за кафе.

coffin ['kɔfin] **I.** *n* **1.** ковчег; **that's another nail driven into his ~** *прен.* за него това е още една стъпка към смъртта; това е нов тежък (смъртоносен) удар за него; **2.** *мор.* негоден плавателен съд; **3.** *мин.* изоставена шахта; **II.** *v* поставям в ковчег; *прен.* затварям.

cognak, cognac ['kounjæk] *n* коняк.

coin [kɔin] **I.** *n* **1.** монета; *разг.* пари; **to pay a man back in his own ~** връщам на някого по същия начин; **2.** *тех.* щемпел; матрица; *pl* шанци; **II.** *v* **1.** сека пари; **2.** измислям, съчинявам, изфабрикувам, скалъпвам; **to ~ a lie** скалъпвам лъжа; **3.** създавам нови думи (изрази).

coincide [,kɔuin'said] *v* **1.** съвпадам (**with**); **2.** съответствам, равнявам се, отговарям (**with**).

coke$_1$ [kouk] **I.** *n* кокс; **~ oven** коксова пещ; **II.** *v* коксувам, превръщам се в кокс (*за въглища*).

coke$_2$ *n sl* кокаин.

coke$_3$ *n разг.* кока-кола.

cold [kould] **I.** *adj* **1.** студен; хладен; **to feel (to be) ~** студено ми е; **2.** студен, неприветлив, нелюбезен; **3.** студен, равнодушен, невъзмутим; безучастен; • **to have s.o. ~** *разг.* държа някого в ръцете си; **II.** *n* **1.** студ; **severe (biting) ~** силен (пронизващ) студ; **2.** простуда, настинка, хрема.

collaboration [kə,læbə'reiʃən] *n* сътрудничество, съдействие, колаборация; съвместна работа; **in ~ with** съвместно с.

collapse [kɔ'læps] **I.** *v* **1.** срутвам се, рухвам; **the whole building ~ed** цялото здание се срути; **2.** колабирам; **3.** почивам си, особено след уморителен ден; **II.** *n* **1.** внезапно срутване, сгромолясване; **the ~ of the roof, bridge** срутването на покрива, на моста; **2.** провал, неуспех, крах; **3.** внезапно падане на цена.

collar bone ['kɔlə,boun] *n анат.* ключица (*кост*).

colleague ['kɔli:g] *n* колега.

collect$_1$ ['kɔlekt] *n рел.* кратка молитва.

collect$_2$ [kə'lekt] **I.** *v* **1.** събирам; правя колекция; колекционирам; **to ~ the letters** събирам пощата; **2.** събирам се, тълпя се, струпвам се; **3.** *refl* овладявам се, съсредоточавам се; **II.** *adj, adv* с наложен платеж; **to send a parcel ~** изпращам пакет с наложен платеж.

collection [kə'lekʃən] *n* **1.** събиране; сбирка, колекция; **private ~** частна колекция; **2.** събрание; **3.** *тех.* вземане.

collective [kə'lektiv] **I.** *adj* колективен, съвкупен, общ, събирателен; **~ agreement** колективен договор; **II.** *n* колектив.

college ['kɔlidʒ] *n* **1.** колеж, филиал на университет, малък университет; **to go to ~** следвам; **2.** колегия, корпорация; **3.** специално учебно заведение.

collier ['kɔliə] *n* **1.** въглекопач, миньор; **~'s lungs** *мед.* антракоза (*професионално белодробно заболяване на миньорите*); **2.** транспортен кораб за въглища; **3.** моряк на такъв кораб.

colliery ['kɔliəri] *n* каменовъглена мина.

collision [kɔ'liʒən] *n* **1.** стълкновение, сблъскване, колизия; **to come into ~** влизам в стълкновение, сблъсквам се; **2.** *прен.* противоречие, сблъсък (*на идеи, интереси*); • **~ quarters** *мор.* наблюдателен пост за вдигане на тревога.

colloquial [kɔ'loukwiəl] *adj ез.* разговорен, нелитературен.

colonial [kə'lounjəl] **I.** *adj* колониален; **~ power(rule)** колониално господство; **C. Office** *ост. англ.* Министерство на колониите; **II.** *n* **1.** жител на колония; **2.** войник от американската армия по време на Войната за независимост.

colonist ['kɔlənist] *n* колонист, заселник, жител на колония.

colonize ['kɔlənaiz] *v* **1.** колонизирам, заселвам (*чужда страна*); заселвам (се); **2.** *ам., пол.* преселвам временно избиратели в друг избирателен окръг.

colonizer ['kɔlənaizə] *n* **1.** колонизатор; **2.** заселник, поселник, преселник; **3.** *ам., пол.* избирател, преселил се временно в друг избирателен окръг.

colony ['kɔləni] *n* **1.** колония; **Australia is a former British ~** Австралия е бивша колония на Великобритания; **2.** колония; група; **3.** *биол.* колония; група бактерии, произлезли от една клетка.

colour, color ['kʌlə] **I.** *n* **1.** цвят, окраска; краска; багра; **primary ~s** основни цветове; **2.** боя, краска; багрилно вещество, пигмент; **3.** руменина, червенина; **II.** *v* **1.** оцветявам, обагрям, боядисвам; **~(ed) photo** цветна (оцветена) снимка; **2.** *прен.* украсявам; изопачавам, преиначавам; **3.** получавам цвят; поруменявам, почервенявам; изчервявам се (*често с* **up**); **III.** *attr*: **~ TV** цветен телевизор.

colt [koult] **I.** *n* **1.** жребче, мъжко конче; **2.** *sl* младок; новак, "зелен"; **he is only a ~** той е още много млад (неопитен, "зелен"); **3.** *мор.* край на корабно въже; **II.** *v* бия (налагам) с края на корабно въже.

column ['kɔləm] *n* **1.** *арх., воен.* колона; **Nelson's Column is a famous landmark in London** колоната на Нелсън е прочута забележителност на Лондон; **close ~** *воен.* гъста колона; **2.** стълб; **3.** колона, графа.

columnist ['kɔləmnist] *n ам.* **1.** журналист, който пише за определена рубрика; **2.** фейлетонист.

comb ['koum] **I.** *n* **1.** гребен; **large-toothed (dressing, rake) ~** едър (рядък) гребен; **2.** гребен на петел; **3.** чесало (*и* **curry-~**); **II.** *v* **1.** разчесвам, реша, сресвам; **I'll ~ his hair for him** *прен.* ще го науча, ще му дам да се разбере; **2.** *воен.* прочиствам, разчиствам (*окопи и пр.*); **3.** *текст.* разбивам, развличам, изкарвам на дарак.

combine [kəm'bain] **I.** *v* **1.** обединявам (се); **2.** комбинирам, съчетавам (се); смесвам (се); сливам (се); *хим.* съединявам (се); **hydrogen ~s with oxygen to form water** водородът се свързва с кислорода и се образува вода; **II.** *n* ['kɔmbain] **1.** *тех.* комбайн; **2.** синдикат; комбинат; обединение; **3.** тръст; картел (*специално за контрол върху борсовите цени*); **horizontal ~** консорциум.

combustion [kəm'bʌstʃən] *n* **1.** горене, изгаряне; запалване; **~ chamber** *тех.* горивна камера; **2.** *хим.* окисляване (*на органични вещества*).

come [kʌm] *v* **1.** идвам, дохождам; **here he ~s!** ето го! • **easy ~, easy go** лесно идва и лесно си отива; бързо спечелено, бързо пропиляно; • **first ~, first served** който изпревари, той ще натовари; **2.** случвам се, ставам, бивам; явявам се; **3.** образувам (се), ставам!

comedy ['kɔmedi] *n* комедия; **~ of errors** комедия на грешките.

comfort ['kʌmfət] **I.** *v* **1.** утешавам, успокоявам; облекчавам; **a ~ing beverage** успокояващо питие; **2.** *ост.* подпомагам, подкрепям; **guilty of comforting and assisting the rebels** обвинен в подпомагане на бунтовниците; **II.** *n* **1.** утеха, разтуха, утешение; облекчение, успокоение; нещо, което действа успокоително; удоволствие; **cold ~** слаба утеха; **2.** удобства, комфорт.

comfortable ['kʌmfətəbl] *adj* **1.**

удобен, уютен, комфортен; **2.** успокоителен, утешителен; **3.** спокоен; облекчен.

comic ['kɔmik] **I.** *adj* **1.** комичен; **~ writers** автори на комедии; **2.** смешен, хумористичен, забавен; **II.** *n* **1.** *разг.* комичен артист, комик; **2.** кинокомедия; **3.** хумористично списание (*и* **~ book**).

command [kə'ma:nd] **I.** *v* **1.** заповядвам, нареждам; **2.** командвам, управлявам, ръководя; **3.** господствам над, владея; **to ~ the elements** владея природните стихии; **II.** *n* **1.** заповед; команда; **at the word of ~** при подадена команда; **2.** командване; **3.** военновъздушна част (единица); военна част.

commander [kə'ma:ndə] *n* **1.** командир; началник; главнокомандващ (*на армия*); ръководител; **~ of guard** началник на караула; **C. of the Faithful** *ист.* халиф; **2.** *мор.* капитан трети ранг; командир на флотилия; **3.** *тех.* трамбовка.

commander-in-chief [kə'ma:ndəin 'tʃi:f] *n* **1.** главнокомандващ; командващ армия; **2.** *мор.* главнокомандващ на флот.

comment ['kɔment] **I.** *n* **1.** забележка; **without ~** без да кажа нещо, без да коментирам, без коментар; **2.** обяснителна бележка към текст, анотация; коментар; коментарии; **II.** *v* **1.** коментирам; изказвам се; тълкувам; обяснявам (**on**); **2.** правя обяснителни бележки към текст (**on** към).

commentator ['kɔmen,teitə] *n* коментатор; тълкувател.

commerce ['kɔməs] **I.** *n* **1.** търговия (*в голям мащаб*); **foreign ~** външна търговия; **2.** общуване; културни (духовни) връзки; **3.** *ост.* полов акт; **II.** *v* търгувам.

commercial [kə'mə:ʃəl] **I.** *adj* търговски, комерчески; **~ aviation** гражданска авиация; **II.** *n разг.* търговски пътник.

commission [kə'miʃn] **I.** *n* **1.** пълномощие; **I cannot go beyond my ~** не мога да превиша правата си; **2.** поръчка; заповед, нареждане; предписание; **3.** комисия; • **in ~** *мор.* готов за отплаване (*за кораб*); **II.** *v* **1.** упълномощавам; **2.** назначавам на длъжност; **3.** възлагам, поръчвам.

commit [kə'mit] *v* (**-tt-**) **1.** поверявам (**to**); **2.** предавам (**to**); **to ~ to trial** предавам на съд; **3.** предавам законопроект (*в комисия*).

commitment [kə'mitmənt] *n* **1.** предаване, поверяване; **2.** затваряне, изпращане в затвор (психиатрия); **3.** заповед за затваряне.

committee₁ [kə'miti] *n* **1.** комитет; комисия; **executive ~** изпълнителен комитет; **2.** *attr* комитетски; на комисия.

committee₂ [,kɔmi'ti:] *n юрид.* опекун; настойник.

commodity [kə'mouditi] *n* предмет за потребление, стока (*обикн. pl*); **~ production** стоково производство.

common ['kɔmən] **I.** *adj* **1.** общ; съвместен; **~ property** обща собственост; **2.** обществен; публичен; **3.** обикновен, обичаен, (широко)разпространен, чест; • **~ council** градски съвет; **II.** *n* **1.** обща (общинска) земя, мера; неоградена, необработена земя; **2.** *юрид.* право на ползване на чужди пасбища, води и пр.; • **in ~** заедно (с).

commonwealth ['kɔmənwelθ] *n* **1.** държава; република; **the C.** английска република по времето на Кромуел; **2.** федерация, сдружение; общност; **the British C. (of Nations)** Британската общност.

communicate [kə'mjunikeit] *v* **1.** съобщавам, предавам (*новина и пр.*)

(**to**); **2.** свързвам се (**with**); **the sitting room ~s with the bedroom** дневната е свързана със спалнята; **3.** разнасям, предавам болест, заразявам.

communication [kəˈmju:nikeiʃən] *n* **1.** съобщение, известие; връзка; съобщаване, предаване; комуникация; **to receive a ~** получавам съобщение; **2. means of ~** съобщително средство (*за път, телефон и пр.*); *воен. pl* съобщения, свръзки, комуникации; **3.** свързване (*за помещения и пр.*); • **privileged ~** професионална тайна.

communism [ˈkɔmjunism] *n* комунизъм.

communist [ˈkɔmjunist] **I.** *n* комунист; **II.** *adj* комунистически; **the C. Manifesto** Комунистическият манифест; **the ~ regime** комунистически режим.

community [kɔˈmjuniti] *n* **1.** община; църковна община; **the Christian ~** християнската общност; християните; **2.** общество (*обикн.* **the ~**); **3.** колония.

commutation [ˌkɔmjuˈteiʃən] *n* **1.** размяна, замяна, смяна, промяна; промяна в начина на заплащане; *ист.* комутация; **2.** намаляване, смекчаване на наказание; **~ of death penalty** замяна на смъртно наказание; **3.** *ел.* комутация.

company [ˈkʌmpəni] *n* **1.** общество, компания; познанство; **in ~ with** заедно с; • **a man is known by the ~ he keeps** кажи ми кои са ти приятелите, за да ти кажа какъв си; **2.** гост, гости; посетител; **3.** *търг.* компания, дружество.

comparative [kəmˈpærətiv] **I.** *adj* **1.** сравнителен; **~ method** сравнителен метод; **2.** относителен; **II.** *n* *ез.* сравнителна степен, компаратив.

compare [kəmˈpeə] **I.** *v* **1.** сравнявам, съпоставям (**with, to**); **not to be ~d with** несравнимо по-добър (лош); **2.** сравнявам (се), поставям (се) наравно с; **3.** уподобявам; оприличавам; • **to ~ notes (observations)** сравнявам записки (наблюдения); разменям мнения (впечатления); **II.** *n ост.* сравнение; **that is beyond (past, without) ~** това е несравнимо.

comparison [kəmˈpærisən] *n* **1.** сравнение; **to make ~** правя сравнение, сравнявам; **2.** сходство, уподобяване; **3.** *ез.* степени за сравнение.

compartment [kəmˈpa:tmənt] *n* **1.** отделение; купе (*във влак*); **water-tight ~** *мор.* плътно затворено, непропускащо вода помещение на кораб; **2.** *арх.* касетка, килийка, кесон (*на таван и пр.*); **3.** преграда, преградка, кутийка, отделение.

compass [kʌmpəs] **I.** *n* **1.** компас; **points of the ~** посоките на компаса; **2.** окръжност; *ост.* кръг; **3.** обхват, обсег, обем; • **to fetch a ~** заобикалям, говоря със заобикалки; **II.** *adj* **1.** компасен; **2.** полукръгъл; **III.** *v* **1.** *ост.* заобикалям, обхождам; обграждам, обкръжавам; **to ~ about** заобикалям, обхождам; **2.** постигам, осъществявам, реализирам; успявам; **3.** замислям, кроя, планирам, подготвям (*нещо лошо*); кроя да убия някого.

compatible [kəmˈpætibl] *adj* съвместим; съгласуващ се (**with**); съответстващ; *комп.* който може да работи съвместно, съвместим (**with** с) (*за програми, хардуер*); функционално еквивалентен, който работи като, съвместим (*за компютър, процесор и пр.*).

compatriot [kəmˈpætriət] *n* сънародник, съотечественик, компатриот.

compel [kəmˈpel] *v* **1.** принуждавам, заставям, насилвам, карам насила; **he ~led me out of the room** той ме избута от стаята; **2.** *поет.* карам, подкарвам.

compensate ['kɔmpenseit] *v* **1.** възнаграждавам, отплащам (се) (*за услуга*); компенсирам; обезщетявам; **nothing can ~ for the loss of a mother** нищо не може да замени изгубената майка; **2.** *тех.* балансирам, уравновесявам; **3.** плащам.

compete [kəm'pi:t] *v* **1.** състезавам се, съревновавам се, съпернича (**with**); **2.** конкурирам (**with ... for**).

competence, -cy ['kɔmpitəns, -si] *n* **1.** способност; дарба; **2.** компетентност, компетенция, вещина, опитност; **3.** добро материално положение; доход; **be content with a modest ~** задоволявам се със скромен доход.

competition [,kɔmpi'tiʃən] *n* **1.** съперничество, надпревара, състезаване; **2.** *сп.* състезание, надпревара; **swimming ~s** плувни състезания; **3.** конкуренция.

competitor [kəm'petitə] *n* **1.** конкурент; съперник; **2.** състезател.

compile [kəm'pail] *v* **1.** събирам (*факти, данни*), компилирам; съставям; **to ~ a dictionary** съставям речник; **2.** *комп.* компилирам.

complain [kəm'plein] *v* **1.** оплаквам се, жаля се; изказвам недоволство, недоволствам, роптая (**of**); **2.** подавам оплакване, жалба, жалвам се, обжалвам; **3.** *поет.* плача, окайвам се.

complaint [kəm'pleint] *n* **1.** оплакване, недоволство, негодуване, роптание; **2.** болка, болест, оплакване; **3.** *юрид.* жалба, оплакване; **to lodge (make) a ~ against s.o.** подавам жалба срещу някого.

complete [kəm'pli:t] **I.** *adj* **1.** пълен; цялостен, завършен; **a ~ set** комплект; **2.** съвършен; **3.** *ост.* вещ; опитен; изкусен; **II.** *v* **1.** завършвам, довършвам; **2.** попълвам, комплектувам; **3.** усъвършенствам.

complex ['kɔmpleks] **I.** *adj* **1.** сложен, съставен; комплексен; **~ machinery** сложни машини; **2.** *прен.* сложен, объркан, заплетен; труден, комплициран; **II.** *n* **1.** комплекс (*и псих.*); цялост; **Oedipus ~** *псих.* Едипов комплекс; **2.** *разг.* мания, фикс-идея.

complexion [kəm'plekʃən] *n* **1.** цвят на кожата (*обикн. на лицето*), тен; **to be of fair ~** белолик съм; **2.** външност; вид, характер; **3.** *ост.* настроение; темперамент.

compliance [kəm'plaiəns] *n* **1.** отстъпване, съгласяване; съгласие; **in ~ with** съгласно с, съобразно с; **2.** отстъпчивост; услужливост; **3.** угодничество, сервилност, раболепие.

complicate ['kɔmplikeit] **I.** *v* усложнявам; обърквам, забърквам; затруднявам; комплицирам; **II.** *adj* **1.** *рядко* = **complicated**; **2.** *бот., зоол.* нагънат, вгънат.

complicated ['kɔmplikeitid] *adj* сложен, объркан, заплетен, комплициран.

compliment I. ['kɔmplimənt] *n* **1.** комплимент; похвала; неискрен комплимент, ласкателство; **to pay a ~** правя комплимент; **2.** любезност; **3.** поздравление, приветствие, поздрав; **II.** ['kɔmpliment] *v* **1.** правя комплимент; **2.** проявявам любезност, услужливост; **3.** подарявам, дарявам, предоставям; **he ~ed us with tickets for the exhibition** той беше така любезен да ни прати билети за изложбата.

comply [kəm'plai] *v* **1.** отстъпвам; съгласявам се (**with**); съобразявам се; **to ~ with demands** приемам условията; **2.** спазвам, придържам се, изпълнявам (**with**); **3.** подчинявам се.

compose [kəm'pouz] *v* **1.** съставям, образувам; състоя се от; **2.** композирам, съчинявам; пиша; творя; **3.** *муз.* композирам, компонирам, пиша музика.

composed [kəm'pouzd] *adj* сдържан, спокоен; улегнал.

composer [kəm'pouzə] *n* **1.** композитор, компонист; **2.** съчинител; **3.** *рядко* словослагател.

composition [,kɔmpə'ziʃn] *n* **1.** съставяне, съединяване, учредяване; композиране; устройване; **2.** *изк.* композиция; литературно или музикално произведение; **freedom to experiment with complex form of ~** свобода за експериментиране със сложни композиционни форми; **3.** *уч.* съчинение.

compositor [kəm'pɔzitə] *n* словослагател.

compound$_1$ **I.** ['kɔmpaund] *adj* сложен, съставен; *ез.* сложно съчинен; **~ interval** *муз.* интервал над една октава; **II.** *n* **1.** смес; съединение; **the smell of the house - a compound of used cooking oil, beer and wet cardboard** къщата миришеше едновременно на гранясало масло, бира и мухлясал картон; **2.** *ез.* сложна дума; **III.** [kəm'paund] *v* **1.** смесвам, съставям; съединявам, комбинирам; **jealousy and wounded pride ~ed with a sense of homelessness** ревността и нараненото достойнство се подсилваха от чувството за бездомност; **2.** споразумявам се; уреждам (*сметка, дълг и пр.*); погасявам частично дълг; **3.** *юрид.* опрощавам дълг.

compound$_2$ ['kɔmpaund] *n ист.* двор (*около къща, предприятие и пр.*) на европеец в Индия, Китай, Южна Африка и пр.

comprehensive [,kɔmpri'hensiv] *adj* **1.** обширен, всестранен, пълен; подробен, изчерпателен, обстоен, обстоятелствен, детайлен; **2.** схватлив; **~ faculty** схватливост.

compress I. [kəm'pres] *v* **1.** сгъстявам, свивам, стягам, компримирам; **2.** *прен.* сбивам, стеснявам (*мисли, стил и пр.*); натъпквам; **II.** ['kɔmpris] *n* компрес.

comprise [kəm'praiz] *v* обемам, обхващам; включвам; състоя се от; съдържам; сумирам; съчинявам; **the registers ~d a period of 500 years** регистрите отразяваха период от 500 години.

compromise ['kɔmprəmaiz] **I.** *n* компромис, отстъпка; съгласие, разбирателство; спогодба; **logic admits of no ~** логиката не търпи компромиси; **II.** *v* **1.** правя (постигам) компромис; помирявам се; **to ~ with o.'s ideals** правя компромис с идеалите си; **2.** излагам на рискове; **3.** компрометирам (се), излагам (се), злепоставям (се).

compulsory [kəm'pʌlsəri] *adj* принудителен; задължителен; **~ education** задължително образование.

computer [kəm'pju:tə] **I.** *n* компютър, изчислителна машина; **II.** *adj*: **~ aided, -assisted** с помощта на компютър.

comrade ['kɔmrid] *n* другар, камарад.

conceal [kən'si:l] *v* скривам, прикривам, крия; маскирам; **to ~ oneself** скривам се.

conceive [kən'si:v] *v* **1.** зачевам; **2.** *прен.* поражда се у мене; **to ~ an affection (dislike) for** привързвам се към (намразявам) някого; **3.** измислям, кроя.

concentration [,kɔnsən'treiʃən] *n* **1.** концентрация; съсредоточаване; съсредоточеност; **the ~ of all power**

in the hands of a single person съсредоточаване на цялата власт в ръцете на един човек; **2.** *хим.* сгъстяване; концентрат; **3.** *мин.* обогатяване на руда, концентриране; концентрат.

conception [kən'sepʃən] *n* **1.** схващане, възглед, разбиране; концепция; представа, понятие, идея; **beyond o.'s ~** свръх моето разбиране; **2.** замисъл, идея; план; **3.** оплождане, зачеване; зачатие.

concern [kən'sə:n] **I.** *v* **1.** отнасям се, касая се; засягам; **as ~s** що се отнася до; **2.** *refl* интересувам се, занимавам се (**with, in, about**); **3.** *pass* замесен съм (**in**); **II.** *n* **1.** работа; отношение; интерес; **have no ~ with** нямам нищо общо с; **2.** дял, част; **3.** концерн; предприятие.

concerning [kən'sə:niŋ] *prep* относно; що се касае за (до); колкото за (до); по отношение на.

concert I. ['kɔnsət] *n* **1.** съгласие, единодушие; **in ~ with** съвместно с; **2.** концерт; **II.** *v* [kən'sə:t] **1.** уговарям; замислям; кроя; **2.** действам в съгласие, съгласувам, сговарям се; уговарям се (*обикн.* **together**); пея в синхрон с; **I hope the countries involved will ~ their policies** надявам се, че засегнатите страни ще съгласуват действията си.

concession [kən'seʃən] *n* **1.** отстъпване; отстъпка; **2.** концесия.

conclude [kən'klu:d] *v* **1.** приключвам, завършвам, свършвам; **to ~** накрая, за да завърша; **2.** сключвам; **3.** заключавам, правя заключение (извод).

conclusion [kən'klu:ʒən] *n* **1.** завършване, приключване; край; **to bring to a ~** довеждам докрай, завършвам; **2.** заключение, извод, конклузия; умозаключение; **3.** изход, резултат.

concrete ['kɔŋkri:t] **I.** *adj* **1.** конкретен, действителен, реален, предметен; **a ~ number** реално (неимагинерно) число; **2.** бетонен; **3.** втвърден; здрав, солиден; **II.** *n* **1.** бетон; **2.** *ез.* конкретно съществително; • **on the ~** практически; **III.** *v* **1.** бетонирам; **2.** [kən'kri:t] слепвам (се), сраствам; сгъстявам (се); втвърдявам (се), стягам се.

condemn [kən'dem] *v* **1.** осъждам; укорявам, порицавам, упреквам; не одобрявам; **to ~ conduct (behaviour)** порицавам поведение (държание); **2.** *юрид.* осъждам; **3.** бракувам.

condense [kən'dens] *v* **1.** сгъстявам, уплътнявам, кондензирам; **~d milk** кондензирано мляко; **2.** *прен.* придавам стегната форма (*на стил и пр.*); съкращавам; **3.** *хим.* втечнявам, кондензирам (*газове*).

condition [kən'diʃən] **I.** *n* **1.** условие; **to impose ~s on comeone, to lay down ~s to s.o.** налагам на някого условия; **2.** *pl* условия (*на живот, работа и пр.*); обстоятелства; **3.** състояние, кондиция; • **in a certain (delicate) ~** в положение, бременна; **II.** *v* **1.** уговарям, поставям условия (**to do s.th.**); **2.** обуславям; **3.** подобрявам състоянието на; *тех.* ремонтирам, поправям.

conduct I. ['kɔndʌkt] *n* **1.** водене, ръководене, управление, ръководство; **those engaged in the ~ of the school** тези, които участват в управата на училището; **2.** държание, поведение; **3.** ескорт, конвой, охрана; **II.** [kən'dʌkt] *v* **1.** водя, завеждам; съпровождам, придружавам; ескортирам, конвоирам; **~ed tour** екскурзии с водач; **2.** водя, ръководя; **3.** *муз.* дирижирам.

conductor [kən'dʌktə] *n* **1.** водач; ръководител; **2.** диригент; **3.** кондуктор; *ам.* началник-влак.

cone [koun] **I.** *n* **1.** *мат.* конус; нещо с форма на конус; конусообразна фигура; **truncated ~** пресечен конус; **2.** шишарка; **3.** *метеор.* конусообразен знак за вятър или виелица; **II.** *v* **1.** придавам форма на конус на; **2.** *бот.* образувам (раждам) шишарки.

confectionery [kən'fekʃənəri] *n* **1.** сладкарски и захарни изделия; **2.** сладкарница; магазин за захарни изделия.

confederation [kən,fedə'reiʃən] *n* съюзяване; **articles of ~** условия на споразумението; *ист., ам.* условията, приети от тринадесетте колонии на конгреса през 1777 г.

confer [kən'fə:] *v* **1.** давам, удостоявам с; **to ~ a title on s.o.** давам на някого титла (звание), удостоявам някого с титла (звание); **2.** разговарям, обсъждам, разисквам, съветвам се, съвещавам се (**with s.o., about s.th.**); **3.** *сега само в imp, често съкр.* **cf** виж, сравни.

conference ['kɔnfərəns] *n* **1.** конференция; съвещание, събрание; конгрес; консултация; **news (press) ~** пресконференция; **2.** разговаряне, съвещаване, обсъждане, разискване, конфериране; **3.** *рел.* годишно събрание на методистката протестантска църква.

confess [kən'fes] *v* **1.** признавам; разкривам; **to ~ (to) a crime** признавам (си) престъпление (грешка); **2.** *рел.* изповядвам се; (*за свещеник*) изповядвам (*някого*); **3.** *ост., поет.* изявявам, прокламирам.

confession [kən'feʃən] *n* **1.** признание, самопризнание; изповед, конфесия; **to make a full ~** правя пълни самопризнания, признавам си всичко; **2.** *рел.* изповед; **3.** вяра, вероизповедание.

confidence ['kɔnfidəns] *n* **1.** доверие, вяра; **to put o.'s(every) ~ in s.o.** имам (пълна) вяра в някого; **2.** увереност, сигурност; самонадеяност, самоувереност; **3.** доверяване, поверяване (*главно в изрази*).

confident ['kɔnfidənt] *adj* **1.** уверен, сигурен (**of** в); **feeling ~ that** уверен (убеден), че; **2.** изпълнен с вяра.

confidential [,kɔnfi'denʃəl] *adj* **1.** таен, поверителен, конфиденциален; **2.** който се доверява, интимен; **to become ~ with s.o.** започвам да се доверявам на някого; **3.** доверен, който се ползва с доверие.

confirm [kən'fə:m] *v* **1.** утвърждавам; засилвам, подкрепям (*съмнения и пр.*); затвърдявам, укрепвам (*съюз, мир*); **to ~ a person in his opinion (decision)** утвърждавам някого в мнението (решението) му (*чрез подкрепата си, изказването си и пр.*); **2.** потвърждавам (*слух, информация и пр.*); **3.** одобрявам, ратифицирам, санкционирам.

confirmation [kɔnfə:'meiʃən] *n* **1.** утвърждаване, затвърдяване (*на власт и пр.*); **2.** одобрение, потвърждаване, ратификация, санкциониране; **3.** потвърждаване, потвърждение (*на слух, информация и пр.*); **in ~ of** в потвърждение на.

conflict I. ['kɔnflikt] *n* **1.** борба, стълкновение, сблъсък, конфликт; противоречие, различие; **armed ~** военно стълкновение; **2.** *ост.* сблъскване (*на две тела*); **II.** [kən'flikt] **1.** съм в противоречие (конфликт), противореча (**with** с, на); интересите им са противоречиви; **duties that ~ with each other** задължения, които си противоречат (*едно на друго*); **2.** *ост.* боря се (**with**); **3.** несъвместим съм с.

confuse [kən'fju:z] *v* **1.** обърквам; правя (причинявам) безпорядък в;

развалям, разстройвам; **her arrival ~d my plans** пристигането ѝ обърка плановете ми; **2.** обърквам, смущавам; **3.** смесвам, обърквам, припознавам се, вземам някого (нещо) за някой друг (за нещо друго).

confusion [kən'fju:ʒən] *n* **1.** бъркотия, безпорядък, безредие, хаос; **to be in ~** в безпорядък съм; **2.** смущение, объркване, смут, конфузия, неловко положение; **3.** смесване, смешение; объркване.

congratulate [kən'grætjuleit] *v* **1.** поздравявам, изказвам благопожелания, честитя (**s.o. on s.th.**); **I ~ you on your new job** поздравявам те за новата ти работа; **2.** *refl* поздравявам се, доволен съм; хваля се (**on s.th.** с, от нещо; **on doing s.th.** че съм направил нещо).

congratulation [kən,grætʃu'leiʃən] *n* поздравление; благопожелание, честитка; **~s!** моите поздравления! честито! всичко хубаво!

congress ['kɔngres] *n* **1.** конгрес; **2.** (**C.**) Конгрес, законодателно тяло на САЩ; **3.** събиране; събрание; • **birds of ~** птици, които живеят на ята, в съобщества, колонии и под.

coniferous [kə'nifərəs] *adj* иглолистен.

connect [kə'nekt] *v* **1.** свързвам, съединявам (**with, to**); свързвам се, съединявам се; **~ed by telephone** свързани с телефон; **2.** свързвам, асоциирам; установявам причинна връзка; **3.** свързвам (се), имам връзки.

connection, connexion [kə'nekʃən] *n* **1.** връзка; **to have a ~ with** имам връзка с; **2.** общуване; близост, познанство; **3.** връзки (*семейни*).

conquer ['kɔŋkə] *v* **1.** завоювам, завладявам, завземам (*страна и пр.*); **2.** побеждавам, надвивам (*враг и пр.*); превъзмогвам, преодолявам (*чувство и пр.*); **to ~ o.'s fear** надмогвам страха си; **3.** спечелвам, завладявам (*сърце и пр.*).

conquest ['kɔŋkwest] *n* **1.** завоевание, завладяване (*на територия*); **the (Norman) Conquest** завладяването на Англия от норманите (1066 г.); **2.** завладяна държава (територия); **3.** завоевание, спечелване (*на хора, чувства*); **to make a ~ of s.o.** спечелвам чувствата на някого.

conscience ['kɔnʃəns] *n* съвест; **to have a good (clean, clear, easy) ~** съвестта ми е чиста; • **to have the ~ to** *sl* имам нахалството да.

conscientious [,kɔnʃi'enʃəs] *adj* съвестен, добросъвестен; • **a ~ objector** човек, който се отказва от военна служба поради своите убеждения.

conscious ['kɔnʃəs] *adj* **1.** съзнателен; обмислен, преднамерен; **his ~ superiority** неговото чувство за превъзходство; **2.** в съзнание; **3.** *predic* който съзнава, усеща, чувства, забелязва.

consciousness ['kɔnʃəsnis] *n* **1.** съзнание; чувство; усещане (**of**); **a ~ of being watched** чувство, че съм наблюдаван (че ме следят); **2.** *филос.* съзнание, мислене (*способност да се мисли*); **3.** съзнание (*обратно на безсъзнание*).

conscription [kən'skripʃən] *n* военна повинност; **~ of wealth** военен налог за немобилизирани в армията лица.

consent [kən'sent] **I.** *v* съгласявам се, давам съгласието си (**to s.th.**); **I ~** съгласен съм; **II.** *n* съгласие (**to**); **to give o.'s ~ to s.th.** давам съгласието си за нещо; • **silence gives ~** мълчанието е знак на съгласие.

consequence ['kɔnsikwəns] *n* **1.** последствие (*обикн. pl*); резултат;

консеквенция; **in ~ (of)** като резултат (от); **2.** значение, важност; **3.** следствие, извод, заключение.

consequently ['kɔnsikwentli] *adv* **1.** следователно, затова; **2.** последователно, логически.

conservative [kən'sə:vətiv] **I.** *adj* **1.** който запазва, пази, консервира; **2.** консервативен; **3.** скромен, умерен; **a ~ estimate** умерена преценка; **II.** *n* **1.** нещо, което запазва; средство за запазване, за консервиране; консервант; **2.** консерватор; **(C.)** Консервативната партия (*във Великобритания*).

conservatory [kən'sə:vətri] *n* оранжерия, парник.

consider [kən'sidə] *v* **1.** обмислям, обсъждам, разглеждам, размислям относно; **~ s.o. for a job (as a candidate)** разглеждам кандидатурата на някого за работа (обсъждам като кандидат); **2.** вземам предвид (под внимание), имам предвид; отчитам; **3.** показвам (отнасям се с) внимание (разбиране, загриженост) към.

considerable [kən'sidərəbl] *adj* значителен, доста голям; доста важен; **to a ~ extent** до (в) значителна степен.

consideration [kən'sidəreiʃən] *n* **1.** обмисляне, обсъждане, разглеждане; **to give the matter a careful ~** разглеждам внимателно въпрос; **2.** съображение, вземане предвид; **3.** възнаграждение; отплата; *юрид.* насрещна престация; еквивалент.

consist [kən'sist] *v* **1.** състоя се, съставен съм (**of** от); **2.** заключавам се, състоя се (**in** в); **the beauty of the poem ~s in its composition** красотата на поемата е в композицията ѝ; **3.** съвместим съм, съчетавам се, съгласувам се (**with**).

consistent [kən'sistənt] *adj* **1.** последователен, принципен, верен на принципите си (*за човек*); последователен, логичен (*за постъпка*); **2.** съвместим, в съгласие (**with**); **~ with politeness** както изискваше вежливостта; **3.** плътен, твърд.

consolation [ˌkɔnsə'leiʃən] *n* **1.** утешаване; **2.** утеха, утешение; **words of ~** утешителни думи, думи на утеха.

console$_1$ [kən'soul] *v* утешавам (**for**).

console$_2$ ['kɔnsoul] *n арх.* конзола; **wireless ~** масичка (поставка) за радио.

consolidate [kən'sɔlideit] *v* **1.** затвърдявам (се), заздравявам (се), укрепвам, сплотявам, обединявам, консолидирам; **2.** обединявам (*територия, предприятие и пр.*); *фин.* консолидирам дългове; **opinions have ~d** мненията се определиха.

conspiracy [kən'spirəsi] *n* заговор, съзаклятие, комплот, конспирация; *юрид.* и сговаряне, сговор, споразумяване, споразумение; **~ of silence** споразумение (сговаряне) да се премълчи (потули, прикрие) нещо.

conspire [kən'spaiə] *v* **1.** конспирирам, заговорнича, кроя тайни планове (**against**); **to ~ together** заговорнича (с някого); **2.** сговарям се, надумвам се, нареждам (*така, че да стане нещо*); **3.** *ост., рядко* кроя, гласят (*зло*).

constable ['kʌnstəbl, 'kɔnstəbl] *n* **1.** полицай; **chief ~** началник на полицията (*в град, област*); **2.** *ист.* управител (*на дворец и пр.*); • **to outrun the ~** задлъжнявам, заборчлявам.

constant ['kɔnstənt] **I.** *adj* **1.** непрестанен, непрекъснат, постоянен, вечен, неизменен, константен; **~ complaints, nagging, interruptions** непрекъснати оплаквания, натяквания, прекъсвания; **2.** непроменлив; **3.** твърд (*в нещастия и пр.*); **II.** *n мат., физ., хим.* постоянна величина, константа; **~ of friction** коефициент на триене.

constellation [ˌkɔnsteˈleiʃən] *n* **1.** съзвездие; *прен.* **a ~ of Hollywood talents** съзвездие от холивудски таланти; **2.** *прен.* плеяда; **3.** *астрол.* разположението на планетите; конфигурация; *прен.* положение на нещата, обстоятелства.

constipation [ˌkɔnstiˈpeiʃn] *n* запек, констипация.

constituency [kənˈstitjuənsi] *n* **1.** избирателна колегия, избиратели; **2.** *разг.* клиенти.

constituent [kənˈstitjuənt] **I.** *adj* **1.** съставен (*за част, елемент*); **the ~ elements of air** съставните елементи на (елементите, които съставят) въздуха; **2.** който има право да избира; **3.** : **~ assembly** велико народно събрание; народно събрание, което има право да приеме или поправи конституцията; **II.** *n* **1.** съставна част, елемент; **2.** избирател; **3.** *юрид.* доверител, довереник.

constitute [ˈkɔnstitju:t] *v* **1.** съставлявам, представлявам; **twelve months ~ a year** годината се състои от дванадесет месеца; **2.** учредявам, основавам, конституирам; **3.** назначавам (*комисия и пр.*), правя (*някого носител на титла, длъжност*).

constitution [ˌkɔnstiˈtju:ʃn] *n* **1.** съставяне; учредяване, основаване, конституиране; назначаване; издаване, въвеждане в сила (*на закон*); **2.** състав; **3.** организъм, телосложение, конституция; **a delicate (iron) ~** нежен (железен) организъм.

construct [kənˈstrʌkt] *v* строя, построявам, градя, изграждам (*и прен.*); **a badly ~ed sentence** лошо построено изречение.

construction [kənˈstrʌkʃən] *n* **1.** построяване, изграждане, строене; **under (in course of) ~** в строеж; в процес на изграждане; **2.** строителство, строене; **3.** постройка, сграда; здание.

consul [ˈkɔnsəl] *n* **1.** *пол.* консул; **2.** *ист.* консул.

consulate [ˈkɔnsjulit] *n* **1.** консулско звание, консулат; **2.** времетраене на службата на консул, консулство; **the C.** *ист.* Консулството (*във Франция, 9.11.1799 - 1804*); **3.** консулство, *ост.* консулато.

consult [kənˈsʌlt] *v* **1.** съветвам се с, консултирам се с, допитвам се до; справям се с; **to ~ o.'s lawyer, doctor, map** консултирам се с адвоката си, с лекаря, с картата; **2.** обсъждам (**together** *заедно с някого*); **3.** имам (вземам) предвид, мисля за; показвам уважение към (*чувствата на някого*).

consultation [ˌkɔnsəlˈteiʃən] *n* **1.** справяне, съветване; обсъждане, консултиране; **2.** справка, допитване, консултация; **3.** съвещание.

consume [kənˈsju:m] *v* **1.** консумирам, изразходвам; изяждам, изпивам, ям, пия; **~ resourses, time, stores** изразходвам ресурси, време, запаси; **2.** унищожавам, поглъщам (*за огън*); **3.** разпилявам, пропилявам, пилея, хабя, похабявам.

consumer [kənˈsju:mə] *n* консуматор, потребител; **~(s') goods** потребителски стоки.

consumption [kənˈsʌmpʃən] *n* **1.** консумиране, изразходване; консумация; разход (*на електричество и пр.*); **fuel ~** разход на гориво; **2.** унищожаване; край; разпиляване, пропиляване; **3.** : **(pulmonary) ~** белодробна туберкулоза, охтика.

contact I. [ˈkɔntækt] *n* **1.** допир,

контакт, съприкосновение; връзка, отношение; ~ **case** *мед.* контактно инфекциозно заболяване; **2.** *ел.* контакт; връзка; **II.** [kən'tækt] *v* **1.** в съприкосновение съм, допирам се (**with**); **2.** свързвам се, установявам връзка; влизам във връзка със.

contagious [kən'teidʒəs] *adj* прилепчив, заразен, заразителен (*и прен.*); **scarlet fever is highly** ~ скарлатината е силно заразна.

contain [kən'tein] *v* **1.** съдържам; имам; **2.** побирам; **3.** сдържам, въздържам, удържам; **he couldn't ~ his enthusiasm** не можеше да скрие ентусиазма си.

container [kən'teinə] *n* съд, резервоар; кутия, кашон, сандък (*като опаковка на нещо*); контейнер.

contemporary [kən'tempərəri] **I.** *adj* съвременен; който живее или се случва по същото време (**with**); ~ **events** съвременни (настоящи) събития; събития, които стават по едно и също време; **II.** *n* **1.** съвременник; **2.** *журн.* вестник (списание), което излиза в същия ден с друг (друго); **3.** връстник; **Dickens was ~ with Thackeray** Дикенс беше съвременник на Текери.

contempt [kən'tempt] *n* **1.** презрение (**for**); **to have ~ for** презирам; **2.** неуважение, оскърбление.

contend [kən'tend] *v* **1.** боря се, сражавам се (**with** с, **for** за); **problems to ~ with** проблеми, с които трябва да се пребориш; **2.** съпернича, състезавам се (**with s.o. for s.th.**); **3.** споря, препирам се; поддържам, твърдя.

content$_1$ ['kɔntent] *n* **1.** *книж.* съдържание; обем; вместимост; **(linear)** ~ *мат.* площ, повърхнина; **2.** *pl* съдържание; **3.** *филос.* същина, съдържание; основна идея.

content$_2$ [kən'tent] **I.** *adj pred* доволен, задоволен (**with**); **to be ~ with s.th.** доволен съм от нещо, задоволявам се с нещо; стига ми нещо; **II.** *n* **1.** доволство, задоволство, чувство на доволство (удовлетворение); **to o.'s heart's ~** до насита; **2.** глас за (в полза на) (*в Камарата на лордовете*); **3.** член на Камарата на лордовете, който гласува за; **III.** *v* **1.** задоволявам; **2.** задоволявам се, доволен съм, не ми трябва нищо друго (**with** с, освен); **to ~ oneself with cold food** задоволявам се със студена храна.

contest I. [kən'test] *v* **1.** споря (**with, against s.o.** с някого); споря по, оспорвам, контестирам, правя контестация (*довод, права и пр.*); **to ~ a statement** оспорвам твърдение; **2.** боря се за; **3.** оспорвам си, състезавам се за, съпернича си за (*победа, награда и пр.*); **II.** ['kɔntest] *n* **1.** спор, диспут; **2.** борба, състезание, конкурс; **musical ~** музикални състезания.

continent$_1$ ['kɔntinənt] *adj* **1.** сдържан, въздържан, умерен; **2.** целомъдрен, непорочен.

continent$_2$ *n* континент, материк; **the Continent** Континентът, Европа (*за разлика от Англия*).

continental [,kɔnti'nentl] **I.** *adj* **1.** континентален; не английски, не британски; **2.** *ам., ист.* американски (*по време на борбата за независимост*); **II.** *n* **1.** човек от континента, европеец, не англичанин, не британец; **2.** *ам., ист.* обезценена книжна банкнота от епохата на борбата за независимост; **it's not worth a ~** пет пари не струва, не струва пукната пара.

continuation [kən,tinju'eiʃən] *n* **1.** продължаване, продължение; **he argued for the ~ of the campaign** настояване за удължаване на кампанията; **2.** продължение, разширение, пристройка; **3.** възобновяване, възстановяване.

continue [kən'tinju:] *v* **1.** продължавам; трая; простирам се; **how far does the road ~?** докъде стига пътят? **2.** продължавам (нещо, да правя нещо), не прекъсвам; **3.** оставам, още съм; продължавам да бъда.

continuous [kən'tinjuəs] *adj* **1.** непрекъснат, неспирен, без прекъсване; постоянен; **~ performance** *кино* спектакъл без прекъсване; **2.** *ез.* продължителен; **the Present C. Tense** сегашно продължително време; **3.** *ел.* прав.

contrabass ['kɔntrəbeis] *n муз.* контрабас (*инструмент*).

contraceptive [,kɔntrə'septiv] **I.** *adj* контрацептивен; **II.** *n* контрацептив.

contract I. ['kɔntrækt] *n* **1.** договор; контракт; пакт; съглашение; съгласие; споразумение; **to sign a ~** подписвам договор; **2.** договор за прехвърляне на собственост; **3.** *жп* абонаментна карта; **II.** [kən'trækt] *v* **1.** свивам (се); **2.** скъсявам, сбивам; съкращавам; **3.** ограничавам, намалявам; осакатявам; **to ~ o.'s faculties by disuse** ограничавам (осакатявам) способностите си, като не ги използвам.

contraction [kən'trækʃən] *n* **1.** свиване, скъсяване; **the ~ of a muscle** свиването на мускул; **2.** свъсване, свиване; **3.** *ез.* сливане, контракция; скъсяване; съкратена форма.

contralto [kɔn'tra:ltou] *n* **1.** *муз.* алт; певица с алтов глас; **2.** *attr* алтов.

contrary [kɔn'trəri] **I.** *adj* **1.** обратен, противен, противоположен; **~ beliefs** противоположни вярвания, с обратно съдържание; **2.** който противоречи, противоречив; **3.** неблагоприятен, противен; **II.** *n* **1.** нещо обратно (противоположно); **on the ~** напротив, обратно; **2.** *pl* чужди тела, нечистотии (*в хартия*); **III.** *adv* обратно, превратно, противно, против, в разрез (**to** на, с) ; **~ to o.'s expectations** противно на очакванията ми.

contribute [kən'tribju:t] *v* **1.** допринасям, съдействам, спомагам, способствам; **2.** давам (своя дял), участвам с; правя принос, допринасям (**to**); **to ~ o.'s share** плащам си частта, давам си лептата; **3.** сътруднича, участвам (*в списание и под.*) (**to**).

contribution [,kɔntri'bju:ʃən] *n* **1.** съдействие, участие; **2.** принос, дял; **3.** пожертвование, помощ; **voluntary ~s** волни пожертвования, помощи.

control [kən'troul] **I.** *n* **1.** власт, управление, ръководство, контрол; опека; ръководене, регулиране, контролиране; авторитет, влияние (**over**); надзор; **parental ~** родителски контрол; **2.** контрол(а), проверка; **3.** *тех.* управляващ лост (механизъм); проверочен (контролен) пункт; **II.** *v* (**-ll-**) **1.** владея, имам под властта си, господар съм на, в ръцете ми е (са), служа си с, управлявам, надзиравам, напътствам; **2.** контролирам, надзиравам, регулирам; проверявам; **to ~ traffic, immigration** регулирам движението, контролирам емиграцията; **3.** възпирам, спирам, задържам; сдържам, обуздавам; **III.** *attr* контролен, проверочен.

convene [kən'vi:n] *v* **1.** свиквам (*събрание*); **2.** повиквам (*в съд*); **3.** събирам се; **~ a conference, a committee** свиквам конференция, комитет.

convenience [kən'vi:njəns] *n* **1.** удобство; **at your (own) ~** когато ви бъде удобно, когато обичате, както намерите за добре; **2.** тоалетна (*и с* **public**); **3.** *pl* удобства, комфорт.

convenient [kən'vi:njənt] *adj* удобен, пригоден, подходящ; **~ to hold** удобен за държане.

convention [kən'venʃən] *n* **1.** свикване, събиране; **2.** събрание, конгрес; **to a ~** свиквам събрание; *ист.* конвент; **3.** споразумение, спогодба, съглашение, договор, конвенция.

conversation [,kɔnvə'seiʃən] *n* **1.** разговор, беседа, събеседване; **to make ~** поддържам (безсъдържателен) разговор; **2.** общуване, сношение, допир; • **~ painting (piece)** жанрова картина.

conversion [kən'və:ʃən] *n* **1.** превръщане, обръщане (**to, into**); **the ~ of a barn into a house** приспособяване на хамбар за къща; **2.** преминаване в (обръщане в, приемане на) друга вяра; усвояване (възприемане) на друго мнение; **3.** *фин.* конверсия.

convert I. *v* [kən'və:t] **1.** превръщам, преобразувам; обръщам, конвертирам (**into**); **2.** обръщам (*в друга вяра и пр.*) (**to**); заставям някого да промени мнението, светогледа си; причинявам духовен прелом, пробуждане на съвестта у; **to ~ to a view** спечелвам на своя страна; **3.** *юрид.* присвоявам; **II.** *n* ['kɔnvə:t] **1.** човек, обърнат в (преминал към) друга вяра; **Christian ~** покръстен; **2.** човек, преминал в друга партия; • **to make a ~ of** обръщам в своята вяра, спечелвам на своя страна.

convertible [kən'və:tibl] *adj* **1.** който може да бъде превърнат, обърнат, приспособен, преработен, преправен, разместен, заменен, разменен; **~ currency** конвертируема валута; **2.** подвижен.

convey [kən'vei] *v* **1.** возя, превозвам, прекарвам, закарвам; предавам, придвижвам, пренасям; **a pipe ~s the hot water from the boiler to the bath** топлата вода стига до банята от казана по една тръба; **2.** предавам, съобщавам; изразявам, представям, излагам, казвам, говоря; **3.** *юрид.* прехвърлям, приписвам (*имот*).

conveyer, conveyor [kən'veiə] *n* *тех.* конвейер, транспортна лента; **conveyer-crew** винтов транспортьор.

conviction [kən'vikʃən] *n* **1.** *юрид.* намиране за виновен, осъждане; **he has three ~s for theft** той има три присъди за кражба; **2.** убеждаване; **3.** убеждение; съзнание.

convince [kən'vins] *v* убеждавам (**of**); накарвам някого да почувства; налагам на съзнанието на.

cook [kuk] **I.** *v* **1.** готвя, сготвям; варя, сварявам; пека, опичам, изпичам; **2.** готвя се; варя се; пека се; **to ~ well** (*за плод*) ставам за варене (печене); **3.** *разг.* подправям, фалшифицирам, нагласявам (*сметки и пр.*); • **to ~ o.'s goose** провалям по собствена вина; **II.** *n* готвач, готвачка; **too many ~s spoil the broth** много баби - хилаво дете.

cookie, cooky ['kuki] *n* *ам.* курабийка, бисквитка.

cool [ku:l] **I.** *adj* **1.** хладен, прохладен, свеж; хладничък, студеничък, изстинал; с нормална температура; **the house is nice and ~** в къщата се чувства приятна хладина; **2.** който държи хладно; **3.** спокоен; невъзмутим, хладнокръвен; хладен, равнодушен, безучастен; • **(as)~ as a cucumber** спокоен, невъзмутим, хладнокръвен, комуто окото не мига; **II.** *n* хлад, хладина; прохлада; **in the ~ of the evening** по хлад; **III.** *v* **1.** разхлаждам, разхладявам (се), прохлаждам, изстудявам, изстивам (*и с* **down, off**); минавам (*за яд и пр.*); **2.** охладявам (**towards**); • **to ~ o.'s heels** вися, чакам; **3.** отрезвявам.

cooperate [kou'ɔpəreit] *v* **1.** сътруднича (**with** с; **in** в; **to, for** за); **2.** съдействам; **3.** коопeрирам, обединявам.

co-operation [kou,ɔpə'reiʃən] *n* **1.** сътрудничество; съдействие; **2.** кооперация.

co-operative [kou'ɔpərətiv] **I.** *adj* **1.** кооперативен; **he is not ~** не е много сговорчив; **2.** сговорчив, съдействащ; **II.** *n* кооператив, кооперация; кооперативен магазин.

co-ordinate I. [kou'ɔ:dinit] *adj* **1.** еднакъв по ранг (положение), независим, равностоен; отделен; **2.** *ез.* съчинен; съчинителен съюз; **3.** *мат.* координатен; **II.** *n мат.* координата; **III.** [kou'ɔ:dineit] *v* координирам; съгласувам, свързвам; **~ o.'s efforts** координирам усилията си.

cope[1] [koup] *v* справям се, излизам на глава с (**with**); **~ with** оправям се.

cope[2] **I.** *n* **1.** *рел.* филон; **2.** *поет.*: **the ~ of heaven** небосводът, небесният свод; **3.** *тех.* външна част на леярска форма; **II.** *v* **1.** покривам; **2.** вися, надвиснал съм над; **3.** поставям парапет.

copper[1] ['kɔpə] **I.** *n* **1.** мед, бакър; **2.** медна монета, парà; **3.** меден съд, медник, котел, казан; • **hot ~s** гърло, пресъхнало след препиване; **II.** *v* покривам с мед, бакър.

copper[2] *n разг. брит.* стражар, полицай.

copy ['kɔpi] **I.** *n* **1.** копие; препис; подобие; **to make three carbon ~s of a letter** правя три копия с индиго на писмото; **2.** страница, написана по даден образец; образец; **3.** екземпляр; *журн.* (отделен) брой, книжка; • **~ cat** човек, който подражава на другите, "папагал"; **II.** *v* **1.** копирам, преписвам (*и уч.*); възпроизвеждам; **2.** подражавам (на), вземам за образец; **to ~ out** преписвам грижливо.

copy-book ['kɔpibuk] *n* тетрадка по краснопис; тетрадка; **~ maxim** баналност, общоизвестна (азбучна) истина.

copyright ['kɔpirait] **I.** *n* авторско право; **~ reserved** авторското право е запазено; **II.** *adj* защитен от авторско право; **III.** *v* осигурявам авторското право (на).

cord [kɔ:d] **I.** *n* **1.** въженце, връв, шнур, кант; **2.** (дебела) струна; **3.** *анат.* връзка; **spinal ~** гръбначен мозък; **II.** *v* **1.** свързвам с въженце, връв, шнур; **2.** нареждам дървени трупи за мерене.

cordial[1] ['kɔ:diəl] **I.** *adj* **1.** сърдечен, искрен, топъл; приветлив, задушевен; **~ smile** приветлива усмивка; **2.** стимулиращ, възбудителен; **II.** *n* стимулиращо (възбудително) питие; ликьор.

cordial[2] ['kɔ:diəl, 'kɔ:dʒəl] *n* сладка плодова напитка; **lime juice ~** напитка от лимонов сок.

cork [kɔ:k] **I.** *n* **1.** корк, тапа, запушалка; **2.** плувка на въдица; **3.** *бот.* лико, ликов пласт; **pull out the ~** отварям бутилка с коркова запушалка; **II.** *v* **1.** запушвам с тапа (*и пр.*); **2.** натърквам с горена тапа; **3.** : **~ it!** *sl* престани, стига си дрънкал!

corkscrew ['kɔ:kskru:] **I.** *n* **1.** тирбушон; **2.** *ав.* щопер; **II.** *adj* **1.** спирален, спираловиден, витлообразен; **~ curl** масур; **2.** крив, изкривен; лъкатушен; **III.** *v* **1.** движа се (като) по спирала; лъкатушен; **2.** бутам (се) напред, провирам се, пробивам си път.

corn[1] [kɔ:n] **I.** *n* **1.** зърно, зрънце; **2.** житни растения, жито, пшеница, просо, ечемик, овес; ~ **failure** лоша (слаба) реколта, неурожай; **3.** царевица (*и* **Indian ~**); **II.** *v* **1.** изкласявам; **2.** засявам с жито.

corn$_2$ *v* соля месо.

corn$_3$ *n* мазол, слин; **to tread on a person's ~s** настъпвам по мазолите, засягам на болно място.

corner ['kɔ:nə] **I.** *n* **1.** ъгъл, ъгълче, кът, кътче, кьоше, кьошенце; **at (on) the ~** на ъгъла; **2.** *фин.* монополно положение (**in**); **3.** *сп.* корнер, ъглов удар (*във футбола*); **II.** *v* **1.** притискам до стената; **2.** закупувам със спекулативна цел; **to ~ the market** завладявам пазара чрез закупуване на стоки; **3.** срещам се на ъгъл с; завивам зад ъгъл!

cornflower ['kɔ:nflauə] *n бот.* метличина *Centaurea cyanus.*

coroner ['kɔrənə] *n* коронер (*следовател при смъртни случаи*); **~'s inquest** съд за установяване причината за смъртен случай.

corporal$_1$ ['kɔ:pərəl] *adj* телесен; **~ defect** телесен недостатък.

corporal$_2$ *n* ефрейтор; **ship's ~** флотски полицай.

corporal$_3$ *n рел.* антиминс, кърпа с изображение на Христовото погребение, използвана по време на литургия.

corporation [,kɔpə'reiʃən] *n* **1.** корпорация; **municipal ~, the ~** община; **2.** акционерно дружество; **3.** *разг.* "благоутробие".

corpse [kɔ:ps] *n* труп; **walking ~** жив труп, живи мощи.

correct [kə'rekt] **I.** *adj* **1.** верен, точен, прав, правилен, какъвто трябва; **~ answer** верен отговор; **2.** коректен, приличен, благовъзпитан, какъвто трябва; **II.** *v* **1.** поправям, коригирам, изкоригирам, регулирам, сверявам (*часовник*) (**by**); **to ~ a proof** правя коректура; **2.** мъмря, смъмрям, напомням, правя забележка (на); наказвам, изцерявам; **3.** поправям, изправям, неутрализирам; противодействам (на); изцерявам, смекчавам, отстранявам.

correction [kə'rekʃən] *n* **1.** поправка, корекция, коригиране; подобрение; **~ factor** коефициент на корекция; **2.** мъмрене, напомняне; наказание.

correspond [,kɔris'pɔnd] *v* **1.** отговарям, съответствам, в съгласие съм (**with, to**); **your account and hers ~** разказите на двете ви съвпадат; **2.** кореспондирам (**with**), кореспондираме си, пишем си.

correspondence [,kɔris'pɔndəns] *n* **1.** съответствие, съотношение; **2.** кореспонденция, преписка; **to carry on (keep up) a ~** водя (поддържам) кореспонденция (**with**); **3.** *attr* **~ column** *журн.* отдел във вестник за писма до редакцията.

correspondent [,kɔris'pɔndənt] *n* кореспондент, дописник.

corridor ['kɔridɔ:] *n* коридор; **~ train** влак с коридорни вагони, бърз влак.

corrupt [kə'rʌpt] **I.** *adj* **1.** развален, гнил, разложен, лош; **2.** покварен, развратѐн, порочен, продажен, безчестен; **thoroughly ~ novel** дълбоко покваряващ роман; **3.** изопачен, подправен, фалшифициран, развален, опорочен, недостоверен, неистински; • **~ in blood** лишен от граждански права; **II.** *v* **1.** развалям (се), заразявам (се); **2.** гния, разлагам се; **3.** покварявам (се), развращавам (се), корумпирам, подкупвам.

corruption [kə'rʌpʃən] *n* **1.** разваляне, заразяване, гниене, разлагане; **2.** поквара, покваряване, развращаване, разложение; **open to ~** поддавам се на поквара; **3.** продажност, корупция, подкупничество, рушветчийство.

cosmetic [kɔz'metik] **I.** *adj* козметичен; **II.** *n* козметично средство.

cosmic ['kɔzmik] *adj* космически, космичен, световен; междупланетен; **~ rays** космически лъчи.

cost [kɔst] **I.** *v* **(cost) 1.** струвам; **to ~ dear(ly)** струвам скъпо; **2.** пресмятам разноските по производството на; определям цената, оценявам; **II.** *n* **1.** цена, стойност, разход, разноски; **at any ~, at all ~s** на всяка цена; **2.** *pl* съдебни разноски; • **to count the ~** имам (вземам) всичко предвид, държа сметка за всичко.

costume ['kɔstju:m] **I.** *n* костюм; **~-piece** *театр.* историческа пиеса; **II.** *v* костюмирам.

cosy ['kouzi] **I.** *adj* уютен, удобен, приятен; **II.** *n* калъф за чайник.

cot$_1$ [kɔt] *n* **1.** детско креватче; **2.** легло люлка; **3.** *англоинд.* походно легло.

cot$_2$ **I.** *n* кошара; **II.** *v* вкарвам овце в кошара.

cottage ['kɔtidʒ] *n* **1.** къщица, къщичка, къщурка; котедж; **country ~** селска къща; **2.** вила, виличка; извънградска къща; лятна вила, курортно жилище; • **~ cheese** прясно сирене.

cotton [kɔtən] **I.** *n* **1.** памук; **2.** (памучен) конец (*и* **sewing-~, ~-thread**); **3.** памучна тъкан, плат, материя; **II.** *v sl* **1.** разбирам се, спогаждам се, карам я; хармонирам, съвместим съм **(with)**; **at last I ~ed on to what they mean** накрая загрях какво искат да кажат; **2.** обиквам, привързвам се **(to, together with)**; **III.** *adj* памучен.

couch$_1$ [kautʃ] **I.** *n* **1.** кушетка; **2.** *поет.* ложе, легло; **3.** грунд (*боя*); **II.** *v* **1.** *поет.* лежа, лягам; слагам нещо да лежи; **2.** лежа в засада, дебна, готвя се да скоча (*за звяр*); **3.** изразявам, формулирам **(in)**; прикривам **(under)**; **a carefully ~ed reply** внимателно формулиран отговор.

couch$_2$ *n бот.* троскот (*и* **~-grass**) *Gynodon dactilon*.

cough [kɔf] **I.** *n* кашлица; **to have a ~** имам (страдам от) кашлица; **II.** *v* **1.** кашлям; **~ out, up** откашлям, изкашлям; **2.** признавам, казвам.

could *вж* **can**$_1$.

council ['kaunsil] *n* **1.** съвет; **World peace C.** Световен съвет на мира; **Security C.** Съвет за сигурност; **town (city) ~** община, градски съвет; **Privy C.** тайната канцелария на английския крал или кралица; **2.** църковен събор, консил; **3.** *библ.* синедрион.

counsel ['kaunsəl] **I.** *n* **1.** съвещание, обсъждане, разискване; **to take ~ with, to take into o.'s ~s** съвещавам се с; **2.** съвет; **3.** адвокат; адвокатите на едната или другата страна (*при процес*); **II.** *v* съветвам, посъветвам, давам съвет; препоръчвам, настоявам за.

counsellor ['kaunsələ] *n* **1.** съветник; **2.** *ам., ирл.* адвокат **(~-at-law)**.

count$_1$ [kaunt] *v* **1.** броя, преброявам; смятам, пресмятам, изчислявам; **have the votes been ~ed yet?** приключи ли преброяването на гласовете? **2.** смятам, мисля, считам; **3.** смятам се, броя се, имам (съм от) значение.

count$_2$ ['kaunt] *n* конт (*благородническа титла, равностойна на английската ърл*).

counter$_1$ ['kauntə] *n* тезгях, щанд; **to serve behind the ~** работя в магазин.

counter$_2$ *n* **1.** жетон, чип; **2.** пул.

counter-attack ['kauntərə'tæk] **I.** *n* контраатака; **II.** *v* контраатакувам.

counter-revolution ['kauntə revə,lu:ʃən] *n* контрареволюция.

country ['kʌntri] *n* **1.** страна; **mother ~** метрополия, отечество; **2.** население на страна, народ, нация; **3.** отечество, родина, татковина, роден край.

countryman ['kʌntrimən] *n* **1.** селянин, селяк; **2.** общ земеделски работник; **3.** сънародник, земляк (*и* **fellow ~**).

country-side ['kʌntrisaid] *n* **1.** селска област; околност; **the English ~** английското село; **2.** (жителите на) околността.

county ['kaunti] *n* **1.** графство (*административна единица в Англия*); окръг (*в САЩ*); **the ~ of Kent** графство Кент; **2.** (жителите на) графството, окръга; **3.** местната аристокрация, дворянство.

couple [kʌpl] **I.** *n* **1.** ремък за две кучета; **2.** чифт (ловджийски) кучета; **3.** двойка; **dancing ~s** танцуващи двойки; **II.** *v* **1.** свързвам по две; **2.** съединявам (се), съчетавам (се), комбинирам (се); сешавам (се), чифтосвам (се); женя (се), оженвам (се); **3.** свързвам, асоциирам (**together, with**); **the name of Salzburg is ~ed with Mozart** името на Залцбург се свързва с Моцарт.

coupling ['kʌpliŋ] *n* **1.** сешаване, чифтосване; **2.** *тех.* спряг, купла, сцепка, съединител; **3.** *ел.* разклонител.

courage ['kʌridʒ] *n* мъжество, смелост, решителност, кураж, храброст, юначество, юнащина, сърцатост; **Dutch ~** пиянска смелост.

course [kɔ:s] **I.** *n* **1.** курс, път (*и на планета*), движение, течение (*и на река*), посока, насока; **the plane was off ~** самолетът се отклони от курса си; **2.** ход, вървеж, развитие, течение; **3.** ред, постепенност; • **~ of action** начин на действие; *воен.* ход на сражение; **II.** *v* **1.** ходя на лов (*с кучета*); гоня, преследвам (*дивеч - за кучета*); **2.** бягам, тичам; тека (*и за сълзи*), циркулирам, движа се (*за кръв*); **tears ~ed down her cheeks** по бузите ѝ се търкаляха сълзи; **3.** препускам (*кон*), пускам (*куче*) да бяга.

court [kɔ:t] **I.** *n* **1.** двор, вътрешен двор (*и* **courtyard**); **2.** двор (*и прен.*), дворец, палат; **the C. of St. James** английският кралски дворец; **King Arthur's ~** дворът на крал Артур; **3.** съд, съдилище, съдебна палата; съдия, съдии; **II.** *v* **1.** обикалям, ухажвам; **2.** гледам да спечеля, домогвам се до; • **to ~ danger** излагам се на опасност.

courteous ['kə:tiəs] *adj* учтив, вежлив, любезен, внимателен, благовъзпитан.

courtesy ['kə:tisi] *n* учтивост, вежливост, любезност, благовъзпитаност; (акт на) внимание; **by (through) (the) ~ of** с благосклонното разрешение (съгласие) на.

cousin [kʌzn] *n* **1.** братовчед, братовчедка (*и* **first~**); **2.** *ост.* роднина, сродник.

cover ['kʌvə] *v* **1.** покривам, закривам, потулвам, прикривам; обвивам, обгръщам, затулям (**with, in**); обличам (*копче и пр.*); **to ~ o.'s tracks** прикривам следите си; **2.** закрилям, защитавам (*и воен.*); закътвам, ограждам; **3.** осигурявам, обезпечавам, гарантирам, поръчителствам.

cow₁ [kau] *n* **1.** (*pl рядко и* **kine** [kain]) крава; **milking ~** дойна крава; **2.** женска на слон, кит и пр.; • **till (until) the ~s come home** безкрайно дълго, цяла вечност, винаги; на куково лято, на куковден, на върба в сряда.

cow₂ *n* **1.** клин; **2.** капак.

cow₃ *v* сплашвам, тероризирам; усмирявам, укротявам, обуздавам; **to ~ into silence** затварям устата на.

coward ['kauəd] *n* **1.** страхливец, страхопъзльо, страхливко; боязливец; **to turn ~** проявявам малодушие; **2.** *attr* страхлив, малодушен; **3.** *хералд.* с подвита опашка.

cowardice ['kauədis] *n* страхливост, малодушие; **moral ~** страх от неодобрение.

cowboy ['kauboi] *n* **1.** говедарче; **2.** *ам.* каубой, пастир, кравар.

crab₁ [kræb] **I.** *n* **1.** *зоол.* краб, морски паяк, десетокрак морски рак *Callinectes sapidus* (*и* **shore~, green ~**); • **to chatch a ~** забивам веслото много (или недостатъчно) надълбоко при гребане; **2.** вид въшка (*и* **~-louse**); **3.** *астр.* Рак (*съзвездие и знак от зодиака*); **II.** *v* **1.** дращя, драскам; бия се (*за ястреби*); дращя се; **2.** критикувам, намирам кусури на; **3.** опитвам се да преча.

crab₂ **I.** *n* **1.** киселица, дива ябълка (*плодът и дървото*); **2.** раздразнителен, кисел човек; **3.** *разг.* критика; **my ~ to them is that** това, което не им харесвам е, че; **II.** *v* (**-bb-**) (**about s.th.**) оплаквам се, мърморя, "опявам"; критикувам; **she is always ~bing about my sitting up late** все мърмори, че си лягам късно.

crack [kræk] **I.** *v* **1.** пуквам (се), спуквам (се); изпуквам; троша, строшавам; разбивам, счупвам (*орех, череп и пр.*); **the ice ~ed as I stepped on it** ледът се пропука, когато стъпих върху него; **2.** плющя; щракам; **3.** *тех.* обработвам (*нефт*) с крекинг; • **to ~ a bottle of wine** отпушвам (изпивам) бутилка вино; **II.** *n* **1.** пукване, спукване; пукнато, пукнатина, цепнатина; процеп, цепка, дупка, пролука, прозирка; **a vase with bad ~s** силно напукана ваза; **2.** щракване; плющене; гръм, изгърмяване; • **the ~ of doom** *прен.* втората тръба; **3.** внезапен силен удар; **III.** *adj разг.* първокласен, екстра, фамозен; елитен; **IV.** *int* пук.

cracker ['krækə] *n* **1.** *pl* трошачка, лешникотрошачка; **"The Nutcracker"** "Лешникотрошачката"; **2.** *тех.* трошачка; **3.** суха, твърда бисквита.

craft [kra:ft] *n* **1.** *ост.* умение, сръчност, ловкост, майсторлък, изкуство; **the potter's ~** грънчарското изкуство; **2.** хитрина, хитрост, лукавство; **3.** занаят; професия; • **every man to his ~** всеки със занаята си.

craftsman ['kra:ftsmən] *n* (*pl* **-men**) **1.** занаятчия; **2.** художник, майстор.

crane [krein] **I.** *n* **1.** жерав; **2.** *диал.* щъркел; рибар; **3.** *тех.* подемен (повдигателен) кран; **II.** *v* **1.** проточвам, източвам (шия); **to ~ forward, ~ o.'s neck forward** протягам шия напред; **2.** вдигам (товаря) с подемен кран; свалям (разтоварвам) с подемен кран; **3.** спирам се, стъписвам се (*за кон*) (**at**); *прен.* колебая се, отдръпвам се (**at**).

crash₁ [kræʃ] **I.** *n* **1.** трясък, грохот; **2.** срутване; **3.** фалит, крах; **II.** *v* **1.** падам (срутвам се, счупвам се) с трясък; сгромолясвам се; строполясвам се; **to ~ (down)** падам с трясък, строшавам се; **2.** блъскам се (**into**); сблъсквам се (*за автомобил и пр.*); **3.** *ав.* падам, катастрофирам, разбивам се; свалям, разбивам; • **a ~ing bore** изключително досадно човече; **III.** *adv* с трясък, с тропот; **IV.** *int* тряс!

crash₂ *n* груб ленен плат.

crate [kreit] **I.** *n* щайга, кафез; кош; **II.** *v* опаковам в щайги, кафези и пр.

crawl [krɔ:l] **I.** *v* **1.** пълзя, лазя, влача се; **to ~ in** влизам пълзейки, пропълзявам вътре; **2.** пълзя, унижавам се (**to, before**); **3.** гъмжа (**with** от); • **make o.'s flesh ~** карам някого да му настръхне косата; **II.** *n* **1.** пълзене, лазене, влачене; бавно движение; **to go at a ~** едва се движа, движа се (карам) съвсем бавно; **2.** *сп.* кроул (*и* **~-stroke**).

crayfish ['kreifiʃ] *n* рак; **(fresh-water) ~** речен (сладководен) рак.

crayon ['kreiɔn] **I.** *n* **1.** пастел (*за рисуване*); креда; цветен молив, цветен тебешир; **2.** рисунка с пастел; **~ paper** рисувателна хартия; **3.** *ел.* въглероден електрод; **II.** *v* рисувам с пастел.

crazy ['kreizi] *adj* **1.** луд, полудял, (умо)побъркан, налудничав (**with** от); **to go ~** полудявам, побърквам се; развилнявам се, вилнея; **2.** луд, вманиачен (**about, over** по, на тема); **3.** разнебитен, разклатен, раздрънкан, разхлопан.

creak [kri:k] **I.** *v* скърцам, скръцвам; скрибуцам; карам (правя) да скърца; **II.** *n* скърцане, скрибуцане.

cream [kri:m] **I.** *n* **1.** каймак, сметана; **2.** *прен.* цвят, каймак, най-хубавото, най-доброто, най-интересното; **the ~ of this year's graduates** каймакът на завършилите тази година студенти; **3.** крем; **II.** *v* **1.** обирам каймака от (*мляко*); **2.** образувам каймак; **3.** пени се (*за бира и пр.*).

create [kri'eit] *v* **1.** създавам, творя, изграждам, сътворявам; **God ~ed the world** Бог сътвори света; **2.** създавам, причинявам, предизвиквам, правя; **3.** давам (някому) титла, произвеждам в.

creation [kri'eiʃən] *n* **1.** създаване, сътворяване; **2.** творение, сътворение, творба; **the whole ~** целият свят, всичко живо; • **that beats (licks) ~** и таз хубава! чудо невиждано! **3.** креатура.

creature ['kri:tʃə] *n* **1.** *ост.* създание, творение; **2.** живо същество; живинка, създание, твар; **dumb ~s** неми твари, животни; **3.** човек, същество.

crèche [kreiʃ] *n* *фр.* детски ясли.

credentials [kri'denʃəlz] *n pl* **1.** акредитивни писма, акредитиви, препоръчителни писма, препоръки; **to show o.'s ~** представям (показвам) акредитивите си (препоръките си, документите си); **2.** удостоверение за самоличност; документ (*за правоползване и пр.*).

credit ['kredit] **I.** *n* **1.** вяра, доверие; **to give ~** вярвам на; **2.** доверие, влияние, уважение; престиж, авторитет, добро име; **3.** уважение, признание; похвала, чест; заслуга; **II.** *v* **1.** вярвам, приемам за достоверен; **2.** приписвам; **to ~ s.o. with a quality** вярвам (мисля, смятам), че някой притежава качество; **3.** *фин.*: **to ~ a sum to s.o., to ~ s.o. with a sum** кредитирам сума на някого (някого със сума); вписвам сума към кредитната страна (прихода) на сметката на някого.

creed [kri:d] *n* **1.** вероучение; символ на вярата; **2.** вероизповедание; **3.** верую, убеждение, кредо.

creep [kri:p] **I.** *v* **crept** [krept] **1.** пълзя, лазя, влача се; тътря се; пълзя, вия се (*за растение*); стъпвам дебнешком; прокрадвам се, вмъквам се (**into**); измъквам се (**out, of**); **a feeling of drowsiness ~ over me** налегна ме дрямка; **2.** *прен.* пълзя; блюдолизнича; **3.** побиват ме (полазват ме) тръпки, потръпвам, потрепервам (*от страх, отвращение*); **II.** *n* **1.** *pl* тръпки (*от страх, отвращение*); **he gives me the ~s** тръпки ме побиват като го видя; **2.** *геол.* бавно свличане; **3.** *мин.* бавно издигане на пода на галерия.

cremate [kri'meit] *v* изгарям, кремирам.

crept *вж* **creep I**.

crew₁ [kru:] **I.** *n* **1.** екипаж; матросите (*без офицерите*); **2.** екип, бригада, група, тим, сдружение; **a camera ~** снимачен екип; **3.** *пренебр.* компания, банда, шайка, пасмина; **II.** *v* **1.** действам като член на екип; **will you ~ for me on my yacht?** искаш ли да бъдеш в екипажа на яхтата ми? **2.** : **~ cut** къса (ниска) мъжка постришка.

crew₂ *вж* **crow II**.

cricket₁ ['krikit] *n* щурец.

cricket₂ ['krikit] *сп.* **I.** *n* крикет; **it isn't ~** *разг.* не е честно, не е по правилата; **II.** *v* играя крикет.

crime [kraim] **I.** *n* **1.** престъпление; злодеяние; **to commit a ~** извършвам престъпление; **2.** *воен.* провинение; **II.** *v воен.* обвинявам в (наказвам за) нарушение на дисциплината.

criminal ['kriminl] **I.** *adj юрид.* **1.** престъпен; криминален; **2.** углавен, наказателен; **~ law** наказателно право; **II.** *n* престъпник; злодей, рецидивист.

crimson ['krimzn] **I.** *adj* **1.** пурпурен, румен, багрен, виненочервен, тъмночервен; кървавочервен; **to blush ~** пламвам, почервенявам, заруменявам; **2.** кървав; **II.** *n* пурпур, тъмночервен цвят; **III.** *v* багря, обагрям се, заруменявам (се); боядисвам (правя) тъмночервен; почервенявам, руменея.

cripple ['kripl] **I.** *n* **1.** сакат (куц, хром) човек; инвалид; **2.** висящо (подвижно) скеле (*при боядисване*); **II.** *v* **1.** осакатявам, оставям (правя) някого инвалид; **2.** отслабвам, намалявам; накърнявам, уронвам (*влияние и пр.*); **3.** правя негоден; парализирам (*дейност*).

crisis ['kraisis] *n* (*pl* **crises** [-i:z]) криза; **government ~** правителствена криза.

critic ['kritik] *n* **1.** критик, критичка; **2.** критикар; маханджия.

critical ['kritikl] *adj* критичен, критически; **to be ~ on the point of honour** взискателен съм по въпроса за честта (**of**).

criticism ['kritisizm] *n* критика; **higher ~** текстова критика, историческо разглеждане (*обикн. на Библията*).

criticize ['kritisaiz] *v* критикувам; разглеждам критично, анализирам, обсъждам.

Croatia [krou'eiʃə] *n* Хърватско.

Croatian [krou'eiʃən] **I.** *adj* хърватски; **II.** *n* хърватски език.

crocodile ['krɔkədail] *n* **1.** крокодил; • **~ tears** крокодилски сълзи; **2.** *уч.* ученици в колона; разходка под строй.

crooked ['krukid] *adj* **1.** извит; крив; изкривен; **a ~ smile** усмихвам се накриво; **2.** уродлив (*за човек*); **3.** нечестен, *прен.* тъмен.

crop [krɔp] **I.** *n* **1.** гуша (*на птица*); **2.** дръжка на камшик; малък камшик за езда; **3.** посев, разсад, култура; реколта, родитба, урожай; **a good ~ of rice** добра оризова реколта; • **neck and ~** с все парцали; **II.** *v* (**-pp-**) **1.** отрязвам, подрязвам; кърпя, кастря; стрижа, остригвам; **close ~ped hair** остригана коса; **2.** паса, опасвам, хрупам; **3.** сея, засявам.

cross [crɔs] **I.** *n* **1.** кръст (*и прен.*); **Greek ~** кръст с еднакво дълги рамена; гръцки кръст; **2.** християнството, християнският свят; **the Cross** Христовият кръст; християнската религия; **the Cross and the Crescent** християнството и ислямът; кръстът и полумесецът; **3.** кръст (орден); • **to take a child to Banbury ~** друсам дете на колене; **II.** *v* **1.** кръстосвам; **to ~ swords with s.o.** кръстосваме си шпагите; споря с; **2.** пресичам се (*за линии, пътища*); **3.** *refl* кръстя се, прекръствам се.

crossbar ['krɔsba:] *n* **1.** напречна греда, пречка; **2.** лост (*на врата*); **3.** кръст на сабя (щик).

crossbeam ['krɔsbi:m] *n* напречна греда.

cross-country ['krɔs'kʌntri] *adj, adv сп.* бягане през пресечена местност; кроскънтри; **~ skiing** скибягане.

crossing ['krɔsiŋ] *n* **1.** преминаване, пресичане; **to have a good ~** успешно преминавам (*море, океан, проток*); преминавам (*море и под.*) при хубаво време; **2.** пресечка на улица; кръстопът; пресичане на жп линии; **3.** кръстосване, хибридизация.

crossroad ['krɔsroud] *n* напречен път; път, който се отклонява от друг; *pl* пресечка, разклонение, кръстопът (*и прен.*).

crosswords, crossword puzzle ['crɔs 'wə:dz, 'krɔswə:d'pʌzl] *n* кръстословица.

crow I. [krou] *n* **1.** гарван, врана, гарга; птица от семейство *Corvus*; • **a white ~** бяла врана, нещо, което се среща рядко; **2.** кукуригане (пеене) на петел; **3.** гукане, радостно писукане (*на дете*); **II.** *v* (**crew** [kru:], **crowed** [kroud], **crowed**) **1.** кукуригам, пея; **2.** гукам, издавам радостни звуци; **3.** ликувам, тържествувам; злорадствам (**over**); **to ~ over o.'s rivals' failure** злорадствам над загубите на съперниците си.

crowd$_1$ [kraud] **I.** *n* **1.** тълпа; навалица, блъсканица, бутаница; **to move (go, follow) with the ~** *прен.* следвам (вървя след) тълпата; нося се по течението; постъпвам като другите; **2.** *разг.* група, тайфа, компания; **3.** маса, куп, много неща събрани (нахвърляни) заедно; **II.** *v* **1.** трупам се, тълпя се (*особ. с* **together, around**); **2.** блъскам (се), наблъсквам (се), натъпквам (се), тълпя се в; препълням; **to ~ into a room** наблъсквам се в стая; **3.** блъскам, натискам (*някого в тълпа и пр.*); притеснявам, стеснявам (*букв.*).

crowd$_2$ [kraud] *муз.* **I.** *n* (вид) гусла, гъдулка; **II.** *v* свиря на такъв инструмент.

crown [craun] **I.** *n* **1.** корона; *прен.* (**C.**) владичество, кралска (царска, императорска) власт; **to succeed the ~** наследявам престол; **2.** венец; венче; **3.** коронка (*на зъб*); **II.** *v* **1.** короновам, коронясвам; *прен.* увенчавам, украсявам; **to ~ s.o.** коронясвам някого за цар, правя някого цар; **2.** завършвам; окончавам; **3.** поставям коронка (*за зъб*).

crude [kru:d] **I.** *adj* **1.** суров, необработен, непречистен, нерафиниран, натурален; **~ oil** земно масло, суров (нерафиниран) нефт (петрол); **2.** груб, недодялан (*и прен.*); рязък; **3.** зелен, незрял (*за плод*); **II.** *n рядко* суров нефт (петрол).

cruel ['kruil] **I.** *adj* **1.** жесток; **2.** мъчителен; **II.** *adv грубо* ужасно, страхотно.

cruelty ['kruilti] *n* жестокост.

crush [krʌʃ] *v* **1.** смачквам, смазвам; разтрошавам, раздробявам, разбивам; *прен.* съкрушавам, унищожавам, сразявам, потъпквам; потушавам; **the rebellion was ~ed** въстанието беше потушено; **2.** смачквам, изстисквам (*грозде за вино*); **3.** изпивам.

cry [krai] **I.** *v* **1.** викам, рева, крещя; надавам вик (рев); извиквам; **to ~ unto God** призовавам Бога; **2.** плача, рева; • **there is no use ~ing over spilt milk** станалото станало; **3.** вия, рева, лая (*за животни*); **II.** *n* **1.** вик, рев; крясък; писък; **much ~ and little wool** много шум за нищо; **2.** вой, рев, крясък, писък (*на животно*); **3.** плач, рев.

crystal [kristl] **I.** *n* **1.** кристал; **~ clear** бистър (ясен) като кристал; *прен.* ясно като бял ден, пределно ясно; **2.** кристални предмети, кристал, кристално стъкло (*и* **~ glass**); **3.** стъкло на часовник; **II.** *adj* **1.** кристален, кристалинен; **2.** *прен.* бистър, ясен, чист, прозрачен; **3.** точен, ясен; **she made her meaning ~-clear** тя се изрази съвсем ясно.

cub [kʌb] **I.** *n* **1.** зверче, кутре, пале, малко животно (*мече, лисиче, вълче и пр.*); **2.** *пренебр.* невъзпитан младеж, хлапе, хлапак (*и* **unlicked ~**); **3.** *шег.* неопитен репортер; **II.** *v* (**-bb-**) куча се, раждам (*за вълчица, лисица и пр.*).

cube [kju:b] **I.** *n* **1.** *мат.* куб; **the ~ of three is twenty seven** три на куб прави двадесет и седем; **2.** (кубична) бучка (*захар*); **3.** паве; **II.** *v* **1.** *мат.* повдигам на куб (в трета степен); **2.** определям кубатурата (обема) на; **3.** павирам.

cuckoo ['kuku:] **I.** *n* **1.** кукувица; **2.** кукане; **II.** *v* **1.** кукам; **2.** повтарям монотонно; **III.** *adj ам. sl* глупав, пернат, чалнат; **gone ~** откачил е; **IV.** *int* ку-ку.

cucumber ['kju:kʌmbə] *n* краставица; **as cool as a ~** окото му не мига; невъзмутим, хладнокръвен, спокоен.

cuff₁ [kʌf] *n* **1.** маншет, ръкавел; **on the ~** *ам. sl* 1) на кредит; в заем; 2) без подготовка; необмислено; **2.** *pl* белезници (*и* **handcuffs**).

cuff₂ *n* **1.** плесница, шамар; **2.** удар с юмрук.

cult [kʌlt] *n* **1.** култ, преклонение (**of**); **personality ~** култ към личността; **2.** вероизповедание.

cultivate ['kʌltiveit] *v* **1.** обработвам; култивирам; **2.** отглеждам; **3.** развивам, култивирам; **to ~ an easy manners** култивирам у себе си непринудено държание.

cultural ['kʌltʃərəl] *adj* културен; **~ features** *топогр.* съоръжения, постройки и изкуствени насаждения.

culture ['kʌltʃə] *n* **1.** култура; **the ~s of the American Indians** културата на американските индианци; **2.** земеделска култура; **3.** отглеждане, култивиране; обработване; развъждане.

cultured ['kʌltʃəd] *adj* **1.** културен; **2.** образован, развит; **highly ~ man** човек с голяма култура; **3.** култивиран.

cunning ['kʌniŋ] **I.** *n* **1.** сръчност, умение, ловкост, изкусност, майсторство, изкуство; **2.** хитрост, лукавство, коварство; **II.** *adj* **1.** сръчен, умел, ловък, изкусен; **2.** хитър, лукав, коварен; **~ smile** лукава усмивка; **3.** *разг.* знаменит, чудесен.

cup [kʌp] **I.** *n* **1.** чаша, чашка (*не от стъкло*); купичка; **bitter ~** *прен.* горчива чаша; **2.** *сп.* купа; **the World Cup** световната купа (*за всеки вид спорт*); **3.** *бот.* чашка (*на цвят*); **II.** *v* (**-pp-**) **1.** вземам (слагам) като в чаша; **she ~ped her ear in her hand** тя закри ухото си с ръка; **2.** *мед.* поставям вендузи на.

cupboard ['kʌbəd] *n* долап, шкаф; **to cry ~** гладен съм; • **~ love** користна любов.

curd [kə:d] **I.** *n* (*обикн. pl*) пресечено мляко; извара, отвара, урда; **II.** *v* пресичам (се); съсирвам (се), коагулирам.

cure₁ [kjuə] **I.** *n* **1.** лек, цяр, лекарство, средство (*за лечение*); **2.** лечение, лекуване; **water-~** водолечение; **3.** *рел.* попечителство, църковна грижа; *прен.* паство; **II.** *v* **1.** лекувам, церя, излекувам, изцерявам; **to ~ s.o. of an illness** излекувам някого от болест; **2.** суша, опушвам, консервирам; обработвам; **3.** *тех.* вулканизирам.

cure$_2$ *n sl* чудак, особняк, ексцентрик, "скица", "чешит".

curiosity [ˌkjuəri'ousiti] *n* **1.** любопитство; **to be on tiptoe with (dying of, burning with) ~** горя (умирам) от любопитство; • **~ killed the cat** любопитството не води към добро; **2.** любознателност; **3.** рядкост; особеност.

curious ['kjuəriəs] *adj* **1.** любопитен; **I am ~ to know** много бих искал да знам, любопитен съм да узная; **2.** любознателен; **3.** чуден, странен, особен, куриозен; необикновен, ексцентричен.

curl [kə:l] **I.** *v* **1.** къдря (се), извивам (се), навивам (се), завивам (се); **to ~ o.'s hair** къдря (фризирам) си косата; **2.** сбръчквам се, набръчквам се (*за листа*); ставам на вълни; **3.** карам някого да се чувства неудобно; **II.** *n.* **1.** къдрица, къдра, букла; **to fall in ~s** падам на букли (къдрици) (*за коса*); **2.** извивка; **3.** *тех.* спирала.

curly ['kə:li] *adj* **1.** къдрав; **2.** извит; усукан.

currant ['kʌrənt] *n* **1.** стафида; **2.** френско грозде (*и* **red ~, white ~**).

currency ['kʌrənsi] *n* **1.** валута, пари; **paper ~** банкноти, книжни пари; **2.** монетно обращение; **3.** валидност; период на валидност.

current ['kʌrənt] **I.** *adj* **1.** текущ; сегашен; **~ issues** текущи проблеми; **2.** в обращение; установен, общоприет, на мода; **3.** плавен; **II.** *n* **1.** течение, поток, струя; **~ of air** въздушно течение; **2.** ход, поток, течение; **3.** *ел.* ток; сила на тока.

curriculum vitae [kə'rikjuləm'vitai, *ам.* kə'rikjuləm'vaiti:] *n* автобиография, съдържаща кратко описание на професионална кариера, обикновено за постъпване на работа.

curry$_1$ ['kʌri] *кул.* **I.** *n* **1.** къри, комбинирана подправка или сос за ориз, месо, риба и пр.; **2.** ястие, приготвено (подправено) с къри; **II.** *v* приготвям с къри.

curry$_2$ *v* **1.** чеша с чесало, тимаря (*кон*); **2.** обработвам, щавя (*кожа*); **3.** бия, удрям, бухам, тупам, блъскам; • **to ~ favour with s.o.** подмазвам се, лаская, угоднича.

curse [kə:s] **I.** *n* **1.** проклятие, клетва; **to put (lay, pronounce) a ~ upon s.o.** проклинам някого, изричам клетва над някого; • **the ~ comes home to roost** проклятието се връща при този, който го произнася; **2.** ругатня, псувня; **3.** бич, проклятие; **II.** *v* **1.** проклинам, кълна; **to ~ s.o. with bell, book and candle** *ист.* анатемосвам, отлъчвам някого от църквата; *прен.* призовавам проклятието на Бога и на всички светии срещу (над) някого; **2.** ругая, псувам; **3.** *рел.* отлъчвам от църквата; анатемосвам.

cursor ['kə:sə] *n тех.* райтер (*на скàла*); указател, стрелка, маркер, курсор (*и комп.*).

curtail [kə:'teil] *v* съкращавам, намалявам; скъсявам.

curtain [kə:tn] **I.** *n* **1.** завеса, завеска; перде; **to draw the ~s** дърпам (пускам) пердетата; **2.** *театр.* завеса; **3.** *воен.* бараж, преграда; **II.** *v* слагам завеса (перде) на; закривам, покривам (*с перде*); **to ~ off a part of the room** отделям (преграждам) част от стаята със завеса.

curve [kə:v] **I.** *n* **1.** крива (линия); извивка, кривина; дъга; **~ of a beam** дъга (огъване) на греда; **2.** завой; **3.** *мат.* крива; **II.** *v* извивам (се), изкривявам (се); **the road ~ed suddenly to the left** пътят неочаквано зави наляво; **III.** *adj ост.* извит, изкривен, вдаден.

cushion ['kuʃən] **I.** *n* **1.** възглавница (*за кушетка*), възглавничка; **lace-~** възглавничка за плетене на дантели; **2.** *тех.* подложка; амортисьор, амортизатор; **3.** ръб на билярдна маса; • **on the ~** *ам. sl* сит, преситен, охолен; **II.** *v* **1.** подлагам възглавница (подложка); **2.** покривам с (слагам под) възглавница; **3.** *прен.* захвърлям под миндера; оставям в глуха линия.

custom ['kʌstəm] **I.** *n* **1.** обичай; навик, привичка; **it is my ~ to sit up late** навик ми е да си лягам късно; **2.** мито; **3.** *pl* митница (*и* **customs-house, customs-station**); **II.** *adj* по мярка, по поръчка; **~ shoes** обувки по поръчка.

customer ['kʌstəmə] *n* **1.** клиент; купувач; **2.** *разг.* човек; **rum (queer) ~** чудак, особняк, чешит, маниак.

customhouse ['kʌstəmhaus] *n* митница; **~ officer** митничар.

cut [kʌt] **I.** *v* (**cut**) **1.** режа, срязвам, разрязвам, прерязвам; отрязвам, отсичам; сека; **to ~ o.'s finger** порязвам си пръста; **2.** кося; жъна; прибирам реколта; **3.** кроя, скроявам; **II.** *n* **1.** разрез; **2.** рязане, разрязване; сечене, разсичане; **it was ~ and thrust** това бе една ожесточена битка; **3.** рана; порезна рана, порязване; порязано място; • **to be a ~ above s.o.** *прен.* превъзхождам някого, съм над някого; **III.** *adj* **1.** рязан; **~ glass** шлифован кристал; **2.** *бот.* нарязан, назъбен (*за листа*); **3.** *sl* пиян.

cutlery ['kʌtləri] *n* **1.** ножарство; **2.** ножарски изделия; **3.** прибори за хранене (*ножове, вилици, лъжици*).

cutlet ['kʌtlit] *n кул.* котлет.

cutter ['kʌtə] *n* **1.** резач, крояч; **2.** резец, длето; резачка; фреза, фрезмашина; **3.** *мор.* катер; **revenue ~** *ам.* митнически патрулен катер.

cutthroat ['kʌtθrout] **I.** *n* главорез; убиец; **II.** *adj* убийствен, унищожителен; *прен.* безмилостен; **~ competition** конкуренция на живот и смърт.

cutting ['kʌtiŋ] **I.** *n* **1.** рязане, разрязване, сечене, разсичане; дялане; **~ area** сечище; **2.** изрезка (*особ. от вестник*), отрязък, парче; **3.** кроене, кройка; **II.** *adj* **1.** остър, рязък, язвителен; **a ~ remark** язвителна (рязка) забележка; **2.** пронизващ (*вятър и пр.*).

cycle [saikl] **I.** *n* **1.** цикъл; кръг; оборот, обръщение; **the ~ of seasons** цикъл на сезоните; **2.** *разг.* колело, велосипед (*съкр. от* **bicycle**); **3.** *рядко* век, период; **II.** *v* **1.** карам (яздя) велосипед; **2.** движа се (минавам през) периоди (цикли); правя обороти.

cyclist ['saiklist] *n* колоездач, велосипедист.

Cymric ['kimrik] **I.** *adj* уелски; **II.** *n* уелски език.

cynic ['sinik] *n* циник.

cypress ['saipris] *n бот.* кипарис *Cupressus sempervirens*.

Cyprian ['sipriən] **I.** *adj* **1.** кипърски; **2.** развратен; **II.** *n* **1.** жител на остров Кипър; **2.** развратник, развратница.

Cyrillic alphabet ['sirilik'ælfəbit] *n* кирилица, славянска азбука.

czar [za:] *n рус., ист.* цар.

Czech [tʃek] **I.** *n* **1.** чех; **2.** чешки език; **II.** *adj* чешки.

D

D, d$_1$ [di] (*pl* **Ds, D's** [di:z]) *n* **1.** буквата **D**; **2.** *муз.* ре; **3.** *тех.* нещо във формата на буква **D**.

d$_2$ *съкр. от* **died.**

'd [d] *съкр. от* **had, should, would; I'd go** аз бих отишъл; **they'd prefer** те биха предпочели; **I'd better go now** най-добре вече да тръгвам.

DA [ˌdi:'ei] *abbr ам.* районен прокурор.

dab$_1$ [dæb] **I.** *v* (**-bb-**) **1.** потупвам, докосвам леко, леко избръсквам; **2.** цапвам, плесвам, мацвам, мазвам; **to ~ o.'s lips with a lipstick** начервявам се леко, напудрям се; **to ~ it on thick** *прен.* пресилвам, прекалявам (*обикн. в ласкателство*); **3.** кълва (**at**); **II.** *n* **1.** потупване, допиране, докосване; **to make a ~ at** кълввам; **to have a ~** *разг.* пробвам, опитвам; **2.** петно (*боя*); **3.** *прен.* бучица, топчица, малко количество (*от масло и пр.*).

dab$_2$ *n зоол.* писия *Pleuronectes limanda.*

dab$_3$ *n разг.* майстор, спец, специалист; **to be a ~ hand at** спец съм по (в).

dabber ['dæbə] **1.** *n* тампонче за намазване с мастило (*използвано от гравьори, цинкографи и под.*); **2.** *мет.* трамбовка.

dabble [dæbl] *v* **1.** плискам (се), пръскам (се); мацвам, цапвам; **2.** бъркам се, меся се, занимавам се повърхностно **(in/at); to ~in politics** политиканствам; **3.** оросявам; овлажнявам.

da capo [ˌda:'ka:pou] *муз.* отначало, знак на повторение.

dace [deis] *n зоол.* вид въдовица, клен *Leuciscus vulgaris.*

dacha ['dætʃə] *n* дача.

dachshund ['dækshund] *n нем.* дакел, дакс, порода куче с дълго тяло и къси крака.

Dacia ['deiʃə] *ист.* Дакия.

Dacian ['deiʃən] *ист.* **I.** *adj* дакийски; **II.** *n pl* даки.

dactyl ['dæktil] *n* **1.** *проз.* дактил; **2.** *зоол.* пръст (*на животно*).

dactylic [dækt'ilik] **I.** *adj* **1.** *проз.* дактилен; **2.** *зоол.* който се отнася до пръст (*на животно*); **II.** *n pl проз.* дактилна поезия.

dactylogram ['dæktiləgræm] *n* отпечатък от пръст, дактилограма.

dactylography [ˌdækti'lɔgrəfi] *n* дактилография, дактилоскопия.

dactylology [dækti'lɔlədʒi] *n* дактилология; "език" на глухонемите.

dactylonomy [ˌdækti'lɔnəmi] *n* дактилономия, броене и пресмятане на пръсти.

dad [dæd] *n дет.* татко, тате; баща.

daddy ['dædi] *n дет.* татенце, тате, татко; **sugar ~** *ам. sl* възрастен обожател (любовник).

daffodil ['dæfədil] *n* **1.** *бот.* жълт нарцис; **2.** жълт цвят.

daily ['deili] **I.** *adv* дневно, ежедневно, всеки ден; **II.** *adj* ежедневен, всекидневен; **it is of ~ occurrence** това се случва всеки ден; **III.** *n* **1.** ежедневник; **2.** приходящ прислужник.

daddy-longlegs [ˌdædi'lɔŋglegz] **1.** *n зоол.* стоножка (*насекомо*); **2.** *sl* дългуч.

dado ['deidou] **I.** *n арх.* **1.** плоската част на цокъл (пиедестал); **2.** боядисан цокъл на стена; ламперия; **a ~ of oak panelling** дъбова ламперия; **3.** панела; **II.** *v* обшивам с панели.

dagger ['dægə] **I.** *n* **1.** кама, кинжал; нож; **to be at ~s drawn, to be at ~'s points** на нож съм (**with**); **2.** *печ.* кръстче (*за отбелязване, справка*); **II.** *v* **1.** промушвам, намушвам (*с кама*); **2.** *печ.* отбелязвам с кръстче.

daggle [dægəl] *v* влача през кал и вода.

daintify ['deintifai] *v* правя изящен, изискан, изтънчен.

dairy ['deəri] *n* **1.** помещение за обработка и съхранение на млечни продукти; **2.** мандра; **3.** млекарница.

dairy cattle ['deəri'kætəl] *n* млекодайни (дойни) крави.

dais ['deiis] *n* подиум; платформа, естрада.

daisy ['deizi] **I.** *n* **1.** *бот.* маргаритка *Bellis perennis*; **2.** *sl* нещо прекрасно (превъзходно) (*обикн. ирон.*); **she is a ~** тя е прекрасна; **II.** *sl* прекрасен, чудесен, великолепен.

daisy-cutter ['deizi,kʌtə] *n* **1.** *сп.* ниска топка; **2.** кон, който едва си вдига копитата от земята.

dalliance ['dæliəns] *n* **1.** флирт, флиртуване; **gentle ~** лек флирт; **2.** прахосване (пропиляване, губене) на време; празно развлечение; **to live in idle ~** живея празен живот; **3.** несериозно отношение (*към нещо*).

dam$_1$ [dæm] **I.** *n* язовир, бент; язовирна стена; **II.** *v* завирявам; заприщвам, препречвам (*с бент*) (*обикн. с* **up**); **to ~ up o.'s feelings** сдържам чувствата си.

dam$_2$ *n* майка (*на четириноги животни*).

damage ['dæmidʒ] **I.** *n* **1.** вреда, щета; повреда; ущърб; **to absorb the ~** *тех.* запазвам работоспособност при повреждане; **2.** *pl юрид.* обезщетение, вреди и загуби; **3.** *разг.* разходи, разноски; стойност; **II.** *v* **1.** повреждам, нанасям повреда на, развалям; **2.** навреждам, вредя, ощетявам; **3.** *рядко* позоря, дискредитирам, очерням.

damn [dæm] **I.** *v* **1.** кълна, проклинам; проклинам в ада; псувам, попържам, ругая; **~it!** по дяволите! **2.** осъждам; не одобрявам; провалям; **II.** *n* проклятие, ругатня; **not to care (give) a ~ (for)** пет пари не давам; не ми пука; **III.** *int* по дяволите! **IV.** *adj* проклет, пуст; • **~ near, as near as ~ it** почти истина.

damnable ['dæmnəbəl] *adj* **1.** пъклен; **2.** *разг.* отвратителен, противен, ужасен; **~ lies** гнусни лъжи.

damning ['dæmiŋ] *adj* който води към осъждане, изобличаващ.

damp [dæmp] **I.** *n* **1.** влага, мокрота, влажност; **2.** изпарения; руднично газ гризу; **3.** униние, депресираност, потиснатост, угнетеност; **II.** *adj* влажен, прогизнал, подгизнал; **to grow (become) ~** овлажнявам, подгизвам, намокрям се; **III.** *v* **1.** намокрям, овлажнявам; **2.** задушавам, потискам, заглушавам, притъпявам, смекчавам; **to ~ down a fire** задушавам огън; **3.** обезсърчавам, обезкуражавам, угнетявам, потискам; намалявам, охладявам, попарвам (*прен.*).

dampen [dæmpən] *v* **1.** обезсърчавам, обезкуражавам, угнетявам, потискам; охладявам, попарвам (*прен.*); **2.** овлажнявам, подгизвам, намокрям се.

damper ['dæmpə] *n* **1.** човек (нещо), който обезсърчава, потиска; **put (cast, throw) a ~ on** обезсърчавам, попарвам, убивам желанието на; **2.** овлажнител, тампон за мокрене на ма́рки и под.; **3.** *тех.* заглушител.

damp proof ['dæmppru:f] *adj* влагоустойчив.

dance [da:ns] **I.** *v* **1.** танцувам, играя; **~to (the) music** танцувам под звуците на музика; **2.** *прен.* скачам подскачам, играя (*и за сърце, кръв*); клатушкам се (**~ about, ~ up, ~ down**); **3.** подмятам; вия се; люлея се; **II.** *n* **1.** танц; **barn ~** шотландски танц; **2.** танцова вечер, забава, танци, бал; **3.** музика за танц, танцувална музика (*и* **~-music**); • **to begin (lead) the ~** пръв съм, "повеждам хорото".

dancer ['dansə] *n* танцьор, танцьорка, балетист, балерина; • **merry ~s** *диал.* северното сияние.

dandelion ['dændilaiən] *n* глухарче; **~ bitters** сок от глухарчета.

dander ['dændə] *n разг.* яд, гняв, негодувание; **to get a person's (o.'s) ~ up, to put up (raise) a person's (o.'s) ~** разядосвам (се), разсърдвам (се), разгневявам (се), кипва ми.

dandify ['dændifai] *v* наконтвам, нагиздвам, натруфям.

dandruff ['dændrʌf] *n* пърхот.

Dane [dein] *n* **1.** датчанин; **2.** порода кучета.

danger ['deindʒə] *n* **1.** опасност (**of, to**); **to keep out of ~** стоя настрана, гледам да не пострадам; **2.** заплаха (**to**); **3.** *attr* опасен.

dangerous ['deindʒərəs] *adj* **1.** опасен (**to, for**); **~ driving** опасно кормуване; ◇ *adv* **dangerously** **2.** несигурен, хаплив (*за куче*).

dangle [dæŋgl] *v* **1.** вися, клатя се, клатушкам се, вея се; **2.** закачам, провесвам; клатя, мандахерцам, вея; **to ~ bright prospects before a person** мамя със светли перспективи.

Danish ['deiniʃ] **I.** *adj* датски; **II.** *n* датски език.

dank [dæŋk] *adj* усоен, влажен.

dant [dænt] *n* нискокачествени въглища.

Danube ['dænju:b] *геогр.* р. Дунав.

dap₁ [dæp] **I.** *v* **1.** ловя риба (*като потапям едва-едва стръвта*); потапям едва-едва; **2.** удрям (се) о̀ земята, подскачам, отскачам (*за топка*); **II.** *n* подскачане, отскачане (*на топка*).

dap₂ право, точно, директно.

dapper ['dæpə] *adj* **1.** спретнат, стегнат, елегантен, изтупан, докаран; **2.** бърз, подвижен, жив.

dapple [dæpl] **I.** *v* изпъстрям, нашарвам, покривам (се) с петна; **II.** *adj* пъстър, шарен, на петна, петнист.

dare [deə] **I.** *v* (**dared** [deəd], **dared**; *3 л., ед., сег.* **dares, dare**) **1.** смея, имам смелостта, осмелявам се, решавам се; **I ~ say** (*или* **~ say**) предполагам, не се съмнявам; сигурно, как не; **2.** не признавам, излизам насреща на, противопоставям се на; **3.** предизвиквам, подканвам, приканвам; **II.** *n* предизвикване, покана; **to take a ~** отзовавам се на предизвикателство.

daring ['deəriŋ] **I.** *adj* **1.** смел, юначен, сърцат, безстрашен; **2.** дързък, авантюристичен; ◇ *adv* **daringly**; **II.** *n* **1.** смелост, сърцатост, безстрашие; **2.** дързост, авантюристичност.

dark [da:k] **I.** *adj* **1.** тъмен; **it is getting ~** стъмва се, мръква се; **2.** мургав, чернокос; черен; **3.** непросветен, некултурен, прост, див; • **the D. Continent** черният континент, Африка; **II.** *n* **1.** тъмно, тъмнина, мрак, мръкнало; **in the ~** на тъмно; **2.** незнание, неведение.

darkness ['da:knis] *n* тъмнина, мрак, мрачина; **the ~ of despair** мрачно отчаяние.

darling ['da:liŋ] **I.** *n* **1.** любимец, любимка, обичен, -на, мил, -а; мило същество; **my ~!** мили мой!; **2.** галеник, -ца; **II.** *adj* любим, обичен, мил(ичък), скъп.

darn₁ [da:n] **I.** *v* кърпя, замрежвам;

II. *n* замрежено място.

darn₂ **I.** *int* = **damn**; **II.** *v sl* кълна, проклинам, псувам, ругая.

dash [dæʃ] **I.** *v* **1.** пускам се, впускам се, втурвам се, затичвам се, завтичвам се, отърчавам, хуквам; **2.** хвърлям, мятам, запращам, запокитвам, блъскам, тласкам, тръшкам; **plants ~ by the rain** растения, полегнали от дъжда; **3.** разбивам (*и прен.*), разбивам се; осуетявам, измамвам (*надежди и пр.*), убивам, сломявам (*дух*), намалявам (*възторг*); засрамвам, посрамвам, обезсърчавам, обезкуражавам; **II.** *n* **1.** бързо (стремително) движение, бяг, устрем, втурване, отърчаване, хукване; **to make a ~ at (against)** хвърлям се върху; • **at one ~** наведнъж, на един път, отведнъж; **2.** енергия, жизненост, увлечение, смелост; замах, блясък, елегантност; **3.** примес, прибавка, доза, капка, капчица, малко, мъничко;

dash down нахвърлям, написвам набързо;

dash in 1) скицирам; 2) втурвам се;

dash off 1) нахвърлям, скицирам; скалъпвам; 2) хуквам;

dash out 1) зачерквам, задрасквам; замацвам; 2) изтичвам, изхвръквам.

dashing [ˈdæʃiŋ] *adj* **1.** смел, жив, енергичен; **2.** елегантен; крещящ.

dastard [ˈdæstəd] *n* страхливец, поплювко, подлец.

data [ˈdeitə] *n* (*pl от* **datum**) данни, факти; **to plot the ~** нанасям данни (*в график*).

database [ˈdeitəˈbeiz] *n комп.* база данни.

data processing [ˈdeitəˈprousisiŋ] *n комп.* обработка на данни (информация).

date₁ [deit] **I.** *n* **1.** дата, време; **to ~** *канц.* до днес, досега; **2.** период, епоха (*от която датира нещо*); **3.** *ост.* възраст; **II.** *v* **1.** датирам, поставям, слагам дата на; **~d June 2** с дата 2 юни; **2.** датирам, водя началото си (**from**); **3.** определям дата (време, период, епоха) на; отнасям към определена дата (време, период, епоха).

date₂ [deit] *n бот.* **1.** фурма; **2.** финикова палма.

date-palm [ˈdeitpa:m] *n* финикова палма.

datum [ˈdeitəm] *n* (*pl* **data**) предпоставка, отправна точка; факт.

daub [dɔ:b] **I.** *v* **1.** мажа, измазвам, намазвам (**with**); **2.** мацам, измацвам, цапам, изцапвам, калям, изкалвам; **3.** цапотя, рисувам как да е; **II.** *n* **1.** мазилка; **2.** петно; **3.** цапаница, лоша картина.

daughter [ˈdɔ:tə] *n* **1.** дъщеря, *прен.* потомка; **2.** *attr прен.* произлязъл от.

daughterhood [ˈdɔ:təhud] *n* дъщерност.

daughter-in-law [ˈdɔ:tərinlɔ:] *n* (*pl* **-s-in-law**) снаха.

daunt [dɔ:nt] *v* **1.** всявам страх, сплашвам, уплашвам; **2.** обезсърчавам, обезкуражавам; възпирам; **nothing ~ed** смело, без страх.

davenport [ˈdævnpɔ:t] *n* **1.** вид бюро, писалище; **2.** *ам.* кушетка.

dawdle [dɔ:dl] *v* **1.** туткам се, разтакавам се, мая се, мотая се, залисвам се, шляя се; **to ~ away o.'s time** губя си времето; **2.** *сп., жарг.* прекалено дълго водя топката (*баскетбол*).

dawn [dɔ:n] **I.** *v* **1.** съмва (се), разсъмва се, развиделява се, зазорява се; пука се, сипва се (*за зора*); **2.** *прен.* започвам (да се показвам, появявам); явявам се; **it ~ed on me** стана ми ясно, сетих се; **II.** *n* **1.** зора, зазоряване, съмване, разсъмване, развиделяване; **at (break of) ~** на разсъмване; **2.** *прен.* зора, наченки, начало, първи проблясъци.

day [dei] *n* **1.** ден, денонощие; **civil ~** *юрид.* денонощие; **2.** време, дни, срок, период, епоха; **3.** дни на блясък, връхна точка; • **every dog has its ~** на всекиго идва редът; всяко нещо, всичко има край.

daybreak ['deibreik] *n* зазоряване, разсъмване, развиделяване, зора (**at ~**).

day-dream I. ['deidri:m] *n* блян, блянове, мечта, мечти, фантазии, въздушни кули; **II.** *v* мечтая, бленувам.

day-labourer ['dei'leibərə] *n* надничар.

daylight ['deilait] *n* **1.** дневна светлина, виделина, видело; **in broad ~** посред бял ден; открито, пред хората; **2.** пролука, просвет; луфт; • **to let ~ into** разгласявам, давам гласност на; *sl* очиствам, убивам.

dazzle [dæzl] **I.** *v* **1.** заслепявам; **2.** смайвам, поразявам; мамя, примамвам; **3.** маскирам със защитен цвят; **II.** *n* **1.** заслепяване; **2.** ярка светлина; • **~ paint** защитни краски, камуфлаж.

deacon ['di:kən] **I.** *n* **1.** дякон; **2.** църковен настоятел; **II.** *v ам.* **1.** чета на висок глас началото на църковен химн; **2.** *sl* слагам по-добрата стока най-отгоре.

dead [ded] **I.** *adj* **1.** мъртъв, умрял; **as ~ as a doornail (a herring)** умрял, без никакви признаци на живот; **2.** загубил основните си качества, силата си; изгорял, угаснал; *ел.* без напрежение, изключен от верига; **3.** мъртъв, сух, увехнал (*за растение*); • **~ above the ears (from the neck up)** *sl* глупав, тъп, безмозъчен; тъп като галош; **II.** *adv* напълно, безусловно, абсолютно; направо; **~ set against** решително против; право в лицето (*за вятър*); **III.** *n*: **the ~** мъртвите.

deaden [dedn] *v* **1.** лишавам от (загубвам) жизненост, сила, радост, попарвам, правя (ставам) безчувствен (**to**); **2.** заглушавам, притъпявам, умъртвявам, намалявам, ослабям; **3.** карам нещо да потъмнее (да си загуби блясъка, да повехне).

dead-end ['ded,end] **I.** *n* **1.** сляпа улица, глуха улица, улица без изход; **2.** безизходно положение, безизходица; "наникъде", "ни напред, ни назад"; **II.** *adj* **1.** плътно прикрепен (*чрез завинтване*); **2.** задънен, глух (*за улица и пр.*).

deadline ['dedlain] *n ам.* **1.** фатален срок; **2.** краен (последен) предел.

deadlock ['dedlɔk] *n* **1.** застой, мъртва точка, безизходица; **to break a ~** намирам изход; **2.** *тех.* пълно спиране; блокиране.

deaf [def] *adj* **1.** глух; **(as) ~ as an adder (as a post, as a stone)** абсолютно глух; **2.** глух, неотзивчив (**to**).

deaf-and-dumb ['defəndʌm] *adj* глухоням; **~ alphabet** азбука за глухонеми.

deaf-mute ['def'mju:t] *n* глухоням.

deal$_1$ [di:l] **I.** *v* (**dealt** [delt]) **1.** раздавам, разпределям (**out**); дарувам, определям (*за съдбата, провидението и пр.*); **to ~ the cards** раздавам карти; **2.** нанасям (*удар*) (**at**); **3.** търгувам (**in**); **II.** *n* **1.** количество, дял, степен, доза; **there is a ~ of truth in it** в това има известна доза истина; **2.** сделка; споразумение, спогодба; **3.** отношение, отнасяне, третиране.

deal$_2$ **I.** *n* елова, чамова дъска; **II.** *adj* елов, чамов; **~ table** маса от елово, чамово дърво.

dealer [ˈdi:lə] *n* **1.** търговец (на **in**); **2.** който раздава карти; • **new-~** поддръжник на новия курс на Ф. Д. Рузвелт.

dealt *вж* **deal₁ I.**

dean₁ [di:n] *n* **1.** *рел.* декан, глава на управително тяло на катедрала; старши свещеник на област (*и* **rural ~**); **2.** декан (*на факултет*); **3.** доайен.

dean₂ *n* дол, долина, долчинка.

dear [diə] **I.** *adj* **1.** драг, мил, скъп (**to**); **D. Sir, Madam** (*официално обръщение в писмо*) уважаеми господине (госпожо); **2.** скъп; **~ price** *англ.* висока цена; **II.** *n* **1.** любим, любима, либе, изгора; **2.** мили, драги, миличък (*обръщение*); **3.** *разг.* мил, миличко, миличък; сладур(че); **what ~s they are!** колко са мили(чки)!; **III.** *adv* **1.** скъпо; **to sell (buy, pay) ~** *англ.* продавам (купувам, плащам) скъпо; **2.** нежно, с чувство.

death [deθ] *n* **1.** смърт, смъртен случай; **~ by hanging (shooting, from drowning, from starvation)** смърт чрез обесване (разстрел, поради удавяне, от глад); **2.** смърт (*състояние*); **3.** *прен.* край.

debasement [diˈbeismənt] *n* **1.** понижаване на качество, намаляване на стойност, подправяне, фалшифициране; **2.** унижение, обида.

debate [diˈbeit] **I.** *v* **1.** споря, дебатирам, водя дебати по; обсъждам, разисквам; оспорвам; **2.** мисля върху (по), обмислям, премислям; **to ~ in o.'s mind** мисля си, обмислям; **3.** *ост.* карам се, боря се за; **II.** *n* **1.** разискване, разисквания, обсъждане, дебати; дискусия; **forensic ~s** *юрид.* съдебно разглеждане; **2.** *ост.* спор, караница, скандал, разправия, разпра; полемика.

debouch [diˈbautʃ] *v* **1.** изливам се, вливам се, втичам се; **2.** *воен.* дебуширам.

debrief [ˌdiˈbri:f] *v* искам (получавам) отчет за изпълнение на мисия.

debris [ˈdebri:] *n* **1.** остатъци, късове, парчета, останки, отломки, изрезки; развалини; строителни отпадъци; **falling ~** падащи предмети; **food ~** остатъци от храна; **2.** нанос, утайка, наслояване; **3.** *мин.* безрудни скали.

debt [det] *n* дълг; дан; **action of ~** дело за дълг.

debtor [ˈdetə] *n* **1.** длъжник; **~s' prison** *ист.* затвор за длъжници; **2.** *търг.* дебитор, длъжник.

debug [diˈbʌg] *v комп.* откривам и премахвам на грешки (*от програма*).

debunk [diˈbʌŋk] *v* **1.** разобличавам (*лъжа, измама*); **2.** *разг.* развенчавам, лишавам от слава (престиж).

debut [ˈdeibu:] *n фр.* дебют, начало; първо излизане; **to make o.'s ~** дебютирам.

decade [diˈkeid] *n* **1.** десетилетие; **2.** група от десет; десетица; **3.** *ист.* декада, десет дни.

decanter [diˈkæntə] *n* гарафа.

decapitate [diˈkæpiteit] *v* обезглавявам, отсичам главата на; *юрид.* декапитирам.

decathlon [diˈkæθlən] *n сп.* десетобой, декатлон.

decay [diˈkei] **I.** *v* **1.** гния, загнивам, залинявам, сплувам се, скапвам се, разкапвам се, разлагам се; **2.** отпадам, отслабвам, влошавам се, разстройвам се (*за здраве*); повяхвам (*за хубост и под.*); **3.** западам, изпадам; **a ~ed family** изпаднало семейство; **II.** *n* **1.** гниене, загниване, сплуване, скапване, разкапване; **2.** разрушение, разруха; **to be**

in (fall into) ~ руша се; 3. отпадане, отслабване, влошаване, повяхване, изхабяване, разстройство.

deceased [di'si:st] *книж.* **I.** *adj* покоен, починал, умрял; **II.** *n* покойник, мъртвец, покойница.

deceit [di'si:t] *n* **1.** измама; лъжа, лъжливост, лъжовност; **2.** хитрост, хитрина, коварство, лукавство; **full of ~** лукав; коварен; лъжлив; измамен.

deceive [di'si:v] *v* **1.** мамя, измамвам, заблуждавам, въвеждам в заблуждение; **2.** служа си с измама; • **to ~ time** *ост.* гледам да минава по-лесно времето.

decelerate [di'seləreit] *v* **1.** движа се с по-малка скорост, забавям хода си; **2.** *тех.* намалявам (*скоростта, броя на оборотите*).

December [di'sembə] *n* декември; *attr* декемврийски.

decent [di:snt] *adj* **1.** приличен, благоприличен, с добро държание (поведение); скромен; **~ people** порядъчните хора; **2.** *разг.* свестен; сносен, поносим, търпим; който се ядва; разбран, добър; чудесен; прекрасен; ◇ *adv* **decently**.

deception [di'sepʃn] *n* **1.** измама, лъжа; **to practise ~** мамя, служа си с измама; **2.** заблуда, илюзия.

decide [di'said] *v* **1.** решавам (се), вземам решение; **to ~ a case** произнасям се по дело (*за съд*); **2.** решавам (*изхода на*); **3.** решавам се на, спирам се на, избирам.

decided [di'saidid] *adj* **1.** решителен, несъмнен, безспорен; определен, явен, ясен, недвусмислен; окончателен, категоричен; **2.** решен, непоколебим, твърд, установен.

decipher [di'saifə] *v* **1.** дешифрирам; **2.** *прен.* дешифрирам, разчитам.

decipherment [di'saifəmənt] *n* дешифриране, разчитане.

decision [di'siʒn] *n* **1.** решение; **to arrive at (come to, make, take) a ~** вземам решение; **2.** *юрид.* заключение, присъда; **3.** решителност, непоколебимост, твърдост.

decisive [di'saisiv] *adj* **1.** решителен, решаващ, важен, критичен, съдбоносен; **2.** решителен, несъмнен, безспорен, определен, установен, явен, убедителен; ◇ *adv* **decisively**.

deck [dek] **I.** *n* **1.** *мор.* палуба; **main ~** горна палуба; **2.** *жп, авт.* платформа; **3.** тесте, колода (*карти*); **II.** *v* **1.** слагам палуба на; **2.** украсявам (*и с* **out**).

decker ['dekə] **I.** *v* сгъстявам (целулоза); **II.** *n* сгъстител.

decking ['dekiŋ] *n* **1.** украса; **2.** палубни принадлежности; **3.** покритие; облицовка; настилка.

deckle [dekl] *n* рамка, която се използва при правене на хартия.

deckle-edge ['dekledʒ] *n* неизрязан край (*на хартия*).

declaration [,deklə'reiʃn] *n* **1.** изявление, декларация; **2.** *юрид.* искова молба; клетвена декларация; **3.** митническа декларация.

declare [di'kleə] *v* **1.** обявявам, провъзгласявам (за); **to ~ o.'s love** обяснявам се в любов (**to**); **2.** обявявам (се), заявявам; изявявам; **3.** декларирам (*на митница*).

decline [di'klain] **I.** *v* **1.** *рядко* клоня (соча) надолу; накланям се, навеждам се, вися, спускам се; **2.** клоня към залез, отивам към края си; **~ing years** преклонна възраст, старини; **3.** отклонявам се (**from**); **II.** *n* **1.** западане, упадък; **on the ~** в упадък, по нанадолнището, към залез, към края си; **2.** отпадане, влошаване (*на здраве*); изнурителна болест, туберкулоза, охтика; **3.** намаление, спадане.

decoct [di'kɔkt] *v* изварявам, приготвям отвара.

decompose [,di:'kəmpouz] *v* **1.** разлагам на съставните части; декомпозирам; разнищвам, анализирам (*мисъл*); **2.** разлагам се, разпадам се, разкапвам се, гния; **3.** разтварям (се).

decor ['deikɔ:] *n* вътрешен дизайн, интериор.

decorate ['dekəreit] *v* **1.** украсявам, кича, китя, накичвам, накитвам, декорирам (**with**); **2.** боядисвам, тапицирам, слагам тапети на; **3.** украсявам, служа за украшение на.

decoration [,dekə'reiʃn] *n* **1.** украшение, накит, кичене, китене, накичване, накитване, декорация; **2.** украса; знамена, цветя, зеленина; **3.** орден, медал, лента, знак за отличие; **D. Day** *ам.* Ден на загиналите във войните (30 май).

decrease [di'kri:s] **I.** *v* **1.** намалявам (се), отслабвам, понижавам (се), снижавам (се); **2.** свивам бримки (*при плетене*); **II.** *n* намаление, намаляване; спадане; снижаване; **~ in value** намаление (снижение) на стойността.

decree [di'kri:] **I.** *n* **1.** указ, декрет, закон; **2.** постановление, решение (*на съд*); **~-nisi** [naisai] решение за развод, което влиза в сила след определен срок, ако не се повдигне възражение; **3.** *рел.* божествено предопределение; **II.** *v* издавам декрет (указ); заповядвам, постановявам, нареждам; декретирам; повелявам; отсъждам (*награда и пр.*) (**to**).

decussate I. [di'kʌseit] *v* пресичам се под прав ъгъл; **II.** [di'kʌsit] *adj* **1.** които се пресичат под прав ъгъл; **2.** *бот.* (*за листа*) разположени кръстообразно.

dedicate ['dedikeit] *v* **1.** посвещавам (*църква на светец, живота си и пр.*); **to ~ o.'s pen to truth** посвещавам перото си (в служба) на истината; **2.** *ам.* освещавам; **3.** *ам.* откривам тържествено.

deduct [di'dʌkt] *v* изваждам, намалявам, удържам.

deduction [di'dʌkʃn] *n* **1.** извод, (умо)заключение; *лог.* дедукция; **2.** изваждане; намаляване; удържане; удръжка; **~ (of a tax) at the source** *канц.* удръжка на данък от заплатата (рентата и пр.); **3.** *ост.* проследяване (произход и пр.).

deed [di:d] **I.** *n* **1.** дело; действие, акт, постъпка; **a man of ~s** делови човек; **2.** факт, действителност; **3.** *юрид.* нотариален акт, документ; **II.** *v ам.* продавам по документи.

deem [di:m] *v* смятам, считам, намирам; приемам, мисля, вярвам; **to ~ a proposal good** намирам едно предложение за добро.

deep [di:p] **I.** *adj* **1.** дълбок (*и прен.*); **a ~ voice** дълбок (плътен) глас; • **to go off the ~ end** *прен.* 1) кипвам, изгубвам самообладание; 2) вземам нещата много сериозно (трагично, навътре); **2.** потънал, затънал (*и прен.*); хлътнал; **3.** широк; **II.** *adv* **1.** дълбоко; надълбоко; **~-lying causes** дълбоки причини; **2.** до късно; **3.** много; на едро; **III.** *n* **1.** дълбоко място; **2.** *поет.* море, океан; **to commit a body to the ~** погребвам в морето (океана); **3.** *поет.* дълбина, бездна.

deeply ['di:pli] *adv* надълбоко, дълбоко (*и прен.*).

deer [diə] *n* (*pl без изменение*) всяко животно от семейството на елените; **red ~** благороден елен.

defame [di'feim] *v* клеветя, позоря, оклеветявам, опозорявам, очерням.

default [di'fɔ:lt] **I.** *n* **1.** неизпълнение на задължение (*обикн. парично*); неустойка; просрочване; ~ **in paying** *фин.* просрочване; ~ **interest** лихва за просрочване; **2.** неявяване пред съд; укриване; **to make** ~ не се явявам пред съда; укривам се; **3.** *сп.* излизане от (напускане на) състезание; **a match won by** ~ мач, спечелен поради напускане на едната страна; **II.** *v* **1.** не устоявам на (не изпълнявам) поето задължение; пресрочвам (*платеж*); **2.** не се явявам пред съда; укривам се; **3.** *юрид.* издавам присъда в полза на ищеца поради неявяване на ответника; осъждам задочно.

defeat [di'fi:t] **I.** *v* **1.** побеждавам, нанасям поражение на; сразявам; вземам надмощие над; **2.** разстройвам, развалям, провалям, разрушавам (*планове, надежди*); провалям (*законопроект*); **3.** отивам против, вървя срещу, противореча на; **to ~ the ends of justice** противореча на целите на правосъдието; **II.** *n* **1.** поражение, победа (**of** над); **to suffer (to sustain)** ~ понасям поражение, победен съм; **2.** проваляне, разстройване, рухване, неуспех (*на планове и пр.*); **3.** *юрид.* анулиране, отменяне, отмяна.

defeature [di'fi:tʃə] *v* обезобразявам, правя неузнаваем.

defecate ['defəkeit] *v* **1.** *физиол.* изхвърлям изпражнения; **2.** *тех.* пречиствам, избистрям (*течност*), рафинирам; **3.** *рядко* пречиствам, очиствам (*от грях*).

defect [di'fekt] **I.** *n* недостатък; слабост, грешка; дефект; повреда; липса; **a ~ in o.'s character** недостатък на характера; **II.** *v* дезертирам (**from** от).

defective [di'fektiv] **I.** *adj* **1.** несъвършен, с недостатъци; дефектен; повреден, неизправен; **2.** неправилен, ненормален (*за развитие и пр.*); **a ~ child** умствено неразвито дете; **3.** слаб, лош (*за памет и пр.*); **II.** *n*: **mentally** ~ малоумен, слабоумен.

defector [di'fektə] *n* дезертьор.

defence, defense [di'fens] *n* **1.** защита; отбрана; отпор, съпротива; **the science (art) of** ~ *сп.* бокс; фехтовка; **2.** *pl воен.* укрепления, отбранителни съоръжения; **3.** защита, оправдание.

defend [di'fend] *v* **1.** браня, отбранявам, защитавам; **2.** защитавам, отстоявам (*права и пр.*); оправдавам (постъпка); **3.** *юрид.* защищавам (*подсъдим*) поддържам (водя) защитата на; **to ~ the case** не се признавам за виновен; боря се да бъда оправдан.

defenestration [di,feni'streiʃn] *n* хвърляне през прозореца (*на хора*).

defensive [di'fensiv] **I.** *adj* отбранителен; предохранителен, предпазен; ~ **warfare** отбранителни действия; **II.** *n* отбрана, отбранително положение, положение на отбрана; **to be on the** ~ намирам се (съм в) отбранително положение; *воен.* намирам се в отбрана.

defer₁ [di'fə:] *v* **1.** отлагам, отсрочвам; бавя, забавям; протакам, разтакавам; **to ~ doing s.th.** отлагам (бавя се) да направя нещо; **2.** бавя се, разтакавам се, отлагам.

defer₂ *v* отстъпвам; съобразявам се, подчинявам се (**to**).

deference ['defərəns] *n* уважение, почтително отношение, почит; **wanting in** ~ без нужното уважение.

defiance [di'faiəns] *n* **1.** предизвикателство; предизвикване, извикване (*на спор, борба и пр.*); **to bid ~ to s.o., to hurl ~ at s.o.** държа се предизвикателно към някого; **2.** незачитане, непочитание, явно (открито) пренебрежение (неподчинение); **in ~ of** 1) въпреки; напук на; 2) в разрез с, с явно пренебрежение към.

deficiency [di'fiʃənsi] *n* **1.** липса, недостиг, недостатъчност (**in, of**); *мед.* недостиг; **~ disease** авитаминоза; **2.** недостатък, слабост; несъвършенство; "минус"; **art has supplied (made up for) the deficiencies of nature** изкуството е поправило (попълнило) природните недостатъци; **3.** *фин.* дефицит.

defier [di'faiə] *n* човек, който не зачита, предизвиква, отказва да се подчини; бунтар; **the ~ of my order** този, който не се подчини на моята заповед.

defile₁ [di'fail] *v* **1.** замърсявам, заразявам (*води и пр.*); **2.** осквернявам; покварявам; профанирам; **3.** развращавам.

defile₂ [di'fail] *v воен.* дефилирам, марширувам.

defile₃ [di'fail] *n* дефиле, пролом, теснина, ждрело, боаз, клисура, дервент.

defiler [di'failə] *n* осквернител, скврнител.

define [di'fain] *v* **1.** определям; дефинирам, давам дефиниция на; установявам; формулирам; **2.** давам определение, обяснявам значение (*на дума*); **3.** очертавам, обозначавам ясно (*обикн. в pass*).

definite ['definit] *adj* **1.** определен, точен, ясен; категоричен; дефинитивен, окончателен; **at a ~ hour** в (един) определен час; **2.** *ез.* определителен член.

definition [,defi'niʃn] *n* **1.** определение, дефиниция; **to fall under the ~ of** може да се определи като, спада към категорията на; **2.** очертание; яснота (*на образ и пр.*); сила (*на обектив*); **3.** *рел.* решение, постановление.

deflagrate ['defləgreit] *v* горя бързо (буйно); изгарям бързо; пламвам буйно.

deflect [di'flekt] *v* **1.** отклонявам (се), отплесвам (се) (*и прен.*); дефлектирам; **the bullet was ~ed** куршумът рикошира; **2.** обръщам се навътре; пречупвам се, прегъвам се; **3.** сменям, променям, пренасочвам; **to ~ s.o.'s judgement** убеждавам някого да промени мнението си.

deflower [di'flauə] *v* **1.** обезчестявам, изнасилвам; *мед.* дефлорирам, лишавам от девственост; **2.** разваЛям, загрозявам, лишавам от свежест (интерес и пр.).

defoam [,di'foum] *v* отстранявам пяна.

defocus [,di'foukəs] *v* разфокусирам.

defoliate I. [di:'foulieit] *v* обезлиствам; **II.** [di'fouliit] *adj* обезлистен, с окапали листа.

deform [di'fɔ:m] *v* обезобразявам, разкривявам, осакатявам, деформирам; *прен.* изопачавам, извращавам, изкривявам.

defraud [di'frɔ:d] **I.** *n* измама, мошеничество; **II.** *v* измамвам, отнемам чрез измама; **to ~ s.o. of s.th.** отнемам някому (лишавам някого от) нещо чрез измама, изигравам някого и му отнемам нещо.

defray [di'frei] *v* плащам, поемам, тегля, покривам (*разноските за нещо*).

defrost [di'frɔst] *v* размразявам (*месо, зеленчуци, плодове и под.*).

defunct [di'fʌŋkt] **I.** *adj* **1.** покоен, починал; **2.** несъществуващ; изчезнал; **~ suns** угаснали звезди; **II.** *n* покойник, покойница; мъртвец.

defuser [di'fju:zə] *n* човек, който се справя в критичен момент; умиротворител.

defy [di'fai] *v* **1.** предизвиквам; готов съм да се боря (споря); **2.** противя се на, въставам срещу; не зачитам, проявявам неподчинение, не искам да знам за; **to ~ the law** не зачитам закона; **3.** не се поддавам на; противя се на, устоявам на.

degassify [ˌdi:gæzifai] *v* обезгазявам.

degeneracy [diˈdʒenərəsi] *n* израждане, изроденост; извратеност.

degrade [diˈgreid] *v* **1.** понижавам, деградирам, разжалвам; **2.** унижавам (се); опозорявам (се); **3.** израждам се, дегенерирам (*за раса и пр.*).

degrain [diˈgrein] *v* снемам лицев слой (*на кожа*).

degree [diˈgri:] *n* **1.** степен (*и ез.*); **to (in) some ~** до известна степен; **2.** научна степен, титла; **3.** *геогр., физ., мат.* градус; **10 ~s of frost** 10° под точката на замръзване (= + 22° F).

dehumidify [ˌdi:hjuˈmidifai] *v* суша, изсушавам.

dehydrator [ˌdi:haiˈdreitə] *n* обезводнител; дехидратор.

deify [ˈdi:ifai] *v рел.* обожествявам; боготворя, деифицирам.

deity [ˈdi:iti] *n* **1.** божество, Бог; **the D.** християнският Бог; **pagan deities** езически богове; **2.** *рел.* божественост (*на Христа*).

deject [diˈdʒekt] *v* обезкуражавам, обезсърчавам, потискам, причинявам униние.

delaine [diˈlein] *n* плат от вълна и памук.

delaminate [ˌdi:ˈlæmineit] *v* разслоявам (се).

delay [diˈlei] **I.** *v* **1.** бавя, забавям, задържам; **2.** отлагам, забавям, бавя се, разтакавам се; **to ~ o.'s departure** отлагам (забавям) тръгването си; **II.** *n* **1.** бавене, разтакаване, протакане, отлагане; **start without ~** тръгни незабавно! **2.** забавяне, закъснение.

delegacy [ˈdeligəsi] *n* **1.** делегация; **2.** права (пълномощия) на делегат; **3.** делегиране.

delegate I. [ˈdeligit] *n* **1.** делегат, пратеник; **walking ~** представител на профсъюз; **2.** член на Кралската комисия по жалбите на църковните съдилища; **3.** член на постоянния комитет (*в Оксфордския университет*); **II.** [ˈdeligeit] *v* **1.** делегирам, изпращам; **2.** делегирам, давам (*права и пр.*), упълномощавам; **to ~ the power to a deputy** обличам депутат във власт.

delegation [ˌdeliˈgeiʃən] *n* **1.** делегация, депутация; **2.** делегиране, изпращане; упълномощаване.

delete [diˈli:t] *v* изтривам, зачерквам, зачертавам, заличавам, задрасквам; премахвам; **~ imper** *печ.* да се заличи.

delf [delf] *n* **1.** залеж, жила, пласт; **2.** минно предприятие.

deliberate I. [diˈlibərit] *adj* **1.** предумишлен, преднамерен, съзнателен; **a ~ insult** преднамерена (съзнателна, нагла) обида; **2.** обмислен, предпазлив; **3.** бавен (*за движение, говор и пр.*); **II.** *v* [diˈlibəreit] обмислям, обсъждам, мисля (**over, on**).

delicacy [ˈdelikəsi] *n* **1.** изтънченост, изящество, финес; **~ of feature** изящество на чертите; **2.** точност; тънкост; чувствителност; **3.** слабост, крехкост, нежност (*на здраве*).

delicate [ˈdelikit] *adj* **1.** изящен, изтънчен, фин, нежен; **2.** точен, фин, чувствителен (*за инструмент, слух и пр.*); **3.** нежен, крехък, слаб; болнав, хилав, болничав.

delicatessen [delikəˈtesən] *n нем.* **1.** студен бюфет; **2.** магазин за деликатеси, гастроном.

delicious [diˈliʃəs] *adj* **1.** възхитителен, прелестен; фин, изящен; **2.** много вкусен; ◇ *adv* **deliciously**.

delict [di'likt] *n юрид.* нарушение на закона, правонарушение, престъпление, деликт; **in flagrant ~** на местопрестъплението.

delight [di'lait] **I.** *v* **1.** доставям (причинявам) удоволствие (наслада) на; радвам, очаровам; **I was ~ed with the result** очарован (много доволен) бях от резултата; **2.** радвам се, наслаждавам се, изпитвам удоволствие (наслада), прави ми удоволствие **(in)**; **II.** *n* наслада, удоволствие; радост, възхищение, възторг; **he is his mother's ~** той е радостта на майка си; • **Turkish ~** локум.

delightful [di'laitful] *adj* възхитителен, прекрасен, очарователен; ◇ *adv* **delightfully**.

delimit [di'limit] *v* определям границите на; разграничавам.

delirious [di'liriəs] *adj* **1.** не на себе си, в унес; който бълнува; **to be ~** бълнувам; **2.** несвързан, унесен (*за говор*); **~ ravings** бълнувания; **3.** *прен.* извън себе си (*от радост и пр.*); **~ with joy** извън себе си от радост; ◇ *adv* **deliriously**.

deliver [di'livə] *v* **1.** избавям, спасявам; освобождавам **(from)**; **to ~ a woman (of her child)** акуширам; **2.** *refl* изказвам се; **3.** предавам, раздавам, разнасям; връчвам.

delivery [di'livəri] *n* **I.** **1.** предаване, раздаване, разнасяне, доставяне; доставка; разнос (*на писма*); **charge for ~** разноски (такса) за предаване (*на телеграма и пр.*); **2.** *юрид.* официално предаване, прехвърляне; въвеждане във владение; **3.** дикция, художествен говор; **II.** *adj* **1.** захранващ, подаващ; **~ pipe** тръба за пускане (*на газ и пр.*); **2.** нагнетателен; **3.** изпускателен.

delocalize [di:'loukəlaiz] *v* **1.** разширявам, освобождавам от тесен кръг (*за интереси и пр.*); **2.** премествам, изпращам на друго място (*архиви и пр.*); **3.** *физ.* делокализирам.

delta ['deltə] *n* **1.** гръцката буква делта; **~ rays** *физ.* делталъчи; **2.** *геогр.* делта; **3.** *ел.* триъгълно съединение (*и* **~ connector**).

delude [di'lu:d] *v* заблуждавам, вкарвам в заблуждение, подлъгвам, измамвам, излъгвам; **to ~ s.o. into believing s.th.** излъгвам някого да повярва нещо.

delustre [ˌdi:'lʌstə:] **I.** *n* матиращо средство; **II.** *v* матирам, премахвам блясък.

demand [di'ma:nd] **I.** *v* **1.** искам, изисквам (*официално или настоятелно*); **to ~ s.th. of (from) s.o.** искам нещо от някого; **2.** изисквам, нуждая се от **3.** *книж.* запитвам, питам; **II.** *n* **1.** искане; поискване; **payable on ~** платим при поискване; **2.** *икон.* търсене; **3.** *pl* нужди, изисквания.

demarcate ['di:ma:ˌkeit] *v* разграничавам; разделям; прекарвам (начертавам) демаркационна линия.

demeaning [di'mi:niŋ] *adj* унизителен.

demeanour [di'mi:nə] *n* държание; поведение; маниер, изражение.

demented [di'mentid] *adj* луд, побъркан, ненормален; **it will drive me ~** *разг.* това ще ме подлуди.

demerge [ˌdi:'mə:dʒ] *v* разпадам се, разделям се, отделям се (*за фирма*).

demesmerize [di'mesməraiz] *v* събуждам от хипноза, освобождавам от хипнотичен транс.

demesne [di'mein] *n* **1.** владение, собственост; **to hold s.th. in ~** във владение съм на нещо, притежавам; **2.** земя, която не се дава на арендатор, а се използува от самия земевладелец; *обикн.* парк и градина на имение; **3.** *прен.* област, сфера, поле.

demijohn ['demidʒɔn] *n* дамаджана.

demister [di'mistə:] *n* устройство против запотяване *(на стъкло)*.

demit [di'mit] *v* напускам (*служба*); давам си оставката; абдикирам, отказвам се от престола.

demobilize [di'moubilaiz] *v* демобилизирам.

democracy [di'mɔkrəsi] *n* **1.** демокрация, народовластие; **People's D.** (страна с) народна демокрация; **2.** демократизъм; **3.** *ам.* принципи (програма) на Демократическата партия в САЩ.

democrat ['demɔkræt] *n* **1.** демократ; член на Демократическата партия в САЩ; **2.** *ам.* открита карета с два коня (*и* ~ **waggon**).

democratic [,demɔ'krætik] *adj* демократичен; който се отнася до (принадлежи към) Демократическата партия в САЩ.

demographer [di'mɔgrəfə] *n* демограф.

demographic [,di:mɔ'græfik] *adj* демографичен.

demolish [di'mɔliʃ] *v* **1.** срутвам, събарям; унищожавам; **2.** *прен.* сривам, унищожавам (*доводи*); **3.** *разг.* изяждам, излапвам, унищожавам.

demon ['di:mən] *n* **1.** демон; дявол, зъл дух; **2.** (*обикн.* **daemon**) свръхестествено същество, полубог; дух вдъхновител; добър гений; факир; **3.** *разг.* енергичен човек; **he is a ~ for work** работи като дявол.

demonetize [di:'mɔnitaiz] *v* **1.** демонетизирам; **2.** изземвам монети от обръщение.

demoniac [di:'mouniæk] **I.** *adj* **1.** демонски; дяволски; **2.** обзет от демон (от зъл дух); бесен; **II.** *n* човек, обзет от зъл дух.

demonstrate ['demənstreit] *v* **1.** доказвам (*истина и пр.*); **2.** показвам (*нагледно*), демонстрирам; **3.** изказвам, показвам, изявявам, проявявам (*чувства и пр.*).

demonstration [,demən'streiʃn] *n* **1.** доказване; доказателство; **proved to ~** напълно доказан, неопровержим; **2.** демонстриране, демонстрация, показване (*на апарат и пр.*); **3.** демонстрация, показване, изказване (*на чувства и пр.*).

demoralization [di,mɔrəlai'zeiʃn] *n* деморализация, поквара; упадък на дисциплината, разложение.

demoralize [di'mɔrəlaiz] *v* деморализирам, покварявам.

demur [di'mə:] **I.** *v* **(-rr-) 1.** противя се; дърпам се, опъвам се; колебая се (**at, to**); **2.** отхвърлям, не приемам; **3.** *юрид.* повдигам възражение; **II.** *n* колебание, възражение; **without ~** без колебание (възражение), безпрекословно.

den [den] *n* **1.** бърлога, леговище, дупка, пещера; **2.** клетка (*на животно в цирк, зоопарк и под.*); **3.** бърлога, вертеп, бордей, коптор.

denial [di'naiəl] *n* **1.** отказ; **2.** отричане, опровержение, опровергаване; **to issue a flat (strong) ~** опровергавам категорично.

Denmark ['denma:k] *n* Дания.

denomination [di,nɔmi'neiʃn] *n* **1.** име, название, наименование; деноминация; **under a ~** под (с) известно име; **2.** вероизповедание, секта; **3.** стойност (*на пари*).

denominator [di'nɔmineitə] *n* *мат.* знаменател; **to reduce to a common ~** привеждам към общ знаменател.

denotation [,di:nou'teiʃn] *n* **1.** означаване; **2.** знак, обозначение; название, наименование; **3.** признак, белег.

denote [di'nout] *v* **1.** означавам, обозначавам; показвам, свидетелствам за, говоря за, издавам; **2.** значи (*за дума*).

denounce [di'nauns] *v* **1.** издавам; предавам (*на правосъдието*); изобличавам, разкривам (**as** като); **2.** осъждам; отричам; **3.** денонсирам, отхвърлям (*договор*).

dense [dens] *adj* **1.** гъст, плътен; дебел; компактен; **~ fog (population)** гъста мъгла (население); **2.** *прен.* тъп, глупав; бавен; **3.** *фот.* тъмен (*за негатив*).

density ['densiti] *n* **1.** гъстота; плътност, компактност; **2.** *хим.* относително тегло; **3.** тъпота, бездънна глупост.

dent [dent] **I.** *n* **1.** вдлъбнатина, трапчинка, хлътнало място (*от удар или натиск върху нещо*); **2.** щърбел, хърбел; **to make (put) a ~ in** съкращавам (намалявам) значително; **3.** *тех.* зъбец; **II.** *v* **1.** правя вдлъбнатина (трапчинка); **2.** нащърбявам; **3.** отрезвявам, охлаждам (*чувства*); карам да спадне.

dentist ['dentist] *n* зъболекар, зъболекарка; дентист.

denude [di'nju:d] *v* **1.** оголвам, опустошавам, лишавам от растителност (**of**); **2.** лишавам, отнемам (**of**); **~d of every decent feeling** лишен от всякакво човешко чувство, без всяко чувство за приличие.

denunciation [di,nʌnsi'eiʃn] *n* **1.** издаване, предаване (*на правосъдието*); изобличаване, обвиняване; **2.** осъждане, отричане; **3.** денонсиране.

deny [di'nai] *v* **1.** опровергавам, отричам истинността на; отхвърлям (*обвинение*); **he denies having done it** отрича да го е направил; **there is no ~ing it не** може да се отрече; **2.** отказвам (*някому нещо*); **she denies her children nothing** тя нищо не отказва на децата си; **3.** отричам се от.

deodorant [di:'oudərənt] **I.** *n* дезодорант; **II.** *adj* който премахва неприятна миризма.

depart [di'pa:t] *v* **1.** тръгвам, заминавам, отпътувам (*за влак и пр.*); отивам си; напускам; **2.** отклонявам се, отстъпвам, изменям (**from**); нарушавам; **~ from o.'s duty** отклонявам се от (изменям на) дълга си; **3.** умирам.

department [di'pa:tmənt] *n* **1.** отдел, отделение, служба; *търг.* бранш; **~ store** универсален магазин; **2.** ведомство; *ам.* министерство; **D. of the Interior** *ам.* Министерство на природните богатства; **State D.** Министерство на външните работи; **War D.** Министерство на войната; **3.** област, дял, клон, отрасъл (*на наука*).

departure [di'pa:tʃə] *n* **1.** тръгване, отпътуване; заминаване; напускане; **to take o.'s ~** отивам си, тръгвам си, напускам; **2.** отклонение, отстъпление, изменение; промяна; нарушение (**from**); *юрид.* изменение на линията на защитата, отклонение от поддържано становище; **3.** *ост.* смърт, кончина.

depend [di'pend] *v* **1.** завися (**on, upon**); **that ~s** зависи, може би; **2.** разчитам, вярвам, уповавам се (**on, upon**); **3.** на издръжка съм, издържам се (**on, upon**).

dependence [di'pendəns] *n* **1.** зависимост; подчинено (зависимо) положение; издръжка (**on, upon**); **to live in ~** не съм самостоятелен; живея на издръжка на друг; **2.** вяра, доверие; **3.** *рядко* упование, опора.

dependent [di'pendənt] **I.** *adj* **1.** подчинен, подвластен, васален;

ез. подчинен (*за изречение*) (**on, upon**); **2.** на издръжка, несамостоятелен (**on, upon**); **3.** зависим, зависещ (on, upon); **II.** *n* **1.** човек, който е подчинен или на издръжка на друг; **2.** *ист.* слуга, васал.

depersonalize [di:ˈpə:sənəlaiz] *v* обезличавам; лишавам от индивидуалност, деперсонализирам.

depict [diˈpikt] *v* **1.** рисувам, изобразявам; **2.** обрисувам, описвам.

depilation [ˌdi:piˈleiʃn] *n* обезкосмяване, депилация.

depilator [ˈdepileitə] *n* депилатор.

deplete [diˈpli:t] *v* **1.** изпразвам; изчерпвам; свършвам; намалявам; **to ~ o.'s resources** изчерпвам всичките си средства; **2.** *мед.* пускам кръв (на), правя кръвопускане; **3.** *прен.* изтощавам.

deplorable [diˈplɔ:rəbl] *adj* **1.** плачевен, бедствен, нищожен, незадоволителен, (достоен) за окайване; окаян; жалък; **2.** за който трябва да се съжалява, нежелателен; ◇ *adv* deplorably; **3.** пагубен, съкрушителен, гибелен.

deplore [diˈplɔ:] *v* **1.** осъждам, не одобрявам; възмущавам се от; **2.** съжалявам за, разкайвам се за; оплаквам; **3.** *ост.* оплаквам се от.

depolarize [diˈpouləraiz] *v* **1.** *физ.* деполяризирам; **2.** *прен.* разклащам, разколебавам, смущавам (*убеждение и пр.*).

depopulation [di:ˌpɔpjuˈleiʃn] *n* намаляване (изгонване, унищожаване) населението на; обезлюдяване, депопулация.

deport [diˈpɔ:t] *v* **1.** депортирам, изгонвам от страната, приселвам, изселвам, заточавам; **2.** *refl рядко* държа се.

deportation [ˌdi:pɔ:ˈteiʃn] *n* **1.** депортация, депортиране, изгонване от страната; преселване, изселване, заточение; **2.** (*в Индия, ист.*) превантивно задържане.

deposable [diˈpouzəbl] *adj* който може да бъде свален (снет) (*от служба и пр.*).

depose [diˈpouz] *v* **1.** снемам, свалям (*от длъжност*); детронирам, свалям от престола; лишавам от власт; **2.** давам показания (свидетелствам) под клетва; **3.** *остар.* отнемам, вземам.

deposit [diˈpɔzit] **I.** *v* **1.** влагам, депозирам, внасям, слагам, давам за съхранение (*пари и пр. в банка*); **2.** депозирам, давам капаро, правя залог (*депозит*); **3.** депозирам, представям писмено изложение; **II.** *n* **1.** влог; залог, депозит; **to place money on ~** депозирам, влагам (внасям) пари в банка; **2.** *геол.* нанос, утайка; залеж.

depositary [diˈpɔzitəri] *n* съхранител, пазител; лице, на което се поверява нещо (*тайна и пр.*).

deposition [ˌdi:pɔˈziʃn] *n* **1.** снемане (сваляне) от длъжност (престол), детрониране; лишаване от власт; **2.** *библ.* сваляне на Иисус от кръста; **3.** *изк.* картина, която изобразява свалянето на Иисус от кръста.

depot [ˈdepou] *n* **1.** склад; **2.** трамвайно депо; железопътна гара; автобусен гараж; **freight ~** сточна гара; **3.** *воен.* склад за припаси.

deprave [diˈpreiv] *v* развалям, покварявам.

depravity [diˈpræviti] *n* **1.** поквара, поквареност, развала; **2.** *рел.* склонност на човека да греши, греховност.

deprecating [ˈdeprikeitiŋ] *adj* неодобрителен, осъдителен; ◇ *adv* **deprecatingly**.

deprecatory [ˈdepriˌkeitəri] *adj* **1.** който се старае да умилостиви, да спечели; **2.** умолителен; **3.** неодобрителен.

depress [di'pres] *v* **1.** гнетя, угнетявам, потискам, предизвиквам униние; **2.** ослабям; намалявам, понижавам, спадам (*активност, цена, глас*); **trade is ~ed** търговията е в застой; **3.** спускам, свеждам; наклонявам (*за оръжие*).

depression [di'preʃn] *n* **1.** угнетеност, униние, депресия; **2.** понижение, понижаване, спадане, намаляване; **3.** *икон.* депресия; застой.

deprive [di'praiv] *v* **1.** лишавам, отнемам (**of**); **2.** (*обикн. рел.*) освобождавам, отстранявам от длъжност, уволнявам, лишавам от енория.

depth [depθ] *n* **1.** дълбочина (*и прен.*); **the snow is 10 cm in ~** снегът е дълбок 10 см; **2.** ширина; **3.** *обикн. pl* дълбочини, дълбини, глъбини.

deputation [,depju'teiʃn] *n* **1.** депутация, делегация; **2.** пълномощие; упълномощаване, делегиране.

depute [di'pju:t] *v* **1.** назначавам като заместник (представител), делегирам; **2.** възлагам; **I ~ the task to you, I ~ you to perform the task** възлагам задачата на вас.

deputy ['depjuti] *n* **1.** представител, делегат, депутат, пълномощник; **general ~** представител с неограничени пълномощия; **2.** заместник, помощник; **3.** *съкр. от* **deputy sheriff.**

derate [di'reit] *v* освобождавам (*занаят, индустрия*) от местни такси (налози).

derated [di'reitid] *adj* **1.** със занижени номинални работни характеристики; **2.** с влошени параметри.

Derby ['da:bi] *n* **1.** конно надбягване, дерби; **~ day** ежегодни конни надбягвания през юни в Епсъм (Англия); ежегодни конни надбягвания в Чърчил Даунс, щат Кентъки (САЩ); **2.** (**d.**) ['də:bi] *ам.* бомбе; **3.** важно състезание (*автомобилно, мотоциклетно и пр.*); • **~ dog** куче, което излиза случайно на пистата; *прен.* непредвидена неприятна случка; неуместна забележка.

deride [di'raid] *v* осмивам, присмивам се на, иронизирам.

derisive [di'raiziv] *adj* **1.** насмешлив, подигравателен, ироничен; ◇ *adv* **derisively**; **2.** който заслужава присмех; смешен.

derivation [,deri'veiʃn] *n* **1.** произход, произхождение; **2.** получаване, добиване, извличане; извеждане; **3.** източник, начало.

derogatory [di'rɔgətəri] *adj* **1.** пренебрежителен, подценяващ; **2.** уронващ (**to**), унизителен; **~ to my dignity** който уронва престижа ми; **3.** нарушаващ (*права и пр.*).

descend [di'send] *v* **1.** спускам (се) (по), слизам (от); падам (*и за дъжд*); **to ~ a slope** спускам се по склон; **2.** произхождам, произлизам (**from**); **3.** предавам се (*и по наследство*);

descend to 1) преминавам към, стигам (слизам) до; **to ~ to particulars** преминавам към подробностите; 2) *прен.* снижавам се; принизявам се с; изпадам дотам да;

descend upon нападам внезапно, връхлитам; *прен.* идвам на гости без предупреждение, домъквам се, изтърсвам се; **his master's anger ~ed upon him** гневът на господаря му се изсипа върху него.

descendant [di'sendənt] *n* потомък; десцендент; • **in the ~** на залез.

descent [di'sent] *n* **1.** спускане, слизане; **forced ~** *ав.* принудително кацане; **2.** склон, стръмнина, нанадолнище; **3.** понижение спад, падане (*на звук, температура и пр.*).

descendent [di'sendənt] *adj* **1.** нанадолен; низходящ; **2.** произлизащ, произхождащ от; десцендентен.

descending order [di'sendiŋ'ɔ:də] *n* ред на важност.

describe [dis'kraib] *v* **1.** описвам, изобразявам; характеризирам (**as**); **2.** описвам (*кръг и пр.*); чертая.

description [dis'kripʃn] *n* **1.** описание, изображение; **to baffle (beggar, defy) all ~** не се поддава на описание; **2.** вид, сорт, тип, клас, разред, род; **3.** *мат.* описване.

descriptive [dis'kriptiv] *adj* описателен; изобразителен, нагледен; **~ style** стил, богат на описания.

desecration [,desi'kreiʃn] *n* оскверняване, светотатство.

deseed [di'si:d] *v* отстранявам семената (на плод, зеленчук).

desegregation [,di:'segrigeiʃən] *n* премахване на разделението.

desert$_1$ I. [di'zə:t] *v* **1.** напускам, изоставям; оставям; **the streets were ~ed** улиците бяха пусти, безлюдни; **2.** *воен.* дезертирам; **II.** ['dezət] *n* **1.** пустиня; **2.** *прен.* скучна тема; **III.** *adj* пустинен, пуст, безлюден; напуснат; **~ island** пуст, пустинен остров.

desert$_2$ [di'zə:t] *n* **1.** заслуга; **2.** *pl* заслуженото; **to get o.'s just ~s** получавам си заслуженото.

desertion [di'zə:ʃn] *n* **1.** изоставяне, напускане; **2.** изоставеност; **3.** дезертьорство, дезертиране.

deservedly [di'zə:vidli] *adv* заслужено, справедливо.

deserve [di'zə:v] *v* заслужавам; достоен съм за; **to ~ well (ill)** заслужавам награда (наказание).

desiccate ['desikeit] *v* **1.** изсушавам, изсъхвам; **2.** консервирам (*чрез изсушаване, пулверизиране и пр.*); **~ed milk (soup)** мляко (супа) на прах.

design [di'zain] **I.** *v* **1.** замислям, възнамерявам, проектирам; **2.** предназначавам, определям; **3.** съставям (*план, скица, проект*); **II.** *n* **1.** замисъл, намерение; идея; проект; план; **2.** умисъл; **by ~, with a ~** умишлено, с умисъл; **3.** проект, план, скица, чертеж.

designate I. ['dezigneit] *v* **1.** обозначавам, отбелязвам, посочвам, указвам; избирам; **2.** определям за, предназначавам; **3.** назначавам на длъжност (**as, to, for**); **II.** ['dezignit] *adj* изтъкнат, посочен, назначен (*но невстъпил в длъжност*); с издигната кандидатура; **the governor ~** новоназначеният губернатор.

designer [di'zainə] **I.** *n* **1.** проектант; конструктор; **2.** художник, моделиер, дизайнер; **3.** интригант; **II.** *attr* създаден от и носещ подписа на голям дизайнер.

desirable [di'zaiərəbl] *adj* **1.** желателен; желан; **2.** привлекателен.

desire [di'zaiə] **I.** *n* **1.** желание, искане, жадуване (**for**); **o.'s heart's ~** желаното, бленуваното (нещо); **2.** молба, искане; **3.** страст, лъст, похот; **II.** *v* **1.** желая, искам; жадувам; лелея; **to leave (a lot) to be ~d** може да бъде и по-добре, има какво още да се желае; **2.** моля, изявявам желание; изисквам; заповядвам.

desk [desk] *n* **1.** писалище, бюро; катедра; **to sit at the ~** зает съм с писмена работа; работя канцеларска работа, канцеларски служител съм; **2.** *уч.* чин; **3.** *рел.* аналой; *ам.* амвон; *прен.* духовен сан.

desolation [,desə'leiʃn] *n* **1.** опустошение, опустошаване; разрушение; разорение; **2.** изоставеност, самота; **3.** мъка, нещастие, неутешимост, безутешност.

despair [di'speə] **I.** *n* **1.** отчаяние, безнадеждност; **2.** източник (предмет) на отчаяние, огорчение; **that boy is my ~** този ученик ме отчайва;

II. *v* отчайвам се, губя надежда (**of**); **his life was ~ed of** състоянието му изглеждаше безнадеждно.

desperado [despə'ra:dou] *n* (*pl* **-oes** [ouz]) разбойник, главорез; смелчага.

desperate ['despərit] *adj* **1.** отчаян, безнадежден, изгубил надежда; **a ~ state of affairs** безизходица, безнадеждно положение; **2.** безразсъден; **3.** ужасен, отявлен; ◇ *adv* **desperately**.

despicable ['despikəbl] *adj* презрян, окаян, жалък.

despise [di'spaiz] *v* презирам; **this is not to be ~d** това не бива да се пренебрегва.

despite [dis'pait] **I.** *prep книж.* въпреки; **II.** *n ост.* злоба, злост, зложелателство; **in ~ of** въпреки, макар и, напук на, противно на.

despoil [dis'pɔil] *v* грабя, ограбвам, плячкосвам, оплячкосвам, обирам.

despond [dis'pɔnd] *v* отчайвам се, губя надежда, падам духом, унивам.

despondent [dis'pɔndənt] *adj* паднал духом, унил, обезверен; ◇ *adv* **despondently**.

despot ['despɔt] *n* деспот.

despotic [des'pɔtik] *adj* деспотичен.

despotism ['despətizm] *n* **1.** деспотизъм; **2.** деспотство.

despumate [,di:spju'meit] *v* отстранявам пяна.

dessert [di'zə:t] *n* десерт; **~ spoon** десертна лъжичка.

destination [,desti'neiʃn] *n* предназначение; назначение; местоназначение.

destine ['destin] *v* предопределям; предназначавам.

destined ['destind] *adj* предопределен; предназначен.

destiny ['destini] *n* **1.** съдба; съдбини; провидение; орис, участ, фортуна, карма; **2.** богинята на съдбата (Фортуна).

destitute ['destitju:t] **I.** *adj* **1.** лишен (**of**); **2.** бедстващ, мизерстващ; **to be left ~** оставам без средства; **3.** изоставен, напуснат; **II.** *n pl*: **the ~s** крайно бедните, бедняците.

destroy [dis'trɔi] *v* **1.** унищожавам, разрушавам, съсипвам, развалям, руша, събарям, срутвам; **2.** изтребвам, съсипвам, развалям.

destruction [dis'trʌkʃn] *n* **1.** разрушаване, разрушение, унищожаване, унищожение; деструкция; **2.** разорение; **3.** причина за нещастие или разорение.

destructive [dis'trʌktiv] *adj* разрушителен; унищожителен; деструктивен; пагубен, съкрушителен, убийствен; вреден; *мед.* злокачествен; • **~ destilation** *хим.* суха дестилация; ◇ *adv* **destructively**.

detach [di'tætʃ] *v* **1.** отделям (се); откъсвам (се); **2.** отвързвам; **the boat ~ed itself** лодката се отвърза; **3.** *воен.*, *мор.* изпращам със специална мисия (*кораб, отряд и пр.*).

detachable [di'tætʃəbl] *adj* **1.** подвижен, разглобяем; **2.** който се отрязва, откъсва.

detached [di'tætʃd] *adj* **1.** отделен, отстранен, отдалечен; обособен; **a ~ house** самостоятелна къща; **2.** безпристрастен, незаинтересован; самостоятелен, независим (*за мнение и пр.*); **3.** *воен.*, *мор.* изпратен с мисия.

detachment [di'tætʃmənt] *n* **1.** отделяне, откъсване; откъснатост; обособеност; изолация; **2.** безпристрастност, безпристрастие, незаинтересованост, непредубеденост; самостоятелност; **with an air of ~** с вид на незаинтересован; **3.** *воен.* отряд, част.

detail ['di:teil] **I.** *n* **1.** подробност,

детайл; ~ **drawing** детайлно рисуване; **2.** *тех. pl* детайли, части, елементи; **3.** дреболия; подробност; **II.** *v* **1.** изброявам подробно; **2.** *воен.* определям, възлагам, изпращам със задача (в наряд), командировам; **3.** украсявам изящно.

detailed ['di:teild] *adj* **1.** подробен; **2.** *воен.* командирован.

detain [di'tein] *v* **1.** задържам; **2.** удържам, задържам (*пари и пр.*); **3.** *юрид.* задържам под стража, арестувам, затварям.

detective [di'tektiv] **I.** *n* детектив; **II.** *adj* разузнавателен; детективски.

detention [di'tenʃn] *n* **1.** задържане, арестуване, арест; ~ **camp** лагер за интернирани; **2.** задържане; налагане запор (*на заплата*); **3.** задържане на ученик след часовете.

detergency [di'tə:dʒənsi] *n* способност да изчиства.

detergent [di'tə:dʒənt] **I.** *adj* който изчиства; **II.** *n* средство за изчистване (пречистване), перилен препарат.

deterioration [di,tiriə'reiʃn] *n* влошаване, разваляне; опропастяване; израждане; корумпиране, покваряване; детериорация.

determent [di'təmənt] *n* възпиране, раздумване, разубеждаване.

determination [di,tə:mi'neiʃn] *n* **1.** определяне, установяване, ограничаване, изчисляване, пресмятане; детерминация; **2.** решителност, твърдост, непоколебимост, решимост; **3.** *юрид.* решение, присъда.

determine [di'tə:min] *v* **1.** определям, установявам; детерминирам; *мат.* определям положението на; **2.** определям, обуславям; **3.** разрешавам (*спор, въпрос и пр.*).

determined [di'tə:mind] *adj* решителен; твърд, непоколебим; **a ~ attack** решителна атака.

detest [di'test] *v* мразя, ненавиждам; презирам; отвращавам се от.

detestation [,di:tes'teiʃn] *n* **1.** отвращение; омраза; ненавист; **to hold (have) s.th. in ~** мразя; ненавиждам; **2.** предмет на ненавист (отвращение); **he is my ~** не мога да го понасям.

dethrone [di'θroun] *v* свалям от престол, детронирам; *прен.* развенчавам.

detonate ['detouneit] *v* **1.** възпламенявам, взривявам; **2.** експлодирам, избухвам, детонирам.

detract [di'trækt] *v* **1.** отнемам (**from**); смалявам, намалявам, снижавам (*стойност*); **2.** злословя.

detractor [di'træktə] *n* клеветник, злословник, одумник, хулител, ругател.

deuce₁ [dju:s] *n* **1.** двойка (*на зар, карта*), две точки (*в хазартна игра*); **2.** равен резултат (40 : 40; *в тениса*).

deuce₂ *n разг., англ.* дявол (*по-благоприлична форма от* **devil** *при ругатни*); **what (who, where) the ~** какво (кой, къде) по дяволите.

devaluate [di'væljueit] *v* обезценявам, намалявам стойността на, девалвирам.

devaluation [di,vælju'eiʃn] *n* обезценяване, девалвация.

devastate ['devəsteit] *v* опустошавам, разорявам, унищожавам, опропастявам, поразявам.

develop [di'veləp] *v* **1.** развивам (се), разгръщам (се); раста, израствам, разраствам (се) (**into**); формирам се; оформям се; започвам да проявявам; напредвам; разработвам, усъвършенствам; **to ~ an argument (a line of thought)** развивам аргументацията (мисълта) си; **2.** оказва се, излиза; **3.** *фот.* проявявам.

development [di'veləpmənt] *n* **1.** развитие; разгръщане, разрастване; развой, напредък; еволюция, разработка; **2.** усъвършенстване, подобрение (*на машина и пр.*); **3.** разкриване, проявяване; проява.

deviant ['di:viənt] **I.** *adj* отклоняващ се от нормата, излизащ извън границите на приетото; **II.** *n* ексцентрик; човек с неприемливо поведение.

deviate ['di:vieit] *v* отклонявам (се) (*и прен.*), тръгвам по лош път **(from)**; **to ~ a ship** принуждавам кораб да се отклони от курса си.

device [di'vais] *n* **1.** способ, приспособление, изобретение; апарат, устройство, механизъм; **2.** средство, начин; **3.** план, проект, схема.

devil [devl] **I.** *n* **1.** дявол, сатана (*при ругатни, вж* **deuce**₂); **2.** *прен.* зъл, лош, коварен, лукав човек; **3.** литератор (журналист), който пише за друг срещу заплащане; неплатен стажант на адвокат; **printer's ~** момче за поръчки в редакция (печатница); • **to be a ~ for work** работя като дявол (с увлечение, жар, страст); **II.** *v* **1.** *разг.* безпокоя, измъчвам; **2.** върша черната работа на някой писател, журналист и пр.; **3.** пека на скара с горчица и др. подправки.

devil-fish ['devl,fiʃ] *n зоол.* **1.** скат *Manta Hamiltoni*; **2.** октопод, главоного.

devilled ['devild] *adj* съдържащ подправки, (силно)подправен.

devil-may-care ['devlmei'keə] *adj* безразсъден, вироглав, необуздан; безгрижен; **a ~ attitude** нехайство.

devious ['di:viəs] *adj* **1.** отклоняващ се, заобиколен, обиколен; непряк, крив; околен; **~ paths** околни пътища; **2.** *прен.* нечестен, непочтен; неискрен; фалшив; **3.** *остар.* отдалечен, отстранен; страничен; уединен.

devise [di'vaiz] **I.** *v* **1.** измислям, изнамирам, изобретявам; изработвам, създавам; сътворявам; съчинявам; планирам; **to ~ a plan** изработвам план; **2.** *юрид.* завещавам (*обикн. недвижим имот*); **II.** *n юрид.* завещание (*на недвижим имот*); клауза в завещание, която съдържа прехвърляне на недвижим имот; завещаният недвижим имот.

deviser [di'vaizə] *n* **1.** изобретател; **2.** *юрид.* завещател (*и* **devisor**).

devisor [di'vaizə] *n юрид.* завещател.

devitalize [di'vaitəlaiz] *v* отнемам, лишавам от жизненост, енергия.

devoid [di'vɔid] *adj* лишен, свободен от **(of)**; празен; **~ of inhabitants** необитаван.

devote [di'vout] *v* посвещавам, отдавам, предавам на **(to)**; **to ~ oneself** посвещавам се на.

devoted [di'voutid] *adj* **1.** посветен; предаден на **(to)**; **2.** прѐдан, верен; отдаден; **a ~ wife** предана съпруга; **3.** *ост.* обречен.

devotion [di'vouʃn] *n* **1.** преданост; привързаност; вярност; девоция; **passionate ~ to golf** силна страст към голфа; **2.** посвещаване; **3.** набожност, девоция; *pl* молитви.

dew [dju:] **I.** *n* **1.** роса; **2.** *прен.* сълзи; капчици пот; **3.** *поет.* свежест; ведрина; **the ~ of youth** младежка свежест; • **mountain ~** уиски (*обикн. контрабандно*); **II.** *v* **1.** роси, пада роса; **2.** *поет.* росvolя; оросявам; навлажнявам.

dewiness ['dju:inis] *n* влага, мокрота от роса; *поет.* свежест.

dewlap ['dju:læp] *n* **1.** гуша, гердан (*на говедо, пуяк и пр.*); **2.** *разг.* (*увиснала*) гуша, дебел врат.

dew-worm ['dju:wə:m] *n* голям червей, глист.

dewy ['dju:i] *adj* **1.** росен; наросен, оросен; влажен; **~ eyes** навлажнени очи; **2.** свеж, ободрителен, освежителен, живителен.

dextrous ['dekstrəs] *adj* **1.** сръчен; ловък, умел; **2.** който си служи предимно с дясната ръка.

diabetes [daiə'bi:ti:z] *n мед.* диабет, захарна болест.

diadem ['daiədem] *n* **1.** корона; диадема; венец за глава (*и от цветя*); **2.** *прен.* царска (кралска) власт.

diagnose ['daiəgnouz] *v* определям, давам, поставям диагноза; диагностирам.

diagnosis [daiə'gnousis] *n* (*pl* **-oses** [-ousi:z]) **1.** *мед.* диагноза; **to make a ~** поставям диагноза; **2.** научно определяне, класифициране.

diagram ['daiəgræm] *n* **1.** диаграма; план; скица; **2.** *мат.* чертеж.

dial ['daiəl] **I.** *n* **1.** слънчев часовник (*обикн.* **sun-~**); **2.** циферблат (*и* **~-plate**); **3.** телефонна шайба; **II.** *v* **1.** меря, измервам (*по циферблат, скала и пр.*); **2.** показва (*на скала*); **3.** набирам, избирам (*номер*) на телефон.

dialect ['daiəlekt] *n* диалект, наречие, говор.

dialectal [daiə'lektəl] *adj ез.* диалектен, говорен.

diameter [dai'æmitə] *n* диаметър; **10 cm in ~** с диаметър 10 см.

diamond ['daiəmənd] **I.** *n* **1.** диамант; брилянт; **black ~** черен диамант; карбон, въглен; *pl прен.* въглища; **2.** елмаз за рязане на стъкло (*обикн.* **glazier's (cutting) ~**); **3.** *мат.* ромб; *attr* ромбовиден; • **rough ~** необработен диамант; *прен.* нешлифован човек, но добър; **II.** *adj* **1.** диамантен, брилянтен; **2.** ромбовиден; • **the D. state** щата Делауър; **~ wedding** диамантена сватба (60-годишнина); **III.** *v* украсявам с диаманти (брилянти).

diaper ['daiəpə] **I.** *n* **1.** пелена, пеленка; кърпа; **2.** ленен плат на ромбчета; **3.** шарка, десен, орнамент на ромбове (*и* **~ pattern**); **II.** *v* **1.** рисувам, украсявам с ромбове; **2.** повивам (*с пелени*).

diaphragm ['daiəfrəm] **I.** *n* **1.** диафрагма; мембрана; **2.** *биол., бот.* преграда, преградна ципа; **3.** *опт., фот.* бленда; **II.** *v* поставям мембрана на.

diarrhea, diarrhoea [,daiə'riə] *n мед.* диария.

diary ['daiəri] *n* **1.** дневник; **2.** тефтерче с календар.

dice [dais] **I.** *n pl* (*вж* **die$_1$ 1.**) **1.** зарове; **to play at ~** играя на зарове; **2.** кубчета; **II.** *v* **1.** играя на зарове; **to ~ with death** играя си със смъртта; **2.** режа на кубчета (*месо и пр.*); **3.** украсявам с кубчета.

dictate I. [dik'teit] *v* **1.** диктувам; **2.** нареждам, заповядвам, диктувам (*условия и пр.*); **II.** ['dikteit] *n* **1.** (*обикн. pl*) предписание; нареждане; заповед; **under the ~s of conscience (fancy, prudence)** по повеля на съвестта (въображението, разума); **2.** *полит.* диктат.

dictation [dik'teiʃn] *n* **1.** диктовка (*и* **~ exercise**); диктуване; **2.** нареждане, заповядване, диктуване; диктат.

dictator [dik'teitə] *n* диктатор.

dictatorship [dik'teitəʃip] *n* диктатура.

dictionary ['dikʃənəri] *n* речник; **French-English ~** френско-английски речник; • **walking ~** много осведомена личност, жива енциклопедия, подвижен речник.

did *вж* **do$_1$ I.**

die$_1$ [dai] *n* **1.** (*pl вж* **dice I.**) *рядко* зар; *поет.* жребий; **the ~ is cast (thrown)** жребият е хвърлен; **2.** (*pl*

~s) *арх.* цокъл (*на колона*); **3.** *тех.* щанца, матрица, пуансон; винторезна дъска.

die₂ *v* (**died** [daid], **dying** [daiiŋ]) **1.** умирам; **to ~ of** умирам от (*болест, глад и пр.*); **2.** *прен.* **to ~ to the world** напускам света, оттеглям се; **3. to be dying:** умирам, на умиране съм, губя сили, чезна; *разг.* "умирам", силно желая (**for; to** *с inf*).

diet₁ ['daiət] **I.** *n* **1.** храна; **a frugal ~** оскъдна храна; **2.** диета; **3.** *attr* диетичен; **II.** *v* предписвам, поставям на диета; **to be obliged to ~ oneself** принуден съм да пазя диета.

diet₂ *n* международен конгрес, конференция и пр.

differ ['difə] *v* **1.** различавам се, отличавам се (**from**); **2.** не се съгласявам с, не съвпадам, на друго мнение съм (**from, with**); **I'm sorry to ~ from you** извинете, но не съм съгласен с Вас.

difference ['difrəns] **I.** *n* **1.** разлика, различие; отлика; **it makes no ~** няма нищо от това, няма никакво значение, не е от значение (важност); **2.** отличителен признак; **3.** остатък, разлика (*и мат.*); **II.** *v* **1.** отличавам, правя разлика, различавам; **2.** *мат.* изчислявам разлика.

different ['difrənt] *adj* **1.** друг, различен; инакъв (**from, to**); **I called three ~ times** търсих Ви три пъти по различно време; **2.** различни, разни (с *pl*); ◇ *adv* **differently**; **3.** необикновен, особен.

difficult ['difikʌlt] *adj* труден, мъчен, тежък (*и за характер, положение и пр.*); **the place is ~ of access** мястото е недостъпно, труднодостъпно.

difficulty ['difikʌlti] *n* **1.** трудност, мъчнотия; **a task of ~** мъчна работа; **2.** спънка, пречка, затруднение, препятствие; обструкция; неприятност, усложнение; **to face (overcome) difficulties** не се спирам пред (преодолявам) всякаква пречка, препятствие; **to stem difficulties** боря се с трудностите; **to plunge into difficulties** изпадам в затруднено положение; залавям се за тежка работа; **3.** *pl* материални затруднения.

dig [dig] **I.** *v* (**dug** [dʌg], *ост.* **digged** [digd]) **1.** копая; изкопавам, изравям; прокопавам (*тунел и пр.*) (**into, through, under**); **to ~ a ditch (well)** изкопавам канал (кладенец); **2.** *прен.* издирвам, изследвам, проучвам; **3.** мушкам, мушвам; пъхам;

dig around търся, преравям; дỳша за информация;

dig down копая надълбоко (**to**) (*и прен.*);

dig for търся;

dig from изкопавам, изравям;

dig in 1) заравям, заривам; **the manure should be dug in well** торът трябва да се смеси добре с пръстта; 2) окопавам (в окоп); **to ~ oneself in** окопавам се; 3) мушвам, забивам, блъсвам силно; 4) залягам, зубря; 5) нахвърлям се (*върху храна*).

dig into 1) прониквам (*чрез копаене*); **to ~ into books** ровя се в книгите; 2) забивам (*шпори*); 3) трудя се, залягам;

dig out 1) изравям, изкопавам, намирам, откривам; 2) *разг.* внезапно заминавам, напускам;

dig over прекопавам;

dig round окопавам, загърлям;

dig through прокопавам, прокарвам;

dig up 1) изравям, изкопавам (*картофи и пр.*); 2) разкопавам; 3) *разг.* изкарвам; намирам, откривам; 4) *sl* изкарвам (*пари*);

II. *n* **1.** копка; копаене; **2.** мушкане; **3.** подигравка, присмех; намек; **that was a ~ at me** това се отнасяше за мене, беше камък в моята градина.

digest I. [di'dʒest] *v* **1.** смилам (се) (*за храна*); **to ~ well (will not ~)** смилам се лесно, не (се) смилам добре; **2.** *прен.* възприемам, схващам, асимилирам (*за територия*); обмислям; **3.** понасям, търпя, "смилам"; **II.** ['daidʒest] *n* **1.** кратко изложение, анотация, извлечение; сборник (*с материали, спец. със закони*); справочник, резюме; **Reader's D.** списание с разнородни четива, взети от периодични издания (*понякога съкратени*); **2.** *ист.* **the D.** пандектите, дигестите (*част от законодателната дейност на Юстиниан I*).

digestion [dai'dʒestʃən] *n* **1.** храносмилане; **easy (hard of) ~** лесно (трудно) смилаем; **2.** *прен.* усвояване (*на знания, материя*); **3.** *хим.* разтваряне, разлагане.

digital ['didʒitəl] **I.** *adj* **1.** цифров, дигитален; ◇ *adv* **digitally**; **2.** *анат.* дигитален, на (свойствен на, свързан с) пръстите; **II.** *n* клавиш.

dignity ['digniti] *n* **1.** достойнство; издигнатост, възвишеност; **2.** (чувство за лично) достойнство; **to be (stand) on o.'s ~** държа се на положението си; подчертавам собственото си превъзходство; **3.** висок, чин, пост, почетно звание; сан, титла.

dill [dil] *n бот.* копър *Anethum graveolens*; **~ pickles** туршия с копър.

dim [dim] **I.** *adj* **1.** слаб, мъждив, блед (*за светлина*); неясен; матов, замъглен, мътен; смътен, неопределен; премрежен; **everything grew ~** премрежиха ми се очите; **2.** матов, убит, избелял, избледнял; **3.** мрачен, тъмен; • **to take a ~ view of s.th.** гледам на нещо неодобрително; гледам скептично на нещо; **II.** *v* **(-mm-)** **1.** замъглявам (се), ставам (правя) неясен, мержелея се, премрежвам се; **2.** карам, правя да избледнее (*спомен*); **3.** намалявам (*светлина*);

dim out затъмнявам.

dime [daim] *adj ам.* **1.** (*съкр.* **d.**) сребърна монета от 10 цента; **not care a ~** пет пари не давам; **2.** *attr* евтин, лошокачествен, долнокачествен.

dimension [di'menʃn] **I.** *n* **1.** измерение (*и мат.*); размер, величина; **of three ~s** с три измерения; **2.** *pl* размери, величина; обем; **3.** *прен.* величина; размах; **II.** *v тех.* определям, изчислявам размерите на (*машина и пр.*).

diminish [di'miniʃ] *v* **1.** намалявам (се), смалявам (се); отслабвам (*и прен.*); чезна, бледнея, гасна; съкращавам; **2.** омаловажавам, принизявам; **3.** *тех.* изтънявам (*предмет, част от машина*).

dimple ['dimpl] **I.** *n* **1.** трапчинка (*на бузите*); **2.** падина; вълничка; **II.** *v* **1.** образувам трапчинка; **she (her cheeks) ~ed with laughter** тя се засмя и на бузите ѝ се образуваха трапчинки; **2.** нагъвам се, къдря (се) (*за вода*).

dine [dain] *v* **1.** обядвам, вечерям; **to ~ in** обядвам (вечерям) в къщи; **2.** давам обед (*някому*); нагостявам, гощавам; нахранвам; **3.** прибирам, събирам (*за маса*).

diner ['dainə] *n* **1.** закусвалня, снек-бар, ресторант за бързо хранене; **2.** човек, който обядва (вечеря); **3.** *разг.* вагон ресторант.

dining-room ['dainiŋru:m] *n* трапезария, столова.

dinner ['dinə] *n* обед, вечеря; банкет, официален обед, вечеря; **to have ~** обядвам, вечерям; • **done like a ~** *австр.* смазан, погромен, победен (*често по нечестен начин*).

diopter, dioptre [dai'ɔptə] *n* диоптър.

dip [dip] **I.** *v* (**-pp-**) **1.** топвам, топя (се), потопявам (се), потапям (се), натопявам (се); гмурвам се; **2.** *тех.* галванизирам (*метал*); боядисвам (*плат, вълна*); потапям (*овце*) в дезинфекционен разтвор; лея (*свещи*); щавя, дъбя (*кожи*); **3.** греба, гребвам, загребвам, черпя (**out of, from**); **to ~ up water** греба (черпя) вода (*със съд, с ръце*); • **to dip into o.'s pockets** бръквам си в джобовете; бръквам се, развързвам си кесията, плащам; **II.** *n* **1.** потапяне, наквасване; **a lucky ~** късмет, шанс; **2.** течност, разтвор (*в който се потапя нещо*); **3.** (лоена) свещ.

diphtheria [dif'θiəriə] *n мед.* дифтерит.

diploma [di'ploumə] **I.** *n* **1.** диплома; свидетелство; **teacher's ~, ~ in education** свидетелство за учителска правоспособност; **2.** грамота; харта; **II.** *v* дипломирам, издавам диплома на (*главно в pp*).

diplomacy [di'plɔməsi] *n* **1.** дипломация; **2.** ловкост, такт; • **dollar ~** доларова дипломация.

diplomat ['diplɔmæt] *n* дипломат (*и прен.*).

diplomatic [,diplɔ'mætik] *adj* **1.** дипломатически; **~ body (corps)** дипломатическо тяло; **2.** дипломатичен, ловък, тактичен; ◇ *adv* **diplomatically** [diplə'mætikli]; **3.** палеографски, палеографически; текстуален, буквален (*за ръкопис*).

direct [dai'rekt] **I.** *v* **1.** ръководя, управлявам; организирвам (*акция, кампания*); дирижирам (*оркестър*); командвам (*войски*); **2.** отправям, насочвам (**towards, to**); **to ~ measures against s.th.** вземам мерки срещу нещо; **3.** упътвам, посочвам пътя някому (**to, towards**); **II.** *adj* (*рядко* ['dairekt] *като attr*) **1.** пряк, непосредствен, прав; **~ pointing** *ам., воен.* право мерене; **2.** пълен, диаметрален (*за контраст*); **3.** прям, откровен; недвусмислен, неуклончив, категоричен; **III.** *adv* направо.

direction [dai'rekʃn] *n* **1.** посока, направление, насока (*и прен.*); **in the ~ of** в посока на; **2.** ръководство, управление; направление; регулиране; **3.** *обикн. pl* нареждания, инструкции; заповед; указание; упътване; директива; наставления.

directly [dai'rektli] **I.** *adv* **1.** право, направо (*за посока*); **2.** пряко (*за начин*); **3.** точно, съвсем; **II.** *cj разг.* щом (като).

director [dai'rektə] *n* **1.** директор; ръководител; управител; **~ of studies** научен ръководител; **2.** диригент; **3.** *театр., кино* директор на продукция; *ам.* режисьор.

directory [dai'rektəri] **I.** *adj* ръководен; указващ; **II.** *n* **1.** ръководство; *ам.* управителен съвет; **2.** наръчник, справочник, указател; годишник; **telephone ~** телефонен указател; **3.** *комп.* директория.

dirt [də:t] *n* **1.** мръсотия; нечистотии, смет, боклук (*и прен.*); кир; изпражнения; кал; **to show the ~** цапа се, мърси се (*за плат*); • **~ cheap, as cheap as ~** *разг.* "без пари"; **2.** пръст, земя, почва; **3.** *мин.* златоносен пясък (пласт), непречистена руда.

dirty ['də:ti] **I.** *adj* **1.** мръсен, замърсен, изцапан, нечист; изпоплескан, изкален; измърсен, омърсен, кирлив, мърляв; **to wash o.'s ~ linen (laundry) in public** изкарвам кирливите си ризи пред хората; **2.** бурен, лош (*за време*); **3.** мръсен, нецензурен, неприличен, цапнат; • **~ money** мръсни пари; нечестно спечелени пари; допълнително заплащане за тежък труд; **II.** *v* мърся (се), омърсявам (се), цапам (се), изцапвам (се), оцапвам (се), замърсявам (се).

disability [ˌdisəˈbiliti] *n* **1.** неспособност, безсилие, немощ; **2.** недъгавост, инвалидност; **to suffer from a physical ~** страдам от недъг; **3.** *юрид.* неправоспособност.

disadvantage [ˌdisədˈvæntidʒ] **I.** *n* **1.** несгода, неудобство; пречка; препятствие; неизгодно (неблагоприятно) положение; недостатък; **to labour (lie) under a ~** в неизгодно положение съм; **2.** вреда, загуба, ущърб; **II.** *v* поставям някого в неизгодно положение.

disagree [ˌdisəˈgri:] *v* **1.** не съвпадам, различавам се (**with**), различен съм; в разрез съм; **2.** на различно мнение съм, не съм съгласен (**with**); карам се (**with**); **3.** не (ми) понася, действа (ми) зле; **the mushrooms ~d with me** тежко ми стана от гъбите.

disappear [ˌdisəˈpiə] *v* изчезвам (*от погледа*); губя се, изгубвам се; загубвам се (*и с* **in, into, to**); **to ~ into thin air** изчезвам без следа, яко дим.

disappoint [disəpɔint] *v* **1.** разочаровам; изигравам; **2.** обърквам, разстройвам, осуетявам (*намерения*).

disapprove [ˌdisəˈpru:v] *v* не одобрявам (*и с* **of**), не ми е по вкуса, не харесвам; осъждам, порицавам; против съм; **I ~ of your going there** не ми харесва, че ходиш (ще отидеш) там.

disarm [disˈa:m] *v* **1.** обезоръжавам (се); разоръжавам (се); **2.** *прен.* обезоръжавам, размеквам; подкупвам; изненадвам; **3.** обезвреждам; **to ~ mines** обезвреждам мини.

disarmament [disˈa:məmənt] *n* разоръжение; разоръжаване.

disaster [diˈzastə] *n* бедствие, нещастие; злополука, катастрофа; беда, зло, удар; гибел; **he is heading for ~** той отива към гибел.

disastrous [dizˈastrəs] *adj* бедствен, гибелен, пагубен, злощастен, катастрофален; ◇ *adv* **disastrously** [diˈza:strəsli].

discharge I. [disˈtʃa:dʒ] *v* **1.** уволнявам (*и воен.*), освобождавам от длъжност, отстранявам; освобождавам от военна служба; изписвам (*от болница*); **2.** *юрид.* освобождавам, пускам на свобода (*от затвора*); освобождавам от отговорност, оправдавам (обвиняем); освобождавам от задължение (**of**); реабилитирам; **to ~ a surety** освобождавам гарант; **3.** пускам, изпускам; изхвърлям; отделям, излъчвам; секретирам; гноя; имам (давам) дебит (*за извор, помпа*); изливам (се); бълвам; **II.** [ˈdistʃa:dʒ] *n* **1.** разтоварване (*на параход, товар*); **2.** изстрел; залп; **3.** *ел.* изпразване, разряд; **globular~** кълбовидна мълния.

discipline [ˈdisiplin] **I.** *n* **1.** дисциплина, ред; **to enforce ~** поддържам (строга) дисциплина; **2.** *книж.* дисциплина, клон, дял, раздел, отрасъл на науката; **3.** наказание; *рел.* умъртвяване (бичуване) на плътта; **II.** *v* **1.** дисциплинирам; обучавам; възпитавам, дресирам; **2.** наказвам; *рел.* дисциплинирам, бичувам (се).

discontent [ˈdiskənˈtent] **I.** *n* недоволство; незадоволство; негодуване, неодобрение; **general ~** общо недоволство, брожение; **II.** *adj* недоволен (**with**); **III.** *v* предизвиквам (пораждам) недоволство у.

discord I. [ˈdiskɔ:d] *n* **1.** несъгласие, разногласие, разединение, разцепление, раздор; **civil ~** смут, безредици; **2.** *муз.* дисонанс, дисонантен акорд (нота); *прен.* шум, врява; **II.** [disˈkɔ:d] *v* **1.** не се съгласувам (съчетавам), не хармонирам, в разрез съм (**with, from**); **2.** *муз.* правя дисонанс; звуча фалшиво, не хармонирам.

discount I. ['diskaunt] *n* **1.** *търг.* отбив от цена, намаление, дисконто, шконто, сконто; **at a ~** с намаление, обезценен; *разг.* непопулярен, който не се търси (котира); изобилен, малоценен; с шконто (*за разказ*); **2.** *търг.* рабат; **II.** [dis'kaunt] *v* **1.** правя отбив от, изваждам, дисконтирам; **2.** обезценявам, намалявам, понижавам (*доход и пр.*); **3.** не вярвам на; не взимам под внимание, абстрахирам се от, оставям настрана.

discourage [dis'kʌridʒ] *v* **1.** обезсърчавам, обезкуражавам; **2.** раздумвам, разубеждавам, съветвам някого да се откаже от нещо (**from**); отблъсквам; спирам, спъвам, задушавам, потъпквам; попречвам на.

discover [dis'kʌvə] *v* **1.** откривам, разкривам; намирам; **to be ~d** *театр.* на сцената съм при вдигане на завесата; **2.** разбирам, схващам, давам си сметка, виждам; **3.** *ост.* разкривам, излагам, изповядвам.

discovery [dis'kʌvəri] *n* **1.** откриване, откритие; **a voyage of ~** изследователско пътешествие; **2.** *ост.* разкриване (*на заговор*); **3.** *театр.* развръзка.

discretion [dis'kreʃn] *n* **1.** благоразумие, умереност, внимание, предпазливост; **~ is the better part of valour** няма защо човек да се излага на ненужни рискове; **2.** свобода на действие; усмотрение, лична преценка; **3.** дискретност, сдържаност, тактично мълчание.

discriminate I. [dis'krimineit] *v* **1.** различавам, отличавам (**from**); разграничавам (**A from B; between**), правя разлика (**between**); **2.** правя разлика, дискриминирам, отнасям се различно към; облагодетелствам, привилегировам, покровителствам някого за сметка на друг; **to ~ in favour of s.o., against s.o.** правя разлика в полза на някого, във вреда на някого; **II.** [dis'kriminit] *adj* разумен (*за действие, поведение, и пр.*).

discrimination [dis,krimi'neiʃn] *n* **1.** разграничаване (**between ...and**); **2.** разум, благоразумие, здрав смисъл; **man of ~** здравомислещ (разумен) човек; **3.** дискриминация.

discus ['diskəs] *n* (*pl* **disci** ['diskai]) *сп.* диск; **to throw the ~** хвърлям диск.

discuss [dis'kʌs] *v* **1.** разисквам, обсъждам; говоря за; **2.** *шег.* ям, пия (*с наслада*), "нагъвам"; **3.** *юрид.* преследвам (*длъжник*).

discussion [dis'kʌʃn] *n* **1.** разискване, обсъждане; дебати, дискусия, прения; **the question is under ~** въпросът се разисква; **2.** преговори; **3.** *шег.* ядене, пиене.

disease [diz'i:z] *n* болест; страдание; заболяване; **~s of the mind** душевни болести.

disembark [,disim'ba:k] *v* дебаркирам (**from**).

disembarkation [,disimba:'keiʃn] *n* дебаркиране.

disgrace [dis'greis] **I.** *n* **1.** немилост; **to be in ~** в немилост съм; наказан съм (*за дете*); **2.** позор, безчестие, срам; **II.** *v* **1.** понижавам; унижавам; лишавам от благоразположение, благосклонност; **to ~ an officer** разжалвам офицер; **2.** позоря, опозорявам, безчестя, посрамвам, очерням.

disguise I. [dis'gaiz] *v* **1.** преобличам; дегизирам, предрешавам, маскирам; **2.** прикривам, преправям; **there is no disguising the fact that**

не може да не се признае, че ...; **II.** *n* **1.** дегизиране, маскиране; **in ~** предрешен, маскиран; дегизиран; **2.** лъжлива външност, маска (*и прен.*); преструване; • **a blessing in ~** всяко зло за добро.

disgust [dis'gʌst] **I.** *n* **1.** отвращение (**at, for, towards, against**), погнуса; **to hold s.th. in ~** нещо ми е противно, гадно, отвращавам се от нещо; **2.** възмущение; **II.** *v* **1.** отвращавам, вдъхвам отвращение; погнусявам; **2.** възмущавам, отвращавам, противно ми е; **to be ~ed (at, with, by)** отвратен, възмутен съм от.

dish [diʃ] **I.** *n* **1.** паница, чиния (*за сервиране*), блюдо; купа, съд; **a butter ~** паница (съд) за масло; **2.** ястие, ядене, гозба, блюдо; **3.** падина, долчинка; *геол.* проучвателна шахта; • **~ of gossip** *ост.* сплетни, приказки; **II.** *v* **1.** сервирам (*и прен.*), приготвям за поднасяне (*обикн. с* **up, out**); **to ~ up well known facts in a new form** пея стара песен на нов глас; **2.** изкорубвам (се), огъвам (се) (навътре), вгъвам (се), подгъвам (*ръб на ламарина*); **3.** *sl* приказвам, бърборя, плещя; • **~ out** разпределям, раздавам.

dishonest [dis'ɔnist] *adj* безчестен, нечестен, непочтен, мошенически; който заблуждава, измамнически; небрежен, недобросъвестен (*за работа*); ◇ *adv* **dishonestly**.

disillusion [ˌdisi'lu:ʒn] **I.** *v* разочаровам, отварям очите на; **II.** *n* разочарование, обезверяване.

disk, disc [disk] *n* **1.** диск, кръг (*и на слънцето, луната*); **2.** *тех.* шайба; **gramophone ~** грамофонна плоча; **3.** *бот.* кръгла, плоска част на цвят; пита (*на слънчоглед*).

dislike [dis'laik] **I.** *v* не харесвам, не обичам, не ми е приятен, противен ми е; **to ~ doing s.th.** не обичам да правя нещо; **II.** *n* неприязън, антипатия, отвращение (**to, of, for**); **to take (conceive) a ~ to s.o.** намразвам някого; някой ми става антипатичен.

dislocate ['disləkeit] *v* **1.** *мед.* изкълчвам, измествам; **2.** *тех.* разглобявам; *геол.* размествам (*пластове*); **3.** *прен.* обърквам, разстройвам, дезорганизирам; разпокъсвам (*империя*).

dislocation [ˌdislə'keiʃn] *n* **1.** изкълчване; **2.** разглобяване (*на машина*); *геол.* разместване, дислокация; **3.** *прен.* объркване, разстройване, дезорганизация; бъркотия, паника.

dismiss [dis'mis] *v* **1.** изпращам, разрешавам някому да се оттегли (*за високопоставено лице*); сбогувам се с, отпращам; **2.** уволнявам, освобождавам от длъжност (служба) (поради негодност); **3.** разпускам, разтурям (*парламент*); *воен.* разпускам (*войски, запасни*); пускам (*затворник, роб*); *воен.* освобождавам, пускам от строя; **~!** *воен.* свободни сте.

disobey [ˌdisɔ'bei] *v* не се подчинявам на, не се покорявам на, не слушам; нарушавам, пристъпвам (*закон*); не изпълнявам (*нареждане*); **he won't be ~ed** той не търпи да не му се изпълняват нарежданията, думата му на две не става.

disorder [dis'ɔ:də] **I.** *n* **1.** безредие, безпорядък, бъркотия, хаос, объркване; **to throw the ranks into ~** внасям смут в редовете; **2.** безредици, смутове, вълнения; анархия; **3.** *мед.* смущения, разстройство; **II.** *v* **1.** разбърквам; **2.** хвърлям в безпорядък; всявам (внасям) смут; разстройвам; **3.** *мед.* разстройвам, повреждам.

dispatch, despatch [dis'pætʃ] **I.** *v* **1.** пращам, изпращам, отправям, отпращам; **2.** бързо извършвам (изпълнявам); справям се с; **to ~ o.'s dinner** обядвам набързо; **3.** убивам; *разг.* очиствам, ликвидирам, светявам маслото, пращам на оня свят; **II.** *n* **1.** изпращане, отпращане, отправяне; **2.** телеграма, депеша; официално съобщение, комюнике; **mentioned in ~es** *воен.* предложен за награда (отличие); **3.** бързина, експедитивност.

dispense [dis'pens] *v* **1.** раздавам, разпределям; **2.** освобождавам (**from**); **to ~ with** минавам без; уволнявам; бракувам; **3.** приготвям и раздавам лекарства; **dispensing chemist** фармацевт, аптекар.

disperse [dis'pə:s] *v* **1.** разпилявам (се), разпръсквам (се); разсейвам (се); разпространявам (се); **2.** отиваме си, разотиваме се.

displace [dis'pleis] *v* **1.** измествам, заемам мястото на, замествам; **~d shares** обезсилени акции; **2.** премествам; отмествам; *ост.* махам; **3.** (*за кораб*) има водоизместимост.

display [dis'plei] **I.** *v* **1.** показвам, излагам, изкарвам на показ, изваждам наяве; **to ~ a notice** поставям (залепвам) съобщение; **2.** показвам, проявявам (*качества*); развивам (*енергия*); **3.** парадирам с; **II.** *n* **1.** излагане, показ; представяне; изложба; **a fine ~ of fat cattle** чудесен угоен добитък; **2.** проява (*на смелост, енергия и пр.*); **3.** парадиране; афиширане.

disposal [dis'pouzl] *n* **1.** разположение; разпореждане; **to place at the ~ of** поставям на разположението на; **2.** *воен.* разположение, диспозиция; разгъване; строй; **3.** предаване; прехвърляне; пласиране.

dispose [dis'pouz] *v* **1.** разполагам; разпореждам, редя; **man proposes, God ~s** човек предполага, Господ разполага; **2.** предразполагам (**to**); (*в pass*) предразположен съм, разположен (склонен) съм.

disposition [dispə'ziʃn] *n* **1.** нрав, характер; **well-oiled ~** *разг.* общителен характер; **2.** склонност, предразположение; наклонност; **3.** разположение; групиране; *воен.* диспозиция, дислокация.

dispute [dis'pju:t] **I.** *n* **1.** диспут, дебати, полемика, прение; обсъждане, разискване; **the matter in ~** въпросът, който се разисква; случаят, за който става дума; **2.** спор, пререкание, препирня; препиране; **3.** караница; конфликт; кавга; **II.** *v* **1.** споря, полемизирам, препирам се; оспорвам; **to ~ a will (claim)** оспорвам завещание (иск); **2.** разисквам, обсъждам, разглеждам; дискутирам; **3.** противя се на, възпрепятствам.

disqualification [diskwɔlifi'keiʃn] *n* **1.** дисквалификация, лишаване от права; **2.** негодност, непригодност (**for**); **3.** пречка.

disqualify [dis'kwɔlifai] *v* **1.** правя негоден (неспособен); **2.** *сп.* дисквалифицирам, отстранявам от игра; **3.** *юрид.* обявявам за негоден (неспособен); лишавам от права.

disregard [disri'ga:d] **I.** *v* не обръщам внимание на, игнорирам, пренебрегвам; не зачитам; **~ing the details of the matter** като се абстрахираме от подробностите на въпроса; **II.** *n* пренебрежение, незачитане, игнориране; равнодушие.

dissatisfaction ['dis,sætis'fækʃn] *n* недоволство.

dissatisfy [dis'sætisfai] *v* не задоволявам, не удовлетворявам.

dissent [di'sent] **I.** *v* **1.** не се съгласявам, не съвпадам по мнение (възгледи) (**from**); **~ing vote** глас против; **2.** *рел.* отстъпвам от догмите на ортодоксалната църква, ставам сектант; напускам лоното на църквата; **II.** *n* **1.** несъгласие; разногласие, различие, несходство във възгледите (мненията); **2.** сектантство, разкол; схизма.

dissenter [di'sentə] *n* **1.** дисидент, сектант; **2.** несъгласен, противник; **3.** недоволник, опозиционно настроен човек.

dissertation [disə'teiʃn] *n* дисертация; трактат.

dissident ['disidənt] **I.** *adj* на друго мнение, несъгласен; **II.** *n* дисидент; отстъпник, схизматик.

dissolute ['disəlu:t] *adj* разпуснат, безпътен, развратен.

dissolution [disə'lu:ʃn] *n* **1.** разтваряне, *разг.* стопяване; **2.** разпадане, разлагане (*на съставни части*); **3.** унищожаване, отменяне, анулиране, разтрогване (*на договор, брак и пр.*).

dissolve [di'zɔlv] **I.** *v* **1.** разтварям (се), разтопявам (се), топя (се); **dissolving agents** *хим.* разтворители; **to be ~d in tears** облян съм в сълзи; **2.** разпускам, закривам (*събрание и пр.*); **3.** разтрогвам, анулирам; **II.** *n* : **~ in** бързо нарастване на образите на екрана.

distance ['distəns] **I.** *n* **1.** разстояние, отдалеченост; далечина; интервал; дистанция; **the town is within walking ~** до града може да се стигне пеш, градът е близо; • **go the (full) ~** върша нещо докрай, стигам до края (целта си); **2.** резервираност, сдържаност, хладност; **3.** *изк.* далечина, фон, перспектива; **II.** *v* **1.** оставям зад себе си, задминавам, надпреварвам; **2.** раздалечавам, слагам (размествам) на разстояние едно от друго; **the mountain were ~d by the evening haze** планините изглеждаха отдалечени във вечерната омара.

distant ['distənt] *adj* **1.** далечен, отдалечен; **~ view** *изк.* перспектива; **2.** сдържан, хладен, резервиран, студен.

distil [dis'til] *v* (**-ll-**) **1.** дестилирам; рафинирам (*за петрол и пр.*); **2.** извличам, екстрахирам; **3.** капя; изпускам, издавам; **distil into** преливам в, превръщам (се) в, преминавам в.

distinct [dis'tiŋkt] *adj* **1.** отделен, различен (**from**); особен, специален, нарочен; **to keep two things ~** правя разлика между две неща; **2.** отчетлив, ясен; ясно доловим, ясно очертан; **3.** *поет.* нашарен, изпъстрен.

distinction [dis'tiŋkʃn] *n* **1.** разлика, различие; **without ~ of persons** без оглед на лицата; **2.** отличителна черта, особеност; **3.** издигнатост; елегантност, изящество, изисканост.

distinguish [dis'tiŋgwiʃ] *v* **1.** различавам, отличавам; разграничавам, правя разлика (**A from B, between**); **man, as ~ed from the other animals** човек за разлика от другите животни; **2.** отличавам; правя (карам) да изпъкне; изтъквам.

distinguished [di'tiŋgwiʃt] *adj* **1.** виден, изтъкнат, известен, забележителен, знаменит, бележит; **D. Service Order (Cross** *ам.*) орден за особени бойни заслуги; **2.** изискан; изящен.

distort [dis'tɔ:t] *v* **1.** изопачавам, извращавам; **2.** извъртам, изкривявам, разкривявам.

distract [dis'trækt] *v* **1.** отвличам (*внимание и пр.*); разсейвам; **2.** обърквам, забърквам; разстройвам, смущавам; подлудявам, влудявам, обезумявам; **to drive s.o. ~ed** подлудявам (слисвам, обърквам) няkого.

distress [dis'tres] **I.** *n* **1.** беда, злочестина, нещастие; бедствие; страдание; ~ **signal** *мор.* сигнал за помощ (SOS); **2.** нужда; нищета; **3.** изтощение, умора; **II.** *v* **1.** опечалявам, натъжавам, наскърбявам, правя нещастен, причинявам страдание (скръб) на; озлочестявам; **2.** изтощавам, изморявам.

distribute [dis'tribju:t] *v* **1.** разпределям, разделям, раздавам (**among, to**); **2.** разпръсквам, разхвърлям; **3.** класирам, разпределям.

distribution [distri'bjuʃn] *n* **1.** разпределение; раздаване, разделяне; **2.** разпространение; **3.** *печ.* разпределяне (*на набор в касите*).

district ['distrikt] **I.** *n* **1.** област, район, околия, окръг, участък; *рел.* енория; **the Lake D.** езерната област в Северна Англия; **back country ~s** отдалечени райони, глуха (дълбока) провинция; **2.** избирателен район (участък); **3.** *attr* околийски, окръжен, районен, областен; **II.** *v* районирам, разделям (разпределям) на райони (участъци).

distrust [dis'trʌst] **I.** *n* недоверие; подозрение, съмнение; **II.** *v* нямам доверие на, не вярвам в, съмнявам се в.

disturb [dis'tə:b] *v* **1.** безпокоя, смущавам, тревожа; обезпокоявам; **~ed market** неспокоен пазар; **2.** нарушавам (*покой, мълчание, равновесие*); **3.** разстройвам, разбърквам, развалям (*план и пр.*).

ditch [ditʃ] **I.** *n* **1.** канавка; ров, яма, изкоп; канал; **drainage ~** дренаж; **2.** окоп; **3.** *sl* море, океан; **II.** *v* **1.** *разг.* отървавам се от; **2.** *разг.* хвърлям в канавката; **to ~ an aircraft** приземявам аварийно; **3.** копая ров (канал); (*и* **~ about, around**) ограждам с канавки (ровове).

dive [daiv] **I.** *v* **1.** гмуркам се, хвърлям се (*във вода*); пъхвам се, мушвам се; *ав.* пикирам; (*за подводница*) потапям се, гмуркам се; **to ~ down the street** втурвам се по улицата; **2.** *прен.* задълбочавам се, вниквам, прониквам (*в тайни и пр.*); **3.** бръквам, пъхвам (мушвам, втиквам) ръка; **II.** *n* **1.** гмуркане, спускане във вода; скок (хвърляне) във вода (*с главата надолу*); пикиране; **2.** мушване, пъхване; **3.** рязък спад, понижение.

diver ['daivə] *n* **1.** водолаз; **2.** гмуркач; ловец на бисери; **3.** *зоол.* птица гмуркач; гмуркач *Gavia immer*; гмурец *Podiceps*.

divers ['daivə:z] *adj ост.* различни, разни; **on ~ occasions** по различни случаи.

diverse [dai'və:s] *adj* **1.** различен, друг; **2.** разнообразен, различен; разни.

diversity [dai'və:siti] *n* **1.** разнообразие; разновидност; несходство, различие; **2.** *поет.* пъстрота.

divide [di'vaid] **I.** *v* **1.** деля (се), разделям (се); подразделям (се); разглобявам; *тех.* разграфявам, градуирам; **~ and rule** разделяй и владей! **2.** споделям (**with, between, among**); **3.** раздвоявам (се), разединявам (се); **II.** *n ам.* вододел, вododелно било (линия); **the Great D.** *ам., разг.* вододелът на Скалистите планини; *прен.* смърт, край; **to cross the Great D.** умирам, отивам на оня свят.

divident ['dividənt] *n* **1.** *фин.* дивидент; **interim ~** временен дивидент; **2.** *мат.* делимо; **3.** *юрид., фин.* сума, получена при ликвидацията на несъстоятелна фирма и разпределена между кредиторите; • **to pay ~s** давам дивиденти; (*и прен.*) нося полза (изгода) .

division [di'viʒn] *n* **1.** разделяне,

делене; разпределяне; разделение; **2.** *мат.* деление; **~-sign** знак за деление; **3.** преграда.

divorce [di'vɔ:s] **I.** *n* **1.** развод; **to sue for a ~** искам развод от; **2.** разделяне, отделяне; отлъчване; разрив; разкол; **II.** *v* **1.** развеждам (се); разтрогвам брака между; **to be ~d from s.o., to ~ s.o.** развеждам се с някого; **2.** разделям, отделям, откъсвам; разлъчвам.

dizziness ['dizinis] *n* замайване, виене на свят; зашеметяване; замаяност.

do$_1$ [du:] **I.** *v* (**did** [did]; **done** [dʌn]) **1.** правя, върша, извършвам, свършвам, изпълнявам; занимавам се с; **he did brilliantly at his examination** той се представи чудесно на изпита; **to ~ o.'s military service** отбивам военната си служба; • **when at Rome ~ as the Romans ~** с вълците - по вълчи; когато си в Рим, постъпвай така, както постъпват римляните; **2.** причинявам, правя; **3.** оказвам; **II.** *n разг.* **1.** нещо, работа; **2.** правене, вършене; **the ~'s and ~ nots of society** позволеното и непозволеното в обществото; **3.** отнасяне, третиране; отношение;

do away 1) премахвам, унищожавам; *прен.* изкоренявам; 2) убивам, очиствам;

do by отнасям се към (с), третирам; **~ as you would be done by** отнасяй се с хората така, както искаш те да се отнасят с теб;

do down 1) *разг.* критикувам, злословя против; 2) *разг.* излъгвам, измамвам, прекарвам, премятам; 3) измивам, минавам; 4) *ост.* вземам връх над; преодолявам; подчинявам;

do for 1) грижа се за; 2) справям се с; убивам, "очиствам", "разчиствам си сметките със"; **I am done for** с мен е свършено, песента ми е изпята; **another stroke would ~ for him** още един удар ще го довърши;

do in *sl* 1) изигравам, измамвам; 2) убивам, очиствам, пращам на оня свят; 3) унищожавам, разрушавам; 4) надвивам, побеждавам;

do off 1) снемам, свалям; 2) преграждам, разделям (*с преградка*);

do on надявам, обличам, слагам, налагам (*шапка и пр.*);

do out аранжирам; декорирам; мебелирам;

do over 1) покривам; намазвам (*с боя и пр.*); 2) преправям, стягам; 3) правя (извършвам) повторно; 4) *разг.* претърсвам; разпилявам, разхвърлям (и ограбвам); 5) *разг.* пребивам, смазвам (*от бой*); 6) *sl* скапвам, изтощавам, съсипвам; 7) *sl* изигравам, премятам;

do to (unto) отнасям се към (с);

do up подреждам; поправям; подновявам; стягам; **to ~ up o.'s face** гримирам се;

do with 1) имам нещо общо с; отнасям се до; **I have nothing to ~ with him** нямам нищо общо с него; 2) свършвам, спирам; **have done with compliments!** стига комплименти (похвали)! **I have done with laughter** свърши се вече със смеха; 3) търпя, понасям; 4) минавам с, задоволявам се с, стига ми;

do without минавам без, мога и без, бива ме и без.

do$_2$ [dou] *n муз.* до.

dock$_1$ [dɔk] *n* лапад; **sour ~** киселец.

dock$_2$ **I.** *n* **1.** док; пристанищен басейн; **floating ~** плаващ (подвижен) док; **2.** пристанище (*на река или канал*); **3.** *жп* крайна станция; **II.** *v* **1.** пускам (вкарвам) в док; влизам в док; **2.** *жп* гарирам (*влак*); **3.** обзавеждам пристанище с докове (пристани).

dock₃ *n юрид.* подсъдима скамейка; **to be in the ~** на подсъдимата скамейка съм, съден съм.

docker₁ [ˈdɔkə] *n* **1.** докер, пристанищен работник; **2.** човек, който живее в (около) пристанище (док).

docker₂ *n* нещо, което намалява (скъсява, съкращава, подрязва).

dockyard [ˈdɔkja:d] *n* корабостроителница; **naval ~** корабостроителница за военни кораби.

doctor [ˈdɔktə] **I.** *n* **1.** лекар, доктор; • **just what the ~ ordered** *разг.* тъкмо каквото трябва, точно от това се нуждаем; **2.** доктор (*научна степен*); **3.** *ост.* учен човек, учен; **the D.s of the Church** *рел.* църковните Отци; **II.** *v* **1.** лекувам; практикувам медицина; **to ~ oneself** лекувам се, церя се; **2.** *рядко* присъждам докторска титла на; **3.** *разг.* поправям, ремонтирам набързо, скалъпвам, скърпвам.

document I. [ˈdɔkjumənt] *n* **1.** документ; свидетелство; удостоверение; **legal ~** автентичен документ; **2.** *ост.* доказателство; улика; **II.** [ˈdɔkjument] *v* **1.** документирам, доказвам с документи; **2.** снабдявам с документи (*обикн. кораб*); **a ship ~ed under the laws of a foreign country** кораб, снабден с документи съобразно законите на чужда държава; **3.** *ост.* обучавам, напътвам, поучавам, възпитавам, ръководя.

documentary [dɔkjuˈmentəri] **I.** *n* документален филм; **II.** *adj* документален; доказателствен; писмен; **~ bill** *търг.* полица, придружена с документи.

dodge [dɔdʒ] **I.** *v* **1.** избягвам, отбягвам, отдръпвам се; отклонявам се (*от удар*); скривам се **(behind, under)**; **to ~ about, to ~ in and out** движа се напред-назад (насам-нататък); *прен.* клинча, хитрувам; **2.** извъртам, изплъзвам се, клинча, хитрувам; **II.** *n* **1.** извъртане, уловка, хитрост; **2.** *разг.* хитро приспособление (средство); **a good ~ for remembering names** добър начин за запомняне на имена.

does [dʌz] *v 3. л., ед. от* **do**.

doesn't [dʌznt] = **does not**.

dog [dɔg] **I.** *n* **1.** куче; пес, псе; **house~** домашно куче, куче пазач; **2.** мъжко животно, мъжкар, самец; **3.** *разг., шег.* човек; • **barking dogs seldom bite** куче, което лае, не хапе; **the ~ returns to his vomit** човек отново се предава на старите си пороци; престъпника винаги се връща на местопрестъплението; **II.** *v* (**-gg-**) **1.** вървя по дирите (петите), следя, проследявам; **to ~ a person's footsteps** вървя по петите на някого, следя някого отблизо; ставам сянка на някого; **2.** *прен.* преследвам; **3.** затварям с резе, запъвам.

doll [dɔl] **I.** *n* **1.** кукла; **2.** *sl* маце, гадже, "парче"; **3.** *pl sl* хапчета (*обикн. с наркотично действие*); **II.** *v* труфя (се), гиздя (се) **(up)**; **~ed up fit to kill** *разг.* много издокаран.

dollar [ˈdɔlə] *n* **1.** долар (= 100 цента); **the ~s** пари, богатство; **2.** *sl* крона (*монета от 5 шилинга*); • **to bet o.'s ~ bottom on** залагам и последния си грош, че.

dolphin [ˈdɔlfin] *n* **1.** *зоол.* делфин *Delphinus delphi*; **2.** *мор.* вързало, кнехт, лула.

dome [doum] **I.** *n* **1.** кубе; купола, купол; свод (*и прен.*); **the ~ of his lofty brow** благородното му изпъкнало чело; **2.** *поет., ост.* дворец, палат; величествена сграда; катедрала; **3.** *разг.* глава, кратуна, тиква, чутура; **II.** *v* **1.** покривам с купол; **2.** издигам (се) във форма на кубе, купол, свод.

domestic [dɔ'mestik] **I.** *adj* **1.** домашен, семеен; **to enter ~ service** ставам домашна прислужница; **2.** домошарски; който е привързан към семейния живот; **3.** домашен, питомен (*за животно, птица*); **II.** *n* **1.** домашна прислужница; **2.** *pl* местни стоки; **3.** *pl ам.* текстилни стоки за задоволяване на местния пазар.

dominate ['dɔmineit] *v* **1.** господствам, властвам, господарувам, упражнявам контрол, власт, управлявам (**over**); **2.** доминирам, преобладавам, имам надмощие, издигам се над; **3.** владея, овладявам.

dominion [dɔ'miniən] *n* **1.** (суверенна) власт; суверен; **2.** доминион.

domino ['dɔminou] *n* (*pl* **-oes** [-ouz]) **1.** домино (*и човек*); **2.** домино (*игра*).

done [dʌn] *pp om* **do 1.** извършен, свършен, направен; изпълнен; готов; **~ and dusted** *разг.* окончателно приключен; **2.** обществено приет; **3.** съсипан, изтощен, уморен, измъчен, убит (*и* **~ up**).

donkey ['dʌŋki] *n* **1.** магаре; **2.** *прен.* глупак, "магаре"; **3.** **(D.)** *ам.* название на Демократическата партия в САЩ.

donor ['dounə] *n* **1.** дарител (*и юрид.*); ктитор; **2.** *мед.* кръводарител, донор.

don't [dount] **I.** *съкр., разг.* = **do not**; **II.** *n* забрана; **I am tired of your ~s** омръзнаха ми твоите "недей"; **10 ~s for drivers** 10 неща, които шофьорът не бива да прави.

doom [du:m] **I.** *n* **1.** съдба; орис; карма; участ; **2.** гибел, разорение; смърт; **3.** *ост.* присъда, решение (*неблагоприятно*); **II.** *v* **1.** осъждам, произнасям присъда; **2.** обричам на (**to**).

door [dɔ:] *n* **1.** врата; вход; **next ~** (в) съседната къща (стая); **2.** *прен.* път; • **the revolving ~** 1) текучество (*в компания*); 2) затворен (омагьосан) кръг.

door-keeper ['dɔ:kipə] *n* **1.** вратар, портиер; **2.** *рел.* духовно лице, което има най-нисък сан (*у католиците*).

doorman ['dɔ:mən] *ам.* = **door-keeper**.

dose [dous] **I.** *n* **1.** *мед.* доза (*и прен.*); **a ~ of flattery** една доза (малко) ласкателство; **2.** подправка на вино; **II.** *v* **1.** дозирам; давам на дози; **2.** *разг.* тъпча с лекарство (**with**); **3.** прибавям нещо (*в питие*).

dot$_1$ [dɔt] **I.** *n* **1.** точка, точица; **~s and dashes** точки и тирета (*на Морзовата азбука*); **2.** *муз.* точка; **3.** дребно дете, фъстък, дребосък; • **to a ~ of an i** *разг.* точно, с всички подробности; **II.** *v* (**-tt-**) **1.** слагам (поставям) точка; **to ~ an i** слагам точката на буквата **i**; **2.** пунктирам (*линия*); **3.** осейвам, разпръсквам; • **to ~ o.'s i's and cross o.'s t's** изяснявам всичко с подробности.

dot$_2$ *рядко* зестра, прикя, чеиз.

double [dʌbl] **I.** *adj* **1.** двоен; удвоен; **~ ale** силна бира; **2.** *бот.* кичест, гъст (*за цвят*); **3.** *муз.* контра- (*за инструменти*); **II.** *adv* **1.** двойно; **2.** по двама; **to play ~** *прен.* играя двойна роля, лицемернича; **III.** *n* **1.** двойно количество, двойна част от нещо; **at (on) the ~** *разг.* много бързо, незабавно; **2.** двойник; *театр.* дубльор; **3.** дубликат, копие;

double back 1) връщам се по дирите (*за дивеч*), извръщам се, завивам, правя завой; 2) сгъвам, прегъвам, превивам (*в обратна посока*);

double forward бягам напред;

double in подгъвам, подвивам;

double up свивам (се), превивам (се), прегъвам (се), сгърчвам (се);

his knees ~ed up under him прегъ-наха му се коленете;

double upon *мор.* обкръжавам (*неприятелски кораби*).

double-dealer ['dʌbl'di:lə] *n* двуличник; лицемер.

double-edged ['dʌbl'edʒd] *adj* с две остриета (*и прен.*).

doubt [daut] **I.** *v* **1.** съмнявам се, несигурен съм (*и с* **of; whether, it**); **2.** нямам доверие, подозирам, усъмнявам се в; не вярвам; **3.** *ост.* страхувам се, боя се; **II.** *n* съмнение; **to be in ~(s)** двоумя се, не знам какво да правя; • **to give a person the benefit of the ~** оправдавам по липса на доказателства.

doubtful ['dautful] *adj* **1.** съмнителен; неясен, неопределен, несигурен; **a ~ blessing** *ирон.* твърде съмнително щастие, беля; **2.** колеблив, изпълнен със съмнения (**about, of**); **3.** съмнителен, подозрителен.

doubtless ['dautlis] **I.** *adv* несъмнено, очевидно, неоспоримо, безспорно; вероятно; **II.** *adj рядко* невъзмутим; хладнокръвен, спокоен.

dough [dou] *n* **1.** тесто; **2.** гъста маса; **3.** *sl* пари.

doughnut ['dounʌt] *n* поничка; • **~it is dollars to ~s** *ам.* несъмнено, положително.

dove [dʌv] *n* **1.** гълъб, гълъбче; **D. of Peace** гълъб на мира; **2.** *умал.* гълъбче, гълъбица (*обикн.* **my ~**); **3.** *прен.* благ (нежен, кротък, добър) човек, добряк.

down$_1$ [daun] *n* **1.** пух, мека перушина; **2.** мъх, мека брада (*на човек*); **3.** *бот.* мъх на растение и плодове.

down$_2$ *n* **1.** тревист хълм; **the South Downs** верига от голи хълмове в Южна Англия; **2.** дюна.

down$_3$ **I.** *adv* **1.** *движение към по-ниско място*: долу, нанадолу, надолу; **shall I help you ~** да Ви помогна ли да слезете? **2.** *място, положение*: долу; **3.** *намаляване на сила, големина, размер, количество*: **the fire is burning ~** огънят догаря, загасва; **II.** *prep* **1.** по; **to walk ~ a street** вървя по улицата; **2.** надолу по; **3.** в; • **let it go ~ the wind** остави го, откажи се, зарежи го; **III.** *adj* **1.** нанадолен; **(on the) ~ grade** (по) нанадолнище (*и прен.*); **2.** който идва от по-голям град; **3.** *сп.* който изостава по точки; • **~ and dirty** 1) *разг. ам.* мръсен, нечестен; 2) *журн.* мръсен, вулгарен, "хард"; **IV.** *v разг.* **1.** свалям, смъквам; събарям, гътвам, повалям; *прен.* надвивам, преодолявам, сривам, обърквам; **2.** : **~!** долу! наведи се! **3.** оставям, захвърлям.

downhill ['daun'hil] **I.** *adv* надолу, нанадолу, по нанадолнище; **to go ~** отивам на зле, влошава ми се положението; вървя по наклонена плоскост; **II.** *adj* наклонен, полегат, нанадолен; **III.** *n* склон; *прен.* упадък; **the ~ of life** втората половина от живота, склонът на живота.

Downing street ['dainiŋstri:t] *n* **1.** *пол.* Даунинг стрийт (*улица в Лондон, на която се намира Министерството на външните работи и резиденцията на министър-председателя*); **2.** *прен.* английското правителство; **3.** *sl* числото 10 (*при игра на бинго*).

downpour ['daunpɔ:] *n* порой, проливен дъжд.

downstairs **I.** [,daun'steəz] *adv* долу; в долния (долните) етаж(и), в партера; **II.** ['daun,steəz] *adj* на подолен етаж; партерен; **a ~ room** партерна стая; **III.** *n* долен етаж, партер.

doze [douz] **I.** *v* дремя, клюмам; **to ~ off** задрямвам; **II.** *n* **1.** дрямка; **2.** спарушеност на дърво; **3.** *ам. sl* венерическа болест.

dozen [dʌzn] *n* **1.** дузина; **three ~ eggs** три дузини яйца; **2.** *pl* много, маса, десетки (**of**).

draft [dra:ft] **I.** *n* **1.** чертеж, схема, план; скица, рисунка; рисуване, описване; **2.** проект; чернова (*на книга и пр.*); **rough ~** първа редакция; **3.** ордер, платежно нареждане, чек; теглене пари с чек; **II.** *v* **1.** правя чертеж (план); **~ to a bill** съставям (*законопроект*); правя в чернова; **2.** подбирам, избирам хора за специална цел; **3.** *ам.* свиквам войници (набор).

drag [dræg] **I.** *v* (**-gg-**) **1.** тегля, изтеглям, дърпам; влача (се), тътря (се), мъкна (се); **2.** протакам се, провлачвам се; ставам скучен; **time ~s** времето минава бавно (мудно); **3.** изоставам; • **to ~ o.'s feet (heels)** *разг.* бавя се, не се решавам, "ослушвам се", протакам; **4.** *комп.* влача, издърпвам, премествам (*изображение върху екрана чрез мишка*); **II.** *n* **1.** *тех.* драга; канджа; **2.** брана; **3.** кучка, спирателна обувка, брус; *прен.* спирачка, "опашка"; товар, бреме, тежест; **to be a ~ on s.o.** в тежест съм на някого, преча му;

drag (oneself) along влача (се);

drag down 1) повличам надолу (*прен.*), опропастявам; 2) потискам, обезсърчавам; обезсилвам;

drag in 1) вмъквам без нужда (*тема и пр.*); 2) замъквам;

drag on провлачвам се; влача се, проточвам се (*за време, живот*); **to ~ on a wretched existence** водя жалко съществуване;

drag out 1) измъквам, извличам; 2) провличам, протакам (се), разтеглям; 3) : **to ~ out negotiations** затягам преговори;

drag up 1) измъквам; изравям (*нещо неприятно от миналото*), изваждам на бял свят; 2) отглеждам небрежно (как да е) дете.

dragon ['drægən] *n* **1.** дракон; *рядко* голяма змия; **2.** *библ.* кит; акула; змия; крокодил; **3.** *прен.* свиреп човек, пазител на съкровище и пр.; строга възпитателка.

dragon-fly ['drægənflai] *n зоол.* водно конче *Odonata*.

drain [drein] **I.** *v* **1.** отводнявам, пресушавам; дренирам; **2.** оттичам се, оцеждам се; изсъхвам; **3.** *мед.* дренирам; **II.** *n* **1.** отводнителен канал, тръба; канализация; **2.** водосточна тръба; улук; **3.** *мед.* дренажна тръбичка, катетър.

drainage ['dreinidʒ] *n* **1.** дренаж, оттичане; пресушаване; **2.** канализация; **3.** басейн на река.

drama ['dra:mə] *n* драма.

dramatic [drə'mætik] *adj* **1.** драматичен (*и прен.*); **2.** театрален; **~ criticism** театрална критика.

drank *вж* **drink I**.

drapery₁ ['dreipəri] *n* **1.** драперия; драпиране; **2.** представяне на драперия в изобразителното изкуство и скулптурата.

drapery₂ *n* **1.** търговия с платове и др. под. изделия; **2.** магазин за платове и др. под. изделия.

drastic ['dræstik] *adj* **1.** решителен, смел; **2.** драстичен, груб, неприятен; **3.** *мед.* силно действащ; *разг.* "конски"; ◇ *adv* **drastically** ['dræstkli].

draught [dra:ft] **I.** *n* **1.** теглене; **beast of ~** впрегатно животно; **2.** течение; *тех.* тяга; **3.** регулатор (*на въздух, газ в печка*); **II.** *v вж* **draft II**.

draw [drɔ:] **I.** *v* (**drew** [dru:], **drawn** [drɔ:n]) **1.** тегля, влача; дърпам, притеглям; изтеглям, обтягам, издърпвам; **the car ~s easily** автомобилът се кара леко (тегли, дърпа); **2.** вадя, тегля, добивам, придобивам; получавам; извличам, черпя; точа, източвам (*течност*); **3.** рисувам, чертая; • **to ~ it fine** едва успявам, разчитам на последната минута; **II.** *n* **1.** теглене; изтегляне; издърпване; **2.** лотария, томбола, теглене, тираж; **3.** *театр.* примамка; **this play is a ~** тази пиеса пълни касата;

draw along влача след себе си;

draw apart 1) оттеглям се; 2) разделям; разделяме се, отчуждаваме се;

draw aside 1) оттеглям се, отдръпвам се; 2) отвеждам настрана;

draw away 1) отдръпвам се; 2) отвеждам; отдалечавам се; 3) *сп.* измъквам се от противник; откъсвам се напред;

draw back 1) отстъпвам, оттеглям се, отдръпвам (се); 2) отказвам се;

draw down 1) спускам, смъквам (*завеса, перде и пр.; и прен.*); 2) навличам (*гняв и пр.*);

draw forth предизвиквам, докарвам;

draw in 1) вкарвам, въвличам; вмъквам (се), скривам (се); **to ~ in o.'s horns** скривам рогата си (*за охлюв*); *прен.* свивам се; 2) приближавам се към края си; намалявам (*за ден*); 3) вдишвам; 4) *прен.* привличам (*за обща работа*); въвличам, вплитам; 5) съкращавам, намалявам (*разходи*); ставам по-предпазлив; 6) събирам (*дългове и пр.*);

draw off 1) *воен.* оттеглям (се), отстъпвам; 2) отвличам; 3) отвеждам (*вода*); 4) свалям (*ръкавица*);

draw on 1) слагам, надявам, навличам (*ръкавици и пр.*); 2) привличам, примамвам; 3) довеждам, докарвам; приближавам (се)(*към края си*); 4) заимствам, заемам; ползвам се от;

draw out 1) обтягам, разтягам, изтеглям (*тел и пр.*); 2) удължавам се (*за ден*); 3) провлачвам, протакам, разтакавам; 4) правя план, скицирам; 5) изваждам, издърпвам; 6) накарвам някого да говори, предизвиквам го да каже нещо; предразполагам;

draw over примамвам, привличам на моята страна;

draw round събираме се в кръг;

draw to дръпвам (*завеса*);

draw together сближавам (се); събираме се;

draw up 1) изтеглям; 2) *refl* изправям се, заставам мирно; 3) слагам (привеждам) в пълен ред; нареждам; строявам; 4) спирам (*за кола и пр.*); 5) съставям (*документ*); 6) доближавам; 7) *тех.* затягам (*винт*).

drawback ['drɔ:bæk] *n* **1.** спънка, пречка, неудобство, затруднение, трудност, мъчнотия; **2.** недостатък, отрицателна страна; **3.** отстъпка, намаление, отбив.

drawer$_1$ ['drɔ:ə] *n* **1.** чертожник; **2.** рисувач.

drawer$_2$ ['drɔ:ə] *n* чекмедже; **chest of ~s** скрин; • **o.'s bottom ~** зестра, заделени за зестра вещи.

drawer$_3$ ['drɔ:ə] *n* лице, което тегли пари по чек, полица и пр.

drawer$_4$ ['drɔ:ə] *n* бюфетчик.

drawers [drɔ:z] *n pl* долни гащи (*и* **a pair of ~**).

drawing ['drɔ:iŋ] *n* **1.** рисуване; чертане (*и* **mechanical ~**); рисунък; **2.** рисунка; скица; графична рисунка (композиция); чертеж; **3.** дърпане; теглене, изтегляне (*на жица и пр.*).

drawn [drɔ:n] **I.** *pp от* **draw I.**; **II.** *adj* **1.** нерешен, без резултат, без победа (*за сражение, състезание, игра*); **2.** измъчен, изпит (*за лице*); **3.** оттеглен, отдръпнат; изваден, гол (*за нож*).

dreadful ['dredful] **I.** *adj* **1.** ужасен, страшен, страхотен; **2.** *разг.* отегчителен, скучен, ужасен, страхотен; **to feel (look) ~** чувствам се (изглеждам) зле (разстроен); ◇ *adv* **dreadfully**; **II.** *n*: **a penny ~** евтин (булеварден) криминален роман, криминале.

dream [dri:m] **I.** *n* **1.** сън, присъница; съновидение; **to go to o.'s ~s** лягам си, заспивам; **2.** халюцинация; **3.** блян, мечта; илюзия, фантазия; **II.** *v* (**dreamt** [dremt], **dreamed** [dri:md]) **1.** сънувам (**of**); **2.** мечтая, бленувам; фантазирам (**of, about**); **to ~ away o.'s life (time)** прекарвам само в мечти живота (времето) си; **3.** мисля, помислям (*с отриц.*).

dreg [dreg] *n* **1.** *pl* утайка; остатъци, отпадъци; **to drink to the ~s** изпивам до дъно; **2.** остатък, малко количество.

dress [dres] **I.** *v* **1.** обличам (се); докарвам (се), гиздя (се), кипря (се), кича (се) (*и с* **up**); **~ed to kill** нагизден, наконтен; **2.** украсявам, нареждам, подреждам; *мор.* украсявам кораб със знаменца; **3.** сресвам се, правя си прическа; **II.** *n* **1.** облекло, дрехи; рокля; **full ~** пълно вечерно облекло (*с ордени*); *воен.* парадна униформа; **2.** одеяние, одежда, премяна; **3.** *attr* официален (*за рокля*);

dress down 1) чеша, тимаря (*кон*); 2) нахоквам, сидеросвам, бия;

dress out гиздя се;

dress up 1) обличам се изискано (официално); маскирам се (*с костюм*; **as**); 2) украсявам, декорирам.

dressing ['dresiŋ] *n* **1.** обличане; облекло; **2.** приготвяне, приготовление, нагласяване (*особ. в съчет.*); украса; **hair ~** фризура; **3.** *кул.* сос; гарнитура; плънка (*на птица*).

dressmaker ['dres,meikə] *n* дамски шивач, шивачка.

drew *вж* **draw I**.

dribble [dribl] **I.** *v* **1.** капя, капвам; **2.** лигавя се, олигавям се; **3.** *сп.* дриблирам; • **to ~ out** издрънквам; **II.** *n* **1.** капене; росене (*за дъжд*); капка; **2.** *сп.* дриблиране, дрибъл.

drift [drift] **I.** *n* **1.** (бавно) течение; морско (речно) течение; **2.** *мор., ав.* отнасяне, отклонение, дрейф (*на кораб, самолет от курса му*); **3.** направление, насока, посока; тенденция; намерение, цел, стремеж; **to catch (get) the ~ of s.th.** *разг.* виждам накъде вървят работите; схващам, разбирам (*в основни линии*); **II.** *v* **1.** нося се, отнасям (се), дрейфувам (*от вятър, течение*); **the boat ~ed out to sea** вълните отнесоха лодката навътре в морето; **2.** разнасям (се), разпръсквам (се) (*за дим и пр.*); **3.** пускам трупи (*по вода*);

drift in отбивам се, наминавам, свръщам;

drift off унасям се, задрямвам.

drill$_1$ [dril] **I.** *n* свредел; бургия; бормашина; **II.** *v* **1.** пробивам дупка (*със свредел и пр.*); сондирам, пускам сонда (**for**); пробивам се (*и* **drill through**); **2.** *sl* прострелвам, застрелвам.

drill$_2$ **I.** *n* гимнастическо упражнение, тренировка; *воен.* строева подготовка; **~ cartridge** учебен патрон; **II.** *v* обучавам, тренирам; *воен.* обучавам войници; минавам строева подготовка; **to ~ in grammar** уча на граматика, упражнявам граматиката.

drill$_3$ **I.** *n* **1.** бразда; **2.** редосеялка; **II.** *v* сея на бразди, редове.

drill$_4$ *n* груб памучен или ленен плат на диагонални линии.

drill$_5$ *n зоол.* вид гвинейски бабуин *Mandrillus leucophaeus*.

drink [driŋk] **I.** *v* **1.** (**drank** [dræŋk]; **drunk** [drʌŋk], *поет.* **drunken** ['drʌnkən]) **2.** пия, изпивам; **3.** пия, пиянствам, пияница съм; **II.** *n* **1.** питие, напитка; **hard ~s** алкохолни напитки; **2.** количество, което се изпива; глътка; чаша, чашка; **3.** спиртни напитки, пиене, пиянство; • **a long ~ of water** *разг.* дългуч, много висок човек, върлина;

drink away изпивам, пропивам (*имот, пари*); удавям (*грижите си*) в пиене;

drink down 1) изпивам (глътвам) наведнаж; 2) надпивам (*някого*); 3) удавям (*мъка и пр.*) с пиене; забравям в пиене;

drink in 1) поглъщам жадно (*думи, гледка*); опивам се от; захласвам се, прехласва се по; слушам прехласнат; **he drank it all in** той попи всичко; 2) поглъщам влага (*за растения*);

drink to пия за (*здравето и пр.*) на, вдигам (пия) наздравица за;

drink up изпивам; **~ up!** изпразнете (изпийте си) чашите!

drip [drip] **I.** *v* капя; пускам капка по капка; **the comb ~s honey** от питата капе мед; **II.** *n* **1.** капене, капка; **2.** шум от капки; **~-~, ~-drop** капкап.

drive [draiv] **I.** *v* (**drove** [drouv]; **driven** [drivn]) **1.** карам (*кола, автомобил и пр.*); карам, управлявам, привеждам в движение, движа (*машина и пр.*); карам, закарвам, откарвам, докарвам (*с превозно средство*); возя (се); **to ~ a hoop** търкалям обръч (*за деца*); **2.** докарвам, довеждам (*до отчаяние и пр.*); принуждавам, тласвам, тласкам; **3.** чукам, зачуквам, забивам, вкарвам (*гвоздей, нож и пр.*); **II.** *n* **1.** разходка (*с автомобил и пр.*); **2.** път, шосе (*за автомобили и пр.*); алея (*за коли*) към къща; широк път в гора; просека; **3.** преследване, гонене, гонитба (*на неприятел, дивеч и пр.*);

drive against блъскам се о; хвърлям се срещу;

drive along 1) карам, гоня (*добитък и пр.*); 2) пътувам с кола; карам кола;

drive at 1) преследвам, целя; бия; **what are you driving at?** какво целиш? накъде биеш? какво искаш да кажеш? 2) работя неуморно (непрестанно) над (**at**);

drive away 1) изгонвам, прогонвам, пропъждам (*грижи и пр.*); 2) отпътувам, тръгвам (*с кола и пр.*); 3) работя неуморно (непрестанно);

drive back 1) отблъсквам; 2) потискам, сподавям (*чувство и пр.*); 3) докарвам обратно; връщам се (*с кола и пр.*);

drive down 1) откарвам (довеждам) някого на село (в провинцията); отивам (*с кола и пр.*) на село (в провинцията) (*от града, от Лондон*); 2) принуждавам (*самолет*) да кацне;

drive in 1) забивам, набивам, зачуквам (*гвоздей и пр.*); 2) връщам се, прибирам се (*с кола и пр.*); връщам, прибирам, вкарвам (*кола и пр.*); прибирам (*добитък*);

drive off = drive away;

drive on 1) блъскам, карам, подкарвам; 2) слагам (*обръч на бъчва*); 3) продължавам пътя си, карам нататък;

drive out 1) изгонвам, прогонвам, пропъждам; 2) избивам, изваждам (*гвоздей и пр.*); 3) излизам с кола; 4) *печ.* изхвърлям (*набран текст*);

drive over 1) *печ.* изхвърлям (*дума*); 2) идвам (*с кола и пр.*);

drive through 1) забивам, промушвам; разбивам; **to ~ a sword**

through s.o.'s body промушвам някого със сабя, забивам сабята си в тялото на някого;

drive under потискам, сподавям (*чувство и пр.*);

drive up 1) приближавам (се); спирам (*с кола*); 2) изтеглям, измъквам (*бутало и пр.*).

driver ['draivə] *n* **1.** шофьор; машинист (*на влак и друга машина*); ватман; колар, кочияш, файтонджия; **to be a good ~** карам добре, умея да карам; **2.** човек, който кара добитък, пастир, говедар, коняр; преследвач, който преследва дивеч; **3.** надзирател (*на роби*); човек, който кара да му работят неуморно, експлоататор (*и* **slave-~**).

drop [drɔp] **I.** *n* **1.** капка, капчица; **to have ~s in o.'s eyes** слагат ми капки в очите; **2.** глътка, малко количество; **3.** перла (диамант) на обица и под.; висулка; кристал на полилей; • **at the ~ of a hat** веднага, незабавно, тутакси, тозчас, при наймалкия повод; **II.** *v* **(-pp-) 1.** капя; пускам (наливам) капка по капка; роня (*сълзи*); **2.** пускам, изпускам, изтървам; оставям да падне; спускам; падам; отпускам се; **~ it!** пусни! **3.** изпускам, пропускам, не произнасям;

drop across *разг.* 1) срещам случайно, натъквам се на; 2) мъмря, укорявам;

drop away 1) отиваме си един по един; умираме един по един; 2) намалява се (*за посещение, приходи и пр.*); 3) изоставам назад (*при надбягване*); 4) спускам се надолу (*за терен*);

drop back 1) отпускам се (*на легло и пр.*); 2) връщам се назад (*към базата си*);

drop behind изоставам назад, позволявам да ме надминат;

drop by отбивам се, наминавам, посещавам;

drop down 1) падам на земята, падам долу; 2) смъквам се, спускам се; 3): **to ~ down on s.o.** нахвърлям се върху някого;

drop in 1) капя, пускам (наливам) капка по капка; 2) навестявам, свръщам (отбивам се), наминавам да видя някого; 3) влизаме един по един, точим се;

drop into 1) свръщам (отбивам се) в; 2): **to ~ into a habit** навиквам, привиквам; 3) намесвам се, включвам се в (*разговор*);

drop off 1) падам, капя, окапвам (*за листа*); 2) *разг.* заспивам (*и* **~ off to sleep**); 3) умирам, пуквам (*и* **~ off the hooks**); 4) = **drop away**;

drop on нахвърлям се върху; мъмря, чеша, начесвам;

drop out 1) изпускам нещо навън; 2) изпускам, пропускам (*сричка, буква, име на списък и пр.*); 3) падам навън, изпадам; изплъзвам се от; **it has ~ped out of my mind** изплъзнало ми се е от ума, забравил съм, изумил съм; 4) отпадам, оттеглям се, преставам да участвам.

drought [draut] *n* **1.** суша, задуха; засуха, сушаво време; **2.** жажда; зажаднялост, изжаднялост.

drove$_1$ *вж* **drive I.**

drove$_2$ [drouv] **I.** *n* **1.** стадо овце или говеда; **2.** път, по който вървят (минават) стада; **3.** тълпа, вълна (*от хора*); **in ~s** на тълпи (вълни, тумби); **II.** *v* **1.** карам стадо овце или говеда; **2.** дялам с каменарско длето.

drown [draun] *v* **1.** давя (се), удавям (се); **to ~ oneself** удавям се (*съзнателно*), хвърлям се във водата (*за да се удавя*); **2.** *прен.* удавям (*в пиене*), забравям; **3.** наводнявам (*местност*).

drug [drʌg] **I.** *n* **1.** лекарство, лек; **to be doing ~s** *мед. sl* уча фармакология; **2.** опиат, наркотик, наркотично вещество; *pl* наркотици (*и* **narcotic ~s**); **II.** *v* **1.** слагам наркотично вещество (*в храна, питие и пр.*); **2.** вземам (употребявам) наркотици; наркоман (наркоманка) съм; **3.** давам (*някому*) наркотик, упоявам.

drug-store [ˈdrʌgstɔ:] *n ам.* дрогерия; магазин, в който освен санитарни материали се продават и закуски, галантерийни стоки и пр.

drum [drʌm] **I.** *n* **1.** барабан, тъпан; **~ parchment** кожа на барабан; **2.** биене на барабан (тъпан), барабанене; шум (звук) от барабан; **3.** вик на птицата воден бик; **II.** *v* **1.** бия (удрям, думкам) барабан (тъпан); свиря на барабан; **2.** барабаня, удрям, чукам (по), тропам; **3.** издавам вик (*за птицата воден бик*);

drum out *воен.* изгонвам от полка (деградирам) с биене на барабан;

drum together събирам с барабан;

drum up 1) събирам (*с барабан*); **to drum up customers** *ам.* събирам (търся) купувачи; 2) *sl* подстрекавам, подкокоросвам, насъсквам; 3) *sl* преструвам се.

drunk [drʌŋk] **I.** *adj* **1.** пиян; **to get ~** напивам се; **2.** пиян, опиянен (**with** от); **II.** *n* **1.** човек, съден за пиянство (*пред съда*); **2.** случай на пиянство (*разглеждан в съда*); **3.** пияница.

drunkard [ˈdrʌŋkəd] *n* пияница, алкохолик, алкохоличка.

dry [drai] **I.** *adj* (**drier** [draiə], **driest** [ˈdraist]) **1.** сух (*и за климат, време*); изсъхнал, пресъхнал (*за кладенец и пр.*); **as ~ as a bone (a chip, dust, tinder)** съвсем сух; **2.** жаден, изжаднял; който причинява жажда (пали на вода); **3.** *ист.* "сух" (*който забранява употребата и продажбата на спиртни напитки*); • **~ goods** магазин за платове, галантерия; **II.** *v* **1.** съхна, изсъхвам; суша, изсушавам; избързвам; **ink that dries black** мастило, което става черно, когато изсъхне; **2.** пресъхвам; пресушавам (*често с* **up**); престава да дава мляко, прегаря (*за крава*); **III.** *n* сухо време; суша;

dry off изпарявам (*вода и пр.*); изпарявам се, изсъхвам;

dry out лекувам (се) от алкохолизъм или наркомания;

dry up 1) пресъхвам, пресеквам (*за кладенец*); изсъхвам; съсухрям се; 2) *прен.* изчерпвам се, ставам безинтересен (непродуктивен); 3) *разг.* млъквам, преставам да говоря; изчерпвам се; **dry up!** млъкни! стига!

duck$_1$ [dʌk] *n* **1.** патица; месо от патица; **it glances off him like water off a ~'s back** не му прави никакво впечатление, няма никакво въздействие върху него; от едното влиза, от другото излиза; **2.** *прен.* пиле, пиленце, душа, душичка; **3.** *сп.* нулев резултат (*и* **~'s egg**).

duck$_2$ **I.** *v* **1.** навеждам (се) бързо, свивам (се) (*за да избягна удар и пр.*); **2.** избягвам, клинча, кръшкам от (**out**); **3.** гмуркам (се), потапям (се), топвам (се); **II.** *n* **1.** бързо навеждане, свиване; **2.** гмуркане, потапяне, топване.

duck$_3$ *n* **1.** док (*плат*); **2.** *pl* дочени панталони; **3.** гумиран брезент.

due [dju:] **I.** *adj* **1.** *фин. обикн. predic* дължим, платим; който трябва да се плати; **a bill ~ on the first of May** полица с падеж на май; **2.** надлежен, дължим, подобаващ, справедлив; съответен; **3.** *predic* който се очаква (да пристигне и пр.); **II.** *n* **1.** това, което се дължи (полага), дължимо, заслужено, полагаемо; право; **to give him his ~ he works hard** да бъдем справедливи (да си кажем правичката), той е работлив; **2.** *pl* такса, налог; членски внос; **III.** *adv* (на)право; **the wind is ~ east** вятърът вее право от изток.

duel ['dju:əl] **I.** *n* **1.** дуел, двубой; **to fight a ~** бия се на дуел, дуелирам се; **2.** състезание, борба, двубой; **II.** *v* дуелирам се, бия се на дуел.

duet [dju:'et] *n* **1.** *муз.* дует; пиеса за пиано на четири ръце; *шег.* разговор, разпра; **2.** двойка, двама души.

dug₁ *вж* **dig I**.

dug₂ [dʌg] *n* **1.** цица, цицка, бозка (*на животно*); **2.** виме.

dull [dʌł] **I.** *adj* **1.** тъп, бавен, бавно загряващ; **all work and no play makes Jack a ~ boy** само работа без игра затъпява децата; **2.** тъп (*за болка*); тъп, глух (*за шум*); **3.** притъпен, нечувствителен (*за сетива*); **II.** *v* **1.** затъпявам (*умствени способности*); притъпявам (се) (*за усет, чувство, болка*); отслабям (*сетиво*); правя глух, заглушавам (*звук*); **2.** притъпявам (*острие*); **to ~ the edge of appetite (pleasure)** намалявам (притъпявам) апетита (удоволствието); **3.** замъглявам (се) (*за повърхност*); потъмнявам, губя блясъка си.

duly ['dju:li] *adv* **1.** съответно, надлежно; както подобава; както му е редът; **2.** навреме, своевременно.

dumb [dʌm] **I.** *adj* **1.** ням; който мълчи (не издава глас), безмълвен; **born ~** ням по рождение; **2.** без струни (*за пиано*), без звук (*за клавиш*); без мачти или платна (*за кораб*); **3.** *разг.* тъп, глупав; скучен; **II.** *v рядко* карам да занемее (замълчи); заглушавам (*шум*).

dumb-bell ['dʌmbelz] *n* **1.** *сп.* гира; **2.** *sl* глупак; тъпак, идиот.

dumping ['dʌmpiŋ] *n* **1.** стоварване, разтоварване (*на камион, смет и пр.*); **~-cart** бунище; сметище; място, където всеки си изхвърля излишните неща (*и прен.*); **2.** *икон.* дъмпинг.

dunce [dʌns] *n* тъпак, кретен; **~('s) cap** *ост.* конусовидна книжна шапка, която се слага в училище като наказание за ленивите деца.

dune [dju:n] *n* дюна (*и* **sand-dune**).

duplicate ['dju:plikit] **I.** *adj* **1.** двоен, удвоен; **2.** който наподобява точно; **3.** който е дубликат на нещо; **~ document** дубликат; **II.** *n* **1.** дубликат; копие (*от документ, разписка и пр.*); разписка от заложна къща; **in ~** в два екземпляра; **2.** копие, точно съответствие; **3.** *ез.* синоним; **III.** ['dju:plikeit] *v* **1.** удвоявам, умножавам по две; **2.** правя (издавам, снимам) копие от, преписвам, вадя няколко копия от, размножавам (*на циклостил и пр.*).

durable ['dju:rəbl] *adj* **1.** траен, здрав (*за материя и прен.*); **2.** продължителен, дълготраен.

during ['djuəriŋ] *prep* по (време на); в продължение (течение) на; по време на; при; **~ the night** през нощта, нощем, нощно време.

dusk [dʌsk] **I.** *n* мрачина, тъмнина, сянка; здрач, сумрак, дрезгавина, полумрак; привечер; **it is growing ~** здрачава се, смрачава се; свечерява се, настъпва (пада) вечер (здрач); **II.** *adj ост., лит.* **1.** здрачен, сумрачен; **2.** тъмен, мрачен, неясен; **3.** мургав; **III.** *v поет.* смрачавам се, тъмнея; помрачавам, потъмнявам, хвърлям сянка върху.

dust [dʌst] **I.** *n* **1.** прах; **to bite the ~** *разг.* преставам да съществувам, загивам, умирам, "гушвам букета"; **2.** смет, прах; **3.** *бот.* прашец; **II.** *v*

1. поръсвам, наръсвам (*със захар и пр.*); **2.** напрашвам, посипвам с прах; **3.** бърша (избърсвам, обърсвам, тупам, изтупвам праха (от)); **to ~ a room** избърсвам праха в стая; • **to ~ s.o.'s jacket (coat) for him** натупвам (напердашвам) някого; отупвам му праха.

dustbin ['dʌstbin] *n* кофа за смет.

dustman ['dʌstmən] *n* **1.** боклукчия; **2.** сънчо.

dusty ['dʌsti] *adj* **1.** прашен, напрашен, изпрашен, покрит с прах, потънал в прах; **to get ~** изпрашвам се, напрашвам се, потъвам в прах; **2.** *хим.* на прах, като прах; **3.** пепеляв, сиво-кафяв.

Dutch [dʌtʃ] **I.** *adj* **1.** холандски, нидерландски; **~ auction** търг, при който обявената цена постепенно се намалява, докато се яви купувач; **2.** *ост.* немски; **II.** *n* **1.** : **the ~** холандците, холандският народ; **2.** холандски език; *ост.* немски език; **High D.** *ост.* високонемски език; **Low D.** *ост.* ниско(долно)немски език; • **double ~** неразбран говор, безсмислици.

Dutchman [dʌtʃmən] *n* (*pl* **-men**) **1.** холандец; *разг.* германец; **well, I'm a ~!** не може да бъде! и таз добра (хубава)! **2.** *мор.* непознат моряк; **3.** *мор.* холандски кораб.

duty ['dju:ti] *n* **1.** дълг, морално (правно) задължение (**to** към); **to do o.'s ~ by (to)** изпълнявам дълга си (към); **2.** подчинение, покорство; уважение, почит; **3.** задължение, служба, обязаност; **to enter upon o.'s duties** встъпвам в длъжност, поемам службата (задълженията) си.

duty-free ['djutifri:] *adj* свободен от мито; неподлежащ на обмитяване; **~ shop** безмитен магазин.

dwarf [dwɔ:f] **I.** *n* джудже, мъниче; малко (дребно) растение, растение джудже; *мит.* джудже, гном, пигмей; *астрол.* звезда-джудже; **II.** *adj* малък, дребен; **III.** *v* **1.** спирам (прекъсвам) развитието на; **2.** карам (правя) да изглежда малък (нищожен) в сравнение с.

dwell [dwel] **I.** *v* (**dwelt, dwelt** [dwelt]) **1.** живея, обитавам (**at, in**); **2.** стоя, оставам, не напускам (*за мисъл, надежда и пр.*); постоянно мисля, не забравям (**on**); спирам, задържам (*поглед и пр.*) (**on**); спирам се, бавя се, задържам се (**on**); **her memory ~s with me** споменът за нея не ме напуска; **3.** запирам се, спирам се, колебая се (*за кон, преди да скочи*); **II.** *n* **1.** кратко равномерно прекъсване на работата на машина; **2.** спиране, запиране, колебание (*на кон, преди да скочи*).

dwelling ['dweliŋ] *n* **1.** живеене, обитаване; **2.** жилище, дом, къща, резиденция; **3.** спиране (*на въпрос*); задържане (*на нота*).

dye [dai] **I.** *n* боя (*за платове и пр.*); багрилно вещество, багрилка; **II.** *v* **1.** боядисвам (*чрез потапяне в течност*); боядисвам се, ловя боя; **to ~ in the grain (in the wool)** боядисвам преди обработването (тъкането); **2.** *поет.* оцветявам, обагрям.

dying ['daiiŋ] **I.** *adj* **1.** умиращ; загиващ, пропадащ; **2.** предсмъртен, последен; **till o.'s ~ day** до смъртта си, до последния си час; **3.** чезнещ; отпаднал, прималял, примрял; **II.** *n* умиране; смърт.

dynamite ['dainəmait] **I.** *n* динамит; **II.** *v* взривявам с динамит.

dynamo ['dainəmou] *n* динамо, динамомашина, динамомотор; **~ lighting** осветление с динамо.

dynasty ['dainəsti] *n* династия.

dysentery ['disəntri] *n мед.* дизентерия.

E

E, e₁ [i:] *n* **1.** буквата **e**; **E for Edward** е като Едуард; **2.** *муз.* ми; **3.** *мор.* второкласен (второразреден) кораб.

E₂ *n* изток, *adj* източен.

each [i:tʃ] *adj, pr* **1.** всеки (един), всекиго, всекиму; **~ day** всеки ден; **2.** : **~ other** един друг, се, взаимно (*за двама души*).

eager ['i:gə] *adj* **1.** който има силно желание, изпълнен с желание; нетърпелив; готов (**to** *c inf*); пламенен, ревностен, страстен; енергичен, жаден, алчен (**for**); **to be (very) ~ to do s.th.** имам силно желание (много искам) да направя нещо, горя от нетърпение (желание) да направя нещо; **2.** *ост.* остър, резлив (*на вкус*); остър, хладен (*за въздух*).

eagerness ['i:gənis] *n* желание, готовност; нетърпение, нетърпеливост; страст, пламенност; енергия; жажда, алчност.

eagle [i:gl] *n* **1.** орел; **golden ~** царски орел *Aquila chrysaetos*; **2.** орел (*на герб*); **3.** съзвездието Орел.

eagle eye ['i:gl,ai] *n* критичен поглед.

eaglet ['i:glit] *n* орле.

ear₁ [iə] *n* **1.** ухо (*и прен.*); слух; **external (outer) ~** външно ухо; **2.** дръжка (*на кана и пр.*); ръчка; *тех.* ухо; **3.** *рядко* отвор, отвърстие.

ear₂ *n ост.* ора.

ear₃ **I.** *n* клас (*на жито и пр.*); **corn in the ~** изкласило жито; **II.** *v* изкласява (*за жито*).

earache ['iəreik] *n* болка в ухото; **to have ~** боли ме ухо.

earbash ['iə,bæʃ] *v sl австр.* бърборя непрестанно, намилам, плещя.

earbasher ['iə,bæʃə] *n sl австр.* бърборко, досадник.

eardrop ['iədrɔp] *n* висяща обица.

earful ['iəful] *n разг.* **1.** нещо (до)чуто; **2.** мърморене, "конско", "евангелие".

earl [ə:l] *n* граф (*в Англия*).

earlap ['iə,læp] *n* наушник.

earless₁ ['iəlis] *adj* **1.** без уши; без слух; **2.** без усет за музика, немузикален.

earless₂ *adj* без класове, неизкласил.

early ['ə:li] **I.** *adj* ранен; **to be ~** пристигам рано (навреме); **II.** *adv* рано; преждевременно; в началото; **~ in the year** в началото на годината.

earn [ə:n] *v* **1.** печеля, спечелвам (*пари, слава и пр.*); докарвам си, припечелвам; **~ing capacity** доходност, рентабилност; **2.** заслужавам.

earnest₁ ['ə:nist] **I.** *adj* **1.** сериозен; задълбочен; (добро)съвестен; ревностен; **~ efforts** сериозни (упорити) усилия; **2.** искрен, убеден; **3.** настойчив, горещ (*за молба и пр.*); **II.** *n* : **in ~** сериозно, не на шега.

earnest₂ *n* **1.** *търг.* капаро; депозит; **2.** *разг.* гаранция, залог; проба; **to give an ~ of one's talent** доказвам таланта си.

earning ['ə:niŋ] *n* **1.** препечелване, спечелване; **2.** нещо спечелено; **3.** *pl* доход, приход; заплата; това, което печеля (си докарвам).

earphone ['iə,foun] *n* слушалка (*за радио*).

ear-piercing ['iə,piəsiŋ] *adj* оглушителен, остър, рязък, пронизителен, писклив.

ear plug ['iə,plʌg] *n* запушалка за уши.

ear-ring ['iəriŋ] *n* обица.

earshot ['iəʃɔt] *n* разстояние, на което може да се чуе звук; **within ~**

толкова (достатъчно) близо, че да може да се чуе (да ни чуят); **out of ~** толкова далеч, че не се чува.

earth [ə:θ] **I.** *n* **1.** земя, земно кълбо; суша; свят; този свят; **the ~'s crust** земната кора; **2.** земя, почва; пръст; *хим.* земя; **3.** дупка, леговище (*на лисица и пр.*); **II.** *v* **1.** заравям, окопавам (*растение*) (*често с* **up**); **2.** преследвам (*диво животно*) до леговището му; **3.** скривам се в леговището си (*за диво животно*).

earthed [ə:θid] *adj ел.* заземен.

earth-grazer ['ə:θ,greizə] *n* астероид, чиято орбита минава в опасна близост със земята.

earthman ['ə:θmən] *n* землянин, жител на земята.

earth mother ['ə:θ,mʌðə] *n* **1.** богиня на плодородието; **2.** *разг.* прелъстителка, сладострастница.

earth-nut ['ə:θnʌt] *n* **1.** земен орех; **2.** фъстък.

earthquake ['ə:θkweik] *n* **1.** земетръс, земетресение; **~ proof** антисеизмичен; **2.** сътресение (*политическо, обществено*).

earthward(s) ['ə:θwə:d(z)] *adv* към земята.

ear-wax ['iəwæks] *n* ушна кал.

earthwork ['ə:θwə:k] *n* **1.** насип от пръст; **2.** *pl* изкопи, землени работи; **3.** *pl* художествени предмети, изработени от глина, пръст, пясък, камък или лед.

ease [i:z] **I.** *n* **1.** спокойствие, покой; успокоение; непринуденост; **to be at ~** спокоен съм, не се тревожа; чувствам се като у дома си, не се притеснявам; **2.** свобода; ширина; удобство; спокойствие, безгрижие, рахатлък; **3.** облекчение, успокоение (*на болка*) **(from)**; **II.** *v* **1.** успокоявам, облекчавам, намалявам, отслабвам (*болка, страдание*); намалявам, отлабвам, успокоявам се (*за болка и пр.*); облекчавам (*болен*); успокоявам, разсейвам тревогите (грижите) на; **to ~ s.o.'s mind** успокоявам някого, разсейвам грижите на някого; **2.** облекчавам, освобождавам (**s.o. of** *или* **from sth**); **3.** отпускам, отхлабвам, разхлабвам, разхалтвам; облекчавам (*положение и пр.*); намалявам (*напрежение*);

ease down намалявам (се), отпускам (се), отхлабвам (се);

ease off 1) *мор.* отпускам, отхлабям (*въже и пр.*); 2) отдръпвам (се), оттеглям (се); отдалечавам (се) от брега (от лодка и пр.); оттласвам (бутам) от брега; 3) отпускам се, работя по-малко;

ease out отстранявам тактично от пост;

ease up 1) *мор.* отпускам (*въже на мачта, скрипец и пр.*); 2) = **ease off** 3); 3) намалявам скоростта, забавям крачка.

easeful ['i:tful] *adj* спокоен, безметежен; ◇ *adv* **easefully**.

easel [i:zl] *n* триножник (*на художник*), молберт; **~-picture** кавалетна живопис (картина).

east [i:st] **I.** *n* **1.** изток; **on (to) the ~ of** на изток от; **2. E.** Изток, Ориент; *ам.* източните щати; **the Near (Middle, Far) E.** Близкият (Средният, Далечният) изток; **E., West, home is best** където и да ходиш, у дома си е най-добре; **II.** *adv* на (към, от) изток; в (от) източна посока; източно; **the town lies ~ of the Danube** градът се намира източно от р. Дунав; **III.** *adj* източен; ориенталски; **~ aspect** източно изложение; **the E. Indies** островите на изток от Индия; **IV.** *v* **1.** движа се на (към) изток; вземам курс към изток; **2.** *refl* ориентирам се.

East End ['i:st'end] *n* Истенд, източната част на Лондон, населена главно с работници.

Easter ['i:stə] **I.** *n* Великден; Възкресение Христово; **~ Day (Sunday)** Великден; **II.** *adj* великденски; **~ egg** великденско яйце.

eastern ['i:stən] **I.** *adj* **1.** източен; ориенталски; **the E. question** Източният въпрос; **~ style** ориенталски стил; **2.** *рел.* източноправославен; **II.** *n* **1.** ориенталец; **2.** член на Източноправославната църква.

eastwardly ['i:stwə:dli] *adj, adv* източен, на (по посока на) изток.

easy ['i:zi] **I.** *adj* **1.** лесен, лек; прост; **it is ~ for me to** лесно ми е да; **2.** удобен (*за дреха*); **3.** спокоен; • **to come in an ~ first** *сп.* пристигам много преди другите; **II.** *adv разг.* **1.** лесно, леко, без мъка (*вм.* **easily**); **easier said than done** по-лесно е да го кажеш, отколкото да го направиш; лесно е да се говори; **2.** спокойно; без бързане; **to take things ~** не бързам, не си давам зор; **III.** *n разг.* спиране, почивка, отпускане (*особ. при гребане*); **IV.** *v разг.* отпускам веслата, преставам да греба.

easy-care ['i:zi,kɛə] *adj* здрав, практичен, удобен; който не се глади (*за материал, дреха*).

eat [i:t] *v* (**ate** [et, eit]; **eaten** [i:tn]) **1.** ям; **to ~ one's dinner (breakfast etc.)** обядвам (закусвам и пр.), изяждам си обеда (закуската и пр.); **2.** (*с adv или adj*) яде се; **3.** храня се, обядвам, вечерям;

eat away 1) ям непрекъснато, гълтам, лапам; 2) разяждам, подривам (*скали, бряг и прен.*); изяждам, изгризвам, прояждам; 3) разяждам (*за киселина*);

eat into 1) разяждам (*за киселина, червей и пр.*); 2) разпилявам част от, накърнявам (*състояние и пр.*);

eat off 1) **to ~ one's head off** изяждам повече, отколкото изработвам; много яде, малко работи (*за кон*); не е рентабилно, много гълта (*за предприятие*); безработен съм; 2) **to ~ off a field** изпасвам (опасвам) поле; пускам (*овце и пр.*) да пасат в поле;

eat out храня се по ресторанти (извън къщи); **to ~ out of s.o.'s hand** напълно съм зависим от, покорен слуга съм на;

eat up 1) изяждам; **his opponent simply ate him up** *разг.* противникът му просто го унищожи (ликвидира); **to ~ up the miles** поглъща километрите (*за кола и пр.*); 2) изразходвам, изчерпвам (*средства и пр.*); 3) изразходвам безполезно, изхабявам, пропилявам, хвърлям на вятъра.

eatery ['i:təri] *n разг.* заведение за хранене.

eating ['i:tiŋ] **I.** *n* ядене; храна; **to be fond of ~ and drinking** обичам да си хапвам и да си пийвам; **II.** *adj* който разяжда (измъчва, тормози).

eau-de-cologne ['oudəkəloun] *n* одеколон.

eavesdrop ['i:vzdrɔp] *n* подслушвам.

ebb [eb] **I.** *v* **1.** спадам, оттеглям се, отдръпвам се (*за прилив*); **the tide is ~ing** приливът спада (се отдръпва); **2.** *прен.* гасне, угасва, отслабва, намалява (*за светлина и пр.*); **II.** *n* **1.** отлив; **~ and flow** прилив и отлив; **2.** западане; отпадане, отпадналост, слабост.

EBDR ['i:'bi:'di:'a:] *abbr* **(European Bank for Reconstruction and Development)** Европейска банка за възстановяване и развитие.

ebony ['ebəni] *n* **1.** абанос; **2.** *attr* абаносов; черен като абанос.

ebullience, -cy [i:'bʌliəns, -si] *n*

бликане, изблик, кипеж (*на сили, жизнерадост*); жизнерадост, буйност, възбуда.

EC ['i:'si:] *abbr* (**European Community**) Европейската общност.

eccentric [ik'sentrik] **I.** *adj* **1.** ексцентричен, чудат, странен, своенравен, оригинален; ◇ *adv* **eccentrically** [ik'sentrikəli]; **2.** *мат. тех.* ексцентричен, разноцентрен; *астр.* ексцентричен, който не се движи в кръг; **II.** *n* **1.** чудак, особняк, оригинал, ексцентрик; **2.** *тех.* ексцентрик.

ecclesiastical [ik,li:zi'æstikl] *adj* църковен, духовен.

ecclesiolatry [ik,li:zi,ɔlətri] *n* догматизъм, сляпо придържане към църковните канони.

ecdemic [ek'demik] *adj* чуждестранен; който не е типичен за района; екдемичен (*за болест*).

ecdysiast [ek,di:zi'æst] *n шег.* стриптизьор(ка).

ECG ['i:'si:'dʒi:] *abbr* (**electrocardiogram**) електрокардиограма.

echo ['ekou] **I.** *n* (*pl* **echoes**) **1.** ехо, отзвук, отклик, отглас; **2.** звукоподражание; **3.** *прен.* отклик, подражание; **II.** *v* **1.** отеквам (се), отразявам се; ехтя, еча, кънтя; **2.** повтарям, поемам, подражавам; **to ~ through** разнасям се, изпълвам със звук.

echography [e'kɔgrəfi] *n* ехография.

echoic [i'kouik] *adj* **1.** наподобаващ ехо; отекващ; **2.** звукоподражателен.

echoism ['ekou,izəm] *n* **1.** звукоподражание; **2.** *фон.* асимилация на гласна от предходна сричка.

echolocation [,ekoulou'keiʃən] *n* ехолокация.

eclipse [i'klips] **I.** *n* **1.** *астр.* затъмнение; **the flash and ~ of a light** *мор.* светване и угасване на фар; **2.** *прен.* залез, упадък; помрачаване, засенчване; **3.** *зоол.* зимна перушина; **II.** *v* затъмнявам, засенчвам, помрачавам (*и прен.*).

ecocentric [,i:kou'sentrik] *adj* екологичен; природосъобразен; който не вреди на природната среда.

ecofriendly ['i:kou,frendli] *adj* екологично чист; незамърсяващ околната среда.

econometric [i,kɔnə'metrik] **I.** *adj* иконометричен; **II.** *n pl* иконометрия.

economic [,i:kə'nɔmik] *adj* **1.** икономически, стопански; стопанствен; **~ growth** икономически растеж; **2.** икономичен.

economical [,i:kə'nɔmikəl] *adj* **1.** икономичен, пестелив, спестовен; **to be ~ with sth** пестя, не пилея нещо; **2.** икономически, стопански.

economics [,i:kə'nɔmiks] *n pl* (= *sing*) икономика, стопански науки; политическа икономия; **the ~ of a country** стопанският строй на една страна.

economy [i:'kɔnəmi] *n* **1.** икономисване, икономия, пестеливост, спестовност; пестене; **~ in fuel consumption** икономия на гориво; **2.** стопанисване; **3.** икономика; стопанство.

ecophysiology [,i:koufizi'ɔlədʒi] *n* екофизиология (*наука за адаптирането на организмите към околната среда*).

ecosphere ['i:kou,sfiə] *n* екосфера.

ecotourism ['i:kou,tuərizəm] *n* екотуризъм.

ectopia [ek'toupiə] *n мед.* вродено разместване на орган.

edacious [i'deiʃəs] *adj* лаком, ненаситен; който си похапва добре.

edema [e'di:mə] *n* (*pl* **edemata, edemas**) *n* едема, оток.

edge [edʒ] **I.** *n* **1.** острие, острец, острило, резец; **a knife with an ~ (a keen ~) on it** добре наточен (наострен) нож; **2.** ръб, край, периферия; перваз; обрез (*на лист хартия, на книга*); поле (*на печатна страница*); бряг, крайбрежие (*на река, езеро*); сервитутна линия (*край шосе*); ива (*на плат*); • **(all) on ~** изострен, изпънат (*за нерви*), настръхнал, нервен; нетърпелив; **II.** *v* **1.** точа, наточвам, изострям; **2.** изглаждам (изравнявам, правя) ръб на; подшивам, обточвам, обтакам (*дреха*); **3.** заграждам, ограждам; минавам (раста) край; **the road is ~d with poplars** пътят е засаден с тополи от двете страни.

EDI ['ei'di:'ai] *abbr* **(electronic data interchange)** електронен обмен на данни.

edibility [edi'biliti] *n* ядивност.

edifice ['edifis] *n* сграда, здание, постройка (*обикн. голяма, и прен.*); **the whole ~ of his hopes collapsed at once** изведнъж рухнаха всичките му надежди.

edit ['edit] *v* редактирам, приготвям за печат; редактор съм на; *комп.* редактирам, променям (*данни, текст, изображение*); **to ~ news for the public** *разг.* нагласявам новини за публиката, представям новини тенденциозно.

edition [i'diʃn] *n* **1.** издание; **~ de luxe** луксозно издание; **2.** тираж; **3.** специално издание, поредица от книги, печатани от издателство.

editor ['editə] *n* редактор; **sporting ~** спортен редактор.

editorial [edi'tɔ:riəl] **I.** *adj* редакторски; **~ office** редакция; **II.** *n* уводна статия.

educate ['edju:keit] *v* **1.** образовам, давам образование на, възпитавам, просвещавам; **2.** развивам, формирам, тренирам; **to ~ one's memory** тренирам (упражнявам) паметта си; **3.** изучавам, поемам разноските за образованието на някого.

education [edju:'keiʃən] *n* **1.** възпитаване, отглеждане; **2.** обучение; просвета; образование; **primary (secondary) ~** основно (средно) образование; **3.** педагогия.

educatory ['edjukətəri, ˌedju'keitəri] *adj* образователен.

edutainment [ˌedju'teinmənt] *n* развлекателно-образователен материал.

E.E.C. ['i:'i:'si:] *съкр.* (**European Economic Community**) *n* ЕИО (Европейска икономическа общност).

eel [i:l] *n* **1.** змиорка; *прен.* човек, който се измъква (изплъзва) от всяко затруднение; **to have an ~ by the tail** *разг.* едва (с голямо усилие) задържам нещо; **2.** различни риби от рода на змиорката; **3.** животинче, съхранено в оцет.

eerie ['iəri] *adj* **1.** зловещ, мрачен, странен, мистериозен, тайнствен; свръхестествен; ◇ *adv* **eerily** ['iərili]; **2.** *шотл.* суеверен.

eff [ef] *v sl:* ~ **and blind** имам мръсен (нецензурен) език; ~ **off!** да те няма! чупката!

efface [i'feis] *v* **1.** заличавам (*и прен.*); изтривам; премахвам; **2.** *прен.* засенчвам, правя (*някого, нещо*) да бледнее; **3.** *refl* държа се настрана (в сянка), самозаличавам се, отбягвам внимание.

effect [i'fekt] **I.** *n* **1.** последица, следствие; резултат; **cause and ~** причина и следствие; **2.** действие, въздействие, ефект; влияние; **3.** (външен) ефект, впечатление; • **in ~** всъщност, по същество, фактически, в действителност; **II.** *v* извършвам, осъществявам, постигам; **to ~ one's purpose** постигам целта си.

effective [i'fektiv] **I.** *adj* **1.** ефективен, ефикасен, резултатен; действен, действителен, наличен; *воен.* годен за военна служба; използваем, годен за употреба; **to render a machine more ~** увеличавам производителността на машина; **2.** ефектен, сполучлив; **3.** *ам. юрид.* действащ, в сила; **II.** *n* **1.** *pl воен.* ефективи, военни сили; **2.** *фин.* ефективи; наличност в пари, ценни книжа и др.

effeteness [i'fi:tnis] *n* изтощеност, изчерпаност, хилавост, негодност; упадъчност.

efficiency [i'fiʃənsi] *n* **1.** работоспособност, изпълнителност, експедитивност; квалификация; **~ of the workmen** квалификация на работниците; **2.** *тех., физ.* полезно действие; коефициент на полезно действие; производителност, продуктивност.

efficient [i'fiʃənt] **I.** *adj* **1.** който работи добре, способен, изпълнителен, експедитивен; **to be ~ at doing sth** бива ме да върша нещо, добре върша нещо; **2.** добре извършен (*за работа*); **3.** *ост., филос.* действен; **II.** *n* **1.** *воен. ист.* обучен доброволец; **2.** *мат.* множимо, множител.

effleurage [,eflə'ra:ʒ] *n* леко масажно движение.

efflorescent [,eflɔ'resənt] *adj* **1.** *бот.* цъфтящ, разцъфващ, в цъфтеж; **2.** *хим.* ефлоресциращ, изветряващ се; **3.** плесенясващ, мухлясващ.

effort ['efə:t] *n* **1.** усилие, напрежение; старание, опит; **sustained ~** постоянно, непрекъснато усилие; **2.** *разг.* постижение.

EFTA ['eftə] *abbr* **(European Free Trade Association)** Европейска асоциация за свободна търговия.

egg₁ [eg] *n* **1.** яйце; **a bad ~** развалено яйце, запъртък (*и прен.*); **2.** яйцеклетка; **3.** *воен. ам. sl* бомба, самолетна бомба, мина.

egg₂ *n* подстрекавам, насъсквам (*обикн. с* **on**).

egg-plant ['egpla:nt] *n* патладжан, син домат.

egg slice ['eg,slais] *n* шпатула за бъркане на яйца.

egg whisk ['egwisk] *n* тел за разбиване на яйца.

egg-white ['egwait] *n* белтък (на яйце).

ego ['egou] *n филос.* его (моето Аз).

egoist ['egouist] *n* егоист, себичен човек.

egression [i:'greʃən] *n* излизане.

Egypt ['i:dʒipt] *n* Египет.

Egyptian [i'dʒipʃən] **I.** *adj* египетски; **II.** *n* **1.** египтянин; **2.** *печ.* черен шрифт с четвъртити серифи; **3.** *ост.* циганин.

eh [ei], [e] *int* **1.** ах! (*при изненада*); **2.** а? (*при съмнение, въпроси*).

EHO ['i:'eitʃ'ou] *abbr* **(Environmental Health Officer)** инспектор по опазване на околната среда.

eidetic [ai'detik] *adj* ясно очертан във въображението; ярък (*за въображение, видение*); като на яве; **~ image** ярък образ.

eidolon [ai'doulən] *n* призрак, привидение.

eight [eit] **I.** *num* осем; **II.** *n* **1.** осмица, осморка; **2.** група, отбор от осем; осморка (осем гребци); лодка за осем гребци; **the Eights** гребни състезания между университетите на Оксфорд и Кембридж; • **to cut ~s, figures of ~** правя осморки (*на кънки*).

eight ball ['eit'bɔl] *n* черна билярдна топка; • **behind the ~** *разг.* в опасност, в затруднено положение.

eighteen [ei'ti:n] *num* осемнадесет.

eighteenth [ei'ti:nθ] **I.** *adj* осемнадесети; **II.** *n* една осемнадесета (част).

eighth [eitθ] **I.** *adj* осми; **II.** *n* една осма (част); **~ note** *муз.* осмина нота.

eightieth ['eitiəθ] *num* осемдесети.

Eire ['eərə] *n* Ейре.

either ['aiðə] **I.** *adj* един (*от двама*); и единият, и другият; всеки; **on ~ side of the table** от двете страни на масата; **II.** *pron* един (*от двама*); или единият, или другият (*от двама*); **~ of them** или единият, или другият; **III.** *cj, adv* **1.** : **~... or** или ... или; **2.** *с отриц.* и аз (ти) ... не; нито пък; пък дори и; всъщност; не дотам ...

eject I. [i'dʒekt] *v* **1.** изхвърлям, изгонвам (**from**); *юрид.* изваждам (наемател); уволнявам; **to ~ an agitator from a meeting** изхвърлям агитатор от събрание; **2.** изхвърлям, изригвам, избълвам; изтласквам, изтиквам; *физиол.* отделям; **II.** ['i:dʒekt] *n филос.* нещо, което не може да бъде пряк обект на нашето съзнание.

eke [i:k] **I.** *v* (*обикн. с* **out**); донаждам, прибавям, попълвам, додавам, допълвам (*нещо оскъдно*), разреждам (*за вино и пр.*); използвам пестеливо; **we must ~ out a living (an existence)** трябва да свържем някак си двата края; **II.** *adv ост.* също, също така.

elastic [i'læstik] **I.** *adj* **1.** ла̀стичен; **2.** еластичен, разтеглив (*и прен.*); **3.** *прен.* оптимистичен, жизнерадостен; **~ temperament** лек, безгрижен характер; **II.** *n* ластик; **~s** жартиери.

elasticate [i'læstikeit] *v* снабдявам с ластик, вкарвам ластични нишки (*в дреха и пр.*).

elated [i'leitid] *adj* въодушевен, ликуващ; **to be ~** с високо самочувствие съм; *разг.* развеселен съм от пиене, на градус съм; ◇ *adv* **elatedly**.

elbow ['elbou] **I.** *n* **1.** лакът; **to rest one's ~s on sth** облакътявам се на нещо; **2.** завой (*на път*); **3.** *тех.* коляно, колянова тръба; ъгълник, винкел; **II.** *v* **1.** бутам с лакът; **to ~ s.o. aside** избутвам някого с лакът; **2.** извивам, правя завой (*за река, път*).

elder₁ ['eldə] **I.** *adj* **1.** (*comp от* **old**) по-голям, възрастен (*за хора от едно и също семейство*); **2.** старши (*за колега*); **II.** *n* **1.** по-възрастният, по-старият (*от двама*); **he is my ~ by two years** той е две години по-възрастен от мене; **2.** старейшина.

elder₂ *n бот.* бъз *Sambucus nigra*.

elderly ['eldəli] *adj* възстар, в напреднала възраст.

eldest ['eldist] *adj* (*sup от* **old**) найстар (най-възрастен, най-голям) (*в едно семейство*); **the ~ son** първородният син, най-големият син.

elect [i'lekt] **I.** *v* **1.** избирам (*с гласуване*); определям; **he was ~ed to the Academy** той бе избран за член на академията; **2.** решавам (се), предпочитам; **3.** избирам (допълнителна специалност или предмет) в университет, колеж; **II.** *adj* избран; новоизбран, бъдещ; **bride ~** избраница; **III.** *n* избран, привилегирован човек.

election [i'lekʃən] *n* **1.** избор, избиране; **2.** избори; **to hold an ~** правя, произвеждам избори; **3.** *рел.* предопределение.

elector [i'lektə] *n* **1.** избирател, гласоподавател; **body of ~s** избирателна колегия; **2.** *ист.* електор, курфюрст.

electoral [i'lektərəl] *adj* избирателен; **~ college** *ам.* избирателна колегия (*която избира президента*).

electorate [i'lektərit] *n* **1.** електорат, всички избиратели, избирателна колегия; **2.** *ам.* избирателен район; **3.** *ист.* сан, юрисдикция на електор (курфюрст); земи, управлявани от електор (курфюрст).

electrical [i'lektrikl] *adj* **1.** електрически; **~ engineer** електроинженер; **2.** *прен.* наелектризиран, бурен.

electrician [ilek'triʃən] *n* електротехник.

electricity [elek'trisiti] *n* **1.** електричество; *разг.* електрически ток, енергия; **~ works** електроцентрала; **2.** *прен.* напрежение.

electrocution [i,lektrə'kju:ʃən] *n* екзекутиране на електрически стол; (*случайно*) убиване чрез електричество.

electrode [i'lektroud] *n* електрод.

electron [i'lektrɔn] *n* **1.** *физ.* електрон; **2.** *ист.* електрон, сплав от злато и сребро.

electronic [ilektr'ɔnik] *adj* електронен; **~ games** електронни игри.

elegant ['eligənt] *adj* **1.** елегантен, изискан, изтънчен, изящен; **2.** *ам.* и *sl* чудесен, великолепен, шикозен, фин.

element ['elimənt] *n* **1.** елемент; **2.** стихия, природна сила; **to brave the ~s** боря се с, излагам се на природните стихии; **3.** естествена среда, стихия.

elementary [eli'mentəri] *adj* **1.** елементарен, начален, първоначален, основен; **~ school** начално училище; **2.** *хим.* прост.

elephant ['elifənt] *n* **1.** слон; **bull ~** мъжки слон; **2.** *ост.* слонова кост; **3.** : **~(-paper)** рисувателна хартия голям формат (711 x 584 мм); • **the ~** прозвище на Републиканската партия.

elevate ['eliveit] *v* **1.** вдигам, издигам, повдигам; **2.** въздигам, повишавам (*в по-горен чин*); вдигам (*очи*), повишавам, вдигам (*глас*); насочвам вертикално (*оръдие*); **3.** събуждам, пробуждам (*надежди*); възвишавам (*духа, душата*).

elevated ['eliveitid] *adj* **1.** издигнат, повдигнат, висок; **~ position** високо положение (*и прен.*); *воен.* високи, командващи позиции; **2.** *прен.* издигнат, възвишен, висок, благороден; **3.** *разг.* развеселен, фирнал, пийнал, на градус.

elevation [,eli'veiʃən] *n* **1.** издигане; *прен.* повишение (*в чин*); **~ to the peerage** удостояване с благородническа титла; **2.** възвишение, хълм; височина (*над морското равнище*); **3.** *прен.* възвишеност, величественост, благородство (*на стил, характер*).

elevator ['eliveitə] *n* **1.** елеватор, подемник; долап, градинарско колело; **2.** *ам.* асансьор; **3.** *ам.* **(grain-) ~** силоз, зърнохранилище.

eleven [i'levn] **I.** *пит* единадесет; **II.** *n* **1.** единадесет (души); **2.** *сп.* отбор, тим (от 11 души).

eleventh [i'levənθ] *adj* единадесети; **at the ~ hour** в последния момент, в дванадесетия час.

elicitation [i,lisi'teiʃən] *n* измъкване, изтръгване, извличане.

eligibility ['elidʒi'biliti] *n* **1.** избираемост; **2.** приемливост.

eliminate [i'limineit] *v* **1.** елиминирам, премахвам, отстранявам, изключвам; **2.** *хим., физиол.* отделям (**from**); прочиствам, изхвърлям, освобождавам се от; **3.** *мат.* освобождавам се от, изключвам (*неизвестно*).

elitism [i'li:tizəm] *n* елитизъм; снобизъм.

elitist [ili:tist] **I.** *n* сноб, елитист; **II** *adj* предназначен (насочен) само за елита; от който се ползва само елита.

elm [elm] *n* бряст *Ulmus*.

elocution [,elə'kju:ʃən] *n* дикция, декламация, ораторско изкуство.

elongated ['i:lɔŋgeitid] *adj* удължен, продълговат.

eloquent [′eləkwənt] *adj* красноречив, сладкодумен, убедителен, изразителен; **to wax ~ in support of ...** употребявам цялото си красноречие в подкрепа на ...

else [els] *adv* **1.** друг, още, освен това; **sb ~** някой друг; **2.** (*обикн. след* **how, or**) иначе, другояче.

elsewhere [′elsweə] *adv* другаде.

elucidator [i′lu:si′deitə] *n* тълкувател, интерпретатор.

elusion [i′lu:ʒn] *n* избягване, измъкване, изплъзване; заобикаляне.

emanation [emə′neiʃən] *n* **1.** отделяне, излъчване; **2.** еманация, излъчено вещество; миризма, миризми, изпарения; **3.** *прен.* продукт, плод, рожба.

emancipation [i,mænsi′peiʃən] *n* еманципация, освобождение.

emasculation [i,mæskju′leiʃən] *n* **1.** скопяване, кастриране; **2.** *прен.* безсилие, немощ, отслабване.

embankment [im′bæŋkmənt] *n* **1.** укрепяване (*на речен бряг*); **2.** дига, насип; кей; откос.

embargo [em′ba:gou] **I.** *n* (*pl* **embargoes**) ембарго, забрана; **to lay (take off) an ~ on** налагам, слагам (снемам, вдигам) ембарго върху; **II.** *v* слагам под забрана, забранявам; секвестирам.

embark [im′ba:k] *v* **1.** качвам (се) на параход (**in, on**); тръгвам на път; предприемам пътуване; товаря; **2.** *прен.* предприемам, започвам, залавям се с, впускам се в (**on**).

embarkation, embarcation [,emba:′keiʃən] *n* **1.** качване (*в параход*); товарене (*на параход*); **2.** натоварена стока.

embarrass [im′bærəs] *v* **1.** затруднявам; спъвам, преча, попречвам, възпрепятствам; **to ~ s.o.'s movements** попречвам на някого да се движи, спъвам (ограничавам) нечии движения; **2.** обърквам, смущавам, притеснявам; карам някого да се чувства неудобно (неловко), да се притеснява; **3.** затруднявам финансово.

embarrassment [im′bærəsmənt] *n* **1.** смущение, стеснение; объркване; неудобно положение; **2.** затруднение; пречка, препятствие; **to be in pecuniary ~s** затруднен съм финансово, имам парични затруднения.

embassy [′embəsi] *n* **1.** посолство; **2.** мисия, делегация; **3.** положение, служба, функции на посланик; мисия (*с която е натоварен специален пратеник*).

embellish [im′beliʃ] *v* украсявам, разкрасявам, разхубавявам.

ember [′embə] *n* жив въглен; *pl* жар, жарава.

embitter [im′bitə] *v* **1.** вгорчавам; **2.** огорчавам; отравям; озлобявам, ожесточавам; причинявам огорчение (мъка); **to ~ s.o. against s.o.** озлобявам някого срещу някой друг.

emblem [′embləm] **I.** *n* емблема, символ; **II.** *v рядко* символизирам; типичен съм за, представям.

emblematize [em′blemə,taiz] *v* символизирам, служа като емблема на.

embodiment [im′bɔdimənt] *n* **1.** въплъщаване; въплъщение; **2.** включване; **3.** обединение, събиране; *воен.* формиране (*на части на армия*).

embrace [im′breis] **I.** *v* **1.** прегръщам, притискам в прегръдките си; прегръщаме се; **2.** обгръщам, обхващам; **3.** *прен.* използвам, възползвам се от (*случай*); приемам, възприемам, присъединявам се към; влизам (*в партия*); **to ~ the diplomatic career** влизам в дипломатическата кариера, ставам дипломат; **II.** *n* прегръдка; *евфем.* полов акт.

embrocate ['embrəkeit] *v* намазвам, трия, разтривам, втривам.

embroider [im'brɔidə] *v* **1.** бродирам; **to ~ a pattern** бродирам десен; **2.** *прен.* украсявам, разкрасявам, разхубавявам.

embroidery [im'brɔidəri] *n* **1.** бродерия; **~ scissors** ножички за бродиране; **2.** украсяване, разкрасяване, украса.

embroil [im'brɔil] *v* **1.** обърквам, забърквам, заплитам (*работа и пр.*); **2.** въвличам в, замесвам в; **3.** скарвам (**with**).

embryo ['embriou] **I.** *n* (*pl* **embryos**) *биол.* ембрион, зародиш; **in ~** в зародиш(но състояние), неразвит (*и прен.*); **II.** *adj* ембрионален, зародишен, зачатъчен; начален.

emerge [i'mə:dʒ] *v* **1.** изплувам, подавам се, излизам (показвам се) на повърхността; излизам от (*и прен.*); появявам се (**from**); **to ~ from retirement** излизам отново сред хората; **2.** излизам наяве, очертавам се; ставам известен (*за факт*); възниквам (*за въпрос*); изниквам (*за трудност, факт*).

emergency [i'mə:dʒənsi] *n* **1.** непредвиден, спешен случай (обстоятелство); критичен момент (обстоятелство); **to rise to the ~** справям се с положението; **2.** *attr* спешен; запасен, спомагателен; извънреден; **3.** *сп.* резервен играч, резерва.

emigrant ['emigrənt] **I.** *adj* емигрантски; **II.** *n* емигрант, -ка.

emigrate ['emigreit] *v* **1.** емигрирам, изселвам се; **2.** *разг. ам.* сменям местожителството си (*в същата страна*); **3.** изселвам (*население*), уреждам изселването (*на население*).

emigration [,emi'greiʃən] *n* емигриране, изселване; емиграция.

eminent ['eminənt] *adj* **1.** висок, издигнат; изпъкнал; издаден; **2.** изтъкнат, виден, бележит, именит; известен, прочут; **3.** забележителен, който се отличава с (*за качества*); **a man of ~ goodness** забележително добър човек; • **~ domain** *ам. юрид.* право на отчуждаване за обществена полза.

emit [i'mit] *v* **1.** издавам, изпускам, отделям; изхвърлям; излъчвам; **to ~ a shriek** изкрещявам, изписквам; **2.** емитирам, пускам в обращение (*пари*).

emmetropia [,emi'troupiə] *n* перфектно зрение.

emolescence [imoɔ'lesəns] *n* размекване, омекване.

emotion [i'mouʃən] *n* **1.** вълнение, възбуда; **a voice touched with ~** леко развълнуван глас; **2.** чувство, емоция; прочувственост.

emotive [i'moutiv] *adj* **1.** емоционален; **2.** вълнуващ, затрогващ, чувствен.

empathise, empathize ['empəθaiz] *v* съчувствам, изпитвам състрадание.

emphasis ['emfəsis] *n* (*pl* **emphases** [-i:z]) **1.** емфаза, емфатичност, натъртеност, подчертаност, ударение; наблягане, изтъкване; **to lay (place) special ~ upon** особено подчертавам, наблягам на; придавам особено значение на; **2.** *изк.* яснопт на контурите; живост на колорита.

emphasize ['emfəsaiz] *v* **1.** подчертавам, наблягам на, изтъквам; придавам особено значение на; **2.** *ез.* поставям емфатично ударение.

empire ['empaiə] **I.** *n* **1.** империя; **the E.** Британската империя; *ист.* Свещената римска империя; **2.** владичество, власт, господство; *прен.* влияние; **II.** *adj* **1.** имперски; **2.** [a:ŋ'piə] ампир (*стил*).

emplacement [im'pleismənt] *n* **1.**

местоположение, разположение; изпланировка, определяне на място (*за сграда*); **2.** *воен.* платформа (*на оръдие*), картечно гнездо.

emplane [im'plein] *v* качвам (се) на самолет.

employ [im'plɔi] **I.** *v* **1.** употребявам, използвам, служа си с (**for, in, on**); **to ~ one's money on charity** изразходвам парите си за благотворителни цели; **2.** държа на служба (работа), наемам; давам работа на; **3.** *refl* занимавам се с, отдавам се на, прекарвам си времето (*обикн. с* **in**); **II.** *n* **1.** *ост.* занимание, работа; **2.** *канц.* **to be in the ~ of** служа на, на служба съм у; работя за.

employability [em,plɔiə'biliti] *n* годност за работа, работоспособност.

employee [,emplɔi'i:] *n* чиновник, служещ; **state ~** държавен служител.

employer [em'plɔiə] *n* **1.** работодател; господар; **2.** *юрид.* упълномощител.

employment [im'plɔimənt] *n* **1.** употреба, употребяване, използване; **~ of children** използване на детски труд; **2.** служба, занятие, работа; наемане на работа; **3.** занимание.

empowerment [im,pauəmənt] *n* даване на права, увеличаване на правата; овластяване.

empty ['empti] **I.** *adj* **1.** празен; пуст; **~ street** безлюдна (пуста) улица; **2.** *прен.* празен, безсъдържателен, без стойност; **3.** *тех.* празен, ненатоварен; **II.** *n* **1.** *търг. pl* празни бутилки (сандъци, каси), амбалаж; **2.** незаета (празна) къща; немебелирана къща; **3.** празно (свободно) такси; **III.** *v* **1.** изпразвам (се), опразвам; **the rains emptied the streets** от дъжда улиците опустяха; **2.** изсипвам, изливам, източвам, изтеглям, изваждам (**out of**); **3.** вливам се (**into**) (*за река*) (*и refl*).

empty-nester ['empti,nestə] *n* родител, чиито деца са порастнали и напуснали дома.

EMS ['i:'em'es] *abbr* (**European Monetary System**) Европейска монетарна система.

emu-bob ['imju,bɔb] *sl австр.* **I.** *v* събирам боклук; **II.** *n* оганизирано почистване на даден район (*от ученици или войници, от типа "Ленински съботник"*).

emulation [,emju'leiʃən] *n* **1.** ревностно подражание; съревнование, състезание; надпреварване; съперничество; **in ~ of each other** съревновавайки се (един с друг); **2.** емулация.

emulousness ['mjuləsnis] *n* дух на съревнование.

enable [i'neibl] *v* давам възможност на; позволявам; *юрид.* давам право, упълномощавам.

enamel [i'mæml] **I.** *n* **1.** емайл; глеч (*на зъб*); **2.** емайллак; **3.** емайлирани съдове; **II.** *v* **1.** емайлирам; лакирам; **2.** *изк.* инкрустирам с емайл, правя десен с емайл; **3.** правя козметична маска.

enate ['i:neit] **I.** *adj* **1.** *биол.* растящ навън; **2.** по майчина линия; **II.** *n* роднина по майчина линия.

en brosse [ɔn'brɔs] *adj, adv фр.* с късо подстригана стърчаща коса.

encaged [in'keidʒd] *adj* затворен в клетка.

encamp [in'kæmp] *v* настанявам (се) на лагер; лагерувам.

encarnalize, incarnalize [in'ka:nəlaiz] *n* **1.** въплъщавам, давам телесна (материална) форма (на); **2.** правя плътски, чувствен.

encash [in'kæʃ] *v* осребрявам (*чек*).

encasté [en'ka:strei] *adj* (*за греда*)

фиксирана (зазидана) от двата края.

encephalalgia [en,sefə'lældʒiə] *n мед.* главоболие.

encephaloma [,ensefə'loumə] *n мед.* мозъчен тумор.

enchantress [in'tʃa:ntris] *n* чародейка, чаровница; пленителка.

encipher [in'saifə] *v* кодирам, шифрирам.

encipherer [in'saifərə] *n* кодиращо устройство; шифратор.

encircle [in'sə:kl] *v* **1.** обкръжавам, заграждам, обграждам, заобикалям; **2.** обикалям, движа се в кръг; опасвам.

enclasp [in'kla:sp] *v* обхващам, обгръщам, прегръщам.

enclose, inclose [in'klouz] *v* **1.** обграждам, заграждам (**with, in, by**); заобикалям, ограждам; обгръщам, обхващам; **2.** затварям (*в нещо*); *тех.* поставям в картер (корито, кожух); **3.** прилагам (*към, в писмо*); **a letter enclosing a check** писмо, съдържащо чек; **~d herewith** тук приложено.

encoding [in'koudiŋ] *n* кодиране.

encore [ɔŋ'kɔ:] **I.** *n, int* бис; **to get an ~** извикан съм на бис; **II.** *v* викам на бис, бисирам; **to ~ a song** искам да се повтори песен.

encourage [in'kʌridʒ] *v* насърчавам, окуражавам, обнадеждавам, поощрявам, подкрепям.

encroacher [in'kroutʃə] *n* човек, който присвоява нещо чуждо (който незаконно навлиза в чужда територия).

encrust, incrust [in'krʌst] *v* **1.** покривам с кора (**with**); образувам кора; *тех.* образувам се, напластявам се (*за ръжда, котлен камък*); **2.** украсявам, покривам изобилно с, осейвам с (*скъпоценни камъни*); инкрустирам.

encrypt [in'kript] *v* кодирам, шифровам (*и за телевизионен сигнал*).

encryption [in'kripʃən] *n* кодиране, шифроване.

encyclop(a)edia [in,saiklou'pi:diə] *n* енциклопедия.

end [end] **I.** *n* **1.** край; завършек; привършване, изчерпване; **~ to ~** край до край; с допрени краища; по дължина; непрекъснато; **2.** край, остатък; угарка, фас; **3.** край, смърт, кончина; • **and there's an ~ of it** и толкоз, свършено, край; **II.** *v* **1.** свършвам (се); слагам (турям) край на; завършвам, приключвам (с); преустановявам, спирам; **he ~ed by insulting me, it ~ed in his insulting me** накрая той ме обиди; **2.** умирам, свършвам; **3.** слагам железце на края на бастун (чадър);

end in 1) завършвам с; 2) окончавам на; • **to ~ in smoke** пропадам, отивам на вятъра;

end off, up завършвам, приключвам;

III. *adj* краен, финален, заключителен.

endamage [in'dæmidʒ] *v* причинявам вреди (щети).

endear [in'diə] *v* правя скъп, правя мил (**to s.o.**); **to ~ oneself to one's friends** ставам любим на приятелите си, печеля обичта, симпатията на приятелите си.

endeavour [in'devə] **I.** *v* правя (полагам) усилия, старая се, стремя се да, *ост.* опитвам се да (*обикн. с inf*); **II.** *n* усилие, старание; **constant ~s** постоянни усилия, постоянна грижа.

endocentric [,endou'sentrik] *adj грам.* ендоцентричен.

endolithic [,endou'liθil] *adj* (*за организъм*) растящ затворен в скала.

endophyte [,endou'fait] *n* ендофит, паразитиращ организъм в растение.

endostósis [,endou'stousis] *n* вкостяване на хрущял.

endow [in'dau] *v* **1.** дарявам на, завещавам на; осигурявам доход (издръжката) на; **2.** давам (*права, привилегии*) (**with**); **3.** (*особ. в pp*) надарявам.

endure [in'djuə] *v* **1.** издържам, устоявам на, изтрайвам; понасям с твърдост, с търпение, търпя; изтърпявам; **not to be able to ~** *прен.* не мога да търпя (понасям); мразя; **2.** трая, оставам.

enema ['enimə] *n* **1.** клизма; **2.** иригатор.

enemy ['enəmi] *n* **1.** неприятел, враг, противник (**of, to**); **he is no one's ~ but his own** той вреди само на себе си; • **how goes the ~** колко е часът? **2.** неприятелски войски, кораби и пр.; **3.** *attr* неприятелски, вражески, противников, на противника.

energetic [enə'dʒetik] *adj* енергичен, деен, активен, деятелен; силен.

energy ['enədʒi] *n* **1.** енергия; сила, мощ; **a man of ~** енергичен човек; **2.** сила; изразност, изразителност, действеност (*на дума, фраза*).

enervating, enervative [,enə'veitiŋ, ,enə'veitiv] *adj* обезсилващ; изтощителен, изнурителен.

enfold, infold [in'fould] *v* **1.** обхващам, обгръщам, обвивам, увивам (**in, with**); **2.** прегръщам; **3.** надиплям.

engage [in'geidʒ] *v* **1.** задължавам (се), поемам задължение (*често refl*); **2.** гарантирам, нося отговорност, отговарям за (**that, for**); **3.** *refl* сгодявам се; **to ~ oneself, to become, get ~d to s.o.** сгодявам се за някого;

engage for гарантирам;

engage in занимавам се с, включвам се в, залавям се с, заемам се с, захващам се с (*като професия или временно*); **to ~ in battle** влизам в бой.

engagement [in'geidʒmənt] *n* **1.** задължение, обещание, ангажимент; **to enter into (keep) an ~** поемам (изпълнявам) задължение; **2.** насрочена среща, покана, уговорка, ангажимент, заетост, работа; **3.** годеж.

engine ['endʒin] **I.** *n* **1.** (работна) машина; **2.** *жп* локомотив; парна машина (*на локомотив*); **electric (motor) ~** мотриса; **3.** мотор; двигател; **II.** *v* (*особ. в pp*) поставям мотор на; снабдявам с машина, с мотор; **two-~d** с два мотора, двумоторен.

engineer [,endʒi'niə] **I.** *n* **1.** инженер; **civil, bridge and road ~** строителен инженер; **2.** механик; *мор.* машинист; *ам. жп* машинист; **3.** *воен.* пионер, сапьор; **Royal E.s** *англ.* Кралски инженерни (пионерни) войски; **II.** *v* **1.** работя като инженер; **2.** строя, проектирам (*за инженер*); **3.** глася, нагласявам, урежздам, устройвам, организирам (*спектакъл, сделка, заговор*).

engineering [,endʒi'niəriŋ] **I.** *n* **1.** инженерство; техника; машиностроене; **~ college** висше техническо училище; **2.** (*обикн. неодобр.*) машинации, маневри; **3.** проучване, проектиране, строителство и експлоатация на обекти (инженеринг); **II.** *adj* **1.** технически; **~ data** технически данни; **2.** приложен (*за наука*).

englacial [in'gleisiəl] *adj* вграден (затворен) в ледник, протичащ през ледник (за река).

England ['iŋglənd] *n* **1.** Англия; **2.** *лит.* (*у Шекспир*) английският крал.

English ['iŋgliʃ] **I.** *adj* английски; **II.** *n* **1.** *pl* **the ~** англичаните; **2.** английски език; **3.** *печ.* мител (шрифт, 14 пункта); **III.** *v ост.* **1.** превеждам на английски; **2.** придавам английски вид на.

Englishman [ˈiŋgliʃmən] *n* (*pl* **-men**) **1.** англичанин; **2.** английски кораб.

Englishwoman [ˈiŋgliʃwumən] *n* (*pl* **-women**) англичанка.

englut [inˈglʌt] *v* поглъщам лакомо; тъпча се.

engrave [inˈgreiv] *v* **1.** гравирам, изразявам, издълбавам (*надпис, рисунка*) на, върху метал, камък (**on**, *ам. и* **in**); **to ~ an insciption on a tablet, to ~ a tablet with an inscription** издълбавам надпис на плочка; **2.** *refl прен.* врязвам се, запечатвам (се) (*в паметта*) (**on, upon**).

engraving [inˈgreiviŋ] *n* **1.** гравиране; **2.** гравюра, щампа; **3.** клише на гравюра.

enhance [inˈha:ns] *v* повишавам, усилвам, увеличавам (*качества, стойност, репутация и пр.*); покачвам, повишавам (*цени*); подчертавам, откроявам, правя да изпъкне.

enigmatize [iˈnigmətaiz] *v* правя загадъчен; придавам загадъчност на.

enjoy [inˈdʒɔi] *v* **1.** изпитвам удоволствие от, наслаждавам се на, радвам се на; обичам; услажда ми се; (нещо) ми прави удоволствие; **~ your dinner!** да ви е сладко! **2.** *refl* забавлявам се, прекарвам добре; **3.** ползвам се с, радвам се на, имам, притежавам, разполагам с.

enjoyment [inˈdʒɔimənt] *n* **1.** удоволствие, наслада; забавление, развлечение; радост; **to take ~ in festivities** обичам тържества; **2.** притежаване; **3.** *юрид.* ползване (*на право*), владеене.

enkindle [inˈkindl] *v* възпламенявам (*и прен.*); възбуждам.

enlace [inˈleis] *v* **1.** увивам, обвивам; обгръщам; **2.** омотавам, оплитам, преплитам.

enlarge [inˈla:dʒ] *v* **1.** увеличавам (се), уголемявам (се) (*и фот.*); разширявам (се); **2.** *прен.* развивам, обогатявам; **~d ideas** широки, либерални идеи, схващания; **3.** спирам се върху, разпростирам се върху, доразвивам (**upon, on**); впускам се в подробности.

enlargement [inˈla:dʒmənt] *n* **1.** увеличаване, уголемяване; нарастване; разширяване; **2.** разширение, увеличение (*и фот.*); пристройка; **3.** *мед.* хипертрофия, неестествено увеличаване обема на тъкан или орган.

enormous [iˈnɔ:məs] *adj* **1.** огромен, грамаден; **2.** *ост.* чудовищен, зверски.

enough [iˈnʌf] **I.** *adj* достатъчен; **~ money, money ~** достатъчно пари; **II.** *n* достатъчно; **~ and to spare, more than enough** предостатъчно; **III.** *adv* **1.** достатъчно; **the beans are not cooked ~** бобът не е достатъчно уврял, не е доварен; **2.** за усилване; **sure ~** действително, не щеш ли, и наистина; разбира се.

enounce [iˈnauns] *v книж.* изговарям, произнасям; излагам (*теория*).

enrich [inˈritʃ] *v* **1.** обогатявам (*и прен.*); *refl* забогатявам; **2.** торя, наторявам, обогатявам (*почва*); **3.** украсявам, разкрасявам (*и стил*) (**with**); **a cross ~ed with gems** кръст, украсен със скъпоценни камъни.

enrobe [inˈroub] *v* обличам в роба.

enrol *рядко* **enroll** [inˈroul] *v* (**-ll-**) **1.** записвам, вписвам, включвам в списък; записвам (се), приемам; събирам, вербувам (*работници и пр.*); **to ~ (oneself) in a society** ставам член на дружество; **2.** *воен.* събирам, свиквам, рекрутирам (*войници*); постъпвам във войската (флота); **3.** *юрид.* регистрирам, вписвам (*акт*) в официален регистър.

enroot [in'ru:t] *v* засаждам, вкоренявам (*и прен.*), насаждам (*идея*).

enslave [in'sleiv] *v* **1.** поробвам, заробвам; **2.** *прен.* пленявам, покорявам, завладявам; **to be ~d to habit** роб съм на навика.

ensoul [in'soul] *v* **1.** дарявам с душа; **2.** тая в душата си.

ensphere [in'sfiə] *v* **1.** затварям в сфера; **2.** придавам сферична форма.

en suite [ɔnswi:t] *adv* като част от цялото, като неразделна част; **a hotel room with a bathroom** ~ хотелска стая с баня.

ensure [in'ʃuə] *v* **1.** осигурявам, предпазвам от (**against, from**); **2.** осигурявам, обезпечавам.

enswathe [in'sweið] *v* обгръщам, обвивам, увивам.

ENT ['i:'en'ti:] *abbr* (**ear, nose and throat**) *мед.* УНГ (уши, нос, гърло).

entangle [in'tæŋgl] *v* **1.** вплитам, оплитам, омотавам, заплитам, замотавам, спъвам; **to get, become ~d** заплитам се; омотавам се; **2.** *прен.* оплитам; заплитам, забърквам, обърквам; въвличам; впримчвам.

enter ['entə] *v* **1.** влизам (в), навлизам в; **to ~** (*рядко* **into**) **a room** влизам в стая; **2.** прониквам, влизам в; пронизвам (*за куршум*); **3.** постъпвам в (*университет, войската и пр.*); залавям се за, започвам (*професия*); ставам член на (*дружество, клуб*);

enter in записвам (се) за участие в; **to ~ a yacht in a race** записвам яхта за участие в състезание;

enter into започвам; участвам, вземам участие; **to ~ into conversation with** започвам (подхващам, завързвам) разговор с, заговарям някого;

enter on, upon 1) започвам (*кариера, нов живот, разговор*), подхващам, предприемам; **to ~ upon one's duties** встъпвам в длъжност; 2) *юрид.* встъпвам във (*владение*).

enterectomy [,entə'rektəmi] *n мед.* ентеректомия (*хирургическо отстраняване на част от червата*).

enterprise ['entəpraiz] *n* **1.** предприятие (*търговско, индустриално*); **2.** начинание, инициатива; рисковано, опасно начинание; авантюра; **3.** предприемчивост, инициатива, дух на инициатива; енергичност; смелост; **a man of great ~** предприемчив, енергичен човек; • **free ~** частна стопанска инициатива.

entertain [entə'tein] *v* **1.** забавлявам, занимавам; **2.** угощавам, приемам гости; давам прием; **to ~ s.o. to dinner** давам обед (вечеря) на някого; **3.** храня, тая; изпитвам, чувствам, питая.

entertainment [entə'teinmənt] *n* **1.** забавляване; забавление; развличане; развлечение; **much to the ~ of the crowd** за голямо удоволствие на тълпата; **2.** забава, представление; прием, угощение, банкет; **3.** приемане на гости (*в хотел*), обслужване.

enthusiasm [in'θju:ziæzm] *n* ентусиазъм, възторг (**for, about**).

enticer [in'taisə] *n* съблазнител, изкусител; прелъстител.

entire [in'taiə] **I.** *adj* **1.** цял, пълен; непокътнат, здрав; **this set of china is not ~** този порцеланов сервиз не е пълен (комплект); **2.** нескопен, некастриран; **3.** *хералд.*: **~ cross** кръст, който достига до краищата на щита; **II.** *n* **1.** жребец; **2.** (неподправена) тъмна бира, портер.

entirely [in'taiəli] *adv* **1.** напълно, изцяло, всецяло, съвършено; съвсем; **2.** само, единствено, изключително; **to be devoted ~ to money-**

making отдавам се само на печелене на пари.

entitle [in'taitl] *v* **1.** озаглавявам, наричам, наименувам, назовавам, кръщавам (*книга и пр.*); **2.** давам благородна титла на, правя някого благородник; **3.** давам право на (**to**); **his age and learning ~ him to respect** неговата възраст и учеността му изискват уважението на всички.

entity ['entiti] *n* **1.** (реално) съществуване; **2.** нещо съществуващо; обект, единица, същество; **legal ~** юридическа личност; **3.** същност.

entomic [en'tɔmik] *adj* насекомен; който се отнася до насекомите.

entomophagous [,entə'mɔfəgəs] *adj* насекомояден.

entozoic [,entou'zɔik] *adj* паразитиращ в животно.

entrance$_1$ ['entrəns] *n* **1.** влизане (*и прен.*); *театр.* явяване; **to make one's ~ into a room** влизам в стая; **2.** вход, достъп; **3.** вход, такса (*за представления и пр.*).

entrance$_2$ [in'tra:ns] *v* **1.** *рядко* правя (някого) да изпадне в транс; **2.** омайвам, пленявам, очаровам; изпълвам с възторг.

entreaty [in'tri:ti] *n* настойчива молба, настоятелно искане; **at the urgent ~ of s.o.** по настояване на някого; **a look of ~** умолителен поглед.

entrepreneurship [,ɔntrə:prə'nə:ʃip] *n* предприемачество.

entrust [in'trʌst] *v* **1.** поверявам (**to**); предавам на грижите на (**to**); **to ~ s.o. with the care of s.th., to ~ the care of s.th. to s.o.** предавам нещо на нечии грижи; **2.** възлагам, натоварвам, задължавам.

entry ['entri] *n* **1.** влизане; *театр.* появяване; **~ visa** входна виза; **2.** *муз.* встъпване, встъпление; **3.** *юрид.* влизане във владение.

entry-level ['entri,levl] *adj* **1.** най-нисък (*за пост*), на най-ниското стъпало в йерархията; **2.** (*за продукт*) подходящ за начинаещи.

enumerable [i'nju:mərəbl] *adj* който може да бъде изброен (пресметнат).

enumerate [in'ju:məreit] *v* изброявам; пресмятам.

enunciable [i'nʌnsiəbl] *adj* който може да бъде формулиран (произнесен, изговорен).

enunciate [i'nʌnʃieit] *v* **1.** излагам, формулирам (*учение, теория*); **2.** изговарям, произнасям; **to ~ clearly** имам ясна дикция, изговарям ясно.

envelop [in'veləp] *v* **1.** обвивам, загръщам, забулвам (**in**) (*и прен.*); **~ed in flames** цял обхванат от пламъци; **2.** *воен.* обкръжавам.

envelope ['envəloup] *n* **1.** плик; **2.** обвивка, покривало, покривка; *биол.* ципа, черупка; *бот.* чашка; *воен.* риза (*на куршум*); риза (*на балон*); *мат.* обвивна крива или повърхнина, анвелопа.

envious ['enviəs] *adj* **1.** завистлив; **to be ~ of s.o.** завиждам на някого; **to make s.o. ~** изпълвам някого със завист; **2.** *ост.* злобен; ◇ *adv* **enviously**.

enviousness ['enviəsnis] *n* завистливост.

environment [in'vaiərəmənt] *n* **1.** (околна) среда (*и биол.*), окръжение; **2.** обстановка; околност.

environmentally [en,vaiərən'mentəli] *adv* с оглед на околната среда; от екологична гледна точка.

environmentalism [en,vaiərən'mentəlizəm] *n псих.* теория, която обяснява човешкото поведение със средата, в която се намира (*а не с наследствените фактори*).

environs ['envirənz] *n pl* околности; предградия.

envoy$_1$ ['envɔi] *n лит. ост.* заключителна строфа (*особ. на балада*).

envoy$_2$ ['envɔi] *n* **1.** пратеник; агент; лице, натоварено със специална мисия; **2.** дипломатически пратеник.

envy ['envi] **I.** *n* **1.** завист; **to excite (raise) ~** възбуждам (пораждам) завист; **2.** обект на завист; **II.** *v* завиждам на; **I ~ (him) his nice rooms** завиждам му за хубавата квартира.

envyingly ['enniiŋli] *adv* завистливо; завидно.

enwind [in'waind] *v* увивам, обвивам.

enwrap [in'ræp] *v* обвивам; обгръщам; **~ed in thought** потънал в мисли.

EP ['i:'pi:] *abbr* **(extended-play)** *adj* дългосвиреща (*за плоча*).

epideictic [epi'daiktik] *adj* за показ.

epidemic [epi'demik] **I.** *adj* епидемичен; **II.** *n* епидемия (*и прен.*).

epigram ['epigræm] *n* епиграма.

epilate ['epileit] *v* правя епилация, обезкосмявам.

epilepsy ['epilepsi] *n мед.* епилепсия.

episode ['episoud] *n лит. и прен.* епизод.

epitomic(al) [,epi'tɔmik(l)] *adj* сбит, конспектен.

epitomize [i'pitəmaiz] *v* конспектирам, сбивам, предавам в съкратен вид.

epoch ['i:pɔk] *n* **1.** епоха; **to be (mark) an ~** правя (създавам, отбелязвам) епоха; **2.** период; **3.** *геол.* век.

equal ['i:kwəl] **I.** *adj* **1.** равен, еднакъв **(to, with, in)**; **two and two are ~ to four** две и две е равно на (прави) четири; **2.** спокоен, равен, уравновесен; **3.** готов (да срещна); • **to be ~ to** мога да се справя с, способен съм да, по силите ми е; **II.** *n* **1.** равен; **you will not find his ~** (втори) друг като него няма; **2.** *pl мат.* равни стойности; **III.** *v* **(-ll-)** равнявам се на, равен съм на, равнявам се **(in** по); **not to be ~led** ненадминат, без равен на себе си.

equality [i:'kwɔliti] *n* равенство; равноправие, еднаквост; **on a footing of ~, on ~ with** на равна нога, при равни условия.

equanimous [i'kwænimәs] *adj* хладнокръвен, спокоен, уравновесен; ◇ *adv* **equanimously**.

equation [i'kweiʃən] *n* **1.** уравняване, изравняване, уеднаквяване; **2.** *мат., хим., астр.* уравнение; **simple (quadratic) ~** *мат.* просто (квадратно) уравнение, уравнение от първа (от втора) степен.

equator [i'kweitә] *n* екватор.

equestrienne [i,kwestri'en] *n* ездачка, конничка.

equiaxial [i:kwi'æksiәl] *adj* равновесен.

equilibrate [i'kwili,breit] *v* уравновесявам.

equilibrium [,i:kwi'libriәm] *n* **1.** равновесие (*и прен.*); **to maintain, to lose one's ~** запазвам, загубвам равновесие; **2.** балансиране, съчетаване (*на интереси, желания и пр.*); **3.** безпристрастие.

equinumerous [,i:kwi'njumәrәs] *adj* равен по брой.

equip [i'kwip] *v* **(-pp-)** снабдявам (*с инвентар, съоръжения*) **(with)**; обзавеждам, екипирам, въоръжавам (*войска*); **to ~ a ship for a voyage, a person for a trip** съоръжавам кораб за пътуване, подготвям, стягам някого за път.

equipartition [i,kwipa:'tiʃən] *n* равномерно разпределение.

equipment [i'kwipmәnt] *n* **1.** екипиране, снабдяване; обзавеждане; **2.** *често pl* екипировка, екип; снаряжение (*на войник*); мебелировка, инсталации (*на къща*); **3.** *тех.* машини и съоръжения, оборудване; *жп* подвижен състав, парк; арматура; • **capital ~** средства за производство.

equipollent [,i:kwi'pɔlənt] *adj* равностоен, равнозначен; еквивалентен.

equiponderate [,i:kwi'pɔndə,reit] *v* уравновесявам, балансирам, изравнявам; противодействам.

equiprobable [,i:kwi'prɔbəbl] *adj* еднакво вероятен.

equitation [,ekwi'teiʃən] *n* езда, ездаческо изкуство.

equivalent [i'kwivələnt] **I.** *adj* **1.** еквивалентен, равностоен, равноценен; равнозначен; отговарящ на; **2.** *хим.* с еднаква валентност; **3.** *мат.* равнолицев (*за геометрични фигури*); **II.** *n* еквивалент, равностойност; **five pounds or its ~ in books** пет лири или книги на същата стойност.

eradiate [i'reidieit] *v* излъчвам.

eraser [i'reizə] *n* **1.** гума (*за изтриване*); **ink ~** гума за (изтриване на) мастило; **2.** инструмент за изстъргване.

ERDF ['i:'a:'di:'ef] *abbr* **(European Regional Development Fund)** Европейски фонд за регионално развитие.

erect [i'rekt] **I.** *adj* изправен; вертикален (*за диаметър*); настръхнал (*за коса*); **with tail ~** с вирната опашка; **II.** *v* **1.** издигам, изправям; **2.** издигам, построявам, изграждам; **3.** *прен.* създавам, построявам (*теория*).

ergative ['ə:gətiv] *adj грам.* ергативен (*за глагол, който ползва едно и също съществително и за подлог, и за пряко допълнение без изменение в значението, напр.* **He fused the lights; The lights fused**).

erinaceous [,eri'neiʃəs] *adj* като таралеж; свързан с таралежите.

eristic [e'ristik] *adj* спорен; който обича да спори; дискусионен.

erodible [i'roudibl] *adj* който може да бъде разяден; податлив на ерозия.

erotema [,erou'ti:mə] *n* реторичен въпрос.

erotic [i'rɔtik] **I.** *adj* еротичен, чувствен, сладострастен; **~ insanity** *мед.* повишен полов инстинкт; **II.** *n* еротично стихотворение.

eroticise, **eroticize** [i'rɔtisaiz] *v* представям в еротична светлина; придавам еротичност на.

erotogenic [i,rɔtə'dʒenik] *adj* еротичен; ерогенен, предизвикващ полова възбуда.

erotomaniac [i,routou'meini,æk] *n* еротоман.

errand ['erənd] *n* поръчка; **to go on, run (on) ~s for s.o.** изпълнявам поръчки на някого.

error ['erə] *n* **1.** грешка, погрешка; **make (commit) an ~** правя грешка, сгрешавам; **2.** *юрид.* съдебна грешка; **3.** заблуждение, заблуда.

erubescence [,eru'besəns] *n* почервеняване, поруменяване, зачервяване.

erubescent [,eru'besənt] *adj* зачервен, поруменял.

eruptive [i'rʌptiv] *adj* **1.** *геол.* еруптивен, с вулканичен произход; **2.** изригващ; **3.** *мед.* придружен с обрив; **~ fever** *мед.* треска, придружена с обрив.

ESA ['i:'es'ei] *abbr* **1. (Environmentally Sensitive Area)** природен резерват; **2. (European Space Agency)** Европейска космическа агенция.

ESB ['i:'es'bi:] *abbr* **(electrical stimulation of the brain)** електростимулация на мозъка.

escadrille [,eskə'dril] *n* ескадрила.

escalator ['eskəleitə] *n* ескалатор.

escalope ['eskə,lɔp] *n* виенски шницел.

escape₁ [is'keip] **I.** *v* **1.** избягвам (**from, out of, to**); **2.** изплъзвам се (от), измъквам се (от), спасявам се (от), избягвам, отървавам се от, освобождавам се от; **to ~ by the skin of one's teeth** едва се спасявам, едва си отървавам кожата; **3.** изплъзвам се (неволно), изтръгвам се; **II.** *n* **1.** избягване, бягство; **to make (effect) one's ~** избягвам; **2.** спасяване, спасение; **3.** изтичане, губене (*на газ, течност*).

escape₂ *n арх.* връзка (преход) между колона и капител, шийка.

escapologist [,eskə'pɔlədʒist] *n* илюзионист, който се измъква от окови, белезници и други ограничения.

eschewal [is'tʃu:əl] *n* въздържане; отбягване.

Eskimo ['eskimou] **I.** *n* ескимос; **II.** *adj* ескимоски.

esky ['eski] *n* портативна хладилна чанта.

espadrille ['espədril] *n* еспадрила.

especially [is'peʃəli] *adv* особено, изключително.

espionage [,espiə'na:ʒ] *n* шпионаж, шпиониране.

espressivo [,espre'sivou] *adv, adj муз.* с чувство.

ESRO ['ezrou] *abbr* **(European Space Research Organization)** Европейска организация за космически изследвания.

essay ['esei] **I.** *n* **1.** *книж.* опит (**at**), усилие; **my first ~ at authorship** моите първи литературни опити; **2.** *уч.* съчинение; **3.** есе, очерк; **II.** *v* **1.** изпитвам, пробвам; **2.** опитвам (се); **to ~ a task, to ~ to do sth** опитвам се да изпълня задача, да извърша нещо.

essence ['esəns] *n* **1.** *филос.* (духовна) същност; субстанция; **2.** съществуване; **3.** същност (*на въпрос*), същина, есенция; **the ~ of the book** основната идея на книгата.

essential [i'senʃəl] **I.** *adj* **1.** съществен, основен, крайно необходим (**to**), най-важен, от първостепенно значение; **the ~ thing** същественото; **2.** пълен, съвършен, абсолютен; **3.** етеричен, летлив, лесно изпарим; **II.** *n* (*обикн. pl*) съществен елемент, *прен.* ядро; основно, необходимо качество.

establish [is'tæbliʃ] *v* **1.** установявам, създавам, основавам; въвеждам; **the custom has been, has become ~ed to** установен обичай е да ...; **2.** настанявам (**in**); **3.** доказвам, установявам.

establishment [is'tæbliʃmənt] *n* **1.** установяване; създаване, изграждане, формиране, образуване, основаване; **2.** учреждение, институт, заведение; **charitable ~** благотворително заведение; **3.** домакинство, дом.

estate [is'teit] *n* **1.** *ост.* ранг, (обществено) положение; **of high (low) ~** високопоставен (със скромно положение); **2.** *ист.* съсловие; **the Third E.** третото съсловие, буржоазията; **the Fourth E.** *шег.* печатът; **3.** имение, имот, земя.

estimate I. ['estimit] *n* **1.** (приблизителна) оценка, преценка, пресмятане, сметка, изчисление, калкулация; **on (at) a rough ~** по приблизителна оценка; **2.** *търг.* девиз, основна стойност (*при отдаване на търг*), оферта (*при търг*); **3.** *pl* бюджетни предвиждания, бюджетни кредити; **II.** ['estimeit] *v* оценявам, преценявам; пресмятам, определям, изчислявам приблизително, измервам на око; **~d cost** приблизителна стойност.

Estonia [es'tounjə] *n* Естония.

Estonian [es'tounjən] **I.** *adj* естонски; **II.** *n* **1.** естонец; **2.** естонски език.

estuarine ['estjuə,rain] *adj* устиен; отложен (разположен, обитаващ) в устието на река; естуарен.

estuary English ['estjuəri,iŋgliʃ] *n* английски език с Лондонски или югоизточен акцент.

esurient [i'sjuəriənt] *adj* лаком, ненаситен; ◇ *adv* **esuriently**.

et al ['et'æl] *съкр.* **I.** *n* и други; **II.** *adv* и другаде.

et cetera, etcetera, etc. [et'setərə] **I.** *adv* и прочие, и така нататък; **II.** *n pl* (**etceteras**) добавки, притурки, дреболии, принадлежности.

etching ['etʃiŋ] *n* **1.** офортно изкуство; **2.** офорт, радирунг.

eternal [i'tə:nl] **I.** *adj* **1.** вечен, безкраен; **the E. City** Рим; **2.** *прен.* вечен, безкраен, нескончаем, непрекъснат, безконечен; неизменен, вековен; **~ triangle** вечен триъгълник (*ситуация, в която двама мъже обичат една жена и обратно*); **II.** *n* **the E.** Господ.

eternalize [i'tə:nəlaiz] *v* увековечавам; обезсмъртявам.

eternalization [i,tə:nəlai'zeiʃən] *n* увековечаване, обезсмъртяване.

Ethiopia [,i:θi'oupjə] *n* Етиопия, Абисиния.

Ethiopian [,i:θi'oupjən] **I.** *adj* етиопски; **II.** *n* етиопец; *ост.* негър.

ethnic(al) ['eθnik(l)] *adj* **1.** етнически, етнологически; **2.** езически.

ethnobiology ['eθnoubai'ɔlədʒi] *n* етнобиология (*наука за традиционното използване на растения и животни от различните етноси*).

ethnobotany ['eθnou'bɔtəni] *n* етноботаника (*наука за използването на растенията в религията и фолклора*).

ethnogeny [eθ'nɔdʒini] *n* етногенезис (*наука за произхода на народите и расите*).

euro-ad ['juərəu,æd] *n* реклама, предназначена за всички европейски страни.

eurocrat ['juərəu,kræt] *n* еврократ; висш администратор на Европейския съюз.

Euro MP ['juərəu,em,pi:] *n* член на Европейския парламент; евродепутат.

Europe ['juərəp] *n* Европа.

European [juərə'pi:ən] **I.** *adj* европейски; **~ Community** Европейска икономическа общност; **II.** *n* европеец.

europhile ['juərəu,fail] *n* еврофил.

evacuate [i'vækjueit] *v* **1.** *мед.* прочиствам, изпразвам (*червата*); **2.** *воен.* евакуирам, изпразвам (*град, крепост и пр.*); **3.** *тех.* изхвърлям (*газове*).

evanescence [,evə'nesəns] *n* мимолетност, краткотрайност; преходност.

evanish [i'væniʃ] *n поет.* = **vanish**.

evasiveness [i'veisivnis] *n* уклончивост, неуловимост.

evaporable [i'væpərəbl] *adj* изпарим; който може да бъде сгъстен чрез изпарение.

eve$_1$ [i:v] *n* **1.** навечерие; **on the ~** в навечерието; **2.** *поет.* вечер.

Eve$_2$ [i:v] *n библ.* Ева (*и прен.*); **a daughter of ~** Евина щерка.

even$_1$ [i:vən] *n поет.* вечер; **at ~** вечерно време.

even$_2$ **I.** *adj* **1.** равен, гладък; заравнен; плосък; **to make ~ with the ground** изравнявам със земята; **2.** еднакъв, еднообразен; равен; **3.** еднообразен; ритмичен; **II.** *adv* **1.** равно; еднакво; **the two horses ran ~**

двата коня препускаха еднакво бързо; **2.** даже, дори, още; даже (*за усилване на отрицание*); **3.** *ост.* точно; точно както (когато); **III.** *v* (*и* **~ up, out, off**) **1.** изравнявам, оглаждам (*повърхност*); **2.** изравнявам (се), поставям (излизам) наравно с; • **to ~ up on** *ам., разг.* разплащам се с, оправям си сметките с; *прен.* връщам на някого със същата монета; **IV.** *n* чифт, четно число.

even-handedness ['i:vən,hændidnis] *n* справедливост, безпристрастност.

evening₁ ['i:vəniŋ] *n* изравняване, заравняване; нивелиране.

evening₂ ['i:vniŋ] **I.** *n* **1.** вечер; **last ~, yesterday ~** снощи (вечер); **2.** вечеринка; вечерно забавление; **3.** *южн. ам.* частта от деня между пладне и вечерта, включително здрачаването; **II.** *adj* вечерен; **~ star** вечерница, Венера.

event [i'vent] *n* **1.** случай, събитие; случка; **quite an ~** цяло (същинско, истинско) събитие; **2.** изход, резултат; **3.** *сп.* дисциплина.

eventually [i'ventjuəli] *adv* **1.** накрая, в края на краищата; **he will do it ~** той рано или късно (все някога, в края на краищата) ще го направи; **2.** евентуално.

ever ['evə] *adv* **1.** винаги, постоянно; непрекъснато; **yours ~** искрено ваш (твой), завинаги ваш (твой) (*в писма*); **2.** някога, когато и да е; **3.** *в сравнителни изречения*: **it is hotter than ~** по-топло е от всякога.

ever-changing ['evə,tʃeindʒiŋ] *adj* непрекъснато променящ се.

every ['evri] *adj* всеки.

everybody ['evribɔdi] *pron* всеки (човек); **~ has a way of his own** хората са различни, всеки си е башка луд.

everyday ['evridei] *adj* **1.** всекидневен, ежедневен; **an ~ occurrence** всекидневно (често) явление; **2.** обикновен, общ; банален.

everyone ['evriwʌn] *pron* всеки; всички; **in a small town ~ knows ~ else** в малкия град всички хора се познават.

everyplace ['evri,pleis] *ам., разг.* = **everywhere**.

everything ['evriθiŋ] *pron* всичко; **to beat (lick) ~** надминавам всичко; надхвърлям всички очаквания; • **~ which way** *разг.* безразборно разхвърляно.

everywhere ['evriweə] **I.** *adv* навсякъде; всякъде; **~ you go** където и да идеш; **II.** *n* **the ~** безкраят.

evidence ['evidəns] **I.** *n* **1.** доказателство, доказателства, указания, данни, факти; *юрид.* свидетелски показания; **there was no ~ of his stay in the house** по нищо не личеше, че е бил в къщата; нищо не издаваше неговия престой в къщата; **2.** очевидност, явност; **3.** *юрид.* свидетел; **II.** *v* **1.** служа за доказателство; доказвам; **2.** свидетелствам.

evident ['evidənt] *adj* очевиден, ясен, явен.

evil [i:vl] **I.** *adj* **1.** лош, зъл; **~ tidings** лоши новини; **the E. One** нечестивият, сатаната, дяволът; **2.** вреден, пагубен; • **to fall on ~ days** изпадам в нещастие (беда); **3.** неприятен, лош, отблъскващ, отвратителен; **II.** *n* **1.** зло; злина; **to speak ~ of** злословя по адрес на; **2.** бедствие, нещастие; *ост.* болест.

evil-mindedness ['i:vl,maindidnis] *n* злоба, злонамереност.

evolutive [i'vɔljutiv] *adj* стимулиращ еволюцията.

ewe [ju:] *n* овца; **my ~ lamb** *прен.* съкровището ми, най-ценното ми, най-скъпото ми; единственото ми дете.

ex₁ [eks] *prep* **1.** *търг.* без, без право на; **~ coupon, ~ dividend** без лихва (дивидент), без купон (*за акция*); **2.** от; **3.** от един випуск (клас), но незавършил заедно със съвипускниците си.

ex₂ *n* буквата **X**.

ex- [eks-] *pref* **1.** извън, извън от; **2.** бивш, предишен; **~-monk** разстриган монах.

exact [ig'zækt] **I.** *adj* **1.** точен, прецизен, съвършен, екзактен; акуратен; **~ science** точна наука; **2.** методичен, последователен; грижлив; **II.** *v* **1.** искам настоятелно, настоявам за, изисквам; **2.** налагам (*плащане на дълг, изпълнение на присъда*).

exactly [ig'zæktli] *adv* точно; именно; **~!** точно така! да! съвършено вярно! абсолютно вярно!

exaggerate [ig'zædʒəreit] *v* **1.** преувеличавам, пресилвам; **2.** шаржирам, излишно подчертавам (натъртвам).

exaggeration [igzædʒə'reiʃən] *n* преувеличение, преувеличаване.

exam [ig'zæm] *n разг.* = **examination 2**.

examination [igzæmi'neiʃən] *n* **1.** изследване, проучване, изпитване; изучаване; анкетиране; **post-mortem ~** *мед.* аутопсия; **2.** изпит; класно упражнение; **3.** *юрид., воен.* дознание, следствие; разпит.

examine [ig'zæmin] *v* **1.** изследвам, проучвам, изучавам; преглеждам внимателно (*паспорт, сметка и пр.*); **to ~ the sky for rain** гледам небето да видя дали ще вали дъжд; **2.** *мед.* преглеждам; преслушвам; **3.** изпитвам, подлагам на изпит.

example [ig'za:mpl] *n* **1.** пример, образец; модел; **practical ~** конкретен случай; **2.** назидание, поука; урок.

exceed [ik'si:d] *v* **1.** превишавам, надминавам, надхвърлям, прехвърлям границата на; **to ~ the speed limit** карам (автомобил) с непозволена скорост; **2.** превъзхождам, надминавам; **3.** *книж.* преобладавам, господствам; имам надмощие.

exceedingly [ik'si:diŋli] *adv* крайно много, извънредно, извънмерно, прекомерно.

excellent ['eksələnt] *adj* превъзходен, отличен, прекрасен, чудесен.

except [ik'sept] **I.** *v* **1.** изключвам; изпускам; **present company ~ed** с изключение на присъстващите; **2.** възразявам (**against, to**); отхвърлям, не признавам; *юрид.* правя отвод (**to**); **II.** *prep* освен, с изключение на, изключая; **III.** *cj ост.* освен; ако не.

exception [ik'sepʃən] *n* **1.** изключение; **the ~ proves the rule** изключението потвърждава правилото; **2.** възражение; противопоставяне; *юрид.* отвод.

exceptive [ik'septiv] *adj* който се отнася до (представлява) изключение.

excess [ik'ses] **I.** *n* **1.** излишък; връхнина; *мат.* разлика; **in ~ of** свръх, в излишък; **2.** (*често pl*) невъздържаност, прекаляване, прекаленост; ексцес, изстъпление; **II.** *adj* прекомерен, прекален; **~ weight** свръхтегло.

excessive [ik'sesiv] *adj* прекален, извънмерен, необикновен.

excessiveness [ik'sesivnis] *n* прекомерност.

exchange [iks'tʃeindʒ] **I.** *v* обменям (*опит и пр.*); разменям, сменям, меня, заменям; **to ~ glances** разменям погледи; споглеждам се, разбирам се с някого с поглед; **II.** *n* **1.** смяна, размяна; обмяна, замяна; **in ~ for** в замяна на; вместо; **2.** валута; **3.** полица, менителница, запис на заповед.

exchequer [iks'tʃekə] *n* **1.** хазна, каса, ковчежничество; **2.** *англ.* министерство на финансите; **Chancellor of the E.** *англ.* министър на финансите; **~ bill** съкровищен бон; краткосрочна лихвоносна облигация от държавен заем.

excise₁ [ek'saiz] *v* изрязвам, отрязвам, отстранявам (*и хирургически*).

excise₂ I. *n* акциз (*и* **duty**); **the E. Office** акцизно управление; **~ officer** акцизен агент; **II.** *v* взимам акциз от, налагам акциз на.

excite [ik'sait] *v* **1.** възбуждам, вълнувам; **to ~ s.o.'s curiosity** дразня (възбуждам) любопитството на някого; **2.** подбуждам, подтиквам; стимулирам; **3.** *физ.* възбуждам; *рядко* намагнитизирам; образувам магнитно поле.

excitement [ik'saitmənt] *n* възбуждане; възбуда, вълнение, разчувстване; **to cause great ~** произвеждам сензация (фурор).

exclaim [iks'kleim] *v* възкликвам, извиквам; **to ~ at (against, on)** протестирам против; високо възразявам срещу.

exclosure [iks'klouʒə] *n* ограждение; ограден парцел земя (гора).

exclude [iks'klu:d] *v* изключвам (**from**); отхвърлям; не допускам; **to ~ the possibility of error** изключвам възможността за грешка.

exclusively [iks'klu:zivli] *adv* единствено; изключително; ексклузивно.

exclusivity [,eksklu'ziviti] *n* изключителност; ексклузивност.

excogitate [eks'kɔdʒi,teit] *v* измислям, сътворявам, изобретявам, създавам; обмислям в детайли.

excremental [,ekskri'mentl] *adj* екскрементален, изхвърлен от организма.

exculpable [iks'kʌlpəbl] *adj* който може да бъде оправдан; реабилитируем.

excursion [iks'kə:ʃən] *n* **1.** екскурзия, излет; **~ train** увеселителен влак; **2.** туристическа компания, група излетници; **3.** отклонение, отстъпление, екскурс.

excuse I. [iks'kju:z] *v* **1.** извинявам, прощавам, оправдавам; **~ me!** извинете! извинявайте! моля! пардон! **2.** освобождавам (*от задължения, данъци и пр.*); **II.** [iks'kju:s] *n* **1.** извинение, оправдание; **in ~ of his bad temper** за да оправдае лошото си настроение; **2.** предлог, причина, претекст; **3.** освобождаване (*от задължения и пр.*).

exeat ['eksiət] *n* разрешително за отсъствие.

execute ['eksikju:t] *v* **1.** изпълнявам, извършвам, довеждам докрай; **2.** изпълнявам, пресъздавам, претворявам (*художествено произведение*); **3.** екзекутирам, прилагам (*закон, решение на съд*).

execution [eksi'kju:ʃən] *n* **1.** изпълнение, изпълняване, извършване; **put in (into) ~, carry into ~** осъществявам, изпълнявам; **2.** претворяване, пресъздаване, изпълнение (*на художествено произведение*); **3.** екзекуция, прилагане на смъртно наказание.

executive [ig'zekjutiv] **I.** *adj* изпълнителен, екзекутивен, отговорен, ръководен, *ам.* административен; **~ committee** изпълнителен комитет, изпълком, екзекутива; административен съвет; **II.** *n* **1.** изпълнителна власт, изпълнителен орган, директор; **the Chief E.** президентът на САЩ; губернатор на щат; градоначалник; **general ~** главен директор; началник (*на предприятие или учреждение*); **E. Mansion** Белият дом, официалната резиденция на президента; резиденцията на губернатора в някой от щатите; **2.** *воен.* началник-щаб на бригада или полк; помощник-командир.

exegete ['eksi,dʒi:t] *n* тълкувател.

exenterate [ig'zentə,reit] *v мед.* изрязвам, отстранявам.

exercise ['eksəsaiz] **I.** *n* **1.** упражнение, занимание; упражняване; изпълнение, изпълняване; **he died in the ~ of his duty** той умря при изпълнение на дълга си; **2.** обучение, упражнение, тренировка; **3.** проявяване; проявление, проява; **II.** *v* **1.** упражнявам (се), занимавам (се), тренирам; **to ~ o.s. in fencing** тренирам фехтовка; **2.** практикувам; **3.** обучавам, школувам (*глас*).

exercise bike (cycle) ['eksəsaiz,baik (,saikl)] *n* стационарен велосипед.

exert [ig'zə:t] *v* напрягам (*сили*); упражнявам (*влияние, натиск*); проявявам (*сила, интелигентност*); влагам; **to ~ oneself** старая се извънредно много, напрягам сили, залягам.

ex gratia [,eks'greiʃə] *adj* даден като подарък; доброволен.

exhalant [,eks'heilənt] **I.** *adj* който отделя (*пара, вода*); който излъчва; **II.** *n* орган, който отделя (излъчва).

exhaust [ig'zɔ:st] **I.** *v* **1.** изчерпвам, изсмуквам, извличам, изтеглям; изпразвам; изпомпвам; **2.** изпускам (*пара, газове и пр.*); **3.** изморявам, изтощавам; изразходвам; отслабям; **II.** *n тех.* **1.** ауспух, изпускателна тръба; **open-~ engine** мотор (двигател) с открит ауспух; **2.** изгорели газове, отработена пара и пр.

exhausted [ig'zɔ:stid] *adj* **1.** изморен, изтощен, изнурен; **I am ~** на края на силите си съм; не мога повече; **2.** изчерпан (*и за въпрос, търпение и пр.*).

exhaustive [ig'zɔ:stiv] *adj* **1.** изтощителен, изморителен, изнурителен; **2.** изчерпателен; пълен; задълбочен.

exhaustiveness [ig'zɔ:stivnis] *n* изчерпателност, задълбоченост.

exhibit [ig'zibit] **I.** *v* **1.** показвам; проявявам; **2.** представям, излагам; **to ~ pictures** излагам картини (*на изложба*); **3.** *ост., мед.* предписвам (*лекарство и пр.*); **II.** *n* **1.** експонат, изложен предмет; мостра; **on ~** на показ, показен; **2.** рекламни снимки (*на филм*), фотоси; **3.** *юрид.* документ; веществено доказателство.

exhibition [eksi'biʃən] *n* **1.** показване; показ; проявление, проява; **to make an (a regular) ~ of oneself** излагам се; ставам за посмешище; **2.** изложба, изложение; **3.** стипендия.

exhibitive [ig'zibitiv] *adj predic* показателен (**of** за), илюстриращ.

exhilarant [ig'zilərənt] **I.** *adj* ободряващ, освежаващ; **II.** *n* нещо, което действа ободряващо, стимулатор.

exhumer [,eks'hju:mə] *n* ексхуматор.

ex hypothesi [,ekshai'pɔθəsi] *adv* съгласно (изложената) хипотеза.

exigible ['eksidʒibl] *adj* изискуем; който се изисква.

exiguity [,eksi'gjuiti] *n* оскъдност, недостатъчност; нищета.

exile ['eksail] **I.** *n* изгнание, заточение; **to go into ~** бивам заточен; **the E.** *библ.* заточението на евреите във Вавилон; **II.** *v* заточавам, изгонвам, изпращам в изгнание, осъждам на изгнание.

ex int [,eks'int] *adv фин.* без лихва.

exist [ig'zist] *v* **1.** съществувам; **2.** намирам се, съм; **lime ~s in many soils** варта се среща в много почви.

existence [ig'zistəns] *n* съществуване; съществуване; наличие; **the**

firm has been in ~ for fifty years фирмата съществува от преди 50 години.

exit ['eksit] **I.** *n* **1.** изход; **to make (take) one's ~** излизам; *театр.* напускам сцената; *прен.* умирам, отивам си; **2.** *прен.* смърт; **3.** *театр.* напускане на сцената; **II.** *v театр.* "излиза" (*ремарка*).

exit poll ['egzit,poul] *n* допитване до гласоподавателите, непосредствено след излизането им от избирателната секция.

exocentric [,eksou'sentrik] *adj грам.* екзоцентричен (*за израз*).

exodus ['eksədəs] *n* **1.** масово заминаване (излизане), емигриране; **there was a general ~** *разг.* почти всички си тръгнаха (отидоха); **2.** *библ.* излизането на евреите от Египет; (**E.**) Изход, втората книга от Стария завет.

exonym ['eksə,nim] *n* название, дадено от чужденци.

exosphere ['eksou,sfiə] *n* екзосфера (*най-външният слой от земната атмосфера*).

exotic [eg'zɔtik] **I.** *adj* **1.** екзотичен, чуждестранен; **2.** *разг.* необикновен, странен, атрактивен; **II.** *n* **1.** екзотично растение; **2.** чужда дума, чуждица.

exotica [ig'zɔtikə] *n pl* екзотични предмети (*особ. за колекция*).

expand [iks'pænd] *v* **1.** разширявам (се), увеличавам (се), разтягам (се), уголемявам (се), разпускам (се); **a heart that ~s with joy** сърце, което ликува от радост; **2.** разглеждам подробно, детайлно (*тема, теория*); **3.** *бот.* разлиствам се, разпуквам се, разцъфтявам.

expandable [iks'pændəbl] *adj* разширим, разтеглив, който може да се уголеми.

expander [iks'pændə] *n* уред за фитнес.

expansible [ikspænsəbl] *adj* = **expandable**.

expansionistic [iks,pænʃə'nistik] *adj* експанзионистичен, експанзивен.

expect [iks'pekt] *v* **1.** очаквам; **I little ~ed that of him** не очаквах такова нещо от него (от негова страна); **2.** надявам се, разчитам; **3.** *разг.* предполагам, струва ми се; мисля, считам.

expectable [iks'pektəbl] *adj* очакван.

expectancy [iks'pektənsi] *n* **1.** очакване, чакане, надежда; **life ~** (предполагаема, вероятна) продължителност на живота; **2.** упование; **3.** разчитане; вероятност.

expectation [ekspek'teiʃən] *n* **1.** очакване, чакане; *прен.* надежда; **in ~ of** очаквайки, разчитайки на; **2.** предвиждане, вероятност; **3.** *pl юрид.* шансове за наследяване.

expedition [ekspi'diʃən] *n* **1.** експедиция; поход; **to go on a fishing ~** *прен.* сондирам почвата, проучвам предварително положението; **2.** бързина, точност, акуратност, деловитост, изпълнителност.

expel [iks'pel] *v* **1.** изпъждам, изгонвам; пропъждам; изхвърлям (**from**); **2.** изключвам, отстранявам; **to be ~led from the school** изключен съм от училище.

expendability [iks,pendə'biliti] *n* заменимост; несъщественост.

expenditure [iks'penditʃə] *n* **1.** разход, разноски; **2.** изразходване, харчене.

expense [iks'pens] *n* **1.** разход, разноски (*често pl*); **regardless of ~** без да се гледа какво ще струва; **2.** *прен.* цена; сметка.

expensive [iks'pensiv] *adj* **1.** скъп; **~ car** луксозна (скъпа) кола; **2.** който отнема много време и пр.; трудоемък.

experience [eks'piəriəns] **I.** *n* **1.** опит (*житейски и пр.*); **~ is the mother of wisdom** опитът ражда мъдростта; **2.** преживяване; преживелица, случка; **3.** познания; практика; майсторство; подготовка, квалификация; **II.** *v* **1.** изпитвам, преживявам; претърпявам; **the shares have ~d a fresh decline** акциите спаднаха отново; **2.** *рядко* научавам от опит.

experienced [eks'piəriənst] *adj* опитен (**in**); **~ in the business** *разг.* изпечен в работата.

experiment I. [iks'perimənt] *n* **1.** опит, експеримент; проба, опитване; **to make (try, carry out) an ~** правя (провеждам), осъществявам опит; **2.** *ост.* опитност, вещина; практика; **II.** [iks'periment] *v* правя опит (експеримент), опитвам, пробвам (**on, upon, with**).

experimental [iks,peri'mentəl] *adj* **1.** опитен, пробен, експериментален; **~ evolution** *биол.* изкуствено създаване на нови видове; **2.** основан на опит, опитен.

experimentalize [iks,peri'mentəlaiz] *v* експериментирам.

expert ['ekspə:t] **I.** *n* познавач, специалист, експерт, вещо лице; **II.** *adj* **1.** вещ, изкусен, опитен (**in, at**); **2.** *attr* експертен, на експерт, на вещо лице; **~ report** експертиза.

expertize [,ekspə'taiz] *v ам.* давам експертно мнение (съвет).

expire [iks'paiə] *v* **1.** издишвам; **2.** умирам, замирам, угасвам, издъхвам, свършвам; предавам Богу дух; **3.** свършвам се, изтичам (*за срок*); **~d policy** *фин.* просрочена полица.

explain [iks'plein] *v* обяснявам, разяснявам; тълкувам; пояснявам; **that ~s matters** това обяснява всичко.

explanation [eksplə'neiʃən] *n* обяснение, пояснение, разяснение, тълкуване, коментар.

explicitness [iks'plisitnis] *n* категоричност, яснота; еднозначност.

explode [iks'ploud] *v* **1.** експлодирам, избухвам, изгърмявам; пуквам (се); **2.** оборвам, опровергавам, дискредитирам, подривам основите на (*теория, предразсъдъци и пр.*); **an ~d superstition (custom)** отживяло суеверие (обичай), отживелица; **3.** *прен.* пламвам, избухвам, прихвам (**with**).

exploit[1] ['eksplɔit] *n* подвиг, геройство.

exploit[2] [iks'plɔit] *v* **1.** използвам, експлоатирам; **2.** *мин.* разработвам, експлоатирам (*рудници и пр.*); **3.** *воен.* развивам (*постигнат боен успех*).

exploitation [eksplɔi'teiʃən] *n* **1.** експлоатация, използване (*и прен.*); **2.** *мин.* разработване, експлоатация.

explore [iks'plɔ:] *v* **1.** изследвам, изучавам, проучвам; **2.** *мед.* сондирам (*рана*), правя сондаж на; изследвам; **3.** *мин., геол.* проучвам; **to ~ for coal** правя проучвания за каменни въглища.

explosion [iks'plouʒən] *n* взрив, избухване (*и прен.*), експлозия, детонация; **~ engine** *тех.* двигател с вътрешно горене.

expo ['ekspou] *n съкр. от* **exposition**; експо, експозиция.

export I. [iks'pɔ:t] *v* изнасям, експортирам (*стоки*); **II.** ['ekspɔ:t] *n* **1.** експорт, износ; **2.** (*обикн. pl*) износни стоки (предмети); **balance of ~s and imports** равносметка за внесените и изнесените стоки, равносметка на вноса и износа; **III.** *adj* експортен, износен; **~ duty** износно мито.

exporter [iks'pɔ:tə] *n* износител, експортьор.

expose [iks'pouz] *v* **1.** откривам, разкривам, излагам; **a house ~d to the south** къща с южно изложение; **2.** подхвърлям (*на опасност, риск*); изоставям (*на произвола на съдбата*); **3.** излагам на показ.

exposé [ekspou'zei] *n* **1.** експозе, изложение; пояснение; **2.** разкриване, разобличаване, демаскиране.

express [iks'pres] **I.** *v* **1.** изразявам, изказвам, изявявам; **to be unable to ~ oneself** не мога (умея) да се изразявам; **2.** изпращам (*писмо*) с бърза поща; **3.** *ам.* изпращам (*колет, багаж*) чрез куриерска служба (агенция); **II.** *adj* **1.** точен, ясен, изричен; **~ orders** изрични заповеди; **2.** нарочен, специален; **3.** бърз, спешен, експресен; **III.** *n* **1.** *жп* бърз влак, експрес; **2.** срочно (бързо) съобщение; бърз превоз; **3.** (нарочен) куриер.

expression [iks'preʃən] *n* **1.** израз; изражение; **beyond (past) ~** неизразимо; **2.** израз, фраза; **3.** *мат.* израз.

expressionless [iks'preʃənlis] *adj* безизразен.

expressivity [,ekspre'siviti] *n* изразителност, експресивност.

exquisiteness ['ekskwizitnis] *n* **1.** изтънченост, изящество, финес; **2.** прелест.

exsanguinous [iks'sæŋguinəs] *adj* малокръвен, анемичен.

exscind [ek'sind] *v* изрязвам; отрязвам; отстранявам.

exsect [ek'sekt] *v* изрязвам, отрязвам.

exsiccate ['eksi,keit] *v* изсушавам.

extemporaneousness [iks,tempə'reiniəsnis] *n* импровизираност.

extend [iks'tend] *v* **1.** простирам (се), протягам (се), удължавам (се); **~ing table** разтегателна маса; **2.** обтягам, изпъвам, натягам, изтеглям (*жица между стълбове и пр.*); **3.** разширявам (*граници и пр.*); продължавам (*жп линия, шосе и пр.*), удължавам (*срок и пр.*).

extension [iks'tenʃən] *n* **1.** протягане; изтегляне, разтягане; **2.** удължаване, продължаване; **~ call** междуградски телефонен разговор; **3.** разширение, разпространение; удължение, продължение; наставка.

extensive [iks'tensiv] *adj* **1.** обширен, пространен, просторен; *прен.* широк; **2.** екстензивен (*за земеделие*).

extent [iks'tent] *n* **1.** степен, размер; обхват, обсег; **to some (a certain) ~** до известна степен; доста; **2.** протежение; пространство; **3.** *юрид.* запор (запрещение) върху имуществата за изплащане на данъци.

exterior [eks'tiəriə] **I.** *adj* **1.** външен; страничен; **~ angle** *мат.* външен ъгъл; **2.** чужд; **II.** *n* **1.** външност, външна страна, външен изглед, екстериор; **2.** *pl* външни снимки; **3.** *pl* външни белези.

exterminate [eks'tə:mineit] *v* изкоренявам, унищожавам, ликвидирам; изтребвам, избивам.

external [eks'tə:nl] **I.** *adj* **1.** външен; повърхностен; **~ use** *мед.* външна употреба; **2.** външен (*за политика, търговия и пр.*); чуждестранен, чужд; **II.** *n pl* **1.** външност, външна страна; външни белези (части); **2.** външни обстоятелства; *прен.* несъществени (маловажни, второстепенни) неща; **to judge by ~s** съдя от външността, съдя по това, което се вижда.

extingnishant [iks'tiŋguiʃənt] *n* материал (вещество), използван за гасене, гасител.

extinguish [iksʹtiŋgwiʃ] *v* **1.** гася, изгасявам, потушавам; духвам (*свещ, лампа*); **2.** *прен.* затъмнявам; **to ~ an adversary** затъмнявам (задминавам, превъзхождам) противник; **3.** унищожавам, изтребвам, ликвидирам.

extolment [iksʹtoulmənt] *n* величаене, възхваляване.

extra [ʹekstrə] **I.** *adj* **1.** добавъчен, допълнителен, извънреден; **~ fare** *жп* доплащане; **2.** висококачествен, чудесен, екстра, супер; **II.** *adv* допълнително, добавъчно; отделно, отгоре на всичко; **packing ~** *търг.* без амбалаж, без да се включва амбалажът; **III.** *n* **1.** нещо допълнително; допълнително (специално) издание (*на вестник*); допълнителен номер (*в програма*); извънреден (допълнителен) работник; **2.** фигурант, статист (*в киното*); **3.** (предмет от) високо качество.

extracellular [,ekstrəʹseljulə] *adj* извънклетъчен.

extract I. [iksʹtrækt] *v* **1.** вадя, изваждам, изкарвам, издърпвам, изтеглям (*зъб и пр.*); **2.** извличам, отделям, изкарвам, екстрахирам (*сок, масло и пр.*); *прен.* откопчвам, измъквам; **~ed honey** центрофужен мед; **3.** *мат.* извличам (*корен*); • **to ~ a root** *мат.* извличам корен; **II.** [ʹekstrækt] *n* **1.** екстракт; **beef ~** екстракт от говежди бульон; **2.** извлечение, извадка (*от книга, реч и пр.*); **3.** *юрид., шотл.* заверено копие.

extractor fan [iksʹtræktə,fæn] *n* аспиратор, абсорбер.

extramundane [,ekstrəʹmʌndein] *adj* неземен; метафизически; нематериален.

extraordinary [iksʹtrɔ:dnəri] **I.** *adj* **1.** необикновен, необичаен, екстраординарен; изключителен; **2.** *разг.* удивителен, чуден; странен; **3.** [ʹekstrəʹɔrdinəri] *пол.* извънреден (*посланик и пр.*); **II.** *n pl воен.* допълнителни дажби.

extra time [ʹekstrə,time] *n сп.* продължение на редовното време.

extravagant [iksʹtrævəgənt] *adj* **1.** разточителен, прахоснически; **~ recipe** готварска рецепта, включваща много скъпи продукти; **2.** своеобразен, необикновен, странен, екстравагантен, ексцентричен, чудат; **3.** прекален, прекомерен, твърде висок (*за цени, претенции и пр.*).

extra virgin [ʹekstrə,və:dʒin] *adj* (*за зехтин*) най-високо качество (извлечен чрез студено пресиране).

extreme [iksʹtri:m] **I.** *adj* **1.** краен, най-отдалечен (далечен); **~ old age** дълбока старост; **2.** последен; **3.** необикновен, извънреден, краен, извънмерен, екстремен; **II.** *n* **1.** крайност, крайна степен; **2.** *pl* противоположности; • **~s meet** противоположностите се привличат; **3.** (*обикн. pl*) особено положение (*опасност, мизерия, нещастие*); **III.** *adv, ост.* извънредно, необикновено, крайно.

eye [ai] **I.** *n* **1.** око; **swimming ~s** очи, пълни със сълзи; **2.** (*поглед*); **3.** *бот.* израстък (око) на картоф; • **to see ~ to ~** съгласявам се, разбирам се (с); **II.** *v* гледам, поглеждам; разглеждам; наблюдавам; **~ to ~** директно, направо, лице в лице.

eyeball [ʹaibɔ:l] *n* очна ябълка.

eyebrow [ʹaibrau] *n* вежда.

eyelash [ʹai,læʃ] *n* мигла, ресница, клепка.

eyelid [ʹai,lid] *n* клепач; • **to hang on by the ~s** едва се държа.

eyesight [ʹaisait] *n* **1.** зрение; виждане; **2.** зрително поле.

eyewitness [ʹai,witnis] *n* очевидец, наблюдател, свидетел.

F

F, f$_1$ [ef] *n* (*pl* **Fs, F's**) [efs] **1.** буквата F; **2.** *муз.* фа.

F$_2$ *abbr* **1.** Фаренхайт; **2.** *хим. съкр.* флуор.

fa [fa:] *n муз.* фа.

fable [feibl] **I.** *n* **1.** басня; **2.** предание, легенда; мит; **3.** измислица, фантазия, лъжа, басня; **II.** *v* **1.** *поет.* пиша (разказвам) басни (легенди, приказки); **2.** измислям, лъжа; фантазирам, разправям приказки, басни.

fabric ['fæbric] *n* **1.** материя, тъкан, плат; изделие; **2.** постройка, здание, сграда; корпус на сграда; **3.** *прен.* структура, устройство; **the ~ of society** структурата на обществото.

fabulous ['fæbjuləs] *adj* **1.** баснословен (*и прен.*), митичен, легендарен; **a ~ price** баснословна цена; ◇ *adv* **fabulously**; **2.** невероятен, измислен; **3.** *разг.* превъзходен, чудесен.

facade [fə'sa:d] *n фр.* фасада.

face [feis] **I.** *n* **1.** лице, лик; физиономия, образ; **hatchet ~** издължено лице; **2.** лице, израз, изражение; **3.** гримаса; • **on the ~ of s.th.** явно, очевидно; **II.** *v* **1.** заставам (обърнат съм) срещу (с лице към), гледам; **how does your house ~?** какво изложение има къщата ви? **about ~!** кръгом! **2.** срещам, посрещам, изправен съм пред; *сп.* излизам на състезание с; имам насреща си; **3.** държа се пред, не трепвам.

facecloth ['feisklɔθ] *n* кърпа за лице.

faceless ['feislis] *adj* безхарактерен, лишен от индивидуалност.

face pack ['feis,pæk] *n* маска за лице.

facet ['fæsit] **I.** *n* **1.** фасет(ка) (*и зоол.*); **2.** *прен.* аспект, страна (*на въпрос*); **II.** *v* шлифовам (*скъпоценен камък и под.*).

facetious [fə'si:ʃəs] *adj* шеговит, закачлив; ◇ *adv* **facetiously**.

face value ['feis,vælju:] *n* номинална стойност (*на монета*); **to take s.th. at its ~** *прен.* приемам нещо за чиста монета, абсолютна истина.

facia ['feiʃə] *n* фирма, надпис.

facility [fə'siliti] *n* **1.** леснота, лекота; **2.** сръчност, умение, способност; **he has ~ of understanding** той лесно схваща; **3.** гъвкавост, плавност (*на стил и пр.*).

fact [fækt] *n* **1.** факт; събитие, случка; обстоятелство; **dry (stark) ~s** голи факти; **2.** истина, действителност; **3.** *pl* (фактически) данни.

factor ['fæktə] **I.** *n* **1.** търговски посредник; агент; комисионер; **2.** *шотл.* управител на имение; **3.** фактор, двигател, причина; **evolutionary ~s** движещите сили на развитието; • **~ cost** костуема цена; **II.** *v мат.* разлагам на множители.

factory ['fæktəri] **I.** *n* **1.** фабрика, завод; **~ system** уедрена фабрична индустрия; **2.** търговско представителство; фактория; **3.** *attr* фабричен, промишлен; • **a boiler ~** *разг.* шумно място; **II.** *v* изкупувам чужди дългове на по-ниска цена с цел печалба от общата сума на покупката.

faculty ['fækəlti] *n* **1.** способност, дарба, дар, талант; умение; **he lost the faculty of speech** той изгуби дар слово; **the ~ of vision** зрение; **2.** факултет; **3.** преподавателско тяло (*на факултет*).

fade ['feid] *v* **1.** вяхна, увяхвам, повяхвам, посървам, клюмвам; **~d youth** посърнала (повяхнала) младост; **2.** белея, избелявам, избелвам; променям се (*за цвят*); чезна, губя се; заглъхвам (и *прен.*); **3.** *кино* преминавам една в друга (*за снимка, кадър*); увеличавам или правя да замре (*звук при радиопредаване, филм и пр.*).

fade-proof ['feid,pru:f] *adj* устойчив на светлина, неизбеляващ (*за цвят*).

Fahrenheit ['færənhait] *n* термометър Фаренхайт.

fail [feil] **I.** *v* **1.** пропадам, не успявам, не сполучвам; провалям се, фалирам, разорявам се; **the crop ~ed** реколтата беше слаба; **2.** липсвам; не стигам; свършвам се; изчерпвам се; **3.** западам, отпадам, отслабвам, губя сили; гасна, угасвам; **II.** *n*: **without ~** непременно, положително.

fail-soft ['feil,sɔft] *adj* ограничено надежден.

failure ['feiljə] *n* **1.** неуспех, несполука, провал, поражение; **crop ~** слаба реколта; **2.** недостиг, липса; **3.** неизпълнение.

failure-free ['feiljə,fri:] *adj* безотказен.

faint [feint] **I.** *adj* **1.** слаб, немощен, изтощен; **to go ~** припадам, губя съзнание; **2.** плах, боязлив, колеблив, нерешителен, страхлив; **3.** блед(ен), неясен; незначителен; **II.** *n* припадък, губене на съзнание; **a dead ~** пълно изгубване на съзнание; **III.** *v* **1.** припадам, прилошава ми; призлява ми; отпадам; **2.** *ост.* проявявам плахост, губя кураж.

faints ['feints] *n* първак, патоки.

fair₁ [feə] *n* **1.** панаир; **Vanity F.** панаир на суетата; **2.** (благотворителен) базар; • **a day too late for the ~** със закъснение; след дъжд качулка.

fair₂ **I.** *adj* **1.** справедлив, безпристрастен; честен; **it is only ~ to say** трябва (справедливостта изисква) да се каже; **2.** добър, задоволителен; голям, значителен, солиден; **3.** добър, хубав, светъл, ясен, чист, безоблачен (*за време, ден*); **II.** *adv* **1.** честно, почтено; **~ and square** 1) открито, честно, прямо; 2) точно; **2.** право, точно; **3.** ясно, четливо; **III.** *n* *ост.* хубавица; **the ~** *поет.* нежният пол.

fair game ['fɛə,geim] *n* лесна плячка (*прен.*), постоянен обект на подигравки и окарикатуряване.

fairly [feəli] *adv* **1.** честно, справедливо, безпристрастно (**by** към); **2.** сравнително, горе-долу, доста; средно, умерено; **~ well** доста добре; **3.** съвсем, напълно.

fair play ['feə'plei] *n* феърплей; игра по правилата.

fairy ['feəri] **I.** *n* фея, самодива; **II.** *adj* **1.** вълшебен, самодивски; приказен; **2.** лек, ефирен; деликатен.

faith [feiθ] *n* **1.** вяра, доверие; опора; **to pin o.'s ~ to (upon)** вярвам сляпо (абсолютно) на; разчитам (осланям се) на; **2.** вяра (религия); **Reformed F.** протестантство; **3.** честност, искреност.

faithful ['feiθful] **I.** *adj* **1.** верен, предан (**to**); **2.** верен, истински, точен, достоверен; **a ~ account of** точно описание на; **II.** *n pl* **the ~** правоверните.

faithlessness ['feiθlisnis] *n* вероломство; изневяра, измяна, предателство.

fakir ['fa:kiə] *n* факир.

falcon [fɔ:lkən] *n* сокол.

fall [fɔ:l] **I.** *v* (**fell** [fel], **fallen** [fɔ:lən]) **1.** падам; **to let s.th. ~** изпускам; **2.** (с)падам, намалявам се, снижавам се (*и прен.*), утихвам, стихвам; **3.** падам, загивам, бивам убит; рухвам (*и прен.*); • **~ between two stools, (between two stools one ~s)**

to the ground от два стола (та) на земята; **II.** *n* **1.** падане; *прен.* падение; **to have a ~** падам; **2.** разрушаване, срутване, събаряне (*на здание и пр.*); отсичане, поваляне (*на дърво*); брой на отсечени дървета; **3.** падане, капитулация; разгром;

fall about *разг.* смея се до припадък;

fall across срещам случайно, натъквам се на;

fall among попадам случайно между; **to ~ among thieves** 1) бивам нападнат от разбойници; 2) *прен.* попадам в лоша компания;

fall apart 1) разпадам се; разделяме се; 2) изживявам емоционален срив;

fall away 1) напускам, изоставам; 2) западам, гина; 3) отслабвам, линея, крея, западам; 4) опадвам (*за зъби*); 5) спускам се рязко (*за терен*);

fall back оттеглям се, отстъпвам;

fall back (up)on 1) *воен.* отстъпвам към; 2) прибягвам до (към);

fall behind (behindhand) изоставам; присъединявам се;

fall by *sl* отбивам се, посещавам за кратко;

fall down 1) падам, спущам се; спадам; 2) срутвам се, рухвам; 3) *ам. разг.* претърпявам неуспех, не сполучвам; пропадам (*на изпит*);

fall for 1) *ам. разг.* влюбвам се, налапвам въдицата, хлътвам; 2) *sl* подвеждам се от, оставам изигран (излъган) от, хващам се на въдицата;

fall in 1) срутвам се, събарям се, руша се; падам; 2) хлътвам (*за бузи и пр.*); 3) *воен.* строявам (се), влизам в строя; 4) изтичам (*за срок*); 5) съгласявам се, съвпадам **(with)**; 6) срещам случайно; присъединявам се **(with)**; 7) пада ми се; идва ми изневиделица; **I fell in for 1000 pounds** паднаха ми се 1000 фунта; **to ~ in s.o.'s way** натъквам се на, срещам някого;

fall into 1) вливам се (*за река*); 2) изпадам в (*някакво състояние*); **to ~ into error** сгрешавам;

fall off 1) падам; 2) отпадам, изоставам; 3) оттеглям се; 4) отдалечавам се, отчуждавам се; напускам, отпадам; 5) спадам, отслабвам, намалявам се (*и за интерес*); 6) *мор.* не мога да бъда управляван, губя посока (*за кораб*);

fall on 1) нападам; нахвърлям се на; 2) попадам на, случвам; 3) прибягвам до; пристъпвам към; **to ~ on evil days** изпадам в нищета; настъпват черни дни;

fall out 1) падам, изпадам от; изоставам; 2) *воен.* излизам от строя; *разг.* разрешавам (*на някого*) да излезе от строя; 3) скарвам се, спречквам се **(with)**; 4) случва се, става; излиза, че; **it so fell out that** така се случи, че; 5) (*преставам*): **~ out of a habit** отвиквам от навик;

fall over 1) падам; строполявам се, просвам се; 2) *прен.* хлътвам; **to ~ over backwards** *sl* слисвам се, пада ми шапката; 3) **to ~ over s.th.** спъвам се о нещо;

fall through провалям се;

fall to 1) затварям се (*за врата*); 2) започвам, предприемам, подхващам, захващам се, залавям се; започвам да ям; **to ~ to the fisticuffs (elbows)** сбивам се; 3) **to ~ to the ground** руша се, събарям се, срутвам се, рухвам, разбивам се на пух и прах; провалям се, пропадам (*за възражение и пр.*);

fall under 1) попадам под; 2) подлагам се на; **to ~ under s.o.'s eye (notice)** обръщам вниманието на някого върху себе си;

fall upon 1) нападам; 2) натъквам

се на; **to ~ upon s.o.'s neck** хвърлям се на врата на; to ~ **upon s.th. (s.o.) hammer and tongs** залавям се с цялото си сърце за; атакувам, нападам енергично.

falling star ['fɔ:liŋ'sta:] *n* метеор, падаща звезда.

fallow$_1$ ['fælou] **I.** *n* угар; **II.** *adj* **1.** оставен на угар; незасят (*и* **to lie ~**); **2.** *прен.* необразован, непросветен (*за ум*); **3.** неактивен, в застой; **III.** *v* оставам на угар.

fallow$_2$ *adj* светложълт.

false [fɔ:ls] **I.** *adj* **1.** лъжлив; неверен, погрешен, неточен; неправилен; фалшив; **~ witness** лъжесвидетел; **2.** неверен, неискрен; престорен, притворен; лицемерен; нечестен, вероломен; ◇ *adv* **falsely**; **3.** неистински, фалшив, изкуствен; **II.** *adv* **to play s.o. ~** мамя (измамвам, излъгвам) някого.

falsetto [fɔ:l'setou] *n муз.* фалцет.

falsework ['fɔ:lswə:k] *n строит.* кофраж; скеле, подпори (*на мост*).

falsification ['fɔ:lsifikeiʃən] *n* **1.** фалшификация, подправка; **2.** изопачаване, преиначаване, изкривяване, извращаване.

fame [feim] **I.** *n* **1.** слава, известност; **love of ~** славолюбие, тщеславие; **2.** репутация, име; реноме, имидж; **3.** мълва, слух; **II.** *v поет.* прославям, разнасям славата на.

familiar [fə'miljə] **I.** *adj* **1.** близък, познат; **to be ~ (on ~ terms) with** в близки отношения съм с; запознат съм с; **2.** известен, познат, обикновен; **3.** фамилиарен; който фамилиарничи; свойски; интимен (*в любовни отношения, връзки*); • **~ phrase** *ез.* клише; **II.** *n* **1.** близък приятел; близък; **2.** *рел.* фамулус; **3.** зъл дух (*на вещица*) (*и* **~ spirit**).

family ['fæmili] *n* **1.** семейство (*и ез.*); фамилия; домочадие, челяд; род; **the Adams ~** семейство (фамилия) Адамс; **2.** *биол.* семейство, род; **3.** *attr* семеен, родов; домашен; • **in a ~ way** интимно, свойски, без официалности.

family man ['fæmili,mæn] *n* човек със семейство, семеен; домошар.

family name ['fæmili,neim] *n* фамилно име.

family tree ['fæmili,tri:] *n* родословно дърво.

famine ['fæmin] *n* **1.** глад (*като бедствие*); **2.** недостиг, липса (*на храна и пр.*); **water ~** недостиг на вода.

famish ['fæmiʃ] *v* **1.** гладувам; **to be ~ing (~ed)** *разг.* много съм гладен, умирам от глад; **2.** изгладнявам; **the child looked half ~ed** детето изглеждаше недохранено.

famous ['feiməs] *adj* **1.** известен, прославен, прочут, знаменит, именит; **to be ~ for** славя се с; **2.** *разг.* прекрасен, чудесен.

fan$_1$ [fæn] **I.** *n* **1.** ветрило; **2.** вентилатор (*и* **rotary ~**); турбина на прахосмукачка; **3.** веялка; **II.** *v* **1.** вея (си) (*с ветрило и пр.*); вея (*жито и пр.*); **to ~ oneself** вея си; **2.** разпервам (се) като ветрило **(out) 3.** *поет.* подухвам.

fan$_2$ *n разг.* фен, запалянко, почитател, страстен поклонник на.

fanatic [fə'nætik] **I.** *n* фанатик; **II.** *adj* фанатичен, фанатизиран; екзалтиран; разпален, ревностен, запален.

fan club ['fæn,klʌb] *n* клуб на феновете.

fancy ['fænsi] **I.** *n* **1.** склонност, желание; вкус, слабост към; *ост.* любов; **to take ~ to (for)** харесвам, имам слабост към, привлича ме; увличам се по; **2.** фантазия, въображение; **3.** хрумване; каприз, прищявка; **he has strange fancies** прихващат го; **II.** *adj* **1.** фантазе; луксозен; **~ goods (articles)** галантерийни стоки; модни неща; **2.** въображаем, измислен; • **~ prices** фантастични цени; **III.** *v* **1.** харесвам; нрави ми се; **to ~ oneself** имам високо мнение за себе си, самомнителен съм; **he fancies his tennis** мисли си (въобразява си), че играе много добре тенис; **2.** представям си; въобразявам си; **3.** отглеждам луксозни животни (специални сортове растения).

fancy ball ['fænsi'bɔ:l] *n* маскен бал, маскарад.

fancy-dress ['fænsi'dres] **I.** *n* костюм за маскен бал (маскарад); **II.** *adj* костюмиран; **~ ball** маскен бал, маскарад.

fancy-free ['fænsi'fri:] *adj* незает, свободен, необвързан.

fancy-work ['fænsiwə:k] *n* бродерия; бродиране.

fanfare ['fænfeə] *n* фанфара.

fang [fæŋ] **I.** *n* **1.** зъб (*на куче, змия*); **2.** корен на зъб; **3.** *тех.* зъбец; **II.** *v* наливам вода в помпа, за да тръгне.

fanning ['fæniŋ] *n* вентилиране, продухване; разсейване (*на струя*).

fantastic(al) [fæn'tæstik(əl)] *adj* **1.** чуден, чудноват, странен; гротесктен, ексцентричен; **2.** фантастичен, въображаем, недействителен, нереален; удивителен, чуден, баснословен; ◇ *adv* **fantastically** [fæn'tæstikli]; **3.** капризен.

fanzine ['fænzi:n] *n* любителско списание за феновете на определен човек, отбор и пр.

far [fa:] **I.** (**farther** ['fa:ðə], **further** ['fə:ðə]; **farthest** ['fa:ðist], **furthest** ['fə:ðist]) *adv* **1.** далече, далеко, надалеч; **to go ~** отивам далеч, *прен.* успявам, постигам много; **2.** *за засилване*: (*за разстояние*) **~ away** много далече; **3.** (*в съчет.*) **as (not so) ~ as** (не) чак до; (не) доколкото; **II.** *adj* **1.** далечен; отдавнашен; **the F. East** Далечният изток; **it is a ~ cry to** далеч е до; **2.** другият, оттатъшният, отсрещният, отвъдният (*за край, бряг и пр.*); **III.** *n*: **to come from ~** идвам от далечна страна, отдалеч.

far-between ['fa:bi'twi:n] *adj* рядък, който е нарядко; **visits few and ~** малко посещения и съвсем нарядко.

farcical ['fa:sikəl] *adj* **1.** фарсов; смешен, шеговит; **2.** нелеп, недомислен, абсурден, глупав.

fare [feə] **I.** *n* **1.** такса, цена на билет, пътни разноски, път; **~s, please!** билети, моля! **2.** пътник, пасажер; **3.** храна, ядене; **II.** *v* **1.** *поет.* пътувам, странствам; **to ~ forth** тръгвам, заминавам; **2.** *книж.* прекарвам, успявам; **3.** *impers книж.* върви ми.

farewell ['feə'wel] **I.** *int* сбогом! на добър час! на добър път! **~ to** прощаване, сбогом на; няма вече, свърши се с; **II.** *n* прощаване, сбогуване; **to take a (o.'s) ~ of s.o. (make o.'s ~s, bid ~)** сбогувам се с; **III.** *adj* прощален; **a ~ party** прощално парти (банкет).

farinaceous [,færi'neiʃəs] *adj* брашнен; нишестен.

farm [fa:m] **I.** *n* **1.** ферма; чифлик; стопанство; **collective ~** колхоз; **2.** дом, в който се отглеждат чужди деца (*и* **baby-~**); • **to buy the ~** *разг.* умирам, ритам камбаната; **II.** *v* **1.** обработвам (земя); занимавам се със земеделие; **2.** давам (вземам) под аренда; **3.** откупвам получаването на данък, приход и пр.

farmer ['fa:mə] *n* **1.** фермер, земеделец, земеделски стопанин; **dirt ~** *ам. разг.* фермер, който сам обработва земята си; **2.** човек, който дава под аренда; **3.** човек, който откупва получаването на приходи, данък и пр.

farmhouse ['fa:m,haus] *n* къща в чифлик (стопанство).

farming ['fa:miŋ] *n* **1.** обработване на земя, земеделие; **~ on a large scale** едро земеделие; **2.** откупване на данъци, приходи и пр.; събиране на данъци и пр.; **3.** *attr* земеделски.

farmstead ['fa:m,sted] *n* всичките постройки на едно стопанство или чифлик.

farmyard ['fa:m,ja:d] *n* стопански (селски) двор.

farraginous [fə'rædʒinəs] *adj* смесен, умесен, разбъркан.

far-reaching ['fa:'ri:tʃiŋ] *adj* важен, с голямо влияние (значение).

far-sighted ['fa:'saitid] *adj* **1.** предвидлив, прозорлив, далновиден; **2.** *ам.* далекоглед.

farther ['fa:ðə] *сравн. ст. от* **far I. I.** *adv* **1.** по-нататък; по-надалеч; **~ on** по-нататък; **2.** (*обикн.* **further**) освен това, независимо от това, още повече; • **~ back** преди, назад; поназад; **II.** *adj* **1.** по-нататъшен, подалечен, по-късен (*обикн.* **further**); **until ~ notice** до второ разпореждане; **2.** допълнителен.

farthest ['fa:ðist] (*превъзх. ст. от* **far**) **I.** *adj* най-далечен, най-отдалечен; най-отдавнашен; **at (the) ~** най-късно, най-много; **II.** *adv* най-далече, най-далеко.

fascinate ['fæsineit] *v* **1.** фасцинирам, очаровам, пленявам, омайвам; **2.** хипнотизирам, парализирам (*с поглед*) (*за змия и пр.*).

fascism ['fæʃizəm] *n* фашизъм.

fascist ['fæʃist] **I.** *n* фашист; **II.** *adj* фашистки.

fashion ['fæʃən] **I.** *n* **1.** начин, маниер; **in o.'s own ~** по своему (моему); **2.** мода; стил, фасон, кройка; **3.** светско общество; **II.** *v* **1.** оформям, придавам форма, вид, фасон **(in, to, into)**; *тех.* формувам, придавам желаната форма; изработвам, фасонирам; **2.** приспособявам, нагаждам **(to)**.

fashionable ['fæʃənəbl] **I.** *adj* модерен; моден; светски; ◇ *adv* **fashionably**; **II.** *n* (*обикн. pl*) светски хора, висшето общество.

fashioned ['fæʃənd] *adj ост.* изработен, направен; **new-~** *неодобр.* модерен.

fast$_1$ [fa:st] **I.** *v* постя, говея; **II.** *n* **1.** пост, постене; **2.** пости.

fast$_2$ I. *adj* **1.** бърз; **~ buck** лесно спечелени пари; **2.** здраво закрепен (вързан), неподвижен, стабилен, твърд, крепък, здрав, як; **3.** лекомислен, разпуснат, екстравагантен; **II.** *adv* **1.** здраво; яко, силно; стегнато, непоклатимо; трайно; **~ shut** плътно, здраво затворен; **2.** бързо, скоро; • **play ~ and loose** непоследователен съм, несериозен, безотговорен, ту така, ту иначе; нарушавам обещание, дадена дума; **III.** *n мор.* въже за връзване кораб (самолет).

fast-day ['fa:st,dei] *n* ден, в който се пости.

fasten [fa:sn] *v* **1.** завързвам, свързвам, скачвам; закрепвам, прикрепвам; **2.** заключвам (се) **(in)**; закопчавам (се); **3.** *строит.* втвърдявам се, стягам се;

fasten on 1) прикачвам, скачвам, прикрепвам; **to ~ o.'s eyes on s.th.** втренчвам поглед в нещо; 2) *прен.* приписвам, отдавам;

fasten up затварям; завързвам; закопчавам; закътвам;

fasten upon залавям се, захващам се здраво за, вкопчвам се.

fastener ['fa:snə] *n* **1.** ключалка, резе; **2.** закопчалка; цип (*и* **zip (slide) ~**); **3.** кламерче (*и* **paper ~**).

fastidious [fæs'tidiəs] *adj* **1.** придирчив, взискателен, претенциозен, капризен; злояд **(in, about)**; **2.** изтънчен, изискан, префинен; чувствителен, деликатен; **~ taste** изтънчен вкус; ◇ *adv* **fastidiously**.

fasting ['fa:stiŋ] *n* постене.

fastish ['fa:stiʃ] *adj* **1.** не много бърз, бързичък; **2.** якичък, стегнатичък.

fat [fæt] **I.** *adj* **1.** дебел, пълен; угоен, тлъст; **(as) ~ as butter** охранен, угоен, пълен; **2.** мазен, тлъст, блажен, маслен; **3.** плодороден (*за почва*); богат; изобилен; доходен; • **a ~ chance** *ирон.* никакви шансове (изгледи, възможности); **II.** *n* **1.** мазнина, тлъстина; лой; сало; **animal (vegetable) ~** животинска (растителна) мазнина; **2.** пълнота, дебелина; **3.** *тех.* смазка, грес; • **a bit of ~** *sl* приятна изненада; нещо, което прави живота по-приятен; **III.** *v* **1.** угоявам (се) (*и с* **up**); пълнея, дебелея, затлъстявам; **2.** торя (почва); • **kill the ~ted calf** посрещам гост с радост.

fatal ['feitl] *adj* **1.** съдбоносен, неизбежен, фатален; важен, решителен **(to)**; **the ~ sisters** *мит.* орисниците; **2.** гибелен, пагубен; смъртоносен.

fate [feit] *n* **1.** съдба, участ, орис, орисия; предопределение, неизбежност; **stroke of ~** удар на съдбата; **2.** *мит.* орисница, парка; **3.** зла участ, гибел, смърт.

father ['fa:ðə] **I.** *n* **1.** баща, родител, татко; **adoptive ~** осиновител; **2.** родоначалник; прародител; праотец; **3.** духовен баща, отец *(и* **spiritual ~**); **the Holy F.** папата; **Right Reverend F. in God** негово светейшество (*за епископ*); **Most Reverend F. in God** негово светейшество (*за архиепископ*); • **the wish is ~ to the thought** човек вярва в (на) онова, което най-много му се иска; **II.** *v* **1.** ставам (съм) баща на; *прен.* създавам, творя; **2.** осиновявам; действам (отнасям се) бащински към; *прен.* поемам отговорност (*за книга, законопроект*); **3.** *юрид.* припознавам, признавам за свое (*дете*).

father-in-law ['fa:ðəinlɔ:] *n* **1.** свекър; тъст; **2.** *разг.* втори баща.

fast-response ['fa:stri,spɔns] *adj* бързодействащ; безинерционен.

fast-setting ['fa:st,setiŋ] *adj* бързовтвърдяващ се.

fatality [fə'tæliti] *n* **1.** съдба, участ, неизбежност, предопределеност, фаталност; **2.** нещастие, катастрофа, беда; **3.** (насилствена, случайна) смърт.

fat cat ['fæt,kæt] *n sl* богат човек.

fated [feitid] *adj* предопределен, неминуем, неизбежен, обречен; предрешен; осъден (*на смърт, гибел, неуспех*).

fat-face(d) ['fætfeisd] *adj* **1.** с едро, пълно, тлъсто лице; **2.** *печ.* дебел, тлъст (*за буква*).

fat-headed ['fæt,hedid] *adj sl* тъпоумен, слабоумен.

fatherless ['fa:ðəlis] *adj* **1.** без баща; **2.** без законен баща.

Father's Day ['fa:ðə:z'dei] *n ам.* Ден на бащата (третата неделя на юни).

faucal ['fɔ:kəl] **I.** *adj* **1.** гърлен; **2.** *ез.* гърлен; ларингален; **II.** *n* ларингална съгласна.

fault [fɔ:lt] **I.** *n* **1.** грешка, недостатък, несъвършенство, дефект; **to find ~ with** придирвам; мъмря, упреквам, коря, гълча; **2.** грешка, опущение, простъпка, вина; **3.** *сп.* нарушение, фаул; **II.** *v геол.* причинявам (получавам) разсед.

faultless ['fɔ:ltlis] *adj* безупречен, идеален, съвършен; безпогрешен; ◇ *adv* **faultlessly**.

fauna ['fɔ:nə] *n* (*pl* -ae [i:], **-as** [-əz]) **1.** фауна; **2.** научно изследване на фауна (*на даден период*).

favour ['feivə] **I.** *n* **1.** благосклонност, благоразположение; доброжелателство, милост; **to curry ~ with** умилквам се, подмазвам се пред; **2.** услуга, любезност; **3.** *pl* ласки (*на жена*); **II.** *v* **1.** благосклонен съм, отнасям се благосклонно, любезно, с внимание; благоволявам; **please ~ me with an answer** моля Ви да ми отговорите; **2.** благоприятствам, подпомагам, подкрепям, улеснявам; насърчавам, поощрявам; поддържам, одобрявам (*теория и пр.*); **3.** покровителствам; изразявам предпочитание (пристрастие) към; протежирам.

favourable ['feivərəbl] *adj* **1.** благоприятен, подходящ, удобен, изгоден, износен **(for)**; **a ~ star** щастлива звезда; **on ~ terms** при изгодни условия; **2.** благосклонен, благоразположен **(to)**; ◇ *adv* **favourably**.

favourite ['feivərit] **I.** *adj* любим, предпочитан; **II.** *n* **1.** любимец, -ка, фаворит, -ка (**with** на); **an old ~** нещо старо, но добре познато и изпитано; **2.** *сп.* състезател или отбор, който се очаква да спечели, фаворит.

fax [fæks] **I.** *n* **1.** факс(-машина); **2.** документ, получен по факса; **II.** *v* изпращам по факс.

FBA *abbr* = **Fellow of the British Academy** член на Британската академия.

FBI *abbr* = **Federal Bureau of Investigation** Федерално бюро за разследване.

fear [fiə] **I.** *n* **1.** страх, уплаха, опасение, боязън, боязливост; ужас; **to be (stand, go) in ~ of s.o. (s.th.)** боя се (страхувам се) от някого (нещо); **2.** опасност; риск; вероятност; възможност; **II.** *v* **1.** боя се, страхувам се, опасявам се (от); **a man to be ~ed** човек, от когото трябва да се боиш; **2.** *ост., поет.* плаша, изплашвам.

fear-monger ['fiə,mʌŋgə] *n* паникьор.

feasibility [,fi:zi'biliti] *n* **1.** изпълнимост, осъществимост, възможност, приложимост; **2.** вероятност, правдоподобност, приемливост (*на теория и пр.*).

feat [fi:t] **I.** *n* **1.** подвиг; **a ~ of arms** боен подвиг; **2.** изключителна проява, изключително майсторство (умение, сръчност), изкуство; **a regular ~** истинско (забележително) постижение; **II.** *adj ост.* **1.** сръчен, ловък, умел; **2.** елегантен, кокетен (*за дреха*).

feather ['feðə] **I.** *n* **1.** перо, перце; перушина; **to get new ~s** оперявам (оперям, оперушинвам) се отново (*за птица*); **2.** пернат дивеч; **3.** щръкнали косми на опашката или крака на куче или кон; **II.** *v* **1.** покривам (украсявам) с пера; прикрепвам перо (пера) на (*стрела и пр.*); **to ~ o.'s nest** оплитам си кошницата, уреждам се; **2.** свалям няколко пера от птица (*с изстрел*); **3.** *тех.* сглобявам дъски с шпунт (зъб, федер); правя ръб (шпунт, канал) (*в дърво*).

featherweight ['feðəweit] *n* перце, много лек човек; *сп.* перо (*категория при бокс*); лек жокей.

feature ['fi:tʃə] **I.** *n* **1.** *обикн. pl* черти (*на лицето*); *pl* физиономия, лице; **pronounced (prominent) ~s** характерна физиономия, рязко очертани черти на лицето; **2.** черта (особеност) на характер; характерна страна (черта), отличителен белег (черта); свойство, качество, признак; особеност; **3.** *журн.* статия, колона (*за специална тема*); **II.** *v* **1.**

отличавам, характеризирам, съм (представлявам) отличителен (характерен) белег на; **2.** изобразявам, рисувам; **3.** *кино* показвам на екрана; играя (*главна роля*); **a film featuring J.J.** филм с участието на Дж. Дж.

February ['februəri] *n* февруари; **in ~** през февруари.

fecit ['fi:sit] *v* (*pl* **fecerunt** [fi:'si:rənt]) (*еди-кой си*) нарисува (изписа) тази картина.

feckless ['feklis] *adj* **1.** безпомощен, неспособен, некадърен, негоден за нищо; вял, слаб, слабоват, вързан, схванат, кекав; **2.** *шотл.* безотговорен; небрежен, лекомислен.

fecundity [fi:'kʌnditi] *n* плодородие, плодородност; плодовитост (*и прен.*).

fed *вж* **feed I**.

federal ['fedərəl] **I.** *adj* федерален, съюзен; **the F. City** *ам.* Вашингтон; ◇ *adv* **federally**; **II.** *n* федералист; член на федерация; **the Federals** войската на северните американски щати (1861 - 1865).

federation [,fedə'reiʃən] *n* **1.** федериране, обединяване, съюзяване във федерация; **2.** федерация; съюз, сдружение, обединение.

fee [fi:] *n* **1.** хонорар, възнаграждение (*на лекар, адвокат*); такса (*училищна, изпитна и пр.*); вноска (*встъпителна и пр.*); бакшиш; **retaining ~** предварителен хонорар на адвокат, за да се ангажира за дело; **2.** *ист.* васален имот; **3.** феодално (васално) покорство.

feeble [fi:bəl] *adj* **1.** слаб, слабоват; немощен, безсилен; хилав, болнав, кекав; **to have a ~ hold on llife** едва се държа за живота; **2.** слаб, неясен (*за светлина*); слаб, посредствен (*за ум, работа*); слаб, неиздръжлив, нищожен (*за преграда и пр.*); слаб, лабилен, слабохарактерен, мекушав, мек (*за характер*); ◇ *adv* **feebly** ['fi:bli].

feed [fi:d] **I.** *v* (**fed** [fed]) **1.** храня (се); нахранвам (се); давам храна (зоб *и пр.*) на, давам да яде на; паса; кърмя; **2.** *грубо, ирон.* ям, храня се, обядвам, вечерям; **3.** подхранвам, захранвам; поддържам (*с гориво*); слагам дърва в (*огън*); снабдявам, осигурявам (*машина с гориво, пазар със стоки и пр.*); • **to ~ a line** *sl* лаская, четкам; говоря мазно; **II.** *v* (**feed, feed** [fi:d]) **1.** плащам хонорар (възнаграждение) на; давам бакшиш на; ангажирам, наемам (*адвокат*); **2.** *разг.* подкупвам, давам рушвет (подкуп) на;

feed down (off) изпасвам, опасвам (*ливада и пр.*) (*и* **~ a meadow bare**);

feed on храня (се) с (*и прен.*); **to ~ s.o. on hopes** храня някого с празни надежди.

feed up 1) угоявам, охранвам; **to be fed up** *прен.* омръзва ми, стига ми толкоз, до гуша ми идва; 2) възстановявам се (*след болест*);

III. *n* **1.** хранене, пасене; out at ~ на паша; **fish on the ~** риба, която е на лов; **2.** храна, зоб, фураж; **3.** порция, дажба (*храна, фураж и пр.*).

feeding-bottle ['fi:diŋbɔtəl] *n* биберон.

feeding-cup ['fi:diŋ,kʌp] *n* чаша с шулец за хранене на инвалиди.

feeding ground ['fi:diŋ'graund] *n* място, където (*дадена популация*) намира прехраната си.

feed pipe ['fi:dpaip] *n тех.* захранваща тръба.

feed pump ['fi:d,pʌmp] *n тех.* захранваща помпа.

feedstock ['fi:dstɔk] *n* захранваща (подавана) смес.

feed tank ['fi:d,tæŋk] *n* резервоар,

цистерна (*на машина*).

fee-faw-fum ['fi:'fɔ:'fʌm] **I.** *int* у-у-у! (*вик на людоеди и на чудовища в приказките*); **II.** *n* празни закани.

feel [fi:l] **I.** *v* (**felt** [felt]) **1.** пипам, опипвам, напипвам; **to ~ about in the dark** опипвам в тъмното; **2.** съм... на пипане (за усещания); **3.** усещам, чувствам; изпитвам; имам усет (чувство) за; чувствителен съм към; понасям зле; **II.** *n* **1.** пипане; **to the ~** на пипане; **2.** усещане; **3.** усет, чувство, разбиране;

feel for 1) търся пипнешком; 2) съчувствам, проявявам състрадание;

feel out 1) търся, опипвам за; проучвам; 2) *воен.* стрелям все по-далеч, търся (*със стрелба*); 3) **to ~ out of things** чувствам се пренебрегнат (изостанал);

feel up *sl грубо* галя, милвам, опипвам (*за да възбудя сексуално*).

feeling ['fi:liŋ] **I.** *n* **1.** осезание (*и* **sense of ~**); **2.** чувство, усещане; емоция, страст; **3.** чувство, отношение, настроение, впечатление; **II.** *adj* чувствителен, деликатен; прочувствен; пълен със съчувствие, съчувствен; **a ~ heart** чувствително сърце; сърце, изпълнено със съчувствие.

feet *вж* **foot I**.

feigh [fei] *n* отпадъци от обогатителен процес.

feigned [feind] *adj* **1.** престорен, лицемерен, прикрит, лъжовен, неискрен; **2.** подправен, фалшив, фалшифициран; неистински, фиктивен; **~ action** *юрид.* фиктивен процес.

felicitous [fi'lisitəs] *adj* **1.** уместен, удачен, подходящ, сгòден, на място, добре избран (подбран); **to be ~ in o.'s choice of words** добре подбирам думите си, успявам да намеря най-точни, подходящи думи; **2.** *рядко* щастлив; ощастливяващ.

felicity [fi'lisiti] *n* **1.** щастие, блаженство; **2.** уместност, удачност; умение да си подбирам думите; **3.** уместна забележка, добре подбрана дума (израз).

fell$_1$ **I.** *v* **1.** повалям, събарям; **2.** сека, отсичам (*дърво*); **3.** почиствам (*шев*); **II.** *n* **1.** количество изсечени дървета; **2.** почистен шев.

fell$_2$ [fel] *n* **1.** козина; животинска кожа с козината; руно; **2.** човешка кожа.

fell$_3$ *n диал. англ.* гол, скалист склон; планина; **the Fells** планините в Къмбърлънд и Уестморлънд.

fell$_4$ *adj ост.* **1.** жесток, свиреп, зверски, безмилостен, безчовечен, безпощаден; **at one ~ swoop** с един (смъртоносен) удар; **2.** престъпен, незаконен, тъмен (*за замисли и пр.*); **3.** мрачен, тежък; трагичен.

fell$_5$ *вж* **fall I**.

fellow ['felou] **I.** *n* **1.** другар; компаньон; събрат; колега; съученик; съучастник; **~ passenger** спътник, -чка; **2.** равен (*по качества*), еш; **3.** човек (*обикн. от по-долна класа*); грубиян, простак; **II.** *v* намирам еша на (*ръкавица и пр.*).

fellow-creature ['felou'kri:tʃə] *n* ближен, подобен нам.

fellowship ['felouʃip] *n* **1.** дружба, другарство, приятелство; добри (другарски, дружески, приятелски) отношения; разбирателство; родство на мисли, чувства; **2.** сдружение, съдружие, дружество, корпорация; братство; **the ~ of man** братство между хората; **3.** стипендия за научна работа.

fellow-soldier ['felou'souldʒə] *n* другар от войската, набор.

fellow-student ['felou'stju:dənt] *n* състудент, -ка.

fellow-traveller ['felou'trævələ] *n*

спътник, -ца; симпатизант, -ка на комунистическата партия.

fellow-worker ['felou'wə:kə] *n* колега, колежка, сътрудник, сътрудничка; работник в същото предприятие.

felonious [fi'louniəs] *adj* престъпен, жесток; *юрид.* углавен, престъпен; **with ~ intent** умишлено.

felt₁ [felt] **I.** *n* **1.** филц, фьотър, кастор; кече, плъст; **roofing (tarred) ~** покривна мушама; **2.** *attr* от филц (фьотър, кече); **II.** *v* **1.** сплъстявам, правя на кече; сплъстявам се, ставам на кече; **2.** покривам с кече и пр.

felt₂ *вж* **feel I**.

female ['fi:meil] **I.** *adj* женски, от женски пол; **a ~ child** момиче; *бот., тех.* женски; **II.** *n* жена; женска (на животно), самка; *бот.* женски цвят.

femaleness [,fi:'meilnis] *n* женственост, женска същност.

feminine ['feminin] **I.** *adj* женски (*и ез., за рима и пр.*); **the eternal ~** вечно женственото, вечната жена; **II.** *n ез.* женски род (*и* **~ gender**).

fen [fen] *n* тресавище, мочурище, блатиста местност; **the Fens** блатиста област в Източна Англия.

fence [fens] **I.** *n* **1.** ограда; стобор, парапет, пармаклък, тараба (*и* **lath~**); *сп.* препятствие; **2.** фехтовка; **3.** *sl* укривател на откраднати вещи; човек, който получава или търгува с откраднати вещи; **II.** *v* **1.** фехтувам се; **2.** пазя, защитавам, предпазвам, прикривам **(from, against)**; **3.** отбягвам, отбивам, парирам (*удар*) (*и* **~off**);

fence in (round) ограждам;

fence off 1) отклонявам, предотвратявам, парирам (*удар, последици и пр.*); 2) преграждам (*част от място*);

fence out = **fence off** 2);

fence with (a question) отбягвам, измъквам се от (*въпрос, разискване*); извъртам, шикалкавя, гледам да печеля време; парирам въпрос с въпрос.

fence-mending ['fens,mendiŋ] *n* изглаждане на взаимоотношения; създаване на добри отношения.

fence-sitter ['fens'sitə] *n* човек, който изчаква (отказва да вземе страна в спор и пр.).

fencing ['fensiŋ] *n* **1.** фехтовка; *прен.* (горещ) спор, кръстосване на шпаги; **2.** заграждане, ограждане, преграждане; **3.** ограда, стобор, тараба, парапет, пармаклък.

fend *v* [fend] **1.**: **~ off** отлагам, избягвам, предотвратявам, парирам, отстранявам; **2.**: **~ for** грижа се за, поддържам (*семейство и пр.*); **to ~ for oneself** грижа се сам за себе си, *прен.* стъпвам на краката си; **3.** *поет.* пазя, защищавам; предпазвам **(from)**.

fender ['fendə] **I.** *n* **1.** решетка пред камина; **2.** предпазител, броня; скара (*на трамвай и пр.*); **3.** *мор.* фендер; **II.** *v* **1.** *мор.* поставям фендер на; **2.** укрепявам (*брегове на река*) с набити греди и пр.; *ам.* броня или калник на автомобил.

fenestration [,feni'streiʃən] *n* **1.** *архит.* разпределение, разположение на прозорците на стена; **2.** *бот., зоол.* надупченост; решетъчен строеж.

fennel ['fenl] *n* копър, морач *Foeniculum vulgare*.

fen-pole ['fen,poul] *n* прът за прескачане на опасни места в блатисти местности.

fen-reeve ['fen,ri:v] *n* длъжностно лице, което надзирава определени места в блатисти области, като канали, водопроводни системи и пр.

fern *n* [fə:n] папрат; **wall ~** *бот.* сладка папрат *Polypodium vulgare*.

fermentable [fə'mentəbəl] *adj* който може да ферментира (втасва, кипи).

ferocious [fi'rouʃəs] *adj* див, жесток, свиреп, безжалостен; ◇ *adv* **ferociously**.

ferret[1] ['ferit] **I.** *n* **1.** вид опитомен пор *Putorius foetidus*; **2.** зорък преследвач (детектив), копой; **II.** *v* **1.** ловя (гоня) с помощта на пор (*и* **go ~ing**); **2.** търся (диря) внимателно, тършувам, ровя се **(for)**; **3. to ~ out** издирвам, намирам след дълго търсене, откривам; изтръгвам, измъквам, изкопчвам (*тайна и пр.*).

ferret[2] *n* тясна панделка.

ferreter ['feritə] *n* копой (*и прен.*).

ferret-eyed ['ferit,aid] *adj* с малки зачервени очи.

ferrety ['feriti] *adj* като (подобен на) пор.

ferric ['ferik] *adj хим.* железен; който съдържа желязо в най-висока валенция.

ferrous ['ferəs] *adj* **1.** железен; **2.** *хим.* феросъдържащ двувалентно желязо.

ferruled ['feru:ld] *adj* с метален шип (обръч и пр.).

ferry ['feri] **I.** *v* **1.** пренасям (прекарвам, превозвам) с лодка или сал на другия бряг (*на река, канал и пр.*); преминавам на другия бряг с лодка, сал и пр. **(across, over)**; **2.** пренасям със самолет; преминавам със самолет; **II.** *n* **1.** транспортиране (на другия бряг); **2.** право на транспорт на пътници и багаж на другия бряг; **3.** ферибот.

ferry-boat ['feribout] *n* ферибот.

fertile ['fə:tail] *adj* **1.** фертилен, плодороден; **2.** плодовит; богат, изобилен **(in)** (*и прен.*); **3.** оплоден (*за яйце*); кълняем.

fertilizer ['fə:tilaizə] *n* **1.** тор; **artificial ~s** изкуствени (химически) торове); **2.** оплодител, оплодотворител.

festal [festəl] *adj* **1.** празничен, тържествен; **2.** весел, празнуващ.

fester ['festə] **I.** *v* **1.** гноя, загноявам, нагноявам, бера, забирам; **2.** гния, разлагам се; **3.** причинявам загнояване (гниене, разлагане); разлагам; **II.** *n* гнойник, цирей; гнойна (загноила) рана; забрало място.

festival ['festivl] **I.** *n* **1.** празненство, празник; **2.** фестивал; **II.** *adj* **1.** празничен; **2.** фестивален.

fetch[1] [fetʃ] **I.** *v* **1.** отивам да взема (да донеса, да доведа); донасям, довеждам (*отнякъде*); вземам (*отнякъде*); **to ~ and carry (for s.o.)** донасям (*дивеч и пр.*) (*за куче*); *прен.* съм на (изпълнявам) разпорежданията на някого, изпълнявам поръчките на някого; **2.** изваждам, изкарвам, добивам; **3.** продава се на, докарва, стига до (*цена, печалба*); • **~ (s.o.) a blow (one)** *разг.* нанасям някому удар, удрям; **II.** *n* **1.** усилия, мъки, зор; **2.** хитрина, хитрост, номер; **3.** път, разстояние; ширина на залив; **a long ~ to London** доста път до Лондон;

fetch about *мор.* лавирам;

fetch away 1) отвеждам, откарвам, отнасям; 2) *мор.* падам, търкалям се (*за предмети на борда при буря*); 3) освобождавам се, изскубвам се, измъквам се;

fetch back връщам, донасям (докарвам, довеждам) обратно;

fetch down 1) снемам, свалям, донасям (*отнякъде горе*); 2) повалям, събарям (*противник*); улучвам, убивам (*птица*); 3) карам да спадне, намалявам, свалям (*цена*);

fetch in довеждам вътре; внасям, прибирам;

fetch to свестявам (се), съвземам (се), опомням (се), идвам на себе си;

fetch up 1) довеждам, донасям, качвам (*горе*); 2) повръщам, бълвам; 3) спомням си, припомням си; 4) наваксвам (*изгубено време и пр.*); 5) *ам.* отглеждам (*деца*); 6) *разг.* спирам се; 7) стигам, пристигам (at).

fetch$_2$ *n* **1.** двойник; **2.** дух, привидение, призрак.

fetish ['fetiʃ] *n* **1.** муска, амулет, талисман, фетиш; **2.** фетиш, култ, идол, кумир; **to have a ~ of** (*с ger*) обзет съм от идеята да, имам мания да.

fetlock ['fetlɔk] *n* **1.** глезен (*на кон*); **2.** букаи (*на кон*).

feudal [fju:dl] *adj* феодален; **~ tenure** феодално владение.

feudality [fju:'dæliti] *n* **1.** феодално положение; **2.** феод.

fever ['fi:və] **I.** *n* **1.** температура; треска (*и прен.*); малария; нервна възбуда; **scarlet ~** скарлатина; **2.** *attr* трескав, маларичен; **II.** *v* хвърлям в треска; разболявам се от треска; вдигам температура.

fever-heat ['fi:vəhi:t] *n* **1.** *мед.* повишена (висока) температура; **2.** *прен.* най-високо напрежение, най-висока точка.

feverish ['fi:vəriʃ] *adj* **1.** трескав (*и прен.*), горещ, пламнал; **2.** възбуден, нервен, напрегнат, неспокоен; ◇ *adv* **feverishly**; **3.** нездрав (*за климат*).

fever pitch ['fi:vəpitʃ] *n* (състояние на) превъзбуденост.

fever-swamp ['fi:vəswɔmp] *n* блато, което е причина за разпространението на малария и др. болести.

fever-tree ['fi:vətri:] *n* евкалипт *Eucalyptus*.

fever-ward ['fi:vəwɔ:d] *n* инфекциозно отделение.

few [fju:] **I.** *adj* малко (*на брой*); **a ~** няколко, малко; **II.** *pr, n* малко, малцина; **the trouble is that ~ want to buy** бедата е, че малцина искат да купуват; • **have a few (too many)** *разг.* пийвам някоя и друга чашка.

fey [fei] *adj* (*обикн. predic*) **1.** детински; непредсказуем; странен; **2.** обречен на смърт; **3.** в странно, повишено, ненормално настроение, (сякаш) побъркан (*уж предзнаменование за смърт*).

fiancé [fi'a:nsei] *n фр.* годеник.

fiancée [fi'a:nsei] *n фр.* годеница.

fiat ['faiæt] **I.** *n* **1.** съгласие, одобрение; *юрид.* одобрение (съгласие) на министър на вътрешните работи в Англия за завеждане дело срещу короната; **2.** декрет, указ, постановление, нареждане; **~ money** *ам. фин.* книжни пари без златно покритие; **by ~** по заповед отгоре; **II.** *v рядко* **1.** одобрявам, санкционирам; давам съгласието си за; **2.** нареждам, постановявам, издавам декрет (указ).

fib$_1$ [fib] **I.** *n* дребна лъжа, измислица; заобикаляне на истината, извъртане; **II.** *v* послъгвам, залъгвам, лъготя, лъжа, измислям, извъртам, мотая.

fib$_2$ **I.** *n* удар с юмрук; **II.** *v* налагам (бия) с юмруци.

fibber ['fibə] *n* лъжец на дребно, лъжльо; човек, който послъгва (обича да измисля).

fibrage ['faibridʒ] *n* сплитане на влакна.

fibre ['faibə] *n* **1.** фибра, влакно от мускулна или нервна тъкан; жилка, жичка, нишка; нерв; лико; тъкан, съставена от нишки (влакна, жички); влакнест строеж; **vegetable ~** растително влакно; **2.** *бот.* коренче, коренна власинка; **3.** характер, природа, същност.

fibrousness ['faibrəsnis] *n* влакнест строеж.

fibular ['fibjulə] *adj анат.* на (до)

фибулата, пищялен.

fickle [fikəl] *adj* непостоянен; изменчив, променлив; капризен; неверен.

fiction ['fikʃən] *n* **1.** белетристика, художествена проза; **light ~** леки романи; **2.** фикция; плод на фантазията (въображението); заблуда.

fictitious [fik'tiʃəs] *adj* **1.** въображаем, измислен; **2.** подправен, фалшив, фалшифициран; привиден, неистински, мним, лъжлив; фиктивен; престорен.

fiddle [fidl] **I.** *v* **1.** играя си, въртя в ръцете си; бърникам; променям, бъзикам (**with**); **2.** подправям, променям (*финансови документи за собствена облага*); **3.** свиря на цигулка (гъдулка и пр.); скрибуцам (стържа) на цигулка и пр; **II.** *n* **1.** цигулка; гъдулка; всякакъв инструмент, подобен на цигулка (виола, чело и пр.); цигулар (*в оркестър*); **to play second ~ to s.o.** играя второстепенна роля в сравнение с някого; **2.** измама; **3.** *мор.* дървена рамка (подпорка), която се слага на масите в кораб, за да не падат нещата при вълнение.

fiddle-bow ['fidl,bou] *n* лък за цигулка.

fiddle-case ['fidl,keis] *n* кутия (калъф) за цигулка.

fiddlededee ['fidldi'di:] *n int* глупости, безсмислици, празни приказки, бабини деветини, врели-некипели, тинтири-минтири, бошлаф.

fiddler ['fidlə] *n* **1.** *често пренебр.* цигулар, гъдулар; свирач; **if you dance you must pay the ~** *прен.* хванеш ли се на хорото, трябва да играеш; **2.** мошеник, финансов измамник; **3.** човек, който подлъгва други да залагат на конни състезания.

fiddlestick ['fidlstik] *n* лък за цигулка; **I don't care a ~ about it** пет пари не давам, не ми пука.

fidgetiness ['fidʒitinis] *n* **1.** притесненост, нервност; **2.** придирчивост, капризност.

fidibus ['fidibəs] *n* книжна запалка за лула.

fiduciary [fai'dju:ʃəri] **I.** *adj* **1.** доверен; поверен; **2.** основан на доверие; чиято стойност се гради върху общественото доверие (*за книжни пари*); **II.** *n* довереник, доверено лице.

field [fi:ld] **I.** *n* **1.** поле; кър; нива; ливада; **corn ~, a ~ of wheat** пшенична нива; **2.** *мин.* поле, находище, басейн; **3.** голямо пространство; • **fair ~ and no favour** еднакви условия за всички (*при борба, състезания и пр.*); **II.** *adj* полеви; в реална обстановка, на практика (*а не на теория*); **III.** *v сп.* **1.** хващам топката и я връщам (*при бейзбол, крикет*); **2.** разпределям играчите (*при бейзбол, крикет*); **3.** залагам на конни състезания срещу предполагаемия победител.

field-test ['fi:ld'test] **I.** *v* изпитвам, изпробвам в реална обстановка; **II.** *n* изпитване, изпитание.

field trip ['fi:ld,trip] *n* излет за събиране на материали (*цветя, пеперуди и пр.*).

fieldwork ['fi:ldwə:k] *n воен.* временен вал, окоп.

fiend [fi:nd] *n* **1.** сатана, дявол, демон, зъл дух; бяс; зъл човек, престъпник, злодей, звяр; **2.** маниак на някаква тема, страстен поклонник на нещо, запалянко; **strong-tea ~** страстен любител на силния чай; **3.** голям майстор, факир (**at**).

fierce [fiəs] *adj* **1.** жесток, свиреп; **2.** бурен, буен, бушуващ, неудържим, силен (*за буря, чувства и пр.*); страстен, пламенен (*за желание и пр.*); усилен, много напрегнат (*за работа и пр.*); **when the argument waxed ~st** в разгара на спора; **3.** груб, брутален.

fieriness ['faiərinis] *n* **1.** плам, пламенност, жар, страст, страстност; **2.** зной, жар, парещи лъчи; **3.** горещ (парлив) вкус.

fig[1] [fig] **I.** *n* **1.** смокиня (*плодът и дървото*); **green ~s** пресни смокини; **2.** *разг.* стафида; **3.** мек гъбест израстък на меката част на копитото на кон вследствие натъртване; • **not to care a ~ for** пет пари не давам за; не ми пука за; **II.** *v ост.* правя неприличен знак.

fig[2] **I.** *n разг.* **1.** облекло, тоалет, премяна; **in full ~** официално облечен, пременен, нагласен, нагизден, наконтен, натруфен; **2.** състояние; настроение; **II.** *v* **1.** пременявам, нагиздям, контя, натруфям (*често с* **out, up**); **2.** тимаря, изчесвам, изресвам (*кон*).

fightback ['faitbæk] *n журн.* опит за възвръщане на изгубени (силни) позиции.

fight [fait] **I.** *v* (**fought** [fɔ:t]) **1.** боря се, бия се, сражавам се, воювам, водя борба, участвам в борба (сражение, битка) (**against, with** с, срещу, против); споря; **to ~ an army** бия се с (срещу) армия; **2.** управлявам, направлявам (*кораб при сражение*); насочвам, стрелям с (*оръдие*); **3.** насъсквам за борба (*кучета, петли и пр.*);

fight back съпротивлявам се на (*болест и пр.*);

fight down побеждавам, надвивам, преодолявам, превъзмогвам (*изкушение, съпротива*);

fight off 1) отблъсквам (*неприятел*); 2) надвивам (*на болест*); 3) **to ~ off a tie** играя решаваща партия (*след равен резултат*);

fight out 1) решавам (*спор*); 2) **~ it out** боря се докрай;

II. *n* **1.** борба; бой, битка, сражение; борене; спор; **to have a hard ~ to** с мъка успявам да; **2.** борчески дух, желание за борба, умение да се боря.

fighter ['faitə] *n* **1.** борец; боец; **2.** *ав.* боен самолет, изтребител (*и* **fighter-plane**).

fighting-cock ['faitiŋkɔk] *n* петел за борба.

fighting-man ['faitiŋmən] *n* (*pl* **-men**) боец, борец, войник.

fig-leaf ['figli:f] *n* **1.** смокинов лист; **2.** *изк.* изображение на лозов или смокинов лист, с който се прикриват половите органи на статуя; **3.** параван, който скрива нещо срамно или недопустимо.

figment ['figmənt] *n* измислица, небивалица, плод на въображението (фантазията) (*и* **a ~ of o.'s imagination**).

fig-tree ['figtri:] смокиня (смокиново дърво, смоква, смоковница) *Ficus carica*.

figuration [figju'reiʃən] *n* **1.** формиране (*на идея и пр.*); **2.** форма, контур, очертание, силует; **3.** символично представяне; алегория.

figure ['figə] **I.** *n* **1.** фигура, образ, облик, външен вид; човек; тяло; телосложение; **to lose o.'s ~** напълнявам, развалям фигурата си; **2.** личност; деец; герой, действащо лице (*в драма и пр.*); **3.** *изк.* изображение (*на човешка и пр. фигура*), образ, фигура; статуя; **II.** *v* **1.** рисувам, изобразявам; представям графически; чертая, начертавам; **2.** представям си, въобразявам си (**to oneself**); **3.** *обикн. pass* украсявам с фигури; десенирам;

figure on *ам.* разчитам на; **I had ~d on him** разчитах на него;

figure out 1) възлизам (**at** на);

2) пресмятам; изчислявам; 3) измислям, намислям; решавам (*проблем*), разбирам, проумявам, създавам си картина за;

figure up *рядко* събирам; изчислявам, смятам.

figure-head ['figəhed] *n* **1.** изображение на човешка или друга фигура на носа на кораб; **2.** *прен.* фигурант, човек, който заема пост, място, но е напълно бездеен; **3.** *разг.* лице, мутра, муцуна.

figuring ['figəriŋ] *n* пренасяне на размери.

filament ['filəmənt] *n* **1.** *бот.* влакно, влакънце; дръжка на тичинка; **2.** *ел.* жичка; **3.** жичка, нишка, влакно, влакънце.

file$_1$ [fail] **I.** *n* **1.** пила; **rough (coarse, straw) ~** едра (груба) пила; **2.** *прен.* изглаждане, излъскване, обработване; **II.** *v* **1.** пиля, изпилявам; **2.** *прен.* изглаждам, обработвам;

file away изпилявам (*грапавина и пр.*);

file down пиля, изпилявам;

file off = file away;

file up изпилявам, изглаждам с пила;

file through изпилявам (така че да се раздели на две).

file$_2$ **I.** *n* **1.** папка; дело; архива; картотека; списък; **2.** досие, лично дело; **3.** *комп.* файл; **II.** *v* **1.** регистрирам, нареждам (пазя, подреждам) в архива (*и* **~ away**); **2.** *ам.* подавам (*молба, заявление*).

file$_3$ **I.** *n* **1.** *воен.* редица войници; **in blank ~** в една редица (за строй); **2.** *шах* вертикална редица квадрати (*на дъската*); **II.** *v* **1.** марширувам (вървя) в колони, дефилирам; **2.** карам да маршируват (вървят) по двама, карам да дефилират;

file away отминавам в редици;

file in влизаме един по един, нижем се (точим се) един по един;

file out излизаме един по един, изнизваме се (източваме се) един по един;

file off = file away;

file past дефилирам (по)край.

file-bench ['fail,bentʃ] *n* тезгях за изпиляване.

file-cabinet ['fail,kæbinit] *n* картотека, шкаф за картотека.

file-card ['fail,ka:d] *n* фиш.

file-case ['fail,keis] *n* картотека, чекмедже за картотека.

file-clerk ['fail,kla:k] *n* чиновник, който работи с картотека.

file-copy ['fail,kɔpi] *n* екземпляр за архивата, архивен екземпляр.

file-cutter ['fail,kʌtə] *n* човек, който прави (изработва) пили.

fill [fil] **I.** *v* **1.** пълня (се), напълвам (се), изпълвам (се) **(with)**; насищам, засищам; **~ a glass full to overflowing** препълвам чаша; **2.** запълвам, затъпквам, натъпквам; пломбирам (*зъб*) **(with)**; **3.** запълвам, изпълням; заемам (*място, служба*); изпълнявам (роля); **II.** *n* **1.** достатъчно количество, колкото е нужно; толкова, колкото е необходимо за дадена цел; едно пълнене; **a ~ of tobacco** тютюн за една лула, една лула тютюн; **2.** ситост, насита;

fill in 1) затъпквам, натъпквам; запълням, напълвам, (*трап и пр.*); зазиждам (*врата и пр.*); 2) попълвам (*празнина, формуляр и пр.*); 3) прекарвам, запълвам (*време*); 4): **to ~ in for** замествам;

fill out 1) напълням (се); надувам (се), закръглям (се); 2) напълнявам, закръглям се; 3) разширявам, допълвам; 4) *ам.* попълвам (документ, формуляр, бланка);

fill up 1) пълня (се) до горе, напълвам (се); препълвам (се), претъпквам (се); 2) запълвам (*време*); 3) насищам, засищам (*за храна*); 4): **to ~ o.s. up** тъпча се, преяждам; • **to ~ s.o. up with a story** накарвам някого да повярва някаква история.

filler ['filə] *n* **1.** пълнач; пълнител, пълначка; **2.** нещо, което запълва; **3.** заряд (*на снаряд*).

fillet ['filit] **I.** *n* **1.** резен филе (*месо, риба за готвене*); **2.** панделка, лента (*за косата*); превръзка; ивица; **3.** *арх.* ивица, корниз; текст, ива; *тех.* надебеление; опорен пръстен, анзац (*на вал*); жлеб, вдлъбнатина; **II.** *v* **1.** нарязвам (*месо, риба*) на резени за готвене; **2.** връзвам с панделка (лента и пр.); **3.** украсявам с панделка (лента, корниз и пр.).

filling ['filiŋ] **I.** *n* **1.** пълнеж, плънка; **2.** пломба (*на зъб*); **3.** *текст.* вътък; щапелиране; **II.** *adj* насищащ, засищащ (*за храна*).

filling-station ['filiŋ,steiʃən] *n авт.* бензиностанция.

fillip ['filip] **I.** *n* **1.** чукване (перване) с пръст; **2.** тласък, подтик, стимул, импулс; **to give a ~to** давам тласък (подтик) на, подтиквам, импулсирам, стимулирам, активизирам, раздвижвам; **3.** дреболия, дребна (незначителна) работа; **not to be worth a ~** нищо не струва; **II.** *v* **1.** чуквам (първам) с пръст; бръсвам; **2.** тласкам, подтиквам, стимулирам, импулсирам, активизирам, раздвижвам.

film [film] **I.** *n* **1.** филм, тънък (лек) пласт (слой); тънка (лека) покривка; **2.** було, воал; корица, кожица, ципица; мъглявина, мъглявост; лека мъгла, мъглица; потъмняване; **eyes covered with the ~ of death** изцъклени очи; **3.** нишчица, жилчица, жичка; **II.** *v* **1.** покривам (се) с тънък слой (пласт); замъглявам (се); потъмнявам; **2.** снимам, правя снимка; филмирам, снимам филм; **he ~s well** той е фотогеничен.

filmy ['filmi] *adj* **1.** тънък, лек, прозрачен, ефирен; **2.** мъгляв, замъглен, обвит (забулен) в мъгла.

filter ['filtə] **I.** *n* филтър; цедка, цедилка; **II.** *v* **1.** филтрирам, прецеждам, пречиствам (*често с* **out**); **2.** изцеждам се, прецеждам се, оцеждам се; проникввам (*често с* **through**); **the findings ~ed through to the politicians** откритията (резултатите) достигнаха до ушите на политиците.

filthy ['filθi] *adj* **1.** мръсен, кирлив, отвратителен, гаден; **~ rich** червив с пари, тънещ в богатство (охолство); **2.** развратен, порочен; неприличен, циничен; порнографски.

finable₁ ['fainəbəl] *adj* подлежащ на глоба.

finable₂ *adj* който може да се избистри (*за течност*).

final ['fainəl] **I.** *adj* **1.** финален, последен, краен, заключителен; **2.** окончателен, решаващ; категоричен; безвъзвратен; **~ process** *юрид.* изпълнение, екзекуция; **3.** *ез.* за цел; **II.** *n* **1.** *сп.* финал; **to run (play) in the ~s** играя във финала; **2.** последен изпит; **3.** последната буква на дума.

finance [fai'næns] **I.** *n* **1.** финанси (*като наука*); **a system of ~** финансова система; **2.** *pl* финанси (*на държава, предприятие*); бюджет; **a F. Act** закон за бюджета; **II.** *v* **1.** финансирам, отпускам парични средства на, подкрепям, подпомагам с пари; **2.** *рядко* занимавам се с финанси (финансови операции); **3.** *рядко* осигурявам средства чрез заем.

financial [fai'nænʃl] *adj* финансов; паричен; бюджетен; **~ statement** баланс.

finch [fintʃ] *n* сипка *Fringilla*.

finch-backed ['fintʃbækt] *adj* с ивици или петна по гърба (*за говедо*).

find [faind] **I.** *v* (**found** [faund]) **1.** намирам, откривам; виждам; срещам, попадам на, натъквам се на; заварвам, сварвам; **not to be found** не може да се намери; **to ~ everybody out** не заварвам (намирам) никого в къщи; **2.** намирам, считам, смятам; узнавам; убеждавам се, установявам, констатирам, стигам до заключение; *юрид.* признавам; **3.** снабдявам (**in, with** с); **they found him in clothes** снабдиха го с (осигуриха му) дрехи; **wages 20 pounds, all found** заплата 20 лири, с храна, квартира и пр.; **to be well found in literature** имам добро литературно образование; **• to ~ expression** намирам израз; **II.** *n* откритие, находка; **a sure ~** място, където винаги се намира дивеч; *прен.* човек (предмет), когото човек не може да намери;

find out 1) разбирам, откривам, разкривам, давам си сметка за, обяснявам си; 2) хващам, улавям (*някого в грешка, лъжа и пр.*); разбирам какво представлява; **he has been found out** разбраха какво представлява той.

fine$_1$ **I.** *adj* **1.** хубав, чудесен, прелестен, прекрасен; доблестен; внушителен, представителен, величествен; добре сложен, напет, елегантен; **2.** тънък (*и прен.*); фин, нежен, деликатен, изящен; изтънчен; **the ~ details** дребните детайли; **3.** тънък, остър, заострен, изострен; **II.** *adv* **1.** отлично, чудесно, прекрасно; **that will suit me ~** *разг.* това ще ми свърши работа; това е съвсем удобно за мен; **2.** на ситно, на дребно; **3.** едва, на косъм съм (*особ. в изрази*); **• to train an athlete (a horse) too ~** прекалявам с тренировката на спортист (кон и пр.); **III.** *n* **1.** хубаво (слънчево) време; **2.** *pl* чисти минерали; **IV.** *v* **1.** избистрям (се), пречиствам (се), рафинирам (*често с* **down, off**); **2.** изтънявам (*често с* **away, down, off**); **3.** намалявам (се).

fine$_2$ **I.** *n* **1.** глоба; **2.** сума, която се плаща на феодален владетел от наемателя на земята му; сума, която се плаща на собственика на имот при подновяване договора за наемане; **~ and recovery** фиктивна сделка; **II.** *v* **1.** глобявам, налагам глоба на, наказвам с глоба; **2.** плащам за привилегия (**for**).

fine$_3$ [fain] *само в израза* **in ~** в заключение, на края; в края на краищата; накратко казано.

fine arts ['fain,a:ts] *n pl* изящни изкуства.

fine-darn ['fain,da:n] *v* замрежвам (репризирам) нещо скъсано така, че да не се забелязва.

fine-looking ['fainlukiŋ] *adj* хубав, личен, напет, ненагледен.

finely ['fainli] *adv* **1.** добре, отлично, чудесно; **2.** на ситно, на дребно; **3.** точно, прецизно.

fine-scale ['fain,skeil] *adj* дребномащабен.

fine-spoken ['fain'spoukn] *adj* красноречив.

fine-spun ['fain'spʌn] *adj* **1.** тънък, ситен (*за тъкан*); **2.** *прен.* добре преценен, нагласен, изчислен.

finger ['fiŋgə] **I.** *n* **1.** пръст; **index ~** показалец; **2.** пръст (*количество, мярка*); **3.** сюрме, резе, мандало; **II.** *v* **1.** пипам с пръсти, въртя в ръцете си; пипам, опипвам, бърникам; **2.** пипам, задигам, отмъквам, крада, поокрадвам; **3.** вземам подкуп.

finger-fish ['fiŋgə,fiʃ] *n зоол.* морска звезда.

finger-hole ['fiŋgə,houl] *n* дупка, клапа (*на духов инструмент*).

fingerling ['fiŋgəliŋ] *n* **1.** млада сьомга, пъстърва; **2.** *ост.* пръст на ръкавица.

finger-mark ['fiŋgəma:k] **I.** *n* **1.** петно от пръст; **2.** дактилоскопичен отпечатък; **II.** *v* цапам с мръсни пръсти.

finger-nail ['fiŋgəneil] *n* нокът.

finger-plate ['fiŋgə,pleit] *n* плочка до дръжка на врата (*за да я предпазва от изцапване*).

finger-print ['fiŋgə,print] **I.** *n* отпечатък от пръсти; **II.** *v* вземам отпечатъци от пръсти.

fingers and toes ['fiŋgəzənd'touz] *n pl* **1.** брадавица на шията на кон; **2.** болест по ряпата.

finical ['finikəl] *adj* **1.** придирчив, взискателен, мъчно задоволим, дребнав, педантичен, формалистичен; **2.** фино изработен; дребен; претрупан.

finish ['finiʃ] **I.** *v* **1.** свършвам (се), умирам, изкарвам (докрай); завършвам; финиширам; приключвам (**with** с); **2.** свършвам, довършвам, донатъкмявам, усъвършенствам, изпипвам, доизкусурявам (*и с* **off**); **to ~ cloth with nap** кардирам плат; **3.** изядам, дояждам, доизяждам, изпивам, допивам, доизпивам, консумирам, изконсумирам (*и с* **off**); изчитам, дочитам, прочитам (*и с* **up**); **II.** *n* **1.** завършък, завършване, свършек, свършване, край (*и на лов*); *сп.* финиш; смъртта на лисицата; **to be in at the ~** присъствам на края, свидетел съм на развръзка; **2.** довършване, дотъкмяване, оглаждане, изглаждане, последни подробности, щрихи, завършеност; **3.** *строит.* фина мазилка, последен слой боя; лустро, гланц; *текст.* апретура.

finishing coat ['finiʃiŋkout] *n* последен слой боя; фина мазилка.

finishing school ['finiʃiŋsku:l] *n* училище, в което девойките довършвали образованието си и се подготвяли за влизане в обществото, пансион.

Finland ['finlənd] *n* Финландия.

Finn [fin] *n* финландец.

finnan ['finən] *n* пушена треска.

Finnish ['finiʃ] **I.** *adj* фински; **II.** *n* фински език.

fir [fə:] *n* **1.** ела (и **~-tree**); **2.** елово дърво, чам.

fir-cone ['fə:koun] *n* елова шишарка.

fire$_1$ ['faiə] **I.** *n* **1.** огън, *прен.* печка; **electric ~** електрическа печка (камина); **2.** пожар; **3.** огън, треска; възпаление, болка; • **liquid ~** *разг.* силни спиртни напитки; **II.** *v* **1.** паля, запалвам (се), подпалвам (се); **to be ~d with** задвижван съм от; **2.** пламвам, възпламенявам (се), запалвам (се), разгорещявам (се), развълнувам (се), възбуждам (се), раздразвам (се); **3.** пека (*тухли, грънци*); суша (*чай, тютюн*);

fire away почвам, карам; стрелям непрекъснато;

fire off гръмвам, пуквам, изгърмявам, изстрелвам; *прен.* изтърсвам, изтървавам (*забележка и пр.*);

fire out *разг.* изгонвам, изпъждам, уволнявам, отхвърлям;

fire up пламвам, разсърдвам се, избухвам, кипвам.

fire$_2$ *v разг.* уволнявам, изхвърлям.

fire-alarm ['faiərə,la:m] *n* **1.** тревога за пожар; **2.** автоматичен сигнал за пожар.

firearm ['faiəra:m] *n* (*обикн. pl*) огнестрелно оръжие.

fire-ball ['faiə,bɔ:l] *n* **1.** метеор; **2.** кълбовидна мълния; **3.** *ист.* гюлле.

fire-balloon ['faiəbə,lu:n] *n* **1.** балон, напълнен с топъл въздух; **2.** балон с фойерверки.

fire-brand ['faiəbrænd] *n* **1.** главня; **2.** подстрекател, подбудител, вдъхновител; луда глава.

fire-brick ['faiəbrik] *n* огнеупорна тухла.

fire-bug ['faiəbʌg] *n ам.* **1.** светулка; **2.** *разг.* подпалвач.

fire-clay ['faiəklei] *n* огнеупорна глина.

fire-cock ['faiəkɔk] *n* пожарен кран.

fire company ['faiə'kʌmpəni] *n* **1.** дружество за борба с пожарите; **2.** *ам.* пожарна команда.

fire control ['faiəkən,troul] *n* **1.** *воен.* управление на огъня; **2.** борба с горски пожари; **3.** *тех.* регулиране на горенето.

fire-cracker ['faiə,krækə] *n* фишек.

fire-damp ['faiə,dæmp] *n* газ гризу, избухлива смес от леснозапалим рудничен газ и въздух.

firefight ['faiə,fait] *n* стрелба, престрелка.

fire-fighter ['faiə,faitə] *n ам.* пожарникар, огнеборец.

fire-fighting ['faiə,faitiŋ] *n* огнеборство.

fire-fly ['faiəflai] *n* светулка.

fire-grate ['faiəgreit] *n тех.* скара.

firehouse ['faiəhaus] *n ам.* = **fire station**.

fireman ['faiəmən] *n* **1.** пожарникар, огнеборец; **2.** огняр; **3.** *мин.* надзирател.

fire-place ['faiəpleis] *n* камина, огнище.

fireproof ['faiəpru:f] **I.** *adj* огнеупорен; **II.** *v* правя огнеупорен.

fire station ['faiəsteiʃən] *n* сградата на пожарната команда.

firewood ['faiəwu:d] *n* дърва за горене.

firework(s) ['faiəwə:ks] *n* **1.** фойерверк; **2.** нещо внушително, сензационно; **3.** *sl* изблик на ярост (гняв), избухване.

firm₁ [fə:m] *n* **1.** фирма; предприятие; **2.** (*и* **long ~**) група мошеници, банда, шайка.

firm₂ **I.** *adj* **1.** твърд, корав, сбит, плътен; **~ ground** суша; **2.** устойчив, издръжлив, непоколебим, несломим, солиден, стабилен, постоянен, неизменен, траен; **3.** твърд, строг; решителен, уверен; **II.** *adv* твърдо, здраво; **to stand ~** твърд съм, не се клатя (*за маса и пр.*) *прен.* стоя твърдо на позициите си, отстоявам убежденията си; **III.** *v* затвърдявам (се), вкоравявам (се), сбивам (се), уплътнявам (се), закрепявам здраво (*и* **~ up**).

firmament ['fə:məmənt] *n* **1.** небесната твърд; **2.** върховете (*в йерархията*), най-високите постове.

firmly ['fə:mli] *adv* **1.** твърдо, здраво, солидно, стабилно; **2.** решително, строго.

first [fə:st] **I.** *adj* пръв, първи; **~ thing** *разг.* най-напред, преди всичко друго, незабавно, веднага; **II.** *n* **1.** начало; **at ~** отначало, първоначално; **2.** (**the ~**) първи, първо число; **3.** *pl* първокачествена стока; първи плодове; *мин.* най-богатата руда, сортирана руда; концентрат; **III.** *adv* **1.** отначало, най-напред; **~ and foremost** преди всичко, първо на първо; **2.** по-скоро, преди това; **3.** първо (*и* **firstly**).

first aid ['fə:st'eid] *n* първа (бърза) помощ.

first blood ['fə:st,blʌd] *n* първата рана, нанесена при дуел и пр.

first-born ['fə:st,bɔ:n] **I.** *adj* първороден; **II.** *n* първороден син, дъщеря.

first cause ['fə:st'kɔ:z] *n* първопричина.

first-degree ['fə:stdi,gri:] *adj* от първа степен (*за престъпление или изгаряне*).

first-ever ['fə:st'evə] *adj* първият от подобен род.

first floor ['fə:st'flɔə] *n* **1.** първи етаж; **2.** партер, приземен етаж, приземие.

first-form ['fə:stfɔ:m] *n* първи клас (в училище).

first-rate ['fə:st'reit] **I.** *adj* първокачествен, първостепенен, първокласен; **the ~ Powers** великите сили; **II.** *adv разг.* прекрасно, отлично, чудесно.

fiscal ['fiskəl] **I.** *adj* фискален, финансов **~ year** отчетна година; **II.** *n* чиновник от финансовото ведомство (*извън Англия*).

fish₁ [fiʃ] **I.** *n* **1.** (*pl* **fishes, fish**) риба; **a big ~ in a small pond** важен човек в малка организация, първи на село (а не втори в града); **2.** морски животни; китове, делфини, раци, стриди; **3.** *разг.* човек, тип, субект; **II.** *v* ловя риба (в); **to ~ a lake** ловя риба в езеро;

fish out 1) изваждам, извличам (*от вода*), измъквам (*от джоб*); 2) изтръгвам, опитвам се да изтръгна (*тайна и пр.*); 3) улавям всичката риба в;

fish up изваждам, извличам (*от вода*).

fish₂ **I.** *n* **1.** *мор.* плоча, хомот за заякчаване на мачта; **2.** *тех.* планка; релсова накладка; **II.** *v* **1.** заякчавам, скрепявам, засилвам, усилвам, подсилвам; **2.** съединявам, свързвам (*с планка*).

fisherman ['fiʃəmən] *n* **1.** рибар, риболовец, въдичар; **2.** рибарски, риболовен кораб.

fish-hawk ['fiʃhɔ:k] *n* рибояд (*птица*).

fish hook ['fiʃhuk] *n* **1.** въдица; **2.** *мор.* кука за вдигане на котва.

fishiness ['fiʃinis] *n* **1.** качеството на нещо да прилича на риба, рибоподобие; **2.** *разг.* съмнителност, несигурност.

fish-kettle ['fiʃ,ketəl] *n* котел за варене на риба.

fish-slice ['fiʃ,slais] *n* нож за сервиране на риба.

fish-sound ['fiʃ,saund] *n* плавателен мехур на риба.

fish-tail ['fiʃteil] **I.** *n* рибя опашка; **II.** *adj* подобен на рибя опашка; **~ burner** горелка с плосък камък; **~ wind** променлив вятър.

fission ['fiʃən] **I.** *n* **1.** цепене, разцепване, разпукване, пропукване; **atomic (nuclear) ~** разбиване на атома; **~ bomb** ядрена бомба; **2.** *биол.* делене на клетки; **II.** *v* цепя се, деля се.

fissure ['fiʃə] **I.** *n* **1.** цепнатина, пукнатина, пролука; **2.** *анат., бот.* цепка, гънка; **3.** *мед.* счупване, строшаване; разцепване, разпукване; счупено, строшено място; **II.** *v* разцепвам (се), разпуквам (се), пропуквам (се).

fist [fist] **I.** *n* **1.** юмрук, пестник, пестница; **iron ~ in a velvet glove** любезност, зад която се крие непреклонност; **2.** *разг.* ръка; **3.** *шег.* почерк; • **to make a good ~ at (of)** правя сполучлив опит с, справям се с, върша добре; **4.** *печ.* знак, който представя ръка с насочен показалец; **II.** *v* **1.** удрям с юмрук (по); **2.** *мор.* работя, справям се с.

fist-law ['fistlɔ:] *n* правото на по-силния, юмручно право, законът на джунглата.

fistula ['fistjulə] *n* **1.** *мед.* фистула; **2.** *зоол.* дихателен отвор, тръба.

fit₁ [fit] *n* **1.** припадък, пароксизъм, пристъп, атака; истерия; **fainting ~** припадък; **2.** пристъп, напън, настроение, прищявка, каприз, момент.

fit₂ I. *adj* **1.** годен, пригоден, подходящ, съответстващ, съответен, удобен (**for**); **~ for a soldier** годен за войник; **2.** подобаващ, уместен, подходящ, какъвто трябва; **3.** способен, кадърен, квалифициран, компетентен, сведущ, достоен; **II.** *v* **1.** отговарям, съответствам, подхождам, отивам, прилягам, ставам, уйдисвам, пасвам, приличам на; **to ~ like a glove** точно по мярка съм, "залепвам"; **2.** натъкмявам, нагласявам, нагаждам, пригаждам, приспособявам, подготвям; квалифицирам; премервам, правя проба на (**for**); **3.** слагам, снабдявам (**with**);

fit in 1) слагам, поставям, вмъквам, вкарвам; намирам (*място, време*); 2) натъкмявам (се), нагаждам (се), приспособявам (се), отговарям; подхождам, отивам, прилягам, ставам, влизам; **to ~ into a category** влизам в категория;

fit on премервам, правя проба, пробвам; **to ~ on a coat** пробвам палто;

fit out снабдявам, доставям, екипирам, обзавеждам;

fit up 1) снабдявам, набавям, доставям, екипирам, обзавеждам, мебелирам; **the hotel is ~ted up with all modern conveniences** хотелът разполага с всички удобства; 2) сглобявам, монтирам (*машина*);

III. *n* **1.** натъкмяване, нагласяване, нагаждане, приспособяване, прилягане, уйдисване; **to be a good (bad, excellent, tight) ~** стоя добре (не стоя добре, стоя отлично, стягам) (*за дреха*); **2.** *тех.* сглобка.

fit₃ *n* част от поема, песен.

fitch [fitʃ] *n* **1.** кожа на пор; **2.** твърда четка за рисуване.

fitchery [ˈfitʃəri] *adj геол.* напукан, неустойчив.

fitful [ˈfitful] *adj* с прекъсвания, на пресекулки, непостоянен, несигурен, променлив, колеблив, капризен; **~ gleams** слаби проблясъци; **~ worker** човек, който работи по настроение; ◇ *adv* **fitfully**.

fitness [ˈfitnis] *n* **1.** годност, способност, кадърност, добро здраве, съответствие, хармония; **2.** почтеност; **3.** правилност, уместност; **the ~ of things** общата хармония, редът на нещата.

fitter [ˈfitə] *n* **1.** човек, който премерва, прави проба, пробва; **2.** механик, техник, шлосер, монтьор (*и* **engine ~**); тръбопроводчик; водопроводчик.

fitting-room [ˈfitiŋrum] *n* пробна, стая за проби.

fitting-shop [ˈfitiŋʃɔp] *n* монтажна работилница.

five [faiv] **I.** *num* пет; **II.** *n* **1.** петорка; **2.** *разг.* ръка, юмрук (*и* **bunch of ~s**).

five-finger [ˈfaiv,fiŋgə] *n* **1.** *бот.* петолистник; **2.** *зоол.* морска звезда; • **~ exercise** упражнение за петте пръста (*при свирене на пиано*); *прен.* лесна работа.

fivefold [ˈfaivfould] **I.** *adj* петорен; **II.** *adv* петорно, пет пъти повече.

five-leaf [ˈfaiv,li:f] *n бот.* петолистник.

fiver [ˈfaivə] *n* **1.** банкнота от пет лири (пет долара); **2.** *сп.* удар, с който се спечелват пет точки (*при игра на крикет*).

fives [faivz] *n* вид игра на топка; **~-ball** топка за такава игра; **~-court** игрище за такава игра.

fix [fiks] **I.** *v* **1.** закрепвам, прикрепвам, заковавам, забождам, забивам, инсталирам, поставям, слагам; **to ~ the blame on** стоварвам вината върху; **2.** поправям, ремонтирам, оправям; уреждам (*въпрос*); **3.** насаждам, вкълпявам, внедрявам;

fix on, upon установявам се на, спирам се на, избирам;

fix up *разг.* 1) инсталирам, поставям, слагам; **to ~ up a tent** опъвам палатка; 2) настанявам, нареждам (*и прен.*), оправям работата на.

fix up with уреждам, доставям;

II. *n* **1.** *разг.* дилема, затруднено положение; **in a ~** в трудно положение; **2.** поправка, ремонт, оправяне, уреждане; **3.** определяне местоположението (*на самолет, кораб*).

fixed [fikst] *adj* **1.** фиксиран, неподвижен, устойчив, стабилен, постоянен, твърд, закован, определен, установен, неизменен; **no ~ address (abode)** без постоянен адрес; **2.** *хим.* който не се изпарява, нелетлив; **3.** *разг.* предварително уговорен, нагласен.

fizzy ['fizi] *adj* шипящ, съскащ, газиран.

flab ['flæb] *n* тлъстина, "сланинки".

flabby ['flæbi] *adj* **1.** отпуснат, мек, увиснал, провиснал; затлъстял; **2.** слаб, слабохарактерен, малодушен, безволев, мекушав; **~ will** слаба воля.

flaccid ['flæksid] *adj* **1.** увиснал, провиснал, отпуснат, мек; **2.** слаб, неенергичен, мекушав; **3.** слабохарактерен, безхарактерен, малодушен, безволев.

flag$_1$ [flæg] *n* **1.** перуника, ирис *Iris*; **2.** стрък; **3.** буренак, треволяк (*и pl*).

flag$_2$ **I.** *n* **1.** плоча (*за настилане*); **2.** шиста; **3.** *pl* каменна настилка, тротоар, плочник; **II.** *v* настилам с плочи, павирам.

flag$_3$ **I.** *n* **1.** флаг, знаме, флагче, байрак; **to hang out (show) the white ~** предавам се; **2.** знаме на флагман; **3.** опашка (*на ловджийско, нюфаундлендско куче*); **II.** *v* **1.** сигнализирам с флагче; **to ~ a train** спирам влак (*чрез сигнализиране с флагче*); **2.** слагам знаме на; украсявам (означавам) със знамена.

flag$_4$ *v* **1.** увисвам, провисвам; **2.** отпускам се, клюмвам, падам духом; отслабвам, отпадам, намалявам се, слабея, линея, крея, гасна; **the story ~s towards the end** напрежението спада към края.

flag-boat ['flægbout] *n* съдийска лодка; лодка с която се обозначава финалната линия при състезания по вода.

flag-captain ['flæg,kæptin] *n* флаг-капитан.

flag-day ['flægdei] *n* **1.** ден, когато по улиците се продават знаменца с благотворителна цел; **2. F. D.** *ам.* 14 юни - денят на въвеждането на американското национално знаме.

flagellate ['flædʒəleit] **I.** *v* бичувам, удрям с бич; **II.** *n* ['flædʒəlit] *зоол.* камшичесто едноклетъчно; **III.** *adj* *зоол.* камшичест.

flagitious [flə'dʒiʃəs] *adj* престъпен, ужасен, отвратителен, позорен.

flagon ['flægən] *n* гарафа; плоска бутилка.

flag-station ['flæg,steiʃən] *n* гара, на която влаковете спират само по даден сигнал.

flair [fleə] *n* **1.** усет, нюх, способност, дарба, склонност (**for**); **2.** оригиналност, хъс.

flake$_1$ [fleik] **I.** *n* **1.** люспа, люспица, шушка, снежинка; **~ of snow** снежинка; **2.** вид карамфил (*с бели линийки*); **3.** *pl* микропукнатини в стомана, флокеини; **II.** *v* **1.** беля се, лющя се, къртя се, люпя се (*и с* **away, off**); **2.** падам, сипя се на парцали, посипвам;

flake out *разг.* припадам; заспивам като труп (*от изтощение*).

flake$_2$ *n* **1.** поставка, плет, рамка, рафтове (*особ. за сушене на риба*);

2. *мор.* бояджийска люлка; 3. *диал.* преграда, бариера, препятствие, плет.

flambeau ['flæmbou] *n* (*pl* **-eaus, -eaux** [-ouz]) факел.

flamboyance [flæm'bɔiəns] *n* претрупаност, пищност, яркост.

flame [fleim] **I.** *n* **1.** пламък, огнен език; **a ball of ~s** огнено кълбо; **2.** ярка светлина, блясък; **3.** жар, увлечение, страст, любов; **II.** *v* **1.** пламтя, горя; **2.** пламвам, лумвам, избухвам; червенея (се), почервенявам, изчервявам се (**with**); **3.** сигнализирам чрез огън (огньове).

flame-coloured ['fleim,kʌləd] *adj* огненочервен.

flameproof ['fleimpru:f] *adj* огнеупорен, огнеустойчив.

flamer ['fleimə] *n sl* мухльо.

flame-retardant ['fleimri'ta:dənt] *adj* забавящ горенето.

flaming ['fleimiŋ] *adj* **1.** пламтящ; **2.** ярък; **3.** горещ, зноен.

flamingo [flə'mingou] *n* фламинго.

flannel ['flænəl] **I.** *n* **1.** мек вълнен плат (каша, фланела); **2.** фланелен парцал (кърпа) за бърсане; **3.** *pl* спортен костюм (панталони); *ост.* фланелени долни дрехи; **II.** *v* **1.** обвивам, загръщам с фланела; **2.** мия, търкам с фланелен парцал; **3.** *sl* лаская, "четкам".

flan [flæn] *n* флан, плодова пита.

Flanders ['fla:ndəz] *n* **1.** Фландрия; **2.** брюкселска дантела; **3.** фландърски кон.

flannelette [,flænə'let] *n* **1.** бархет; **2.** *attr* бархетен.

flap-eared ['flæp,iəd] *adj* клепоух.

flapjack ['flæpdʒæk] *n ам.* **1.** баничка, палачинка, тиганица; **2.** пудриера.

flapper ['flæpə] *n* **1.** мухобойка (*и* **fly-~**); **2.** дрънкалка; **3.** периферия (*на шапка и пр.*); пола, пеш, скут.

flare [fleə] **I.** *v* **1.** пламвам, лумвам (*и с* **up**); **2.** горя ярко, блестя, блещукам; **3.** мигам, пуша (*за лампа*), трепкам, трептя (*за пламък*); **II.** *n* **1.** ярка, колеблива светлина, пламък; **2.** избухване; блясък, блещукане, сияние; **3.** бенгалски огън.

flared [fleəd] *adj* клош.

flash [flæʃ] **I.** *v* **1.** блясвам, проблясвам, блестя, блещукам, светвам, светкам, искря, разискрям се, пускам искри; избухвам; **to ~ a glance (look, o.'s eyes) at** хвърлям бърз (мигновен) поглед на, поглеждам; **2.** мяркам се, мярвам се, вестявам се, веством се; **3.** профучавам, прехвърчавам;

flash out проблясвам; изваждам изведнъж, измъквам;

II. *n* **1.** пламване, лумване, избухване, блясък, блясване, проблясък, проблясване, светване, блещукане, разискряне, избухване; **a ~ in the pan** несполучлив опит, несполука, неуспех, провал, фиаско; язък за барута; **2.** миг; **3.** външен блясък, евтина елегантност; **III.** *adj* **1.** скъп, шикозен, луксозен; **2.** фалшив, имитация; **3.** на арго, жаргон; който се отнася до крадци.

flash-light ['flæʃlait] *n* **1.** сигнален огън; светване и угасване на фар; **2.** магнезиев блясък; **~ photograph** снимка с магнезий; **3.** електрическо фенерче.

flask [fla:sk] *n* **1.** плоска (джобна) бутилка; манерка; флакон; **2.** колба; **3.** барутник; (*и* **powder ~**).

flat$_1$ [flæt] **I.** *adj* (**-tt-**) **1.** плосък, равен, водоравен, хоризонтален; проснат, разпространен; **(as) ~ as a board (as a flounder, pancake, as your hand)** равен като тепсия; плосък като дъска; **2.** гладък, без грапавини; **3.** изравнен със земята, легнал, проснат, съборен, срутен, разрушен, нисък (*за здание*); **II.** *adv* **1.** наравно със земята, в изпънато положение; **to fall ~** просвам се; *прен.* не успявам, нямам успех, провалям се, не постигам целта си, не правя никакво впечатление; **2.** тъкмо, точно; **3.** направо, без забикалки; **III.** *n* **1.** плоскост, равна повърхност; плоската част на нещо; "плоското"; **the ~ of the hand** длан; **2.** равнина, низина, мочур, мочурище, зелен бряг, плитко място, плитчина; **3.** спукана (изпусната) гума.

flat$_2$ *n* апартамент; *pl* жилищен дом; **railroad ~** *ам.* квартира с общ хол.

flatfoot ['flætfut] *n* **1.** плоско стъпало; **2.** *sl* простак; **3.** *sl* таен полицейски агент, детектив.

flatmate ['flætmeit] *n* съквартирант; съжител(ка).

flat pack ['flætpæk] *n* мебел, която се продава разглобена и впоследствие се сглобява.

flatten ['flætn] *v* **1.** правя (ставам) плосък, равен, гладък, сплесквам (се); изравнявам; карам нещо да полегне; **to ~ oneself against a wall** прилепвам се до стена; **2.** потискам, угнетявам, отчайвам, обезверявам, обезсърчавам, обезкуражавам; обърквам, ужасявам; **3.** повалям (*с удар*); погромявам, разбивам, "смилам";

flatten out 1) сплесквам, разточвам; 2) *ав.* заемам отново хоризонтално положение.

flatterer ['flætərə] *n* ласкател.

flatter ['flætə] *v* **1.** лаская; **2.** пораждам празни надежди у; **to ~ oneself that** смея да мисля, лаская се с мисълта, че; **3.** украсявам, представям в по-хубав вид.

flattery ['flætəri] *n* ласкателство.

flaunt [flɔ:nt] **I.** *v* **1.** вея (се), развявам (се) гордо; **2.** показвам (се), излагам на показ, парадирам, перча се, надувам се, пъча се (с); **to ~ o.s.** показвам се, парадирам; • **to ~ an action** правя нещо под носа на някого; **II.** *n рядко* парадиране.

flavour ['fleivə] **I.** *n* **1.** вкус; приятен вкус; букет (*на вино*); **2.** *ост.* благоухание, аромат, мирис; **3.** особен, отличителен вкус, миризма; **II.** *v* **1.** подправям, слагам подправка на, придавам вкус на, ароматизирам; **2.** правя интересен, пикантен.

flawed [flɔ:d] *adj* дефектен, напукан, сбъркан.

flax [flæks] *n* **1.** лен; **New Zeland ~** влакна от новозеландско влакнодайно растение; **2.** ленени влакна; **3.** ленено платно, плат.

flay-flint ['fleiflint] *n* **1.** кожодер, грабител, скубач, експлоататор; **2.** скъперник, сребролюбец, скръндза, стипца, циция, пинтия.

flea [fli:] *n* бълха; **~ circus** цирково представление с бълхи; • **a ~ in o.'s ear** конфуз, сконфузване, срязване, смъмряне, посрамване, излагане.

flea-louse ['fli:laus] *n* скачаща листна въшка.

flea market ['fli:'ma:kit] *n* уличен пазар; битпазар, битак.

fleck [flek] **I.** *n* **1.** петно, петънце, точка, точица, луничка; **~s of sunlight** слънчеви петна; **2.** частица, шушка; **~ of dust** прашинка; **II.** *v* покривам с петна, пъстря, изпъстрям, шаря, нашарвам.

flee [fli:] *v* (**fled** [fled]) **1.** *книж.* бягам, избягвам, побягвам (**from, out of, to**); **the blood fled back from her face** кръвта се отдръпна от лицето ѝ, тя пребледня; **2.** избягвам от, напускам внезапно; **to ~ the country** избягвам в чужбина; **3.** бягам, избягвам, гледам да отклоня.

fleece [fli:s] **I.** *n* **1.** руно; **the Golden**

F. *ист.* Златното руно (*австрийски и испански орден*); **2.** руно (*вълна от една овца*); **3.** буйна, рошава, разбъркана коса; **II.** *v* **1.** *рядко* стрижа (*овце*); **2.** скубя, оскубвам, обирам, ограбвам, оголвам, ошушквам; • **a sky ~d with clouds** небе, покрито с пухкави облачета.

fleet₁ [fli:t] *n* **1.** флота; военноморска флота; **the ~** английската военна флота; **2.** флотилия; **3.** парк (*автомобилен и пр.*).

fleet₂ [fli:t] **I.** *v* **1.** *поет.* плъзгам се, плувам по повърхността, движа се бързо; минавам бързо, трая малко, отлитам, изчезвам; **the years ~ by** годините минават, отлитат; **2.** *воен.* променям позициите си, премествам се; **II.** *adj поет.* бърз, пъргав, чевръст; **~ of foot, ~-footed** бързоног.

fleet₃ I. *adj* плитък; **II.** *adv* плитко; **to plough, sow ~** ора, сея плитко.

fleet₄ *n* залив, заливче; **the F.** *ист.* затвор в Лондон; **F. marriage** незаконен брак; **F.-street** улица в Лондон, на която се намират редакциите на най-големите английски вестници; *прен.* английската преса.

Fleet Street ['fli:t'stri:t] *n* Флийт стрийт (*улицата, където са разположени редакциите на повечето британски вестници*); пресата, журналистите.

Fleming ['flemiŋ] *n* фламандец.

Flemish ['flemiʃ] **I.** *adj* фламандски; **~ bond** *строит.* фламандска превръзка; **II.** *n* фламандски език.

flesh [fleʃ] **I.** *n* **1.** (сурово) месо; **2.** плът; **one ~** една плът, съединени (за съпрузи); **3.** месо (*на плод*); • **neither fish, ~ nor fowl** ни рак, ни риба; **II.** *v* **1.** настървявам, давам (*на животно*) да вкуси кръв; подбуждам, настървявам, насъсквам; **2.** приучвам, посвещавам; **3.** сефтосвам, употребявам за пръв път.

fleshiness ['fleʃinis] *n* **1.** пълнота; **2.** меснатост.

fleshings ['fleʃiŋz] *n pl* трико с телесен цвят.

fleshless ['fleʃlis] *adj* сух, слаб, мършав, кльощав, кожа и кости.

fleshliness ['fleʃlinis] *n* **1.** телесност; **2.** чувственост, похотливост, сластолюбие; **3.** смъртност, тленност; вещественост, материалност.

flew [flu:] *вж* **fly₁ I.**

flexible ['fleksibl] *adj* **1.** гъвкав (*и прен.*); **2.** податлив, отстъпчив; **3.** подвижен, съобразителен, приспособим, който се приспособява (нагажда) лесно; ◇ *adv* **flexibly**.

flight₁ [flait] *n* **1.** летеж, полет; **to make (take, wing) o.'s ~** хвръквам, полетявам; **2.** прехвръкване, прелитане, бързо движение (*на снаряд и пр.*); минаване (*на време*); **3.** разстояние на полет.

flight₂ *n* бягство, избягване, побягване; **in full ~** в безредие.

fling [fliŋ] **I.** *v* (**flung** [flʌŋ]) **1.** хвърлям, захвърлям, мятам, запращам (**at**); **to ~ caution to the winds** изоставям всякаква предпазливост, тръгвам през просото; **2.** *поет.* издавам, изпускам (*звук, миризма*), пръскам (*светлина*); **3.** хвърлям (*ездач - за кон*), събарям (*противник - при борба*);

fling about разхвърлям; **to ~ o.'s arms about** размахвам ръце, жестикулирам;

fling aside отхвърлям, изоставям, отказвам се от, отърсвам се от;

fling away 1) отхвърлям; 2) прахосвам, пропилявам, съсипвам, разсипвам, изяждам, профуквам; 3) обръщам се троснато; отивам си сърдит;

fling back отблъсквам, отхвърлям; отварям изведнъж (*врата*);

fling down хвърлям, тръшвам, събарям;

fling into: to ~ oneself into an undertaking хвърлям се в, заемам се здравата с нещо;

fling off 1) хуквам, изкачам навън, избягвам; 2) хвърлям, махам, отхвърлям, изоставям, отказвам се, отърсвам се от; 3) избавям се от, отървавам се (откопчавам се, изтръгвам се) от;

fling open отварям, разтварям изведнъж;

fling out 1) избухвам, развилнявам се, разпсувам се, нахвърлям се (**at**); 2) ритам (*за кон*) (**at**); 3) изхвръквам стремглаво; • **to ~ out o.'s arms** разтварям широко ръце;

fling to тръшвам, затръшвам;

fling up изоставям, напускам, зарязвам; **to ~ up o.'s heels** плюя си на петите;

fling upon: to ~ oneself upon a person's mercy предоставям се на благоволението на;

II. *n* **1.** хвърляне, захвърляне, мятане, запращане; **2.** бързо, рязко движение; **3.** остра забележка, подигравка, присмех; **to have (indulge in) a ~ at** подигравам се на (с); надсмивам се над, нападам.

flint [flint] *n* **1.** кремък; парче кремък; **~ age** каменният век; **2.** кремък за добиване на огън; **3.** нещо твърдо, "като камък", упорито.

flirtation [flə:'teiʃən] *n* флиртуване, флирт.

float [flout] **I.** *v* **1.** плувам, плавам (*и за човек - без движение на крайниците*), не потъвам, задържам се, нося се (*и във въздуха*); понасям се (*за заседнал кораб*); **2.** *прен.* нося се; **she ~ed down the corridor** тя се носеше грациозно по коридора; **3.** пускам (*нещо да плава*) във вода; сплавям (*дървен материал*); **II.** *n* **1.** нещо, което плава, се носи, се задържа на повърхността на вода; плавей, плаващ дървен материал (*по река*); плаваща маса лед; водорасли и пр.; **2.** сал; шамандура; **3.** плувка (*на въдица*).

flood [flʌd] **I.** *n* **1.** наводнение; потоп; разливане, прииждане (*на река*) (*особ. в pl*); порой; *прен.* изблик; **~ victims** пострадали от наводнение; **2.** прилив; **3.** *ост. и поет.* море; река; езеро; водна шир; **II.** *v* **1.** заливам, наводнявам; **2.** причинявам прииждане (*на река*); излиза от бреговете си, прииждa (*за река*); **3.** *прен.* обсипвам, заливам; насищам (*пазар*); трупам се.

floodlight ['flʌdlait] **I.** *n* прожектор (*и театр.*); светлина от прожектор; **II.** *v* осветявам (*сграда*) с прожектори.

floor [flɔ:] **I.** *n* **1.** под, дюшеме (*на стая и пр.*); настилка; **mud (dirt) ~** пръстен под; **2.** партер (*в зала, борса, съд и пр.*); слушатели, аудитория; **3.** етаж; **II.** *v* **1.** поставям под (дюшеме, паркет, плочки); **2.** повалям (*противник*); *прен. разг.* надвивам на, затварям (запушвам) устата на; давам някому да се разбере; озадачавам, смайвам, слисвам, сащисвам, смущавам, обърквам; **the argument ~ed him** доводът, аргументът го постави натясно; **3.** *sl* натискам педала до дупка, кракът ми залепва за педала.

flour ['flauə] **I.** *n* **1.** брашно; **~ paste** лепило от брашно (нишесте); **2.** *attr* брашнен; **II.** *v* **1.** посипвам, поръсвам с брашно, набрашнявам; **2.** *рядко и ам.* смилам, стривам на брашно.

flourish ['flʌriʃ] **I.** *v* **1.** вирея; **2.** *прен.* вирея, процъфтявам, цъфтя, преуспявам, благоденствам; **3.** деен съм, достигам върха на дейността (творчеството) си; живея и творя в дадено време (**in, at, about**); **II.** *n* **1.** размахване (*и на сабя*); претенциозен жест; **with a ~** 1) с елегантен жест; 2) със замах (парадно); **2.** завъртулка (*при писане*); **3.** цветист израз.

flow [flou] **I.** *v* (**flowed** [floud]; *pp* и *ост.* **flown** [floun]) **1.** тека; вливам се, втичам се (*за река*) (**into**); издигам се (*за пушек*); **2.** прииждам (*за прилив*; *обр.* **to ebb**); *ост. ам.* преливам, наводнявам; **3.** минавам, движа се като поток (масово) (*за тълпа и пр.*); тека, нижа се, изминавам, преминавам (*за време, живот*);

flow along тека;

flow away оттичам се;

flow back отдръпвам се; връщам (*за вода в тръба и пр.*);

flow in втичам се (*за течност*); стичам се (*за хора*);

flow out изтичам (се), изливам (се);

II. *n* **1.** течение, течене; изтичане; **to go with the ~** оставям се на течението; **2.** бликване, шуртене; течение; поток, струя; *тех.* енергетичен (силов) поток; *геол.* плъзгане (*на пласт*); **3.** прилив (*обр.* **ebb**).

flower ['flauə] **I.** *n* **1.** цвете, цвят; **2.** цветно растение; **3.** цъфтеж, разцвет (*и прен.*); **in full ~** в пълен цъфтеж, напълно разцъфнал; • **no ~s** моля не пращайте венци и цветя (*при погребение*); **4.** *attr* цветарски; **II.** *v* **1.** цъфтя, разцъфтявам (се); **2.** *прен.* развивам се; съм в (достигам) апогея си; **3.** отглеждам, карам да цъфти (*цветя в парник*).

flowerbed ['flauəbed] *n* цветна леха.

flown₁ *вж* **fly₁ I.**

flown₂ *adj* (*вж* **flow I**) **1.** *ост.* възбуден, опиянен; **2.** с преливащи, размазани цветове (*в керамиката*).

flu [flu:] *разг.* (*съкр. от* **influenza**) грип, инфлуенца.

fluent ['fluənt] **I.** *adj* **1.** плавен, гладък; свободен, лек (*за стих, език, говор*); който говори леко (свободно, бързо); **to speak ~ French** говоря френски свободно; **2.** *мит.* променлив; **3.** текущ, който тече; течен; тънколивък; ◇ *adv* **fluently**; **II.** *n* *мат.* интеграл; функция; променлива величина.

fluid ['flu:id] **I.** *adj* **1.** течен, текущ; газообразен; на (за) течности; **~ measures** мерки за течности; **2.** *прен.* непостоянен, променлив, неустановен, неизбистрен, неизяснен (*за мнение и пр.*); **3.** *прен.* плавен, гладък, който се лее (*за стил, реч и пр.*); **II.** *n* **1.** флуид; течна или газообразна среда; течно тяло; течност; **braking ~** спирачна течност; **2.** *ост. и нар.* флуид, невидима течност, чрез която до XVIII в. се обяснявали явленията на магнетизма, електричеството и др.; **3.** *pl мед.* **body ~s, tissue-~s** секреции.

flung *вж* **fling I.**

fluorine ['fluəri:n] *n хим.* флуор.

flush₁ [flʌʃ] **I.** *v* **1.** вдигам (*птица*); **2.** излитвам внезапно, вдигам се (*за птици, подгонени от ловец*); подплашвам (*дивеч*); **II.** *n* **1.** вдигане, излитане (*на птици, при лов*); **2.** ято птици, излетели едновременно.

flush₂ [flʌʃ] **I.** *v* **1.** бликвам, бликам, тека изобилно, шуртя, струя (се) (*обикн. с* **forth, out, up**); **2.** нахлувам, качвам се (*в лицето, за кръв*); **3.** заливам, наводнявам (*ливада и пр.*); изпълвам; **II.** *n* **1.** силна струя; **2.** промиване (*на канал*); **3.** отвеждащ канал (*на воденично колело*); **III.** *adj* **1.** придошъл, изпълнил коритото си (*за река*); **2.** *разг.*

в големи количества, изобилен (*за пари*); добре запасен, снабден с (*особ. с пари - за човек*), паралия; **to be ~ (with money)** имам пари, опаричил съм се; паралия съм; **3.** *разг.* щедър, разточителен, с широки пръсти.

flush₃ *v тех.* изравнявам, изпълвам (*плоскости*).

flush₄ *n* **1.** *карти* няколко карти от същата боя, флош (*особ. при покер*); **2.** *attr* (състоящ се) от карти от същата боя; **~ sequence** флош (при покер).

flute [flu:t] **I.** *n* **1.** флейта; **2.** флейтист (*в оркестър*); **3.** регистър на орган със звук на флейта; **II.** *v* **1.** свиря на флейта; **2.** пея, свиря с уста, говоря с тънък глас (наподобяващ флейта); **3.** изсвирвам (*мелодия*) на флейта; казвам (*нещо*) с тънък глас.

flutter ['flʌtə] **I.** *v* **1.** пляскам (с криле), пърхам, пърполя, пърпоря; прехвръквам (*за птица*); нося се из въздуха (*за лист и пр.*); *прен.* въртя се около някого (**around**); **2.** вея се, развявам се, плющя, пърполя, пърпоря (*за знаме*); **3.** бия неправилно, неравномерно (*за пулс*); туптя (*за сърце*); **II.** *n* **1.** пляскане с криле, пърхане, пърпорене; примигване (*на клепачи*); **2.** развяване, плющене (*на знаме и пр.*); **3.** *кино* трептене (*на звук*), примигване, трепкане (*на светлина*); *ав.* вибриране (*на перка*).

fly₁ [flai] **I.** *v* (**flew** [flu:]; **flown** [floun]) **1.** хвърча, летя; **as the crow flies** по права (въздушна) линия, по най-краткия път; **to ~ at high game** *прен.* хвърча нависоко, имам големи амбиции; **2.** пътувам (превозвам) със самолет; управлявам, пилотирам (*самолет*); **3.** пускам (да хвърчи); • **~ in the face of** открито се обявявам против, отричам; предизвиквам; **II.** *n* (*pl* **flies**) **1.** полет, летене; разстояние на полета; **on the ~** в движение; в ход (*за влак, самолет и пр.*); **2.** (наемен) лек кабриолет с един кон; **3.** копчелък, шлиц.

fly₂ *n* (*pl* **flies** [flaiz]) **1.** муха; **house ~** домашна муха; • **a ~ in amber** *прен.* музейна рядкост; добре запазена антика; **2.** *зоол.* мушица, дребно двукрило насекомо от рода *Diptera*; **3.** изкуствена муха (*за ловене на риба*).

fly₃ *adj sl разг.* **1.** бърз, подвижен, сръчен; **2.** хитър, с остър ум; отворен, отракан.

fly-weight ['flaiweit] *n сп.* боксьор от категория муха (най-леката категория, до 50,8 кг).

foam [foum] **I.** *n* **1.** пяна; **to break into ~** пеня се (*за вълна*); **2.** *поет.* море; **3.** порест материал; **II.** *v* **1.** пеня се (*за поток често с* **along, over, down, off, away**); **2.** *ам.* разпенвам, запенвам; **3.** излиза ми пяна от устата (*често с* **at the mouth**) (*при припадък*); *прен.* беснея, побеснял съм; **~ over** преливам (*за пяна*).

fodder ['fɔdə] **I.** *n* **1.** фураж; храна за селскостопански животни; **cannon ~** пушечно месо; **2.** *прен.* храна; причина; **II.** *v* храня с фураж, давам фураж на (*добитък*).

fog₁ [fɔg] **I.** *n* **1.** мъгла; **2.** облак от прах, дим, воден прах и пр.; **3.** *фот.* воалиране (*на филм*); **II.** *v* (**-gg-**) **1.** замъглявам (се); **2.** *фот.* воалирам (*филм*); **3.** *прен.* правя неразбираем, неясен, завоалирам; объркварм, забърквам; озадачавам.

fog₂ **I.** *n* **1.** груба (неокосена, неопасана) трева; **2.** отава, трева, израсла през същата година на мястото на окосената; **3.** *шотл.* мъх; **II.** *v* **1.** оставям трева неокосена; **2.** храня добитък с отава.

foil₁ [fɔil] **I.** *n* **1.** *арх.* листовиден

отвор, (част от) прозорец (*в готиката*); **2.** фолио; варак, станиол; метални лист; **3.** амалгама (*на огледало*); **II.** *v* **1.** *арх.* правя листовиден отвор; **2.** покривам с варак (амалгама); поставям фолио; **3.** *рядко прен.* подчертавам, изтъквам чрез контраст.

foil₂ **I.** *v* **1.** объркнвам, сбърквам (*диря*); **2.** осуетявам (*опит, действие*); преча на, спирам, възпрепятствам (*човек*); **3.** отблъсквам, парирам (*нападение*); **II.** *n* **1.** диря, следа; **to run upon the ~** повторно минавам по диря; **2.** *ост.* неуспех, неудача; засечка, спънка.

foil₃ *n* рапира, шпага за фехтовка; **to trim o.'s ~s** готвя се за борба.

fold₁ [fould] **I.** *v* **1.** сгъвам (се), нагъвам (*и с* **up**); прегъвам (се); надиплям; **to ~ o.'s arms** скръствам ръце (*и прен.*); **2.** загъвам (се), загръщам (се); обвивам, увивам (**in**); **3.** прегръщам; **II.** *n* **1.** гънка, чупка; баста, плисе; дипла; ръб (*на сгънат плат*); **2.** падина, гънка (*на местност*); **3.** *геол.* земна гънка.

fold₂ **I.** *n* **1.** кошара; стадото в кошарата; **2.** лоно (*на църквата*); паство; **3.** обединение, сдружение; клика; **II.** *v* **1.** затварям (прибирам) в кошара; **2.** наторявам (*земя*), като я ограждам за кошара.

folder ['fouldə] *n* **1.** *печ.* сгъвач(ка) (*и машина*); фалцувач; **2.** папка; **3.** дипляна, диплянка.

folding₁ ['fouldiŋ] **I.** *adj* сгъваем; **~ door** двукрила (трикрила и пр.) врата; **II.** *n* **1.** *тех.* валцуване; **2.** *геол.* нагъване.

folding₂ ['fouldiŋ] *n* **1.** прибиране (държане) (*на овце*) в кошара; **2.** тор от кошара.

folk [fouk] *n* **1.** народ; **2.** (*с гл. в мн. ч.*) хора; **old (young) ~** стари (млади) хора; **3.** *attr* народен.

folklore [fouklɔ:] *n* фолклор.

follow ['fɔlou] *v* **1.** (по)следвам, вървя след (*и с* **after**); **to ~ in s.o.'s (foot)steps (wake)** следвам някого, вървя по стъпките на някого (*и прен.*); **2.** гоня, подгонвам, преследвам, ходя на лов за; **3.** търся, искам да се добера (да стигна) до истината.

follower ['fɔlouə] *n* **1.** последовател, привърженик; **2.** член от свита; придружител; слуга; **3.** ухажор (*особ. на домашна прислужница*).

following ['fɔlouiŋ] **I.** *adj* **1.** следващ, следен, идващ, иден (*по време*); **2.** следващ, следен (*по ред*); **two days ~** два дни наред; **3.** попътен (*за вятър, течение*); **II.** *n* **1.** последователи; широка публика; **2.** свита; **III.** *prep* след, в резултат (следствие) на; **~ his death** след смъртта му.

folly ['fɔli] *n* **1.** (*и* **act, piece of ~**) глупост, безразсъдност; безразсъдство, безумство; безумие; лудост, полуда, щуротия; **2.** декоративна сграда; глупава прищявка; **3.** *ост. ам.* престъпление.

fond [fɔnd] *adj* **1.** прекалено нежен, любвеобилен, любещ; който глези, разглезва; прекалено отстъпчив (*за родители и пр.*); **~ and foolish** който се топи от нежност; **2.** нежен, гальовен; **3.** *ост.* глупав, изглупял.

fondle ['fɔndl] *v* галя, милвам; *рядко* галя се (**with**).

food [fu:d] *n* **1.** храна (*и прен.*); кърмило; хранителни продукти; **angel ~** *ам.* вид торта; *sl* мисионерска проповед; **2.** специално приготвена храна, специалитет; **3.** *attr* хранителен; на храни; за храна.

foodstuff ['fu:dstʌf] *n* хранителен продукт.

fool₁ [fu:l] **I.** *n* **1.** глупак, глупец, тъпак; **to make a ~ of oneself** ставам смешен (за смях), върша глупости; **2.** жертва, предмет на подигравки; **3.** шут, глумец, шегобиец, смешник; **II.** *v* **1.** държа се глупаво; **stop ~ing!** стига с твоите глупости; стига си се занасял! **2.** измамвам (*на шега*), изигравам; мистифицирам; правя си шега с; правя да изглежда смешен; правя номер (*някому*).

fool₂ пюре, каша (*от плодове с каймак*).

foolish ['fu:liʃ] *adj* **1.** глупав, безразсъден, неразумен; лекомислен; **2.** "смешен"; ◇ *adv* **foolishly**.

foot [fut] **I.** *n pl* **feet** [fi:t] **1.** крак (*от глезена надолу*); стъпало, ходило; **the fore (hind) feet** предни (задни) крака; **to be at s.o.'s feet** *прен.* в ръцете на някого съм; съм в пълно подчинение (на разположение на); изразявам преданост, любов (към някого); **to put o.'s feet up** почивам си, отморявам (се); **beneath s.o.'s ~** в пълно подчинение; под чехъл; **2.** *воен.* пехота; **II.** *v* **1.** *ост.* танцувам; изпълнявам (*фигура на танц*); **2.** *рядко* вървя по; **3.** : **to ~ it** танцувам; ходя пеша; бъхтя път.

football ['futbɔ:l] *n* **1.** футболна топка; **2.** (*и* **association ~**) играта футбол; **3.** *ам.* въпрос, който преминава през много ръце.

footlights ['futlaits] *n pl театр.* светлини на рампа; *прен.* театърът; сцената; актьорите като цяло; **the play failed to get across the ~** пиесата няма успех.

footnote ['futnout] **I.** *n* **1.** бележка под линия; **2.** по-маловажно събитие, по-периферен факт; **II.** *v* давам бележка под линия към (*текст*).

footprint ['futprint] *n* следа, диря, отпечатък от стъпка.

footstep ['futstep] *n* **1.** стъпка; **2.** *pl* (звук от) стъпки; **3.** отпечатък, диря, следа от стъпка; **to follow in s.o.'s ~s** *прен.* вървя по стъпките на някого; подражавам на някого, следвам някого.

footwear ['futweə] *n* обувни артикули.

for [fɔ:, fə] **I.** *prep* **1.** (*предназначение, в полза, вреда на*) за; **~ the teachers** за учителите; **2.** (*в подкрепа, защита на*) за; **3.** (*цел, намерение*) за, заради; **II.** *cj* тъй като, защото.

forbid [fə'bid] *v* (**forbad(e)** [fɔ:'bæd]; **forbidden** [fə'bidn]) **1.** забранявам, запрещавам (*и юрид.*); **to ~ s.o. the house** забранявам на някого да посещава къщата ми; затварям вратата на къщата си за някого; **2.** възпрепятствам, изключвам, правя невъзможно.

force₁ [fɔ:s] **I.** *n* **1.** сила, енергия (*и физ., тех.*); ефикасност, въздействие (*на лекарство, отрова*); мощност (*на мотор*); **brute ~** груба сила, насилие; **2.** сила, насилие, принуда (*и юрид.*); **3.** *прен.* (морална) сила, влияние, въздействие; авторитет; авторитетна личност; • **by ~ of** чрез, посредством; **4.** *attr* силов, принудителен; **II.** *v* **1.** насилвам; вкарвам, изтръгвам насила (**into, from**); *тех.* форсирам, претоварвам; **to ~ an entry** влизам насилствено; **2.** *воен.* завладявам, пробивам, форсирам (*позиции*); **3.** изнасилвам (*жена*).

force₂ *v рядко* пълня, подправям (*месо, птици и пр.*).

forced ['fɔ:st] *adj* **1.** насилствен, принудителен, задължителен, наложен; принуден; **a ~ smile** изкуствена (неискрена) усмивка; **2.** *сел.-ст.* изкуствено отгледан, ранен (*за плодове, зеленчуци*).

ford [fɔ:d] **I.** *n* брод; **II.** *v* **1.** преминавам по брод; **2.** прегазвам (*река*).

forecast I. [fɔ:'ka:st] *v* (**forecast** *или* **forecasted**) предвиждам, предсказвам, предричам; **II.** ['fɔ:ka:st] *n* **1.** предвиждане, предсказване; предсказание, прогноза (*за времето*); **2.** *рядко* предвидливост, благоразумие, далновидност; гадателски способности.

forefinger ['fɔ:fiŋgə] *n* показалец (*пръст*).

foreground ['fɔ:graund] **I.** *n* **1.** преден план (*и на картина*); **in the ~** на преден план; **2.** *прен.* видно (найизтъкнато) положение; **to be (keep oneself) in the ~** център съм на внимание; **3.** *воен.* преден терен; **II.** *v* изкарвам на преден план, карам да изпъкне.

forehead ['fɔrid] *n* **1.** чело; **2.** *ам.* фронт, лице; **3.** *прен. ост.* "лице", нахалство, наглост, безочие.

foreign ['fɔrin] *adj* **1.** чужд, чуждестранен, външен; **~ affairs** *пол.* външни работи; **2.** чужд, несвойствен (**to**); несвързан с; **3.** *ам.* от друг щат.

foreigner ['fɔrinə] *n* **1.** чужденец, -нка; **2.** човек от друг край на страната; **3.** *разг.* животно, растение, кораб, ценни книжа от чужд произход.

foreman ['fɔ:mən] *n* (*pl* **-men**) **1.** (старши) майстор (*във фабрика*); десятник, бригадир (*на ... работници*); **printer's ~** *печ.* фактор, техник; **2.** *юрид.* старши съдебен заседател.

foremost ['fɔ:moust] **I.** *adj* **1.** пръв, най-ранен; най-преден, челен; **2.** пръв, най-важен, изтъкнат, главен; с най-горен чин; **II.** *adv* първо; **first and ~** преди всичко (друго), на първо място.

foresee [fɔ:'si:] *v* (**foresaw** [fɔ:'sɔ:], **foreseen** [fɔ;'si:n]) предвиждам; предугаждам.

foresight ['fɔ:sait] *n* **1.** предсказване (*на бъдещето*); предвиждане; **2.** предвидливост; **want of ~** непредвидливост; **3.** *воен.* мушка.

forest ['fɔrist] **I.** *n* **1.** гора (*и прен.*); **open ~** високостъблена гора; **2.** ловен парк; **3.** *ист., юрид.* кралско (феодално) бранище; резерват за лов; • **the Black F.** планината Шварцвалд; **II.** *v* залесявам, превръщам в гора.

forestry ['fɔristri] *n* **1.** лесовъдство; **school of ~** горско (лесовъдно) училище; **2.** *събир.* гори.

forever [fə'revə] **I.** *adv* **1.** навеки; **the drive seemed to take ~** пътуването сякаш трая (се проточи) цяла вечност; **2.** непрекъснато; **3.** изключително, в крайна степен, крайно; **II.** *n* вечността.

foreword ['fɔ:wə:d] *n* предговор, предисловие, уводни думи.

forgave *вж* **forgive**.

forge₁ [fɔ:dʒ] **I.** *n* **1.** ковачница; **2.** огнище на ковачница; **3.** работилница за топене и рафиниране на метали; металургичен завод; **II.** *v* **1.** *прен.* изковавам, изфабрикувам, изграждам; измислям, съчинявам; скалъпвам (*план*); **2.** подправям, фалшифицирам (*подпис, чек и пр.*); върша фалшификации; **3.** кова, изковавам; **to ~ out** изтеглям (*чрез коване*).

forge₂ *v* движа се, напредвам (*за кораб*) (*и* **~ ahead**); постепенно излизам напред, на първо място (*за кон, състезател при състезания*).

forgery ['fɔ:dʒəri] *n* **1.** *юрид.* фалшификация, подправяне (*на документ*); **2.** подправен документ (банкнота).

forget [fə'get] *v* (**forgot** [fə'gɔt]; **forgotten** [fɔ'gɔtn]) **1.** забравям (*често с* **about**); **~ (about) it** остави, зарежи го; няма значение; **never to be forgotten** незабравим; **2.** пропущам, забравям (*обикн. с inf*); **3.** не обръщам внимание на.

forgive [fə'giv] *v* (**forgave** [fə'geiv]; **forgiven** [fə'givn]) прощавам (на), опрощавам.

fork [fɔ:k] **I.** *n* **1.** вила за сено (*и* **pitch-~**); **2.** вилица; **3.** чатал; соха, разсоха, вилка; **II.** *v* **1.** разклонявам се (*за дърво, път*); **F. right for Banbury** надясно за Бенбъри (*надпис при разклонение на път*); **2.** вдигам, прехвърлям с вила (*сено, тор*); **3.** набождам с вилица.

form [fɔ:m] **I.** *n* **1.** форма, вид, очертание; **to take ~** оформям се; очертавам се; **2.** тяло, фигура, силует, образ (*на човек, животно*); **3.** форма, вид, система, начин; **II.** *v* **1.** (при)давам форма, правя, фасонирам, моделирам, изработвам (**after, by, from, upon a model**); **2.** формирам, тренирам, обучавам; *тех.* формувам, профилирам, фасонирам; **3.** създавам, придобивам (*навик*).

formal ['fɔ:məl] **I.** *adj* **1.** формален; външен, привиден, неистински; **~ resemblance** външна прилика; **2.** *филос.* отнасящ се до същината на нещата, съществен; **3.** извършен в съответните форми, редовен (*за процедура, договор и пр.*); официален, редовен (*за разписка, заповед и пр.*); официален, изричен (*за заповед, опровержение и пр.*); **II.** *n ам. разг.* **1.** официално събиране (*със задължително вечерно облекло*); **2.** вечерна рокля.

formality [fɔ:'mæliti] *n* **1.** спазване на установените форми, правила; благоприличие; ред; **2.** формализъм, педантичност; **3.** формалност, формални изисквания.

former$_1$ ['fɔ:mə] *adj* **1.** бивш, предишен, минал, някогашен; **in ~ times** някога, в миналото; **2.** първият (*от споменатите двама*).

former$_2$ *n* **1.** създател, творец; **2.** *тех.* шаблон, матрица, калъп; **3.** *ел.* макара без намотка.

formerly ['fɔ:məli] *adv* някога, в миналото, преди, по-рано.

formula ['fɔ:mjulə] *n* (*pl* **-las, lae** [-ləz, -li:]) **1.** формула, правило, образец; установен израз, стереотипна фраза; клише; **legal ~** установен правен израз, образец; **hackneyed ~s** изтъркани клишета; **2.** *полит.* формула, формулировка, установка; приемлива за всички постановка на въпроса; **3.** *рел.* верую, кредо; сакраментален израз.

forth [fɔ:θ] **I.** *adv лит.* **1.** напред, нататък (*пространствено*); **to go ~** поемам, тръгвам; **2.** на показ, наяве; надълго и широко; (*обикн. с глаголи*); про-; раз-; **3.** занапред, нататък (*по време*); • **and so ~** и тъй-нататък, и прочее; **II.** *prep ост.* от, из.

forthcoming [fɔ:θ'kʌmiŋ, *attr* и 'fɔ:θkʌmiŋ] **I.** *adj* **1.** предстоящ; **2.** който предстои да излезе (да бъде публикуван) (*за книга, закон*); **3.** готов; налице, наяве; **the money is ~** парите ще (предстоят да) бъдат получени; **II.** *n* **1.** излизане; **2.** появяване, приближаване.

fortieth ['fɔ:tiiθ] **I.** *num* четиридесети; **II.** *num* четиридесета (част).

fortnight ['fɔ:tnait] *n* две седмици; **today (this day, Friday) ~** след две седмици от днес (считано от днес, от петък).

fortress ['fɔ:tris] **I.** *n* крепост; укрепен град; **II.** *v поет.* защитавам, укрепявам.

fortunate ['fɔ:tʃnit] **I.** *adj* **1.** щастлив, честит; късметлия; **2.** сполучлив, успешен; **II.** *n рядко* щастливец.

fortunately ['fɔ:tʃnitli] *adv* **1.** за щастие; **2.** щастливо, честито; сполучливо, успешно, благополучно.

fortune ['fɔ:tʃən] **I.** *n* **1.** щастие, късмет; успех, сполука; **bad (ill) ~** нещастие, несполука; **2.** състояние, богатство; имот; • **a man of ~** състоятелен (богат) човек; щастлив (късметлия) човек; **3.** съдба; предопределение; участ, орис; **II.** *v* **1.** *ост.* случва се, става; **2.** *рядко* давам състояние (богатство) на.

forty ['fɔ:ti] *num, n* **1.** четиридесет; **~ winks** кратка дрямка (*особ. следобед*); **2.** *мор.* яхта с водоизместимост 40 тона.

forum ['fɔ:rəm] *n* **1.** *ист.* форум; **2.** *прен.* съд, трибунал.

forward ['fɔ:wəd] **I.** *adj* **1.** преден; **2.** напредничав, прогресивен; който напредва; **~ march** ход (движение) напред; *прен.* напредък, възход; **3.** напреднал; ранен; преждевременен; **II.** *adv* напред; нататък; **to look ~ to** очаквам с нетърпение, предвкусвам; **III.** *n* **1.** *сп.* нападател; **centre ~** център-нападател; **2.** *прен.* пионер; **IV.** *v* **1.** помагам на, подпомагам, способствам за, поощрявам; ускорявам; **2.** отпращам, отправям, изпращам, експедирам; препращам (*писмо, пратка и пр.*).

forwards ['fɔ:wədz] *adv* = **forward II**.

fought *вж* **fight I**.

foul [faul] **I.** *adj* **1.** отвратителен, противен, гнусен, гаден; *разг.* грозен; **~ language** сквернословие; **2.** мръсен, нечист, замърсен; задръстен, запушен (*за тръба*); гноен (*за рана*); обложен (*за език*); **3.** нечестен, несправедлив, непочтен, долен; *сп.* неправилен; **II.** *adv* нечестно, непочтено; неправилно; **to play s.o. ~** измамвам (изигравам, предавам) някого; **III.** *n* **1.** сблъскване, стълкновение; сплитане, заплитане; **2.** *сп.* нарушение (*на правилата*); фаул; **to claim (cry) ~** *сп.* правя контестация; **3.** нещо лошо (неблагоприятно), нещастие; лошо време; **IV.** *v* **1.** измърсявам (се), изцапвам (се); **2.** задръствам (се), запушвам (се); повреждам; **3.** обраствам (*за дъно на кораб*).

found$_1$ [faund] *v* **1.** основавам, полагам основите на; учредявам, създавам; **2.** основавам, базирам (**on**); **~ed on fact** основаван върху истинска случка; **3.** *рядко* основавам се, основан съм.

found$_2$ *v* лея, отливам; топя (*метал, стъкло*).

found$_3$ *вж* **find I**.

foundation [faun'deiʃən] *n* **1.** основа; *тех.* фундамент; **~ bolt** анкърен болт (*за машина и пр.*); **2.** основаване, създаване; учредяване; **3.** основание; достоверност.

foundry ['faundri] *n* **1.** леярна, леярница; **2.** леене, леярство; **~ proof** *печ.* машинна ревизия.

fountain ['fauntin] *n* **1.** извор; **to poison the ~ of trust** подкопавам общественото доверие; **2.** *прен.* източник; произход; **3.** фонтан, шадраван.

four [fɔ:] *n* **1.** четири; **to the ~ winds** по всички посоки; **2.** четворка (*в разни значения*); **3.** еднакъв, тъждествен (*обикн. отриц.*) (**with**).

fourteen ['fɔ:'ti:n] *num* четиринадесет.

fourteenth ['fɔ:'ti:nθ] **I.** *num* четиринадесети; **II.** *n* четиринадесета (част).

fourth [fɔ:θ] **I.** *num* четвърти; **the ~ arm** *воен.* въздушните сили; **II.** *adv* четвърто, на четвърто място; **III.** *n* **1.** четвърт, четвъртина, четвърта част; **bottle three-~s empty** четвърт бутилка (*за съдържание*); **2.** четвърти (*ден на месеца*); **3.** *муз.* кварта.

fowl [faul] **I.** *n* **1.** птица (*обикн. до-*

машна); кокошка; птици (*събир.*); **the ~s of the air** *поет.* пернатите животни (създания); **2.** месо от птица; **II.** *v* ходя на лов за птици.

fox [fɔks] **I.** *n* **1.** лисица; лисугер; *прен.* хитрец; **Reynard the F.** Кума Лиса; **to play the ~** хитрувам; **2.** *мор.* въженце (*за оплитане края на дебели въжета и пр.*) **3.** *ам. sl* първокурсник; **II.** *v* **1.** хитрувам; **2.** *разг.* обърквам, смущавам, озадачавам; **3.** покривам (се) с кафяви петна (*за хартия*).

foyer ['fɔiei] *n фр.* фоайе.

fraction ['frækʃən] *n* **1.** частица, част, къс, парче; **to a ~** *разг.* напълно, съвършено, цялостно, без остатък; **2.** *мат.* дроб; **3.** *хим.* фракция.

fracture ['fræktʃə] **I.** *n* **1.** счупване, строшаване; *мед.* фрактура; **compound ~** *мед.* външно счупване; **2.** начин (форма) на счупване (чупене), лом; **3.** *ез.* дифтонгизация; **II.** *v* счупвам (се), строшавам (се), чупя (се).

fragile ['frædʒail] *adj* **1.** чуплив, крехък, трошлив; **~ happiness** преходно (мимолетно, несигурно) щастие; **2.** деликатен, нежен, чувствителен (*за човек*).

fragment I. ['frægmənt] *n* фрагмент, къс, парче; откъс, част; отломък; **II.** [fræg'ment] *v* разделям (се), разпадам (се на части); разкъсвам (се).

frame [freim] **I.** *n* **1.** рамка; гергеф; *тех., строит.* рама, ферма; шаси; станок; **~ of a window** каса (рамка) на прозорец; **2.** направа, устройство, структура, скелет; скеле; *прен.* форма, система; **3.** телосложение, тяло; **II.** *v* **1.** оформям; съставям; изработвам; измислям; построявам, сглобявам; **2.** поставям в рамка; **3.** развивам се, оформям се; напредвам.

framework ['freimwə:k] *n* **1.** скелет; структура; *тех.* шаси; *строит.* кофраж; ферма; скеле; **2.** *прен.* рамки; **within the ~ of** в рамките на; **3.** работа с (на) гергеф.

franc [fræŋk] *n* франк.

France [fra:ns] *n* Франция.

frank₁ [fræŋk] **I.** *adj* **1.** искрен, прям, откровен, открит, чистосърдечен; **2.** явен, открит, неприкрит, отявлен; ◇ *adv* **frankly**; **3.** *рядко* щедър; **II.** *v* **1.** франкирам, изпращам (*стока, писмо*) безплатно за получателя; **2.** пускам (*човек на събрание и пр.*) без пари (билет); поемам разноските на, плащам за; **3.** *ост.* освобождавам; **III.** *n* **1.** подпис (знак) печат за освобождаване на писмо (пратка) от пощенски разноски; **2.** право на безплатна поща; **3.** писмо (пратка, пакет), освободен от пощенски такси.

Frank₂ *n ист.* франк.

frankfurter ['fræŋkfə:tə] *n ам.* кренвирш.

fraternal [frə'tə:nəl] *adj* братски; **~ twins** двуяйчни близнаци.

fraud [frɔ:d] *n* **1.** измама; **in ~of, to the ~ of** с цел да измамя; **2.** измамник, мошеник; нещо, което излъгва (измамва).

free [fri:] **I.** *adj* **1.** свободен; независим; волен; **~ as the air (a bird)** волен като птичка; **2.** непринуден, лек, свободен; **3.** разпуснат; • **~ fight** общо сбиване, бой на всеки срещу всеки; **II.** *adv* **1.** свободно; волно; **to roam ~** разхождам се (скитам) на свобода (воля); **2.** безплатно; **III.** *v* освобождавам; отървавам (**from**); пускам на свобода.

freedom ['fri:dəm] *n* **1.** свобода, независимост; **~ of assembly** свобода на събранията; **2.** волност; свобода; **3.** свободен достъп (разрешение, ползване) (**of**).

freeze [fri:z] *v* (**froze** [frouz]; **frozen** [frouzn]) **1.** замръзвам; замразявам (се), заледявам (се), вледенявам (се); **frozen to death** умрял от премръзване; *прен.* премръзнал, примрял от студ, измръзнал до мозъка на костите си; **to be freezing** много ми е студено, умирам от студ; **2.** измръзвам; премръзвам; вкочанявам се; **3.** *прен.* смразявам (се), вцепенявам (се); "изстивам"; смразявам кръвта на; поливам със студена вода; фиксирам, закрепвам на определено ниво (*заплати и пр.*); стандартизирам.

freight [freit] **I.** *n* **1.** наемане (наем) на кораб (*за превоз на стоки*); **2.** превоз, транспорт; **3.** товар; стока; **to pull o.'s ~** *разг.* събирам (вдигам) си багажа (чуковете), обирам си крушите, махам се, изчезвам; **II.** *v* **1.** товаря, натоварвам (*и прен.*); **2.** пренасям, превозвам, транспортирам; **3.** давам под наем (*кораб и пр.*).

freighter ['freitə] *n* **1.** товарен кораб (самолет); **2.** товарител; спедитор; **3.** наемател на товарен кораб.

French [frentʃ] **I.** *adj* френски; **to take ~ leave (of)** напускам, без да се сбогувам, измъквам се; **II.** *n* **1.** френски език; **Peddlar's ~** апашки жаргон; **2.** *pl* (**the ~**) французите.

Frenchman ['frentʃmən] (*pl* **-men**) *n* **1.** французин; **2.** френски кораб.

Frenchwoman ['frentʃ,wumən] (*pl* **-women**) *n* французойка.

frequency ['fri:kwənsi] *n* **1.** честота; повтаряне; **2.** *физ.* фреквенция, честота; **high ~ current** ток с висока честота.

frequent I. ['fri:kwənt] *adj* **1.** чест; често повтарящ се; многократен; **2.** обикновен; постоянен; често срещан; **3.** ускорен, бърз (*пулс и пр.*); **II.** [fri:'kwent] *v* **1.** посещавам често, навестявам, спохождам; **2.** *рядко* общувам с, движа се в кръга на.

frequently ['fri:kwəntli] *adv* **1.** често; многократно; **2.** на кратки разстояния (междини).

fresco ['freskou] (*pl* **-os, -oes**) **I.** *n* фреска, стенопис, стенна живопис; **II.** *v* украсявам със стенопис, изписвам, изрисувам (*стена*).

fresh [freʃ] **I.** *adj* **1.** пресен; свеж; **~ sprouts** млади филизи; **2.** нов; скорошен, недавнашен; допълнителен, добавъчен; **3.** неопитен, зелен; млад; **II.** *adv* неотдавна, скоро, току-що; **III.** *n* прохлада; свежест.

Friday ['fraidi] *n* петък; **Good ~** разпети петък.

friend [frend] **I.** *n* **1.** приятел; **to make ~s with** сприятелявам се с; **2.** *юрид.* колега; **3.** доброжелател, поддръжник; привърженик; *прен.* приятел; **II.** *v поет. рядко* приятел съм на; помагам на; закрилям.

friendly ['frendli] **I.** *adj* **1.** приятелски, дружески, любезен, приветлив; **to be on ~ terms with** в приятелски отношения съм с; **2.** благосклонен, одобрителен; благоприятен; **3.** (*в сложни думи*) невредящ на, без отрицателни ефекти върху; **II.** *adv рядко ост.* по приятелски, като приятел.

friendship ['frendʃip] *n* приятелство, дружба; **to strike up a ~ with** сприятелявам се с, завързвам приятелство с.

fright [frait] **I.** *n* **1.** уплаха, ужас; страх; **to take (get, have a) ~** изплашвам се; **2.** *разг.* страшилище, плашило; **II.** *v поет.* плаша; тревожа.

frighten ['fraitn] *v* изплашвам, плаша, стресвам; **to ~ away (off)** пъдя; отблъсквам; държа на разстояние.

frightful ['fraitful] *adj* **1.** страшен,

страховит, ужасен; **2.** страхотен; безобразен; ◇ *adv* **frightfully**.

fro [frou] *adv* : **to and ~** напред-назад; насам-натам.

frock [frɔk] **I.** *n* **1.** расо; **2.** рокля (*женска или детска*); **3.** *воен.* шинел; **II.** *v* **1.** обличам в престилка (расо, шинел); **2.** *прен.* покалугерявам, замонашвам.

frog [frɔg] **I.** *n* **1.** жаба; **the biggest ~ in the pond** *sl* местен големец; **2.** (**F.**) *ост., грубо* французин, "жабар"; **3.** триъгълен издатък в долната част на конско копито; **II.** *v* (**-gg-**) ловя (хващам) жаби.

from [frɔm, frəm] *prep* **1.** (*начална точка*); **~ 1922 to 1931** от 1922 до 1931; **2.** от, по (*източник, причинна връзка*); **3.** от, из (*движение от*); **~ over the sea** през (отвъд) морето; **where do you come (hail) ~?** ти откъде си? ти от кой край си?

front [frʌnt] **I.** *n* **1.** фасада, лицева страна (част), предна част; лице (*на здание и пр.*); **in ~ of** пред, отпред; **2.** *воен.* фронт (*и прен.*), бойна линия, предни позиции; **3.** *поет.* чело; *прен.* лице, лик; **II.** *adj* преден, лицев; **to have (take) a ~ seat** сядам на първия ред; **III.** *v* **1.** гледам към, обърнат съм към; **2.** ръководя, оглавявам, начело съм; **3.** противопоставям се на, опълчвам се против.

frontier ['frʌntiə] **I.** *n* **1.** граница (*между държави*); **2.** граница на населените (обитаваните) райони на страната; **3.** *прен.* граница на познанието; **II.** *attr* граничен, подграничен; **~ guard** граничар.

frost [frɔst] **I.** *n* **1.** мраз; скреж; слана; **black ~** мраз без скреж (слана); сух студ; **2.** *прен.* студенина; хладност; отчужденост; **3.** *sl* разочарование; неуспех; **II.** *v* **1.** попарвам (*със слана*), осланявам (*и прен.*); побелявам (*за коса*); **2.** покривам с пудра захар или с глазура; **3.** матирам (*стъкло*).

frown [fraun] **I.** *v* мръщя се, намръщвам се, навъсвам се, чумеря се (**at**); *прен.* гледам неодобрително, нацупвам се (**on, upon**); **to ~ down** смирявам чрез свиване на вежди, смразявам с поглед; **II.** *n* намръщване, начумерване, свиване на вежди; **the ~s of fortune** *прен.* ударите на съдбата.

froze *вж* **freeze**.

frozen [frouzn] **I.** *pp* от **freeze**; **II.** *adj* **1.** замръзнал, вледенен; **2.** леден, студен; **3.** *прен.* крайно сдържан, резервиран, хладен, студен; **~ mitt** *sl* пренебрежително отношение; хладина.

fruit [fru:t] **I.** *n* **1.** плод; плодове; овошки; *прен.* резултат, продукт; **to bear ~** давам плод (*и прен.*); **2.** *attr* плоден; за (от) плодове; **II.** *v* давам плод.

fruitless ['fru:tlis] *adj* **1.** безплоден, ялов; **2.** *прен.* безполезен, безсмислен, напразен, безрезултатен, ялов; ◇ *adv* **fruitlessly**.

frustrate I. [frʌs'treit] *v* **1.** разстройвам, огорчавам; ядосвам, дразня; **2.** осуетявам плановете на; **II.** ['frʌstreit] *adj ост.* **1.** сразен; **2.** осуетен, разстроен.

fry$_1$ [frai] *n* дребна риба; дребни жаби, жабчета; **small ~** *шег.* "дребна риба".

fry$_2$ I. *v* **1.** пържа (се), пража (се); **to ~ in o.'s own grease** *разг.* пържа се в собствената си мас; **2.** *ост.* терзая (се), измъчвам (се); **3.** пеня се, кипя (*за море*); **II.** *n* **1.** пържено, пражено; дреболии; скара; *pl* пържени картофки; **2.** *разг.* мъчение, тревога.

frying-pan ['fraiiŋ,pæn] *n* тиган; **out of the ~ into the fire** от трън, та на глог.

fuck [fʌk] *грубо* **I.** *v* **1.** сношавам

се с, еба; **2.** *прен.* провалям, съсипвам, осуетявам (*и с* **up**); **II.** *n* **1.** полов акт; **2.** полов партньор; • **no to care (give) a ~** не ми пука, дреме ми на оная работа; **3.** *в съчет.*: **~ knows** кой да ти каже, еба ли му мамата.

fuel ['fjuəl] **I.** *n* гориво; топливо; **to add ~ to the fire (flames)** наливам масло в огъня; **II.** *v* снабдявам (се) с гориво (*за кораб, моторна кола и пр.*); набавям си гориво (топливо) (*за зимата*).

fulfil(l) [ful'fil] *v* (**-ll-**) **1.** изпълнявам, извършвам; осъществявам, реализирам; **2.** задоволявам.

full₁ [ful] **I.** *adj* **1.** пълен, изпълнен, напълнен; цял, цялостен; *прен.* съвършен, истински; **~ to the brim (to overflowing)** пълен до върха (до преливане), препълнен; **2.** обилен, изобилен, богат; **3.** сит, нахранен; напоен; пиян; • **~ brother (sister)** роден брат (сестра); **II.** *adv* **1.** напълно, съвършено; много; **~ well** много добре; **2.** точно, (на)право; **III.** *n* **1.** : **in ~** цялостно, напълно; **2.** *рядко* (*за дреха*) широк (свободен, набран) е.

full₂ *v* *текст.* тепам, валям (плат).

fully ['fuli] *adv* пълно, напълно, цялостно, съвършено, окончателно; **~ 30 %** цели 30 %.

fun [fʌn] **I.** *n* **1.** шега, смешка, закачка, майтап; **in ~** на шега; **2.** забава, забавление, развлечение, приятно прекарано време; • **like ~** *разг.* енергично, бързо; докрай; **II.** *v* (**-nn-**) шегувам се, майтапя се (*обикн.* **to be funning**).

function ['fʌŋkʃən] **I.** *n* **1.** функция, служба; назначение; предназначение; работа, длъжност; **2.** церемония; тържество; събрание; **society ~** прием; **3.** *мат.* функция, зависима променлива величина; **II.** *v* функционирам, действам, работя, служа; изпълнявам функцията (назначението, службата) (на).

fund [fʌnd] **I.** *n* **1.** капитал; *pl* разполагаеми средства (парични), кредити **to be in ~s** *разг.* разполагам с пари; **2.** фонд; **3.** *pl* държавни лихвоносни ценни книжа, облигации; **II.** *v* **1.** финансирам, осигурявам средства за; **2.** консолидирам (*държавни заеми*) в общ заем (*с издаване на облигации*); **3.** събирам средства за изплащане на лихви (заеми).

fundamental [ˌfʌndə'mentl] **I.** *adj* основен, фундаментален; *прен.* съществен, важен; **~ research** теоретично (принципно) изследване; **II.** *n* **1.** основа, основно правило; принцип, начало; **to agree on ~s** постигам принципно съгласие; **2.** *муз.* основен тон (*на акорд*).

funeral ['fju:nərəl] **I.** *n* **1.** погребение; погребална служба; **2.** погребална процесия; • **that's not my ~!** това не ме интересува (засяга), това не е моя работа (мой проблем); **II.** *adj* погребален; **~ pile (pyre)** *ист.* клада за изгаряне на мъртвец.

funnel ['fʌnl] **I.** *n* **1.** фуния; **2.** комин, димоходна тръба (*на локомотив, параход и пр.*); **II.** *v* насочвам; канализирам.

funny₁ ['fʌni] **I.** *adj* **1.** смешен, забавен; **as ~ as a crutch** *шег.* съвсем не смешен; **2.** странен, особен, чуден, необичаен; **II.** *n* шеговито държание, зевзеклък.

funny₂ *n* малка двугребна лодка.

fur [fə:] **I.** *n* **1.** кожа (*с козината*); **~ coat** кожено палто, кожух; **2.** козина, вълна (*на животно*); **3.** животни с козина (вълна); **II.** *v* **1.** облицовам (украсявам, поръбвам) с кожа; **2.** правя (образувам) накип (котлен камък); **3.** ставам обложен (бял) (*за език*).

furious ['fjuəriəs] *adj* **1.** яростен, разярен, бесен, вбесен, озверен; **2.** *разг.* гневен, нервиран, ядосан, разлютен; **3.** много силен, "страхотен", "ужасен"; ◇ *adv* **furiously**.

furnace ['fə:nis] **I.** *n* **1.** пещ; фурна; *тех.* топилня; **2.** *прен.* "пещ", "фурна"; **II.** *v* съоръжавам (снабдявам) с пещ(и).

furnish ['fə:niʃ] *v* **1.** снабдявам, доставям, набавям, осигурявам; давам; предоставям **(with)**; **to ~ s.o. with details** предоставям фактите (детайлите) на някого, информирам за подробностите; **2.** мебелирам; обзавеждам; съоръжавам.

furniture ['fə:nitʃə] *n* **1.** мебел, мебелировка, покъщнина; **a piece of ~** мебел; **2.** инвентар; принадлежности, прибори; съоръжения, екипировка; **3.** *печ.* гарнитура; щеги; сляп материал.

further ['fə:ðə] **I.** *adv* **1.** по-нататък, по-далеч; **~ ahead** още по-напред, още по-далеч в бъдещето; **2.** допълнително, още повече, в допълнение, освен това, също така, после; **II.** *adj* **1.** по-нататъшен, по-далечен, оттатъшен, отсрещен; **2.** допълнителен, добавъчен; **~ evidence** нови доказателства; **III.** *v* придвижвам, подпомагам, подкрепям, съдействам на, способствам за; **to ~ s.o.'s cause** подкрепям (подпомагам) нечия кауза.

furthest ['fə:ðist] **I.** *adj* най-далечен (отдалечен); **at (the) ~** най-много, най-далеч; **II.** *adv* най-далеч; **the men ~ in my confidence** най-доверените ми хора.

fury ['fjuəri] *n* **1.** ярост, бяс; лудост; настървение; **to get into a ~** побеснявам, изпадам в ярост; **2.** *прен.* мощ, сила; **3.** **(F.)** *мит.* фурия (*и прен.*).

fuse$_1$ ['fju:z] *v* **1.** топя (се), разтопявам (се), разтапям (се), стопявам (се), втечнявам (*за метал*); **2.** стопявам (се) наедно, смесвам (се); сливам (се), съединявам (се), сраствам се.

fuse$_2$ **I.** *n* **1.** фитил (*за възпламеняване*), бикфордов фитил (шнур); запалка, възпламенител; **2.** *ел..* бушон, предпазител; • **to blow a ~** *разг.* избухвам, кипвам, избива ми чивията; **II.** *v* **1.** възпламенява (запалка); **2.** изгарям (*за електроуред*).

fuss [fʌs] *разг.* **I.** *n* **1.** безпокойство, тревога; суетене, суетня, щуране, шетня; шум, врява, дандания; бъркотия; **to make a (kick up) ~ about** вдигам (голям) шум за нищо; правя демонстрация от; **2.** човек, който се безпокои за дреболии; **II.** *v* **1.** тревожа (се), безпокоя (се); дразня (се), ядосвам се за нищо (*често с* **about**); **to ~ over (around)** прекалявам с грижите си; **2.** карам се.

fusty ['fʌsti] *adj* **1.** спарен, мухлясал, застоял, задушен; **2.** *прен.* старомоден, старовремски, остарял, "мухлясал".

futile ['fju:tail] *adj* **1.** безполезен, напразен, безплоден, ялов, несполучлив, безсмислен, безуспешен; **2.** несериозен, празен, повърхностен, лекомислен, леконравен.

future ['fju:tʃə] **I.** *adj* бъдещ; **your ~ orders** *търг.* Вашите нови поръчки; **II.** *n* **1.** бъдеще; **2.** бъдеще, перспектива, изгледи; **3.** *ез.* бъдеще време.

futurism ['fju:tʃərizm] *n* футуризъм.

fuzzy ['fʌzi] *adj* **1.** мъхнат, мъхест, пухест; размъхан (*за коприна*); **2.** неясен, мъгляв (*и ез.*); **3.** *комп.* имитиращ човешкото мислене; който се адаптира към промяната в обстоятелствата (*за логика, система*).

G

G, g [dʒi:] *n* (*pl* **gs, g's** [dʒi:z]) **1.** седмата буква от английската азбука; **2.** *муз.* сол; **3.** *ам. sl* хиляда долара.

GA ['dʒi:'li] *abbr* **(General Assembly)** Генералната Асамблея (на ООН).

gabby ['gæebi] *adj разг.* бъбрив, приказлив.

gabfest ['gæbfest] *n ам. разг.* бърборене, лаф, лафосване.

gablet ['gæblit] *n архит.* малък фронтон.

gadfly ['gædflai] *n* **1.** *зоол.* конска муха, овод, щърклица *Hypoderma bovis*; **2.** *прен.* нахалник, досадник; "конска муха".

gadget ['gædʒit] *n* **1.** *разг.* принадлежност, приспособление; кухненски и др. уред; **2.** *ирон.* завърнгачка, джунджурия, дреболия.

gadgetry ['gædʒitri] *n събир.* джунджурии.

gaffe [gæf] *n разг.* гаф, грешка.

gain [gein] *v* **1.** печеля, спечелвам (*с труд*); **2.** спечелвам (*награда, победа*); сполучвам; **to ~ currency** ставам известен, разпространявам се; влизам в употреба, добивам гражданственост (*за израз, дума и пр.*); **3.** получавам, придобивам.

gait [geit] **I.** *n* походка, вървеж; ход (*на кон*); **II.** *v* приучавам кон на някаква походка.

gaiters ['geitəz] *n pl* гамаши; гети, гетри.

gala ['ga:lə, *ам.* 'geilə] *n* **1.** гала, празненство, тържество; **2.** *attr* гала, празничен; **~ night** *театр.* галапредставление.

galactopoietic [gə,læktoupɔi'etik] *adj* стимулиращ лактацията.

gale-force ['geil,fɔ:s] *adj* ураганен (*за вятър*).

galaxy ['gæləksi] *n* **1.** *астр.* Галактиката, Млечният път; **2.** блестяща група, съзвездие, плеяда; **~ of talent** съзвездие от таланти.

gall$_1$ [gɔ:l] *n* **1.** жлъч; **2.** жлъчка, жлъчен мехур; **3.** *прен.* жлъч, злоба; **to vent o.'s ~ on s.o.** изкарвам си яда, изливам злобата си върху някого.

gall$_2$ **I.** *n* ожулено, протрито място; подутина, пришка (*на кон*); **II.** *v* **1.** протривам, ожулвам (*кон*); **2.** дразня, предизвиквам; тревожа, безпокоя.

gall$_3$ *n бот.* шикалка (*и* **gall-nut**).

gallant ['gælənt] **I.** *adj* **1.** храбър, смел, юначен, доблестен, сърцат, мъжествен, безстрашен; **the honourable and ~ member for** обръщение към член на Английския парламент, който има военен чин; **2.** *ост.* красив, блестящ, пищен, гиздав (*за облекло*); **3.** внушителен, представителен; **II.** *n* **1.** конте; кавалер; **2.** галантен кавалер; ухажор, поклонник; любовник; **III.** *v* [*и* gə'lænt] **1.** флиртувам; ухажвам; **to ~ (with) the ladies** ухажвам жените; **2.** придружвам, съпровождам (*дама*).

gallery ['gæləri] *n* **1.** галерия (*в или под здание*); **2.** *театр.* галерия; публиката от галерията или от състезание по голф; **to play to the ~** играя с оглед вкуса на публиката; търся евтина слава; **3.** балкон; *ам.* веранда, тераса.

gallon ['gælən] *n* галон, мярка за течности (*англ.* = 4,54 л (*и* **imperial ~**); (*ам.* = 3,78 л).

gallop ['gæləp] **I.** *n* галоп (*и прен.*);

at a ~ в галоп; **II.** *v* **1.** галопирам, препускам с всички сили, в бърз бяг; галопирам (*кон*), препускам (*кон*) в галоп; **2.** говоря (чета) бързо (**over, through**); **3.** развивам се бързо (*за болест*); **~ing consumption** скоротечна туберкулоза.

galoshes [gə'lɔʃiz] *n pl* галоши.

gamble [gæmbl] **I.** *v* **1.** играя комар; **to ~ away** проигравам (*на карти*); **2.** рискувам големи суми; рискувам; **3.** спекулирам; **II.** *n* **1.** хазартна игра; комар; **2.** рисковано предприятие, спекула; въпрос на късмет.

gambler ['gæmblə] *n* комарджия, страстен играч.

gambling ['gæmbliŋ] *n* комар, хазарт.

game₁ [geim] **I.** *n* **1.** игра; *сп.* мач; *pl* състезания, игри; **the Olympic G.s** Олимпийски игри; **a ~ of football (tennis, cards)** футболен мач, среща (игра на тенис, карти); **2.** *сп.* отделна игра (*при тенис, баскетбол*); партия (*при карти*); **3.** *сп.* гейм (*при тенис, баскетбол*); спечелена игра; • **the ~ is not worth the candle** не си струва труда; **II.** *adj* **1.** енергичен, смел, активен, бояк; **to die ~** умирам, но не се предавам; **2.** готов; **III.** *v* играя хазартни игри; **to ~ away** проигравам.

game₂ *adj разг.* сакат, осакатен, куц.

gang [gæŋ] **I.** *n* **1.** група, бригада (*от работници и пр.*); **2.** банда, тайфа, шайка; **press ~** *ист.* отряд за насилствено набиране на войници (моряци); **3.** комплект, набор (*инструменти*); **II.** *v* образувам шайка, съюзявам се (*и с* **up, together**).

gangster ['gæŋstə] *n ам.* гангстер.

gangway ['gæŋwei] **I.** *n* **1.** *мор.* пасарел, подвижно мостче; отвор в борда за пасарели; проход; **2.** пътека в театър (зала, ресторант); пътеката, която разделя на две Камарата на общините в Английския парламент; **3.** наклон, по който се придвижват трупи към дъскорезница; **II.** *int* варда! дайте път!

ganja ['ga:ndʒə] *n разг.* ганджа, марихуана.

gap [gæp] **I.** *n* **1.** пролука, дупка, процеп, междина, зев, празно място (пространство); "прозорец"; **2.** пролом, дефиле, клисура, дервент, теснина, дере; **3.** празнина, празнота; пропуск; **to fill up (stop, supply) a ~** запълвам празнина (дупка); • **to stand in the ~** на топа на устата съм; **II.** *v* правя дупка, пробивам.

garage ['gæra:ʒ, 'gæridʒ] **I.** *n* **1.** гараж; **2.** автосервиз; **II.** *v* гарирам.

garaging ['gærədʒiŋ] *n* гаражно място (пространство).

garbage ['ga:bidʒ] *n* **1.** отпадъци; смет, боклук; **2.** вътрешности (*на заклано животно*), карантия; **3.** лошо четиво, слаба книга, "боклук".

garden ['ga:dn] **I.** *n* **1.** градина; **flower ~** цветна градина; **2.** *pl* парк; специална градина; **3.** *attr* градински; • **to lead s.o. up the ~ (path)** увличам; заблуждавам; мамя, баламосвам; **II.** *v* **1.** обработвам градина; **2.** планирам (създавам) градина.

gardener ['ga:dnə] *n* градинар.

gargle ['ga:gl] **I.** *v* правя (си) гаргара; **II.** *n* гаргара.

garland ['ga:lənd] **I.** *n* **1.** гирлянда; венец; **2.** *прен.* награда, лавров венец; **to carry away (gain, get, go away with, win) the ~** спечелвам награда, излизам пръв, побеждавам, окичвам се с лавров венец; **3.** диадема; **II.** *v* **1.** украсявам с гирлянди, венци; увенчавам с венец; **2.** *рядко* плета венец.

garlic ['ga:lik] *n* **1.** *бот.* чесън, чеснов лук *Alium satirum*; **2.** главичка (*чесън*; *и* **bulb of ~**).

garment ['ga:mənt] *книж.* **I.** *n* **1.** дреха; одежда; *pl* облекло; **2.** *прен.* външен вид; **II.** *v поет.* (*обикн. pp*) обличам.

garnish ['ga:niʃ] **I.** *v* **1.** гарнирам (*и ядене*); украсявам, накичвам; **2.** *юрид.* предупреждавам, известявам; привличам по дело; **3.** налагам запор на дълг; **II.** *n* украшение; гарнитура (*и на ядене*), прибавка.

garrison ['gærisən] **I.** *n* гарнизон; **II.** *v* **1.** поставям гарнизон в; **2.** назначавам на служба в гарнизон.

garron ['gærən] *n* дребно шотландско или ирландско пони.

garter ['ga:tə] **I.** *n* **1.** жартиер; **2.** орден на жартиерата; **II.** *v* **1.** слагам (стягам с) жартиер; **2.** награждавам с Ордена на жартиерата.

gas [gæs] **I.** *n* **1.** газ; светилен газ; газообразно тяло; **natural ~** природен (земен) газ; **2.** *воен.* боен (отровен) газ (*и* **poison ~**); **3.** *мед.* райски (смехотворен) газ (*и* **laughing ~**); **II.** *v* **1.** *воен.* употребявам газове, отравям с газове, обгазявам; осъществявам химическа атака; тровя с газ; **2.** насищам (пълня) с газ; **3.** изпускам (отделям) газ.

gas-guzzler ['gæs,gʌzlə] *n* кола, която гори много бензин, неикономична кола.

gasolene, gasoline ['gæsoli:n] *n* **1.** *ам.* бензин; **~ station** бензиностанция; **2.** газолин.

gasp [ga:sp] *v* **1.** задъхвам се, пъшкам, дишам тежко, пъхтя; **2.** оставам с отворена уста, спирам да дишам, ахвам; зяпвам.

gastralgia [gæs'trældʒiə] *n* стомашни болки.

gastrectomy [gæs'trektəmi] *n мед.* гастректомия (*хирургическо отстраняване на стомаха*).

gastritis [gæs'traitis] *n мед.* гастрит.

gastrointestinal [,gæstrouin'testinəl] *adj* стомашно-чревен.

gastrolith ['gæstrəliθ] *n мед.* камък в стомаха.

gas well ['gæs,wel] *n* газово находище.

gate [geit] **I.** *n* **1.** врата, порта, вратник; вход; **main ~s** главна врата; параден вход; **2.** планински проход; **3.** шлюз; • **to come through the ~ of ivory (horn)** сбъдвам се (не се сбъдвам) (*за сън*); **II.** *v* **1.** затварям вратите след определен час (*в англ. университети*); **2.** наказвам ученик (студент), като забранявам излизането му от пансиона (университета).

gateau ['gætou] *n* сметанова торта.

gatefold ['geitifould] *n* голяма, сгъната на четири страница в списание.

gather ['gæðə] *v* **1.** събирам (се), струпвам (се); прибирам; **to be ~ed to o.'s fathers** умирам, преселвам се на оня свят; **2.** бера, късам, събирам (*цветя, плодове*); прибирам (*реколта*); **3.** свързвам (*книга*).

gathering ['gæðəriŋ] *n* **1.** събиране, прибиране; комплектуване; **2.** събрание; сбирка, събиране (*на близки хора и пр.*); **3.** увеличаване; засилване.

gaudery ['gɔ:dəri] *n* кич, показност.

gauge [geidʒ] **I.** *n* **1.** мярка, размер, мащаб; калибър; **2.** измервателен уред (прибор) (*обикн. в съчет.*, **rain-~** дъждомер); шублер; *печ.* приспособление за определяне на полето; уред за чертане на успоредни линии (*в дърводелството*); **3.** диаметър на дуло (*на оръдие*); дебелина (*на метален лист, жица и пр.*);

II. *v* **1.** измервам, проверявам; **2.** градуирам; подпечатвам (*мерки и теглилки*); **3.** дялам камъни, правя тухли по калъп.

gault [gɔ:lt] *n* твърда глина.

gave *вж* **give**.

gay [gei] **I.** *adj* **1.** весел, жизнерадостен, игрив; **2.** разпуснат; **to lead a ~ life** водя лек живот; **3.** дързък, нахален, безочлив; **II.** *n* хомосексуалист.

gaze [geiz] **I.** *v* втренчвам се, впервам поглед; вглеждам се (**at, on, upon**); **II.** *n* (втренчен) поглед; **exposed to the public ~** изложен на хорски погледи.

gazer ['geizə] *n* зяпач.

gazunder [gə'zʌndə] *v* измамвам (*продавача*), като внезапно намалявам цената, която вече е била договорена.

gear [giə] **I.** *n* **1.** механизъм, апарат; **2.** *тех.* зъбчато колело; предавателен механизъм; трансмисия; **in ~** включен, зацепен, свързан, на скорост; **3.** приспособления; принадлежности; **II.** *v* **1.** привеждам в движение, включвам (*механизъм*); **to ~ up (down)** ускорявам (намалявам, забавям) скоростта на движение; **2.** съоръжавам, оборудвам, екипирам; **3.** впрягам (*и с* **up**).

gee [dʒi:] *int* **1.** дий! **2.** бре! гледай ти! виж ти!

geek [gi:k] *n sl* грубиян, простак, дебелак.

geese *вж* **goose**₁.

gelt [gelt] *n ам. sl* пари, кеш, мангизи.

gem [dʒem] **I.** *n* **1.** гема; скъпоценен камък; **2.** скъпоценност (*и прен.*), "бисер"; **a ~ of a child** сладур; **3.** вид сладкиш (кифла); **II.** *v* украсявам (обсипвам) със скъпоценни камъни.

gemmy ['dʒemi] *adj* украсен със скъпоценни камъни.

gender-bender ['dʒendə,bendə] *n разг.* хермафродит; човек, който се облича като хермафродит.

general ['dʒenərəl] **I.** *adj* **1.** генерален, общ, всеобщ; **~ elections** общи избори; **2.** генерален, основен; **3.** главен, ръководещ (*обикн. след титла*); • **~ post (delivery)** първата сутрешна поща; до поискване, пост-рестант; **II.** *n* **1.** *воен.* генерал; пълководец, военачалник; **2.** общо; **from the ~ to the particular** от общото към частното; **3.** *ост.:* **the ~** широката публика.

generalist ['dʒenərəlist] *n* високо ерудиран човек, всестранно развита личност.

generally ['dʒenərəli] *adv* **1.** обикновено, в повечето случаи, като цяло; **2.** общо взето; изобщо, въобще; **3.** общо, неконкретно; **~ speaking** общо казано, в общи линии.

generation [,dʒenə'reiʃən] *n* **1.** пораждане, зараждане (*и биол.*); размножаване; **spontaneous ~** самозараждане; **2.** поколение, генерация; период от около 30 год. (*който отделя едно поколение от друго*); **3.** род, потомство.

generous ['dʒenərəs] *adj* **1.** великодушен, благороден; **2.** щедър; **3.** обилен, богат, изобилен; плодороден (*за почва*).

genetalic [dʒeni'tælik] *adj* генитален, полов.

genital ['dʒenitl] **I.** *adj* детероден, генитален; полов; **II.** *n pl* полови органи, гениталии.

genitor ['dʒenitə] *n* биологически баща.

genius ['dʒi:niəs] *n* **1.** (*pl* **-ses** [-siz]) гений, гениален човек; **2.** гениалност, надареност, способност; **a man of ~** гений, гениален човек; **3.** характер, природа, дух (*на език,* *народ, закон и пр.*).

genocidal ['dʒenəsaidl] *adj* геноциден.

gentle [dʒentl] **I.** *adj* **1.** *ост.* благороден, знатен; благовъзпитан, великодушен, любезен, вежлив; **of ~ birth** от благороден произход; **2.** благ, мек, кротък, добър, ласкав; тих, спокоен, нежен (*за характер и пр.*); внимателен, деликатен (*за отношение*); **3.** лек, слаб, умерен; недрастичен (*за лекарство*); • **~ pursuits** *ост.* благородни занимания; **II.** *n* **1.** *ост.* благородниците, аристокрацията; **2.** личинка, ларва (*използвана за стръв при риболов*); **III.** *v рядко* **1.** опитомявам; обяздвам (*кон*); **2.** облагородявам (*човек*).

gentleman ['dʒentlmən] *n* **1.** джентълмен; кавалер; благороден и порядъчен човек; **fine ~** светски човек; *пренебр.* конте; **2.** господин; **Gentlemen!** господа (*учтива форма на обръщение в търговска и официална кореспонденция*); **Ladies and Gentlemen!** дами и господа! **3.** *ост.* придворен, камериер (*обикн.* **~ in waiting**).

genuine ['dʒenjuin] *adj* **1.** истински, оригинален, неподправен, действителен, автентичен; **2.** искрен, истински; **3.** расов, от чиста порода.

geochronology [,dʒioukrə'nɔlədʒi] *n* геохронология.

geodynamics [,dʒioudai'næmiks] *n* геодинамика.

geography [dʒi'ɔgrəfi] *n* география.

geology [dʒi'ɔlədʒi] *n* геология.

geomechanics [,dʒioumi'kæniks] *n* геомеханика.

geometry [dʒi'ɔmitri] *n* геометрия.

Georgian$_1$ ['dʒɔ:dʒiən] *adj* за епохата на английските крале Джордж I, II, III (*през XVIII в.*) или Джордж V.

Georgian$_2$ **I.** *n* жител на щат Джорджия; **II.** *adj* който се отнася до щат Джорджия.

geranium [dʒi'reiniəm] *n бот.* **1.** гераниум, здравец *Geranium macrorrhizum*; **2.** мушкато *Pelargonium*.

German ['dʒə:mən] **I.** *adj* германски, немски; • **~ text** готическо писмо, готически шрифт; **II.** *n* **1.** германец; **2.** немски език; **High (Low) ~** горно(долно)немски език.

german *adj* роден, близък (*в съчет. с* **brother, sister** *и пр.*); **cousin ~** първи братовчед.

Germanophile [dʒə:'mænou,fail] *n* германофил.

Germanophobe [dʒə:'mænou ,foub] *n* германофоб.

gestate ['dʒesteit] *v* **1.** нося (плод) в утробата си; **2.** *прен.* живея (*с някаква идея, план*), обмислям.

gesture ['dʒestʃə] **I.** *n* **1.** жест (*и прен.*); движение с ръка или с тяло; **to make a ~** правя жест, движение с ръка; **2.** мимика (*и* **facial ~**); **II.** *v* жестикулирам; правя знак, изразявам чрез мимика (жест).

get [get] *v* (**got** [gɔt]; *ост. и ам. pp* **gotten** ['gɔtn]) **1.** вземам; получавам; **where did you ~ that?** откъде взе това? **2.** добивам, придобивам, получавам (*и с труд*); изкарвам, изтръгвам (*с молба, искане, въпрос*) (**from, out, of**); **3.** печеля, спечелвам, добивам; **I got little by it** не спечелих много от това.

get-up-and-go [,get,ʌpən'gou] *n разг.* енергия, жилавост, амбиция, "хъс".

gherkin ['gə:kin] *n* малка краставичка, корнишон.

ghost [goust] **I.** *n* **1.** дух, привидение, призрак, фантом; **to raise a ~** викам (извиквам) дух; **2.** душа, дух;

3. *прен.* сянка; следа; **II.** *v* **1.** пиша вместо друг автор, редактирам (*анонимно*) работата на друг (*и* **to ~-write**); работя вместо друг; **2.** правя се на дух; скитам като дух.

ghost-write ['goust,rait] *v* пиша вместо друг автор.

GHQ ['dʒi:'eitʃ'kju:] *abbr* (**General Headquarters**) *n* генерален щаб, щабквартира.

ghetto blaster ['getou,bla:stə] *n sl* голям портативен касетофон (с вградени тонколони).

GI *abbr* ['dʒi:'ai] *n ам.* (**government issue**) **1.** войник, редник; **~ bride** жена на американски войник (*обикн. чужденка*); **2.** *attr* военен, войскови.

giant ['dʒaiənt] *n* **1.** гигант, великан, колос, исполин; титан (*и прен.*); **2.** *attr* гигантски, великански, исполински, колосален, огромен; грамаден, титаничен.

giant-killer ['dʒaiənt,kilə] *n журн.* неочакван победител (*наложил се над много по-силен противник*).

giant-killing ['dʒaiənt,kiliŋ] *n журн.* неочаквана победа (*на по-слаб противник*).

giant-sized ['dʒaiənt,saizd] *adj* огромен, гигантски.

giddiness ['gidinis] *n* **1.** виене на свят, замайване; шемет; световъртеж; **2.** лекомислие, вятърничавост, непостоянство; необмисленост, неуравновесеност.

giddy ['gidi] *adj* **1.** замаян, на който му се вие свят (е замаяна главата), зашеметен; олюляващ се; **to be (feel) ~** вие ми се свят, мае ми се главата; **2.** шеметен, от който се завива свят, който причинява шемет; **3.** лекомислен, непостоянен, вятърничав, празноглав; необмислен; • **to play the ~ goat** *разг.* държа се (постъпвам) лекомислено; водя вятърничав живот.

gift [gift] **I.** *n* **1.** дар, подарък; **I wouldn't take (have) it as a ~** и без пари да ми го дават, не бих го взел; и даром не го ща; **2.** *рел.* право да назначавам или разпределям (*бенефиции*); *юрид.* дарение; **3.** дарба, дарование, талант, способност; **a gift for mathematics** математическа дарба, дарба за математика; **II.** *v* дарявам, надарявам (**with**); подарявам.

gifted ['giftid] *adj* надарен, даровит, способен, талантлив; **a naturally ~ child** природноинтелигентно дете; **poorly ~** със слаби способности, без дарба.

giftless ['giftlis] *adj* бездарен.

gig [gig] *разг.* = **gigabyte**.

gigabyte ['gaigə,bait] *n комп.* гигабайт.

gigantic [dʒai'gæntik] *adj* гигантски, исполински, великански; огромен, грамаден, колосален.

gilet [dʒi'let] *n* жилетка без ръкави, елече.

gilt₁ [gilt] *n* **1.** позлата, варак, златна боя; **2.** външна (повърхностна) привлекателност; • **to take the ~ off the gingerbread** развалям илюзията, показвам истинския вид на нещо.

gilt₂ *n* млада свиня.

gimmicky ['gimiki] *adj* евтин, безвкусен; помпозен; кичозен.

gin₁ [dʒin] *n* джин (*питие*).

gin₂ **I.** *n* **1.** *ост.* машина, механизъм (*съкр. от* **engine**); **2.** *тех.* лебедка, чекрък, рудан, вдигачка; **3.** *тех.* помпа, която се движи от вятърна мелница; **II.** *v* **1.** хващам в клопка (капан); **2.** чистя памук от семената.

gin₃ *n* **1.** *австр., разг.* туземка; жена; съпруга; **2.** *ам. sl* негърка проститутка.

ginger ['dʒindʒə] **I.** *n* **1.** джинджифил, исиот; **(preserved) ~** захаросан джинджифил; **2.** *разг.* живот, енергия, въодушевление, огън; темперамент; **3.** червеникавокафяв цвят, риж (*особ. на коса*); *sl* червенокос човек; • **~ group** парламентарна група, настояваща за решителни (енергични) действия; **by ~** ха така, дявол да го вземе! **II.** *v* **1.** подправям с джинджифил; **2.** възбуждам, съживявам, стимулирам, ободрявам (*често с* **up**).

gingerbread ['dʒindʒə,bred] **I.** *n* *кул.* сладкиш с мед или петмез, подправен с джинджифил; **~ man** курабийка с форма на човече; **~ nut** курабийка, топчица с джинджифил; **II.** *adj* пищен, натруфен, безвкусен; **~ work** безвкусни украшения (орнаменти); позлатена украса (резба).

ginormous [,dʒai'nɔ:məs] *adj разг.* огромен, гигантски, грамадански.

gippy tummy ['dʒipi,tʌmi] *n* диария, разстройство (*предизвикано от живота в горещ климат*).

gipsy ['dʒipsi] **I.** *n* **1.** циганин, циганка (*и* **Gipsy**); **2.** цигански език; **II.** *adj* цигански; **a ~ camp** цигански стан (табор); **III.** *v* обядвам или лагерувам на открито; водя скитнически живот.

giraffe [dʒi'ra:f] *n* жираф.

girdle ['gə:dl] **I.** *n* **1.** пояс, колан; *анат.* пояс; **pelvic (hip) ~** тазов (бедрен) пояс; **2.** *тех.* скоба, обръч, пръстен, гривна; **3.** *геол.* тънък пласт от пясъчник; **II.** *v* **1.** опасвам, препасвам; **2.** превързвам, обвързвам, обхващам; **3.** заобикалям, обкръжавам, опасвам.

girl [gə:l] *n* **1.** момиче, девойка; млада жена; госпожица; **a ~'s school** девическо училище; **2.** домашна прислужница, момиче (*и* **servant-~**); **3.** *разг.* любима, възлюбена, приятелка.

gist [dʒist] *n* **1.** същина; същност; главна точка; **2.** *юрид.* главен мотив.

git [git] *n sl* простак; тъпанар; "говедо", копеле.

give [giv] *v* (**gave** [geiv]; **given** [givn]) **1.** давам, връчвам (**s.th. to s.o., s.o. s.th.** *някому нещо*); **a book was ~n to me, I was ~n a book** дадоха ми (дадена ми бе) една книга; **2.** подарявам, давам; оставям, завещавам; **3.** предавам.

glacialist ['gleisiəlist, 'gleiʃiəlist] *n* специалист по ледниците.

glacier ['glæsiə, *амер.* 'glæʃər] *n* ледник, глетчер; *attr* ледников.

glad [glæd] **I.** *adj* (**-dd-**) **1.** *attr поет., ост.* щастлив, весел; **2.** *predic* доволен, радостен; **to be ~** радвам се, доволен съм, приятно ми е (**to** *c inf*); **3.** радостен, весел, щастлив; • **to give s.o. the ~ eye** *sl* хвърлям някому любовни погледи; гледам влюбено; **II.** *v ост.* (за)радвам; веселя, развеселявам.

gladly ['glædli] *adv* с удоволствие, с радост, с готовност, охотно; радостно, весело.

glance$_1$ [gla:ns] **I.** *v* **1.** рикоширам, отскачам, отплесвам се (*често с* **aside, off**); **2.** отразявам, отражавам (*често с* **back**); блестя, проблясвам; **3.** хвърлям поглед, поглеждам бегло (набързо), отгоре-отгоре (**at**); **to ~ around one** оглеждам се, озъртам се; **II.** *n* **1.** кос удар; **2.** (про)блясък; **3.** (бърз, бегъл) поглед (**at, over, into**); **at a ~** с един поглед.

glance$_2$ **I.** *n мин., мет.* лъскав минерален сулфид, бленда; **~ coal** лъскави каменни въглища; антрацит; **II.** *v* лъскам, полирам, гланцирам.

gland$_1$ [glænd] *n* **1.** *анат.* жлеза; лимфен възел; **2.** *pl разг.* "сливици".

gland$_2$ *n тех.* салник, лойник; капак (капачка) на салник; уплътнителна вложка (прокладка) на салник.

glass [gla:s] **I.** *v* **1.** стъкло; **lead ~** оловно (кристално) стъкло; **2.** стъкло (*на прозорец, часовник и пр.*); стъклен похлупак; **3.** стъклена чаша; чаша (*съдържанието*); • **people who live in ~ houses should not throw stones** не копай яма другимо, сам ще паднеш в нея; **II.** *v* **1.** отразявам, отражавам; **2.** *рядко* остъклявам, слагам стъкла на; слагам под стъкло; **3.** *рядко* правя очите да се изцъклят.

glassed-in ['glast,in] *adj* с прозорци отвсякъде (*вместо стени*).

glaur [glɔ:] *n шотл.* кал, тиня.

glide [glaid] **I.** *v* **1.** плъзгам (се), нося (се) леко (плавно); тека леко (плавно); (пре)минавам неусетно (*за време*); вървя (минавам) тихо (крадешком), прокрадвам се, промъквам се, шмугвам се; **to ~ out of the room** излизам безшумно от стаята; **2.** *ав.* летя без мотор, планирам; **II.** *n* **1.** плъзгане, леко (плавно) движение; **2.** *муз.* портаменто; хроматична гама; **3.** *ез.* преходен, промеждутъчен звук.

glider ['glaidə] *n* **1.** безмоторен самолет; планер; **2.** хидроплан.

glim [glim] *n sl* **1.** светлина; лампа; **2.** око; зъркел.

glitch [glitʃ] *n разг.* проблем, засечка.

glitter ['glitə] **I.** *v* блестя, лъщя; искря; **all that ~s is not gold** не всичко, което блести, е злато; **II.** *n* **1.** блясък; искрене; **2.** блясък, пищност, помпозност, великолепие.

glitterati [,glitə'ra:ti] *n pl журн.* знаменитости, звезди.

glittery ['glitəri] *adj* лъскав, лъщящ; искрящ.

glitz [glits] *n sl* кич, показност, пищност.

glitzy ['glitsi] *adj sl* кичозен; пищен; претрупан; показен.

glob [glɔb] *n разг.* малка заоблена част (*от нещо полутечно, пихтиесто и пр.*), бучка.

globalize ['gloubə,laiz] *v* глобализирам, разраствам (се) в световен мащаб.

globe [gloub] *n* **1.** кълбо, сфера, топка; **2.** земно кълбо, земя; небесно тяло; **3.** глобус (*геогр., като емблема, на лампа и пр.*); абажур.

globoid ['gloubɔid] **I.** *adj* сферичен, кръгъл, объл; **II.** *n* сферично тяло.

gloom [glu:m] **I.** *n* **1.** тъма, мрак, тъмнина; **2.** мрачно настроение, униние, меланхолия, потиснатост; **to throw (cast) a ~ over (upon)** *прен.* хвърлям сянка върху, помрачавам (*настроението на*); **II.** *v* **1.** мрачен (унил, навъсен, намръщен, потиснат) съм; **2.** заоблачава се, мръщи се, намръщва се (*за небето*); **3.** натъжавам, предизвиквам униние, помрачавам настроението на.

gloomy ['glu:mi] *adj* **1.** мрачен, тъмен, безрадостен; **2.** мрачен, навъсен, намръщен; тъжен, унил, потиснат, меланхоличен; **to take a ~ view of things** гледам мрачно на нещата, черноглед (песимист) съм.

glorious ['glɔ:riəs] *adj* **1.** славен, знаменит; **2.** великолепен, възхитителен, прекрасен, божествен; **3.** *разг.* славен, знаменит, чудесен, прекрасен (*и ирон.*); **to have a ~ time** прекарвам чудесно (знаменито); **it was ~ fun** знаменито (славно) беше.

glory ['glɔ:ri] **I.** *n* **1.** слава; **to crown s.o. with ~** прославям някого, увенчавам някого със слава; **2.** великолепие, красота, блясък, величие; **3.** триумф, връх на славата; • **Old G.** знамето на САЩ; **II.** *v* гордея се, радвам се, ликувам, тържествувам (**in**); хваля се, перча се (**in**); **he glories in his great strength** гордее се със силата си.

glossies ['glɔsis] *n pl разг.* лъскави (женски) списания.

glove [glʌv] **I.** *n* ръкавица; **to pull (draw) on o.'s ~s** слагам си ръкавиците; **II.** *v* **1.** покривам с (слагам) ръкавица (на); **2.** снабдявам с ръкавици; **a ~d hand** ръка в ръкавица.

glucose ['glu:kous] *n* гликоза.

glue [glu:] **I.** *n* туткал; лепило; клей; • **to stick like ~ to** не се отделям от, лепнал съм се за, постоянно преследвам; **II.** *v* **1.** намазвам с лепило (туткал, клей); **2.** лепя, залепвам (**to, on**); **to ~ up a broken object** залепвам нещо счупено.

GM ['dʒi:'em] *abbr* **(general manager)** генерален директор.

GNT ['dʒi:'em'ti:] *abbr* **(Greenwich Mean Time)** Гринуичко време.

gnashers ['næʃə:z] *n pl sl* зъби (*особ. изкуствени*).

gnathonic [næ'θɔnik] *adj книж.* ласкателски; лицемерен; подмазвачески.

go$_1$ [gou] *v* (**went** [went]; **gone** [gɔn]) **1.** отивам; ходя; движа се, пътешествам; **~ and fetch my coat** иди (и) ми донеси палтото; **2.** вървя, ходя, минавам; **to ~ the shortest way** поемам най-краткия път; **3.** движа се, вървя; в движение съм; работя, в действие съм (*за механизъм*); бие (*за сърце*); в обращение е (*за пари*).

go$_2$ *n разг.* (*pl* **goes** [gouz]) **1.** движение; ход; **on the ~** в движение; **2.** енергия, въодушевление, стръв, предприемчивост, замах; **3.** опит, удар, замах.

goal [goul] *n* **1.** *сп.* врата; финал, финиш; **to keep ~** вратар съм; **2.** *сп.* гол; **3.** цел, задача; местоназначение.

goalkeeper ['gooul,ki:pə] *n сп.* вратар.

goat [gout] *n* **1.** коза, козел; **he-~** козел; **2.** зодиакалният знак Козирог; **3.** развратник.

goblet ['gɔblit] *n* чаша със столче; *поет.* чаша, бокал.

gobshite ['gɔb,ʃait] *n sl vulg* глупак, мухльо.

gobsmacked ['gɔb,smækt] *adj sl* шашнат, шашардисан, "като ударен с мокър парцал".

god [gɔd] **I.** *n* Бог; божество; **G.** Всевишният; **false ~s** кумири, идоли; **II.** *v* боготворя, обожествявам.

godchild ['gɔdtʃaild] *n* (*pl* **-children**) кръщелниче, кръщелник, кръщелница.

goddaughter ['gɔd,dɔ:tə] *n* кръщелница.

goddess ['gɔdis] *n* богиня (*и прен.*).

godfather ['gɔd,fa:ðə] **I.** *n* кръстник; **my ~!** *sl* = **my God! II.** *v* кръщавам, кръстник съм на; давам име на.

godmother ['gɔd,mʌðə] *n* кръстница.

godslot ['gɔd,slɔt] *n* телевизионно време за религиозни програми.

godson ['gɔdsʌn] *n* кръщелник.

gofer ['goufə] *n ам. sl* момче за всичко, общ работник.

gold [gould] **I.** *n* **1.** злато (*и прен.*); **virgin (native) ~** самородно злато; **2.** златни предмети, златни монети; богатство; съкровище; **3.** позлата; **II.** *adj* златен; златист.

golden ['gouldən] *adj* **1.** *ост.* златен (направен от злато); **2.** *прен.* златен, отличен, много ценен, прекрасен; **~ age** златен век; **3.** златист.

golden hello ['gouldən hə,lou] *n разг.* парично стимулиране на новоназначен служител при подписването на договор.

golden hour ['gouldən,auə] *n* критичният момент след злополука, когато оказването на първа помощ е животоспасяващо.

golden oldie ['gouldən,ouldi] *n* евъргрийн, неостаряваща мелодия (хит).

golf [gɔlf] **I.** *n* голф (*игра*); **II.** *v* играя голф.

gollop ['gɔləp] *v разг.* плюскам, нагъвам, тъпча се.

gone [gɔn] **I.** *вж* **go**; **II.** *adj разг.* **1.** изгубен, загинал; пропаднал; умиращ; отслабнал; осъден (обречен) на смърт; **a ~ case** изгубена работа (кауза); **2.** напреднал.

gong [gɔŋ] **I.** *n* **1.** гонг; **2.** *sl* военен орден; **II.** *v* удрям (давам знак с) гонг.

gonzo ['gɔnzou] *adj sl* див, луд, чалнат.

good [gud] **I.** *adj* (**better** ['betə]; **best** [best]) **1.** добър, доброкачествен, хубав; **2.** хубав, приятен; **these mushrooms are ~ eating** тези гъби са приятни на вкус; **~ weather** хубаво време; **3.** добър, полезен, здравословен; • **as ~ as** 1) толкова добър, колкото; 2) все едно, че; почти; **II.** *adv* здравата, хубавичко, както трябва; **to dress s.o. down ~ (and proper)** *разг.* здравата нарязвам някого; • **~ for you!** браво! **III.** *n* **1.** добро; **to do ~** върша добро; **2.** добро, благо; полза; **3. for ~ (and all)** завинаги, окончателно, безвъзвратно.

good-bye [gud'bai] *n, int* довиждане, сбогом; прощални думи; **to bid (wish) ~ to** сбогувам се с; прощавам се с.

good-looking ['gud'lukiŋ] *adj* хубав, красив, приятен (*за външност*).

good sort ['gud'sɔ:t] *n разг.* добър (приятен) човек, арабия.

good-time ['gud'taim] *adj* който е по живота, който търси развлечения.

goodwill [,gud'wil] *n* **1.** доброжелателство; благосклонност; благоразположение; благоволение; **to be in s.o.'s ~** ползвам се от нечие благоволение; **2.** добра воля, желание; готовност, охота; **3.** *търг.* клиентела (репутация, престиж) на дадена фирма; право да се използва клиентелата на фирма при откупването й.

goose[1] [gu:s] *n* (*pl* **geese** [gi:s]) гъска (*и прен.*); • **what is sauce for the ~ is sauce for the gander** това, което е справедливо за един, е справедливо и за друг; един закон за всички; **all his geese are swans** много се хвали; **to chase the wild ~** гоня празни мечти.

goose[2] *n* шивашка ютия.

gooseberry ['gu:zbəri] *n* **1.** *бот.* цариградско грозде *Ribes grossularia*; **2.** вино от цариградско грозде; • **to play ~** *разг.* придружавам млади хора за приличие, служа за параван на влюбени, пето колело съм, явявам се трето лице.

gorilla [gə'rilə] *n* **1.** *зоол.* горила *Gorilla gorilla*; **2.** наемен убиец, бандит.

gospel ['gɔspəl] *n* евангелие (*и прен.*); **St. John's G., the G. according to St. John** Евангелието на св. апостол и евангелист Йоан; **to take for ~** вземам (на доверие, сляпо) за истина.

gossipmonger ['gɔsip,mʌŋgə] *m ост.* клюкар(ка).

gossip ['gɔsip] **I.** *n* **1.** клюка, клюки; клюкарство; слух; сплетня; **a piece of ~** клюка; **2.** клюкар, -ка; сплетник; **3.** бъбрица, бърборко; **II.** *v* клюкарствам, разпространявам клюки (**about**), сплетнича.

got *вж* **get**.

Gothic ['gɔθik] **I.** *adj* **1.** готски;

2. варварски, вандалски; груб, жесток; 3. готически (*стил, шрифт и пр.*); **II.** *n* **1.** готски език; **2.** готическа архитектура; готически стил (*и за шрифт*).

gourmandise ['guəmən'di:z] *n* чревоугодничество.

gout [gaut] *n* **1.** *мед.* подагра; съсирек; **2.** *ост.* капка; бучка.

govern ['gʌvən] *v* **1.** управлявам; **2.** определям, обуславям; ръководя, напътвам, насочвам, направлявам, давам насока на; **to be ~ed by the opinion of others** влияя се от мнението на хората; **3.** владея, обуздавам, съдържам, усмирявам, укротявам (*обикн. refl*).

government ['gʌvənmənt] *n* **1.** правителство; **organs of ~** правителствени органи; **2.** управление; форма на управление, начин на управляване; изпълнителна власт; **3.** провинция, административна област; *ист.* губерния.

governor ['gʌvənə] *n* **1.** управител; **2.** губернатор (*и ам.* = глава на щат); **3.** комендант (*на крепост, гарнизон*).

gown [gaun] **I.** *n* **1.** рокля; **dinner (evening) ~** вечерна дълга рокля; **2.** мантия; расо; студентско (професорско, адвокатско) наметало; **3.** римска тога; **II.** *v* обличам с мантия; намятам.

grab [græb] **I.** *v* **1.** сграбчвам, хващам, улавям (*и* **~ hold of** *разг.*); **2.** *разг.* грабя, грабвам, отнасям, задигам, присвоявам; **3.** *разг.* хващам, залавям, улавям, пипвам, арестувам; **II.** *n* **1.** (опит за) сграбчване (хващане, улавяне); **to make a ~ at** насочвам се, протягам ръка към; **2.** *разг.* грабене, грабване, заграбване, грабителство, присвояване, хайдутлук; **3.** нещо заграбено!

grabble ['græbl] *v* **1.** опипвам с ръце, напипвам; **2.** пльоскам, тупвам, падам на земята.

grace [greis] **I.** *n* **1.** грация, грациозност, елегантност, изящество; **2.** благоволение, благоразположение, благосклонност; **to be in (get into) s.o.'s good ~s** радвам се на (спечелвам) благоволението на; **3.** приличие, благоприличие; такт; **II.** *v* **1.** украсявам, служа за украшение на, придавам хубав вид на; **2.** правя чест на; **3.** награждавам, удостоявам (**with**).

graceful ['greisful] *adj* грациозен, елегантен, приятен, миловиден, изящен.

gracile ['græsail] *adj* слаб, елегантен.

gracility [græ'siliti] *n* елегантност.

gradable ['greidəbl] *adj* който може да бъде градиран (степенуван).

grade [greid] **I.** *n* **1.** степен, ранг, разред, класа, категория; звание; **this pupil has a high ~ of intelligence** този ученик е много интелигентен; **2.** качество, вид, сорт; **3.** кръстоска, хибрид; подобрена порода; **II.** *v* **1.** степенувам, нареждам по степени; класирам, класифицирам; сортирам; **2.** преливам се, преминавам постепенно (**into**); **3.** кръстосвам (*животно*).

graded reader ['greidid,ri:də] *n* адаптиран сборник от четива.

gradual ['grædjuəl] **I.** *adj* **1.** постепенен; последователен; **2.** лек (*за наклон*); **II.** *n рел.* **1.** тропар; **2.** сбирка църковни песни.

graduate ['grædjueit] **I.** *v* **1.** градуирам, разделям на градуси; нанасям деления; **2.** степенувам, нареждам (разпределям) по степени; **~d taxation** прогресивно облагане; **3.** завършвам университет (**at, from**); давам научна степен (диплома) на; завършвам учебно заведение (**from**), квалифицирам се (**as**); **II.** ['grædjuit] *n* **1.** висшист; абитуриент, завършил, възпитаник (**of**) (*и за невисшисти*); **a ~ course of study** специализация; **2.** градуиран съд, мензура (*за мерене на течности*); **III.** *adj* завършил университет (*ам. каквото и да е учебно заведение*); **~ student** завършил студент.

grain [grein] **I.** *n* **1.** зърно, зрънце; *събир.* зърна; зърнени храни; **a ~ of corn (wheat)** житно зърно; **2.** жито, житно растение; *събир.* житни растения; **3.** пивоварска каша; • **to receive (take) s.th. with a ~ of salt** отнасям се скептично, критично, с недоверие към; **II.** *v* **1.** раздробявам (се), ставам на зърна; гранулирам; **2.** боядисвам с трайна боя; **3.** имитирам дърво (мрамор) (*при боядисване*).

gram[1] = **gramme**.

gram[2] [græm] *n бот.* нахут *Cicer arietinum*.

grammar ['græmə] *n* **1.** граматика; учебник по граматика; **mistakes in ~** граматични грешки; **2.** *прен.* основи, принципи, въведение в елементите (*на наука, изкуство*); книга върху тях; **3.** граматически познания.

gramme [græm] *n* грам.

granary ['grænəri] *n* хамбар, житница (*и прен.*).

grand [grænd] **I.** *adj* **1.** величествен, величав, внушителен, импозантен, грандиозен, със замах; **2.** възвишен, благороден, издигнат; **~ style** висок стил; **3.** велик (*в титла*); **G. Duke** велик херцог, княз; **G. duchy** велико херцогство; **G. Signior (Turk)** турският султан; **G. Vizier** велик везир; **II.** *n* **1.** роял (*и* **~ piano**); **2.** *sl* хиляда долара.

grandchild ['grænt∫aild] *n* внук, внучка.

grand-daughter ['græn,dɔ:tə] *n* внучка.

grandfather ['græn(d),fa:ðə] *n* дядо; **~('s) chair** високо кресло (*със странични облегала за главата*).

Grand Master ['grænd'ma:stə] *n* **1.** ръководител на рицарски орден; **2.** глава на масонска ложа; майстор; **3.** гросмайстор.

grandmother ['græn,mʌðə] **I.** *n* баба; **to teach o.'s ~ to suck eggs** продавам краставици на краставичар; **II.** *v* баба съм на; *прен.* глезя, изнежвам.

grandson ['grænsən] *n* внук.

grangerise ['greindʒə,raiz] *v* илюстрирам книга с рисунки, схеми и пр., взети от друга книга.

granite ['grænit] *n* **1.** гранит; **2.** *attr* гранитен; **3.** *прен.* твърд като гранит, упорит; коравосърдечен; **the ~ city** Абърдийн.

grant [gra:nt] **I.** *v* **1.** давам (официално), отпускам, отстъпвам, предоставям, разрешавам (**to**); субсидирам, дотирам; **2.** задоволявам (*желание, молба и под.*); **to ~ somrbody permission to do s.th.** давам някому разрешение да направи нещо; **3.** съгласявам се, съгласен съм, разрешавам, приемам, допускам, признавам, зачитам; **II.** *n* **1.** даване, отпускане; отпусната сума (помощ), субсидия, дар, дарение; акт за дарение; **a ~ of money (land)** отпуснати пари (земя); **2.** съгласие, позволение, разрешение; приемане, допускане, признаване, зачитане; **3.** *ам.* географска единица в някои щати.

grant-maintained ['grænt,mein,teind] *adj* финансиран от държавата.

grape [greip] *n* **1.** гроздово зърно; *pl* грозде; **a bunch of ~s** чепка грозде; **2.** *вет.* подутина отзад над копитото на кон.

grapefruit ['greipfru:t] *n* грейпфрут.

graphic ['græfik] *adj* **1.** изобразителен, графически, графичен; **~ arts** изобразителни изкуства; **2.** диаграмен, чертежен; **3.** писмен.

graphicacy ['græfikəsi] *n* способност за използване (тълкуване) на схеми, карти, символи и пр.

graphic novel ['græfik,nɔvl] *n* роман във формата на комикс.

grasp [gra:sp] **I.** *v* **1.** хващам, улавям, сграбчвам, стисвам; **to ~ at** опитвам се да хвана (уловя, сграбча, стисна); залавям се за; приемам охотно; **2.** стискам, държа здраво, не изпускам; **3.** схващам, разбирам, проумявам, осъзнавам, долавям; **II.** *n* **1.** хващане, улавяне, сграбчване, стисване, стискане, хватка; **2.** власт, контрол, надмощие; **to slip from o.'s ~** изплъзва ми се от ръцете; **3.** схващане, разбиране, проумяване, долавяне; схватливост; • **within (ready to) o.'s ~** близък, досегаем, достъпен, в ръцете на; по силите на.

grass [gra:s] **I.** *n* **1.** трева; **high ~** треволяк; **2.** *бот.* тревисто (житно) растение; **3.** паша, пасбище, пасище; • **~ does not grow under his feet** енергичен е, не се бави; **II.** *v* **1.** затревявам, засявам с трева, покривам (се) с трева (чим); озеленявам; **2.** паса; изкарвам на паша; **3.** *сп.* събарям, повалям противников играч.

grasshopper ['gra:s,hɔpə] *n* **1.** скакалец; **2.** *воен.* малък самолет (*за разузнаване и пр.*).

grateful ['greitful] *adj* **1.** благодарен, признателен (**to, for**); **2.** благодарствен; **a ~ letter** благодарствено писмо; **3.** приятен, успокоителен, освежителен.

gratitude ['grætitju:d] *n* благодарност, признателност (**to**).

grave$_1$ [greiv] *n* **1.** гроб; **common ~** братска могила; **2.** смърт, гибел, ад.

grave$_2$ *v* (**graved** [greivd]; **graved, graven** ['greivən]) **1.** *книж.* дълбая, издълбавам, изрязвам, изсичам, гравирам; **2.** *книж.* запечатвам (**on, in**); **3.** *ост.* погребвам.

grave$_3$ *adj* **1.** сериозен, важен, тежък; (**as**) **~ as a judge** със сериозен вид; **2.** важен, който може да има тежки последици, застрашителен; **3.** важен, тържествен, внушителен, импозантен, строг, улегнал.

grave$_4$ *v* чистя и насмолявам дъното (подводната част) на кораб.

grave$_5$ [gra:v] *n фр., ез.* гравис, тежко ударение (*и* **~ accent**).

grave$_6$ [gra:'vei] *adv муз.* граве, бавно и тържествено.

gravitas ['grævitæs] *n книж.* разум, рационалност; благонадеждност.

gravitation [,grævi'teʃən] *n* **1.** (земно) притегляне; падане; гравитация; **2.** стремеж, тенденция.

gravy ['greivi] *n* **1.** *кул.* сок (*от печено месо*), сос; заливка; **~ beef** джолан; **2.** *разг.* лесна печалба; незаконни доходи; • **to dip in the ~** *sl* присвоявам държавни пари, бъркам в меда.

gray = grey.

grease I. [gri:s] *n* **1.** мас, мазнина; **2.** масло, смазка, грес; **3.** серей; серива вълна; • **chafe (fret, fry, melt, stew) in o.'s own ~** от ума (акъла) си тегля; **II.** [gri:z] *v* мажа, намазвам, смазвам; **to ~ the fist (hand, palm) of** подкупвам, давам подкуп на, подпъхвам нещо на.

greasy spoon ['gri:zi,spu:n] *n разг.* долнопробно кафене, "дупка", кръчма.

great [greit] **I.** *adj* **1.** велик; **Alexander the G.** Александър Велики; **a ~ statesman** велик държавник; **G. Britain** Великобритания; **G. Heavens (Scott)!** Велики Боже! **2.** голям (*обикн. прен.*); **3.** възвишен, благороден; **• ~ with child** бременна; **II.** *n* **1. (the ~)** великото; *pl* големците; силните на деня; класиците; **2.** *pl разг.* последният изпит по филология или история в Оксфорд за получаване на степен бакалавър.

Greece [gri:s] *n* Гърция.

greed [gri:d] *n* лакомия, ненаситност, жадност, похот, страст, алчност, стръв (**for**).

greedy ['gri:di] *adj* лаком, ненаситен, жаден, алчен (**of, for**); **(as) ~ as a wolf** много лаком.

Greek [gri:k] **I.** *n* **1.** грък; гъркиня; **when ~ meets ~ then comes the tug** намерил си е майстора; два остри камъка брашно не мелят; **2.** източноправославен; **3.** *ост.* мошеник, измамник, шмекер, хитрец; **II.** *adj* гръцки; **~ (Orthodox) Church** Източноправославната църква.

green [gri:n] **I.** *adj* **1.** зелен; **to turn (grow) ~** позеленявам; **2.** тревист; разлистен, зашумен; покрит със зеленина; **3.** растителен (*за храна*); **• ~ winter** мека, безснежна зима; **II.** *n* **1.** зелен цвят, боя; **2.** поляна (*и за игра*), тревна площ; **putting ~** чим около дупката (*в голфа*); **3.** растителност; **III.** *v* **1.** ставам зелен, позеленявам; **2.** боядисвам в зелено; **3.** *sl* измамвам, изигравам.

greengrocer ['gri:n,grousə] *n* зарзаватчия, овощар.

greenhouse ['gri:nhaus] *n* зимна градина, оранжерия, парник; **~ effect** парников ефект.

greet [gri:t] *v* **1.** поздравявам, поздравяваме се; приветствам, посрещам; **to ~ with a smile** посрещам с усмивка; **2.** изпречвам се, появявам се, откривам се, показвам се пред; **3.** достигам до (*за звук*).

greeting ['gri:tiŋ] *n* поздрав, приветствие; посрещане; **New Year ~s** поздравления по случай Новата година.

grew *вж* **grow**.

grey [grei] **I.** *adj* **1.** сив; пепелив, пепеляв; **2.** прошарен, бял, побелял; *прен.* стар, възрастен, опитен, зрял; **to turn ~** прошарвам се, побелявам; **3.** убит, тъмен, мрачен, начумерен; **II.** *n* **1.** сив цвят, боя; **2.** сивота, здрач, студ; **3.** сив кон; **III.** *v* **1.** сивея (се), посивявам, ставам (правя) сив; **2.** прошарвам се, побелявам (*и* **turn ~**); **3.** *фот.* матирам, копирам през матово стъкло.

grey market ['grei,ma:kit] *n* черен пазар; черна борса.

greyness ['greinis] *n* сивота; безличност.

grey-wave ['grei,weiv] *adj разг.* (*за акции, предприятие*) който може да донесе печалба на инвеститора на стари години.

grief [gri:f] *n* скръб, печал, горест, мъка; беда (**at, for**); **to come to ~** пострадвам, изпащам си, в беда съм, случва ми се нещастие; свършвам лошо, претърпявам неуспех; провалям се, ставам за смях.

grievance ['gri:vəns] *n* обида, (повод за) оплакване, "болка", неправда, несправедливост; **social ~s** обществени неправди.

grill [gril] **I.** *n* **1.** скара; грил; **~ed** (печен) на скара; **2.** скара (*месо*); **• to put on the ~** подлагам на строг разпит; **II.** *v* **1.** пека (се) на скара; **2.** пека, сипя жар (*за слънцето*); **3.** пека, измъчвам, въртя на шиш.

grimace [gri'meis] **I.** *n* гримаса; мимика; **to make ~s** правя гримаси; **II.** *v* правя гримаси, гримасничa.

grimness ['grimnis] *n* строгост, суровост, безпощадност; неприветливост.

grin [grin] **I.** *v* **1.** хиля се (**at**); **to ~ and bear it** понасям мъжествено, стоически; **2.** *ост.* зъбя се; **II.** *n* **1.** хилене, ухилване; **sardonic ~** сардонична усмивка; **2.** *ост.* озъбване.

grind [graind] *v* (**ground** [graund]) **1.** меля (се), смилам (се), стривам; дъвча, сдъвквам; счуквам (*на прах*); **to~ corn (flour)** меля жито (брашно); **2.** точа, наточвам, остря; **3.** гладя, изглаждам, лъскам, излъсквам; шлифовам; матирам.

gringo ['griŋgou] *n презр.* гринго (*англичанин или американец, наричан така от латиноамериканец*).

grip [grip] **I.** *n* **1.** хващане, улавяне, стискане, вкопчване; ръкостискане; *сп.* гриф, хватка; **to get a good ~ on** хващам, улавям здраво; **2.** власт, контрол, влияние, въздействие (**on**); **3.** дръжка, ръчка; ръкохватка; **II.** *v* (**-pp-**) **1.** стисвам, хващам, улавям; **to ~ in a vice** стягам в менгеме; **2.** стискам, държа здраво, не изпускам от ръцете си; **3.** завладявам, приковавам вниманието на, увличам.

griping ['graipiŋ] *adj* (*за болка*) остра, пронизваща, режеща.

grippe [grip] *n* грип, инфлуенца.

groan [groun] **I.** *v* **1.** стена, издавам стон, пъшкам, охкам; **to ~ inwardly** сподавям стон; **2.** изпъшквам, изохквам, простенвам; казвам (изговарям, изричам, разказвам) пъшкайки, охкайки, стенейки (*и с* **out**); въздишам; **3.** страдам, бивам потиснат, отрупан, превивам се под товара на (**under, beneath, with**); **II.** *n* стон, стенание, пъшкане, охкане, мърморене, въздишка.

grocer ['grousə] *n* бакалин; **~'s (shop)** бакалница, колониал.

grocery ['grousəri] *n* **1.** занаят на бакалин; **a ~ business** бакалница; **2.** *pl* бакалия; бакалски, колониални стоки; **3.** *ам.* бакалница.

grog [grɔg] *n* грог.

grogginess ['grɔginis] *n* замаяност, зашеметеност.

gross [grous] **I.** *adj* **1.** груб, едър, голям, обемист; охранен, угоен, тлъст, шишкав, уяден; **2.** буен, тучен, избуял, гъст (*за растителност*); **3.** гъст, плътен (*за газ, течност*); **II.** *n* **1.** маса; **in (the) ~** изобщо, общо взето, изцяло (взето), на едро, топтан; **2.** гроса (*и* **small ~**); **III.** *v* достигам брутна печалба; възлизам общо на.

gross-out ['grɔs,aut] **I.** *n ам. sl* гадост; нещо неприятно; противен човек; **II.** *adj ам. sl* гаден, отвратителен; неприятен; досаден.

grot [grɔt] *n sl* боклук; мръсотия.

ground$_1$ *вж* **grind**; **~ glass** матово стъкло.

ground$_2$ [graund] **I.** *n* **1.** земя, почва; под, настилка; грунд; **broken ~** разорана земя; пресечена местност; **2.** място, местност, пространство, област, район; разстояние; **3.** земя, имот; • **above ~** жив, между живите, на тоя свят; **II.** *v* **1.** поставям, слагам, турям на земята; **to ~ arms** слагам оръжие, предавам се; **2.** основавам, установявам, уреждам, устройвам; обосновавам (**on**); **3.** обучавам, давам основа (**in**).

ground-breaking ['graund,breikiŋ] *adj* новаторски.

group [gru:p] **I.** *n* **1.** група, дружина, сбор; **a ~ of people** група хора; **2.** групировка, фракция, крило; **3.** *хим.* радикал; **II.** *v* **1.** групирам (се); **to ~ together** групирам; **2.** подбирам (*цветове и пр.*); **3.** класифицирам, подреждам.

groupie ['gru:pi] *n sl* запален привърженик (*на рок звезда*), фен(ка).

grove [grouv] *n* горица, горичка, дъбрава; **olive ~** маслинена горичка.

grow [grou] *v* (**grew** [gru:], **grown** [groun]) **1.** раста, пораствам, израствам; **to ~ to maturity** възмъжавам, достигам зрелост; **2.** нараствам, развивам се, увеличавам се, усилвам се; **3.** ставам, идвам, достигам до.

grown-up ['groun'ʌp] **I.** *adj* пораснал, голям, възрастен; **II.** *n* възрастен (*човек*).

growth [grouθ] *n* **1.** растеж, развитие; ръст; **full ~** пълно развитие; **2.** прираст, увеличение; **3.** отглеждане, произвеждане.

grudge match ['grʌdʒ,mætʃ] *n* вражда, конфликт, неприязън.

gruel ['gruəl] **I.** *n* (овесена) каша; **II.** *v sl* **1.** набивам, натупвам, наказвам жестоко; **2.** изнурявам, преуморявам, изтощавам, омаломощавам.

grumble [grʌmbl] **I.** *v* **1.** мърморя, мъркам, роптая, жалвам се, мрънкам, хленча, оплаквам се (**at, about, over**); **to ~ out** измърморвам; **2.** еча, ехтя, тътна; **II.** *n* **1.** мърморене, мъркане, роптаене, ропот; **2.** *pl* лошо настроение, недоволство; **3.** ек, екот, ехтене, тътен, тътнеж.

grunge ['grʌndʒ] *n* грънч (*стил*).

grungy ['grʌndʒi] *adj* **1.** *ам. sl* мръсен, мърляв; **2.** грънч (*за стил в музиката*).

gruntled ['grʌntəld] *adj разг.* доволен, щастлив.

guarantee [,gærən'ti:] **I.** *n* **1.** гаранция, поръчителство, залог; **2.** гарант, поръчител; **3.** човек, на когото се дава гаранция; **II.** *v* **1.** гарантирам, поръчителствам за; **to ~ a loan** гарантирам заем; **2.** поемам отговорност (задължение); заричам се, давам дума, обещавам (**that, to**); **3.** обезпечавам, осигурявам, застраховам (**against, from, in**).

guard [ga:d] **I.** *v* **1.** пазя, охранявам, карауля; бдя, бдителен съм; **to ~ a prisoner (a tradition)** пазя пленник (традиция); **2.** защищавам, закрилям, вардя, покровителствам, стоя на стража, предпазвам, опазвам (**from, against**); **3.** осигурявам, вземам предпазни мерки (**against**); **II.** *n* **1.** стража, охрана, караул; конвой; часовой; **~ of honour** почетна стража; шпалир; **2.** конвой, ескорт; **3.** *pl* гвардия.

guardee [,ga:'di:] *n разг.* гвардеец.

guardian ['ga:djən] *n* **1.** настойник, опекун, попечител; покровител; **2.** пазител, бранител, блюстител; **3.** член на комисия по прилагане закон за социално подпомагане.

gubbins ['gʌbinz] *n разг.* **1.** безстойностна вещ, джунджурийка; приспособление; **2.** глупчо, мухльо.

guck [gʌk] *n разг.* нещо лигаво (мазно, гадно).

guer(r)illa [gə'rilə] *n* **1.** партизанска война (*и* **~ war**); **2.** партизанин (*и* **~ warrior**).

guess [ges] **I.** *v* **1.** гадая, мъча се да отгатна, налучквам (**at**); предполагам (**by, from**); **to ~ (at) the height of a building** опитвам се да определя височината на здание; **2.** отгатвам, налучквам, досещам се, познавам; **3.** *ам.* мисля, смятам, считам, струва ми се; **II.** *n* (приблизителна) сметка; предположение, догадка; **round ~** приблизителна сметка, изчисление.

guest [gest] *n* **1.** гост; **2.** посетител, клиент (*на хотел и под.*); **paying ~** пансионер; **3.** *биол.* паразит (*животно или растение*).

guide [gaid] **I.** *n* **1.** водач, гид; екскурзовод; **2.** *воен.* разузнавач; **3.** *прен.* съветник; **II.** *v* **1.** водя, водач съм на; **he ~d me through the**

forest той ме прекара през гората; **2.** ръководя, направлявам, насочвам, напътвам; **3.** управлявам, движа; тласкам; явявам се причина, стимул.

guide-book ['gaid buk] *n* пътеводител.

guilt [gilt] *n* **1.** вина, виновност (*и юрид.*); **the ~ lies with him alone** виновен е само той, вината е само негова; **2.** *ост.* престъпление, законарушение; **3.** *рел.* грях, греховност.

guilty ['gilti] *adj* **1.** виновен, провинен (**of**); **to plead ~ (not ~)** признавам се (не се признавам) за виновен; **2.** гузен, виновен, смутен (*за съвест, поглед и пр.*); **3.** престъпен (*за действие, тайна и пр.*).

Guinea ['gini] *n геогр.* Гвинея; **New ~** Нова Гвинея.

guinea ['gini] *n* гвинея (*стара англ. златна монета, днес парична единица от 21 шилинга*).

guitar [gi'ta:] *n* китара.

gulden ['gu:ldən] *n ист.* гулден (*холандска или австроунгарска монета*).

gulf [gʌlf] **I.** *n* **1.** дълбок (морски) залив; **2.** бездна, пропаст (*и прен.*); бездънна дълбочина, дълбина; **3.** водовъртеж (*и прен.*); **II.** *v* **1.** поглъщам, увличам (*за бездна, водовъртеж*); **2.** *разг.* давам/връчвам диплома без отличие (на).

gull-wing ['gʌl,wiŋ] *adj* (*за врата на автомобил*) отваряща се нагоре.

gulp [gʌlp] **I.** *v* (*и* **~ down**) **1.** гълтам (поглъщам, преглъщам) жадно (с усилие, с мъка); гаврътвам; давя се, задавям се; **2.** преглъщам (*сълзи*), сдържам, задушавам, не давам воля на (*чувство*); **3.** вярвам, приемам за чиста монета, "гълтам"; **II.** *n* **1.** гълтане; глътка; голяма хапка; **at one (a) ~** на един дъх, на една глътка; **2.** давене, задавяне, задушаване.

gum$_1$ [gʌm] *n обикн. pl* зъбни венци.

gum$_2$ **I.** *n* **1.** клей, смола (*от дърво*); лепило; **~ arabic** гуми арабика; **2.** ситнеж, ситен въглищен прах; **II.** *v* **1.** намазвам с клей, насмолявам; лепя, залепвам, слепвам (**in, together, up**); **2.** пускам (изпускам) смола (*за дърво*); **3.** ставам лепкав, покривам се с прах (масло и пр.) (*за машинна част*).

gump [gʌmp] *n sl* идиот, глупак, тъпак.

gumption ['gʌmpʃən] *n* **1.** *разг.* здрав разум, съобразителност, практичност, находчивост; **2.** *изк.* разтворител (*за боя*).

gun [gʌn] **I.** *n* **1.** оръдие, топ; огнестрелно оръжие, пушка; револвер; миномет; *pl* артилерия; **machine ~** картечница; **great ~s!** велики Боже! **2.** залп, салют; **3.** човек с (който носи, е въоръжен с) пушка; ловец; стрелец; **II.** *v* **1.** стрелям с оръдие (пушка); обстрелвам с артилерия; **2.** ловувам (**for, after**); **to ~ for s.o. (s.th.)** *разг.* преследвам някого (нещо); **3.** застрелвам (**down**).

gun fodder ['gʌn,fɔdə] *n* пушечно месо.

gunman ['gʌnmən] *n* (*pl* **-men**) **1.** въоръжен човек; въоръжен партизанин; **company gunmen** *амер. sl* въоръжена охрана на частно предприятие; **2.** *ам.* гангстер, убиец; бандит; **3.** производител на оръжия (оръдия), оръжейник.

gunner ['gʌnə] *n* **1.** артилерист; минохвъргач; картечар; **2.** ловец, ловджия; **3.** артилерийски кон.

gunning ['gʌniŋ] *n* стрелба, стреляне; обстрелване; лов; **to go out ~** ходя на лов.

gunpowder ['gʌnpaudə] *n* барут.

guppy$_1$ ['gʌpi] *n зоол.* малка тропическа (и аквариумна) рибка, гупа *Lebistes reticulatus.*

guppy$_2$ *n* вид бърза подводница.

gurgle [gə:gəl] **I.** *v* **1.** бълбукам, клокоча, кълколя, гълголя; **2.** гукам (*за дете*); **to ~ with laughter** смея се задавено; давя се от смях; **II.** *n* **1.** бълбукане, клокочене; кълколене, гълголене; **2.** гукане (*на дете*).

gurney ['gə:ni] *n ам.* носилка на колела.

gush [gʌʃ] **I.** *v* **1.** бликам, избликвам, лея се, струя; руквам (*и с* **forth, out**); **his nose ~ed with blood** от носа му бликна (рукна) кръв; **2.** тека, лея се (*за думи*); **3.** *разг.* правя излияния, лигавя се, сантименталнича, изпадам в телешки възторг (**over**); **II.** *n* **1.** бликане, избликване, леене, струене; рукване; **2.** (силна) струя; поток (*и прен.*); **3.** излияния.

gusher ['gʌʃə] *n* **1.** нефтен фонтан; **2.** прекалено сантиментален човек, лигльо.

gussy up ['gʌsi,ʌp] *v ам. sl* издокарвам, наконтвам.

gustily ['gʌstili] *adv* на тласъци (пориви).

gusto ['gʌstou] *n* **1.** удоволствие, увлечение (с което се работи и др. под.); **2.** *ост.* вкус.

gutter ['gʌtə] **I.** *n* **1.** канал; улей; водосточна тръба (канал), улук; канавка; вадичка; бразда, улейче (*от течаща вода, восък и пр.*); **2.** *печ.* щега; **3.** *прен.* улица, мизерия, кал; **born in the ~** роден в мизерия (*на улицата*); **language (manners) of the ~** уличен език, държание; **II.** *v* **1.** поставям канали (улуци и пр.); правя канавки; **2.** набраздявам, правя улейчета; капе, стича се (*за свещ*); тече на вадички.

guy$_1$ [gai] **I.** *n* приспособление за обтягане; обтяжка, ванта (*и* **guy-rope**); **II.** *v* опъвам с обтяжка (ванта).

guy$_2$ **I.** *n* **1.** *прен.* чучело, плашило; **2.** *ам. sl* човек, момче; **regular ~** славен човек; **3.** *ам. sl* шега; **II.** *v* **1.** изобразявам като плашило, окарикатурявам; правя за посмешище; **2.** *sl* подигравам се; подмятам, будалкам; издевателствам над; **3.** *театр.* окарикатурявам (*роля*).

guy$_3$ **I.** *n sl* измъкване, изплъзване; **to do a ~** измъквам се, изчезвам, офейквам; **II.** *v* измъквам се, изплъзвам се, офейквам, изчезвам.

guzzle ['gʌzəl] **I.** *v* тъпча се (с), нагъвам; пия, наливам се (с), къркам; **to ~ o.'s money away** изяждам си (изпивам, пропивам си) парите; **II.** *n* тъпкане, голямо ядене; наливане, пиене, къркане.

gyle [dʒail] *n* **1.** бирена мая; **2.** количество пиво, приготвено при едно варене; **3.** бъчва за ферментиране на пиво.

gym [dʒim] = **gymnasium 1.**; **gymnastics**.

gymnasium [dʒim'neiziəm] *n* **1.** гимнастически салон; **2.** гимнастическа школа в Древна Гърция; **3.** гимназия (*в Европа*).

gymnast ['dʒimnæst] *n* гимнастик, -чка.

gymnastic [dʒim'næstik] **I.** *adj* **1.** гимнастически; **2.** който тренира ума; **II.** *n обикн. pl* гимнастика; *sing* гимнастика (*прен.*); **a mental ~** умствена гимнастика, гимнастика на ума; **to do ~s** правя гимнастика; **mounted ~s** акробатика (гимнастика на кон).

gypsum ['dʒipsəm] **I.** *n минер.* гипс; **II.** *v* гипсовам (*почва*).

gypsy = **gipsy**.

gyration [dʒaiə'reiʃən] *n* **1.** въртене; спираловидно движение; циркулация; **2.** *зоол.* извивка на спираловидна черупка.

H

H, h$_1$ [eitʃ] *n* буквата **h**; **to drop one's h's** не произнасям звука **h** (*характерен белег на лондонския простонароден говор*).

H$_2$ *съкр. за* височина; хероин (*жарг.*); болница; Унгария; хидрант.

H$_3$ означение за твърдост (*на графита на моливите*); *хим.* водород.

h$_4$ *съкр. за* **hecto-; hot; hour**.

h$_5$ символ за константата на Планк.

ha$_1$ [ha:] *int* ха! а! (*за изненада*).

ha$_2$ хектар.

haberdashery ['hæbədæʃəri] *n* галантерия, галантерийни стоки; мъжки ризи; *амер.* магазин за мъжка мода.

habit ['hæbit] **I.** *n* **1.** навик, привичка, обичай; **to be in the ~ (to make a ~) of doing something** имам навик (обичай) да правя нещо, привикнал съм да правя нещо; **2.** склонност, наклонност, темперамент (*и* **~ of mind**); **3.** *анат.* хабитус, структура, телосложение; **II.** *v* **1.** обличам; **~ed in black** облечен в (с) черно; **2.** *остар.* живея в, обитавам, населявам.

habitant ['hæbitənt] *n* **1.** *рядко* обитател, жител; **2.** ранен френски заселник в Канада или Луизиана.

habitual [hə'bituəl] *adj* **1.** обичаен, привичен; свойствен (**to**); *мед.* хабитуален, хроничен; **2.** *прен.* закоравял (*за лъжец, пияница и пр.*); **a ~ criminal** рецидивист.

habu ['ha:bu] *n* голяма отровна змия *Trimeresurus flavoridis.*

hack [hæk] *v* прониквам в чужд компютър, пиратствам.

hackery [hækəri] *n* **1.** *ирон.* журнализъм, писателстване; **2.** компютърно пиратство.

had *вж* **have**.

h(a)ematogenesis [,hi:mətou'dʒenisis] *n* кръвообразуване.

h(a)ematogenous [,hi:mə'tɔdʒinəs] *adj* кръвообразуващ.

h(a)ematoid [,hi:mə'tɔid] *adj* подобен на кръв.

h(a)emorrhage ['hemərid3] *n мед.* хеморагия, кръвоизлив, кръвотечение.

h(a)emophiliac [,hi:mou'fili,æk] *n* страдащ от хемофилия.

haft [hæft] **I.** *n* дръжка; част от вретено; **II.** *v* слагам дръжка на, снабдявам с дръжка.

hagiocracy [,hædʒi'ɔkrəsi] *n* управление от светци.

hail$_1$ [heil] **I.** *n* град, градушка (*и прен.*); **II.** *v* **1.** вали град; **2.** сипе се, вали като град; сипя (*ругатни и пр.*) (**on** върху).

hail$_2$ *int остар., лит.* привет, здравей; **H. Mary** Аве Мария.

hail$_3$ **I.** *v* **1.** поздравявам, приветствам; акламирам; **2.** *мор.* извиквам, сигнализирам на (*кораб*); **3.** извиквам, повиквам, давам знак на; **to ~ a taxi** извиквам такси, давам знак на такси да спре; **II.** *n* приветствие, поздрав; извикване; **within ~** наблизо (така, че да чуя, като ме повикат); • **to be ~ fellow well met with everyone** интимен съм с всички, държа се интимно (свойски) с всички.

hair [heə] **I.** *n* **1.** косъм; косъмче, влакно, влакънце; власинка; **to a ~, to the turn of a ~** съвсем точно, досущ; **2.** *събир.* коса; козина, четина, руно; **3.** тънка жичка; **II.** *v* **1.** щавя кожа; **2.** *муз.* слагам косми на лък.

haircut ['heəkʌt] *n* подстригване (подрязване) на коса; **to have a ~**

подстригвам (подрязвам) си косата.

hairdo ['heədu] *n* прическа, фризура.

hairdresser ['heədresə] *n* фризьор, -ка, коафьор.

hairpin ['heəpin] *n* **1.** фиба, фуркет (*за коса*); **a ~ bend** остър завой (*на път*); **2.** *sl амер.* младо момиче.

hair slide ['hɛə,slaid] *n* шнола за коса.

Haiti [hei'ti:] *n* Хаити.

half [ha:f] **I.** *n* (*pl* **halves** [ha:vz]) **1.** половина, половинка; **one and a ~** едно (един) и половина; **2.** *уч.* семестър, срок; *спорт* полувреме; **3.** *спорт* = **halfback**; **II.** *adj* половин; полу-; **~ a mile (a yard, an hour etc.)** половин миля (ярд, час и пр.); **III.** *adv* **1.** наполовина; донякъде; **he only ~ understands** той разбира само донякъде; **2.** почти, доста; **3.** *грубо за усилване* ама че!

halfback ['ha:f,bæk] *n спорт* полузащитник, халф.

halfdead ['ha:f,ded] *adj разг.* полумъртъв от умора, капнал.

half-hardy ['ha:f,ha:di] *adj* устойчив на студ (*за растение*).

half seas over ['ha:f,si:z,ouvə] *adj разг.* пиян, напит.

half-slip ['ha:f,slip] *n* подплата за пола.

half term ['ha:f,tə:m] *n* кратка ваканция между два семестъра.

half-time ['ha:f'taim] *n* **1.** полудневна работа; **to go on ~** започвам да работя половин ден; **2.** *спорт* полувреме.

half-wittedness ['ha:f,witidnis] *n* тъпоумие, слабоумие, идиотизъм.

haliplankton ['hæli,plæŋktən] *n* морски планктон.

hall [hɔ:l] *n* **1.** зала, салон, приемна (банкетна) зала; **concert ~** концертна зала; **2.** трапезария (*в университет*) (*и* **dining-~**); обед в университетска трапезария; **3.** замък, къща (резиденция) на земевладелец.

hallo(a) [hæ'lou, hə'lou] **I.** *int* ей, хей (*за повикване*); ало; я! я гледай! (*за изненада*); **II.** *n* вик, повикване; възклицание на изненада; **III.** *v* викам "ей", "хей"; възкликвам от изненада, ахвам.

hallowedness ['hælouidnis] *n* святост; осветеност.

halt₁ [hɔ:lt] **I.** *n* **1.** спирка; застой; **to make (call) a ~** *воен.* (временно) спирам настъпление; спирам се, прекъсвам; **2.** спирка, станция; **II.** *v* спирам (се), прекъсвам; *воен.* спирам настъпление на войски; **to ~ at** спирам на (*спирка*); *воен.* спри! стой!

halt₂ **I.** *adj остар.* куц, сакат; **II.** *v* **1.** *остар.* куцам; **2.** колебая се, двоумя се (**between**); **3.** говоря несигурно (несвързано), спъвам се, запъвам се; **III.** *n* куцане; запъване, спъване.

ham₁ [hæm] *n* **1.** бут, бедро; **to squat on one's ~s** клеча; **2.** свински бут, шунка.

ham₂ *n исп.* село, град, селище.

ham₃ *n амер.* лош актьор, любител; лоша игра (*на актьор*).

Hamburger ['hæmbə:gə] *n* **1.** жител на гр. Хамбург; **2.** кюфте (**hamburger**).

hammer ['hæmə] **I.** *n* **1.** чук; чукче; **~ and sickle** сърп и чук; **2.** *техн.* чело (*на ръчен чук*); бойник; **3.** *остар.* петле (*на пушка*); **II.** *v* **1.** чукам, зачуквам, кова, заковавам (**into**); *разг.* оформям, усъвършенствам (*план и пр.*); **2.** блъскам, удрям; налагам, бия; напердашвам здравата; нанасям тежко поражение на; **3.** обявявам за несъстоятелен.

hammer drill ['hæmə,dril] *n*канго.

hammer price ['hæmə,prais] *n* цена, на която се купува даден предмет (*на търг*).

hand [hænd] **I.** *n* **1.** ръка (*от китката надолу*); предна лапа на животно; *прен.* ръка, власт; • **the ~ of God** пръст Божи; **2.** *в обстоят. изрази*: **at ~** наблизо, под ръка; **3.** работник, работничка, работна ръка; моряк; майстор; • **a ~ of bananas** кичур банани; **II.** *v* **1.** (пре)давам, връчвам (**to**); **2.** подавам; **3.** изпращам (*с писмо и пр.*); • **to ~ it to someone** признавам превъзходството на някого.

handbag ['hæhdbæg] *n* дамска (ръчна) чанта.

handballer ['hænd,bɔlə] *n* хандбалист, -ка.

handbook ['hændbuk] *n* **1.** ръководство, наръчник, справочник, пътеводител; **a ~ of anatomy etc.** кратък курс по анатомия и пр.; **2.** книга за записване облозите при състезания.

handclasp ['hænd,kla:sp] *n ам.* ръкостискане.

handcraft ['hænd,kra:ft] **I.** *n* занаят; ръчна изработка; **II.** *v* изработвам ръчно.

handcuff ['hændkʌf] **I.** *n обикн. pl* белезници; **II.** *v* слагам белезници на.

hand-held ['hænd,held] *adj* ръчен, портативен (*за камера, компютър и пр.*).

handicap ['hændikæp] **I.** *n* **1.** *спорт* хандикап; **2.** пречка; спънка; нещо, което поставя човека в неизгодно положение; **to be under a heavy ~** в много неизгодно положение съм; **II.** *v* (**-pp-**) **1.** *спорт* налагам хандикап на; **2.** преча на, възпрепятствам, затруднявам, спъвам, поставям в неизгодно положение.

handicapped ['hændikæpt] *adj, n* недъгав; с вроден недъг.

hand glass ['hænd,gla:s] *n* **1.** лупа с дръжка; **2.** огледалце с дръжка.

handicraft ['hændikra:ft] *n* **1.** занаят; **2.** ръчна работа; **3.** сръчност.

handkerchief ['hæŋkətʃif] *n* **1.** носна кърпа (*и* **pocket ~**); **to drop (throw someone the ~** хвърлям на някого кърпата (*като знак при детска игра*); *прен.* проявявам предпочитание (изразявам предпочитанието си) към някого; **2.** малко шалче; кърпа за глава.

handle [hændl] **I.** *n* дръжка; ръчка; манивела; • **a ~ to one's name** титла; **II.** *v* **1.** пипам, опипвам; **2.** работя с, боравя с; манипулирам с; **3.** управлявам, маневрирам (*кораб и пр.*); справям се (оправям се) с.

handlebar ['hændl,ba:] *n* кормило на велосипед; **a ~ moustache** дълги щръкнали мустаци.

handmade ['hænd'meid] *adj* изработен на ръка, ръчен.

handsome ['hænsəm] *adj* **1.** хубав, красив, напет (*за мъж*); **2.** представителен; внушителен; **3.** щедър; великодушен, благороден; **to make ~ amends** давам пълно удовлетворение.

handstand ['hænd,stænd] *n* стойка на ръце.

hand-to-hand ['hændtu,hænd] *adj, adv* рамо до рамо; един до друг; заедно.

handwriting ['hændratiŋ] *n* **1.** почерк; **in his/her ~** с неговия почерк; **2.** ръкопис.

handy ['hændi] **I.** *adj* **1.** сръчен, изкусен, ловък; **~ with the needle** сръчен в шиенето; **2.** удобен, лесен за манипулиране; полезен; **3.** наблизо, под ръка; **II.** *adv разг.* наблизо; **the doctor lives quite ~** лекарят живее доста наблизо.

hang [hæŋ] *v* (**hung** [hʌŋ]) **1.** закачам, окачам; накачам (**on, from**); **to ~ something on a peg (on the wall)** закачам нещо на закачалка (стена);

2. накичвам, украсявам (**with**); **a house hung with flags** къща, накичена със знамена; **the trees are hung with fruit** дърветата са нависнали от плод(ове); **3.** вися; увиснал съм.

hanger ['hæŋə] *n* **1.** човек, който закача (*особ. в съчет.*); **paper-~** човек, който поставя книжни тапети; **2.** закачалка (*за дрехи*); **3.** ченгел; писмен знак с форма на ченгел.

ha'p'orth ['heipət] *n разг.* човек, екземпляр.

happen ['hæpən] *v* **1.** случва се, става (**to**); **these things will ~** стават (случват се) такива работи; **2.** *с inf* случайно..., случи се, че...; **3.** *разг.* появявам се, влизам в живота на някого.

happiness ['hæpinis] *n* щастие.

happy ['hæpi] *adj* **1.** щастлив; доволен; радостен; **as ~ as the day is long (as a king, as a bird on the tree)** напълно щастлив; **2.** уместен, добре подбран, подходящ, успешен, на място.

haptic ['hæptik] *adj* осезателен; свързан с осезанието.

harbour ['ha:bə] **I.** *n* **1.** пристанище; *attr* пристанищен; **2.** *остар.* подслон, убежище; **3.** леговище (*на елен*); **II.** *v* **1.** *мор.* стоя на (пускам) котва (*в пристанище*); **2.** приютявам, подслонявам, давам подслон на; крия, укривам; **3.** тая, питая (*обикн. лоши чувства*).

hard [ha:d] **I.** *adj* **1.** твърд, корав; **to become (get) ~** втвърдявам се; **2.** здрав, як, калèн (*за човек*); **3.** тежък, силен (*за удар и пр.*); труден, тежък, мъчен, усилен (*за работа, времена и пр.*); тежък, труден, неотстъпчив (*за характер*); **II.** *adv* **1.** твърдо, кораво; **it froze ~ last night** снощи имаше голям мраз, снощи земята съвсем замръзна; **2.** силно енергично, с все сила, усилено; **3.** мъчно, трудно, тежко; болезнено, с мъка, мъчително; **III.** *n* **1.** *провинц.* твърд бряг, подходящ за слизане от кораб; **2.** *разг.* каторжна работа (*и* **~ labour**); **3.** пресован тютюн (*за дъвчене*).

hardback ['ha:d,bæk] *adj, n* (книга) с твърди корици.

hardbake ['ha:d,beik] *n* карамелен бонбон с бадем.

hardball ['ha:d,bɔl] **I.** *n* твърда топка (*в бейзбола*); **II.** *adv* жестоко, безмилостно, твърдо.

hard cash [ha:d,kæʃ] *n* кеш, пари в брой.

hard cheese ['ha:d,tʃi:z] *n sl* лош късмет.

hard-edge(d) ['ha:d,edʒ(d)] *adj* с ясни очертания на образите (*за стил в рисуването*); директен; безкомпромисен, еднозначен.

hardheadedness ['ha:d,hedidnis] *n* трезвомислие, практичност; твърдоглавие.

hardhitting ['ha:d,hitiŋ] *adj* безкомпромисен, директен, безмилостен.

hard labour ['ha:d,leibə] *n* тежък поправителен труд.

hard landing ['ha:d,læŋgiŋ] *n* **1.** твърдо кацане (приземяване); **2.** драстична (решителна) мярка, *прен.* шокова терапия (*на икономически проблеми*).

hard line ['ha:d,lain] *adj* твърд; който клони към крайности; безкомпромисен (*в политиката*).

hard-liner ['ha:d,lainə] *n* хардлайнер; безкомпромисен политик.

hardly ['ha:dli] *adv* **1.** едва; едва що; едва ли; **he can ~ read** той едва чете; **2.** жестоко, сурово, грубо; лошо, зле; **3.** ожесточено, с ожесточение.

hard neck ['ha:d,nek] *n разг.* дързост, безочие.

hard science [ˈha:d,saiəns] *n* една от естествените науки.

hardscrabble [ˈha:d,skræbl] **I.** *adj ам., разг.* нецивилизован, неблагороден (*за район*); **II.** *n* големи усилия, твърдост, устойчивост.

hard sell [ˈha:d,sel] *n* агресивен метод на продажба.

hard shoulder [ˈha:d,ʃoulder] *n* аварийна лента.

hardware [ˈha:dweə] *n* **1.** *разг.* железария; железарски и кухненски (метални) принадлежности; **2.** *комп.* хардуер, механичните, електрическите и електронните части на компютъра.

hardy perennial [ˈha:dipəˈreniəl] *n* **1.** многогодишно растение; **2.** песен (книга и пр.), която не излиза от мода.

hare [heə] **I.** *n* заек; **buck-~** мъжки заек; **II.** *v разг.* тичам бързо (като заек).

harm [ha:m] **I.** *n* вреда, пакост; зло, лошо; **to do ~ to s.o.** причинявам някому зло (вреда), навреждам някому; **II.** *v* **1.** причинявам вреда на, вредя, навреждам, увреждам; накърнявам интересите на; **2.** случва ми се нещо лошо.

harmful [ˈha:mful] *adj* вреден, пакостен.

harmless [ˈha:mlis] *adj* **1.** безвреден, невинен (*и за лекарство*); **2.** безобиден, кротък; **as ~ as a dove** кротък като агънце.

harmony [ˈha:məni] *n* **1.** хармония, съзвучие; **2.** съгласие; **to be in ~ with** хармонирам със, в съгласие съм със.

harness [ˈha:nis] **I.** *n* **1.** сбруя, хамут, амуниция (*за впрегатно животно*); **to work (run) in double ~** *прен.* женен съм, омъжена съм; **2.** *истор.* доспехи, броня; **3.** *текст.* нищелка, ремиза; **II.** *v* **1.** запрягам, впрягам; **to ~ a horse to a cart** впрягам кон в каруца; **2.** *прен.* обуздавам; впрягам (*за водна сила и пр.*); **3.** *истор.* обличам в броня (доспехи).

harp [ha:p] **I.** *n муз.* арфа; **to hang one's ~ on the willows** *прен.* захвърлям тамбурата; унивам, изпадам в униние; **II.** *v* **1.** свиря на арфа; **2.** *прен.* "опявам", "бая си", повтарям непрекъснато **(on, upon)**; **to ~ on the same string** повтарям едно и също нещо, "опявам си".

harsh [ha:ʃ] *adj* **1.** суров, рязък, остър, груб (*и за плат*); безчувствен; **2.** рязък, остър; пронизващ (*за звук*), дрезгав, сипкав (*за глас*); **3.** ярък, крещящ (*за цвят и пр.*).

harvest [ˈha:vist] **I.** *n* **1.** жътва, прибиране на реколтата; **2.** реколта; **~ of the sea** *прен.* риба; **3.** *прен.* резултат; плод; **II.** *v* жъна; събирам, прибирам (реколта).

harvester [ˈha:vistə] *n* **1.** жътвар, жътварка; **2.** жътварска машина, жътварка; **~ combine** комбайн.

harvestman [ˈha:vistmən] *n* **1.** жътвар; **2.** *зоол.* дългоножка.

has [hæz, *редуцирани форми* həz, əz] *v 3 л., ед., сег. от* **have**.

hash [hæʃ] **I.** *n* **1.** гозба от остатъци; **~ house** *амер.* второкласен ресторант (гостилница); **2.** *прен.* нещо изтъркано (остаряло), което се представя в подновен вид; **3.** *прен.* каша, бъркотия; • **to settle s.o.'s ~** оправям си сметките с някого; свършвам (поразявам, унищожавам) някого; принуждавам някого да замлъкне, запушвам устата на някого; **II.** *v* **1.** кълцам, смилам, сготвям (остатъци) (*и* **~ up**); **2.** *прен.* объркувам, оплесквам, развалям; **3.** : **to ~ up** преработвам, скалъпвам.

hasn't [ˈhæzənt] *съкр., разг.* = **has not**.

haste [heist] **I.** *n* **1.** бързина, бързане, спешност; **to make ~** бързам; **2.** прибързаност; припряност; • **marry in ~, repent in leisure** който набързо се жени, после съжалява; **II.** *v поет.* = **hasten**.

hasten ['heisn] *v* **1.** бързам; действам бързо; движа се бързо; **I ~ed to assure him** побързах да го уверя; **2.** ускорявам, правя (карам) да стане по-бърз (ра̀нен).

hasty ['heisti] *adj* **1.** бърз; набързо направен (извършен); **~ growth** бърз растеж; **2.** прибързан, припрян, набързо направен; необмислен; импровизиран; **3.** сприхав; гневлив.

hat [hæt] **I.** *n* **1.** шапка; **chimney-pot ~, stove-pipe ~** *шег.* цилиндър, "гърне"; **2.** *техн.* горен (повърхностен) слой (пласт); **3.** *мин.* покривка (*над залеж*); • **to hang up one's ~** разполагам се; правя дълга (арменска) визита; **II.** *v* **(-tt-)** *рядко* **1.** слагам шапка на, покривам с шапка; **a smarty ~tedd woman** жена с хубава шапка; **2.** правя кардинал, давам кардиналски сан на.

hatchet man ['hætʃit,mæn] *n* "маша" (в нечии ръце), "горила".

hate [heit] **I.** *v* мразя, ненавиждам; **to ~ like poison (the plague)** смъртно мразя (ненавиждам); **II.** *n* омраза, ненавист.

hate campaign ['heit,kæm,pein] *n* клеветническа кампания, кампания за нечие очерняне.

hatred ['heitrid] *n* омраза, ненавист; **to have a mortal ~ of** смъртно мразя.

haul [hɔ:l] **I.** *v* **1.** влача, тегля; дърпам; мъкна; *мор.* карам на буксир; **to ~ at (upon) a rope** дърпам (тегля) въже; **2.** превозвам, пренасям; подвозвам; **3.** променям посоката си, обръщам се (*за вятър, кораб*); **II.** *n* **1.** теглене, дърпане, влачене; **2.** превозване, превоз; **3.** *жп* превоз.

hautboy ['oubɔi] *n* **1.** *муз.* обой; **2.** високостеблена ягода.

have [hæv, *редуцирани форми* həv, əv] *v* (**had** [hæd, həd]) **1.** имам, притежавам; държа; **to ~ a cold** настинал (хремав) съм; **2.** получавам; вземам; придобивам; **we had news** получихме (имахме) известие (новини); **3.** прекарвам (време).

haver ['heivə] **I.** *v* **1.** колебая се, двоумя се; **2.** *диал.* бръщолевя, дрънкам глупости; **II.** *n* празни приказки, бръщолевене.

Hawaii [hə'waii] *n* Хаваите.

hawk$_1$ [hɔ:k] **I.** *n* **1.** ястреб; **to know a ~ from a handsaw** *прен.* не съм толкова прост; **2.** *прен.* хищник; акула; **II.** *v* **1.** ходя на лов със соколи; **2.** връхлитам, налитам, спускам се **(on, at)**.

hawk$_2$ **I.** *v* окашлям се, изкашлям се; **II.** *n* окашляне.

hawk$_3$ *v* **1.** продавам на крака, върша амбулантна търговия; **2.** разнасям, разпространявам (*новини и пр.*).

hawk$_4$ *n строит.* маламашка.

hay$_1$ [hei] **I.** *n* сено; **to make ~** кося и пластя трева; **II.** *v* **1.** кося и суша (трева) на сено; **2.** давам сено на (добитък); **3.** използвам като ливада, използвам като сено.

hay$_2$ *n* старинен селски танц.

hazard ['hæza:d] **I.** *n* **1.** шанс; случай, случайност; **at ~** наслука; **2.** риск; опасност; **3.** хазарт, хазартна игра, комар; **II.** *v* **1.** рискувам; поставям на карта; **2.** осмелявам се, решавам се (*с ger*); **to ~ a remark** осмелявам се да се обадя.

hazard-free ['hæzəd,fri:] *adj* безопасен, без рискове; сигурен.

hazard lights ['hæzəd,laits] *n pl* аварийни светлини.

hazelnut ['heizəlnʌt] *n* лешник.

H-bomb ['eitʃbɔm] *n* водородна бомба.

HC *съкр. за* **House of Commons**.

he [hi] **I.** *pron pers* той; **~ who (that)** този, който; **II.** *n* **1.** мъжкар, самец; мъжки; (*за новородено*) момче е; (*за котенце и пр.*) мъжко е; **~-goat** пръч, козел; **2.** който гони (*при жмичка*).

head [hed] **I.** *n* **1.** глава; *прен.* човек, глава; глава добитък (*pl без изменение*); **thirty ~ of cattle** тридесет глави добитък; **2.** *прен.* ум, разум, разсъдък; *разг.* акъл; **3.** началник; шеф; ръководител; водач; вожд, главатар; **II.** *adj* **1.** челен, преден; първи, главен; **~ gardener** главен градинар; **2.** насрещен; **3.** *муз.* от горен регистър (*за глас*); **III.** *v* **1.** възглавявам, начело съм на, водя; **2.** тръгвам, отивам, вървя (**for**); **3.** озаглавявам; слагам заглавие на.

headache ['hedeik] *n* **1.** главоболие; мигрена; **2.** *амер., прен.* неприятност, главоболие, трудност.

headbang ['hed,bæŋ] *v разг.* тръскам глава (*в ритъма на музиката*).

headbutt ['hed,bʌt] **I.** *v* удрям с глава; **II.** *n* удар с глава, главичка.

headbanger ['hed,bæŋə] *n* **1.** *разг.* фен на хеви метъл, рок запалянко; **2.** идиот, празноглавец.

headcase ['hed,keis] *n разг.* луд, смахнат, чалнат.

head count ['hed,kaunt] *n* преброяване (*на присъстващите*).

headfirst ['hed,fə:st] *adj, adv* стремглав(о).

headlamp ['hed,læmp] *n* фар.

headlight ['hedlait] *n* **1.** автомобилен (локомотивен) фар; **2.** *мор.* светлина на мачтата.

headline ['hedlain] *n* **1.** заглавие; надпис; *печ.* титул; **2.** *мор.* въже, което привързва платното за рейката.

head money ['hed,mʌni],*n* награда за заловен (убит) престъпник.

headphones ['hedfounz] *n pl радиотехн.* слушалки.

headquarters ['hedkwɔ:tə:z] *n* **1.** *воен.* щаб; *рядко* главна квартира; **2.** *прен.* управление, дирекция, център; **3.** *прен.* извор, източник (*на сведения и пр.*).

headsquare ['hed,skwɛə] *n* квадратна кърпа за глава.

headstand ['hed,stænd] *n* стойка на глава.

head-to-head ['hedtu,hed] *adj* конкурентен, съревнователен.

heal [hi:l] *v* **1.** лекувам, церя, излекувам, изцерявам; **to ~ somebody of a wound** излекувам раната на някого; **2.** (*за рана*) оздравявам, зараствам; затварям се (**up, over**); **3.** *прен.* оправям, поправям; уреждам.

health [helθ] *n* **1.** здраве; **to be in (good) ~** здрав съм; **2.** здравеопазване; хигиена; **3.** тост; наздравица.

healthy ['helθi] *adj* **1.** здрав, в добро здраве; **to put the finances of a country on a ~ footing** заздравявам финансите на една държава; **2.** здравословен, полезен за здравето.

heap [hi:p] **I.** *n* **1.** куп, купчина, камара; **in a ~** накуп; **2.** *разг.* маса, много; *pl* множество; **3.** *мин.* табан, насипище; **II.** *v* **1.** трупам, натрупвам, правя на куп (купчина) (**up**); **to ~ up riches** трупам (събирам) богатство; **2.** отрупвам, препълвам (**with**), **a ~ed spoonful of sugar** препълнена лъжица захар; **3.** обсипвам (**on, upon**).

hear [hiə] *v* (**heard** [hə:d]) **1.** чувам; **I have heard it said** чувал съм да казват, говори се, че ...; **2.** слушам; изслушвам (**out**); **~ me out** изслушай ме докрай; **3.** дочувам, научавам.

heart [ha:t] **I.** *n* **1.** сърце; **with bleeding ~** с разтуптяно сърце; *прен.* с нетърпение (страх); **2.** *прен.* сърце, душа; **3.** *прен.* същина, същност; • **with ~ and hand** с всичките си сили, с ентусиазъм, енергично; **II.** *v* **1.** образувам сърцевина (*обикн. с* **up**); **2.** *строит.* запълвам, изпушвам (**in**).

heartburn ['ha:tbə:n] *n* киселини в стомаха.

heartland ['ha:t,lænd] *n* **1.** *прен.* сърце, център; **2.** централни райони, вътрешност на страна.

heartlessness ['ha:tlisnis] *n* безсърдечие, коравосърдечие, жестокост, бездушие.

heartsickness ['ha:t,siknis] *n* униние, угнетеност.

heart starter ['ha:t,sta:tə] *n sl австр.* първото питие за деня.

heart-warming ['ha:t,wɔ:miŋ] *adj* приятен, който гали душата; затрогващ, вълнуващ.

heart-wholeness ['ha:t,houlnis] *n* **1.** сърдечна неангажираност; **2.** всеотдайност, отдаденот, посветеност.

hearty ['ha:ti] **I.** *adj* **1.** сърдечен; искрен, прям, откровен; **2.** здрав, крепък, як, енергичен; **he is still ~** *разг.* още го бива; **3.** голям, добър (*за апетит*); **II.** *n* **1.** добър и смел човек; **2.** моряк; **3.** *унив.* спортист.

heat [hi:t] **I.** *n* **1.** горещина, топлина; **~ capacity** *физ.* топлоемкост, топлинен коефициент; **2.** *прен.* жар, разпаленост, възбуда, раздразнение; разгорещяване; гняв; **3.** *метал., техн.* нагряване, нажежаване; **II.** *v* **1.** нагрявам (се), грея (се), топля (се) (*също* **~ up**); **2.** нагорещявам (се), нажежавам (се); **3.** *прен.* възбуждам (*фантазия и пр.*); разгарям, разпалвам (страсти); раздразвам.

heater ['hi:tə] *n* **1.** нагревател; грейка; отоплител; радиатор; печка; *радиотехн.* отопление; **immersion ~** бързовар; **to turn on (off) the heaters** (*във влак и пр.*) пускам (спирам) отоплението; **2.** огняр; **3.** *sl* револвер.

heating ['hi:tiŋ] **I.** *n* **1.** нагряване, сгорещяване; **~ surface** нагревна площ; **2.** отопление; **3.** спарване, запарване (*на жито и пр.*); ферментиране; **II.** *adj* **1.** нагревателен; **2.** топлинен, отоплителен.

heaven [hevn] *n* **1.** небе, небосвод; небеса; **the eye of ~** слънцето; **2.** *прен., рел.* небе, рай.

heavy[1] ['hevi] **I.** *adj* **1.** тежък; **~ casualties** *воен.* тежки човешки загуби; **2.** тежко натоварен (**with**); *прен.* претоварен; **3.** голям; обемист; **II.** *n* **1.** *театр.* сериозна (трагична) роля; **2.** актьор, който изпълнява такива роли; **to play the ~ (over someone)** чета на някого морал; **3.** *воен.* тежкокалибрено оръдие; **the heavies** тежката артилерия; тежките бомбардировачи; **III.** *adv.* = **heavily**; **time hangs ~** времето минава скучно (бавно), времето се влачи мудно.

heavy[2] ['hi:vi] *adj вет.* който страда от запъхтяване (задух); *остар.* ташанлия (*за кон*).

heavy-breather ['hevi,bri:ðə] *n* **1.** човек със затруднено дишане; **2.** човек, който се обажда анонимно и диша тежко в слушалката.

heavy-footed ['hevi,fu:tid] *adj* който стъпва тежко.

Hebrew ['hi:bru:] **I.** *n* **1.** юдеин, древен жител на Палестина; **2.** израилтянин, евреин; **3.** староеврейски (древноеврейски) език; **II.** *adj* староеврейски, еврейски.

hectare ['hekta:] *n* хектар.

hedge [hedʒ] **I.** *n* **1.** плет; жив плет; (*и* **quickset**); **dead ~** сух плет; ограда; **2.** *прен.* преграда, препятствие; **3.** *attr* долнокачествен; съмнителен; **II.** *v* **1.** ограждам, заграждам, окръжавам (**about, in**); преграждам (**off**); поставям ограда; **to ~ round with**

care and affection обграждам с грижа и обич; **2.** работник съм по поддръжката на плетове; **3.** *прен.* ограничавам, възпрепятствам; затруднявам.

hedgehog ['hedʒhɔg] *n* **1.** таралеж, еж; *амер.* и бодливец; **to curl up like a ~** *разг.* затварям се в черупката си; **2.** *прен.* необщителен (затворен) човек, саможивец; **3.** *бот.* семенник с бодли по него (*напр. на татула*).

heedlessness ['hi:dlisnis] *n* невнимание, небрежност, непредпазливост.

heel₁ [hi:l] **I.** *n* **1.** пета; **under the ~ of the invader** под ботуша на нашественика; **2.** ток (*на обувка*); пета (*на чорап*); **3.** заден крак на животно; шип (*на подкова*); шпора, махмуз; **II.** *v* **1.** слагам пети (токове) на; **2.** преследвам (следвам) по петите; **3.** тракам с токовете (*при танц*).

heel₂ **I.** *v мор.* наклонявам (се), навеждам (се); килвам (се) (**over**); **II.** *n мор.* наклоняване (килване) на кораб встрани; ъгъл на наклоняването.

heel-and-toe ['hi:lən'tou] **I.** *adj* **1.** *остар.*: **a ~ dance** джига (*старинен танц*); **2.** *спорт* **a ~ walk** спортно ходене; **II.** *v разг.*: **to ~ the distance** изминавам разстоянието пеша.

heel bar ['hi:l,ba:] *n* обущарница.

heel-tap ['hi:ltæp] *n* **1.** капаче на ток (*на обувка*); **2.** остатък от питие в недопита чаша; **no ~s!** екс! до дъно! до капка!

height [hait] *n* **1.** височина; височината; ръст; **a wal six feet in ~** стена, висока 6 фута; **2.** възвишение, хълм; **3.** *прен.* връх, апогей, кулминационна точка; най-висша степен.

heir [eə] **I.** *n* наследник, приемник; **to fall ~ to a property** наследявам имущество; **II.** *v* наследявам.

heiress ['eəris] *n* наследница.

held *вж* **hold₁**.

helicopter ['helikɔptə] *n ав.* вертолет, хеликоптер.

helideck ['heli,dek] *n* платформа за хеликоптер върху кораб (нефтена платформа и пр.).

heliophyte ['hi:liou,fait] *n* слънцелюбиво растение.

helipad ['heli,pæd] *n* площадка за излитане и кацане на хеликоптери.

heliport ['heli,pɔ:t] *n* летище за хеликоптери.

hell [hel] *n* **1.** ад, пъкъл, преизподня (*и прен.*); **a (regular) ~ of a noise** адски шум; **2.** игрален дом; вертеп; **3.** кошче за парцали (*на шивач*).

he'll [hi:l] *разг., съкр. от* **he will**.

hellacious [he'leiʃəs] *adj sl ам.* страхотен, супер, бижу.

hellhole ['hel,houl] *n разг.* "дупка", вертеп.

hello ['hʌ'lou, he'lou] **I.** *int* ало! здравей!; **~, is that you?** я гледай, ти ли си бил? **II.** *v* викам "ало".

helm₁ [helm] **I.** *n* **1.** кормило; *мор.* румпел; щурвал; **the ship answers the ~** корабът се подчинява на кормилото, корабът се управлява леко; **2.** *прен.* власт, управление; **II.** *v* направлявам, насочвам, управлявам.

helm₂ *n* **1.** *остар., поет.* шлем; **2.** *хим.* горната част на реторта.

helmet ['helmit] *n* **1.** *воен., спорт* шлем, каска; **2.** тропическа каска; **3.** *техн.* капак, похлупак; калпак.

helmsman ['helmzmən] *n* кормчия.

help [help] *v* **1.** помагам на, оказвам помощ (съдействие) на, съдействам (допринасям) за; подпомагам; **~ me across the street** помогни ми да пресека улицата; **2.** подобрявам, поправям, облекчавам; **3.** сервирам (храна), поднасям, сипвам (**to**).

helpfulness ['helpfulnis] *n* помощ,

отзивчивост.

helpless ['helplis] *adj* безпомощен; **as ~ as a babe** съвсем безпомощен.

hemisphere ['hemisfiə] *n* **1.** полукълбо, полусфера, полушарие, хемисфера; **2.** *анат.* полукълбо на главния мозък, хемисфера.

h(a)emorrhage ['hemərid3] *n мед.* хеморагия, кръвоизлив, кръвотечение.

hemp [hemp] *n* **1.** коноп; **2.** индийски коноп, хашиш (*и* **Indian ~**); **3.** наркотик, приготвен от индийски коноп (хашиш).

hen [hen] *n* **1.** кокошка; **2.** женската у птиците; **pea-~** женски паун; **3.** *шег.* жена.

hence [hens] **I.** *adv книж.* **1.** оттук; **to go (depart) ~** умирам; **2.** отсега, след; **3.** следователно; прочие; от това следва, че; **II.** *int остар.* вън!

hen-house ['hen'haus] *n* курник, кокошарник.

hen night ['hen,nait] *n* последната нощ на булката.

her [hə:] *pron* **1.** *pers косвен падеж от* **she**; **2.** *poss* неин; **~ book** нейната книга, книгата ѝ.

herb [hə:b] *n* **1.** трева, билка, биле, лековито растение; подправка; **sweet ~s** подправки (*магданоз, копър и пр.*); **2.** *остар., поет., рядко* трева, зеленина.

herd [hə:d] **I.** *n* **1.** стадо, чарда; табун (*коне*); **to break the ~** отличавам се от стадото (*и прен.*); **2.** *прен.* тълпа; маса; **3.** пастир, овчар, говедар; **II.** *v* **1.** събирам (трупам) се в стадо; живея в стадо; движа се вкупом, тълпя се; **these animals ~ together** тези животни живеят на стада; **2.** паса, гледам (*стадо*).

here [hiə] **I.** *adv* **1.** тук; **come in ~ please** минете оттук, моля; **2.** в тази посока, насам; **3.** ето; • **~'s to you! II.** *n* този свят, този живот; **~ we go again** *разг.* пак я втасахме.

hereditary [hi'reditəri] *adj* **1.** наследствен; фамилен, семеен; **2.** традиционен.

heresy ['herisi] *n* ерес.

heritage ['heritid3] *n* **1.** наследсво; бащиния; **to enter into the ~ of** ставам наследник на; **2.** *шотл., юрид.* недвижими имущества; **3.** *библ.* богоизбраният народ, израилтяните.

hermit-like ['hə:mit,laik] *adj* отшелнически; като отшелник.

hero ['hiərou] (*pl* **-oes**) *n* **1.** герой; **~ of the hour** герой на деня; **2.** *мит.* герой, полубог.

heroic [hi'rouik] **I.** *adj* **1.** героичен, геройски, юначен, храбър; **~ poem** епическа поема; **2.** *проз.*: **~ verse** петостъпен римуван ямб (*в английската поезия*); александрийски стих (*във френската поезия*); хекзаметър (*в античната поезия*); **3.** високопарен, бомбастичен, надут, претенциозен; **II.** *n pl* **1.** героични стихотворения (стихове); **2.** *прен.* декламаторство, позьорство, театралничене; надут (бомбастичен, високопарен) език; **to indulge in ~s, to go into ~s** декламирам, изпадам в афект.

heroine ['herouin] *n* героиня.

heroism ['herouizəm] *n* героизъм, геройство; доблест.

hero-worshiper ['hiərou,wə:ʃipə] *n* човек, който издига някого в култ (който се прекланя пред кумир).

herpetic [hə:'petik] **I.** *adj* херпесен; **II.** *n* човек, страдащ от херпес.

herring ['heriŋ] *n* херинга, селда *Clupea harengus*; **kippered ~** пушени херинги.

hers [hə:z] *pron poss* неин (*абсолютна форма*); **a friend of ~** една нейна приятелка, един неин приятел.

herself [hə:'self] *pron refl* **1.** се, себе, себе си (*само за ж. р.*); **she hurt**

~ тя се удари; **2.** (*като форма за подсилване или подчертаване*) сама, самичка, лично; • **she is not ~ today** днес тя не е на себе си.

he's [hi:z] = **he is, he has**.

hesitate ['heziteit] *v* **1.** колебая се, двоумя се, не се решавам; • **he who ~s is lost** колебанието е пагубно; **2.** заеквам, запъвам се.

hesitation [,hezi'teiʃən] *n* **1.** колебание, нерешителност; двоумение; **2.** заекване, запъване (*в говора*).

hesitative [hezi'teitiv] *adj* колеблив, нерешителен.

het [het] *n sl abbr* **(heterosexual)** хетеросексуален.

heterogamy [hetə'rɔgəmi] *n* хетерогамия.

heterosexism [,hetərou'sek,sizəm] *n* дискриминация спрямо хомосексуалистите.

heterosexual [,hetərou'seksjuəl] **I.** *adj* хетеросексуален; **II.** *n* хетеросексуалист.

heterosexuality [,hetərou'seksju,æliti] *n* хетеросексуалност.

heterotopia [,hetərou'toupiə] *n* анормално изместване на орган или част от човешкото тяло.

hiccup, hicough ['hikʌp] **I.** *n* хълцане; **II.** *v* хълцам, хълцукам.

hide₁ [haid] **I.** *n* **1.** кожа (*на едро животно*); одрана кожа (*сурова или обработена*); **2.** *разг.* човешка кожа; **to have a thick ~** *прен.* имам дебела кожа; •**~ and hair** без остатък; **II.** *v* **1.** *разг.* бия с камшик; съдирам от бой; **2.** *остар.* дера, одирам (*кожа*).

hide₂ *v* **(hid** [hid]; **hidden, hid** [hidn]) крия (се), скривам (се); укривам (се); прикривам (се); закривам, покривам; **to ~ (away) a treasure** скривам съкровище; • **to ~ one's light (candle) under a bushel** погребвам си таланта.

hide-and-seek ['haidənd'si:k] *n* криеница, жмичка.

hideaway ['haidə,wei] *n* скривалище, тайно място.

hidy-hole ['haidi,houl] *n* скривалище, тайно място.

hieroglyph ['haiəroglif] *n* йероглиф.

high [hai] **I.** *adj* **1.** висок, издигнат, възвисѐн; **2.** висш, главен, върховен; **High Command** върховно командване; **high official** висш служител; **H. Commissioner** върховен комисар; **~ place (office)** високо (висше) място (пост); **the Most H. (highest)** *библ.* Бог; **~ life** висше общество, аристокрация, хайлайф; **3.** главен, важен (*и за последица и пр.*); **II.** *adv* **1.** високо; **to aim (fly) ~** меря, целя се (летя, хвърча) високо; **2.** силно; **3.** високо; пискливо, тънко; •**~ and low** навсякъде; **III.** *n* **1.** високо ниво; *мет.* антициклон; **2.** *карти* най-силната карта; **3.** висша точка, максимум; **an all-time ~** рекорд; • **~ and low** всички, бедни и богати.

highbinder ['hai,baində] *n* **1.** *ам., разг.* гангстер; **2.** корумпиран политик.

highbrowed ['hai,braud] *adj* високоинтелигентен, образован.

highchair ['hai,tʃεə] *n* висок детски стол с табла за хранене.

high comedy ['hai,kəmədi] *n* комедия за интелектуалци (*залагаща на остроумните диалози*).

high-density ['hai,densiti] *adj* *комп.* с голяма памет (*между 1.2 и 1.44 мегабайта*).

high-end ['hai,end] *adj* мощен, най-ново поколение (*за компютър*).

high fashion ['hai,fæʃən] *n* висша мода.

high ground ['hai,graund] *n* журн. преимущество, предимство; преднина.

high-handedness ['hai,hændidnis] *n* властност, арогантност, тираничност.

high-heeled ['hai,hi:ld] *adj* с високи токчета.

highlighter ['hai,laitə] *n* **1.** руж; фондютен; **2.** маркер; ярък флумастер.

highly ['haili] *adv* **1.** много; силно; високо; ~ **seasoned** силно подправен; **2.** благоприятно, благосклонно.

highly-strung ['haili,strʌŋ] *adj* чувствителен, обидчив, нервен.

high point ['hai,pɔint] *n* най-вълнуващото събитие, най-приятният момент.

high priest ['hai,pri:st] *n шег.* спец, експерт; *ж. р.* **high priestess**.

high-profile ['hai,prɔfail] *adj* знаменит, прочут; сензациозен.

high-rise ['hai,raiz] *adj* висок, многоетажен (*за сграда*).

high-risk ['hai,risk] *adj* рисков; изложен на най-голям риск.

high spot ['hai,spɔt] *n* = **high point**.

high street ['hai,stri:t] *n* главна търговска улица.

high summer ['hai,sʌmə] *n* средата на лятото.

hightail ['hai,teil] *n sl ам.* движа се бързо, профучавам (като стрела) (*и* ~ **it**).

high tech ['hai,tek] *adj* високотехнологичен.

high tide ['hai,taid] *n* прилив.

highway ['haiwei] *n* **1.** голям път, шосе; ~ **crossing** прелез; **2.** главен път (*и мор.*); **3.** *прен.* прав път; • **to be on the ~ to success (ruin)** на път съм да успея (да се проваля); **Highway Code** правилник за движението по пътищата.

high wire ['hai,waiə] *n* въже на еквилибрист; **to perform a ~ act** *журн.* изпълнявам труден номер, справям се отлично с деликатна ситуация.

hijab [hi'dʒæb] *n* фередже.

hijack ['haidʒæk] *v амер. sl* крада, отмъквам, задигам (*в движение*).

hike [haik] **I.** *v* **1.** скитам, пътешествам, ходя пеш (*из планини и пр.;* **about**); **to ~ it** изминавам пешком; **2.** *амер., воен.* марширувам; **3.** мъкна, тътря; **II.** *n* **1.** екскурзия (*пеш*); **2.** *амер., воен.* марш, поход.

hill [hil] **I.** *n* **1.** хълм, височина, възвишение, могила, рид, бърдо, баир; **to spend the summer in the ~s** прекарвам лятото на планина; **2.** *авт.* стръмнина, наклон; **3.** куп, купчина, камара, купчинка; • **up ~ and down dale** 1) по планини и долини; 2) *прен.* навсякъде; 3) с всички сили, енергично; **II.** *v* **1.** правя на куп; **2.** окопавам (*картофи и пр.*); **III.** *adj* хълмист; ~ **country** хълмист терен, местност.

him [him, im] *pron pers косвен падеж от* **he**; **1.** му, на него; **2.** *разг., грубо* той; **that's him** това е той.

himself [him'self] *pron refl* **1.** себе си; **he cut ~** той се поряза; **2.** той самият (*за усилване*); • **Richard is ~ again** още живее, още е жив (*за някой, който е оздравял след тежка болест*).

hinder[1] ['haində] *adj* заден.

hinder[2] ['hində] *v* **1.** преча, спъвам, спирам, затруднявам, възпрепятствам; **I was ~ed from coming** бях възпрепятстван да дойда; **2.** забавям; **3.** бивам пречка за.

Hindi ['hin'di:] *n* хинди (*език в Северна Индия*).

Hindoo = **Hindu**.

hindquarters ['haind,kwɔ:təz] *n pl* задница (*на животно*).

Hindu ['hin'du:] **I.** *adj* индуски; **II.** *n* индус.

hint [hint] **I.** *n* **1.** намек; подмятане, загатване; **to drop (let fall) a ~** намеквам; **2.** кратък съвет; **II.** *v* намеквам, подмятам, загатвам; внушавам; **to ~ at something** намеквам (загатвам) за нещо.

hip₁ [hip] *n* **1.** бедро; хълбок; ханш; **down in the ~** с повредена кост на задния крак (*за кон*); *прен.* в лошо настроение; **2.** *строит.* ребро на покрив; • **to have (get, take,** *остар.* **catch) s.o. on (upon) the ~** държа някого в ръцете си (във властта си).

hip₂ *n* шипка (*плодът*).

hip₃ *adj* модерен, шик, елегантен.

hip-huggers ['hip,hʌgə:z] *n pl* панталони до нивото на ханша.

hippie, hippy ['hipi] *n* хипи.

hippy ['hipi] **I.** *n* = **hippie**; **II.** *adj sl* с широк ханш; "тътлеста".

hipster ['hipstə] *n* **1.** конте, денди; **2.** *pl* панталони до нивото на ханша (*под талията*).

hire [haiə] **I.** *n* **1.** наем; наемане, заемане; **to let (out (on) ~** давам под наем; **2.** наем; заплащане, възнаграждение; заплата; *прен.* награда; **II.** *v* **1.** наемам, ангажирам; главявам, ценявам, вземам на работа; **to ~ a clark** вземам служител; **2.** давам под наем **(out)**; **3.** главявам се **(out)** (*и refl* **to ~ oneself out as)**.

hireling ['haiəliŋ] *n* **1.** човек, който работи на надница (*обикн. презр.*); продажник, наемник; **the ~s of the press** продажниците вестникари; **2.** вещ, която се наема; **3.** наемник, наемен войник.

his [hiz, iz] *pron poss* негов, свой; **he took my pen and ~** той взе моята и неговата писалка.

historian [his'tɔ:riən] *n* историк.

historic [his'tɔrik] *adj* исторически, с историческо значение; **~ tenses** *език.* исторически времена.

historical [his'tɔrik(əl)] *adj* **1.** исторически, отнасящ се до миналото, до историята; **~ novel** исторически роман; **2.** *език.* = **historic**.

historically [his'tɔrikli] *adv* от историческа гледна точка.

history ['histəri] *n* **1.** история; **ancient ~** древна (стара) история, минала (свършена) работа; **2.** историческа пиеса (*особ. от Шекспир*).

hit [hit] *v* (**hit** [hit]) **1.** удрям, бия, нанасям удар; удрям се (**against, on, upon**); **to ~ someone in the face** удрям някого по лицето; **2.** удрям, улучвам, уцелвам, умервам; попадам в целта; **3.** засягам, наранявам, обиждам.

hit list ['hit,list] *n* черен списък; списък на хора, които трябва да бъдат убити.

hitch-hike ['hitʃ,haik] *v амер.* пътувам на автостоп.

hitch-hiker ['hitʃ,haikə] *n* стопаджия.

hi tech ['hai,tek] = **high tech**.

hitman ['hitmən] *n* наемен убиец.

hoarfrost ['hɔ:frɔst] *n* скреж, слана.

hoarse [hɔ:s] *adj* **1.** дрезгав; сипкав, пресипнал; **2.** скрибуцащ, скърцащ (*за механизъм и пр.*).

hobby₁ ['hɔbi] *n* **1.** хоби; страст; мания; **to paint as a ~** рисувам за удоволствие; **2.** обикновен кон за езда; *истор.* военен кон.

hobby₂ *n* малък сокол *Falco subbuteo*.

hobo ['houbou] *n* (*pl* **hobos, hoboes**) *амер. sl* **I.** *n* **1.** безделник, скитник; **2.** странстващ сезонен работник; **II.** *v* скитам.

hockey ['hɔki] *n спорт* хокей; **ice ~** хокей на лед.

hocus ['houkəs] *v sl* изигравам, "мятам", "изпързалвам".

hoe [hou] **I.** *n* мотика; **II.** *v* копая (*с мотика*); окопавам, прекопавам; • **a long row to ~** продължителна и трудна работа.

hoedown ['hou,daun] *n ам.* вид буен танц.

hog [hɔg] **I.** *n* **1.** свиня, прасе, кастриран шопар; **2.** *диал.* шиле; биче годинак, даначе; **3.** *прен.* алчен човек; егоист; мръсник; **II.** *v* **1.** изкривявам гръб; вдигам си гърба (*за кон*); **2.** извивам се, изкорубвам се, измятам се; **3.** сграбчвам лакомо.

hoggin(g) ['hɔgin(ŋ)] *n* вид ситен чакъл за настилка.

hogtie [,hɔgtai] *v* **1.** връзвам ръцете и краката (на); **2.** възпрепятствам, спъвам.

hoi polloi ['hɔipə'lɔi] *n* простолюдие, масите.

hoist[1] [hɔist] **I.** *v* дигам, издигам, вдигам, качвам (*със скрипец, кран*); *прен.* качвам, вдигам (*с мъка*); **II.** *n* **1.** вдигане, издигане, изкачване; **2.** *техн.* лебедка, хаспел; **3.** асансьор.

hoist[2] *pp от* **hoise**; **~ with his own petard** попаднал в собствената си клопка.

hoke ['houk] *v* преигравам.

hokey ['houki] *adj sl ам.* **1.** старомоден, сантиментален; **2.** фалшив, менте.

hold[1] [hould] *v* (**held** [held]) **1.** държа; държа се; **to ~ aloof** държа се настрана; **2.** поддържам, крепя, държа здраво, подпирам (*и с* **up**); издържам; **3.** задържам, удържам (*позиция, неприятел и пр.*).

hold[2] [hould] *n мор.* трюм; хамбар.

holdout ['houl,aut] *n ам.* опонент; човек, който възпрепятства нещо.

hole [houl] **I.** *n* **1.** дупка, дупчица; трапчинка, вдлъбнатина; яма, трап; **to dig ~s** правя (копая) дупки; **2.** отвърстие, изход; отвор; **3.** дупка, бърлога (*на животно*); • **a ~ in one's coat** петно на репутацията ми; **II.** *v* **1.** правя дупки; пробивам се (*и за чорап, кораб и пр.*); **2.** вкарвам (влизам) (*в дупка*); *спорт* вкарвам топката (*при голф*) (*и с* **out**); правя точка; **3.** пробивам, прокопавам (*тунел*).

hole-and-corner ['houlən,kɔ:nə] *adj* потаен, скришен, подмолен.

holiday ['hɔlidei] **I.** *n* **1.** празник; почивен ден; **Bank ~** официален празник; **2.** *обикн. pl* ваканция; отпуск; **3.** *attr* ваканционен; празничен; **II.** *v* прекарвам отпуск (ваканция); летувам, почивам.

Holland ['hɔlənd] **I.** *n* **1.** Холандия; **2.** (**h.**) небелено ленено платно; **II.** *adj* направен от такова платно.

hollow ['hɔlou] **I.** *n* **1.** кухина; празнина; пещера; **2.** вдлъбнатина, хлътнатина, падина, котловина; **3.** хралупа, коруба; **II.** *adj* **1.** кух, празен; **2.** вдлъбнат; хлътнал; **3.** дълбок (*за съд*); **III.** *v* дълбая, издълбавам (*обикн. с* **out**).

holster ['houlstə] *n* кобур.

holy ['houli] **I.** *adj* **1.** свят, свещен; **H. Father** папата; **the H. goast (spirit)** Свети Дух; **H. Writ** Светото писание; **H. Week** Страстната седмица; **H. Land** Божи гроб, Палестина; Юдея; **2.** благочестив, отдаден Богу; религиозен, набожен; • **holier than thou** *амер.* високомерен; самомнителен, самодоволен; **H. Mackerel (H. Moses! H. smoke!)** *амер.* Господи! Боже мой! как е възможно! не може да бъде! **H. Office** Инквизицията; **~ terror** досаден, дотеглив човек; дете, което поставя възрастните в неудобно положение; **II.** *n:* **H. of Holies** Светая Светих.

home [houm] **I.** *n* **1.** дом, домашно (бащино) огнище, покрив; жилище, къща; **at ~** у дома, вкъщи; прием; приемен ден (*на дама от обществото*); **2.** семейство, семеен живот; **3.** родина, отечество; • **~ was never like this** *амер., разг.* дяволски весело; **II.** *adj* **1.** домашен; семеен; роден; **~ computer** *комп.*

домашен компютър; **2.** вътрешен; местен (*за стоки и пр.*); **H. Guard** войски за вътрешна отбрана, опълчение (*в Англия*); **3.** обратен (*за влак, пътуване и пр.*); **III.** *v* **1.** връщам се у дома (*особено за пощенски гълъб и др. животно*); **2.** предоставям къщата си на, приютявам, приемам в дома си; **3.** изпращам (донасям) вкъщи; **IV.** *adv* **1.** вкъщи, у дома; **to go ~** отивам вкъщи, *прен.* умирам; **2.** *в съчет. с гл.:* в определеното място, докъдето трябва (може), навътре, надълбоко; в целта; **3.** *спорт* до финала; ● **to bring (come get) oneself ~** възстановявам се, оправям се финансово.

homeboy ['houm,boi] *n* **1.** близък приятел, авер; **2.** съселянин, съгражданин.

homesick ['houmsik] *adj* обзет от носталгия; тъгуващ за родината.

homie ['houmi] *n* = **homeboy**.

homocentric ['houmou,sentrik] *adj* концентричен.

honest ['ɔnist] *adj* **1.** честен; почтен; **~ Injun!** честна дума! истина ли? нима? **2.** истински, действителен, същински, неподправен; правдив; **3.** *остар.* целомъдрен; добродетелен.

honesty ['onisti] *n* **1.** честност; почтеност; **2.** правдивост; откровеност, прямота; **3.** *бот.* лопатка *Lunaria*.

honey ['hʌni] **I.** *n* **1.** мед; *прен.* сладост, "мед"; **2.** *умал.* мили, мила, миличко, гълъбче, душичко; **3.** нектар; **II.** *v остар. или амер.* говоря сладникаво.

honeybunch ['hʌni,bʌntʃ] *n ам., разг.* скъпа, мила, пиле, коте (*обръщение*).

honeymoon ['hʌnimu:n] **I.** *n* меден месец; сватбено пътешествие; **II.** *v* отивам на сватбено пътешествие.

honeytrap ['hʌnitræp] *n разг.* клопка (*за да се направи компрометиращ материал за изнудване*).

honky ['hɔnki] *n sl ам., пренебр.* бял човек.

honour, *амер.* **honor** ['onə] **I.** *n* **1.** чест; **in ~ of** в чест на; **2.** почит, уважение; **3.** *остар.* добро име, репутация; целомъдрие; **II.** *v* **1.** почитам, уважавам; **2.** удостоявам (**with**); **3.** плащам в срок (*за полица*).

honourable, *амер.* **honorable** ['onərəbl] *adj* **1.** почтен, честен, благороден; **2.** почетен; **3.** (*като обръщение*) уважаеми, почитаеми.

hood [hud] **I.** *n* **1.** качулка; гугла; капишон; *унив.* шапка, знак за научна степен; **2.** капак, похлупак; обвивка; покривало; *техн.* капак на автомобилен двигател; капак на механизъм; гюрук, покрив (*на файтон, кабриолет*); **3.** *мор.* постройка с врата (*над стълбите*); **II.** *v* **1.** покривам с качулка, капак и пр.; похлупвам, захлупвам; **2.** *прен.* скривам, закривам, прикривам, покривам.

hoof [hu:f] **I.** *n* (*pl* **hoofs** *или* **hooves**) **1.** копито; **2.** *прен.* копитно животно; **3.** *шег.* човешки крак; ● **to pad (beat) the ~** *sl* вървя пеш, бия път; **II.** *v* **1.** ритам с копито; **2.** : **to ~ it** *sl* вървя пеш, трамбовам; танцувам.

hook [huk] **I.** *n* **1.** кука, чengел; кукичка (*на телено копче*); **~ and eye** телено (мъжко и женско) копче; **2.** въдица (*и прен.*); **3.** канджа; ● **by ~ or by crook** с всички средства; така или иначе; **II.** *v* **1.** свивам (се) във вид на кука; **2.** закачам, окачам, окачвам (**up, on, upon, in**); **3.** хващам (*риба с въдица и прен.*).

hooligan ['hu:ligən] *n* хулиган.

hoop[1] [hu:p] **I.** *n* **1.** обръч; колело, обръч (*за детска игра*); **2.** обръч (*на кринолин*); кринолин; **3.** халка (*на пръстен*); **• to go (put someone) through (the) ~s** понасям, изтърпявам (подлагам на) изпитания, мъчения; **II.** *v* **1.** стягам, затягам (*с обръч*); **2.** обхващам, прегръщам.

hoop₂ I. *v* викам, издавам звук, хълцане (*като при коклюш*); **II.** *n* кашлица (*като при коклюш*).

hoot [hu:t] *v* **1.** викам, бухам; изсмивам се (**at**); викам "у", дюдюкам, овиквам, освирквам; **to ~ with laughter** смея се гръмко; **2.** свиря, давам сигнал (*за сирена, автомобил и под.*); **3.** бухам (*за бухал*); фуча (*за вятър*).

hop₁ [hɔp] **I.** *v* (**-pp-**) **1.** подскачам, скачам (*на един крак*); карам да подскача (*топка и пр.*); **2.** *разг.* прескачам (*и с* **over**); **3.** *амер.* скачам в (*в движение*); **to ~ a train** пътувам нелегално; **II.** *n* **1.** скок, подскок (*на един крак*); **to catch on the ~** хващам (*топка*) при отскок; *прен.* намирам (*някого*) точно преди да тръгне; **2.** *разг.* танц; вечеринка; бал; **3.** *sl ав.* полет; етап на летене.

hop₂ I. *n* хмел; **II.** *v* **1.** бера хмел; **2.** слагам хмел (*за малцови питиета*).

hope [houp] **I.** *n* надежда; очакване; вяра; **to be passed (beyond, beyond all) ~** в безнадеждно положение съм; **II.** *v* надявам се; вярвам, имам вяра; очаквам, чакам (**for, to** *c inf*); **I ~ so** надявам се, че е така.

hopeful ['houpful] **I.** *adj* **1.** който се надява (**of, about**); **2.** надежден; обещаващ, многообещаващ; **II.** *n*: **a young ~** *шег., ирон.* младеж, юнак.

hopeless ['houplis] *adj* безнадежден, изгубен; безизходен, отчайващ.

horizon [hə'raizn] *n* **1.** хоризонт, кръгозор; **apparent (sensible, visible) ~** видим хоризонт; **2.** *прен.* кръгозор; **3.** *геол.* пластове, утаечни скали от една и съща геоложка формация.

horizontal [hɔri'zɔntl] **I.** *adj* **1.** хоризонтален, водоравен; **2.** хоризонтен; **II.** *n* хоризонтал; хоризонтално положение; *мат.* хоризонтала.

horn [hɔ:n] **I.** *n* **1.** рог (*и на охлюв, на луната*); рогово вещество; **~ of plenty** рог на изобилието; **2.** ловджийски рог; *муз.* хорн; *sl* тръба; **3.** клаксон, сирена (*и на автомобил*); **II.** *v* **1.** муша, бода, намушвам (*с рога*); **2.** *мор.* обръщам кораб под прав ъгъл към кила; **3.**: **to ~ in** *амер.* натрапвам (се); меся се, намесвам се, бъркам се в.

horoscopy [hɔ'rɔskəpi] *n* правене (тълкуване) на хороскопи.

horrible ['hɔrəbl] *adj* **1.** ужасен, страшен, чудовищен, страхотен; **2.** *разг.* неприятен, отвратителен, безобразен, гнусен, противен.

horripilation [hɔ,ripi'leiʃən] *n* настръхване; наежване.

horror ['hɔrə] *n* **1.** ужас; страх; потрес; **the ~s** нервен припадък от неоправдан страх (ужас); делириум тременс; **2.** отвращение, погнуса (**of**); **3.** *разг.* "ужас", грозотия.

horse [hɔ:s] **I.** *n* **1.** кон; **riding ~** кон за езда; **2.** конница, кавалерия; **3.** кон (*фигура при игра на шах*); **• hold your ~s** *разг.* не се вълнувай! чакай! имай търпение! **II.** *v* **1.** доставям коне; снабдявам с кон(е); **2.** слагам на кон (*на дървено магаре и пр.*); *рядко* нося на гърба си; **3.** *рядко* яздя, яхам.

horseback ['hɔ:sbæk] *n*: **on ~** на кон.

horsehide ['hɔ:s,haid] *n* конска кожа.

horseman ['hɔ:smən] *n* ездач, конник.

horse-power ['hɔ:s,pauə] *n техн.* конска сила (*единица мярка*).

horse-radish ['hɔ:s,rædiʃ] *n* хрян.

horseshoe ['hɔ:sʃu:] *n* подкова.

hose₁ [houz] *n* **1.** *истор.* тесни, опнати панталони (*до коляното или до глезена*); **2.** *търг.* чорапи; **half-~** къси чорапи.

hose₂ **I.** *n* маркуч; **II.** *v* поливам, напоявам (*с маркуч*).

hosiery ['houʒəri] *n* **1.** трикотаж; **2.** магазин (фабрика) за трикотаж.

hospitable ['hɔspitəbl] *adj* гостоприемен, гостолюбив; радушен; *прен.* отворен, открит за, готов да приеме (*идея;* **to**).

hospital ['hɔspitl] *n* **1.** болница; **2.** *остар.* благотворителен дом; **3.** *attr* болничен; **~ nurse** болнична сестра.

hospitality [,hɔ:spi'tæliti] *n* гостоприемство, гостолюбие, гостолюбивост; радушие, радушност.

host₁ [houst] *n* **1.** множество; тълпа; маса; **~s of troubles** куп неприятности; **2.** *остар.* войнство, войска.

host₂ *n* **1.** домакин, стопанин; **2.** хотелиер, съдържател; **3.** *биол.* гостоприемник - организъм, който храни паразити; • **~ (computer)** компютър, който управлява терминали.

hostage ['hɔstidʒ] *n* **1.** заложник, заложница; **2.** залог, гаранция.

hostess ['houstis] *n* **1.** домакиня; **2.** ханджийка; съдържателка на хотел.

hostile ['hɔstail] **I.** *adj* вражески, неприятелски, враждебен (**to**); **II.** *n* враг, неприятел; *истор.* индианецът враг; **~ witness** *юрид.* свидетел, който дава показания срещу страната, която го е призовала.

hostility [hɔs'tiliti] *n* **1.** враждебност, враждебно чувство (настроение); неприязън, омраза; **2.** *обикн. pl* военни действия; **to open (suspend) hostilities** започвам (спирам) военни действия; **outbreak (suspension) of hostilities** начало (прекратяване) на военни действия.

hot [hɔt] **I.** *adj* (**-tt-**) **1.** горещ, топъл; **steaming (sizzling) ~** съвсем горещ (врящ), току-що свален от печката; **2.** ярък (*за цвят*); **3.** лют(ив); **II.** *n sl* нещо крадено; **III.** *adv* горещо; **the sun shone ~ on the head** слънцето пареше над главите.

hot-bloodedness ['hɔt,blʌdidnis] *n* разгорещеност; пламенност.

hot dog₁ ['hɔt,dɔg] *n* хотдог, сандвич с кренвирш.

hot dog₂ *ам.* **I.** *n* ски-(сърфинг-)акробат; **II.** *v* правя сложни акробатични изпълнения със ски (сърфинг).

hotel [hou'tel] *n* хотел; **residential ~** семеен пансион.

hot-headedness ['hɔt,hedidnis] *n* буйност, лудост; безразсъдство.

hothouse ['hɔthaus] *n* парник, оранжерия; **~ plant** оранжерийно растение (*и прен.*).

hot key ['hɔt,ki] *n комп.* клавиш (бутон), който върши серия от операции.

hot money ['hɔt,mʌni] *n* паричен капитал, прехвърлен в друга финансова институция с цел бърза печалба.

hot pants ['hɔt,pænts] *n sl* **1.** впити къси панталонки; **2.** сексуално желание, мерак.

hot rod ['hɔt,rɔd] *n* кола с подобрен (форсиран) двигател.

hottish ['hɔtiʃ] *adj* доста горещ.

hour [auə] *n* **1.** час; **an ~ and a half** час и половина; **2.** *рел.* време на деня, определено от канона на Католическата църква за молитва; молитвата, която се чете по това време; **the Book of H.s** книгата Часослов, наустница; **3.** *астр.* 15° дължина, час.

house [haus] **I.** *n* (*pl* **hoses**) **1.** къща, дом, жилище, домакинство; **town ~** къща в града; **2.** *attr* къщен, домашен, домакински; **3.** сграда, помещение, пристройка; • **the H. ~** 1) парламентът; 2) *фин.* борсата; 3) *разг.* работнически приют; **II.** *v* **1.** давам (намирам) жилище на, подслонявам; давам подслон на; **this building ~s an art gallery** в това здание се помещава художествена галерия; **2.** побирам, вмествам; **3.** прибирам, вдигам; прибирам на гараж (в хангар).

household ['haushould] *n* **1.** семейство, домакинство, къща; дом; **2.** *attr* домакински; домашен; **~ goods** покъщнина; **3.** слуги, прислуга (*в даден дом*).

housekeeping ['hauski:piŋ] *n* домакинство; **~ book** книга за домакински разходи.

housemaid ['hausmeid] *n* **1.** слугиня, прислужница, камериерка (*която чисти стаите*); **2.** чуканче (трупче), което държи вратата полуотворена.

house-broken ['haus,broukən] *adj* научен да уринира на определените места (*за домашен любимец*).

house-train ['haus,trein] *v* уча (домашен любимец) да уринира само на определените места.

housewife *n* **1.** ['haus,waif] (*pl* **-ves**) домакиня, стопанка; **2.** ['hʌzif] (*pl и* **-fes**) несесер за шев.

housewifely ['hauswaifli] *adj* чист, спретнат; приличен; благоприличен.

housing[1] ['hauziŋ] *n* **1.** квартира, жилище, убежище, подслон; **the ~ problem** квартирният (жилищният) въпрос; **2.** жилищно строителство; **3.** разквартируване, подслоняване.

housing[2] *n* конски чул; *обикн. pl* покривало на кон при тържествени церемонии.

how [hau] **I.** *adv* **1.** как, по какъв начин; **~ do you like your tea?** как обичате чая? как ви се вижда (харесва ли ви) чаят? **2.** колко, как, на каква цена; **3.** колко (*за степен и брой*); • **here's ~!** за твое здраве! **II.** *conj* как, че; *остар.* **~ that** какво че; **III.** *n* начин; **the ~s and the whys of it** как и защо стана това, по какъв начин и по какви причини.

however [hau'evə] **I.** *adv* **1.** както и да; **~ you do it, the result is the same** както и да го направиш, резултатът е същият; **2.** колкото и (да); **II.** *conj* обаче, все пак, но, както и да е; **I don't like concerts - I shall go to this one, ~** не обичам концерти, обаче на този ще отида.

HQ, hq *съкр. от* **Headquarters** щабквартира, главно управление.

hubble-bubble ['hʌbl,bʌbl] *n* **1.** наргиле; **2.** суматоха, врява, гюрултия; **3.** бълбукане.

huge [hju:dʒ] *adj* грамаден, огромен, гигантски, колосален, великански.

human ['hju:mən] **I.** *adj* човешки; **he must be less than ~ not to be moved by such a story** трябва да не е човек, за да не се трогне от такава история; **II.** *n разг.* човек, човешко същество.

humane [hju'mein] *adj* **1.** човечен, човеколюбив, хуманен, благороден, милостив, милосърден; **2.** хуманитарен; **~ learning** хуманитарни науки.

humanity [hju:'mæniti] *n* **1.** човешка природа; **2.** човечество, човешки род; **3.** човечност, хуманност; милосърдие; **an act of ~** хуманно дело.

human-like ['hjumən,laik] *adj, adv* човешки; като човек.

humanoid [hjumənɔid] **I.** *adj* с човешки вид (характеристики); **II.** *n* хуманоид, човекоробот.

humble [hʌmbl] **I.** *adj* **1.** скромен; обикновен, прост, беден, непретенциозен; **in ~ circumstances** със скромно обществено положение; **2.** смирен, кротък; покорен; **3.** без самоуважение; който се унижава; • **to eat ~ pie** унижавам се, подлагам се на унижение; смирено искам извинение; **II.** *v* унижавам; смирявам.

humbug [ˈhʌmbʌg] **I.** *n* **1.** неискреност, фразьорство, шашма, шарлатанство, шарлатания; мистификация; **there is no ~ about him** той е прям (честен) човек; **2.** глупости, празни приказки; **3.** фразьор, шмекер, шарлатанин; ласкател; **II.** *v* **1.** подлъгвам, подвеждам, баламосвам; **2.** лаская, мамя с ласкателство.

humbuggery [hʌmbʌgəri] *n* баламосване, подлъгване.

humidity [hjuˈmiditi] *n* влага, влажност.

humify [ˈhjumifai] *v* превръщам в хумус.

humiliation [hjuˌmiliˈeiʃən] *n* унижение; унижаване.

humour [ˈhju:mə] **I.** *n* **1.** настроение; **to be in good (bad) ~** в добро (лошо) настроение съм; **2.** хумор; чувство за хумор; смешна страна; **3.** темперамент; **II.** *v* **1.** угаждам на, глезя, коткам, отнасям се снизходително към; търпя, понасям, нагаждам се към, отстъпвам пред; **to ~ the feelings of others** зачитам чувствата на другите; **2.** нагаждам работата си към материала, който използвам.

humoursome [ˈhjuməsəm] *adj* капризен, на настроения.

hump [hʌmp] **I.** *n* **1.** гърбица; **2.** издатина, изпъкналост, издутина, подутост; **3.** *sl* лошо (потиснато) настроение; **II.** *v* **1.** изгърбвам (се), прегърбвам, извивам; **to ~ up the back** изгърбушвам се; **2.** *австр.* нагърбвам, слагам (мятам) на гърба си; **3.** *sl* развалям настроението на, раздразням, разсърдвам.

humpbacked [ˈhʌmpbækt] *adj* гърбав, гърбат.

hundred [ˈhʌndrid] **I.** *num* сто; стотица; **~s of people** стотици (хора); **II.** *n* стара административна единица в Англия, окръг.

hundred-percenter [ˈhʌndridpə:ˈsentə] *n ам.* националист-екстремист.

hurdle rate [ˈhə:dlˌreit] *n фин.* разумен (приемлив) темп на възвръщаемост на дадена инвестиция.

hundredth [ˈhʌndridθ] **I.** *adj* стотен; **II.** *n* една стотна.

hundredweight [ˈhʌndridˌweit] *n* центнер (*амер.* 100 фунта = 45,30 кг; *англ.* 112 фунта = 50,80 кг).

hung I. *v вж* **hang**; **II.** *adj sl грубо* с големи полови органи (*за мъж*).

Hungarian [hʌnˈgeəriən] **I.** *adj* унгарски; **II.** *n* **1.** унгарец; **2.** унгарски език.

Hungary [ˈhʌŋgəri] *n* Унгария.

hunger [ˈhʌŋgə] **I.** *n* **1.** глад; **to die of ~** умирам от глад; **2.** *прен.* глад, жажда, страстен стремеж, копнеж (**for, after**); **II.** *v* **1.** гладувам; **2.** *прен.* жадувам, копнея, стремя се страстно (**for, after**); **3.** оставям някого да гладува, изгладявам.

hungry [ˈhʌŋgri] *adj* **1.** гладен; **to be (feel) ~** гладен съм; **2.** гладен, беден, неплодороден (*за почва*); **3.** *прен.* жаден, изпълнен с копнеж (**for**).

hunt [hʌnt] *v* **1.** ловя, ходя на лов за; ловувам, ходя на лов (*в Англия с кучета и без пушка*); **to go ~ing** ходя на лов; **2.** използвам (кон, кучета) за лов; **3.** ловувам в (даден район).

hunter [ˈhʌntə] *n* **1.** ловец, ловджия (*и за животно*); **2.** хунтер, ловджийски кон; **3.** *обикн. в съчет.* човек, който търси, гони, преследва (*слава, пари, идеи и пр.*).

hurdle [hə:dl] **I.** *n* **1.** леса, преграда, плет; **2.** *спорт* препятствие; *pl* *спорт* хърдели, бягане с препятствия; • **to be drawn on a ~** *истор.* влачат ме към мястото за екзекуция, вързан върху леса; **3.** пречка, препятствие; **II.** *v* **1.** ограждам с леси (плет) (*често с* **off**); **2.** *сп.* прескачам препятствие; участвам в бягане с препятствия.

hurrah [hu'ra:] **I.** *int* ура; **II.** *n* вик(ове) "ура"; **III.** *v* викам "ура"; поздравявам (посрещам) с ура.

hurricane ['hʌrikein] *n* **1.** ураган (*и прен.*); **it was blowing a ~** беше цял ураган; **2.** *ав.* вид изтребител.

hurry ['hʌri] *v* **1.** бързам, побързвам, избързвам, прибързвам; **to ~ through something** набързо свършвам нещо; **2.** карам да бърза, препирам, притеснявам; **3.** изпращам бързо; **the police hurried the prisoners into the car** полицията бързо натика затворниците в колата.

hurt [hə:t] **I.** *v* **1.** причинявам болка на; наранявам; убивам, натъртвам; **my shoes ~** обувките ми убиват; **2.** боли; **3.** наскърбявам, обиждам, наранявам; **II.** *n* **1.** повреда; вреда; **2.** болка; рана; **to receive a mortal ~** смъртно съм ранен.

husband ['hʌzbənd] **I.** *n* **1.** съпруг, мъж; **2.** *остар.* домакин; стопанин, управител; домовладика; **ship's ~** домакин на кораб; **II.** *v* **1.** стопанисвам (харча) икономично; икономисвам; **2.** *остар.* обработвам (*земя*), отглеждам (*растения*); **3.** *рядко* намирам съпруг на, омъжвам.

hush [hʌʃ] **I.** *n* затишие, тишина; мълчание; **the ~ of evening** вечерна тишина; **II.** *v* **1.** карам да затихне (млъкне); стихвам, затихвам, смълчавам се, притихвам; **to ~ a baby to sleep** приспивам бебе; **2.** сподавям (*смях и пр.*); снижавам (*глас*); **3.** *прен.* успокоявам, приспивам; **III.** *int* шш, шт, тихо.

hut [hʌt] **I.** *n* **1.** колиба; хижа; **2.** барака, временна постройка; **II.** *v* настанявам (се) в бараки (колиби); живея в бараки (колиби).

hyacinth ['haiəsinθ] *n* **1.** зюмбюл, хиацинт *Hyacinth*, сем. *Liliaceae*; **2.** *минер.* хиацинт, прозрачен циркон, обагрен в червено.

hydrocarbon ['haidrou'ka:bən] *n* въглеводород.

hydrogen ['haidrədʒin] *n* водород; **~-bomb** водородна бомба.

hydroplane ['haidroplein] *n* **1.** хидроплан, водосамолет; **2.** глисер, хлъзгач; **3.** хоризонтално кормило на подводница (*за изплуване*).

hyena [hai'i:nə] *n зоол.* хиена *Hyaena*.

hygiene ['haidʒi:n] *n* хигиена, здравеопазване.

hymn [him] **I.** *n* **1.** химн; **2.** църковна песен; **II.** *v* пея химни, славословя, възхвалявам, възпявам; **to ~ someone's praises** възхвалявам (славословя) някого.

hypersonic [,haipə'sɔnik] *adj* свръхзвуков, със скорост пет пъти по-голяма от скоростта на звука.

hypertensive [,haipə'tensiv] *adj* с много високо кръвно налягане.

hypnosis [hip'nousis] *n* **1.** хипноза; **2.** приспиване.

hypnotherapy [,hipnou'θerəpi] *n* хипнотерапия.

hypocrisy [hi'pɔkrəsi] *n* лицемерие, лицемерност, престореност, притворство, двуличие, хипокризия.

hypothesis [hai'pɔθisis] *n* (*pl* **hypotheses** [hai'pɔθisi:z]) **1.** хипотеза; **2.** предположение, догадка; **a working ~** предположение, което временно се приема като основа за понататъшни изследвания.

hysteric(al) [his'terik(l)] *adj* истеричен, истерически.

Hz *съкр. за* херц.

I

I, i$_1$ [ai] *n* деветата буква от английската азбука; **to dot one's i's** *прен.* педантично точен съм.

I$_2$ [ai] *pers pron* аз; **I'll be!** *ам., разг.* гледай ти! Боже Господи!

ice [ais] **I.** *n* **1.** лед, ледове; **open ~** лед, който не пречи на корабоплаването; • **to break the ~** *прен.* счупвам леда; правя първата стъпка; **2.** *attr* леден, ледников; заледен; **I. Age** ледниковата ера; **3.** сладолед; **strawberry (chocolate) ~** ягодов (шоколадов) сладолед; **II.** *v* **1.** заледявам (се), замръзвам, вледенявам (се); **the pond was soon ~d over** скоро цялото езерце се заледи (замръзна); **2.** изстудявам, охлаждам (*напитки и пр.*); **3.** кандирам, покривам със захар (*сладки*).

iceberg ['aisbə:g] *n* **1.** айсберг, плаваща ледена планина; **2.** *прен., разг.* студен човек, "айсберг".

icebox ['aisbɔks] *n* хладилник (*домашен, неелектрически*).

ice breaker ['aisbreikə] *n* **1.** ледоразбивач; **2.** инструмент за разбиване на лед; **3.** *архит.* ледорез.

Iceland ['aislənd] *n* Исландия.

Icelander ['aisləndə] *n* исландец, исландка.

Icelandic [ais'lændik] **I.** *adj* исландски; **II.** *n* исландски език.

icing ['aisiŋ] *n* **1.** глазура от захар, белтък и пр.; **2.** *ав.* заледяване.

icon ['aikɔn] *n* **1.** икона; **2.** образ, изображение, портрет, статуя; **3.** символ, знак, емблема.

I'd [aid] = **I had, I would**.

idea [ai'diə] *n* **1.** *филос.* идея; **2.** *разг.* идея, представа, понятие, впечатление; **to form an ~ of** добивам представа за; **3.** идея, схващане, разбиране, мнение; мисъл.

ideal [ai'diəl] **I.** *adj* **1.** идеален, съвършен, образцов; **2.** идеален, въображаем; мислен; създаден по въображение; нереален; **II.** *n* идеал; образец (**of**).

identical [ai'dentikl] *adj* **1.** еднакъв, идентичен, тъждествен (**with**); **~ twins** еднояйчни близнаци; **2.** същият, самият; този именно.

identification [ai,dentifi'keiʃən] *n* **1.** установяване на самоличността, идентификация; **~ papers (card)** документи за самоличност, лична карта; **2.** отъждествяване (**with**); **3.** *воен.* установяване номерата на частите на противника.

identify [ai'dentifai] *v* **1.** считам за същия, идентифицирам (**with**); установявам самоличността на; познавам (*лице, изгубен предмет и пр.*); **to ~ oneself** удостоверявам самоличността си; **2.** отъждествявам; **3.** *refl* солидаризирам се (**with**).

ideology [,aidi'ɔlədœi] *n* идеология.

idiom ['idiəm] *n ез.* **1.** идиом, идиоматичен израз, устойчиво словосъчетание; **2.** език, говор, диалект.

idiot ['idiət] *n* идиот (*и прен.*).

idle [aidl] **I.** *adj* **1.** незает, без работа, бездеен, безработен; **to be (stand) ~** стоя без работа (със скръстени ръце), нищо не правя; **2.** неупотребяван, неизползван, бездействащ (*за машина и пр.*); *тех.* празен, ненатоварен, свободен; **3.** ленив, мързелив; **II.** *v* **1.** безделнича, бездействам, лентяйствам, мързелувам; шляя се; **to ~ away one's time** пилея (пропилявам, губя) си времето; **2.** *тех.* работи на празен ход (*за машина*).

idol [aidl] *n* **1.** идол, кумир (*и*

прен.); **to make an ~ of** правя кумир (култ) от; **2.** *ост.* образ, изображение; отражение (*в огледало и пр.*); фантом, сянка; **3.** *лог.* погрешно схващане, грешка; заблуждение, предразсъдък.

idyll ['idil, aidl] *n* идилия.

if [if] **I.** *cj* **1.** ако; **~ (it is) necessary (possible)** ако е необходимо (възможно); **2.** (макар, даже) и да (*и* **even if**); **3.** дали; **II.** *n* условие, предположение, "ако"; **I am tired of your ~s and buts** омръзна ми твоето вечно "ако" и "но" (вечните ти възражения).

ignition [ig'niʃən] *n* **1.** палене, запалване, подпалване, възпламеняване; **2.** запалител (*на мотор*).

ignorant ['ignərənt] *adj* **1.** невежа; необразован, неук, неначетен, неграмотен, прост; **2.** невежествен, който издава невежество; **3.** който не знае, неосведомен, неинформиран (**of**); **to be ~ of the world** не познавам света.

ignore [ig'nɔ:] *v* **1.** игнорирам, не обръщам внимание на, пренебрегвам; **2.** *юрид.* отхвърлям (*обвинение, молба*).

ill [il] **I.** *adj* **1.** *predic* болен; **to be (feel) ~** болен съм, чувствам се зле; **2.** лош (*за име, влияние, услуга и пр.*); **3.** лош, зъл; враждебен, неприязнен; вреден; неблагоприятен; **II.** *adv* **1.** зле, лошо; неправилно, криво; неблагоприятно; **to take s.th. ~** разбирам нещо зле (неправилно, криво); обиждам се, засягам се; **2.** зле, недостатъчно; **3.** едва ли, трудно; **III.** *n* **1.** зло, вреда; **to do ~** върша зло; **2.** нещо лошо (неблагоприятно); **3.** *pl* нещастия, несгоди, беди, страдания, мъки.

illegal [i'li:gl] *adj* незаконен; нелегален; илегален.

illegible [i'ledʒibl] *adj* нечетлив, неясен, неразбираем.

illiterate [i'litərit] **I.** *adj* неграмотен; необразован, невеж; **II.** *n* неграмотен (необразован, неук) човек.

illness ['ilnis] *n* болест, заболяване; боледуване; **industrial ~** професионално заболяване.

illuminate [i'ljumineit] *v* **1.** осветявам, озарявам; илюминирам; **2.** украсявам с цветни инициали (илюстрации), оцветявам (*ръкопис*); **3.** просвещавам, давам духовна светлина на.

illumination [i,lju:mi'neiʃən] *n* **1.** осветяване; осветление; озаряване, заря, блясък; **2.** илюминиране; илюминация (*често pl*); **3.** оцветяване на илюстрации и пр.; *pl* цветни илюстрации.

illusive, -sory [i'lu:siv, -səri] *adj* илюзорен, измамен, въображаем, недействителен, лъжовен, неосъществим.

illustrate ['iləstreit] *v* **1.** пояснявам (с пример, нагледно), илюстрирам; **2.** илюстрирам, снабдявам с илюстрации (*книга и пр.*); **3.** *ост.* правя блестящ (прочут).

I'm [aim] = **I am**.

image ['imidʒ] **I.** *n* **1.** образ (*и опт.*), изображение; отражение (*в огледало*); образ и подобие; **he is the very (the living, the spitting) ~ of his father** той е образ и подобие на баща си, много прилича на баща си; **2.** статуя, картина; идол, истукан; икона; **3.** *лит.* образ, метафора; **II.** *v* **1.** изобразявам, рисувам; **2.** отразявам; **3.** извиквам във въображението си, представям (въобразявам) си (**s.th. to oneself**).

imagination [i,mædʒi'neiʃən] *n* въображение, фантазия; **that's your ~** *разг.* това сигурно си го сънувал, измисляш си, фантазираш.

imagine [i'mædʒin] *v* **1.** представям си, въобразявам си; **~ yourself in London** представи си, че си в Лондон; **2.** мисля, предполагам, струва ми се.

imitate ['imiteit] *v* **1.** подражавам (на), копирам, имитирам; **to ~ a plan** следвам (водя се по) план; **2.** имитирам, карикатуря; **3.** наподобявам, фалшифицирам, подправям.

imitation [,imi'teiʃən] *n* **1.** подражаване, подражание, копиране, имитиране, карикатурене, наподобяване; **a picture in ~ of Rembrandt** картина по подражание на Рембранд; **2.** имитация, подправка, заместител; сурогат, ерзац; **3.** *муз.* имитация.

immediate [i'mi:diət] *adj* **1.** непосредствен, непосреден, пряк, найблизък; **~ contact (contagion)** непосредствен допир (заразяване); **2.** незабавен, бърз; **3.** пряк, от първа ръка.

immediately [i'mi:diətli] *adv* **1.** непосредствено, пряко; **2.** незабавно, веднага; **~ on his return I wrote to him** писах му веднага след неговото завръщане.

immense [i'mens] *adj* **1.** безмерен, необхватен, необятен, грамаден, огромен; **2.** *разг.* прекрасен, великолепен, отличен, чудесен.

immigration [,imi'greiʃən] *n* имиграция, заселване.

immoral [i'mɔrəl] *adj* безнравствен, неморален, развратен, имморален.

immortal [i'mɔ:tl] **I.** *adj* безсмъртен, вечен, имортален; **II.** *n* прославен (знаменит, "безсмъртен") човек; **the ~s** *pl* боговете.

immunize ['imjunaiz] *v* имунизирам (**against**).

impartial [im'pa:ʃəl] *adj* безпристрастен, непредубеден, обективен.

impatient [im'peiʃənt] *adj* **1.** нетърпелив (**at, with**); **2.** който не може да търпи, понася (**of**); **3.** който гори от нетърпение, иска много, желае страстно, жадува (**for, to** *с inf*).

imperialism [im'piəriəlizm] *n* **1.** управление на император; **2.** империализъм.

implement I. ['implimənt] *n* **1.** сечиво, инструмент, оръдие, уред, прибор; **fishing ~s** риболовни принадлежности; **2.** *прен.* оръдие, агент; **3.** *шотл., юрид.* изпълнение; **II.** [impli'ment] *v* **1.** изпълнявам, завършвам; осъществявам, реализирам, превръщам в дело; **to ~ one's promise** изпълнявам обещанието си; **2.** допълвам, попълвам.

implore [im'plɔ:] *v* моля, умолявам.

imply [im'plai] *v* **1.** съдържам, заключавам в себе си, имплицирам; предполагам, имам за предпоставка; означавам, знача; **every duty implies a right** всяко задължение предполага право; **2.** загатвам, подмятам, намеквам, подхвърлям, подразбирам, инсинуирам, искам да кажа.

import I. [im'pɔ:t] *v* **1.** внасям, импортирам (**into**); **~ing country** страна вносителка; **2.** внасям, въвеждам; **3.** давам да се разбере, означавам, знача, изразявам; **II.** ['impɔ:t] *n* **1.** внос, импорт; **2.** *pl* вносни стоки; **3.** смисъл, значение, важност.

importance [im'pɔ:təns] *n* **1.** значение, важност, значителност; **to attach ~ to** отдавам значение на, смятам за важен; **of great (greatest, first; 2.** достойнство; **3.** важност, самомнение, самочувствие (*и* **self ~**).

important [im'pɔ:tənt] *adj* **1.** важен, значителен; **2.** важен, с голямо мнение за себе си, самомнителен, претенциозен, надут.

impose [im'pouz] *v* **1.** налагам (*задължение и пр.*); *refl* натрапвам се (**on, upon**); **2.** заблуждавам, мамя, измамвам, използвам; "пробутвам", хързулвам (**on, upon**); **3.** *рядко* правя впечатление, импонирам (**on, upon**).

imposing [im'pouziŋ] *adj* внушителен, огромен, величествен, импозантен.

impossible [im'pɔsibl] *adj* **1.** невъзможен, неосъществим, неизпълним; **it is ~** невъзможно е, не е възможно (**to**); **2.** невъзможен, непоносим, невъобразим, възмутителен, скандален, чудовищен.

impotent ['impətənt] **I.** *adj* **1.** безсилен, слаб, грохнал; **2.** импотентен, полово безсилен; **II.** *n* импотентен човек, импотент.

impress₁ **I.** [im'pres] *v* **1.** печатам, отпечатвам, подпечатвам, удрям (слагам) печат (щемпел, клеймо); щемпелувам, щамповам (**on**); **to ~ a mark on a surface, to ~ a surface with a mark** отпечатвам белег на повърхност; **2.** запечатвам в съзнанието, втълпявам, внушавам; **3.** правя впечатление на, засягам, повлиявам на, въздействам на, поразявам, раздвижвам, развълнувам; **II.** ['impres] *n* **1.** отпечатък, печат, щемпел, клеймо; **2.** белег, отпечатък, впечатление, характерна черта.

impress₂ *v* **1.** *ист.* (за)вербувам насилствено, с измама (**into**); **2.** реквизирам, изземвам; **3.** *прен.* привличам, използвам, послужвам си с; **to ~ a fact into one's service** привеждам факт (*като довод*).

impression [im'preʃən] *n* **1.** печатане, отпечатване, подпечатване, щемпелуване, щамповане; **2.** отпечатък, белег, следа; **the ~ of fingers** отпечатък от пръсти, пръстови отпечатъци; **3.** издание (*на книга*).

imprison [im'prizn] *v* затварям, хвърлям в затвора; държа в плен; лишавам от свобода.

improbable [im'prɔbəbl] *adj* невероятен, неправдоподобен.

improve [im'pru:v] *v* **1.** подобрявам (се), усъвършенствам (се), разширявам, обогатявам (*знания*); изтънчвам (*вкус*), увеличавам (*благосъстоянието*), ставам по хубав (по добър); **to ~ the appearance of** разхубавявам; **2.** оправям се, съвземам се, идвам на себе си, заяквам, укрепвам; **3.** използвам, възползвам се от.

improvement [im'pru:vmənt] *n* подобрение, усъвършенстване; напредък; мелиорация, подобряване; благоустройство; *pl* подобрения, промени; **open to ~** който може да се подобри, усъвършенства.

imprudent [im'pru:dənt] *adj* неблагоразумен, необмислен, прибързан, непредпазлив, безразсъден, неразумен.

impudent ['impjudənt] *adj* безсрамен, безочлив, дебелоок, дързък, нахален, нагъл.

impulse ['impʌls] *n* **1.** тласък, подбуда, подтик, стимул, импулс; **under the ~ of the moment** без много много да му мисля; **2.** вътрешен импулс, инстинкт, хрумване, порив; **3.** *attr*: **~ turbine** активна турбина.

in [in] **I.** *prep* **1.** *за място, положение* (*и при глаголи за движение*): в, на, у; **~ the house, a box, a crowd** в къщата, кутия, тълпа; **2.** *за време*: през, в, на; **3.** *за времетраене*: за, вътре в, след; **II.** *adv* **1.** вътре; **to come ~** влизам, постъпвам, пристигам; **2.** *predic* **to be ~** вътре (у дома, вкъщи) съм; идвам, пристигам, настъпвам; на власт съм; играя (*крикет*); **III.** *adj* вътрешен; **the ~ side** страната, която играе (*в крикета*).

inability [,inə'biliti] *n* неспособност.

inaccurate [in'ækjurit] *adj* **1.** неточен; **2.** погрешен.

inadequate [in'ædikwit] *adj* **1.** недостатъчен, непълен; незадоволителен, неудовлетворителен; **2.** неотговарящ, несъответстващ (**to**); не в състояние, неспособен (**to** *с inf*); **my words are ~ to express my gratitude** не мога да намеря думи да изразя благодарността си; **3.** неподходящ, неточен, неправилен.

inauguration [in,ɔ:gju'reiʃən] *n* **1.** въвеждане, встъпване в длъжност; **I. Day** денят на встъпване в длъжност на нов президент на САЩ; **2.** тържествено откриване, освещаване; **3.** въвеждане, слагане началото на.

inborn ['inbɔ:n] *adj* вроден, по рождение.

incapable [in'keipəbl] **I.** *adj* **1.** неспособен (**of**); некадърен, негоден; **~ of a lie (of lying)** неспособен на лъжа; **2.** *юрид.* лишен от права, неправоспособен; **3.** който не може да се грижи за себе си; **II.** *n* неспособен човек, некадърник.

incense$_1$ ['insens] **I.** *n* **1.** тамян; **2.** *прен.* "кадене на тамян", ласкателство, подмазване, хвалби; **II.** *v* кадя (тамян), прекадявам; *прен.* кадя тамян на, лаская, подмазвам се.

incense$_2$ [in'sens] *v* сърдя, разсърдвам, ядосвам, дразня, раздразням; разярявам, вбесявам, подлудявам, изваждам от търпение (*обикн. pp* - **against, with, by, at**).

incentive [in'sentiv] **I.** *adj* който подбужда, подтиква, импулсира; **~ wage** *ам.* постепенно увеличаване на надницата; **II.** *n* подбуда, подтик, стимул (**to**).

incessant [in'sesnt] *adj* непрестанен, непрекъснат, постоянен; безкраен, безконечен, вечен.

inch [intʃ] **I.** *n* **1.** инч, цол (= 2,54 см); **2.** *прен.* педя, шушка; **by ~es, ~ by ~** малко по малко, стъпка по стъпка, постепенно; **3.** *pl* ръст; • **every ~** напълно, изцяло, от глава до пети, същински, цял; **II.** *v* движа (се), карам, изтласквам бавно (малко по малко); вмъквам се, промъквам се (**in, by, past, through**); **to ~ along** *sl* напредвам бавно, но сигурно.

incident ['insidənt] **I.** *adj* **1.** присъщ, свързан, съпътстващ, придружаващ, произтичащ, произхождащ (**to**); **ills ~ to human life** злини, присъщи на човешкия живот; **2.** *юрид.* свързан, който произтича (**to**); **3.** случаен; **II.** *n* **1.** случка, случай, събитие, произшествие, инцидент; случайност; **2.** *лит.* епизод; **3.** *юрид.* привилегия (данъчен товар), свързана с притежаването на нещо.

incidental [insi'dentl] **I.** *adj* **1.** случаен, несъществен, инцидентен, второстепенен, страничен; **~ expences** непредвидени разходи; **2.** присъщ, свързан, съпътстващ, придружаващ, произтичащ, произхождащ (**to**); **II.** *n* **1.** нещо случайно, несъществено, второстепенно, странично; **2.** *pl* непредвидени разходи.

incidentally [insi'dentəli] *adv* **1.** случайно; **2.** в случай; **3.** между другото.

incite [in'sait] *v* подбуждам, подтиквам, насъсквам, подстрекавам, (**to** *и с inf*).

inclination [,inkli'neiʃən] *n* **1.** наклон; наклоненост, полегатост, склон, нанадолнище; **2.** склонност, наклонност, предразположение (**to, for**); обич, привързаност, влечение, вкус (**for**); **to follow only one's own ~** правя само това, което ми е изгодно; **3.** *физ., мат.* инклинация, наклонение, отклоняване на магнитната стрелка.

include [in'klu:d] *v* **1.** включвам,

обхващам, обгръщам; **the book ~s a map of Europe** към книгата е включена карта на Европа; **2.** включвам, числя; смятам, считам.

including [in'klu:diŋ] *prep* включително и, заедно с, като се смята и; **~ myself** включително и аз.

income ['inkʌm] *n* доход; **to live within (above, beyond) one's ~** живея според (над) средствата си, простирам се според чергата си.

incompatible [,inkəm'pætibl] *adj* несъвместим (**with**).

incompetent [in'kɔmpitənt] *adj* **1.** некомпетентен, неспособен, неумел; *разг.* некадърен; **2.** лошо направен (извършен), негоден; **3.** *юрид.* неправоспособен, неквалифициран (**for**); **I am ~ to advise on this matter** въпросът не е от (е извън) моята компетентност.

incomprehensible [in,kɔmpri'hensibl] *adj* **1.** неразбираем, непонятен (**to**); **2.** *рел.* непостижим.

inconsistent [,inkən'sistənt] *adj* **1.** който не се съгласува, който е в противоречие, разрез, несъвместим (**with**); **2.** непоследователен, нелогичен, противоречив, който си противоречи, който е в противоречие със себе си; **3.** променлив, колеблив, непостоянен, изменчив, несигурен.

inconvenient [,inkən'vi:njənt] *adj* **1.** неудобен, неприятен; който създава неприятности (затруднения), докарва главоболия, опак, затруднителен; **if not ~ to you** ако не ви е неудобно; **2.** *ост.* неподходящ, ненавременен; неприличен.

incorrect [,inkə'rekt] *adj* **1.** неправилен, неверен; **2.** погрешен, сбъркан, неточен, неизправен; **3.** некоректен, неподходящ.

increase I. [in'kri:s] *v* увеличавам (се); раста, нараствам; множа се, размножавам (се), плодя се; усилвам (се); качвам (се), повдигам, повишавам; **to ~ one's pace** ускорявам крачките си, тръгвам по бързо, забързвам; **II.** ['inkri:s] *n* **1.** увеличаване, увеличение; растеж, нарастване, прираст; множене, размножаване, плодене; усилване, покачване, повдигане, повишаване; **~ of population, population ~** прираст на населението; **2.** продукт, печалба, лихва.

incredible [in'kredibl] *adj* **1.** неправдоподобен, невероятен; **2.** *разг.* чуден, странен, забележителен.

indebted [in'detid] *adj* **1.** задлъжнял, заборчлял; задължен да плати; **2.** *прен.* задължен; благодарен (**to**).

indecent [in'di:sənt] *adj* **1.** неприличен, непристоен, неблагоприличен, неблагопристоен; циничен, нецензурен; **2.** нередсн, неподобаващ.

indeed [in'di:d] **I.** *adv* **1.** наистина, в действителност; **2.** дори, даже; **3.** *за усилване*: **I am very glad ~** извънредно много се радвам; **II.** *int* нима, хайде де; как не, ами; **I have lived in London for 10 years. - ~!** живял съм в Лондон 10 години. - Нима!

indefinite [in'definit] *adj* **1.** неопределен (*и ез.*); *ез.* неопределителен; **2.** неопределен, неясен, мъгляв; смътен; неточен.

independence [,indi'pendəns] *n* **1.** независимост; самостоятелност; свобода; **2.** доход, който осигурява финансова независимост; **I. Day** Ден на независимостта на САЩ (4 юли).

independent [,indi'pendənt] **I.** *adj* **1.** независим, самостоятелен, свободен, финансово независим (**of**); **2.** самостоятелен, самоуверен, самонадеян; **3.** собствен, самостоятелен (*за доход*); който има собствен доход, самостоятелен; **II.** *n* **1.**

полит. независим, безпартиен; **2.** *ист.* индепендент.

index ['indeks] **I.** *n* (*pl книж. и* **dices** [disi:z]) **1.** стрелка (*на механизъм, уред*); **2.** показалец (*пръст*) (*и* ~ **finger**); **3.** индекс, показалец, азбучник; **the I. (expurgatorius, librorum prohibitorum)** списък на забранени от Католическата църква книги; **II.** *v* **1.** снабдявам с индекс (показалец); **2.** включвам в индекс.

India ['indiə] *n* Индия; ~ **office** *ист.* Британско министерство за Индия.

India(n) ink ['indiə(n)'iŋk] *n* туш.

Indian ['indiən] **I.** *adj* **1.** индийски, индуски; **the ~ Ocean** Индийският океан; **2.** индиански; **3.** *ам.* от царевично брашно; **II.** *n* **1.** индиец, индийка, индус(ка); **2.** европеец (*особ. англичанин*), който е живял в Индия; **3.** индианец, индианка.

indicate ['indikeit] *v* **1.** показвам; сочa; посочвам; **at the hour ~d** в посочения час; **2.** означавам, свидетелствам за; **3.** изисквам, налагам (*мерки, лечение*).

indifferent [in'difərənt] **I.** *adj* **1.** безразличен, равнодушен, безучастен, незаинтересован, индиферентен (**to**); **I am (feel) ~ about him** той ми е безразличен; **2.** неутрален, безпристрастен; **3.** посредствен; среден; **II.** *n* неутрален (аполитичен, нерелигиозен) човек.

indigestion [,indi'dœestʃən] *n* **1.** стомашно разстройство, лошо храносмилане, диспепсия; **a touch of ~** леко стомашно разстройство; **2.** *прен.* неасимилираност, обърканост, хаотичност (*на знания и пр.*).

indignation [,indig'neiʃən] *n* възмущение, негодуване (**at**); **to feel ~ against (with) s.o.** някой ме възмущава, възмутен съм от някого.

indigo ['indigou] *n* индиго (*цвят*).

indirect [,indi'rekt] *adj* **1.** околен, заобиколен; непряк, косвен (*и за данък и пр.*); индиректен; уклончив (*за отговор и пр.*); ~ **hit** рикошет; **2.** *ез.* непряк, косвен; **3.** страничен, вторичен (*за резултат*).

individual [,indi'vidjuəl] **I.** *adj* **1.** отделен, единичен; **2.** индивидуален, личен, самобитен, характерен, особен, отличителен, собствен, оригинален; **each pupil receives ~ attention** занимават се поотделно с всеки ученик; **II.** *n* **1.** индивид; **2.** човек, лице; *разг.* субект, същество; **a private ~** частно лице.

Indonesia [,indou'ni:zjə] *n* Индонезия.

Indonesian [,indou'ni:zjən] **I.** *adj* индонезийски; **II.** *n* индонезиец, индонезийка.

indoor ['indɔ:] *adj* вътрешен, стаен, вкъщи, на закрито; домашен (*за дреха, живот*); ~ **games** игри на закрито; салонни игри.

indoors [in'dɔ:z] *adv* у дома, вътре, вкъщи; на закрито; **to go ~** влизам вкъщи.

indulgence [in'dʌldʒəns] *n* **1.** задоволяване; отдаване на (*нещо*); задоволеност; **2.** угаждане; удовлетворяване; глезене; слабост; снизхождение (**for, to**); **3.** *ист.* привилегия, предимство, опрощаване.

industrial [in'dʌstriəl] **I.** *adj* индустриален, промишлен; производствен; ~ **goods** промишлени стоки; **II.** *n* **1.** индустриалец; **2.** *pl* акции (ценни книжа) на промишлени предприятия.

industrious [in'dʌstriəs] *adj* работлив, трудолюбив, прилежен, усърден.

industry ['indʌstri] *n* **1.** индустрия, промишленост; отрасъл на дадена промишленост; **the heavy industries** тежка промишленост; **fishing ~** риболов; **2.** усърдие, прилежание, трудолюбие; **3.** системна работа, обичайно (редовно) занимание.

ineffaceable [,ini'feisəbəl] *adj* неизличим, незаличим, незабравим; траен, паметен.

ineffective [,ini'fektiv] *adj* **1.** неефикасен, безрезултатен, безуспешен, без ефект; безполезен; **2.** който не прави впечатление, без художествено въздействие; **3.** неспособен, бездарен, некадърен, некомпетентен, неумел (*за хора*); **~ speaker** неубедителен, слаб оратор.

ineligibility [in,elidʒə'biliti] *n* **1.** неизбираемост; **2.** неприемливост, непривлекателност.

ineluctable [,ini'lʌktəbəl] *adj* неизбежен, неминуем, предопределен.

ineptitude [i'neptitju:d] *n* **1.** неуместност; **2.** неспособност, негодност, неумение (**for, to do**); **3.** глупост, нелепост.

inert [i'nə:t] *adj* **1.** *физ., хим.* инертен; **2.** *прен.* инертен, бавен, муден, вял, бездеен, пасивен.

inestimable [in'estiməbəl] *adj* **1.** неизчислим, безброен; **2.** неоценим, безценен, скъп; **of ~ value** извънредно ценен, неоценим.

inexact [,inig'zækt] *adj* неточен, грешен; некоректен (*прен.*).

inevitable [in'evitəbl] *adj* неизбежен, неминуем; фатален, гибелен.

infamous ['infəməs] *adj* **1.** с позорна слава, опозорен, оплют; **2.** срамен, долен; позорен; скандален; омразен; **~ conduct** безсрамно, позорно поведение; нарушение на професионалната етика (*особ. за лекар*); **3.** *разг.* невъзможен, отвратителен, противен, много лош.

infancy ['infənsi] *n* **1.** ранно детство; **from ~** от най-ранно детство; **2.** *юрид.* непълнолетие, малолетие; **3.** начало, най-ранен период (стадий).

infanta [in'fæntə] *n* **1.** инфанта, дъщеря на краля в Испания и Португалия; **2.** съпруга на инфант.

infante [in'fænti] *n* инфант, кралски син в Испания и Португалия.

infanticide [in'fæntisaid] *n* **1.** детеубийство, убийство на новородено; **2.** обичай да се убиват новородени деца; **3.** детеубиец, детеубийца.

infantile ['infəntail] *adj* **1.** детски (*и за болести*), на пеленачета; **~ paralysis** *мед.* детски паралич, полиомиелит; **2.** детински, инфантилен, недоразвит; **3.** начален, в найранен стадий; начеващ, зачатъчен.

infantry ['infəntri] *n* **1.** пехота; **400 ~** 400 пехотинци; **2.** *attr* пехотен.

infantryman ['infəntrimən] *n* пехотинец.

infant-school ['infənt,sku:l] *n* детска градина.

infatuated [in'fætjueitid] *adj* увлечен, заслепен, глупав, оглупял, обезумял, *особ.* безумно влюбен (**with, by**); **I became ~ with the case** случаят изцяло ме обсеби.

infection [in'fekʃən] *n* **1.** заразяване, инфектиране; **2.** инфекция; зараза; **liable to ~** податлив на зараза; **3.** *прен.* покваряване, корумпиране.

infelicity [,infi'lisiti] *n* **1.** злощастие, нещастие; злополучие, беда; **2.** неуместност, неудачност; несполучлив (неуместен) израз; гаф.

inferable [in'fə:rəbəl] *adj* който може да се заключи.

inference ['infərəns] *n* **1.** заключаване, подразбиране; **by ~** *лог.* по дедукция; **2.** извод, заключение; **to draw an ~ from s.th.** вадя заключение, правя извод от нещо.

inferior [in'fiəriə] **I.** *adj* **1.** долен (*по място*), разположен долу (*и анат.*); *печ.* напечатана по долу (*за* *буква*); **2.** *прен.* нисш, (по-)нискостоящ (*по чин и пр.*); *воен.* подчинен, младши (**to**); **a reader is ~ to a professor** доцентът е по нисш по чин от професора; **3.** долнокачествен, нискокачествен, лош; посредствен; • **~ planet** планета с орбита по малка от тази на Земята; **II.** *n* подчинен, подчинено лице; човек с по малки способности.

inferiority [,infiəri'ɔriti] *n* малоценност; по-низко положение (**to**); долно качество.

infidelity [,infi'deliti] *n* **1.** безверие, безбожие; **2.** изневяра; **3.** невярност; нелоялност.

infinity [in'finiti] *n* безкрайност (*и мат.*), вечност; безграничност.

infix I. [in'fiks] *v* **1.** втиквам, навирам, пъхам, затъквам (**in**); **2.** *прен.* запечатвам (*в ума*); **3.** *ез.* вмъквам (*сричка, словообразувателен елемент*); **II.** ['infiks] *n* вмъкната сричка (словообразувателен елемент).

inflammation [,inflə'meiʃən] *n* **1.** запалване, възпламеняване; **2.** възбуждение, възбуда; **3.** *мед.* възпаление.

inflatable [in'fleitəbəl] **I.** *adj* надуваем; **II.** *n* надуваем предмет.

inflation [in'fleiʃən] *n* **1.** надуване; **2.** *фин.* инфлация; **3.** *түрг.* изкуствено повишаване (*на цените*).

influence ['influəns] **I.** *n* **1.** влияние, въздействие (*и на лекарство*) (**on, upon, over, with**); **to exert (exercise) an ~ (to bring ~ to bear) on s.o.** упражнявам, оказвам влияние върху някого, влияя, въздействам на някого; **2.** влиятелен човек; **3.** *ел. тех.* индукция; **II.** *v* влияя (*на някого*); оказвам влияние, въздействам (*за предмет*); **to ~ s.o. in favour of doing s.th.** скланям (придумвам) някого да направи нещо.

influenza [,influ'enzə] *n мед.* инфлуенца, грип.

inform [in'fɔ:m] *v* **1.** осведомявам, уведомявам, съобщавам, информирам (**of, about, on**); **to keep s.o. ~ed** държа някого в течение; **2.** *юрид.* правя донесение (**against**); **3.** изпълвам с; вдъхвам (*чувство*) (**with**); *рядко* формирам (*характер*), образовам (*ум*).

informal [in'fɔ:məl] *adj* **1.** *юрид.* неформален; неофициален, нередовен; **2.** непринуден, неофициален, интимен; всекидневен, обикновен, неофициален (*за облекло*); разговорен.

information [,infə'meiʃən] *n* **1.** осведомяване, осведоменост, информиране, информираност; **2.** сведения, информация (**on, about**); **piece of ~** сведение; **3.** знание, знания; данни; факти.

informer [in'fɔ:mə] *n* доносник; **common ~** професионален доносник.

infra red ['infrə'red] *adj* инфрачервен.

infringement [in'frindʒmənt] *n* нарушение; посегателство; **~ of a patent** имитация на патентован артикул; **~ suit, action for ~** дело, иск за имитация на патент.

ingathering ['ingæðəriŋ] *n* прибиране на реколтата.

in-gear ['ingiə] *adj* включен, в действие.

ingenious [in'dœi:njəs] *adj* **1.** изобретателен, находчив; способен, сръчен, изкусен, умел; остроумен (*за човек, отговор*); **2.** умно направен (намерен, намислен).

inglorious [in'glɔ:riəs] *adj* **1.** никому неизвестен, малко известен, скромен, незначителен; **2.** безславен, позорен (*за сражение*); ◇ *adv* **ingloriously**.

ingloriousness [in'glɔ:riənis] *n* позор, безчестие.

ingoing ['in,gouiŋ] **I.** *adj* входящ; пристигащ; **the ~ tenant** новият наемател; **II.** *n* влизане.

ingot ['ingɔt] *n* слитък, блок, кюлче; **~ iron** лято желязо.

ingrained [in'greind] *adj* **1.** вбит в самата тъкан или нишка; пропит, импрегниран (**with** от, с) (*боя, мръсотия и пр.*); **hands ~ with coal-dust** ръце, захабени от въглищен прах; **2.** *прен.* вкоренен, твърдо установен (*навици и пр.*); **3.** закоравял, заклет, стар; истински (*за мошеник и пр.*).

ingram, engram ['engræm] *n псих.* следа.

ingratiate [in'greiʃieit] *v refl* спечелвам благоразположението (доверието) на някого; предразполагам някого; подмазвам се, умилквам се на някого (**with s.o.**).

ingratitude [in'grætitju:d] *n* неблагодарност; **to reap ~** отвръща ми се с неблагодарност.

ingredient [in'gri:diənt] *n* съставна част (*на смес*); елемент; **an ~ in his character** елемент, черта в характера му; *хим.* ингредиент, съставна част на сложно съединение или смес.

ingress ['ingres] *n* **1.** влизане, вход, достъп; **2.** право на вход; **3.** *и* **~ money** встъпителна вноска.

ingrowing ['in,grouiŋ] *adj* който расте навътре, врастващ се (*за нокът*).

inhabitant [in'hæbitənt] *n* жител, обитател.

inhale [in'heil] *v* **1.** *мед.* инхалирам; **2.** вдъхвам, вдишвам; **do you ~?** гълташ ли дима?

inhere [in'hiə] *v* **1.** присъщ (свойствен, вроден) е, намира се (*за качества*) (**in**); **2.** принадлежи, даден е (*за права, функции*) (**in**); **3.** подразбира се (*за значение*).

inherit [in'herit] *v* **1.** (*и юрид.*) наследявам (**from**); **2.** (*и биол.*) унаследявам, наследявам (*качества*) (**from**); **3.** получавам наследство.

inheritance [in'heritəns] *n* **1.** наследяване; **lineal ~** наследяване по права линия; **2.** наследство; **3.** *биол.* предаване по наследство, унаследяване.

inhibition [,inhi'biʃən] *n* **1.** забраняване; **2.** забрана; **3.** *рел.* аргос, интердикт, забрана на духовно лице да извършва богослужение.

inhomogeneous [,inhɔmɔ'dʒi:njəs] *adj* нехомогенен, нееднороден.

inhospitableness, inhospitality [in'hɔspitəbəlnis, in,hɔspi'tæliti] *n* негостоприемство.

inhuman [in'hju:mən] *adj* безчовечен, жесток, свиреп, брутален; варварски, вандалски; нечовешки.

inimical [i'nimikəl] *adj* **1.** враждебен, неприязнен, недоброжелателен (**to**); **2.** неблагоприятен, вреден (**to**); **goals ~ to Western interests** цели, противоречащи на западните интереси.

inimitable [i'nimitəbəl] *adj* **1.** неподражаем; **2.** несравним, безподобен, неповторим, непостижим, изключителен.

iniquitous [i'nikwitəs] *adj* **1.** несправедлив, беззаконен; грешен, греховен, неправеден; **~ deed** злодеяние; **2.** лош, порочен, долен.

initial [i'niʃəl] **I.** *adj* (първо)начален, първи; **~ velocity** начална скорост; **II.** *n* **1.** (*обикн. pl*) инициал; **2.** параф; **to put one's ~s to s.th.** парафирам нещо; **III.** *v* (**-ll-**) поставям инициалите си, парафирам (*договор*); визирам, заверявам (*документ*); **a slip ~led by** бележка (бордеро), визирана (заверена) от.

initiative [i'niʃiətiv] *n* **1.** почин, начинание, инициатива; предприемчивост; **to take the ~ in** (*с ger*) вземам почин да; **2.** (право на) законодателна инициатива.

injection [in'dʒekʃən] *n* **1.** инжектиране, инжекция; впръскване; **to give s.o. a hypodermic ~ of** правя на някого подкожна инжекция с; **2.** *мед.* изпълване, наливане с кръв (*на орган, тъкан*); **3.** *тех.* впръскване, инжектиране.

injudiciousness [,indʒu'diʃəsnis] *n* неразумност, неблагоразумие, безразсъдност, необмисленост, лекомислие; неуместност.

injunction [in'dʒʌŋkʃən] *n* **1.** заповед, предписание, разпореждане; **to give s.o. strict ~s (to lay strong ~s upon s.o.) to do s.th.** заповядвам изрично на някого да направи нещо; **2.** *юрид.* съдебно разпореждане.

injure ['indʒə] *v* **1.** увреждам, засягам (*реноме, интереси и пр.*), нанасям щета (вреда), ощетявам, онеправдавам, несправедлив съм към; **2.** повреждам, развалям, похабявам; **3.** (на)ранявам, повреждам, засягам.

injury ['indʒəri] *n* **1.** вреда, щета; ощетяване (*и юрид.*); **to do s.o. an ~** причинявам щета, ощетявам някого, навреждам на някого; онеправдавам някого; уронвам престижа на някого; **2.** повреда (**to**); **3.** нараняване; рана, травма, поражение, вреда; *мед.* поражения; **to receive severe injuries** наранен съм тежко; **insurance against injuries to workmen** осигуровка срещу трудова злополука.

injustice [in'dʒʌstis] *n* несправедливост, неправда; **you do him an ~** ти си несправедлив към него.

ink [iŋk] **I.** *n* **1.** мастило; **printing (printer's) ~** печатарско мастило; **2.** кафява течност, изпускана от сепията при самозащита; **II.** *v* **1.** изцапвам с мастило; **2.** (*и* **~ up**) намазвам с мастило (*букви*).

inlay [in'lei] **I.** *v* (**inlaid**) **1.** инкрустирам, украсявам с инкрустация (**with**); **2.** инкрустирам, врязвам, апликирам (*украшение, мотив*) в (**in**); **3.** поставям, слагам (*гравюра и пр.*) в разрез на лист, картон; **II.** *n* **1.** инкрустация, инкрустиран предмет; **2.** апликация.

inn [in] *n* **1.** хан, страноприемница; кръчма; **2.** *ост., поет.* дом; подслон; **3.** : **the Inns of Court** четирите адвокатски сдружения, които издават разрешение за адвокатска практика; сградите на тези сдружения; **Inns of Chancery** адвокатските кантори в Лондон; *ист.* юридическите училища.

inner ['inə] **I.** *adj* **1.** вътрешен; **~ court** вътрешен (заден) двор; **2.** *прен.* вътрешен, духовен; **3.** вътрешен, приближен, посветен; **II.** *n* **1.** първият кръг около центъра на мишена; **2.** попадение в този кръг.

inning ['iniŋ] *n* **1.** отвоювана от морето суша; **2.** полувреме, в което отборите посрещат топката (*в бейзбола*); **3.** *pl* времето, през което играч или отбор посреща топката (*в крикета*).

innocent ['inəsənt] **I.** *adj* **1.** невинен, невиновен (**of**); **2.** *прен., шег.* лишен от, без; **3.** безгрешен, праведен, чист, невинен; **II.** *n* **1.** невинен младенец; *библ.* **the Slaughter of the I.s** избиването на 40 000 младенеца; **2.** малоумен; идиот.

innovation [,inou'veiʃən] *n* **1.** нововъведение, изменение, промяна, иновация; новост; въвеждане на изменения; **2.** *юрид., шотл.* новация, прекратяване на задължения по договор чрез замяната им с други задължения.

innumerable [i'nju:mərəbl] *adj* безброен, безчислен, безчетен, неизброим, несметен.

inoculate [i'nɔkjuleit] *v* **1.** *мед.* ваксинирам, инокулирам, заразявам като предпазна мярка; посявам; **to get ~ed** ваксинирам се; **2.** *бот.* присаждам; облагородявам; **3.** *прен.* заразявам; вселявам.

in-patient ['in,peiʃənt] *n* болен на лечение в болница, хоспитализиран.

inquire [in'kwaiə] *v* **1.** запитвам, разпитвам, интересувам се, осведомявам се, информирам се (**about**); **to ~ the way of s.o.** запитвам някого да ми покаже пътя; **2.** събирам сведения; изследвам; разузнавам; изследвам; **3.** : **to ~ for s.th. (s.o.)** поисквам нещо (да видя някого).

inquiry [in'kwaiəri] *n* **1.** разпитване, събиране на сведения; (искане на) справка; **2.** разследване, следствие, анкета; **to make inquiries** разследвам, анкетирам; **to set up an ~** започвам (назначавам) анкета; **3.** изследване.

inquisitive [in'kwizitiv] *adj* **1.** любознателен; **2.** любопитен; нахален (дотеглив) в любопитството си.

inscription [in'skripʃən] *n* **1.** надпис; **2.** кратко посвещение; **3.** вписване, записване (*на издадени ценни книжа*).

inscrutable [in'skru:təbəl] *adj* непостижим, неразгадаем, загадъчен, енигматичен; неразбираем; **an ~ face** затворено лице.

insect ['insekt] *n* **1.** *зоол.* насекомо, инсект; **~ eater** насекомоядно животно; **2.** *прен., разг.* нищожество, нула.

insecticide [in'sektisaid] *n* инсектицид, препарат за унищожаване на вредни насекоми.

insectivore [in'sektivɔ:] *n зоол., бот.* насекомоядно животно (растение).

insecure [,insi'kjuə] *adj* **1.** несигурен, опасен, рискован; **2.** ненадежден, несигурен, неверен, измамлив.

insemination [in,semi'neiʃən] *n* **1.** оплождане, заплодяване; **artificial ~** изкуствено оплождане; **2.** насаждане, садене.

inseparate [in'sepərət] *adj* **1.** единен, общ; съединен; **2.** неразделен, неразлъчен, неразделим.

insert [in'sə:t] **I.** *v* **1.** вмъквам, втиквам, пъхвам, мушвам, вставям; **2.** помествам (*във вестник*); **3.** *ел. тех.* включвам, съединявам; **II.** ['insə:t] *n тех.* втулка; подложка.

inset I. ['inset] *n* **1.** прилив, наплив; **2.** вмъкване, добавка; вмъкнато парче (*в рокля и пр.*); *печ.* малка фигура (диаграма), поместена в друга по-голяма; медальон; **3.** притурка (*на книга*); анекс; **II.** [in'set] *v* (**inset**) вмъквам, допълвам, притурям.

inside [,in'said] **I.** *n* **1.** вътрешна част, вътрешност; опако, опакова страна (*на дреха и пр.*); **to turn ~ out** обръщам наопаки; **2.** вътрешната страна (*на завой, път, ръка и пр.*); **3.** [in'said] *разг.* вътрешности (*стомах, черва*); **II.** *adj* **1.** вътрешен; **~ track** *сп.* вътрешната страна на пистата; *жп* вътрешна линия; *прен.* преимущество, предимство, облага; най краткият път към успеха (целта); **2.** таен, секретен; **III.** *adv* вътре; отвътре; **~ and out** вътре и вън, отвътре и отвън.

insider [,in'saidə] *n* **1.** член на общество (организация), не външен човек; **2.** посветен (вътрешен) човек (*в работа, тайна и пр.*); добре информиран човек; **3.** *разг.* облагодетелстван човек.

insignificant [,insig'nifikənt] *adj* незначителен, маловажен, неважен, дребен; нищожен.

insinuate [in'sinjueit] *v* **1.** намеквам, правя алюзия (намек), инсинуирам; **2.** промъквам, вмъквам тайно (незабелязано); **3.** *refl прен.* прокрадвам се, промъквам се; **to ~ oneself into s.o.'s favour** постепенно спечелвам нечие благоволение.

insipid [in'sipid] *adj* **1.** безвкусен, блудкав; **2.** *прен.* скучен, безинтересен, безцветен, еднообразен; вял.

insist [in'sist] *v* **1.** настоявам, наблягам, подчертавам (**on, upon**); твърдя настойчиво, заявявам (декларирам) твърдо; **2.** искам (изисквам) настойчиво (**on, upon**); **I ~ upon it** искам го непременно.

insistent [in'sistənt] *adj* **1.** настоятелен, настойчив; упорит, твърд; **2.** преобладаващ, изпъкващ, доминиращ; **~ colours** крещящи цветове.

insole ['insoul] *n* **1.** вътрешна подметка, табан хастар; **2.** стелка, подложка за обувки.

insolent ['insələnt] *adj* нагъл, дързък, безочлив, нахален, арогантен.

insolvency [in'sɔlvənsi] *adj* несъстоятелност, неплатежоспособност, банкрут, фалит.

insomuch [,insou'mʌtʃ] *adv* толкова, дотолкова, до такава степен (**as**).

insomnia [in'sɔmniə] *n* безсъние.

insomniac [in'sɔmniæk] *n* страдащ от безсъние.

inspect [in'spekt] *v* **1.** преглеждам, разглеждам внимателно, разследвам, проучвам, изследвам; **2.** наблюдавам, надзиравам; **3.** инспектирам, ревизирам, правя преглед; **~ing officer** инспектор.

inspection [in'spekʃən] *n* **1.** преглеждане, контролиране, инспектиране, проучване; ревизиране; инспекция, преглед; ревизия; **on close (closer) ~** при по внимателно (обстойно) разглеждане; **2.** преглед; контрол; **3.** приемане.

inspire [in'spaiə] *v* **1.** вдишвам, вдъхвам; **2.** внушавам, вселявам (*чувство и пр.*); **to ~ s.o. with confidence (fear)** внушавам (вдъхвам) някому доверие (страх); **3.** въодушевявам, окуражавам, насърчавам, подтиквам; вдъхновявам.

inspiring [in'spaiəriŋ] *adj* вдъхновяващ, въодушевяващ.

instability [,instə'biliti] *n* неустойчивост, нестабилност; *прен.* непостоянство; несигурност.

instalment [in'stɔ:lmənt] *n* **1.** вноска, частично плащане, рата; **to pay in ~s** плащам на вноски; **2.** част от нещо; свезка (*от книга*); **3.** инсталиране, инсталация; *ост.* въвеждане.

instance ['instəns] **I.** *n* **1.** пример, отделен случай; илюстрация; **for ~** например; **2.** искане, настояване; внушение; **3.** *юрид.* инстанция; **II.** *v* **1.** привеждам на (като) пример; давам за пример; **2.** служа като пример.

instant ['instənt] **I.** *adj* **1.** незабавен, неотложен; моментален, непосредствен, мигновен; **2.** спешен; **an ~ need** въпиеща нужда от; **3.** който се приготвя бързо и лесно (*за храна*); **II.** *n* миг, момент; **at that very ~** точно в този миг (момент).

instantly ['instəntli] *adv* **1.** мигновено, моментално, незабавно, веднага, в момента, на часа; **2.** *ост.* неотложно, незабавно, спешно.

instate [in'steit] *v* въвеждам (*в длъжност*).

instead [in'sted] *adv* вместо, в замяна, наместо; **~ of this** вместо това.

instep ['instep] *n* **1.** *анат.* (горна) извивка на ходилото; **2.** предница на обувка (чорап).

instinct I. ['instiŋkt] *n* инстинкт, интуиция; **by (from) ~** по инстинкт, инстинктивно; **to act on ~** действам по инстинкт; **II.** [in'stiŋkt] *adj* пълен, изпълнен (*с живот, красота и пр.*).

instinctive [in'stiŋktiv] *adj* инстинктивен, спонтанен, несъзнателен.

institute ['institju:t] **I.** *n* **1.** институт, учреждение, организация; **2.** *ам.* кратък курс; серия (цикъл) лекции; **3.** *pl юрид.* основи на правото; **II.** *v* **1.** учредявам, основавам, установявам, институирам; въвеждам; **newly ~d office** новосъздадена служба; **2.** поставям в действие; започвам; **3.** назначавам, обличам във власт.

institution [,insti'tju:ʃən] *n* **1.** установяване, учредяване; основаване; започване; назначаване (*на анкета, следствие и пр.*); **2.** институт, учреждение; заведение (*и учебно*); **3.** институция; обичай, закон, система.

institutor ['institju:tə] *n* **1.** основател, основоположник, учредител; **2.** *рел.* лице с власт да назначава духовници.

instruct [in'strʌkt] *v* **1.** обучавам, уча, поучавам; инструктирам (**in**); **self ~ed** самоук; **2.** информирам, известявам, уведомявам, съобщавам на; **3.** давам указания, нареждам, заповядвам.

instruction [in'strʌkʃən] *n* **1.** обучение; обучаване; **driving ~** уроци по шофиране, шофьорски курс; **2.** указание; поръчение; инструктаж; *pl* наставления, директиви, инструкции, предписания; **3.** *pl юрид.* обяснения, факти; нареждания; указания на съдия за съдебните заседатели.

instructor [in'strʌktə] *n* **1.** инструктор; ръководител; учител; **2.** ръководство, наръчник; **3.** *ам.* преподавател (лектор) във висше учебно заведение.

instrument I. ['instrumənt] *n* **1.** инструмент, оръдие, сечиво; инструмент, уред, прибор, апарат; **~ board** контролно табло; табло с инструменти; **2.** *прен.* оръдие, средство, *разг.* маша; **3.** *юрид.* документ, акт, договор, инструмент; **II.** [instru'ment] *v* **1.** осъществявам (на практика), провеждам; **2.** *муз.* оркестрирам, инструментирам.

insubordinate [,insə'bɔ:dinit] **I.** *adj* непокорен, недисциплиниран, непослушен, немирен; **II.** *n* непокорен човек.

insufficient [,insə'fiʃənt] *adj* недостатъчен, оскъден; непълен, несъответстващ; неудовлетворителен, незадоволителен; ◇ *adv* **insufficiently**.

insulating ['insjuleitiŋ] *adj тех.* изолационен, изолиращ; **~ tape** изолирбанд.

insulator ['insjuleitə] *n ел. тех.* изолатор; непроводник; **leading in ~** входящ изолатор.

insult I. ['insʌlt] *n* **1.** обида, оскърбление; **to add ~ to injury** не само напакостявам, но и обиждам отгоре; **2.** *ост.* атака, нападение; **II.** [in'sʌlt] *v* **1.** оскърбявам, обиждам; **2.** *ост.* нападам, атакувам.

insupportable [,insə'pɔ:təbl] *adj* непоносим, нетърпим.

insurance [in'ʃuərəns] *n* **1.** застраховка, осигуровка; **to effect an ~** застраховам се; **2.** застрахователна премия, застраховка; **3.** застрахователна полица (*и* **~ policy**).

insure [in'ʃuə] *v* **1.** застраховам (се); правя застраховка; **2.** осигурявам, обезпечавам, гарантирам; **to ~ against a danger** осигурявам се срещу опасност.

intact [in'tækt] *adj* непокътнат, цялостен, незасегнат; цял, пълен.

integral ['intigrəl] **I.** *adj* **1.** съществен, неразделен, неделим; **~ part**

неделима (неразделна) част; **2.** пълен, цялостен, цял; **II.** *n мат.* интеграл.

intellect ['intilekt] *n* интелект, ум, разум, разсъдък; умствени способности; **a man of ~** умен (интелигентен) човек.

intellectual [,inte'lektʃuəl] **I.** *adj* **1.** интелектуален, умствен, мисловен, духовен; **~ effort** умствено (мисловно) усилие; **2.** мислещ; **II.** *n* **1.** интелектуалец, интелигент; **2.** *pl* интелигенция.

intelligence [in'telidʒəns] *n* **1.** ум, разум, разсъдък, интелект; **~ test** тест за интелигентност; **2.** интелигентност, схватливост, бързо разбиране; **3.** сведения, информация; новина, вест; **to give (receive) ~** давам (получавам) сведения; **latest ~** последни новини; **~ office** информационно бюро; *ам., ост.* посредническо бюро за намиране на домашна прислуга; **I. Service** Интелиджънс сървис, английската разузнавателна служба; **~ officer** разузнавач.

intelligent [in'telidʒənt] *adj* **1.** умен, разумен; **2.** интелигентен, схватлив; **an ~ child** будно (умно, схватливо) дете; **3.** понятен, смислен, разбираем.

intelligible [in'telidʒibl] *adj* понятен, разбираем, смислен.

intend [in'tend] *v* **1.** възнамерявам, предвиждам, имам предвид, имам намерение, планирам; **what do you ~ doing (to do)?** какво смятате да правите? **2.** предназначавам, определям; **3.** знача, означавам; подразбирам?

intense [in'tens] *adj* **1.** силен; прекомерен, краен; **~ heat** *метеор.* силни горещини; **2.** интензивен, наситен, дълбок (*цвят и др.*); **3.** ревностен; горещ; емоционален, прочувствен, страстен; напрегнат.

intensify [in'tensifai] *v* усилвам (се), засилвам (се); правя интензивен, интензифицирам; напрягам.

intention [in'tenʃən] *n* **1.** намерение, стремеж, цел, умисъл, интенция; **done without ~** направено неумишлено; **2.** смисъл, значение; **3.** *филос.* понятие, идея.

intercom [,intə'kɔm] *n разг.* = **interphone**.

intercourse ['intəkɔ:s] *n* **1.** общение, общуване; **2.** връзки, отношения; **3.** полови сношения.

interest ['intrist] **I.** *n* **1.** заинтересованост, интерес, любопитство; влечение; внимание; **to arouse ~** привличам внимание, будя интерес; **2.** изгода, полза; **3.** участие в нещо, дял в печалбите; част; **II.** *v* **1.** заинтересувам, привличам вниманието на; **to be ~ed in** интересувам се от; **2.** заангажирам с участие в нещо, заинтересувам.

interesting ['intristiŋ] *adj* интересен, занимателен, привлекателен; увлекателен, забавен.

interface ['intəfeis] **I.** *n* **1.** *физ.* разделяща повърхнина; **2.** *комп.* интерфейс; **3.** допирни точки (*на две науки, изкуства*); **II.** *v* свързвам (се), имам допирни точки.

interfere [intə'fiə] *v* **1.** бъркам се, меся се (**with**); намесвам се (**in**); **2.** преча, спъвам, възпрепятствам; **to ~ with the operation of a rule** спъвам прилагането на наредба; **3.** *разг.* пипам, бърникам, бутам (**with**).

interference [,intə'fiərəns] *n* **1.** вмешателство, намеса; **2.** препятствие, спънка, пречка; **3.** *физ.* интерференция.

interior [in'tiəriə] **I.** *adj* вътрешен; **~ screw** *тех.* вътрешна резба; гайка; **II.** *n* **1.** вътрешност, вътрешна страна; **2.** вътрешни области, вътрешност (*на страна*); *воен.* дълбок тил, вътрешност; **3.** (**I.**) министерство на вътрешните работи; **Minister of the I.** министър на вътрешните работи.

interject [,intə'dʒekt] *v* хвърлям помежду; подхвърлям, подмятам (*забележка*).

interknit [,intə'nit] *v* (*pp* **-knitted, -knit**) **1.** преплитам (се), сплитам (се) (*за клони и пр.*); вплитам (се); втъквам; разбърквам (се) (*за конци*); **2.** *рядко* смесвам (се).

interlink [,intə'link] *v* свързвам (се) едно с друго; свързвам със звена; свързвам (се) тясно; **with hands ~ed** ръка за ръка.

interlock [,intə'lɔk] *v* **1.** съединявам (се), сключвам (се), скопчвам (се); **2.** сглобявам; **3.** *тех.* блокирам.

interlocutor [,intə'lɔkjutə] *n* **1.** събеседник; **2.** представител; посредник.

intermediary [,intə'mi:diəri] **I.** *adj* **1.** посреднически; **2.** междинен, среден; **II.** *n* **1.** посредник; **2.** нещо междинно (средно).

intermission [,intə'miʃən] *n* **1.** прекъсване, пауза; **without ~** непрекъснато; **2.** *ам.* антракт; почивка; междучасие; **3.** *мед.* неправилност, неравномерност; прескачане (*на пулса*).

internal [in'tə:nl] **I.** *adj* **1.** вътрешен; **~ evidence** доказателство, основано на характера на делото; *лит.* стилистични белези; **2.** душевен, съкровен; **II.** *n pl* **1.** вътрешни (специфични) качества; **2.** *рядко* вътрешности.

international [,intə'næʃənl] **I.** *adj* международен, интернационален; **~ law** международно право; **II.** *n* **1.** участник в международни спортни състезания; **2.** международно спортно състезание.

interpellate [in'tə:pileit] *v* интерпелирам, запитвам, правя запитване (интерпелация).

interphone ['intəfoun] *n* вътрешен телефон (*в сграда, кораб и пр.*).

ininterpose [intə'pouz] *v* **1.** слагам помежду; вмъквам, втиквам; препречвам; **to ~ o.'s veto** налагам своето вето; **2.** прекъсвам, подхвърлям, подмятам, вмятам (*думи, забележки*); намесвам се; **3.** посреднича, застъпвам се; интервенирам.

terpret [in'tə:prit] *v* **1.** тълкувам, обяснявам, разяснявам; **2.** *театр., муз.* интерпретирам, изпълнявам; **3.** превеждам (*устно*).

interpreter [in'tə:pritə] *n* **1.** тълкувател, интерпретатор; **2.** преводач (*устен*).

interrelation [,intəri'leiʃən] *n* взаимоотношение, съотношение.

interrelationship [,intəri'leiʃənʃip] *n* взаимно сродство (свръзка).

interrogative [,intə'rɔgətiv] *adj* въпросителен; **~ pronoun** *ез.* въпросително местоимение.

interrupt [,intə'rʌpt] **I.** *v* **1.** прекъсвам, намесвам се в (*разговор*); **2.** забавям, спирам (*движение*); прекъсвам (*ел. ток*); преча; преграждам; **II.** *n комп.* прекъсване.

intersection [,intə'sekʃən] *n* **1.** пресичане; *мат.* пресечна точка (линия); **2.** пресечка (*на улица, линия и пр.*).

intershot [,intə'ʃɔt] *adj* (*за цвят*) преливащ се; **blue ~ with purple** синьо, което се прелива във виолетово.

interurban [,intə'ə:bən] *adj* междуградски.

interval ['intəvəl] *n* **1.** промеждутък, разстояние, интервал; **at ~s** на промеждутъци, от време на време; тук там; **2.** *муз.* интервал; **3.** почивка, пауза, антракт; междучасие.

intervention [,intə'venʃən] *n* **1.** интервенция; вмешателство, намеса;

2. посредничество.

interview ['intəvju:] **I.** *n* **1.** среща, беседа, разговор, интервю (*обикн. с кандидат за работа*); **2.** (журналистическо) интервю; **II.** *v* имам среща (беседа) с; интервюирам.

intestate [in'testeit] **I.** *adj* **1.** без завещание; **to die ~** умирам, без да оставя завещание; **2.** незавещан, свободен (*за имот*); **II.** *n* покойник, който не е оставил завещание.

intimate[1] ['intimit] **I.** *adj* **1.** вътрешен; съкровен; **2.** интимен; личен; **~ friendship** задушевно приятелство; **3.** частен, личен; **II.** *n* близък (интимен) приятел.

intimate[2] ['intimeit] *v* **1.** намеквам, подмятам, подхвърлям, давам да се разбере; внушавам; **2.** *рядко* обявявам, разгласявам, известявам, съобщавам.

into ['intu, 'intə] *prep* **1.** (*указва направление на движение или действие*); в, във; към; **the window opens ~ the garden** прозорецът гледа към градината; **2.** (*промяна в състояние, качество* и *пр.*); на, в; **3.** *мат.* на (*при действие деление и рядко при умножение*).

intolerable [in'tɔlərəbəl] **I.** *adj* непоносим, нетърпим; ◇ *adv* **intolerably** [in'tɔlərəbli]; **II.** *adv ост.* крайно, прекалено.

intolerant [in'tɔlərənt] *adj* **1.** който проявява нетърпимост, нетолерантен; **~ of criticism** нетърпящ критика; **2.** *мед.*: **to be ~ of a drug** не понасям някакво лекарство.

intonation [,intou'neiʃən] *n* **1.** интонация, модулация на гласа; **2.** напевно произнасяне, речитативно пеене; **3.** *муз.* въвеждане, запяване на първите думи от едногласна песен (псалм) (*обикн. от солист*).

intoxication [in,tɔksi'keiʃən] *n* **1.** опиянение; упоеност; унес; **2.** силна възбуда; **3.** *мед.* интоксикация, отравяне на организма.

intractable [in'træktəbəl] *adj* **1.** неподатлив, упорит; **2.** непослушен, непокорен, недисциплиниран, труден за възпитаване; **3.** необуздан, несдържан.

intrepid [in'trepid] *adj* неустрашим, безстрашен; храбър, дързък.

intrigue [in'tri:g] **I.** *v* **1.** интригантствам, сплетнича; **to ~ against s.o.** сплетнича (работя) срещу някого; **2.** имам тайна любов (**with**); **3.** възбуждам любопитството на, заинтригувам; **II.** *n* **1.** интрига, сплетня; машинация; **2.** тайна любовна връзка; *разг.* таен роман, любовна авантюра; **3.** *лит.* фабула.

intrinsic [in'trinsik] *adj* присъщ, свойствен (**to**); съществен, вътрешен; **~ value** истинска стойност; **~ defect** съществен (неотстраним) дефект (недостатък); ◇ *adv* **intrinsically** [in'trinzikli].

introduce [,intrə'dju:s] *v* **1.** въвеждам; внасям, вкарвам (**into**); **2.** предавам (на), запознавам (с); посвещавам (*в* - **to**); **let me ~ my brother to you** позволете ми да ви представя (запознайте се с) моя брат; **3.** внасям за разглеждане, представям (*законопроект и пр.*).

introduction [,intrə'dʌkʃən] *n* **1.** въвеждане, внасяне; **2.** представяне; запознаване; **letter of ~** препоръчително писмо; **3.** увод, въведение; предисловие; предговор; *муз.* встъпление, интродукция; увертюра.

intrude [in'tru:d] *v* **1.** влизам без покана (позволение); нахълтвам, втурвам се (**into**); **2.** натрапвам (се), досаждам, преча (**on, upon**); **to ~ oneself on s.o.** натрапвам се на някого; **3.** *геол.* внедрявам (се) (*за скала и пр. в земните пластове*).

intrusive [in'tru:siv] *adj* **1.** натрапчив, досаден, обезпокоителен; **2.** неканен, незван; **3.** *геол.* интрузивен.

intuitive [in'tju:itiv] *adj* интуитивен, основан на интуиция.

inundate ['inʌndeit] *v* заливам, наводнявам; потопявам (*и прен.*); **~ed with letters** отрупан с писма.

inurement [i'njuəmənt] *n* приучване, привикване, свикване; каляване, закаляване; привичка, навик; **~ to opium** навик да се пуши опиум.

invade [in'veid] *v* **1.** нахлувам в, нахълтвам в; **2.** завладявам, овладявам (*и прен. за чувства*); **3.** нарушавам; посягам на; **to ~ s.o.'s privacy** нарушавам спокойствието на някого.

invader [in'veidə] *n* **1.** нашественик; окупатор; **2.** посегател (*на права и пр.*).

invalid$_1$ ['invəli:d] **I.** *adj* **1.** неработоспособен, нетрудоспособен; болен, болнав, нездрав; **his ~ sister** недъгавата му сестра; **2.** предназначен за болни; **II.** *n* болен, болник; инвалид, недъгав, сакат човек; **III.** *v* **1.** правя (ставам) инвалид; **~ed for life** осакатен за цял живот, осакатен до края на живота си; **2.** освобождавам (се) от военна служба по инвалидност (като инвалид).

invalid$_2$ [in'vælid] *adj* недействителен, невалиден (*пред закона*), *юрид.* нищожен, лишен от законна сила; необоснован.

invaluable [in'væljuəbl] *adj* неоценим, безценен, извънредно скъп, скъпоценен.

invariability [in,veəriə'biliti] *n* неизменяемост, неизменност.

invasion [in'veiœən] *n* **1.** нашествие; нахлуване, нахълтване; инвазия; агресия; **2.** посегателство, похищение; накърняване; **3.** *мед.* инвазия, проникване на болестни причинители в организми.

inveigle [in'vi:gəl] *v* примамвам, привличам, съблазнявам, измамвам, прилъгвам, подлъгвам (**into**); **to ~ s.o. into doing s.th.** подлъгвам някого да направи нещо.

invent [in'vent] *v* **1.** изнамирам, изобретявам, създавам, измислям; **2.** измислям, съчинявам, нагласям.

invention [in'venʃən] *n* **1.** изобретение, откритие; **2.** изнамиране, изобретяване; **3.** изобретателност.

inventor [in'ventə] *n* изобретател; създател, автор.

inversive [in'və:siv] *adj* **1.** причиняващ обръщане (обатно положение); **2.** обратен, противоположен.

invertible [in'və:tibəl] *adj* обратим, инвертируем.

invest [in'vest] *v* **1.** влагам (пари), инвестирам; **to ~ in** влагам пари в (*и във вещ*); *разг.* купувам, харча за (*нещо*); **2.** обличам (*обикн. официално или прен.*), покривам, короновам, ръкополагам; декорирам, слагам (награждавам с) отличия (ордени) (**with**); **3.** обличам (*с пълномощия, власт*; **with**).

investigate [in'vestigeit] *v* **1.** изследвам, проучвам, проверявам; **2.** разследвам, анкетирам, издирвам.

investigation [in,vesti'geiʃən] *n* **1.** изследване, проучване (*научно*); издирване; **2.** разследване, следствие, анкета.

investment [in'vestmənt] *n* **1.** вложения, капиталовложение; влог; инвестиция; инвестиране, влагане; **2.** обличане, докарване; облекло.

invisible [in'vizibl] **I.** *adj* невидим; незабележим, неразличим; **~ ink** симпатично мастило; **II.** *n:* **the ~** невидимото, невидимият (духовният) свят.

invitation [,invi'teiʃən] *n* **1.** покана; възвание; **2.** привличане.

invite [in'vait] **I.** *v* **1.** каня, поканвам, подканвам, приканвам (**to** в, на, у); **to ~ questions** моля (подканвам) да се зададат въпроси; **2.** *прен.* привличам, подтиквам; изкушавам; **3.** навличам си; предизвиквам; **II.** *n sl* покана.

invoice ['invɔis] **I.** *n* фактура; **II.** *v* издавам фактура.

iodine ['aiədi:n] *n* йод.

Iran [i'ra:n] *n* Иран.

Iranian [i'reinjən] **I.** *n* иранец, персиец; **II.** *adj* ирански, персийски.

Iraq [i'ra:k] *n* Ирак.

Iraqi [i'ra:ki] **I.** *n* жител на Ирак; **II.** *adj* иракски.

irate [ai'reit] *adj* гневен, разлютен, сърдит; разярен, вбесен, яростен, побеснял.

Irish ['aiəriʃ] **I.** *adj* ирландски; **II.** *n* **1.** ирландец; **2.** ирландски език; • **to get one's ~ up** разсърдвам се, разлютявам се, вбесявам се, побеснявам.

Irishman ['aiəriʃmən] *n* ирландец.

Irishwoman ['aiəriʃ,wumən] *n* ирландка.

iron ['aiən] **I.** *n* **1.** желязо; чугун; **a man of ~** як, твърд, корав, "железен" човек; упорит човек; • **strike while the ~ is hot** желязото се кове, докато е горещо; **2.** железен предмет, инструмент и пр. (*обикн. в съчет.*); **3.** *pl мед.* шини; • **to have too many ~s in the fire** имам (залавям се с) много работа наведнъж; **II.** *adj* **1.** железен; **2.** *прен.* силен, як, здрав; твърд, корав, непоклатим; **3.** *прен.* суров, жесток; • **~ man** *амер. sl* сребърен долар; **III.** *v* **1.** гладя; **to ~ out** *ам.* изглаждам, нагласям, слагам в ред; **2.** покривам с желязо, обковавам; **3.** слагам окови на.

ironic(al) [ai'rɔnik(əl)] *adj* ироничен, подигравателен.

irony$_1$ ['aiəni] *adj* железен, железоподобен.

irony$_2$ ['aiərəni] *n* ирония; **the ~ of fate** ирония на съдбата.

irredeemable [,iri'di:məbəl] *adj* **1.** безнадежден; непоправим; ◇ *adv* **irredeemably** [,iri'di:məbli]; **2.** който не може да се обмени (*за книжа, пари, акции*); **3.** неизплатим (*за държавен заем*).

irreproachable [,iri'proutʃəbəl] *adj* безупречен, безукорен, изряден, примерен; невинен, чист.

irresistible [,iri'zistəbəl] *adj* **1.** непреодолим, неудържим; неотразим, завладяващ, покоряващ, омайващ; **2.** необорим, неопровержим, неоспорим, категоричен, сигурен; ◇ *adv* **irresistibly** [,iri'zistibli].

irresolution [i,rezə'lju:ʃən] *n* нерешителност, колебливост, колебание, непостоянство, неустановеност.

irresponsible [,iri'spɔnsəbl] *adj* **1.** неотговорен (**for**); **mentally ~** невменяем, неотговорен; **2.** безотговорен, своеволен.

irrigation [,iri'geiʃən] *n* напояване, оросяване, иригация; *мед.* иригация, промивка на вътрешни органи.

irritate$_1$ ['iriteit] *v* **1.** дразня, раздразвам, сърдя, разсърдвам, ядосвам, нервирам; **to be ~d at (by, with)** дразня се от; **2.** *физиол.* дразня, правя чувствителен, възбуждам, стимулирам; **3.** *мед.* раздразвам, възпалявам.

irritate$_2$ *v юрид.* анулирам, обезсилвам, правя недействителен.

irruption [i'rʌpʃən] *n* нахлуване, нахълтване, нашествие.

is [iz] *3 л. ед. сег. от* **to be**.

Islam ['izla:m] *n* ислям; мохамеданство.

island ['ailənd] **I.** *n* **1.** остров; **2.** нещо изолирано; *ам.* горичка в прериите; самотен хълм; **3.** площадка на трамвайна спирка и на пресечка на улица (*за граждани*; *и* **safety ~**); **II.** *v* **1.** превръщам в остров; изолирам, отстранявам, откъсвам; **2.** осейвам (като) с острови.

isle [ail] *n поет. и в собств. имена* остров; **the I. of Wight, the British I.s** остров Уайт, Британските острови.

isn't [iznt] *разг.* = **is not**.

isolation [ˌaisəˈleiʃən] *n* изолация; изолиране, отделяне, уединяване, усамотяване.

isomerous [aiˈsoumərəs] *adj* **1.** с еднакъв брой части; **2.** *бот.* с еднакъв брой листенца във всеки ред.

Israel [ˈizreiəl] *n* Израел; еврейският народ, Израел.

Israeli [izˈreili] *n* гражданин на Израел.

issue [ˈiʃu:, isju:] **I.** *n* **1.** издание, издаване, публикуване, пускане; тираж; **today's ~** днешният брой; **2.** излизане; извиране; изтичане, оттичане, изливане; течността, която се излива; **3.** изход, излаз; устие; отвърстие, отвор (*за дренаж на рана и пр.*); **II.** *v* **1.** излизам, появявам се; изтичам; извирам (**from**); **2.** произхождам, произлизам от, резултат съм на (**from**); **3.** издавам, пускам, публикувам; **to ~ an order** издавам заповед.

isthmus [ˈisməs] *n* **1.** *геогр.* провлак; **2.** *анат., бот., зоол.* тясна част, която съединява две по-големи части.

it [it] **I.** *pron pers* **1.** той, тя, то (*за предмети и животни*); **2.** това; лицето, за което става дума; **who is ~?** кой е? **3.** *като подлог на безлични глаголи* (*не се превежда*); **II.** *n* **1.** *разг.* идеал, връх на съвършенство; **to be ~** връх на съвършенство съм; **2.** *разг.* сексапил; **3.** играч, който се извиква да направи нещо (*при детски игри*).

Italian [iˈtæljən] **I.** *adj* италиански; **~ cloth** сатениран ленен плат за подплата; **II.** *n* **1.** италианец, италианка; **2.** италиански (език).

italicise [iˈtælisaiz] *v* **1.** изтъквам с курсив; печатам в курсив; **2.** подчертавам (*в ръкопис*).

itch [itʃ] **I.** *n* **1.** сърбеж; **2.** шуга, краста (*и прен.*); силно желание; **II.** *v* **1.** сърби ме; **2.** горя от непреодолимо желание; • **to have an ~ing palm** лаком съм за пари.

item [ˈaitəm] **I.** *n* **1.** точка, пункт (*в списък*); параграф; номер (*в програма*); **2.** новина, съобщение, бележка (*във вестник*); **II.** *adv* също (*при изброяване*); **III.** *v* отделям по точки; включвам като точка.

iteration [ˌitəˈreiʃən] *n* повторение; повтаряне.

itinerancy [iˈtinərənsi] *n* **1.** странстване, кръстосване, пътуване; **2.** обикаляне по служба; група, която пътува по служба.

itinerary [iˈtinərəri] **I.** *adj* пътен; **II.** *n* **1.** маршрут, път; **2.** пътепис; **3.** пътеводител.

it's [its] *разг.* = **it is**.

its [its] *pron poss 3 л. ед.* негов, а, о; неин, а, о.

itself [itˈself] *pron* (*pl* **themselves**) **1.** *emph* самият, самата, самото, самите; **the well ~ was empty** самият кладенец беше празен; **2.** *refl* се, себе си, си.

I've [aiv] = **I have**.

ivied [ˈaivid] *adj* обрасъл с бръшлян.

ivory [ˈaivəri] *n* **1.** слонова кост; **2.** зъб (*на слон*); **3.** *pl разг.* предмети от слонова кост (*клавиши на пиано, билярдни топки, зарове и пр.*).

ivory tower [ˈaivəriˈtauə] *n* кула на мечтите; бягство от действителността.

ivy [ˈaivi] *n бот.* бръшлян *Hedera helix*.

J

J, j [djei] (*pl* **Js, J's** [dʒeiz]) буквата **j**.

jack₁ [dʒæk] **I.** *n* **1.** (**J.**) *умал. за* **John**; **2.** (*и* **J.**) човек, момче; **every man** ~ всеки (човек) без изключение; **J. and Jill** момче и момиче; **3.** моряк, матрос (*и* **~tar**) • **J. of all trades** човек, който го бива за всичко; **II.** *v* **1.** (по)вдигам с крик (**up**); **2.** *разг.* качвам (*цени*); повишавам надници (**up**); **3.** *разг.* захвърлям, изоставям; зарязвам.

jack₂ *n мор.* гюйс, флаг; • **Union J.** *разг.* британското знаме.

jack₃ *n ост.* **1.** кожена кана; **2.** войнишка кожена куртка без ръкави.

jack₄ *n* **1.** вид полинезийско хлебно дърво *Artocarpus heterophilos*; **2.** плодът на това дърво.

jacket ['dʒækit] **I.** *n* **1.** яке; сако; куртка; жакет; **dinner** ~ смокинг; **2.** блуза (*на жокей*); **3.** козина, кожух (*на животно*); **II.** *v* обвивам, слагам обвивка, изолирам.

jaguar ['dʒægjuə] *n* ягуар.

jail [dʒeil] **I.** *n* затвор; **II.** *v* затварям.

jam₁ [dʒæm] **I.** *v* **1.** тъпча (се), натъпквам (се), претъпквам (се), напъхвам (се), натиквам (се) (**into**); **to ~ a bill through** пробутвам законопроект; **2.** натискам; притискам; приклещвам; смазвам; **3.** задръствам (се); **II.** *n* **1.** натискане, притискане, смазване; **2.** претъпкване, натъпкване; **3.** задръстване, натрупване; навалица, блъсканица; тъпканица; **a traffic** ~ задръстване на движението.

jam₂ **I.** *n* конфитюр, сладко, джем; **II.** *v* правя мармалад, правя мармалад от.

Jamaica [dʒə'meikə] *n* **1.** остров Ямайка; **2.** (ямайски) ром.

janitor ['dʒænitə] *n* **1.** портиер, вратар; **2.** *ам.* разсилен; пазач; домоуправител.

January ['dʒænjuəri] *n* **1.** януари; **2.** *attr* януарски.

Japan [dʒə'pæn] **I.** *n* **1.** Япония; **2.** твърд, черен (японски) лак; **3.** японско изделие, японски стил; **II.** *v* лакирам с черен (японски) лак.

Japanese ['dʒæpə'ni:z] **I.** *adj* японски; **II.** *n* **1.** (*pl без промяна*) японец, японка; **2.** японски (език).

jar₁ [dʒa:] **I.** *v* **1.** разтърсвам (се), раздрусвам (се) леко; предизвиквам сътресение; *тех.* вибрирам; **2.** дразня, дращя (*на ухото*); **3.** удрям се, блъскам се, сблъсквам се (**upon, against**); **II.** *n* **1.** рязък шум (звук); **2.** удар, сблъскване; сътресение; силна възбуда; **the news gave me a nasty ~** новината ме изненада неприятно; **3.** *прен.* несъгласие, спор, разногласие; караница.

jar₂ *n* **1.** делва, гърне; буркан; **Leyden** ~ *ел.-тех.* лайденска стъкленица; **2.** количеството течност и пр. в една делва или буркан.

jar₃ *n разг.* **on the (on a, on) ~** открехнат, полуотворен.

javelin ['dʒævlin] *n* копие за хвърляне, дротик.

jaw [dʒɔ:] **I.** *n* **1.** челюст (*и тех.*); **lantern ~s** хлътнали страни (бузи), изпито лице; **2.** *pl* уста; устие (*на долина*); **II.** *v sl* **1.** приказвам, дърдоря, меля; **2.** чета морал (конско евангелие).

jazz [dʒæz] **I.** *n* **1.** джаз, джазова музика; **2.** модерни танци; **3.** *ам.* живост, енергичност, бодрост; **II.** *v* **1.** свиря джазова музика; танцувам джаз; джазирам; **2.** *ам. sl* влагам живост, енергия (**up**); действам енергично, размърдвам се; **III.** *adj* **1.** джазов; **2.** *ам.* жив, буен; **3.** ярък, крещящ (*за цвят*); вулгарен, прост.

jealous ['dʒeləs] *adj* **1.** ревнив (**of**); **to be ~ of** ревнувам; **2.** завистлив; подозрителен (**of**); **3.** ревностен, грижлив; бдителен (**of**).

jealousy ['dʒeləsi] *n* **1.** ревност, ревнивост; **2.** завист; подозрителност.

jeans [dʒi:nz] *pl* джинси.

jeep [dʒi:p] *ам.* **I.** *n* **1.** джип; **2.** малък самолет; **II.** *v* карам джип; закарвам с джип.

jelly ['dʒeli] **I.** *n* **1.** желе, пелте; **2.** пихтия; **II.** *v* желирам (се), пелтосвам (се).

jelly-fish ['dʒelifiʃ] *n* **1.** медуза; **2.** *ам.* "мекотело".

jerk [dʒə:k] **I.** *n* **1.** рязко (внезапно) движение; тласък; дръпване; друсане; трепване; **the car stopped with a ~** колата спря рязко; **2.** конвулсия (*на мускул*), спазъм; **3.** *pl разг.* гимнастически упражнения, гимнастика; **II.** *v* **1.** тласкам, дръпвам (се), хвърлям (се), правя рязко движение; трепвам; **2.** говоря (произнасям, казвам) на пресекулки (отсечено).

jersey ['dʒə:zi] *n* **1.** вълнена фланелка, блуза (*с висока яка*); **2.** жарсе; **3.** порода млечни крави (*от о-в Джързи*).

jest [dʒest] *книж.* **I.** *n* **1.** шега, смешка; закачка; **(to speak) in ~** (говоря) на шега, шегувам се; **2.** подигравка, насмешка; **3.** предмет на шеги, закачки, присмех, посмешище; **II.** *v* **1.** шегувам се, закачам се (с **with**); **2.** подигравам се, надсмивам се, осмивам.

jet₁ [dʒet] **I.** *n* **1.** гагат, черен кехлибар; **2.** лъскав, блестящ черен цвят; **3.** *ост.* черен мрамор; **II.** *adj* **1.** гагатен; **2.** с лъскав черен цвят.

jet₂ **I.** *v* изхвърлям във вид на струя; бликам, избликвам, струя̀; **II.** *n* **1.** струя; **2.** *тех.* жигльор; горелка; **3.** *воен.* далечина на изстрел; **III.** *adj* реактивен.

Jew [dʒu:] **I.** *n* **1.** евреин; **tell that to the ~** разправяй ги на баба ми (си); **2.** *прен. sl* лихвар; **II.** *v разг.* излъгвам, измамвам, премятам.

jewel ['dʒuəl] **I.** *n* **1.** скъпоценен камък; *pl* бижута, накити, украшения (*с камъни*), скъпоценности; **2.** скъпа вещ; *прен.* съкровище (*за човек и пр.*); **3.** камък (*на часовник*); **II.** *v* **1.** украсявам със скъпоценни камъни; **2.** монтирам камъни (*в часовник*).

jeweller ['dʒuələ] *n* бижутер, златар.

jewellery, jewelry ['dʒuəlri] *n* скъпоценности, бижута.

Jewess ['dʒuis] *n* еврейка, юдейка.

Jewish ['dʒuiʃ] *adj* еврейски, юдейски.

jinx ['dʒiŋks] *n ам. sl* кутсузлия, кутсуз човек; човек, който носи нещастие.

job₁ [dʒɔb] **I.** *n разг.* **1.** работа; занимание; задача; **to do a ~** върша (свършвам) работа; **2.** работа, занаят, място, служба; **3.** тежка работа (задача), зор; **II.** *v* (**-bb-**) **1.** работя нередовно, върша каквато работа намеря; **2.** работя на акорд (на парче); наемам работници на акорд; **3.** правя гешефти (спекулации, афери); играя на борсата; използвам положението си за лични цели; **he ~bed his son into the position** той назначи сина си на това място посредством личните си връзки.

job₂ **I.** *v* мушкам, смушквам, ръгам, сръгвам, бутам (**at**); **II.** *n* мушкане, смушкване, ръгане, сръгване; дърпане на юздата.

job₃ [dʒoub] *n библ.* Йов; • **~'s comforter** човек, който вместо да утеши, повече засилва мъката на друг (налива масло в огъня).

jockey ['dʒɔki] **I.** *n* **1.** жокей; **2.** *ост.* търговец на коне, джамбазин; **3.** *ост.* мошеник; **II.** *v* **1.** подмамвам, прилъгвам, подхлъзвам, подвеждам, манипулирам; **to ~ s.o. into doing s.th.** подхлъзвам някого да направи нещо; **2.** *мор.* маневрирам **(for)**; **3.** домогвам се; добирам се (*чрез интриги*).

join [dʒɔin] **I.** *v* **1.** съединявам, обединявам; **to ~ two pieces together** съединявам две неща (парчета); **2.** свързвам **the rivers are ~ed by a canal** реките са свързани с канал; **3.** сглобявам, прикрепям; **II.** *n* **1.** присъединяване; свързване; **2.** връзка; съединение; контактна повърхност.

joiner ['dʒɔinə] *n* **1.** столар, дърводелец мебелист; **2.** *разг.* човек, който обича да членува в клубове и пр.

joint [dʒɔint] **I.** *n* **1.** място (точка, линия, плоскост) на съединение, контактна повърхност; съединение, свързване; *тех.* челно съединение, челна тъпа сглобка, джонт; чело; шев; фуга; шарнирна сглобка; **2.** начин на свързване (сглобяване); инструмент за сглобяване; **3.** *анат.* става; **out of ~** изкълчен; *прен.* объркан; **II.** *adj* общ, съвместен, (за)дружен, обединен; **~ ownership** съсобственост; **III.** *v* **1.** съединявам (свързвам, сглобявам) съставни части (колена); **2.** разделям на части, разчленявам; разрязвам при ставите; **3.** фугирам (*при зидане*); рендосвам ръб преди сглобяване.

joint-stock company ['dʒɔintstɔk 'kʌmpəni] *n* акционерно дружество.

joke [dʒouk] **I.** *n* **1.** шега; смешка; анекдот, виц; **for a ~, by the way of a ~** на шега, на майтап, на смях; **2.** посмешище, обект на подигравки, на присмех; **II.** *v* шегувам се; присмивам се, подигравам се; правя си шеги **(at, about s.th., with s.o.)**; **without joking** шегата настрана; **I'm not joking** не се шегувам, говоря сериозно.

jolly ['dʒɔli] **I.** *adj* **1.** весел, развеселен (*и от пиене*); **the ~ god** Бакхус; **2.** *разг.* приятен, хубав; **3.** *sl ирон.* хубав, хубавичък, голям; **II.** *adv разг.* много, хубавичко, здравата; **a ~ fellow** чудо човек, чудесен човек; **III.** *n sl* моряк от военната флота; **IV.** *v* **1.** отнасям се шеговито (весело) към, закачам; лаская, предумвам с ласкателство, коткам; будалкам **(along, up)**; **2.** *ам.* шегувам се, правя шега (смешки), веселя се.

Jonathan ['dʒɔnəθən] *n* **1.** типичен американец; олицетворение на американския народ (*и* **Breother ~**); **2.** вид десертна ябълка.

Jordan [dʒɔ:dn] *n* р. Йордан; **this side of (the) ~** *разг.* на този свят, докато сме живи.

jostle [dʒɔsl] **I.** *v* **1.** бутам (се), блъскам (се), пробивам си път с лакти; **to ~ out** избутвам, изблъсквам; **2.** боря се с (някого); **to ~ for** съревновавам се за; домогвам се до, стремя се към; **II.** *n* **1.** бутане, блъскане; бутаница, блъсканица; **2.** борба (с някого).

jounce [dʒauns] **I.** *v* друскам, раздрусквам (силно), разтърсвам (грубо); **II.** *n* раздрусване, разтърсване.

jot *v* (**-tt-**) записвам (написвам) набързо, драсвам, надрасквам, нахвърлям (*често с* **down**).

jotter ['dʒɔtə] *n* бележник.

jotting ['dʒɔtiŋ] *n* набързо написване, надраскване; набързо написана (надраскана) бележка; паметка.

journal ['dʒə:nl] **I.** *n* **1.** дневник,

журнал; **the J.s** протоколи на заседанията на парламента; **2.** счетководна книга; **3.** вестник; списание; периодично издание; **II.** *adj ост.* всекидневен, ежедневен; **III.** *v тех.* въртя (поставям) на цапфа.

journalist ['dʒə:nəlist] *n* журналист.

journey ['dʒə:ni] **I.** *n* **1.** пътуване, воаяж; **to make (take, undertake) a ~** правя (предприемам) пътуване, пътувам; **2.** изминато разстояние, разстояние за изминаване, път; **3.** *мин.* композиция от вагонетки; **II.** *v* пътувам, пътешествам, правя пътешествия (**from... to**).

joy [dʒɔi] **I.** *n* **1.** радост; веселие; удоволствие; **beaming with ~** сияещ от радост; **2.** нещо, което доставя (носи) радост, удоволствие; **II.** *v поет.* **1.** радвам се, приятно ми е, прави ми удоволствие; **2.** радвам, правя (досотавям) удоволствие на; **3.** *ост.* наслаждавам се на.

joy-riding ['dʒɔi'raidiŋ] *n* кражба на автомобил (*за удоволствие*).

joystick ['dʒɔistik] *n* **1.** *sl* ръчка за управление на самолет; **2.** джойстик, лост, чието движение управлява курсора на компютър; **3.** *sl грубо* мъжки полов орган.

jubilance ['dʒu:biləns] *n* ликуване, радост, възторг, тържествуване.

jubilant ['dʒu:bilənt] *adj* ликуващ, тържествуващ.

jubilee ['dʒu:bili:] *n* **1.** юбилей; петдесетгодишнина; **silver ~** 25-годишнина; сребърна сватба; **2.** празненство; **3.** еврейски празник, с който на всеки 50 години се чества изходът от Египет.

Judaism ['dʒu:deiizm] *n* юдейска религия, юдейство.

Judas ['dʒu:dəs] *n* Юда (*и прен.*); изменник, предател.

judge [dʒʌdʒ] **I.** *n* **1.** съдия; **a ~ of appeal** апелативен (касационен) съдия; **2.** експерт; познавач, ценител; **3.** съдия, рефер; арбитър, член на жури; **II.** *v* **1.** съдя; изслушвам процес; произнасям присъда (решение); отсъждам; **to ~ in favour of** отсъждам (произнасям присъда) в полза на; **2.** съдя, отсъждам; оценявам, преценявам; произнасям се по (върху); **3.** съдия (рефер) съм; произнасям се като съдия (рефер, член на жури, арбитър).

judg(e)ment ['dʒʌdʒmənt] *n* **1.** решение, присъда; **~-at-law** съдебна присъда; **2.** преценка, мнение; възглед; **3.** *разг.* възмездие, пръст Божи.

juggler ['dʒʌglə] *n* **1.** жонгльор, фокусник, илюзионист; **2.** измамник, лъжец.

juice [dʒu:s] **I.** *n* **1.** сок (*и мед.*); **2.** същност, есенция, най-същественото, най-хубавото; **3.** *ам. sl* електрически ток (енергия); **~ road** електрическа железница; **II.** *v pass ам.* бивам убит (ударен) от електрически ток; **to ~ up** стимулирам, подбуждам, ускорявам.

juicy ['dʒu:si] *adj* **1.** сочен; влажен; **a ~ pipe** тръба, която подлизва (влажнее); **2.** влажен, дъждовен; **3.** *разг.* много интересен, "сочен", пикантен.

July [dʒu'lai] *n* м. юли; *attr* юлски.

jump ['dʒʌmp] **I.** *v* **1.** скачам, подскачам; прескачам; изскачам; **to ~ off a wall** скачам от стена; **2.** карам да прескочи (подскочи, отскочи); **3.** тупа, чука, кове (*за болен зъб и пр.*); • **to ~ a claim** присвоявам си чужд периметър; **II.** *n* **1.** скок; подскачане; прескачане; **high (long) ~** *сп.* висок (дълъг) скок; **2.** **the ~s** *sl* нервно състояние, възбуда; нервни движения; **3.** внезапно покачване (*на це-*

ни и пр.).

jumper₁ [ˈdʒʌmpə] *n* **1.** човек (животно, насекомо), което скача, скачач; **2.** *ист.* член на уелска методическа секта; **3.** *мор.* въже за връзване на мачтови подпори.

jumper₂ *n* **1.** широка моряшка риза; **2.** джемпър.

junction [ˈdʒʌŋkʃən] **I.** *n* **1.** съединяване, свързване; точка на съединение; възел; спойка, съединение; **2.** кръстопът; място, където една река се влива в друга; *жп* възел; **~ signal** стрелочен знак; **II.** *v жп* свързвам се **(with)** (*за две или повече линии*).

June [dʒu:n] *n* м. юни; *attr* юнски.

jungle [dʒʌŋgl] *n* **1.** джунгла; **2.** *разг.* бъркотия, бърканица, "джунгла"; **3.** *attr* подобен на джунгла; за (на, от) джунглите; объркан.

junior [ˈdʒu:niə] **I.** *adj* по-млад, младши; **five years my ~** пет години по-млад от мен; **John Smith, J.** (*съкр.* **Jun.**) Джон Смит младши; **II.** *n* **1.** човек, по-млад от някой друг; **2.** човек с по-низш чин; **3.** *ам.* студент трета година (*при 4-годишен курс на обучение*).

junk [dʒʌŋk] **I.** *n* **1.** остатъци, отпадъци, вехтории; **2.** *sl* боклуци; **a piece of ~** вехтория; **3.** *sl* глупости; **II.** *v* **1.** (из)хвърлям на боклука; **2.** продавам (*нещо непотребно, излишно*); **3.** късам (режа, чупя) на парчета.

jurisdiction [ˌdʒuəris'dikʃən] *n* **1.** правораздаване, правосъдие; **2.** власт, пълномощия; юрисдикция; подсъдност; компетенция; ресор; подведомствена област; сфера на пълномощия; **to have ~ over** имам власт над; **an area within (under) the ~ of** област под властта (юрисдикцията) на.

juror [ˈdʒuərə] *n* **1.** съдебен заседател; **2.** член на жури, съдия; **3.** човек, който се обвързва с клетва.

jury [ˈdʒuəri] *n* **1.** съдебни заседатели; **common (petty, trial) ~** 12 съдебни заседатели, които предлагат присъда по граждански и наказателни дела; **2.** жури (*на конкурс*); **3.** *прен.* съд.

just [dʒʌst] **I.** *adj* **1.** справедлив; заслужен (*за наказание, награда и пр.*); основателен; **a ~ sentence** справедлива присъда; **2.** правилен, верен, точен; **3. the ~** *ост.* праведните; **II.** *adv* **1.** точно, тъкмо; досущ; **just 9 o'clock** точно 9 часа; **~ then** точно тогава; **2.** едва; едва-едва; **3.** току-що; ей-сега, сегичка.

justice [ˈdʒʌstis] *n* **1.** справедливост; правда; **with ~** справедливо; с право; **2.** правосъдие; **3.** съдия; **Mr. J. Smith** съдията г-н Смит; **the Lord Chief J., the Chief J. of England** председател на върховния съд в Англия; **Chief J.** *ам.* председател на върховен съд; **the Lords J. s** членовете на върховен, касационен съд в Англия; **a J. of the Peace** мирови съдия; **J.-General** *шотл.* председател на върховен съд в Шотландия.

justiceship [ˈdʒʌstisʃip] *n* звание (служба) на съдия; време, през което някое лице е съдия.

justify [ˈdʒʌstifai] *v* **1.** оправдавам, обяснявам, извинявам, доказвам правотата на; **2.** *печ.* подравнявам двустранно набран текст.

jut [dʒʌt] **I.** *v* издавам се, издаден съм, стърча, изпъквам (*често с* **out**); **II.** *n* издатина, изпъкналост.

jute [dʒu:t] *n* юта.

juvenile [ˈdʒu:vinail] **I.** *adj* млад, младежки; юношески; непълнолетен, малолетен; **a ~ court** съд за малолетни престъпници (закононарушители); **II.** *n* юноша, младеж.

juxtaposition [ˈdʒʌkstəpəˈziʃən] *n* противопоставяне, съпоставяне.

K

K, k [kei] *n* **1.** буквата **к**; **2.** K. *хим.* калий; *физ.* Келвин; **3.** *разг.* хидядарка, бон.

kalendar ['kælində] **I.** *n* **1.** календар; алманах; **the Gregorian ~** Грегориански календар; **2.** *рел.* списък на светците; църковен календар; **3.** списък, опис; указател; регистър; **II.** *v* вписвам, регистрирам; инвентаризирам.

kamikaze ['kæmə,ka:zi] **I.** *n* камикадзе; **II.** *adj* **1.** много рискован, опасен; **2.** готов да жертва живота си.

kangaroo [,kæŋgə'ru:] *n* **1.** кенгуру; **2.** *pl sl* акции от австралийски мини; спекуланти с такива акции; • **~ closure** парламентарна процедура, която позволява на председател на комисия да определи кои предложения за поправка на законопроект ще се дискутират.

Kansas ['kænzəs] *n* щат Канзас.

kapok ['ka:pɔk] *n* растителен пух; **~ bridge** *воен.* понтонен мост.

karaoke [,kærə'ouki] *n* забавление, при което хора изпълняват песни под акомпанимента на записана музика.

keck [kek] *v* оригвам се, повдига ми се, повръща ми се; **to ~ at s.th.** *разг.* отказвам (храна) с отвращение.

keckle [kekəl] **I.** *v* **1.** хихикам, кискам се, кикотя се; **2.** кудкудякам; **II.** *n* изкикотване, кикот.

keelhaul ['ki:l,hɔ:l] *v* влача (някого) под кила на кораб за наказание; *прен.* ругая, наругавам, начесвам, накастрям.

keen₁ [ki:n] *ирл.* **I.** *n* оплакване, нареждане (*на умрял човек*); **II.** *v* оплаквам, нареждам (*умрял*).

keen₂ *adj* **1.** ревностен; енергичен; страстен; който силно желае; който силно се стреми; **as ~ as mustard** който гори от желание; **2.** остър, силен (*за усещане, чувство*); интензивен; ожесточен (*за борба и пр.*); **3.** остър; заострен, изострен (*и прен.*); проницателен; ◇ *adv* **keenly**.

keenness ['ki:nnis] *n* **1.** страст, енергичност, ревностност, ентусиазъм; **2.** острота, заостреност.

keep [ki:p] **I.** *v* (**kept** [kept]) **1.** държа; **2.** държа, задържам; **he kept me waiting** той ме държа (накара) да го чакам; **3.** държа; пазя; поддържам; задържам; скътвам, запазвам, съхранявам; кътам; **~ o.'s counsel** държа си езика, трая си; **II.** *n* **1.** (пари за, цена на) прехрана, фураж; храна и квартира; издръжка; **ten shillings a day and his ~** 10 шилинга на ден с храна и квартира; **2.** *тех.* контрабукса; контрагайка; **3.** *ист.* централна кула на крепост.

keeper ['ki:pə] *n* **1.** *сп.* кипър (*в бейзбола и американския футбол*), вратар; **2.** уредник (*на музей*); **3.** съблюдател, блюстител (*на закон, ред и пр.*).

keepsake ['ki:pseik] *n* (нещо, дадено за) спомен; **for a ~** за спомен.

keg [keg] *n* **1.** бъчонка, бъчвичка, буре(нце); **2.** бира (*съхранявана в метален контейнер под налягане*).

kelp [kelp] *n* **1.** кафяви морски водорасли; **2.** пепел от кафяви водорасли, от която се добива йод.

Kelt [kelt, selt] *n* келт.

kelt [kelt] *n* сьомга след хвърляне на хайвера.

kennel [kenəl] **I.** *n* **1.** кучешка колибка; дупка, бърлога, леговище на животно; **to go to ~** скривам се; **2.** *обикн.* *pl* място, където се държат ловджийски кучета; **3.** сюрия ловджийски кучета; глутница (*вълци*); **II.** *v* (-ll-) **1.** слагам (държа) (*куче*) в колиба; прибирам (*хрътки*) в колибите им; **2.** живея (държат ме) в колиба (*за куче*); прибирам се в колибата си; прибирам се (скривам се) в дупката си (*за животно*).

Kenya ['ki:njə] *n геогр.* Кения.

kept *вж.* **keep I**.

keratose ['kerətous] **I.** *n* рогово вещество в гъби; кератоза; **II.** *adj* рогов, роговиден.

kerb [kə:b] **I.** *n* бордюр (*на тротоар*); • **business done on the ~** *търг.* сделка, направена след затваряне на борсата; **II.** *v* слагам бордюр (*на тротоар*).

kerchief ['kə:tʃif] *n* шалче (*забрадка, кърпа*) за глава; шалче (*за врата*); *поет.* носна кърпа.

kernel [kə:nəl] *n* **1.** ядка (*на плод*), зърно; **2.** същност, същина, ядро.

kerosene ['kerəsi:n] *n* керосин; *ам.* газ (*за лампи*); петрол.

ketchup ['ketʃʌp] *n* кетчуп.

kettle [ketl] *n* **1.** голям метален чайник; **2.** котел, бакър; **3.** *геол.* котловина.

kettle-holder ['ketl,houldə] *n* кърпа за хващане дръжката на горещ чайник (котел).

key [ki:] **I.** *n* **1.** ключ (*и тех.*); **a master ~** шперц; **2.** ключ, разрешение (*на загадка и пр.*); ключ, път, начин; ключова позиция; *сп.* първият ход, с който се разрешава задача (*и* **~ move**); **3.** легенда, условни знаци (*на карта*); код, шифър; буквален превод; ключ, сборник с отговори на задачи и пр.; **II.** *v* **1.** прикрепвам с клин (тибла), заклинвам; **2.** *муз.* настройвам (*и с* **up**); **key in** набирам (*информация в компютър*).

key-board ['ki:bɔ:d] **I.** *n муз., печ. и др.* клавиатура; **II.** *v печ., комп.* набирам (*текст*), въвеждам (*данни*).

key-boarder ['ki:'bɔ:də:] *n* човек, набиращ информация на компютър.

keyboardist ['ki:'bɔ:dist] *n* музикант, който свири на клавирен инструмент.

keyhole ['ki:houl] *n* (дупка на) ключалка; **to spy through (listen at) the ~ (~s)** подслушвам, шпионирам.

keynoter ['ki:noutə] *n ам., разг.* ръководител на политическа кампания.

khaki ['ka:ki] **I.** *adj* жълтокафяв, каки, хаки; **II.** *n* жълтокафяв плат за военна униформа; **to get into ~** ставам войник; • **~ election** избори, насрочени с цел да се използва войнственото настроение на избирателите.

khan [ka:n] *n* **1.** хан (*титла*); **2.** хан, кервансарай.

kibbler ['kiblə:] *n* дробилка, мелница (*за едро мелене*).

kibe [kaib] *n* **1.** измръзнало място (*обикн. на петата*); **2.** измръзване; **3.** болка в измръзнало място.

kibosh ['kaibɔʃ] *sl* **I.** *n* **1.** глупости, празни приказки; **2. to put the ~ on s.th.** слагам край на (*нещо*) веднъж завинаги; затварям устата; слагам капак (качулка) на; **II.** *v* слагам край на (*нещо*) веднъж завинаги; правя да не успее нещо.

kick₁ [kik] **I.** *v* **1.** ритам, хвърлям кьч; **to ~ a goal** *сп.* отбелязвам гол; **2.** "рита", отскача назад (*за оръжие*); **3.** отскача, рикошира (*за топка и пр.*); • **to ~ o.'s heel** губя си времето; принуден съм да чакам; **II.** *n* **1.** ритане, ритник; кьч; **a ~ in the teeth** *разг.* разочарование, провал; **2.** откат; *тех.* тласкане; **3.** *сп.* **a**

good (bad) ~ добър (лош) играч.

kick₂ *n* вдлъбнатина на дъното на бутилка.

kid₁ [kid] **I.** *n* **1.** козле, яре; ярешко месо; **2.** ярешка кожа; шевро; *pl разг.* ръкавици от ярешка кожа; **to treat (handle) s.o. with ~ gloves** пипам с кадифени ръкавици, коткам; **3.** *разг.* дете, хлапе, момче, момиче; *pl* дечурлига, хлапетия; **II.** *v* окозвам се.

kid₂ *sl* **I.** *n* измама, мистификация; **II.** *v* **(-dd-) 1.** измамвам, мистифицирам; **2.** майтапя, будалкам, вземам на подбив, закачам (се).

kid₃ *n мор.* бака.

kidnap ['kidnæp] *v* открадвам (дете); отвличам, похищавам.

kidney ['kidni] *n* **1.** бъбрек; **movable (floating) ~** плаващ бъбрек; **2.** *attr* бъбрековиден, като бъбрек; • **to tap a ~** *жарг.* пикая.

kill [kil] **I.** *v* **1.** убивам, умъртвявам, погубвам; затривам; **to ~ o.s. laughing** *разг.* умирам си от смях; **2.** бия, убивам, стрелям (*дивеч*); **3.** коля, заколвам (*животно*); • **to ~ with kindness** правя мечешка услуга на; **II.** *n* **1.** убийство; **to move (close) in for the ~** възползвам се от ситуация, за да реализирам плановете си; нанасям решителен удар; **2.** животно, убито (животни, убити) на лов; плячка, лов; отстрел.

killer [kilə] *n* **1.** убиец; *ам. sl* кръвопиец, кръвник; **2. humane ~** приспособление за бързо убиване на животни.

killing ['kiliŋ] **I.** *adj* **1.** убийствен, съсипващ; уморителен, изнурителен, изтощителен; **2.** възхитителен; да се пукнеш от смях; **II.** *n* убиване, убийство, клане; **to make a ~** имам голяма печалба; удрям кьоравото.

kiln [kiln] **I.** *n* пещ за изпичане на тухли (*и* **brick-kiln**); варница (*и* **lime-~**); **II.** *v* изпичам в пещ.

kilogram(me) ['kilogræm] *n* килограм.

kilometre ['kiləmi:tə] *n* километър.

kilowatt ['kilowɔt] *n* киловат; **~-hour** киловатчас.

kind₁ [kaind] *n* **1.** род, семейство, раса, порода; **2.** вид, сорт, разновидност; **what ~ is it?** какъв вид е то? **3.** природа, естество, същност, характер, качество.

kind₂ *adj* **1.** добър, добродушен, добросърдечен, сърдечен, любезен, мил, приветлив, приятен, благ, благоразположен, благоприятен **(to)**; **with ~ regards** с поздрав; **2.** нежен, ласкав; **3.** с който се работи, борави лесно; обработваем.

kindergarten ['kində'ga:tn] *n* детска градина, забавачница, забавачка.

kindly ['kaindli] **I.** *adj* **1.** добър, с добро сърце, благ, мек; **~ advice** съвет от сърце; **2.** мек, приятен (*за климат*); **3.** (лесно) обработваем; **II.** *adv* **1.** любезно, приветливо, от сърце; **to speak ~** говоря от сърце, казвам хубави неща **(to, of)**; **2.** охотно, с удоволствие.

kindness ['kaindnis] *n* **1.** добрина, доброта, благост, доброжелателство, добронамереност **(towards)**; **will you have the ~ to ...** ? ще бъдете ли така любезен (добър) да ...? **2.** симпатия, благоразположение, слабост **(for)**; **3.** услуга, благодеяние, добро дело; любезност.

king [kiŋ] **I.** *n* **1.** крал, цар; **K. of ~s** цар на царете, Бог; **2.** пръв в своята област, "цар"; **3.** магнат; **II.** *v* провъзгласявам за цар, крал.

kingdom ['kiŋdəm] *n* **1.** кралство, царство; кралска (царска) власт; **the United K.** Обединеното кралство; **to come into o.'s ~** бивам признат, налагам се; **2.** *прен.* царство.

kiss [kis] **I.** *n* **1.** целувка; **to give a ~** целувам; **2.** леко докосване, галене; чукване (*на билярдни топки*); **3.** бонбонче; **II.** *v* **1.** целувам; целуваме се; *прен.* галя; **to ~ and make up** сдобряваме се; **2.** едва се докосвам (до); чуквам леко (*за билярдни топки*); • **kiss ass** *sl грубо* подмазвам се, раболепнича, угоднича.

kissing-crust ['kisiŋ,krʌst] *n* мека кора (*която съединява два хляба*).

kit$_1$ [kit] **I.** *n* **1.** екип, екипировка, принадлежности; торба, чанта (*и пр.*) за принадлежности; **hunting ~** ловджийска екипировка; **2.** (съдържанието на) войнишка раница (торба); **3.** комплект инструменти; кит; набор (*и* **~ of tools**); • **the whole ~ (and boiling)** цялата пасмина, всичките; **II.** *v* (**-tt-**) екипирам, снабдявам с (*и с* **up, out**).

kit$_2$ *n* (*съкр.* от **kitten**) коте(нце).

kitchen ['kitʃin] *n* **1.** кухня, готварница; **2.** *провинц.* катък (*прибавка към хляба*); **3.** *attr* кухненски; **~ unit, ~ cabinet** комбиниран кухненски шкаф; • **everything but the ~ sink** всякакви джунджурии, какво ли не.

kitchenette [,kitʃi'net] *n* кухничка, малка кухня; кухненска ниша.

kite [kait] **I.** *n зоол.* **1.** каня *Milvus ictinus*; **2.** *прен.* "акула"; **3.** хвърчило; **to fly a ~** пускам хвърчило; опитвам почвата (*и* **send up a ~**); опитвам се да прокарам фиктивна полица, свидетелство и пр.; • **go fly a ~!** *ам.* махай се! да те няма! я си карай колата! **II.** *v* **1.** летя, хвърча; **2.** пускам; **3.** издавам фиктивен чек без покритие и под.

kitten [kitn] **I.** *n* коте(нце); **to have ~s** нервен, раздразнителен съм; **II.** *v* котя се, окотвам се.

knapsack ['næpsæk] *n* раница, мешка.

knave [neiv] *n* **1.** мошеник, измамник; негодник, мискин; **2.** *карти* вале; **3.** *остар.* момче, слуга.

knee [ni:] **I.** *n* **1.** коляно; **on o.'s (bended) ~, on bended ~** на колене; **2.** *тех.* коляно; ъгълник, паянта; **3.** *мат.* промяна в посоката на крива; **II.** *v* **1.** допирам се, удрям с коляно; **2.** *строит.* съединявам, заякчавам с коляно (*паянта*); **3.** *разг.* правя (*панталон*) да се набере в коленете.

kneel [ni:l] *v* (**knelt** [nelt] или **kneeled** [ni:ld]) **1.** коленича, падам на колене (*и* **~ down**); **2.** коленича, преклонявам се, превивам врат (**to**).

knew *вж.* **know I**.

knickerbockers ['nikəbɔkəz] *n pl* къс голф.

knife [naif] **I.** *n* (*pl* **knives**) **1.** нож; **the assassin's ~** убийство; **2.** нож (*на машина*); острие; **3.** хирургически нож; скалпел; *прен.* операция, "нож"; • **to get (have) o.'s ~ into** имам зъб на; изливам злобата си против, критикувам остро; **II.** *v* **1.** режа с нож, кастря; **2.** нанасям удар, промушвам с нож; **3.** *прен.* забивам нож в гърба.

knight [nait] **I.** *n* **1.** рицар; **~ adventurer** странстващ рицар; **2.** титлата **knight** (*по-ниска от баронет*); **3.** кавалер на орден; **K. of the Garter** кавалер на Жартиерата; **II.** *v* давам званието на.

knit [nit] **I.** *v* (**knitted** [nitid] или **knit**) **1.** плета; **to ~ wool into stockings (stockings out of wool)** плета вълнени чорапи; **2.** съединявам (се), свързвам (се); втвърдявам (се), стягам (се); сраствам се (*за кост*); завързвам (*за плод*); **3. to ~ the brows** мръщя се, бърча чело, чумеря се; **II.** *n* плетка; **III.** *adj* : **well ~** добре сложен, як; добре скроен (*за фабула, аргумент*).

knock [nɔk] **I.** *v* **1.** удрям (се),

чукам (се), чуквам (се), почуквам, хлопам, похлопвам, тропам, потропвам; **to ~ against s.th.** удрям се, блъсвам се ѝ; натъквам се на нещо; **2.** *sl* смайвам, поразявам, сащисвам (*и* **~ s.o. sideways**); **3.** *ам., разг.* отзовавам се пренебрежително за, злословя по адрес на; **II.** *n* **1.** удар, чукване; **to give s.o. a ~ on the head** удрям по главата; убивам, усмъртявам; **2.** чукане, почукване, хлопане, похлопване, тропане, потропване; **3.** *тех.* прекъсване, чукане, детонация (*неправилно функциониране на машина*).

knock-down ['nɔk'daun] **I.** *adj* **1.** съкрушителен, нокаутиращ (*за удар*); **2.** разглобяем; **3.** минимален, найнисък (*за цена*); **II.** *n* **1.** съкрушителен, нокаутиращ удар; **2.** общ бой; **3.** *sl* представяне (*на някого от някого*).

knock-out ['nɔk'aut] *n* **1.** *сп.* нокаут; съкрушителен, зашеметяващ удар; **2.** *прен. sl* решителен аргумент; изненада, неочакван удар; **3.** купувач, който в споразумение с други купувачи предлага ниски цени (*при провеждане на търг*); такава разпродажба.

knot$_1$ [nɔt] **I.** *n* **1.** възел; **fool's (granny's) ~** зле вързан възел; **2.** фльонга, джуфка; **3.** *прен.*: **to tie the (marriage, nuptial) ~** съединявам с брачни връзки, извършвам венчален обред, венчавам; • **true-love (true-lover's) ~** двоен възел (*символ на вярност и любов*); **II.** *v* (**-tt-**) **1.** свързвам; връзвам възел; връзвам на възел, свързвам се, сковавам (*стави, при различни заболявания*); **2.** свивам се на топка (*за стомах от нерви*); **3.** правя ресни.

knot$_2$ *n зоол.* исландски брегобегач.

know [nou] **I.** *v* (**knew** [nju:], **known** [noun]) **1.** зная, познавам, запознат съм с, осведомен съм върху, разбирам от; **to ~ by name (sight)** зная по име (вид); **2.** зная от опит, зная какво е; **3.** познавам, разпознавам, различавам; • **not to ~ whether one is coming or going** объркан съм; **II.** *n*: **to be in the ~** *разг.* зная, в течение съм на, посветен съм в (*известна работа*), разполагам с поверителна информация.

know-how ['nou,hau] *n sl* **1.** умение, вещина, сръчност, похват; **2.** ноу-хау; начин, тайни, секрети на производство.

knowledge ['nɔlidʒ] *n* **1.** знание (**of**); **common (general) ~** общо достояние; **2.** знание, знания, познания, ерудиция (**of**); **3.** новина, съобщение, известие, вест (**of**).

known [noun] *adj* известен, познат; **~ as** известен като, под името.

knuckle [nʌkl] **I.** *n* **1.** става на пръст (*особ. най-долната*); **to rap (give s.o. a rap) over the ~s** плясвам през ръцете; наругавам; **2.** джолан; **3.** *тех.* панта; ос; звено на шарнир; палец, зъбец; • **near the ~** *разг.* на границата на приличието; **II.** *v* удрям, натискам, трия със ставите ("кокалчетата") на пръстите; **to ~ down (under)** отстъпвам, подчинявам се, превивам врат (**to**).

knuckle-bone ['nʌklboun] *n* ашик; *pl* игра на ашици.

K.O. [kej'ou] *abbr сп.* **I.** *n* нокаут; **II.** *v* нокаутирам.

Korea [kə'ri:ə] *n* Корея.

Korean [kə'ri:ən] **I.** *n* **1.** кореец; **~ woman** корейка; **2.** корейски език; **II.** *adj* корейски.

Kremlin (the) ['kremlin] *n* Кремъл.

Ku-Klux-Klan ['kju:'klʌks'klæn] *n* Ку Клукс Клан.

Kurd [Kə:d] *n* кюрд.

L

L, l [el] *n pl* **Ls, L's** [elz] **1.** буквата **L**; **2.** нещо във вид на **L**; коляно, извита тръба, крило на постройка под прав ъгъл с корпуса ѝ; **3.** *abbr* (**litre**) литър.

lab [læb] *n разг.* = **laboratory**.

label [leibl] **I.** *n* **1.** етикет (*и прен.*), надпис; **to attach a ~ to** слагам етикет на; **2.** *юрид.* прибавка към документ; **3.** фабрична марка; **II.** *v* (-**ll**-) **1.** залепям (слагам) етикет на, етикетирам; слагам цена на (*стока*); **2.** означавам, класифицирам, описвам, определям (**as**); наричам, назовавам; **to ~ a man (a) liar** наричам някого лъжец.

laboratory ['læbrət(ə)ri] *n* лаборатория; **~ animal** опитно животно.

labour ['leibə] **I.** *n* **1.** труд, работа; усилия, задача; **forced ~** принудителен труд; **2.** *pl* усилия, мъки, тегло, теглило; **3.** труд (*за разлика от капитал*); работна ръка, работническа класа; **II.** *v* **1.** трудя се, мъча се, трепя се, залягам, полагам усилия, старая се, стремя се (**for**); **to ~ at, over** трудя се над; **2.** движа се, напредвам бавно, с мъка, с усилие, едва-едва кретам (*и с* **along**); **3.** спъван (затруднен, обезпокоен) съм; страдам, жертва съм (**under**).

labour camp ['leibə,kæmp] *n* каторга.

labourer ['leibərə] *n* **1.** работник; **face ~** *мин.* забоен работник; **2.** общ работник, черноработник.

labour-intensive ['leibəin'tensiv] *adj* трудоемък; за който е нужна много работна сила.

labourist ['leibərist] *n* лейбърист; член на Лейбъристката партия.

lace [leis] **I.** *n* **1.** връв, връзка (*за обувки, корсет*); **2.** галон, ширит (*обикн.* **gold ~, silver ~**); **3.** дантела; **II.** *v* **1.** връзвам (*връзките на обуща*) (*и с* **up**), стягам (*корсет*) (*и с* **up**); връзвам се с връзки (*за обуща и пр.*); стягам (се), пристягам (се); **2.** сплитам, преплитам (**with**); **3.** прокарвам, нижа (*връв и пр.*) (**through**).

lacerant ['læsərənt] *adj* мъчителен; гнетящ; който те разкъсва.

lace-ups ['leis,ʌps] *n pl* обувки с връзки.

lack [læk] **I.** *n* **1.** липса, отсъствие, недостиг, недоимък, оскъдица (**of**); **~ of balance** липса на равновесие, неуравновесеност; **2.** нещо, от което има нужда; **II.** *v* **1.** липсва ми, не ми достига, нуждая се, лишен съм от, нямам (*и с* **for**); **we ~ (for) nothing** не ни липсва нищо; **2.** липсвам, не достигам, отсъствам, недостатъчен съм.

lactogenic [,læktou'dʒenik] *adj* предизвикващ (стимулиращ) лактацията.

lacto-vegetarian ['læktou,vedʒi'tɛəriən] *n* вегетарианец, който яде млечни продукти и яйца.

lad [læd] *n* **1.** момък, младеж, момче, слуга; **odd ~** човек, който върши случайна работа; **2.** *разг.* юнак, юначага, юначина, ербап човек; синковец, нехранимайко, хаймана.

ladder ['lædə] **I.** *n* **1.** стълба; **step-~** подвижна стълба; **2.** корабна стълба, трап; **3.** пусната бримка на чорап; • **to climb up the ~** издигам се, правя кариера; **II.** *v* пускам (лесно) бримки; **I've laddered my tights** скъсах си чорапогащника.

laddish ['lædiʃ] *adj неодобр.* хлапашки; незрял; бабаитски.

ladies' fingers ['leidiz,fiŋgə:z] *n pl* бамя.

ladle [leidl] **I.** *n* черпак; **soup ~** голяма лъжица за наливане на супа; **II.** *v* **1.** греба, черпя (**out**); **2.** раздавам (безразборно, наляво и надясно); • **to ~ it out** изразявам се бомбастично.

lady ['leidi] *n* **1.** дама; жена; **a great ~** дама от висшето общество; **2.** (**L.**) лейди (*титла на благородничка по-ниска от херцогиня*); **L. Mayoress** жена на кмет; **3.** господарка, домакиня, стопанка, чорбаджийка.

lady-bird ['leidibə:d] *n зоол.* божа кравица.

lag₁ [læg] **I.** *v* (**-gg-**) **1.** оставам назад, изоставам, тътря се (*и с* **behind**); забавям се, закъснявам; **to ~ behind the times** оставам назад от времето си; **2.** спадам, намалявам, западам; **production lagged** производството спадна; **II.** *n* **1.** забавяне, закъснение; изоставане, изостаналост; **~ of the tide** забавяне на прилива (*при първата и третата четвърт на луната*); **2.** *ел.* фазова разлика.

lag₂ *sl* **I.** *n* **1.** арестант, затворник, каторжник; *ист.* заточеник; **an old ~** рецидивист; редовен клиент на затвора; **2.** (осъждане на) затвор; *ист.* заточение; **II.** *v* **1.** осъждам на каторга; *ист.* заточавам; **2.** задържам, арестувам, пипвам.

lag₃ **I.** *n* материал за топлоизолация; **II.** *v* **1.** покривам, изолирам (*парен котел, тръба и пр.*); **2.** облицовам (*стени и шахти*).

lagoon [lə'gu:n] *n* лагуна.

laic ['leiik] **I.** *adj* светски; **II.** *n* **1.** светско лице, мирянин; **2.** любител, аматьор, дилетант, лаик.

laical ['leiikəl] = **laic**.

laid [leid] *pp от* **lay₄**; **~ paper** хартия герипт (*с резки*).

lain *вж* **lie₂**.

lake₁ [leik] *n* **1.** езеро; **the L. District (Country)** езерната област (*в Северозападна Англия*); **the L. poets** поетите от езерната школа; **2.** *attr* езерен.

lake₂ *n* **1.** краплак (*и* **crimson ~**); **2.** *печ.* светлочервено багрило.

lamb [læm] **I.** *n* **1.** агне; **2.** агнешко (месо); **~ cutlet** агнешки котлет; **3.** невинно дете, "агънце"; • **the L. (of God)** агнец божи, Христос; **II.** *v* **1.** агня се, обагням се; **2.** грижа се за овце по време на агнене (*и с* **down**).

lamb's fry ['læmz,frai] *n* агнешки дреболии.

lame₁ [leim] **I.** *adj* **1.** куц, хром, окуцял, сакат, осакатял; **~ of (in) one leg** куц с единия крак; **2.** вкочанен, схванат, изтръпнал; **3.** слаб, неубедителен, незадоволителен; **II.** *v* осакатявам, карам някого да куца (накуцва); правя неспособен.

lame₂ ['leim] *n* **1.** ламела, лист, пласт; **2.** свързващ елемент в сгъваеми конструкции.

lamebrain ['leim,brein] *n разг.* мухльо, "тиквеник", бавнозагряващ човек.

lamely ['leimli] *adv* неубедително, незадоволително; плахо.

lamp [læmp] **I.** *n* **1.** лампа; фенер; **oil ~** газена лампа; **2.** *прен.* светлина, факел, фар; **II.** *v* **1.** светя; **2.** *поет.* осветявам; **3.** *ам.* виждам; гледам.

lampoon [læm'pu:n] **I.** *n* памфлет, пасквил; **II.** *v* пиша памфлет, пасквил (против).

lamp-post ['læmp'poust] *n* стълб на фенер; **between you and me and the ~** между нас казано.

lamp-shade ['læmp,ʃeid] *n* абажур.

land [lænd] **I.** *n* **1.** земя, суша; **dry ~** суша; **2.** земя, почва, терен; **3.** земя, страна, край, област; • **to see how the ~ lies (spy) out the ~**; *прен.* проучвам почвата, виждам какво е положението ("хавата"), как стоят работите; **II.** *v* **1.** слизам на суша, дебаркирам; пристигам, акостирам (*за кораб*); кацвам (*за самолет, летец*); слизам (*от кола*); **to ~ from a ship, at a place, on a coast** слизам от кораб, в (пристанищен) град, на бряг; **2.** свалям, стоварвам на суша, дебаркирам; **3.** влизам в пристанище (*лодка, кораб*).

landed ['lændid] *adj* **1.** слязъл, дебаркирал; **2.** поземлен; **~ property** поземлен имот.

landing ['lændiŋ] *n* **1.** (място за) сваляне, стоварване, дебаркиране; **2.** *воен.* десант; **to take a ~** правя десант; **3.** *ав.* кацане.

landing craft ['lændiŋ,kra:ft] *n* десантен кораб.

landlady ['lænd,leidi] *n* **1.** хазяйка, стопанка, наемодателка; **to hang the ~** *ам. sl* напускам нощем квартирата си, без да съм си платил наема; **2.** ханджийка, хотелиерка, съдържателка на пансион.

landlord ['lændlɔ:d] *n* **1.** земевладелец; **2.** хазяин, стопанин, наемодател; **3.** ханджия, хотелиер, съдържател на пансион.

landowner ['lænd,ounə] *n* земевладелец.

land registry ['lænd,redʒistri] *n* поземлен регистър.

landscape ['lændskeip] **I.** *n* **1.** пейзаж; **2.** широкоъгълен (за обектив); **II.** *v ам.* правя подобрения в оформлението на парк (градина).

lane [lein] *n* **1.** междуселски път; път между живи плетове; тесен път; **2.** тясна улица, уличка, сокак; **3.** пътека (*между хора, наредени в шпалир*); **to form a ~** образувам шпалир.

language ['læŋgwidʒ] *n* **1.** език, реч; **source ~** начален (първичен) език; **2.** *attr* езиков.

lantern ['læntən] *n* **1.** фенер; **dark ~** секретен фенер; **2.** *мор.* (горна част на) фар; **3.** *арх.* фенер, застъклен купол, горна светлина.

lap₁ [læp] **I.** *n* **1.** *ост.* пола (*на дреха*); **2.** *анат.* долната месеста част (*на ухото*); **3.** скут; *прен.* лоно; **in Forutune's ~** щастлив, късметлия; **II.** *v* (**-pp-**) **1.** навивам (*макара*) (**about round**); **2.** завивам, загръщам, обгръщам, окръжавам (**in**); **3.** (*и* **~ over**) покривам отчасти (*като напр. керемиди*); застъпвам се.

lap₂ **I.** *n* **1.** издадена част (*на предмет, който се застъпва с друг*); **2.** *тех.* обшивка, подплата; гумиране (*за изолация*); **3.** намотка на въже и пр. (*на макара, цилиндър*); **II.** *v* **1.** *тех.* подгъвам, подвивам (*неравен ръб*); подгънат съм; **2.** изпреварвам (*с една или повече обиколки*); **3.** правя обиколка (*на писта*).

lap₃ **I.** *n* шлифовъчен диск, шмиргел; **II.** *v* полирам, шлифовам (*метал, стъкло, скъпоценни камъни*).

lap₄ **I.** *v* **1.** лоча, излоквам (*обикн. с* **up, down**); гълтам лакомо, жадно; *прен., разг.* поемам, лапам, вярвам (*лъжи и пр.*); **2.** плискам се (*за малки вълни*); **II.** *n* **1.** глътка; лочене; **2.** *sl* слабо алкохолно питие; **3.** плискане, плисък (*на вълни*).

lapheld ['læp,held] *adj* портативен (*за компютър*), от типа "лап-топ".

lapidify [lə'pidifai] *v* превръщам в камък, вкаменявам.

large [la:dʒ] **I.** *adj* **1.** голям; едър, висок; обемист; обширен, просторен, широк; **~ of limb** с големи крайници; **2.** голям, многочислен; **3.** широчък (*за дреха, обувки*); **II.** *adv* **1.** едро; **to write ~** пиша едри букви; **2.** (*говоря*) на едро; **3.** *мор.* с (при) благоприятен вятър; **III.** *n* **1. at ~** свободен, на свобода; незаловен (*за избягал престъпник*); *рядко* неограничен в движенията си (*в помещение, сграда, из въздуха*); *мор.* по (в) открито море, навътре в морето; общо, безразборно; **2. in ~** в голям мащаб.

largely ['la:dʒli] *adv* **1.** главно, до голяма степен; **2.** напълно, съвсем; **3.** щедро.

large-scale ['la:dʒ,skeil] *adj* широкомащабен; едромащабен.

lark₁ [la:k] *n* чучулига; • **to rise with the ~** ранобуден съм, ставам много рано.

lark₂ **I.** *n* шега, лудория, майтап; веселие; **for a ~** на шега; **II.** *v* забавлявам се, закачам се, лудувам (**around, about**).

larva ['la:və] *n* (*pl* **larvae** ['la:vi:]) **1.** *зоол.* личинка, ларва; недоразвито животно (*напр. попова лъжичка и пр.*); **2.** свръхестествено чудовище; дух.

laryngitis [,lærin'dʒaitis] *n мед.* ларингит.

lasagne [lə'sænjə] *n* лазаня.

lass [læs] *n особ. шотл.* **1.** мома, девойка; момиче; **2.** любима.

last₁ [la:st] **I.** *adj* **1.** последен; **the ~ man in a race** последният в състезание; **2.** минал (*за седмица, година и пр.*); **3.** последен, най-нов, модерен; най-авторитетен; окончателен, решаващ; • **~ but not least** последен по ред, но не и по значение; **the L. Day** Второто пришествие; Страшният съд; **the L. Supper** Тайната вечеря; **II.** *n* **1.** последен; последно споменат (*с* **the, this, these**); **the ~ of the Stewarts** последният (представител на) от Стюартите; **2.** последно действие; **3.** край; смърт; **III.** *adv* **1.** последно, накрая; **~, we visited Paris** накрая посетихме Париж; **2.** за последен път.

last₂ **I.** *n* обущарски калъп; **to stick to one's ~** гледам (собствената) си работа, не се бъркам в работи, от които не разбирам; **II.** *v* слагам на калъп.

last₃ **I.** *v* **1.** продължавам, трая, издържам; задържам се (*за време*); изтрайвам; **2.** стигам, достатъчен съм (*за запаси и пр.*) (*и с* **out**); **these apples will ~ through the winter** тези ябълки ще стигнат за цялата зима; **3.** трая, здрав съм, не се износвам (*за плат*); **II.** *n* издръжливост.

last-gasp ['la:st,ga:sp] *adj* отчаян; с последни усилия.

lasting ['la:stiŋ] **I.** *adj* **1.** траен, дълготраен, постоянен; **2.** здрав (*за плат*); **II.** *n* здрав плат за обувки.

last-minute ['la:st,minit] *adj* който става в последния момент.

late [leit] **I.** *adj* **1.** късен; закъснял; напреднал (*за сезон, време*); **to be ~** закъснявам, закъснял съм; **2.** предишен, скорошен, последен; минал, бивш; **3.** покоен; **II.** *adv* **1.** (твърде) късно, със закъснение; **to arrive ~ for the train** закъснявам за влака; **2.** късно; **3.** наскоро, напоследък (= **of late**).

lately ['leitli] *adv* напоследък.

late-night ['leit,nait] *adj* нощен; който става (се предлага) късно вечерта и през нощта (*за забавления, услуги*).

lathe₁ [leið] **I.** *n* **1.** (*и* **turning-~**) струг; **2.** грънчарско колело; **II.** *v* струговам, обработвам на струг.

lathe₂ *n* административна област в графство Кент (една от петте).

lather ['la:ðə, 'læðə] **I.** *n* **1.** сапунена пяна; **a good ~ is half a shave** доброто начало е гаранция за успех; **2.** пяна (*по тялото на кон*); **II.** *v* **1.** насапунисвам; **2.** *разг.* бъхтя, шибам (*кон*); **3.** пеня се, правя пяна.

Latin [ˈlætin] **I.** *adj* **1.** латински; **2.** латински, романски; **3.** католически; **II.** *n* **1.** латински език; **dog ~** лош латински език; **2.** човек от латинските нации; **3.** католик.

Latino [ˈlætinou] *n* американски жител с латиноамерикански произход.

latitude [ˈlætitju:d] *n* **1.** *геогр.* ширина; **in the ~ of 30° N.** на 30° северна ширина; **2.** *обикн. pl* области на дадена географска ширина; **3.** свобода; широта; волност; толерантност, търпимост (*особ.* религиозна); толеранс.

latter [ˈlætə] *adj* (*стара сравн. ст. на* **late**) **1.** последен, втори (*с* **the**, *при споменати две неща обр. на* **the former**); **2.** последен, краен, втори; **the ~ half (part) of the week** втората половина на седмицата; **3.** *ост.* късен.

Latvia [ˈlætviə] *pr n* Латвия.

laugh [la:f] **I.** *v* **1.** смея се; **to ~ to oneself, to ~ inwardly** смея се вътрешно; **2.** смея се на (*шега и пр.*) (*с* **at, over**); **3.** веселя се, шегувам се; • **to ~ all the way to the bank** печеля много пари без да си давам много труд, лесно изкарвам пари; **II.** *n* смях; **to have the last ~** тържествувам, триумфирам, празнувам победа.

laughter [ˈla:ftə] *n* смях; **to be convulsed, shaken with ~** умирам от смях.

launch₁ [lɔ:ntʃ] **I.** *v* **1.** хвърлям, мятам; изхвърлям, изстрелвам (*ракета и пр.*); **2.** насочвам (*удар, атака*); **3.** обсипвам с (*ругатни*) (**at**); **II.** *n* **1.** спускане (*на параход*) във водата; **2.** *мор., арх.* стапел.

launch₂ *n* **1.** най-голямата лодка на военен кораб; **2.** голяма (*обикн. моторна*) лодка; катер.

launderette [ˈlɔ:ndəret] *n* обществена пералня.

laundry [ˈlɔ:ndri] *n* **1.** пералня, перачница; **2.** пране на дрехи; **3.** *разг.* пране.

laundry list [ˈlɔ:ndri,list] *n разг.* дълъг списък; много, бол, сума ти.

laureate [ˈlɔ:riit] **I.** *adj* лавров; увенчан с лавров венец; **II.** *n* **1. Poet L.** придворен поет (назначен от краля); поет лауреат, изтъкнат поет; **2.** лауреат; **III.** *v* **1.** увенчавам с лавров венец; давам лауреатско звание на; **2.** назначавам на служба придворен поет.

laurel [ˈlɔrəl] *n* **1.** лавровишня *Cerasus laurocerasus*; **2.** *книж.* лавър, лаврово (дафиново) дърво *Laurus nobilis*; **3.** *pl прен.* лаври, слава; **to look to one's ~s** внимавам да не ме засенчи някой, пазя си първенството.

lav [læv] *n разг.* тоалетна.

lavander bag [ˈlævəndə,bæg] *n* малка торбичка с лавандула за ароматизиране на бельо.

lavatorial [,lævəˈrɔ:riəl] *adj* **1.** характерен за обществените тоалетни; **2.** вулгарен, просташки (*за хумор*).

lavatory [ˈlævətəri] *n* **1.** умивалня (*често с тоалетни*); **2.** тоалетна.

lavender [ˈlævəndə] **I.** *n* **1.** *бот.* лавандула; **2.** светлолилав цвят; • **to lay (up) in ~** 1) наслагам лавандула в (*бельо*) за аромат; 2) *прен.* прибирам, скътвам (*докато потрябва*); 3) залагам, давам в заложна къща; **II.** *adj* **1.** лавандулов; **2.** светлолилав; **III.** *v* слагам лавандула в (*бельо*) за аромат.

lavishness [ˈlæviʃnis] *n* щедрост, изобилие; разточителство.

law₁ [lɔ:] *n* **1.** закон; законност; **to carry out the ~** прилагам закона (законите); **2.** право; юриспруденция; **3.** право (*като професия*).

law$_2$ *int sl* (= Lord); **~!** Господи! Боже Господи!

lawful ['lɔ:ful] *adj* **1.** законен; **2.** справедлив, основателен (*за претенции*); • **~ age** пълнолетие.

lawman ['lɔ:mən] *n журн.* служител на закона (реда).

lawn$_1$ [lɔ:n] *n* **1.** тънък лен; **2.** символ на епископския сан (*по ленените ръкави на епископ*).

lawn$_2$ *n* **1.** тревна площ, ливада (поддържана); **2.** *ост., поет.* морава, поляна; **3.** игрище (*за тенис, крокет*).

lawyer ['lɔ:jə, 'lɔiə] *n* **1.** адвокат; **2.** юрист, законовед; **a Philadelphia ~** *ам.* юрист с остър ум.

laxative ['læksətiv] **I.** *adj* **1.** който отваря, отпуска; **2.** *мед.* разхлабителен; **II.** *n* разхлабително средство.

lay$_1$ [lei] *n* **1.** кратка лирична песен; балада (с музикален акомпанимент); **2.** *поет.* песен на птици.

lay$_2$ *adj* **1.** светски, мирски; **~ brother, sister** послушник, послушница; **2.** аматьорски, непрофесионален, несвързан с дадена професия.

lay$_3$ *вж* **lie**$_2$.

lay$_4$ *v* (**laid** [leid]) **1.** поставям, слагам, полагам; **the action is laid in Ireland** действието се развива в Ирландия; **to ~ hold of** хващам; **2.** полагам, поставям (церемониално); ръкополагам; **3.** събарям, поваляам (*обикн. с adv*).

lay$_5$ *n* **1.** *sl* работа, занимание, занятие; специалност; **that doesn't belong to my ~** това не е по моята част; **2.** положение, разположение, релеф (*на местност, терен*).

layabout ['leiə,baut] *n разг.* лентяй, безделник, нехранимайко.

layer$_1$ [leə] **I.** *n* **1.** слой, пласт; наслоение; **2.** *бот.* отвод; **3.** място за развъждане на стриди; **II.** *v* **1.** нареждам на слоеве; наслоявам; **2.** полягам (*за жито*); **3.** размножавам чрез отводи; пускам издънки.

layer$_2$ ['leiə] *n* **1.** монтьор, монтажник; инсталатор; работник по паважи; **2.** човек, който залага против даден кон (*при състезания*); **3.** кокошка носачка.

lazy ['leizi] *adj* **1.** мързелив, ленив, безделен; **~ beggar (bones, dog)** лентяй, ленивец, безделник; **2.** който предразполага към мързел; горещ (*за време*).

lazybones ['leizi,bouns] *n pl разг.* мързеливец, ленивец.

lb *abbr* (*lat* **libra**) = **pound** фунт (0,453 kg).

lead$_1$ [led] **I.** *n* **1.** олово; **red ~** миниум; **2.** графит (*и* **black ~**); боя за печка; **3.** *мор.* лот; • **to get the ~** *sl* застрелват ме; **II.** *v* **1.** покривам (пълня) с олово; **2.** поставям тежести (*на мрежа, въдица*); **3.** правя оловна рамка (*на прозорец*).

lead$_2$ [li:d] **I.** *v* (**led** [led]) **1.** водя; карам; **to ~ the way** водя, вървя начело; **2.** убеждавам, увещавам, карам, придумвам, скланям; **some may be led that can't be driven** някои хора се водят само с добро; **3.** водя, ръководя; командвам, предвождам; дирижирам; **II.** *n* **1.** водене, ръководство; инициатива; пример; **to follow s.o.'s ~** следвам някого, водя се по някого, вземам пример от някого; **2.** указания; интифа; **3.** *сп.* преднина; първо място.

leaded ['ledid] *adj* оловен (*за бензин*).

leader ['li:də] *n* **1.** водач; вожд; предводител, ръководител; **~ of the house** водач на правителственото болшинство в Камарата на общините; **2.** главен адвокат (*при гледане на дело*); **3.** *муз.* солист водач; фронтмен (*в попмузиката*); диригент; първа цигулка, водещ музикант.

leadership ['li:dəʃip] *n* **1.** водачество; ръководене; ръководство; **2.** качества на водач; **3.** *воен.* командване.

leading-edge ['li:diŋ,edʒ] *adj* водещ, авангарден, челен.

lead-up ['li:d,ʌp] *n* предхождащо събитие.

leaf [li:f] **I.** *n* (*pl* **leaves** [li:vz]) **1.** лист, листо; листа, шума; **rose ~** розов лист; **2.** лист (*на книга*); **3.** метален лист, пластинка; **II.** *v* **1.** разлиствам се (*ам.* **out**); **2.** прелиствам (**over, through**).

leaflet ['li:flit] **I.** *n* **1.** листенце; **2.** позив; брошурка; **II.** *v* раздавам брошури (листовки).

league$_1$ [li:g] *n ист.* левга (*мярка за дължина*); **land (statute) ~** = 4,83 км.

league$_2$ **I.** *n* лига, съюз; **to be in ~ with** *неодобр.* съюзѐн съм с; **the L. of Nations** *ист.* Обществото на народите; **the L. matches** *ам.* мачове от професионалната лига; **II.** *v* съюзявам (се); образувам съюз (**together with**).

leaker ['li:kə] *n журн.* информатор.

lean$_1$ [li:n] **I.** *adj* **1.** сух, жилест; слаб, мършав, постал; **2.** крехък, постен (*за месо*); **3.** слаб (*за реколта, диета и пр.*), гладен (*за години*); оскъден; недоходен; **II.** *n* крехко месо (*без тлъстина*).

lean$_2$ **I.** *v* (**leant, leaned** [lent, li:nd]) **1.** наклонявам (се), наклонен съм; **2.** облягам се, опирам (се) (**against, on**); **3.** разчитам, облягам се, осланям се, уповавам се (**on, upon**); • **to ~ over backwards** престаравам се; отивам в другата крайност; **II.** *n* наклон.

leap [li:p] **I.** *v* (**leapt, leaped** [lept, li:pt]) **1.** скачам; **look before you ~** три пъти мери, един път режи; **2.** прескачам; **3.** бия силно, туптя (*за сърце*); **II.** *n* **1.** скок (*и прен.*); **a ~ in the dark** рисковано начинание; смърт; **2.** *геол.* дислокация.

learn [lə:n] *v* (**learnt, learned** [lə:nt, lə:nd]) **1.** уча (се), научавам; **live and ~** човек се учи, докато е жив; **2.** научавам (се), научавам за; узнавам.

learnedness ['lə:nidnis] *n* ерудиция, ерудираност, ученост, начетеност.

learning curve ['lə:niŋ,kə:v] *n* крива на познанието; трупане на опит; **to be on a steep ~** бързо се уча (*от живота*).

lease$_1$ [li:s] **I.** *n* **1.** (договор за) наем, наемане, лизинг; **to take on ~** вземам под наем; **2.** наемен срок; **II.** *v* давам под наем (**out**); вземам под наем, на лизинг.

lease$_2$ **I.** *v тех., текст.* разделям нишките на основата; **II.** *n* цеп; метален вал за разделяне на скробваните нишки; нишкоразделител.

least [li:st] **I.** *adj* най-малък, най-маловажен, незначителен; **II.** *adv* най-малко; **III.** *n* най-малко количество (степен); **at (the) ~** поне.

leather ['leðə] **I.** *n* **1.** кожа; **undressed ~** сурова кожа; **2.** нещо, направено от кожа, *напр.* поводи, каиши за стреме (*и* **stirrup-~**); *сп.* (*футбол, крикет*) топка; **3.** *pl* кожени бричове (гамаши) за езда; • **nothing like ~ (said the shoemaker)** всеки си хвали стоката; **II.** *v* **1.** покривам, гарнирам с кожа; **2.** *разг.* пердаша; бия (с кожен камшик); **3.** *разг.* работя усилено, бухам, блъскам.

leave$_1$ [li:v] **I.** *n* **1.** позволение, разрешение; **to beg ~** моля за разрешение; **2.** (*и* **~ of absence**) отпуск; ваканция; **3.** прощаване, сбогуване;

II. *v* (*pt и pp* **left** [left]) **1.** оставям; **to ~ hold of** пускам; **to be left an orphan** оставам сирак; **2.** оставям, завещавам; **3.** напускам, тръгвам; отивам си.

leave$_2$ *v* разлиствам се.

Lebanese [,lebə'ni:z] **I.** *adj* ливански; **II.** *n* ливанец, ливанка; ливанци (*с* **the**).

Lebanon ['lebənən] *n геогр.* (*с* **the**) Ливан.

lecture ['lektʃə] **I.** *n* **1.** лекция; **to give (deliver) a ~** чета лекция; **2.** нотации, укор; **II.** *v* **1.** чета лекция; **2.** чета конско, гълча, укорявам.

lecturer ['lektʃərə] *n* лектор, университетски преподавател.

led *pt и pp от* **lead.**

leek [li:k] *n* (*обикн. pl*) *бот.* праз *Allium porrum.*

left$_1$ [left] **I.** *adj* ляв; **on my ~ hand** от лявата ми страна, наляво; **II.** *adv* наляво; **~ turn! III.** *n* **1.** левица, лява ръка; **on (to) the ~** наляво, откъм лявата страна; **2.** *воен.* ляв фланг, крило; **3.** *полит.* (**the L.**) *pl* левицата.

left$_2$ *вж* **leave**$_1$ **II.**

left-field ['left,fi:ld] *adj разг.* странен, чудат, особен.

left-hand ['left,hænd] *adj* **1.** ляв, разположен от лявата страна; **on the ~ side** отляво; **2.** ляв; извършен с лявата ръка (*за удар*).

left-winger ['left,wiŋgə] *n полит.* с левичарски възгледи, левичар.

leg [leg] **I.** *n* **1.** крак (*от бедрото до стъпалото*); **to be on one's ~s** стоя прав; шетам, ставам, за да взема думата; **2.** протеза, изкуствен крак; **3.** бут; **II.** *v*: **to ~ it** *разг.* ходя пеша; офейквам, запрашвам.

legacy ['legəsi] *n юрид.* завещание; **to come into a ~** получавам наследство.

legal ['li:g(ə)l] *adj* **1.** правен, юридически; **~ adviser** правен съветник, адвокат; **2.** законен, легален, позволен от закона; **3.** *рел.* отнасящ се до Моисеевия закон.

legalese [,li:gə'li:z] *n* правов език, правова терминология.

legation [li'geiʃən] *n* легация.

legend ['ledʒənd] *n* **1.** легенда; *ист.* житие; **2.** *прен.* басня, измислица; невероятна история; **3.** легенда (*на карта*).

legislation [,ledʒis'leiʃən] *n* **1.** законодателстване; законодателство; **2.** *събир.* закони.

legislative ['ledʒislətiv] **I.** *adj* законодателен; **II.** *n* законодателно тяло.

legislatorial [,ledʒislə'tɔ:riəl] *adj* законодателен.

legitimate [li'dʒitimit] **I.** *adj* **1.** законен, легитимен; справедлив; основателен, допустим; **~ king** легитимен крал; **2.** законороден; • **~ drama** драматична пиеса (пиеси); сериозна драма (*изключваща фарс, ревю, мюзикъл и т. н.*); **II.** *v* **1.** узаконявам; **2.** признавам (*извънбрачно дете*) за законородено; припознавам.

legman ['legmən] *n ам.* репортер от мястото на събитието.

legwork ['leg,wə:k] *n* работа извън офиса; "тичане", събиране на информация.

leisure ['leʒə, 'li:ʒə] *n* **1.** незаетост; свободно време; **to be at ~** свободен съм, не съм зает; **2.** *attr* свободен (от работа), незает.

leisurewear ['leʒə,wɛə] *n* неофициално облекло, дрехи за свободното време.

lemon ['lemən] **I.** *n* **1.** лимон; **2.** лимоново дърво; **3.** *ам. sl* мухльо; грозотия; негодна вещ; **the answer is a ~** това няма да го бъде; **II.** *adj* **1.** лимонен (*за цвят, вкус*); **2.** лимонен, лимонов, от лимон.

lemonade [,lemə'neid] *n* лимонада.

lemon cheese (curd) ['lemən,tʃi:z (,kə:d)] *n* лимонов крем, лимонов пълнеж (*за торти*).

lend [lend] *v* (**lent** [lent]) **1.** давам на заем, заемам (*и с* **to**); **to ~ (out) books** заемам книга; **2.** оказвам (*помощ*); **3.** придавам (качество и пр.).

lending rate ['lendiŋ,reit] *n* лихва по заемите.

length [leŋθ] *n* **1.** дължина; протежение; **over the ~ and breadth of a country** надлъж и нашир в една страна; **2.** дължина, време, времетраене; **3.** степен, обсег; разстояние.

lens [lenz] *n* **1.** леща (*оптическо стъкло*); лупа; **2.** обектив; **3.** *анат.* (*и* **crystalline ~**) кристалин, леща на окото.

Lent [lent] *n* **1.** *рел.* Велики пости; **to keep ~** постя; **2.** : **~ lily** жълт нарцис; **3.** : **~ term** втори срок; летен семестър.

lent *вж* **lend**.

lentil ['lentil] *n бот.* леща *Lens esculenta*.

leprosarium [,leprə'sɛəriəm] (*pl* **-ria**) *n* център за лечение на прокажени.

lesion ['li:ʒən] *n* **1.** нараняване; повреда, поражение (*и мед.*); **2.** *юрид.* накърняване (*на права*).

less [les] **I.** *adj* (*сравн. ст. от* **little**) по-малък; **to grow ~** намалявам се; **II.** *prep* минус, без; **III.** *adv* по-малко; **my head aches ~ now** сега главата ме боли по-слабо; **IV.** *n* по-малко (количество); • **he will take nothing ~ than five shillings** не приема ни стотинка по-малко от пет шилинга.

lesson ['lesən] *n* **1.** урок; **French ~** урок по френски; **2.** нотация; поука; **3.** *pl* учение.

let₁ [let] *v* (**let**) **1.** оставям; **to ~ alone, ~ be** оставям на мира; не пипам (не се бъркам); **2.** *aux* оставям, позволявам, разрешавам, пускам (*с int без* **to** *или с изпуснат глагол*); **3.** *imp* (*1, 3 л.*) да, нека (да), хайде да.

let₂ I. *v* (**letted, let** ['letid, let]) *ост.* попречвам на, възпрепятствам; **II.** *n* пречка; **without ~ or hindrance** безпрепятствено.

let's [lets] = **let us** хайде, нека да (*подкана, предложение*).

Lett [let] *n* **1.** латвиец; **2.** латвийски ез.

letter ['letə] **I.** *n* **1.** буква; **the ~ of the law** буквата на закона; **2.** писмо; послание; **3.** *печ.* шрифт; излята печатна буква; **II.** *v* **1.** надписвам; обозначавам с букви; **2.** щемпелувам, отпечатвам.

letter bomb ['letə,bɔm] *n* писмо (колет) с експлозив.

Lettic, Lettish ['letik, 'letiʃ] **I.** *n* латвийски език; **II.** *adj* латвийски.

lettuce ['letis] *n* маруля (*и* **long-leaved ~**); салатка (*и* **cabbage, Cos ~**).

level [levl] **I.** *n* **1.** равнище, ниво, висота; **the general ~ of the class is high** общото ниво на класа е високо; **2.** равнина; **3.** *тех.* нивелир, либела (*и* **spirit (air) ~**); **II.** *adj* **1.** равен, гладък, плосък; хоризонтален; **~ with** на същата височина (ниво, равнище) с; **2.** еднакъв, равен, равностоен, равномерен; *прен.* уравновесен, спокоен; **III.** *v* (**-ll-**) **1.** заравнявам, изравнявам, изглаждам, уравнявам, нивелирам; **to ~ to (with) the ground** сривам до земята, изравнявам с лицето на земята; **2.** насочвам, прицелвам се, премервам се (**at, against**).

level-pegging ['levl,pegiŋ] **I.** *adj* с равни шансове, еднакво добър с (**with**); **II.** *n* равностойност.

lever ['li:və] **I.** *n* **1.** *тех.* лост; ръчка; лом; **control ~** ръчка (лост) за управление; **2.** *физ.* лост, рамо; **II.** *v* повдигам с лост (**out, over, up**).

levitation [,levi'teiʃən] *n* левитация; повдигане във въздуха (*без физическа опора*).

level-headedness ['levl,hedidnis] *n* уравновесеност, трезвомислие.

lewdness ['lju:dnis] *n* похотливост, развратност; сладострастие.

LF ['el'ef] *abbr* (**low frequency**) *n разг.* ниска честота.

liability [,laiə'biliti] *n* **1.** отговорност; **~ of indemnity** отговорност за обезщетение; **2.** дълг, задължение; *pl* пасив; **3.** предразположение, наклонност, склонност.

liable ['laiəbl] *adj* **1.** отговорен (**for**); задължен (**to** *с inf*); **2.** подлежащ, предразположен; податлив на; уязвим; **~ to move** *мин.* склонен към самообрушване; **3.** *predic* вероятен, възможен.

liaise [li'eiz] *v* сътруднича (**with** с), кооперирам, поддържам контакт.

liar ['laiə] *n* лъжец.

lib [lib] *abbr* (**liberation**) *n разг.* освобождение, свобода.

liberal ['librəl] **I.** *adj* **1.** щедър; обилен, изобилен; **~ reward** щедра отплата; **2.** свободомислещ, свободен от предразсъдъци; с широки възгледи; либерален; **3.** *полит.* либерален; **II.** *n* либерал.

liberate ['libəreit] *v* **1.** освобождавам (**from**); **2.** *хим.* отделям, освобождавам.

liberation [,libə'reiʃən] *n* **1.** освобождаване, освобождение; **2.** *хим.* отделяне, освобождаване.

liberty ['libəti] *n* **1.** свобода; **~ of speech** свобода на словото; **2.** волност, безцеремонност; своеволие; **3.** *pl* привилегии, права (*дадени от официална власт*).

Libra ['laibrə] *n астр.* Везни.

librarianship [li'brεəriənʃip] *n* библиотечно дело, библиотекарство.

library [laibrəri] *n* библиотека; **microfilm ~** микрофилмотека.

lice *вж* **louse I**.

licence ['laisəns] *n* **1.** разрешение, позволение; **2.** позволително, лиценз, разрешително, патент; **under ~ from the author** с разрешение на автора; **3.** диплома.

lick [lik] **I.** *v* **1.** лижа, ближа; облизвам; **to ~ one's lips (chops)** облизвам се (*и прен.*); **2.** *разг.* натупвам, набивам, бия, тупам; побеждавам с голяма преднина (*в състезание*); **3.** треперя, трепкам (*за пламък, огън, вълна*); **II.** *n* **1.** лизане, близане, лижене; облизване; **to give s.th. a ~ and promise** *разг.* почиствам (мия) нещо през куп за грош; **2.** "близка", глътка, парченце, троха; **3.** място, където животните отиват да ближат сол.

lick-alike ['likə,laik] *adj ирл.* съвсем същия, почти еднакъв.

lickety-split ['likiti,split] *adv ам., разг.* светкавично, много бързо, мълниеносно.

lid [lid] *n* **1.** капак; похлупак; **to blow the ~ off s.th.** *ам., разг.* разкривам (разобличавам) нещо; **2.** клепка, клепач (*и* **eyelid**); **3.** *стр.* щурц, напречник, ригел.

lido ['li:dou] *n* открит плувен басейн.

lie$_1$ [lai] **I.** *n* лъжа̀, измама; **to tell a ~, to tell ~s** лъжа; **II.** *v* лъжа; **to ~ like a gas-meter** *разг.* лъжа като дърт циганин.

lie$_2$ **I.** *v* (**lay** [lei]; **lain** [lein]) **1.** лежа; **to ~ like a log** лежа неподвижно (като труп, без съзнание); **2.** разположен съм, намирам се, простирам се; съм; **3.** намирам се, съм (*в ня-*

какво състояние); **II.** *n* положение, разположение; очертание; насока; **the ~ of the land** конфигурацията (очертанието) на терена; *прен.* положението на нещата.

lie-down ['lai,daun] *n разг.* почивка; дрямка; полягване.

lie-in ['lai,in] *n разг.* излежаване (*сутрин*); **to have a** ~ излежавам се.

lieu [lju:] *n*: **in ~ of** вместо, наместо.

lieutenant [lef'tenənt, *ам.* lju:'tenənt] *n* **1.** лейтенант; **first ~** старши лейтенант; *ост.* поручик; **2.** заместник, помощник; **Deputy L.** заместник Lord-Lieutenant.

life [laif] *n* (*pl* **lives**) **1.** живот; **~ annuity** пожизнена рента; **2.** жизненост, бодрост; живот; **3.** *изк.* натура; естествена величина (големина).

life-boat ['laifbout] *n* спасителна лодка.

life-enhancing ['laifin,ha:nsiŋ] *adj* ободряващ, повдигащ духа, тонизиращ.

life-guard ['laif,ga:d] *n* **1.** бодигард, лична охрана; **2.** *ам.* спасител.

life-saver ['laif,seivə] *n* **1.** бодигард; **2.** нещо (някой), който идва на помощ в труден момент; опора в живота.

life-size(d) ['laif'saiz(d)] *adj* в естествена големина (величина).

lifestyle ['laif,stail] *n* начин на живот, бит.

lifesupport ['laifsə,pɔ:t] *n attr* животоподдържащ.

life-threatening ['laif,θretəniŋ] *adj* животозастрашаващ.

lift [lift] **I.** *v* **1.** вдигам (се), повдигам (се); издигам (се); **to ~ one's hand against** вдигам ръка срещу; удрям; **2.** *sl* задигам, отмъквам, крада, "дигам"; плагиатствам; **3.** вадя, прибирам, събирам (*от земята*); **II.** *n* **1.** вдигане, повдигане, издигане; **to get a ~ up in the world** издигам се по-високо в обществото; **2.** товар (*който се повдига*); **3.** асансьор, лифт.

light[1] [lait] **I.** *n* **1.** светлина; виделина; **by the ~ of the moon** на лунна светлина; **2.** *прен.* светлина, бял ден; **3.** аспект; **II.** *adj* светъл; **~ blue** светлосин; **III.** *v* (**lit** [lit] *или* **lighted**) **1.** запалвам (се), паля (се); **to ~ up** 1) запалвам (*лула и пр.*); 2) светвам; **2.** осветявам; **3.** *прен.* оживявам (се), пламвам (*обикн. с* **up**).

light[2] **I.** *adj* **1.** лек; **~ hand** 1) ловкост, "лека ръка"; 2) деликатност, тактичност; **2.** лек, конструиран от леки материали, с лека конструкция; **3.** слаб, малък, незначителен; лек; **II.** *adv* леко; **to travel ~** пътувам с малко (лек) багаж.

light[3] *v* (**lighted,** *рядко* **lit**) **1.** *рядко* слизам (*от кон, превозно средство*) (**off, from, down from**); отпускам се, слягам се (**on, upon**); **to ~ at s.o.'s door** пристигам при някого; **2.** кацвам (*за птичка*); падам върху (*за слънчев лъч, поглед и пр.*); **3.** натъквам се неочаквано, попадам случайно (**on, upon**).

light bulb ['lait,bʌlb] *n* електрическа крушка.

lighter[1] ['laitə] *n* **1.** осветител; запалка (*и* **cigar ~, cigarette ~**); **2.** фитил.

lighter[2] *мор.* **I.** *n* лихтер; помощен кораб; **II.** *v* транспортирам с лихтер.

light-fast ['lait,fa:st] *adj* който не избелява от светлината (*за материя*).

lighthouse ['laithaus] *n* фар, маяк; **fixed-light ~** фар с неподвижна светлина.

lighting ['laitiŋ] *n* **1.** светене, осветяване; **~ effects** светлинни ефекти; **2.** запалване, възпламеняване.

like₁ [laik] **I.** *adj* **1.** подобен, сходен, приличен на; **the portrait was pretty but not very ~** портретът бе красив, но не приличаше много на оригинала; **2.** еднакъв, равен; **II.** *prep* **1.** както, като, по същия начин, както; **2.** характерен за, типичен за; • **to cry ~ anything** плача с все сила; **III.** *adv* **1.** : **~ enough, very ~** много възможно, твърде вероятно; **2.** *нар.* така да се каже, като че ли; • **~ father ~ son** крушата не пада по-далеко от дървото.

like₂ **I.** *v* **1.** харесвам, харесва ми се, обичам; **do as you ~** постъпете, както ви е удобно (угодно); **2.** *ост.* (*безл.*): **it ~s me well** нрави (харесва) ми се; **II.** *n pl* склонности, предпочитания, влечения; **~s and dislikes** вкусове; симпатии и антипатии.

likely ['laikli] **I.** *adj* **1.** вероятен, възможен; **a ~ story** правдоподобна история; **2.** подходящ; задоволителен; обещаващ; надежден; **3.** *ам.* хубав, красив; **II.** *adv* вероятно; **most (very) ~** навярно, вероятно, по всяка вероятност.

lilac ['lailək] **I.** *n* люляк; **II.** *adj* люляков, светловиолетов.

lily ['lili] **I.** *n* крем, лилия; **~ of the valley** момина сълза; **II.** *adj прен.* бял, блед.

limb₁ [limb] *n* **1.** крайник, член (*на тяло*); **to pull (tear) s.o. ~ from ~** разкъсвам някого на части; **2.** клон; **3.** палавник, палавница.

limb₂ *n* **1.** *астр.* лимб, видимите краища на диска (*на Слънцето, Луната, планетите*); **2.** *тех.* лимб, градуиран ръб на ъгломерен инструмент; **3.** стебло на магнитопровод (*на трансформатор*).

lime₁ [laim] **I.** *n* **1.** вар; **slaked (slacked) ~** гасена вар; **2.** клей (*за ловене на птици*); **II.** *v* **1.** обогатявам (*почва*) с вар или друга калциева сол; **2.** действам върху (*кожа и пр.*) с вар или друга калциева сол; варосвам; **3.** намазвам с клей (*за ловене на птици*).

lime₂ *n* вид лимон *Citrus aurantifolia*.

lime₃ *n* липа.

limestone ['laimstoun] *n* варовик.

limit ['limit] **I.** *n* **1.** граница, предел, край; *икон.* лимит, размер; **there's a ~ to everything** всичко си има мярка; **2.** *мат.* граница; **3.** *ост.* област, район; **II.** *v* ограничавам.

limitation [limi'teiʃən] *n* **1.** ограничение; ограничаване; ограниченост; **I know his ~s** знам какво може да се изисква от него, знам на какво той е способен; **2.** уговорка, резерва; **3.** *юрид.* краен (пределен) срок; давностен срок.

limited ['limitid] *adj* ограничен; **~ (liability) company** дружество с ограничена отговорност; о. о. дружество.

limo ['li:mou] *n разг.* лимузина.

limp₁ [limp] **I.** *v* **1.** накуцвам, куцам; **to ~ down** слизам накуцвайки; **2.** движа се бавно, с усилие; **II.** *n* накуцване, куцане; **to walk with a ~, to have a ~** накуцвам.

limp₂ *adj* **1.** мек; отпуснат, неенергичен; **2.** безволев, слаб; **3.** *печ.* **~ covers** с меки корици.

limp-wristed ['limp,ristid] *adj* безполезен, неефективен.

line [lain] **I.** *n* **1.** линия, черта, щрих; **~ of force** *физ.* силова линия; **2.** линия на поведение; **3.** граница, погранична линия (черта); предел; • **to get a ~ on** *ам. sl* добирам се до сведения относно, научавам се за; **II.** *v* **1.** разчертавам, тегля (чертая) линии върху; **to ~ through** зачерквам; **2.** набраздявам; **3.** поставям, нареждам (се) в редица (линия) (*и*

~ **up**); **III.** *v* подплатявам, обшивам (облицовам, тапицирам) отвътре; *тех.* облицовам, подвързвам (*книга*); **to ~ one's pocket** *прен.* забогатявам, натрупвам пари (*обикн. по нечестен начин, напр. чрез приемане на подкупи*).

line manager ['lain,mænədʒə] *n* пряк (непосредствен) началник.

linen ['linin] **I.** *n* **1.** ленено платно, лен; **2.** бельо, долни дрехи, ленени артикули; **to wash one's dirty ~ in public (at home)** изкарвам (не изкарвам) кирливите си ризи наяве; **II.** *adj* ленен.

liner₁ ['lainə] *n* **1.** голям (презокеански) пътнически кораб (самолет); рейсов кораб (самолет); **2.** уред за чертане на линии; **3.** *сп.* силно ударена топка (*при бейзбола*), която лети успоредно на земята.

liner₂ *n тех.* **1.** втулка, гилза; **2.** обшивка, подплата, облицовка.

liner notes ['lainə,nouts] *n pl ам.* кратка информация за албума и музикантите (*върху опаковката на плочата и пр.*).

linesman ['lainzmən] *n* (*pl* -**men**) **1.** войник от бойна част; **2.** *сп.* съдия на странична линия; **3.** = **lineman**.

lining ['lainiŋ] *n* **1.** подплата, хастар; **every cloud has a silver ~** *прен.* във всяко нещастие има и лъч на надежда; *печ.* тифон; **2.** обшивка, облицовка (*вътрешна*); **3.** *прен.* вътрешност, съдържание.

link₁ [liŋk] **I.** *n* **1.** звено, брънка; свръзка, съединение; връзка; **2.** копче за ръкавели (*и* **cuff-~**); **3.** *тех.* предавателен (двигателен) лост; **II.** *v* съединявам (се), свързвам (се); скачвам; **she ~ed her arm through her husband's** тя взе (хвана) съпруга си под ръка.

link₂ *n ост.* факла.

lion ['laiən] *n* **1.** лъв; **~'s cub (whelp)** лъвче; **2.** *астр.* Лъв.

lip [lip] **I.** *n* **1.** устна; **to keep a stiff upper ~** *прен.* не падам духом, държа се гордо (твърдо); **2.** *sl* нахалство; дързък отговор; **3.** край, ръб (*на съд, рана, кратер и пр.*); **II.** *adj* **1.** *ез.* лабиален, устен; **2.** *прен.* неискрен, повърхностен, само на думи; **III.** *v* (-**pp**-) **1.** докосвам с устни, *ост.* целувам; **2.** промълвям, казвам тихо.

lip gloss ['lip,glɔs] *n* блясък за устни.

liposuction ['lipou,sʌkʃən] *n* липосукция (*хирургическо отстраняване на мастна тъкан*).

lippy₁ ['lipi] *adj разг.* дързък, "устат", нахален.

lippy₂ *n разг.* червило.

lip-read ['lip,ri:d] *v* чета по устни (*за глухоням*).

lipstick ['lipstik] *n* червило.

liquefacient [,likwi'feiʃənt] **I.** *adj* втечняващ, предизвикващ втечняване; **II.** *n* втечняващ агент.

liquesce [li'kwes] *v* втечнявам.

liqueur [li'kjuə:] *n* ликьор.

liquid ['likwid] **I.** *adj* **1.** течен; **~ fire** *воен.* възпламенен петрол; **2.** прозрачен, бистър, светъл; ясен; чист; хармоничен (*за тон*); **3.** непостоянен, изменчив, променлив (*за убеждения*); разтеглив, еластичен (*за принципи*); **II.** *n* **1.** течност; **2.** *ез.* плавен звук, сонор, ликвида (*напр.* л, р).

liquor ['likə] **I.** *n* **1.** напитка, питие; **spiritous ~s** силни спиртни напитки; **2.** течност, разтвор (*при обработка на кожи, в бояджийството и пр.*); **3.** бульон от месо; сос (*от печено месо*); **II.** *v* **1.** *разг.* пия, гаврътвам, изпивам (*обикн. с* **up**); **to ~ s.o. up** напивам някого; **2.** намазвам (смазвам) с мазнина (*за кожи,* *обувки*); **3.** накисвам, натопявам.

list₁ [list] **I.** *n* списък; опис; лѝста; регистър, каталог; индекс; инвентар; **wine ~** лист за вината (*в ресторант*); **II.** *v* **1.** вписвам, нанасям в списък, каталогизирам, регистрирам; правя опис на; **2.** изброявам, описвам; **3.** *ост., нар.* записвам се войник, отивам войник.

list₂ *n* **1.** край, ивица, кант, ръб, бордюр; *текст.* ива; **2.** *pl* арена; **to enter the ~s** 1) предизвиквам на двубой; приемам двубой; 2) участвам в състезание; **3.** *арх.* листел, тясна изпъкнала ивица на йонийски капител.

list₃ *v ост.* желая.

list₄ **I.** *v мор.* наклонявам (се), навеждам (се), килвам (се); **II.** *n* крен, наклоняване, килване; **~ to starboard** килване на десния борд.

list₅ *ост.* = **listen**.

listen [lisn] *v* **1.** слушам, вслушвам се, ослушвам се (**to**); **to ~ in** 1) слушам радиопредаване, включвам се; 2) подслушвам; слухтя; **2.** отстъпвам (*пред молба, изкушение*).

listenable ['lisnəbl] *adj* лек, приятен за слушане.

listlessness [listlisnis] *n* апатия, равнодушие, безразличие.

list price ['list,prais] *n* препоръчителна цена.

lit *вж* **light₁ III**.

Lit [lit] *n разг.* = **literature**.

lite [lait] *adj* нискокалоричен, с ниско съдържание на мазнини (алкохол) (*за храна, напитка*).

liter *ам.* = **litre**.

literate ['litərit] **I.** *adj* грамотен; начетен; образован; учен; **II.** *n* грамотен (образован) човек; ерудит; учен.

literature ['litərətʃə] *n* **1.** литература; **light ~** леко (забавено) четиво, книги за развлечение; **2.** *ост.* образование, ерудиция; литературни познания и вкусове.

Lithuanian [liθju:'einiən] **I.** *n* **1.** литовец; **2.** литовски език; **II.** *adj* литовски.

litmus test ['litməs,test] *n* благонадежден тест, сигурно мерило; гаранция.

litre ['li:tə] *n* литър.

litter ['litə] **I.** *n* **1.** разпиляност, пръснатост, боклук, разхвърляни вещи, безпорядък, разхвърляност; **to make a ~ in a room** *разг.* обръщам стаята на кочина; обръщам стаята надолу с главата; **2.** сламена постеля (*на животни*); сламена обвивка (*на растения, против измръзване*); **3.** носилка (*обикн. покрита*); **II.** *v* **1.** постилам, застилам със слама (*обикн.* **~ down**), обвивам със слама (*за растения*); **2.** разбърквам, разпилявам, разхвърлям, оставям в безпорядък (*и* **~ up**); **3.** прася се, окотвам се, окучвам се и пр.; *грубо* раждам дете.

little [litl] **I.** *adj* (*сравн. ст.* **less, lesser**; *превъзх. ст.* **least**); **1.** малък; дребен; *прен.* незначителен; **the ~ ones** децата; малките; **2.** кратък, къс (*за време и разстояние*); • **~ Mary** *разг.* стомах; **II.** *adv* **1.** малко, в малка степен; **a ~** малко, немного; **2.** (*с някои глаголи, като* **dream, think, imagine, guess, know** *и пр.*) никак, съвсем не, ни най-малко; **III.** *n* нещо малко (дребно); **by ~ and ~, ~ by ~** малко по малко, постепенно.

live₁ [liv] *v* живея; съществувам; доживявам; **the longer we ~, the more we learn** човек се учи, докато е жив!

live₂ [laiv] *adj* **1.** жив, живеещ, съществуващ; **2.** жив, жизнен, буден, енергичен; наситен (*за цвят*); **3.** актуален, реален, действителен, съществуващ.

live-in ['liv,in] *adj* който живее

там, където работи (*в същата сграда*).

lively ['laivli] **I.** *adj* **1.** жив; бърз, подвижен; жизнен, витален, бодър; буен; **~ reaction** *хим.* бурна реакция; **2.** весел, оживен; **3.** ярък; силен (*за цвят, впечатление, чувства и пр.*); • **to make things ~ for a person** правя нечий живот черен, правя нечий живот труден; **II.** *adv* живо, оживено; бързо.

liver$_1$ ['livə] *n* черен дроб; **white ~** малодушие, страхливост.

liver$_2$ *n* **1.** човек, който живее по определен начин; **loose ~** хаймана, развейпрах, разпуснат човек; **2.** *рядко* обитател, жител (**in**).

livestock ['laivstɔk] *n* добитък; **~ breeding** животновъдство.

living ['liviŋ] **I.** *n* **1.** живеене, живот, начин на живеене; **2.** прехрана, издръжка, средства за препитание; **to make (earn) one's ~** изкарвам си хляба (препитанието, прехраната) (**by, out, of**); **3.** *рел.* бенефиций; **II.** *adj* **1.** живеещ, жив, съществуващ; **not a ~ soul** никой, жива душа; **2.** *прен.* жив (*за език, вяра и пр.*) • **the child is a ~ image of his father** детето е одрало кожата (е откъснало главата) на баща си.

lizard ['lizəd] *n* **1.** гущер; **2.** *ав.* лупинг; • **lounge ~** *разг.* безделник, пройдоха; чест посетител на заведения, който търси запознанство с богати жени.

LLB ['el'el'bi:] *abbr* **(Bachelor of Laws)** бакалавър по право.

LLD ['el'el'di:] *abbr* **(Doctor of Laws)** доктор по право.

LLM ['el'el'em] *abbr* (**Master of Laws)** магистър по право.

load [loud] **I.** *n* **1.** товар, тегло, тежест; **dead ~** *тех.* неполезен товар; баласт; собствена тежест; тара; **2.** *прен.* тегло, бреме; **3.** товар, количество, което може да се натовари (носи); *тех.* натоварване; • **get a ~ of this** *ам.* слушай внимателно; **II.** *v* **1.** товаря, натоварвам; **2.** *прен.* обременявам, утежнявам, затруднявам; **3.** отрупвам, обсипвам.

loaf$_1$ [louf] *n* (*pl* **loaves) 1.** самун, франзела, пита, погача, кравай, (цял) хляб; **2.** кюлче; буца, топка; **3.** *sl* глава, кратуна, тиква; **use your ~**! *разг.* бъди разумен! мисли (с главата си)!

loaf$_2$ **I.** *v* скитам без работа, хойкам, шляя се, моткам се, безделнича; **to ~ away one's time** прахосвам си времето; **II.** *n* шляене, хойкане, празно скитане.

loan [loun] **I.** *n* **1.** заем; **on ~** в заем, на заем, заемообразно; даден в заем, зает; **2.** нещо заето; заемка (*за дума, обичай*); **II.** *v* **1.** *ам.* давам на заем, заемам; **2.** заимствам (*дума, обичай и пр.*).

lobby ['lɔbi] **I.** *n* **1.** преддверие, антре, вестибюл; фоайе; коридор; **2.** *парл.* кулоар; **division ~** коридор, в който се оттеглят депутатите, за да гласуват; **3.** *ам.* лоби; **II.** *v* **1.** опитвам се да влияя на законодатели за прокарване на закон; посещавам често кулоарите; **2.** интригантствам.

lobbyist ['lɔbiist] *n* политически интригант; човек, който се опитва да влияе на органите на властта.

lobster ['lɔbstə] *n* **1.** *зоол.* рак, омар; **2.** *sl ост.* прозвище на английски войник (*заради червената униформа*).

local ['loukəl] **I.** *adj* местен; локален; **~ time** местно време; **II.** *n* **1.** пътнически влак; **2.** местен жител; **3.** местна организация.

locality [lou'kæliti] *n* **1.** място; местност; местоположение; **to have a sence of ~** умея да се ориентирам;

2. населен пункт, населено място (*и* **inhabited, populated ~**); **3.** *обикн. pl* покрайнини, околности.

lock₁ [lɔk] *n* **1.** кичур коса; *pl поет.* коси; **2.** фъндък, валмо, кичур (*от вълна, памук*).

lock₂ **I.** *n* **1.** брава; ключалка; кофар, катинар, катанец; **under ~ and key** под ключ; **2.** спусъчен механизъм (*на пушка*); **3.** шлюз; • **~, stock, and barrel** *разг.* напълно, окончателно, съвсем; с всичките си партакеши (багаж); **II.** *v* **1.** заключвам (се); затварям (се); **2.** стягам, затягам; спирам (*със спирачка*); **3.** стисвам (*при борба*); притискам, прегръщам силно.

locker room ['lɔkə,rum] *n* съблекалня.

locksmith ['lɔk,smiθ] *n* ключар, шлосер.

locust ['loukəst] *n* **1.** прелетен скакалец; *прен.* хищен, ненаситен човек; **2.** рожков *Ceratonia silitua*; **~ bean** плод на рожков; **3.** бяла акация *Robinia pseudoacacia*; • **~ years** *прен.* глад, години на лишения, гладни години.

lodger ['lɔdʒə] *n* квартирант, наемател.

lodging ['lɔdʒiŋ] *n* **1.** жилище (*обикн. временно*); **2.** *pl* квартира; **3.** настаняване, нанасяне (*в жилище, квартира*).

log [lɔg] **I.** *n* **1.** труп, ствол (*на дърво*); пън (*и прен.*); дънер; цепеница; **half ~** талпа; **2.** *мор.* лаг; **3.** корабен (бордови) дневник; • **to keep the ~ rolling** работя усилено, поддържам активно, продължавам (*дело, традиция*); **II.** *v* **1.** режа на трупи; сека дървета; **2.** *мор.* водя бордови дневник; **3.** *мор.* изминавам разстояние (*за кораб*).

logic ['lɔdʒik] *n* **1.** логика; **2.** *изч.* логическа схема, система от логически елементи; **to chop ~** споря от любов към спора.

logical ['lɔdʒikəl] *adj* **1.** логически; **2.** логичен, последователен; ◇ *adv* **logically**.

logjam ['lɔg,dʒæm] *n ам.* **1.** задръстване от (натрупване на) трупи във река; **2.** застой, безизходица, задънена улица; **to break the ~** *журн.* правя пробив, "отпушвам" положението.

logogriph ['lɔgou,grif] *n* логограф (*игра на думи, базирана на различни комбинации от буквите в дадена дума*).

logop(a)edics [,lɔgə'pi:diks] *n* логопедия, словесна терапия.

logorrh(o)ea [,lɔgə'riə] *n* прекомерна бъбривост, неконтролируема приказливост.

logy ['lougi] *adj ам.* тъп; вял, апатичен, бездушен.

lollipop lady (man) ['lɔlipɔp,leidi (,mæn)] *n* жена (мъж), наета да спира движението, за да позволи на деца да пресекат улицата.

lolly ['lɔli] *n* **1.** = **lollipop**; **2.** *sl* пари, мангизи; **3.** вид варено сладкишче; **to do the (o.'s) ~** *австр. sl* избухвам, изпадам в ярост, избива ми чивията.

lolly water ['lɔli,wɔtə] *n австр., разг.* плодов сок (*от концентрат*).

lonely ['lounli] *adj* **1.** самотен, сам; усамотен; **2.** уединен, отделен, отстранен; **~ hearts club** клуб за запознанства.

long₁ [lɔŋ] **I.** *adj* **1.** дълъг; продълговат; длъгнест; **~ head** продълговата глава; *прен.* далновидност, предвидливост; **2.** продължителен, дълъг; **3.** бавен, муден; скучен; **II.** *adv* **1.** дълго; **to live (last) ~** живея дълго; **2.** *за подсилване*; **3.** *за подсилване след същ., което означава време*; **III.** *n* **1.** дълго време;

before ~ не след дълго, скоро; **2.** *муз.* дълга нота; **3.** *ез.* дълъг звук (сричка).

long₂ *v* **1.** копнея, бленувам (**for**); **2.** (с *inf*) жадувам; **to ~ to be told** умирам да знам.

long-acting ['lɔŋ,æktiŋ] *adj* с продължително действие (*за лекарство*).

longed-for ['lɔŋd,fɔ:] *adj* дългоочакван, жадуван.

long-faced ['lɔŋ,feist] *adj разг.* мрачен, нацупен.

longitude ['lɔndʒitju:d] *adj* **1.** географска дължина; **2.** *шег.* дължина.

long-legged ['lɔŋ,legd] *adj* **1.** дългокрак; **2.** бързоног.

long-running ['lɔŋ,rʌniŋ] *adj* продължителен, дълготраен.

longs [lɔŋz] *n* **1.** дълги панталони; **2.** дългосрочни акции; акции (стоки), чиято цена се очаква да се повиши в бъдеще.

looby ['lu:bi] *n разг.* тъпак, тъпунгер, "дръвник", "пън".

look [luk] **I.** *v* **1.** гледам, поглеждам; **~ at me** погледни ме; **2.** изглеждам, имам вид; **3.** гледам, имам изглед към (*на сграда, прозорец и пр.*; **towards, on, to, into, down**); • **~ alive** (**~ sharp**)! по-живо! по-бързо! не се потривай!; **II.** *n* **1.** поглед; **to give a ~** поглеждам; **2.** *обикн. pl* израз, изражение; външност, вид, изглед.

looking-glass ['lukiŋgla:s] *n* огледало.

loom₁ [lu:m] *n* **1.** тъкачен стан; тъкане; **2.** част на весло между греблото и дръжката; **3.** *ост.* инструмент.

loom₂ *v* **1.** показвам се постепенно, мержелея се; **to ~ dark** чернея се (**against**); **2.** задавам се, изправям се, издигам се с увеличени (застрашителни) размери; *прен.* приемам застрашителни размери (*и* **~ large**).

loop [lu:p] **I.** *n* **1.** клуп, примка; гайка (*за ремък, копче*); **2.** дървен или метален пръстен, халка; *тех.* стреме, бигла, хомот; **3.** *ав.* лупинг; **II.** *v* **1.** правя клуп (примка), връзвам на клуп; **2.** запримчвам се; **3.** *ав.* правя лупинг (*и* **to ~ the ~**).

loose [lu:s] **I.** *adj* **1.** хлабав, разхлабен, халтав, нестегнат; несвързан; широк (*за дреха*), неподвързан (*за книга*); **~ tooth** разклатен зъб; **2.** свободен, на свобода; **3.** неточен; неопределен, неясен; общ; лош (*за стил*); **II.** *adv* **1.** свободно; **to come ~** освобождавам се, развързвам се, разхлабвам се; **2.** широко; **3.** неточно; • **to sit ~ to** отнасям се с безразличие към; **III.** *v* **1.** освобождавам, пускам на свобода, давам свобода на; **to ~ one's hold** отпускам, пускам; **2.** отвързвам, развързвам; пускам, отвързвам (*лодка и пр.*); **3.** стрелям (**at**), изстрелвам (*и* **~ off**); пускам стрела.

loose-jointed ['lu:s,dʒɔintid] *adj* **1.** гъвкав, подвижен; **2.** хлабав, нестегнат, с хлабави връзки.

loose-limbed ['lu:s,limd] *adj* гъвкав; пъргав, подвижен, чевръст (*в краката*).

loosen [lu:sn] *v* **1.** развързвам (се); разпускам (се), разхлабвам (се) (*за дисциплина и пр.*); **drink ~ed his tongue** пиенето му развърза езика; **2.** отслабвам, отпускам; **3.** разхлабвам (*стомах и пр.*); омекчавам, разкъртвам (*кашлица*).

loose-tongued ['lu:s,tʌŋd] *adj* бъбрив; "цапнат" в устата.

loot [lu:t] **I.** *n* **1.** плячка (*и във война*); **2.** плячкосване, мародерство, грабеж; **II.** *v* **1.** плячкосвам, грабя, отдавам се на грабеж; ограбвам; **2.** крада, присвоявам (*за служител*).

looter ['lu:tə] *n* мародер.

looting ['lu:tiŋ] *n* грабеж.

lop$_1$ [lɔp] **I.** *v* (**-pp-**) **1.** режа, подрязвам (*клони и пр.*), кастря, окастрям (**off, away**); **2.** отсичам, отрязвам (*глава, крайник на човек*); **II.** *n* **1.** отсечена част; **2.** вейка, клонка (*и* **~ and top, ~ and crop**).

lop$_2$ *v* (**-pp-**) **1.** увисвам; клепвам (*за уши*); правя да клепнат (уши); **2.** мъкна се, влача се (без работа); **~ about** шляя се.

lop$_3$ **I.** *v* (**-pp-**) образувам малки вълни (*за вода*); **II.** *n* леко вълнение (*на вода*).

lope [loup] **I.** *v* **1.** бягам с дълги скокове; **2.** галопирам; карам да галопира (*за кон*); **II.** *n* бягане със скокове.

lop-eared ['lɔpiəd] *adj* клепоух.

lord [lɔ:d] **I.** *n* **1.** лорд, пер; **the ~s spiritual** епископи, членове на Камарата на лордовете; **2.** господар, управник, повелител, владетел, крал; сюзерен; индустриален магнат; **3.** *употребява се към звание на длъжност, без лицето да има лордска титла* (*шег.* **paper L.**); **First L. of the Admiralty** министър на флота; **L. High Treasurer** *ист.* пазител на хазната; **L. of the Bedchamber** главен камериер на крал; **L. in waiting** главен камериер на кралицата; • **drunk as a ~** кьоркютюк пиян; **II.** *v* **1.** : **to ~ it** важнича; **2.** давам титла лорд; **3.** наричам, титулувам някого "лорд".

Lord Muck ['lɔ:d,mʌk] *n разг.* човек от простолюдието, третиран като аристократ.

lorry ['lɔ:ri] **I.** *n* **1.** камион; **2.** *жп* вагонетка; **3.** платформа; **II.** *v* пътувам с камион и под.; превозвам с камион и под.

lose [lu:z] *v* (**lost** [lost]) **1.** губя, изгубвам, загубвам; претърпявам загуба; **to ~ one's way (oneself)** загубвам се, забърквам се, обърквам се; **2.** изпускам, пропускам; изтървам, изтървавам; изпускам, пада ми (*обувка и пр.*); **3.** отървавам се от, освобождавам се от; **I've quite lost my cold** мина ми вече хремата.

loss [lɔs] *n* **1.** в загуба; **~ of opportunity** пропуснат случай; **2.** шкарт, брак; **3.** *attr*: **~ replacement** *ам.* попълване на загуби.

lossmaker ['lɔs,meikə] *n* непечелившо предприятие (бизнес, начинание).

loss leader ['lɔs,li:də] *n* артикул, който се продава на загуба, с цел да привлече клиентите да си закупят други артикули.

lost [lost] *adj* **1.** изгубен, загубен; **2.** пропуснат, пропилян; **sarcasm is lost on her** сарказмът не ѝ прави впечатление; **3.** объркан, безпомощен; • **~ to the world** задълбочен, съсредоточен в нещо.

lost property ['lɔst,prɔpəti] *n* **1.** загубена вещ; **2. L. P.** бюро загубени вещи.

lot [lɔt] **I.** *n* **1.** жребий; *прен.* участ, съдба; **to cast (draw) ~s (between, for, on, over)** хвърлям (тегля) жребий; **2.** парцел; **3.** *разг.* много, маса; • **a bad ~** тъмен субект; тип; "стока", калпазанин; проститутка; **II.** *v* (**-tt-**) **1.** деля на части, разделям (*и с* **out**); **2.** тегля (хвърлям) жребий; **3.** подбирам; **III.** *adv* много; **a ~ better** много по-добре.

lottery ['lɔtəri] *n* лотария.

louche [lu:ʃ] *adj* с лоша репутация; неприличен.

loud ['laud] **I.** *adj* **1.** силен, висок; гръмък, гръмогласен; **2.** шумен; креслив; **3.** звучен; • **to be ~ in one's prises** разсипвам се да хваля; **II.** *adv* силно, високо; гръмко.

loudmouth ['laud,mauθ] *n разг.*

грьмогласен човек.

loud-speaker ['laud'spi:kə] *n* високоговорител.

lounge [laundʒ] **I.** *v* **1.** излежавам се; излягам се, излеврям се; **2.** безделнича; хаймановсвам; **3.** разтакавам се, шляя се, мъкна се (**about, along**); **II.** *n* **1.** излягане, излевряне, ленива походка; **2.** кресло, шезлонг; **3.** салон (*в клуб, хотел*); всекидневна, дневна.

louse [laus] **I.** *n* (*pl* **lice** [lais]) въшка; **II.** *v* пощя; **to ~ up** *ам. sl* обърквам, провалям, съсипвам.

love [lʌv] **I.** *n* **1.** любов, обич (**of, for, to, towards**); **to feel ~ to** (**towards**) изпитвам любов към; **2.** любим, любима (*обикн. в обръщение* **my ~**); **3.** нещо привлекателно, прелестно; **II.** *v* любя, обичам (**to** *с inf*; *ger*); **I would ~ to** с най-голямо удоволствие.

lovebite ['lʌb,bait] *n* осмукано, белег от осмукване по време на любене.

love handles ['lʌv,hændəls] *n pl разг.* гънки от тлъстини (*по талията*).

lovely ['lʌvli] *adj* **1.** прелестен, прекрасен, чаровен, възхитителен, очарователен; **2.** *разг.* великолепен, чудесен; **to have a ~ time** прекарвам чудесно; **3.** *рел.* високо морален, нравствен.

love potion ['lʌv,pouʃən] *n* любовен еликсир.

lover ['lʌvə] *n* **1.** любовник; **2.** любим, симпатия; обожател; **two ~s** двама влюбени; **3.** годеник.

lovey-dovey ['lʌvi,dʌvi] *n разг.* любвеобвилност (*особено на обществено място*); гушкане и натискане.

low₁ [lou] **I.** *adj* **1.** нисък; **a ~ bow** нисък поклон; **2.** нисък, тих (*за глас, звук*); *муз.* нисък (*за тон, нота*); **3.** слаб (*и за пулс, здраве*); безсилен; • **L. Sunday** *рел.* Томина неделя; **II.** *adv* **1.** ниско; **to lie ~** лежа опънат, умрял; скрит съм; крия се, мълча си, изчаквам; **2.** ниско, тихо, слабо; *муз.* ниско; **3.** оскъдно, бедно; евтино, на ниска цена; **III.** *n* **1.** ниско ниво; **2.** област с ниско атмосферно налягане; **3.** *авт.* първа скорост.

low₂ **I.** *v* муча; **II.** *n* мучене.

low-alcohol ['lou,ælkəhɔl] *adj* с ниско алкохолно съдържание.

low-born ['lou,bɔ:n] *adj* с незнатен произход.

low-cal ['lou,kæl] *adj* нискокалоричен (*за храна*).

lower₁ [louə] **I.** *adj* (*сравн. ст. от* **low**) низш, по-долен; **~ middle-class** дребнобуржоазен; **II.** *v* **1.** намалявам (*ниво*), спадам, снижавам, редуцирам; *муз.* понижавам; **2.** спускам, навеждам (*очи; платна, лодка и пр.*); спускам се; **3.** *мед.* понижавам тонуса.

lower₂ ['lauə] *v* мръщя се, намръщвам се, чумеря се, потъмнявам, притъмнявам (*и за небе*).

low-key ['lou,ki:] *adj* **1.** с нисък тон; **2.** сподавен, приглушен, сдържан; **3.** с преобладаващо сиво-черни тонове (*за картина*).

lowlife ['lou,laif] *n* отрепка (*прен.*); гангстер.

low-slung ['lon,slʌŋ] *adj* нисък (*за автомобил, стол*).

low-tech ['lou,tek] *adj* нискотехнологичен.

low-rent ['lou,rent] *adj* евтин, второкачествен.

loyal ['lɔiəl] *adj* **1.** верен, лоялен; предан; **2.** честен, почтен.

loyalty ['lɔiəlti] *n* вярност, лоялност; преданост; честност; *pl* (чувство на) вярност; **~ purge** *ам.* чистка на държавни служители.

LPG ['el'pi:'dʒi:] *abbr* (**liquid pe-**

troleum gas) течен петролен газ.

LSO ['el'es'on] *abbr* (**London Symphony Orchestra**) Лондонски симфоничен оркестър.

Ltd. *abbr* (**Limited**) с ограничена отговорност.

luck [lʌk] *n* щастие, късмет, шанс; съдба; **bad (hard, ill, rough) ~** нещастие, лош късмет, беда.

lucky ['lʌki] *adj* **1.** щастлив, късметлия; **~ beggar (devil, dog, rascal)** *разг.* късметлия, с късмета си; блазе му; **2.** добър, сполучлив, успешен; **3.** носещ щастие.

luggage ['lʌgidʒ] *n* **1.** багаж; **2.** *attr* багажен.

lumbago [lʌmbeigou] *n* лумбаго.

lumbering₁ ['lʌmbəriŋ] *n* **1.** сечене на дървен материал; дърводобив; **2.** търговия с дървен материал.

lumbering₂ *adj* движещ се тежко, с грохот.

lumber-mill ['lʌmbə,mil] *n* дъскорезница.

lumber-room ['lʌmbə,ru:m] *n* килер за вещи.

luminescent [lu:ni'nesənt] *adj* луминесцентен.

luminosity [lu:mi'nɔsiti] *n* **1.** блясък, сияйност, лъчезарност; **2.** нещо блестящо.

lump₁ [lʌmp] **I.** *n* **1.** буца, парче, блок; **a ~ in the (one's) throat** заседнала буца на гърлото (*при вълнение*); **2.** подутина, цицина, "краставица" (*от удар*); **3.** сбор; **II.** *v* **1.** смесвам, слагам заедно (**together, with**); събирам безразборно; **2.** правя на буци, късове, парчета; **3.** вървя, стъпвам тежко, тромаво, с мъка (**along**); сядам тежко (**down**).

lump₂ *v разг.* "преглъщам"; **if you don't like it you can ~ it** ако не ти харесва, много ти здраве.

lumpen ['lʌmpən] *adj* **1.** тежък, голям, неудобен; на буци; **2.** тъп, безмозъчен, прост.

lumpy ['lʌmpi] *adj* **1.** на бучки, неравен; **~ gravy** сос на бучки; **2.** развълнуван, на леки вълни (*за водна повърхност*).

lunacy ['lu:nəsi] *n* **1.** психоза, лунатизъм, сомнабулизъм, умопобърканост; **2.** *юрид.* невменяемост; **3.** *прен.* безумие, глупост.

lunar ['lu:nə] *adj* **1.** лунен; **~ month** астрономически (лунен) месец; **~ rainbow** дъга от лунни лъчи; **2.** блед, слаб (*за светлина, слава и пр.*); **3.** сърповиден.

lunatic ['lu:nətik] **I.** *adj* **1.** луд, безумен, обезумял; **~ asylum** психиатрическа болница; лудница; **2.** ексцентричен; щур; глупав; **II.** *n* луд човек, душевно болен, лунатик.

lunch [lʌntʃ] **I.** *n* **1.** (лек) обед; **to have (take) ~** обядвам; **2.** (втора) закуска; **II.** *v* обядвам.

lunch counter ['lʌntʃ,kauntə] *n ам.* снек-бар; щанд за закуски.

luncheon [lʌntʃən] **I.** *n* **1.** = **lunch I.**; **2.** по-официален обед; **II.** *v* = **lunch II**.

lunch hour ['lʌntʃauə] *n* обедна почивка.

lunchroom ['lʌntʃru:m] *n* ресторант (само за обед), закусвалня.

lune₁ [lju:n] *n* сърповиден предмет.

lune₂ *n* върв за държане на сокол.

lunet ['lju:nit] *n* стъкла за очила.

lung [lʌŋ] *n* бял дроб; *обикн. pl* **the ~s; • good ~s** силен глас.

lunge₁ [lʌndʒ] **I.** *n* **1.** дълго въже (юлар) за кон при обездка или трениране; **2.** кръгла арена за трениране на кон; **II.** *v* тренирам кон с въже или на кръгла арена.

lunge₂ **I.** *n* **1.** удар, мушване (*при фехтовка*); нападане; **2.** хвърляне, мятане, втурване напред; скок; **the car ~ed forward** колата потегли рязко; **II.** *v* **1.** удрям, мушвам (*при фехтовка*); **2.** нанасям удар (*при бокс*; **at, out**); **3.** втурвам се, хвърлям се напред.

lungful ['lʌŋful] *n* глътка (*въздух*); дръпване (*от цигара*).

lupine ['lu:pain] *adj* **1.** вълчи; **2.** див, свиреп.

lurch₁ [lə:tʃ] **I.** *n* **1.** залитане, накланяне; **to give a ~** залитам, накланям се; **2.** *ам.* склонност; **II.** *v* залитам, накланям се.

lurch₂ *n*: **to leave s.o. in the ~** изоставям някого в критичен момент (в беда), зарязвам.

lurcher ['lə:tʃə] *n* **1.** крадец на дребно; апаш; бракониер; **2.** непородисто ловджийско куче, мелез; **3.** шпионин.

lure [ljuə] **I.** *n* **1.** примамка (*при лов със соколи*); **2.** *прен.* примамка, изкушение; обаяние, чар; **to alight on o.'s (the) ~; to come (stoop) to the ~** *прен.* хващам се на въдицата, лапвам въдицата; **II.** *v* примамвам, изкусявам (**away, into**); **to ~ on** примамвам по лош път; убеждавам.

lurid ['ljuərid] *adj* **1.** огнен, червеникав (*за небе, залез*); ярък, в силни тонове (*за картина, корица на книга*); **2.** мрачен, зловещ; **3.** сензационен; трагичен, страшен, ужа̀сен, потресаващ; **to cast a ~ light on** предавам, разкривам в сензационна (трагична) слетлина.

lurk [lə:k] **I.** *v* **1.** крия се, скривам се (*в засада*); тая се, спотайвам се, притаявам се; намирам се в латентно състояние; **2.** промъквам се, прокрадвам се; **II.** *n* **1.**: **to be on the ~** дебна, шпионирам; **2.** *sl* лъжа, измама.

luscious ['lʌʃəs] *adj* **1.** много сладък; приятен; силно ароматичен; **2.** сладък до втръсване; **3.** *прен.* претрупан, пищен, наситен с чувственост (*за музика, литература и пр.*).

lushness ['lʌʃnis] *n* сочност; избуялост; претрупаност, изобилие.

lush₁ [lʌʃ] *adj* **1.** сочен; **2.** буен, избуял; тучен, тлъст; **3.** претрупан, прекален.

lush₂ **I.** *n sl* **1.** пияница, алкохолик; **2.** алкохолно питие; **II.** *v* пиянствам.

lust [lʌst] **I.** *n* **1.** силно желание, страст, ламтеж, лъст (**for, of**); **a ~ for power** жажда за власт; **2.** страст, сласт, похот, сладострастие; **II.** *v* **1.** изпитвам страст, похот; **2.** силно желая, ламтя (**after, for**).

lustfulness ['lʌstfulnis] *n* похотливост, сладострастие.

luxuriate [lʌg'zjuərieit] *v* **1.** избуявам, раста гъсто (изобилно); **2.** живея охолно, в разкош; **3.** наслаждавам се от (**in, on**); **to ~ in dreams** опивам се от мечти, отдавам се на блаженство.

luxury ['lʌkʃəri] *n* **1.** разкош, лукс; **to live in (the lap of) ~** живея охолно; **2.** луксозен предмет; **table luxuries** лакомства; **3.** удоволствие, кеф.

lye [lai] *n* **1.** пепелива вода, луга; **2.** силен алкален разтвор (*за пране и чистене*).

lying ['laiiŋ] **I.** *adj* лъжлив; **a ~ prophet** лъжепророк; **II.** *n* лъжене; лъжливост.

lyke-wake ['laikweik] *n* бдение над мъртвец.

lymph [limf] *n* **1.** *поет.* бистър извор, бистра вода; **2.** *физиол.* лимфа; **3.** *мед.* ваксина.

lynch [lintʃ] *v* линчувам.

lyonnaise [,laiə'neiz] *adj* (*за храна*) гарнирана с пържен лук.

lyric ['lirik] **I.** *adj* **1.** лиричен, лирически; **2.** *муз.* лиричен (*за тенор, сопран*); • **~ drama (stage)** опера; **II.** *n* **1.** лирично стихотворение; **2.** *обикн. pl* текст на песен.

M

M, m *n* **1.** буквата M; **~ for Maria** M като Мария; **2.** остров Малта; **3.** съкращение за магистрала, като след M има цифра.

'm кратка форма на **am**.

m, m. *abbr* **1.** метър; **2.** марка, парична единица на Федерална република Германия; **3.** меридиан.

macadam [mə'kædəm] *n* **1.** макадам, чакълена настилка (на път); **2.** *attr* с чакълена настилка, макадамов.

macaroni [mækə'rouni] *n* **1.** макарони; **2.** *ист.* (*pl* **macaronies**) иронично наименование на английски денди (XVIII в.).

Macedonia [,mæsi'douniə] *n* Македония.

machete [mə'ʃeti] *n* сатър, голям нож с широко острие.

machine [mə'ʃi:n] **I.** *n* **1.** машина; двигател; **coin ~** монетен автомат; **2.** апарат, инструмент, механизъм, уред, устройство; **3.** превозно средство, кола; велосипед, автомобил; *ам.* пожарникарска помпа; самолет, апарат; • **the god from the ~** *лат.* deus ex machina, неочаквана помощ, неочаквана развръзка; **II.** *v* **1.** изработвам на машина; обработвам (*метал*); **2.** минавам на шевна машина; **3.** *печ.* печатам.

machinery [mə'ʃi:nəri] *n* **1.** машинария, машини; **conveying ~** транспортни съоръжения; **2.** механизъм; **3.** (социална, държавна, военна и под.) организация; организационен апарат; машина.

macho ['ma:tʃou] *adj разг.* бабаитски, тежкарски, тузарски.

mackerel ['mækrəl] *n* скумрия *Scomber scombros*; • **Holy Mackerel** *ам., разг.* Боже мой! не думай! да се не види макар!

mackintosh ['mækintɔʃ] *n* **1.** мушама; импрегнирано, непромокаемо платно; макинтош; **2.** шлифер.

macrocephaly [,mækrou'sefəli] *n* макроцефалия (*състояние, при което главата е непропорционално голяма*).

macroclimate ['mækrou,klaimit] *n* макроклимат.

macrophysics [,mækrou'fiziks] *n* макрофизика.

macrotous [mə'kroutəs] *adj зоол.* с големи уши.

maculate I. [mækju,leit] *v ост.* петня, замърсявам; **II.** ['mækjulit] *adj* опетнен, с петна.

mad [mæd] **I.** *adj* **1.** луд, обезумял, безумен (*и прен.*); умопомрачен, умопобъркан; **to go ~** полудявам; **2.** *прен.* луд, лудешки, безумен; необуздан; **3.** запален, побъркан по (**about, after, on, upon**); **II.** *v рядко* **1.** влудявам, подлудявам (*някого*); **2.** лудея, луд съм, държа се като луд.

madam ['mædəm] *n* мадам, госпожа (*обръщение, без да се споменава името*).

made [meid] **I.** *вж* **make I.**; **II.** *adj* **1.** направен, изработен, фабрикуван; приготвен, сготвен (*от няколко храни*); **2.** (добре) сложен (*за човешка фигура*); **slightly ~** дребен; **3.** сполучлив, успешен.

made-to-measure ['meidtu'meʒə] *adj* направен по поръчка.

magazine [,mægə'zi:n] *n* **1.** военен склад; военен мунционен склад; **2.** магазин, магазинна кутия (на захранващо устройство на машина); **card ~** *изч.* магазин (касета) за перфокарти; **3.** *воен.* пълнител, пачка с патрони.

magic ['mædʒik] **I.** *n* **1.** магия, вълшебство, чародейство; магьосничество; **black ~** черна магия, с помощта на дявола; **2.** обаяние, чар; **II.** *adj* (*главно attr*) магически, магичен, вълшебен; чародеен; **~ carpet** вълшебно килимче; • **~ lantern** магически фенер.

magician [mə'dʒiʃən] *n* **1.** магьосник, вълшебник, чародей; заклинател; **2.** фокусник, илюзионист.

Magyar ['mægja:] *n* **1.** унгарец; **2.** унгарски език.

mahogany [mə'hɔgəni] *n* **1.** махагон, махагоново дърво; червено дърво; **2.** *attr* който е (изработен) от махагон; махагонов (цвят); **3.** *прен.* трапеза; **have (put, stretch) o.'s legs under s.o.'s ~** радвам се на гостоприемството на; живея на гърба на някого.

Mahometan [mə'hɔmitən] **I.** *adj* мохамедански; мюсюлмански; **II.** *n* мохамеданин; мюсюлманин.

maid [meid] *n* **1.** *ост.* мома, девойка, девица; дева; **old ~** стара мома; вид игра на карти; **2.** домашна прислужница; • **the Maid (of Orleans)** Орлеанската дева (Жана д'Арк).

maiden ['meidən] **I.** *n* **1.** *поет.* девойка, дева, девица; момиче, мома; **2.** *ист.* вид гилотина; **II.** *adj attr* **1.** неомъжена; момински; **~ lady** госпожица; **2.** девствен; **3.** неопитен; неизпитан; нов, пръв; • **~ assize** *юрид.* сесия на наказателен съд без дела за разглеждане.

mail₁ [meil] **I.** *n* **1.** ризница; броня; **2.** черупка на костенурка, рак и пр.; **II.** *v* обличам в (покривам с) ризница; **the ~ed first** *прен.* груба сила, железен юмрук.

mail₂ **I.** *n* **1.** (*и pl*) поща, писма и колети, пратени заедно; **2.** поща, ведомството, което се занимава с този вид услуги; **air ~** въздушна поща; **3.** пощенски чувал; **II.** *v ам.* изпращам по пощата.

mail drop ['meil,drɔp] *m ам.* улей за пускане на поща.

mailing list ['meiliŋ,list] *n* списък от адреси за редовно изпращане на брошури, рекламни материали и пр.

maillot ['mæjou] *n* **1.** гимнастическо трико; **2.** дамски бански костюм.

mail merging ['meil,mə:dʒiŋ] *n комп.* софтуер за изготвяне и адресиране на стандартни писма.

mailsack ['meil,sæk] *n* пощенски чувал.

mailshot ['meil,ʃɔt] *n* рекламен материал (брошура и пр.), пратен по пощата.

main₁ [mein] **I.** *adj* **1.** главен, основен, най-важен; **the ~ body** *воен.* главните сили; **2.** силен, мощен; **II.** *n* **1.** главна, най-важна част; **in the ~** главно; най-много, общо взето; **2.** магистрала; главен водопровод (газопровод, електропровод, кабел); колектор; **3.** *мор.* гротмачта.

main₂ *n* **1.** хазартна игра със зарове; **2.** борба с петли.

mainland ['meinlənd] *n* земя, суша, континент, материк.

mainly ['meinli] *adv* главно; основно; съществено.

mainman ['meinmən] *n sl* **1.** най-добрия приятел, авер; **2.** шеф, бос.

mainstore ['mein,stɔ:] *n комп.* памет.

maintain [men'tein] *v* **1.** поддържам, издържам, храня, отглеждам; **2.** отстоявам, защитавам; пазя, подкрепям; **to ~ o.'s ground** държа се, не отстъпвам, съпротивлявам се; **3.** запазвам, продължавам (да имам и пр.).

maize [meiz] *n* **1.** царевица; **2.** царевично зърно; **3.** жълт цвят.

majesty ['mædʒesti] *n* **1.** величественост; величие; величавост; царственост; **2.** върховна власт, суверенитет; **3.** величество (*титла, използвана при обръщение*); **Your (His, Her) Majesty** Ваше (Негово, Нейно) Величество.

major ['meidʒə] **I.** *adj* **1.** (по-)голям; (по-)важен, главен, значителен; старши; **the ~ poets** големите, значителните поети; **2.** *юрид.* пълнолетен; **3.** *лог.* пръв, главен (*за член на силогизъм*); **II.** *n* **1.** *юрид.* пълнолетен човек; **2.** *воен.* (*съкр.* **Maj.**) майор; **3.** *ам., уч.* основен предмет; човек, специализирал по даден предмет (**in**); **III.** *v ам., уч.* специализирам (се) (**in**).

majority [mə'dʒɔriti] *n* **1.** мнозинство, болшинство; **to be in a (the) ~** съм в болшинство; **2.** множество (хора); **3.** *юрид.* пълнолетие.

majorly ['meidʒəli] *adv sl ам.* много, силно, крайно (*подсилващо*).

make [meik] **I.** *v* (**made** [meid]) **1.** правя; построявам, изграждам; изработвам; произвеждам; фабрикувам; създавам, творя, съчинявам, написвам (*пиеса, стихове*); съставям (*документи, завещание*); **to ~ a joke** пускам шега, шегувам се; **2.** правя, причинявам, предизвиквам, създавам; **3.** оправям, приготовлявам, приготвям, нареждам, стъкмявам; **II.** *n* **1.** модел, фасон; **2.** *търг.* марка; направа, производство; фабрикация; **our own ~** наше производство; **3.** телосложение.

make-or-break ['meikɔ:'breik] *adj* решителен; показателен; от който се решава изхода (*на нещо*).

makeover ['meik,ouvə] *n* разкрасяване; наконтване.

make-up ['meikʌp] *n* **1.** грим и костюми на актьор; козметични средства за гримиране; **~ man** гримьор; **2.** строеж, конструкция; състав; съставяне; **3.** природа, характер; нрав.

maladuptive [,mælə'dʌptiv] *adj* неадаптиран; който трудно се адаптира; неприспособим.

maladdress [,mælə'dres] *n* грубост; липса на тактичност, неделикатност; непохватност.

Malagasy ['mælə'gəsi] **I.** *adj* мадагаскарски; малгашки; **II.** *n* **1.** мадагаскарски, малгашки език; **2.** мадагаскарец, мадагаскарка.

malaria [mə'leəriə] *n* **1.** малария; **2.** миазми, вредни и зловонни изпарения при блатисти местности.

malark(e)y [mə'la:ki] *n sl* глупости, безсмислици, небивалици.

Malay [mə'lei] **I.** *adj* малайски; **II.** *n* **1.** малаец, малайка; **2.** малайски език.

maldistribution [,mældistri'bju:ʃən] *n* неправилно (несправедливо, неравно) разпределение (*на богатствата*).

male [meil] **I.** *adj* **1.** мъжки, от мъжки пол; **a ~ heir** наследник; **2.** мъжки, мъжествен; силен; **3.** *тех.* входящ; **II.** *n* мъж; животно от мъжки пол, мъжкар, самец; **~ chauvinist, ~ chauvinist pig** мъж, който вярва в превъзходството на мъжете над жените.

maledict ['mæli,dikt] *v ост.* проклинам, кълна.

maliciousness [mə'liʃəsnis] *n* злонамереност, зложелателност, злоба.

malignity [mə'ligniti] *n* **1.** злонамереност; злоба; **2.** злокачественост.

malt [mo:lt] **I.** *n* малц, слад; **~ liquor** бира; **II.** *v* правя на малц (*ечемик*); ставам на (превръщам се в) малц (*за зърната*).

mama = **mamma**.

mamma₁ [mə'ma:] *n* мама.

mamma₂ ['mæmə] *n* (*pl* **-ae** [i:]) **1.**

анат. гръдна жлеза; гърда; **2.** зародиш на същата у мъжете; • **a hot ~** *ам.* сексапилна жена, секс-бомба.

mammogram ['mæmə,gra:m] *n* тест за рак на гърдата.

man [mæn] **I.** *n* (*pl* **men** [men]) **1.** човек; **all men** всички (хора); **any ~** който и да е, всеки (човек); • **(all) to a ~**; **2.** човечество, човешки род; **3.** човек, всеки, кой да е; • **to see a ~ about a dog** отивам по работа (*когато умишлено не желаеш да даваш подробности*); **II.** *v* **1.** *воен., мор.* попълвам състава (екипажа) на; поставям хора при, заемам; заставам при; **2.** набирам работна ръка за; **3.** *прен.* насърчавам, окуражавам, *обикн.* **to ~ oneself** давам си кураж, събирам смелост.

manage$_1$ ['mænidʒ] *v* **1.** боравя, работя, манипулирам, служа си с (*инструмент, сечиво*); въртя; **2.** ръководя (*предприятие*); управлявам (*и лодка*); гледам (*работа*); водя, въртя (*търговия, домакинство*); администрирам, стоя начело на; **3.** гледам, наглеждам (*деца*); държа под своя власт; справям се с; докарвам се пред; въртя, навивам (*някого*); укротявам, обуздавам (*животни*); **he's a difficult person to ~** той ни се води, ни се кара.

manage$_2$ *n ост.* трениране, гледане на кон; (*днес обикн.* **manège**).

management ['mænidʒmənt] *n* **1.** ръководство; управление; управляване; дирекция; управа; **engineering ~** техническо ръководство (управление); **2.** манипулиране; **3.** справяне (*с работа*).

management buyout ['mænidʒmənt ,bai,aut] *n* закупуване (приватизация) на предприятие от ръководството му.

manager ['mænidʒə] *n* **1.** управител, директор; началник; ръководител; надзирател, уредник; администратор; **2.** домакин(я) (*обикн. с определение*); **3.** *юрид.* синдик (*при фалит*); управител на вакантно наследство.

mandate ['mændeit] **I.** *n* **1.** *поет.* заповед, указ; **2.** мандат; **II.** *v* поставям под мандат.

mandolin(e) ['mændəlin] *n* мандолина.

maniac ['meiniək] **I.** *adj* маниашки; маниакален; маниачески; **II.** *n* маниак; **tobacco ~** страстен пушач.

manicure ['mænikjuə] **I.** *n* маникюр; **II.** *v* правя маникюр на.

manifesto [,mæni'festou] *n* (*pl* **-os, -oes**) манифест.

manikin ['mænikin] *n* **1.** джудже, човече; **2.** *анат., изк.* манекен.

manipulate [mə'nipjuleit] *v* **1.** манипулирам; обработвам, боравя с; **2.** *прен.* ловко подвеждам; фалшифицирам, изопачавам.

mankind ['mænkaind] *n* **1.** човечество, човешки род; **2.** мъжете, мъжкият пол.

manky ['mæŋki] *adj sl* долнопробен, безстойностен, скапан; мръсен, гаден.

man-made ['mænmeid] *adj* изкуствен, синтетичен, направен от човек; антропогенен.

mannequin ['mænikin] *n* манекен.

manner ['mænə] *n* **1.** начин; **in (after) this ~** по този начин; **2.** държание, поведение, маниер; *pl* (добри) обноски, маниери; **3.** *изк.* форма, стил, маниер; маниерност.

manoeuvre [mə'nu:və] **I.** *n* **1.** *pl воен.* маневри; **2.** *прен.* маневра, ловко действие, хитър ход; *pl* интриги; **II.** *v* **1.** *воен.* маневрирам, придвижвам войски при маневри; **2.** *прен.* маневрирам; лавирам; постигам с ловкост, хитрост; с хитрост вкарвам в, изкарвам от (**into, out of**); **to ~**

s.o. into a corner притискам някого до стената; *прен.* поставям някого натясно.

man-of-war ['mænəvwɔ:] *n* военен кораб.

manrope ['mæn,roup] *n мор.* въжен парапет.

man-sized ['mæn,saizd] *adj* **1.** с човешки ръст, с удобна (практична) височина; **2.** *разг.* големичък, едър.

mantel ['mæntl] *n тех.* кожух; обшивка.

manual ['mænjuəl] **I.** *adj* ръчен; мануален; **~ alphabet** азбука за глухонеми; **II.** *n* **1.** *муз.* мануал, клавиатура на орган; **2.** наръчник, учебник, мануал.

manufacture ['mænjufæktʃə] **I.** *n* **1.** производство, произвеждане; изработка; направа; **2.** промишленост; **steel ~** производство на стомана; **3.** фабрикат; *pl* изделия; **II.** *v* **1.** фабрикувам, произвеждам, изработвам; **2.** *прен.* изфабрикувам, измислям.

manufacturer ['mæni'fæktʃərə] *n* фабрикант.

manuscript ['mænjuskript] **I.** *adj* ръкописен; **II.** *n* (*съкр.* **MS**, *pl* **MSS**) манускрипт, ръкопис; **a work still in ~** ненапечатан труд.

many ['meni] **I.** *adj* (**more, most**) многоброен, много (*при броими съществителни*); **how ~?** колко (какъв брой)? **II.** *n* много хора, множество; **the ~** тълпата.

many-sidedness ['meni,saididnis] *n* многостранност.

map [mæp] **I.** *n* карта (*географска и пр.*); план (*на град*); **off the ~** маловажен, несъществен; остарял; **II.** *v* правя карта, нанасям върху карта; **~ out** съставям план на; разпределям (*времето си*); начертавам.

maple [mæpl] *n бот.* клен *Acer campestris*; **~ leaf** кленов лист, символ на Канада.

mar [ma:] *v* (**-rr-**) развалям; обезобразявам; помрачавам; **to make or ~ s.o.** или донасям голям успех някому, или го провалям напълно.

marathon ['mærəθən] *n* маратон; **the M.** маратонско бягане.

marble [ma:bl] **I.** *n* **1.** мрамор; **(as) cold as ~** *прен.* безжизнен, безчувствен; **2.** *pl* мрамор, колекция от мраморни статуи, скулптурна група от мрамор; **3.** топче за игра; **II.** *v* боядисвам, шаря (дърво) като мрамор; **• to lose o.'s ~s** полудявам, откачам.

March [ma:tʃ] *n* **1.** месец март (*съкр.* **Mar.**); **2.** *attr* мартенски.

march$_1$ **I.** *n ист.* **1.** граница, предел; *pl* погранична област между Англия и Шотландия (Уелс); **2.** погранична, спорна област; покрайнини; **II.** *v* (*често с* **with**) гранича с, намирам се до (*за държави, имения и под.*).

march$_2$ **I.** *n* **1.** *воен.* марш, маршируване; поход; **on the ~** в поход; в настъпление; **2.** ход; поход, марш; **3.** преход (*разстояние*) (*и* **day's ~**); **II.** *v* **1.** марширувам; **2.** ходя, крача, напредвам; запътвам се (**to, towards**); **3.** предвижвам (*войски*); заповядвам на, карам (*войски*) да маршируват.

margarita [,ma:gə'ri:tə] *n* коктейл от текила и лимонов сок.

margin ['ma:dʒin] **I.** *n* **1.** ръб, край; предел; (речен) бряг; **2.** поле (*на страница*); **3.** малък запас, излишък, резерва (*от време, пари*); разлика; **II.** *v* **1.** записвам, отбелязвам на полето; **2.** оставям поле (*на страница*); **pages insufficiently ~ed** страници с твърде малко поле; **3.** *фин.* депонирам марж.

marginality [ma:dʒinæliti] *n* маргиналност; незначителност, маловажност.

marginalize ['ma:dʒinəlaiz] *v* изолирам, пренебрегвам, карам да се чувства маловажен.

marihuanna [mæri'hwa:nə] *n исп.* марихуана, изсушени цветове и листа на индийски коноп *Cannabis sativa*, използвани като наркотик.

marinate ['mærineit] *v* мариновам.

marine [mə'ri:n] **I.** *adj* **1.** морски; **~ painter** маринист; **2.** морски, корабен, корабоплавателен; **3.** военноморски; служещ на военен кораб (*за моряк*); **II.** *n* **1.** флот(а); **2.** морски пехотинец; моряк на служба във военния флот; • **tell that to the (horse) ~s** да не повярваш, разправяй ги на шапката ми, тук има ли корабче?

mark$_1$ [ma:k] **I.** *n* **1.** петно (*и на животно*); белег (*и от рана*); отпечатък (*и прен.*); **2.** въздействие, влияние; именитост, известност, слава; значение; **a man of ~** именит (знаменит, изтъкнат) човек; **3.** (отличителен) знак, белег; признак; кръст (*вместо подпис*); • **easy (soft) ~** жертва; доверчив, лековерен човек; **II.** *v* **1.** бележа, правя (отличителен) знак на; отбелязвам, записвам; маркирам (*стоки*); **a face ~ed with smallpox** сипаничаво лице; **2.** отбелязвам, надписвам цена (*на стоки*); *уч.* поставям бележка (оценка); **3.** записвам резултат (точки) (*в игра*).

mark$_2$ *n* **1.** *ист.* средновековна мярка за сребро и злато; средновековна монета; **2.** германска марка, парична единица.

market ['ma:kit] **I.** *n* **1.** пазар, пазарище, тържище; хали (*и* **covered ~**); **2.** търсене; **3.** борса, търговия, цена, курс; • **to drive o.'s hogs (pigs) to ~** *ост.* хъркам силно; **II.** *v* **1.** докарвам на пазара; продавам (купувам) на пазара; пазарувам; **2.** продавам; намирам пазари за, пласирам; **~ price/value** пазарна цена/стойност.

market gardening ['ma:kit ˌga:dəniŋ] *n* производство на селскостопански продукти за търговия.

marksman ['ma:ksmən] *n* (*pl* **-men**) **1.** точен стрелец; **2.** неграмотен, който се подписва с кръстче.

mark-up ['ma:kˌʌp] *n* добавка в цената, увеличение (*калкулирано като печалба за продавача*).

marmalade ['ma:məleid] *n* конфитюр от цитрусови плодове.

marriage ['mæridʒ] *n* **1.** брак, женитба (**to**); **bread-and-cheese ~** брак с по-беден; **2.** сватба, венчавка, венчило, бракосъчетание; **3.** семеен живот.

married ['mærid] *adj* **1.** женен, омъжена (**to**); **to get ~** оженвам се, омъжвам се; **2.** брачен.

marry$_1$ ['mæri] *v* **1.** женя, оженвам, омъжвам; венчавам, бракосъчетавам (**to**); **2.** женя се, оженвам се, омъжвам се, венчавам се за; **to ~ into a family** влизам в (сродявам се с) семейство (чрез брак); **3.** *прен.* съединявам, съчетавам, свързвам, спојавам.

marry$_2$ *int ост.* Бога ми! честен кръст! помисли си само! **~ come up!** така значи! на ти тебе!

Mars [ma:s] *n астр.* Марс.

marshal ['ma:ʃəl] **I.** *n* **1.** *воен.* маршал; фелдмаршал (*в Англия*); **2.** церемониалмайстор; **3.** *ам.* съдия-изпълнител; ръководител на Хералдическия институт; (*и* **earl ~**);• **knight ~** дворцов чиновник със съдийски функции; **II.** *v* (**-ll-**) **1.** нареждам, подреждам; композирам (*влак*); **2.** строявам, построявам; заемам си мястото, събирам се; **3.** водя, въвеждам тържествено (**into**).

martyr ['ma:tə] **I.** *n* мъченик, мъченица; **to be a ~ to** страдам от (*болест*); **II.** *v* **1.** убивам (*мъченик*); **2.** измъчвам, преследвам; правя мъченик от.

marvellous ['ma:vələs] *adj* чуден, чудесен, дивен, прекрасен, изумителен, удивителен; ◇ *adv* **marvellously**.

Marxian ['ma:ksiən] **I.** *adj* марксистки; **II.** *n* марксист, марксистка.

masculine ['ma:skjulin] **I.** *adj* **1.** мъжки; като на мъж; **2.** мъжествен, силен, юначен; енергичен, деен; **II.** *n* **1.** *ез.* мъжки род; **2.** дума от мъжки род.

masculinist ['mæskjulinist] *n* защитник на правата на мъжете, маскулинист.

mask [ma:sk] **I.** *n* **1.** маска (*и прен.*); **to assume (put on, wear) the ~ of** слагам маската на; **2.** маскиран човек; маскарад; **3.** посмъртна маска (*и* **death ~**); **II.** *v* **1.** маскирам, прикривам; **2.** слагам си маска; маскирам се, предрешавам се; **3.** *воен.* маскирам, замаскирам.

masking tape ['ma:skiŋ,teip] *n* лента за облепяне на повърхност, която да остане небоядисана.

mason ['meisn] **I.** *n* **1.** зидар, строителен работник, дюлгер, майстор; каменоделец, каменар; **~'s rule** дюлгерски метър; **2.** масон, франкмасон, свободен зидар (*и* **free ~**); **II.** *v* зидам, градя, строя.

Mass [mæs] *abbr* на щат Масачузетс.

mass$_1$ [mæs] *n рел.* меса, литургия, богослужение в Католическата църква; **high (low) ~** голяма (малка) литургия.

mass$_2$ **I.** *n* **1.** маса, грамада, камара, куп, купчина, голямо количество, множество (**of**); **~ of earth** буца пръст; **2.** по-голямата част от; **3.** *pl* (**the ~es**) народните маси, масите; **II.** *v* **1.** събирам (се) на куп, спупчвам (се), трупам (се); **2.** *воен.* струпвам (*войски*).

mass-market ['mæs,ma:kit] *adj* предназначен за широк кръг потребители; популярен.

massotherapy [,mæsou'θerəpi] *n* терапия чрез масаж.

mast$_1$ [ma:st] **I.** *n* мачта; **to serve (sail) before the ~** служа като обикновен моряк; **to nail o.'s colours (flag) to the mast** проявявам настойчивост, държа на своето мнение, отстоявам позициите си; **II.** *v* слагам мачта.

mast$_2$ *n* жълъди и пр. като храна за свине.

master ['ma:stə] **I.** *n* **1.** господар, собственик, притежател; **~ of the situation** господар на положението; **2.** работодател, "чорбаджия"; **3.** глава на семейство, стопанин, домакин (*и* **~ of the house**); • **the M.** Учителя (Христос); **M. of Ceremonies** церемониалмайстор; *ам.* конферансие, разпоредител; **M. of foxhounds (beagles, harriers)** ръководител на лов; **M. of the Horse** дворцов чиновник, който отговаря за кралските конюшни; **M. of the Revels** *ист.* дворцов чиновник, който се грижи за увеселения и пр.; **II.** *v* **1.** надделявам, надмогвам, побеждавам, надвивам, справям се с, подчинявам, укротявам; **to ~ o.'s temper** овладявам се; **2.** овладявам, усвоявам, изучавам; изпраксвам; **3.** ръководя, управлявам.

masterclass ['ma:stə,kla:s] *n* специален (музикален) урок, изнесен от експерт пред избрани ученици.

masterliness ['ma:stəlinis] *n* майсторство; умение; изкусност.

masterpiece ['ma:stəpi:s] *n* шедьовър.

masterwork ['ma:stə,wə:k] *n*

шедьовър; прекрасен екземпляр.

mastitis [mæ'staitis] *n мед.* мастит.

mat₁ [mat] **I.** *n* **1.** рогозка, черга, чердже, килимче; *сп.* тепих; **2.** изтривалка (*и* **door-~**); **3.** подложка, подставка, салфетка, покривчица (*за под чиния и пр.*); • **to be on the ~** *разг.* оплел съм конците, в затруднено положение съм; хокат ме, ругаят ме; *воен.* под съд съм; **II.** *v* **(-tt-) 1.** постилам рогозка и под. върху/на; покривам (*растение*) с рогозка за през зимата; **2.** сплитам (се); сплъстявам (се); **to ~ together** сплитам се.

mat₂ **I.** *adj* матов, нелъскав, неполиран; **II.** *n* **1.** матов ръб на рамка за картина; **2.** матова, матирана повърхност (фон); **III.** *v* правя матов, матирам.

match₁ [mætʃ] *n* **1.** (клечка) кибрит; **safety ~es** кутия с кибрит; **2.** *воен.* фитил.

match₂ **I.** *n* **1.** подобен, съответен предмет (лице), равен, равностоен, еш; **a perfect ~ of colours** пълна хармония на цветове; **2.** брак, женитба; подходящ кандидат за женитба, подходяща партия; **3.** мач, среща, спортно състезание; • **meedle with your ~** намерил си църква да се кръстиш; **II.** *v* **1.** подбирам, съчетавам, съединявам; **a well (an ill) ~ed couple** добре (зле) подбрана двойка, лика-прилика, (не) един за друг; **2.** равен (подобен) съм, отговарям, съответствам, прилягам, подхождам, отивам, уйдисвам (**with**); **3.** противопоставям.

match-fit ['mætʃ,fit] *adj* в добра (спортна) форма; годен за участие в състезание.

match point ['mætʃ,pɔint] *n* (в тениса) последната точка, с която се печели мача.

mate₁ [meit] **I.** *n* мат (*в шаха*); **fool's ~** мат при втори ход; **II.** *v* правя мат, матирам.

mate₂ **I.** *n* **1.** другар, другарка, колега, колежка; **2.** другар (съпруг), другарка (съпруга); **3.** мъжкар, самец; женска, самка (*от двойка животни*); • **running ~** човек, който често придружава някого, спътник; *ам.* кандидат за вицепрезидент; **II.** *v* **1.** съчетавам, оженвам (се); **2.** чифтосвам, съешавам; съвкупявам се; **3.** свързвам, съединявам, скачвам се.

material [mə'tiəriəl] **I.** *adj* **1.** материален, веществен, предметен, обективен, физически; **~ forces, laws** физически сили, закони; **2.** материален, диктуван от материални съображения, материалистически, материалистичен; **3.** телесен, плътски, груб, сетивен, чувствен; **II.** *n* **1.** материал; материя, вещество; **raw ~** суров материал, суровина; **2.** елементи, съставни части, материал; **3.** материя, тъкан, плат; • **writing ~s** канцеларски материали.

materialism [mə'tiəriəlizm] *n* материализъм.

maternity [mə'tə:niti] *n* майчинство; **~ hospital (home)** майчин (родилен) дом.

mathematician [,mæθəmæ'tiʃən] *n* математик.

mathematics [,mæθə'mætiks] *n pl* (= *sing*) математика; **computing ~** изчислителна математика.

matinee ['mætinei] *n* матине, дневно представление.

matricidal [,mætri'saidəl] *adj* който е свързан (води до) майкоубийство.

matrilineal [,mætri'liniəl] *adj* майчин; по майчина линия; ◇ *adv* **matrilineally**.

matter ['mætə] **I.** *n* **1.** вещество,

материя; **colouring ~** багрилно вещество; **2.** материал; **3.** предмет, съдържание, смисъл, значение, същина, въпрос; • **a ~ of 40 years** около 40 години; **II.** *v* **1.** има значение, от значение е (**to**); **it doesn't ~** няма значение; нищо; **2.** *ост.* гноя, отделям гной.

mattress ['mætris] *n* **1.** дюшек, тюфлек, матрак; **2.** пружина (на легло) (*обикн.* **spring ~**).

mature [mə'tjuə] **I.** *adj* **1.** зрял, узрял, съзрял, напълно развит; **~ wine** отлежало вино; **2.** зрял, добре обмислен; **3.** назрял, готов (за употреба) (**for**); **II.** *v* **1.** узрявам, развивам се напълно; назрявам; **2.** довеждам до състояние на зрелост (пълно развитие); разработвам; **to ~ o.'s ideas** избистрям идеите си, идеите ми узряват; **3.** идвам (*за срок на полица*).

mausolean [,mɔ:zə'liən] *adj* мавзолеен.

mausoleum ['mɔ:zəliəm] *n* мавзолей.

max [mæks] *n разг.* върхът, максимум(ът).

maximal ['mæksiməl] *adj* максимален; ◇ *adv* **maximally**.

maximum ['mæksiməm] **I.** *n* (*pl* -**ma** [-mə]) максимум; **II.** *attr* максимален.

May [mei] *n* **1.** май; **Queen of (the) ~ = ~ queen**; **2.** (**m.**) глогов цвят (*и* **~ biossom**); **3.** *pl* майски изпити (*в Кембридж*).

may₁ [mei] *v* (**might** [mait]) мога; *изразява*: **1.** *възможност, вероятност*: **he ~ come, or he ~ not** той може да дойде, а може и да не дойде; **2.** *молба, позволение*: **~ I leave this with you? 3.** *пожелание*: **~ you be happy!** дано да бъдеш щастлив!

may₂ *n поет.* дева, девойка, девица.

maybe ['meibi] *adv* може би.

mayonnaise [,meiə'neiz] *n кул.* майонеза.

mayor [meə] *n* кмет.

mayo ['meiou] *разг.* = **mayonnaise**.

may tree ['mei,tri:] *n* глог, глогина.

mazuma [mə'zu:mə] *n sl ам.* пари, кинти, мангизи.

MB ['em'bi:] *abbr* **1.** (**Bachelor of Medicine**) бакалавър по медицина; **2.** (**maternity benefit**) майчинство (*парична помощ*).

MBA ['em'bi:'ei] *abbr* (**Master of Business Administration**) магистър по бизнес администрация.

McJob [mək'dʒɔb] *n разг.* нископлатена ръчна работа.

McCoy [mək'kɔi] *n*: **the real ~** нещо истинско, неподправено, чиста монета.

me [mi:, mi] *pers pron* **1.** винителен и дателен падеж от **I**; мене, ме, ми; **2.** *разг.* аз; **it is ~** аз съм; **3.** *ост. поет.* възвратно местоимение; • **ah ~!** ах Боже!

meadow ['medou] *n* ливада, лъг.

meal₁ [mi:l] *n* (едро) брашно; • **of the same ~** от един дол дренки.

meal₂ I. *n* **1.** ядене (*закуска, обед, вечеря*), храна; **a midday ~** обед; **2.** надой; **II.** *v рядко* ям; **meals-on-wheels** храна за социално слабите.

mean₁ [mi:n] *adj* **1.** посредствен, оскъден, недостатъчен, скромен; слаб, обикновен; **no ~** немалък, не какъв да е, не за изхвърляне; **2.** беден, бедняшки, сиромашки, скромен, дрипав, опърпан; **3.** долен, низък, безчестен, подъл, презрян, за презрение.

mean₂ I. *adj* среден (*и мат.*); **~ quantity, number** средна величина (стойност), число; • **in the ~ time (while)** между това, през това време, междувременно; **II.** *n* **1.** среда, средина; **the golden (happy) ~** златната среда; **2.** *мат.* средно число; **3.** *pl* (*и* = *sing*) средства, средство, начин, способ.

mean₃ *v* **1.** възнамерявам, имам намерение, искам; **to ~ business** имам сериозни намерения; говоря сериозно; **2.** гласяя, тъкмя, предназначавам, (предварително) определям, предопределям (**for**); **3.** искам да кажа, имам пред вид, подразбирам.

meanie, **meany** [ˈmi:ni] *n разг.* **1.** скъперник, стипца, скрънза; **2.** *ам.* гадняр, неприятен човек.

meaning [ˈmi:niŋ] **I.** *n* значение; **what's the ~ of this?** какво значи това? **II.** *adj* многозначителен.

means [mi:nz] *вж* **mean₂**.

meant *вж* **mean₃**.

meantime [ˈmi:ntaim] *adv n* през това време, междувременно, между това (*и* **in the ~**).

measles [ˈmi:zəls] *n pl* **1.** *мед.* морбили, дребна шарка, брусница; **German ~** лека шарка; **2.** *вет.* трихинелоза, трихиноза; **3.** *sl* сифилис.

measure [meʒə] **I.** *n* **1.** мяра, мярка, размери, количество, единица, уред за мерене; **~ of capacity** мярка за обем (вместимост); **2.** мярка, размери; **3.** мярка, мерило, критерий, мащаб; • **~ for ~** око за око, зъб за зъб; **II.** *v* **1.** меря, измервам; **to ~ by a yardstick** меря с аршин; **2.** вземам мярка на (**for**); **3.** мярката ми е, размерите ми са.

meat [mi:t] *n* **1.** месо; **butcher's ~** месо от домашни животни; **2.** *ост.* храна; **3.** *ост.* ядене.

meatball [ˈmi:t,bɔl] *n* кюфте.

Mecca [ˈmekə] *n* Мека (*и прен.*).

mechanic [miˈkænik] **I.** *n* **1.** механик, техник; **dental ~** зъботехник; **2.** занаятчия; **II.** *adj ост.* механичен, механически.

mechanics [miˈkæniks] *n pl* (= *sing*) **1.** механика, дял от физиката; **2.** *тех.* машинознание; **3.** механизъм, начин на действие на машина или процес.

medal [medl] *n* медал, орден, отличие, възпоменателен знак; **the reverse of the ~** обратната страна на медала.

media₁ [ˈmi:diə] *n* (*pl* **mediae** [ˈmi:dii:]) **1.** *ез.* звучна преградна съгласна (b, d, g); **2.** *анат.* средна обвивка на кръвоносен съд.

media₂ *вж* **medium I**.

medical [ˈmedikl] **I.** *adj* **1.** медицински; **(o.'s) ~ adviser** домашен лекар; **2.** терапевтичен; **II.** *n* **1.** *разг.* медик, медичка; **2.** студент (студентка) по медицина.

medicine [ˈmedsin] **I.** *n* **1.** медицина (*терапия, терапевтика*); **the art of ~** медицинско изкуство; **2.** лекарство, лек, цяр; **3.** муска, талисман, амулет, фетиш; **II.** *v* лекувам, давам лекарство на, церя.

medicine ball [ˈmedsin,bɔl] *n* медицинска топка.

medium [ˈmi:diəm] **I.** *n* (*pl* **mediums, media** [ˈmi:diə]) **1.** средство, сила, фактор; **circulating ~**; **2.** среда, средина, нещо средно, междинно, промеждутъчно (*средно качество, число, междинна степен и под.*); **3.** (*pl* **media**) (околна) среда, условия на живот, обкръжение; **II.** *adj* **1.** среден, междинен, умерен; **2.** мек, яваш (*за тютюн*); **~ waves** *рад.* средни вълни; **3.** *воен.* среднокалибрен.

meet₁ [mi:t] *v* (**met** [met]) **1.** срещам (се с), срещам(е) се, събирам(е) се, общувам; **to ~ in the face** срещам се лице в лице с; **2.** разминаваме се (*и* **~ and pass**); **the two trains met** двата влака се разминаха; **3.** докосвам (се до), допирам (се до), досягам.

meet₂ *adj ост.* подобаващ, уместен, удобен, подходящ, какъвто трябва (**for**); **it is ~** редно е (**that**).

meeting ['mi:tiŋ] *n* **1.** събиране, стичане, събрание, стечение, митинг; **overflow ~** второ събрание (*за тези, които не са могли да се поберат в залата*); **2.** среща; **3.** заседание.

meg [meg] *n разг.* = **megabyte**.

megabuck ['megə,bʌk] *n sl ам.* един милион долара (*и attr*).

megabyte ['megə,bait] *n ком.* мегабайт.

megadeath ['megə,deθ] *n* смърт на милион(и) хора (*напр. при ядрен взрив*).

megalopolis [,megə'lɔpəlis] *n* мегалополис.

megastar ['megə,sta:] *n* мегазвезда (*в шоубизнеса*).

megavolt ['megə,vɔlt] *n* мегаволт.

melancholiac [,melən'kouli,æk] *n* меланхолик.

melancholy ['melənkəli] **I.** *n* меланхолия, потиснатост, отпадналост; **II.** *adj* **1.** мрачен, унил, потиснат; **2.** тъжен, печален; който навява скръб.

melanous ['melənəs] *adj* с тъмен цвят на кожата и косата.

melliphagous [mi'lifəgəs] *adj зоол.* който се храни с мед.

melodist ['melədist] *n* **1.** мелодист, композитор на мелодии; **2.** певец.

melody ['melədi] *n* **1.** мелодия; **2.** мелодичност.

melon ['melən] *n* **1.** пъпеш, пипон, каун; **2.** диня, любеница (*и* **water-~**); **3.** *pl фин.* тантиема, допълнително възнаграждение; печалба.

melt [melt] *v* **1.** топя (се), стопявам (се), разтопявам (се), разтапям (се); **it ~s in the mouth** топи се в устата (*за храна*); **2.** смекчавам (се), омеквам, размеквам се, омекотявам; разкисвам се; **3.** преминавам, превръщам се; сливам се, преливам се (**into**).

meltdown ['melt,daun] *n* **1.** дефект в ядрен реактор, в резултат на който се получава радиоактивно изтичане; **2.** *разг.* провал, внезапен спад (*в бизнеса*), катастрофа (*напр. на борсата*).

member ['membə] *n* **1.** член (*в различни значения*); членка; **M. of Parliament** член на парламента, депутат; **~s above the gangway** *парл.* членове на правителството, бивши министри и членове на "кабинета в сянка"; **2.** човек (*от раса, публика, тълпа и под.; и sl*); **3.** съставна част, елемент.

membership ['membəʃip] *n* **1.** членство; **2.** (брой на) членове; **3.** обикновени (редови) членове (*на организация*).

membrane ['membrein] *n* ципа, кожица, мембрана.

memo ['memou] *разг.* = **memorandum**.

memorandum [,memə'rəndəm] *n* (*pl* **-da** [də], **-dums**) **1.** бележка, бележчица, записка, записчица; **to make a ~ of** записвам; **2.** паметна бележка, меморандум; **3.** дипломатическа нота.

memorial [mi'mɔ:riəl] **I.** *adj* **1.** мемориален, който служи да напомня, паметен; **~ tablet** паметна плоча; **2.** възпоменателен; в памет на; **M. Day** *ам.* Ден на загиналите в Гражданската война (1861 — 1865) и в други войни (30 май в повечето щати, 26 април, 10 май, 3 юни в южните щати); **II.** *n* **1.** паметник (*и писмен*); празник, обичай; **war ~** паметник на загинали във война; **2.** записка, изложение; **3.** *pl* хроника, мемоари, спомени, записки; **III.** *v* съставям (подавам) петиция до.

memory ['meməri] *n* **1.** памет; **a good (retentative) ~** добра (силна) памет; **2.** *комп.* памет; **3.** спомен.

men *вж* **man I**.

menace ['menəs] **I.** *n* заплаха, опасност (**to**); **II.** *v* заплашвам, застрашавам (**with**).

mend [mend] **I.** *v* **1.** поправям, извършвам поправки на, ремонтирам, правя ремонт на; кърпя, закърпвам, изкърпвам; **to ~ up o.'s clothes** кърпя си дрехите; **2.** подобрявам (се), възстановявам (се); • **least said soonest ~ed** най-добре да си мълчим, да не ровим; **II.** *n* **1.** кръпка; запълнена дупка (пукнатина); **2.** подобряване, подобрение, възстановяване; **to be on the ~** отивам към подобрение, възстановявам се.

menfolk ['menfɔ:k] *n* мъжете (*в семейството*).

meningitic ['menin'dʒitik] *adj* менингитен; болен от менингит.

menopausal [,menɔ'pɔ:zəl] *adj* менопаузен; свързан с климактериума.

mental₁ [mentl] *adj* **1.** умствен, мисловен; **~ powers** умствени способности; **2.** душевен; **3.** мислен; който става в мислите, вътрешен, неизказан.

mental₂ *adj* който се отнася до брадичката.

mention ['menʃən] **I.** *n* споменаване (по име), посочване, загатване (**of**); **to make ~ of** споменавам; **II.** *v* споменавам (по име), отварям дума, загатвам за; **don't ~ it** няма защо, моля.

mentoring ['mentəriŋ] *n* назначаване на наставник (ръководител).

menu-driven ['menju,drivən] *adj комп.* управлявана с меню (*за програма*).

merchandising ['mə:tʃən,daiziŋ] *n* **1.** подбор и аранжиране на стоки в магазин; **2.** продажба на стоки, рекламиращи нашумяла звезда или събитие.

merchant ['mə:tʃənt] *n* **1.** търговец; търговец на едро, ангросист (*и* **wholesale ~**); **2.** *ам., шотл.* дюкянджия, занаятчия; **3.** *sl* човек, "тип".

mercury ['mə:kjuri] *n* **1.** *хим.* живак; **2.** живачен стълб; барометър; **the ~ is rising** барометърът се качва; *прен.* работите вървят на добре; възбуждането расте; **3.** живачен препарат.

mercy ['mə:si] *n* **1.** милост, пощада; милосърдие, състрадание; снизхождение; **to have (take) ~ on, show ~ to** смилявам се над, пощадявам; **2.** благодат, късмет, щастие; • **~ killing** безболезнена смърт на неизличимо болни, причинена съзнателно чрез лекарства, евтаназия.

mercy flight ['mə:si,flait] *n* самолетен полет за оказване на спешна медицинска помощ.

mere₁ [miə] *n поет., диал.* езеро; блато; водно пространство.

mere₂ *adj* **1.** *пренебр.* истински, обикновен, прост, чист; **a ~ child could do it** дори едно дете би го направило; **2.** *юрид.*: **of ~ motion** доброволно; **3.** *ост.* чист, непримесен.

merely ['miəli] *adv* просто; само, единствено, изключително.

merge [mə:dʒ] *v* сливам (се) (**in**), съединявам (се), обединявам (се), събирам (се), съсредоточавам (се); смесвам (се) (**in, into**); уедрявам се (*за предприятия*).

meridian [mə'ridiən] **I.** *n* **1.** *геогр., астр.* меридиан; **prime ~, first ~** Гринуички меридиан; **2.** зенит; пладне; пладнина; **3.** *прен.* зенит, апогей; кулминация, връх (*на слава и под.*); разцвет; **II.** *adj* **1.** пладнешки, обеден; **2.** *астр.* зенитен; **3.** кулминационен; върховен, на разцвет.

merit ['merit] **I.** *n* **1.** (*и pl*) заслуга; **to take ~ to o.s. for sth, to make a ~ of** (*с ger*) приписвам си (голяма) заслуга за; **2.** *pl* основание, основателност; същина; **3.** достойнство, качество; цена; **II.** *v* заслужавам, достоен съм за.

meritocracy [,meri'tɔkrəsi] *n* общество, в което хората получават статус според заслугите си (*а не богатството си*).

meritocratic [,meritou'krætik] *adj* (*за общество*) което определя статуса на човек според заслугите му.

merry$_1$ ['meri] *adj* **1.** весел; радостен; засмян; разположен, в настроение; **2.** *ост.* приятен, приветлив, привлекателен; **3.** *разг.* пийнал, фирнал, развеселен; • **the ~ dancers** северното сияние; ◇ *adv* **merrily**.

merry$_2$ *n* дива черна череша.

merry-go-round ['merigouraund] *n* въртележка.

mess [mes] **I.** *n* **1.** *ост., библ.* ястие, гозба (*обикн.* каша); рядка, полутечна храна; **Benjamin's ~** най-голямата порция; **2.** кърма за добитък, кърмило, ярма; храна за кучета; **3.** смесица, смешение; **II.** *v* **1.** цапам, зацапвам; **2.** хвърлям в безпорядък; разхвърлям (*и с* **up**); *прен.* оплесквам, обърквам (*и с* **up**); **to ~up a car** развалям кола; **3.** *воен., мор.* храня се с.

message ['mesidʒ] **I.** *n* **1.** известие, съобщение, хабер; **telegraph ~** телеграма, депеша; **2.** *ам.* послание (*на президента пред Конгреса*); **State of the Union M.** новогодишно послание на президента на САЩ пред Конгреса; **3.** поръчка; **II.** *v* **1.** *рядко* изпращам известие; **2.** *ел., жп* носещо въже, носещ кабел, носач.

messenger ['mesindʒə] *n* **1.** пратеник; куриер (*и дипломатически*); **hotel ~** хотелиерски прислужник, пиколо (*за поръчки из града*); **2.** *прен., ост.* вестител, предвестник; **3.** *ел., жп* носещо въже, носещ кабел, носач.

met *вж* **meet**$_1$.

metal [metl] **I.** *n* **1.** метал; **sheet ~** ламарина; **2.** *мет.* металоносна руда, рудна жила; **3.** разтопен материал (*в стъкларството и грънчарството*); **II.** *v* **1.** метализирам; обшивам, покривам с метал; **2.** метализирам, вулканизирам; **3.** настилам с чакъл (*път*); **~led road** шосе.

metal-working ['metl,wə:kiŋ] *n* металообработване.

meteor ['mi:tjə] *n* **1.** *астр.* метеор (*и прен.*); падаща звезда; **2.** *рядко* атмосферно явление.

meteorology [,mi:tjə'rɔlədʒi] *n* метеорология.

meteor shower ['mi:tjə,ʃauə] *n* метеоритен дъжд.

meter ['mi:tə] **I.** *n* измерителен уред; **gas-~, water-~** газомер, водомер; **II.** *v* измервам с такъв уред.

meter maid ['mi:tə,meid] *n разг.* катаджийка.

methane ['meθein] *n хим.* метан.

method ['meθəd] *n* **1.** метод; начин; **~ of work** начин на работа; **2.** система, ред; последователност (*в работа*); **3.** схема за класификация.

methodologist [,meθə'dɔlədʒist] *n* методолог.

metre ['mi:tə] *n* **1.** стихотворна стъпка, размер; метър; **in ~** в мерена реч, в стихове; **2.** метър (*мярка за дължина*).

metricate ['metri,keit] *v* обръщам в метрични единици.

metropolitan [,metrə'pɔlitən] **I.** *adj* **1.** столичен; **~ borough** общински район (в Лондон); **2.** *рел.* митрополитски; **II.** *n* **1.** столичанин; **2.** *рел.*

архиепископ; митрополит; **3.** метро.

Mexican [ˈmeksikən] **I.** *adj* мексикански; **II.** *n* мексиканец, мексиканка.

mic [maik] *n разг.* = **microphone**.

mice *вж* **mouse I**.

microbe [ˈmaikroub] *n* микроб.

microenvironment [ˈmaikrouinˌvaiərənmənt] *n* микросреда.

microphone [ˈmaikrəfoun] *n* микрофон.

microscope [ˈmaikrəskoup] *n* микроскоп; **electron ~** електронен микроскоп.

microsurgery [ˌmaikrouˈsə:dʒəri] *n* микрохирургия.

mid-Atlantic [ˌmidətˈlæntik] *adj* със смесен английско-американски акцент (стил, характер).

midday [ˈmiddei] *n* **1.** пладне, обед; **2.** *attr* пладнешки, обеден; **~ meal** обед.

middle [midl] **I.** *adj* **1.** среден; централен; **Middle English** средноанглийски; **~ classes** средна класа, буржоазия; **2.** *ез.* среден (*за залог*); **3.** *лог.* общ (*за член в силогизъм*); **II.** *n* **1.** среда; **the ~ of the night** полунощ; **2.** талия, кръст; **3.** *ез.* среден залог; **III.** *v* **1.** поставям в средата; **2.** *сп.* подавам топката към средата на игрището.

middle-aged [ˈmidəleidʒd] *adj* **1.** на средна възраст; **2.** *разг.* тесногръд, старомоден, консервативен.

middle-ranking [ˈmidlˌræŋkiŋ] *adj* от средните нива, средноразряден.

midi [midi] *adj, n* средно къса (пола); (пола) под коляното.

midnight [ˈmidnait] *n* **1.** полунощ; **2.** непрогледен мрак (*и прен.*), тъма; **the ~ hours** късна нощ; **3.** *attr* среднощен, полунощен, късен.

midsection [ˈmidˌsekʃən] *n* **1.** среда, средна точка; **2.** *анат.* диафрагма.

midtown [ˈmidˌtaun] *n ам.* центъра на града.

midwife [ˈmidwaif] *n* акушерка.

midyear [ˈmidˈjiə] *n* средата на годината (*и attr*).

might[1] *вж* **may**[1].

might[2] *n* **1.** мощ, сила; могъщество; **~ is right** правото е на страната на силния; **2.** *диал.* голямо количество, куп (*трудности и пр.*).

mighty [ˈmaiti] **I.** *adj* **1.** мощен, могъщ; силен; **2.** *разг.* много голям, извънреден, извънмерен; • **high and ~** много горд (надменен, надут, арогантен); **II.** *adv разг.* извънредно, съвсем.

mignon [ˈminjɔn] *adj* дребничка и симпатична, миньонка.

mignonne [ˈminjɔn] *n* миньонка.

mild [maild] *adj* **1.** кротък, тих, безобиден; мек, благ; **2.** мек (*за климат*); слаб (*за лекарство, питие*); лек (*за наказание*); яваш (*за тютюн*); **a ~ form of measles** шарка в лека форма; **3.** умерен; невинен (*за забавление*).

mile [mail] *n* миля; **Statute (English) ~** английска, сухопътна миля (*= 1760 ярда = 1609,31 м*); • **to be ~s from believing** изобщо не вярвам.

mileage [ˈmailidʒ] *n* **1.** километраж; **2.** бързина, ход (*в мили*); **3.** *ам.* пътни разходи.

military [ˈmilitəri] **I.** *adj* военен; войнишки; войскови; **of ~ age** на възраст да отбие военната си служба; **II.** *n pl* военни, войска.

milk [milk] **I.** *n* **1.** мляко; **2.** млечен сок; **3.** "мляко" (*бяла течност*); **~ of lime** варно мляко; • **the land of ~ and honey** *библ.* "земя, дето текат мляко и мед"; обетована земя (*и прен.*); **II.** *v* **1.** доя (*и прен.*); **to ~ the ram (bull)** искам (да постигна) невъзможното; **2.** давам мляко (*за добиче*); **3.** срязвам кората на дърво, за да пусне сок.

milkmaid ['milkmeid] *n* доячка.

milkman ['milkmən] *n* **1.** дояч; **2.** млекар.

milk round ['milk,raund] *n* разнасяне на мляко по домовете, район за разнасяне на мляко.

milksoppy ['milk,sɔpi] *adj разг.* мекушав, глезен, превзет.

milky ['milki] *adj* млечен, подобен на, примесен с мляко; който отделя мляко (*за растение*); **the M. way** *астр.* Млечният път.

mill$_1$ [mil] **I.** *n* **1.** мелница, воденица; **to go to (pass) through the ~** *прен.* минавам през големи изпитания; **2.** мелничка (*за кафе и под.*); **3.** фабрика, завод; **II.** *v* **1.** меля; **2.** *мин.* троша; **3.** *тех.* обработвам на фрезмашина, фрезувам, валцувам; правя ръб (*на монети*).

mill$_2$ *n* **1.** 0,001 от цол, инч (= *0,2539 мм*); **2.** *ам.* хилядна (част) от долара.

millet ['milit] *n* просо.

milligram(me) ['miligræm] *n* милиграм.

millilitre ['mili,litə] *n* милилитър.

millimetre ['milimi:tə] *n* милиметър.

million ['miljən] *num, n* **1.** милион; **two ~ men, two ~s of men** два милиона души; **2.** : **~s of** милиони, безброй; **3.** *обикн. pl* (*с* **the**) милионите, масите.

millionaire [,miljə'neə] *n* милионер.

millisecond ['mili,sekənd] *n* милисекунда, една хилядна от секундата.

milquetoast ['milk,toust] *n* мекушав човек, мухльо, "метотело".

minacity [mi'næsiti] *n* заплашителност.

mind [maind] **I.** *n* **1.** ум, разум, разсъдък; интелект; **to be in o.'s right ~** нормален съм; **2.** дух, съзнание; **3.** нрав; начин на мислене, манталитет, мисловност; **II.** *v* **1.** обръщам внимание на, имам грижата за; **don't ~ what other people say** не слушай какво казват другите; **2.** помня (*главно в imp*); **3.** внимавам; пазя, полагам грижи за, гледам.

mind-bending ['maind,bendiŋ] **I.** *adj* **1.** объркан, заплетен, непонятен, прекалено сложен; **2.** който помрачава съзнанието (*за наркотик*); **3.** невероятен, потресаващ, изумителен; **II.** *n* промиване на мозъка.

mindlessness ['maindlisnis] *n* разсеяност, вятърничавост, нехайство.

mind-numbing ['maind,nʌmiŋ] *adj* отегчителен, безинтересен; от който затъпяваш; ◇ *adv* **mind-numbingly**.

mindset ['maind,set] *n* нагласа; предразположение; светоглед.

mine$_1$ [main] *pron poss absolute form* **1.** *predic* мой; **the game is ~** тази игра е моя (*спечелена от мен*); **2.** *ост. attr* (*пред думи, започващи с гласна или h*) **~ heart** сърцето ми.

mine$_2$ **I.** *n* **1.** мина, рудница (*и прен.*), рудник; кариера; **a ~ of information** богат източник на знания; **2.** *pl*: **the ~s** минната промишленост (индустрия); **3.** желязна руда; залежи, каменовъглен пласт; **II.** *v* **1.** копая; изкопавам; прокопавам; подкопавам; подривам; **to ~ (under) the earth** подкопавам земята; **2.** *мин.* копая, добивам; разработвам, експлоатирам мина; **3.** *воен., мор.* минирам; поставям мини.

mine-detector ['maindi,tektə] *n* детектор за мини.

miner ['mainə] *n* **1.** *мин.* миньор, рудокопач, въглекопач; **~'s disease** *мед.* анкилостомиаза, тунелна анемия; **2.** *воен.* сапьор.

mineral ['minərəl] **I.** *adj* **1.** минерален; **~ jelly** вазелин; **2.** *хим.* неорганичен; **II.** *n* **1.** минерал; **2.** *pl* полезни изкопаеми; руда; **3.** *pl разг.*

газирана вода; сода; минерална вода.

minimum ['miniməm] *n* **1.** минимум; **2.** *attr* минимален; **~ thermometre** минимален термометър.

minister ['ministə] **I.** *n* **1.** министър (и пълномощен министър); **2.** свещеник, пастор (*неангликански*); **3.** *ост.* слуга, подчинен, агент; **~ of vengeance** *прен.* оръдие на отмъщението; **Minister without Portfolio** министър без портфейл; **II.** *v* **1.** служа, прислужвам, обслужвам; **to ~ to a persons's needs** грижа се за, обслужвам, гледам (*някого*); задоволявам нуждите на някого; **2.** съдействам за (**to**); **3.** *ост.* свещенодействам; извършвам (*обред и пр.*); оказвам (*помощ*).

ministry ['ministri] *n* **1.** службата на министър, на свещеник; **2.** кабинет, правителство; **3.** министерство.

mink [miŋk] *n* **1.** *зоол.* норка, воден пор *Putorius lutreola* или *vison*; **2.** кожа от норка.

minor ['mainə] **I.** *adj* **1.** по-малък, по-незначителен, второстепенен; маловажен; дребен; **2.** по-малък (*от двама*); *уч.* младши (*от двама братя*); **Asia M.** Мала Азия; **~ court** съд от по-низша инстанция; **3.** *муз.* миньорен; **II.** *n* **1.** непълнолетен (човек); **2.** *лог.* трети член; втора предпоставка (*в силогизъм*); **3.** *муз.* миньор.

minority [mai'nɔriti] *n* **1.** по-малко число; **2.** малцинство, меншиство; **3.** непълнолетие.

mint₁ [mint] *n бот.* растения от сем. *Labiatae*, род *Mantha*; мента.

mint₂ **I.** *n* **1.** монетен двор; **2.** *прен.* куп, много; **a ~ of money** много пари; **3.** *прен.* източник; произход; **II.** *v* **1.** сека (*монети*); **2.** *прен.* съчинявам, измислям, изковавам.

minus ['mainəs] **I.** *prep* минус, без; **~ o.'s clothes** *разг.* без дрехите си, гол; **II.** *adj* отрицателен; **~ charge** *ел.* отрицателен заряд; **III.** *n* **1.** минус; знак за изваждане; **2.** отрицателна величина.

minute₁ ['minit] **I.** *n* **1.** минута; **2.** *разг.* миг, момент; **wait a ~!** почакай за минута! **3.** *мат., астр.* минута; **II.** *v* **1.** измервам време в минути (*на състезание и пр.*); **2.** протоколирам, записвам в протокол; **to ~ down** записвам, отбелязвам.

minute₂ [ma'nju:t] *adj* **1.** съвсем малък, дребен; **2.** незначителен; **3.** най-подробен, щателен, точен (*за изследвания и пр.*).

miracle ['mirəkl] *n* **1.** чудо; **by a ~** по чудо; **2.** *лит.* = **miracle play; 3.** умно направен, остроумен, находчив; шедьовър.

mirror ['mirə] **I.** *n* **1.** огледало; огледална повърхност; **2.** *прен.* отражение; образец, модел; **II.** *v* отразявам (като огледало) (*и прен.*).

miscellaneous [,misə'leiniəs] *adj* **1.** смесен, разен, сборен, разнообразен; **~ column** *журн.* разни (обяви и съобщения); **2.** многостранен, с много качества (*за човек*).

mischief ['mistʃif] *n* **1.** пакост, вреда, поразия, повреда, разрушения; зло, злина, беда; беля; неприятност; **great ~ was wrought by the storm** бурята направи големи пакости; **2.** немирство, палавост, палавщина; **3.** *разг.* палавник, палавница, лудетина, беладжия.

miserable ['mizərəbl] *adj* **1.** отчаян, окаян, нещастен, злочест, клет; **to feel ~** потиснат съм, черно ми е пред очите; **2.** окаян; **3.** мизерен; нищожен, жалък.

miserablist ['mizərəblist] *n* човек, който обича да изпада в депресия;

любител на тъжни, мрачни мелодии.

misery ['mizəri] *n* **1.** мъка, нещастие, несгоди; **to put s.o. out of his ~** убивам някого, за да не страда, слагам край на мъките на някого; **2.** мизерия, нищета, немотия.

misfeasor [mis'fi:sə] *n* човек, злоупотребил с власт.

misfortune [mis'fɔ:tʃən] *n* нещастие, беда; лош късмет; **it is more his ~ than his fault** той е по-скоро за окайване, отколкото за укор.

mishit I. ['mis,hit] *n сп.* погрешен (неточен, несполучлив) удар; **II.** [,mis'hit] *v* правя неточен удар, давам неточен пас.

mish-mash ['miʃ,mæʃ] *n* сбирщина, безразборна смесица.

misjoinder [misdʒɔində] *n юр.* неуместно (неправилно) обединяване на двама ищци (подзащитни) в едно дело.

mislead [mis'li:d] *v* (**misled** [mis'led]) **1.** заблуждавам, въвеждам в заблуждение; **2.** измамвам.

misology [mi'sɔlədʒi] *n* ненавист към здравия разум (към разумните аргументи).

misoneism [,misouni'izəm] *n* ненавист (омраза) към новите неща.

misplay [,mis'plei] **I.** *v сп.* играя погрешно; подавам (хвърлям, ритвам) погрешно (*топката*); **II.** *n* неправилна игра (пас, подаване и пр.).

Miss *abbr* щат Мисисипи.

miss$_1$ [mis] **I.** *v* **1.** не улучвам; не постигам целта си (*и прен.*); **to ~ o.'s mark (aim)** не постигам целта си, удрям на камък; **2.** не намирам, не срещам, не заварвам (*вкъщи*); не успявам да взема, да получа, да хвана, да достигна, да задържа; **3.** изпускам (*влак и пр.*); пропускам (*удобен случай*); **II.** *n* **1.** пропуск, несполучлив удар; **a ~ is as good as a mile** неуспехът си е неуспех; **2.** *ост.* липса (**of**).

miss$_2$ **I.** *n* **1.** госпожица; **the Miss Smiths, the Misses Smith** госпожиците Смит; **2.** *пренебр.* младо момиче, неженена жена; *шег.* кукла; **II.** *v разг.* наричам, викам (*някого*) госпожица.

misshape I. [,mis'ʃeip] *v* деформирам, придавам уродлива форма на; **II.** ['mis,ʃeip] *n* нещо уродливо (деформирано).

missile ['misail] *воен.* **I.** *n* оръжие, което се хвърля или изстрелва; **guided ~** направляван снаряд (ракета); **II.** *adj* метателен.

missing ['misiŋ] *adj* **1.** липсващ, отсъстващ; изгубен; **the ~ link** липсващото звено; *биол.* хипотетичният животински вид между маймуната и човека; **2.** *воен.* (безследно) изчезнал.

mission ['miʃən] **I.** *n* **1.** мисия; делегация; пратеничество; *ам.* посолство, легация; **2.** мисия, призвание, цел; **3.** задача, поръчение, мисия; командировка; *воен., ав.* бойна задача; **to come on a special ~** идвам със специална задача (мисия); **II.** *v рядко* **1.** изпращам с мисия (задача) (*обикн. pass*); **2.** покръствам (*езичници*); **3.** *рел.* ръководя мисия.

misspelling [,mis'speliŋ] *n* правописна грешка.

misstep [,mis'step] *n* погрешна стъпка; неправилен ход; грешка.

mist [mist] **I.** *n* **1.** (лека) мъгла; **Scotch ~** шотландска мъгла, тежка мокра мъгла; ситен ръмящ дъжд; **2.** мъглявина, мъглявост, замъгленост; *прен.* воал, було, перде (*пред погледа*); **II.** *v* **1.** замъглявам (се); помрачавам се; помръквам; **the landscape is ~ing over** пейзажът потъва в мъглата; **2.** *безл.:* **it is ~ing**

роси, ръми.

mistake [mis'teik] **I.** *v* (**mistook** [mis'tuk], **mistaken** [mis'teikən]) **1.** сбърквам, бъркам; погрешно (криво) разбирам; **there is no mistaking his words** не може да има никакво съмнение относно думите му; **if I ~ not** ако не се лъжа, ако нямам грешка; **you have mistaken your man** *разг.* сбъркали сте адреса; **2.** вземам (погрешно) за; сбърквам (*някого с*); припознавам се в (**for**); **II.** *n* грешка; заблуждение, заблуда; **by ~** по погрешка, погрешно.

mistrustfulness [,mistrʌstfulnis] *n* недоверие, недоверчивост.

misty-eyed ['misti,aid] *adj* просълзен, размекнат (*прен.*), трогнат до сълзи.

misunderstand ['misʌndə'stænd] *v* (**misunderstood** ['misʌndə'dtud]) неправилно (криво, погрешно) разбирам; не разбирам.

misunderstanding ['misʌndə 'stændiŋ] *n* **1.** недоразумение; **2.** неправилно (погрешно) разбиране.

mix [miks] *v* **1.** смесвам (се), размесвам (се); примесвам, разбърквам; **to ~ a salad** правя (приготвям) салата; **2.** комбинирам, подбирам, съчетавам (се); **3.** общувам.

mixer tap ['miksə,tæp] *n* смесител (*за вода*).

mixture ['mikstʃə] *n* **1.** смесване, размесване; **2.** смес, смесица; комбинация; **3.** *фарм.* микстура, разтвор, лекарство.

mob [mɔb] **I.** *n* **1.** тълпа; сган; сбирщина, паплач; простолюдие; **~ law** законът на тълпата; саморазправа; **2.** *sl* апашка шайка (банда); **II.** *v* **1.** тълпя се, трупам се; **2.** малтретирам; нападам, нахвърлям се върху.

mob-handed ['mɔb,hændid] *adj, adv разг.* в огромна тълпа, с много хора.

mobile ['moubail] *adj* **1.** подвижен, мобилен; *прен.* лек, жив, бърз; ловък, похватен; **~ home** каравана; **2.** променлив, непостоянен.

mobile phone ['moubail,foun] *n* мобифон, клетъчен телефон.

mobilization [,moubilai'zeiʃən] *n* мобилизиране, мобилизация.

mobilize ['moubilaiz] *v* **1.** *воен. и прен.* мобилизирам (се); **2.** пускам (вкарвам) в обращение (действие); привеждам в действие (движение), активизирам (*за средства, капитали и пр.*).

mock [mɔk] **I.** *v* **1.** присмивам се на, надсмивам се, осмивам; подигравам (се) (**at**); **2.** закачам, задирям, задявам се с, дразня; **3.** осуетявам; **the river ~ed all our efforts to cross** всичките ни усилия да прекосим реката останаха напразни; **II.** *n* **1.** подигравка; насмешка; присмиване, осмиване; **2.** посмешище; **to make a ~ of s.b.** правя някого за смях; **3.** пародия; **III.** *adj* лъжлив, мним, измислен, неистинен; неверен, фалшив; **~ batle (attack)** мнима атака (за отвличане вниманието на противник).

mockery ['mɔkəri] *n* **1.** подигравка, насмешка; осмиване, присмиване; присмех; **to make a ~ of s.th.** вземам на подбив, подигравам се с, осмивам; **2.** посмешище; **3.** нещо негодно (неподходящо).

mode [moud] *n* **1.** метод, способ, начин; маниер, стил; образ; **2.** мода; **to be all the ~** по последна мода; **3.** *муз.* лад, тоналност.

model ['mɔdl] **I.** *n* **1.** модел; макет; образец, мостра; шаблон; **~ maker** моделчик; модельор; **2.** пример, еталон, образец; **3.** манекен, манекенка, модел; **II.** *adj* примерен; образцов; **~ statute** примерен устав;

III. *v* (-ll-) **1.** моделирам; придавам форма на, оформям; *тех.* формувам и формовам; **2.** създавам (правя) по образец (**after, on, upon**); **to ~ o.s. (up)on a person** имам някого за образец (пример).

moderate ['mɔdərit] **I.** *adj* **1.** умерен, с мярка; среден; сдържан, въздържан; **~ demands** скромни (умерени) искания; **2.** обикновен, посредствен; среден; **II.** *n* умерен поддръжник (привърженик); човек с умерени възгледи; **III.** *v* **1.** правя умерен (въздържан); смекчавам; намалявам; **2.** стихвам, утихвам; успокоявам се, укротявам се; **3.** председателствам на; ръководя (*събрание, разисквания и пр.*); ◇ *adv* **moderately**.

modern ['mɔdə:n] **I.** *adj* съвременен, нов; модерен; **~ school** училище, в което не се преподават класическите езици; реална гимназия; **II.** *n* съвременен човек, човек на новото време; съвременник.

modest ['mɔdist] *adj* **1.** скромен; непретенциозен; благоприличен, благоразумен; **2.** умерен; сдържан; спокоен; ◇ *adv* **modestly**.

modesty ['mɔdəsti] *n* **1.** скромност; благоприличие; **2.** умереност; сдържаност, спокойствие.

modify ['mɔdifai] *v* **1.** изменям (се), видоизменям (се), променям (се); **2.** смекчавам, намалявам; снижавам; **3.** *ез.* определям.

Mohammedan [mo'hæmidən] **I.** *adj* мохамедански; **II.** *n* мохамеданин, мохамеданка.

moist [mɔist] *adj* влажен; **~ colours** акварелни бои (*в туби*).

moisturize ['mɔistʃə,raiz] *v* хидратирам, навлажнявам (*кожата с крем*).

moisturizer ['mɔistʃə,raizə] *n* хидратантен крем.

molecule ['mɔlikju:l] *n* молекула.

molester [mɔ'lestə] *n* човек, който извършва блудство (*особ.* **child-~**).

molecularity [mou,lekju'læriti] *n* молекулярност.

mole drain ['moul,drein] *n* подводен, отводнителен канал за селскостопански земи.

mole run ['moul,rʌn] *n разг.* (*обикн. pl*) подземни противоядрени убежища.

molluse-like ['mɔlʌsk,laik] *adj* като (подобен на) мекотело.

mom [mɔm] *n ам., разг.* = **mother**.

moment ['moument] *n* **1.** момент, миг; *прен.* минута; **half a ~** минутка, секунда; **2.** *физ., тех.* момент; **3.** важност, значение.

mon [mɔn] *abbr* **1. (monetary)** монетарен; **2. (Monday)** понеделник.

monarch ['mɔna:k] *n* **1.** монарх; *прен.* владетел, властелин; **the ~ of the forest** дъбът; **2.** *зоол.* голяма оранжева и черна американска пеперуда *Danaus plexippus*.

monarchy ['mɔnəki] *n* монархия.

monasterial [,mɔnə'stiəriəl] *adj* манастирски.

monastery ['mɔnəstri] *n* (мъжки) манастир.

Monday ['mʌndi] *n* понеделник; **Black ~** 1) *рел.* понеделник на Томина неделя; 2) *sl* първият учебен ден след ваканция.

mondial ['mɔndiəl] *adj* световен.

monetarism ['mɔnitə,rizəm] *n* монетаризъм.

money ['mʌni] *n* (*pl* **moneys, monies** ['mʌniz]) **1.** пари; *прен.* богатство, състояние, капитал; **piece of ~** монета; • **~ makes (begets, draws) ~** пари при пари отиват; **2.** монета, пара; **3.** *pl ост., юрид.* средства, суми; **public ~** обществени средства.

Mongol ['mongɔl] = **Mongolian**.

mongol ['mɔŋgl] *n vulg* човек, болен от синдрома на Даун.

Mongolian [mɔŋ'gouliən] **I.** *n* **1.** монголец, монголка; **2.** монголски език; **II.** *adj* монголски.

mongolian [,mɔŋ'gouliən] *adj* страдащ от синдрома на Даун.

Mongoloid ['mɔŋgə,lɔid] *adj* монголоиден.

monitor ['mɔnitə] **I.** *n* **1.** наставник, съветник; **2.** отговорник, старши; дежурен (*при писмен изпит*); **3.** нещо, което напомня (предупреждава); **II.** *v* **1.** съветвам, наставлявам; **2.** дежуря при (*изпит*); наглеждам, контролирам; **3.** *рад.* провеждам контролни приемания.

monk [mʌŋk] *n* монах, калугер.

monkery ['mʌŋkəri] *n разг.* калугерство, монашество; калугерски (манастирски) живот.

monochromatism [,mɔnou'krou mə,tizəm] *n* монохроматизъм.

monoculture ['mɔnə,kʌltʃə] *n* монокултура; отглеждане на един тип реколта.

monodrama ['mɔnou,dra:mə] *n* монодрама, моноспектакъл.

monolatry [mɔ'nɔlətri] *n* преклонение пред едно божество.

monolingual [,mɔnou'liŋguəl] *adj* едноезичен.

mononuclear [,mɔnou'nju:kliə] *adj* едноядрен.

monophagous [mə'nɔfəgəs] *adj зоол.* който се храни само с един тип храна.

monopoly [mə'nɔpəli] *n* монопол; **to have the ~ of** (*ам.* **on**) **sth.** имам монопол върху нещо.

monotonize [mə'nɔtə,naiz] *v* монотонизирам, правя монотонен.

monotonous [mə'nɔtənəs] *adj* монотонен, еднообразен, *прен.* досаден, скучен, отегчителен; ◇ *adv* **monotonously**.

month [mʌnθ] *n* месец; **today ~** днес след (преди) един месец.

monthly ['mʌnθli] **I.** *adj* ежемесечен, месечен; **~ nurse** болногледачка при родилка; **II.** *adv* (еже)месечно, всеки месец; **III.** *n* **1.** месечно списание; **2.** *pl* менструация, мензис.

monument ['mɔnjumənt] *n* **1.** величествен паметник, монумент; **the M.** колона в Лондон, издигната в памет на големия пожар от 1666 г.; **2.** граничен (синорен) знак, пирамида; **3.** *рядко* гробница.

mood₁ [mu:d] *n* настроение; разположение; **a man of ~s** човек с (на) различни настроения.

mood₂ *n* **1.** *ез.* наклонение; **2.** *муз.* лад, тоналност.

moolah ['mu:la:] *n sl* пари, мангизи, кинти.

moon [mu:n] **I.** *n* **1.** луна; месечина; **full ~** пълнолуние; • **once in a blue ~** много рядко, сегиз-тогиз, от дъжд на вятър; **2.** *астр.* спътник, сателит, луна (*на планета*); **3.** *поет.* месец, месечина; **II.** *v* мая се, шляя се, разтакавам се (**about**); пропилявам в мечти (**away**).

moonlight ['mu:nlait] **I.** *n* лунна светлина; **in the ~, by the ~** на лунна светлина; **II.** *adj* лунен; на (по, при) лунна светлина; **~ night** лунна нощ.

moonset ['mu:n,set] *n* скриване на луната зад хоризонта.

moonshot ['mu:n,ʃɔt] *n* изстрелване на ракета към Луната.

Moor [muə] *n* **1.** мароканец; **2.** *ист.* мавър.

moper ['moupə] *n* меланхоличен (мрачен) човек.

moral ['mɔrəl] **I.** *adj* **1.** морален, етичен, нравствен; **~ philosophy** етика; **2.** морален, нематериален, духовен; **3.** явен, интуитивно възприет (доказан); **II.** *n* **1.** поука, морал; **2.** *pl* нравственост, нрави; етика; **3.** *разг.* олицетворение; голяма прилика (сходство); **the boy is the very ~ of his father** *прен.* момчето е одрало кожата на баща си.

moralizer ['mɔrə,laizə] *n* морализатор.

more [mɔ:] **I.** *adj* (*сравн. ст. от* **much** *и* **many**) **1.** повече; още; над определен брой; **he has ~ ability than his colleagues** той е още по-способен от колегите си; **2.** добавъчен, допълнителен; **II.** *adv* **1.** повече; **and ~** все повече и повече; **2.** по-: *служи за образуване на сравнителна степен на многосричните прилагателни и наречия:* **~ beautiful** по-красив; **3.** още; • **he only does the ~ harm** той нанася повече вреда (отколкото помага); **III.** *n* **1.** по-голямо количество, повече; **what is ~** и при това, още повече; **2.** по-голям по ранг и пр.

moreish ['mɔ:riʃ] *adj разг.* вкусен; от който ти се прияжда още повече; апетитен.

morning ['mɔ:niŋ] *n* **1.** сутрин, утрин, утро; зора; заря; **good ~** добро утро! добър ден! (*до обед*); **2.** *attr* сутрешен, сутринен, утринен.

mornings ['mɔ:niŋz] *adv разг.* сутрин.

morpheme ['mɔfi:m] *n ез.* морфема.

morphinism ['mɔ:fi,nizəm] *n* морфинизъм, пристрастеност към морфин.

mortal [mɔ:tl] **I.** *adj* **1.** смъртен; тленен; **~ remains** тленни останки; **2.** смъртоносен; смъртен; **3.** *за засилване*: **not a ~ man** никой, (ни) жива душа; **II.** *n* смъртен, простосмъртен, човек; **III.** *adv диал.* ужасно, страхотно.

mortality [mɔ:'tæliti] *n* **1.** смъртност; брой (процент) на смъртните случаи; **infant ~** детска смъртност; **2.** смъртност, тленност; **3.** *разг.* хора, човечество, смъртните.

mortar₁ ['mɔ:tə] *n* **1.** хаван; **2.** *воен.* мортира, минохвъргачка; **3.** *рядко* катапулт.

mortar₂ **I.** *n* хоросан; **II.** *v* измазвам (зидам) с хоросан.

mortgage ['mɔ:gidʒ] **I.** *n* ипотека; залог; **loan on ~** ипотечен заем; **II.** *v* ипотекирам; залагам; **to ~ o.'s reputation** залагам (рискувам) реномето си.

mortifying ['mɔ:tifaiiŋ] *adj* смущаващ; от който се срамуваш; неловък; ◇ *adv* **mortifyingly**.

mosaic [mɔ'zeiik] **I.** *n* **1.** *изк.* мозайка, мозаична творба; **2.** *прен.* потпури; сбирка; **3.** *attr* мозаичен (*и прен.*); от (за) мозайка; **~ gold** имитация на злато, калаен сулфид; **II.** *v* правя посредством (с) мозайка; украсявам с мозайка.

mosh pit ['mɔʃ,pit] *n разг.* мястото, непосредствено пред концертния подиум, където най-ентусиазираните от публиката танцуват в екстаз.

Moslem ['mɔzlem] **I.** *adj* мюсюлмански, мохамедански; **II.** *n* мюсюлманин, мюсюлманка, мохамеданин, мохамеданка.

mosque [mɔsk] *n* джамия.

mosquito [məs'kitou] *n* комар; **~ net** мрежа срещу комари.

moss [mɔs] **I.** *n* мъх; **a rolling stone gathers no ~** търкалян камък мъх не събира; **II.** *v* покривам с мъх.

most [moust] **I.** *adj* (*превъзх. степен от* **much** *и* **many**); най-много, най-голям; **~ and least** *поет.* без изключение; **II.** *n* най-голямо количество (величина, брой, степен); **to make the ~ of** 1) използвам по най-добрия възможен начин; 2) прехвалвам; **III.** *adv* **1.** най-вече, най-много, в най-голяма степен; **2.** най-: *служи за образуване на превъзходна степен на многосричните прилагателни и наречия*; ~ **beautiful(ly)** най-красив(о); **3.** (*съкр. от* **almost**) *ам.* почти.

mostly ['moustli] *adv* в по-голямата си част, главно; в повечето случаи, обикновено.

motel [mou'tel] *n ам.* мотел.

moth [mɔθ] *n* **1.** молец; **2.** нощна пеперуда.

mother₁ ['mʌðə] **I.** *n* **1.** майка; мама; ~ **to be** бъдеща майка, бременна, която очаква първата си рожба; • **like ~, like child (son, daughter)** крушата не пада далеч от дървото; **Mother of God = Virgin Mary** Богородица; **M. Bunch** врачка; **M. Hubbard** дълга женска рокля; **M. Carey's chicken** *мор.* буревестник (*птица*); **M. Carey's goose** *мор.* голям буревестник; **2.** възрастна жена; баба (*като обръщение*); **M. Superior** майка игуменка; **3.** *прен.* начало, произход, първоизточник, източник; **II.** *v* **1.** отнасям се майчински към, третирам като майка; **2.** майка съм на; създавам, сътворявам; **3.** осиновявам.

mother₂ *n* пяна (слой), образувана при превръщането на вино в оцет; *и* ~ **vinegar**.

mother-in-law ['mʌðərin,lɔ:] *n* **1.** тъща; **2.** свекърва.

motion ['mouʃən] **I.** *n* **1.** движение; ход; **to put (set) in ~** пускам в движение; **2.** жест, жестикулация; **3.** перисталтика на червата; *pl* екскременти; • **to go through the ~s** преструвам се, давам си вид, правя се на; **II.** *v* давам (правя) знак (на), махам (на); **she ~ed him to a chair** тя му кимна (даде знак) да седне на стола.

motive ['moutiv] **I.** *n* повод, мотив; подбуда; **from political ~ s** по политически причини (съображения); **II.** *adj* движещ, двигателен.

motley ['mɔtli] **I.** *adj* **1.** пъстър, разноцветен; шарен; **2.** разнороден; **3.** облечен в пъстро облекло; **II.** *n* **1.** смесица; пъстрота; **2.** *ист.* пъстър костюм на шут; **to wear the ~** шут съм.

motocross ['moutə,krɔs] *n* мотокрос.

motor ['moutə] **I.** *n* **1.** мотор, двигател; ~ **board** хоризонтален диск (*на грамофон*); **2.** автомобил; **3.** *анат.* двигателен (моторен) мускул (нерв); **II.** *v* пътувам (отивам) с автомобил; карам автомобил; вземам (закарвам) с автомобил.

motorboat ['moutə,bout] *n* моторна лодка.

motorcycle ['moutə,saikl] *n* мотоциклет, мотоцикъл; моторетка; ~ **with sidecar** мотоциклет с кош.

motto ['mɔtou] *n* девиз, лозунг, мото.

mould-breaking ['mould,breikiŋ] *adj* новаторски; който излиза от нормите (разчупва стереотипа).

mount₁ [maund] *n* **1.** планина; хълм, възвишение, височина; **2.** *често в имена на планини, върхове, напр.* **Mount Everest** Монт Еверест; **3.** хълм в основата на пръста (*на дланта*).

mount₂ **I.** *v* **1.** качвам (се), изкачвам, покачвам; яхам, възсядам; **to ~ the stairs** изкачвам стъпала; **2.** увеличавам се; повишавам се, качвам се (*и за цени*); натрупвам се (**up**); издигам се (*по чин, положение, сила*); **3.** слагам, нагласям, поставям; насновавам (*стан*); **II.** *n* **1.** оседлан кон (магаре и под.); **2.** обездка (*при състезание*); **3.** картон за фон на картина; плат, платно, основа за подлепване.

mountain ['mauntin] *n* **1.** планина; **2.** *прен.* куп, огромно количество; **rolling ~s** огромни вълни; **3.** *attr* планински.

mountaineer [,maunti'niə] **I.** *n* **1.** планинец, планински жител; **2.** планинар, алпинист; **II.** *v* катеря се по планините, занимавам се с алпинизъм.

mountaineering [,maunti'niəriŋ] *n* алпинизъм.

mountainside ['mauntin,said] *n* склон на планина.

mourn [mɔ:n] *v* **1.** тъгувам, скърбя, жалея (**for, over**); **2.** оплаквам; **to ~ the loss of o.'s mother** оплаквам загубата на майка си.

mourning ['mɔ:niŋ] *n* **1.** скърб; плач, ридание, оплакване; **2.** траур; **to go into ~** слагам (обличам се в) траур; **3.** *attr* траурен.

mouse [maus] **I.** *n* (*pl* **mice**) **1.** мишка; **a game of cat and ~** играя си на котка и мишка; **2.** *прен.* тих, плах, боязлив човек; **3.** *комп.* мишка; **II.** *v* **1.** ловя мишки; **2.** дебна, следя.

moustache [məs'ta:ʃ] *n* мустак; **old ~** *прен.* ветеран, стар войник.

moustachioed [mə'stæʃioud] *adj* мустакат.

mouth [mauθ] *n* (*pl* **mouths**) уста; **by ~ (by word of ~)** устно.

move [mu:v] *v* **1.** местя (се), премествам (се); **to ~ a piece** местя (*пул, фигура*); **2.** движа се, раздвижвам (се); въртя (се); размърдвам (се); **3.** раздвижвам (се), активизирам (се), действам, карам, подтиквам към.

movement ['mu:vmənt] *n* **1.** движение, движене; *воен.* придвижване; ход, действие; **2.** движение, брожение, вълнение; **in the ~** в хармония с времето; **3.** оживеност, раздвижване, дейност; *pl* действия; порив.

movie ['mu:vi] *n ам., разг.* **1.** филм; **2.** *pl* кино.

mow$_1$ [mou] *n* купа (*сено и пр.*); **~ burnt** спарен (*в купа*).

mow$_2$ *v* (**mowed: mowed, mown** [moun]) кося, покосявам (*и прен.*); **to ~ down** окосявам, покосявам (*и прен.*).

mow$_3$ **I.** *n* **mops and ~s** жестове и гримаси; **II.** *v* правя гримаси, гримаснича.

moxie ['mɔksi] *n sl ам.* кураж, смелост, хъс.

mozzarella [,mɔtsə'relə] *n* моцарела (*вид бяло италианско сирене*).

MP ['em'pi:] *abbr* (**Member of Parliament**) член на парламента, депутат.

Mph ['em'pi'eitʃ] *abbr* (**Master of Philosophy**) магистър по философия.

mph *abbr* (**miles per hour**) мили в час.

Mr ['mistə] *съкр. от* **mister**, господин.

Mrs ['misiz] *съкр. от* **mistress**, госпожа.

much [mʌtʃ] **I.** *adv* (**more, most** [mo:, moust]) **1.** много; **how ~?** колко? **2.** (*при сравн. ст.*) много, значително; **3.** приблизително, горе-долу; **II.** *adj* (**more, most**) много; **~ trouble** голямо безпокойство; **III.** *n* голямо количество, много; **to gain ~** печеля много; • **I thought as ~** така си и мислех.

much-maligned ['mʌtʃmə,laind] *adj* оплюван, критикуван (*често недотам заслужено*).

much-travelled ['mʌtʃ,trævəld] *adj* който е пътешествал много.

mud [mʌd] *n* **1.** кал; тиня (*и* **river-~**); **2.** мръсотия.

mudguard ['mʌdga:d] *n авт.* калник.

mudslide ['mʌd,slaid] *n* свличане на огромна маса кал.

muffler ['mʌflə] *n* **1.** шал (*за врат*); **2.** *авт., тех.* заглушител; **3.** *муз.* сурдинка; ляв педал на пиано.

mug₁ [mʌg] *n* **1.** чаша, канче; халба; **2.** сребърна чаша; **3.** разхладително питие.

mug₂ *sl* **I.** *n* **1.** лице, сурат; **2.** муцунка, уста; **3.** отличителни белези (*на осъждан престъпник*); **II.** *v* (**-gg-**) **1.** снимам (*престъпник*) за полицейски архив; **~ shot** снимка в полицията на заподозрени или обвинени лица; **2.** гримасничa; **3.** нападам откъм гърба (в гръб) с цел грабеж.

mug₃ *n sl* балама, жертва; аджамия, новак, лош играч, новобранец; • **a ~'s game** *разг.* недоходна работа, която не носи удовлетворение.

mug₄ **I.** *v sl* зубря, кълва; **to ~ (at) a subject (to ~ up a subject)** назубрям, накълвавам; **II.** *n* кълвач, зубрач.

mulberry ['mʌlbəri] *n* **1.** *бот.* черница, сем. *Moraceae*; **2.** бобонка, черница (*плод*).

mule₁ [mju:l] *n* **1.** катър; муле; **2.** хибрид; **~ canary** кръстосана порода от канарче и сипка и пр.; **3.** *sl* инат (човек).

mule₂ *n* домашен пантоф; чехъл без пета (ток).

mule₃ *v* **1.** мяукам; **2.** писукам.

multeity [mʌl'ti:ti] *n* многообразност, многостранност.

multiplication [,mʌltipli'keiʃən] *n* **1.** *мат.* умножение; **~ table** таблицата за умножение; **2.** *рядко* размножаване.

multiply ['mʌltiplai] *v* **1.** увеличавам (се), умножавам (се); **2.** *мат.* умножавам; **3.** размножавам (се), развъждам (се).

multiracial [,mʌlti'reiʃəl] *adj* многорасов.

mummy₁ ['mʌmi] *n* **1.** мумия; **2.** старо, сбръчкано същество; **3.** безформена маса; **to beat (smash) to a ~** правя на каша, обезформям.

mummy₂ *n дет.* мама.

mumps [mʌmps] *n pl* (= *sing*); **1.** *мед.* заушки; **2.** лошо настроение, изпадане в лошо настроение.

munchies ['mʌntʃiz] *n sl* **1.: the ~** глад, предизвикан от алкохол или наркотици; **2.** храна, ядене.

municipal [mju:'nisipl] *adj* **1.** градски, общински; комунален; **~ undertakings** комунални услуги; **2.** самоуправляващ се; муниципален.

municipality [mju:,nisi'pæliti] *n* **1.** градска община; **2.** град със самоуправление; **3.** общински съвет.

murder ['mə:də] **I.** *n* убийство (*предумишлено*); **judicial ~** юридическо убийство; съдебна грешка; • **like blue ~** с всички сили, през глава; **II.** *v* **1.** убивам; коля, заколвам; унищожавам; **2.** *прен.* развалям, кепазя.

murderer ['mə:dərə] *n* убиец.

murderess ['mə:dəris] *n* убийца.

muscle [mʌsl] **I.** *n* **1.** мускул; **2.** *прен.* сила; **a man of ~** силен човек; **II.** *v ам., разг.* пробивам си път със сила; **to ~ in** *sl* нахълтвам със сила.

muscleman ['mʌsəl,mæn] *n* **1.** як мускулест човек, здравеняк; **2.** бияч, "горила".

museology [,mju:zi'ɔlədʒi] *n* музейно дело.

museum [mju:'ziəm] *n* музей; **a ~ piece** антика, рядкост.

mushroom ['mʌʃrum] **I.** *n* **1.** гъба; **~ growth** бърз растеж, развитие; **2.** нещо във форма на гъба; **3.** парвеню; бързо издигнал се човек (институт и пр.); **II.** *v* **1.** събирам гъби (*обикн.* **to go ~ing**); **2.** имам форма на гъба; **3.** раста, никна бързо като гъба.

music ['mju:zik] *n* **1.** музика; **rough ~** викове, шум; **2.** ноти; **3.** *ост.* хор; духова музика; оркестър; • **to face the ~** 1) посрещам без страх (трудност); излизам срещу критиците; 2) поемам отговорността и последствията (*за нещо*).

musical ['mju:zikəl] **I.** *adj* **1.** музикален; **~ ride** езда под съпровод на музика (*в цирк*); **2.** мелодичен, приятен; ◇ *adv* **musically**; **II.** *n* музикална комедия, оперета.

musician [mju:'ziʃən] *n* **1.** музикант, музикален изпълнител; **2.** композитор.

must$_1$ [mʌst] (*пълна форма*); [məst] (*редуцирана форма*) **I.** *modal v* **1.** *задължение*: трябва; **I ~ go and see him** трябва да отида да го видя; **2.** *необходимост*: **one ~ eat to live** човек трябва да яде, за да живее; **3.** *увереност, очевидност, вероятност*: **one ~ be crazy to talk so** трябва да си луд, за да говориш така; **II.** *adj* необходим, задължителен; **a ~ item** необходима точка (пункт); **III.** *n* нещо крайно необходимо; **this rule is a ~** това правило е задължително.

must$_2$ *n* мухъл, плесен.

must$_3$ *n* шира, мъст.

must$_4$ *англоинд.* **I.** *adj* побеснял, пощръклял (*обикн. за слон или камила през размножителния период*); **II.** *n* **1.** пощръклялост (*за слон, камила*); **2.** слон в такова състояние.

mustard$_1$ ['mʌstə:d] *n* **1.** синап; **~ and cress** салата от току-що покълнал синап и кресон; **2.** горчица; **3.** *sl ам.* пикантерия; интересен човек; • **all to the ~** както трябва.

mustard$_2$ *adj* жълтеникавокафяв.

mute$_1$ [mju:t] **I.** *adj* **1.** ням; **2.** мълчалив, безмълвен; безгласен; неразговорлив; **3.** *юрид.*: **to stand ~ of malice** отказвам да говоря (*пред съда*); **II.** *n* **1.** ням човек (*особ.* **deaf ~** глухоням); **2.** *театр.* фигурант, статист; **3.** *ез.* беззвучна съгласна; буква, която не се произнася; **III.** *v* **1.** слагам сурдинка; **2.** : **with ~ strings** под сурдинка.

mute$_2$ *v ост.* цвъкам (*за птици*).

mutiny ['mju:tini] **I.** *n* метеж, бунт (*особ. воен.*); **II.** *v* (раз)бунтувам се (**against**).

mutton [mʌtn] *n* **1.** овнешко месо; **2.** *ост.* овца; • **to return to our ~s** да си дойдем на думата, да се върнем на въпроса.

mutual ['mju:tjuəl] *adj* **1.** взаимен; **~ relations** взаимоотношения; **2.** *непр.* общ, съвместен.

muzzle [mʌzl] **I.** *n* **1.** муцуна, зурла (*на животно*); **2.** намордник; **3.** дуло; **~ velocity** дулова скорост (*на снаряд*); **II.** *v* **1.** слагам намордник на; **2.** *прен.* заставям (някого) да мълчи, запушвам устата на.

my [mai] *pron poss attr* мой, моя, мое, мой; • **My! Oh, ~! ~ goodness!** Боже мой!

myself [mai'self] *pron* **1.** *refl* себе си; **I have hurt ~** нараних се; **2.** *за усилване*: аз самият; • **I am not ~ today** не съм на себе си днес.

mysterious [mis'tiəriəs] *adj* тайнствен, загадъчен, мистериозен; ◇ *adv* **mysteriously**.

mystery$_1$ ['mistəri] *n* **1.** мистерия, тайна; **to make a ~ of** крия, правя мистерия от; **2.** *рел.* тайнство; **3.** *ист.* мистерия (*драма; и* **mystery-play**).

mystery$_2$ *n* **1.** занаят; **2.** еснаф, гилдия.

myth [miθ] *n* **1.** мит; **2.** *прен.* измислица.

N

N, n [en] (*pl* **N's, Ns** [enz]) *n* **1.** буквата N; **2.** *мат.* неопределена величина; **to the n-th power** до ента степен, до безкрайност; **3.** *печ.* = **en**.

nail [neil] **I.** *n* **1.** нокът; **to fight (oppose) s.th tooth and ~** боря се със зъби и нокти; **2.** пирон, гвоздей; **3.** твърд, остър израстък (*на човката на патица*); • **a ~ in o.'s coffin** нещо, което скъсява живота; което довежда до провал; **II.** *v* **1.** кова, заковавам; забивам пирон (гвоздей) в; **2.** подковавам; **3.** приковавам (*внимание*).

naked ['neikid] *adj* **1.** гол; **to strip ~** събличам (гол); **2.** *зоол., бот.* гол, непокрит; без черупка, мъх и под. (*за семена, животни*); **3.** *ел.* гол, непокрит, неизолиран.

name [neim] **I.** *n* **1.** име; **2.** наименование, название, обозначение; **3.** *ез.* съществително име; • **not a penny to o.'s ~** без грош; **II.** *v* **1.** именувам, назовавам, наименувам, слагам име, кръщавам; **to ~ after** кръщавам на; **2.** наричам, назовавам по име; изброявам по имена; посочвам, цитирам за пример; (*и* **to ~ names**); **3.** избирам, определям, посочвам; *ам.* назначавам; **III.** *adj* известен, популярен; **a ~ brand** известна марка.

namely ['neimli] *adv* а именно, и то.

nap₁ [næp] **I.** *n* дрямка; **to have (take) a ~** дремвам; **II.** *v* (**-pp-**) дремвам; **to be caught ~ping** изненадан съм, хващат ме неочаквано в неудобно положение.

nap₂ **I.** *n* мъх, мъхнатост (*обикн. за вълнен плат*); **II.** *v* развлачвам, ратинирам, кардирам (*сукно, плат*).

nap₃ *n* вид игра на карти; **to go ~ping on** *прен.* залагам си името, уверен съм в.

napkin ['næpkin] *n* **1.** салфетка; (*и* **table ~**); **2.** пелена; **3.** *шотл.* носна кърпа.

narrow ['nærou] **I.** *adj* **1.** тесен; **~ gauge (railway)** теснолинейка; **2.** едва, с мъка постигнат; **3.** щателен, точен, подробен; строг; **II.** *n* тесен канал; пролом; проход; *обикн. pl* **the N.s** Проливите (Дарданели); **III.** *v* **1.** стеснявам (се); **2.** ограничавам; **to ~ an argument down** ограничавам в (стеснявам до) една или няколко основни точки; **3.** ограничавам; стеснявам кръгозора на; правя тесногръд.

narrowly ['nærouli] *adv* **1.** едва, насмалко, безмалко, едва не; **2.** точно, подробно; **3.** втренчено, изпитателно, напрегнато, внимателно.

narrow-minded ['nærou'maindid] *adj* тесногръд, ограничен.

nasal ['neizəl] **I.** *adj* **1.** носов, назален; **2.** гъгнив; **II.** *n ез.* назал, носов (назален) звук.

nascency ['næsənsi] *n* зараждане, възникване.

nation ['neiʃən] *n* **1.** нация, народ; **law of ~s** международно право; **2.** *pl библ.* езичници, неевреи.

nasty ['næsti] **I.** *adj* **1.** противен, неприятен; **to leave a ~ taste in the mouth** оставям неприятен вкус в устата; **2.** лош, мръсен, неприятен (*за време*); **a ~ sea** бурно море; **3.** неприличен, непристоен, мръсен; • **a ~ one** *разг.* силен удар; хаплива забележка; **a ~ piece of work** *разг.* гадняр; **II.** *n pl* гадняри, злодеи.

natal [neitl] *adj* отнасящ се до раждане; родов; рожден; **o.'s ~ day**

превз. рожден ден; **ante-~ (post-~) development** преди/следродово развитие; **~ place** родно място.

natch [nætʃ] *adv* естествено, сигурно, очевидно.

national ['næʃnəl] **I.** *adj* национален, народен, народностен; **~ anthem** национален химн; **N Assembly** народно събрание; **II.** *n* поданик, гражданин (*на съответна държава*); **enemy ~s** гражданин на неприятелска страна.

nationality [,næʃə'næliti] *n* **1.** националност, народност; национална принадлежност; **2.** национално единство; **3.** нация, народ.

nationhood ['neiʃənhud] *n* статут на нация.

nation-wide ['neiʃən,waid] **I.** *adj* общонароден, повсеместен; **II.** *adv* повсеместно.

native ['neitiv] **I.** *n* **1.** местен жител; **2.** туземец; **3.** местно растение; **II.** *adj* **1.** ро̀ден; **o.'s ~ land** родина, отечество; **2.** местен, нативен, туземен; **~ customs** местни обичаи; **3.** природен, вроден; присъщ.

natter ['nætə] **I.** *v* **1.** мърморя, оплаквам се; **2.** бъбря, лафя; **II.** *n* клюкарстване; лаф.

natty ['næti] *adj* **1.** *разг.* спретнат, стегнат, чист, гиздав; **2.** бърз, ловък.

natural ['nætʃərəl] **I.** *adj* **1.** естествен, природен, натурален; **~ selection** естествен подбор; **2.** естествен, истински, верен; **3.** вроден, присъщ; **II.** *n* **1.** идиот; **2.** *муз.* основен тон; бекар; **3.** *ам., разг.* надарен човек, талант.

naturalize ['nætʃrəlaiz] *v* **1.** натурализирам (*за чужденец*); **2.** аклиматизирам (се) (*за растение, животно*); **3.** *ез.* въвеждам, усвоявам (*нови думи*).

naturally ['nætʃrəli] *adv* **1.** естествено; **2.** по природа; **3.** леко, свободно.

nature ['neitʃə] *n* **1.** природа, натура; **to pay o.'s debt to ~** умирам; **one of N.'s noblemen** прост, но благороден по душа човек; **2.** естество, същност, натура, характер; темперамент, нрав; **3.** физически нужди, функции; организъм.

naughty ['nɔ:ti] *adj* **1.** непослушен, немирен, невъзпитан, лош (*за дете*); **2.** леко неприличен, непристоен, нереден.

nausea ['nɔ:ʃjə] *n* **1.** повдигане, гадене; повръщане; морска болест; **2.** *прен.* отвращение, погнуса.

naval ['neivəl] *adj* военноморски, флотски; **~ officer** морски офицер.

navel [neivl] *n* **1.** *анат.* пъп; **2.** *прен.* център, средище; • **to gaze at (contemplate) o.'s ~** мисля само за себе си.

navel orange ['neivl'ɔrindʒ] *n* вид портокал без семки.

navigable ['nævigəbl] *adj* **1.** плавателен (*за река*); **2.** годен за плаване (*за кораб*); **a ship in ~ condition** кораб, годен за плаване; **3.** управляем, направляем (*за балон и пр.*).

navigate ['nævigeit] *v* **1.** управлявам, карам, пилотирам (*кораб, самолет*); **2.** плувам (*за или на кораб и под.*); пътувам по вода; летя; нося се по (*вода, въздух*); **3.** провеждам, прокарвам (*мероприятие*); промъквам се през; **to ~ a bill through Parliament** прокарвам (пробутвам) законопроект в парламента.

navigation [,nævi'geiʃən] *n* **1.** корабоплаване, мореплаване, плаване, навигация; **high-seas ~** далечно плаване, плаване в открито море; **2.** навигация, пътуване (минаване) на кораби; **3.** навигация (*като наука*).

navy ['neivi] *n* **1.** военен флот, военноморски сили; **2.** *ист.* флота;

3. Министерство на военноморските сили; **Secretary for the ~** *ам.* министър на военноморските сили.

navy blue ['neivi'blu:] *adj, n* тъмносин (цвят).

Nazarene [,næzə'ri:n] *n* **1.** назаретянин, назарянин; **2.** *ист.* християнин, последовател на Христа; **3.** назорей.

nazi ['na:tsi] **I.** *n* нацист, фашист; **II.** *adj* нацистки, фашистки.

Nazism ['na:tsizm] *n* нацизъм, фашизъм.

neanderthal [ni'ændəta:l, -θɔ:l] **I.** *n* **1.** **(N)** неандерталец; **2.** *прен.* груб, недодялан човек; **II.** *adj* **1.** **(N)** неандерталски; **2.** груб, недодялан.

neap [ni:p] **I.** *adj* най-нисък, квадратурен (*за прилив*); **II.** *n* най-ниско ниво на прилив; **III.** *v* **1.** спада (*за прилив*); в най-ниския прилив е (*за море*); **2.** *обикн. pass* спирам поради нисък прилив (*за кораб*); не мога да отплавам поради ниското ниво на водата.

near [niə] **I.** *adv* **1.** близко, наблизко, наблизо; **to come (draw) ~** приближавам се, наближавам **(to)**; **2.** *мор.* към вятъра, в посока на вятъра; **3.** *разг.* икономично, пестеливо; **II.** *prep* **1.** близо до, до; в съседство с; **2.** към (*за време*) **it is ~ 12 o'clock** към 12 часа е; **3.** на прага на, почти до; **III.** *adj* **1.** близък (*по място и време*); **to get a ~er view of s.th** разглеждам нещо по-отблизо; **2.** кратък, къс (*за път*); **3.** близък, интимен; **those ~ and dear to us** тези, които ни са близки и скъпи.

near(-)by ['niə'bai] **I.** *adv* наблизо; **II.** *prep* (близо) до, в съседство с; **III.** *adj особ. ам.* съседен.

nearly ['niəli] *adv* **1.** почти, токуречи, приблизително; едва не; **pretty ~ equal** почти (приблизително) равни; **2.** близко; интимно; тясно.

nearsighted, near-sighted ['niə 'saitid] *adj* късоглед.

neat[1] [ni:t] *adj* **1.** спретнат, чист, стегнат (*за облекло, фигура и пр.*); спретнат, подреден (*за стая, маса, вещи*); кокетен, гиздав (*за къща и пр.*); **to be ~ in o.'s person** винаги съм спретнат; **2.** елегантен, добре оформен, строен, изящен; **3.** хубав, красив, ясен, четлив, чист (*за почерк*).

neat[2] *ост.* **I.** *n* (*pl без изменение*) **1.** говедо; вол, крава, бик; **2.** *събир.* едър рогат добитък, говеда; **II.** *adj* говежди, волски; **~ cattle** едър рогат добитък, говеда.

necessary ['nesisəri] **I.** *adj* **1.** необходим, нужен **(to, for)**; **it is ~ for him to** необходимо е (нужно е) той да, той трябва да; **2.** неизбежен; сигурен (*за резултат и пр.*); логичен (*за заключение*); • **a ~ house** *ост.* клозет, нужник; **II.** *n* **1.** *обикн. pl* (жизнена) необходимост, нужда; предмет от първа необходимост; **the barest necessaries** само най-необходимото; **travel necessaries** пътнически принадлежности; **2.** *юрид.* издръжка (*на малолетен, съпруга и пр.*); **3.** *sl* пари, пара; необходимото; **to do the ~** правя необходимото; плащам (давам) парата.

necessity [ni'sesiti] *n* **1.** необходимост, потребност, нужда; принуда, принуждение; **by (from, out of) ~** по необходимост, по принуда; **2.** *често pl* нещо необходимо, потребност, предмет от първа необходимост, жизнена необходимост; **3.** нужда, бедност, нищета, мизерия.

neck[1] [nek] **I.** *n* **1.** врат, шия; **a stiff ~** схванат врат (*от настинка*); *прен.* инат, упорство; • **shot in the ~** *ам. sl* пийнал; **to breathe down s.o.'s ~** дишам във врата на някого, притеснявам някого; **2.** вратна извивка, деколте; **3.** гърло, шия, отвор (*на бутилка*); **II.** *v* **1.** *ам. sl* флиртувам; прегръщам, галя, милвам, целувам; **2.** *sl* пия, смуча (*алкохол*); **3.** *тех.* свивам, стеснявам, образувам шийка.

neck₂ *n* последен сноп от жетвата.

necklace ['neklis] **I.** *n* гердан, огърлица, колие; **II.** *v* убивам някого като подпалвам напоена с бензин гума около врата му.

neck-piece ['nekpi:s] *n* **1.** яка; **2.** част от рицарска броня, която покрива врата и раменете.

necktie ['nektai] *n* вратовръзка; **a made-up ~** връзка с готов, вързан възел.

necrolatry [nek'rɔlətri] *n* почитане на мъртвите; култ към мъртвите, некролатрия.

necromancy ['nekrə,mænsi] *n* **1.** магия; некромантия; **2.** *ист.* черна магия.

need [ni:d] **I.** *n* **1.** нужда, потребност, необходимост; **to be(stand) in ~ of, to have ~ of** нуждая се от; **2.** нужда, липса; бедност, нищета; трудност, затруднение; беда; **II.** *v* **1.** нуждая се от, имам нужда от, трябва ми, нужен ми е, необходим ми е; **this will ~ some explanation** това ще трябва да се обясни; **2.** *рядко* в нужда съм, бедствам; **3.** *като модален глагол* трябва, нужно е, необходимо е, длъжен съм.

needle ['ni:dle] **I.** *n* **1.** игла, игличка; игла, кука (*за плетене*); игла (*за грамофон, спринцовка и пр.*); **as sharp as a ~** умен, прозорлив; **2.** стрелка (*на компас*); **3.** обелиск; **II.** *v ост., рядко* **1.** шия, бода; **2.** пробивам си път през, провирам се през (*и* **to ~ o.'s way through**); **3.** *мед.* правя операция на катаракта.

needlework ['ni:dlwək] *n* шев, бродерия; ръкоделие (и като учебен предмет).

negative ['negətiv] **I.** *adj* **1.** негативен, отрицателен (*и ел., мат., физ.*); **a ~ sign** *мат.* отрицателен знак, минус; **2.** неположителен; който се проявява чрез липсата на положителни качества; **3.** *фот.* негативен; **II.** *n* **1.** отрицание; отказ; право на вето; **to answer in the ~, to return ~** отговарям отрицателно, отказвам; **2.** *ез.* отрицание, отрицателна частица; **3.** *мат.* отрицателна величина; **III.** *v* **1.** отказвам (на), отхвърлям; не одобрявам; налагам вето на; **2.** отричам, опровергавам; **3.** неутрализирам (*въздействие*); преча на; правя безполезен.

neglect [ni'glekt] **I.** *v* **1.** пренебрегвам, занемарявам, изоставям, не обръщам внимание на, не се грижа за, нехая за; **2.** пропускам, забравям (**to** *с inf*); **II.** *n* **1.** пренебрегване; занемаряване; изоставяне; липса на грижи (внимание); небрежност, невнимание; немарливост; неизпълнение; **out of (from) ~** от небрежност; **2.** занемареност, изоставеност, запуснатост.

negligence ['neglidʒəns] *n* **1.** небрежност, безгрижие; безразличие, нехайство, равнодушие; неизпълнение (*на задължение*); **culpable ~** *юрид.* престъпно нехайство; **2.** занемареност; безредие, безпорядък; **3.** пропуск, опущение.

negotiate [ni'gouʃieit] *v* **1.** уговарям; уреждам (*сделка и пр.*); договарям се, споразумявам се (**with**); **to ~ a loan** уреждам заем; **2.** водя преговори, преговарям (**with**) (*особено за мир*); **3.** разменям, обменям, получавам пари срещу (*чек, полица*).

negotiation [ni,gouʃi'eiʃn] *n* **1.** уговаряне; уреждане, договаряне; **under ~** в процес на уговаряне (уреждане); **2.** *pl* преговори (*за мир и пр.*); **3.** преодоляване.

Negress, negress ['ni:gris] *n* негърка.

negritude ['negritju:d] *n* **1.** гордост от принадлежността към негроидната раса; **2.** гордост от културното наследство на негрите.

Negro, negro ['ni:grou] **I.** *n* (*pl* **-es**) негър; **II.** *adj* негърски; **the ~ States** *ам.* Южните щати; **~ ant (bat, monkey)** черна мравка (прилеп, маймуна).

neigh [nei] **I.** *v* цвиля; **II.** *n* цвилене.

neighbour ['neibə] **I.** *n* **1.** съсед, -ка; **2.** предмет, съседен на друг; **the house and its ~s** къщата и тези около нея; **3.** ближен; **II.** *v рядко* гранича (**upon c**).

neighbourhood ['neibəhud] *n* **1.** съседство; близост; околности; **in the ~ of** 1) около, близо до, в съседство с, край; 2) около, приблизително; **2.** квартал, махала; област, местност; район; **3.** *ост.* (добро)съседски отношения.

neighbouring ['neibəriŋ] *adj* съседен, близък.

neither ['naiðə, am. ni:ðə] **I.** *pron* нито единият, нито другият; нито един от двамата (двете); **~ offer was accepted** нито едното, нито другото предложение не бе прието; **II.** *adv conj* **1.** : **~... nor** ни(то)... ни(то); **2.** нито пък, и ... не.

nenuphar ['nenjufa:] *n* водна лилия.

neologist [ni:'ɔlədʒist] *n* **1.** човек, който обича да употребява и създава неологизми; **2.** новатор в религията.

neon ['ni:ɔn] **I.** *n хим.* неон; **II.** *adj* неонов, флуоресцентен.

neophobia [,ni:ou'foubiə] *n* патологичен страх от нови неща, неофобия.

neophyte ['ni:oufait] *n* **1.** неофит, новопокръстен; **2.** послушник, послушница; **3.** новак.

neoplasm ['ni:o,plæzm] *n мед.* новообразувание, тумор.

neoteric [,ni:ou'terik] **I.** *adj* нов, модерен, моден; наскоро открит (измислен); **II.** *n* модерен човек; човек, който приема новото.

Nepa(u)l [ni'pɔ:l] *n* Непал.

nephew ['nevju:, *ам.* 'nefju:] *n* **1.** племенник, братанец, сестриник; **2.** *ост.* внук; братовчед; **3.** *ост. евфем.* незаконороден син (*особ. на папа*).

nepotism [nepə'tizəm] *n* непотизъм, семейственост, служебно покровителстване на роднини и близки; *ист.* облагодетелстване на незаконните синове на папите.

nerve [nə:v] **I.** *n* **1.** нерв; *pl* нерви, нервна система; нервност, нервно състояние; истерия; **a ~ specialist** невролог, специалист по неврология; **2.** хладнокръвие, самообладание; *разг.* нахалство, дързост; **3.** *ост.* сила, мъжество; **II.** *v* давам сила (кураж) на; ободрявам, окуражавам; **to ~ oneself to do s.th** събирам кураж (сили) да направя нещо; решавам се да направя нещо.

nerve agent ['nə:v'eidʒənt] *n воен.* вещество, предизвикващо парализа.

nerve-cell ['nə:vsel] *n* нервна клетка.

nerve centre ['nə:v,sentə] *n* **1.** нервен възел; **2.** *прен.* централно, контролно звено в система или организация.

nervous ['nə:vəs] *adj* **1.** *анат.* нервен, на нервите; **the ~ system** нервната система; **2.** плах, неспокоен, загрижен; нервен, раздразнителен; със слаби нерви; **3.** силен, здрав, як, жилест, мускулест.

nescient ['nesiənt] *adj* незнаещ; в неведение.

nesh [neʃ] *adj* изнежен, деликатен, чувствителен.

nest [nest] **I.** *n* **1.** гнездо; полог; място за снасяне на яйца (*на риби, насекоми и пр.*); **to build a ~** правя (вия, свивам) гнездо; **2.** *прен.* уютно местенце, кътче; гнездо; **3.** люпило; **II.** *v* **1.** вия (свивам) гнездо; снасям яйца в гнездо; живея в гнездо; гнездя; **2.** *рядко* слагам в гнездо; слагам (влизаме) един в друг; **boxes ~ing in each other** кутии, които влизат една в друга; **3.** търся гнезда.

nestle ['nesl] *v* настанявам (се) удобно; сгушвам се, притискам (се) **(close to, to, against); a village ~ing in a valley (among hills)** село, сгушено в долина (сред хълмове).

nestling ['nesliŋ] *n* малко пиле, голишар(че).

net$_1$ [net] **I.** *n* **1.** мрежа; рибарска мрежа, серкме; **butterfly ~** мрежа за ловене на пеперуди; **2.** паяжина; **3.** тюл; **II.** *v* **1.** хващам с (в) мрежа, ловя с мрежа; **2.** *прен.* хващам в мрежата си, хващам си (*съпруг и пр.*); пипвам, докопвам (*печалба и пр.*); **3.** хвърлям (слагам) мрежа в; **to ~ a river** хвърлям мрежа в река; **III.** *adj ам.* **1.** мрежест; от мрежа; **2.** хванат в мрежа.

net$_2$ I. *adj* нетен, чист (*за тегло, приход и пр.*); **~ price** (окончателна, последна) цена (без отстъпка); **II.** *n ам.* нето; чиста печалба; окончателна цена; краен резултат; **III.** *v* получавам (изкарвам си, докарвам, давам) чиста печалба (доход); **to ~ $ 1000 a year** изкарвам чисто 1000 долара годишно.

Netherlands, the ['neðələndz, ðə] *n* Холандия, Нидерландия.

netter ['netə] *n* който плете мрежи (филета).

nettle ['netl] **I.** *n* коприва; **great (common) ~** обикновена коприва; **II.** *v* **1.** жегвам, опарвам, обиждам; **2.** *рядко* нажулвам с коприва.

network ['netwə:k] **I.** *n* **1.** мрежа, филе (*и като ръкоделие*); **2.** мрежа (*жп и пр.*); система; **3.** *комп.* мрежа; **local area ~** локална мрежа; **II.** *v* **1.** изграждам връзки с хора или организации; **2.** предавам по няколко телевизионни канала едновременно (*обикн. в pass*).

networking ['net'wə:kiŋ] *n* **1.** създаване на контакти (връзки); **2.** създаване на (работа с) компютърни системи.

neuralgia [nju'rældʒiə] *n* невралгия.

neurasthenia [,njuərəs'θi:niə] *n* неврастения.

neurochemical [,njuərə'kemikəl] *n* вещество, което влияе на нервната система.

neuroleptic [,njuərə'leptik] *n мед.* невролептик, успокоително средство за лекуване на душевноболни.

neurological [,njuərə'lɔdʒikəl] *adj* нервологичен; на нервната система.

neurologist [njuə'rɔlədʒist] *n* невролог.

neurosis [nju(ə)'rouzis] *n* (*pl* **-ses** [-si:z]) *мед.* невроза.

neutral ['nju:trəl] **I.** *adj* **1.** неутрален (*и ел., хим.*); **2.** *бот., зоол.* полово неразвит; безполов; **3.** неутрален, неопределен, среден (*за цвят и пр.*); **II.** *n* **1.** неутрална държава; поданик на неутрална държава; **2.** *авт.* свободна скорост.

neutrality [nju:'træliti] *n* неутралитет, неутралност.

neutron star ['nju:tr,ənsta:] *n* небесно тяло, за което се приема, че е изградено от ядрени частици на разпаднала се звезда, излъчващо рентгенови лъчи.

never ['nevə] *adv* **1.** никога, нивга; **I ~ go there** никога не ходя там; **2.** *за усилване* ни, нито, нито дори; **3.** има си хас, да не би, и таз добра.

never-dying ['nevədaiiŋ] *adj* безсмъртен (*за слава и пр.*); неугасващ (*за пламък*).

never-fading ['nevə'feidiŋ] *adj* **1.** неувяхващ (*за цвете, слава*); **2.** неизбеляващ (*за тъкан и пр.*).

never-failing ['nevə'feiliŋ] *adj* **1.** сигурен (*за средство, лекарство и пр.*); **2.** неизчерпаем, непресъхващ (*за източник*).

nevermore ['nevəmɔ:] *adv* никога (нивга) вече.

Never Never Land ['nevə'nevə ,lænd] *n* **1.** Северен Куинсланд (*област в Австралия*); **2.** царство на мечтите.

nevertheless ['nevəðəles] *adv, conj* въпреки това, въпреки всичко.

nevus ['ni:vəs] *n* (*pl* **-vi** [-vai]) пигментиран участък по кожата, белег, петно, бенка по рождение; невус.

new [nju:] **I.** *adj* **1.** нов; **s.th ~** нещо ново; **2.** нов, моден, модерен, съвременен, последен; **3.** нов, друг; още един; **II.** *adv само в съчет.*: **1.** *с глаголи* наново; **~-build** построявам наново; **2.** *с прил. и прич.* ново- **~-blown** току-що разцъфнал.

new blood ['nju:'blʌd] *n* свежа кръв, нови постъпления.

new-born, newborn ['nju:'bɔ:n] *adj* новороден.

newcomer ['nju:kʌmə] *n* новодошъл, новодошла **(to, in)**.

newel ['nju:il] *n* централна колона на извита стълба; колона, която подпира перилата в дъното на стълбище; **hollow ~** празно пространство в средата на стълбище.

new-foot ['nju:'fut] *v* преплитам стъпала (*на чорапи*).

New Guinea [nju:'gini] *n* Нова Гвинея.

newly ['nju:li] *adv* **1.** наскоро, неотдавна; току-що; **~ wed** младоженци, новобрачни; **2.** наново, отново; пак.

new man ['nju:'mæn] *n* мъж, който се чувства съпричастен и помага в домакинската работа.

news [nju:z] *n pl* (= *sing*) новина, вест; новини, вести, известия; **what (is the) ~?** какво ново? нещо ново?

news-agency ['nju:zeidʒənsi] *n* информационна агенция (бюро); агенция по разпространение на печата.

newsboy ['nju:zboi] *n* вестникарче, *ам.* и вестникар.

news conference ['nju:s'kɔnfərəns] *n* пресконференция.

news-editor ['nju:z,editə] *n* редактор на информационния отдел (*във вестник*).

newsflash ['nju:sflæʃ] *n* спешна (важна) новина, която се предава незабавно (*обикн. като се прекъсва излъчваната в момента програма*).

newsman ['nju:zmən] *n* (*pl* **-men**) *ам.* **1.** вестникар, вестникопродавец; **2.** кореспондент, репортер.

newspaper ['nju:speipə] *n* **1.** вестник; **to be on a ~** в (от) редакцията на вестник съм; **2.** *attr* вестникарски, журналистически.

newsreel ['nju:zri:l] *n* тонпреглед, кинопреглед.

news-stall ['nju:z,stɔ:l] *n* вестникарска будка.

news-stand ['nju:z,stænd] = **news-stall**.

New Testament ['nju:'testəmənt] *n рел.* Нов завет.

new wave ['nju:'weiv] *n* **1.** нови фотографски трикове за създаване на абстрактни и символични образи в киното; **2.** *муз.* ню уейв, нова вълна (музикален стил).

New Zeland ['nju:'zi:lənd] *n* Нова Зеландия.

next [nekst] **I.** *adj* **1.** съседен, най-близък; следващ, следен (*по време и място*); **the ~ house (the house ~) but one** къща до съседната, през една къща; **2.** втори, най-близък (*по качество, големина и пр.*); **3.** *юрид.* най-близък (*за родство и пр.*); **II.** *adv* **1.** после, след това; **~ came the band** после дойде (вървеше) музиката; **2.** следващият (другият) път; пак; **III.** *prep* до, близо до, в съседство с; **she sat ~ me** тя седеше до мен.

next door ['nekst'dɔ:] **I.** *n* съседна къща; съседи; **the boy (girl) ~** порядъчно, но безинтересно и скучно момче (момиче); **II.** *adv* **1.** в съседната къща, на две крачки (**to**); **they live ~ (to us)** те живеят на две крачки (от нас); **2.** почти, нещо подобно.

nibble ['nibəl] **I.** *v* **1.** гриза, хапя; отхапвам си (захапвам) по малко; хрупкам (*за овце*); кълва (*за риба*); **to ~ (at a bait)** кълва на въдицата (*и прен.*); **2.** *разг.* критикувам, заяждам се (**at**); **3. to ~ off** изяждам стръвта, без да се хвана на въдицата (*за риба*); **II.** *n* **1.** гризане, хапане; хрупкане; кълване; отхапване по малко; **I never had a ~ all day** цял ден нито една риба не клъвна (не улових нито една риба); **2.** хапка; малко количество (*трева и пр.*); **3.** *pl* бисквитки, ядки и други дребни неща за похапване.

Nicaragua [nikə'rægjuə] *n* Никарагуа.

nice [nais] *adj* **1.** мил, добър, приятен, приветлив, любезен; симпатичен; **a man of ~ disposition** любезен (мил) човек; **2.** остър, тънък, чувствителен (*за слух и пр.*); тънък, фин, изящен, изискан (*за вкус*); внимателен, подробен; грижлив, акуратен; **3.** тънък, деликатен; който изисква умение, такт и внимание.

nicety ['naisiti] *n* **1.** точност, прецизност; **to a ~** съвършено, до най-малката подробност; **2.** деликатност, трудност, щекотливост (*на въпрос*); **a matter (point, question) of great ~** много деликатен въпрос; **3.** придирчивост, прекалена взискателност; педантичност.

nickel [nikl] **I.** *n* **1.** никел; **2.** никелова монета; *ам.* монета от 5 цента; **~ and dime, ~-dime** *ам.* дребен и незначителен човек, *attr* нищо и никакъв; **II.** *v* никелирам.

nick-name ['nikneim] **I.** *n* прякор, прозвище; **II.** *v* давам, изваждам (на някого) прякор; наричам някого с прякора му (с галеното му име); **Louis, ~ed the Fat** Луи, наречен (по прякор) Дебелия.

niece [ni:s] *n* племенница.

night [nait] *n* **1.** нощ; вечер; **all ~ (long)** (през) цялата нощ, цяла нощ; **2.** нощ, мрак, тъмнина; **3.** невежество, мрак; *прен.* мрачни (черни) дни.

night-dress ['naitdres] *n* **1.** нощница; **2.** нощни дрехи.

nightfall ['naitfɔl] *n* свечеряване, сумрак, вечер; **at ~** привечер, на мръкване.

nightgown ['naitgaun] *n* нощница.

nightingale ['naitiŋgeil] *n* славей *Luscinia megarhynchos*.

nightmare ['naitmeə] *n* **1.** кошмар (*и прен.*); **he is the ~ of the family** той е тормоз за семейството си; **2.** *ост.* демон, вампир, вещица (*която души хората, докато спят*).

nil [nil] *n* нищо, нула; *сп.* нулев резултат; **the profits are ~** печалбите са равни на нула, няма никаква печалба.

nine [nain] **I.** *num* девет; **~ times out of ten** в повечето случаи, обикновено, в 90% от случаите; **II.** *n* **1.** *карти* деветица; деветка; **the ~ of**

diamonds деветка каро; **2.** *ам.* тим от 9 играча (*на бейзбол*); • **dressed up to the ~s** издокаран, като от кутийка излязъл.

nineteen ['nain'ti:n] *num* деветнадесет; **to talk ~ to the dozen** устата ми не спира, постоянно приказвам, не млъквам.

nineteenth ['nain'ti:nθ] *num* деветнадесети; една деветнадесета (част); **the ~ hole** *шег.* бюфет на игрище за голф.

ninetieth ['nain'ti:θ] *num* деветдесети; една деветдесета (част).

ninety ['nainti] *num* деветдесет; **the nineties** деветдесетте години (*на даден век*); от 90 до 100 г. в живота на някой човек; **to be in the nineties** над деветдесет години съм.

ninth [nainθ] *num* **1.** девети; една девета (част); **2.** *муз.* октава и секунда.

nip [nip] *v* (**-pp-**) **1.** щипя, защипвам, ощипвам, прещипвам, хапя, захапвам, ухапвам; **2.** продупчвам, пробивам (*с инструмент*); **3.** подрязвам, прерязвам (*издънки*).

nipper ['nipə] *n* **1.** нещо, което щипе и пр.; **2.** *разг.* момче, хлапе, малчуган; **3. a pair of ~s** малки клещи, пинсети; малък зъболекарски форцепс; резци на кон; щипци на голям рак.

nippiness ['nipinis] *n* пъргавост, подвижност.

nipple [nipl] *n* **1.** зърно (*на гърда*), мамила; **2.** гумено зърно на биберон; **3.** игла (*на ударник на пушка*).

nutrition ['nju:triʃən] *n* **1.** храна; **2.** хранене.

nitrogen ['naitrədʒən] *n* азот; азотен.

nitty ['niti] *adj* гнидав.

nitty-gritty ['niti'griti] **I.** *n* основните пунктове, същината, есенцията; **II.** *adj* основен, съществен.

no [nou] **I.** *adj* **1.** никой, никакъв; никак; (*или не се превежда, но придава отрицателен смисъл на изречението*); **~ words can describe** (никакви) думи не могат да опишат; **2.** съвсем не; **3.** *с ger* не може да, не е възможно да; • **~ distance** много близо; **II.** *adv* не; **do you want it or ~** искаш ли го или не?; **III.** *n* (*pl* **noes** [nouz]) **1.** отрицание; **2.** отказ; **3.** глас против; **the ~es have it** гласовете против печелят.

noble [noubl] **I.** *adj* **1.** благороден (*за характер, ранг, метал и пр.*); знатен, аристократичен; **(of) ~ birth** (от) благородно потекло; **2.** величествен, величав; **3.** прекрасен, чудесен, внушителен; • **the ~ art** бокс; **II.** *n* **1.** благородник, аристократ, дворянин, пер; **2.** *ист.* старинна английска златна монета (*6 шилинга и 8 пенса*); **3.** *ам. sl* водач на стачкоизменници.

nobody ['noubədi] **I.** *pron* никой; **like ~'s business** *разг.* с хъс, настървено, енергично; **II.** *n* нищожество, човек без значение; съвсем неизвестен човек.

no-confidence ['nou'kənfidəns] *n* недоверие (към властимащо лице или институция).

nod [nod] **I.** *v* (**-dd-**) **1.** кимам; поздравявам с кимване на глава; **to ~ o.'s head** кимвам с глава; **2.** клюмам; дремя; **3.** не внимавам, правя грешки (пропуски); **II.** *n* **1.** кимване, поздрав с кимване; **2.** клюмане; дрямка; **the land of N.** страната на съня.

noise ['nɔiz] **I.** *n* **1.** шум, глъч, глъчка, врява, дандания; **to make a ~** вдигам шум (**about;** *и прен.*); **2.** звук (*особ. силен или неприятен*); **3.** *ел.* излъчване едновременно на няколко честоти или амплитуди; **II.** *v* **1.** разгласявам, разпространявам (**abroad**); **it was ~ed abroad that** пусна се слух (разпространи се мълва, говори се), че; **2.** *рядко* вдигам шум, шумя.

noiseless ['nɔizlis] *adj* **1.** безшумен, тих; **2.** беззвучен, безмълвен; ◇ *adv* **noiselessly**.

noisy ['nɔizi] *adj* **1.** шумен; гюрултаджийски; немирен, палав; **to be ~** вдигам шум, шумя; **2.** крещящ, креслив, панаирджийски; ◇ *adv* **noisily**.

nominal ['nɔminəl] *adj* **1.** номинален; само по име (на думи); **a ~ ruler** владетел само на думи; нищожен, фиктивен, незначителен; **2.** именен, на (от, който се отнася до) имена, който се състои от имена; **3.** на (от, който се отнася до) съществително.

nominate ['nɔmineit] *v* **1.** именувам, назовавам (по име), наричам; **2.** назначавам (за); *рядко* определям (*дата и пр.*); **3.** номинирам, предлагам кандидатурата на (*при избори, конкурси и под.*); **nominating convention** *ам.* събрание за избиране на кандидат за президент.

nomination [,nɔmi'neiʃən] *n* **1.** назначаване (**to**); право на назначаване (*и* **right of ~**); **2.** номинация, предлагане на кандидат, поставяне на кандидатура; **3.** *attr* изборен.

none [nʌn] **I.** *pron* никой, никои, нито (ни) един; никакъв, нищо; **~ at all** никой; **II.** *adv* никак, ни най-малко, съвсем не; изобщо; **I am ~ the better for ir** изобщо не ми е по-добре от това, от това за мене няма никаква полза.

non-interference, non-intervention ['nɔn'intəfiərəns, 'nɔn,intə'venʃən] *n* ненамеса.

nonsense ['nɔnsəns] **I.** *n* **1.** безсмислица, абсурд; нелепост, глупост; нонсенс; **to make ~** безсмислен съм; неразбираем съм; обезсмислям, лишавам от смисъл; **2.** *attr* безсмислен; **II.** *int* дрън-дрън! глупости! ● **to stand no ~ (from)** не позволявам да се подиграват с мене; не търпя глупости; не се шегувам, не си поплювам, пипам здраво.

noodle[1] [nu:dl] *n разг.* глупак, бунак, балама.

noodle[2] *n* (*обикн. pl*) юфка; **~ soup** супа с юфка.

noon [nu:n] *n* **1.** пладне; **high ~** пладне; **2.** кулминационна точка, връх, зенит, разцвет (*и* **high ~**); **3.** *attr* пладнешки.

nor [nɔ:] *cj* нито-нито; също така не; **nither- ~** ни-ни.

norm [nɔ:m] *n* **1.** норма, образец, правило; предписание; **departures from the ~** отклонения от нормата. **~ of work, working ~** дневна норма; **2.** *биол.* типичен строеж.

normal ['nɔ:məl] **I.** *adj* **1.** нормален, правилен, обикновен, редовен, типичен; ◇ *adv* **normally; 2.** *мат.* перпендикулярен, отвесен; **II.** *n* **1.** обикновено състояние; **return (get back to) ~** нормализирам се; **2.** *мед.* нормална температура; **3.** *мат.* нормала, перпендикулярна линия.

north [nɔ:θ] **I.** *n* **1.** север; **2.** северна област; северната част на страната (*в Англия - на север от р. Хъмбър; в САЩ - на север от р. Охайо*); **in the ~ of England** в Северна Англия; **3.** северен вятър; **II.** *adj* **1.** северен, на север; **2.** обърнат (насочен) към север; **~ aspect** северно изложение; **3.** който иде откъм север; **III.** *adv* северно, на (към) север, в северна посока; **to go ~** пътувам на север (в северна посока).

northern ['nɔ:ðən] *adj* (*превъзх. ст. и* **nothernmost**) северен; **~ lights** северно сияние.

Norway ['nɔ:wei] *n* Норвегия.

Norwegian [nɔ:'wi:dʒən] **I.** *adj* норвежки; **II.** *n* **1.** норвежец; **2.** норвежки език.

nose [nouz] **I.** *n* **1.** нос; **~ to ~** лице срещу лице; **2.** обоняние, усет, нюх; проницателност, прозорливост; **3.** аромат, букет (*на чай и пр.*); • **parson's (pope's) ~** тритка; **II.** *v* **1.** мириша, душа, надушвам, подушвам (*и прен.*); **2.** вра се, навирам се, пъхам си носа навсякъде; търся диря (**after, for**); **3.** надушвам, подушвам, проследявам, откривам, разбирам, узнавам, досещам се, обяснявам си, отгатвам.

nostril ['nɔstril] *n* ноздра; **to stink in the ~s of** предизвиквам отвращение у.

not [nɔt] *adv* не (*в разговорния език - употребено със спомагателен или модален глагол - често* **n't** [nt]) **I know ~** *ост.* = **I do ~ know**.

notary ['noutəri] *n* нотариус (*и* **~ public**).

note [nout] **I.** *n* **1.** бележка (*обикн. pl*); **itinerary ~s** пътни бележки; **2.** забележка, обяснителна бележка, тълкуване, пояснение; **3.** писъмце, записчица, бележка, пусула; ногис; **II.** *v* **1.** наблюдавам, забелязвам, долавям, схващам, констатирам, обръщам внимание на; **2.** отбелязвам (си), записвам (си); **we duly ~** *канц.* ние си вземаме добра бележка (**that**); **3.** снабдявам с пояснителни бележки.

notebook ['noutbuk] *n* **1.** бележник, тефтерче (*и* **pocket ~**); **2.** малък преносим компютър, компютър-бележник.

noted ['noutid] *adj* виден, бележит, знаменит, прочут, известен (**for**).

nothing ['nɔθiŋ] **I.** *pron* нищо; **~ but (else than)** нищо друго, освен; чисто и просто; • **to be ~ of** не съм никакъв; **II.** *n* **1.** нищожество, дреболия; **a mere ~** дребна работа; **2.** небитие; **3.** *мат.* нула; **III.** *adv* никак, съвсем не, ни най-малко; **~ less than** нищо друго освен; чисто и просто.

notice ['noutis] **I.** *n* **1.** наблюдение; внимание; **beneath (not worth) the ~ of** който не заслужава вниманието на; **2.** съобщение, известие, предупреждение; **3.** надпис (*предупредителен и пр.*); **II.** *v* **1.** забелязвам, обръщам внимание (на); **to get oneself ~d** обръщам внимание, привличам вниманието на хората; **2.** отбелязвам, изтъквам, подчертавам, споменавам; **3.** съобщавам (известявам) предварително (на), предупреждавам.

notice-board ['noutis,bɔ:d] *n* **1.** табло за обяви; **2.** предупредителен надпис.

notify ['noutifai] *v* **1.** съобщавам, известявам (за), донасям (на), осведомявам, уведомление, уведомявам, нотифицирам (**of, that**); **2.** обнародвам, публикувам, оповестявам, разгласявам.

notion ['nouʃən] *n* **1.** понятие, представа, идея (**of**); **airy ~s** хрумвания, приумици; измислици; **2.** възглед, мнение, схващане, теория (**of**) ; **3.** намерение, желание; хрумване, прищявка.

notorious [,nou'tɔ:riəs] *adj* всеизвестен, общоизвестен; прословут; прочут, знаменит, именит, с име (**for**); **it is ~ that** известно е на всички, че; ◇ *adv* **notoriously**.

notwithstanding [,nɔtwið'stændiŋ] **I.** *prep* въпреки; **this ~** въпреки това; **II.** *adv* все пак, въпреки всичко; при все това; **III.** *cj ост.* макар че (и).

nourish ['nʌriʃ] *v* **1.** храня, поддържам; отхранвам; изхранвам, отглеждам, изглеждам; **2.** торя, наторявам; **3.** храня, подхранвам, тая в душата си, питая, лелея.

novel [nɔvl] **I.** *adj* **1.** нов, нововъведен; **2.** оригинален, необикновен, странен, чудат; **II.** *n* **1.** роман; **short ~** новела, повест; **2.** *юрид.* новела.

November [nou'vembə] *n* **1.** ноември; **2.** *attr* ноемврийски.

now [nau] **I.** *adv* **1.** сега; **~ is the time** сега му е времето; **2. just ~** (*ост.* **even (but) ~**) ей сега, току-що, преди малко, тъкмо; **3.** (*частица за емоционално обагряне*) де, бе, в (пък), обаче, е и, хайде; **II.** *cj* сега когато, (тъй) като, понеже, щом (*и* **~ that**); **III.** *n* този момент, настоящето; **before ~** преди.

nowhere ['nouweə] *adv* никъде; **~ near** никъде наоколо; съвсем далеч (от); никак.

nuclear ['nju:kliə] *adj* ядрен; **~ energy** атомна енергия; • **to go ~** *разг.* побеснявам, изпадам в ярост.

nucleus ['nju:kliəs] *n* (*pl* **nuclei** ['nju:kliai]) **1.** ядро, клетка, костилка; **atomic ~** атомно ядро; **2.** център, зародиш, наченки; **3.** *астр.* ядро на комета.

nude [nju:d] **I.** *adj* **1.** гол (*и прен.*); *прен.* плешив, необрасъл; **2.** *бот.* без листа; **3.** *зоол.* без косми, пера, люспи и пр.; **II.** *n* **1.** *изк.* голо тяло; **the ~** голо тяло; **2.** *pl* прозрачни чорапи.

nuisance ['nju:səns] *n* **1.** досада, неприятност; безобразие, скандал; **what a ~!** колко неприятно! какво безобразие! **2.** нарушение на обществения ред; нередност; **3.** досаден (неприятен) човек (нещо), напаст, душевадник; беля.

number ['nʌmbə] **I.** *n* **1.** брой, число, количество, сума, сбор; **a (great, large) ~ (great, large ~s) (of)** голям брой, много; **2.** *pl* численост, числено превъзходство (*и* **force of ~s**); **3.** *мат.* цифра, число, сума, сбор; **II.** *v* **1.** броя, преброявам; **2.** броя, наброявам, съм по брой, възлизам на; **the population ~s 5000** населението брои 5000; **3.** номерирам.

nun [nʌn] *n* **1.** монахиня, калугерка; **2.** *зоол.* блатен синигер; **~'s cloth** тънък вълнен плат.

nurse$_1$ [nə:s] **I.** *n* **1.** дойка, кърмачка (*обикн.* **wet-~**); бавачка (*и* **dry-~**); **2.** медицинска сестра (*и* **sick-~**), санитар, болногледач (*и* **male-~**); **3.** *прен.* люлка, развъдник; страна, отечество, родина; **II.** *v* **1.** кърмя, откърмям, отхранвам, отглеждам (*дете*); **~d in luxary** пораснал в разкош; суча (*за дете*); **2.** бавя, гледам, грижа се за, бавачка съм на (*дете*); **3.** гледам, грижа се за (*болен*).

nurse$_2$ *n* вид акула.

nursery ['nə:sri] *n* **1.** детска стая; **2.** ясли (*и* **public ~**); **3.** разсадник (*и прен.*); *прен.* огнище.

nurture ['nə:tʃə] **I.** *n* **1.** (*гл. и прен.*) отглеждане, отхранване, родителски грижи; възпитаване, възпитание; **tender ~ of sensitive minds** деликатен подход във възпитанието на чувствителни натури; **2.** *остар.* хранене, храна; **II.** *v* храня, отхранвам, изхранвам, отглеждам, изглеждам; възпитавам.

nut [nʌt] *n* **1.** орех, лешник, фъстък и пр.; **deaf ~** гнил орех; *прен.* план, осъден на неуспех; безполезна спекулация; **2.** *sl* тиква, кратуна, глава; **3.** *ам.* въртоглав (смахнат) човек.

nutritious [nju:'triʃəs] *adj* хранителен, питателен.

nutshell ['nʌtʃel] *n* орехова (лешникова) черупка; **in a ~** накъсо, накратко, с няколко думи, вкратце; **to lie in a ~** ясен, разбираем, лесно разрешим, ясен като бял ден (съм).

nuzzle ['nʌzl] *v* **1.** душа; ровя с муцуната си в; търкам си носа (**against**), пъхам си носа (**into**); **2.** гуша се, сгушвам се.

nylon ['nailən] *n* **1.** найлон; **2.** *pl* *разг.* найлонови чорапи; **3.** *attr* найлонов.

O

oak [ouk] *n* **1.** дъб; **2.** дъбово дърво; **heart of ~** *поет.* кораб; сърцат човек; **3.** дъбови листа.

oaf [ouf] *n* (*pl* **oafs, oaves**) **1.** дебелак, простак, нахал; **2.** слабоумно (уродливо) дете, идиотче; урод, изрод; **3.** *остар.* дете, подменено от феите.

oar [ɔ:] **I.** *n* **1.** лопата (*за гребане*), гребло, весло; **pair-~ (four-~, etc) boat** лодка с две (четири и т. н.) гребла; **2.** (*с* **good, bad, young** *и пр.*) гребец; **3.** плавник (перка) на морско животно и ръка, използвана при плуване; • **chained to the ~** принуден да върши тежка, еднообразна работа; **II.** *v поет.* греба; карам (*лодка и под.*); **to ~ o.'s arms (hands)** движа ръцете си като при плуване.

oarage ['ɔ:ridʒ] *n* **1.** гребане; **2.** гребла.

oarsman ['ɔ:zmən] *n* (*pl* **-men**) гребец.

oat [out] **1.** *pl* овес; **wild ~s** див овес; **2.** *поет.* овчарска свирка; • **to be off o.'s ~s** нямам апетит.

oath [ouθ, *pl* ouðz] *n* **1.** клетва, заричане, оброк, обет; **~ of allegiance** клетва за вярност; войнишка клетва; **2.** псуване, псувня, ругатня, богохулство.

oatmeal ['outmi:l] *n* **1.** овесено брашно; **2.** овесена каша; **3.** *attr* кремав, бежов.

obduracy ['ɔbdjurəsi] *n* **1.** закоравялост; **2.** коравосърдечност, безсърдечие, жестокост; **3.** упоритост, упорство, опърничавост, неотстъпчивост, твърдост.

obedient [ə'ou'bi:djənt] *adj* покорен, послушен; смирен; ◇ *adv* **obediently**.

obeisance [ə'beisəns] *n* **1.** поклон, реверанс; **2.** почит, уважение, преклонение; **to do (make, pay) ~ to** изразявам почитта (уважението) си към; покланям се на.

obelisk ['ɔbilisk] *n* **1.** обелиск; **2.** знак (-) в стар ръкопис за отбелязване на дума или пасаж със съмнителна автентичност (*и* **obelus**); **3.** знак за отпратка, кръстче.

obese [ou'bi:s] *n* пълен, дебел; тлъст; охранен.

obey [o'bei] *v* подчинявам се, покорявам се (на); следвам, слушам.

obfuscate ['ɔbfʌskeit] *v* **1.** затъмнявам, помрачавам, омрачавам; размътвам (*и ум*); **2.** обърквам, смущавам, поставям в недоумение; притеснявам.

obituary [ɔ'bitjuəri] **I.** *n* **1.** некролог, жалейка; **2.** списък на умрели; **II.** *adj* погребален, траурен.

object I. ['ɔbdʒekt] *n* **1.** обект; предмет, вещ; **(of, for)**; **~s of common use** предмети от първа необходимост; **2.** *филос.* обект, съществуващото вън и независимо от субекта; **3.** обект, цел, умисъл, намерение; **II.** [əb'dʒekt] *v* възразявам, противопоставям се, протестирам (**to, against, that**); не одобрявам, не харесвам, не приемам, имам нещо против, не мога да приема (**to** *с ger*); **I strongly ~** енергично протестирам.

objection [ɔb'dʒekʃən] *n* възражение, неодобрение, нехаресване, противопоставяне, протест (**to, against**); **to take (make an) ~ to** възразявам срещу, против съм, не одобрявам.

objective [əb'dʒektiv] **I.** *adj* **1.** обективен, предметен, конкретен, осезаем, правдив, действителен; ◇ *adv* **objectively**; **2.** *ез.* който се отнася до допълнението; ~ **case** винителен (косвен) падеж; **3.** прѝцелен; **II.** *n* **1.** цел, обект (*и воен.*); **2.** *ез.* косвен (винителен, дателен) падеж; **3.** обектив.

objector [əb'dʒektə] *n* човек, който възразява; **conscientious** ~ който отказва да служи в армията по религиозни и др. причини.

objurgate ['ɔbdʒə:geit] *v* коря, укорявам, упреквам; мъмря, гълча; карам се на, хокам, ругая.

obligation [,ɔbli'geiʃən] *n* **1.** задължение, ангажимент; **law of** ~ облигационно право; **without** ~ право на изпробване на стока без задължение за закупуването ѝ; **2.** принудителна сила (*на закон и пр.*); **3.** морален дълг, задълженост.

oblige [ə'blaidʒ] *v* **1.** задължавам, задължителен съм (**on**); принуждавам, заставям, изисквам от; **to be ~d** трябва, налага ми се, длъжен съм, имам задължение (**to**); **2.** услужвам, правя услуга на (**with; by** *c ger*); **3.** *разг.* допринасям (**with**); прислужвам, работя като прислужник.

obligor ['ɔbligə] *n* човек, който поема задължение.

oblique [ə'bli:k] **I.** *adj* **1.** кос, полегат, наклонен; неперпендикулярен; различен от прав (*за ъгъл*); **2.** околен, обиколен, косвен, страничен, непряк; уклончив; скрит, прикрит, лукав, неискрен, непочтен; ~ **accusation** косвено обвинение; ~ **fire** страничен, непряк огън; ~ **methods (ways, means)** непочтени методи; непочтен начин; **3.** *ез.* косвен; ~ **case** косвен падеж; ~ **oration (narration, speech)** непряка реч; ◇ *adv* **obliquely**; **II.** *v* **1.** отклонявам се (*от правата линия*); **2.** *воен.* напредвам косо.

oblivious [ə'bliviəs] *adj* **1.** забравил (**of**); разсеян, заплеснат; ◇ *adv* **obliviously**; **2.** *поет.* който причинява забрава.

oboe ['oubou] *n* обой.

observant [əb'zə:vənt] **I.** *adj* **1.** наблюдателен; бдителен; **2.** който изпълнява, съблюдава (*закон, обичай и пр.*) (**of**); **II.** *n* обсервант, член на ортодоксалния клон на Францисканския орден.

observation [,ɔbzə'veiʃən] *n* **1.** обсервация, наблюдение; **2.** наблюдателност; бдителност; **a man of no** ~ ненаблюдателен човек; **3.** наблюдение, опит от наблюдаване.

observatory [əb'zə:vətəri] *n* **1.** обсерватория; **2.** наблюдателен пункт.

observe [əb'zə:v] *v* **1.** следя, наблюдавам; обсервирам (*звезди, явления и под.*); **2.** забелязвам; усещам, долавям; **3.** спазвам, съблюдавам; **to** ~ **silence** мълча.

observer [əb'zə:və] *n* **1.** наблюдател; **the observed of all ~s** център на внимание; **2.** човек, който спазва (*правила, обичаи и под.*).

obstacle ['ɔbstəkl] *n* пречка, спънка, препятствие (*и прен.*) (**to**); **~-race** състезание с препятствия.

obstetrician [,ɔbstet'riʃən] *n* акушерка.

obstinate ['ɔbstinit] *adj* **1.** упорит, твърдоглав, инат; **2.** твърд, упорит, решен, решителен (*за борба, съпротива*); **3.** *мед.* упорит; ◇ *adv* **obstinately**.

obstruct [əb'stʌkt] *v* **1.** запречвам, препречвам, преча на движението на; преграждам (*път*); задръствам, запушвам; **2.** закривам, затулям (*светлина, гледка*); заглушавам (*звук*); **3.** правя обструкция.

obtain [əb'tein] *v* **1.** получавам, добивам; спечелвам (*награда*); сдобивам се с; снабдявам се с; **to** ~ **pleasure** извличам удоволствие; **2.** преобладавам, съществувам; обичаен съм; **3.** *ост.* постигам (*цел*).

obtected [əb'tektid] *adj зоол.* покрит с хитин, хитинов.

obturate ['ɔbtjuəreit] *v* **1.** запушвам, заприщвам, затварям; **2.** уплътнявам; **3.** *воен.* поставям обтуратор на огнестрелно оръжие.

obverse ['ɔbvə:s] **I.** *adj* **1.** *прен.* обратен, противоположен; ◇ *adv* **obversely; 2.** лицев; обърнат с лице към наблюдателя; **3.** *бот.* обратен, по-широк на върха, отколкото при основата (*за лист*); **II.** *n* **1.** герб (*на монета*); **2.** лицева, предна, горна, главна страна (*на предмет*); **3.** обратна страна (*на въпрос*), противоположност.

obvious ['ɔbviəs] *adj* **1.** явен; очевиден, очебиен; ясен; **to miss the ~** не разбирам нещо, което е съвсем ясно; ◇ *adv* **obviously**; **2.** крещящ, биещ на очи, впечатляващ, правещ впечатление (*за здание, облекло и пр.*); **3.** *ост.* открит, незащитен.

occasion [ə'keiʒən] **I.** *n* **1.** случай; удобен, подходящ случай, сгода; обстоятелство; момент, време; **as ~ arises** според случая, при нужда; **2.** повод, основание, причина; **3.** събитие; **II.** *v* **1.** давам повод, ставам причина за; причинявам; **2.** карам (*някого да направи нещо*).

occasional [ə'keiʒənəl] *adj* **1.** случаен, нередовен; който става от време на време; рядък; **~ showers** откъслечни преваляния; **2.** за случая, специален, извънреден; **3.** : **~ cause** вторична причина.

occidentalize [,ɔksi'dentəlaiz] *v* внасям, разпространявам западната култура в.

occlude [ɔ'klu:d] *v* **1.** преграждам, спирам (*лъчи*); запушвам, задръствам; **2.** *хим.* адсорбирам; **3.** прилягам (*за кътник*).

occupation [,ɔkju'peiʃən] *n* **1.** временно ползване, обитаване; заемане; **to be in ~ of a house** обитавам, живея в (*къща*); **2.** период, срок за наемане, обитаване (*на къща*).

occupy ['ɔkjupai] *v* **1.** *воен.* окупирам, завземам; **2.** във владение съм на, заемам; обитавам; живея в; **3.** заемам (*служба, пост*).

occur [ə'kə:] *v* (**-rr-**) **1.** срещам се, намирам се (*за минерали, видове, предмети*); **2.** ставам, случвам се, настъпвам (*за събитие*); **don't let it ~ again!** това да не се повтаря! **3.** идва ми наум.

occurrence [ə'kʌrəns] *n* **1.** явление; **to be of frequent ~** често се случва; **2.** случка, събитие; **3.** *геол.* залягане; находище; местонахождище; разпространение.

ocean ['ouʃən] *n* **1.** океан; **the German O.** Северно море; **2.** *прен., разг.* огромно пространство (количество, маса); **there' ~s of room** има място колкото щеш, има бол място; **3.** *attr* океански.

o'clock [ə'klɔk] *вж* **clock**.

octennial [ɔk'tenjəl] *adj* **1.** осемгодишен; който трае осем години; **2.** (повтарящ се) на всеки осем години.

October [ɔk'toubə] *n* **1.** (*съкр.* **Oct.** *или* **O.**) октомври; **2.** октомврийска бира.

octogenarian [,ɔktoudʒi'nɛəriən] **I.** *n* осемдесетгодишен старец (старица); **II.** *adj* осемдесетгодишен, в осемдесетата си година.

oculist ['ɔkjulist] *n* очен лекар, окулист.

odd [ɔd] **I.** *adj* **1.** нечетен, тек; **the ~ houses** къщите с нечетни номера; **2.** сам (без свой еш); непълен (*за комплект*); **3.** добавъчен, в повече, който остава (свръх известна сума или количество); **II.** *n* **1.** решаваща взятка (*при играта вист*); **2.** хандикап, удар или ход, който дава предимство на по-слаб играч; **3.** *вж*

odds.

oddish [ˈɔdiʃ] *adj* малко особен, странен, чудат.

oddness [ˈɔdnis] *n* странност, особеност, чудноватост.

odds [ɔds] *n pl* **1.** неравенство, разлика; неравнопоставеност; **to make ~ evens** изравнявам неравенство; **2.** превъзходство; шанс; *сп.* преимущество, хандикап; **3.** скарване, кавга; несъгласие; • **~ and ends** остатъци (*от храна*); дреболии, боклуци, вехтории.

odious [ˈoudjəs] *adj* омразен, ненавистен; противен, отвратителен, отблъскващ, гаден.

odorize [ˈoudəraiz] *v* ароматизирам, парфюмирам.

odorous [ˈoudərəs] *adj* **1.** благоуханен, ароматен; **2.** миризлив, зловонен.

odour [ˈoudə] *n* **1.** миризма; благоухание, аромат; **2.** *прен.* повей, лъх, полъх; • **to be in good ~** добре гледан съм.

of [ɔv, əv] *prep* **1.** *притежание; авторство; принадлежност:* на; **the capital ~ Bulgaria** столицата на България; **2.** *посока; отдалечаване; разстояние:* от; на; **3.** *освобождаване; лишаване:* от.

off [ɔ:f, ɔf] **I.** *adv* **1.** *отдалечаване, отдалеченост, разстояние и по време*: от (от-), из (из-); на (на-); **to be (set, take oneself) ~** тръгвам, поемам, заминавам; отивам си; **2.** *махане, сваляне, пълно откъсване: без превод;* от (от-); **3.** *прекъсване на действието: без превод;* от-;• **to be well (badly) ~** добре (зле) съм материално; **II.** *prep* **1.** *сваляне, падане*: от; **to fall ~ a tree** падам от дърво; **2.** *отдалечаване, отдалеченост, на разстояние от*: от; **3.** *източник, обект: без превод*; **III.** *adj* **1.** отдалечен, свален; **~ consumption of intoxicants** домашна консумация на спиртни питиета; **2.** второстепенен; **3.** изключен, не в действие, неработещ (*за мотор и пр.*); **IV.** *int* марш!

offence [əˈfens] *n* **1.** нарушение, простъпка (**against**); **2.** *юрид.* престъпление; **indictable ~** наказуемо деяние; **3.** обида; оскърбление.

offencive [əˈfensiv] **I.** *adj* **1.** противен, отвратителен, неприятен, дразнещ; зловонен; **2.** нахален, дързък, обиден, ругателски; **to be ~ to** обиждам, наругавам; **3.** *воен.* нападателен; ◇ *adv* **offensively**; **II.** *n* офанзива; настъпление, нападение.

offense *ам.* = **offence**.

offer [ˈɔfə] **I.** *v* **1.** принасям в жертва (*и с* **up**); **to ~ (up) prayers to** отправям молитви към; **2.** предлагам; **3.** опитвам се, понечвам; **II.** *n* **1.** предложение; **an ~ of marriage** предложение за женитба; **2.** *търг.* предложение, оферта; **3.** предлагане, подаване.

offering [ˈɔfəriŋ] *n* **1.** предлагане; **2.** жертвоприношение; жертва; **3.** дар, дарение.

offhand [ˈɔ:fˈhænd] **I.** *adj* **1.** импровизиран, без подготовка; **2.** безцеремонен; високомерен, хладен; пренебрежителен; **II.** *adv* **1.** веднага, импровизирано, без предварителна подготовка; от пръв поглед; на прима виста; **2.** безцеремонно, нахално, грубо, прекалено фамилиарно.

office [ˈɔfis] *n* **1.** услуга; помощ; **owing to (through, by) the good ~s of** с помощта на, благодарение на любезните грижи на; **2.** длъжност, служба, пост; чин; сан; **3.** задължение, дълг.

officer [ˈɔfisə] **I.** *n* **1.** длъжностно лице, чиновник, служещ; **~ of the court** съдебен следовател, съдебен пристав; **2.** секретар, член на ръководство (*на дружеството*); **3.** *воен.* офицер; **II.** *v* **1.** попълвам с офицерски кадри; **2.** (*обикн. в pass*) командвам; **a well ~ed battalion** батальон с добър офицерски състав.

official [ə'fiʃəl] **I.** *adj* **1.** служебен, официален; **to act in the o.'s ~ capacity** действам в изпълнение на служебните си задължения, действам в качеството си на длъжностно лице; **(~) red tape** канцеларщина, чиновничество, бюрократизъм; ◇ *adv* **officially**; **2.** *фарм.* приет във фармакопеята; **II.** *n* служебно (длъжностно) лице, чиновник; **railway ~** железничар.

off-key ['ɔf,ki:] **I.** *adj муз.* фалшив, не в тон; **II.** *adv* фалшиво, не в тон.

offshoot ['ɔ:fʃu:t] *n* **1.** издънка (*и прен.*), филиз; **2.** разклонение, дял (*на планина*); **3.** съребрен потомък; клон на семейство.

off-size ['ɔf,saiz] *adj* неотговарящ на размер, изработен не по размер.

offspring ['ɔ:fspriŋ] *n* **1.** потомък, дете; потомство, потомци, наследници, коляно, генерация, поколение, род, деца; **2.** *прен.* резултат, последица, следствие.

often ['ɔftən, 'ɔfən] **I.** *adv* често; **how ~ do buses run?** през колко минути минават автобусите? **II.** *adj ост.* чест.

ogle [ougəl] **I.** *v* гледам влюбено (нежно) (**at**), отправям нежни погледи към; **II.** *n* влюбен поглед.

oh [ou] *int* о, ох, ах.

oil [ɔil] **I.** *n* **1.** масло (*обикн. течно*); **fixed ~s** нелетливи масла; **2.** петрол, земно масло, нефт, светилен газ; **3.** маслоподобно вещество; • **~ and vinegar** непримирими противоположности; **II.** *v* **1.** намазвам, смазвам; **to ~ s.o.'s fist (hand, palm)** *прен.* давам рушвет; подкупвам някого; **2.** импрегнирам, пропивам с масло, намаслявам; **3.** разтапям се (*за краве масло и под.*).

oilcloth ['ɔilklɔ(:)θ] *n* **1.** мушама (*за покривка на маса*); **2.** вид линолеум (*за под*).

oilman ['ɔilmən] *n* **1.** търговец на масла; **2.** търговец на бои; **3.** експерт по петрола.

ointment ['ɔintmənt] *n* **1.** мехлем, мазило, унгвент; **2.** втриване; • **a fly in the ~** единствен недостатък (*който разваля цялостното удоволствие*).

O.K. [ou'kei] **I.** *adj predic* добър, правилен; одобрява се (*пред параф на документ*); **II.** *n* одобрение; **III.** *int* дадено, бива, съгласен, окей; **IV.** *v* одобрявам, парафирам (*заповед, нареждане*).

okie doke ['ouki'douk] *int ам. sl* = **O.K. III**.

old [ould] **I.** *adj* (*вж* **older, oldest; elder, eldest**) **1.** стар; възрастен; **~ age** старост, старини; **2.** старчески, старешки; **3.** на... години, на... -годишна възраст; • **the O. Lady of Threadneedle Street** Английската народна банка; **O. Harry (Gentleman, Nick)** дяволът; **O. Pals Act** *шег.* неписан закон, че приятелите трябва да си помагат; **II.** *n* (*с* **the**) старите (хора); **~ and young** старо и младо; • **of ~** някога в миналото, отдавна.

old-fashioned ['ould'fæʃənd] **I.** *adj* старомоден; старинен; **II.** *n* вид коктейл.

olivaceous [,ɔli'veiʃəs] *adj* маслинен; маслиненозелен.

olive ['ɔliv] **I.** *n* **1.** маслина (*и дървото*); **2.** *обикн. pl* ястие от месни рулца, пълнени с маслини и др. подправки; **~ oil** дървено масло, зехтин; **II.** *adj* **1.** маслинен, маслинов; **2.** с маслинен цвят; **3.** мургав, с маслинен оттенък.

oliver ['ɔlivə] *n* **1.** *тех.* чук (свързан с педал); **2.** вид бисквит(а) (*и* **Bath-~**).

olivet(te) ['ɔlivet] *n* малка овална изкуствена перла.

Olympic [o'limpik] *adj* олимпийски; **the ~ games** Олимпийски игри; олимпиада.

omelet(te) ['ɔmlet] *n* омлет; • **you cannot make an ~ without breaking eggs** не можеш да постигнеш голямо нещо без известни жертви.

omen ['oumen] **I.** *n* поличба, предзнаменование, знамение, белег, знак; **of good (bad) ~** който предвещава добро (вещае зло); **II.** *v* предвещавам, предсказвам, прорицавам.

ominous ['ɔminəs] *adj* зловещ, злокобен, заплашителен, застрашителен; ◇ *adv* **ominously**.

omission [o'miʃən] *n* **1.** пропуск; нещо изпуснато; **2.** изпускане, пропускане.

omit [o(u)'mit, ə'mit] *v* **1.** пропускам, забравям да (**to do**); **2.** изпускам.

omnipotence [ɔm'nipətəns] *n* всемогъщество.

omnipresent ['ɔmni'prezənt] *adj* вездесъщ.

on [ɔn] **I.** *prep* **1.** *място, статично и динамично*: на, върху по, у; **~ the table** на масата; **2.** *близост, посока*: на, до, при, край, върху; **3.** *враждебна цел:* на, срещу, върху; • **to be ~ it** *разг.* подготвен съм, в течение съм; **II.** *adv* **1.** облечено, покрито, сложено; **to put ~ o.'s coat** обличам си палтото; **2.** напред; **to move (go) ~** придвижвам се; **3.** продължително, трайно; **to go (work) ~** продължавам да ходя (да работя); • **I'm ~ for it!** дадено! съгласен съм!; **it's not ~** това не е прието, не се прави така; **III.** *adj* **1.** *сп.* (от)към игрището зад играча с хилката (*при игра на крикет*); преден, ляв (*за удар*); **2.** *sl* фирнал, на градус, подпийнал; **a bit ~** леко фирнал; **IV.** *n* **1.** действие, времетраене, процес; **2.** (страната на) игрището (от)към играча с хилката (*при игра на крикет*).

once [wʌns] **I.** *adv* **1.** веднъж (един път); еднократно; **more than ~** неведнъж; **2.** някога, веднъж, едно време; отдавна; • **at ~** веднага; **II.** *cj* щом (като), ако веднъж; **~ you hesitate you are lost** (веднъж) поколебаеш ли се (ако, щом се поколебаеш), загубен си, свършено е с тебе; **III.** *n* един случай, един път; **do it this ~** направи го само този път (по изключение).

oncoming ['ɔnkʌmiŋ] **I.** *adj* идващ, предстоящ; подрастващ; следващ; **II.** *n* идване, настъпване.

one [wʌn] **I.** *num adj* **1.** един; първи; **~ man ~ vote** равенство в изборите; • **to be (get) ~ up on s.o.** имам (печеля) преднина пред някого, в по-изгодна позиция съм; **to put (get) ~ over on s.o.** печеля пред, изпреварвам някого, излизам напред пред някого; **2.** само един, единствен; **~ and only** един единствен; **3.** един, единен; еднакъв, един и същ; **II.** *n* **1.** числото 1 (едно), единица; **number ~** (номер) едно; *нар.* "моето Аз", самия себе си; *нар.* малка нужда; **2.** (*замества вече споменатото съществително; означава отделен предмет или човек*); **3.** *impers pron* човек; **4.** *в poss case* си, свой.

oneiromancy [ou'naiərо,mænsi] *n* гадаене, предсказване по сънища.

oneself [wʌn'self] *pron refl* **1.** се, си; **to hurt ~** наранявам се; **2.** сам, за себе си; • **be ~** нормален съм, в ред съм (умствено и физически); естествен съм, държа се естествено, искрен съм.

one-sided ['wʌn'saidid] *adj* **1.** с една страна; едностранен; ~ **street** улица, застроена само от едната страна; **2.** наклонен, асиметричен; **3.** *прен.* едностранчив, неравен, несправедлив (*за договор*); пристрастен.

one-way ['wʌnwei] *adj* **1.** обикновен, за отиване, за едно пътуване (*за билет*); **2.** еднопосочен.

onion ['ʌnjən] **I.** *n* **1.** (глава) лук; **spring ~s** зелен лук; **2.** *sl* глава, тиква, кратуна; **3.** *sl* жител(ка) на Бермуда; • **to know o.'s ~s** разбирам от работата си, вещ съм в занаята си; **II.** *v* подлучвам; натривам с лук.

onion-skin ['ʌnjənskin] *n* **1.** люспа (ципа) на лук; **2.** вид тънка хартия, пилюр.

oniony ['ʌniəni] *adj* с миризма (вкус) на лук, лучен, подлучен.

onlay ['ɔnlei] *n* накладка; облицовка.

on-licence ['ɔn,laisəns] *n* разрешително за продажба на спиртни питиета само за консумация в заведението.

onlooker ['ɔnlukə] *n* зрител, случаен свидетел; **the ~s** присъстващите.

only ['ounli] **I.** *adj* единствен; **II.** *adv* **1.** само; **if ~ she would stop talking** да щеше само да млъкне; **2.** *за засилване*: **we arrived ~ just in time** пристигнахме едва-едва навреме, за малко не закъсняхме; **III.** *cj* само че, но, обаче.

onward ['ɔnwəd] **I.** *adj* насочен напред; ~ **movement** движение напред; **II.** *adv* (*и* **onwards**) напред; **to move ~s** напредвам, придвижвам се; **from this time ~s** отсега нататък.

oogenesis [,ouɔ'dʒenisis] *n* оогенеза, образуване на яйце, яйцеклетка и под.

ooze [u:z] **I.** *n* **1.** тиня, талог, утайка, труптина; **2.** дъбилно вещество; **3.** *ам.* мочур, тресавище, млака; **II.** *v* **1.** процеждам се, просмуквам се, тека капка по капка, сълзя, капя, окапвам се (**from, through**); **2.** изпускам, излъчвам (**with**); **boots oozing with water** подгизнали обувки; **3.** *прен.* разчувам се; плъзвам (*за тайна, новина*) (**out**).

opacity [o'pæsiti] *adj* **1.** непрозрачност; **2.** *прен.* тъпота, тъпоумие, тъпотия, слаба интелигентност.

open ['oupən] **I.** *adj* **1.** отворен, открит, разтворен (**to**); ~ **account** открита (текуща) сметка; **2.** открит, явен; общодостъпен, неограничен, свободен; обществен, публичен; **3.** открит, изложен; незащитен (*и с* **to**); податлив, склонен, непредубеден; • ~ **winter** мека зима; **II.** *v* **1.** отварям (се); пробивам отвор, правя разрез; откривам (се) (*магазин, парламент и пр.*); разпечатвам (*плик*); *ел.* прекъсвам (*ток*); **to ~ o.'s eyes** *прен.* зяпвам от изненада; **2.** разтварям; разкривам (се) (*за гледки, перспективи*); *мор.* разкри ми се пътят до, стигам до; **3.** започвам, откривам (*дебати, сметки*); **III.** *n* : **the ~** открито пространство (поле, море).

opener ['oupənə] *n* **1.** човек, който отваря; **2.** уред за отваряне, отварачка (*на шишета, консерви и под.*).

opera ['ɔp(ə)rə] *n* опера; **grand ~** опера сериа.

opera-glass(es) ['ɔp(ə)rəgla:s(iz)] *n* театрален бинокъл.

opera-house ['ɔp(ə)rə'haus] *n* опера (здание), оперен театър.

operate ['ɔp(ə)reit] *v* **1.** работя,

действам, функционирам; оперирам; 2. привеждам в движение; управлявам (*за машина*); **~d by steam (electricity)** задвижван (движен) с пара (електричество); 3. оказвам влияние, действам, въздействам (**on, upon**).

operation [ˌɔpəˈreiʃən] *n* **1.** действие, операция; работа; изпълнение; привеждане в действие; **in ~** в действие; **2.** *мед.* операция; **3.** процес; ход.

operator [ˈɔpəreitə] *n* **1.** оператор, човек, който управлява (работи) на някаква машина; механик; кинооператор; телефонист, телефонистка; телеграфист; **wireless ~** *мор.* радист; **2.** нещо, което оказва въздействие; фактор; **3.** хирург, оператор.

operetta [ɔpəˈretə] *n* оперета.

opinion [əˈpiniən] *n* мнение, възглед, схващане, становище, разбиране; предположение; **in my ~** по мое мнение, по моему.

opponent [əˈpounənt] **I.** *n* опонент, противник; **II.** *adj* противоположен, противен, враждебен, противостоящ.

opportune [ˈɔpətju:n] *adj* своевременен, навременен, благоприятен; подходящ, уместен.

opportunity [ˌɔpəˈtju:niti] *n* сгода, удобен случай (момент); подходяща (благоприятна) възможност; **to afford an ~** давам (предлагам, предоставям) възможност.

oppose [əˈpouz] *v* противопоставям (се) на, опълчвам (се) против, възпротивявам се на (срещу), опонирам на; заставам (поставям) срещу.

opposite [ˈɔpəzit] **I.** *adj* противоположен, срещуположен, отсрещен, противопоставен, противостоящ, насрещен, противен, обратен; **~ poles** *ел.* противоположни (разноименни) полюси; • **~ prompter** *театр.* в дясната част на сцената; **II.** *n* **1.** противоположност, антипод; **2.** някой (нещо), поставен(о) срещу друг(о); **my ~** човекът срещу мене; **III.** *adv* насреща, срещу; отсреща; **the house ~** отсрещната къща; **IV.** *prep* срещу.

opposition [ˌɔpəˈziʃən] *n* **1.** съпротива, съпротивление; противопоставяне; противодействие; **2.** опозиция, противоположност, противоположно положение; противопоставяне; **~ of the thumb and the fingers** противоположно (насрещно) положение на палеца и пръстите; **3.** *полит.* опозиция.

opossum [əˈpɔsəm] *n зоол.* опосум, двуутробен американски бозайник *Didelphis*.

oppress [əˈpres] *v* **1.** потискам, угнетявам, гнетя; **2.** *ост.* съкрушавам.

oppression [əˈpreʃən] *n* **1.** потисничество, гнет, робство, иго; угнетяване, потискане; **2.** потиснатост, угнетеност, гнет, притеснение.

oppressor [əˈpresə] *n* потисник, тиранин, деспот, угнетител.

oppugn [ɔˈpju:n] *v* **1.** противопоставям се на; против съм; **2.** възразявам срещу, оспорвам.

opt [ɔpt] *v* избирам, изказвам се (**for**);

opt in избирам (решавам) да съм част от нещо;

opt out избирам (решавам) да не съм част от нещо; оттеглям се.

optic [ˈɔptik] **I.** *adj* зрителен, оптически; очен; **II.** *n шег.* око.

optimism [ˈɔptimizəm] *n* оптимизъм.

optimist [ˈɔptimist] *n* оптимист.

optimistic(al) [ɔptiˈmistik(l)] *adj* оптимистичен; ◇ *adv* **optimistically**.

optimize [ˈɔptimaiz] *v* **1.** оптимизирам; **2.** възползвам се максимално от (ситуация, случай).

option [ˈɔpʃən] *n* **1.** избор, право (свобода) на избор, опция; **a soft ~** най-добрата алтернатива; **to keep (leave) o.'s ~s open** не се ангажирам с решение; **2.** *юрид.* опция; оптация; **3.** *търг.* право на закупуване; **local ~** *ам.* право на жителите на даден окръг да контролират или забраняват продажбата на спиртни напитки.

optional [ˈɔpʃənəl] *adj* незадължителен, факултативен, изборен, по избор; **~ exercises** *сп.* свободни упражнения.

opulent [ˈɔpjulənt] *adj* **1.** богат; **2.** изобилен, обилен; разкошен, пищен; **3.** цветист (*за стил*).

or₁ [ɔ:] *cj* или; **~ else** или пък; иначе.

or₂ *n херaлд.* златен (жълт) цвят.

or₃ *prep cj ост.* преди, до.

oracle [ˈɔrəkəl] *n* **1.** оракул, прорицател (*и прен.*); **to work the ~** редя нещата, дърпам конците, уреждам въпросите задкулисно (предварително); **2.** предсказание, пророчество; *прен.* мъдрост; истина; **3.** *библ.* Светая светих (*в храм*).

oral [ˈɔ:rəl] **I.** *adj* **1.** устен, на устата; орален; **2.** словесен, устен; **II.** *n* устен изпит.

orange [ˈ ɔrindʒ] **I.** *n* **1.** портокал; **a squeezed (sucked) ~** *прен.* изстискан (изцеден) лимон; напълно използван (изхабен) човек; **2.** портокалово дръвче; **3.** оранж, портокалов цвят; **II.** *adj* **1.** оранжев, портокалов (*за цвят*); **~ book** доклад (отчет) на Министерството на земеделието; **2.** портокалов, на (от) портокал.

Orange [ˈrind] *n* **1.** *ист.* Оранска династия; **the Prince of ~** принц Орански; **2.** : **~ lodge** Оранжистка ложа (организация).

orangeade [ˈɔrindʒˈeid] *n* оранжада.

orangery [ˈɔrindʒəri] *n* **1.** оранжерия за отглеждане на портокалови дървета; **2.** оранжерия, парник.

orator [ˈɔrətə] *n* оратор; **Public O.** официален говорител при тържествени случаи в Оксфорд или Кембридж.

oratory₁ [ˈɔrətəri] *n* красноречие, реторика, ораторско искуство.

oratory₂ *n* **1.** молитвен дом, параклис, място за молитва в католическите храмове; **2.** (**O., Fathers of the O.**) католически монашески орден, членовете на който проповядват на прост и достъпен език.

oratress [ˈɔrətris] *n* ораторка.

orbital [ˈɔbitəl] **I.** *n* орбитала, едноелектронна вълнова функция; **II.** *adj* орбитален.

orchard [ˈɔ:tʃəd] *n* овощна градина.

orchestra [ˈɔ:kistrə] *n* **1.** оркестър; **2.** място за оркестър (*в опера и пр.*) (*и* **~ pit**); **3.** партер (*и* **~ chairs, ~ stalls**).

orchestrate [ˈɔ:kistreit] *v* **1.** оркестрирам, аранжирам за оркестър; **2.** *прен.* дирижирам, ръководя.

orchid [ˈɔ:kid] *n бот.* орхидея, тропически многогодишни растения *Orchidaceae*; салеп.

ordeal [ɔ:ˈdi:l] *n* **1.** изпитание, мъчение; **2.** *ист.* божи съд.

order [ˈɔ:də] **I.** *n* **1.** ред, редица; порядък; последователност; **~ of business, ~ of the day** дневен ред; **2.** изправност, ред, порядък; **3.** отличие, орден; • **in ~ that (to)** за да; **II.** *v* **1.** заповядвам на, нареждам на, зарьчвам на, давам заповед на; **to ~ about** разкарвам, разтакавам; **2.** поръчвам, правя поръчка за; **3.** предписвам, определям (*лекарство и под.*)!

order book [ˈɔ:dəbuk] *n* **1.** книга за поръчки; **2.** *воен.* книжа за (вписване на) разпорежданията.

orderliness [ˈɔ:dəlinis] *n* **1.** ред, порядък; системност, методичност; акуратност; **2.** дисциплина; подчинение на закона.

ordinance [ˈɔ:dinəns] *n* **1.** указ, декрет, постановление; наредба; заповед; **traffic ~** правилник за движението; **2.** *рел.* обред, тайнство; **the (Sacred) O.** Тайната вечеря; **3.** *рядко* разпределение (на частите), разчленение.

ordinary [ˈɔ:dnəri] **I.** *adj* **1.** обикновен, обичаен; нормален; **tools in ~ use** инструменти в постоянна (всекидневна) употреба; **2.** посредствен, ограничен; прост; **3.** редовен; **II.** *n* **1.** обикновено (средно) ниво; **out of the ~** необикновен, необичаен; **2.** *рел.* требник; **3.** лице на редовна служба (*в конкретно учреждение, на определено място и пр.*); *юрид.* съдия; *рел.* епископ, архиепископ; свещеник.

ordure [ˈɔ:djuə] *n* **1.** изпражнения; тор; мръсотия (*и прен.*); **2.** *прен.* вулгарен, мръсен, гнусен език.

ore [ɔ:] *n* **1.** руда; **2.** *поет.* скъпоценен (благороден) метал.

organ [ˈɔ:gn] *n* **1.** *муз.* орган; **American ~** хармониум; **2.** *анат.* орган; **3.** глас.

organic [ɔ:ˈgænik] *adj* **1.** органичен, органически; вътрешно (органически) свързан; взаимнозависим; **~ law** *ам.* основен закон, конструкция; **2.** организиран; систематизиран; **3.** *биол., хим.* от органичен произход.

organism [ˈɔ:gənizəm] *n* организъм (*и прен.*).

organization [ˌɔ:gənaiˈzeiʃən] *n* **1.** организация; устройство; структура; строй; **~ chart** устав; **2.** организиране, учредяване, устройване; **3.** организъм; организация, структура, тяло.

organize [ˈɔ:gənaiz] *v* **1.** организирам, устройвам, учредявам, основавам; уреждам; структурирам; **to ~ the House** *ам.* избирам главните длъжностни лица и комисиите в Конгреса; **2.** систематизирам; **3.** ставам органичен, превръщам (се) в жива тъкан.

organizer [ˈɔ:gənaizə] *n* организатор.

organzine [ˈɔ:gənzi:n] *n* *текст.* двойно пресукан копринен конец.

orgasm [ˈɔ:gæzəm] *n* **1.** *физиол.* оргазъм; **2.** прекалена възбуда; краен предел (*на ярост и пр.*).

orient I. [ˈɔ:riənt] *n* **1.** (**O.**) Изток, източните страни, Ориент; **2.** висококачествена (лъскава) перла; **3.** *поет.* ярък блясък; **a pearl of fine ~, ~ pearl** блестяща скъпа перла; едър бисер; **II.** *adj* **1.** *поет.* източен; ориенталски; **2.** ярък, светъл, блестящ; сияен; искрящ; **3.** скъп, рядък, висококачествен (*обикн. за перли*); **III.** [ˈɔ:rient] *v* **1.** определям местоположението (нахождението) (*по компаса*), ориентирам; *прен.* осведомявам, насочвам; **2.** строя здание (църква) с фасада, обърната към изток; ориентирам (насочвам) към изток (*или към коя да е определена посока*).

oriental [ˌɔ:riˈentl] **I.** *adj* **1.** източен; ориенталски; азиатски; **an ~ bookseller** книжар, специализирал се по книги (съчинения, трудове) върху Ориента; **2.** чист, блестящ (*за перли*); **II.** *n* (**O.**) ориенталец, човек от Изтока (Ориента).

orientation [ˌɔ:rienˈteiʃən] *n* ориентиране, ориентация, ориентировка; насочване.

origin [ˈɔridʒin] *n* **1.** произход, произхождение; ~ **of species** произход на видовете; **2.** източник, начало; **3.** род, потекло.

original [ə'ridʒinəl] **I.** *adj* **1.** начален, първоначален, първичен, найранен, примитивен, първобитен; **the ~ edition** първото издание; **2.** достоверен, автентичен, истински, оригинален; **3.** самобитен, творчески, оригинален; **II.** *n* **1.** оригинал, първоизточник; **2.** особняк, чудак, оригинал.

ornament I. ['ɔ:nəmənt] *n* **1.** украшение, орнамент; декорация, украса; **2.** *pl рел.* богослужебни принадлежности; **3.** нещо, което вдъхва почит и уважение; **he is an ~ to his profession** той прави чест на професията си; **II.** ['ɔ:nə'ment] *v* орнаментирам, украсявам, декорирам; разхубавявам.

orphan ['ɔ:fən] **I.** *n* сирак, сираче, сирота; **II.** *adj* сирашки, сиротски, сиротински; сиротен; **III.** *v* правя (оставям) сирак, осиротявам.

orphanage ['ɔ:fənidʒ] *n* **1.** сиращество, сиротство; **2.** сиропиталище, приют за сираци.

orthodox ['ɔ:θədɔks] *adj* **1.** правоверен, ортодоксален; общоприет; **2.** *рел.* православен.

ostrich ['ɔstritʃ] *n* щраус; ~ **plume** щраусово перо (*и като украса*).

other ['ʌðə] **I.** *adj* друг; **the ~ world** оня свят; **II.** *pron* друг, някой друг; **s.o. or ~** някой си, който и да е; **III.** *adv* иначе, другояче; **I could not do it ~ than** не можах да го направя по друг начин, освен.

otherwise ['ʌðəwaiz] **I.** *adv* иначе, инак, другояче; в друго отношение; в противен случай; **not ~ than** не другояче освен; **II.** *adj* друг; **tracts agricultural and ~** обработваеми и други земи.

Ottoman ['ɔtəmən] **I.** *adj* отомански, турски; **II.** *n* отоманин, турчин.

ought *v aux* трябва, следва, би следвало; длъжен съм (*неизм. освен ост.* **ought(e)st** *2 л., ед. ч.*); **this ~ to have been done before** това трябваше да се свърши по-рано.

ounce$_1$ [auns] *n* **1.** унция (*мярка за тежест = 28,3 или 31,1 г*); **2.** *прен.* нещо малко; грам, зърно, троха.

ounce$_2$ *n* **1.** *зоол.* барс, тибетски леопард; **2.** *поет.* рис; пантера.

our [auə] *pron poss, attr* наш; **of ~ own** наш, собствен.

ours [auəz] *pron poss (абсолютна форма)* наш; ~ **is a nice house** ние имаме хубава къща, къщата ни е хубава.

ourself [,auə'self] = **ourselves**; *ед. ч.* (*употребява се, когато човек говори за себе си в мн. ч.*).

ourselves ['awə'selvz] *pron* **1.** *refl* себе си, си; ние, нас; **2.** (*за усилване на смисъла*) сами; **we ~** (*ост.* **~**) ние самите.

out [aut] **I.** *adv* **1.** вън; навън; **~ there** ей там (навън); **2.** излязъл навън, не на обичайното си място; **3.** излязъл, появил се; • **~ and away** несравнено, далеч, много; **II.** *prep*: **1.** вън от, извън (**~ of**); **2.** от, по, вследствие на, поради (**~ of**); **3.** без (**~ of**); **III.** *adj* **1.** външен; краен; **~ match** мач на противников терен, мач с гостуване в града на противника; **2.** *тех.* изключен, откачен, нескачен, невключен; **IV.** *n* **1.** *печ.* пропуск; **2.** *ам.* недостатък; **3.** *pl пол.* **The ~s** опозиция; • **at ~s, on the ~s** в обтегнати (лоши) отношения; **V.** *v sl* изгонвам, изпъждам, изкарвам навън.

outbreak I. ['autbreik] *n* **1.** избухване; изблик; **~ of hostilities** начало на военните действия; **2.** бунт, въстание; **3.** *геол., мин.* излизане на повърхността, оголване; **II.** [aut'breik] *v поет.* = **break out**.

outcome ['autkʌm] *n* **1.** резултат, изход, последствие, развръзка, разрешение; **the ~ of our labours** плодът на нашите усилия (труд); **2.** *рядко* крайно (изпускащо, изходно) отвърстие, изход, отход.

outdoor ['autdɔ:] *adj* който се извършва (намира) навън (на открито), на чист въздух; външен; **an ~ agitation** агитация извън парламента.

outdoors ['autdɔ:z] *adv особ. ам.* на открито; **all ~** *ам. разг.* целият свят, всички; **the ~** занимания на открито.

outer ['autə] **I.** *adj* **1.** външен; **the ~ man** 1) външността, дрехите; 2) човешкото тяло; **2.** по-отдалечен (далечен); **3.** *филос.* обективен; **II.** *n* **1.** *воен.* външен кръг на мишена; **2.** попадение във външния кръг (*на мишена*); **3.** *сп., разг.* нокаут.

outfit ['autfit] **I.** *n* **1.** снаряжение, екипировка, екип; обзавеждане, оборудване; съоръжения, принадлежности; **mental ~** умствен багаж; **2.** *разг.* организирана група, команда, дружина, експедиция; *воен.* част, поделение; **II.** *v* (**-tt-**) *рядко* снабдявам (се), обзавеждам (се), екипирам (се); **~ting department** отдел мъжка (дамска) конфекция.

outing ['autiŋ] *n* **1.** разходка, екскурзия; **2.** *сп.* (участие в) състезание, турнир; **3.** *рядко* изхвърляне.

outline ['autlain] **I.** *n* **1.** очертание, контур, контури; профил; силует; скица; **in ~** в общи черти; контурен (*за рисунка*); **2.** схематично изложение, скица; **II.** *v* **1.** (на)рисувам контурите (очертанията) на; очертавам; **2.** изпъквам на фона на (*с pass*); **3.** скицирам (*роман, рисунка*), нахвърлям (*проект, план*), описвам в общи черти, предавам в едри линии (щрихи).

outlook ['autluk] *n* **1.** перспектива; изглед; възможност; **2.** *рядко* наблюдателен пункт; наблюдателница; **3.** възглед, мнение, становище, схващане; гледище; **world ~, ~ on (upon) life** светоглед, мироглед.

out-of-date ['autəv'deit] *adj* остарял, старомоден, демодиран, демоде, излязъл от мода (употреба).

out-patient ['aut,peiʃənt] *n* амбулаторно болен, приходящ болен.

output ['autput] *n* **1.** *тех.* производителност, мощност, дебит, капацитет, рандеман; **2.** производство, продукция; добив; **3.** *комп.* изходни данни.

outrageous [aut'reidʒəs] *adj* **1.** жесток, свиреп; насилнически; **2.** възмутителен, скандален; безобразен, безбожен; нечуван; **it is ~!** това надхвърля всички граници! ◇ *adv* **outrageously**.

outset ['autset] *n* **1.** начало; **2.** *мин.* рудничен отвор; устие (изход) на шахта; **3.** *печ.* маргинал; заглавие, поместено върху полето на страница.

outside ['aut'said] **I.** *adv* **1.** вън, навън; отвън; **2.** на открито, на въздух; **come (step) ~!** я ела отвън с мене! (*често* - за да се бием); **3.** *мор.* в (на) открито море; **II.** *prep* **1.** вън от, извън; отвъд; **to stand ~ things** държа се настрана, не вземам участие; **2.** вън от; с изключение на, изключая (*и* **~ of**, *особ. ам.*); • **~ of a horse** *ам. sl* на кон; **3.** *ам., разг.* постигам, достигам, успявам; **III.** *adj* **1.** външен; **2.** краен, последен; **the ~ left (right)** *сп.* ляво (дясно) крило; **3.** чужд, страничен, външен, приходящ.

outskirts ['autskə:ts] *n pl* **1.** покрайнини, окрайнини; предградия; **2.** край (*на гора*); • **the ~ of society**

полуобщество, демимонд.

outstanding [aut'stændiŋ] *adj* **1.** издаден, изпъкнал; *прен.* доминантен, изтъкнат, очебиещ; **~ features of a race** доминантни расови белези; **2.** неизплатен, неуреден, останал (*за сметка*); **3.** неизпълнен, висящ; спорен.

outstrip [aut'strip] *v* (**-pp-**) **1.** изпреварвам, надминавам; вземам преднина пред, оставям зад себе си; **2.** превъзхождам.

oven ['ʌvn] *n* фурна, пещ; **quick ~** силна фурна.

over ['ouvə] **I.** *prep* **1.** над, върху, на; **~ my head** над главата ми; *прен.* 1) над умствените ми способности; трудно за разбиране; 2) без да се допита до мене; **2.** по; на; из; **3.** през, през (цялото) време на, в течение на; • **to be all ~ s.o.** 1) престаравам се да любезнича с някого; 2) много се възхищавам от някого; **II.** *adv* **1.** оттатък, отвъд, от другата страна; **to jump ~** прескачам, пресичам; **2.** *за падане, преливане*; **3.** от, оттатък; • **a pipe measuring three inches ~** тръба, широка 3 инча (цола); **III.** *adj* **1.** горен, по-висок, повисш; **2.** външен; връхни; **3.** допълнителен, извънреден; **IV.** *n ам.* **1.** излишък; **2.** *воен.* изстрел над мишената; **3.** *сп.* последователно хвърляне на 6 топки (*при игра на крикет*); **a maiden ~** хвърляне на 6-те топки, без да се отбележи точка.

over- ['ouvə] *pref* свръх-, над-, пре-, твърде, прекалено.

overall I. ['ouvərɔ:l] *n* **1.** престилка (*работническа, лекарска и пр.*); **2.** *pl* комбинезон, работни дрехи, гащеризон; **3.** *pl* високи непромокаеми гамаши (гети); **II.** *adj* **1.** пълен, цял, общ; външен (*за размери*); **~ dimensions** габаритни размери, габарит; **2.** всеобщ; всеобемащ, всеобхватен; **III.** [ouvər'ɔ:l] *adv* **1.** *ост.* навсякъде; **2.** общо.

overcame *вж* **overcome**.

overcoat ['ouvəkout] *n* палто, връхна дреха; балтон.

overcome [,ouvə'kʌm] *v* (**overcame** [,ouvə'keim], **overcome** [,ouvə'kʌm]) **1.** побеждавам; преодолявам, превъзмогвам; **2.** завладявам, овладявам; обхващам; **~ by** завладян (обхванат; изтощен, измъчен) от, сломен от.

overdue [,ouvə'dju:] *adj* **1.** закъснял; **2.** просрочен.

over-estimate I. [,ouvər'estimeit] *v* **1.** оценявам на много висока цена, слагам висока оценка; надценявам; **2.** раздувам сметка; **II.** ['ouvər,esti mit]) *n* **1.** прекалено висока оценка; **2.** раздута сметка.

overhead I. ['ouvəhed] *adv* горе, отгоре, над главата; на по-горния етаж; **~ in debt** потънал в дългове; **II.** ['ouvəhed] *adj* **1.** горен, надземен; **~ railway** въздушна железница; **2.** режийни (*за разноски*); **III.** *pl* режийни (разноски).

overhear [,ouvə'hiə] *v* (**overheard** [,ouvə 'hə:d]) **1.** дочувам, чувам, без да искам; подслушвам; **2.** не чувам, пропускам, изпускам.

overload I. [,ouvə'loud] *v* претоварвам; **II.** ['ouvəloud] *n* свръхтовар (*и ел.*); **~ release (switch)** предпазител за свръхнатоварване.

overlook [,ouvə'luk] *v* **1.** гледам от високо (*място*); издигам се над; **a hill ~ing the sea** височина, която гледа към морето; **2.** не забелязвам, недоглеждам, пропускам; прескачам незабелязано (*пасаж и пр.*); **3.** игнорирам, подминавам, пренебрегвам, затварям си очите за; гледам през пръсти на.

overnight I. ['ouvə'nait] *adv* предишната нощ; през цялата нощ; **to**

assume powers ~ за една нощ (за един ден, изведнъж) добивам власт; **II.** ['ouvənait] *adj* нощен; станал през предишната нощ; **~ loan** заем до утре.

over-production ['ouvəprə'dʌkʃən] *adj* свръхпроизводство.

oversea(s) ['ouvə'si:(z)] **I.** *adv* през море, зад море; **II.** *adj* презморски, задморски, отвъдморски; презокеански; от чужбина; чуждестранен; **~ trade** външна търговия.

overshoe ['ouvəʃu:] *n* галош, шушон.

overtake [,ouvə'teik] *v* (**overtook** [,ouvə'tu:k], **overtaken** [,ouvə'teikn]) **1.** настигам, застигам; **2.** задминавам, изпреварвам; надминавам; **3.** идвам внезапно; връхлитам; завладявам, налягам, обхващам; **~n in (with) drink** пиян.

overthrow I. [,ouvə'θrou] *v* (**overthrew** [,ouvə'θru:], **overthrown** [,ouvə'θroun]) **1.** повалям, събарям, прекатурвам, преобръщам; **2.** *прен.* побеждавам, свалям, събарям; **3.** разрушавам; повреждам; **II.** ['ouvə'θrou] *n* **1.** отхвърляне, обръщане, катурване; **2.** поражение, провал, проваляне; гибел; **3.** сваляне от власт.

overtook *вж* **overtake**.

overture ['ouvətjuə] *n* **1.** *обикн. pl* начало на преговори; официално предложение; **peace ~s** сондажи, опити за сключване на мир; **2.** *муз.* увертюра; **3.** пролог (*на лит. произведение*).

overwhelming [,ouvə'hwelmiŋ] *adj* **1.** поразителен, изумителен; **2.** непреодолим; ◇ *adv* **overwhelmingly**.

owe [ou] *v* дължа (*и прен.*), длъжен съм, имам дълг към (**to** *или без предлог*); задължен съм на/към; **to ~ s.o. a grudge** имам някому зъб.

owing ['ouiŋ] *adj predic* **1.** дължим; **how much is ~ to you?** колко още има да ви се плаща? **2.** произлизащ от; **3.** : **~ to** благодарение на, вследствие на, поради.

owl [aul] *n* **1.** бухал (*и* **eagle-~**); улулица (*и* **tawny-~**); кукумявка (*и* **little ~**) - птици от сем. *Strigidae*; **2.** *прен., разг.* унче, ампе, "умник"; • **to carry ~s to Athens** на крастаавичар краставици продавам.

own [oun] **I.** *adj* **1.** (*след притежателно мест. или родителен падеж на същ.*) свой, собствен; **I do my ~ cooking** сам си готвя; **2.** роден; **II.** *n* собственост, притежание; **to come into o.'s ~** получавам, вземам си своето, това, което ми се полага, влизам в правата си; заемам подходящо място, получавам признание; • **on o.'s ~** *разг.* самостоятелно, на собствени разноски (отговорност), на своя глава; **III.** *v* **1.** притежавам, имам, държа, владея; **2.** признавам (се); **to ~ a child** припознавам дете; • **to ~ it** попадам на следа, надушвам следа (*ловен израз*).

owner ['ounə] *n* собственик, притежател; владетел, стопанин; **factory ~** фабрикант.

ownership ['ounəʃip] *n* **1.** собственост, притежание, владение; **2.** право на собственост.

ox [ɔks] *n* (*pl* **oxen** ['ɔksən]) **1.** вол; **2.** говедо, едър рогат добитък; • **the black ~** 1) старост; 2) нещастие, беда.

oxide ['ɔksaid] *n хим.* окис, оксид.

oxygen ['ɔksidʒən] *n хим.* кислород.

oyster ['ɔstə] **I.** *n* **1.** стрида; **2.** *разг.* затворен човек; **3.** нещо, от което може да се извлече полза; • **the world is his ~** светът е негов; светът е в краката му; **II.** *v* ловя стриди.

ozone ['ouzoun] *n хим.* озон.

P

P, p [pi:] *n* (*pl* **Ps, p's** [pi:z]) буквата P; ● **to mind o.'s p's and q's** държа се прилично; *прен.* отварям си очите.

pace$_1$ [peis] **I.** *n* **1.** крачка, стъпка; **2.** вървеж, походка; ход; алюр (*на кон*); **3.** скорост, темп; **to go at a good ~** вървя бързо; **II.** *v* **1.** вървя с равна крачка; крача; **to ~ the room** крача из стаята; **2.** меря с крачки, стъпки (**out, off**); **3.** вървя раван (*за кон*).

pace$_2$ ['peisi] *лат. prep* с позволението на, въпреки мнението на (*учтива форма*); **my view, ~ the last speaker, is ...** моето мнение, с позволението на преждеговорившия, е ...

pacific [pə'sifik] **I.** *adj* **1.** миролюбив; примирителен; **2.** мирен, тих, спокоен; **3.** (**P.**) тихоокеански; **II.** *n* **the P.** Тихият океан, Пасификът.

pack [pæk] **I.** *n* **1.** пакет, вързоп, бохча; бала, денк; тесте, топ; багаж на амбулантен търговец; **2.** войнишка раница, мешка, торба; **3.** глутница; стадо; ято; глутница ловджийски кучета; *сп.* нападатели (*в ръгбито*); **to be ahead of (leading) the ~** водач съм, водя (*в състезание*); **II.** *v* **1.** опаковам, свързвам; нареждам, стягам (*обикн.* **up**); **the books ~ easily** книгите лесно се опаковат; **2.** натъпквам (се), тъпча (се); **3.** затварям херметически; консервирам.

package ['pækidʒ] **I.** *n* **1.** пакет, пакетче, вързоп, денк, бала, бохча; **2.** опаковане, пакетиране; **3.** опаковка; **II.** *v ам.* **1.** опаковам, пакетирам; **2.**: **~d as** представен като (*за идея, политик*).

packer ['pækə] *n* **1.** опаковчик (*обикн. на храни*); **2.** опаковачна машина; **3.** фирма, която се занимава с опаковане (пакетиране).

packet ['pækit] **I.** *n* **1.** пакет, вързоп, пратка; колет; **2.** пачка, тесте; **II.** *v* опаковам, правя на пакет.

packsack ['pæksæk] *n* пътна чанта (сак), която се мята през рамо.

packsaddle ['pæksædl] *n* самар.

packsand ['pæk'sænd] *n* ситнозърнест пясъчник.

packthread ['pækθred] *n* връв, канап.

pack train ['pæktrein] *n ам.* керван, обоз, върволица от животни, натоварени със стока.

pact [pækt] *n* пакт, договор; **~ of Peace** пакт за мир.

pad$_1$ [pæd] **I.** *n* **1.** тампон; подплънка; мека подложка (*против триене*), възглавничка; **sanitary ~** дамска превръзка; **2.** меко седло; **3.** *сп.* наколенник, наколенка, шингард; **II.** *v* **1.** подпълвам с мека материя, ватирам; тампонирам; слагам подплънки на; **2.** *разг.* издувам, слагам много пълнеж (*и* **~ out**); **3.** разширявам (*реч, доклад и пр.*) като добавям допълнителен материал; (*и* **~out**).

pad$_2$ **I.** *n* **1.** *sl* път; **gentleman (knight, squire) of the ~** разбойник по пътищата; **2.** шум от стъпки; **3.** кон с лека стъпка; **II.** *v* **1.** вървя пеш, влача се; **to ~ it (~ the hoof)** ходя пешком; **2.** вървя с леки стъпки.

pad$_3$ *n* панерче (*като мярка*).

paddle$_1$ ['pædl] **I.** *n* **1.** лопата, гребло (*за лодка*); **double ~** двойно гребло (*за русалка - лодка с двама гребци*); **2.** перка (*на витло на кораб, кит и пр.*); **3.** крак, плавник (*на костенурка, тюлен, морж и под.*); **II.** *v* **1.** карам лодка кану (русалка) (*с гребло*); **2.** движа се с гребно колело (*за кораб*); **3.** бъркам (*с бъркалка*).

paddle₂ I. *v* **1.** газя, цапам, шляпам, шляпукам (*в плитка вода*); **2.** барабаня (*с пръсти*; **on, about, in**); **3.** щъпукам (*за дете*); **II.** *n* киша, рядка кал.

paddock₁ ['pædək] *n* **1.** малко заградено място (ливадка) до конюшна; **2.** заградено място до хиподрум, където стоят конете преди надбягвания; **3.** *мин.* склад.

paddock₂ *n* *остар., шотл.* жаба.

Paddy ['pædi] *n* *разг.* ирландец.

paddy₁ *n* **1.** арпà, неолющен ориз още на корена; **2.** оризище (*и* **~-field**).

paddy₂ *n* *sl* гняв, пристъп на гняв.

paddy₃ *n* *тех.* пробиващ инструмент.

padlock ['pædlɔk] **I.** *n* катинар, катанец, кофàр; **II.** *v* заключвам с катинар.

pagan ['peigən] **I.** *n* **1.** езичник; **2.** безверник, неверник; евреин; мохамеданин; **II.** *adj* езически.

page₁ ['peidʒ] **I.** *n* **1.** страница; **in the ~s of** на страниците на; • **to turn the ~** *прен.* отварям нова страница; **2.** *комп.* страница (*блок от памет с фиксиран размер*); **II.** *v* **1.** номерирам страници; **2.** разделям на страници; **3. to be ~d** получавам съобщение по пейджъра.

page₂ I. *n* **1.** *ист.* паж; **2.** момче, гарсон, пиколо (*в хотел и под.*); *ам.* квестор в Конгреса; **3.** шафер; **II.** *v* **1.** търся някого чрез гарсон (*който му извиква високо името*); **2.** служа като паж.

pageant ['pædʒənt] *n* **1.** грандиозно шествие; тържествена, многолюдна процесия; карнавално шествие; пищност; **2.** драматизиране на моменти от историята, живи картини; **3.** *ист.* подвижна сцена за представяне на мистерия.

pageboy ['peidʒ'bɔi] *n* **1.** шафер; **2.** вид средно дълга дамска прическа с подвити навътре краища.

pager ['peidʒə] *n* пейджър.

paginal ['pædʒinəl] *adj* **1.** който се отнася до страница; **2.** направен страница за страница (*за препечатване и пр.*); **~ reference** цитиране на страница.

pagoda [pə'goudə] *n* **1.** пагода; **2.** златна монета с изображение на пагода.

pagoda tree [pə'goudə'tri:] *n* вид японска или китайска смокиня; • **to shake the ~** забогатявам бързо в източна страна (*за чужденец*).

paid *вж* **pay₁ I.; to put ~ to** поставям точка, удрям чертата.

pail ['peil] *n* кофа (*и количеството*); **wooden-~** ведро.

pain ['pein] **I.** *n* **1.** болка, страдание; **severe ~** остра болка; **2.** *прен.* болка, страдание, мъка, обида, оскърбление, огорчение; **3.** *pl* родилни мъки, болки; • **a ~ in the neck (ass, backside)** невъзможен човек, "наказание"; **II.** *v* **1.** причинявам болка, страдание; засягам, обиждам, оскърбявам; **2.** боли.

painful ['peinful] *adj* **1.** болезнен, мъчителен, неприятен; **a ~ problem** парлив въпрос, болен проблем, гореща тема; **2.** тежък, труден; **3.** смущаващ, неудобен; ◇ *adv* **painfully**.

paint ['peint] **I.** *n* **1.** боя; **dazzle ~** *мор.* камуфлаж; **2.** грим; **II.** *v* **1.** рисувам с бои; **2.** боядисвам (*стени и пр.*); **3.** рисувам, обрисувам, описвам; **to ~ s.o. black** *прен.* представям в черни краски, очерням някого.

painter₁ ['peintə] *n* **1.** художник, живописец; **2.** бояджия (*и* **house-~**).

painter₂ *n* *мор.* фàлин, въже за привързване на лодка; **to cut (slip)**

the ~ скъсвам връзка, разкъсвам, прекъсвам, отделям; *прен.* откъсвам се от нещо.

painter₃ *n* американска пума *Felis concoler*.

painterly ['peintəli:] *adj* **1.** *изк.* който набляга на цветовете и тоновете, а не върху очертанията (*за стил*); **2.** отнасящ се до художник или до картини.

painting ['peintiŋ] *n* **1.** живопис; рисуване; **genre ~** жанрова живопис; **2.** картина (*с бои*); **3.** бояджийство.

paintwork ['peint,wə:k] *n* боядисване, оцветяване.

paintress ['peintris] *n* художничка.

pair [pɛə] **I.** *n* **1.** чифт; двойка; **in ~s** на чифтове, на (по) двойки; **2.** двойка (*съпрузи и пр.*); **3.** партньори (*на карти*); **II.** *v* **1.** образувам двойка (-и), чифт (-ове); **2.** оженвам се, омъжвам се, женя се; чифтосвам се (*и за животни*); **~ off** обединявам (нареждаме се) по двойки, *разг.* женя се (**with**).

pajamas [pə'dʒæməs] = **pyjamas**.

Pakistani [,pa:kis'ta:ni] **I.** *n* пакистанец; **II.** *adj* пакистански.

pal [pæl] *разг.* **I.** *n* **1.** приятел, другар, авер; **2.** съученик; **II.** *v* другарувам, дружа с, имам се с (*обикн.* **to ~ up; with, to**).

palace ['pælis] *n* **1.** дворец, палат; чертог; резиденция; палас; **2.** *attr* дворцов.

palatable ['pælətəbl] *adj* **1.** вкусен, апетитен; **2.** приятен (*и прен.*); **3.** приемлив, привлекателен.

pale₁ [peil] **I.** *adj* **1.** блед(ен), пребледнял, побледнял, пребелял; **~ complexion** бледност (*за човек*); **2.** светъл, белезникав; неясен, слаб; **II.** *v* **1.** бледнея, побледнявам, пребледнявам; **to ~ before** пребледнявам пред; *прен.* бледнея пред; **2.** белея, избелявам, избледнявам; **3.** правя да избелее.

pale₂ **I.** *n* **1.** кол; **2.** заградено място; *ист.* **the English P.** област от Източна Ирландия под английско владичество (XIV — XVI в.); **3.** граница, предел, рамка, лимит, черта (*и прен.*); **within (beyond, outside) the ~s** в (извън) границите (рамките) на приличието; **II.** *v* **1.** ограждам с колове; **2.** заграждам, обграждам, обхващам.

Palestine ['pælistain] *n* Палестина.

palimony ['pælə,mouni] *n* издръжка, изплащана на небрачен партньор.

palindrome ['pælindroum] *n лит.* палиндром(он), вид игрословица; дяволски или рачешки стих.

paling ['peiliŋ] *n* **1.** ограда (с колове); стобор (*и pl*); **2.** заграждане с колове; **3.** кол.

palingenesis [,pælin'dʒenesis] *n* **1.** прераждане; **2.** възраждане; обновление; **3.** *биол.* палингенезис, палингенеза.

palish ['peiliʃ] *adj* бледничък, възблед(ен).

pallet₁ ['pælit] *n* **1.** палитра; **2.** грънчарски плосък уред; шпакла; мистрия; **3.** *муз.* клапа (*на орган*).

pallet₂ *n* тюфлек, сламеник.

pallet₃ *n* колче.

palliate ['pælieit] *v* **1.** извинявам, омаловажавам, намалявам (*вина и пр.*); **2.** облекчавам, успокоявам, уталожвам временно (*болка*).

pall-mall ['pel'mel] *n* **1.** вид стара игра с топка и дървена бухалка; **2.** игрище, алея за тази игра.

pallor ['pælə] *n* бледност, бледнина.

palm₁ [pa:m] **I.** *n* **1.** длан; **2.** вътрешната страна на ръкавица; **3.** *остар.* длан (*като мярка за дължина*); • **to grease (oil, tickle) s.o.'s ~** подкупвам някого; **II.** *v разг.* **1.** докосвам с ръка (длан), ръкувам се; милвам; **2.** крия в ръката си (*при карти, комар*); **3.: to ~ s.th. off on (upon) s.o.** хързулвам (пробутвам) нещо на някого.

palm₂ *n* **1.** палма; **2.** палмово клонче; отличие при победа; символ на мир; **to bear (carry) the ~** получавам първа награда; **3.** върбова клонка; **P. Sunday** Връбница, Цветница.

palmetto [pæl'metou] *n бот.* ниска палма.

palmful ['pa:lmful] *n* шепа, кривач(ка), стиска.

palm kernel ['pa:m'kə:nəl] *n* семе (кокосов орех) на палма, от което се добива палмово масло.

palm reader ['pa:m'ri:də] *n* охранителна система, която разпознава служителите в едно предприятие (учреждение и под.) по отпечатъците на дланта.

palp [pælp] *n* пипалце, пипало.

palpability [,pælpə'biliti] *n* **1.** осезаемост; **2.** очевидност, явност.

palsied ['pɔ:lzi:d] *adj* който страда от детски паралич.

palsy ['pɔ:lsi] **I.** *n* паралич, парализа; паралично треперене; **II.** *v* парализирам, сковавам, парирам, попречвам.

palter ['pɔ:ltə] *v* **1.** усуквам, увъртам, извъртам, хитрувам; **to ~ with facts** извъртам фактите; **2.** споря, препирам се (**with s.o. about**); **3.** пазаря се.

paltriness ['pɔ:ltrinis] *n* **1.** дребнавост; **2.** низост, подлост, безчестие.

pamphlet ['pæmflit] *n* памфлет; брошура; **stabbed ~** броширана (подшита) брошура.

panacea [,pænə'siə] *n* панацея, универсално лекарство; пенкилер.

panache [pə'næʃ] *n* **1.** хъс, замах, елегантност; **2.** плюмаж; украса от пера върху шапка; **3.** *прен.* докарване, контене; перчене.

Panama [,pænə'ma:] *n* **1.** *геогр.* Панама; **2.** панамена шапка (*и* **~ hat**).

pancake ['pænkeik] *n* **1.** палачинка, тиганица; **to toss a ~** обръщам палачинка; **2.** *sl ав.* изгубване на скорост при слизане (*на самолет*); **3.** тънко парче плаващ лед; (*и* **~ ice**).

pan-closet ['pæn,klɔzit] *n* тоалетна (с тоалетна чиния).

panda ['pændə] *n зоол.* панда, хималайска мечка *Aelurus fungens*.

panda car ['pændə'ka:] *n* малка полицейска патрулка.

pander ['pændə] **I.** *v* **1.** поощрявам, насърчавам, в услуга съм на (*за низки, подли, безчестни постъпки*); **to ~ to s.o.'s taste** угаждам на вкуса на; **2.** сводничa; **II.** *n* **1.** сводник; **2.** *прен.* помощник, оръдие.

panderess ['pændəris] *n* сводница.

pandora, pandore [pæn'dɔ:rə] *n муз.* пандура; **Pandora box** ['pæn dɔ:rə'bɔks] *n прен.* източник на неприятности и проблеми.

pandowdy [pæn'daudi] *n ам.* ябълков пудинг с петмез.

pane [pein] *n* **1.** стъкло на (за) прозорец; джам; **2.** отделен елемент от композиция от четириъгълници; **3.** стена на кристал.

panel [pænl] **I.** *n* **1.** табла, панел(а), плот, квадрат, плочка, плоскост (*на ламперия, врата и пр.*); кесон (*на таван*); **2.** дъска за рисуване; рисунка; картина върху дъска; **3.** пергаментов лист; регистър, списък; **II.** *v* **1.** облицовам с ламперия; нареждам, облицовам на квадрати; **2.** поставям в рамка; **3.** вмъквам ивица или друг плат (*на дреха*).

panelling ['pænəliŋ] *n* ламперия; облицовка.

panellist ['pænəlist] *n* член на комисия.

pang [pæŋ] *n* силна болка, спазъм; **the ~s of death** предсмъртна агония.

pangolin [pæŋ'goulin] *n зоол.* мравояд или подобни на него животни.

panhandle ['pænhændəl] **I.** *n* **1.** дръжка на тиган; **2.** тясна и дълга ивица земя, издадена в морето; **II.** *v ам., разг.* прося по улиците, протягам ръка.

panhandler ['pæn'hændlə] *n* просяк.

panic₁ ['pænik] *n* италианско просо.

panic₂ **I.** *n* паника; объркване; внезапен, неудържим страх; **to throw into a ~** хвърлям в паника; **II.** *adj* панически; предизвикващ паника; **~ press** сензационна преса; **III.** *v* **(-ck-) 1.** изпадам в паника, паникьосвам се; **2.** хвърлям в (изпълвам с) паника, паникьосвам.

panic-monger ['pænikmʌŋgə] *n* паникьор, паникьорка.

panic-stricken ['pænik,strikən] *adj* обхванат от паника, паникьосан.

pannier₁ ['pæniə] *n* **1.** кош, панер (*за носене на гръб или като дисаги*); **2.** голям кош с капак; **3.** кошница за багаж на велосипед или мотоциклет; самар.

pannier₂ *n* келнер в столовете на лондонските съдилища.

pannikin ['pænikin] *n* метална чашка, канче (и като мярка).

panoplied ['pænəplid] *adj* в пълно въоръжение, въоръжен от главата до петите; въоръжен до зъбите.

panopticon [pæn'ɔptikən] *n* кръгъл затвор, в който помещението на пазача е в средата.

pansy ['pænsi] **I.** *n* **1.** трицветна теменуга; **2.** *разг.* женствен мъж, "госпожица", "кокона" или педераст; **II.** *adj* женствен, превзет; шик, издокаран; **III.** *v* докарвам се като кокона (*и с* **up**).

pant [pænt] **I.** *v* **1.** дишам тежко, задъхвам се, пъхтя; **to ~ for breath** дишам с мъка, едва си поемам дъх; **2.** тупти бързо, тупка, трепти, трепка (*за сърце*); **3.** копнея, жадувам, въздишам (**for, after** по, за; **to do s.th.** да направя нещо); **II.** *n* кратко конвулсивно издишване; задъхване; биене, туптене, трепкане (*на сърце*).

pantechnion [pæn'tekniən] *n* **1.** базар за предмети на изкуството; **2.** склад за мебели; **3.** фургон за пренасяне на мебели.

panther ['pænθə] *n* пантера *Felis pardus*; *ам.* ягуар; пума (*и* **American ~**).

panties ['pæntiz] *n pl разг.* **1.** детски панталонки; **2.** къси дамски кюлоти - пликчета.

pantiliner ['pæntilainə] *n* дамска превръзка.

panto ['pæntou] *n* пантомима.

pants [pænts] *n pl* **1.** мъжки гащи; **2.** *разг., гл. ам.* панталон; **to wear the ~ in the family** държа мъжа си под чехъл; **3.** *ав., жарг. sl* обтекател, нализ (*на подпорите*).

paper ['peipə] **I.** *n* **1.** хартия, книга; **letter-~** хартия за писма; **2.** документ; **3.** *pl* документи за самоличност; пълномощия; • **on ~** 1) в писмен вид; 2) на теория, хипотетично, нереално; **II.** *v* **1.** покривам с хартия (*и с* **up**); слагам книжни тапети (на); **to ~ over the cracks** *разг.* замазвам нередности, правя се, че нищо не се е случило; заглаждам положението; **2.** увивам в хартия; **3.** *sl* пълня театъра с гратиси.

paper-back ['peipəbæk] *n разг.* **1.** книга с мека подвързия; **2.** евтин роман.

paper-bag ['peipə,bæg] *n* книжна кесия; **~ cookery** печене на продукти, увити в намазнена хартия.

paper-weight ['peipəweit] *n* преспапие.

papilla [pə'pilə] *n* (*pl* **-ae** [-i:]) *анат.* папила, пъпчица.

pappose, pappous ['pæpous, 'pæpəs] *adj бот.* с власинки на плод.

paprika ['pæprikə] *n* **1.** червен пипер; **2.** червена пиперка (чушка).

par$_1$ [pa:] *n* **1.** равенство; еднакво равнище, ниво; равни възможности, равна нога; **on a ~ with** равен с (на), изравнен с, на равна нога с; сравним с; **2.** номинал, номинална стойност (*на ценни книжа*); **at ~** *фин.* алпари, по номиналната стойност; **3.** средно (нормално) състояние (степен); **on a ~** средно; горедолу; **above ~** много добре.

parachute ['pærəʃu:t] **I.** *n* парашут; *attr* парашутен; **II.** *v* скачам (спускам, хвърлям) с парашут.

parade [pə'reid] **I.** *n* **1.** показ; перчене; парадиране; **to make a ~ of** парадирам, перча се с, големея се с; **2.** парад, парадно шествие; преглед на войски; **3.** параден плац; **II.** *v* **1.** парадирам, показвам се, перча се, големея се (с); **2.** изваждам (нареждам, строявам) войски за преглед; нареждам се (строявам се, минавам) за преглед (*за войски*); марширувам; **3.** движа се (разхождам се) важно; перча се; изкарвам (излагам) на показ.

parader [pə'reidə] *n* **1.** човек, който се разхожда наконтен; **2.** манифестант; манифестантка.

paradigm ['pærədaim] *n* **1.** парадигма; **2.** образец, пример за подражание; **a ~ of virtue** образец за добродетел.

paradise ['pærədaiz] *n* **1.** рай; **to go to ~** отивам в рая; **2.** ориенталски парк, парадиз; **3.** *sl* най-горната галерия в театъра, "ангелите".

paradoxical [,pærə'dɔksikl] *adj* парадоксален; ◇ *adv* **paradoxically** [pærə'dɔksikli].

paradrop ['pærədrɔp] *n* спускане (*на екип или товар*) с парашут.

paragon ['pærəgən] **I.** *n* **1.** образец; **2.** диамант от повече от 100 карата; **II.** *v* **1.** *поет.* сравнявам (**with**); **2.** *поет.* равен съм на, достоен съм да се сравня с; **3.** *остар.* надминавам.

paragraph ['pærəgræf] **I.** *n* **1.** параграф, абзац, алинея; **new ~** нов ред; **2.** *печ.* коректурен знак за нов ред; **3.** *журн.* кратко съобщение (*без заглавие*), антрефиле; **II.** *v* **1.** разделям на параграфи; **2.** публикувам кратко съобщение във вестник за някого (нещо).

Paraguay ['pærəgwei] *n* Парагвай.

parakeet ['pærəki:t] *n* малък дългоопашат папагал.

parakite ['pærəkait] *n* **1.** парашут тип "летящо крило", теглен от превозно средство (*за развлечение и спорт*); **2.** хвърчило за метеорологични наблюдения.

parallel ['pærəlel] **I.** *adj* **1.** успореден, паралелен (**to**); **~ bars** *сп.* успоредка, паралелка; **2.** подобен, аналогичен, едновременен (**to**); **II.** *n* **1.** успоредна линия; *геогр.* паралел; **2.** *воен.* окоп, успореден на главното укрепление; **3.** паралел, успоредица, аналогия, сходство; съответствие, сравнение; **in ~** успоредно, едновременно; **III.** *v* **1.** намирам равен (съответен) на; **2.** съответствам; съвпадам по време; **3.** *рядко* сравнявам, правя сравнение (**with** между).

parallel ruler ['pærəlel'ru:lə:] *n* линийка за чертане на две успоредни линии.

paralogize [pə'rælədʒaiz] *v* правя неправилно умозаключение.

paralyse, paralyze ['pærəlaiz] *v* парализирам (*и прен.*).

paramatta [,pærə'mætə] *n* мек плат от вълна и памук.

paramedic [,pærə'medik] *n* медицински работник (с 2-годишен курс на обучение).

paramountcy ['pærəmauntsi] *n* **1.** върховна власт; сюзеренитет, сюзеренство; **2.** първостепенна важност (значение).

paramour ['pærəmuə] *n* любовник, любовница.

parang ['pa:ræŋ] *n* малайски нож.

paranoea, paranoia [,pærə'ni:ə, ,pærə'nɔiə] *n мед.* параноя.

parapet ['pærəpet] *n* **1.** парапет, перила; **to put o.'s head above the ~** излагам се на риск; **to keep o.'s head below the ~** не рискувам; **2.** *воен.* бруствер, насип.

paraphrase ['pærəfreiz] **I.** *n* **1.** преразказ, предаване със свои думи, парафраза; **2.** *рел.* стихотворна версия на пасаж от библията (*в Шотландия*); **II.** *v* преразказвам, предавам със свои думи, парафразирам.

parasail [,pærə'seil] *n сп.* вид маневрен парашут.

parasite ['pærəsait] *n* паразит (*и прен.*); **to be a ~ on** паразитирам върху; живея на гърба на.

parasitize ['pærəsitaiz] *v* паразитствам, паразитирам; **~d** нападнат от паразити.

parasol [,pærə'sɔl, 'pærəsoul] *n* парасол, слънчобран.

paratrooper ['pærə,tru:pə] *n воен.* парашутист.

parboil ['pa:bɔil] *v* **1.** сварявам леко, заварявам, подварявам; **2.** *разг.* (*обикн. pp*) прегарям; изгарям, обгарям (*за слънце*).

parcel ['pa:sl] **I.** *n* **1.** пакет, колет; **~ post** колетна служба; **2.** пратка; партида; серия; поредица; **3.** парцел, парче земя; **II.** *adv остар.* отчасти, частично; **~ gilt** позлатен само отчасти; **III.** *v* (-ll-) **1.** разделям, разпределям, раздавам (*обикн. с* **out**); **2.** пакетирам, увивам на пакети; **3.** *мор.* покривам (увивам) (*въже и пр.*) с ивици брезент.

parch [pa:tʃ] *v* **1.** изсушавам, изгарям, прегарям; изсъхвам, пресъхвам; **to be ~ed with thirst** изгарям от жажда (за вода); **~ed lips** изсъхнали (*от жажда, от треска*) устни; **2.** изсъхвам; сгърчвам се от студ; **3.** поизпичам, запичам леко.

parched ['pa:tʃt] *adj* пресъхнал, изсушен; жаден.

parchment ['pa:tʃmənt] *n* **1.** пергамент; **~ paper, immitation ~** пергаментова хартия; **2.** документ (написан на пергамент); **3.** кожица (ципица) на зърно кафе.

pardon ['pa:dn] **I.** *n* **1.** прошка, извинение, пардон; **I beg your ~** извинете, моля да ме извините; **2.** *рел.* опрощение; индулгенция; църковен празник, на който се раздават индулгенции; **3.** *юрид.* помилване, амнистия; **II.** *v* **1.** извинявам, прощавам; **~ me for interrupting you** извинете, че ви прекъсвам; **2.** помилвам, амнистирам; опрощавам.

pare [peə] *v* **1.** режа, подрязвам (*нокти и пр.*); **2.** беля, обелвам (*плодове и пр.*); **3.** кастря, окастрям, подрязвам (*и с* **off, away, down**).

parent ['peərənt] *n* **1.** родител, родителка; **are you a ~?** имате ли деца? **2.** *pl* деди, предци, родители; **3.** родител, животински или растителен организъм, от който са произлезли други (*често attr*).

parentage ['peərəntidʒ] *n* произход, потекло; семейство, род; **of humble ~** със скромен произход.

parenthisize [pə'renθisaiz] *v* **1.** вмъквам (*дума, забележка и* *под.*); споменавам между другото; отварям скоба (*прен.*); **2.** поставям в скоби.

parfleche ['pa:fleʃ] *n* биволска кожа; изделие от биволска кожа.

parget ['pa:dʒit] **I.** *v* измазвам (*стена и под.*) (*обикн. с декоративна мазилка*); **II.** *n* мазилка.

pargeting ['pa:dʒitiŋ] *n* декоративна мазилка.

paring ['peəriŋ] *n* **1.** подрязване; белене, обелване; кастрене, окастряне; **2.** *обикн. pl* обелки, обрезки, обелени кори.

Paris ['pæris] *n* Париж; *attr* парижки; ~ **doll** шивашки манекен; ~ **green** *хим.* парижка зеленина (швайнфуртско зелено); ~ **white** бял минерален прах за полиране, пемза; **plaster of** ~ гипс.

parish ['pæriʃ] *n* **1.** енория; **2.** община (*и* **civil** ~); **3.** *attr* енорийски; общински; • **to go on the** ~ получавам помощи по бедност.

Parisian [pə'riziən] **I.** *adj* парижки; **II.** *n* парижанин, парижанка.

parity ['pæriti] *n* **1.** равенство; еднаквост, еднаква степен; равностойност, равнопоставеност, равноценност, паритет; **2.** прилика, подобие; аналогия, паралелизъм, съответствие; **by ~ of reasoning** по аналогия; **3.** *фин.* нормален курс (еквивалентност (поддържана от правителствената ценова политика) между текущото съотношение на цените на селскостопанските продукти и общоприетата ценова структура и същото съотношение след определен базисен период).

park [pa:k] **I.** *n* **1.** парк (*и ловен, автомобилен, артилерийски и под.*); **the P.** Хайдпарк; **car** ~ гараж, място за паркиране; **2.** резерват (*за лов, риболов и пр.*); **3.** *воен.* (= **parking area**) местостоянка (*на автомобили, самолети и пр.*); **II.** *v* **1.** ограждам, заграждам (*за или в резерват*); **2.** паркирам; гарирам; **3.** нареждам (прибирам) в артилерийски парк.

parka ['pa:kə] *n* парка, кожена непромокаема шуба с качулка.

parkelp ['pa:,kelp] *n* хранителен продукт от кафяви водорасли.

parkin ['pa:kin] *n* сладкиш от овесени ядки и петмез.

parking ['pa:kiŋ] *n* **1.** паркиране; гариране; спиране на моторни превозни средства; ~ **prohibited, no ~ (here)** паркирането забранено; **2.** паркинг, място за паркиране.

parking metre ['pa:kiŋ'mi:tə:] *n* уред за отчитане на времето, през което колата стои на паркинг.

parking ticket ['pa:kiŋ'tikit] *n* квитанция за глоба при неправилно паркиране.

parkland ['pa:klənd] *n* парк, градина.

parkway ['pa:kwei] *n* широк булевард с дървета отстрани, по който е забранено да се движат тежкотоварни автомобили.

parlay ['pa:lei, 'pa:li] *v* правя серия от залагания; залагам отново нещо вече спечелено.

parliament ['pa:ləmənt] *n* парламент; **in** ~ в парламента.

parlour ['pa:lə] *n* **1.** *остар., пров.* приемна, гостна, салон; всекидневна; **2.** приемна зала, салон, стая за посетители (*в учреждение и пр.*); **3.** *ам.* салон, кабинет, ателие; **beauty** ~ фризьорски и козметичен салон.

parody ['pærədi] **I.** *n* пародия; **II.** *v* пародирам.

parotid [pə'rɔtid] **I.** *adj анат.* подушен; **II.** *n* подушна жлеза, паротида.

paroxysm ['pærəksizm] *n* **1.** *мед.* пароксизъм, силен пристъп, атака на болест; припадък, криза; **2.** пристъп, остра форма на изживяване на чувство.

parpen [ˈpa:pən] *n* камък, който заема цялата ширина на стена; *строит.* свръзка.

parquet [ˈpa:kit] **I.** *n* **1.** паркет (*и* ~ **floor**); **2.** *ам., театр.* предните редове на партера; **II.** *v* постилам с паркет, слагам паркет на.

parricidal [ˌpæriˈsaidl] *adj* **1.** отцеубийствен; провинен в отцеубийство; **2.** провинен в измяна на отечеството.

parrot [ˈpærət] **I.** *n* папагал; ~ **fashion** папагалски, като папагал; **II.** *v* повтарям като папагал; уча папагалски; уча някого да повтаря като папагал.

parry [ˈpæri] **I.** *v* парирам, отблъсквам, отбивам, отклонявам (*удар, въпрос и пр.*); **II.** *n* париране, отблъскване, отбиване (*обикн. спорт*).

parsimony [ˈpa:simәni] *n* пестеливост, икономия; свидливост, стиснатост.

parsley [ˈpa:sli] *n* магданоз.

parsnip [ˈpa:snip] *n* пащърнак; **fine words butter no** ~ от сладки приказки полза няма.

parson [ˈpa:sәn] *n* енорийски свещеник; викарий; *разг.* свещеник, пастор; ~**'s nose** *разг.* пилешка тритка.

part [pa:t] **I.** *n* **1.** част, дял, сегмент, фрагмент; **(a)** ~ **of it was lost** една част от него се изгуби; **2.** част, член, орган (*на тялото*); **3.** дял, участие, намеса; работа, дълг; • **to take s.th. in good** ~ не се обиждам от нещо; приемам нещо благосклонно; **II.** *v* **1.** разделям (се), отделям (се); прекратявам, разтрогвам; **to** ~ **good friends** разделяме се като добри приятели; **2.** разтварям се; разкъсвам се, скъсвам се; **3.** правя път (*на косата си*).

partake [pa:ˈteik] *v* (**partook** [pa:ˈtuk]; **partaken** [pa:ˈteikn]) **1.** участвам (**in**); споделям (**with**); **2.** вземам (си); ям, хапвам, пия, пийвам, опитвам (**of**); **to** ~ **of a dish** вземам си от (опитвам) ядене; **3.** възползвам се (**of**) (*гостоприемство и пр.*).

partial [ˈpa:ʃl] *adj* **1.** частичен, непълен, незавършен; половинчат; **2.** пристрàстен, несправедлив, предубеден; неравнодушен (**to** към); **to be** ~ **to** имам слабост (склонност) към, обичам, не съм равнодушен към.

participate [pa:ˈtisipeit] *v* **1.** участвам, вземам участие; споделям (**in**); **2.** съучастник съм (**in**); **3.** *рядко* споделям, деля, разделям (**s.th. with s.o.** нещо с някого).

particle [ˈpa:tikl] *n* **1.** частица; капчица; трошица, трошичка; **a** ~ **of dust (sand)** прашинка, песъчинка; **not a** ~ **of food** нищичко (ни трошица) за ядене; **not a** ~ **of truth** ни капка истина; **2.** *ез.* неизменяема частица; наставка, представка.

participation [pa:ˈtisipeiʃәn] *n* участие; съучастничество, съучастие; споделяне (**in**); ~ **theatre** театрално представление, в който вземат участие и зрителите.

particular [pәˈtikjulә] **I.** *adj* **1.** личен, индивидуален; частен, отделен; специфичен; **in any** ~ **case** във всеки отделен случай; **2.** особен, специален; **3.** *остар.* подробен; **II.** *n* подробност; **to go into** ~**s** впускам се в (давам) подробности; • **a London** ~ лондонска мъгла, лондонски специалитет.

particularly [pәˈtikjulәli] *adv* особено, специфично, специално; отделно; подробно, с подробности.

parting [ˈpa:tiŋ] **I.** *n* **1.** раздяла,

разлъка, прощаване; заминаване, тръгване; **at ~** на прощаване; **2.** разделяне; **3.** път (*на косата*); **II.** *adj* **1.** прощален, последен; **a few ~ directions** няколко последни указания (напътствия); **2.** който си отива.

parting face [ˈpa:tiŋˈfeis] *n* разделителна повърхност.

parting shot [ˈpa:tiŋˈʃɔt] *n* остра забележка в края на разговор, без шанс за ответна реплика.

partisan, partizan₁ [ˈpa:tizən] **I.** *n* **1.** привърженик, съмишленик (**of**); **2.** партизанин, партизанка; **II.** *adj* **1.** фанатичен; пристрàстен, предубеден; сектантски; **2.** партизански.

partisan, partizan₂ [ˈpa:tizən] *n ист.* алебарда.

partisanship [pa:tiˈzænʃip] *n* пристрастие; фанатизъм; фанатична защита (поддържане); сектантство.

partition [pa:ˈtiʃən] **I.** *n* **1.** деление, разделяне, разчленяване, разчленение; подялба; **2.** дял, раздел; отделение, част, подразделение; **3.** междинна (вътрешна) стена, преграда; **II.** *v* **1.** деля, разделям, поделям; **2.** преграждам (*с* **off**).

partly [ˈpa:tli] *adv* отчасти, частично, ненапълно, до известна степен.

partner [ˈpa:tnə] **I.** *n* **1.** съдружник, съдружничка, партньор; *юрид.* контрагент; **a sleeping (silent, latent) ~** съдружник, който не участва пряко в ръководството на предприятието; **2.** участник, участничка; съучастник, съучастничка (**in**); **3.** съпруг, съпруга, другар, другарка в живота (*и* **~ in life**); **II.** *v* **1.** сдружавам; **2.** партньор съм на; кавалерствам на, кавалер (дама) съм на.

partnership [ˈpa:tnəʃip] *n* **1.** участие; съучастие; **2.** съдружничество, съдружие; партньорство; **to enter (go) into ~ with s.o.** сдружавам се (влизам в съдружие) с някого.

partridge [ˈpa:tridʒ] *n* (*pl* **~s, ~**) **1.** яребица; **2.** месо от яребица; **3.** *ам.* вирджински пъдпъдък.

part-time [ˈpa:tˈtaim] **I.** *n* непълен работен ден; **to be on ~** работя на непълен работен ден; **II.** *adj*: **~ worker** работник на непълен работен ден; хоноруван.

party₁ [ˈpa:ti] *n* **1.** партия; *attr* партиен; **~ man (member)** партиец, партиен член, член на партия; **2.** компания, група; **3.** гости; прием; забава.

party₂ *adj херал.* разделен на части с различен цвят; **~ per pale** разделен отвесно през средата.

pas [pa:] *n* **1.** танцова стъпка, пас; танц; **~ seul** солов танц; **~ de deux** танц за двама; **2.** първенство, предимство; **to have (give, take) the ~** имам (давам, придобивам) предимство.

pash₁ [pæʃ] **I.** *n остар., диал.* **1.** глава, лице; **2.** удар; **II.** *v* удрям силно, смачквам; цапардосвам; блъскам се (*за вълни*).

pash₂ *n sl* любов, увлечение; **to have a ~ for s.o.** увлечен съм (занасям се) по някого.

pass₁ [pa:s] *v* **1.** минавам, преминавам; отминавам (**along, by, on, out** *и пр.*); минавам покрай; минавам през; разминавам се с, срещам; пресичам, прекосявам; **please allow me to ~** моля позволете да мина; **2.** минавам, преминавам, превръщам се (**from — into**) (*и за един звук в друг*); **3.** минавам, преминавам, изчезвам, отивам си; умирам (*и с* **away, hence, from us**).

pass₂ *n* **1.** дефиле, пролом, планинска теснина, проход; **2.** *воен.* подстъп; **to hold the ~** защищавам (поддържам) кауза; **3.** фарватер, плавателен канал (*обикн. в устието на река*).

passage [ˈpæsidʒ] **I.** *n* **1.** коридор,

пасаж, галерия; **2.** пасаж, откъс; **3.** път, проход, достъп, вход; право за преминаване; **to force a ~** пробивам си път; **II.** *v* карам кон да върви на една страна; движа се на една страна (*за кон*).

passenger ['pæsindʒə] *n* **1.** пътник, пътничка, пасажер, пасажерка; **2.** *разг.* лош гребец, играч и под.; безполезен, непотребен, излишен човек (като член на сдружение, правителство, спортен тим и под.); баласт, "като камък на шия"; **3.** *attr* пътнически, пасажерски.

passer-by ['pa:səbai] *n* (*pl* **passers-by**) случаен минувач, приходящ; случайно срещнат човек.

passion ['pæʃən] **I.** *n* **1.** страст, силно увлечение (**for**); **2.** (пристъп на) гняв, ярост; **to be in a ~** разгневен съм, разярен съм; **3.** изблик (на чувства); **II.** *v поет.* изпитвам или изразявам страст.

passionate ['pæʃənit] *adj* **1.** страстен, горещ; **2.** силно влюбен; **3.** избухлив; ◇ *adv* **passionately**.

passive ['pæsiv] **I.** *adj* **1.** пасивен, безчувствен, бездеен, безучастен; недеен, недеятелен, инертен; ◇ *adv* **passively**; **2.** *ез.* пасивен, страдателен (*залог*); **3.** безлихвен (*за заем*); **II.** *n* **1.** *ез.* пасив, страдателен залог; **in the ~** в страдателен залог; **2.** *физ.* инструмент, който отразява, без да увеличава или регистрира енергийни импулси; филтър.

pass-key ['pa:s,ki:] *n* **1.** шперц; **2.** секретен ключ.

passman ['pa:smən] *n* (*pl* **-men**) студент и под., който получава университетска диплома без отличие.

passport ['pa:spɔ:t] *n* **1.** паспорт; **2.** *прен.* лични качества (умения и под.), които осигуряват уважение, признание и пр.; **3.** *рядко* официален документ, който дава право на кораб да напусне или да влезе в пристанище; удостоверение, че един кораб е собственост на неутрална държава.

password ['pa:swə:d] *n* **1.** парола; **2.** лозунг.

past [pa:st] **I.** *adj* минал *(и ез.)*; изминал, изтекъл; някогашен, отдавнашен; бил, бивш; **in ages ~ and gone** в минали времена; отдавна; **II.** *n* **1.** минало; **it is a thing of the ~** това принадлежи на миналото; **2.** *ез.* минало време; **III.** *prep* **1.** (по)край; оттатък, отвъд; по-нататък от; **a little ~ the park** малко по-нататък от парка; **2.** след, по-късно от; **3.** повече от, над (*за възраст*).

pasta ['pastə] *n* **1.** макаронени изделия (спагети, юфка и под.); **2.** прясно тесто.

paste [peist] **I.** *n* **1.** тесто; **2.** паста, пастет; **3.** лепило; клей; кит; **II.** *v* **1.** залепвам; облепвам (*с хартия*); **to ~ up a notice** залепвам обява; **2.** нанасям паста; замазвам; **3.** *sl* (за)лепвам някому шамар; напердашвам.

pasteboard ['peistbɔ:d] *n* **1.** картон, мукава; **2.** *sl* визитна картичка; жп билет; карта за игра; **3.** *attr* картонен; *прен.* паянтов, слаб; несъществен; **a ~ character** слаб, неубедителен герой.

pastel [pæ'stel] *n* **1.** пастел; рисуване с пастели; (рисунка с) пастел; **2.** *бот.* синилник *Isatis tinctoria*; боя от синилник; **3.** *attr* пастелен.

paste-up ['peistʌp] *n* макет, налепени върху лист хартия материали за предстоящо издание на списание и пр., които да дадат представа за крайното оформление.

pasticcio, pastiche [pæs'titʃou, pæs'ti:ʃ] *n* **1.** *муз.* потпури, китка; **2.** *лит.* пастиш, имитация, подражание.

pastime ['pa:staim] *n* забавление,

развлечение, игра.

past-master ['pa:st'ma:stə] *n* **1.** голям (несравним) майстор; **2.** бивш председател на масонска ложа, гилдия и пр.

pastor ['pa:stə] *n* **1.** пастор, свещеник, кюре; духовен наставник; духовен пастир; **2.** *остар.* пастир, овчар; **3.** вид качулат скорец.

pastry ['peistri] *n* **1.** сладкиши, пасти, сладки; **2.** тесто за сладкиш.

pasture ['pa:stʃə] **I.** *n* **1.** паша; **2.** пасище; поляна, място за паша; • **to put s.o. out to ~** *разг.* пенсионирам (отстранявам някого от пост) поради старост; **II.** *v* **1.** паса (*говеда и под.*); паса, изпасвам, опасвам (*за домашни животни*); **2.** използвам (*земя*) за паша.

pasty$_1$ ['pæsti, 'pa:sti] *n* питка, пълнена с месо, зеленчуци и под.

pasty$_2$ ['peisti] *adj* **1.** клисав, тестяв, лепкав; **2.** пастозен, бледен, пепеляв, сив, пръстен; **~-faced** с нездрав цвят на лицето.

patch [pætʃ] **I.** *n* **1.** кръпка; **not to be a ~ on s.o. (s.th.)** не мога да се сравня с някого (нещо), нищо не представлявам в сравнение с някого (нещо); **2.** парче пластир за рана; **3.** парче от тъмна материя за предпазване на окото; • **to strike a bad ~** имам лош късмет, не ми върви; **II.** *v* **1.** кърпя, закърпвам, слагам кръпка на (*и с* **up**); **2.** служа за кръпка (*за плат*); **3.** *прен.* скърпвам как да е (*обикн. с* **up**).

patchery ['pætʃəri] *n* кърпеж, нещо закърпено.

patch fuel ['pætʃ'fjuəl] *n* гориво на брикети.

patchiness ['pætʃinis] *n* **1.** липса на единство, на хармония, нестройност; разпокъсаност на ефекта; нееднаквост; **2.** скърпеност.

patchwork ['pætʃwə:k] *n* **1.** ръкоделие от различни парчета плат - ковьор, възглавница и пр.; **2.** *прен.* кърпеж, скърпена работа; смесица, бъркотия, мозайка, бърканица, миш-маш (*от стилове и пр.*); **3.** *attr* съставен от различни парчета.

patency ['peitənsi] *n* очевидност, явност.

patent ['peitənt] **I.** *adj* **1.** явен, очевиден; **~ and established crime** *юрид.* доказано престъпление; ◇ *adv* **patently**; **2.** патентован; **3.** *разг.* нов, оригинален, остроумен; **II.** *n* **1.** патент; монопол; диплом; **~ office** служба за издаване на патенти; **2.** знак, белег; **3.** патентован предмет или изобретение; **III.** *v* **1.** патентовам, изваждам (получавам) патент за; **2.** *рядко* давам патент на (за); **a style ~ed by this author** *разг.* стил, въведен от (характерен само за) този автор.

patentee [,peitn'ti:] *n* притежател на патент.

patent plate ['peitənt'pleit] *n* плоско стъкло, шлифовано и полирано от двете страни.

paternal [pə'tə:nəl] *adj* бащин, бащински; от бащина страна; **~ aunt** леля; **~ government** патриархално управление.

path [pa:θ] *n* **1.** пътека, пътечка (*и* **~way**); **2.** писта; **3.** път (*и на небесно тяло*).

path-breaking ['pa:θ,breikiŋ] *adj* откривателски, новаторски; който открива нови перспективи.

pathetic [pə'θetik] **I.** *adj* **1.** патетичен, разчувстван, прочувствен, трогателен, покъртителен, сърцераздирателен; **2.** емоционален; ◇ *adv* **pathetically**; • **the ~ fallacy** олицетворяване, приписване човешки емоции на природата; **II.** *n pl* патос.

pathos ['peiθɔs] *n* патос; голямо въодушевление.

patience ['peiʃəns] *n* **1.** търпение, търпеливост, толерантност; **to have no ~ with** не мога да търпя (понасям); **2.** издръжливост, упорство, упоритост, твърдост; **3.** пасианс.

patient ['peiʃənt] **I.** *adj* **1.** търпелив (**with**); **2.** издръжлив, упорит, твърд; **3.** усърден, прилежен, грижлив, ревностен, старателен; **II.** *n* пациент, болен.

patina ['pætinə] *n* **1.** патина; **2.** жилка, леко загатнато качество (характеристика).

patio ['pa:tjou] *n* вътрешен двор.

patisserie [pə'ti:səri] *n* **1.** сладкарница; **2.** сладкарски изделия.

patois ['pætwa:] *n* (местен) говор, наречие, диалект.

patriarch ['peitria:k] *n* **1.** патриарх; родоначалник; **2.** човек на почтена възраст, патриарх; най-старият жив представител (**of**).

patricide ['pætrisaid] *n* **1.** отцеубийство; **2.** отцеубиец, патрицид.

patrilineal [,pætri'liniəl] *adj* по бащина линия.

patrilocal [,pætri'loukl] *adj* който става в рода или родния край на бащата.

patrimony ['pætriməni] *n* **1.** наследствен имот; бащино наследство; патримониум, патримоний; **2.** църковен имот; патримониум, патримоний; **3.** наследство, нещо наследено.

patriot ['peitriət] *n* патриот, родолюбец.

patriotic [,pætri'ɔtik] *adj* патриотичен, патриотически, родолюбив.

patrol [pə'troul] **I.** *n* патрул; патрулиране, обиколка; наблюдаване; **on ~** в движение; **~ bomber** *ав.* морски бомбардировач; **II.** *v* патрулирам, обикалям.

patron ['peitrən] *n* **1.** покровител, защитник, закрилник, патрон; **2.** високопоставена личност, патрон; **3.** постоянен клиент (посетител).

patronage ['pætrənidʒ] *n* **1.** покровителство, патронаж, протекция, закрила; подкрепа, подпомагане; **to take under o.'s ~** вземам под свое покровителство; **2.** *рел.* правото на патрон да дава бенефиции; патронаж; **3.** подкрепа (*от страна на клиенти, посетители*).

patronymic [,pætrə'nimik] **I.** *adj* **1.** бащин (*за име*); **2.** който посочва произход (*за представка или наставка*); **II.** *n* **1.** бащино име, презиме; **2.** фамилно име, фамилия.

patten ['pætn] *n* **1.** налъм; **2.** *арх.* основа на колона; **3.** пета на релса.

patter$_1$ ['pætə] **I.** *v* **1.** казвам (говоря, изговарям) бързо; дърдоря, издърдорвам, "изстрелвам", бърборя, избърборвам; **2.** повтарям механично (папагалски), без да се замислям за смисъла, изпявам; **to ~ a prayer (a formula)** изпявам молитва (формула); **II.** *n* **1.** условен език, жаргон; сленг; **2.** дърдорене, бърборене, празни приказки; **3.** текст на литературна, поетична или драматургична творба; **~ song** песен, която се изпълнява в бързо темпо.

patter$_2$ **I.** *v* **1.** тупкам, потраквам, барабаня (*за дъжд и пр.*); **2.** ситня, ходя с дребни крачки; **II.** *n* **1.** тупкане, потропване, потракване; **2.** ситнене.

pattern ['pætən] **I.** *n* **1.** образец, пример; еталон, мостра; **to take ~ by** вземам за пример; следвам примера на, водя се по; **2.** модел (*и мет.*), шаблон, кройка, терк; **3.** *ам.* парче плат (*за дреха*); **II.** *v рядко* **1.** *refl* следвам примера на, подражавам на (**on, upon**); **2.** правя (*нещо*) по образеца на (**after, on**); **3.** украсявам с шарки; десенирам, изпъстрям.

patty ['pæti] *n* **1.** пай с пълнеж; **2.** пирожка; **3.** кюфте.

patulous ['pætjuləs] *adj* **1.** отворен, открит; **2.** разпрострян, разперен, перест (*за клони*).

paucity ['pɔ:siti] *n* малобройност, оскъдност, недостатъчност.

paunch ['pɔ:ntʃ] **I.** *n* **1.** корем, стомах, "шкембе"; **2.** търбух, първият стомах (*на преживно животно*); **II.** *v остар.* **1.** изтърбушвам; **2.** тъпча, гоя, угоявам.

pauperize ['pɔ:pəraiz] *v* **1.** причинявам нечие обедняване; докарвам някого до просяшка тояга; **2.** създавам просяшки манталитет у.

pause [pɔ:z] **I.** *n* **1.** пауза, прекъсване, временно спиране, замлъкване; **2.** *муз.* фермата; • **at (in) ~** в състояние на нерешителност; неподвижно, в бездействие; **II.** *v* правя пауза, бавя се, постоявам (малко), спирам се за малко (**on**); колебая се; **to ~ for breath** спирам, за да си поема дъх.

pavage ['peividʒ] *n* **1.** паваж, павиране, настилане; **2.** данък за павиране.

pave [peiv] *v* павирам, настилам, покривам; **to ~ the way for** подготвям почвата (откривам пътя) за.

pavement ['peivmənt] *n* **1.** паваж, настилка; **2.** дюшеме; мозайка (*под*); **3.** тротоар, плочник.

pavilion [pə'viljən] **I.** *n* **1.** палатка, шатра; **2.** павилион; **3.** издадена част от постройка (*куличка и пр.*); **II.** *v остар.* подслонявам, приютявам.

pavlova [pæv'louvə] *n* вид сладкиш с основа от целувка, плодове и сметана.

paw [pɔ:] **I.** *n* **1.** лапа; **2.** *разг.* ръка, лапа (*обикн. мръсна или несръчна*); почерк; **II.** *v* **1.** докосвам (драскам) с лапата си; **2.** рия (*за кон*); **3.** *разг.* пипам, бутам, барам, ръчкам, бърникам, мачкам (*и с* **over**).

pawky ['pɔ:ki] *adj* хитър, лукав, дяволит, ироничен.

pawl ['pɔ:l] *тех.* **I.** *n* жабка, клинка, език; предпазител; **II.** *v* залоствам, заклещвам.

pawn$_1$ ['pɔ:n] *n* пионка (*и прен.*).

pawn$_2$ **I.** *n* залог; **in (at) ~** заложен; **II.** *v* залагам; *прен.* рискувам; **to ~ o.'s word** давам честна дума, обещавам.

pawnbroker ['pɔ:broukə] *n* собственик на заложна къща; **at the ~'s** в заложната къща.

pawnee [pɔ:'ni:] *n* залогоприемател.

pawner ['pɔ:nə] *n* човек, който залага (заема пари срещу залог).

pawnshop ['pɔ:nʃɔp] *n* заложна къща.

pax [pæks] **I.** *n* **1.** мир; **2.** *рел.* плочка с изображение на разпятието или Дева Мария; **II.** *int* предавам се! (*при игра*).

pay$_1$ [pei] *v* (**paid** [peid]) **1.** плащам, заплащам, давам (*цена*) (**for**); **to ~ the earth** плащам прекалено висока цена; изплащам (*дълг, данък и пр.*); уреждам, разчиствам (*сметка*); **2.** поемам разноските по; **3.** плащам на, възнаграждавам, обезщетявам, компенсирам.

pay$_2$ *v* насмолявам.

payment ['peimənt] *n* **1.** плащане, платеж, заплащане, изплащане; **2.** платена сума, вноска; **3.** възнаграждение, награда; отплата, възмездие, наказание.

pay-off ['pei,ɔf] *n* **1.** отплата; **2.** рушвет; **3.** компенсация при съкращаване от работа.

payola [pei'oulə] *n* незаконно или неетично разплащане за извършени услуги.

pay-per-view ['peipə:'vju:] *adj* (*за*

телевизионна станция) която взема такса за всяко излъчено предаване.

pay television ['pei,telə'viʒən] *n* телевизионни програми, за чието приемане се плаща допълнително.

PC (*pl* **PCs, PC's**) *abbr комп.* персонален компютър.

pea₁ [pi:] *n* **1.** *pl* грах; **2.** грахово зърно; **as like as two ~s** приличат си като две капки вода.

pea₂ дребен антрацит (*и* **~ coal**).

peace [pi:s] *n* **1.** мир; **treaty of ~, ~ treaty** мирен договор; **2.** спокойствие, тишина, мир; **3.** мир, покой.

peaceful ['pi:sful] *adj* мирен, спокоен; ◇ *adv* **peacefully**.

peach₁ [pi:tʃ] *n* **1.** праскова; **2.** *разг.* нещо първокачествено; хубавица, сладурче, "бонбон"; **a ~ of a house** къща красавица; **3.** *attr* от (на) праскови.

peach₂ *v sl* набеждавам, наклеветявам, накисвам, доноснича (**against, on, upon**).

pea-chick ['pi:tʃik] *n* паунче.

peacock ['pi:kɔk] **I.** *n* паун; **as proud (vain) as a ~** надува се като паун (пуяк); **II.** *v* перча се, дуя се, надувам се, позирам (*и* **to ~ it**).

peaceful ["pi:sful] *adj* мирен, спокоен; ◇ *adv* **peacefully**.

pea-jacket ['pi:,dʒækit] *n* късо двуредно палто от дебел плат.

peak₁ [pi:k] *n* **1.** *геогр.* пик (остър планински) връх; **2.** връх (*на брадичка*); **3.** козирка.

peak₂ *v* (*обикн.* **to ~ and pine**) слабея, крея, линея, чезна.

peak₃ *v* **1.** *мор.* издигам (*рейка*) (почти) отвесно; **2.** *мор.* изправям (*гребла*); **3.** издигам опашката си право нагоре при гмурване (*за кит*).

peak manning ['pi:k'mæniŋ] *n икон.* върхова заетост.

peal₁ [pi:l] **I.** *n* **1.** камбанен звън, звънене; **2.** комплект камбани; **3.** ек, екот, ехтене, ечене; гръм, трясък, трещене; **~ of laughter** гръмък смях; **II.** *v* **1.** еча, ехтя, гърмя, трясկам; **2.** бия (*камбани*); съобщавам с биене на камбани, разгласявам, разтръбявам (*и с* **out**).

peal₂ фурна хляб (*количество, изпечено на един път*).

peanut ['pi:nʌt] *n* **1.** фъстък; **2.** *pl* жълти стотинки, "трохи"; **~ politician** *ам.* продажен политик.

pear [peə] *n* круша (*дърво и плод*).

pear-drop ['pɛədrɔp] *n* **1.** продълговата обица, висулка; **2.** бонбон; **3.** есенция.

pearl [pə:l] **I.** *n* **1.** бисер, перла, маргарит; **to cast ~s before swine** хвърлям бисери на свине; **2.** капка, капчица, сълза, сълзица; **3.** зрънце, трошица, песъчинка, частичка, частица; **II.** *v* **1.** украсявам с бисери; **2.** покривам с (образувам) бисерни капки; **~ed with dew** покрит с бисерна роса; **3.** правя (*нещо*) да прилича на бисер; грухам (*ечемик и пр.*); **III.** *adj* бисерен, перлен.

pearl-fishery ['pə:l,fiʃəri] *n* лов на бисери.

peasant ['pezənt] *n* **1.** селянин, селяк; **2.** *attr* селски; **~ woman** селянка.

pea-shooter ['pi:ʃu:tə] *n* плюкало, детски пистолет, който стреля с грахови зърна.

peat [pi:t] *n* **1.** торф; **2.** *attr* торфен; **3.** торфен брикет.

peatery ['pi:təri] *n* торфено находище.

pebble [pebl] **I.** *n* **1.** (речно, морско) камъче; **you are not the only ~ on the beach** не си само ти на света; **2.** прозрачен кварц, леща от прозрачен кварц; **3.** вид ахат; **II.** *v* **1.** постилам (посипвам) с камъчета; **2.** придавам грапавост (*на обработена* *кожа*).

peck₁ I. *v* **1.** кълва, кълввам (**at**); **to ~ a hole** пробивам дупка; **2.** *разг.* ям малко, едва се докосвам (**at**); **3.** заяждам се (**at**); **II.** *n* **1.** кълвване, белег от кълвване; **2.** *шег.* целувчица; **3.** *sl* храна; **~ and perch** *шег.* храна и подслон; **off o.'s ~** който няма апетит.

peck₂ *v sl* хвърлям (*камъни*); замервам с камъни (**at**).

pecker ['pekə] *n* **1.** птица, която кълве; **2.** кирка; **3.** *sl* нос; **to keep o.'s ~ up (up o.'s ~)** не падам духом, държа се; • **to put s.o.'s ~ up (up s.o.'s ~)** *sl* разсърдвам, раздразвам, изкарвам от кожата, изкарвам от търпение.

pectoral ['pektərəl] **I.** *adj* **1.** гръден, пекторален; **2.** *мед.* който се използва при лечение на болести на белия дроб и гръдния кош; **II.** *n* **1.** нагръдник; **2.** *зоол.* гръдна перка; **3.** лекарство за гръдна болест.

peculate ['pekjuleit] *v* присвоявам (злоупотребявам с) пари (средства).

peculiar [pi'kju:ljə] **I.** *adj* **1.** който принадлежи (е свойствен, присъщ) изключително на (**to**); личен, собствен, частен; **my own ~ property** моето лично имущество; **2.** особен, своеобразен, специфичен, специален; **3.** странен, чуден, чудат, чудноват, ексцентричен; • **~ people** *библ.* избран народ; **P. People** религиозна секта без църковна организация; **II.** *n* **1.** лична (частна) собственост; **2.** изключително право, привилегия; **3.** *печ.* необичаен, рядко използван знак.

peculiarity [pi,kju:li'æriti] *n* **1.** характерно (отличително) свойство, особеност, своеобразие, специфичност; **2.** странност, чудатост.

pedagogic(al) [,pedə'gɔdʒik(əl)] *adj* педагогически, педагогичен.

pedal₁ [pedl] **I.** *n* **1.** педал; **2.** *муз.* издържана (басова) нота; **3.** *attr* крачен; **II.** *v* **1.** натискам педалите на; **2.** карам (велосипед).

pedal₂ *adj зоол.* на краката.

pedalo ['pedəlou] *n* водно колело.

pedant ['pedənt] *n* педант.

pedantic [pə'dæntik] *adj* педантичен.

peddle [pedl] *v* **1.** занимавам се с амбулантна търговия; продавам на дребно; пласирам; **2.** занимавам се с, пипкам се, моткам се, мотая се, мая се, щурам се; **3.** раздрънквам, разгласявам незначителни неща.

pedestal ['pedistl] **I.** *n* пиедестал, основа, подножие, подставка, цокъл; **II.** *v* поставям, издигам на пиедестал.

pedestrian [pi'destriən] **I.** *adj* **1.** пешеходен; **~ journey** разходка, пътуване пеш; **2.** прозаичен, сив, ежедневен, делничен, сух, неинтересен, банален; **II.** *n* пешеходец.

pedicel ['pedisəl] *n бот.* стъбълце.

pedicular [pi'dikju:lə] *adj* въшлив; въшлясал.

pedigree ['pedigri:] *n* **1.** родословие, генеалогия, родословно дърво; **2.** произход, етимология; **3.** *attr* породист, расов, чистокръвен (*за животно*).

pedlary ['pedləri] *n* **1.** амбулантна търговия; **2.** стока на амбулантен търговец.

peek [pi:k] **I.** *v* надничам, назъртам; поглеждам (**in, out**); **II.** *n* надничане, назъртане; поглед.

peek-a-boo ['pi:kə'bu:] **I.** *n ам.* криеница; **II.** *adj* **1.** дълбоко, нескриващо нищо (*за женско деколте*); **2.** *комп.* работещ с перфолента (перфокарта).

peel₁ [pi:l] **I.** *v* **1.** беля (се), обелвам, лющя (се), олющвам (*и с* **off**); **to ~ off** *ав.* (*за самолети, летящи* *в определен строй*) отделям се последователно един след друг, като завивам рязко и губя височина; **2.** *sl* събличам (се); **II.** *n* кора, кожа, кожица, люспа, шлюпка; **candied ~** захаросани кори от портокали.

peel₂ *n ист.* четвъртита кула на границата между Англия и Шотландия (XVI в.).

peel₃ *n* **1.** фурнаджийска лопата; **2.** широката част на гребло.

peer₁ [piə] **I.** *n* **1.** равен; **you will not find his ~** няма да намериш друг като него; **2.** пер, лорд; благородник; **II.** *v* **1.** равнявам се, равен съм на (**with**); **2.** правя (*някого*) пер.

peer₂ *v* **1.** взирам се, вглеждам се; присвивам очи, примижвам; надничам, назъртам (**at, into**); **2.** показвам се, подавам се, провиждам се.

peeper ['pi:pə] *n* **1.** който наднича, назърта; **2.** *sl* око; **3.** *зоол.* жаба, сем. *Hylidae*.

peep-hole ['pi:p,houl] *n* дупка, през която може да се гледа; шпионка.

peepshow ['pi:pʃou] *n* **1.** панорама в кутия, паноптикум (*на панаир*); **2.** *прен.* сеир, зрелище.

peep-sight ['pi:psait] *n* визьор на пушка.

peg [peg] **I.** *n* **1.** клечка, чивия, клин, колче; щифт; чеп, запушалка за бъчва; **2.** дървен ключ на музикален инструмент; **3.** гвоздей (кука) за закачане, закачалка; • **a ~ to hang a thing on** предлог, повод (*за разсъждения и пр.*); **II.** *v* (**-gg-**) **1.** закрепям с клечка и пр. (**down, in, out**); **2.** задържам (*цена на акции*) на едно и също равнище; **3.** отбелязвам (резултат) при крибидж; **to have s.o. ~ged** разконспирирам някого; разбирам кой (какъв) е той.

pejorative ['pi:dʒɔrətiv] **I.** *adj* пейоративен; **II.** *n* пейоративна дума, форма.

pekan ['pekan] *n* американска златка *Martes pennauti*.

pekoe ['pekou] *n* висококачествен черен чай.

pelage ['pelidʒ] *n* кожа, козина.

pelagic [pi'lædʒik] *adj* пелагичен, морски, крайморски, океански; в открито море.

pelican ['pelikən] *n* пеликан *Pelicanus*.

pelican crossing ['pelikən'krosiŋ] *n* пешеходна пътека, на която пешеходците натискат копче, за да може светофарът да им даде зелена светлина.

pelisse [pi'li:s] *n* **1.** женска шуба, манто; **2.** детско връхно палто; **3.** хусарски ментик.

pellet ['pelit] **I.** *n* **1.** топчица, топче; **2.** хап; **3.** сачма; **II.** *v* удрям (*с книжни топчета и пр.*).

pellicle ['pelikl] *n* **1.** кожица, ципица, пеликула; **2.** повърхностен слой пяна (*на течност*).

pelmet ['pelmit] *n* **1.** драперия, завеска (*на корниз*); **2.** рамка (*на корниз*).

pelt₁ [pelt] *n* кожа.

pelt₂ **I.** *v* **1.** хвърлям по, замервам с; пера, пердаша; обстрелвам (**at**); **2.** бия, пера, валя като из ведро (*за дъжд и с* **down**); **~ing rain** пороен дъжд; **3.** нахвърлям се върху, обсипвам с (*укори и пр.*); **II.** *n* замерване, биене, пердах, пердашене, обстрелване; **(at) full ~** в пълен ход, с голяма бързина, презглава.

pen₁ [pen] **I.** *n* **1.** перо (*за писане*); писалка; **2.** писане, стил; **fluent ~** леко перо; **3.** писател, литератор, автор; **II.** *v* (**-nn-**) пиша, съчинявам, стихоплетствам.

pen₂ **I.** *n* **1.** кошара, ограда; **pig ~** кочина; **2.** западноиндийска ферма, плантация; **3.** *мор.* убежище за подводници; **II.** *v* **1.** затварям, заключвам (*и с* **up, in**); **2.** вкарвам, закарвам (*добитък*) в кошара.

penalize ['pi:nəlaiz] *v* **1.** правя (обявявам за) наказуем; наказвам; **2.** поставям в неизгодно положение.

penalty ['penəlti] *n* **1.** наказание (*и прен.*), глоба; **on (under) ~ of** под страх от (*наказание*); **2.** *сп.* наказателен удар; дузпа (*и* **~ kick**).

pen-and-ink ['penənd'iŋk] *adj* нарисуван, написан с перо.

pence [pens] *pl от* **penny 1.**; **to take care of the ~** много съм пестелив.

penchant ['pa:nʃa:n] *n* склонност, наклонност, предразположение, увлечение (**for**).

pencil ['pensil] **I.** *n* **1.** молив; **in ~** (написан) с молив; **2.** четка (*на живописец*); **3.** стил (*на живописец*); **II.** *v* (**-ll-**) **1.** пиша, записвам, нахвърлям, рисувам, оцветявам (*с молив*); **~ in** вписвам (отбелязвам) уговорка, която трябва да бъде потвърдена по-късно; **2.** слагам сенки; **3.** записвам името на кон (*в книга за облози*).

pencilled ['pensild] *adj* **1.** изписан; **2.** лъчист, в сноп.

penciller ['pensilə] *n sl сп.* (помощник на) букмейкър.

pencraft ['penkra:ft] *n* **1.** изкуството да се пише; краснопис; **2.** стил.

pendency ['pendənsi] *n* неуреденост, неопределеност, неустановеност, висящо положение.

pendent ['pendənt] *adj* **1.** висящ, увиснал, провесен, надвесен, издаден; **2.** висящ, (още) нерешен, неуреден, неопределен, неустановен; **3.** *ез.* незавършен.

pendulate ['pendjuleit] *v* **1.** люлея се като махало; **2.** колебая се, двоумя се.

pendulum ['pendjuləm] *n* **1.** махало; **swing of the ~** люлеене на махало; *прен.* политическа промяна; **2.** *прен.* несигурен човек, ветропоказател, фурнаджийска лопата.

penetrate ['penitreit] *v* **1.** прониквам, навлизам, промъквам се в (на), преминавам, минавам през, достигам до, пронизвам; **2.** прониквам, навлизам, промъквам се, достигам (**into, through, to**); **3.** просмуквам се в, пропивам, попивам, напоявам; насищам, импрегнирам (**with**).

pen-feather ['pen,feðə] *n зоол.* махово перо.

pen-friend ['pen'frend] *n* кореспондент; човек, с когото съм в кореспонденция.

penguin ['peŋgwin] *n* **1.** пингвин, род *Sphenisciformes*; **2.** *ав.* учебен самолет.

penicillin [,peni'silin] *фарм.* **I.** *n* пеницилин; **II.** *adj* пеницилинов.

penile ['pi:nail] *adj мед.* пенисен, на пениса.

peninsula [pi'ninsjulə] *n* полуостров; **the P.** Пиренейският полуостров.

penis ['pi:nis] *n* (*pl* **penes** ['pi:ni:z]) *анат.* пенис.

penitent ['penitənt] **I.** *adj* който се разкайва (се е разкаял, покаял); каещ се; ◇ *adv* **penitently**; **II.** *n* каещ (разкаял) се грешник (грешница).

penknife ['pennaif] *n* ножче, чекийка.

penman ['penmən] *n* (*pl* **-men**) **1.**: **a good (bad) ~** човек с хубав (лош) почерк; **2.** писател.

penmanship ['penmənʃip] *n* **1.** изкуството да се пише; краснопис; **2.** почерк; **3.** стил, маниер, начин на писане.

pen-name ['penneim] *n* литературен псевдоним.

penny ['peni] *n* **1.** (*pl* **pence** — *за парични суми*; **pennies** — *за отделни монети*) пени (1/12 *от шилинга*); **2.** *ам., разг.* цент; **3.** *attr* за едно пени; **not a ~ to bless oneself with** без пукната парà;• **~ blood (dreadful)** *sl* булеварден роман.

pension₁ ['penʃən] **I.** *n* **1.** пенсия; **retirement ~** пенсия за стаж; **2.** възнаграждение (*на свещеник*); **II.** *v* отпускам пенсия на; **to ~ off** пенсионирам.

pension₂ ['pa:nsiɔn] *n* **1.** *фр.* пансион, хотел-пансион; **2.** наем за стая в пансион.

pensive ['pensiv] *adj* замислен, тъжен; ◇ *adv* **pensively**.

penstock ['penstɔk] *n* **1.** шлюз; **2.** улей.

pentabasic [pentə'beizik] *adj* петосновен, петвалентен (*за алкохол*).

pentacle ['pentəkl] *n* пентаграм, древен магически символ във формата на петолъчка.

pentagon ['pentəgɔn] *n* петоъгълник, пентагон; **the P.** Пентагонът, военното министерство на САЩ.

pentathlon [pen'tæθlɔn] *n сп.* петобой.

penthouse ['penthaus] *n* **1.** сушилня, навес, сайвант, заслон; **2.** *ам.* надстройка върху плосък покрив; **3.** луксозен апартамент на последния етаж на висока сграда.

penurious [pi'nju:riəs] *adj* **1.** беден, оскъден; **2.** скъпернически, стиснат.

penwiper ['penwaipə] *n* парченце плат за почистване на перо.

people ['pi:pl] **I.** *n* **1.** народ, нация; **2.** (*употр. като pl*) хора, люде, народ, население, жители, поданици; паство; свита; слуги, работници; семейство, близки (*обикн.* **my, his ~** *и пр.*); **3.** (*употр. като pl*) обикновените хора, простият народ, простолюдието; **II.** *v* **1.** заселвам; **2.** населявам, обитавам.

pep [pep] *sl* **I.** *n* енергия, живост; **II.** *v* (**-pp-**) (*обикн. с* **up**) повдигам, качвам, повишавам; усилвам, оживявам, живвам.

peplum ['pepləm] *n* къс набор, пришит към талията на жакет.

pepper ['pepə] **I.** *n* **1.** пипер (*и прен.*); **black ~** черен пипер; **2.** пиперка, чушка; **3.** грубо отнасяне, жестока критика, сарказъм; **II.** *v* **1.** посипвам с пипер; **2.** посипвам (**with**); **3.** застрелвам, обстрелвам; замервам.

pepper-and-salt ['pepərənd'sɔ:lt] *n* **1.** пепит, меланж (*плат*); **2.** *attr* от меланж; **3.** *attr* прошарен (*за коси*).

pepper-box ['pepəbɔks] *n* **1.** пиперница; **2.** *шег.* павильонче, куличка.

peppercorn ['pepəkɔ:n] *n* **1.** зърно черен пипер; **2.** нещо без никаква стойност; • **~ rent** номинален наем.

pepper-pot ['pepəpɔt] *n* **1.** пиперница; **2.** пикантно антилско ястие; **3.** *sl* сприхав човек, лют човек, пиперлия.

per [pə:] *prep* **1.** по, с, чрез, посредством; **~ post (bearer, carrier)** по пощата, по човек; **2.** според, съгласно, съобразно (*обикн.* **as ~**); **3.** на, в.

perambulate [pə'ræmbjuleit] *v* **1.** ходя нагоре-надолу, обикалям, обхождам, кръстосвам, преброждам; **2.** обикалям, инспектирам (*граници*).

perceive [pə'si:v] *v* **1.** възприемам; разбирам, схващам, долавям; **2.** усещам, виждам, забелязвам.

per cent [pə'sent] *n* процент, на сто.

perch [pə:tʃ] **I.** *n* **1.** прът (*на който кацат птици да спят*); **to take o.'s ~** кацвам; **2.** перш (*в цирка*); **3.** високо (сигурно) място (положение, пост); **come off your ~** не си вири носа много, не се забравяй; **II.** *v* **1.** кацвам (**on**); **2.** сядам, настанявам се, разполагам се, курдисвам се; **3.** поставям, турям, слагам, настанявам; **a town ~ed on a hill** град, кацнал на хълм.

percolate [ˈpə:kɔleit] *v* **1.** процеждам се, просмуквам се, прониквам; **2.** прецеждам (се), филтрирам (се); **3.** разпространявам (се); **to allow a rumour to ~** пускам (разпространявам) слух.

perdition [pə:ˈdiʃən] *n* **1.** гибел; **2.** *рел.* смърт без надежда за възкресение, смърт навеки; **3.** проклятие.

peregrination [ˌperigriˈneiʃən] *n* *шег.* пътуване, пътешествие, странстване.

peremptory [pəˈremptəri] *adj* **1.** безапелационен; който не допуска възражение; положителен; решителен; **2.** властен, заповеднически, деспотичен; **3.** *юрид.* окончателен, безусловен; **~ writ** призовка за безусловно явяване в съд; ◇ *adv* **peremptorily**.

perennial [pəˈrenjəl] **I.** *adj* **1.** целогодишен, който трае през цялата година; **2.** който не пресъхва през лятото (*за поток*); **3.** вечен, постоянен; **II.** *n* многогодишно растение.

perfect [ˈpə:fikt] **I.** *adj* **1.** перфектен, съвършен, завършен, цял; пълен; безусловен, абсолютен; отличен, безукорен; точен; **~ circle** пълен кръг; **2.** подготвен, опитен, изкусен, умел, изпечен, изпраксан, обигран (**in**); **3.** добре научен (*за урок*); • **practice makes ~** съвършенството се постига с много практика; **II.** *n* *ез.* = **perfect tense**; **III.** [pəˈfekt] *v* **1.** усъвършенствам; подобрявам; **2.** завършвам, доизкарвам.

perfidy [ˈpə:fidi] *n* коварство, вероломство, измама.

perfoliate [pəˈfouliət] *adj* *бот.* за лист - чиято основа се свързва по такъв начин, като че ли е пробита от стъблото.

perform [pəˈfɔ:m] *v* **1.** изпълнявам, извършвам; **2.** представям, играя, изпълнявам; свиря (**on**); **a play that ~s well** пиеса, удобна за изнасяне (представяне); **3.** изпълнявам номера (*за дресирано животно*).

performance [pəˈfɔ:məns] *n* **1.** изпълнение, извършване; **2.** действие, работа, проява, подвиг, постижение; **to be modest about o.'s ~s** не обичам да се хваля (с това, което съм извършил); **3.** представление, забава, концерт, номер; пърформанс.

perfume I. [ˈpə:fju:m] *n* **1.** благоухание, аромат, приятна миризма; **2.** парфюм; **II.** [pəˈfju:m] *v* парфюмирам, напарфюмирам, ароматизирам; изпълвам с благоухание.

perfumery [pəˈfju:məri] *n* парфюмерия, парфюми.

perfunctory [pəˈfʌŋktəri] *adj* повърхностен, чисто външен, формален; нехаен, небрежен, механичен; ◇ *adv* **perfunctorily**.

perfuse [pəˈfju:z] *v* **1.** опръсквам, поръсвам; **2.** обливам, заливам.

perhaps [pə:ˈhæps] **I.** *adv* може би; **II.** *n* евентуалност, възможност.

periapt [ˈperiæpt] *n* талисман.

pericope [ˈperikoup] *n* извадка, пасаж.

peril [ˈperil] **I.** *n* опасност, риск; **in ~ of (o.'s life)** изложен на (смъртна) опасност; **II.** *v* излагам на опасност.

perinatal [ˈperiˈneitəl] *adj* свързан с раждането и периода непосредствено след него, перинатален.

period [ˈpiəriəd] *n* **1.** период (*и астр., геол.*; *мед.*; *мат.*); век, епоха, ера, цикъл; **the ~** днешният ден; съвременността; **2.** *ез.* период, пауза в края на период; **3.** точка, *прен.* край, предел.

periosteal [ˌperiˈɔstiəl] *adj* надкостен; разположен до костта.

peripheral [pə'rifərəl] *adj* периферен, периферичен; ◇ *adv* **peripherally**.

perish ['periʃ] *v* **1.** загивам, умирам (преждевременно) (**from**); **to ~ by the sword** умирам пронизан от сабя; **2.** (*обикн. pass*) премалявам, прималявам; **3.** развалям (се), загнивам; попарвам (*за слана*).

peristeronic [,peristə'rɔnik] *adj* на, от, свързан с гълъби.

peritus [pə'ritəs] *n* (*pl* **-ti** [-tai]) религиозен наставник, духовен водач.

perjurer ['pə:dʒərə] *n* клетвопрестъпник, лъжесвидетел.

perk [pə:k] **I.** *v* (*обикн. с* **up**) **1.** вирвам глава; опервам се; накокошинвам се, напервам се, ококорвам се; **2.** оживявам се, развеселявам се, ободрявам се; съвземам се, живвам, окопитвам се (*след болест*); **3.** издокарвам (се) (*и refl*); **to ~ up a suit with a red scarf** придавам цвят на (освежавам) костюм с червено шалче; **II.** *adj* = **perky; III.** *pl* служебни облаги.

perkiness ['pə:kinis] *n* **1.** наперенocт, нахалство; **2.** живост; закачливост, дяволитост.

perky ['pə:ki] *adj* **1.** жив, весел, закачлив, игрив, дяволит; **2.** наперен, нахален, нахакан.

permafrost ['pə:məfrɔst] *n* дълбоко замръзнала земя.

permanence ['pə:mənəns] *n* неизменност, непрекъснатост, установеност; дълготрайност.

permanent ['pə:mənənt] *adj* постоянен, неизменен; дълговременен, перманентен; непрекъснат; **~ magnet** постоянен магнит.

permission [pə'miʃən] *n* позволение, разрешение.

permit I. [pə'mit] *v* (**-tt-**) **1.** позволявам, разрешавам; **shooting is not ~ted here** ловът тук е забранен; **2.** допускам; давам възможност (*и с* **of**); **II.** ['pə:mit] *n* **1.** разрешение (*писмено*); митническо разрешение за внасяне/изнасяне на стоки; **2.** пропуск (*документ*).

perms [pə:ms] *n икон.* постоянни работници.

permutation [,pə:mju:'teiʃən] *n* **1.** *мат.* пермутация; **2.** промяна, прегрупиране.

permute [pə:'mju:t] *v* размествам, променям реда на.

pernickety [pə:'nikəti] *adj* **1.** *разг.* придирчив, прекалено прецизен, претенциозен, дребнав; **2.** деликатен, бавен; който изисква много внимание (*за работа*).

perpendicular [,pə:pən'dikjulə] **I.** *adj* **1.** перпендикулярен (**to**); отвесен, вертикален; **2.** много стръмен, почти отвесен (*за наклон, хълм*); **3.** (**P.**) *арх.* късен английски готически стил (от 1380 до 1520 г.); **II.** *n* **1.** перпендикуляр; **out of the ~** неотвесен; **2.** отвес; **3.** перпендикулярно, отвесно положение.

perpetrate ['pə:pətreit] *v* извършвам (*престъпление*); правя (*грешка*); **to ~ a pun** *шег.* казвам каламбур.

perpetual [pə'petjuəl] *adj* **1.** вечен; безкраен; постоянен; **~ motion** вечно движение, вечен двигател, перпетум мобиле; **2.** доживотен, пожизнен; **3.** *sl* безконечен, безкраен, непрекъснат (*за въпроси, разправии и пр.*); ◇ *adv* **perpetually**.

perpetuity [,pə:pi'tjuiti] *n* **1.** вечност; **in ~** за вечни времена; **2.** *юрид.* имот и под., получен за вечно ползване; предаване за вечно ползване; **3.** пожизнена рента.

perplex [pə'pleks] *v* **1.** обърквам, смущавам; озадачавам; **2.** *остар.* усложнявам, забърквам (*въпрос*);

утежнявам (*стил*).

perquisite ['pə:kwizit] *n* **1.** допълнителна печалба извън договорената надница; **2.** бакшиш.

perry ['peri] *n* питие от ферментирал крушов сок.

per se [pə:'si:] *adv* по същество, сам по себе си.

persecute ['pə:sikju:t] *v* **1.** преследвам, гоня; потискам (*обикн. за убеждения*); **2.** тормозя; **3.** дотягам, додявам, досаждам; **to be ~ed with requests for autographs** дотегнаха ми постоянните молби за автографи.

persevere [,pə:si'viə] *v* постоянствам, упорствам.

Persia ['pə:ʃə] *n ист.* **1.** Персийсқата империя, Персия; **2.** Персия, старото име на Иран.

Persian ['pə:ʃən] **I.** *adj* персийски, ирански; • **~ blinds** жалузи, щори; **II.** *n* **1.** персиец, персийка; **2.** персийски език; **3.** ангорска́ котка, персийка.

persist [pə'sist] *v* **1.** настоявам, упорствам; **to ~ in o.'s opinion** упорито държа на мнението си; **2.** оставам, задържам се, запазвам се.

person [pə:sn] *n* **1.** лице (*и ез.*), човек; *пренебр.* тип, индивид, персона, субект; **young ~** младеж, млад човек (*обикн.* млада жена); **2.** външен вид, външност; тяло; **3.** личност; моето "Аз".

personal ['pə:snl] **I.** *adj* **1.** личен (*и ез., юрид.*); персонален; **~ remark** неприятна, хаплива забележка от личен характер; **2.** телесен, физически (*за красота*); личен; **II.** *n ам., обикн. pl* лично обявление.

personalize ['pə:sənəlaiz] *v* **1.** придавам личен характер на; персонализирам; **2.** олицетворявам, персонифицирам; **3.** изготвям по поръчка, съобразно индивидуалните изисквания на клиента.

personally ['pə:sənəli] *adv* **1.** лично, персонално; **2.** колкото до мене, лично аз.

perspire [pə'spaiə] *v* потя се, избива ме пот.

persuade [pə'sweid] *v* убеждавам (**of, that**); увещавам; скланям, придумвам (**to** *с inf*, **into** *с ger*); **to be thoroughly ~d that** дълбоко съм убеден, че.

pert [pə:t] *adj* **1.** нахалничък, устат; **2.** малък, спретнат, елегантен (*за нос, дупе*).

Peru [pə'ru:] *n* Перу.

peruse [pə'ru:z, pi'ru:z, pe'ru:z] *v* **1.** чета, прелиствам, преглеждам; **2.** *остар.* внимателно разглеждам, взирам се.

pet[1] [pet] **I.** *n* **1.** домашен любимец, домашно животно; **2.** галеник, любимец, галено дете; чедо, рожба (*и като обръщение*); **my ~!** милото ми, майче, маминото, мънинoто ми! **3.** *attr* любим, обичен; **II.** *v* (**-tt-**) **1.** галя; милвам; **2.** глезя; угаждам на; **3.** *ам., разг.* любя се, прегръщам.

pet[2] *n* лошо настроение, цупене; сръдня; раздразнение; **to be in a ~** цупя се, сърдя се.

petal [petl] *n бот.* венчелистче.

petition [pi'tiʃən] **I.** *n* **1.** молба; **2.** петиция; **3.** молитва; **II.** *v* **1.** отправям петиция; **2.** подавам молба (*пред съда*); **3.** отправям молитви, моля се; ходатайствам (**for**).

petrol ['petrəl] *n* бензин; петрол; *остар.* газ; нефт.

petticoat ['petikout] *n* **1.** долна фуста; фустанела; **2.** *sl* "фуста", жена; **3.** *attr* женски, женствен; **he is under ~ government** той е под чехъл, у тях пее кокошка.

petty ['peti] *adj* **1.** дребен; незначителен, маловажен; **~ cash** минимални приходи или разноски; дребни пари; **2.** *юрид.*: **~ jury** редовни съдебни заседатели (*срв.* **grand jury**); **3.** дребнав.

pharmacy ['fa:məsi] *n* **1.** фармация, аптекарство, фармацевтика; **2.** аптека.

phase [feiz] **I.** *n* **1.** *астр.* фаза, аспект, четвърт (*на луната*); **in ~** синхронно, в една и съща фаза; **2.** фаза, стадий, етап на развитие; период; **3.** *ел.* фаза; **II.** *v* синхронизирам; **to ~ in** въвеждам постепенно, на етапи.

pheasant ['fezənt] *n* фазан.

phenomenon [fi'nɔminən] *n* (*pl* **-ena** [-inə]) **1.** явление (*природно и пр.*); **2.** *филос.* феномен, субективно явление; **3.** *разг.* изключителен предмет, същество, извънредно надарен човек, гений.

philharmonic [filha:'mɔnik] **I.** *adj* филхармоничен; **II.** *n* **1.** филхармоничен концерт; **2.** любител на музика, меломан.

philology [fi'lɔlədʒi] *n* **1.** филология; **2.** *остар.* ученост, литературознание.

philosopher [fi'lɔsəfə] *n* философ; **natura ~** *остар.* физик; естествоизпитател, естественик.

philosophy [fi'lɔsəfi] *n* **1.** философия (*и* **moral ~**); **2.** спокойствие на духа, уравновесеност.

phone$_1$ [foun] *n ез.* звук.

phone$_2$ **I.** *n разг.* телефон; **to be on the ~** говоря по телефона; имам телефон, абонат съм; **II.** *v* телефонирам.

phosphorus ['fɔsfərəs] *n* фосфор.

photo ['foutou] *n разг. съкр.* = **photograph**.

photograph ['foutəgra:f] **I.** *n* снимка, фотография; **to take a ~ of s.o.** снимам някого; **II.** *v* фотографирам, снимам; **to ~ well** излизам добре на фотография; фотогеничен съм.

photographer [fə'tougrəfə] *n* фотограф.

photography [fə'tɔgrəfi] *n* фотография (*процес*); **colour ~** цветна фотография.

phrase [freiz] **I.** *n* фраза (*и муз.*), израз, обрат; **stock ~** клише; • **to coin a ~** колкото и банално да звучи; **II.** *v* **1.** изразявам (с думи, изрази); редактирам; **this is how he ~d it** така се изрази той; **2.** *муз.* фразирам.

physical ['fizikl] *adj* физически, материален; телесен; **~ chemistry** физикохимия.

physician [fi'ziʃən] *n* лекар, доктор.

physicist ['fizisist] *n* **1.** физик; **2.** *филос.* последовател на физицизма.

physics ['fiziks] *n pl* (= *sing*) **1.** физика; **2.** *остар.* = **Natural Philosophy**.

physiology [,fizi'ɔlədʒi] *n* физиология.

pianist ['piənist] *n* пианист.

piano$_1$ ['pjænou] *n муз.* пиано; **grand ~** роял.

piano$_2$ ['pja:nou] **I.** *adv муз.* тихо, пиано; **II.** *n* тих пасаж.

pick$_1$ [pik] *n* **1.** търнокоп, кирка; **2.** всякакъв островърх инструмент за изкъртване, изваждане (*обикн. в съчет.*); **(tooth-)~** клечка за зъби.

pick$_2$ *v* **1.** избирам, подбирам; **to ~ o.'s way (o.'s steps)** внимавам къде стъпвам, стъпвам предпазливо, внимателно; **2.** бера (*цветя, плодове*); **3.** *прен.* търся повод за, предизвиквам.

pick$_3$ **I.** *n текст.* **1.** изтласкване на совалката; **2.** вътъчна нишка; **II.** *v* **1.** *текст.* изтласквам совалката; **2.** *диал.* хвърлям, мятам.

pickle [pikl] **I.** *n* **1.** саламура; **2.** *pl* туршия; **mixed ~s** смесена туршия (от различни зеленчуци); *прен.* разнородна компания, от кол и въже; смесени чувства; **3.** неприятно положение; **II.** *v* **1.** мариновам, поставям в саламура; насолявам, слагам туршия; **2.** *тех.* байцвам, разяждам, ецвам (*с киселина*); декапирам.

picnic ['piknik] **I.** *n* **1.** пикник; **2.** нещо лесно и приятно; **the climb was no ~** изкачването съвсем не беше леко; **II.** *v* (**-ck-**) **1.** устройвам, участвам в пикник; **2.** живея без ред, как да е, без удобства.

picture ['piktʃə] **I.** *n* **1.** картина, рисунка; гравюра; фотография, снимка; **to draw (paint) a ~** рисувам картина; *прен.* обрисувам, описвам; **2.** портрет; **3.** изглед, пейзаж; • **to be out of (not in) the ~** не подхождам, не пасвам, не хармонирам; нямам значение, не "важа"; **II.** *v* **1.** рисувам, изобразявам; **2.** обрисувам, описвам (*с думи*); **3.** украсявам с картини.

picturesque [piktʃə'resk] *adj* **1.** живописен; картинен; **2.** жив, образен, картинен (*за стил*); оригинален, интересен, ярък (*за личност и пр.*); ◇ *adv* **picturesquely**.

pie$_1$ [pai] *n* **1.** (= **magpie**) сврака; **2.** : **French ~, rain ~, wood ~** различни видове кълвачи.

pie$_2$ *n* пай; пирог; *ам.* пирог с плодове; **ressurection ~, potato ~, shepherd's ~** остатъци от месо, печени с картофено пюре; • **to eat humble ~** излагам се на унижения, преглъщам обиди, смирявам се, покорявам се, прекланям глава, превивам шия.

pie$_3$ **I.** *n* **1.** *печ.* (*и* **printer's ~**) куп размесени букви; **2.** *прен.* безпорядък, безредие, бъркотия, хаос; **II.** *v* *печ.* разбърквам, размествам; претопявам (букви).

pie$_4$ *n* *англо-инд.* медна монета (= 1/12 от ана).

piece [pi:s] **I.** *n* **1.** парче; къс; отломка; **to come (fall, go) to ~s** разчупвам се на парчета, счупвам се, разпадам се; разбрицвам се; разпадам се, порутвам се, събарям се; фалирам, разорявам се, западам; **2.** парцел; **3.** *мет.* детайл, машинна част; • **all of a ~ (with)** еднакъв, лика-прилика; в пълно съответствие с; **II.** *v* **1.** съединявам, свързвам в едно цяло; съшивам (*дреха*); закърпвам; **2.** *текст.* навързвам, засуквам, пресуквам (*скъсана нишка*) при тъкане; **3.** *ам., разг.* хапвам, похапвам между закуската и обеда, обеда и вечерята.

pier [piə] *n* **1.** контрафорс; устой, подпора (*на мост*); опора, стълб за сводове, пета; **2.** вълнолом; пристан; кей (за натоварване, разтоварване на кораби, понякога и за разходки, с увеселителни заведения); **3.** част от стена, стълб между два отвора (*прозорци, врати*).

pig [pig] **I.** *n* **1.** прасе, свиня; прасенце, свинче; **in ~** прасна; **2.** младо свинско (месо); **3.** *разг.* "свиня", "прасе"; егоист, мизерник; мръсен, лаком човек, мърльо; **II.** *v* **1.** опрасва се (*за свиня*); **2.** *разг.*: **to ~ (it)** сгъстявам се, живея натясно с много хора; живея като в кочина; **3.** *разг.* тъпча се, набивам (*храна*) (*с* **out**).

pigeon ['pidʒin] **I.** *n* **1.** гълъб; **homing ~** пощенски гълъб; **2.** *сп.* паничка, по която се стреля (*и* **clay-~**); **3.** *прен.* новак; балама; • **that's my ~** това е моята грижа; **II.** *v* *sl* измамвам, излъгвам.

pike$_1$ [paik] **I.** *n* **1.** копие; пика; **2.** шип (*на бастун*); **3.** *диал.* вила; • **to come down the ~** *ам.* случва се; появява се на бял свят; **II.** *v* убивам, промушвам с копие.

pike$_2$ *n* *зоол.* щука *Esox lucius*.

pike$_3$ *n* връх (*особено в Северна Англия*).

pike$_4$ *n* **1.** бариера; **2.** път с бариера (за събиране на пътна такса); **to hit the ~** *ам. sl* странствам; **3.** налог, такса.

pile₁ [pail] **I.** *n* **1.** *строит.* пилот, пилон, стълб, стойка; **2.** кол; **II.** *v* забивам, набивам колове; заздравявам, укрепвам с колове.

pile₂ **I.** *n* **1.** куп, купчина, камара, грамада; **2.** (*и* **funeral ~**) (погребална) клада; **3.** *воен.* оръжейна пирамида; • **at the top (bottom) of the ~** на най-високите (ниските) нива в йерархията; **II.** *v* **1.** (*и с* **up, on**) трупам, натрупвам (се); натрупвам се на камара, образувам камара; **to ~ on the coal** наблъсквам (печката) с въглища; **2.** *воен.* нареждам пушки на пирамида; **3.** натоварвам (*кола и пр.*) до горе.

pile₃ *n* **1.** косъм, пух, вълна; **2.** *текст.* мъх; **velvet with real silk ~** коприненo кадифе.

pile₄ *n рядко* обратна страна на монета, "ези"; **cross or ~** *остар.* ези или тура.

pill₁ [pil] **I.** *n* **1.** хапче, пилюла; таблетка; **a bitter ~** *прен.* горчив хап, неприятност, унижение; **2.** *sl* топка; топчица (*за гласуване*); **3.** *sl* неприятна личност, индивид; **II.** *v* **1.** (*за вълнен пуловер*) завалвам се; **2.** *sl* гласувам против (*някого*) с черна топчица; **3.** *sl уч.* скъсвам, връщам (*ученик*).

pill₂ *v* мъна (обработвам ленени стебла).

pillar [ˈpilə] **I.** *n* **1.** *арх.* колона, подпора, стълб; **the P. of Hercules** Херкулесовите стълбове, Гибралтар; **to drive s.o. from ~ to post** разкарвам, разигравам някого; **2.** *прен.* стълб, опора; **3.** *мин.* целик, предпазен стълб; **II.** *v* украсявам (подпирам) с колони.

pillow [ˈpilou] **I.** *n* **1.** възглавница (*за спане*); **to take counsel of o.'s ~** отлагам решението си за другия ден; **2.** *тех.* лагер, подложка, буфер; вложка; **II.** *v* **1.** подпирам, облягам (*главата си*) на; **2.** служа за възглавница; **3.** *рядко* облягам се, лежа **(on)**.

pillow-case [ˈpiloukeis] *n* калъфка за възглавница.

pilot [ˈpaiələt] **I.** *n* **1.** лоцман; *остар.* кормчия, щурман; **to abandon (drop) the ~** *мор.* освобождавам лоцмана; *прен.* отказвам се от доверен съветник; **2.** *ав.* пилот, летец; **3.** водач; **II.** *v* **1.** направлявам, карам; **2.** водя; прекарвам, превеждам (*през трудности и пр.*); **3.** изпробвам, тествам; **III.** *adj* **1.** контролен; помощен, спомагателен, допълнителен; **2.** водещ, направляващ, пилотен; **a ~ dog** куче водач; **3.** опитен, експериментален.

pin₁ [pin] **I.** *n* **1.** топлийка, карфица; **tie (breast, scarf,** *ам.* **stick) ~** игла за вратовръзка; **2.** *pl разг.* крака; **3.** буре от 4 1/2 галона (*около 20 литра*); • **to take down a ~** смачквам фасона на; сдрусвам, раздрусвам силно; **II.** *v* **(-nn-) 1.** забождам, закачвам, закрепвам с топлийка **(to, up, on)**; **to ~ o.'s faith (hope(s)) (up)on** възлагам всички надежди на, сляпо се доверявам (уповавам) на; **2.** заковавам, приковавам; **3.** *рядко* подпирам, поддържам (*стена и пр.*).

pin₂ *v* **(-nn-)** затварям, запирам (*в кошара*); *прен.* вкарвам натясно.

pince-nez [ˈpe:nsnei] *n фр.* пенсне.

pincers [ˈpinsəz] *n pl* **1.** клещи, щипци (*и* **a pair of ~**); **2.** *зоол.* щипци (*на рак и пр.*).

pinch [pintʃ] **I.** *v* **1.** щипя, ощипвам; **to ~ o.'s finger in the door** прищипвам си пръста на вратата; **2.** притискам, стягам; **3.** стеснявам, притеснявам, ограничавам; **II.** *n* **1.** щипване, ощипване; **to give s.o. a ~**

щипвам някого; **2.** стискане, свиване, стягане; **3.** щипка, стиска (*сол и пр.*); "троха", малко количество.

pine₁ [pain] *n* **1.** бор, чам *Pinus*; **~ spruce** ела *Abies alba*; **2.** чамов дървен материал, чам; **3.** *разг.* = **pine-apple**.

pine₂ *v* **1.** чезна, тлея, гасна, вехна, крея, линея, съхна, топя се, гина (*и* **~away**); **2.** скърбя, копнея, жадувам, милея, тъгувам (**for, after**).

pine-apple ['painæpl] *n* **1.** ананас; **2.** *воен. sl* ръчна граната, лимонка, бомба (*и* **pineapple**).

pink₁ [piŋk] **I.** *adj* (светло)розов; пембен; **~ eyes** очи на албинос; • **tickled ~** предоволен, на седмото небе; **II.** *n* **1.** *бот.* карамфил за бордюри (*и* **garden ~**) *Dianthus plumarius*; **2.** яркорозов (пембен) цвят; **3.** (**the ~**) връх, висша точка (степен); • **the ~ limit** върхът на; **III.** *v* боядисвам (оцветявам) в розово; порозовявам (*за бузи*).

pink₂ *v* **1.** промушвам, пробождам, продупчвам; перфорирам; **2.** украсявам с фестони (ажури), фестонирам; продупчвам със замба; поръбвам на пико (*и* **to ~ out**).

pink₃ *n зоол.* дребна сьомга (лакерда).

pink₄ *n мор., остар.* платноходна гемия с ниска кърма.

pink₅ *v* потраквам, тракам, чаткам (*за машина, мотор*).

pint [paint] *n* **1.** пинта, единица мярка за обем на течности и зърнени храни (*англ. 0,56 л, ам. 0,47 л*); **reputed ~** бутилка (съд) с вместимост приблизително половин литър; **2.** една халба бира.

pioneer [,paiə'niə] **I.** *n* **1.** пионер, първи заселник (изследовател); **2.** *прен.* инициатор, поддръжник; **3.** *воен.* сапьор; пионер; **II.** *v* **1.** проправям (прокарвам) път (за); **2.** водя, ръководя; **3.** пионер съм в, инициатор съм на.

pious ['paiəs] **I.** *adj* **1.** набожен, благочестив, религиозен; **~ fraud** лъжа с безкористни подбуди, лъжа за нечие добро, благородна лъжа; *шег.* стар лицемер; **2.** *остар.* почтителен; верен на синовния си дълг; **II.** *n* (**the ~**) благочестивците, *ирон.* "светците".

pipe [paip] **I.** *n* **1.** тръба, тръбопровод; **drain- (water-, down-) ~** водосточна тръба; **2.** *анат.* дихателна тръба (*и* **wind-pipe**); **3.** лула (*и* **tobacco-~**); • **to lay ~s** *ам., пол.* занимавам се с политически интриги; купувам гласове; **II.** *v* **1.** прекарвам по тръби (тръбопровод); **2.** пищя, говоря (пея) с креслив (пронизителен) глас; **3.** свиря на свирка (гайда) и пр.

pirate ['paiərit] **I.** *n* **1.** пират, морски разбойник; корсар; **2.** нарушител на авторско право; плагиат; **3.** *attr* пиратски, в нарушение на авторските права; **II.** *v* **1.** *рядко* занимавам се с разбойничество, пиратствам; ограбвам; **2.** издавам без разрешение на автора, нарушавам авторско право.

pistol ['pistl] **I.** *n* пистолет, револвер; пищов; **to discharge o.'s ~ in the air** *прен.* сражавам се с въображаем противник; бия се с вятърни мелници; **II.** *v* стрелям (застрелвам) с пистолет (револвер).

pit₁ [pit] **I.** *n* **1.** ров, яма, трап, дупка, вдлъбнатина; канал (*в гараж*); **concrete ~** циментирана яма; **2.** шахта, рудник, мина; кариера; **3.** вълча яма, капан (*и* **pit(-)fall**); • **the ~s!** ужас, много зле, много лош(о); **II.** *v* (**-tt-**) **1.** изправям един срещу друг (*за петли*); *прен.* насъсквам, подстрекавам, подбуждам; **to ~ o.'s strength against** премервам силите си с; **2.** покривам (се) с дупчици; **3.** поставям (складирам) (*зеленчуци, плодове*) в яма (траншея), силозирам.

pit₂ *ам.* **I.** *n* плодова костилка; **II.** *v* изваждам костилката от (на).

pitch₁ [pitʃ] **I.** *n* **1.** черна смола; катран, зифт; **mineral ~, Jew's ~** асфалт; **2.** борова смола; ● **~ dark, as dark as ~** тъмно като в рог; **II.** *v* покривам с катран (зифт); насмолявам, катраносвам, зифтосвам.

pitch₂ *v* **1.** хвърлям, мятам, запокитвам, запращам; *сп.* подавам; **a full-~ed ball** топка, летяща с пълна сила; **2.** занасям се, залитам; люшвам се; **3.** поставям, слагам; нареждам; *сп.* изправям, забивам (*вратички за крикет и пр.*).

pity ['piti] **I.** *n* милост, жал, жалост, съжаление, състрадание; **it is a ~** жалко; язък; **it is a thousand pities** много жалко; **II.** *v* съжалявам; **he is to be pitied** той е за съжаление (оплакване).

pizza ['pi:tsə] *n* пица.

place ['pleis] **I.** *n* **1.** място; **in ~** на място; уместен, подходящ, сгоден; уместно; **2.** дом, квартира, жилище; здание, сграда; имение; **3.** селище; град; село; **II.** *v* **1.** поставям, слагам, полагам, турям; помествам, намествам; **to ~ in the clearest light** хвърлям обилна светлина върху, осветявам всестранно; **2.** настанявам, назначавам, вреждам; намирам място на (за), намествам; **3.** влагам, инвестирам; пласирам (**in, on, upon**).

plague ['pleig] **I.** *n* **1.** чума, мор, холера; **a ~ on him!** чумата да го тръшне! **2.** бич, напаст, наказание; **II.** *v* **1.** поразявам (заразявам) с (**with**); **2.** тормозя, мъча, вадя душата на; **to ~ s.o.'s life out of him** изваждам душата на някого, тормозя (измъчвам) някого до смърт.

plaid [plæd] *n* **1.** кариран плат; **shepherd's ~** *текст.* пепит; **2.** шотландско наметало от такъв плат.

plain₁ [plein] **I.** *adj* **1.** ясен, разбираем, понятен; явен; **as ~ as a pikestaff, ~ as the day (daylight)**; **2.** прост, обикновен; **3.** прям, откровен, искрен, открит; **II.** *adv* ясно, разбрано; недвусмислено.

plain₂ *n* равнина; поле.

plan [plæn] **I.** *n* **1.** план; **2.** схема, скица, чертеж, диаграма; **3.** план, проект, замисъл, намерение; цел; ● **the American ~ (hotel)** хотел със задължителен пансион; **II.** *v* **(-nn-)** **1.** планирам, проектирам, чертая (правя) план; **~ned parenthood** семейно планиране; **2.** скицирам, чертая; **3.** предвиждам, проектирам, планирам, обмислям; имам предвид, имам намерение.

plane₁ [plein] **I.** *n* **1.** равнина, плоскост (*и прен.*); **on a higher ~** по-извисен, духовен, нематериален; **2.** *прен.* равнина, ниво; стадий; **3.** *ав.* носеща повърхност (плоскост); крило (*на самолет*); **II.** *adj* плосък, равен, равнинен; **~ geometry** планиметрия; **III.** *v* **1.** *ам:* планирам, рея се; **2.** пътувам със самолет; **3.** плъзвам се по повърхността на водата (*за лодка или хидроплан*).

plane₂ **I.** *n* **1.** ренде (*дърводелско*), плана; **2.** *тех.* хобелмашина; **3.** *печ.* дъска за изравняване на набора чрез изчукване; **II.** *v* **1.** рендосвам; изравнявам, изглаждам, заравням (*и* **~ down**); **2.** плъзгам се (*по водна повърхност*).

plane₃ *n бот.* чинар (*и* **~-tree**) *Platanus orientalis.*

planet ['plænit] *n* планета; **major (minor) ~s** големи (малки) планети.

plant [pla:nt] *n* **1.** растение; **~ biology** фитобиология; **2.** *остар.* сопа, тояга; **3.** завод, фабрика, промишлено предприятие.

plantation [plæn'teiʃən] *n* **1.** плантация; **2.** насаждение; **3.** *ист.* колонизиране, колонизация, заселване, поселване; колония.

planter ['pla:ntə] *n* **1.** плантатор; **2.** саксия, сандъче за цветя; **3.** *тех.* садило; сеялка.

plaster ['pla:stə] **I.** *n* **1.** мазилка, хоросан; **acoustic ~** звукопоглъщаща мазилка; **2.** пластир, ла̀па; **3.** лейкопласт, мушамичка (*и* **court ~**); **II.** *v* **1.** *строит.* мажа, измазвам с хоросан (мазилка), шпакловам; **2.** покривам, намазвам, наплесквам; **to ~ with praise** лаская грубо; **3.** слагам пластир (лейкопласт) на.

plastic ['plæstik] *adj* **1.** пластичен; гъвкав; **~ clay** глина за моделиране; **2.** пластичен; пластически; **3.** от пластмаса.

plate [pleit] **I.** *n* **1.** пластинка, плоча, плочка; лист; **~ clutch** дисков амбреаж; **2.** *печ.* електротипна или стереотипна форма (плака); *прен.* вложка, илюстрация на отделна страница; **3.** табела, табелка; **II.** *v* **1.** покривам с тънък пласт метал; галванизирам (*никелирам, посребрявам, позлатявам*); **2.** обковавам, обшивам, бронирам; **3.** сплесквам, изковавам на лист.

platform ['plætfɔ:m] *n* **1.** платформа; естрада, трибуна; **2.** перон; **~ ticket** перонен билет; **3.** *пол.* платформа.

platinum ['plætinəm] *n* **1.** платна; **~ black** платинен прах; **2.** *attr* платинен.

play [plei] **I.** *v* **1.** играя, играя си; *театр.* изпълнявам, играя (*роля*); давам представление; **I ~ed him for the championship** играх срещу него за шампионската титла; **2.** играе, движи се свободно; има луфт (*за машинна част*); **3.** свиря; изпълнявам; **II.** *n* **1.** игра; **~ of the waves** плисък (игра) на вълните; **2.** пиеса, представление; спектакъл; драма; **3.** шега, забава.

playback ['plei,bæk] *n* възпроизвеждане (*на запис*).

playbill ['pleibil] *n* **1.** театрален афиш; **2.** театрална програма.

player ['pleiə] *n* **1.** играч; **gentelmen versus ~s** любители срещу професионалисти; **2.** актьор; музикант; **3.** комарджия, картоиграч.

playgoer ['plei,gouə] *n* постоянен посетител(ка) на театрални представления.

playground ['pleigraund] *n* игрище, спортна площадка; **nursery ~** детска площадка.

playing-card ['pleiiŋ,ka:d] *n* карта за игра.

playing-field ['pleiiŋ,fi:ld] *n* игрище, спортна площадка; **level ~** равни условия, честно съревнование.

playmate ['pleimeit] *n* партньор(ка) (*в спортни игри*).

play-off ['plei'ɔf] *n сп.* преиграване на мач след резултат 0 : 0; плейоф.

playwright ['pleirait] *n* драматург.

plead [pli:d] *v* (**pleaded**, *ам.* **pled** [pled]) **1.** умолявам, моля, обръщам се с (отправям) молба, ходатайствам (пред **with**, за **for**); застъпвам се; **2.** отговарям (отвръщам) на обвинение; обръщам се към съда; **to ~ (not) guilty** признавам се (не се признавам) за виновен; **3.** защитавам в съда; пледирам.

pleasant ['plezənt] *adj* **1.** приятен; **2.** любезен; **to make oneself ~** любезнича; забавлявам **(to)**; **3.** *остар.* шеговит, закачлив.

please [pli:z] **I.** *v* **1.** харесвам се на, нравя се на; удовлетворявам; угаждам на; доставям удоволствие на; **he is hard to ~** трудно му се угажда; **2.** *pass* доволен съм; **3.** искам, позволявам; **II.** *int* моля.

pleasure ['pleʒə] **I.** *n* **1.** удоволствие, наслада; развлечение, забава; **man of ~** човек на удоволствията; развратник; **2.** воля, желание; **3.** *attr* увеселителен; **II.** *v остар.* **1.** доставям удоволствие на; **2.** намирам удоволствие (**in**); **3.** *разг.* търся развлечения.

pleat [pli:t] **I.** *n* плисе; дипла, чупка, прегъвка; **accordion-~** фризе; **II.** *v* плисирам, начупвам, дипля, надиплям.

pled *вж* **plead**.

plenty ['plenti] **I.** *n* **1.** (из)обилие, обилност; **horn of ~** рог на изобилието; **2.** множество; излишък; **II.** *adj ам., разг.* обилен, многоброен, многочислен; **money is ~ but labour is scarce** пари има колкото искаш, но работната ръка е недостатъчна (малко); **III.** *adv разг.* **1.** доволно, напълно; **2.** много, извънредно; **it is ~ large enough** достатъчно голям, преголям.

plimsolls ['plimsəlz] *n pl* гуменки.

plot [plɔt] **I.** *n* **1.** парче земя, участък, парцел; **grass ~** тревна площ; **2.** *ам.* план, чертеж, скица; графика, диаграма; **3.** заговор, конспирация, съзаклятие, интрига; *прен.* план, намерение; **II.** *v* (**-tt-**) **1.** разпределям, разделям (*земя*); **to ~ out** парцелирам; **2.** чертая, скицирам; **3.** кроя планове, заговорнича, съзаклятнича; интригантствам; правя машинации.

plough [plau] **I.** *n* **1.** плуг, рало; **to follow the ~** земеделец съм; **2.** снегорин (*и* **snow-~**); **3.** орна земя; • **P. Monday** *рел., ист.* първият понеделник след Богоявление; **II.** *v* **1.** ора, изоравам; обработвам; **2.** поддавам се на обработване (оране); **this land ~s cloddy** тази земя остава на буци, като се оре; **3.** браздя, набраздявам.

pluck [plʌk] **I.** *n* **1.** дръпване, щипване; скубане; **he gave my sleeve a ~** той ме дръпна за ръкава; **2.** *разг.* смелост, храброст, кураж, мъжество, решителност, юначество; дързост; **3.** карантия; **II.** *v* **1.** откъсвам, бера (*цветя*); **2.** оскубвам, скубя (*и прен.*); тегля, изтеглям; дърпам, издърпвам; **to ~ the eyebrows** скубя си веждите; • **a drowning man ~s at a straw** давещият се и за сламка се хваща; **3.** оскубвам (*птица*).

plug [plʌg] **I.** *n* **1.** запушалка, тапа; чеп; **waste ~** запушалка (*на вана, мивка и пр.*); **2.** кран; **3.** пресован тютюн за дъвкане; • **to pull the ~ on** осуетявам; прекратявам, попречвам на; **II.** *v* (**-gg-**) **1.** запушвам, затулвам (*често* **~ up**); **to ~ a wound** тампонирам рана; **2.** пломбирам (*зъб*); **3.** *разг.* постоянствам, упорствам (*в работа и пр.*) (*често* **~ away**).

plum [plʌm] *n* **1.** слива *Prunus domestica*; **wild ~** джанка *Prunus myrobalana*; **2.** сливово дърво; **3.** стафида (*в сладкиш*); *прен.* "тлъстият кокал", "каймакът".

plump$_1$ ['plʌmp] **I.** *adj* закръглен, пълничък, въздебел; **~ cheeked** бузест; **II.** *v* **1.** отглеждам, отхранвам (*и* **~ up**); **2.** затлъстявам, тлъстея, дебелея, надебелявам, пълнея, напълнявам (*и* **~ out, ~ up**); **3.** мачкам (*възглавница*), за да бухне.

plump$_2$ **I.** *adv* **1.** туп; внезапно, ненадейно, изневиделица, изненадващо, неочаквано; **to fall ~ into the mud** цопвам в калта; **2.** прямо, откровено, безусловно; **II.** *adj рядко* решителен, безусловен, прям, откровен; **~ denial (no)** категоричен отказ; **III.** *n* **1.** тежко падане, цопване; **2.** внезапен пороен дъжд; **IV.** *v* **1.** бухвам се, падам тежко, пльосвам (се), цопвам (се); **2.** попадам; нахълтвам (нахлувам) ненадейно (**out of, into, upon**); **3.** правя категоричен избор, спирам се (*на* **for**).

plunge ['plʌndʒ] **I.** *v* **1.** гмуркам се; **2.** потапям (се); потъвам; **to ~ a dagger into s.o.'s breast** забивам кинжал в гърдите на някого; **3.** хвърлям (се), мятам (се) (**into**); **II.** *n* **1.** гмурване, гмуркане; **2.** потапяне, потъване; • **to take the ~** правя решителна крачка; вземам окончателно решение.

plus [plʌs] **I.** *n* **1.** плюс, положителен знак; **2.** допълнително количество; **3.** положителна величина; **to total all the ~es** правя равносметка, "тегля калема", "удрям чертата"; **II.** *adj* **1.** добавъчен, допълнителен; **2.** *търг.*: **on the ~ side of the account** на (по) сметка приход; **3.** *мат., ел.* положителен; **III.** *prep* плюс.

plus-fours ['plʌs'fɔ:z] *n pl* голф (*вид панталони*).

Pluto ['plu:tou] *n* **1.** *мит.* Плутон; **2.** *астр.* планетата Плутон.

plutonium [plu:'touniəm] *n хим.* плутоний.

plywood ['plaiwud] *n* шперплат.

pneumatic [nju:'mætik] **I.** *adj* **1.** пневматичен; въздушен; пълен с въздух, надут (*за автомобилна гума*); **~ drill** пневматична пробивна машина, канго; **2.** *рел.* духовен; **II.** *n* **1.** гума (*автомобилна и пр.*); кола с гуми; **2.** пневматична машина.

pocket ['pɔkit] **I.** *n* **1.** джоб; *прен.* пари; **empty ~s** без пари (средства); • **deep ~s** богатство; **2.** торба, торбичка (*особ. като мярка за хмел, вълна и пр.*); кесия, кесийка; **3.** джоб (*на билярдна маса*); **II.** *v* **1.** слагам в джоба си; **2.** присвоявам, "свивам", заделям си (*пари*); **3.** заобикалям, заграждам, ограждам.

pocket-book ['pɔkitbuk] *n* **1.** бележник, тефтерче; **2.** *ам.* портфейл; дамска чантичка; **3.** книга с меки корици.

poem ['pouim] *n* поема; стихотворение.

poet ['pouit] *n* поет; **P.'s Corner** страничен кораб в Уестминстърската катедрала, където са погребани великите поети; *шег.* отдел за поезия във вестник.

poetry ['pouitri] *n* **1.** поезия; стихове; **2.** поетичност.

point [pɔint] **I.** *n* **1.** поанта, същност, същина на нещо; смисъл; остроумие, духовитост; **I don't see your ~** не разбирам какво имаш предвид (мисълта ти); **2.** особеност, характерна (отличителна) черта (*особ. при класиране на расови животни*); **3.** място, пункт; позиция, положение; • **at all ~s** във всяко едно отношение; напълно; по всяка точка; **II.** *v* **1.** соча, насочвам, посочвам (**at, to, upon**); целя се, прецелвам се (**at**); **2.** насочвам внимание (**to, at**); **3.** посочвам, показвам, изтъквам (**out**).

poison ['pɔizən] **I.** *n* отрова (*и прен.*); **slow ~** бавна отрова, която се взема (дава) на дози; • **what is your ~?** *sl* какво ще пиеш? **II.** *v* **1.** отравям; **to ~ food** слагам отрова в храна; **2.** отравям, покварявам; **3.** инфектирам, възпалявам; **III.** *adj* отровен.

poisonous ['pɔisənəs] *adj* **1.** отровен; **2.** *прен.* злъчен, злостен; *разг.* ужасен, невъзможен, непоносим.

poker$_1$ ['poukə] *n* **1.** ръжèн; **2.** *sl* жезъл на зам.-ректор; педел; **3.** инструмент за пирография; • **as stiff as a ~** глътнал бастун, схванат.

poker$_2$ *n* покер.

polar ['poulə] *adj* **1.** поляред; **~**

lights северно сияние; **2.** (дву)полюсен; **3.** диаметрално противоположен; противоположен, противодействащ.

Pole [poul] *n* поляк, полякиня; **the P.s** *събир.* поляците.

pole₁ I. *n* **1.** прът; върлина; стълб; **barber's ~** *ист.* шарена върлина като емблема на бръснар; **2.** процеп, ок; **3.** *сп.* върлина; • **to move up the greasy ~** издигам се в йерархията, докопвам се до по-висок пост; **II.** *v* **1.** слагам пръти; **2.** карам (**off, away**), въртя с прът; **3.** карам лодка с прът.

pole₂ *n* **1.** полюс; **Arctic (North) ~** Северният полюс; **2.** една от две възможни крайности; **3.** притегателна точка.

police [pə'li:s] **I.** *n* **1.** полиция; **the ~** *pl* полицията, полицаите; **2.** *ам. воен.* гарнизонна служба; **3.** *attr* полицейски; **II.** *v* **1.** охранявам с полицаи; назначавам полицаи; **2.** *прен.* контролирам, регулирам, управлявам; **3.** *воен. ам.* чистя, подъдржам чистота и ред.

policeman [pə'li:smən] *n* (*pl* **-men**) полицай.

policy₁ ['pɔlisi] *n* **1.** политика; **big stick ~** *разг.* политика на силата; **2.** курс, линия на поведение; **3.** политичност, благоразумие, съобразителност, далновидност; хитрост.

policy₂ *n* **1.** застрахователна полица; **to take out a ~ on o.'s life** застраховам се; **2.** *ам.* хазартна игра (*чрез изтегляне на числа*).

Polish ['pouliʃ] *adj* полски (език).

polish [pɔliʃ] **I.** *v* **1.** лъскам (се), излъсквам (се), лакирам, полирам; изглаждам (се), шлифовам (се) (**up**); изчиствам (**away, off, out**); **2.** *прен.* шлифовам (се); поправям, подобрявам (**up**); **~ed manners** изискани маниери; **II.** *n* **1.** излъскване, полиране, полировка; **dull ~** матиране; **2.** лъскавина, блясък; гланц; **3.** лак; лустро; политура.

polite [pə'lait] *adj* **1.** учтив, вежлив, любезен; коректен, възпитан; **to do the ~** *разг.* мъча се да бъда учтив; **2.** изтънчен; културен; изискан, изящен (*за стил и пр.*).

politeness [pə'laitnis] *n* **1.** учтивост, вежливост; любезност; **2.** изтънченост, изисканост, възпитаност.

political [pə'litikl] *adj* **1.** политически; **~ liberties (rights)** политически свободи (права); **2.** държавен.

politician [pɔli'tiʃən] *n* **1.** политик; **2.** политикан; **3.** *ам.* държавен служител.

politics ['pɔlitiks] *n pl* **1.** политика; **to talk ~** обсъждам (разисквам, говоря на) политически теми; бистря политика; **2.** политически убеждения; **3.** мотиви, цели, политика (*на частни и общи интереси*).

poll₁ [poul] **I.** *n* **1.** проучване на общественото мнение (*по някой въпрос*) (*и* **opinion ~, straw ~**); **2.** гласуване; **3.** отбелязване на гласовете (*при гласуване*); брой на гласовете; броене на гласовете; **II.** *v* **1.** сондирам, допитвам се, проучвам (*общественото мнение*) (*обикн. в pass*); **2.** отбелязвам гласовете (*при гласуване*); **3.** гласувам (*и* **~ o.'s vote**).

poll₂ *adj* отрязан, остриган.

poll₃ *n* (**the ~**) *унив. sl* студентите като цяло.

pollution [pə'lu:ʃən] *n* **1.** мърсене, омърсяване, замърсяване; *прен.* петнене, опетняване, поругаване, оскверняване; **2.** *физиол.* полюция.

pomegranate ['pɔmgrænit, 'pɔmi ˌgrænit] *n бот.* нар *Punica granatum*.

pompous ['pɔmpəs] *adj* **1.** помпозен, важен, тежък, надут; **2.** бомбастичен, надут (*за език, стил*); ◇ *adv* **pompously**; **3.** *остар.* пищен, великолепен.

pond [pɔnd] **I.** *n* езерце, изкуствено езеро; водоем, басейн; *остар.* рибарник; **the herring ~** *шег.* северната част на Атлантическия океан; **II.** *v* **1.** събирам вода (*в езеро, блато, басейн*); **2.** образувам блато, езеро (*за вода*).

pony [ˈpouni] **I.** *n* **1.** пони; дребно конче; **on shanks's ~** пеш; **2.** *sl* 25 лири; **3.** *ам. sl* ключ (отговори) (*за превод*); **II.** *adj тех.* допълнителен, помощен; **III.** *v* **1.** *ам.* **~ up** плащам, "бъркам се"; **2.** *ам. sl* приготвям урок с отговори.

pool₁ [pu:l] **I.** *n* **1.** вир; локва, гьол; блато, мочурище; **a ~ of blood** локва кръв; **2.** басейн (*и* **swimming-~**); **3.** *мин.* дупка за поставяне на клин (*при копаене*); **II.** *v мин.* **1.** правя дупка (*за клин*); **2.** подкопавам залеж.

pool₂ **I.** *n* **1.** залагания (*при комар*); съд за залаганията; **the ~s** футболна лотария; тото; **2.** вид билярд за няколко души; **3.** пул; **II.** *v* **1.** образувам пул, тръст; сдружавам се; **to ~ interests** сдружавам се, действам съвместно с; **2.** обединявам в общ фонд.

poor [puə] **I.** *adj* **1.** беден, безимотен; нуждаещ се; сиромах, бедняк; **~ prisoner** подсъдим, който няма средства за защита; **2.** беден откъм (**in**); **3.** недоброкачествен, нискокачествен, лош; слаб, посредствен, незначителен, жалък; дребен, малък; **II.** *n* **the ~** бедните, бедняците, беднотията, беднотата, сиромашия.

pop-corn [ˈpɔpkɔ:n] *n ам.* **1.** пуклива царевица; **2.** пуканки.

pope₁ [poup] *n* **1.** папа, глава на Римокатолическата църква (*и прен.*); **2.** поп (*в Източноправославната църква*); **• ~'s eye** жлеза с тлъстина (*в овнешки бут*).

pope₂ **I.** *n* чувствително място в слабините; **II.** *v особ. в pp* нанасям удар в слабините.

poplar [ˈpɔplə] *n* топола *Populus pyramidalis.*

poplin [ˈpɔplin] *n* поплин, фина памучна тъкан.

poppy [ˈpɔpi] *n* **1.** *бот.* мак *Papaver*; **2.** опиум; **3.** ален цвят.

popular [ˈpɔpjulə] *adj* **1.** популярен; **to be ~ with** ползвам се с популярност между; **2.** народен; **3.** общодостъпен, популярен; всеизвестен.

popularity [ˌpɔpjuˈlæriti] *n* популярност.

population [ˈpɔpjuleiʃən] *n* **1.** население; **2.** *рядко* заселване, поселване.

porcelain [ˈpɔ:slin] *n* **1.** порцелан; изделия от порцелан; **2.** *attr* порцеланов; **~ clay** каолин.

porch [ˈpɔ:tʃ] *n* **1.** покрит вход; портал; портик, галерия с колони; **2.** *ам.* веранда, покрита тераса; чардак.

pork [pɔ:k] *n* **1.** свинско месо; **~ pie** пирог с месо; **2.** *ам. sl* "държавна трапеза"; отпуснати фондове.

porridge [ˈpɔridʒ] *n* овесена каша.

port₁ [pɔ:t] *n* **1.** пристанище (*и град*); **~ of entry** входно пристанище (*за пътник, стока*); **2.** *прен.* пристанище, убежище.

port₂ *n* портвайн, вид десертно вино.

port₃ *n* **1.** *остар.* врата, порта; вход; **2.** *тех.* отвърстие (*за пара, вода и пр.*).

port₄ **I.** *v* **1.** *воен.* държа пушка диагонално на гърдите си (*при команда*); **~ arms!** за проверка! **2.** *остар.* нося; **II.** *n* **1.** *воен.* начин на държане на пушка (оръжие); **2.** *остар.* осанка, държане.

port₅ *мор.* **I.** *n* **1.** бакборт (лявата

страна на кораба); **helm to ~!** руля вляво! **2.** *attr* ляв; **II.** *v* завъртявам наляво (рул).

porter₁ [ˈpɔ:tə] *n* вратар, портиер.

porter₂ *n* **1.** носач, преносвач (*особ. в хотел, влак*); **~'s knot** възглавничка за рамото (*на хамалин*); **2.** *ам.* прислужник в спален вагон.

porter₃ *n* портер, вид силна черна бира.

portion [ˈpɔ:ʃən] **I.** *n* **1.** част, дял; пай; парче; къс; **2.** порция; **3.** зестра, прикя, чеиз; **II.** *v* **1.** деля, разделям, поделям (**out**); **2.** давам дял (наследство, зестра) (**with**).

portrait [ˈpɔ:trit] *n* **1.** портрет (*и лит.*); **~-bust** бюст (*скулптурна фигура*); **2.** *прен.* изображение; подобие.

Portuguese [ˈpɔ:tjugi:z] **I.** *adj* португалски; **II.** *n* **1.** португалец, португалка; **2.** португалски език.

position [pəˈziʃən] **I.** *n* **1.** положение, място; местоположение; **in (out of) ~** на място (не на място); **2.** позиция; **3.** състояние, положение; **II.** *v неолог.* **1.** слагам (поставям) на място; **2.** установявам положение (място) на.

positive [ˈpɔzitiv] **I.** *adj* **1.** положителен, позитивен; **~ philosophy** *филос.* позитивизъм; **2.** категоричен; определен, подчертан, недвусмислен, несъмнение, неоспорим; абсолютен; дефинитивен; **3.** положителен, уверен, сигурен; самоуверен; самонадеян, самомнителен; **II.** *n* **1.** *ез.* положителна степен; **2.** *фот.* позитив.

possess [pəˈzes] *v* **1.** притежавам, владея; имам, разполагам с, държа; **to ~ oneself of** завладявам, овладявам, придобивам; **2.** въвеждам във владение; запознавам някого с нещо (**of**); съобщавам; **3.** *pass* завладян (обхванат, погълнат) съм (*от чувство, идея и пр.*) (**by, with**).

possession [pəˈzeʃən] *n* **1.** владение; владеене, притежаване; **in ~** във владение; **2.** *и pl* вещ; собственост, имущество; богатство, имане; **3.** *рядко* лудост.

possibility [ˌpɔsiˈbiliti] *n* възможност.

possible [ˈpɔsibl] **I.** *adj* **1.** възможен; **a ~ task** изпълнима задача; **2.** *разг.* поносим, търпим, сносен; приемлив; **II.** *n* **1.** възможното; **to do o.'s ~** правя всичко, което е по силите ми (което мога); **2.** човек, който е твърде вероятно да бъде избран за определен пост.

post₁ [poust] *n* стълб; дирек; подпора; **signal ~** светофарен стълб.

post₂ **I.** *n* **1.** пост, длъжност, чин, ранг, място; **2.** *воен.* пост; позиция, укрепление; форт; **at ~** на пост; **3.** станция, пункт; **II.** *v* **1.** поставям на пост; **2.** назначавам; **to be ~ed** *воен.* получавам чин.

post₃ **I.** *n* **1.** поща; пощенска кутия; **by ~** по пощата; **2.** куриер; пощальон; пощаджия; **II.** *v* **1.** пускам, изпращам писмо; **2.** *ист.* пътувам с пощенска кола; **3.** бързам; пътувам бързо; **to ~ off** тръгвам внезапно, рипвам, скоквам; **III.** *adv*: **to ride ~** *ист.* пътувам с пощенски коне; пътувам (яздя) много бързо.

post₄ *v* **1.** разлепвам обяви, афиши (*и* **~ up**); **2.** обявявам, съобщавам, известявам, оповестявам (*нещо за изчезнало*); **3.** вписвам име в списък за публикуване.

post₅ *pref* след.

postage [ˈpoustidʒ] *n* пощенски разноски (разходи).

postal [ˈpoustəl] **I.** *adj* пощенски; **~ order** пощенски запис; **II.** *n ам. разг.* пощенска картичка.

postcard [ˈpoustka:d] *n* пощенска картичка.

poster ['poustə] **I.** *n* **1.** разлепвач на афиши (обяви); **2.** афиш; обява; плакат, постер; **II.** *v* **1.** разлепвам афиши; **2.** разгласявам с обяви (афиши).

poste restante ['poust'resta:nt] *n adv фр.* пост-рестант, до поискване; отдел в поща за писма до поискване.

postgraduate ['poust'grædjuit] **I.** *adj* следуниверситетски (*за изпит, курс и пр.*); **II.** *n* аспирант.

postman ['poustmən] *n* пощальон, раздавач.

postmark ['poustma:k] **I.** *n* пощенски печат (клеймо); **II.** *v* слагам пощенски печат, подпечатвам с пощенско клеймо.

postpone [poust'poun] *v* **1.** отлагам, отсрочвам, давам отсрочка; забавям; **2.** *остар.* подценявам, недооценявам, пренебрегвам.

postscript ['poustskript] *n* постскриптум, послепис, добавка.

pot [pɔt] **I.** *n* **1.** гърне; делва, кюп; **2.** тенджера; **to boil ~** *ам.* сготвям месо със зеленчуци; **3.** буркан; кана, канче; кастрон; • **a little ~ is soon hot** малките хора лесно кипват; **II.** *v* **(-tt-) 1.** слагам в гърне (съд); **2.** консервирам, запазвам; **~ted meat** месна консерва; **3.** задушавам (готвя) в тенджера.

potage [pɔ'ta:ʒ] *n фр.* крем-супа.

potassium [pɔ'tæsjəm] *n хим.* калий; **~ permanganate** калиев перманганат.

potato [pə'teitou] *n* (*pl* **-oes** [-ouz]) картоф; • **not (quite) the clean ~** *разг.* тъмна личност.

poultry [poultri] *n* домашни птици; **~ hause** кокошарник, курник.

pound$_1$ ['paund] *n* **1.** фунт (*мярка за тежести = 453,6 г*); **to demand o.'s ~ of flesh** настоявам за стриктно спазване на условията по договор; **2.** фунт; лира (= 20 шилинга); • **in for a penny, in for a ~** ако ще се давя, барем да не е в гьол.

pound$_2$ *v* проверявам тежестта на монети.

pound$_3$ **I.** *v* **1.** стривам, счуквам, кълцам, чукам на ситно (*и* **~ up**); **2.** удрям, бухам, блъскам, бия, налагам, пердаша (*и с юмруци*); **3.** *разг.* бомбардирам, обстрелвам непрекъснато (**at, on, away at**); **II.** *n* силен трясък, тежък удар.

pound$_4$ **I.** *n* **1.** общински обор за добитък; заловен в чуждо пасище; *прен.* място за затваряне; трудно положение; **2.** вътрешно отделение на рибарска мрежа, където се събира уловената риба; **II.** *v* затварям добитък в общински обор.

pour [pɔ:] **I.** *v* **1.** лея (се), изливам (се), изтичам (се); **a ~ing wet day** ден с проливен дъжд; **2.** наливам (*чай и пр.*; **out**); **3.** вливам се (*за река*; **into**); • **it never rains but it ~s** нещастието никога не идва само; **II.** *n* **1.** порой, пороен, проливен дъжд (*обикн.* **downpour**); **2.** *мет.* леяк; количеството разтопен метал, което се излива в в калъп.

poverty ['pɔvəti] *n* бедност, мизерия, сиромашия; липса, отсъствие (**of**); **~ of the soil in phosphates** липса на фосфати в почвата.

powder ['paudə] **I.** *n* **1.** прах (*и за лекарство*); **2.** барут (*и* **gun-~**); **3.** пудра (*и за перука*); **II.** *v* **1.** поръсвам, наръсвам (**with**); **2.** пудря, напудрям; пудря се, напудрям се (*и* **to ~ o.'s face**); *ист.* нося напудрена перука; **3.** стривам (превръщам) на прах.

power ['pauə] **I.** *n* **1.** способност; възможност, сила; **as far as it lies within my ~** доколкото е във възможностите (по силите) ми, доколкото мога; **2.** сила, мощ, мощност;

енергия; производителност (на машина и пр.); **3.** механизация, употреба на машини; **II.** *v* снабдявам с двигател (енергия).

powerful ['pauəful] **I.** *adj* **1.** мощен, силен; могъщ; ◇ *adv* **powerfully**; **2.** *sl* голям; **a ~ lot of people** сума народ; **II.** *adv sl* много, извънредно.

practical ['præktikl] *adj* **1.** практически; **2.** практичен; **3.** фактически; **with ~ unanimity** почти единодушно; • **a ~ joke** груба шега, "номер".

practically ['præktikəli] *adv* **1.** практически, на практика; **2.** практично; **3.** фактически; в същност; **~ speaking** всъщност.

practice ['præktis] **I.** *n* **1.** практика; приложение; **in ~** в действителност; **2.** практика, упражнение; тренировка; **3.** навик, привичка, обичай, практика; установен ред; *юрид.* процедура; **II.** *v* = **ptactise**.

practise ['præktis] *v* **1.** прилагам (на практика), практикувам, изпълнявам; **to ~ what one preaches** прилагам (върша) това, което проповядвам; **2.** практикувам, упражнявам; занимавам се с (*професия и пр.*); **3.** имам навик, свикнал съм, привикнал съм, редовно върша нещо.

practitioner [præk'tiʃənə] *n* практикуващ лекар, юрист и пр.; **a general ~** лекар по обща медицина (без специалност).

praire [prзəri] *n* прерия.

praise ['preiz] **I.** *v* хваля, възхвалявам; превъзнасям, величая, възвеличавам, славословя; **to ~ up** *разг.* правя голяма реклама за; **II.** *n* похвала, възхвала, хвалба; **to speak in ~ of** хваля.

pram[1] [præm] *n разг.* детска количка.

pram[2] *n* вид плоскодънна гемия.

pray [prei] *v* **1.** моля се; чета молитви; **to ~ God's forgiveness** моля Бог за прошка; **2.** *рядко* моля, умолявам; • **to ~ in aid** призовавам помощта на.

prayer[1] ['preə] *n* **1.** молитва; **~ for the dead** заупокойна молитва; **2.** молба, прошение.

prayer[2] *n* молител, -ка.

preach ['pri:tʃ] *v* проповядвам (*и прен.*), чета (произнасям) проповед; поучавам; **to ~ at s.o.** насочвам проповедта си против някого.

precaution [pri'kɔ:ʃən] *n* **1.** предпазливост, внимание; **2.** предпазна мярка; **to take (due) ~s against** вземам (необходимите) мерки срещу.

precede [pri'si:d] *v* **1.** предшествам, предхождам, вървя (идвам) преди (напред); **the book is ~ed by a biography of the author** в началото на книгата има биография на автора; **2.** стоя над, заемам по-високо положение от; имам предимство (преимущество) пред (над); **3.** *рядко* върша нещо преди нещо друго, подготвям.

precious ['preʃəs] **I.** *adj* **1.** скъпоценен, скъп, ценен; **my ~!** скъпа моя! **2.** префинен, превзет, маниерен, неестествен; **3.** *разг., ирон.* хубав, "знаменит"; **II.** *adv разг.* много, ужасно, страшно; съвсем; **it is ~ cold** страшно е студено.

precipice ['presipis] *n* пропаст, бездна; урва; **to fall over a ~** падам в пропаст.

precise [pri'sais] *adj* **1.** точен; определен; **at the ~ moment when** точно в момента, когато; **2.** точен, изискан, педантичен, добросъвестен до дребнавост (*за човек, стил*); отмерен (*за жест и пр.*); коректен, издържан (*за поведение*).

precision [pri'siʒən] *n* точност, прецизност; **~ instruments** точни (прецизни) инструменти).

predecessor [,pri:di'sesə] *n* **1.** предшественик, -чка; **2.** прадядо; **3.** предишният; **the scheme is no improvement on its ~** този проект не е по-добър от предишния.

predict [pri'dikt] *v* предсказвам, предричам; пророкувам, вещая; **~ed fire** *воен.* стрелба по изчислени данни, стрелба без престрелка.

prefabricate [,pri:'fæbrikeit] *v* фабрикувам (изработвам) предварително; изработвам стандартни сглобяеми части (елементи) (*напр. на къща*); **~d house** къща от готови сглобяеми елементи.

preface ['prefis] **I.** *n* предговор, предисловие, увод; правя уводни бележки към (*книга, реч и пр.*); **II.** *v* започвам (**by, with**); *рядко* пиша предговор; предшествам, предхождам; **events that ~ a crisis** събития, които предшестват, предхождат криза.

prefer [pri'fə:] *v* (**-rr-**) **1.** предпочитам (**to** *пред*); **I ~ sitting to standing** предпочитам да седя, отколкото да стоя прав; **2.** повишавам (**to** *в чин*), назначавам; **3.** подавам (*молба, жалба*); повдигам (*обвинение*) (**against**); предявявам (*иск*).

preference ['prefərəns] *n* **1.** предпочитание; нещо, което се предпочита; **to have a ~ for** имам предпочитание към, предпочитам; **2.** преимуществено право, привилегия; предимство (*напр. при изплащане на акции*), право на избор; *пол., икон.* облагодетелстване на една страна с преференциални вносни мита.

pregnant ['pregnənt] *adj* **1.** бременна, трудна; **you can't be half ~** не може да приемаш (вярваш в) нещо само наполовина; нужна е всеотдайност (пълна ангажираност); **2.** *остар., поет.* плодороден, плодовит; **3.** богат, жив (*за въображение и пр.*); съдържателен; многозначителен (*за думи и пр.*); пълен, натежал (**with**); плодовит, резултатен.

prejudice ['predʒudis] **I.** *n* **1.** предразсъдък, предубеждение (**against**);, предразположение (**in favour of**); **2.** *юрид.* вреда, загуба, щета, ущърб; **to the ~ of** във вреда на; **II.** *v* **1.** създавам предубеждение у, настройвам (**against**); повлиявам (**in favour of**); **2.** увреждам, ощетявам; намалявам (*възможности и пр.*).

preliminary [pri'liminəri] **I.** *adj* предварителен, подготвителен, прелиминарен; встъпителен; **~ advice** предупреждение; **II.** *n* **1.** *pl* приготовления; предварителни (подготвителни) мерки (разговори, преговори); **preliminaries to a conference** предварителни разговори преди конференция; **2.** увод, встъпление,, въведение, подготовка; **by way of ~, as a ~** като подготовка; **3.** приемен изпит.

premise I. ['premis] (*и* **premiss**) *n* **1.** предпоставка; предварително условие; **2.** *юрид. pl* встъпителна част на документ; **3.** *pl* помещение, къща, заведение (заедно с двора); **drink to be consumed on the ~s** алкохол може да се консумира само в заведението; **II.** [pri'maiz] *v* **1.** правя предпоставка, предпоставям; приемам (че); **2.** въвеждам; започвам (**with**).

premium ['pri:miəm] **I.** *n* **1.** награда, възнаграждение, премия, бонус; **2.** допълнителен дивидент (вноска, сума); **3.** застрахователна премия (вноска); • **to stand (be) at a ~** котира се на висока цена; *прен.* котирам се, имам висока цена; на почит съм; **II.** *adj* с високо качество и цена (*за стока*).

preparation [ˌprepəˈreiʃən] *n* **1.** подготовка, приготовления; **to make ~s for** готвя се, подготвям се (правя приготовления) за; **2.** подготовка на уроци, занимание; **3.** препарат.

prepare [priˈpeə] *v* **1.** готвя (се), приготвям (се), подготвям (се); **to be ~d to** готов съм да; **2.** *хим.* получавам (*съединение*).

prescription [priˈskripʃən] *n* **1.** *мед.* рецепта, предписание, прескрипция; (предписано) лекарство; **2.** нареждане, предписване, определяне; установяване; **3.** правило, предписание; неписан закон.

presence [ˈprezəns] *n* **1.** присъствие; наличност, наличие; **in the ~ of** в присъствието на, при наличността на; **2.** вид, държане; осанка; **3.** дух, невидима сила.

present$_1$ [ˈprezənt] **I.** *adj* **1.** *predic* присъстващ; който се намира (е налице); **to be ~** присъствам ; **2.** настоящ, сегашен, този, днешен; съвременен; сега съществуващ; **3.** *ез.* сегашен; **II.** *n* **1.** настояще; **no time like the ~** не отлагай за утре; **2.** *ез.* сегашно време, презенс; • *юрид.* **by these ~s** въз основа на тези документи, с настоящето (*писмо и пр.*).

present$_2$ *n* подарък, дар; **to make s.o. a ~of s.th., to give s.th. as a ~ to s.o.** подарявам нещо на някого.

present$_3$ [priˈzent] **I.** *v* **1.** представям; **to be ~ed (at court)** бивам представен в двореца; **2.** *refl* представям се, явявам се **(for за)**; **3.** подавам (*заявление и пр.*); предявявам (*искане*); поставям, предлагам, представям (*за разглеждане*); **II.** *n* *воен.* **at the ~** за почест.

presently [ˈprezəntli] *adv* **1.** скоро; по-после, по-сетне, по-късно, след малко; **2.** сега, понастоящем, в настоящия момент; веднага, незабавно.

preserve [priˈzə:v] **I.** *v* **1.** запазвам; закрилям, защитавам; пазя (*мълчание*); спазвам (*приличие*); пазя, тача (*традиции*); **2.** пазя, съхранявам, събирам; **3.** консервирам (се), правя сладко от плодове; **II.** *n обикн. pl* **1.** сладко, конфитюр; **2.** резерват (*за дивеч, риба и пр.*); **3.** частна собственост, лично имущество; **to poach on s.o.'s ~** *прен.* навлизам в чужда област.

preside [priˈzaid] *v* **1.** председателствам **(at, over)**; **2.** контролирам, имам власт (предимство) **(over)**; **3.** *прен.* царя, преобладавам, доминирам.

president [ˈprezidənt] *n* **1.** председател (*на република, академия и пр., но не на събрание*); **2.** президент; **3.** ректор (*на университет*).

press$_1$ [pres] **I.** *v* **1.** натискам, притискам; налягам; стискам, изстисквам, изцеждам, смачквам, пресовам; **to ~ s.o. to o.'s heart** притискам някого до сърцето си; **2.** настоявам, притискам, оказвам натиск **(s.o. to do s.th.** някого да направи нещо); убеждавам, увещавам, предумвам; кандардисвам; **3.** настоявам (накарвам) да вземе (приеме); **II.** *n* **1.** натискане; стискане; притискане; **2.** тълпа; блъсканица, бутаница; бъркотия, залисия; напрежение; **in the ~ of the fight** в разгара на боя; **3.** преса; менгеме, стиска.

press$_2$ **I.** *v* **1.** *ист.* насилствено принуждавам да служи (*във флотата или армията*); **2. to ~ into service** реквизирам; използувам; завербувам; **II.** *n ист.* принудително събиране на моряци или войници.

pressing [ˈpresiŋ] **I.** *adj* **1.** бърз, неотложен, незабавен, спешен; непосредствен, близък, пряк (*за опасност и пр.*); **2.** настойчив; сърдечен (*за покана*); **since you're so ~** щом толкова настоявате; **II.** *n* **1.** пресоване; **2.** изделие, обработено на преса; щанцовано изделие.

pressman ['presm(n] *n* (*pl* **-men**) **1.** *печ.* машинист; **2.** работник на преса; **3.** журналист, репортер.

pressure ['preʃə] **I.** *n* **1.** налягане (*и анат., физ.*); **2.** натиск (*и прен.*); напор, принуда; напрежение; стрес; **to bring ~ to bear on s.o., to put ~ on s.o.** упражнявам натиск върху някого, притискам някого; **3.** тежест, затруднение; **II.** *v разг.* упражнявам натиск върху, притискам.

presume [pri'zju:m] *v* **1.** предполагам; приемам за дадено (доказано); **2.** осмелявам се, разрешавам си, позволявам си, дръзвам, твърде много си позволявам; злоупотребявам (**upon** *c*); **to ~ a short acquaintance** интимнича, фамилиарнича, натрапвам се; **3.** много си въобразявам, имам високо мнение за себе си.

pretend [pri'tend] **I.** *v* **1.** претендирам, изявявам (предявявам) претенции (**to** за); **2.** преструвам се, правя се; **to ~ illness** преструвам се на болен, симулирам; **3.** представям като причина (оправдание); **II.** *n разг.* игра на уж; преструвка.

pretext ['pri:tekst] **I.** *n* претекст, предлог, извинение; **under (on) the ~ of (that)** под предлог, че; **II.** *v* изтъквам като претекст, оправдавам се с.

pretty ['priti] **I.** *adj* **1.** хубав(ичък); **2.** *разг.* добър, ловък, сръчен; пъргав, жив (*за ум и пр.*); **a player who is very ~ with his feet** пъргав играч (футболист); **3.** ґалантен; женствен (*за мъж*); **II.** *adv разг.* доста, горе долу; твърде; **~ good** доста добър; **III.** *n* **1.** *в обръщения* **my ~ (one)!** скъпа, мила! **2.** *разг.* украсен ръб (черта) на чаша; **3.** *разг.* дреболия, дрънкулка, красиво украшение; *pl* накити, хубави дрехи.

prevail [pri'veil] *v* **1.** вземам (имам) надмощие (връх); възтържествувам, побеждавам; превъзмогвам, преодолявам (**against, over**); **2.** преобладавам; срещам се често; господствам, доминирам, царя; **3. to ~ on (upon)** убеждавам, накарвам.

prevent [pri'vent] *v* **1.** предотвратявам; избягвам; предпазвам (**from** *c ger*); **2.** предпазно средство, предпазител; **3.** преча, попречвам, спирам, спъвам, възпрепятствам; **my cold ~s me from going out** настинката ми пречи да излизам.

preview ['pri:vju:] **I.** *n* **1.** предпримиера; **2.** сцени от следващата програма на кино; **3.** преглед, кратко представяне на тема, материал и пр., които ще бъдат разгледани в детайли по-късно; **II.** *v* представям накратко в аванс.

previous ['pri:viəs] **I.** *adj* **1.** по-раншен; предишен, предшестващ предходен, предидущ, преден; **~ examination** *уч.* първият изпит за бакалаврска степен в Кембридж; **2.** *разг.* прибързан, ненавременен; **II.** *adv* **~ to** преди.

pre-war ['pri:'wɔ:] **I.** *adj* предвоенен, довоенен; **II.** *adv* преди войната.

prey [prei] **I.** *n* плячка, жертва (*и прен.*); **beast (bird) of ~** грабливо (хищно) животно (птица); **II.** *v обикн. с* **upon 1.** ловя, гоня, хващам (плячка); **2.** измамвам, изигравам, излъгвам; **3.** ограбвам, плячкосвам; **a coast ~ed upon by pirates** бряг, често нападан (ограбван) от пирати.

price [prais] **I.** *n* **1.** цена, стойност; **cost ~** костуема цена, себестойност; **2.** *сп.* съотношение, курс (*при обзалагане*); **II.** *v* **1.** определям цена на, оценявам; **to be ~d at five shillings**

продавам се за 5 шилинга; **2.** запитвам за цената на; **3.** ценя; преценявам.

prick [prik] **I.** *n* **1.** шип, бодил, трън; остен; острие; игла; **to kick against the ~s** *прен.* ритам срещу ръжен; **2.** бодване, убождане; **3.** угризение (*на съвестта*); • **like a spare ~ at a wedding** *sl* пето колело, ненужен (излишен) човек; **II.** *v* **1.** бодвам, бода, убождам; пробивам; **to ~ the bladder (bubble)** *прен.* разбивам надежди; показвам празнотата (нищожеството) на (**of**); **2.** мъча, измъчвам (*за болка и пр.*); **3.** отмятам, отбелязвам (*в списък*).

pride ['praid] **I.** *n* **1.** гордост; горделивост, надменност, високомерие; **false ~** неуместно чувство на гордост (срам); **2.** *прен.* разцвет, апогей, върхна точка, кулминация; **3.** стадо, глутница (*лъвове*); **II.** *v* : **to ~ oneself on** гордея се с, горд съм от.

priest [pri:st] **I.** *n* **1.** свещеник, поп; жрец; **2.** чук за убиване на хванати големи риби; **II.** *v главно pass* ръкополагам за свещеник, запопвам.

priestess ['pri:stis]] *n* жрица.

priestly ['pri:stli] *adj* свещенически; жречески.

primary ['praiməri] **I.** *adj* **1.** първоначален, първичен (*за скали и пр.*); основен (*за цвят, значение и пр.*); примитивен (*за инстинкт и пр.*); **~ battery** *ел.* първичен елемент; **2.** главен, най-важен, най-съществен, първостепенен; **II.** *n* **1.** нещо главно, основно, съществено, най-важно; **2.** *ам.* = **~ meeting (assembly)** (*и* **~ planet**) (*и* **~ colour**); **3.** *астр.* планета (*не спътник*).

prime$_1$ [praim] **I.** *adj* **1.** първоначален, основен; първичен; **~ cause** първопричина; **2.** основен, главен, най-важен, първостепенен; **3.** първокачествен, отличен, прекрасен; **II.** *n* **1.** начало; най-ранен (най-хубав) период; разцвет; **in the ~ of life, in o.'s ~** в разцвета на силите си; **2.** *рел.* утренна; **3.** *мат.* просто число.

prime$_2$ *v* **1.** *тех.* заливам (*помпа, за да започне да работи*); наливам малко бензин в цилиндър на мотор с вътрешно горене, за да се изчисти втвърденото масло; впръсквам вода в парата на цилиндър; смесва се с парата в цилиндър (*за впръскана вода*); **2.** грундирам, намазвам с безир; **3.** инструктирам, давам инструктаж; подучвам (*някого да каже нещо*); **to ~ a witness** подучвам свидетел какво да говори.

primer$_1$ ['praimə] *n* **1.** грунд; **2.** буквар; начален учебник, учебник за начинаещи; **3.** *рел.* часослов, наустница.

primer$_2$ *n* **1.** капсул, запалка, запалителен фитил; **2.** *ел.* пусков електрод.

primitive ['primitiv] **I.** *adj* **1.** първобитен, предисторически; **2.** примитивен, първобитен, елементарен; прост, груб; остарял, старомоден; **3.** основен (*за цвят, фигура и пр.*); **II.** *n* **1.** художник (художествено произведение) от преди Ренесанса; примитивист; **2.** примитивен човек; **3.** непроизводна дума.

prince [prins] *n* **1.** принц, княз; господар (*за крал и пр.*); **~ of the blood** член на кралското семейство; **P. of Wales** Уелският принц, английският престолонаследник; **P. of Wales feathers** три щраусови пера (*за украса на главата*); **P. Consort** принц-консорт (*титла на съпруга на кралицата*); **P. of the Church** кардинал; **P. of Denmark** Хамлет, принц датски; **Hamlet without the P. of Denmark** нещо, което е лишено от найсъществения си елемент; **2.** *прен.* цар, най-голям (между); • **P. Albert** двуреден редингот.

princess ['prinses] *n* княгиня, принцеса; господарка, кралица, царица; **~ dress (robe)** рокля "принцес".

principal ['prinsipəl] **I.** *adj* главен, основен; **~ parts of the verb** основни форми на глагола; **II.** *n* **1.** шеф, ръководител; глава; директор (*на фабрика и пр.*); главна воюваща страна; **2.** директор на училище или колеж; ректор на университет; **3.** *юрид.* автор (*на престъпление*); **~ in the first degree** главен виновник.

principle ['prinsipəl] *n* **1.** първопричина; първоизточник; **2.** принцип, основно, ръководно начало; правило; закон, норма, постулат, аксиома; **first ~s of** основни закони (принципи) на; **3.** *хим.* елемент, който определя свойствата на съединение.

print [print] **I.** *n* **1.** отпечатък, следа, белег; **2.** щампа, печат; **3.** шрифт; печатни букви; печат; **large (small) ~** едър (дребен) шрифт; **II.** *v* **1.** печатам, печатя, отпечатвам, напечатвам; **the book is now ~ing** книгата е под печат; **2.** щамповам (*плат и пр.*); **3.** запечатвам (*в паметта и пр.*).

printer ['printə] *n* **1.** *комп.* принтер, печатащо устройство (*към компютър, касов апарат и пр.*); **ink-jet ~** мастилено-струен принтер; **2.** печатар, типограф; собственик на печатница; **3.** работник, който прави (вади) копия от снимки.

priority [prai'ɔriti] *n* приоритет, първенство, преимущество, предимство; старшинство; **to take ~ of** предшествам, предхождам.

prison ['prizn] **I.** *n* затвор; **II.** *v* *поет.* затварям (*в затвор*); заключвам; притискам (*в прегръдките си*).

prisoner ['prizənə] *n* затворник, -ца; пленник, -ца; арестант, -ка; **~ at the bar** подсъдим.

private ['praivit] **I.** *adj* **1.** частен, личен; **~ property** частна собственост; **2.** таен, скрит, поверителен, секретен, конфиденциален; интимен; **3.** за собствено (частно, лично) ползване; закрит (*не обществен*) (*за път, представление, изложба и пр.*); **II.** *n* **1.** редник; **2.** *pl* срамни части.

privilege ['privilidʒ] **I.** *n* **1.** привилегия, изключително право; предимство, преимущество; **it was a ~ to hear him speak** истинско удоволствие беше да го чуе човек да говори; **2.** законно право на всеки човек в съвременна конституционна държава; **II.** *v* давам привилегия (на някого), привилегировам (някого); освобождавам (някого) от задължение.

privileged ['privilidʒd] *adj* привилегирован; **~ communication** *юрид.* поверителни сведения (*разменени между адвокат и довереника му, лекар и пациента му*); лекарска тайна.

prize₁ [praiz] **I.** *n* **1.** награда, премия; печалба (*от лотария*); **to carry (take, obtain win) a ~** спечелвам премия; **2.** нещо, за което заслужава да се бори човек, доходна служба, почести; печалба, неочаквано щастие; **3.** *attr* премиран; даден като награда; **II.** *v* ценя много (високо).

prize₂ **I.** *n* *мор., воен.* трофей, плячка; **to become (the) ~ of** бивам завзет, завладян (заловен, пленен, хванат) от, ставам плячка на; **II.** *v* *рядко* завладявам, залавям, пленявам.

prize₃ **I.** *v* **1.** къртя (отварям, разбивам, отмествам) с лост (*обикн.* **~**

open, up, out); **2.** изкопчвам (*информация*) (**out of** от); **II.** *n* упор.

probability [prɔbə'biliti] *n* вероятност; правдоподобност, достоверност, истинност; **in all ~** по всяка вероятност, вероятно.

probable ['prɔbəbl] **I.** *adj* **1.** вероятен, предполагаем; **~ case** *юрид.* достатъчно основание, за да се предположи вина у обвиняем; **2.** правдоподобен; **II.** *n* **1.** човек (кон и пр.), който по всяка вероятност ще участва в състезание; **2.** човек, който по всяка вероятност ще бъде избран на определен пост.

probably ['prɔbəbli] *adv* навярно, вероятно.

probe [proub] **I.** *n* **1.** *мед.* сонда; **2.** проучване, сондиране; **3.** устройство, използвано за научно изследване (*напр. космически спътник*); • **pyrometer ~** термоизмервателна сонда; **II.** *v* сондирам (*и прен.*); проучвам, изучавам, разучвам, изследвам (**into**).

problem ['prɔbləm] *n* **1.** проблем, въпрос, задача; **~ child** трудно (проблемно) дете; **2.** загадка.

proceed [prɔ'si:d] *v* **1.** вървя, отивам, отправям се, насочвам се, упътвам се, напредвам (**to**); пристъпвам, преминавам (**to**); изхождам (**from**); **he ~ed to give me a good scolding** и тогава той ме наруга здравата; **2.** продължавам, карам (**in, with**); преминавам, прибягвам; идвам (**to**); **3.** извършвам се, осъществявам се, ставам, развивам се.

process$_1$ ['prouses] **I.** *n* **1.** процес, ход,вървеж, движение, развой, развитие, напредък; **in ~** в ход; **2.** начин на действие, метод, прийом, похват, способ; **3.** процес, съдебно дело; **II.** *v* **1.** възбуждам съдебно преследване срещу; **2.** подлагам на процес; преработвам, консервирам; **3.** *печ.* възпроизвеждам; репродуцирам, клиширам.

process$_2$ [prə'ses] *v разг.* шествам, участвам в процесия.

procession [prə'seʃən] **I.** *n* **1.** процесия тържествено, шествие; **to go (walk) in ~** шествам, участвам в процесия; **2.** *разг.* неенергично надбягване; **3.** *attr зоол.* шественик; **II.** *v* **1.** шествам, участвам в процесия, обикалям; **2.** развеждам, водя някого.

proclaim [prɔ'kleim] *v* **1.** провъзгласявам, обявявам (за); **his manners ~ed him a military man** от поведението му се разбра, че е военен; **2.** прокламирам, разгласявам, оповестявам, обявявам (публично), обнародвам; известявам, съобщавам (за); заявявам (**that**); **3.** обявявам (*война, мир*).

procure [prə'kjuə] *v* **1.** придобивам, сдобивам се с, осигурявам си, намирам, доставям, набавям; **2.** докарвам, причинявам, провеждам; **3.** сводничa.

produce I. [prə'dju:s] *v* **1.** изваждам, показвам (*документ, билет и пр.*); представям (*документ, доказателства*); привеждам (*доводи*); довеждам (*свидетели*); **2.** произвеждам, фабрикувам, изработвам, правя; **to ~ on the line** произвеждам масово; **3.** раждам, давам; снасям (*яйца*); **II.** ['prɔdju:s] *n* добив, продукция, произведения, продукти.

producer [prə'dju:sə] *n* **1.** производител, -ка; **~s' cooperative** производителна кооперация; **2.** режисьор; **3.** продуцент.

product ['prɔdʌkt] *n* **1.** продукт, произведение, изделие, фабрикат; **2.** резултат, следствие, последица, рожба, плод; **to be the ~ of** резултат съм на; **3.** *мат.* произведение.

production [prə'dʌkʃən] *n* **1.** произвеждане, производство, продукция; **costs of ~** производствени разходи; **2.** продукт, произведение, изделие, фабрикат; **3.** литературно (художествено) произведение.

prof [prɔf] *n* **1.** (**p**) професор (пред име); **2.** *разг.* професор.

profession [prə'feʃən] *n* **1.** професия, занятие, занаят; **the learned ~s** богословие, право, медицина; **2.** *събир.* хора от някаква професия; **3.** (открито) заявяване, признание, изповед.

professional [prə'feʃənl] **I.** *adj* професионален; ◇ *adv* **professionally**; **II.** *n* професионалист; специалист.

professor [prə'fesə] *n* **1.** професор; **2.** който изповядва (*религия*); **3.** *sl* професионалист.

profit ['prɔfit] **I.** *n* **1.** полза, облага, изгода; **for ~** за пари; **2.** (*обикн. pl*) печалба, доход; **II.** *v* **1.** ползвам, принасям полза (на), от полза (полезен) съм (за); **what will it ~ (me)?** каква полза от това (за мене)? **2.** извличам полза, печеля, спечелвам, използвам (**by, from**); **3.** възползвам се (**by, from**).

profitable ['prɔfitəbl] *adj* **1.** полезен, от полза, изгоден; **2.** доходен, рентабилен, доходоносен; ◇ *adv* **profitably**.

profound [prə'faund] **I.** *adj* **1.** дълбок; **2.** дълбок, силен; ◇ *adv* **profoundly**; **3.** дълбок, прозорлив, проницателен, проникновен, далновиден, мъдър; **II.** *n* *поет.* глъбина, дълбина.

program(me) ['prougræm] **I.** *n* програма; план; **~ music** програмна музика; **II.** *v* съставям програма (план), планирам.

progress **I.** ['prougres] *n* **1.** движение напред, напредване; **in ~** в ход; **2.** напредък, прогрес, развитие, подобрение, увеличение, успех; **3.** *остар.* официално пътуване (обиколка); **II.** [prə'gres] *v* **1.** напредвам, вървя (напред); **the controversy still ~es** спорът се води още; **2.** напредвам, прогресирам, развивам се, подобрявам се, усъвършенствам се, постигам успех.

progressive [prə'gresiv] **I.** *adj* **1.** който върви напред; **~ motion** движение напред; **2.** прогресивен, напредничав; **3.** прогресивен; който се увеличава (усилва, нараства) постепенно, постоянно; непрекъснат; **II.** *n* **1.** напредничав човек; **2.** *ез.* продължително време (форма).

prohibit [prə'hibit] *v* **1.** забранявам, запрещавам; **2.** възпирам, преча, попречвам, спъвам, възпрепятствам (**from**).

prohibition [,prou(h)i'biʃən] *n* **1.** забрана, запрещение, възбрана; **2.** прохибиционизъм, забрана на продажбата на алкохол; **3.** *юрид.* забрана от по-висша съдебна инстанция за разглеждане на дело, което е извън юрисдикцията на по-низша съдебна инстанция.

project **I.** [prə'dʒekt] *v* **1.** проектирам, планирам, съставям план (за), замислям; **2.** хвърлям, захвърлям, запращам; изхвърлям, изстрелвам (**into**); **3.** хвърлям (*сянка, светлина*); прожектирам; **II.** ['prɔdʒekt] *n* **1.** проект, план, схема; **2.** обект; **housing (construction) ~** строителен обект.

proletarian [,prouli'teəriən] **I.** *n* пролетарий; **II.** *adj* пролетарски.

proletariat(e) [,prouli'teəriət] *n* пролетариат.

prolong [prə'lɔŋ] *v* продължавам; удължавам; отсрочвам, пролонгирам.

prominent ['prɔminənt] *adj* **1.** виден, бележит, забележителен, знаменит, именит, известен, популярен, проминентен; ◇ *adv* **prominently**; **2.** очебиен, забележим; **3.** издаден, изпъкнал, издут.

promise ['prɔmis] **I.** *n* **1.** обещание; **to give (make) a ~** давам дума, обещавам; **2.** нещо обещано; **3.** добри перспективи, благоприятни указания; **II.** *v* **1.** обещавам, давам дума; **to ~ oneself** очаквам (с нетърпение); **2.** предсказвам, предричам, вещая; **3.** давам надежди, откривам перспективи (за); • **~ you** *разг.* уверявам те.

promote [prə'mout] *v* **1.** спомагам, съдействам, допринасям, способствам (за); поддържам, подрепям, подпомагам, насърчавам, поощрявам; **2.** *търг.* рекламирам (*продукт*); **3.** повишавам, произвеждам; **to ~ (to, to the rank of) capitain** произвеждам (в чин) капитан.

promotion [prə'mouʃən] *n* **1.** спомагане, съдействане; поддържане, поддръжка; подкрепяне, подкрепа, поощряване, поощрение; **2.** повишаване, повишение, произвеждане, производство; **to be on ~** очаквам (готвя се за) повишение; правя поведение; **3.** пускане (*на ученик*) да мине в по-горен клас.

prompt₁ [prɔmpt] **I.** *adj* **1.** бърз, подвижен, пъргав, чевръст; **to be ~ in action** действам бързо; **2.** бърз, навременен, незабавен; **II.** *adv* точно, тъкмо; **III.** *n* срок за изплащане на закупена стока.

prompt₂ **I.** *v* **1.** подтиквам, подбуждам, надумвам, подучавам, насъсквам; накарвам; **2.** подсказвам, внушавам, вдъхвам, пораждам, давам повод (ставам причина) за, причинявам; **3.** подсказвам (на); **II.** *n* **1.** напомняне, подсказване, суфлиране; **2.** *комп.* знак или съобщение, което показва, че компютъра е готов да приема команди.

prompter ['prɔmptə] *n* **1.** който подтиква към действие; **2.** суфльор.

pronounce [prə'nauns] *v* **1.** произнасям, изговарям, изричам, изказвам; **2.** произнасям се, изказвам се (**on, for, in favour of, against**), казвам мнението си (**on**); обявявам (за); **I cannot ~ him out of danger** не мога да кажа, че той е вън от опасност.

pronunciation [prə,nʌnsi'eʃən] *n* произношение, дикция.

proof [pru:f] **I.** *n* **1.** доказателство; **as (a) ~ of** в (като) доказателство на; • **the ~ of the pudding is in the eating** пилците се броят наесен; **2.** свидетелско показание; **3.** демонстрация; **II.** *adj* **1.** изпитан, непроницаем (**against**); непробиваем; **fire-~** огнеупорен; **2.** твърд, непоколебим, издръжлив, устойчив, невъзприемчив, неподатлив (**against**); **3.** използван при изпробване, проверка и под.; **III.** *v* **1.** правя непроницаем (напробиваем, непромокаем); **2.** импрегнирам; **3.** правя пробен отпечатък от гравюра.

prop [prɔp] **I.** *n* **1.** подпора, подпорка; подставка, подпорен зид, стълб; **2.** опора, подкрепа, поддръжка, упование; **3.** *pl* театрални реквизити (*и* **stage ~s**); **II.** *v* **1.** подпирам, слагам подпори (**up**); **2.** крепя, поддържам, подкрепям (**up**).

propaganda [,prɔpə'gændə] *n* **1.** пропаганда; **2.** *attr* пропаганден.

proper ['prɔpə] *adj* **1.** свойствен, характерен, присъщ (**to**); **2.** точен, правилен, същински, истински; **architecture ~** архитектура в тесен смисъл на думата (*в смисъл само на строителство*); **3.** подходящ, удобен, пригоден, съответен, надлежен, подобаващ, уместен (**for**).

properly ['prɔpəli] *adv* **1.** както трябва, както подобава, както му е редът; правилно; с (пълно) право; *разг.* хубаво, хубавичко; здравата, напълно; **2.** прилично; **3.** в тесен смисъл на думата; **~speaking** същност, собствено.

property [ˈprɔpəti] *n* **1.** имот, имущество, собственост, притежание, владение; стопанство, стопанства, имение, имения; **personal (real) ~** движим (недвижим) имот; **2.** свойство, отличително качество; **3.** (*обикн. pl*) театрални реквизити.

prophet [ˈprɔfit] *n* **1.** пророк; **Saul among the ~s** човек, който проявява неочаквано някаква дарба; **2.** *прен.* представител, защитник, проповедник, изразител (**of**); **3.** предсказател, прорицател.

proportion [prəˈpɔ:ʃən] **I.** *n* **1.** пропорция, отношение, съотношение; **the ~ of births to the population** раждаемост, съотношението между ражданията и населението; **2.** пропорция, съразмерност на частите, хармония, симетрия; **3.** *мат.* пропорция; **3:6 bears the same ~ as 6:12** 3 се отнася към 6 така, както 6 към 12; **II.** *v* **1.** съгласувам (**to**); **2.** разделям поравно.

proposal [prəˈpousəl] *n* предложение (*и за брак*); план; **~ of marriage** предложение за брак.

propose [prəˈpouz] *v* **1.** предлагам; **to ~ to the health of** вдигам наздравица за, вдигам тост за, пия за; **2.** правя предложение за брак (**to**); **3.** възнамерявам, имам намерение (**to** *с inf, ger*).

prose [prouz] **I.** *n* **1.** проза; **2.** прозаичност; **the ~ of existence** житейската проза, ежедневието; **3.** досадни приказки; **II.** *v* **1.** говоря (пиша) отегчително; **2.** обръщам (*нещо стихотворно*) в проза.

prosecute [ˈprɔsikju:t] *v* **1.** гоня, преследвам (*цел*); занимавам се с, упражнявам, практикувам, върша, карам, продължавам; **to ~ an enquiry** водя следствие, разследвам; **2.** преследвам, давам под съд, водя (завеждам) дело (срещу); **3.** действам като ищец.

prospect I. [ˈprɔspekt] *n* **1.** изглед, гледка, пейзаж; изложение (*на къща*); **2.** *прен.* изгледи, перспективи; **~s for the future** изгледи за бъдещето, перспективи; **3.** *мин.* неексплоатиран (новооткрит) участък; проба от руда (*от нов участък*); **II.** [prəˈspekt] *v мин.* **1.** проспектирам, търся, изследвам, проучвам, правя проучвания (**for**); тръгвам да изследвам (проучвам, правя проучвания); **to ~ for gold** търся злато; **2.** обещавам (*за мина*); **3.** експлоатирам (*мина с надежда за добър добив*).

prosper [ˈprɔspə] *v* **1.** просперирам, вървя добре, вирея, успявам, преуспявам, процъфтявам; **2.** давам благоденствие на, поживявам, подпомагам.

prosperity [prɔsˈperiti] *n* просперитет, преуспяване, процъфтяване, добруване, благоденствие, благополучие, благосъстояние, сполука.

prosperous [ˈprɔspərəs] *adj* **1.** просперираш, сполучил, цъфтящ; който напредва; **2.** благоприятен; попътен (*за вятър*).

protect [prəˈtekt] *v* **1.** пазя, запазвам, предпазвам, браня, отбранявам, вардя, завардвам, защитавам, закрилям (**from, against**); **2.** покровителствам; **3.** слагам предпазител (на) (*машина и пр.*); **~ed rifle** пушка с предпазител.

protection [prəˈtekʃən] *n* **1.** пазене, запазване, предпазване, бранене, отбраняване, вардене, завардване, предварване, защищаване, защита, закриляне, закрила; **2.** протекция, прокровителстване, покровителство; **under the ~ of** под покровителството на; **3.** пазител, -ка, защитник, -чка, бранител, -ка; предпазно средство; прикритие, заслон, подслон, сушина, навес, убежище.

protest I. [prə'test] *v* **1.** протестирам (**against**); **2.** заявявам тържествено; **to ~ o.'s innocence** твърдя, че съм невинен; **3.** протестирам срещу, възразявам, не приемам; **II.** ['proutest] *n* **1.** протест; възражение; **under ~** насила, против волята си; **2.** протестиране на полица; **3.** тържествена декларация, изявление, изказване.

Protestant I. *n* протестант; **II.** *adj* протестантски.

proud [praud] **I.** *adj* **1.** горд (**of**); горделив, високомерен, надменен, надут; **a ~ father** щастлив баща; **2.** славен; внушителен, величествен, грандиозен, великолепен, забележителен, знаменит; **3.** придошъл (*за река*); **II.** *adv разг.* **to do s.o. ~** оказвам чест на някого; угощавам го богато; представям го в най-добра светлина.

prove [pru:v] *v* **1.** доказвам; **2.** изпитвам, пробвам, изпробвам; **to be ~d by adversity** минавам през ада (чистилището) на страданията; издържам изпитанието на страданията; **3.** оказвам се, излизам (*и refl*): **his hopes ~d (to be) fallacious** надеждите му се оказаха напразни.

proverb ['prɔvə:b] *n* **1.** пословица; **to a ~** до немай-къде, до крайна степен; **2.** *pl* игра на пословици; **3.** *pl* **P.s** *библ.* Притчи Соломонови (*книга от Стария завет*).

provide [prə'vaid] *v* **1.** грижа се, погрижвам се, имам грижата, осигурявам (*прехраната на*), издържам, обезпечавам (**for**); вземам (предпазни) мерки (**against**); **to ~ for the old age of** осигурявам старините на; **2.** снабдявам, обзавеждам, екипирам (**with**), доставям, набавям; давам; **3.** предвиждам, уговарям, правя уговорка, поставям като (предварително) условие, постановявам (**that, for**).

provided [prə'vaidid] **I.** *adj* осигурен и пр. (*вж* **provide**); **~ school** начално училище, което се издържа от местни власти; **II.** *cj* при условие, стига само, само ако (*и с* **that**).

providence ['prɔvidəns] *n* **1.** провидение; **special ~** пръстът на провидението; **2.** предпазливост; пестеливост; спестовност.

province ['prɔvins] *n* **1.** област, провинция (*административна териториална единица*); **2.** *pl* провинция (*цялата страна без столицата*); **in the ~s** в провинцията; **3.** епархия.

provision [prə'viʒən] **I.** *n* **1.** осигуряване, обезпечаване; снабдяване, доставяне, набавяне, даване; **to make ~** грижа се, погрижвам се, осигурявам (обезпечавам) бъдещето (**for**); **2.** *pl* провизии, запаси; **3.** предвиждане, уговорка, условие, постановление; • **to come within the ~s of the law** попадам под ударите на закона; **II.** *v* снабдявам с (доставям, набавям) храна, продоволствам.

provocation [ˌprɔvə'keiʃən] *n* **1.** предизвикване, предизвикателство, провокация; подбуждане, насъскване, подстрекаване, провокиране, подстрекателство; **2.** дразнене; **under (severe) ~** (силно) раздразнен, в състояние на (силна) раздразнителност.

provoke [prə'vouk] *v* **1.** възбуждам, подбуждам, подтиквам, насъсквам, подстрекавам (**to, to** *с inf*); **2.** предизвиквам, дразня, раздразвам, сърдя, разсърдвам, ядосвам, провокирам; **3.** предизвиквам, възбуждам, причинявам, пораждам.

proxy ['prɔksi] *n* **1.** пълномощие, пълномощно, делегация; **by ~** по делегация; **2.** заместник, пълномощник; **3.** *attr* чрез заместник (пълномощник).

prudent ['pru:dənt] *adj* благоразумен, предпазлив, разсъдлив; ◇ *adv* **prudently**.

prune₁ [pru:n] *n* **1.** сушена слива; *ам.* синя слива; **2.** морав цвят; **3.** *attr* морав; • **~s and prism(s)** превзет начин на говорене, префърцуненост.

prune₂ *v* кастря, окастрям, режа, подрязвам (*и* **~back/down**).

psalm [sa:m] *n* псалм, псалом.

psychiatrist [sai'kaiətrist] *n* психиатър.

psychic ['saikik] **I.** *adj* душевен, психичен, психически; със способности на медиум; **II.** *n* **1.** медиум, екстрасенс; **2.** *pl* психология.

psycho-analysis [,saikouə'nælisis] *n* психоанализа.

psychology [,sai'kɔlədʒi] *n* психология.

pub [pʌb] *n разг.* кръчма, пъб.

public ['pʌblik] **I.** *adj* **1.** публичен, обществен, общодостъпен, народен, национален, държавен; **~ act** държавен акт; **2.** публичен, открит, всеизвестен, прочут; • **~ law** международно право; ◇ *adv* **publicly**; **II.** *n* **1.** публика, общество, общност; **the general (great, wide) ~** широката публика, масата; **2.** *разг.* кръчма, пивница, гостилница, хан.

publication [,pʌbli'keiʃən] *n* **1.** оповестяване, разгласяване, даване гласност; **2.** публикуване, обнародване, издаване; **3.** публикация, издание.

publicity [pʌb'lisiti] *n* **1.** публичност, гласност; **to give ~ to** давам гласност на, разгласявам, оповестявам, правя обществено достояние; **2.** реклама, разгласа.

publish ['pʌbliʃ] *v* **1.** оповестявам, разгласявам, давам гласност на; **2.** известявам официално, обявявам, обнародвам, публикувам; правя съобщение за брак (*в църква*); **3.** обнародвам, публикувам, издавам.

publisher ['pʌbliʃə] *n* издател.

publishing ['pʌbliʃiŋ] *n* издателски; **~ house (firm)** издателство.

pudding ['pudiŋ] *n* **1.** пудинг; **rice-~** мляко с ориз; **2.** суджук.

pull [pul] **I.** *v* **1.** дърпам, дръпвам, тегля; опъвам (*юздечката, за кон*); **to ~ a bell** звъня; **2.** (*и* **~ out**) изтеглям, изваждам (*тапа*); вадя (*зъб*); издърпвам (*някого от стол, креват*); **3.** греба; **II.** *n* **1.** дърпане, теглене; теглеща, движеща сила; **to give a ~ at the bell** дръпвам звънеца; **2.** гребане; разходка с лодка; **3.** глътване, глътка.

pull-over ['pulouvə] *n* пуловер.

pulse₁ [pʌls] **I.** *n* **1.** пулс; **2.** импулс, тласък; отделен удар (*на сърцето*); **3.** *муз., проз.* ритъм, ритмично движение; **II.** *v* пулсирам, бия (*за кръвта в артериите*); вибрирам.

pulse₂ *n събир.* бобови растения, варива.

pulverizer ['pʌlvəraizə] *n* **1.** пулверизатор, разпрашител; **2.** *тех.* трошачка, мелачка.

pump₁ [pʌmp] **I.** *n* **1.** помпа; **foot-~** крачна помпа; **2.** *прен.* сърце; **3.** помпане; • **to prime the ~** *журн.* стимулирам, подпомагам, насърчавам (*най-вече финансово*); **II.** *v* **1.** помпам; помпя вода; **2.** напомпвам (**up, into**); изсмуквам (*въздух, газ*); (**out**); *прен.* наливам, натъпквам; **to ~ nourishment into a person** тъпча някого с храна; **3.** *прен.* разпитвам подробно; подпитвам умело и целенасочено; изтръгвам сведения от.

pump₂ *n* **1.** мъжка (бална) лачена обувка; **2.** висока дамска обувка.

pumpkin ['pʌmpkin] *n* тиква.

Punch₁ [pʌntʃ] *n* **1.** Пънч, Полишинел (кукла с гърбица и дълъг крив нос от куклената комедия **Punch and Judy**); **pleased (proud) as ~** щастлив (горд) до немайкъде; **2.** Пънч, английско хумористично списание, основано през 1841 г.

punch₂ I. *n* **1.** *тех.* керна, център; пробой, поансон; матрица на преса за метални изделия; **2.** перфоратор, замба; компостьор, кондукторски клещи; **paper-~** перфоратор (*за книжа*); **II.** *v* **1.** дупча, продупчвам, компостирам; перфорирам; **to ~ in (out) a nail** забивам (избивам) гвоздей; **2.** нанасям (удрям) център.

punch₃ I. *v* **1.** удрям с юмрук; • **to ~ the air** вдигам юмрук в знак на възторг от постигната победа (успех); **2.** мушкам, ръгам с пръчка; **3.** *ам.* събирам, подкарвам (*добитък*), като го мушкам с остен; **punch in** набирам (*номер на телефон; команда на клавиатура*); **punch up** съживявам, вдъхвам живот (сила, ентусиазъм); **II.** *n* **1.** силен, внезапен удар с юмрук; • **pull no ~es** говоря директно, без да си меря думите; **2.** *разг.* сила, ефект; интерес, живот.

punch₄ *n* пунш; **milk ~** мляко с ром.

punch₅ *n* нисък, набит човек (животно); **Suffolk ~** специална порода товарен кон.

punctual ['pʌŋktjuəl] *adj* точен; който не закъснява; **to be ~ at the office** не закъснявам за работа, отивам на работа навреме; ◇ *adv* **punctually**.

punish ['pʌniʃ] *v* **1.** наказвам; **to ~ s.o. by (with) a fine** *юрид.* налагам глоба на някого; **2.** *разг.* бъхтя, налагам (*и в бокса*); *прен.* изтощавам, вземам здравето на; форсирам (*мотор*); **3.** *шег.* ям, нагъвам, тъпча, помитам.

punishment ['pʌniʃmənt] *n* **1.** наказване; **2.** наказание; **corporal (capital) ~** телесно (смъртно) наказание; **3.** силни удари, бой (*в бокса*).

punter ['pʌntə] *n* **1.** професионален комарджия; **2.** човек, който залага пари на конни надбягвания; **3.** *фин.* борсов играч (*на дребно*).

punty ['pʌnti] *n* желязна пръчка, инструмент на стъклодухач.

pupil₁ ['pju:*pl*] *n* **1.** ученик; **~ teacher** стажант-учител (*в основно училище*); **2.** *юрид.* малолетен под грижите на настойник.

pupil₂ *n* пупила, зеница, гледец.

puppet ['pʌpit] **I.** *n* **1.** кукла, марионетка (*и прен.*); **2.** *мин.* шахтна кула (*за шайби*); **II.** *adj* куклен, марионетен.

purchase ['pə:tʃis] **I.** *v* **1.** купувам, набавям; **purchasing power** покупателна способност; **2.** *прен.* придобивам, спечелвам, сдобивам се, извоювам; **3.** *тех., мор.* вдигам; **II.** *n* **1.** покупка; придобивка; купуване; **2.** годишен доход (*от земя*); наем; **20 years' ~** (колкото) двадесетгодишен наем; **3.** хващане, улавяне; опора, опорна точка.

pure [pjuə] *adj* **1.** чист (*и прен.*), незамърсен; без примес; чистокръвен; **~ white** чисто бял; **2.** *прен.* неопетнен; непокварен, непорочен; девствен; **3.** *разг.* същински, истински, чист.

purple ['pə:pl] **I.** *n* **1.** пурпур (цвят); **2.** багреница, порфира, пурпур; пурпруни одежди на кардинал; **raised to the ~** обявен за император, ръкоположен за владика; **3.** *вет. pl* едра шарка у свинете; **II.** *adj* **1.** пурпурен; силно зачервен (*за нос, бузи*); **to get ~ in the face (with anger)** почервенявам (*от яд*); **2.** *поет.* тъмночервен (*за вино, кръв*); **III.** *v* правя, боядисвам мораво; обагрям; зачервявам; заруменявам; ставам червен.

purpose [ˈpəːpəs] **I.** *n* **1.** намерение, цел; **with honesty of ~** с честни намерения; **2.** : **to the ~** уместен, целесъобразен, подходящ; **3.** воля; **II.** *v* възнамерявам, имам намерение; **to ~ doing (to do) s.th.** възнамерявам да направя нещо.

purse [ˈpəːs] **I.** *n* **1.** портмоне, портфейл, кесия; • **you can't make a silver ~ out of a sow's ear** от всяко дърво свирка не става; **2.** пари; средства; богатство; **3.** *сп.* парична сума, събрана като подарък или награда; **II.** *v* **1.** свивам, стисвам (*устни*); **2.** *остар.* слагам в кесия.

pursue [pəˈsjuː] *v* **1.** преследвам, гоня (*някого, някаква цел*); **2.** съпровождам, съпътствам; измъчвам непрекъснато; **3.** следвам, водя (*политика*), провеждам; прокарвам, изпълнявам, осъществявам, прилагам (*план и пр.*); **to ~ pleasure** отдавам се на (търся) удоволствия.

pus [pʌs] *n* гной.

push [puʃ] **I.** *v* **1.** бутам (се), тикам, блъскам (се), тласкам; **you ~ while I pull** ти бутай, пък аз ще дърпам; **2.** разгръщам (*кампания, акция и под.*); лансирам (*мода, човек*); активизирам, раздвижвам, разширявам, развивам (*търговия, завоевания и под.*); насърчавам, поощрявам, подкрепям, покровителствам; рекламирам, гледам да пласирам, пускам на пазара (*стоки*); **3.** предявявам, настоявам на (*искания, права, претенции*); **II.** *n* **1.** тласък, удар; бутане; **at (with) one ~** с един удар; **2.** поддръжка, протекция, покровителство; **3.** *воен.* (масова) атака.

push-cart [ˈpuʃkaːt] *n* **1.** *ам.* количка (*за зеленчук и под.*); **~ man** количкар, амбулантен търговец; **2.** лека детска количка (*само за сядане*).

put [put] **I.** *v* (**put**) (**-tt-**) **1.** слагам (на, до), поставям, турям; оставям; **to ~ a child to bed** слагам дете да спи; **2.** поставям, докарвам в дадено състояние; **3.** *сп.* хвърлям (*гюле*); **II.** *n* **1.** *сп.* хвърляне на гюле, камък; **2.** разстоянието, на което е хвърлено гюле, камък; **3.** *фин., търг.* право на едната страна да остави стоки, акции или облигации в даден срок на определена цена (*обр.* **call**); **III.** *adj разг.* неподвижен; **it won't stay ~** не стои мирно, на едно място.

putty [ˈpʌti] **I.** *n* **1.** маджун (*за прозорци*); кит, замазка; **2.** прах за полиране (*използван от златарите*); • **~ in s.o.'s hands** *прен.* мекушав (податлив на чуждо влияние) човек; **II.** *v* намазвам, съединявам, слепвам с маджун; покривам с прах за полиране; замазвам.

puzzle [ˈpʌzl] *v* озадачавам, обърквам; (*в pass*) недоумявам, в недоумение съм, чудя се; **to ~ o.'s brains** блъскам си главата.

pyjamas [piˈdʒaːməs] *n pl* **1.** пижама; **~-clad** по пижама; **2.** шалвари; • **the cat's ~** *разг.* върхът, супер, най-доброто.

pyramid [ˈpirəmid] **I.** *n* **1.** *арх., мат. и прен.* пирамида; **2.** нещо, подобно на пирамида; *спец.* плодно дърво, подкастрено във формата на пирамида; **3.** (**P.**) *pl* игра, подобна на билярда, която се играе с 15 червени и 1 бяла топка; **II.** *v ам.* **1.** натрупвам, построявам като на пирамида; накамарявам във форма на пирамида; **2.** *фин.* закупвам, натрупвам (*акции*); **3.** рискувам.

Q

Q, q [kju:] *n* (*pl* **Qs, Q's** [kju:z]) седемнадесетата буква от английската азбука; **on the q. t. (= quiet)** *разг.* дискретно, тихомълком.

quadrate I. ['kwɔdrit] *adj* квадратен, правоъгълен, четиристранен (*главно анат.*); **II.** *n* **1.** *мат.* квадрат; втора степен; правоъгълник; **2.** предмет с квадратна, правоъгълна форма; **3.** *зоол.* квадратна кост; **III.** ['kwɔdreit] *v* **1.** правя квадратен; **2.** съгласувам (се); съответствам (**to, with**).

quadripartite [,kwɔdri'pa:tait] **I.** *adj* състоящ се от, разделен на четири части; четиристранен (*за договор*); **II.** *n арх.* четириъгълен свод.

quake [kweik] **I.** *v* треса се; треперя (от **for, with**); **II.** *n* **1.** трус, земетресение; **2.** *мин.* скален удар, внезапно изхвърляне (*на скали*).

Quaker ['kweikə] *n* **1.** *рел.* квакер; **2.** (**q.**) скромен, тих, кротък човек; **3.** *ам. ист.* фалшиво (дървено) оръдие на кораб или в крепост.

qualification [,kwɔlifi'keiʃən] *n* **1.** квалифициране, квалификация; ценз; пригодност; **property ~ (to vote)** имуществен избирателен ценз; **2.** уговорка; *прен.* резерв; ограничение; **3.** определяне, окачествяване, оценяване, подбиране.

qualitative ['kwɔlitətiv] *adj* качествен, квалитативен; ◇ *adv* **qualitatively**.

quandary ['kwɔndəri] *n* затруднение, недоумение.

quant [kwɔnt] **I.** *n* прът (с диск на единия край) за управляване на шлепове; **II.** *v* управлявам шлеп с такъв прът.

quantity ['kwɔntiti] *n* **1.** количество; **any ~ of** колкото щеш, много; **2.** *често pl* голямо количество, изобилие, много; **3.** *мат.* величина.

quarantine ['kwɔrənti:n] **I.** *n* **1.** карантина; **to be in ~, to be ~d** под карантина съм; **2.** *юрид., ист.* четиридесетдневен срок, през който вдовица има право да живее в дома на мъжа си след смъртта му; **II.** *v* поставям под карантина, карантинирам.

quarrel₁ ['kwɔrəl] **I.** *n* кавга, караница, разправия, дандания, разпра (**with, between**); причина, повод за кавга; **to seek (pick) a ~ with s.o.** търся да се скарам с някого; **II.** *v* (**-ll-**) **1.** карам се, разправям се (**with**); **2.** оплаквам се, възразявам срещу.

quarrel₂ *n* **1.** *ист.* стрела на арбалет; **2.** *архит.* ромбовидно или квадратно прозоречно стъкло, монтирано с олово; **3.** *архит.* готически декоративен мотив (*отвор*) с форма на детелина.

quarrelsome ['kwɔrəlsəm] *adj* свадлив, сприхав, избухлив.

quarry₁ ['kwɔri] *n* **1.** ловна плячка; **2.** *ист.* късове месо от убита сърна и под., давани на ловджийските кучета като награда; **3.** *прен.* набелязана жертва, обект на отмъщение; нещо желано и преследвано.

quarry₂ I. *n* **1.** каменоломна, кариера; **2.** *прен.* източник, извор на; **II.** *v* **1.** вадя (*камъни, мрамор и под.*) от кариера; експлоатирам кариера; **2.** *прен.* издирвам, черпя, събирам (*сведения от документи и под.*); **3.** издълбавам.

quart₁ [kwɔ:t] *n* **1.** кварта (= 1/4 галон = 2 пинта = 1,14 л); • **to try to put a ~ into a pint pot** опитвам се да постигна невъзможното; **2.** съд с вместимост 1 кварта; 1 кварта бира и др. питиета; **3.** четвъртинка.

quart₂ [ka:t] *n* **1.** *сп.* кварта, четвъртата позиция или фигура; **2.** *карти* кварта.

quarter ['kwɔtə] **I.** *n* **1.** четвърт, четвъртина, четвъртинка (**of**); **not a ~ as good as** далеч не толкова добър като; **2.** *кул.* плешка или бут; *pl* бут, задни части (*на животно, човек*); *ист.* разкъсани части на тялото на екзекутиран предател; **3.** задна част (*на превозно средство*); *мор.* задна част (*на кораб*); • **to be given no ~** не получавам милост (прошка); **II.** *v* **1.** разделям на четири (*и заклано животно*); **2.** *ист.* разсичам (*тялото на екзекутиран предател*) на четири части; **3.** *воен.* разквартирувам (*войска*); квартирувам (**at**); *refl прен.* настанявам се (**on, with**).

quarterback ['kwɔ:tə,bæk] *n сп.* защитник в най-предна позиция, куортърбек (*в ръгбито и ам. футбол*); **a Monday morning ~** човек, който критикува (или дава съвети) пред свършен факт.

quarter bell ['kwɔ:tə,bel] *n* часовник на кула, който отбелязва със звън и всеки четвърт час.

quarter bill ['kwɔ:təbil] *n воен., мор.* бойно разписание.

quartet(te) [kwɔ:'tet] *n муз.* квартет; **string ~** струнен квартет.

quartz [kwɔ:ts] *n минер.* кварц, планински кристал.

quaver ['kweivə] **I.** *v* **1.** треперя (*за глас*), казвам с разтреперан, развълнуван глас; **2.** *муз.* тремолирам; **II.** *n* **1.** треперене на гласа; **2.** *муз.* тремоло; *pl* трели; **3.** *муз.* нота осминка.

quay [ki:] *n* кей; вълнолом.

queasiness ['kwi:zinis] *n* **1.** гадене, прилошаване, повдигане; **2.** *прен.* прекалена придирчивост или добросъвестност.

queasy ['kwi:zi] *adj* **1.** слаб (*за стомах*); **2.** неразположен; който лесно повръща, гнуслив (*за човек*); **3.** който причинява гадене (повдигане).

queen [kwi:n] **I.** *n* **1.** кралица; **~ dowager** вдовстваща кралица; **2.** *прен.* царица, любимка; **3.** *карти* дама; **II.** *v* **1.** управлявам като кралица (**over**); **2.** *рядко* правя (някого) царица, кралица; **3.** произвеждам (пешка в) царица (*в шаха*).

queer [kwiə] **I.** *adj* **1.** странен, чудат, особен; ексцентричен; **2.** съмнителен; който буди подозрения, не съвсем почтен; **to be in Q. street** *разг.* затруднен съм, *особ.* финансово, задлъжнявам; не ми е чиста работата; **3.** неразположен, болнав; **II.** *n sl* хомосексуалист; **III.** *v sl* развалям, провалям, разтурвам, спъвам; **to ~ s.o.'s pitch** подливам вода някому, подлагам някому динена кора.

quell [kwel] *v* **1.** потушавам, смазвам, потъпквам (*въстание, бунт и под.*); **2.** *книж.* потискам, обуздавам (*страстите си и под.*); уталожвам, успокоявам (*страх, опасения и под.*).

quench [kwentʃ] *v* **1.** гася, загасявам (*огън, светлина*); **2.** уталожвам; **3.** потискам (*желание*); убивам (*вяра и пр.*).

querist ['kwiərist] *n* човек, който задава въпроси.

quern [kwə:n] *n* ръчна мелница за жито; малка ръчна мелница за черен пипер и др. подправки.

question ['kwestʃən] **I.** *n* **1.** въпрос, запитване; въпросително изречение; **to ask s.o. a ~, to ask a ~ of s.o., to put a ~ to s.o.** задавам някому въпрос; **2.** проблем, работа; въпрос (поставен на разискване); **3.** съмнение; възражение; **II.** *v* **1.** задавам (*някому*) въпрос; разпитвам; питам; *уч.* изпитвам; **2.** търся отговор (сведения) от (*книги и пр.*); гадая по (*звездите*); **3.** изказвам съмнение в, съмнявам се; оспорвам.

questionnaire [ˌkwestʃəˈneə] *n* въпросник, конспект.

queue [kju:] **I.** *n* **1.** *ист.* плитка (*мъжка коса*); **2.** "опашка" (*от хора*); **to jump the ~** пререждам се; **II.** *v* **1.** сплитам, правя косата си на плитка; **2.** (*обикн. с* **up**) нареждам се на опашка.

quibble [kwibəl] **I.** *n* **1.** игра на думи, каламбур; двусмислица; **2.** дребно (незначително) възражение, заяждане; **II.** *v* **1.** залавям се за дреболии, издребнявам, заяждам се; **2.** давам уклончив отговор.

quick [kwik] **I.** *adj* **1.** бърз, пъргав; краткотраен, кратковременен; **a ~ walk** бърз ход; разходка с бърз ход; **2.** бърз, схватлив; жив; остър (*за сетивата, ума*); **3.** *остар.* жив; • **a ~ trick** *карти* сигурна взятка; **II.** *n* **1.** живец, живо месо, чувствително място; **to cut (hurt, sting, touch, wound) s.o. to the ~** *прен.* дълбоко засягам някого; **2.** *остар.* (= *pl*) живите; **III.** *adv* бързо; **run as ~ as you can** тичай колкото ти държат краката, с всички сили.

quicksilver [ˈkwiksilvə] **I.** *n* **1.** *хим.* живак; **to have ~ in o.'s veins** много съм жив (подвижен); **2.** *attr* бърз, непредсказуем; **II.** *v* амалгамирам, покривам с живачна амалгама.

quiet [ˈkwaiət] **I.** *adj* **1.** спокоен, мирен; тих; кротък, смирен, хрисим, скромен; **a ~ dinner-party** неофициален (интимен) обед; **2.** тих, безшумен, безгласен; замлъкнал; **II.** *n* **1.** спокойствие, покой, мир; **2.** тишина; **on the ~** тайно, тихомълком, под секрет; **III.** *v* успокоявам (се); смекчавам; стихвам, утихвам, замлъквам; **to ~ down** стихвам; **IV.** *int* тишина! тихо! без шум!

quilt [kwilt] **I.** *n* **1.** юрган; **crazy ~** юрган от разноцветни парчета; **2.** покривка за легло, кувертюра; **3.** ватенка, памуклийка; **II.** *v* **1.** ватирам, подпълвам; **~ed jacket (coat)** памуклийка, ватенка; **2.** *разг.* събирам, компилирам; **3.** *sl* набивам.

quince [kwins] *n* дюля.

quinsy [ˈkwinzi] *n мед.* ангина.

quintet(te) [kwinˈtet] *n муз.* квинтет.

quit [kwit] **I.** *v* **1.** **(quitted**, *разг.* **quit)** оставям, напускам, зарязвам; прекъсвам; махам се, отивам си; **to ~ hold of** пускам, изтървам; **2.** *ам.* преставам, спирам; **3.** *остар.* погасявам, плащам; *refl* отплащам се; държа се; **II.** *adj* **1.** свободен, отървал се; **to get ~ of** освобождавам се от; **2.** *остар.* = **quits**.

quite [kwait] *adv* **1.** (*със силно ударение*) напълно, съвсем, съвършено; **it is ~ the thing** 1) това е съвсем модерно; 2) така трябва; точно така; **2.** *разг.* (*без ударение*) доста; цял.

quits [kwits] *adj* квит; **I shall be ~ with him some day** ще си оправя сметките с него някой ден.

quiver₁ [ˈkwivə] **I.** *v* треперя, треса се; трептя, потрепвам, потреперdroвам, вибрирам; **II.** *n* трепет, потрепване, трептене, вибрация.

quiver₂ *n* колчан, стрелница; **an arrow (shaft) left in o.'s ~** *прен.* нещо, оставено в запас; • **a ~ full** (*и* **quiver-full**) *шег.* голямо семейство, многобройна челяд.

quotation [kwouˈteiʃən] *n* **1.** цитиране; **2.** цитат; **3.** *търг.* котиране, курс; оферта.

quote [kwout] **I.** *v* **1.** цитирам; позовавам се на; **2.** поставям в кавички; **3.** *търг.* определям пазарна цена на; давам оценка на; котирам се **(at)**; оферирам, правя оферта; **II.** *n* *разг.* **1.** цитат; **2.** *pl* кавички.

R

R, r [a:] *n* (*pl* **Rs, R's** [a:z]) буквата R; **the three R's** *разг.* трите основи на образованието: **reading, writing, arithmetic**; **R** (= **restricted**) *ам.* забранен (*за филм, който деца и младежи могат да посещават само с придружител*).

rabbi ['ræbai] *n староевр.* **1.** равин; рави (*обръщение*); **2.** *ист.* еврейска титла за правник (*и* **rabin** ['ræbin]).

rabbet ['ræbit] **I.** *n* **1.** жлеб, длаб; дълбей; **2.** *тех.* шпунтово съединение; **3.** фалцовник; фалцхобел (*и* **~-plane**); **II.** *v* **1.** *тех.* изрязвам жлеб в; **2.** шпунтирам, съединявам с нут и федер (**on, over**).

rabbit ['ræbit] **I.** *n* **1.** земеровен заек *Oryctolagus cuniculus*; **2.** питомно зайче; **buck-~** мъжки заек; **3.** заешка кожа; заешка козина; • **~ fever** *мед.* туларемия; **II.** *v* (**-tt-**) ходя на лов за зайци (*и* **to go ~ting**); • **to ~ on (about s.th.)** *разг.* плещя, дрънкам.

race₁ [reis] **I.** *n* **1.** надбягване, надпрепускване, състезание; *прен.* съревнование, борба, конкуренция; • **slow and steady wins the ~** който ходи полека, стига далеко; **2.** (*често pl*) конни надбягвания; **3.** ход, движение, курс; *прен.* жизнен път, кариера; **II.** *v* **1.** тичам, карам (движа се) бързо, карам с пълна скорост, давам пълна газ, гоня, препускам; **to ~ a bill through** прокарвам законопроект набързо (по късата процедура); **2.** надбягвам се (с), надпреварвам се, надпрепусквам се; състезавам се; **3.** *тех.* боксувам, въртя се на празен ход.

race₂ *n* **1.** раса; род; **the human ~** човешкият род, човечеството; **2.** порода, вид; *прен.* класа; **3.** коляно, род.

racecourse (*и* **race-course**) ['reiskɔ:s] *n* писта за надбягвания, хиподрум, колодрум.

racehorse (*и* **race-horse**) ['reishɔ:s] *n* кон, участващ в състезания.

racegoer ['reis'gouə:] *n* редовен посетител (любител) на конни състезания.

raceme ['ræsi:m] *n бот.* грозд, гроздовидно съцветие.

racer ['reisə] *n* **1.** бегач; състезател; състезателен автомобил, лодка и др.; **2.** *ам.* стрелец (*змия*); **3.** *тех.* венец, кафез, улей (*на сачмен лагер*).

rack₁ [ræk] **I.** *n* **1.** рамка, стойка; решетка; **~ of bones** *ам. sl* "скелет", "кожа и кости"; **2.** хранилка, поилка, ясли; **3.** приспособление на каруца за пренасяне на сено, ритли; **II.** *v* **1.** измъчвам, изтезавам, мъча; тормозя, терзая; изтощавам (*почва*); **2.** разтягам, разпъвам; *прен.* напрягам, пресилвам; **to ~ o.'s brains (wits)** блъскам си главата, напрягам си ума (**about, with**); **3.** поставям в ясли, на поставка и пр.;

rack up събирам, обирам, прибирам (*печалби, точки и пр.*).

rack₂ *n* разорение, опустошение, разрушаване, разрушение, разруха; **to go to ~ and ruin** разрушавам се напълно.

rack₃ *n* конски ход между тръс и лек галоп.

racket₁ ['rækit] *n сп.* **1.** ракета; **2.** снежна обувка, ракета за сняг; снегоходка; **3.** *pl* вид тенис.

racket₂ **I.** *n* **1.** шум, врява, гюрултия; веселба; **to kick up (make, raise) a ~** вдигам шум; **2.** *sl* организирано мошеничество, *особ.* изнудване (*на търговци чрез заплаха от насилие*); рекет; **II.** *v* **1.** вдигам врява (шум); **2.** водя шумен (весел, разгулен) живот.

racketeer [ræki'tiə] **I.** *n* гангстер, мошеник, член на банда; рекетьор; **II.** *v* занимавам се с мошеничество (гангстерство), рекетирам.

rackety ['rækiti] *adj* **1.** шумен; **2.** разгулен, разсипнически.

racoon [rə'ku:n] *n зоол.* миеща мечка, ракун (и кожата ѝ) *Procyon lotor*.

racy ['reisi] *adj* **1.** жив, въодушевен; (*за говор*) колоритен; **2.** характерен, отличителен, особен, типичен; **~ of the soil** *прен.* прост, народен; **3.** пикантен (*и прен.*).

radar ['reidə] *n ел.* радар.

raddle [rædəl] **I.** *n* **1.** върлина, прът; **2.** *текст.* нишкоразделен гребен; **3.** червена охра; **II.** *v* боядисвам с червена охра.

radiate ['reidieit] **I.** *v* **1.** излъчвам (се), изпускам лъчи; **to ~ from** излизам радиално от; **2.** *прен.* пръскам, разпространявам; **II.** *adj* **1.** излъчващ, лъчист; **2.** радиален, лъчеобразен.

radiator ['reidieitə] *n* **1.** радиатор; **2.** излъчвател.

radical ['rædikəl] **I.** *adj* **1.** коренен, основен, радикален, съществен; ◇ *adv* **radically**; **2.** *прен.* пълен, цялостен, изчерпателен; **3.** (**R.**) *пол.* радикален; **II.** *n* **1.** (**R.**) *пол.* радикал; **2.** екстремист, привърженик на крайни мерки; **3.** *мат.* корен, знак на корен.

radicate ['rædikeit] **I.** *v* пускам корени, вкоренявам се; **II.** *adj биол.* коренен.

radicle ['rædikəl] *n бот.* **1.** частта от зародиша на растението, от която се образува първичният корен; **2.** коренче; **3.** *анат.* начало на нервна нишка.

radio ['reidiou] **I.** *n* **1.** радио, радиоприемник; **2.** радиограма; **II.** *adj* безжичен, радио-; **~ beacon** радиофар; **III.** *v* предавам (съобщавам) по радиото.

radioactive ['reidiou,æktiv] *adj* радиоактивен.

radish ['rædiʃ] *n* репичка.

radius ['reidiəs] *n* (*pl* **radii** [-iai], **-ses**) **1.** *мат.* радиус; **2.** *прен.* обхват, обсег, район, предел, граница; **outside (within) the ~ of knowledge** извън (в) пределите на знанието; **3.** *анат.* лъчева кост (*на ръката*).

radix ['reidiks] *n* (*pl* **radixes, radices** ['reidisi:z]) **1.** *мат.* основа, основна единица (*на нумерична система, логаритми и пр.*); **2.** *бот., ез.* корен; **3.** *ост., прен.* източник, първопричина.

raff [ræf] *n* измет, утайка на обществото (*обикн.* **riff-~**).

raffia ['ræfiə] *n* рафия, лико.

raffinate ['ræfinət] **I.** *n* рафинат, пречистен (нефто)продукт; **II.** *adj* **1.** рафинатен; **2.** предназначен за рафинат.

raffle₁ [ræfl] **I.** *n* предметна лотария; **II.** *v* **1.** разигравам на лотария (*предмет*); **2.** участвам в лотария (**for**).

raffle₂ *n* смет, боклук; парцалаци.

raft₁ [ra:ft] **I.** *n* **1.** сал; **2.** малка надуваема лодка; **II.** *v* **1.** прекарвам (превозвам) със сал; **2.** пътувам със сал.

raft₂ *n разг.* изобилие, голямо количество; множество, маса.

rag₁ [ræg] *n* **1.** парцал, дрипа, вехтория; **~-fair** битпазар, вехтошарски пазар; разпродажба на стари дрехи; **2.** *pl* износена (окъсана) дреха; **3.** *шег.* театрална завеса; носна кърпа; банкнота; знаме; вестник.

rag$_2$ **I.** *n* веселие, веселба; лудория, лудуване; **II.** *v* (**-gg-**) **1.** гълча; хокам, карам се на; **2.** задявам, дразня, ядосвам; тормозя; **3.** устройвам (*някому*) лоша шега; вдигам на ура; лудувам.

rag$_3$ **I.** *n* **1.** твърд (плочест) варовик (*и* **ragstone**); **2.** покривна плоча, шиферна плоча; **II.** *v* дробя, раздробявам.

rage [reidʒ] **I.** *n* **1.** ярост; силен гняв; **to get (fly) into a ~** побеснявам, "запенвам се"; **2.** бушуване, беснеене, вилнеене (*на море, буря, пожар, епидемия*); **3.** мания, мода, всеобщо увлечение; **II.** *v* беснея, бушувам, вилнея.

ragpaper [ˈrægˈpeipə] *n* висококачествена хартия, приготвяна от парцали.

ragpicker [ˈrægpikə] *n* човек, който се препитава от събиране на парцали и др. отпадъци.

ragtime [ˈrægtaim] *n муз.* **1.** силно синкопиран танцов ритъм; **2.** регтайм.

raid [reid] **I.** *n* **1.** внезапно нападение; набег, налет, нахълтване, нахлуване; **air ~** въздушно нападение; **2.** обир (*внезапен, особ. посред бял ден*); **3.** *фин.* опит за рязко сваляне на цените на борсата; **II.** *v* **1.** извършвам набег; нахлувам внезапно, връхлитам, нахълтвам (в); **2.** обирам.

rail$_1$ [reil] **I.** *n* **1.** перило, парапет, ограда, мантинела; *мор.* (*обикн. pl*) релинг, бордова ограда; **2.** релса; *прен.* железен път, железница, жп линия; **free on ~** (*съкр.* **f. o. r.**) *търг.* франко товарна гара; **3.** *pl търг. sl* жп акции; • **to ride s.o. on a ~** прекарвам през града човек, намазан с катран и овалян в пера; **II.** *v* **1.** ограждам (разделям) с перила (**in, off**); **2.** пътувам (превозвам, изпращам) с железница.

rail$_2$ *v* **1.** роптая, оплаквам се (**at, against**); **2.** ругая (**at**).

rail$_3$ *n зоол.* дърдавец; **water ~** воден дърдавец *Rallus aquaticus*.

railer [ˈreilə] *n* недоволник.

railhead [ˈreilhed] *n* **1.** временна крайна станция на строяща се жп линия; **2.** *воен.* снабдителна станция.

railing [ˈreiliŋ] *n* **1.** (*често pl*) перила; преграда, бариера; парапет, балюстрада; *мор.* релинг, бордова ограда; **2.** релси, релсов материал.

railroad [ˈreilroud] *ам.* **I.** *n* железен път, жп линия, железница; **II.** *v* **1.** превозвам с железница; **2.** прокарвам железница на (в); **3.** *разг.* прокарвам по бързата процедура (*законопроект и пр.*); **III.** *adj* железопътен.

railway [ˈreilwei] *n* **1.** железен път, жп линия, железница; **~ porter** носач (*на гара*); **2.** *attr* железопътен; **3.** релсова линия (*на трамвай и др.*).

rain [rein] **I.** *n* **1.** дъжд, валеж; *pl* дъждовен период (*в тропиците*); **it is pouring with ~, the ~ comes down in torrents** вали проливен дъжд (като из ведро); **2.** *прен.* потоци, реки (*от сълзи*), градушка, град (от удари); • **he doesn't know enough to come in (get) out of the ~** той никак не е съобразителен; **3.** *attr* дъждовен, за дъжд; **II.** *v* **1.** вали дъжд; *прен.* лея (се), сипя (се), изливам (се) (**upon**); **to ~ cats and dogs,** *ам.* **to ~ pitchforks** вали като из ведро; • **it never ~s but it pours** нещастието никога не идва само; **2.** : **to rain off,** *ам.* **to ~ out** отлагам състезание (*поради дъжд*).

rainbow [ˈreinbou] *n* **1.** небесна дъга; **the end of the ~** блян, химера, жадувана цел (предмет); **2.** *прен.* богата гама (*от цветове*).

raincoat [ˈreinkout] *n* мушама за

дъжд; дъждобран.

raindrop ['reindrɔp] *n* дъждовна капка.

rainfall ['reinfɔl] *n* валеж (*и като мярка*).

rain gauge ['reingeidʒ] *n метеор.* дъждомер.

rainout ['rein,aut] *n* радиоактивен дъжд.

rainy ['reini] *adj* дъждовен, дъждовит, дъжделив; дъждоносен; **for a ~ day** *прен.* за черни дни.

raise [reiz] **I.** *v* **1.** вдигам, надигам, повдигам, издигам; изправям; **to ~ o.'s hat** свалям шапка, поздравявам; **2.** построявам, издигам, въздигам (*паметник и пр.*); **3.** възбуждам, будя (*смях и пр.*); пораждам, предизвиквам, причинявам, създавам; произвеждам (*напр.* пàра); • **to ~ hell (the devil), to ~ the roof** вдигам шум (врява); беснея; обръщам всичко с главата надолу; **II.** *n* **1.** повишение, повишаване, увеличаване, увеличение; **2.** повдигане, издигане; **3.** *мин.* гезенк; • **to make a ~** *разг.* получавам пари (заем, ценна вещ).

raisin [reizn] *n обикн. pl* сухо грозде, стафиди.

rake$_1$ [reik] **I.** *n* **1.** гребло, грапа (*за сено*), търмък; **2.** лопатка на крупие; **3.** *разг.* клечка, скелет (*за слаб човек*); **II.** *v* **1.** греба, загребвам; търмъча, събирам (*клечки и пр.*); **to ~ hay** пластя сено; **2.** оглаждам; заравнявам, почиствам (**over**); **3.** притъквам, стъквам (*огън*); *прен.* раздухвам, възобновявам (**up**).

rake$_2$ **I.** *n* женкар, разгулник, похотливец, развратник (*и остар.* **rakehell**); **II.** *v рядко* живея разпуснато (разгулно), безпътствам, развратнича.

rake$_3$ **I.** *n* **1.** *мор.* ъгъл (наклон) на щевен; **2.** отклонение от отвесна (хоризонтална) линия; наклон; **3.** *тех.* ъгъл на откос; **II.** *v* накланям (се), оставям накриво (полегато); **~d chair** кресло с полегата облегалка.

rakish$_1$ ['reikiʃ] *adj* разпуснат, развратен, похотлив.

rakish$_2$ *adj* **1.** *мор.* стегнат, спретнат, бързоходен (*за кораб*); **2.** моден, шик, екстравагантен; **hat at a ~ angle** килната шапка, шапка над ухо; ◇ *adv* **rakishly**.

rally$_1$ ['ræli] **I.** *n* **1.** *воен.* събиране (*за ново нападение*); сбор; **2.** събрание, митинг; **3.** сплотяване, обединяване; **II.** *v* **1.** събирам (се); сплотявам (се), обединявам (се) (**round**); **2.** съживявам, възвръщам, възстановявам (*способност, дух*); **3.** окопитвам се, привдигам се, оправям се.

rally$_2$ *v остар.* шегувам се с, поднасям, закачам, задявам, подигравам добродушно.

ram [ræm] **I.** *n* **1.** *зоол.* овен, коч; **2.** (**the R.**) *астр.* Овен (*съзвездие и зодиакален знак*); **3.** стенолом, стенобойна машина, таран; **II.** *v* (**-mm-**) **1.** трамбовам, утъпквам (**down**); **2.** удрям силно, блъскам, бия, бъхтя; **3.** забивам, набивам, зачуквам (**in**).

RAM *abbr* (**Random Access Memory**) *комп.* оперативна памет.

ramble [ræmbəl] **I.** *n* разходка; екскурзия (*без определен маршрут*); **II.** *v* **1.** разхождам се; скитам се, бродя; **2.** говоря (приказвам, пиша) несвързано, скачам от мисъл на мисъл; **3.** пълзя, вия се (*за растение*); лъкатуша, меандрирам (*за река*); криволича (*за пътека*).

ramie ['ræmi:] *n бот.* рамия, рами, китайски коноп с много здраво влакно, който вирее в Япония и др. държави, *Boehmeria nivea*.

rammer ['ræmə] *n* **1.** трамбовка, баба, пилононабивачка; тежък чук; **2.** *воен.* дотиквач, прибойник; шомпъл.

ramp$_1$ [ræmp] **I.** *n* **1.** скат, склон, наклон; наклонена плоскост; **2.** рампа; **3.** полегат (наклонен) път; **entrance ~** *ам.* път за вливане в автомагистрала; **II.** *v* **1.** заставам (стоя) на задните си крака (*за животно*); мятам се, хвърлям се, скачам; **2.** *шег.* вилнея, буйствам, беснея; бушувам; **3.** избуявам; покривам (**over**); *рядко* пълзя, вия се (**over, on**) (*за растение*).

ramp$_2$ *sl* **I.** *n* изнудване, мошеничество; безбожни цени, кожодерство, обирачество; **II.** *v* изнудвам, измъквам (*пари*); "обирам".

ramshackle [ˈræmʃækəl] *adj* разнебитен, разклатен, порутен; нестабилен; паянтов.

ran *вж* **run I**.

ranch [ra:ntʃ] **I.** *n* **1.** ранчо, скотовъдна ферма; **2.** *ам.* селскостопанска ферма; **II.** *v* **1.** ръководя (работя в) скотовъдна ферма; **2.** отглеждам добитък (в ранчо).

rancorous [ˈræŋkərəs] *adj* пълен с ненавист (омраза), враждебен; злобен; злостен; ненавистен.

rand [rænd] *n* **1.** ивица от кожа или друг материал между тока и подметката на обувка; **2.** край, кант; **3.** ранд, парична единица на Южна Африка.

random [ˈrændəm] **I.** *n*: **at ~** наслуки, напосоки; на приумица; без определена цел; **II.** *adj* **1.** случаен, произволен; **~ sample** производно взета проба; **2.** *архит.* строен с камъни от различен вид и големина; ◇ *adv* **randomly**.

randy [ˈrændi] **I.** *adj* буен, див; разгонен (*за добитък*); (сексуално) възбуден; **II.** *n* свадлива (размъкната, непорядъчна) жена.

rang *вж* **ring**$_2$ **I.**

range [reindʒ] **I.** *n* **1.** обсег, обхват; *муз.* регистър, диапазон; *прен.* гама; **2.** област, сфера, кръг; район (радиус) на действие; **~ of vision** кръгозор, полезрение; **3.** *воен.* далекобойност, обсег; разстояние; **II.** *v* **1.** строявам (се), построявам (се) в редица; **2.** класифицирам, сортирам, подреждам, нареждам; **3.** наравно съм с; имам еднакъв чин (ранг) с; числя се към (**with**).

ranger [ˈreindʒə] *n* **1.** (горски) стражар; **2.** член на охранителен отряд; **3.** *воен.* щурмовак, рейнджър.

rangy [ˈreindʒi] *adj* **1.** строен; висок; дълъг, дългокрак; **2.** *австр.* планински.

rank$_1$ [ræŋk] **I.** *n* **1.** ред, редица; **to close ranks** сплотявам се, обединявам се (*за общи действия*); **to fall into ~** строявам се, заставам в редица; **2.** чин, сан, ранг; звание; **3.** класа, разред, категория; **II.** *v* **1.** нареждам (се), построявам (се) в редица, строявам (се); **2.** класифицирам; давам (заемам) място; **he ~s first among the lawers** той е пръв сред адвокатите (юристите); **3.** *ам.* заемам по-високо положение (длъжност) от; имам по-висок чин от.

rank$_2$ *adj* **1.** буен; богат, изобилен (*за растителност*); тлъст, плодороден (*за почва*); **2.** вонящ, смрадлив; гранясал, гранлив, развален; *прен.* отвратителен, противен; **3.** отявлен, явен, очевиден, очебиещ, флагрантен; същински, същи; **~ outsider** аутсайдер, човек (отбор) с минимални шансове за победа (*в състезание*).

ranking [ˈrænkiŋ] **I.** *n* позиция (в класация); **the rankings** *сп.* ранглиста; **II.** *adj ам.* главен, най-висшестоящ.

rankle [ræŋkəl] *v* **1.** мъчи ме, измъчва ме; **the insult still ~d in his heart** той не можеше да забрави обидата; **2.** *ост.* възпалявам се, подлютявам се; гноясвам, гноя (*за рана*); **the poison ~d in his veins** отровата кипеше в жилите му.

ransack ['rænsæk] *v* **1.** претърсвам, претършувам; обискирам; преравям, преобръщам (**for**); **to ~ o.'s brains (memory)** опитвам се да си спомня; **2.** обирам (*къща*).

ransom ['rænsəm] **I.** *n* **1.** откуп; **to hold to (for) ~** искам откуп за; *прен.* упражнявам натиск, принуждавам; **2.** откупване, освобождаване (*от плен*) срещу заплащане; **3.** *рел.* изкупление; **II.** *v* **1.** освобождавам срещу откуп; **2.** *рел.* изкупвам (*грехове*); **3.** плащам откуп.

rant [rænt] **I.** *v* **1.** говоря високопарно, надуто, с гръмки фрази; *театр.* декламирам; шаржирам (*и* **~ and rave**); проповядвам (моля се) шумно (афектирано); **2.** шумно изразявам гнева си; **II.** *n* **1.** надута, гръмка, високопарна реч (проповед, слово, говор); декламация; **2.** *шотл.* шумна веселба, гуляй.

rap$_1$ [ræp] **I.** *n* **1.** удар, шибване (*обикн. с пръчка*); потупване; **2.** почукване, похлопване; **3.** *муз.* рап, стил в забавната музика; • **to take the ~** опирам пешкира; **II.** *v* (**-pp-**) **1.** потупвам, почуквам леко, потропвам, похлопвам (**at, on**); **to ~ s.o.'s knuckles, to ~ s.o. on (over) the knuckles** *разг., прен.* удрям някого през пръстите, наказвам; **2.** изричам, изговарям рязко (отсечено) (*с* **out**); **to ~ out an oath** изругавам, изтърсвам псувня; **3.** съобщавам чрез чукане (*обикн. с* **out**).

rap$_2$ *n* гранче прежда (*дълго 120 ярда*).

rapacious [rə'peiʃəs] *adj* **1.** алчен, лаком; грабителски; **2.** хищен (*за животни*); **3.** ненаситен, неутолим.

rape$_1$ [reip] **I.** *n* **1.** изнасилване; **2.** отвличане, открадване; **3.** опустошение, унищожение; **II.** *v* **1.** изнасилвам, насилвам; **2.** отвличам, открадвам.

rape$_2$ *n бот.* рапица; **~ oil** рапично масло.

rapid ['ræpid] **I.** *adj* **1.** бърз; **~-fire, ~ firing** скорострелен; бърз, светкавичен; **2.** кратък, краткотраен; **3.** стръмен; **II.** *n* (*обикн. pl*) бързей (*на река*).

rapier ['reipiə] *n* **1.** рапира; **2.** *attr прен.* остър, пронизващ (*поглед, удар*).

rapt [ræpt] *adj* **1.** погълнат, унесен, задълбочен, вглъбен, съсредоточен; **2.** възхитен, увлечен; превъзнесен, изпаднал в екстаз; **3.** пренесен, отнесен; ◇ *adv* **raptly**.

raptor ['ræptə:] *n* граблива птица.

rapture ['ræptʃə] *n* **1.** възторг, екстаз; прехласване; **to go into ~s over** изпадам във възторг (екстаз) от (пред); **2.** *ост.* отнасяне, пренасяне.

rare$_1$ [reə] **I.** *adj* **1.** рядък; необичаен, необикновен; ◇ *adv* **rarely**; **2.** рядък, разреден, негъст; разсеян, разпръснат; **3.** изключителен, превъзходен; **to have a ~ time (fun)** много хубаво се забавлявам; **II.** *adv разг.* изключително, рядко, извънредно.

rare$_2$ *adj* недоопечен, недосварен; **~ eggs** *ам., остар.* рохки яйца.

rarefy ['rɛərifai] *v* **1.** разреждам (се), разредявам (се); **2.** пречиствам; префинвам.

rash$_1$ [ræʃ] *adj* прибързан, необмислен, невнимателен.

rash$_2$ *n* обрив, изрив; **nettle ~** копривна треска.

rash$_3$ *n рядко* шумолене.

rash$_4$ *n* въглища с примеси, нечисти въглища.

rascal ['ra:skəl] **I.** *n* **1.** мошеник, измамник, вагабонтин, негодник, нехранимайко; **2.** *разг., шег.* пакостник;

тип; чешит; **a merry ~** веселяк; **lucky ~** щастливец; **II.** *adj* безчестен, долен, долнопробен.

rasp [ra:sp] **I.** *v* **1.** пиля, изпилявам; стържа, изстъргвам; остъргвам; изчегъртвам (**off, away**); **2.** стържа, скрибуцам; **3.** дразня, раздразвам; оскърбявам; **II.** *n* **1.** *тех.* едра пила, рашпила; **2.** стъргане, стържене; скрибуцане; **3.** *прен.* раздразнение.

raspberry ['ra:zbəri] *n* **1.** малина, сем. *Rosaceae*; **~ patch** малинак; **2.** *sl*: **to blow s.o. a ~, to give s.o. the ~** пренебрегвам някого, отнасям се с пренебрежение към някого; **3.** червеникавовиолетов цвят.

rasper ['ra:spə] *n* **1.** голяма и едра пила; распа; рашпила; ренде, машина (уред) за стъргане; **2.** човек, работещ с пила; **3.** *разг.* неприятен характер, рязък човек; грубиян.

raspy ['ra:spi, 'ræspi] *adj* **1.** дрезгав, стържещ (*за глас*); **2.** *sl* супер, бомба, екстра.

rat [ræt] **I.** *n* **1.** плъх; **~ poison** мишеморка; **2.** предател, ренегат, стачкоизменник; **3.** *ам. разг.* подплънка на кок (руло) за дамска прическа; • **~s!** глупости! хайде де! **II.** *v* (**-tt-**) **1.** ловя (избивам, изтребвам) плъхове, дератизирам; **2.** *разг.* изоставям (напускам, изменям) на другарите (партията) си в трудни моменти; *прен.* пребоядисвам се; **to ~ on s.o.** предавам някого, долагам някого, правя донесение срещу някого; **3.** *sl* държа се малодушно, проявявам се като страхливец.

ratable ['reitəbəl] *adj* **1.** облагаем; **2.** изчислим; оценим; **3.** *ост.* пропорционален.

rataplan [,rætə'plæn] **I.** *n* **1.** барабанен бой; **2.** барабанене, потропване, почукване; **II.** *v* (**-nn-**) бия барабан, барабаня.

rate₁ [reit] **I.** *n* **1.** норма; мярка, размер; стандарт; тарифа; *икон.* ставка; степен; процент, част; **birth ~** раждаемост; **2.** стойност, цена; **3.** темп, скорост, ход; • **at any ~** във всеки случай; поне, най-малко; **II.** *v* **1.** оценявам; изчислявам; *прен.* преценявам; **~d load** *тех.* теоретичен товар; режимен товар; **2.** считам, смятам за, причислявам към, категоризирам като, класирам; преценявам; **3.** заслужавам, имам качества за.

rate₂ *v* хокам, ругая, карам се на, гълча, порицавам.

rate₃ *v* потопявам (*гръсти*).

ratepayer ['reitpeiə] *n* данъкоплатец.

rather ['ra:ðə] *adv* **1.** по-скоро, източно, по-право; с по-голяма готовност (желание); **I would ~ take gin** предпочитам джин; **2.** доста, твърде; до известна степен; **3.** *разг.* (*като отговор*) разбира се! то се знае! сигурно! непременно!

ratification [rætifi'keiʃən] *n* ратифициране, ратификация; потвърждаване, потвърждение; утвърждаване.

ratify ['rætifai] *v* ратифицирам; потвърждавам, утвърждавам.

rating₁ ['reitiŋ] *n* **1.** класиране; градиране; **2.** ранг, клас, категория; *мор.* чин, звание; *pl* екипаж; **3.** *тех.* (номинална) мощност.

rating₂ *n* каране, хокане, гълчене, "калайдисване".

ratio ['reiʃou] *n* **1.** *мат.* съотношение, пропорция; отношение; коефициент; **in direct ~** право пропорционално; **2.** *тех.* преводно отношение, предавателно число.

ration ['ræʃən] **I.** *n* дажба; *воен.* порцион; *pl* провизии, припаси, храна; **iron (emergency) ~** неприкосновен запас; железен резерв;

II. *v* **1.** разпределям на дажби; поставям под режим на разпределение; **2.** снабдявам с провизии (храна), продоволствам.

rational ['ræʃənl] **I.** *adj* **1.** разумен, здравомислещ, разсъдлив; благоразумен; целесъобразен; смислен; ◇ *adv* **rationally**; **2.** рационален; получен въз основа на разсъждение; **3.** *мат.* рационален; **~ fraction** правилна дроб; **II.** *n* **1.** рационално (разумно) същество; **2.** *мат.* рационална величина.

rattle[1] [rætl] **I.** *v* **1.** тракам, тропам, чукам, хлопам, трополя; трещя, гърмя; дрънча, дрънколя; **to ~ the sabre** дрънкам оръжие, заплашвам с война; **2.** движа се с трясък; изтрополявам, дрънча (*с кон, каруца и пр.*; **along, down, past**); **3.** блъскам, лашкам (**about, over**); **II.** *n* **1.** тропот, трясък, шум, грохот; **2.** шум, тракане на гърмяща змия; **3.** дрънкалка (*на дете*); звънец.

rattle[2] *v мор.* слагам напречни парчета от въже на въжена стълба.

rattan [rə'tæn] *n* **1.** вид виеща се палма; **2.** бастун, направен от такава палма.

rat-tat ['ræt'tæt] *n* чукане, тракане, тропане.

ratter ['rætə] *n* **1.** ловец на плъхове; куче, обучено за лов на плъхове; **2.** *ам. sl* изменник, дезертьор, страхливец.

rattish ['rætiʃ] *adj* като плъх, плъхов.

raucous ['rɔ:kəs] *adj* хриплив, дрезгав, продран; груб; ◇ *adv* **raucously**.

ravage ['rævidʒ] **I.** *v* **1.** опустошавам, разорявам; грабя, ограбвам; плячкосвам, разграбвам; **2.** разваллям, повреждам, изхабявам (*за болест и пр.*); **a face ~ed by grief** лице, смазано (покрусено) от скръб; **II.** *n* опустошение, разорение, разрушение.

rave[1] [reiv] **I.** *v* **1.** бълнувам, говоря несвързано; **to be ~ing mad** напълно съм полудял; **2.** беснея, вилнея, бушувам (*за буря, море и пр.*); **3.** *разг.* говоря екзалтирано, запалено, с ентусиазъм (**about, of**); **II.** *n* **1.** *рядко* вой, рев, шум (*на буря и пр.*); **2.** *разг.* ентусиазирана критика (*на пиеса, филм*), превъзнасяне, възторгване; **3.** блясък, светлина.

rave[2] *n* допълнителна по-висока ритла (*на каруца*).

ravel ['rævəl] **I.** *v* **1.** разплитам (се), разнищвам (се) (*и* **out**); *прен.* изяснявам (се) (**out**); **2.** обърквам (се), оплитам (се), заплитам (се), омотавам (се) (*и прен.*); **II.** *n* **1.** усложнение, объркване, бъркотия, заплетен възел; **2.** разплетена нишка.

raven[1] [reivn] **I.** *n* гарван *Corvus corax*; **II.** *adj* гарванов (*за цвят*).

raven[2] [rævn] **I.** *v* **1.** търся (дребна) плячка (**for, after**); **2.** грабя, плячкосвам, опустошавам; разкъсвам; **3.** ям, поглъщам лакомо; имам вълчи апетит; лакомя се; **II.** *n* **1.** грабеж, опустошение; **2.** плячка.

raw [rɔ:] **I.** *adj* **1.** суров, несварен, недосварен, неопечен; недопечен; **2.** суров, необработен; необогатен; **~ materials** суровини; **3.** груб, неизмайсторен, недоизкусурен; **II.** *n* **1.** рана, ожулено място; • **in the ~** 1) необработен; 2) неподправен, естествен; 3) гол; **2.** нерафинирана захар; сурова кожа; **III.** *v* **1.** *рядко* ожулвам, изранявам; **2.** одирам (*кожа*).

ray[1] [rei] **I.** *n* **1.** лъч (*и прен.*); **2.** проблясък; **3.** *поет.* светлина, сияние; **II.** *v* **1.** излъчвам, сияя (**off, out, forth**); осветявам; **2.** облъчвам (*и мед.*); **3.** *разг.* правя рентгенова снимка.

ray₂ *n зоол.* скат (*риба*) *Hypotremata.*

rayon ['reiən] *n* изкуствена коприна.

raze [reiz] *v* **1.** сривам, изравнявам със земята, срутвам до основи, събарям, рутя (**to**); **2.** изтривам, изличавам (*обикн. прен.*); **3.** *рядко* жуля, изстъргвам.

razor ['reizə] **I.** *n* бръснач; самобръсначка (*и* **safety-~**); **II.** *v* бръсна.

razzmatazz ['ræzmə'tæz] *n* пищност, показност, шумотевица.

reach₁ [ri:tʃ] *v* **1.** протягам (се), простирам (се) (*и с* **out, for**); **2.** стигам, достигам, пипвам, докосвам; **to ~ down o.'s hat** свалям си шапката (*от закачалка и пр.*); **3.** подавам, давам, предавам.

reach₂ [ri:tʃ] *v* повдига ми се, повръща ми се, гади ми се.

react [ri:'ækt] *v* **1.** реагирам (**to**); **2.** *хим.* предизвиквам реакция (**upon**); **3.** въздействам (**on, upon**); повлиявам се, променям се.

reaction [ri'ækʃən] *n* **1.** реакция (*и хим.*); реагиране; откликване; **2.** *пол.* реакция; **3.** противодействие.

reactionary [ri'ækʃənəri] *полит.* **I.** *adj* реакционен; **II.** *n* реакционер.

reactive [ri'æktiv] *adj* **1.** реагиращ; **2.** обратен; противодействащ; **3.** реактивен.

read [ri:d] *v* (**read** [red]) **1.** чета, прочитам; **to ~ aloud (out, out loud, off)** чета на глас; **2.** чете се; **3.** гадая, разгадавам; тълкувам, обяснявам (*и сънища*); разчитам.

reader ['ri:də] *n* **1.** читател; **a great ~** човек, който обича да чете много; **2.** читанка; христоматия; **3.** рецитатор.

reading ['ri:diŋ] **I.** *n* **1.** четене; **2.** четиво; **a novel that makes a good ~** роман, който е интересен за четене; **3.** рецитал; рецитиране; **II.** *adj* ученолюбив; който чете много.

ready ['redi] **I.** *adj* **1.** готов, приготвен; нагласен, натъкмен; **are you ~?** *сп.* готови? **2.** готов, подръчен, на разположение; **the readiest means of escape** наличните средства за бягство; **3.** наклонен, склонен (**to**); съгласен, разположен, отзивчив (**to**); **II.** *n* **1.** *sl*: **the ~s** готови (налични) пари; **2.** *воен.* положение на оръжие за стрелба; **III.** *adv главно в съчет. с pl*: **~-built houses** готови къщи; **IV.** *v* **1.** приготвям; **2.** *sl* плащам в брой (**up**); **3.** : **~ up** *sl* уреждам предварително, нагласям.

ready-made ['redi'meid] *adj* **1.** готов (*за дреха*), конфекция; **2.** приготвен за бърза консумация; **3.** неоригинален, копиран, взет наготово (*за идея и пр.*), банален, шаблонен.

real₁ [riəl] **I.** *adj* **1.** истински, действителен, реален; **in ~ life** в живота; **2.** истински, автентичен, същински; **3.** искрен, верен; • **that is the ~ thing (the ~ Simon Pure)** това е първо качество; **II.** *n* (**the ~**) действителността, реалността; **III.** *adv ам., разг.* **really**; **I am ~ pleased to meet you** искрено се радвам, че Ви срещнах.

real₂ ['ri:əl] *n ист.* реал, испанска сребърна монета.

realism ['riəlizəm] *n* реализъм.

reality [ri'æliti] *n* **1.** действителност, реалност; нещо действително; **in ~** действително, в действителност, всъщност, наистина; **2.** истинност; реализъм; **3.** същност, същина.

realize ['riəlaiz] *v* **1.** съзнавам, осъзнавам; разбирам, схващам; долавям, усещам; **2.** осъществявам, реализирам, достигам, постигам; **3.** представям си.

really ['riəli] *adv* **1.** действително, наистина, фактически, всъщност;

a ~ devout man истински вярващ човек; **2.** нима! хайде де!

realm [relm] *n* **1.** област, сфера; **2.** царство, страна; **the ~ of dreams (fancy)** царството на мечтите (идеите); **the ~ of Nature** царството на природата; **not beyond the ~ of possibility** в границите на възможното.

ream₁ [ri:m] *n* **1.** топ хартия; стандартен топ от 480 листа; **printer's (long) ~** топ от 516 листа; **2.** *разг.* голямо количество; **to write ~s and ~s of poetry** пиша (трупам) купища стихове.

ream₂ *v* **1.** разширявам дупка в метал; **2.** райберовам, развъртам; **3.** изцеждам сока на плод.

reap [ri:p] *v* жъна, пожънвам (*и прен.*); събирам; прибирам реколта; **to ~ where one has not sown** прибирам плодовете на чужд труд.

rear₁ [riə] *v* **1.** вдигам (се), издигам (се), повдигам (се), извисявам (се); **to ~ a monument to** издигам паметник на; **2.** построявам; **3.** изправям се на задните си крака (*за кон*; **up**).

rear₂ *n* **1.** гръб, тил; **to bring up the ~ (to follow in the ~)** завършвам шествие, вървя в последните редици; **2.** задна част; **3.** *разг.* задник.

rear-end ['riərend] *v* блъскам се в предходния автомобил.

rearer ['riərə] *n* **1.** инкубатор; **2.** упорит кон.

reason ['ri:zən] **I.** *n* **1.** разум, разсъдък; здрав разум; **to refuse to listen (to hear) ~** не желая да се вслушвам в здравия разум (в разумни съвети, да бъда убеден); **2.** причина, основание, довод, аргумент; **II.** *v* **1.** разсъждавам, мисля, обмислям; заключавам; доказвам; аргументирам; **a ~ed statement** добре аргументирано твърдение (изложение); **2.** обсъждам, разисквам (**over**); **3.** увещавам, убеждавам (**with**).

reasonable ['ri:zənəbl] *adj* **1.** (благо)разумен; логичен; **~ choice** удачен, подходящ избор; **2.** приемлив; поносим, търпим, сносен; **3.** умерен.

reassert [ˌri:ə'sə:t] *v* **1.** заявявам отново; **2.** затвърждавам (се).

reassess [ˌri:ə'ses] *v* преоценявам, преосмислям.

reassurance [riə'ʃuərəns] *n* **1.** уверение, увещание; убеждаване, успокояване; **2.** увереност, успокоение; **3.** преосигуряване.

rebate I. ['ri:beit] *n* намаляване, отбиване, отстъпка, рабат; **a ~ for prompt payment** отстъпка при плащане в брой; **II.** [ri'beit] *v* **1.** намалявам, отбивам, правя отстъпка (*от цена*); **2.** изтъпявам, изхабявам.

rebel [rebl] **I.** *n* **1.** бунтовник, бунтар, въстаник; **2.** непокорник, размирник; **3.** *attr* бунтовнически, въстанически; **II.** *v* **1.** бунтувам се, въставам (**against**); **2.** противопоставям се, опонирам, негодувам (*и с* **against**).

rebuff [ri'bʌf] **I.** *n* **1.** неочакван отказ, срязване; **2.** неочакван неуспех (провал); **II.** *v* отблъсквам, отхвърлям, отказвам, срязвам.

rebuke [ri'bju:k] **I.** *v* мъмря, смъмрям, гълча, сгълчавам, порицавам; **II.** *n* мъмрене, порицание, укор.

rebus ['ri:bəs] *n* ребус.

rebut [ri'bʌt] *v* (**-tt-**) **1.** отхвърлям, опровергавам, отричам (*обвинение*); **2.** *юрид.* оборвам (*с доказателство*).

recall [ri'kɔ:l] **I.** *v* **1.** припомням (си), спомням (си); **2.** повиквам обратно; възвръщам, връщам; отзовавам (*дипломат и пр.*); **3.** отменям, анулирам; **to ~ o.'s words** оттеглям си думите; **II.** *n* **1.** припомняне, спомняне, напомняне; **2.** връщане; **beyond (past) ~** невъзвратим; забравен; **3.** отзоваване (*на дипломат и пр.*).

recant [ri'kænt] *v* отричам (се), отмятам се, отказвам се от; оттеглям (*изявление, декларация*); **to ~ o.'s vows** отричам се от изречени обещания.

recapitulate [,ri:kə'pitjuleit] *v* повтарям накратко; резюмирам; сумирам.

recast ['ri:'ka:st] **I.** *v* (**recast**) **1.** изливам отново, придавам друга форма на; **2.** поправям, преработвам (*книга, план и пр.*); **3.** пренареждам; **II.** *n* **1.** преработване, придаване на нова форма; преработена форма; **2.** нов (подобрен) вид.

recede[1] [ri'si:d] *v* **1.** оттеглям се, отдалечавам се, отдръпвам се (*и за море*); **to ~ into the background** *прен.* губя влияние, важност; заемам по-нисък пост; ставам маловажен (*за въпрос, интерес и пр.*); **2.** оттеглям се, измъквам се (**from**); **3.** губя се, чезна, ставам неясен; избледнявам (*в паметта*).

recede[2] ['ri:'si:d] *v* възвръщам.

receipt [ri'si:t] **I.** *n* **1.** разписка; квитанция; **~ stamp** гербова марка на квитанция; **2.** *обикн. pl* постъпления, печалби, приходи; **3.** получаване, приемане; **II.** *v* давам разписка за.

receive [ri'si:v] *v* **1.** получавам; **to ~ sympathy from** намирам (срещам) съчувствие у; **2.** приемам; **3.** приемам, давам прием; срещам, посрещам.

received [ri'si:vd] *adj* приет, общоприет, общопризнат; възприет.

receiver [ri'si:və] *n* **1.** приемник; радио- или тв приемник; телефонна слушалка; **2.** *юрид.* съдия-изпълнител; **3.** получател; приемател.

recent ['ri:sənt] *adj* неотдавнашен, скорошен, последен; нов, съвременен.

recently ['ri:səntli] *adv* напоследък, неотдавна, скоро, наскоро.

receptacle [ri'septəkəl] *n* **1.** съд; вместилище, влагалище; **2.** кутия, чекмедже; чанта, торба; **3.** *бот.* чашка.

reception [ri'sepʃən] *n* **1.** приемане, рецепция, възприемане, получаване; **~ of evidence** *юрид.* допускане на доказателства (свидетелски показания); **2.** приемане, включване; **3.** прием; приемане, посрещане.

recess [ri'ses] **I.** *n* **1.** оттегляне, отдръпване (*и на вода*); прекъсване на работа, занятия (*обикн. на парламент*); **2.** *ам.* университетска (ученическа) ваканция; ваканция на съд; междучасие; **3.** глухо (уединено) място; *pl* недра, пазви, лоно; **the secret ~es of the heart** дълбините на сърцето; **II.** *v* **1.** бивам временно прекратен (преустановен) (*за процедура, дебати и пр.*); **2.** правя длъбнатина, издълбавам; **3.** правя ниша в.

recipe ['resipi] *n* рецепта (*готварска и медицинска*).

recipience, -cy [ri'sipiəns(i)] *n* **1.** приемане, получаване; **2.** възприемчивост.

reciprocal [ri'siprəkəl] **I.** *adj* **1.** взаимен; **2.** обратен, съответен, реципрочен; ◇ *adv* **reciprocally**; **3.** *ез.* взаимен, реципрочен (*за мест.*); **II.** *n* *мат.* реципрочна (обратна) стойност.

recital [ri'saitl] *n* **1.** декламиране; декламация, рецитация; **2.** рецитал, концерт; **3.** разказване; разказ, история.

recite [ri'sait] *v* **1.** декламирам, рецитирам; **2.** разказвам, разправям; разказвам урок (*в клас*); **3.** изреждам, изброявам.

reckless ['reklis] *adj* безразсъден,

неразумен, дързък; необмислен; ~ **of danger** без страх пред опасността; ◇ *adv* **recklessly**.

reckon ['rekən] *v* **1.** смятам, пресмятам; изчислявам; **to ~ without o.'s host** правя си сметката без кръчмаря; **2.** броя, преброявам; **3.** смятам, приемам, считам за.

reclaim [,ri:'kleim] **I.** *v* **1.** изисквам, получавам обратно; **2.** правя рекламация; **3.** разработвам (*целина, блатисто място*); **II.** *n* **1. it is beyond (past) ~** непоправимо е; свършено, изгубено е; **2.** регенериран каучук.

recline [ri'klain] *v* **1.** облягам (се), накланям (се), опирам (се), подпирам (се) (**on, upon, against**); **2.** *прен.* облягам се, надявам се, осланям се, уповавам се, разчитам.

reclothe ['ri:'klouθ] *v* обличам (покривам) отново; преобличам.

reclusion [ri'klu:ʒən] *n* уединение, откъснатост; отшелничество, саможивост.

reclusive [rik'lu:ziv] *adj* саможив, затворен в себе си.

recognition [,rekəg'niʃən] *v* **1.** познаване, разпознаване; **beyond (out of all) ~** неузнаваем, променен до неузнаваемост; **2.** признаване; приемане; **3.** изразено внимание (*за услуга, добра работа*).

recognize ['rekəgnaiz] *n* **1.** познавам, разпознавам; **2.** признавам, приемам; **to ~ a nation** признавам нация; **3.** награждавам, възнаграждавам за.

recoil [ri'kɔil] **I.** *v* **1.** отдръпвам се, отстъпвам; **2.** отскачам, отхвърквам; ритам (*за оръжие*); **3.** ужасявам се, отвращавам се (**from**); **II.** *n* **1.** отскачане; отдръпване; ритане (*на оръжие*); **2.** свиване, ужас, отвращение от нещо.

recollect [,rekə'lekt] *v* **1.** спомням си, припомням си; **2.** събирам отново; **3.** *refl* идвам на себе си, успокоявам се.

recommend [,rekə'mend] *v* **1.** препоръчвам; давам препоръка; представям (*за награда*); **2.** поверявам; предавам на грижите на; **3.** съветвам.

recommendation [,rekəmen'deiʃən] *n* **1.** препоръчване, препоръка; **to speak in ~ of** препоръчвам; **2.** лични качества, които изтъкват някого.

recompense ['rekəmpens] **I.** *v* отплащам, компенсирам, обезщетявам, възмездявам, възнаграждавам; **II.** *n* компенсация; обезщетение; възнаграждение, отплата; **to make ~ for** обезщетявам; възнаграждавам.

reconcile ['rekənsail] *v* **1.** помирявам, сдобрявам, спогодявам (**with, to**); **2.** примирявам, съгласувам; изглаждам; **to ~ oneself to** помирявам се, примирявам се (*с положение, съдба и пр.*).

recondite [ri'kɔndait] *adj* **1.** таен, скрит; **2.** неясен, отвлечен; **3.** неразбираем.

recondition ['ri:kən'diʃən] *v* поправям, ремонтирам; възстановявам, възобновявам (*и прен. за сили, здраве*).

reconfirm [,ri:kən'fə:m] *v* потвърждавам.

reconnaissance [ri'kɔnisəns] *n воен.* **1.** разузнаване; **~ in force** разузнавателна акция на военна част; **2.** разузнавателен отряд; **3.** проучване, предварително изследване.

reconquer [,ri:'kɔnkə:] *v* завладявам отново, възвръщам си загубена територия.

reconsider [ri:kən'sidə] *v* преразглеждам, претеглям, преценявам отново.

reconstruct ['ri:kəns'trʌkt] *v* преустройвам, реконструирам; построявам отново, пресъздавам.

reconstruction ['ri:kəns'trʌkʃən] *n* **1.** преустройване, преустройство, реконструкция; **2.** възстановяване, повторно разиграване (*на престъпление*); **3. (R.)** *ам., ист.* периодът между края на Гражданската война и оттеглянето на федералните войски от южните щати.

record ['rekɔ:d] **I.** *n* **1.** запис; записване; **2.** летопис; документ; извор; исторически паметник; **~s of the past** летописи; **3.** официален документ, писмен документ; отбелязване, регистриране; **II.** *v* **1.** записвам, отбелязвам, вписвам, регистрирам; водя бележки, протоколирам; **the word is ~ed in** думата е засвидетелствана в; **2.** пиша, описвам, разказвам; **3.** правя запис, записвам (*за апарат*).

recorder [ri'kɔ:də] *n* **1.** магнетофон; звукозаписващ апарат; **2.** главен съдия (*на град*); **3.** самопишещ апарат.

recording [ri'kɔ:diŋ] **I.** *adj* записващ (*за уред*); **~ official** чиновник по преброяването; преброител; **II.** *n* записване; звукозапис, магнетофонен запис.

recount, [ri'kaunt] *v* разказвам, разправям, излагам, представям.

recount, ['ri'kaunt] **I.** *v* преброявам повторно (*гласове*); **II.** *n* повторно преброяване (*на гласове*).

recover [ri'kʌvə] **I.** *v* **1.** възстановявам, възвръщам (си), получавам обратно (*и територия*); **to ~ s.o.** свестявам някого, помагам му да се съвземе; **2.** съвземам се, оздравявам, оправям се (**from**); успокоявам се; **3.** наваксвам, набавям; **II.** *n* хващане на сабя (шпага) в отбранително положение; връщане на гребло (*при гребане*) в първоначално положение.

re-cover ['ri:'kʌvə] *v* препокривам, покривам отново, слагам нова покривка, ново покривало на.

recovery [ri'kʌvəri] *n* **1.** възстановяване, възвръщане, получаване обратно; **2.** възстановителен период; **3.** оздравяване, съвземане (**from**); **to make a quick ~** бързо се възстановявам, оздравявам.

re-create ['ri:'krieit] *v* пресъздавам, претворявам; възпроизвеждам, репродуцирам.

re-creation ['ri:kri'eiʃən] *n* пресъздаване, претворяване, възпроизвеждане.

recreation [,rekri'eiʃən] *n* **1.** освежаване, ободряване; отмора, почивка; **to walk for ~** вървя, за да се освежа; **2.** развлечение; забавление; игра; **3.** голямо междучасие.

recruit [ri'kru:t] **I.** *n* **1.** новобранец; **2.** нов член на партия, организация и пр. (*особ.* **a new ~**); **II.** *v* **1.** набирам, рекрутирам, вербувам (*войници, членове, привърженици*); **~ing sergeant** сержант, който вербува войници; **2.** подсилвам, засилвам (се) с нови хора (*армия, партия и пр.*); увеличавам броя си; **3.** възстановявам (*запас и пр.*); възстановявам (*сили, здраве*), засилвам се.

rectangle ['rektæŋgl] *n* правоъгълник.

rectangular [rek'tæŋgjulə] *adj* правоъгълен; **~ axes** *мат.* координатни оси.

rectify ['rektifai] *v* **1.** поправям, изправям, коригирам (*и граница*); **to ~ abuses (complaints)** оправям нередности (удовлетворявам оплаквания); **2.** *хим.* пречиствам, ректифицирам, редестилирам; **3.** *ел.* изправям променлив ток.

rectitude ['rektitju:d] *n* **1.** честност, коректност, висока нравственост;

2. правота, правилност, справедливост.

rector ['rektə] *n* **1.** ректор; **2.** *ист.* енорийски пастор (*който получава десятък*).

recumbent [ri'kʌmbənt] *adj* **1.** легнал, лежащ; полегнал; облегнат; **2.** бездействен, отпуснат.

recuperate [ri'kju:pəreit] *v* **1.** възстановявам (*сили, здраве, пари*), съвземам се, оправям се, оздравявам; **to ~ s.o.** излекувам някого; **2.** *тех.* възобновявам, регенерирам.

recur [ri'kə:] **I.** *v* **1.** връщам се към (**to**), повтарям; **to ~ to memories** отдавам се на спомени; **2.** изниквам отново (*за въпрос*); случвам се пак; **II.** *n мат.* периодична безкрайна десетична дроб.

recycle [ri:'saikəl] **I.** *n тех.* **1.** рециклиране; **2.** рециклиран продукт; **II.** *v* рециклирам; използвам отново.

red [red] **I.** *adj* **1.** червен; **2.** румен, поруменял, заруменял, зачервен, почервенял; **to become ~ in the face** изчервявам се, пламвам, почервенявам; **3.** комунистически; съветски; болшевишки; • **~ as a beet(root)** червен като домат; **II.** *n* **1.** червено, червен цвят; червена боя; **2.** *счет.*: **the ~** червено мастило за отбелязване на дефицит; *прен.* загуба, дефицит; **3.** (**R.**) комунист.

redaction [ri'dækʃən] *n* **1.** редактиране, редакция; **2.** ново, преработено (редактирано) издание; редакция.

redeem [ri'di:m] *v* **1.** откуп(у)вам (*заложена вещ и пр.*); изкупувам; **2.** възвръщам; спасявам, избавям (*страна, име и пр.*); **3.** поправям (*грешка и пр.*).

red lamp ['red'læmp] *n* **1.** сигнална червена лампа пред аптека, болница и пр.; **2.** *жп* червена светлина; **3.** *sl* бордей, "червен фенер", публичен дом.

red pepper ['red'pepə] *n* червен пипер.

redraw [,ri:'drɔ:] *v* **1.** преразпределям, преначертавам (*граници на страни*); **2.** преработвам, променям (*план и пр.*).

redress [ri'dres] **I.** *v* **1.** поправям, компенсирам; **to ~ abuses (social evils)** поправям нередности (обезщетявам за социални неуредици); **to ~ a wrong** поправям неправда; **2.** нагласям, възстановявам; **to ~ the balance of** възстановявам равновесието на; **II.** *n* поправяне, коригиране, компенсиране; удовлетворение; обезщетение; компенсация.

reduce [ri'dju:s] *v* **1.** намалявам, понижавам; снижавам; ограничавам; **at ~ed prices** на намалени цени; **2.** понижавам, деградирам; **3.** накарвам да, докарвам (довеждам) до; принуждавам.

reduction [ri'dʌkʃən] *n* **1.** намаление, отстъпка; намаление (*на цени*); съкращение, редуциране; **~ of arms (armaments)** съкращаване на въоръжените сили; **2.** докарване, свеждане до; подчиняване; **3.** понижаване.

redye [,ri'dai] *v* **1.** пребоядисвам, покривам наново с боя; **2.** поставям покривен лак.

reed [ri:d] **I.** *n* **1.** тръстика, тръстиково стъбло; *pl* тръстика или слама за покрив; **2.** *поет.* овчарска свирка от тръстика; *прен.* пасторална поезия; **3.** *поет.* стрела; • **to lean on (trust) a broken ~** възлагам надежди на несигурен човек, на нещо нетрайно; **II.** *v* **1.** покривам (*къща*) с тръстика; **2.** украсявам с корниз; **3.** поставям платик на (*инструмент*).

reef [ri:f] **I.** *n* **1.** риф, верига от подводни скали; **2.** *мин.* жила (пласт); **II.** *v* разработвам рудна жила.

reel$_1$ [ri:l] **I.** *n* макара, масур, ролка; *тех.* макара, бобина, шпула; мотовило; барабан; бурат; скрипец; *кино* част, ролка (*на филм*); *ел.* бобина, макара; • **off the ~** без спиране (прекъсване), безспирно; **II.** *v* **1.** навивам на макара, намотавам; **2.** : **to ~ in, to ~ up** навивам връвта на въдица; **3.** : **to ~ off** развивам, размотавам; *прен.* казвам (прочитам) бързо (на един дъх) (*стихове, списък и пр.*), изпявам, избърборвам, изломотвам.

reel$_2$ **I.** *v* **1.** залитам, политам; клатя се, клатушкам се; люлея се, олюлявам се, полюлявам се, залюлявам се; люшкам се, полюшквам се; **the state was ~ing to its foundations** държавата беше разтърсена из основи (беше готова да рухне); **2.** въртя се, завъртам се; замаян съм; **3.** : **to ~ out** излизам, залитайки; **II.** *n* **1.** залитане, политане; люшкане, олюляване; **2.** *прен.* вихър, вихрушка.

reel$_3$ **I.** *n* рил, бърз шотландски танц; **foursome (eightsome) ~** такъв танц, игран от две (четири) двойки; **II.** *v* танцувам рил.

refashion ['ri:'fæʃən] *v* префасонирам; придавам нова форма (вид и пр.) на.

refection [ri'fekʃən] *n* **1.** лека закуска, похапване; **2.** подкрепяване (възстановяване) на силите (*с храна или питие*).

refer [ri'fə:] *v* (**-rr-**) **1.** отпращам, насочвам (**to** към); **the reader is ~red to** читателят може да се справи с; **2.** отнасям, причислявам (**to** към); **3.** приписвам, отдавам, обяснявам (**to** на, с).

referee [,refə'ri:] **I.** *n* **1.** рефер, съдия; арбитър; **2.** препоръчител; **II.** *v* **1.** рефер съм, изпълнявам роля (длъжност) на рефер, реферирам; **2.** правя характеристика на; рецензирам.

reference ['refərəns] **I.** *n* **1.** отнасяне (*на въпрос за решение и пр.*); справяне; **2.** компетенция, компетентност; пълномощия; **terms of ~** компетенция, мандат; **3.** приписване, отдаване, обяснение (*на нещо с някаква причина*); **II.** *v* **1.** снабдявам (*текст*) с отпратки (забележки, указания); **2.** правя справка; **3.** позовавам се на.

referendum [,refə'rendəm] *n* референдум, допитване до народа.

refine [ri'fain] *v* **1.** пречиствам (се), рафинирам (се) (*за метал, захар и пр.*); облагородявам, повишавам качеството на; **2.** правя по-изтънчен (изискан); ставам по-изтънчен (изискан); придавам повече изящество (финес); усъвършенствам (**on, upon**); **3.** впускам се в тънкости, изпадам в подробности (**on, upon**).

refit ['ri:'fit] **I.** *v* **1.** ремонтирам, поправям; снабдявам с нови приспособления (запаси, машини и пр.); **2.** в ремонт съм; бивам снабден с нови приспособления и пр.; **II.** *n* ремонт, ремонтиране, поправка; снабдяване с нови приспособления и пр.

reflect [ri'flekt] *v* **1.** отразявам, рефлектирам (*светлина, звук и пр., и прен.*); **to be ~ed** отразявам се; **2.** *прен.* отразявам се (**on** върху); **3.** мисля, размишлявам, разсъждавам (**on**).

reform$_1$ [ri'fɔ:m] **I.** *v* **1.** реформирам (се), преобразявам (се), обновявам (се); **2.** поправям (се) (*за човек*); **II.** *n* **1.** реформа, преобразуване; обновление; **2.** подобрение, поправяне, реформиране.

reform$_2$ ['ri:'fɔ:m] *v* реформирам (*особ. войски*).

refractional [ri'frækʃənəl] *adj* на (свързан с) пречупване (*на лъчи*); пречупващ.

refractoriness [ri'fræktərinis] *n* **1.** непокорство, непослушание; упорство, упоритост; непреклонност, инат; **2.** *мед.* упоритост, трудност да се излекува; **3.** *тех.* мъчнотопимост; огнеупорност.

refrain₁ [ri'frein] *n* рефрен, напев, припев.

refrain₂ *v* въздържам (се), сдържам (се) (**from** *с ger*); *остар.* обуздавам.

refresh [ri'freʃ] *v* **1.** освежавам, опреснявам, ободрявам; подкрепям; **to ~ s.o.'s memory** припомням някому; **2.** *разг., и refl* хапвам, пийвам; **3.** снабдявам (се) отново с провизии, попълвам си запасите (*за кораб и пр.*); подклаждам (*огън с гориво*).

refreshment [ri'freʃmənt] *n* **1.** освежаване, ободряване; опресняване; отпочиване, почивка; **2.** нещо за ядене или пиене; закуска; **~-room** бюфет (*на гара и пр.*); **3.** еластична деформация.

refrigerator [ri'fridʒəreitə] *n* хладилник; **~ car** хладилен вагон.

refuel ['ri:fjuəl] *v* снабдявам (се) отново с гориво (топливо); презареждам.

refuge ['refjudʒ] **I.** *n* **1.** подслон, убежище; **house of ~** приют за бездомници; **2.** прибежище; убежище, спасение; **3.** "остров" (*за пресичане на улица*); **II.** *v остар.* давам подслон (убежище) на, подслонявам (се), намирам подслон (убежище).

refugee [,refju'dʒi:] *n* бежанец, бежанка.

refusal [ri'fju:zl] *n* **1.** отказ; **to take no ~** не приемам (никакъв) отказ; **2.** право на избор.

refuse₁ [ri'fju:z] *v* **1.** отказвам; отхвърлям; отблъсквам; **to ~ a suitor** отказвам на кандидат за женитба; **2.** *карти* не следвам боя; **3.** не поемам боя (*за плат*).

refuse₂ ['refju:s] **I.** *n* отпадъци, останки, боклуци, остатъци; смет; **II.** *adj* отпадъчен.

re-fuse ['ri:'fju:z] *v* претопявам.

refute [ri'fju:t] *v* опровергавам.

regain [ri'gein] **I.** *v* **1.** (въз)връщам си; спечелвам отново (*любовта, доверието на някого*); **to ~ consciousness** свестявам се, идвам в съзнание; **2.** връщам се в, стигам пак в (до), достигам пак до; **II.** *n* хигроскопична влага, остатъчна влага.

regal₁ ['ri:gəl] *adj* **1.** царски, кралски; **2.** царствен, величествен, великолепен; ◇ *adv* **regally**.

regal₂ *n муз.* регал, малък преносим орган.

regale [ri'geil] **I.** *v* **1.** (у)гощавам (**with**); **2.** възхищавам, доставям наслада, наслаждавам; **3.** *рядко* угощавам се; наслаждавам се (**on, upon**); **II.** *n ост.* **1.** угощение, пиршество; **2.** подбрано (хубаво) ядене; добър вкус.

regard [ri'ga:d] **I.** *v* **1.** считам, смятам, намирам; **to ~ a matter as settled** считам въпрос за уреден; **2.** разглеждам (*въпрос*); **3.** гледам, наблюдавам; **II.** *n* **1.** зачитане, внимание; грижа (**to, for**); **2.** уважение, почит; **to hold s.o. in high (low) ~** високо уважавам някого, не уважавам някого; **3.** отношение, връзка.

regarding [ri'ga:diŋ] *prep* относно.

regatta [ri'gætə] *n* регата.

regency ['ri:dʒənsi] *n* **1.** регентство; **the R.** периодът на регентството на Уелския принц Джордж в началото на XIX в.; **2.** стил във вътрешната архитектура и обзавеждането във Франция (*началото на XVIII в.*) и Англия (*началото на XIX в.*).

regenerate [ri'dʒenəreit] **I.** *v* **1.** *биол.* възстановявам (се), регенерирам; **2.** прераждам се; възраждам (се) духовно; **3.** съживявам, възраждам; обновявам, възстановявам; **II.** *adj* прероден; духовно възроден; съживен, възстановен, обновен.

regime [rei'ʒi:m] *n* **1.** режим; строй; **to be put on a strict ~** поставен съм (определен ми е) строг режим; **2.** *мед.* режим, диета.

regiment ['redʒimənt] **I.** *n* **1.** полк; (*в Англия и*) батальон, дружина; **2.** маса, множество; рояк; **3.** *остар.* управление; **II.** *v* **1.** организирам, групирам; командвам; **2.** *остар.* формирам в полк(ове).

region ['ri:dʒən] *n* **1.** регион, област, край; страна; окръг; район; околия; **the ~s** провинцията; **2.** слой, пласт (*на атмосфера, море*); зона; сфера; пояс.

regional ['ri:dʒənəl] *adj* областен, местен; районен; ◇ *adv* **regionally**.

register ['redʒistə] **I.** *n* **1.** регистър, дневник; указател; опис; **ship's ~** удостоверение на кораб с данни за народността, персонала, обема и пр.; **2.** избирателен списък; **3.** *муз.* регистър; **II.** *v* **1.** записвам, вписвам, внасям, нанасям (*в списък, регистър*), реги-стрирам; **to ~ (oneself)** записвам се в избирателния списък; регистрирам се; **2.** изразявам (*с мимика*), маркирам; показвам, свидетелствам за; **3.** показвам, бележа, отчитам, маркирам, отбелязвам (*за уред*).

registration [,redʒis'treiʃən] *n* **1.** вписване, регистриране, записване; подаване (изпращане) препоръчано; **~ number** номер в списъка (*в университет и пр.*); регистрационен номер на автомобил; **2.** водене на списъци (регистри), регистрация; **3.** *печ.* точно съответствие на две отпечатани страници.

registry ['redʒistri] *n* **1.** регистратура; отдел за гражданско състояние (*в градски съвет*); **2.** подаване (изпращане) на препоръчано писмо (пратка); **~ fee** такса за препоръчано писмо (пратка); **3.** регистрация; нещо, вписано в регистър.

regorge ['ri:'gɔ:dʒ] *v* **1.** повръщам, избълвам; **2.** поглъщам (гълтвам) отново; **3.** изтичам назад (навън).

regret [ri'gret] **I.** *v* (**-tt-**) **1.** съжалявам за, скърбя за; **it is to be ~ted that** жалко че; трябва да съжаляваме, че; **2.** разкайвам се за; **II.** *n* **1.** съжаление, скръб; **2.** разкаяние, покаяние.

regretfully [ri'gretfuli] *adv* със съжаление (разкаяние), неохотно.

regular ['regjulə] **I.** *adj* **1.** правилен (*и ез., мат.*); симетричен; **2.** редовен; постоянен; регулярен; **to keep ~ hours** водя редовен живот; **3.** обичаен, приет; нормален; рутинен; **II.** *adv грубо* **1.** редовно, често, постоянно; **2.** истински, не на шега; **III.** *n* **1.** *рел., ист.* член на орден; **2.** редовен войник; офицер от редовната армия; *pl* редовна войска; **3.** *разг.* редовен клиент (посетител).

regulate ['regjuleit] *v* **1.** регулирам, урегулирам; сверявам (*часовник*); привеждам в порядък; слагам ред в; **2.** уреждам; приспособявам; направлявам; **she ~d her hours to fit in with his** тя нагоди разписанието си да съвпада с неговото.

regulation [,regju'leiʃən] *n* **1.** регулиране; регулация; **2.** правило, наредба, предписание; *pl воен.* устав; **contrary to (against) the ~s** в разрез с правилата; **3.** *attr* предписан; установен; по установен образец; *воен.* (уни)формен.

rehearsal [ri'hə:sl] *n* **1.** репетиция; **dress ~** генерална репетиция; **2.** повтаряне, повторение; изреждане; подробен разказ.

reign [rein] **I.** *v* **1.** царувам (**over**);

to ~ supreme имам пълна власт; **2.** царя, господствам; преобладавам; **II.** *n* **1.** царуване; **in (under) the ~ of** при царуването на; **2.** власт; силно влияние; • **the vegetable (animal) ~** растителното (животинското) царство (свят); **the R. of terror** *ист.* терорът по време на Френската буржоазна революция (1793 — 1794); *пол.* период на терор, анархия и кръвопролития.

rein [rein] **I.** *n* **1.** повод (*на кон и пр.*); *прен.* юзда; **to draw ~** дръпвам поводите (*на кон и пр.*), спирам (*кон и пр.*); *прен.* намалявам (съкращавам) разходите; отказвам се; **2.** *тех.* ръчка; **II.** *v* слагам поводи на; държа поводите на, направлявам; *прен.* обуздавам; **to ~ in** държа здраво поводите, задържам (*кон*).

reinforce [,ri:in'fɔ:s] **I.** *v* **1.** подсилвам (*войски и пр.*); засилвам; затвърдявам, заякчавам; подкрепям (*с факти*); **2.** армирам (*бетон*); **~d concrete** железобетон; **II.** *n* **1.** материал, който заякчава друг; **2.** *воен.* по-дебелата част на пушка до цевта.

reject [ri'dʒekt] **I.** *v* **1.** отхвърлям (*предложение, кандидат, законопроект, учение и пр.*); отказвам на (*кандидат*); **2.** (из)хвърлям, бракувам; **3.** отказвам да приема (*за организма*), повръщам; **II.** *n* нещо бракувано; отхвърлено; брак.

rejoice [ri'dʒɔis] *v* **1.** радвам (се), веселя (се); ликувам; **2.** : **to ~ in (at)** наслаждавам се (радвам се) на.

relate [ri'leit] *v* **1.** разказвам; **2.** свързвам, отнасям, обяснявам (**to** с, към); **3.** *обикн. pass* имам връзка, свързан съм; сроден съм, роднина съм (**to, with**); **to be ~d by marriage** сватове сме.

relation [ri'leiʃən] *n* **1.** разказ; изложение; *юрид.* донесение; **2.** роднина, сродник, родственик; **a ~ by marriage** сват; **3.** родство, роднинство.

relative ['relətiv] **I.** *adj* **1.** относителен, сравнителен; релативен; **~ humidity** относителна влажност; ◇ *adv* **relatively**; **2.** отнасящ се, свързан (**to**); **3.** *ез.* относителен; **II.** *n* **1.** роднина, сродник, родственик; **2.** *ез.* относително местоимение (наречие).

relax [ri'læks] *v* **1.** отпускам, отхлабвам, разхлабвам; **2.** намалявам (*усилия, напрежение, дисциплина*); **if the cold ~es** ако времето се поотпусне (постопли); **3.** отпускам се; отпочивам си; отморявам (се), релаксирам.

relaxation [,ri:læ'kseiʃən] *n* **1.** отпускане, отхлабване, намаляване; **2.** отмора, отдих; развлечение; релаксация; **3.** *юрид.* намаляване или отменяне на наказание.

relay₁ [ri'lei] **I.** *n* **1.** смяна (*на работници*); смяна (*коне*); **in (by) ~s** на смени; **2.** материали, определени за една смяна; **3.** *ел.* реле, превключвател; **II.** *v* **1.** сменям; осигурявам смяна; изпращам (получавам) на смени; **2.** *рад.* препредавам; **3.** контролирам с реле.

relay₂ ['ri:'lei] *v* (**re-laid** ['ri:'leid]) поставям (слагам) отново.

release [ri'li:s] **I.** *v* **1.** пускам (на свобода), освобождавам; избавям (**from**) (*от затвор, обещание, страдания и пр.*) **2.** пускам, хвърлям (*стрела, бомба, газове и пр.*); **3.** *воен.* уволнявам, демобилизирам; **II.** *n* **1.** пускане, хвърляне (*на бомба и пр.*); **2.** пускане на свобода, освобождение, избавление; **3.** *воен.* уволнение, демобилизация.

reliable [ri'laiəbl] *adj* сигурен, изпитан, надежден; благонадежден; здрав, издръжлив (*за кола и пр.*);

на който може да се разчита; ◇ *adv* **reliably** [ri'laiəbli].

relief$_1$ [ri'li:f] *n* **1.** облекчение, успокоение (**from**); **to my great ~** за мое успокоение (радост); **2.** помощ, подпомагане (*на бедни, на хора в опасност и пр.*); **3.** *воен.* подкрепления.

relief$_2$ *n* **1.** релеф; релефност; отчетливост, яснота; **high (low) ~** висок (нисък) релеф; **2.** *геогр.* релеф, характер на местност.

relieve$_1$ [ri'li:v] *v* **1.** облекчавам (*страдание и пр.*); освобождавам (*от болка, товар и пр.*); разтоварвам,(**from, of**); **to ~ nature (the bowels, oneself)** облекчавам се, ходя по нужда; **2.** подпомагам (бедни, бедстващи); **3.** отменям, сменям (*някого в работа, на пост*).

relieve$_2$ *v* изобразявам в релеф; откроявам се, изпъквам.

religion [ri'lidʒən] *n* **1.** религия, вяра; набожност; **to get ~** ставам набожен; **2.** монашество; **3.** *прен.* култ.

religious [ri'lidʒəs] **I.** *adj* **1.** религиозен, набожен, вярващ; **2.** монашески; **~ house** манастир, метох; **3.** благоговеен; строг, много добросъвестен; **II.** *n* монах, монахиня.

relish ['reliʃ] **I.** *n* **1.** вкус; аромат, миризма (**of**); **2.** подправка; мезе; сос; **hunger is the best ~** на гладния всичко се услажда; **3.** удоволствие, наслада; привлекателност; **II.** *v* **1.** ям с удоволствие (апетит); **2.** харесвам, привлича ме; наслаждавам се на; **not to ~ the prospect of** не ме привлича мисълта за; **3.** имам вкус (аромат) (**of** на) (*за питие, храна и пр.*).

reluctant [ri'lʌktənt] *adj* **1.** неохотен; **to be ~ to do somehting** нямам желание да направя нещо; **2.** упорит; с който трудно се борави; неподатлив на лечение.

rely [ri'lai] *v* разчитам, облягам се, осланям се (**on, upon** на); уверен съм, сигурен съм (**on, upon** в); **this is not to be relied on** на това не може да се разчита; **(you may) ~ upon it** можеш да бъдеш сигурен (уверен), бъди сигурен (уверен).

remain [ri'mein] **I.** *v* **1.** оставам; продължавам да съществувам; **nothing ~s for me but** нищо не ми остава освен; **2.** оставам, стоя (*в дадено положение*), продължавам да; **II.** *n обикн. pl* **1.** останки, остатъци, следи (**of**); **2.** развалини; **3.** тленни останки, прах.

remainder [ri'meində] **I.** *n* **1.** остатък (*и мат.*); останки, остатъци; остатък, ресто; останала част (*на живот и пр.*); останалите (*хора*); **2.** непродадени екземпляри от книга; **3.** *юрид.* право на наследяване; **II.** *v* разпродавам (*останали екземпляри от книга*) с намалени цени.

remake [ri:'meik] **I.** *v* **1.** правя отново; преправям; **2.** правя римейк (*на филм*); **II.** *n* римейк.

remark [ri'ma:k] **I.** *v* **1.** правя забележка, забелязвам; отбелязвам; коментирам (**on, upon**); **it may be ~ed that** може да се отбележи, че; **2.** забелязвам; усещам; **II.** *n* **1.** забележка; **to make (pass, let fall) a ~** забелязвам, правя забележка; **2.** забелязване, внимание.

remarkable [ri'ma:kəbl] *adj* забележителен, удивителен; необикновен, изключителен, чуден, странен; очебиен (**for**); **it is ~ that** чудно (странно), че; ◇ *adv* **remarkably**.

remedy ['remidi] **I.** *n* **1.** лек, лекарство (*и прен.*), средство, мярка (**for** за, против); **past (beyond) ~** непоправим, неизлечим; **2.** *юрид.* удовлетворение; изправяне на неправда; реституция; **3.** толеранс за разлика в теглото и чистотата на метала на еднакви монети; **II.** *v* **1.** поправям;

подобрявам; намирам средство против; 2. (из)лекувам.

remember [ri'membə] *v* **1.** спомням си (за), припомням си; **2.** помня, запомням; **this is s.th. to ~ me by** ето нещо, което ще ви накара да си спомняте за мен (с което ще ме запомните, което ще ви напомня за мен); **3.** не забравям, т. е. подарявам (завещавам) някому нещо; давам някому бакшиш; • **~ me to ...** поздравете ... от мен.

remind [ri'maind] *v* напомням (**of** за); **~ me to do it** напомни ми да го направя!

reminiscence [,remi'nisəns] *n* **1.** спомен, възпоменание; реминисценция; **2.** спомен (нещо, което напомня) (**of**); **3.** *pl лит.* спомени, мемоари.

remittance [ri'mitəns] *n* **1.** изпращане (превод) на пари; **2.** изпратена сума; издръжка; **~ man** емигрант, който живее от пари, които му изпращат близките.

remnant ['remnənt] *n* остатък, останка (*и прен.*); парче (*плат от края на топ, останал непродаден и пр.*); *прен.* следа; **~ sale** разпродажба на останали парчета плат.

remote [ri'mout] **I.** *adj* **1.** далечен, отдалечен; усамотен; уединен; **~ past (future)** далечно минало (бъдеще); **2.** малък, слаб, смътен; малко вероятен; **3.** *тех.* който действа от (на) разстояние; дистанционен; **II.** *v* разпространявам, разширявам (*обхвата на*); • **~ damages** непреки щети, косвени загуби.

remove [ri'mu:v] **I.** *v* **1.** прибирам; махам; премествам; изнасям; **to ~ o.'s eyes (glance)** отстранявам (премествам) си погледа; **2.** събличам, свалям, махам; **3.** вземам, прибирам; **II.** *n* **1.** *прен.* стъпка, крачка, (изминато) разстояние; **at a certain ~** на известно разстояние; **2.** степен (*на родство*); **3.** преминаване в по-горен клас.

renaissance [rə'neisəns] *n* **1.** възраждане; **the R.** Възраждането, Ренесансът; **2.** *attr* възрожденски, ренесансов.

render ['rendə] **I.** *v* **1.** отплащам се с; отдавам (*което трябва*); **to ~ good for evil** отплащам се на злото с добро; **2.** давам, представям (*сметка, отчет и пр.*); **3.** *остар., книж.* предавам (*крепост и пр.*); **II.** *n* **1.** мазилка (*на стена*); **2.** топена мас (масло); **3.** *остар.* плащане; наем; ангария.

renew [ri'nju:] *v* **1.** възстановявам (*здраве и пр.*); **2.** подмладявам; възраждам; обновявам; съживявам; **3.** подновявам; започвам отново (пак); повтарям; **to ~ an attack** нападам (атакувам) отново; пак нападам.

rent$_1$ [rent] **I.** *adj* скъсан, разкъсан, съдран; **II.** *n* **1.** дупка, скъсано (съдрано) място; **2.** цепнатина, пукнатина (*и на земната кора*); **3.** пролука (*между облаци*); процеп.

rent$_2$ **I.** *n* наем; рента; аренда; **for ~** *ам.* дава се под наем; **II.** *v* **1.** вземам (давам, държа) под наем; вземам (искам) наем; **2.** дава се под наем.

repair$_1$ [ri'peə] **I.** *v* **1.** поправям (*къща, дреха, път и пр.*); закърпвам, кърпя; ремонтирам; репарирам; **2.** изправям, поправям (*зло, неправда и пр.*); компенсирам (*загуба*); **3.** възстановявам (*сили и пр.*); **II.** *n* **1.** *често pl* поправка, ремонт; **to be under ~, to undergo ~s** в ремонт е; **2.** възстановяване (*на сили и пр.*); **3.** състояние.

repair$_2$ **I.** *v* **1.** отивам, отправям се; оттеглям се; стичам се; навестявам (**to**); **2.** прибягвам (**to s.o.** до някого) (*за помощ и пр.*); **II.** *n* *остар.* **1.** прибягване; **to have ~ to** прибягвам до; **2.** сборище.

repeat [ri'pi:t] **I.** *v* **1.** повтарям; **to ~ oneself** повтарям се, разказвам (пиша) все едни и същи неща; **2.** казвам наизуст, рецитирам, декламирам (*урок, стихове*); **3.** издавам (*какво са ми казали*); **II.** *n* **1.** *разг.* повторение; бис; номер на бис; **2.** *муз.* повторение; знак за повторение (*и* **~ mark**); **3.** десѐн, който се повтаря.

repetition [,repi'tiʃən] *n* **1.** повтаряне, повторение; **2.** копие, имитация; **~ work** серийно (масово) производство; **3.** научаване наизуст, наизустяване; нещо наизустено (което трябва да се наизусти).

replace [ri:'pleis] *v* **1.** поставям (слагам) пак (обратно) на мястото, връщам на мястото; **to ~ the receiver** слагам слушалка, затварям телефона; **2.** възстановявам, връщам (*пари, откраднати вещи, някого на поста му и пр.*); **3.** заменям, замествам.

replay ['ri:'plei] **I.** *v* повтарям, преигравам (*мач, изсвирено парче, сцена*); **II.** *n* преиграване; преигран мач; повторно пускане на запис.

replica ['replikə] *n* реплика, точно копие, репродукция.

reply [ri'plai] **I.** *v* **1.** отговарям, отвръщам (**to**); **to ~ for** отговарям от името на; **2.** *юрид.* възразявам, правя възражение; **II.** *n* отговор; **in ~ to** в отговор на.

report [ri'pɔ:t] **I.** *v* **1.** съобщавам, давам сведения (за); докладвам; разказвам; описвам; **it is ~ed that** съобщава се, че; носи се слух, че; говори се, че; **2.** препредавам, предавам (*чужди думи*); **3.** правя (пиша) репортаж (дописка) (за); **II.** *n* **1.** слух, мълва; **as ~ has it (goes)** както се говори; **2.** съобщение; доклад; отчет; отзив (**on**); дописка, репортаж; *pl* известия; **Parliamentary R.s** сборник от парламентарни дебати; **3.** *воен.* рапорт.

reporter [ri'pɔ:tə] *n* **1.** докладчик; **2.** репортер.

represent [,repri'zent] *v* **1.** представям; **to ~ to oneself** представям си, въобразявам си; **2.** представям, изобразявам, изображение съм на; означавам, символизирам; **3.** опитвам се да обясня, настоявам, посочвам, изтъквам, излагам, описвам (**to**).

representative [,repri'zentətiv] **I.** *adj* **1.** който представя (изобразява, олицетворява); репрезентативен; **to be ~ of** представям, изобразявам, олицетворявам; **2.** характерен, отличителен, типичен, показателен, представителен (**of**); **3.** *полит.* представителен; **II.** *n* **1.** представител, -ка, депутат, -ка; **House of R.s** Долната камара на Конгреса в САЩ; **2.** образец, мостра; олицетворение.

repress [ri'pres] *v* **1.** сдържам, възпирам, ограничавам, усмирявам, обуздавам, сподавям, заглушавам; **to ~ o.'s tears** сдържам сълзите си; **2.** потъпквам, потушавам, смазвам; **3.** потискам, угнетявам, ограничавам свободата, репресирам.

repression [ri'preʃən] *n* **1.** сдържане, възпиране, обуздаване, ограничаване, усмиряване, сподавяне, заглушаване; **2.** потъпкване, потушаване, смазване; **3.** потискане, угнетяване, ограничаване на свободата, репресиране, репресия.

reprint **I.** [ri:'print] *v* препечатвам, преиздавам; **II.** ['ri:print] *n* **1.** ново издание (*на книга*); **2.** отделен отпечатък.

reproach [ri'proutʃ] **I.** *v* упреквам, коря, укорявам, натяквам (на), порицавам, осъждам, обвинявам (**with**); **II.** *n* **1.** упрек, укор, натякване, порицание, осъждане, обвинение; **2.** срам, позор, позорно петно (**to**); **to be a ~ to** позор съм за.

reproduction [,ri:prə'dʌkʃən] *n* **1.** възпроизвеждане; репродукция; **2.** размножаване, плодене, развъждане; **3.** възпроизводство.

reptile ['reptail] **I.** *n* влечуго (*и прен.*); *прен.* гад, гадина, блюдолизец, мазник, подмазвач; **II.** *adj* **1.** пълзящ; **2.** долен, низък, подъл, продажен.

republic [ri'pʌblik] *n* **1.** република; **2.** общество, сфера, свят (*на общи интереси*); **the ~ of letters** литературният свят.

republican [ri'pʌblikən] **I.** *adj* републикански; **II.** *n* **1.** републиканец; **2.** (**R.**) член на Републиканската партия в САЩ.

repulse [ri'pʌls] **I.** *v* **1.** отблъсквам, отбивам; **2.** оборвам, опровергавам; **3.** изпълвам с антипатия, отвращавам; **II.** *n* **1.** отблъскване, отбиване, отпор, поражение; **2.** отказ, "срязване"; неуспех, провал, разочарование.

reputation [,repju:'teiʃən] *n* репутация, реноме, име, известност, слава; **a person of ~** човек, който се ползва с добро име.

request [ri'kwest] **I.** *n* **1.** молба, искане, желание; **at the ~ of** по молба (искане) на; **2.** заявление, молба, заявка, прошение; **3.** *търг.* търсене; **II.** *v* **1.** искам позволение, моля (**to**); **2.** моля за, моля да бъда удостоен с, искам; **you are ~ed to** умолявате се да.

require [ri'kwaiə] *v* **1.** изисквам, искам от, искам, заповядвам на (**of**); моля, настоявам, задължавам (**to, that**); **2.** нуждая се от, изисквам; **the matter ~s great care** работата изисква голямо внимание; **3.** *рядко* трябва, нужно (необходимо) е, налага се.

requirement [ri'kwaiəmənt] *n* **1.** изискване, условие; **2.** нужда, потребност, необходимост; **the ~s of health** грижите, необходими за здравето.

rescue ['reskju:] **I.** *v* **1.** спасявам, избавям, отървавам, освобождавам (**from**); **2.** *юрид.* освобождавам незаконно; **3.** *юрид.* възвръщам си насилствено (*имущество*); **II.** *n* **1.** спасяване, спасение, избавяне, отърваване, освобождаване, освобождение; **to come (go) to the ~** идвам (отивам) на помощ; **2.** *юрид.* незаконно освобождаване; **3.** *юрид.* насилствено възвръщане на имущество.

research [ri'sə:tʃ] **I.** *n* **1.** (*обикн. pl*) (научно) изследване, проучване; **piece of ~** проучване; **2.** търсене, дирене (**after, for**); **3.** *attr* изследователски; **II.** *v* изследвам, проучвам.

researcher [ri'sə:tʃə] *n* изследовател, изследвач.

resemblance [ri'zembləns] *n* прилика, подобие, сходство (**between, to**); **to bear (show) ~** приличам, подобен съм.

resemble [ri'zembl] *v* приличам на, подобен съм на.

reservation [,resə'veiʃən] *n* **1.** резерва, уговорка; **mental ~** мълчалива уговорка; **2.** резервация, запазване, резервиране, ангажиране; **3.** резервираност, въздържаност, сдържаност.

reserve [ri'zə:v] **I.** *n* **1.** резерв, резерва, запас (**of**); **in ~** в запас; **2.** *фин.* резервен фонд (*и* **banker's ~**); **3.** *воен.* резерв, запас; • **~ price** минимална цена (*при търг*); **II.** *v* **1.** запазвам, задържам; съхранявам, спестявам, скътвам, спастрям; резервирам, ангажирам; **to ~ oneself** запазвам силите си (**for**); **2.** предназначавам, определям, отреждам (**for**) **3.** *юрид.* запазвам (*право на владеене, контрол*).

reserved [ri'zə:vd] *adj* **1.** сдържан, въздържан, резервиран, хладен, студен, дистанциран; потаен; необщителен; **2.** резервиран, ангажиран, запазен; **~ seats** номерирани места (*във влак и пр.*); (билети за) запазени места (*в театър и пр.*); • **~ list** списък на морските офицери от запаса.

reservoir ['resəvwa:] **I.** *n* **1.** резервоар, басейн, водохранилище; **2.** запас, източник (**of**); **II.** *v* събирам в резервоар.

reside [ri'zaid] *v* **1.** живея, прекарвам, пребивавам (**at, in**); **2.** присъщ (свойствен) съм; (*за институция*) седалището ми е; (*за власт*) даден съм, (*за право*) в ръцете съм (**in**); **3.** *хим.* утаявам се.

residence ['rezidəns] *n* **1.** прекарване, престой, пребиваване, живеене; **~ is required** чиновникът трябва да живее в учреждението; **2.** местожителство; жилище; седалище, резиденция; местопребиваване; **3.** (по-голяма, по-хубава) къща, дом, "резиденция".

resident ['rezidənt] **I.** *adj* **1.** който живее (прекарва, пребивава) (*на дадено място*), местен; **~ physician** лекар, който живее в болница; **2.** непрелетен (*за птица*); **3.** присъщ, свойствен; на който седалището е (**in**); **II.** *n* **1.** местен жител (*и* **local, native ~**); **2.** резидент, представител, пълномощник.

resign$_1$ [ri'zain] *v* **1.** предавам, оставям, предоставям (**to**); отказвам се от (*право и пр.*), снемам от себе си (*отговорност*); **to ~ all hope** оставям всяка надежда; **2.** *refl* предавам се, оставям се, предоставям се, подчинявам се, покорявам се, примирявам се (**to**); **3.** подавам (излизам в) оставка.

resign$_2$ ['ri:'sain] *v* подписвам отново, преподписвам.

resignation [,rezig'neiʃən] *n* **1.** оставка; **to give (send in) o.'s ~** подавам си оставката; **2.** примирение със съдбата, смирение, покорство, търпение; резигнация.

resist [ri'zist] **I.** *v* **1.** съпротивлявам се, оказвам съпротива, противопоставям се, не се поддавам, устоявам, издържам (на), отблъсквам, отбивам, осуетявам; **thatch ~s heat better than tiles** сламата предпазва от горещината по-добре, отколкото керемидите; **2.** въздържам се от; **II.** *n* предпазен слой, емайл, глазура.

resistance [ri'zistəns] *n* **1.** съпротивление, съпротива, противодействие, противопоставяне, резистенция; устойчивост, издръжливост (**to**); **line (path) of least ~** линия на най-слаба съпротива; **2.** *attr ел.* съпротивителен; **3.** *тех.* съпротивление.

resolute ['rezəlju:t] *adj* решителен, решен, твърд, непоколебим, несломим, устойчив; ◇ *adv* **resolutely**.

resolution [,rezə'lju:ʃən] *n* **1.** решение, резолюция; **good ~s** добри намерения; **2.** решителност, твърдост, непоколебимост, несломимост, устойчивост; **3.** разлагане на съставни части, анализ, превръщане (**into**).

resolve [ri'zɔlv] **I.** *v* **1.** решавам, вземам решение (**on**); **to be ~d** твърдо съм решен (**to**); **2.** скланям, накарвам, подбуждам, подтиквам (**on, to** *c inf*); **3.** разрешавам (*задача и пр.*), разсейвам, разпръсквам (*съмнение*), слагам край на (*застой и пр.*); **II.** *n* **1.** решение; **to make good ~s** пълен съм с добри намерения; **2.** решителност, твърдост, непоколебимост, смелост, мъжество, кураж; **3.** резолюция, официално решение.

resort [ri'zɔ:t] **I.** *v* **1.** обръщам се, прибягвам (**to**); **2.** посещавам, навестявам, спохождам; стичам се, отивам (**to**); **II.** *n* **1.** прибежище, средство; прибягване; **in the last ~** в краен случай, като няма как иначе, като не може по друг начин; **2.** посещаване, посещение, посещаемост; **3.** курорт (*и* **health ~**).

resource [ri'sɔ:s] *n* **1.** *pl* средства, ресурси, възможности; **natural ~s** природни богатства; **2.** средство, начин, способ; похват, ход, хитрина; средство за прехрана; **3.** начин на прекарване на времето.

respect [ris'pekt] **I.** *n* **1.** почит, уважение, внимание, зачитане, страхопочитание, респект; **out of ~ to (for)** от уважение към; **2.** *pl* почит, почитание, почитания; **3.** отношение, аспект; • **~ of persons** пристрастие; раболепие; **II.** *v* **1.** почитам, уважавам, зачитам, тача; **to ~ the law** спазвам законите; **2.** щадя, отнасям се с внимание към; **3.** отнасям се до (за).

respectable [ris'pektəbl] **I.** *adj* **1.** почтен, достоен за уважение, уважаван, приличен, порядъчен; ◇ *adv* **respectably** [ris'pektəbli]; **2.** поносим, търпим, сносен, нелош, хубавичък; **3.** значителен, големичък, доста голям, немалък; **II.** *n* (*обикн. pl*) почтен (порядъчен) човек.

respectful [ris'pektful] *adj* почтителен; **~ silence** почтително мълчание.

respective [ris'pektiv] *adj* съответен, респективен, относителен; **they went to their ~ rooms** всеки си отиде в стаята.

respite ['respit] **I.** *n* **1.** отдих, отмора, почивка; **a ~ from toil** почивка след тежък труд; **2.** отсрочка; временно спиране на изпълнението на присъда; **II.** *v* **1.** давам отдих (на); **2.** спирам изпълнението на присъда; давам отсрочка на; отлагам, забавям; **3.** *воен., остар.* не плащам, не изплащам заплатата на.

respond [ris'pɔnd] *v* **1.** отговарям; **2.** отзовавам се, обаждам се, реагирам, отзивчив съм (**to**); **to ~ to kindness** разбирам от добро; **3.** *рядко* отговарям, съответствам, подходящ съм.

response [ris'pɔns] *n* **1.** отговор; ответ; **in ~ to** в отговор на; **2.** отглас, отзив, отклик, отзвук; **3.** *рел.* ектения.

responsibility [ris,pɔnsi'biliti] *n* **1.** отговорност; **a position of ~** отговорен пост; **2.** задължение, отговорност.

responsible [ris'pɔnsəbl] *adj* **1.** отговорен (**to, for**); **2.** отговорен, разумен, (благо)надежден, сигурен, почтен, солиден, свестен; ◇ *adv* **responsibly** [ris'pɔnsibli]; **3.** свързан с отговорност.

rest$_1$ [rest] **I.** *n* **1.** покой, почивка, отдих, отмора; спокойствие, мир; **at ~** в покой, неподвижен, спокоен; успокоен; в гроба; **2.** място за почивка; приют, подслон; **3.** опора, подложка, подставка, стойка, подпора, основа; **II.** *v* **1.** почивам (си), отпочивам (си), отдъхвам (си), отморявам се, лежа неподвижен, спокоен (мирен) съм; давам почивка (спокойствие, отдих) на, успокоявам (се); **to ~ on o.'s oars** преставам да греба, отпускам греблата; *прен.* преустановявам работа; бездействам, не предприемам нищо; почивам на лаврите си; **2.** почивам, лежа, облягам се, опирам се; крепя се, основан съм (**on**); **3.** слагам, облягам (**on**); подпирам (**against**).

rest$_2$ **I.** *v* оставам; **to ~ satisfied**

оставам доволен; **II.** *n* **1.** **(the ~)** остатък, останала част; останалите, другите **(of)**; **2.** *фин.* резервен фонд.

restaurant ['restərɔn] *n* ресторант.

restless ['restlis] *adj* неспокоен, който не може да си намери място, в постоянно движение; ◇ *adv* **restlessly**.

restoration [,restə'reiʃən] *n* **1.** връщане, възвръщане; **2.** възстановяване, възобновяване, подновяване, поправка; *pl* възстановителна работа; **3.** реставрация; **the R.** *ист.* реставрацията на английската монархия (1660).

restore [ris'tɔ:] *v* **1.** връщам, възвръщам (*нещо взето*) **(to)**; **2.** възстановявам, възобновявам, подновявам, реставрирам, реконструирам; **3.** възстановявам, връщам, възвръщам (*към първоначално състояние*); **to ~ to life** връщам към живот.

restrain₁ [ris'trein] **I.** *v* **1.** въздържам, задържам, удържам, сдържам, възпирам, ограничавам, обуздавам, попречвам (**from** *с ger*); **2.** затварям, изолирам; **II.** *n тех.* **1.** свиване; ограничение; **2.** напрежение; **3.** препятствие; противодействие.

restrain₂ ['ri:'strein] *v* прецеждам (опъвам) отново.

restriction [ris'trikʃən] *n* рестрикция, ограничаване, ограничение.

result [ri'zʌlt] **I.** *v* произлизам, произтичам, произхождам, резултат (последица) съм, следвам **(from)**; **nothing has ~ed from my efforts** от усилията ми не излезе нищо; **II.** *n* резултат, последица, ефект, изход; **without (any) ~** без (какъвто и да е) резултат.

resume [ri'zju:m] *v* **1.** вземам (добивам, заемам, окупирам) отново, получавам обратно, възвръщам си; **to ~ o.'s health** оздравявам; **2.** започвам отново, подновявам, възобновявам, продължавам (след прекъсване); **3.** резюмирам, правя резюме на, обобщавам.

retail **I.** ['ri:teil] *n* продажба на дребно; **by ~** на дребно; **II.** *adv* на дребно; **III.** [ri'teil] *v* **1.** продавам (се) на дребно **(at, for)**; **2.** раздрънквам, разправям наляво и надясно; **to ~ gossip** разпространявам клюки, клюкарствам; **3.** предавам от ухо на ухо.

retire [ri'taiə] **I.** *v* **1.** оттеглям се, отдръпвам се, уединявам се, усамотявам се; **to ~ to bed (to rest, for the night)** лягам си; **2.** отстъпвам **(to, from)**; давам заповед за отстъпление; **3.** оттеглям се, уволнявам се, напускам работа, излизам в оставка **(from)**; **II.** *n воен.* заповед за отстъпление; отбой; **to sound the ~** бия отбой.

retreat₁ [ri'tri:t] **I.** *v* **1.** отстъпвам, оттеглям се, отдръпвам се; **2.** *сп.* оттеглям (*шахматна фигура*); • **~ing chin (forehead)** полегата брада (чело); **II.** *n* **1.** *воен.* (сигнал за) отстъпление, отбой, отдръпване, оттегляне; **to beat a ~** бия отбой (*и прен.*); **2.** *воен.* заря; **3.** уединение, усамотеност.

retreat₂ ['ri:'tri:t] *мин.* **I.** *v* преработвам; **II.** *n* преработка.

return [ri'tə:n] **I.** *n* **1.** връщане; **the ~ of the seasons** смяната на годишните времена; **2.** повторно появяване (*на симптом*); **3.** връщане; отплата, възмездие, възнаграждение, компенсация; **II.** *v* **1.** връщам; слагам обратно **(to, into)**; **to ~ a ball** връщам топка; **2.** отплащам, отвръщам, отговарям (на); **3.** връщам се **(to)**.

rev [rev] **I.** *n* оборот; **II.** *v* **(-vv-)** *ав. sl* **1.** увеличавам броя на оборотите на мотор, ускорявам (*често с* **up**); пускам (*мотор*); **2.** въртя се, работя (*за мотор*); **3.** *разг.* подобрявам, преправям.

reveal [ri'vi:l] *v* откривам, разбулвам; разкривам, разгласявам; издавам; показвам, проявявам.

revenge [ri'vendʒ] **I.** *v* отмъщавам (си) за; **to ~ an insult (up)on s.o.** отмъщавам на някого за обида; **II.** *n* **1.** отмъщение, мъст; **in (as a) ~** за отмъщение; **2.** реванш.

reverence ['revərəns] *n* **1.** почит, уважение; благоговение; **to hold in ~, to feel ~ for** благоговея пред; **2.** преподобие, преосвещенство; **3.** *остар.* реверанс.

reverend ['revərənd] *adj* **1.** почтен; **2.** **(R.)** преподобен (*титла на свещеник*); **Very R.** преподобен (*за дякон*); **Right R.** преосвещенство (*за епископ*); **Most R.** високопреосвещенство (*за архиепископ*).

reverse [ri'və:s] **I.** *adj* обратен, противоположен (**to**); опак, извърнат, преобърнат, обърнат, надолу с главата; реверсивен; **~ side** обратна страна; **II.** *v* **1.** обръщам (в обратна посока, наопаки, надолу), извръщам, преобръщам, катурвам, размествам; променям; **~ oneself** *ам.* променям решението си; **2.** *тех.* давам заден ход (на); **3.** отменям, анулирам; **III.** *n* **1.** нещо противоположно, обратно; **quite (very much) the ~** тъкмо обратното; **2.** неуспех, несполука, поражение, провал; **3.** (пълна) промяна, обрат, превратност.

review [ri'vju:] **I.** *v* **1.** преглеждам отново; **2.** преглеждам, правя преглед на, припомням си, хвърлям поглед назад (връщам се мислено) към; **3.** правя преглед (*на войски и пр.*); **II.** *n* **1.** преглед; **to pass in ~** разглеждам, правя преглед на; **2.** хвърляне поглед назад, връщане към миналото; **3.** *воен.* преглед.

revise [ri'vaiz] **I.** *v* ревизирам, преглеждам, проверявам, поправям; преработвам, подобрявам (*издание*); **II.** *n* **1.** втора коректура; **2.** *рядко* поправка.

revive [ri'vaiv] *v* **1.** идвам на себе си (в съзнание), свестявам се; **2.** съживявам (се) (*и прен.*); възкресявам, връщам към живот (*и прен.*); възраждам (се); подновявам; възстановявам; събуждам интерес към; **to ~ a play** възобновявам поставянето на пиеса.

revolt [ri'voult] **I.** *v* **1.** въставам, разбунтувам се, вдигам се (**against**); **2.** преставам да се подчинявам (**from**); **3.** преминавам (*на страната на*) (**to**); **II.** *n* **1.** въстание, бунт, метеж, бунтарство, бунтарски дух; **in ~** въстанал; **2.** отвращение, погнуса.

revolution [,revə'lu:ʃən] *n* **1.** въртене; завъртане, оборот; **2.** периодично връщане; **in the ~ of the seasons** смяна на годишните времена; **3.** пълна (коренна) промяна, основно преустройство, рязък прелом, преврат, революция; **the French R.** Френската революция (1789); **the Russian R.** Октомврийската революция (1917).

revolutionary [,revə'lu:ʃənəri] **I.** *adj* **1.** революционен; **~ discoveries** открития, които предизвикват коренна промяна; **2.** *рядко* който се отнася до въртене; **II.** *n* революционер.

revolve [ri'vɔlv] *v* **1.** въртя (се); **2.** връщам се периодично; **3.** обмислям, премислям, обсъждам (*и с* **in o.'s mind**).

revolver [ri'vɔlvə] *n* **1.** револвер; **2.** *тех.* барабан.

reward [ri'wɔ:d] **I.** *n* **1.** (парична) награда, възнаграждение; **in ~ for** като награда за; **2.** *рядко* възмездие, наказание; **II.** *v* **1.** възнаграждавам, отплащам се, отблагодарявам се (за), компенсирам; **2.** награждавам (**with**).

rheumatism ['ru:mətizəm] *n* ревматизъм.

rhinoceros [rai'nɔsərəs] *n* носорог *Rhinoceros.*

rhyme [raim] **I.** *n* **1.** рима; дума, която се римува; **double (female, feminine) ~** женска рима; **2.** (*често pl*) римувано стихотворение; **II.** *v* **1.** римувам, пиша (римувани) стихове; **2.** римувам се; *прен.* хармонирам (**with**).

rhythm [riθm] *n* ритъм.

rib [rib] **I.** *n* **1.** ребро; **false (floating, short) ~** *анат.* плаващо ребро; **2.** остър край, ръб; изпъкнала ивица на плат; **3.** плетка английски ластик; **II.** *v* **1.** правя ръбове; **2.** *тех.* усилвам, придавам твърдост (на); **3.** *разг.* закачам, задявам.

ribbon ['ribən] *n* **1.** лента; тясна ивица; **medal ~** лента за орден; **2.** *pl* парцали, дрипи; **3.** *разг.* юзди; • **R. Society** северноирландско тайно католическо дружество; **blue ~** лента на ордена на жартиерата; високо отличие; първа награда; награда на клипер за скоростно прекосяване на океана; значка на въздържател.

rice [rais] *n* **1.** ориз; **2.** *attr* оризен, оризов.

rich [ritʃ] **I.** *adj* **1.** богат (**in**); **filthy (stinking) ~** червив с пари, "дебел"; **2.** изобилен, плодороден; **3.** хубав, скъп, разкошен, великолепен, пищен; **II.** *n* **(the r.)** богатите, богаташите.

rid [rid] *v* (**rid**, *остар.* **ridded**) **1.** освобождавам, отървавам, избавям, спасявам (**of**); **to get ~ (~ oneself) of** отървавам се (освобождавам се, измъквам се) от; **2.** *остар.* премахвам, очиствам, ликвидирам.

ridden *вж* **ride I**.

riddle[1] [ridl] **I.** *n* загадка, гатанка; **to propound a ~ to, to ask s.o. a ~** искам от някого да отгатне гатанка; **II.** *v* **1.** казвам под форма на гатанка, служа си с гатанки; **2.** отгатвам (*гатанка*), разбулвам (*загадка*).

riddle[2] **I.** *n* решето; **to make a ~ of** правя на решето; **II.** *v* **1.** сея, пресявам; *прен.* проверявам; **2.** правя на решето, надупчвам (*с куршуми*); **3.** *прен.* съсипвам, оборвам.

ride [raid] *v* (**rode** [roud], **ridden** [ridn]) **1.** яздя, яхам (**on**); **to ~ on horseback** яздя кон, яхам кон; **2.** возя се (*на автобус, трамвай, влак, велосипед*); **3.** обикалям, обхождам, пропътувам, кръстосвам, прекосявам (*местност*); изминавам (*разстояние на кон или с превозно средство*).

rider ['raidə] *n* **1.** конник, ездач; **2.** пътник; **3.** допълнителна клауза, поправка, допълнение, добавка (*към документ*); особено мнение, препоръка (*към присъда*).

ridiculous [ri'dikjuləs] *adj* смешен, нелеп, абсурден; ◇ *adv* **ridiculously**.

riding[1] ['raidiŋ] *n* **1.** езда, яздене на кон; **2.** път (*през, край гора*).

riding[2] *n* административна единица в Йоркширското графство.

rifle ['raifl] **I.** *v* **1.** разтършувам и обирам; плячкосвам, разграбвам, опустошавам; **2.** правя винтов нарез (*на пушка*); **II.** *n* **1.** пушка, винтовка; оръдие с нарез; **2.** нарез (*на пушка*); **3.** *воен. pl* стрелкова част, стрелци.

rifleman ['raiflmən] *n* (*pl* **-men**) *воен.* стрелец.

right [rait] **I.** *adj* **1.** *мат.* прав; **at ~ angles (to... with...)** под прав ъгъл (към, спрямо); **2.** справедлив, честен, прав, почтен; **3.** верен, точен, правилен; прав; който се търси, се има предвид; **II.** *n* **1.** право, справедливост; добро; **~ and wrong** доброто и злото; **2.** право, привилегия (**to**); *pl* права; **3.** *pl* изправност; **III.** *adv* **1.** право, направо; **go ~ on** вървете право напред; **2.** изцяло, докрай; чак; **3.** точно; право, чак.

right-hand ['raithænd] **I.** *adj* **1.** десен; на (за) дясната ръка; **~ man (woman)** съсед отдясно; *прен.* дясна ръка, пръв помощник; **2.** *тех.* с десен нарез (*за винт*); **II.** *n* десница, дясна ръка (*и прен.*).

rigid ['ridʒid] *adj* **1.** твърд, неогъваем; **2.** скован, вкочанен, вдървен, неподвижен, ригиден; **3.** *прен.* твърд, строг; суров; непреклонен; безкомпромисен; ◇ *adv* **rigidly**.

rim$_1$ [rim] **I.** *n* **1.** ръб, край; рамка (*на очила*); **2.** венец; бандаж; джанта, капла; **~ brake** спирачка, която действа чрез триене о клапата (*на колело*); **3.** луб (*на сито*); **II.** *v* (**-mm-**) снабдявам с, поставям в рамка; слагам ръб на; обкръжавам, ограждам с ръб, служа за ръб.

rim$_2$ *n остар.* перитонеум, коремница.

rind [raind] **I.** *n* **1.** кора (*на дърво, плод*); **2.** външен пласт (*на сирене*), външна дебела кожа (*на сланина*); **3.** *геол., мин.* външен пласт на чупливи скали; **II.** *v* беля, махам кората на (*дърво и пр.*).

ring$_1$ [riŋ] **I.** *n* **1.** халка, пръстен; обръч (*за гимнастика*); *бот.* годишен пръстен; **wedding ~** венчален пръстен, халка; **2.** кръг (*около очите и пр.; от пушек и пр.*); **3.** циркова арена, манеж; боксов ринг; **the R.** бокс; • **to make ~s (a)round s.o.** *разг.* правя някого на пух и прах; явно превъзхождам някого; **II.** *v* **1.** обкръжавам, заграждам в кръг, правя кръг около някого (**about, round, in**); **to ~ cattle** събирам (разпръснати) говеда на едно място; **2.** слагам пръстен (халка) на; промушвам халка през носа на (*животно*); **3.** изрязвам кръг в кората на (*дърво*).

ring$_2$ *v* (**rang** [ræŋ], *рядко* **rung** [rʌŋ]; **rung**) **1.** звъня, бия (*за камбана, звънец*); бия (*камбана*); звъня, звънвам; **to ~ the bell** звъня, натискам звънеца; *прен., разг.* спечелвам голямата награда; **2.** звънтя (*за монета*); удрям (*монета*), за да звънти; **3.** ехтя, еча, кънтя, прокънтявам (**with**); **the world rang with his praises** славата му се носеше из целия свят.

rink ['riŋk] **I.** *n* **1.** (*и* **skating-~**) ринк, ледена пързалка или площадка за каране на кънки; **2.** ледена пързалка за кърлинг; **II.** *v* пързалям се на ринк.

rinse [rins] **I.** *v* (*често с* **out**) плакна, изплаквам; **II.** *n* **1.** изплакване; промивка; **2.** *sl* сръбване, глътка алкохол; **to have a ~** наквасвам си гърлото, изплаквам си гърлото, пийвам си една (чашка); **3.** (*и* **hair ~**) нетрайна боя за коса.

ripe [raip] **I.** *adj* **1.** зрял, (у)зрял (*за плод, сирене и пр.*); **~ lips** устни като череши; **2.** зрял, опитен; **3.** назрял, готов (**for**); **II.** *v поет.* = **ripen**.

ripen [raipn] *v* **1.** узрявам; съзрявам; **to ~ into manhood** възмъжавам; **2.** карам (правя) да узрее.

rise [raiz] **I.** *v* (**rose** [rouz]; **risen** [rizn]) **1.** издигам се, вдигам се; *прен.* издигам се; **to ~ to the surface** издигам се (изплувам) на повърхността; **2.** ставам, надигам се, изправям се; **3.** изгрява; **II.** *n* **1.** издигане; изкачване; възход; **~ to power** идване на власт; **2.** покачване, вдигане, увеличение, увеличаване, повишение, повишаване; нарастване; **3.** изкачване; нанагорнище; възвишение, хълм.

risk [risk] **I.** *n* **1.** риск, опасност; **at the ~ of** с риск за/да; **2.** застрахован човек (имот); застрахователна сума; **II.** *v* рискувам; решавам се на; излагам се на риск (опасност); **to ~ s.o.'s anger** рискувам да ядосам някого.

rite [rait] *n* обред, ритуал, церемония, церемониал; **conjugal (nuptial) ~** *остар.* полово сношение между съпрузи.

rival [raivl] **I.** *n* съперник, съперничка; конкурент, конкурентка; **without a ~** ненадминат, несравним; който няма равен на себе си; **II.** *adj* който съперничи (конкурира); **~ firm** фирма конкурент; **III.** *v* (**-ll-**) съпернича с; конкурирам; *рядко* съперници сме, съперничим си (**with** с).

river ['rivə] *n* река, поток (*и прен.*); *attr* речен; **the ~ Thames**, *ам.* **the Thames ~** р. Темза.

road [roud] **I.** *n* **1.** път (*и прен.*), шосе; улица; платно на улица; **on the ~** на път; • **one for the ~** последна чашка преди тръгване, едно за из път; **2.** *мин.* галерия; щрек; **3.** *мор., често pl* рейд; **II.** *v* проследявам по миризмата (*за куче*).

roar [rɔ:] **I.** *v* **1.** рева; изреваваm; викам; **2.** бучи (*за огън, море*); тътне; **3.** рева, викам, изреваваm, извиквам; крещя; **to ~ at s.o.** крещя на някого; **II.** *n* **1.** рев, изреваване; **2.** бучене; тътен, тътнеж; **3.** силен (гръмогласен) смях (вик); **to set (table) in a ~** карам да избухне в смях.

roast [roust] **I.** *v* **1.** пека (се), изпичам (се); грея се, препичам се; **to ~ oneself (before a fire)** препичам се на огън; **2.** *тех.* спичам, синтерувам, пържа (*руда*); калцинирам, изпичам; **3.** *разг.* подлагам на безмилостни подигравки (критика); **II.** *n* **1.** печено (месо); **to rule the ~** господар съм, командвам, давам тон; **2.** парче месо за печене; **3.** излет (*на който се пече месо*).

rob [rɔb] *v* (**-vv-**) **1.** ограбвам, грабя, обирам; отнемам; *рядко* крада; **to ~ s.o. of his money** открадвам парите на някого; **2.** *мин.* експлоатирам хищнически.

robbery ['rɔbəri] *n* грабеж, обир, кражба; разбойничество.

robot ['roubət] *n* робот, автомат; **~ bomb** реактивен снаряд.

rock[1] [rɔk] *n* **1.** скала, канара, камък; **the R.** Гибралтар; **built on (the) ~** изграден на скала; **2.** *ам.* камък, камъче; **3.** опора, спасение; **the R. of Ages** Иисус Христос.

rock[2] **I.** *v* люлея (се), клатя (се), люшкам (се), клатушкам (се); разтърсвам (се), разклащам (се); **to ~ a baby to sleep** приспивам дете в люлка; **II.** *n* люлеене, залюляване, клатене и пр. (*вж* **I.**).

rock[3] *n остар.* хурка.

rock and roll ['rɔkənd'roul] *n* рокендрол.

rocket[1] ['rɔkit] **I.** *n* **1.** ракета; **2.** *attr* ракетен, реактивен; **~ projector** реактивна минохвъргачка; **II.** *v* **1.** обстрелвам с ракети; **2.** излитам право нагоре, стрелвам се нагоре; **3.** спускам се (стрелвам се) напред, политам като стрела.

rocket[2] *n бот.* лилаво, кръстоцветно градинско растение *Eruca sativa, Hesperis matronalis.*

rocking-chair ['rɔkiŋ,tʃeə] *n* стол люлка.

rod [rɔd] *n* **1.** пръчка, прът; издънка; бой с пръчки; наказание; **to kiss the ~** безропотно понасям наказание (бой); **2.** жезъл; **3.** въдичарски прът, въдица (*и* **fishing-~**); въдичар (и **rodman, rodster**).

rode *вж* **ride I.**

role [roul] *n* роля.

roll [roul] **I.** *n* **1.** свитък; руло; топ (*плат и пр.*); валмо; ролка; **2.** *тех.* валяк, валец, валц; барабан; цилиндър; валцувачка; **3.** списък, регистър; летопис, хроника; **the Rolls** държавен архив; **Master of the Rolls** председател на апелативния съд в Англия и пазител на държавния архив; **~ of honour** списък на загиналите за родината; **II.** *v* **1.** търкалям (се), изтъркулвам (се), валям (се); **to be ~ing in wealth (money)** много съм богат; **2.** въртя (се), навивам (се), завивам (се), увивам (се), свивам (се); запрятам (*ръкави и пр.*); **3.** въртя (*очи*), въртя се (*за очи*).

roller ['roulə] *n* **1.** валяк; валц, валец; ролка; насочваща ролка, движеща ролка; цилиндър; вал; дробинка (ролка) на сачмен или ролков лагер; **2.** дълга вълнà; **3.** синя гарга, синявица *Coracias*.

Roman ['roumən] **I.** *adj* **1.** римски; **~ alphabet** латинска азбука; **2.** католически (*и* **~ Catholic**); **II.** *n* **1.** римлянин; **2.** католик (*и* **~ Catholic**); **3.** обикновен шрифт.

Romance$_1$ [ro'mæns] *adj* романски.

romance$_2$ **I.** *n* **1.** любовна история, любовен роман; **2.** романтика; **3.** рицарски (героически) роман; романс (*и муз.*); *прен.* роман; **II.** *v* **1.** *журн.* имам любовна авантюра с; **2.** разказвам небивалици, измислям; украсявам разказа си с измислици и преувеличения.

Romania [ru:'meiniə] *n* Румъния.

roof [ru:f] **I.** *n* **1.** покрив; подслон; **~ rack** багажник на покрива на кола; **2.** таван (*на минна галерия*); **II.** *v* покривам (като) с покрив, слагам покрив на (*и* **to ~ in**).

rook$_1$ [ruk] **I.** *n* **1.** врана; **2.** измамник, мошеник (*особ. на карти*); **II.** *v* **1.** мамя, измамвам (*особ. на карти*); **2.** *прен.* скубя, оскубвам; **to ~ s.o. of his money** оскубвам някого.

rook$_2$ *n* топ, тур (*шахматна фигура*).

room [ru:m, rum] **I.** *n* **1.** стая; **2.** *pl* квартира, апартамент; **to take ~s** наемам квартира; **3.** място, празно пространство; **II.** *v* живея, квартирувам (**at** у) (**with** с).

root [ru:t] **I.** *n* **1.** корен (*и анат., ез., прен.*); **to take (strike) ~** вкоренявам се, пускам корен(и); **2.** *pl* коренoплодни растения (*и* **~-crops**); **3.** *мат.* корен; **II.** *v* **1.** вкоренявам (се); **2.** внедрявам; **3.** : **to ~ to the spot** *прен.* заковавам (приковавам) на мястото, вцепенявам.

rope [roup] **I.** *n* **1.** въже; *прен.* бесилка, въже; *pl мор.* такелаж; корабни въжета; *pl сп.* въжета (*около боксов ринг*); **on the ~** навързан (*за алпинисти при изкачване*); **2.** ласо; • **money for old ~** лесни пари; **II.** *v* **1.** (за)вързвам с въже(та); влача с въжета; навързвам (*алпинисти*) при катерене (*и с* **together**); **2.** *сп.* възпирам, задържам (*кон, за да не спечели състезание*); не се състезавам с всичките си сили (*за атлет и пр.*); **3.** провлачвам се, точа се, ставам лигав (*за течност*).

rose$_1$ [rouz] **I.** *n* **1.** роза; **attar (otto) of ~s** розово масло; **2.** розов цвят; **3.** розетка; **II.** *attr* розов.

rose$_2$ *вж* **rise I**.

rosy ['rouzi] *adj* **1.** розов (*и прен.*); **2.** украсен (накичен) с рози.

rot [rɔt] **I.** *n* **1.** гниене, загниване; гнилост; плесен; **2.** метил; **3.** *sl* глупости (*и* **tommy ~**); **II.** *v* (**-tt-**) **1.** гния, загнивам, изгнивам (*и прен.*); причинявам гниене, карам да загние; плесенясвам; разлагам се (*и прен.*); **to ~ in prison** гния в затвора; **2.** *sl* обърквам (*плановете и пр.*); **3.** *sl* шегувам се, закачам (се).

rotation [rou'teiʃən] *n* **1.** ротация, въртене, завъртане; **2.** редуване, сменяне, периодично повтаряне; **~ of crops** сеитбообръщение.

rotten ['rɔtn] *adj* **1.** гнил, загнил, изгнил, прогнил (*и прен.*); разяден, прояден; **2.** метиляв; **3.** *sl* отвратителен; лош, долнокачествен; негоден, калпав; **to feel ~** не съм добре, скапан съм, не ме бива.

rouble, ruble [ru:bl] *n* рубла.

rouge[1] [ru:ʒ] **I.** *n* **1.** червило, руж; **2.** *тех.* крокус; **II.** *v* червя (се), начервявам (се), слагам си червило.

rouge[2] *n sl* меле (*в ръгбито*).

rough [rʌf] **I.** *adj* **1.** груб; грапав, неравен (*за повърхност*); остър, космат (*за плат и пр.*); загрубял (*за ръце и пр.*); рошав, несресан, рунтав (*за коса*); **~ road (country)** неравен (каменист) път (местност); **2.** груб, неизгладен (*и прен.*); нешлифован, неполиран; необработен; приблизителен (*за изчисления и пр.*); **3.** развълнуван, бурен (*за море*); буен, бурен (*за вятър, време*); **II.** *n* **1.** неравност (*за терен*); незавършеност, незавършен вид; грапава страна на нещо; **a score in the ~** недовършена партитура; **2.** неприятна страна на нещо; **3.** неравна част на игрище (*за голф*); **III.** *v* **1.** правя неравен; правя грапавини (шипове); **2.** започвам обработката (шлифоването) на (*диамант и пр.*); **3.** нахвърлям в общи линии, скицирам (*с* **in, out**).

roughly ['rʌfli] *adv* **1.** грубо; приблизително; в най-общи линии; **2.** невъзпитано, грубиянски.

round[1] [raund] **I.** *adj* **1.** кръгъл, объл; **~ brackets** скоби от типа ( ); **2.** закръглен, заоблен; извит, прегърбен; (за)обиколен; **3.** плътен, звучен, мек; плътен (*за вкус на вино*); **II.** *n* **1.** кръг; завъртане, кръгово движение; кръгло парче (*месо, хляб и пр.*); **in the ~** изваян (*не релефен*); **2.** обиколка; тур, обход; патрул; инспекция; **3.** серия, редица, поредица, цикъл; **III.** *v* **1.** закръглям (се), заоблям (се); **2.** заобикалям, обикалям (минавам) около (покрай); обръщам се; **to ~ a corner** завивам, свивам, кривам (*зад ъгъл*); **3.** *ез.* произнасям със закръглени устни, лабиализирам.

round[2] *v остар.* нашепвам, шепна тайнствено; **he ~ ed him in the ear** пошепна му на ухото.

route [ru:t] **I.** *n* **1.** маршрут, курс, път на следване; **bus ~** автобусна линия; **2.** *воен.* заповед за поход; **II.** *v* изпращам по определен маршрут, определям пътя на.

routine [ru'ti:n] *n* **1.** рутина; обиграност, опитност; **2.** установен (заведен) ред, практика; **the day's (daily) ~** редовната (обикновената) ежедневна работа; **3.** серия, поредица.

row[1] [rou] **I.** *n* **1.** ред, редица, поредица; **in a ~** в една линия (редица); един след друг; **2.** *прен.* улица; • **a hard (long, rough) ~ to hoe** трудна работа, тежка задача, зор; **II.** *v* нареждам в редица (*обикн. с* **up**).

row[2] *v* греба, карам лодка (*с весла*); **to ~ a fast stroke** греба бързо.

row[3] [rau] **I.** *n разг.* **1.** шум, врява, дандания, гюрултия; суматоха, паника, смут; **what's the ~?** какво става? **2.** караница, свада, кавга; спречкване, сбиване, бой; **II.** *v* **1.** вдигам врява, правя скандал; карам се на висок глас; **2.** *sl* правя бележка на, смъмрям, мъмря, карам се на, скастрям, кастря.

rowing[1] ['rouiŋ] *n* гребане с весла; **~-boat** гребна лодка.

rowing[2] ['rauiŋ] *n* мъмрене, хокане, гълчене.

royal ['rɔiəl] **I.** *adj* кралски, царски; *прен.* царствен, величествен, разкошен, великолепен, чудесен; "царски"; **R. Academy** Кралска академия за изобразително изкуство; **R. Society** Кралско общество за естествени науки; **R. Exchange** сградата на Лондонската борса; **R. Institution** Кралски институт за разпространение на научни знания; **~ blue** яркосиньо; **II.** *n* **1.** голям формат хартия; **2.** *мор.* бом-брамсел (*най-горното платно*); • **the R.s** *англ.* кралският драгунски полк.

rub [rʌb] *v* (**-bb-**) **1.** трия (се), търкам (се); разтривам, разтърквам, натърквам, натривам; **to ~ sore** трия (протривам) до кръв; **2.** протривам (се), протърквам (се); **3.** откопирам (*издълбана рисунка чрез търкане върху хартия*).

rubber$_1$ [ˈrʌbə] **I.** *n* **1.** гума, каучук; **2.** гумичка за триене; **3.** предмет, направен от гума; *pl* галоши; **II.** *adj* гумен, каучуков; **~ band** кръгло ластиче; **III.** *v* гумирам, покривам с гума.

rubber$_2$ *n карти* робер.

rubbish [ˈrʌbiʃ] **I.** *n* **1.** смет, боклук; остатъци, дреб, фурда; парчетии, парцалаци; **2.** *прен.* глупости, нелепости, безсмислици; **II.** *adj разг.* некадърен, слаб (**at** по, в); **III.** *v* отхвърлям като безстойностен.

ruby [ˈru:bi] **I.** *n* **1.** рубин; **above rubies** безценен, неоценим (*и прен.*); **true ~, Oriental ~** истински рубин; **2.** рубинен (яркочервен) цвят; **3.** *печ.* рубин (*шрифт 3.5 пункта в Америка, 5.5 пункта в Англия*); **II.** *adj* рубинов, яркочервен; **~ nose** нос на пияница; **III.** *v* почервенявам; правя червен.

rucksack [ˈruksæk] *n* раница.

rudder [ˈrʌdə] *n* **1.** *мор.* кормило, рул; **~-chain** кормилна верига; **2.** *прен.* ръководен принцип (начало).

rude [ru:d] *adj* **1.** груб, невъзпитан; оскърбителен, обиден, унизителен; **to be ~ to** оскърбявам, обиждам; ◇ *adv* **rudely**; **2.** недодялан, нетактичен, неумел, неловък; **3.** прост, в естествен вид, суров; необработен.

ruff$_1$ [rʌf] **I.** *n* **1.** рюш; жабо; **2.** *зоол.* яка (*от пера, косми*); нашийник, грива; **3.** *зоол.* бойник *Philomachus pugnax*; **II.** *v* набирам се, надиплям се.

ruff$_2$ *n зоол.* бибан, ропец (*риба*) *Acerina cernua*.

ruff$_3$ *карти* **I.** *v* играя коз, цакам; **II.** *n* изиграване на коз, цакане, козене.

ruffian [ˈrʌfjən] *n* главорез, обесник, хулиган; **little ~s** *разг.* палавници, немирници (*за деца*).

rug [rʌg] *n* **1.** килимче; килим, черга; **bedside ~** килимче пред леглото; **2.** (пътническо) одеяло (*и* **travelling ~, motor ~**).

Rugby [ˈrʌgbi] *n* **1.** град (колежът) Ръгби; **2.** *сп.* ръгби (*и* **~ football**).

ruin [ruin] **I.** *n* **1.** гибел, крушение, крах; разруха, разорение, разрушение; **to bring to ~** разорявам, погубвам; **2.** падение, поквара; нравствена развала, разложение; обезчестяване, озлочестяване; **3.** *обикн. pl* развалини, останки, руини; **II.** *v* **1.** разрушавам, разорявам; съсипвам, погубвам; **to ~ a girl** обезчестявам момиче; **2.** *поет.* руша се, загнивам, погивам, гина.

rule [ru:l] **I.** *v* **1.** управлявам; ръководя; властвам, господствам; **he is the ruling spirit** той държи юздите, той управлява; **2.** постановявам, определям; **to ~ out** изключвам; *юрид.* постановявам за неправоспособен; **3.** линирам, разчертавам; **II.** *n* **1.** власт, господство; управление, управляване, ръководене, ръководство; **to bear ~** управлявам, властвам; господствам, държа властта в ръцете си; **2.** правило, норма, установен метод (начин); **3.** постановление; решение.

ruler ['ru:lə] *n* **1.** властелин, владетел; господар; управител; **2.** линия, линеал, рулер.

rum$_1$ [rʌm] *n* **1.** ром; **2.** *ам., разг.* контрабандни спиртни напитки; **~ row** *ист.* място в открито море, където чакат кораби с контрабандна стока.

rum$_2$ *adj sl* **1.** странен, особен, причудлив, чудноват, чудат; **~ start (go)** чудна (странна) работа; **2.** *остар.* хубав, чудесен, чуден.

rumour ['ru:mə] **I.** *n* **1.** мълва, слух; **~ has it that ...** говори се (носи се слух), че...; **2.** *остар., поет.* (*за море, вятър*) шум, тътен; **II.** *v* пускам слух, разгласявам мълва; говоря (*обикн. pass*); **it is ~ed that ...** носи се слух (говори се), че ....

run [rʌn] *v* (**ran** [ræn], **run**) **1.** бягам, тичам, търча; **~ for it (your life)** бягай, спасявай се както можеш; **(cold) shivers ran down his spine** хладни (студени) тръпки го побиха; **2.** бързо се разпространявам; **3.** движа се, въртя се, вървя, работя (*за машина*); циркулирам.

rung$_1$ [rʌŋ] *n* **1.** стъпенка, стъпало (*на стълба*); напречник; **2.** спица на колело; *мор.* ръчка на щурвал; **3.** *мор.* подова греда на кораб.

rung$_2$ *вж* **ring$_2$**.

runner ['rʌnə] *n* **1.** бегач, състезател по бягане; **2.** скороходец, бързоходец; куриер; хоп; разсилен; **3.** *ист.* жандарм, полицай.

runner-up ['rʌnər'ʌp] *n* **1.** *сп.* участник в състезание, който заема второ място; *пол.* подгласник; **2.** човек, който наддава, за да покачи цената (*при търг*).

running ['rʌniŋ] **I.** *adj* **1.** бягащ, тичащ; **2.** за бягане (тичане); **~ track (path)** писта за бягане; **3.** непрекъснат; **II.** *n* **1.** бягане, бяг; **2.** ход, работа, действие; въртене, обръщение; **3.** *pl* (*при дестилация*) фракция; **last ~s** последна фракция.

runway ['rʌnwei] *n* **1.** *ав.* писта; **2.** корито, русло (*на река*); **3.** пътека (*обикн. проправена от животни, отиващи на водопой*).

rural ['ruərəl] *adj* провинциален, селски; **~ economy** селско стопанство.

rush$_1$ [rʌʃ] *n бот.* шавар, дзука *Junkus*; папур; **not to care a ~** не ме интересува, пет пари не давам.

rush$_2$ *v* **1.** впускам се, втурвам се, хвърлям се; **they were ~ed into danger** бяха изложени на опасност; **2.** карам (тикам, тласкам, движа) стремително; подтиквам, карам (*някого*) да бърза; **3.** *воен.* връхлитам, нападам, щурмувам, атакувам.

Russia ['rʌʃə] *n* **1.** Русия; **2.** юфт, лицева кожа за обувки (*и* **~ leather**).

Russian ['rʌʃən] **I.** *adj* руски; **II.** *n* **1.** руски език; **2.** руснак, рускиня.

rustle [rʌsl] **I.** *v* **1.** шумоля, шушна (*за листа, лек дъжд, плат, дреха — обикн. копринена*); **2.** *ам.* действам енергично; **3.** *ам.* открадвам (*коне, добитък*); **II.** *n* шумолене.

rusty$_1$ ['rʌsti] *adj* **1.** ръждясал, ръждив; **2.** с ръждив цвят; **3.** *прен.* запуснат (*за сп.ист*), изгубил форма; **his French is a little ~** позабравил е френския.

rusty$_2$ *adj диал.* гранясал.

rutting ['rʌtiŋ] *adj* разгонен (*за животно*).

rye [rai] *n* ръжено уиски (*и* **~ whisky**).

rye-bread ['raibred] *n* ръжен хляб.

rye-grass ['raigra:s] *n бот.* райграс *Lolium*.

S

S, s [es] *n* (*pl* **Ss, S's** ['esiz]) **1.** буквата S; **2.** който има формата на S.

S. *abbr* **(Saint, Society, South(ern)).**

-s [-s] *след беззвучни съгласни или* [-z] *след гласни и звучни съгласни*; *суфикс за означаване на*: **1.** множествено число; **2.** 3 л., ед., сег. вр. на глаголите; **3.** за образуване на наречия: **besides, afterwards** *и пр.*

's- [s-, z-] префикс (*редукция от* **God's: 'sblood, 'sdeath, 'struth** *и др.*).

-'s 1. суфикс за образуване на притежателна форма на съществителни имена; **2.** съкратено от **is, has, us.**

S. A. *abbr* **(Salvation Army; sex appeal; South Africa, South America; South Australia; subject to approval).**

sable[1] [seibl] **I.** *n* **1.** *зоол.* самур *Martes zibellina*; **2.** самурена кожа; **II.** *adj* самуров, самурен.

sable[2] **I.** *n поет.* **1.** черен цвят; **2.** *pl* траур, траурна дреха; **II.** *adj поет.* траурен, мрачен; **his ~ Majesty** *прен.* дяволът.

sabotage ['sæbota:ʒ] **I.** *n* саботаж; диверсия; **II.** *v* саботирам, вредя.

sack[1] [sæk] **I.** *n* **1.** торба, чувал; **~ race** надбягване с чували; **2.** широка свободна дреха; **3.** *анат., зоол.* торбичка; • **to get the ~** уволнен съм; **II.** *v* **1.** слагам (нося, опаковам) в торби; **2.** *разг.* уволнявам, натирвам, изгонвам, махам; **3.** *sl сп.* побеждавам, надвивам, набивам, бия.

sack[2] **I.** *v* **1.** грабя, плячкосвам; **2.** предавам на разграбване (*превзет град или победена страна*); **II.** *n* разграбване, плячкосване, грабеж; мародерство; **to put to ~** разграбвам, оплячкосвам, ограбвам.

sack[3] *n ост.* херес, слабо вино.

sacred ['seikrid] *adj* **1.** свещен, свят; сакрален; **~ poetry (music)** религиозна поезия (музика); **the S. College** Кардиналският колеж (*в Рим*); **2.** посветен (**to**); **3.** свят, неприкосновен, ненарушим; сакраментален; • **~ malady** епилепсия.

sacrifice ['sækrifais] **I.** *n* **1.** жертвоприношение, жертва; **the S. of the Mass** *рел.* евхаристия; **2.** жертва; саможертва; **the great ~** *прен.* смъртта за родината; **II.** *v* **1.** жертвам, отказвам се от; **2.** извършвам жертвоприношение; **to ~ to idols** принасям жертва на идоли; **3.** продавам на загуба (под костуемата цена).

sacrilege ['sækrilidʒ] *n* светотатство, кощунство.

sad [sæd] *adj* (**-dd-**) **1.** натъжен, тъжен, опечален; унил; **a ~ mistake** досадна грешка; **2.** *разг., шег.* непоправим; ужасен; отчаян; **3.** тежък, клисав, тестяв, длитав (*за хляб*).

saddle [sædl] **I.** *n* **1.** седло; **~ horse** ездитен кон; **2.** гръб (*на животно*); **3.** *геогр.* седловина; **II.** *v* **1.** оседлавам, заседлавам; **2.** натоварвам; *прен.* обременявам; **why ~ me with your misdeeds?** защо ме намесваш в твоите бъркотии?

saddler ['sædlə] *n* **1.** седлар, сарач; **2.** *зоол.* млад тюлен; **3.** *ам.* ездитен кон.

sadism ['sædizəm] *n* садизъм.

sadistic [sə'distik] *adj* жесток, садистичен; ◇ *adv* **sadistically** [sə'distikəli].

saeter ['seitə] *n* високопланинско лятно пасбище в скандинавските страни.

safari [sə'fa:ri] *n* сафари, ловна експедиция (*в Африка*).

safe[1] [seif] *adj* **1.** невредим, здрав, читав; **~ and sound** здрав и читав, невредим; **2.** запазен, избавен, спасен; **3.** безопасен, сигурен; верен, надежден.

safe[2] *n* **1.** сейф, огнеупорна каса; **2.** шкаф за провизии с вентилационни отвори.

safeguard ['seifga:d] **I.** *n* **1.** гаранция; защита; охрана; предпазна мярка; **2.** предпазител, предохранител; **II.** *v* гарантирам; предпазвам; охранявам, защитавам; **to ~ an industry** *икон.* проявявам протекционизъм по отношение на някой промишлен отрасъл.

safely ['seifli] *adv* **1.** благополучно; безпрепятствено; **to see s.o. ~ home** изпращам някого до дома му; **2.** безопасно, сигурно.

safety ['seifti] *n* безопасност, сигурност; запазеност, непокътнатост; **for ~'s sake** за по-голяма сигурност.

saffron ['sæfrən] **I.** *n бот.* жълт минзухар, шафран *Crocus sativum*; **II.** *adj* шафранов; тъмнооранжев, шафранен.

sag [sæg] **I.** *v* (**-gg-**) **1.** вгъвам се, хлътвам; изкривявам се; вися, провисвам; клюмвам; **~ging shoulders** увиснали рамене; **2.** *рядко* отпускам, охлабвам; **3.** *търг.* поевтинявам; **II.** *n* **1.** хлътване, вгъване; изкривяване; **2.** навеждане; провисване; **3.** *търг.* спадане на цените.

sage [seidʒ] **I.** *adj* **1.** далновиден, мъдър, умен; **2.** всезнаещ, учен; сериозен, важен (*често ирон.*); ◇ *adv* **sagely**; **II.** *n* мъдрец; **the Eastern ~s** *библ.* тримата влъхви; • **the S. of Chelsea** Карлайл; **the S. of Concord** Емерсън.

sagging ['sægiŋ] *n* **1.** провисване; огъване; **2.** хлътване, слягане; **3.** свличане; • **roof ~** *мин.* слягане на горнище.

said *вж* **say**[1] **I.**

sail [seil] **I.** *n* **1.** корабно платно; **light (upper) ~s** горни платна; **2.** платноход, гемия; *събир.* платноходи; **3.** плаване; мореплаване; **II.** *v* **1.** пътувам с (карам, управлявам) плавателен съд; **to ~ close to (near) the wind** карам почти срещу вятъра; **2.** проплувам, пропътувам по вода; **3.** отплавам, отплувам, отпътувам (*с плавателен съд*).

sailboat ['seilbout] *n* платноходка.

sailing ['seiliŋ] *n* **1.** плаване; навигация; **2.** отплаване; **3.** *сп.* ветроходство; • **this is all plain ~** (това е) лесна работа; без проблеми.

sailless ['seillis] *adj* без платна.

sailor ['seilə] *n* моряк, матрос; мореплавател; **he is a very bad ~** той много трудно понася пътуване по море.

saint [seint, *пред имена* snt, sint] (*съкр.* **St., S.,** *pl* **Sts., SS.**) **I.** *n* светия, светец; **calendar of ~s** църковен календар; **II.** *adj* свят; *рел.* канонизиран; **III.** *v рел.* канонизирам, почитам като светия.

sainthood ['seinthud] *n* **1.** святост; **2.** *събир.* светците, светиите.

saintlike ['seintlaik] *adj* като светия (светец), свят.

saintliness ['seintlinis] *n* святост, непорочност.

saintly ['seintli] *adj* свят, непорочен; безгрешен.

sake [seik] *n*: **for the ~ of, for ...'s ~** за, заради, в интерес на, от уважение към; с цел да, за да; • **~s alive** Боже Господи! Боже мой! я гледай ти!

salable ['seiləbl] *adj* **1.** продаваем, който може да се продаде; **2.** търсен; който бързо се разпродава, който "върви"; **3.** приемлив, приличен (*за цена*).

salacious [sə'leiʃəs] *adj* **1.** похотлив,

сладострастен, сластен; сластолюбив; **2.** скверен, непристоен; пикантен; ◇ *adv* **salaciously**.

salad ['sæləd] *n* салата; *диал.* маруля; ~ **bowl** салатиера.

salamander ['sæləmændə] *n* **1.** *зоол.* дъждовник, саламандра, саламандър; **2.** *мит.* саламандра; **3.** *прен.* човек, който обича горещината.

salami [sə'la:mi] *n* салам.

salary ['sæləri] **I.** *n* заплата; **II.** *v* плащам заплата на; **salaried man** чиновник, държавен служител.

sale [seil] *n* **1.** продажба, продан; **cash** ~ продажба в брой, кеш; **2.** търг, аукцион; **3.** разпродажба с намалени цени в края на сезона (*и* **bargain** ~, **clearance** ~).

salem ['seiləm] *n* молитвен дом, "църква" (*на различни сектантски организации*).

salesman ['seilzmən] *n* (*pl* **-men**) **1.** продавач; **2.** търговски пътник, комисионер, търговски посредник.

saleswoman ['seilz,wumən] *n* (*pl* **-women**) **1.** продавачка; **2.** комисионерка.

saleritus ['sæliritəs] *n ам.* сода бикарбонат, сода за хляб.

sale-room ['seilru:m] *n* **1.** аукционна зала; **2.** зала (салон) за клиенти (*в модна къща*).

salesman ['seilzmən] *n* (*pl* **-men**) **1.** продавач; **2.** търговски пътник, комисионер, търговски посредник.

salesmanship ['seilzmənʃip] *n* **1.** търговски умения (нюх); изкуство да се намират (привличат) клиенти; **2.** *прен.* умението да се убеждава, убедителност.

salework ['seilwə:k] *n* работа за продан, работа само за пари; работа през пръсти.

salience ['seiliəns] *n* **1.** забележителност, забележимост, очебийност; **2.** изпъкналост, издаденост, издутина.

salina [sə'lainə] *n* **1.** солено блато, солена почва; **2.** солна мина.

saline ['seilain] **I.** *adj* **1.** солен; **2.** сòлен, соленист; **II.** *n* **1.** солено блато; солена почва, напоена със сол почва; **2.** *хим.* сол; **3.** *мед.* физиологичен разтвор.

salivate ['sæliveit] *v* **1.** предизвиквам отделяне на слюнка; **2.** отделям слюнка.

sallow₁ ['sælou] **I.** *adj* жълтеникав; бледен, нездрав; **II.** *v* жълтея, пожълтявам.

sallow₂ *n* **1.** *бот.* ракита, ива *Salix caprea*; **2.** върбова фиданка.

salmagundi [,sælmə'gʌndi] *n* **1.** миш-маш, ястие от кълцано месо и пр.; **2.** *прен.* бъркотия, смес, хаос, смесица, каша.

salmon ['sæmən] *n* **1.** *зоол.* сьомга *Salmo salar*; **2.** червеникавооранжев цвят.

salon [sə'lɔn] *n* **1.** салон, приемна зала; **2.** *фр.* (**the S.**) Парижкият салон; **3.** салон за козметични, модни, фризьорски услуги (*също и* **a beauty** ~).

saloon [sə'lu:n] *n* **1.** салон (*на параход*); салон вагон; зала; ~ **passenger** пасажер на кораб в I класа; **shooting** ~ стрелбищна зала; ~ **pistol (rifle)** пистолет (карабина) за стрелба на закрито; **2.** *ам.* кръчма; пивница, бар; **3.** тип закрит автомобил.

salt [sɔlt] **I.** *n* **1.** сол; **table** ~ трапезна (готварска) сол; **2.** *хим.* сол; съединение; **3.** *pl* очистително, слабително, пургатив; **II.** *adj* **1.** солен, посолен, осолен; **2.** сòлен, обитаващ (виреещ в) солена вода; **3.** *прен.* лют; остър; горчив; **to weep ~ tears** проливам горчиви сълзи; **III.** *v* **1.** соля, посолявам, осолявам, насолявам; **2.** *прен.* подправям; **3.** *sl* пестя, спестявам (*обикн.* **down, away**).

saltation [sæl'teiʃən] *n* **1.** скачане, подскачане; скок, подскок; **2.** *биол.* мутация; разместване.

salt-cellar ['sɔ:ltselə] *n* соленица, солнѝца.

salty ['sɔlti] *adj* солен; *прен.* пикантен, пиперлия.

salutary ['sæljutəri] *adj* благотворен, полезен; здравословен, целителен, лечебен.

salute [sə'lju:t] **I.** *v* **1.** приветствам, поздравявам (се); **to ~ s.o. emperor** акламирам, приветствам някого като император; **2.** *воен.* салютирам; отдавам чест; **saluting point** място, където стоят лицата, приемащи парада (поздравленията); **3.** *ост.* целувам, разцелувам, поздравявам с целувка; **II.** *n* поздрав, салют; **return-~, answering ~** контрасалют.

salvage ['sælvidʒ] **I.** *n* **1.** спасяване на имущество (*от пожар или корабокрушение*); **2.** спасено имущество (стока); **to make ~ of** спасявам; **3.** възнаграждение за спасяване на имущество; **II.** *v* **1.** спасявам от потъване (унищожение); **2.** *sl воен.* присвоявам, задигам, отмъквам.

salve [sælv] **I.** *n* **1.** мехлем; **2.** успокоително; **II.** *v* **1.** успокоявам (съвест); уталожвам; **2.** *ост.* намазвам с мехлем, церя, лекувам; **3.** *ост.* изглаждам, разрешавам (трудност); *прен.* закърпвам, замазвам.

salver ['sælvə] *n* поднос, табла.

salvo$_1$ ['sælvou] *n* (*pl* **-oes** [-ouz]) **1.** оръдеен залп; **2.** изблик (буря) от аплодисменти.

salvo$_2$ *n* (*pl* **-s**) **1.** уговорка, условие; **with an express ~ of all my rights** със запазване на всичките ми права; **2.** увъртане, усукване.

Sam [sæm] *n* Сам (*умал. от* **Samuel**); **Uncle ~** "чичо Сам", Съединените щати; **upon my ~** *sl* честна дума, Бога ми; **to stand ~** *sl* плащам за всички (*при почерпка*).

Samaritan [sə'mæritən] **I.** *adj* самарянски; **II.** *n библ.* самарянин, самарянка; **good ~** приятел в нужда; отзивчив; добросърдечен човек.

samba ['sæmba] *n муз.* самба, бразилски негърски танц.

same [seim] *adj* **1.** същ, същи; еднакъв, идентичен; непроменен; **the ~ as** същият (така), както; **2.** *юрид., търг.* същия, гореказания, гореспоменатия; **3.** *рядко* еднообразен; • **(the) ~ here!** също и аз!

sameness ['seimnis] *n* **1.** еднаквост, тъждественост, идентичност; сходство, прилика; **2.** еднообразие, монотонност.

sample ['sa:mpl] **I.** *n* **1.** мостра, проба; **to be up to ~** отговарям на мострата; **2.** шаблон, образец, модел, пример; **3.** *attr* мострен, за мостра (проба); **II.** *v* **1.** пробвам, изпробвам; дегустирам (*вино*); **it was the first time I had ~d camp life** за първи път вкусих от лагерен живот; **2.** вземам проби.

sampler ['sæmplə] *n* **1.** изпитател, изложител на мостри; **2.** *тех.* модел, шаблон; **3.** *ист.* кърпа, бродирана с различни бодове и мотиви.

sanative ['sænətiv] *adj* целебен, лечебен, лечителен.

sanatorium [,sænə'tɔ:riəm] *n* (*pl* **-iums -ia** [-riə]) санаториум.

sanction ['sæŋkʃən] **I.** *n* **1.** санкция, наказание; **2.** разрешение, одобрение, потвърждение; упълномощаване; **with the ~ of the author** с разрешението на автора; **3.** *ист.* нареждане, декрет; **II.** *v* **1.** одобрявам, разрешавам; **2.** санкционирам.

sanctity ['sæŋktiti] *n* святост, свещеност, нерушимост, неприкосновеност; **the sanctities of the house** *разг.* свещените принципи в дома.

sand [sænd] **I.** *n* **1.** пясък; **built on ~** *прен.* построен на пясък; **2.** *pl* пясъци; плаж; пустиня; **3.** пясъкът в пясъчен часовник; *прен.* време, часове; • **to throw ~ in the wheels** развалям работата, преча; **II.** *v* **1.** посипвам с пясък; смесвам с пясък; прибавям пясък; **2.** чистя (изтърквам) с пясък.

sandal [sændl] *n* сандал, сандалка; **~led** обут в сандали.

sandbag ['sændbæg] **I.** *n* пясъчна торба (торбичка); **II.** *v* **1.** *воен.* укрепвам с пясъчни торби; **2.** зашеметявам някого, като го удрям с пясъчна торбичка в тила; **to ~ a proposal** *ам., разг.* задушавам някакво предложение.

sandwich ['sændwitʃ] **I.** *n* сандвич; **to ride (sit) ~** пътувам (седя) притиснат между двама души; **II.** *v* слагам по средата, намествам (поставям) помежду.

sandy ['sændi] *adj* **1.** жълтеникавочервен, риж (*обикн. за коса*); **2.** пясъчен; песъчлив.

Sandy ['sændi] *n* прозвище на шотландец.

sane [sein] *adj* **1.** здравомислещ, нормален; **2.** здрав, смислен.

sang *вж* **sing I**.

sangaree [sæŋgə'ri:] *n* разхладително питие от разредено вино с много подправки.

sanguine ['sæŋgwin] *adj* **1.** сангвиничен, сангвинически; пълнокръвен, жизнерадостен, буен, витален; **2.** оптимистичен; **to feel (be) ~ about the future** вярвам в бъдещето; **3.** румен; кървавочервен; ◇ *adv* **sanguinely**.

sanitary ['sænitəri] **I.** *adj* санитарен, здравен; хигиенен; хигиеничен; **~ laws** здравни закони; **II.** *n* обществена тоалетна.

sanity ['sæniti] *n* **1.** здрав разум, нормалност; **2.** разсъдливост, уравновесеност; трезвост.

sank *вж* **sink I**.

Santa Claus ['sæntə,klɔ:z] *n* Дядо Коледа, Дядо Мраз.

sap₁ [sæp] **I.** *n* **1.** *бот.* сок, мъзга; **2.** *прен.* жизнен сок; жизнени сили; жизненост; **II.** *v* **(-pp-)** **1.** изтеглям соковете на дърво; **2.** *прен.* изсмуквам, изтисквам (*сили, живот*).

sap₂ **I.** *n* **1.** *воен.* сапа, покрит окоп, траншея; **2.** *прен.* подривна дейност; **3.** *уч. sl* къртовска (скучна) работа; **II.** *v* **(-pp-)** **1.** копая окопи; **2.** подкопавам, подривам (*и прен.*); **3.** *sl* работя къртовски (**at**).

sapid ['sæpid] *adj* **1.** вкусен, приятен, апетитен; ароматен; **2.** интересен; съдържателен; смислен; съществен.

sapling ['sæpliŋ] *n* **1.** фиданка; младок; **2.** юноша, младеж; **3.** млада хрътка.

saponaceous [,sæpo'neiʃəs] *adj* **1.** сапунен, сапунест; **2.** *шег.* мазен.

sarcasm ['sa:kæzəm] *n* сарказъм.

sarcenet ['sa:sənet] *n* фина копринена материя за подплата, панделки и пр.

sardine ['sa:'di:n] *n* **1.** сардина, род селдова риба *Sardina plicharillus*; **2.** сардела, пушена и консервирана в олио сардина или друга подобна риба; **packed like ~s** натъпкани като сардели.

sari ['sa:ri:] *n инд.* сари, дълга женска дреха.

sark [sa:k] *n шотл.* риза.

sarking ['sa:kiŋ] *n* тънки дъски за обшивка.

sarmentose, sarmentous [sa:'mentəs] *adj бот.* който пуска мустачки.

sarn [sa:n] *n* каменен паваж; каменни стъпала.

sash₁ [sæʃ] *n* **1.** шарф (*на офицер, орденоносец*); **2.** параден офицерски колан.

sash$_2$ *n* рамка на прозорец.

sat *вж* **sit.**

Satan ['seitən] *n* сатана.

satanic(al) [sə'tænik(l)] *adj* сатанински, зъл, коварен.

satara [sə'ta:rə] *n* вид плътно сукно.

satchel ['sætʃəl] *n* чанта, *обикн.* ученическа чанта, която се носи на гръб.

sate$_1$ [seit] *v* **1.** засищам, задоволявам (*апетит и пр.*); **2.** пресищам.

sate$_2$ [sæt] *ост.* = **sat.**

sateen [sæ'ti:n] *n* сатен.

satellite ['sætəlait] *n* **1.** *астр.* спътник, сателит (*и прен.*); **2.** *прен.* човек от антуража; епигон; **3.** *attr* сателитен, придружаващ; второстепенен, спомагателен.

satiate ['seiʃieit] **I.** *v* насищам, пресищам; **II.** *adj ост.* пресѝтен.

satin ['sætin] **I.** *n* **1.** сатен, атлаз; **~ cloth** вълнен плат като атлаз; **2.** гладкост, гланцираност; лъскавина, лъскавост; **3.** *sl* джин (*и* **white ~**); **II.** *v* лъскам, лъсвам; сатинирам.

satire ['sætaiə] *n* сатира.

satirical [sə'tirikəl] *adj* сатиричен, саркастичен; остър, язвителен.

satisfaction [,sætis'fækʃən] *n* **1.** задоволство **(at, with); to the ~ of** така, че да заводоли, както изисква; за удоволствие на; **2.** уреждане (*на дълг*) **(of)**; обезщетение **(for)**; **3.** удовлетворение за обида (*и чрез дуел*).

satisfactory [,sætis'fæktəri] *adj* **1.** задоволителен, удовлетворителен, достатъчен; сносен, добър; **2.** *рел.* изкупителен.

satisfy ['sætisfai] *v* **1.** задоволявам, удовлетворявам; **to rest satisfied** спокоен съм; **2.** утолявам (*глад, любопитство*); **3.** изпълнявам, пазя, спазвам, съблюдавам.

satrap ['sætrəp] *n* **1.** *ист.* сатрап, управител на провинция в древна Персия; **2.** *прен.* сатрап, тираничен управник.

saturate ['sætʃəreit] **I.** *v* **1.** пропивам; просмуквам се в; напоявам, накисвам **(with)**; **to be ~d** *разг.* мокър съм до кости; **2.** *хим.* насищам; **3.** *прен.* пропивам; **to ~ oneself in** задълбочавам се, изучавам подробно; **II.** *adj* наситен (*за цвят*).

Saturday ['sætədi] *n* събота.

sauce [sɔ:s] **I.** *n* **1.** сос; **2.** подправка; **3.** *ам.* плодов кисел; **II.** *v* **1.** гарнирам със сос; правя пикантен (*и прен.*); **2.** *разг.* отговарям нахално (дръзко, грубо) на.

saucer ['sɔ:sə] *n* **1.** чинийка (подложка) за чаша; **~-eyed** с големи кръгли очи; **2.** глинена чинийка (*за саксия*); **3.** плитка котловина.

sausage ['sɔsidʒ] *n* **1.** наденица, кремвирш, суджук; луканка; **2.** *sl* предмет с продълговата форма.

saucy ['sɔ:si] *adj* **1.** нахален, безочлив, дързък; **2.** *sl* издокаран, елегантен, шик; моден.

saunter ['sɔ:ntə] **I.** *v* **1.** разхождам се (*бавно, без цел*), шляя се; **2.** разтакавам се; **to ~ through life** прекарвам целия си живот безцелно; **II.** *n* бавна, флегматична походка.

sausage ['sɔsidʒ] *n* **1.** наденица, кремвирш, суджук; луканка; **2.** *sl* предмет с продълговата форма.

savage ['sævidʒ] **I.** *adj* **1.** див, дивашки; **2.** свиреп, жесток, безжалостен, варварски; **3.** *разг.* яростен, разярен; **II.** *n* **1.** дивак; **2.** жесток, свиреп човек; **III.** *v* **1.** подивявам някого; **2.** малтретирам; **3.** хапя, беснея (*за кон*).

savanna(h) [sə'vænə] *n* савана, гола равнина; прерия.

savant ['sævənt] *n* учен.

save [seiv] **I.** *v* **1.** спасявам, избавям; запазвам; **to ~ o.'s face** запазвам доброто си име; **2.** икономисвам; отделям настрана (*и* **~ up**); **3.** не пропускам, не закъснявам за, хващам (*влак и пр.*); • **to ~ o.'s bacon** *разг.* спасявам си кожата; **II.** *n сп.* отбиване на нападение (*при футбол*); **III.** *prep, cj ост., поет.* освен, с изключение на, без; **~ and expect** като не се брои.

save-all ['seivɔ:l] *n ост.* **1.** нещо, което пази, предпазва; **2.** спестовна касичка (*за пари*); **3.** работно облекло, панталони.

saveloy ['sævəlɔi] *n* луканка.

saver ['seivə] *n* **1.** спасител, избавител; **2.** спестител, спестовник, икономист; **3.** *в съчет. като*: **labour ~** начин или средство за пестене на труд; **time ~** даващ икономии на време.

saving ['seiviŋ] **I.** *adj* **1.** спасителен; **2.** пестелив, спестовен, икономичен; **3.** стиснат, скрънзав; **II.** *n* **1.** спасяване, избавяне, избавление; **2.** спестяване, пестене; *pl* спестявания; **III.** *prep, cj* с изключение (на), освен; **~ your presence** извинявай за израза.

savour ['seivə] **I.** *n* **1.** вкус; *библ.* наслада; **2.** аромат, дъх, мирис; **3.** *прен.* оттенък; следа; **II.** *v* **1.** вкусвам с наслада, удоволствие; вкусвам критично; **2.** *прен.* имам оттенък; намирисвам на (**of**); **3.** *ост.* подправям, слагам подправка.

savoy [sə'vɔi] *n* вид твърдо зимно зеле; **S. opera** оперетите на Гилбърт и Съливън.

saw₁ *вж* **see₁**.

saw₂ [sɔ:] **I.** *n* трион, бичкия, циркуляр; **II.** *v* (*pp и* **sawn** [sɔ:n]) режа (се), отрязвам с трион; **to ~ the air** ръкомахам, жестикулирам.

sawdust ['sɔ:dʌst] *n* стърготини, дървени трици; **to let the ~ out of s.o.** смачквам фасона на някого.

saw-mill ['sɔ:mil] *n* дъскорезница.

saxophone ['sæksəfoun] *n муз.* саксофон.

say₁ [sei] **I.** *v* (**said** [sed]) казвам (**to** на); **to have nothing to ~ for oneself** мълчалив съм; не мога да се оправдая; **II.** *n* мнение, дума; **to have o.'s ~** мога да си кажа думата, мнението.

say₂ *n ост.* вид фин вълнен плат.

saying ['seiŋ] *n* поговорка; **as the ~ is (as the ~ goes)** както се казва.

scaffold ['skæfəld] *n* **1.** ешафод; *прен.* смъртно наказание (*обикн. обезглавяване*); **to send to the ~** осъждам на смърт; **2.** платформа; **3.** скеле (*на строеж*); **boat ~** понтонно скеле; **bracket ~** конзолно скеле; **cradle ~** висящо скеле; **bricklayer's ~** стоящо (обикновено) скеле.

scaffolding ['skæfəldiŋ] *n* **1.** скеле (*на строеж*); **2.** материали за скеле.

scalable ['skeiləbl] *adj* **1.** по който може да се катери човек; **2.** който може да се претегли; **3.** който може да се почисти.

scald₁ [skɔ:ld] **I.** *v* **1.** опарвам (се), попарвам (се); **~ing tears** горчиви сълзи; **2.** подварявам мляко; **3.** обварявам, попарвам; **II.** *n* опарване.

scald₂ *n ист.* древен скандинавски поет и рецитатор, скалд.

scale₁ [skeil] **I.** *n* **1.** люспа (*и зоол.*); (рогова) плочка; **2.** обвивка на листна пъпка; люспа на зърно; **3.** *тех.* котлен камък, накип; обгар, горяло; **II.** *v* **1.** люща (се) (*и за мазилка*); чистя люспи (**off**); **2.** свалям, чистя накип, зъбен камък; **3.** образувам накип, обгар, зъбен камък.

scale₂ **I.** *n* **1.** блюдо на везна; *pl* **~s, pair of ~s** везна, везни; **2.** *астр.* (**the Scales**) съзвездието Везни; **II.** *v* **1.** тежа; *рядко* претеглям; **2.** *сп.*: **to**

~ in (out) тегля се преди (след) надбягване (*за жокей*).

scale$_3$ **I.** *n* **1.** скала; линия; **2.** таблица; **3.** йерархия, *прен.* стълбица; **II.** *v* **1.** изкачвам се, достигам; катеря се по; **2.** определям по таблица; свеждам към мащаб; **3.** : **to ~ up** увеличавам, покачвам.

scaler ['skeilə] *n* **1.** човек, който лющи (чисти); **2.** инструмент за чистене на накип, зъбен камък и под; **3.** регистриращ уред, брояч (*на импулси*).

scalp [skælp] **I.** *n* **1.** скалп; **to take s.o.'s ~** скалпирам някого (*и прен.*); **to have the ~s of** *прен.* съдирам кожата на, скалпирам; **out for ~s** нападателно (свадливо, критично) настроен; **2.** теме; **3.** *прен.* трофей; **II.** *v* **1.** скалпирам (*и прен.*); **2.** *ам., разг.* търгувам на дребно; **3.** *ам., разг.* купувам евтино билети със спекулативна цел.

scamp$_1$ [skæmp] *n* **1.** негодник, калпазанин; хаймана; *умал.* мискинче, дяволче; хитруша; **2.** *ост.* разбойник.

scamp$_2$ *v* претупвам (*работа*).

scan [skæn] **I.** *v* **(-nn-) 1.** разглеждам, обследвам, проучвам, изучавам внимателно; **2.** прехвърлям, преглеждам повърхностно, бегло; **3.** *мед.* сканирам (се); **II.** *n* сканиране, разгръщане (*на образ в телевизионен екран*).

scandal [skændl] *n* **1.** скандал; позор, резил; **2.** злословия, сплетни, интриги, интригантство; **to talk (listen to) ~** клюкарствам, злословя, обръщам внимание на клюки; **3.** *юрид.* клевета.

scandalous ['skændələs] *adj* **1.** скандален, възмутителен, позорен; **2.** клеветнически; клюкарски; ◇ *adv* **scandalously**.

Scandinavian [,skændi'neivjən] **I.** *adj* скандинавски; **II.** *n* **1.** скандинавец; **2.** скандинавски език.

scanty ['skænti] *adj* оскъден, недостатъчен, ограничен; беден, слаб (*за реколта*); ◇ *adv* **scantily**.

scape$_1$ [skeip] *n* **1.** *бот.* стъбло; **2.** *архит.* тяло на колона.

scape$_2$ *suf* изглед; гледка; *главно в съчет.*: **sea-~** морски изглед; **land~** пейзаж.

scape$_3$ *поет., ост.* = **escape**.

scapular ['skæpjulə] **I.** *adj анат.* лопатъчен; раменен; **II.** *n* **1.** *рел.* скапуларий, наметало, което се носи върху расо; **2.** *мед.* превръзка за рамо; **3.** *анат., зоол.* лопатка; **~ feathers** пера в основата на крилото.

scar$_1$ [ska:] **I.** *n* **1.** белег, ръбец, драскотина (*от рана*); **2.** белег, рязка (*на камък, скала и пр.*); **3.** *бот.* белег на стъбло (*от паднало клонче и пр.*); **II.** *v* **1.** правя, оставям белег, драскотина, рязка; **2.** зараствам с белег (*обикн.* **~ over**)

scar$_2$ *n* стръмна, изпъкнала скала; ръб, рът.

scarce [skзəs] **I.** *adj* **1.** недостатъчен, ограничен, оскъден; **2.** рядък, дефицитен (*за стока и пр.*); **to make oneself ~** *разг.* офейквам, изпарявам се, духвам; не се мяркам, държа се настрана; **II.** *adv поет.* = **scarcely**.

scarcely ['skзəsli] *adv* едва, едвам, с мъка; едва-що, веднага щом; **I can ~ believe it** едва ли мога да го повярвам.

scarcity ['skзəsiti] *n* **1.** недостатъчност, недостиг; оскъдица; ограничение, липса; **2.** глад; **3.** рядкост.

scare [skзə] **I.** *v* **1.** плаша (се), уплашвам (се), изплашвам (се); **2.** изгонвам, прогонвам като плаша (*и с* **away, off**); **3.** *ам., разг.* изнамирам, "измислям" (**up**); **II.** *n* **1.** уплаха, ужас, всеобщ страх; **war ~** страх от война; **2.** *attr журн.* сензационен.

scaremonger [ˈskɜəˌmʌŋgə] *n* паникьор.

scarf₁ [ska:f] **I.** *n* (*pl* **scarves**) **1.** шалче, шарф; **2.** забрадка; **3.** мъжка вратовръзка със свободно пуснати краища; **II.** *v* слагам шалче (на); увивам с шалче.

scarf₂ *тех.* **I.** *n* **1.** чело на греда (кожа, метал и пр.), готово за съединяване; **2.** челно съединение (шев); наставка (*и* **~-joint**); **II.** *v* съединявам чрез препокриване.

scarlet [ˈska:lit] **I.** *n* **1.** алено; **2.** червен плат; червени дрехи; **3.** червеният цвят като символ на грях; **II.** *adj* червен, ален; **to turn ~** изчервявам се силно, пламвам.

scarlet woman [ˈska:litˈwumən] *n* **1.** *презр.* проститутка; *библ.* голямата блудница, Вавилон; **2.** Римокатолическата църква; папизъм.

scarp [ska:p] **I.** *n* стръмен склон (*на хълм, окоп*), ескарп; **II.** *v* придавам стръмен наклон на.

scary [ˈskɜəri] *adj разг.* **1.** ужасен, страховит; **2.** плашлив, бъзлив, страхлив.

scat₁ [skæt] *n муз.* джазово пеене без думи, скат.

scat₂ *v* (**-tt-**) *ам., разг., обикн. в imper* офейквам, изпарявам се, духвам.

scatter [ˈskætə] *v* **1.** пръскам (се), разпръсвам (се); **to ~ fragrance** разнасям аромат; **2.** пилея, раздавам щедро, с широка ръка; **3.** разгонвам.

scaup [skɔ:p] *n* **1.** гол хълм (скала); пясъчна ивица; **2.** гнездо на миди; **3.** = **scaup-duck**.

scaup(-duck) [ˈskɔ:p(dʌk)] *n зоол.* северна потапница *Fuligula marila.*

scavenge [ˈskævindʒ] *v* **1.** чистя, почиствам (улици); събирам боклук; **2.** събирам изхвърлени от другите неща, ровя боклуците; **3.** *тех.* пречиствам разтопен метал.

scene [si:n] *n* **1.** сцена; действие; място на действие; **2.** гледка, пейзаж, картина; зрелище; **3.** сцена, картина (*от пиеса*).

scenery [ˈsi:nəri] *n* **1.** пейзаж, природа; **2.** декори.

scenic [ˈsi:nik] *adj* **1.** живописен; **~ attractions** природни забележителности; **2.** сценичен, театрален; ◇ *adv* **scenically**.

scent [sent] **I.** *n* **1.** миризма, мирис; аромат, благоухание; **2.** парфюм; **3.** следа, диря (*по миризма*); подушване; **on the ~ of** по следите (*и прен.*); **II.** *v* **1.** слагам парфюм на; парфюмирам; пръскам с парфюм; **2.** изпълвам с благоухание; **3.** помирисвам, усещам; подушвам.

scented [ˈsentid] *adj* благоуханен, напарфюмиран, ароматен, ароматизиран.

sceptic [ˈskeptik] **I.** *adj* скептичен, скептически; **II.** *n* скептик.

sceptical [ˈskeptikəl] *adj* скептичен, скептически; *adv* **sceptically**.

scepticism [ˈskeptisizəm] *n* скептицизъм.

schedule [ˈʃedju:l, *амер.* ˈskedju:l] **I.** *n* **1.** разписание; **(according) to ~** по разписание; **2.** списък, каталог; **3.** таблица; **II.** *v* **1.** определям; **the speech is ~d for next Thursday** речта е определена за идващия четвъртък; **2.** правя списък (опис); инвентаризирам; включвам в списък (опис); каталогизирам.

schema [ˈski:mə] *n* (*pl* **schemata** [ˈski:mətə]) схема, скица; диаграма; план.

scheme [ski:m] **I.** *n* **1.** план, проект; **to lay down a ~** изготвям проект; **2.** схема, скица, диаграма, таблица; **3.** система; метод, начин; **II.** *v* **1.** планирам (*и с* **out**); *прен.* замислям; **2.** интригантствам, сплетнича, кроя интриги.

schemer ['ski:mə] *n* **1.** интригант, сплетник; **2.** фантазьор.

scherzo ['skзətsou] *n муз.* скерцо.

schism ['sizm] *n* разкол; схизма; разцепление (*и рел.*).

schismatic [siz'mætik] **I.** *adj* схизматически, схизматичен, разколнически; **II.** *n* схизматик, разколник.

scholar ['skɔlə] *n* **1.** учен; **a ~ and a gentleman** *остар.* истински образован човек; **visiting scholar** гостуващ учен; **2.** *остар., нар.* ученик; **3.** стипендиант.

scholarship ['skɔləʃip] *n* **1.** стипендия; **2.** начетеност, ерудиция.

scholastic [skɔ'læstik] **I.** *adj* **1.** схоластичен; академичен, педантичен, сух, ограничен; ◇ *adv* **scholastically**; **2.** училищен; учебен, образователен; учителски; **~ agent** агент, който търси работа на учители; **3.** учен; научен; **~attainments (degree)** научни постижения (научна степен за хуманитарните науки); **II.** *n* **1.** схоластик; **2.** *ост.* преподавател по схоластика.

scholium ['skouliəm] *n* **1.** коментар на; **2.** *ист.* схолия, бележка, пояснение към древногръцки или латински текст.

school₁ [sku:l] **I.** *n* **1.** училище, школо; **board ~** *истор.* безплатно основно училище, поддържано от настоятелство; **2.** институт; факултет; школа; **3.** учебни занятия; **II.** *v* уча, обучавам; обуздавам, дисциплинирам, дресирам.

school₂ **I.** *n* ято, стадо, пасаж (*от риба*); **II.** *v* движа се на стада.

schoolbook ['sku:lbuk] *n* учебник.

schoolboy ['sku:lbɔi] *n* ученик.

schooldays ['sku:l,deiz] *n* ученически години (период).

school friend *n* съученик, съученичка, приятел(ка) от училище.

schoolgirl ['sku:lgə:l] *n* ученичка.

schooling ['sku:liŋ] *n* **1.** учене, възпитаване; школовка; **he did not get much ~** той не получи голямо образование; **2.** трениране, обяздване, дресиране (*на кон, ездач*).

schoolmaster ['sku:lmastə] *n* учител; *прен.* наставник.

schoolmistress ['sku:lmistris] *n* учителка.

schooner₁ ['sku:nə] *n* **1.** *мор.* шхуна; **2.** *ам.* фургон, покрита кола; (*обикн.* **prairie ~**).

schooner₂ *n* висока стъклена чаша (*за шери*).

sciatica [sai'ætikə] *n мед.* ишиас, невралгия на седалищния нерв.

science ['saiəns] *n* **1.** наука (*обикн. точна, естествена*); **applied ~** приложна наука; **2.** естествени науки; **3.** вещина, умение, техника.

scientific [,saiən'tifik] *adj* **1.** научен, точен; **~ method** научен метод; **2.** природонаучен; **3.** изкусен, умел, вещ, опитен.

scientist ['saiəntist] *n* учен, естествоизпитател, естественик.

sci-fi ['saifai] **I.** *n* научна фантастика; **II.** *adj* научнофантастичен; **~ novels** научнофантастични романи.

scintillate ['sintileit] *v* **1.** святкам, искря; блещукам; излъчвам; сцинтилирам; **2.** *прен.* блестя, блесвам.

sciolist ['saiolist] *n* лъжеучен, дилетант.

scion ['saiən] *n* **1.** потомък; **2.** издънка, филиз.

scissel [sisl]] *n* метални изрезки.

scissile ['sisail] *adj* цеплив, който се цепи лесно.

scission ['siʒən] *n* **1.** рязане, изрязване, разрязване; **2.** отделяне, разделяне.

scissors ['sizəz] *n pl* **1.** ножица (*обикн.* **a pair of ~**); **2.** *воен.* рогатка.

sclerous ['skliərəs] *adj* **1.** твърд, втвърден; **2.** склерозиран.

scobs [skɔbz] *n pl* стърготини, стружки от рашпила.

scoff [skɔf] **I.** *n* **1.** подигравка, насмешка; присмех; **2.** посмешище; **II.** *v* **1.** надсмивам се, присмивам се (**at**); осмивам; **2.** *разг.* лапам, ям лакомо, нагъвам.

scoffer [ˈskɔfə] *n* **1.** присмехулко; **2.** безбожник.

scold [skould] **I.** *v* карам се на, хокам, гълча, сгълчавам, смъмрям; **II.** *n* кавгаджийка.

sconce [skɔns] **I.** *n* **1.** стенен свещник; свещник с дръжка; **2.** *воен.* укритие, окоп, форт (*обикн. при брод, проход*); **3.** *ост.* убежище, подслон; **II.** *v* **1.** закривам, прикривам с окоп, форт; **2.** глобявам (*в Оксфорд*).

scone [skɔn] *n* малка кифла от пшеничено брашно.

scoop [sku:p] **I.** *n* **1.** черпак; гребло, лопатка, гребалка (*за захар, брашно и пр.*); **2.** загребване; **to make a ~** (за)гребвам; **at one ~** с един замах, от раз; **3.** *мед.* хирургически инструмент като лопатка; **II.** *v* **1.** греба; загребвам, изгребвам, огребвам (**up**); **2.** копая, изкопавам; издълбавам (**out**); **3.** спечелвам (**in**); изигравам.

scooper [ˈsku:pə] *n* **1.** гребач, изгребвач; гребло; гребалка; черпак; **2.** длето (*за гравиране*).

scope [skoup] *n* **1.** обсег, обхват; кръгозор, размах, простор; **to give o.'s fancy full ~** давам пълна свобода на въображението си; **2.** компетентност; **3.** *ост.* цел, намерение.

scorcher [ˈskɔ:tʃə] *n* **1.** *разг.* нещо, което гори, изгаря, опарва, попарва; **2.** човек, който кара лудо (*колело, кола*); **3.** *sl* нещо удивително, поразяващо.

score [skɔ:] **I.** *n* **1.** резултат; *сп.* точки, голов резултат; **what is the ~ now?** какъв е резултатът? **2.** сметка; отбелязване на вересии с резки (*обикн. в кръчма*); **3.** рязка; белег, драскотина; *прен.* бразда; • **on that ~** по този въпрос; **II.** *v* **1.** бележа (*успех, точки*); имам успех, печеля; **to ~ a point (an advantage)** имам преимущество, вземам връх; **2.** водя сметка; *сп.* отбелязвам точки, голове; **3.** правя резки в, драскам, надрасквам.

scorn [skɔ:n] **I.** *n* **1.** презрение; **to hold in ~** презирам; **2.** присмех, насмешка; **3.** обект на презрение; **II.** *v* **1.** презирам; **2.** *ост.* подигравам.

Scorpio [ˈskɔ:piou] *n астр.* съзвездие Скорпион.

scorpion [ˈskɔ:pjən] *n* **1.** скорпион; **2.** *библ.* бич с шипове; **3.** зъл човек.

scot [skɔt] *n ист.* налог, данък; **~ and lot** общински данък.

Scot [skɔt] *n* **1.** шотландец; **2.** *ист.* скот, келт.

scotch[1] [skɔtʃ] **I.** *v* **1.** *ост.* рязвам, срязвам, одрасквам; **2.** слагам край; унищожавам; убивам; *прен.* потушавам, смазвам; **II.** *n* **1.** рязка, драскотина; **2.** черта.

scotch[2] **I.** *n* клин под колело, бъчва и пр. (*за да не се търкаля*); **II.** *v* слагам клин, заклинвам (*колело, бъчва и под.*).

Scotch [skɔtʃ] **I.** *adj* шотландски; **II.** *n* **1.** (**the ~**) шотландците; **2.** шотландският диалект; **3.** шотландско уиски.

Scotland Yard [ˈskɔtləndˈja:d] *n* **1.** Скотланд Ярд (*дирекция на Лондонската полиция*); **2.** криминалният отдел на Скотланд Ярд.

Scottish [ˈskɔtiʃ] *adj книж.* шотландски.

scoundrel [ˈskaundrəl] *n* мошеник, пунгаш, нехранимайко, негодник.

scour[1] [ˈskauə] **I.** *v* **1.** търкам, изтърквам, жуля, лъскам, излъсквам; очиствам, изчиствам (**away, off**); изстъргвам; **2.** чистя дрехи (*с химикал*); **3.** *мед.* прочиствам (се) (*черва*); **II.** *n* **1.** изтъркване, излъскване, изчистване; **2.** ерозивна дейност; **3.** корито, канал, русло, изровено място (*от течаща вода*).

scour₂ *v* **1.** бродя, пребраждам, изброждам; **2.** претършувам, претърсвам, претръсквам; **3.** движа се бързо; профучавам, прехвръквам, стрелвам се.

scourer [ˈskauərə] *n* **1.** човек, който чисти (лъска); **2.** телена гъбка; измиващ препарат; прах за търкане, чистене, лъскане.

scout₁ [skaut] **I.** *n* **1.** разузнавач (*човек, кораб, аероплан и пр.*); **2.** скаут (*член на младежка организация*); **3.** : **on the ~** по сведенията на разузнаването; *прен.* на лов за (**for**); **II.** *v* разузнавам, проучвам; **to ~ about (round)** бродя; дебна.

scout₂ *v* отхвърлям, не приемам (*идея и пр.*); смятам за абсурд; надсмивам се на.

scout₃ *n зоол.* кайра, нирец, буревестник и др. подобни птици.

scowl [skaul] **I.** *v* мръщя се, намръщвам се, чумеря се, въся се, свъсвам вежди, гледам навъсено (**at, on**); **to ~ down s.o.** накарвам някого да млъкне; **II.** *n* мръщене, намръщване.

scrabble [skræbl] **I.** *v* **1.** дращя; драскам; **2.** ровя; рия; **to ~ about in** ровя се в; **3.** *ост., библ.* драскам, пиша; **II.** *n* **1.** драскане; **2.** ровене; риене; **3.** драсканица.

scrag [skræg] **I.** *n* **1.** мършав, изпосталял човек (животно); **2.** слабият край на врат на заклан овен; **3.** *sl* шия (*на човек*); **II.** *v* (**-gg-**) **1.** извивам шията на; беся, обесвам; душа, одушавам; **2.** *уч. sl* стискам някого за врата.

scramble [skræmbl] **I.** *v* **1.** катеря се, лазя (*с мъка, тромаво, като бързам*); **to ~ to o.'s feet** бързам да се изправя; **2.** боричкам се, блъскам се, сбивам се (*за нещо; и прен.*) (**for**); **3.** справям се доколкото мога; **II.** *n* **1.** катерене; лазене; **2.** боричкане за пръснати неща, блъсканица, суматоха.

scrap₁ [skræp] **I.** *n* **1.** парче, парченце, късче; **2.** *pl* парчетии; остатъци от храна; **3.** *събир.* стари железа; брак; шкарт; *тех.* скрап; **II.** *v* (**-pp-**) изхвърлям на боклука; бракувам.

scrap₂ **I.** *n* сбиване, счепкване, схватка; кавга; **to come to ~s (with)** счепквам се с; **II.** *v* (**-pp-**) боричкам се, счепквам се, сбивам се (**with**).

scrape [skreip] **I.** *v* **1.** стържа, остъргвам; цикля (**away, off, out, down**); **to ~ o.'s boots** изстъргвам си обувките; **2.** търкам, чистя, лъскам; **to ~ out** заличавам (*знак, подпис и пр.*); **3.** скърцам, стържа; **to ~ out a tune from a fiddle** изскрибуцвам нещо на цигулка; **II.** *n* **1.** стъргане, стържене; **2.** белег, драскотина; **3.** скърцане, скрибуцане, стържене; **with a ~ of the pen** с едно драсване на перото.

scratch [skrætʃ] *v* **1.** дращя (се), драскам (се); издирам; **to ~ the surface of** *прен.* плъзгам се по повърхността на; **2.** ровя, изравям (**out, up**); **3.** чеша (се).

scrawl [skrɔ:l] **I.** *v* **1.** пиша лошо, бързо, нечетливо, неразбрано; **2.** драскам, надрасквам; **II.** *n* **1.** лош (нечетлив) почерк; **2.** лошо (неграмотно) написана бележка; **3.** драскулка.

scream [skri:m] **I.** *v* **1.** пищя, пискам, викам, крякам, надавам вик; извиквам (**out**); **to ~ with laughter** кискам се; **2.** свистя (*за машина, вятър*); **3.** крещя (*за цвят*); **II.** *n* **1.**

вик, писък; **~s of laughter** кискане; **2.** свистене, остър шум; **3.** *sl* човек (нещо), който предизвиква смях (*и* **a perfect ~**); посмешище, скица.

screamer ['skri:mə] *n* **1.** който надава писъци, викове; **2.** *sl* смешна история, случка и пр.; **3.** *печ. sl* удивителна.

screech [skri:tʃ] **I.** *v* **1.** скрибуча, скърцам, издавам пронизителен звук (*спирачки на автомобил, самолетен двигател*); **2.** пищя, крещя, крясκам, викам зловещо (пронизително) (*и с* **out**); **II.** *n* пронизителен вик, писък; **to let out a ~** изпищявам.

screen [skri:n] **I.** *n* **1.** параван (*и прен.*), щит, преграда; **fire ~** малък параван (*за пред камина и пр.*); **2.** екран; **3.** прикритие (*и воен.*), заслон; **II.** *v* **1.** преграждам, отделям; скривам; **to ~ off** разделям, преграждам; слагам завеса; **2.** проучвам (*кандидати за служба и пр.*); **3.** филмирам (се); правя сценарий по.

screw [skru:] **I.** *n* **1.** винт, болт, бурма (*и* **male ~**); гайка (*и* **female ~**); **2.** *мор.* витло; *ав.* витло, перка, пропелер; **3.** завинтване; завъртване; **II.** *v* **1.** завинтвам (се); **2.** извивам; завъртвам; **3.** свивам, изкривявам.

screw-driver ['skru:draivə] *n* отвертка.

scribble$_1$ [skribl] **I.** *v* **1.** пиша бързо, надрасквам; **2.** *рядко* драскам по, надрасквам; **3.** *презр.* писателствам; пописвам (*стихчета и пр.*), съчинявам набързо и небрежно; **II.** *n* **1.** драсканица, драскулка; лош (нечетлив) почерк; **2.** небрежно написана бележка, стих и под.; драсканица.

scribble$_2$ *v* разчесвам вълна (памук) при кардиране.

scrimp [skrimp] **I.** *v* скъпя се, икономисвам, пестя; **II.** *n ам., разг.* скръндза, циция.

scrimshaw ['skrimʃɔ:] **I.** *n* **1.** резба (украса) върху раковини, слонова кост; **2.** красиво изработен предмет; **II.** *v* украсявам (*миди и под.*) с резба.

script [skript] **I.** *n* **1.** *юрид.* ръкопис, оригинал; **2.** ръкопис, сценарий на пиеса, филм (роля, телевизионно или радиопредаване); **3.** вид шрифт, който имитира писане на ръка; **II.** *v ам.* написвам сценарий за (по).

scripture ['skriptʃə] *n* **1.** (**S.**) Светото писание, Библията (*и* **Holy ~, the ~s**); копие от Библията или Евангелието; **2.** *ост.* отделен пасаж, текст, цитат от Библията; **3.** свещени книги (*нехристиянски*).

scroll [skroul] **I.** *n* **1.** свитък; свитък на стар ръкопис; **on the ~ of fame** между знатните; **2.** спирален орнамент, волута (*и архит.*); **3.** *хералд.* панделка с мото под герб; **II.** *v* **1.** завивам (се), навивам (се); **2.** украсявам с извивки.

scroop [skru:p] **I.** *v* скърцам, скрибуцам; **II.** *n* скърцане, скрибуцане.

scrub$_1$ [skrʌb] **I.** *n* **1.** шубрак; **2.** недорасъл човек (животно), завързак; **3.** мижитурка, незначителен (малък) човечец; **II.** *adj ам.* = **scrubby**.

scrub$_2$ **I.** *v* (**-bb-**) **1.** търкам (*с четка, вода и сапун*); жуля; изтърквам (**off**); *refl* търкам се, правя си фрикция; **2.** *тех.* пречиствам (*газ*); **3.** *ам.* прекарвам, преживявам (**along**); **II.** *n* търкане, чистене, почистване.

scrubby ['skrʌbi] *adj* **1.** нискостъблен; недорасъл; **2.** нищожен, незначителен; **3.** неспретнат, развлечен; мръсен.

scruff [skrʌf] *n* тил, задна част на врата (шията); **to take by the ~ of**

the neck хващам за врата.

scruffy ['skrʌfi] *adj* развлечен, размекнат, мърляв, запуснат; ◇ *adv* **scruffily**.

scrunch [skrʌntʃ] **I.** *v* **1.** схрусквам; хрущя; **2.** смачквам; **II.** *n* схрускване.

scrupulous ['skru:pjuləs] *adj* **1.** съвестен; добросъвестен, съзнателен (**about, in**); **2.** щателен; грижлив, внимателен; коректен.

scrutinize ['skru:tinaiz] *v* разглеждам (изследвам) внимателно, подробно.

scry [skrai] *v* предсказвам бъдещето по кристал.

scud [skʌd] **I.** *v* (**-dd-**) **1.** движа се бързо, нося се леко, хлъзгам се (*за кораб, облаци и пр.*); **2.** *мор.* нося се по вятъра; **II.** *n* **1.** бързо леко движение, носене, хлъзгане; стремителен бяг; **2.** леки облаци (мъгла), носени от вятъра; **3.** преваляване, дъжд от облак.

scuff [skʌf] **I.** *v* **1.** тътря си краката; влача се, тътря се; **2.** протривам, одрасквам (*обикн. кожа*); **II.** *n* **1.** тътрене; **2.** вид обувка без пета (форт), чехъл; **3.** изтриване, изхабяване, износване (*от плъзгане*).

scuffle [skʌfl] **I.** *v* **1.** боричкам се, боря се; **2.** движа се бързо; **3.** разривам (*с гребло, мотика*); **II.** *n* **1.** боричкане; схватка; **2.** тътрене; **3.** вид мотика.

scull [skʌl] **I.** *n* **1.** весло; дълго кормилно весло; **2.** лодка с весла; малка гребна лодка; **II.** *v* карам лодка с весло (весла).

scullery ['skʌləri] *n* помещение до кухня за миене на кухненски съдове; килер.

sculptor ['skʌlptə] *n* скулптор, ваятел.

sculpture ['skʌlptʃə] **I.** *n* **1.** скулптура; **2.** статуя, скулптурна творба; **3.** *бот., зоол.* изпъкнали или вдлъбнати очертания по растение или мида; **II.** *v* **1.** вая, извайвам; украсявам със скулптура; скулптор съм, занимавам се със скулптура; **2.** *геол.* оформям, изменям (*за действието на ерозията*).

scum [skʌm] **I.** *n* **1.** нечиста пяна; **2.** *прен., събир.* измет; (*за едно лице*) отрепка; **~ of society** измет на обществото; **3.** *мет.* шлака, люспи, горяло; **II.** *v* (**-mm-**) **1.** чистя (очиствам) пяна, препеням; **2.** пеня се, образувам (отделям) нечиста пяна.

scumble ['skʌmbl] **I.** *v изк.* смекчавам очертанията на рисунка с лек пласт непрозрачна боя; **II.** *n* **1.** пласт боя, използван за тази цел; **2.** смекчаване на очертанията с пласт непрозрачна боя.

scunner ['skʌnə] *шотл.* **I.** *n* отвращение; **to take a ~ against** намразвам; **II.** *v* отвращавам се (**at, against**).

scupper ['skʌpə] **I.** *n* отвор в борда на кораб за оттичане на вода от палубата; **II.** *v sl* **1.** нападам внезапно и потопявам (*кораб*); нападам и избивам (*войски и пр.*); **2.** изваждам от строя; обърквам, разстройвам (*планове и пр.*).

scurf [skə:f] *n* **1.** люспи от кожа, пърхот; **2.** налеп; котлен камък; **3.** прашец, мъх (*на лист, на насекомо и пр.*).

scurrility [skʌ'riliti] *n* циничност; цинизъм; цинична забележка (език).

scurry ['skʌri] **I.** *v* **1.** бягам, припкам, препускам; **2.** върша нещо набързо, бързам; **to ~ through o.'s work** свършвам си работата набързо (надве-натри), претупвам си работата; **II.** *n* **1.** бягане, припкане, препускане; **2.** бързане; суетня; **3.** внезапен пороен дъжд; внезапна снежна вихрушка.

scurvy₁ [ˈskə:vi] *n мед.* скорбут, цинга, авитаминоза С.

scurvy₂ *adj* долен, низък, подъл.

scut [skʌt] *n* **1.** къса опашка (*на заек, елен*); **2.** *sl* мръсен тип, негодяй.

scutch [skʌtʃ] **I.** *v* чукам, грухам (*лен, коноп и пр.*); **II.** *n* **1.** мъначка (*за лен, коноп*); **2.** пъздер, стъбла от лен и коноп.

scuttle₁ [skʌtl] *n* кофа за въглища.

scuttle₂ **I.** *n* **1.** прозорче на покрив (стена) с капак; **2.** люк; **II.** *v* пробивам дъното (стената) на кораб, потапям (кораб), като пробивам дъното му.

scuttle₃ **I.** *v* **1.** избягвам (уплашен), офейквам (*с* **off, away**); **2.** *пол.* оттеглям се, дезертирам; отказвам се от мандат; **II.** *n* бягство, офейкване; дезертиране.

scythe [saið] **I.** *n* коса (*за косене*); **II.** *v* кося.

sea [si:] *n* **1.** море; океан; **on (by) land and ~** по суша и по море; **2.** вълна; **3.** *прен.* море, океан.

seal₁ [si:l] **I.** *n* **1.** тюлен; **true ~s** тюлени *Phocidae*; **2.** тюленова кожа; **II.** *v* ходя на лов за тюлени.

seal₂ **I.** *n* **1.** печат (*и прен.*); клеймо; пломба (*на багаж и под.*); **Great (State) S.** голям държавен печат; **Privy S.** малък държавен печат; **Fisher's S., the S. of the Fisherman** папски печат; **under my hand and ~** подписан и подпечатан саморъчно от мен; **2.** *тех.* уплътнение, уплътняващ/изолиращ слой, заплънка; **3.** *тех.* затвор; воден хидравличен затвор; савак; **II.** *v* **1.** подпечатвам, слагам печат (клеймо) на; скрепявам с печат; запечатвам (*и прен.*); пломбирам (*стоки и пр.*); **2.** затварям плътно (*очи, уста*); **to ~ s.o.'s lips** налагам някому мълчание, принуждавам някого да мълчи; **3.** уплътнявам, затварям херметически; *тех.* запоявам; засмолявам; замазвам; изолирам; *фот.* обтурирам (*и с* **up**).

sealskin [ˈsi:lskin] *n* (връхна дреха от) тюленова кожа.

seam₁ [ˈsi:m] **I.** *n* **1.** шев (*и анат.*); **2.** следа, белег, драскотина (*от рана*); бръчка (*на лицето*); **3.** *геол., мин.* тънък пласт, прослойка; **II.** *v* **1.** съшивам, съединявам с шев; **2.** набраздявам, набръчквам.

seam₂ *n ост.* стара мярка за жито и под. (*колкото може да носи един кон*).

seaman [ˈsi:mən] *n* (*pl* **-men**) моряк, матрос.

seamanlike, seamanly [ˈsi:mənlaik, ˈsi:mənli] *adj* моряшки, на опитен моряк.

sea-mark [ˈsi:ˌma:k] *n* фар, маяк, брегов знак.

seamew [ˈsi:mju:] *n* чайка.

seaming [ˈsi:miŋ] *n* **1.** ширит за обточване ръбовете на тапицерия; въже (връв) по ръба на риболовна мрежа; **2.** *тех.* фалцовка, фалцово съединение (*на ламарина*).

search [sə:tʃ] **I.** *v* **1.** претърсвам; обискирам, правя обиск на; **2.** изследвам, разглеждам внимателно, взирам се в; **to ~ s.o.'s face** опитвам се да прочета нечии мисли; **3.** *мед.* сондирам (*рана*); **II.** *n* **1.** търсене, претърсване; обиск; обискиране; **to be in ~ of** търся; **2.** търсене, преследване, стремеж (**after, for**); изследване.

searcher [ˈsə:tʃə] *n* **1.** митнически чиновник, който преглежда багажа и претърсва пътниците; търсач, изследовател; **a ~ of men's hearts** човек, който прониква в сърцата на хората, сърцевед; **2.** *мед.* сонда.

searchlight [ˈsə:tʃlait] *n* прожектор.

sea-shore [ˈsi:ʃɔ:] *n* морски бряг; плаж.

sea-sickness ['si:siknis] *n* морска болест.

seaside ['si:'said] *n* **1.** морски бряг, крайбрежие; **to go to the ~** отивам на море; **2.** *attr* ['si:said] (край)морски.

season ['si:zən] **I.** *n* **1.** годишно време, сезон (*театр. и пр.*); **a dead (dull, off) ~** мъртъв сезон; **2.** подходящо време (момент); **3.** *ост.* известно време, период; **II.** *v* **1.** (за)калявам; аклиматизирам, привиквам (**to**); **a ~ed soldier** кален войник; **2.** подправям (*храна*); *прен.* подслаждам, придавам пикантност на, разнообразявам; **3.** оставям да отлежи (*вино и пр.*); оставям да изсъхне (*дървен материал*); отлежавам (*за вино*); изсъхвам (*за дървен материал*).

seat [si:t] **I.** *n* **1.** място (*за сядане; в парламент, комисия и пр.*); стол, скамейка, пейка; **to take a ~** сядам; **2.** седалка, седалище (*на стол и пр.*); **3.** задник, седалище; **II.** *v* **1.** слагам да седне, намирам място (*на някого*) да седне; слагам на подставка, нагласям (*част от машина и пр.*); **please, be ~ ed** моля, седнете; **2.** поставям (снабдявам с) места за сядане (столове и пр.) (*в здание*); **3.** побирам (*седнали*).

secede [si'si:d] *v* отделям се, откъсвам се, отцепвам се (*от организация, държава и пр.*).

seclusion [si'klu:ʒən] *n* изолиране; изолация, уединение, усамотение.

second₁ ['sekənd] **I.** *adj* **1.** втори по ред; вторичен; второстепенен, от второ качество, който отстъпва (*на някого по нещо*); **Edward the S.** Едуард Втори; **he was the ~ to come** той дойде втори; **2.** втори, повторен, допълнителен, още един; **II.** *adv* на второ място; второ; втори; **to come ~ in s.o.'s affection** заемам второ място в любовта на някого; **III.** *n* **1.** втора награда; второ място (*в състезания и пр.*); човек (*кон и пр.*), който взема втора награда (второ място); **to come in a good ~** спечелвам второто място с малка разлика от победителя; **2.** помощник, секундант; **3.** *муз.* секунда.

second₂ *n* секунда; момент, миг; **~(s) hand** секундна стрелка.

secondary ['sekəndəri] **I.** *adj* **1.** второстепенен; **2.** вторичен; **3.** *хим.* двувалентен; **II.** *n* **1.** заместник; делегат, представител; **2.** дребен свещеник в катедрала; **3.** *зоол.* второстепенно махово перо; задно крило на насекомо.

second-best ['sekənd'best] *adj* второкачествен, не най-хубав (добър); **~ clothes** всекидневни дрехи; **to come off ~** претърпявам поражение (неуспех).

second-class ['sekənd'kla:s] *adj* второкачествен; **~ honours** много добър (*не отличен*) успех; **to travel (go) ~** пътувам (във) втора класа.

second-hand ['sekənd'hænd] *adj* **1.** употребяван, използван, купен (продаден) на вехто, втора употреба, вехтошарски, антикварен, оказионен; **~ dealer** вехтошар; **2.** непряк, от втора ръка (*за сведения и пр.*).

seconds-counter ['sekəndz'kauntə] *n* секундомер.

secrecy ['si:krəsi] *n* **1.** тайна; тайнственост; **in absolute ~** в пълна тайна, съвсем тайно; **in the ~ of one' own heart** в дълбините на сърцето си; **2.** пазене на тайна, секретност; **to rely on s.o.'s ~** разчитам, че някой може да пази тайна.

secret ['si:krit] **I.** *adj* **1.** таен, секретен; **2.** таен, скрит, прикрит; **~ parts** срамни части; **3.** таен, незаконен; **II.** *n* **1.** тайна, секрет; **to be in the ~** посветен съм в тайна; **2.** *фи-*

зиол. секрет (*от жлеза*).

secretaire [,sekri'teə] *n* бюро, писалище, писалищна маса.

secretary ['sekritəri] *n* **1.** секретар; **2.** министър, държавен секретар; **~ of state** (*в Англия*) министър; (*в САЩ и във Ватикана*) министър на външните работи; **S. of State for Home Affairs (Foreign Affairs, for War, for Scotland)** министър на вътрешните работи (на външните работи, на войната, за Шотландия); **3.** *ам.* = **secretaire**.

sect [sekt] *n* секта.

section ['sekʃən] **I.** *n* **1.** част, раздел; подразделение; отдел; секция; **2.** сечение, разрез; напречно сечение, профил; **3.** нещо отрязано, парче, отрязък; сегмент; **II.** *v* **1.** разделям (разрязвам) на части; **2.** подреждам по дялове; **3.** представям в разрез.

sector ['sektə] *n* **1.** *мат.* сектор; **2.** *воен.* сектор, участък; **3.** *тех.* кулиса.

secular ['sekjulə] **I.** *adj* **1.** светски, секуларен, мирянски, мирски; нерелигиозен; **the ~ arm** *ист.* гражданска власт, която привежда в изпълнение присъдите на църковен съд; **~ clergy** бяло духовенство, свещеници; **2.** вековен; дълготраен, постоянен (не периодичен); **~ tree** вековно дърво; **3.** който става веднъж на 100 години; **~ games** *ист.* древноримски игри, които са ставали веднъж на 100 или 120 години; **II.** *n* **1.** свещеник от бялото духовенство; неръкоположен църковен служител; **2.** мирянин.

secularity [,sekju'læriti] *n* светски характер; *pl* светски интереси.

secund ['si:kənd] *adj бот.* наредени само от едната страна на стъблото.

secure [si'kjuə] **I.** *adj* **1.** сигурен, надежден, безопасен, здрав, траен, солиден; добре затворен; **2.** спокоен, уверен, сигурен; **to feel ~ of** сигурен съм в; **3.** в безопасност; запазен; гарантиран, застрахован (**from, against**); **II.** *v* **1.** укрепявам, укрепвам (**against**); **2.** осигурявам, обезпечавам, гарантирам; **to ~ o.'s property to o.'s son** завещавам имота си на сина си; **3.** сдобивам се с, снабдявам се с; достигам (*цел*); постигам (*победа и пр.*); осигурявам си (*поддръжка и пр.*); **III.** *n ам.* отбой.

security [si'kjuəriti] *n* **1.** сигурност, безопасност; спокойствие; **S. Council** Съвет за сигурност (*при ООН*); **2.** увереност, доверие; **3.** защита, охрана.

sedan [si'dæn] *n* **1.** седан, закрит автомобил, лимузина; **2.** стол носилка, портшез (*и* **~ chair**).

sedate [si'deit] *adj* спокоен, уравновесен, улегнал; невъзмутим; ◇ *adv* **sedately**.

sedimentary [,sedi'mentəri] *adj* утаечен, седиментарен.

seditious [si'diʃəs] *adj* **1.** противодържавен; бунтарски; **2.** обвинен в антидържавна дейност.

seducer [si'dju:sə] *n* съблазнител, прелъстител.

seductive [si'dʌktiv] *adj* **1.** привлекателен, съблазнителен, изкусителен; **2.** убедителен, привличащ, увличащ; ◇ *adv* **seductively**.

see$_1$ [si:] *v* (**saw** [sɔ:]; **seen** [si:n]) **1.** виждам; **there is nothing to be ~n** нищо не се вижда; **2.** гледам (*пиеса и пр.*); разглеждам (*град и пр.*); гледам на; **I don't ~ it in that light** не го виждам в такава светлина; **3.** преглеждам, разглеждам (*болен, вестник, къща и пр.*); • **to ~ the last of s.o.** отървавам се от някого; **I will ~ you blowed (damned, further, at Jericho)**

first! как не! това няма да го бъде! върви по дяволите!

see$_2$ *n* епархия; **the Holy S., the S. of Rome** Светият (папският) престол (двор).

seed [si:d] **I.** *n* **1.** семе, зърно; *събир.* семе(на); сперма; зародиш; **to run to ~** давам семе, прецъфтявам; остарявам; преставам да се развивам умствено; **2.** потомство, деца, поколение; **II.** *v* **1.** давам семе; прецъфтявам; роня семена, падат ми семената; **2.** очиствам (отделям) семената (*на растение*); **3.** : **~ down** засявам.

seeing [ˈsi:iŋ] **I.** *n* **1.** зрение; **2.** виждане, гледане; **~ is believing** не вярвай, преди да си видял; виж, та повярвай; **II.** *cj* тъй като, понеже (*и* **~ that**); **III.** *prep* поради, като се има предвид; **he was unfit for the job ~ his youth and inexperience** той не беше подходящ за този пост поради младостта и неопитността си.

seek [si:k] *v* (**sought** [sɔ:t]) *книж.* **1.** търся, диря; опитвам се да открия; **to ~ a quarrel** търся да се скарам с някого; **2.** търся, стремя се към; искам; **3.** опитвам се, мъча се (*с inf*).

seem [si:m] *v* изглеждам; **it ~s to me** струва ми се.

seen *вж* **see**$_1$.

seepage [ˈsi:pidʒ] *n* просмукване, филтрация; стичане, изтичане; извор (*и* **~ of water**); просмукваща се влага.

seesaw [ˈsi:sɔ:] **I.** *n* **1.** климушка, люлка (*от дъска*); **2.** клатене, люлеене; **II.** *v* **1.** люлея се (*на дъска*); **2.** колебая се, изменям се, постоянно се издигам и спадам (*за цени, температура и пр.*); **III.** *adj* непостоянен, колеблив; **IV.** *adv* нагоре-надолу, назад-напред.

seethe [si:ð] *v* кипя (*и прен.*); **to ~ with anger** кипя от гняв; **the streets are seething with people** улиците гъмжат от народ; **the country was seething with discontent** в страната кипеше недоволство.

segment I. [ˈsegmənt] *n* **1.** част, дял, откъс; отсек, отрязък, сегмент; **grinding ~** шлифовъчен сегмент; **2.** *мат.* сегмент, отрез; **II.** [segˈment] *v* деля (се), разделям (се); сегментирам.

segregate I. [ˈsegrigeit] *v* **1.** отделям (се), разделям (се), изолирам (се) (**from**); **2.** *тех.* зайгеровам, ликвирам; **II.** [ˈsegrigit] *adj* отделен, изолиран, отлъчен.

seigneur, seignior [ˈseinjə:, seiˈnjɔ:] *n ист.* феодален владетел, сеньор; едър земевладелец, господар; **grand ~** благородник; важна личност, "паша", старейшина.

seine [sein] **I.** *n* гриб, рибарска мрежа; **II.** *v* ловя риба с мрежа.

seiner [ˈseinə] *n* рибарска лодка.

seizable [ˈsi:zəbl] *adj* който може да се хване (схване, конфискува и пр.).

seize [si:z] *v* **1.** хващам, сграбчвам (*и* **to ~ hold of**); **2.** завземам, превземам, завладявам; присвоявам си (*идея и пр.*); конфискувам; **3.** *юрид.* въвеждам във владение (*често pp*).

seizure [ˈsi:ʒə] *n* **1.** конфискация; арестуване; конфискувани стоки (имот); **2.** завземане, превземане, завладяване; **3.** апоплектичен удар; припадък, пристъп, атака.

seldom [ˈseldəm] *adv* рядко, понякога.

select [siˈlekt] **I.** *v* избирам, подбирам; селекционирам; **II.** *adj* **1.** подбран, избран; селекциониран; **2.** селективен; взискателен, претенциозен, строг в избора си (**in**); **3.** достъпен само за избрани (хора); **~ committee** парламентарна комисия.

selection [siˈlekʃən] *n* **1.** избор;

подбор; *биол.* подбор, отбор, селекция; **2.** сборник с избрани произведения; **3.** избрани екземпляри (модели и под.), сбирка, колекция.

selective [si'lektiv] *adj* който избира (подбира); селективен; **~ service** *ам.* военна повинност; ◇ *adv* **selectively**.

selector [si'lektə] *n* **1.** човек, който подбира; селекционер; **2.** *австрал.* дребен земеделец; **3.** *рад.* селектор; **range ~** превключвател на обхвата.

self-confident ['self'kɔnfidənt] *adj* самоуверен.

self-control ['selfkən'troul] *n* самообладание, самоконтрол.

self-defence ['selfdi'fens] *n* самозащита; самоотбрана.

self-determination ['selfditə:mi'neiʃən] *n* **1.** самоопределяне; **2.** свобода на волята.

self-importance ['selfim'pɔ:təns] *n* самомнение; важничене, важност, надутост.

self-indulgence ['selfin'dʌldʒəns] *n* **1.** даване воля на личните желания, апетити и под.; **2.** задоволяване на личните (собствените) желания, страсти и под.

selfish ['selfiʃ] *adj* егоистичен, себелюбив.

selfless ['selflis] *adj* самоотвержен, себеотрицателен, самопожертвувателен; безкористен; ◇ *adv* **selflessly**.

self-neglect ['selfni'glekt] *n* **1.** жертвоготовност, самоотверженост, себеотрицание, самопожертвувателност; **2.** нечистоплътност; занемареност.

self-opinionated ['selfo'pinjəneitid] *adj* **1.** своеволен; **2.** упорит, отстояващ упорито собственото си мнение.

self-powered ['self'pauəd] *adj* **1.** самодвижещ се, самоходен; **2.** със собствен източник на енергия.

self-service ['self'sə:vis] *n* самообслужване; **~ shop** магазин на самообслужване.

sell [sel] **I.** *v* (**sold** [sould]) **1.** продавам; **this house is to ~** тази къща се продава; **2.** продава се, харчи се, върви; **3.** *разг.* измамвам, изигравам, мятам (*обикн. pass*); **sold again** пак ме (те) метнаха; **II.** *n разг.* **1.** разочарование; **2.** измама, мента.

seller ['selə] *n* **1.** продавач; **~'s market** *фин.* оживено търсене; **2.** нещо (*обикн. книга*), което се продава (добре, зле).

selling point ['seliŋ'pɔint] *n* ценно качество; предимство; плюс.

sell-out ['sel'aut] *n* **1.** представление с разпродадени билети; **2.** предателство.

seltzer (water) ['seltsə('wɔtə)] *n* **1.** газирана минерална вода; **2.** сода.

selvage ['selvidʒ] *n* **1.** ивица, кенар, кант (*на плат*); **2.** *мин.* залбанд, жилна обшивка; **3.** = **selvagee**.

semaphore ['seməfɔ:] **I.** *n* семафор; **II.** *v* сигнализирам със семафор.

semblance ['sembləns] *n* образ, (външен) вид; подобие; **in the ~ of** във вид на; **to put on a ~ of** правя се (преструвам се) на.

semen ['si:men] *n* сперма, семе.

semi-annual ['semi'ænjuəl] *adj* веднъж на половин година, два пъти годишно.

semi-automatic ['semiɔ:tə'mætik] *adj* полуавтоматичен.

semicolon ['semikoulən] *n* точка и запетая.

semiconductor ['semikən'dʌktə] *n* *физ.* полупроводник.

semiconscious ['semi'kɔnʃəs] *adj* в полусъзнание; полуосъзнат.

seminar [,semi'na:] *n* семинар.

semination [semi'neiʃən] *n* осеменяване.

Semitism ['semitizəm] *n* **1.** характерен белег на семитите; **2.** семитски израз.

Semitize ['semitaiz] *v* придавам семитски характер (на).

semolina ['seməli:nə] *n* грис.

senate ['senit] *n* **1.** сенат; **2.** академичен съвет.

senator ['senətə] *n* сенатор; **S. of the College of Justice** *шотл.* съдия.

send₁ [send] *v* (**sent** [sent]) **1.** пращам, изпращам; **to ~ word** съобщавам, уведомявам; **2.** запращам, хвърлям, мятам (*топка, куршум и пр.*); **the blow sent him sprawling** ударът го просна на земята; **3.** докарвам, накарвам.

send₂ **I.** *n* тласък (*на вълна*); **II.** *v* нося се (тласкам се) от вълна на вълна; издигам се нагоре с вълната (*за кораб*).

sender ['sendə] *n* **1.** подател (*на писмо и пр.*); този, който изпраща (*съобщение и пр.*); **2.** регистър, вибратор; датчик; **3.** морзов ключ, предавател.

senescence [se'nesəns] *n* остаряване, стареене; старост; старческа възраст (*и мед.*).

senility [si'niliti] *n* старост; грохналост; изкуфялост.

senior ['si:niə] **I.** *adj* по-стар; старши; **he is two years ~ to me** той е с две години по-възрастен от мен; **II.** *n* **1.** по-стар, по-голям, старши; ученик от горните класове; *ам.* студент от горния курс; **he is my ~ by two years** той е две години по-голям от мен; **2.** възрастен гражданин.

sensation [sen'seiʃən] *n* **1.** усещане, чувство; **a ~ of giddiness (heat, pain)** чувство на замайване, топлина, болка; **2.** сензация; *attr* сензационен.

sense [sens] **I.** *n* **1.** чувство; възприятие, усещане; усет; **a ~ of duty (humour, responsibility)** чувство на дълг (на отговорност, за хумор); **2.** сетиво; **3.** *pl* ум; **II.** *v* **1.** усещам, чувствам; предчувствам; **2.** *ам.* схващам, разбирам.

senseless ['senslis] *adj* **1.** безчувствен, в безсъзнание; **to knock s.o. ~** зашеметявам някого; **2.** глупав, неразумен; **3.** безсмислен.

sensible ['sensibl] *adj* **1.** видим, осезаем, забележим; **2.** : **~ of** който забелязва (чувства, съзнава); **3.** (благо)разумен; здравомислещ.

sensitive ['sensitiv] **I.** *adj* **1.** чувствителен, сензитивен (**to** към); **~ market** неустойчив, нестабилен пазар; **2.** обидчив; който лесно се засяга (**about**); **3.** точен, прецизен, чувствителен (*за уред*); **II.** *n* чувствителен човек; човек, податлив на хипноза.

sent *вж* **send₁**.

sentence ['sentəns] **I.** *n* **1.** присъда; наказание; *юрид.* сентенция, решение на съд, присъда; **to be under ~ of** осъден съм на; **2.** *ез.* изречение; **3.** *ост.* мъдрост, сентенция; **II.** *v* осъждам (**to** на).

sentiment ['sentimənt] *n* **1.** чувство; **2.** отношение, мнение; **those are my ~s** така мисля аз; **3.** сантименталност.

sentry ['sentri] *n* часови, часовой, караул.

separate **I.** ['sep(ə)rit] *adj* отделен, разделен; самостоятелен; обособен; **~ estate** собствено имущество на съпруга; **II.** ['sepəreit] *v* **1.** отделям (се), деля (се), разделям (се) (**from**); сортирам; **to ~ milk** отделям каймака от млякото; **2.** скъсвам се; **3.** *ам.* демобилизирам; **III.** ['sep(ə)rit] *n* отделен отпечатък (*от статия и пр.*).

sept [sept] *n* ирландски род, племе.

septal₁ ['septl] *adj* преграден.

septal₂ *adj* родов, племенен.

septan ['septən] *adj* който се явява всеки седми ден (*за треска*).

September [sep'tembə] *n* **1.** септември; **2.** *attr* септемврийски.

sepulchre ['sepəlkə] **I.** *n* гроб(ница); **the Holy S.** Божи гроб; **whited ~** лицемер; **II.** *v* погребвам.

sequel ['si:kwəl] *n* **1.** продължение; **2.** последствие, резултат; **in the ~** впоследствие.

sequence ['si:kwəns] *n* **1.** ред, редица, серия, поредица; редуване; **2.** последователност; **3.** : **~ of tenses** *ез.* съгласуване на времената.

sequestrate ['si:kwestreit] *v* **1.** секвестирам; конфискувам; отчуждавам; **2.** *юрид.* отказвам се от права върху имуществото на покойния си съпруг.

sérac ['seræk] *n* леден връх на глетчер.

seraglio [se'ra:liou] *n* харем, сарай.

serai [se'rai] *n* кервансарай.

serape [sə'ra:pei] *n* мексиканско вълнено наметало, серапе.

Serb [sə:b] *n* **1.** сърбин; **2.** сръбски език.

Serbia ['sə:biə] *n* Сърбия.

Serbian ['sə:biən] **I.** *adj* сръбски; **II.** *n* **1.** сърбин; **2.** сръбски език.

Serbo-Croat ['sə:bəu'krəuæt] *adj* сърбохърватски.

Serbonian bog [sə:'bouniən 'bɔg] *n* безизходно (объркано) положение (*от името на опасно тресавище в долината на р. Нил*).

serein [se'rein] *n* дъжд, ръмящ от безоблачно небе (*в тропиците*).

serenade [,seri'neid] **I.** *n* серенада; **II.** *v* пея (свиря, правя) серенада на.

serendipity [,seren'dipiti] *n* способност да се откриват случайно интересни или ценни неща.

serenity [se'reniti] *n* **1.** безоблачност, ведрост, ведрина; **2.** спокойствие; мир; тишина.

serfdom ['sə:fdəm] *n* крепостничество; робство.

sergeant ['sa:dʒənt] *n* **1.** сержант; **~ major** старшина; **2.** старши полицай; **S. Baker** *австр.* голяма морска риба с ярка окраска.

serial ['siəriəl] **I.** *adj* **1.** сериен; **~ number** сериен номер; **2.** който излиза на части; на няколко серии (*за филм*); **~ story** роман на части; **II.** *n* **1.** роман, който излиза на части; филм от няколко серии; **2.** *рядко* периодично издание.

series ['siəri:z] *n* (*pl* **~**) **1.** низ; серия, поредица, ред, редица (**of**); **2.** поредица на периодично издание; **3.** *геол.* група, система.

serious ['siəriəs] *adj* сериозен, важен; **are you ~?** сериозно ли говорите?

sermon ['sə:mən] **I.** *n* **1.** проповед, слово, поучение; **to deliver a ~** казвам проповед, държа слово; **2.** *ирон.* "конско"; **II.** *v* чета нотации на.

serpent ['sə:pənt] *n* **1.** *книж.* змия (*и прен.*), змей, дракон; **the old S.** дяволът; **2.** *прен.* лукав човек, лисица, велзевул; **3.** *муз.* серпант, серпент, старинен духов инструмент; • **Pharaoh's ~s** живачно съединение, което образува змиевидна лента при горене.

serpentine ['sə:pəntain] **I.** *adj* **1.** змийски, змиевиден; **2.** лъкатушен; серпентинен; който се извива, криволичи, меандрира, гърчи; **the ~ course of a river** криволиченето на река; **~ dance** серпантина (*танц*); **~ verse** стих, който започва и свършва със същата дума; **3.** хитър, лукав; коварен, вероломен, предателски, несигурен; **II.** *n* **1.** *мин.* серпентина; **2.** фигура при пързаляне с кънки; • **the S.** езеро в Лондонския Хайд парк; **III.** *v* вия се, извивам се, лъкатуша, криволича.

serrate(d) ['sereit(id)] *adj* назъбен, нарязан.

serried ['serid] *adj* сгъстен, сбит, стегнат; **in ~ ranks** в стегнати редици.

servant ['sə:vənt] *n* слуга, слугиня, прислужник, прислужница, служител, служителка; **general ~ , ~ of all work** обща прислужница.

serve [sə:v] **I.** *v* **1.** служа (на), слуга съм (на), заемам (изпълнявам) служба, работя, на работа съм **(in, at)**; **to ~ in (with) the army, the navy** служа във войската, флота; **2.** служа, послужвам, ползвам, ставам, бива ме, достатъчен съм (за), задоволявам; **3.** благоприятен съм, благоприятствам (на); • **to ~ a rope** *мор.* омотавам въже с връвчици, за да го предпазя от изтъркване; **II.** *n сп.* сервис.

server ['sə:və] *n* **1.** прибор за сервиране; **2.** играч, който бие сервис.

service$_1$ ['sə:vis] **I.** *n* **1.** служба, служене, работа; **diplomatic ~** дипломатическа служба; **2.** служба, обслужване; **3.** услуга; • **to have seen ~** имам опит; похабен съм; **II.** *v* **1.** обслужвам; **2.** поддържам в добро състояние, поправям; **to ~ a radio-set** поправям радиоапарат.

service$_2$ *n бот.* оскруша, офика, самодивско дърво (*и* **~-tree**) *Pirus (Sorbus) ancuparia*.

service stair ['sə:vis'steə] *n* черен вход, задна стълба, заден изход.

serviette [ˌsə:vi'et] *n* салфетка.

servile ['sə:vail] *adj* **1.** робски; **~ labour** робски труд; **~ letter** *прен.* буква, която само показва как се произнася друга буква; **2.** робски, рабски, раболепен, угоднически, сервилен.

servility [sə:'viliti] *n* сервилност, раболепие, угодничество.

serving ['sə:viŋ] *n* порция; **two ~s of apple-pie** две порции ябълков пай.

servitude ['sə:vitjud] *n* **1.** робство, робия, иго; **in ~ to** роб на, поробен от; **2.** *юрид.* сервитут.

session ['seʃən] *n* **1.** заседание; **to be in ~** заседавам(е), събрани сме; **2.** сесия; **Court of S.** Шотландският върховен съд; **3.** семестър (*в шотл. и ам. университети*).

set$_1$ [set] **I.** *v* **1.** поставям, слагам, турям, намествам, настанявам; **to ~ foot (on)** стъпвам; **2.** поставям, слагам, нагласявам, натъкмявам, курдисвам; **3.** закрепвам, прикрепвам; поставям, монтирам (*скъпоценен камък и пр.*); • **to ~ eyes on** виждам; **II.** *adj* **1.** определен, установен, традиционен; предписан, уговорен, уречен; **~ phrase** установен (общоупотребяван) израз; **2.** съставен предварително (*за реч*); **3.** неподвижен, мъртъв, безжизнен (*за поглед, усмивка*); **III.** *n* **1.** положение, стойка, поза; **2.** очертание, образ, строеж, устройство; **3.** посока, направление (*на течение, вятър*); насока, тенденция, склонност.

set$_2$ *n* **1.** комплект, набор, редица, серия; **~ of teeth** горните и долните зъби; изкуствени зъби; **2.** сбор, група, компания; кръг, клика, котерия, банда, шайка; **3.** *мат.* множество.

setting ['setiŋ] *n* **1.** среда, обстановка, условия; **2.** *театр.* поставяне, постановка, мизансцен; художествено оформление; декори, костюми; **3.** рамка, обков (*на скъпоценен камък*).

settle$_1$ [setl] *n* пейка с високо облегало.

settle$_2$ *v* **1.** настанявам (се), натъкмявам (се), нареждам (се), разполагам (се); установявам се; налагам **(on)**; *прен.* обхващам, обземам, завладявам **(on)**; **to ~ oneself in a chair**

настанявам се на стол; **2.** улягам (се), слягам се; уталожвам (се), успокоявам (се), умирявам (се), укротявам (се); **3.** кацам (**on**).

settled ['setld] *adj* **1.** определен, установен, постоянен, устойчив, стабилен, издръжлив; **2.** заселен, населен; **3.** вкоренен, закоренял, траен.

settlement ['setlmənt] *n* **1.** селище, колония; *ам.* село; *ист.* заселване, колонизация, колонизиране; **2.** настаняване, нареждане, установяване; **~ in life** задомяване, свиване на семейно гнездо, стъкване на домашно огнище; **3.** уреждане, разрешаване, решаване, решение.

settling ['setliŋ] *n* **1.** отлагане, утаяване; **2.** улягане, свличане, хлътване; **3.** стабилизиране.

seven [sevn] **I.** *num* седем; **II.** *n* седмица, седморка.

seventeen ['sevn'ti:n] *num* седемнадесет.

seventeenth ['sevn'ti:nθ] **I.** *adj* седемнадесети; **II.** *n* седемнадесета (част).

seventieth ['sevəntiiθ] *adj* седемдесети.

seventy ['sevnti] *num* седемдесет.

sever ['sevə] *v* **1.** отделям, разделям, разлъчвам; **2.** скъсвам (се), пресичам, прерязвам, отрязвам; **3.** преустановявам, прекъсвам; **to ~ an employment contract** прекъсвам трудов договор.

several ['sevrəl] **I.** *adj* **1.** няколко, неколцина; **~ people** няколко души; **2.** отделен, индивидуален, единичен; различен; **3.** съответен; **II.** *pron* неколцина, няколко, известно количество, малко; **~ of us** някои от нас.

severe [si'viə] *adj* **1.** строг, суров, твърд, корав, неумолим, неотстъпчив; жесток, безжалостен, безмилостен (**on, to, with**); лош (*за болест, време*), тежък (*за загуба*); силен, голям (*и за болка, студ, изпитание, безработица*); **~ competition** жестока (голяма) конкуренция; **2.** остър, язвителен, саркастичен.

sew [sou] *v* (**sewed** [soud]; **sewn** [soun], **sewed**) шия, ушивам; **to ~ a dress** ушивам рокля.

sewing-machine ['souiŋmə,ʃi:n] *n* шевна машина.

sewn *вж* **sew**.

sex [seks] *n* **1.** пол; **the fair (second, gentle, softer, weaker) ~** нежният пол; **2.** полов нагон, влечение, инстинкт, желание и под. *разг.* **to have ~ (with)** правя любов с; **3.** *attr* полов, сексуален.

sextan ['sekstən] **I.** *adj* шестдневен; **II.** *n* треска, която се явява всеки шести ден.

sexual ['seksjuəl] *adj* полов, сексуален; ◇ *adv* **sexually**.

sexy ['seksi] *adj* сексуален, привлекателен, секси, сексапилен.

shabby ['ʃæbi] *adj* **1.** дрипав, окъсан, опърпан, парцалив, износен; изтъркан, протъркан, охлузен; **2.** запуснат, занемарен, "смачкан"; беден, бедняшки, сиромашки, мизерен; **3.** *разг.* долен, низък, подъл, безчестен, мръсен; **to do s.o. a ~ turn** изигравам (скроявам) мръсен номер на някого.

shack$_1$ [ʃæk] *n ам.* колиба, хижа, барака.

shack$_2$ *n* **1.** непотребни риби, използвани като стръв (*обикн.* **shack-bait**); **2.** *диал.* окапали зърна (плодове).

shackle [ʃækl] **I.** *n* **1.** *pl* белезници; окови, железа, букаи, пранги; *прен.* окови, ограничения, гнет, тирания, иго; **the ~s of habit** тиранията на навика; **2.** съединителна скоба; брънка, халка, звено; **spring ~** ресорна скоба; **3.** *ел.* изолатор; **II.** *v*

1. слагам белезници (на); оковавам; **2.** преча (на), препятствам (на), спъвам.

shade [ʃeid] **I.** *n* **1.** сянка, полумрак; **light and ~** светлина и сенки; **2.** сенчесто място; **3.** отсянка, нюанс; **II.** *v* **1.** предпазвам от светлина, затулям, засланям, засенчвам; **to ~ o.'s eyes with o.'s hand** засенчвам очите си с ръка; **2.** затъмнявам, помрачавам; **3.** защриховам; тушират.

shadow ['ʃædou] **I.** *n* **1.** сянка; **in ~** на (в) сянка; **2.** неразделен другар; спътник; детектив; "сянка"; **3.** нещо недействително, подобие; сянка, призрак; **II.** *v* **1.** *поет.* осенявам; помрачавам; **2.** загатвам, подмятам, намеквам, излагам неясно; предвещавам, предвестник съм на; **3.** дебна, ходя по петите на, следя.

shadowy ['ʃædoui] *adj* **1.** призрачен, недействителен; **2.** неясен, смътен; **3.** сенчест, тъмен.

shady ['ʃeidi] *adj* **1.** сенчест; **2.** съмнителен, със съмнителна репутация, непочтен; долен, долнопробен; **the ~ economy** нелегалната икономика, съмнителен бизнес; **3.** лош, долнокачествен; • **on the ~ side of forty (etc.)** прехвърлил четиридесетте (и пр.).

shaft [ʃa:ft] *n* **1.** прът (*на копие*); пръчка (*на стрела*); **2.** стрела (*и прен. срелка*); **3.** (дълга) дръжка; държало; **the ~ of an axe** топоришка.

shag₁ [ʃæg] *n* **1.** рошава (чорлава) коса, рошава (рунтава) козина; **2.** бърз танц със сложни стъпки; **3.** евтин, ситно нарязан тютюн.

shag₂ *v* **1.** правя вълнен, рошав, мъхнат; **2.** *sl* сношавам се, "качвам"; **~ged (out)** изтощен (скапан).

shake [ʃeik] **I.** *v* (**shook** [ʃuk], **shaken** [ʃeikn]) **1.** клатя (се), поклащам, разклащам (се), треса (се), тръскам (се), разтърсвам, друсам (се), раздрусвам (се), люлея (се), разлюлявам (се), треперя, разтреперам (се); **to ~ hands (by the hand)** ръкувам се, здрависвам се, стискам ръката на; **2.** потрисам, поразявам, вълнувам, развълнувам, тревожа, разтревожвам; **3.** обезверявам, разклащам, разколебавам; • **to ~ in o.'s shoes** треперят ми гащите, треперя от страх; **II.** *n* **1.** клатене, поклащане, разклащане, тръскане, разтърсване, друсане, раздрусване, люлеене, разлюляване, треперане, разтреперване; **with a ~ of the head** с клатене на глава; **2.** тласък, сътресение, потрес, потрисане, вълнение, развълнуване, разтревожване, удар, шок; **3.** пукнатина (*в дърво*).

shall [ʃæl; *редуцирани форми* - ʃəl, ʃl] *v* (**should** [ʃud]) **1.** *спомагателен глагол, чрез който се образува бъдеще време в 1 л., ед. и мн.* (*също и във 2 л. във въпросителна форма*); **I (we) ~ go** аз ще отида, ние ще отидем; **2.** *модален глагол, който се използва във 2 и 3 л. за изразяване на увереност, заповед, обещание, заплаха*; **3.** *модален глагол, използван в подчинени изречения*.

shallow ['ʃælou] **I.** *adj* **1.** плитък (*и прен.*); плитковиден; **2.** повърхностен, празен, най-обикновен, незначителен; **II.** *n* плитчина, плитковина; **III.** *v* **1.** ставам плитък; **2.** намалявам дълбочината на.

shaman ['ʃæmən] *n* шаман, жрец.

shamateur ['ʃæmətə] *n сп.* мним аматьор; професионалист, който е картотекиран като аматьор.

shamble [ʃæmbl] **I.** *v* влача си краката, тътря се; влача се, мъкна се; **II.** *n* тромава походка.

shame [ʃeim] **I.** *n* **1.** срам, свян; срамота, позор; **~ on you!** засрами се! не те е срам! **2.** *разг.* безобразие; неприятност; **II.** *v* срамя, засрамвам, посрамвам, позоря, опозорявам; изнудвам някого за нещо поради страх от опозоряване (**into, out of doing**).

shameful [ˈʃeimful] *adj* срамен, позорен, неприличен, възмутителен, скандален.

shameless [ˈʃeimlis] *adj* безсрамен.

shampoo [ʃæmˈpu:] **I.** *n* **1.** шампоан; **2.** измиване (*на глава*); **II.** *v* мия и търкам (*глава, килим, кола и пр.*).

shandy [ˈʃændi] *n* обикновена бира, смесена с лимонада.

shank [ʃæŋk] **I.** *n* **1.** пищял; **2.** крак; **on Shanks's mare (pony)** пешком, пеша, пеш; **3.** стъбло, ствол, дръжка (*на цвете*); **II.** *v* **1.** опадва, окапва (*за цвете - обикн. с* **off**); **2.** удрям с опакото на стика (*в голфа*).

shan't [ʃa:nt] *съкр.* = **shall not**.

shanty$_1$ [ˈʃænti] *n* колиба, барака, хижа, коптор.

shanty$_2$ *n* хорова песен на моряци при работа.

shape [ʃeip] **I.** *n* **1.** форма, облик, вид, образ, очертание; **in the ~ of** под (във) вид (форма) на; **2.** състояние, кондиция, форма (*спортна*); **3.** призрак, привидение; **II.** *v* **1.** оформям (се), моделирам, фасонирам, калъпя, изкалъпвам, кроя, скроявам; **~d like a pear** крушообразен; **2.** правя, създавам, строя, построявам; **3.** приспособявам, нагаждам, нагласявам, натъкмявам (**to**); **• to ~ o.'s course** държа курс (*и прен.*).

shapeless [ˈʃeiplis] *adj* безформен.

shard [ʃa:d] *n* **1.** парче от керамичен съд, чиреп; **2.** *зоол.* елитра, твърдо крило (*на бръмбар*) (*и* **sherd**).

share$_1$ [ʃeə] **I.** *n* **1.** дял, част, пай, участие; **fair ~** (полагаема) част; **2.** *фин.* акция; **II.** *v* **1.** деля, разделям, споделям; участвам, вземам участие (в); **to ~ an apple** разделяме си една ябълка; **2.** : **to ~ out** раздавам, разпределям; **• ~ and alike** на равни начала.

share$_2$ *n* палешник, лемеж (*и* **plough-~**).

shareholder [ˈʃeəhouldə] *n* акционер.

shark [ʃa:k] **I.** *n* акула (*и прен.*); *прен.* хищник, мошеник, измамник, шарлатан; **land ~** спекулант с недвижими имоти; **II.** *v* **1.** проявявам се като хищник, мошеник, мошенича, мамя; **to ~ for a living** изкарвам прехраната си с мошеничество; **2.** поглъщам жадно.

sharp [ʃa:p] **I.** *adj* **1.** остър, с остър връх, заострен, подострен; **2.** ясен, определен, отсечен; **~ outline** ясно очертание; **3.** остър, рязък, стръмен; **II.** *n* **1.** *муз.* диез; **~s and flats** диези и бемоли; **2.** тънка игла за шев; **3.** *sl* мошеник, измамник; **III.** *adv* **1.** точно; **at six o'clock ~** точно в шест часа; **2.** под остър ъгъл; **3.** *муз.* фалшиво, с много висок тон; **• look ~** по-бързо! отваряй си очите! **IV.** *v* **1.** повишавам тона на (*нота*); **2.** мошенича, мамя, служа си с измама.

sharpen [ˈʃa:pən] *v* **1.** остря, наострям, подострям, точа, наточвам; **2.** изострям, усилвам, разлютявам, ускорявам; отварям (*апетит*).

sharpener [ˈʃa:pnə] *n* **1.** острилка; **2.** машина за заточване; **3.** брус, точилен камък.

sharpness [ˈʃa:pnis] *n* **1.** яснoст, точност; **2.** контрастност, рязкост (*на образ*).

shatter [ˈʃætə] *v* **1.** разбивам (се), разтрошавам; раздробявам; **2.** разбивам (*надежди*), разстройвам, съсипвам (*здраве, нерви и пр.*), подкопавам (*доверие*).

shave [ʃeiv] **I.** *v* **1.** бръсна (се),

обръсвам (се), избръсвам (се); **to ~ off** обръсвам; **2.** стържа, рендосвам; **3.** минавам досами, докосвам се леко (до), закачам леко, почти се докосвам (до), почти закачам; **II.** *n* **1.** бръснене; **to give s.o. a ~** бръсна (обръсвам) някого; **2.** приближаване без докосване; идване много близо до определено състояние; **3.** *тех.* рукан, белачка.

shaven [ʃeivn] *adj* бръснат; подстриган (*за монах*); **close-~** без брада и мустаци.

shaver₁ ['ʃeivə] *n разг.* хлапе (*обикн.* **young ~**).

shaver₂ *n* самобръсначка.

Shavian ['ʃeiviən] *adj* от, присъщ на Шоу.

shaving ['ʃeiviŋ] *n* **1.** бръснене; **2.** стружка, стърготина; *pl* талаш; **3.** шевинговане.

shawl [ʃɔ:l] **I.** *n* шал; **II.** *v* намятам с шал.

she [ʃi:] **I.** *pron, pers* тя; **II.** *n ост.* жена; **the not impossible ~** бъдеща избраница; **III.** *adj* женски; **~-goat** коза.

sheaf [ʃi:f] **I.** *n* (*pl* **sheaves** [ʃi:vz]) **1.** сноп; **~ of light** сноп лъчи; **2.** сноп, снопче, връзка, пачка (**of**); **3.** *воен.* сноп от траектории; **II.** *v* връзвам на снопи.

shear [ʃiə] **I.** *v* (**sheared**, *ост.* **shore** [ʃɔ:]; **shorn** [ʃɔ:n], *рядко* **sheared**) **1.** остригвам; **2.** лишавам (**of**); скубя, оскубвам, смъквам кожата (снемам ризата от гърба, вземам всичко) на, одирам, ощушквам, обирам; **3.** *поет.* сека; **II.** *n* **1.** *pl* ножици (*за стригане овце и пр.; и* **pair of ~s**); **2.** *тех.* отместване, срязване, усилие на срязване; **3.** *геол.* изкривяване (*на пласт*) вследствие напречен натиск.

sheath [ʃi:θ] *n* **1.** ножница; **2.** обвивка, обшивка, калъф; **cable ~** защитна кабелна обвивка; **3.** обмазка (*на електрод*).

sheave₁ [ʃi:v] *n* макара, колелце с жлеб (*на скрипец*).

sheave₂ *v* събирам в снопи.

shed₁ [ʃed] **I.** *v* (**shed**) **1.** меня, сменям (*кожа, козина, перушина*), падат (*капят, окапват*) ми (*зъби, коси*), падат ми (*рога*), роня (*листа*), хвърлям, събличам (*облекло*), изхлузвам (*кожа - за змия*); **2.** лея, проливам, роня (*сълзи*), лея, проливам (*кръв*); **3.** разпространявам, излъчвам, пръскам (*светлина*); **to ~ (a) light on** хвърлям светлина върху; **II.** *n* **1.** било; **2.** водо(раз)дел.

shed₂ *n* **1.** барака; навес, сушина, заслон, сайвант; колиба, хижа; **2.** гараж; депо; хангар; **3.** *ел.* звънец (*на изолатор*).

sheen [ʃi:n] **I.** *n* **1.** лъскавина, политура, гланц; **2.** *поет.* блясък, сияние; **II.** *adj ост.* ярък, блестящ; бляскав, хубав.

sheep [ʃi:p] *n* (*pl* **~**) **1.** овца; **2.** "овца" (плах, стеснителен, кротък, възглупав човек); **3.** *pl* паство.

sheer₁ [ʃiə] **I.** *adj* **1.** чист, явен, очевиден; пълен, безусловен, единствен, абсолютен, цял, истински, същински; **~ nonsense** чиста глупост; **2.** отвесен, перпендикулярен, вертикален; **3.** прозрачен, тънък, фин (*за плат*); **II.** *adv* отвесно, перпендикулярно, вертикално; направо, изцяло.

sheer₂ **I.** *v мор.* отклонявам се от курса си, отбивам се от пътя си; **to ~ off** *разг.* отивам си, махам се; **II.** *n* **1.** отклонение от курса; **2.** извивка, криволица.

sheet₁ [ʃi:t] **I.** *n* **1.** чаршаф; **between the ~s** в леглото; **2.** лист (*хартия, метал и пр.*); **3.** *печ.* кола; **• a clean ~** безукорна служба (минало), репутация без ни едно петно; **II.** *v* **1.**

покривам, обвивам (*с чаршаф и пр.*); **2.** *кул.* точа, разточвам (*на листи*); **3.** лея се на потоци (*за дъжд*); **~ed rain** проливен дъжд, дъждовна завеса.

sheet₂ *мор.* **I.** *n* **1.** шкот; **2.** *pl* предната (задната) част на гребна лодка; • **three ~s in the wind** пиян; **II.** *v* връзвам (изопвам) с шкот.

Sheffield [ˈʃefiːld] *n* Шефилд; **~ plate** *ист.* посребрена мед; посребрени предмети (прибори); **~ ware** ножове и пр.

sheik(h) [ʃeik] *n* шейх.

sheik(h)dom [ˈʃeikdəm] *n* шейхство.

shelf [ʃelf] *n* (*pl* **shelves** [ʃelvz]) **1.** лавица, полица, рафт; **to put on the ~** слагам настрана, пращам в архивата, уволнявам; изхвърлям нещо като непотребно, захвърлям; **2.** издатина, ръб; **3.** риф, подводна скала; подводен пясъчен насип; плитчина.

shell [ʃel] **I.** *n* **1.** черупка, раковина, обвивка, шушулка, шлюпка, люспа, пашкул; **to go into (come out of) o.'s ~** влизам в (излизам от) черупката си; **2.** скелет (*на здание и пр.*); **3.** *воен.* гилза; патрон; **II.** *v* **1.** лющя, беля, чушкам; **as easy as ~ing peas** фасулска работа, просто като фасул; **2.** обстрелвам с артилерийски огън, бомбардирам; **3.** покривам с черупка.

shelter [ˈʃeltə] **I.** *n* подслон, убежище, приют; заслон, закътано място, завет; укритие, закритие, скривалище; **to give ~ to** давам подслон (пазя сянка) на, приютявам; **II.** *v* подслонявам (се), давам (намирам) подслон, приютявам (се); закътвам, защищавам, предпазвам **(from)**; **to ~ (oneself) from the wind** отивам на завет.

shelve₁ [ʃelv] *v* **1.** слагам на полица; **2.** "захвърлям под миндера", оставям без внимание, отлагам, захвърлям; **3.** уволнявам; **to be ~d** минавам в архива.

shelve₂ *v* спускам се полегато.

shepherd [ˈʃepəd] **I.** *n* овчар, пастир; **II.** *v* **1.** паса; грижа се за; водя; **2.** изкарвам, подбирам, подкарвам, повеждам.

Sheraton [ˈʃerətən] *n* шератон (*стил на мебели от XVIII в.*).

sheriff [ˈʃerif] *n* шериф.

Shetland [ˈʃetlənd] *n* Шетландски острови, северно от Шотландия; **~ wool** фина пресукана вълна; **~ pony** вид пони с груба козина.

shield [ʃiːld] **I.** *n* **1.** щит; **the other side of the ~** другата (обратната) страна на въпроса; **2.** защита, опека, закрила, покровителство; защит ник, опекун, закрилник; **3.** *тех.* екран; **II.** *v* **1.** защитавам, браня, отбранявам, предпазвам, щадя, закрилям **(from)**; **2.** закривам, скривам, затулям; **3.** *тех.* слагам екран на.

shier [ʃaiə] *n* кон, който лесно се плаши.

shift [ʃift] *v* **1.** меня (се), променям (се), сменям, местя (се), премествам (се), прехвърлям, отмествам (се); обръщам, променям посоката си (*за вятър*); завъртвам, обръщам (*кормило*); **to ~ one' lodging** премествам се (в нова квартира); **2.** справям се, прибягвам до различни средства, карам криво-ляво, изхитрям се.

shilling [ˈʃiliŋ] *n* шилинг (*англ. монета, която съставя една двадесета от лирата и е равна на дванадесет пени*); **long ~s** добра заплата (възнаграждение).

shilly-shally [ˈʃili,ʃæli] **I.** *v* колебая се, двоумя се, нерешителен съм; **II.** *n* нерешителност, колебание, двоумение; **III.** *adj* нерешителен, колеблив.

shin [ʃin] **I.** *n* пищял; **II.** *v* (**-nn-**) **1.** *разг.* катеря се, изкачвам се (**up**); **2.** ритам в пищялите; **3.**: **to ~ it** бягам, хуквам.

shine₁ [ʃain] **I.** *v* (**shone** [ʃɔn]) **1.** светя, блестя, сияя; лъщя (**with**); **to ~ on** огрявам, осветлявам; **the sun shone forth** слънцето се показа, огря; **2.** блестя, отличавам се, изпъквам, правя впечатление; **II.** *n* **1.** (слънчева, лунна) светлина, блясък; **rain or ~** при каквото и да е време; дъжд, не дъжд; каквото и да става; **2.** блясък, лъскавина; **3.** блясък, великолепие.

shine₂ *v* лъскам, излъсквам (*и* **up**).

shingly [ˈʃiŋgli] *adj* покрит с камъчета.

shining [ˈʃainiŋ] *adj* блестящ, сияещ, бляскав.

ship [ʃip] **I.** *n* **1.** кораб, (голям) плавателен съд, параход; **merchant ~** търговски кораб; **2.** *sl* (състезателна) лодка; **3.** *ам.* самолет; • **~s that pass in the night** кратки случайни срещи; **II.** *v* **1.** (**-pp-**) натоварвам (качвам) на кораб; **2.** изпращам (превозвам) по море; транспортирам, експедирам (стока, товар); **fruit that ~s badly** бързоразвалящи се плодове; **3.** качвам (се) на кораб.

shipment [ˈʃipmənt] *n* **1.** натоварване на стока (и пр.) на кораб; изпращане (*на стока и пр.*); **2.** стока, натоварена на кораб, пратка; **3.** доставка, партида.

shipper [ˈʃipə] *n* търговец, който изпраща или получава стока по море (*ам. - и по суша*); вносител, износител; експедитор.

shipping [ˈʃipiŋ] *n* **1.** *събир.* кораби; търговски флот; **2.** натоварване (превоз) на стока; **3.** спедиция.

shipwreck [ˈʃiprek] **I.** *n* **1.** корабокрушение; **to suffer ~** претърпявам корабокрушение; **2.** гибел, крушение, разрушение, разруха, съсипия, провал; **to make ~** съсипан (опропастен) съм; **3.** кораб, претърпял корабокрушение; **II.** *v* **1.** претърпявам корабокрушение; **2.** причинявам (ставам причина за) корабокрушение; **3.** претърпявам неуспех.

shipyard [ˈʃipja:d] *n* корабостроителница.

shirk [ʃə:k] **I.** *v* клинча (от), изклинчвам, манкирам; избягвам, бягам, изплъзвам се, гледам да се изплъзна (от); **to ~ a decision** избягвам да взема решение; **II.** *n разг.* манкьор.

shirt [ʃə:t] *n* **1.** риза (*мъжка*); **not to have a ~ on o.'s back** *прен.* нямам риза на гърба си; **2.** шемизетка, блуза; • **to get o.'s ~ off (out)** разсърдвам се, разлютявам се.

shit [ʃit] **I.** *n* лайно; **II.** *v* (**shit, shat**) изхождам се.

shiver [ˈʃivə] **I.** *v* треперя, потрепервам, треса се, тръпна, потръпвам (**with**); треперя от студ, зъзна; **to ~ with fever** тресе ме; **II.** *n* (*често pl*) треперене, тръпка, потрепване; **a ~ went down his back** побиха го тръпки.

shoal₁ [ʃoul] **I.** *adj* плитък, маловоден; **II.** *n* **1.** плитчина, плитковина, подводен пясъчен насип; **2.** (*обикн. pl*) скрита опасност (*пречка*); **III.** *v* **1.** ставам по-плитък; **2.** (*за кораб*) нагазвам в плитчина.

shoal₂ **I.** *n* **1.** рибен пасаж, стадо риби; **2.** маса, тълпа; **he gets letters in ~s** той получава маса писма; **II.** *v* събират се на пасажи (*за риби*).

shock₁ [ʃɔk] **I.** *n* **1.** удар, блъсване; разтърсване, разклащане; **electric ~** електрически удар; **2.** удар, шок, стрес; сътресение, смущение; уплаха, уплашване, изплашване; **3.** *attr* ударен; **II.** *v* **1.** потрисам, поразявам, ужасявам; **2.** отвращавам, погнусявам; **3.** възмущавам, шокирам, скандализирам; **to be ~ed** бивам възмутен (**by, at**).

shock₂ I. *n* кръстец; **II.** *v* правя снопи на кръстци.

shock₃ *n* рошава (чорлава, непригладена) коса; **~ of hair** гъста (сплетена, сплъстена) коса; *прен.* грива.

shocking [ˈʃɔkiŋ] **I.** *adj* потресен, възмитутелен, скандален, ужасен, много лош; **II.** *adv разг.* много; **~ bad** много лош.

shoe [ʃu:] **I.** *n* **1.** обувка (*половинка*); пантоф; *ам.* цяла обувка; **high ~** *ам.* цяла обувка; **2.** подкова, петало; **3.** железен плаз; • **the ~ is on the other foot** сега не е така, положението е променено (вее друг вятър); отговорността пада върху другиго; **II.** *v* (**shod** [ʃɔd]) **1.** обувам; **2.** подковавам; **3.** слагам (*железен шип*) (**with**).

shoeblack [ˈʃu:blæk] *n* ваксаджия.

shoehorn [ˈʃu:hɔ:n] *n* обувалка.

shoe-maker [ˈʃu:ˌmeikə] *n* обущар.

shoe-polish [ˈʃu:ˌpɔliʃ] *n* боя за обувки, вакса.

shone *вж* **shine₁ I.**

shook *вж* **shake I.**

shoot [ʃu:t] **I.** *v* (**shot** [ʃɔt]) **1.** стрелям (**at**); застрелвам, прострелвам, улучвам, разстрелвам, бия, удрям (*дивеч*); гръмвам, изгърмявам, изстрелвам (*за огнестрелно оръжие*); **to ~ dead** (*ам.* **to death**) застрелвам; **2.** хвърлям, мятам, запращам; **3.** стрелвам се, минавам (бързо), профучавам, прелитам, пролитам (*и с* **along, past**); **a flash shot across the sky** небето бе озарено от светкавица; **a beam of light shot through the darkness** един светъл лъч прониза тъмнината; • **to ~ the bull** *sl ам.* дърдоря, бърборя, дрънкам; **II.** *n* **1.** филиз, издънка, израстък, "мустаче", стрък, вейка; **2.** праг (*на река*); **3.** наклонена плоскост; улей; **III.** *int ам.* кажи си приказката, думай, речи.

shop [ʃɔp] **I.** *n* **1.** магазин, дюкян; дюкянче, павилион, будка; **grocer's ~** бакалница; **2.** работилница, цех, отдел; ателие; **3.** *разг.* работа, професия, служба; • **all over the ~** навсякъде; в пълен безпорядък; **The S.** *sl воен.* Кралската военна академия; **II.** *v* (**-pp-**) **1.** пазарувам, отивам на пазар (по покупки); **2.** *sl* бутвам в дранголника, тиквам в затвор (*и чрез издайничество*); **3.** *ам.* уволнявам.

shopping [ˈʃɔpiŋ] *n* пазаруване; **~-centre** търговски комплекс; пазар.

shop window [ˈʃɔpˈwindou] *n* витрина; • **to put all o.'s goods in the ~** хваля се, гледам да правя впечатление с познанията си.

shore₁ [ʃɔ:] *n* бряг (*на море, голямо езеро*); **on ~** по суша.

shore₂ I. *n* кòса подпора; **II.** *v* (*обикн. с* **up**) подпирам.

short [ʃɔ:t] **I.** *adj* **1.** къс, кратък; **~ story** разказ; **2.** дребен, нисък; прекалено къс; **3.** кратък, краткотраен, къс; **II.** *adv* **1.** кратко; изведнъж, внезапно; преждевременно; **to stop (pull up) ~** спирам внезапно; **2.** (прекалено) късо; **3.** за малко, далече от (*цел*), под (*очаквания*) (**of**); с изключение на (**of**); **III.** *n* **1.** нещо късо, *само в изразите*: **for ~** за по-кратко; съкратено; **2.** *ез.* кратка гласна (сричка); **3.** *pl сп.* шорти, спортни гащета.

shortage [ˈʃɔ:tidʒ] *n* **1.** липса, недоимък, недостиг; непълно тегло; криза; **2.** (касов) дефицит.

shortbread, shortcake [ˈʃɔ:tbred, ˈʃɔ:tkeik] *n* сладкиш от маслено тесто; ронливи бисквити.

shortcoming ['ʃɔ:t,kʌmiŋ] *n* **1.** *обикн. pl* недостатък, слабост, недъг; дефект, непълнота, незавършеност, несъвършенство, кусур; **2.** липса, недостиг (**in**).

shorten ['ʃɔ:tən] *v* **1.** скъсявам (се), намалявам (се); **2.** съкращавам (*текст и пр.*); **3.** *мор.* свивам (*платно*).

shorthand ['ʃɔ:thænd] **I.** *n* стенография; **to take down a speech in ~** стенографирам реч; **II.** *adj* **1.** който владее стенография; **a ~ typist** машинописец стенограф; **2.** стенографиран.

shortly ['ʃɔ:tli] *adv* **1.** скоро, не след дълго; **2.** накратко, с две думи; **3.** внезапно.

short order ['ʃɔ:t'ɔ:də] *n* аламинут, бързо приготвено ястие (*в ресторант*).

short shrift ['ʃɔ:t,ʃrift] *n* **1.** кратко време за изповед преди смъртта; **2.** безжалостно отношение, безцеремонност; **to make ~ of** ликвидирам бързо и жестоко.

short-sighted ['ʃɔ:t'saitid] *adj* **1.** късоглед (*и прен.*); **2.** недалновиден, непрозорлив, непредвидлив.

shot$_1$ [ʃɔt] **I.** *n* **1.** (*pl* **~**, **~s**) сачма; сачми (*обикн. с определение*); **2.** гюлле (*на топ*), старинен оръдеен снаряд; **3.** *сп.* гюлле; **II.** *v* **1.** пълня (*огнестрелно оръжие*); **2.** слагам тежест (*на въдица и пр.*); **3.** троша, дробя (*метал*).

shot$_2$ *adj* шанжан, с променлив цвят (*за плат*).

shot$_3$ *вж* **shoot I.**

shot$_4$ *n* лична сметка (*от обща консумация в кръчма*); **to pay o.'s ~** плащам своята част от сметката.

should *вж* **shall.**

shoulder ['ʃouldə] **I.** *n* **1.** рамо, плешка; **~-high** до раменете; **2.** *pl* рамена, гръб (*и прен.*); **3.** плешка (*на заклано животно*); **II.** *v* **1.** блъскам, изблъсквам с рамо; **to ~ a person out of the way** изблъсквам някого (*с рамо*); **2.** нарамвам, нося на гръб; натоварвам се; *прен.* нагърбвам се с (*задача*), поемам (*отговорност*); **3.** *строит.* подпирам (*греда и пр.*).

shout [ʃaut] **I.** *v* **1.** викам, извиквам, провиквам се; рева, крещя; говоря на висок глас (*и като на глух*); **to ~ at the top of o.'s voice** викам, колкото ми глас държи; **2.** викам на някого (**at**); извиквам (някому) (**for**); **3.** извиквам, изкрясквам (*заповед, име и под.*); **II.** *n* **1.** вик, провикване; възглас; **~s of laughter** силен смях; **2.** *sl австр.* черпня, почерпка.

shove$_1$ [ʃʌv] *v* **1.** бутам (се), избутвам (**off, over, into**); блъскам; тласкам; **to ~ o.'s way through the crowd** пробивам си път през тълпата; **2.** *разг.* пъхам, мушкам, натиквам; **3.** *прен.* хързулвам, стоварвам (**onto**).

shove$_2$ *n* паздер, оголени от влакната сухи стъбла от лен или коноп.

shovel [ʃʌvəl] **I.** *n* **1.** лопата; **2.** гребка (*за ситна захар и пр.*); **3.** *тех.* екскаватор (*и* **steam ~ , power ~**); **II.** *v* **1.** рина, копая; греба, загребвам; **2.** насипвам, тъпча; **to ~ food into o.'s mouth** *разг.* тъпча храна в устата си.

show [ʃou] **I.** *v* (**showed** [ʃoud]; **shown** [ʃoun]) **1.** показвам; **he daren't ~ his face** той не смее да се покаже; **2.** разкривам, показвам; представям; давам (*филм*); **he was shown as a villain** той беше представен като злодей; **3.** показвам, проявявам (*качества*); • **to ~ daylight** *разг.* цял съм (на решето) на дупки (*за дреха*); **II.** *n* **1.** показване; показ; излагане; **on ~** на показ, изложен; **2.** *attr* показен, образцов; **3.** изложба.

shower₁ ['ʃouə] *n* изложител(ка).

shower₂ ['ʃauə] **I.** *n* **1.** преваляване; **heavy ~** кратък проливен дъжд; **2.** *прен.* дъжд, поток (*напр. от писма*); сноп (*от искри*); изобилие; **~ party** *ам., разг.* прием (*обикн. у младоженци*), на който всеки гост носи подарък; **II.** *v* **1.** лея (се), изливам (се); проливам; обсипвам (*и прен.*); отрупвам (*с подаръци*); оросявам, поливам; **the wave ~ed spray over us** вълната ни изпръска целите с пяна; **2.** взимам душ.

showman ['ʃoumən] *n* (*pl* **-men**) **1.** собственик, организатор на цирк (менажерия, пътуваща театрална трупа); панаирджия; **2.** шоумен.

shown *вж* **show I**.

showroom ['ʃourum] *n* изложбена зала; зала за излагане на образци (мостри) на стоки.

shrank *вж* **shrink I**.

shred [ʃred] **I.** *n* парцалче, късче, стружка; **in ~s, torn to ~s** парцалив, дрипав; **II.** *v* (**-dd-**) нарязвам, настъргвам; накъсвам, надробявам, разкъсвам, разнищвам (се); **~ded wheat** подобно на кадаиф тестено произведение.

shredder ['ʃredə] *n* машина за смилане, трошачка; **paper ~** машина за унищожаване на документи.

shrewd [ʃru:d] *adj* **1.** умен, интелигентен, хитър, отракан, ловък; тънък; **~ answer** отговор на място; **2.** проницателен, точен (*за прогноза*); **3.** *ост.* остър, пронизващ, суров (*за студ*); силен, жесток (*за болка, удар*).

shriek [ʃri:k] **I.** *v* **1.** пищя; **to ~ with horror (pain)** крещя от ужас (викам от болка); **2.** казвам (*ругатни и пр.*) на висок глас; **II.** *n* писък, крясък.

shrill [ʃril] **I.** *adj* **1.** писклив, пронизителен, резлив, рязък, режещ; **2.** *прен., ост.* жалък, хленчещ, мрънкащ; **II.** *v* издавам писклив, креслив звук; *рядко* казвам, изговарям с писклив, пронизителен тон.

shrimp [ʃrimp] **I.** *n* **1.** скарида; **2.** *прен.* дребосък, фъстък, мъниче; **3.** бледорозов цвят; **II.** *v* ловя скариди.

shrine [ʃrain] **I.** *n* **1.** гробница на светец; ковчег за свети мощи; **2.** параклис, олтар, посветен на някой светец; **3.** светилище (*и прен.*); **II.** *v* *поет.* (*по-често* **enshrine**) поставям в гробница, светилище.

shrink [ʃriŋk] **I.** *v* (**shrank** [ʃræŋk]; **shrunk** [ʃrʌŋk]) **1.** смалявам се, свивам (се), намалявам (се); измятам се; стопявам (се) (*за доход и пр.*) (*и с* **away, up**); **summer has shrunk the streams** потоците са намалели от лятната жега; **2.** отдръпвам се (**back, away, from**); измъквам се (**away**); **3.** отбягвам (**from**); отбягвам да (**from** *с ger*), гледам да не; **I ~ from remembering that day** избягвам да мисля (спомням си с неохота) за този ден; **II.** *n* свиване; отдръпване.

shrinkage ['ʃriŋkidʒ] *n* свиване; смаляване; намаляване.

shrinkingly ['ʃriŋkiŋli] *adv* плахо, боязливо, нерешително.

shrivel [ʃrivl] *v* сбръчквам се; сгърчвам се; съсухрям (се) (**up**).

shroud [ʃraud] **I.** *n* **1.** саван, покров, плащаница; **2.** *прен.* покривало, було, наметало; покров, покривка (снежна); **wrapped in a ~ of mystery** забулен в тайна; **3.** *pl мор.* ванти; **II.** *v* **1.** увивам в саван; **2.** покривам; закривам; забулвам; обвивам; **3.** *тех.* покривам с предпазен капак.

shrove [ʃrouv]: **Shrove Tuesday** последният ден преди началото на поста; **Shrove Sunday** Сирна неделя.

Shrovetide ['ʃrouvtaid] *n* Заговезни.

shrub$_1$ [ʃrʌb] *n* храст, шубрак, храсталак.

shrub$_2$ *n* (*и* **rum-~**) питие от портокалов (лимонов) сок и ром.

shrubbery [′ʃrʌbəri] *n* градина (алея), засадена с храсти.

shrug [ʃrʌg] **I.** *v* (**-gg-**) свивам (*рамене*); **~ off** отхвърлям, пренебрегвам; **II.** *n* свиване (*на рамене*).

shrunk *вж* **shrink I.**

shrunken [′ʃrʌnkən] *adj* смален, свит, съсухрен; повяхнал, посърнал.

shuck [ʃʌk] **I.** *n* шушулка, чушка; *ам.* черупка; *прен.* глупост; **II.** *v ам.* беля, чушкам (*грах, синап и пр.*); **III.** *int sl* **~s!** по дяволите, дявол го взел! хайде де! глупости!

shudder [′ʃʌdə] **I.** *v* тръпна (*прен.*); потръпвам, изтръпвам (*от ужас*); побиват ме тръпки, трепвам, потреперваm (**at**); **to ~ with cold (horror)** треперя от студ (изтръпвам от ужас); **II.** *n* трепване, потръпване.

shuffle [′ʃʌfl] *v* **1.** влача си (*краката*); тътря се, мъкна се; **to ~ (along)** влача се; **2.** разбърквам (*карти*); размесвам; **to ~ the cards** *прен.* разбърквам картите, променям линия на поведение (политика); **3.** извъртам, усуквам, шикалкавя.

shun [ʃʌn] *v* (**-nn-**) отбягвам, бягам от, избягвам.

shunt [ʃʌnt] **I.** *v* **1.** премествам; **2.** маневрирам; вкарвам в друга линия (в глуха линия); **3.** *ел.* шунтирам, отклонявам, съединявам в шунт; **II.** *n* **1.** *жп* маневра; стрелка; отклонение; разклонение; **2.** *ел.* шунт.

shut [ʃʌt] *v* (**shut** [ʃʌt]) **1.** затварям (се); **to ~ the door against (on) s.o.** хлопвам някому вратата (*и прен.*); **2.** прещипвам, заклещвам (*при затваряне*); **to ~ o.'s finger (o.'s dress) in(to) the door** прещипвам си пръста (закачам си роклята) на вратата; • **to be ~ of a person** *sl* отървавам се от някого.

shut-down [′ʃʌt,daun] *n* закриване (*на предприятие*).

shutter [′ʃʌtə] **I.** *n* **1.** капак (*на прозорец*); кепенк; жалузи; **2.** *тех.* шибър, клапа; савак; затвор, обтуратор (*на фотоапарат*); **II.** *v* слагам капаци (*на прозорец*); затварям (прозорец) с капаци.

shuttle [ʃʌtl] **I.** *n* **1.** совалка (*и на шевна машина*); **space ~** космическа совалка, космическа ракета за многократни полети; **2.** *тех.* савак, затвор (*на шлюз*); **II.** *v рядко* снова.

shy$_1$ [ʃai] **I.** *adj* **1.** плашлив; **2.** боязлив, плах, свенлив, срамежлив, стеснителен; свит, вързан; **to be ~ of doing s.th.** стеснявам се да направя нещо; **3.** *sl* комуто не достига; който е изгубил; **II.** *v* **1.** плаша се (*за кон*); **2.** : **to ~ at** *прен.* дърпам се, плаша се от, не се решавам на, резервирам се по отношение на; **III.** *n* подплашване, подскачане (*на кон*).

shy$_2$ [ʃai] *разг.* **I.** *v* хвърлям, мятам; замервам (**at**); **II.** *n* **1.** хвърляне (*на камък и пр.*); удар; **to have a ~ at** замервам; **2.** *разг.* опит.

shyer [′ʃaiə] *n* плашлив кон.

Siam [sai′æm] *n* Сиам (старото име на Тайланд).

Siamese [,saiə′mi:z] **I.** *adj* сиамски; **~ twins** сиамски близнаци; **~ cat** сиамска котка; **II.** *n* **1.** тайландец, тайландка, тайландци; **2.** тайландски език.

Siberia [sai′biəriə] *n* Сибир.

sibi [′si:bi] *n* африканец, негър.

sibilate [′sibileit] *v* произнасям съскаво, съскам.

sibling [′sibliŋ] *n* брат или сестра.

siblingship [′sibliŋʃip] *n* две или повече деца на едни родители.

sibylline [′sibilain] *adj* пророчески, оракулски, сибилински.

Sicilian [si'siliən] **I.** *adj* сицилиански; **II.** *n* сицилианец, сицилианка.

Sicily ['sisili] *n* Сицилия.

sick, [sik] **I.** *adj* **1.** болен, болнав (*англ. главно attr*); **to be ~ of** болен съм от; **2.** *predic* на когото се повръща (гади); **3.** *predic разг.* отвратен; раздразнен, ядосан; разочарован; **II.** *v разг.* повръщам (нещо) (*с* **up**).

sick, *v* **1.** нахвърлям се (*за куче*) *главно в императив*: **~!** дръж! **2.** насъсквам (**on**).

sicken [sikn] *v* **1.** разболявам се, поболявам се; **to be ~ing for** проявявам признаци на, разболявам се от; **2.** повръща ми се, гади ми се; карам да повръща; *прен.* лошо ми става от; противно ми е; отвращавам; **3.** омръзва ми (**of**); отчайвам; **I was ~ed of trying again** изгубих кураж да опитвам отново.

sickish ['sikiʃ] *adj* **1.** който предизвиква леко гадене; **2.** комуто леко се гади.

sickle [sikl] *n* **1.** сърп; **2. the Sickle** съзвездието Лъв; **3.** режещ апарат; ножов механизъм (*на селскостопански машини*).

sickness ['siknis] *n* **1.** болест; боледуване; **2.** повръщане, гадене.

side [said] **I.** *n* **1.** страна (*и прен.*); **right (wrong) ~ out** на лице (опаки) (*за дреха*); **2.** стена (*на предмет, геом. фигура*); край; страна; бряг; склон; край, ръб (*на тротоар и пр.*); **3.** страна; партия; тим; отбор; • **off ~** *сп.* засада, (в) положение на засада (*във футбола*); **II.** *v* **1. to ~ with** вземам страната на, поддържам; **2.** *sl разг.* важнича, фукам се.

sideboard ['saidbɔ:d] *n* **1.** бюфет; **2.** странична дъска на кола.

sidelight ['saidlait] *n* **1.** странична светлина; **2.** странични сведения, които хвърлят светлина върху даден въпрос; **3.** страничен прозорец, фенер (*на кола и пр.*).

sidereal [sai'diəriəl] *adj* **1.** звезден; **2.** астрономичен, звезден (*за година, час и пр.*).

side-walk, sidewalk ['saidwɔ:k] *n* тротоар.

siege [si:dʒ] *n* **1.** *воен.* обсада; **to lay ~ to** обсаждам; **to raise a ~** вдигам обсада; **to press (push) a ~** затягам обсада; **to stand a ~** обсаден съм; **2.** *ост.* трон; **3.** *ост.* ранг, положение.

sieve [siv] **I.** *n* **1.** сито; *тех.* решето; **to pass through a ~** пресявам; **2.** кошница (*като мярка*); **3.** *прен.* плямпало, дърдорко, "мелница"; човек, който не може да пази тайна; **II.** *v* пресявам.

sift [sift] *v* **1.** (*и* **~ out**) пресявам, отсявам (**from**); **to ~ out pebbles from sand** пресявам пясък, за да отделя чакъла; **2.** ръся, сея; **3.** *разг., прен.* разчепквам; проучвам основно; **to ~ (out) the true from the false** отделям доброто от лошото, зърното от плявата.

sigh [sai] **I.** *v* **1.** въздишам, въздъхвам (**with, for** *от, с*); **to ~ a long ~** въздишам дълбоко; **2.** стена (*за вятър*); **3.** копнея, тъгувам за (**for**); оплаквам (**for**) **II.** *n* **1.** въздишка; **a ~ of relief** въздишка на облекчение; **2.** стон, стенание (*за вятъра*); **3.** *прен.* стон, вопъл, стенание.

sight [sait] **I.** *n* **1.** зрение; **to have short (near) ~** късоглед съм; **2.** поглед, обсег на погледа; **3.** гледна точка; виждане, преценка; **II.** *v* **1.** виждам, забелязвам, съзирам; **2.** наблюдавам (*звезда и пр.*); **3.** насочвам (*оръдие*).

sightseeing ['sait,si:iŋ] *n* разглеждане на забележителностите (*на град, местност и под.*).

sigil ['sidʒil] *n* **1.** печат; **2.** образ (знак) с магически свойства.

sigillate ['sidʒileit] *adj* **1.** *бот.* с окраска (със знак) като печат; **2.** украсен с вдлъбнати шарки (*в керамиката*).

sign [sain] **I.** *n* **1.** знак; признак, белег, черта, симптом (**of**); символ; следа, диря (*и на животно*); **~ manual** саморъчен подпис; **2.** таен знак, условна дума, парола (*и воен.*); **3.** пътепоказател, табела, фирма, надпис; **II.** *v* **1.** подписвам (се), слагам подписа си на; **to ~ a cheque, to ~ o.'s name to a cheque** подписвам чек; **2.** давам (правя) знак.

signal ['signəl] **I.** *n* **1.** сигнал; сигнализация; *жп* семафор; **2.** *pl воен.* свързочни войски; **3.** знак, признак; **II.** *v* (-ll-) давам сигнал (на, за, с), сигнализирам, предупреждавам; **to ~ an order** предавам заповед със сигнали; **III.** *adj* изключителен, забележителен; **~ success (victory)** блестящ успех (победа).

signaller ['signələ] *n* **1.** сигналист, човек, който предава сигнали; **2.** *воен.* свързочник, сигналист.

signature ['signətʃə] *n* **1.** подпис; подписване; **2.** *фарм.* част от рецепта, написана на родния език (а не на латински), в която се определя начинът на употреба на предписаните лекарства; **3.** *печ.* сигнатура.

signboard ['sainbɔ:d] *n* **1.** табела, фирма; надпис; **2.** табло за обяви.

signet ['signit] *n* печат; **the privy ~** личният кралски печат; **writer to the ~** *шотл., ист.* адвокат.

significance [sig'nifikəns] *n* **1.** значение; значимост, значителност; **look of deep ~** многозначителен поглед; **2.** значение, важност, смисъл, значимост.

significant [sig'nifikənt] *adj* **1.** значителен, важен; **2.** знаменателен, паметен, забележителен; **3.** смислов, значим; изразяващ (**of**).

signify ['signifai] *v* **1.** изразявам, давам да се разбере; **2.** показвам, означавам; **what does this word ~?** какво означава тази дума? **3.** имам значение, смисъл, значим съм.

Sikh [sik] *n инд.* сикх, член на монотеистична хиндуистка секта, разпространена в областта Пенджаб (Северна Индия).

silage ['sailidʒ] **I.** *n* силаж; **II.** *v* силажирам.

silence ['sailəns] **I.** *n* мълчание; безмълвие; тишина; **dead (blank) ~** пълно мълчание; **II.** *v* смълчавам, карам да замлъкне, заставям да мълчи; заглушавам (*и критика*).

silent ['sailənt] *adj* **1.** тих, мълчалив, безмълвен; ням (*за филм*); **to keep ~** мълча; **2.** мълчалив; неизказан, неизречен; **3.** безшумен, безгласен, беззвучен (*и за буква*), сдържан.

silhouette [ˌsilu'et] **I.** *n* силует; очертание, профил, неясен образ, сянка (*особ. на светъл фон*); **II.** *v* **1.** (*обикн. pass*) откроявам се, очертавам се на (**against** на фона на); **2.** изобразявам като силует.

silicify [si'lisifai] *v* превръщам (се) в или напоявам (се) със силикат.

silk [silk] **I.** *n* **1.** коприна (*нишки и плат*); **the ~ trade** копринарство; **2.** копринена рокля (дреха, мантия); копринена мантия, носена от старши адвокат; *pl ам.* копринено сако и шапка на жокей; **3.** *разг.* старши адвокат; • **to hit the ~** *sl ам.* скачам с парашут; **II.** *adj* копринен.

silkiness ['silkinis] *n* **1.** мекота, лъскавина; **2.** *прен.* мазност.

silkworm ['silkwə:m] *n зоол.* копринена буба.

sill [sil] *n* **1.** подпрозоречна дъска, перваз; **2.** праг, стъпало (*на вра-*

та, шлюз); **3.** *мин.* основа, пета, стъпало (*на руден пласт*); долнище, легло.

silly ['sili] **I.** *adj* **1.** глупав; **~ ass** глупак! **2.** *разг.* зашеметен; **3.** *ост.* прост, наивен, невинен; **• ~ season** *журн.* "постен сезон"; **II.** *n* глупак, наивник.

silo ['sailou] **I.** *n* силоз (*и за ракети*), силажна яма; **II.** *v* силажирам.

silt [silt] **I.** *n* тиня, утайка, нанос; **II.** *v* (*обикн.* **~ up**) затлачвам (се), задръствам (се) с тиня; **to ~ through** просмуквам се през тинята.

silver ['silvə] **I.** *n* **1.** сребро; **bar ~** сребро на кюлчета; **2.** *събир.* сребърни монети; **3.** кухненски прибори; **II.** *v* **1.** посребрявам (*и прен.*); **2.** амалгамирам (*огледало*); **3.** *фот.* сенсибилизирам (очувствявам) (*фотоплака, филм*) със сребърна сол; **III.** *adj* **1.** сребърен (*и хим.*); **S. Age** сребърен век; **~ wedding** сребърна сватба; *прен.* второкласен (не златен); **2.** сребрист (*цвят*); **• the ~ streak** *разг.* Ламанш.

silvering ['silvəriŋ] *n* **1.** посребряване; **2.** амалгамиране (*на огледала*); **3.** амалгама (*за огледала*).

silver-leaf$_1$ ['silvə,li:f] **I.** *n* растение със сребристи листа; **II.** *adj* със сребристи листа.

silver-leaf$_2$ *n* болест по сливите, при която листата придобиват сребрист оттенък (лъскавина).

silver-paper ['silvə,peipə] *n* **1.** тънка цигарена хартия; **2.** станиол; **3.** *фот.* светлочувствителна хартия, фотохартия.

simian ['simiən] **I.** *adj* **1.** от рода на човекоподобните маймуни; **2.** маймунообразен, маймуноподобен, маймунски; **II.** *n* човекоподобна маймуна.

similar ['similə] **I.** *adj* **1.** подобен (*и мат.*), приличен, сходен; **2.** от същия вид като (**to**); **II.** *n* предмет, сходен (подобен) на друг (**to**); *pl* сходни предмети, неща.

simmer ['simə] **I.** *v* **1.** къкря; вря на слаб огън; оставям (*вода и пр.*) да ври на слаб огън; **2.** (**~ down**) преставам да къкря, да вря; постепенно изстивам; *прен.* стихвам, намалявам, уталожвам се; **3.** *прен.* едва се сдържам; надигам се (*за гняв, възмущение*); възбуждам духовете; постепенно се разпалвам; **II.** *n* къкрене; **to keep (water) at a ~** оставям (вода) да къкри.

simper ['simpə] **I.** *v* усмихвам се престорено, неискрено; **II.** *n* превзета (глуповата) усмивка.

simperingly ['simpəriŋli] *adv* с превзета, престорена, неискрена усмивка; престорено усмихнато.

simple ['simpl] **I.** *adj* **1.** прост, лесен, елементарен; **as ~ as ABC (as shelling peas)** лесна работа, прост като фасул; **2.** скромен (*и за произход*), обикновен; семпъл; **3.** простосърдечен, искрен; прост, лековерен, простодушен, наивен, глуповат; **II.** *n ост.* лековито растение, билка; просто лекарство (*извлечено само от една билка*).

simple-hearted ['simpl'ha:tid] *adj* простосърдечен, откровен, естествен.

simpleton ['simpltən] *n* глупак.

simplex ['simpliks] *adj, n* прост, елементарен, едносъставен, еднокомпонентен (*обикн. дума*), симплекс.

simplify ['simplifai] *v* опростявам.

simplism ['simplizəm] *n* опростенчество, опростителство, повърхностен подход.

simultaneous [,siməl'teiniəs, ,saiməl'teiniəs] *adj* едновременен, симултантен.

sin [sin] **I.** *n* **1.** грях; **to fall into ~**

изпадам в грях; **2.** провинение, простъпка, прегрешение; грехота; ● **like ~** *разг.* здравата, страшно, много силно; **II.** *v* (**-nn-**) **1.** греша, извършвам грях, съгрешавам, прегрешавам (*често с* **against**); **to ~ against propriety** нарушавам (не спазвам) благоприличието; **2.** *рядко* извършвам (*грях*).

since [sins] **I.** *prep* от; **~ the war** от войната насам; **II.** *adv* оттогава; след това; преди; **I have not seen him ~** оттогава не съм го виждал; **III.** *cj* **1.** откакто, откато; **~ I have known him** откакто го познавам; **2.** щом (като), тъй като, понеже.

sincere [sin'siə] *adj* искрен, прям, откровен, чистосърдечен.

sincerely [sin'siəli] *adv* искрено, чистосърдечно, откровено; действително.

sincerity [sin'seriti] *n* искреност, откровеност; прямота; **in all ~** искрено казано, да си кажа правичката.

sinciput ['sinsipʌt] *n анат.* теме.

sine [sain] *n мат.* синус.

sinecurist ['saini,kjuərist] *n* синекур, човек, който заема синекура.

sine-shaped ['sainʃeipt] *adj* синусоиден.

sinew ['sinju:] *n* **1.** сухожилие; **2.** *pl* мускули; *прен.* сила, издръжливост; **3.** *pl прен.* движеща сила; **the ~s of war** парични средства, въоръжения.

sinewiness ['sinjuinis] *n* жилавост, сила, издръжливост.

sinewless ['sinjulis] *n* слаб, безсилен, отпуснат.

sinful ['sinful] *adj* грешен, греховен, престъпен; **~ person** грешник.

sing [siŋ] **I.** *v* (**sang** [sæŋ]; **sung** [sʌŋ]) **1.** пея; изпявам; **to ~ in (out of) tune** пея в тон (фалшиво); **2.** свиря, пея, бръмча (*за насекомо*); свиря, свистя (*за вятър, куршум*); шушна (*за чайник*); **3.** *поет.* пея, славя, възпявам (**of**); съчинявам стихове за; **her heart sang for joy** сърцето ѝ ликуваше; **II.** *n* **1.** *разг.* спявка; **2.** свистене.

singable ['siŋəbl] *adj* подходящ (пригòден, лесен) за пеене.

singe [sindʒ] **I.** *v* **1.** леко изгарям (*при гладене*); **2.** опърлям, пърля; **to ~ a pig, fowl** пърля прасе, пиле; **II.** *n* леко, повърхностно изгаряне; опърляне.

singer ['siŋə] *n* **1.** певец, певица; **I am afraid I am not a ~** за съжаление не пея добре; нямам добър глас; **2.** поет.

Singhalese [,siŋgə'li:z] **I.** *adj* от/на Цейлон, цейлонски; **II.** *n* **1.** цейлонец, цейлонка; **2.** цейлонски език.

singing ['siŋiŋ] *n* пеене; **~ lesson** урок по пеене.

singing-master ['siŋiŋ,ma:stə] *n* учител по пеене.

single [siŋgl] **I.** *adj* **1.** единствен, един единствен, единичен, само един, едничък; (*с отрицание*) ни(то) един; **not a ~ man moved** никой не мръдна; **2.** единичен; с (за, по) един (човек); **3.** отделен (*напр. за части на машина*); **II.** *n* **1.** *сп.* удар, при който се отбелязва само една точка (*при игра на крикет*); игра поединично (*в тениса*); **2.** еднопосочен билет; **3.** сингъл (*грамофонна плоча*); **III.** *v* (**~ out**) избирам; изтъквам; набелязвам.

sinister ['sinistə] *adj* **1.** зловещ, злокобен; **2.** лош, зъл, злобен, проклет; **3.** застрашителен; страшен.

sink [siŋk] **I.** *v* (**sank** [sæŋk]; **sunk** [sʌŋk]) **1.** потъвам, затъвам (*и прен.*); **he was left to ~ or swim** оставиха го да се оправя сам (на произвола на съдбата); **2.** впивам се, забивам се, потъвам (*и прен.*), просмуквам се (*за вода*) (**in**); **3.** залязвам; скривам се (*за слънцето, луната*); **II.** *n* **1.** кухненска мивка; **2.** помийна яма; клоака, замърсено място; **~ of iniquity** *прен.* блато на порока; **3.** *тех.* радиатор, охладител.

sinkable [ˈsiŋkəbl] *adj* който може да бъде потопен.

sinking-fund [ˈsiŋkiŋ,fʌnd] *n* амортизационен фонд.

sinless [ˈsinlis] *adj* безгрешен; невинен.

sinner [ˈsinə] *n* **1.** грешник; **2.** нарушител на установен ред (правила), бунтар, виновник.

Sinn Fein [,ʃinˈfein] *n* Шин Фейн, националистическо движение в Северна Ирландия за пълна независимост от Великобритания.

Sino- [ˈsainou-] *pref* свързан с Китай; **~-American relations** китайско-американски отношения.

sinuosity [,sinjuˈɔsiti] *n* **1.** криволичене, лъкатушене; **2.** извивка, завой.

Sioux [su:] **I.** *n* (*pl* **Sioux** [su:z]) **1.** сиукс (*индианец*); **2.** сиукси език; **II.** *adj* сиукски.

sip [sip] **I.** *v* (**-pp-**) сърбам, сръбвам; **to ~ (up) o.'s coffee** сръбвам си кафето; **II.** *n* глътка.

sipe [saip] *n* грайфер на гума.

siphon [ˈsaifən] **I.** *n* сифон; **~-bottle** сифон за газиране на течности; **II.** *v* източвам със сифон (**out**); източвам се.

siphonet [ˈsaifənet] *n зоол.* всмукателна тръба; хоботче (*на пчела*).

sippet [ˈsipit] *n* **1.** залък, потопен в супа, мляко и под.; **2.** препечена или пържена филия хляб като гарнитура; **3.** парченце, трошичка, късче (*и прен.*).

sir [sə:] **I.** *n* **1.** господин (*като обръщение към по-високопоставено лице и в търговски писма*); **Dear S.** уважаеми господине; **2.** сър (*благородническа титла*) само пред малкото име; **Sir John Moore, Sir J. Moore, Sir John**; **II.** *v* обръщам се към някого с господин.

sister [ˈsistə] **I.** *n* **1.** сестра (*и прен.*); **half ~** сестра от един родител (заварена, полу-); **2.** сестра, калугерка; **3.** старша медицинска сестра; **II.** *v рядко* държа се сестрински към.

sisterhood [ˈsistəhud] *n* **1.** сестринство, добри сестрински отношения; **they lived in loving ~** те живяха задружно като любещи сестри; **2.** женско религиозно общество; **3.** *разг., пренебр.* компания, банда.

sister-in-law [ˈsistəinlɔ:] *n* (*pl* **sisters-in-law**) зълва, балдъза, снаха или етърва.

Sisyphean [,sisiˈfiən] *adj* сизифов, тежък и безсмислен.

sit [sit] *v* (**sat** [sæt]) **1.** седя, сядам; **to ~ at home** стоя си вкъщи, мързелувам, безделнича; **2.** заседавам (*за парламент и пр.*); **3.** заемам пост, член съм на (*комитет и пр.*) (**on**).

site [sait] **I.** *n* **1.** местоположение, място; **2.** място за строеж (лагеруване и пр.); обект; **II.** *v* разполагам, поставям.

sitter [ˈsitə] *n* **1.** седящ, седнал човек, *обикн.* пътник; **2.** *изк.* модел; **3.** квачка; • **baby-~** бавач(ка) на деца, когато родителите отсъстват.

sitting [ˈsitiŋ] *n* **1.** седене; **2.** заседание; **3.** сеанс (*и при позиране на художник*); **at one ~** на един дъх (*на един път, наведнъж, без да ставам*).

situated [ˈsitʃueitid] *adj* **1.** разположен, с (хубаво, лошо) разположение (*за къща*) **2.** *прен.* в някакво положение, при някакви обстоятелства; **I am rather awkwardly ~** намирам се в доста неудобно положение.

situation [,sitʃuˈeiʃən] *n* **1.** разположение (*на град и пр.*); **2.** *прен.* ситуация, положение; **3.** работа, служба, длъжност.

Siva ['si:və,'ʃi:və] *n рел.* Шива, в индуизма - едно от трите върховни божества в индуизма, бог разрушител.

six [siks] **I.** *num* шест; • **~ of one and half a dozen of the other** все едно и също нещо, без всякаква разлика; **II.** *n* **1.** шестица, шесторка; **~es and sevens** в пълен безпорядък (с краката нагоре); **2.** *pl* шести номер (*на обувки и пр.*); **3.** удар, който осигурява шест прибежки (*при игра на крикет*).

sixteen ['siks'ti:n] **I.** *num* шестнадесет; **II.** *n* числото шестнадесет.

sixteenth ['siks'ti:nθ] **I.** *adj* шестнадесета; **II.** *n* една шестнадесета.

sixth [siksθ] **I.** *num* шести; **the ~ (form)** *уч.* последният (шести) клас на прогимназията; **II.** *n муз.* секста.

sixtieth ['siksti:θ] **I.** *adj* шестдесети; **II.** *n* една шестдесета част.

sixty ['siksti] **I.** *num* шестдесет; **II.** *n* числото шестдесет.

size$_1$ [saiz] **I.** *n* **1.** големина, размери; мярка; **to be the ~ of** голям съм, колкото; **2.** номер (*на дреха, обувки и пр.*); ръст (*на човек, животно*); формат (*на книга, фотоплака и пр.*); калибър (*на пушка, патрон и пр.*); *печ.* кегел; **3.** *унив., ист.* порция; • **that's about the ~ of it** *разг.* горе-долу това е положението; налучкали сте го; **II.** *v* **1.** класирам, сортирам; строявам по височина (*войници*); **2.** (**~ up**) вземам мерките на; *разг.* съставям си мнение за; *прен.* преценявам колко струва.

size$_2$ **I.** *n* клей, лепило, използвано за импрегниране, полиране, втвърдяване и под.; *текст.* скроб, чур; **II.** *v* импрегнирам, напоявам, пропивам; скорбвам, чуросвам.

sizy ['saizi] *adj* лепкав; покрит със скроб.

sizzle ['sizl] **I.** *v* цвъртя, съскам, пращя (*при пържене*); **II.** *n* пращене.

sjambok ['ʃæmbɔk] *n, v* (бия с) камшик от кожа на носорог.

skat [skæt] *n* скат, трупа - игра на карти за трима души.

skate$_1$ [skeit] **I.** *n* **1.** кънка; лятна кънка (*и* **roller-~**); **2.** *ам., театр.* подвижен декор (*на колела*); **II.** *v* карам кънки; пързалям се с кънки; • **to ~ over thin ice** умело се справям с щекотлив въпрос (трудно положение).

skate$_2$ *n зоол.* скат, морска лисица, сем. *Rajidae*.

skater ['skeitə] *n* кънкьор, кънкьорка.

skating ['skeitiŋ] *n* каране на кънки, пързаляне с кънки.

skating rink ['skeitiŋ,riŋk] *n* пързалка; място, пригодено и за каране на летни кънки.

skean [ski:n] *n* къса шотландска кама.

skein [skein] *n* **1.** чиле (*конци*); **tangled ~** *прен.* объркана политическа ситуация, каша; **2.** ято (*диви гъски или лебеди*).

skeleton ['skeletn] *n* **1.** скелет (*и прен.*); **reduced (worn) to a ~** заприличал на скелет, станал кожа и кости; **2.** *тех.* скелет (*на сграда, кораб и пр.; на опожарена сграда*); **3.** *бот.* мрежа от жилките на лист.

skeleton key ['skeletən,ki:] *n* шперц.

skeletonize ['skeletənaiz] *v* **1.** препарирам скелета на (*труп*); **2.** *прен.* резюмирам; нахвърлям, набелязвам основните моменти в сюжета (на роман, пиеса, разказ и под.).

skep [skep] *n* **1.** вид кошница (*като мярка при продажба на зелен-*

чуци); **2.** сламен (плетен) кошер.

sketch [sketʃ] **I.** *n* **1.** скица; **2.** план (*на съчинение и пр.*); **3.** *театр.* леко, често хумористично, едноактно представление; кратка пиеса; скеч; **II.** *v* скицирам (*и прен.*); правя скица; рисувам пейзаж с водни бои.

sketchy [ˈsketʃi] *adj* бегъл, непълен, повърхностен; **to have a ~ meal** похапвам.

ski [ski:, *норв.* ʃi:] **I.** *n* (*pl* **skis, ski**) ска, ски; **II.** *v* карам ски.

skid [skid] **I.** *v* **1.** плъзгам се; буксувам, въртя се на място (*за кола и пр.*); **2.** *рядко* намалявам скоростта (*с помощта на спирачки*); **II.** *n* **1.** занасяне; буксуване (*на автомобил и пр.*); **2.** спирачка; (спирателна) обувка; **3.** дъска (*за спускане на товари*); • **to put the ~s under** *ам.* отървавам се от.

skiddy [ˈskidi] *adj* хлъзгав, плъзгав (*за път и пр.*).

skier [skiə] *n* скиор, скиорка.

skilful, *ам.* **skillful** [ˈskilful] *adj* сръчен, ловък, вещ; майсторски, изкусен.

skill [skil] *n* **1.** умение, сръчност, ловкост (**in**); **want, lack of ~** несръчност; **2.** *ам.* занаят.

skilled [skild] *adj* **1.** вещ, опитен, изкусен; **2.** квалифициран; **to be ~ in** разбирам от, специалист съм по.

skin [skin] **I.** *n* **1.** кожа (*на човек и на животно*); **to have a fair (silky) ~** имам бяла и гладка кожа (кожа като кадифе); **2.** *бот.* ципа, кожица; **3.** кора, кожа (*на някои плодове*); • **to jump out of o.'s ~** извън кожата си (съм), вън от себе си (съм) (**for**); **II.** *v* (**-nn-**) **1.** одирам; смъквам кожата; **2.** беля, обелвам (*плод*); **3.** ожулвам си (*коляно и пр.*).

skirt [skə:t] **I.** *n* **1.** пола; **divided ~** пола панталон; **2.** *sl* жена; **3.** *обикн. pl* краище, край, ръб, периферия, покрайнини (*на гора и пр.*); **II.** *v* **1.** движа се покрай (**along**); **2.** заобикалям; **3.** гранича с.

skull [skʌl] *n* череп; **thick ~** дебелоглавие, тъпоумие, глупост.

sky [skai] **I.** *n* небе; **under the open ~** под открито небе; **to laud (praise) to the skies** превъзнасям до небесата; **under distant skies** в далечни страни; **II.** *v* **1.** *сп.* изпращам топка нависоко (*с удар*); **2.** окачвам (*картина*) високо на стена.

skylark [ˈskaila:k] **I.** *n* *зоол.* полска чучулига *Alauda arvensis*; **II.** *v* *разг.* забавлявам се, закачам се.

skyscraper [ˈskai,skreipə] *n* небостъргач.

slalom [ˈsla:ləm] *n* *сп.* слалом.

slander [ˈsla:ndə] **I.** *n* клевета, злословие; *юрид.* устна клевета; **~monger** клеветник, сплетник; клюкар, одумник; **II.** *v* клеветя, злословя срещу (по адрес на); набеждавам; *прен.* черня, очерням; **~ing tongue** лош (хаплив) език.

slang [slæŋ] **I.** *n* сленг, жаргон, арго; тарикатски език; **II.** *v* *разг.* наругавам; **III.** *adj* вулгарен, жаргонен.

slaughter [ˈslɔ:tə] **I.** *n* **1.** клане, сеч, кръвопролитие, избиване; *прен.* касапница; **2.** изколване, колене; **II.** *v* коля; избивам, унищожавам.

Slav [sla:v] **I.** *n* славянин; **II.** *adj* славянски.

slave [sleiv] **I.** *n* роб (*и прен.*), раб; неволник; **~-born** роден в робство; **II.** *v* **1.** робувам; **to ~ at mathematics** *разг.* мъча се като грешен дявол с математиката; **2.** *поет.* заробвам, поробвам.

slavery [ˈsleivəri] *n* **1.** робство; *прен.* подчиненост; **white ~** проституция; търговия с бели робини; **2.** *разг.* тежка работа; изнурителен, робски труд.

sledge$_1$ [sledʒ] **I.** *n* **1.** шейна; **2.** каручка; **II.** *v* карам шейна; возя на шейна; **to go sledging** пързалям се с шейна.

sledge$_2$ *n* = **~-hammer**.

sledge-hammer ['sledʒ,hæmə] *n* тежък ковашки чук; **~ blow** *прен.* съкрушителен удар.

sleep [sli:p] **I.** *n* **1.** спане, сън; **beauty ~** сънят преди полунощ; **2.** *прен.* смърт; **• my foot has gone to ~** изтръпнал ми е кракът; **II.** *v* (**slept** [slept]) **1.** спя, заспал съм; дремя; **• let ~ing dogs lie** не си търси белята; **2.** нощувам; **3.** *прен.* умрял съм.

sleeper ['sli:pə] *n* **1.** спящ човек; **he is a light ~** той спи леко (*като заек*); **2.** сънливко, сънливец, сньо; **3.** *жп* траверса.

sleeping-bag ['sli:piŋ,bæg] *n* спален чувал.

sleeping-car ['sli:piŋ,ka:] *n* спален вагон, вагон-ли, слипинг-кар.

sleepy ['sli:pi] *adj* **1.** сънен, сънлив; *прен.* заспал (*за град и пр.*); **2.** *ост.* приспивен, приспивателен; **3.** презрял, сипкав (*за круша*).

sleeve [sli:v] *n* ръкав; **to have s.th. up o.'s ~** имам нещо предвид; имам нещо готово в запас; наумил съм си нещо.

slender ['slendə] *adj* **1.** тънък, слаб; строен; **2.** крехък, нежен, деликатен; **3.** недостатъчен, оскъден (*за доход*); слаб (*за надежда*); неоснован, неоснователен (*за довод*).

slept *вж* **sleep II**.

slice [slais] **I.** *n* **1.** парче; резен, филия; част, дял; **~ of life** реалистично представяне на ежедневието; **2.** широк плосък нож; **3.** размах, удар; **II.** *v* **1.** режа, нарязвам; отрязвам, разрязвам; **~d bread** хляб, който се продава нарязан на филии и пакетиран; **2.** разпределям (се), разделям (се) (*с* **up**); **3.** отрязвам, отсичам (*и* **off**).

slide [slaid] **I.** *v* (**slid** [slid]; **slid, slidden** [slidn]) **1.** плъзгам (се), хлъзгам (се); пързалям се; **to ~ over a delicate question** заобикалям деликатен въпрос; **2.** *прен.* преминавам незабелязано; **3.** *муз.* свиря с легато, преливам тонове; **II.** *n* **1.** пързаляне; плъзгане; **2.** пързалка; **3.** плъзгач.

slight [slait] **I.** *adj* **1.** незначителен, почти никакъв, малък, лек, слаб; **not the ~est doubt** ни най-малкото съмнение; **2.** тънък, слаб; **3.** трошлив, ронлив, чуплив; крехък; **II.** *v* пренебрегвам, не зачитам, обиждам; **III.** *n* обида, пренебрежение, пренебрегване, незачитане; **to put a ~ upon** изказвам се пренебрежително за.

slim [slim] **I.** *adj* **1.** тънък, строен; **2.** слаб, нездрав; рехав, неплътен; **3.** оскъден, недостатъчен; **II.** *v* (**-mm-**) старая се да отслабна; пазя диета за отслабване; **~ming costume** костюм, който прави човек да изглежда слаб.

slip [slip] **I.** *v* (**-pp-**) **1.** хлъзгам (се), подхлъзвам (се); **2.** правя неволна грешка, изтървавам се; **to ~ into bad habits** постепенно придобивам лоши навици; **3.** пъхам, шмугвам (*в джоб*); промъквам (се); **II.** *n* **1.** подхлъзване, хлъзване, хлъзгане; **to give s.o. the ~** *разг.* избягвам от някого; измъквам се, без да ме види някой; **2.** неволна грешка, пропуск, гаф; изпускане, изтърваване; **3.** парче, къс; ивица; *прен.* малко нещо.

slipper ['slipə] **I.** *n* **1.** пантоф, чехъл; **2.** *тех.* спирачка; **3.** *тех.* плъзгач, шейна; **II.** *v* *разг.* натупвам с пантоф.

slippery ['slipəri] *adj* **1.** хлъзгав, плъзгав; **the ~ path** *прен.* наклонена плоскост; **2.** *прен.* неуловим, хитър; който се изплъзва (*и* **as ~ as an eel**); **3.** *прен.* несигурен, ненадежден.

slogan ['slougən] *n* **1.** лозунг, парола; девиз, мото; **2.** *ист.* шотландски боен зов.

slope [sloup] **I.** *n* **1.** наклон, полегатост, наведеност; склон, скат; **~ of a river** речен пад, увес; **2.** *мин.* бремсберг; **II.** *v* **1.** наклонявам (се), накланям (се), навеждам (се) (*за склонове*); **to ~ up** възвишавам се; **2.** *sl* избягвам, измъквам се, офейквам, "духвам" (*и* **~ off, to do a ~**); **3.** : **to ~ about (round)** *разг.* скитам, скиторя, хаймановсвам, шляя се.

slot[1] [slɔt] **I.** *n* **1.** прорез, разрез, пролука, цепнатина, цепка; **~-machine** монетен автомат; **2.** място, позиция, сегмент (*в йерархия, програма, работна схема*); **3.** дълбей, жлеб; **II.** *v* (**-tt-**) прорязвам, дълбая жлеб.

slot[2] **I.** *n* диря, следа (*от дивеч*); **II.** *v* проследявам (вървя по) диря (*на дивеч*).

slough[1] [slau] *n* **1.** блато, тресавище, мочурище, мочур; **the ~ of vice** блатото на порока; **2.** безнадеждност, отчаяние (*и* **S. of Despond**).

slough[2] [slʌf] **I.** *n* **1.** стара кожа на змия; **2.** *прен.* захвърлена привичка; **3.** *мед.* струпей; люспа; корица (*на рана*); **II.** *v* **1.** лющя се; **2.** сменям, променям (*пера, кожа*); **to ~ (off) a bad habit** отказвам се от лош навик.

Slovak ['slouvæk] **I.** *n* словак; **II.** *adj* словашки.

Slovene ['slouvi:*n*] *n* словенец.

slow [slou] **I.** *adj* **1.** муден, бавен, тромав, тежък; **~ digestion** *мед.* ленив стомах; **2.** който изостава (*за часовник*); **3.** несъобразителен, с бавен ум; тъп (*и* **~ of wit**); **II.** *v* забавям (се), намалявам скоростта (*с* **down, up, off**); **III.** *adv* бавно; **to go ~** внимателен съм.

slum[1] [slʌm] **I.** *n* беден квартал; коптори, колибри; **~ clearance** разчистване на порутени сгради и квартали и преместване на жителите в други жилища; **II.** *v* (**-mm-**) обикалям бедните квартали с благотворителна цел (*обикн.* **to go ~ming**).

slum[2] *sl воен.* чорба.

sly [slai] *adj* **1.** хитър, лукав, дяволит, потаен; **on the ~** потайно, крадешком; **2.** закачлив, шеговит, ироничен.

smack[1] [smæk] **I.** *n* вкус; миризма, мирис; примес; **II.** *v* имам вкус (миризма) (**of**); имам примес (**of**); **opinions that ~ of heresy** мнения, които намирисват на ерес.

smack[2] **I.** *n* **1.** млясване, мляскане; **2.** шумна целувка; **3.** шляпване, зашлевяване, плесница; **II.** *v* **1.** млясвам (*обикн.* **~ o.'s lips**); **2.** плющя (*с бич, камшик*); **3.** пляскам; шляпвам; **III.** *adv* с плясък; *прен.* направо, без заобикалки; **~ in the middle!** бух, право в средата!

small [smɔ:l] **I.** *adj* **1.** малък, дребен; неголям; незначителен; **the ~ hours** малките часове, часовете след полунощ; **2.** слаб; **3.** дребнав, тесногръд, ограничен; • **a ~ and early** тържество в интимен кръг; **II.** *n* **1.** най-тясна част; **the ~ of the back** кръстът; **2.** *pl* (S.) първи университетски изпит (*в Оксфорд*); **III.** *adv* на дребно, на дребни парчета; (пиша) с дребни букви, със ситен почерк; **to talk ~** *ост.* говоря тихо (с нисък глас).

smallpox ['smɔ:lpɔks] *n мед.* едра шарка, вариола.

smart [sma:t] **I.** *adj* **1.** интелигентен, умен; остроумен, находчив; изобретателен; хитър; **~ practice** безскрупулно държане; **2.** бърз, прецизен; пъргав, енергичен, чевръст, сръчен, ѝправен, способен; **3.** спретнат; моден, елегантен, шик; изтупан, стегнат; **II.** *n* **1.** смъдеж, смъдене; *поет.* остра болка; **2.** огорчение; **III.** *v* **1.** смъди ме, пари ми; боли ме, огорчен съм, страдам; **to ~ for** заплашвам (*за нещо*) с болка, патя; **2.** причинявам пареща болка, смъдвам.

smash [smæʃ] **I.** *v* **1.** смачквам, смазвам, сгазвам, унищожавам, сисипвам; **2.** счупвам, раздробявам; троша, разтрошвам, разбивам; **to ~ in** вмъквам се насила; **3.** сблъсквам се (**into**); **II.** *n* **1.** счупване, сблъскване; катастрофа; **a ~-up** челен удар при катастрофа; **2.** трясък; **3.** фалит, банкрут; • **to knock to ~** разбивам на парчета, правя на сол, на пух и прах; **III.** *adv* на пух и прах, на парчета, на сол; **to go ~** разстройвам се; разорявам се; обявявам фалит.

smear [smiə] **I.** *v* **1.** намазвам, замазвам; оцапвам, изцапвам, нацапвам, зацапвам; измърсявам, замърсявам; опетнявам; **2.** *sl ам.* разгромявам, разбивам; задушавам, потъпквам; смазвам; **II.** *n* **1.** петно; цапване, мазка, мазване; **2.** *мед.* натривка.

smell [smel] **I.** *n* **1.** миризма, мирис, аромат; **to take a ~ at** помирисвам, надушвам, подушвам; **2.** обоняние; **II.** *v* (**smelt** *или* **smelled**) **1.** имам обоняние, имам нюх, усещам мирис; мириша, помирисвам, подушвам, душа (*с* **out, at**); **to ~ out** откривам; **2.** издавам миризма, мириша; воня, смърдя; • **to ~ a rat** започвам да подозирам нещо.

smile [smail] **I.** *n* усмивка; **to force a ~** опитвам насила да се усмихна; **II.** *v* усмихвам се; **to ~ at** усмихвам (смея) се на; осмивам, присмивам се на; пренебрегвам.

smith [smiθ] **I.** *n* ковач; **shoeing ~** налбантин; **II.** *v рядко* кова, изковавам.

smithereens, smithers [ˈsmiðəˈri:nz, ˈsmiðə:z] *n pl разг.* парчета, отломки; **to smash/knock (in)to ~** разпердашвам, размазвам, разпердушинвам, правя на пух и прах.

smithy [ˈsmiθi] *n* **1.** ковачница; **2.** ковачество.

smog [smɔg] *n* смог.

smoke [smouk] **I.** *n* **1.** дим, пушек; **~ abatement** (мерки за) намаляване на вредните газове в градската среда; **2.** пушене; **3.** *sl* цигара, папироса; пура; **II.** *v* **1.** пуша (*тютюн*); **to ~ oneself dizzy** вие ми се свят от пушене; **2.** димя; **3.** пуша, опушвам, одимявам, окадявам, кадя; задимявам.

smoker [ˈsmoukə] *n* пушач; **~'s set** комплект за пушене.

smoking car [ˈsmoukiŋ,ka:] *n ам.* вагон за пушачи.

smoking-room [ˈsmoukiŋru:m] *n* пушалня.

smooth [smu:ð] **I.** *adj* **1.** гладък, равен; **~ paste** гладко изместено тесто (*без бучки*); **2.** плавен; спокоен; **3.** нетръпчив, нестипчив (*за вино*); **II.** *n* **1.** приглаждане; **2.** гладка повърхност; **III.** *v* (*и* **smoothe**) **1.** приглаждам (се), оглаждам (се); разглаждам (**out, over, down, away**); **to ~ the way for s.o.** изглаждам пътя на някого, отстранявам пречките от пътя на някого; **2.** *тех.* лъскам, полирам, шлифовам; **3.** смекчавам; замазвам (**over**); успокоявам (се) (**down**).

smuggle [smʌgl] *v* контрабандирам; промъквам; внасям тайно (**into**), изнасям тайно (**out of**); укривам, скривам (*и* **~ away**).

smuggler [ˈsmʌglə] *n* **1.** контрабандист; **2.** кораб, който върши контрабанда.

snack [snæk] *n* **1.** леко хапване, закуска; **to have a ~** закусвам на крак; хапвам; **2.** *разг.* дял, част, порция.

snail [sneil] *n* **1.** охлюв; **at a ~'s pace (gallop)** като охлюв (костенурка); **2.** *ам.* плужек, гол охлюв, плюшко; **3.** *тех.* спирала, шнек.

snake [sneik] **I.** *n* змия; **hooded ~** очиларка, кобра; **II.** *v разг.* пълзя като змия; криволича, извивам се.

snap [snæp] **I.** *v* (**-pp-**) **1.** щраквам; **to ~ o.'s fingers** изщраквам с пръсти; **2.** счупвам (се), скъсвам (се); отчупвам с трясък; **3.** *ам.* хвърлям леко във въздуха; **II.** *n* **1.** тракване, щракване; **to shut o.'s mouth with a ~** шумно си затварям устата, затварям си устата с изтракване на зъбите; **2.** закопчалка, клипс; **3.** хрупкав бисквит с джинджифил; **III.** *adj* **1.** неочакван, внезапен; **2.** *ам.* лесен; **IV.** *adv*: **to go ~** счупвам (спуквам) се внезапно.

snapshot ['snæpʃɔt] **I.** *n* **1.** (*обикн.* **snap shot**) изстрел напосоки; **2.** *фот.* моментална снимка; **II.** *v* снимам, правя снимка.

snare [snɛə] **I.** *n* **1.** капан, примка, уловка, клопка; **popularity is often a ~** известността е често капан (за наивници); **2.** *pl* струни към дъното на барабан за получаване на тракащ звук; **II.** *v* впричвам, улавям в капан.

snarl$_1$ [sna:l] **I.** *n* ръмжене; **II.** *v* ръмжа, зъбя се.

snarl$_2$ **I.** *v* **1.** обърквам, омотавам (се), оплитам (се); **to ~ up traffic** обърквам, спирам, възпрепятствам; **2.** *тех.* избивам (*металическа пластинка, втулка и пр.*); **II.** *n* **1.** заплетени (забъркани) нишки; **2.** *ам.* бъркотия; **3.** *ам.* чеп на дърво.

sneeze [sni:z] **I.** *v* кихам, изкихвам се; **not to be ~d at** не за пренебрегване; **sneezing gas** газ, от който се киха; **II.** *n* кихане, киҳавица.

sniff [snif] **I.** *v* **1.** подсмърчам; **2.** душа, помирисвам; понюхам (*и с* **at**); **3.** изказвам неодобрение, муся се (**at**); **II.** *n* **1.** подсмърчане; **2.** помирисване, душене; **to get a ~ of fresh air** поемам малко чист въздух; излизам да подишам малко чист въздух; **3.** изсумтяване (презрително).

sniper ['snaipə] *n* изкусен стрелец, снайперист.

snivel [snivl] **I.** *n* **1.** *рядко* сополи; **2.** подсмърчане; хленч; лицемерно разкаяние; **II.** *v* **1.** подсмърчам; разсополивям се; **2.** хленча, плача, оплаквам се, вайкам се; **3.** разкайвам се лицемерно.

snob [snɔb] *n* **1.** сноб; **2.** *ост.* простак; **3.** гражданин.

snore [snɔ:] **I.** *v* хъркам; **II.** *n* хъркане.

snort [snɔ:t] **I.** *v* пръхтя (*за кон*); сумтя; пуфкам, пуфтя (*за машина*); **II.** *n* пръхтене; сумтене, пуфтене, пуфкане.

snow [snou] **I.** *n* **1.** сняг, снеговалеж; **2.** *поет.* побелели коси; **3.** *sl* кокаин; • **many ~s ago** преди доста години; **II.** *v* **1.** вали сняг; **2.** заснежавам; **to ~ under** *ам.* провалям (*обикн. при избори*); **3.** *прен.* сипя се, валя.

snowball ['snoubɔ:l] **I.** *n* **1.** снежна топка; **2.** *бот.* картоп, снежна китка *Viburnum opulus*; **II.** *v* замерям със снежни топки, хвърлям снежни топки по.

snowflake ['snoufleik] *n* снежинка.

snow-plough ['snouˌplau] *n* **1.** *тех.* снегорин; **2.** *сп.* "плуг" (*при каране на ски*).

snowy ['snoui] *adj* **1.** снежен; **2.** белоснежен, снежнобял.

snub-nosed ['snʌbnouzd] *adj* чипонос.

snug [snʌg] **I.** *adj* **1.** уютен; **to make**

oneself ~ разполагам се удобно; **2.** прибран, спретнат; **3.** плътно прилепващ; пасван; **II.** *v* (**-gg-**) **1.** правя уютен, подреждам, устройвам, спретвам; **2.** гуша се (*с* **up, together**).

so [sou] **I.** *adv* **1.** така, тъй, по такъв начин; **quite ~, just ~** точно така, съвършено вярно, именно; **2.** така и, също (и), тоже; **I can go, - So can I.** мога да отида, - и аз мога; **he is young and ~ are you** той е млад, а и ти си млад; **3.** толкова, дотолкова; **II.** *cj* **1.** и така, значи, следователно; та; **~ you are back again** значи ти се върна; **2.** наистина; **III.** *pron* **1.** това; така; тъй; **2.** : **~ and ~** еди-кой (какво) си; еди-как си.

soak [souk] **I.** *v* **1.** накисвам, кисна; потапям, натапям, натопявам, мокря, намокрям, квася, наквасвам; **2.** напоявам, пропивам, прониквам, попивам, поемам (*течност*), абсорбирам, всмуквам се; поглъщам, просмуквам (се) (*с* **up, in, into**); **~ing wet** мокър до кости (като мишка), вир-вода; **3.** *разг.* пиянствам; • **to ~ to s.o.** 1) трия някому сол на главата; 2) свличам някому кожата, "одирам" го; **II.** *n* **1.** наквасване, намокряне, накисване; **2.** *разг.* проливен дъжд, порой; **3.** *sl* пиене, гуляй.

soap [soup] **I.** *n* **1.** сапун; **cake of ~** калъп сапун; **2.** *прен.* ласкателство, докарване; **II.** *v* **1.** сапунисвам (се); **2.** *sl* лаская, угоднича.

soap-suds ['soupsʌdz] *n pl* сапунена пяна.

sob [sɔb] **I.** *v* (**-bb-**) ридая, хълцам, хлипам, плача; **to ~ out** изхлипвам, изричам с ридания; **II.** *n* ридание, сподавен плач, хълцане, хлипане.

sober ['soubə] **I.** *adj* **1.** трезв, трезвен; **as ~ as a judge** абсолютно трезвен; **2.** здрав, умерен; спокоен; **3.** въздържан, сериозен; **II.** *v* отрезвявам, изтрезнявам (*и с* **up**); ставам сериозен (*с* **down**).

so-called ['sou'kɔ:ld] *adj* така (тъй) наречен, иже нарицаем.

soccer ['sɔkə] *n* футбол.

sociable ['souʃəbl] **I.** *adj* **1.** общителен; дружески; **2.** приятен, забавен, разговорчив; **II.** *n* **1.** *ам.* вечеринка; **2.** двуместен велосипед (кабриолет, кресло); тандем.

social ['souʃəl] **I.** *adj* **1.** обществен, социален; **~ disease** венерическа болест; **2.** общителен; **3.** светски; • **~ democrat** социалдемократ; **II.** *n* **1.** *разг.* вечеринка; **2.** събрание, събиране, сбирка.

socialism ['souʃəlizəm] *n* социализъм.

socialist ['souʃəlist] **I.** *adj* социалистически; **II.** *n* социалист.

society [sə'saiəti] *n* **1.** общество; обществеcivost; **2.** дружество; **3.** светско общество, хайлайф; **~ news** светски новини (*във вестник*).

sock₁ [sɔk] *n* **1.** къс чорап; мъжки чорап; **2.** стелка (подложка) на обувка; **3.** *ост. ист.* сандал на класически актьор; • **put a ~ in it!** *sl* мълчи де, стига си дрънкал!

sock₂ *sl* **I.** *v* удрям; хвърлям (*камък*); **II.** *n* удар; **to give s.o. ~s** набивам някого, натупвам (напердашвам) някого; **III.** *adv* със замах; право, точно.

sock₃ *n sl уч.* сладкиш, сладко.

sock₄ *n* палешник (*на плуг*).

socket ['sɔkit] *n* **1.** гнездо, вдлъбнатина; **2.** *тех., ел.* фасонка; **3.** *тех.* патронник; муфа.

soda ['soudə] *n* **1.** сода, натриев (би)карбонат, хлебна сода (*и* **cooking ~, baking ~**); **2.** газирана напитка, сода (*и* **~-water**).

sodium ['soudiəm] *n хим.* натрий.

sofa ['soufə] *n* диван, канапе, софа, кушетка.

soft [sɔft] **I.** *adj* **1.** мек; гъвкав; ~

palate *анат.* меко (задно) небце; **2.** нежен, деликатен; тих (*за глас*); лек (*за вятър*); **3.** слаб, женствен, изнежен; • ~ **goods** текстилни произведения; текстил; **II.** *n разг.* = **softy**; **III.** *adv* леко; тихо; **to lie** ~ лежа на меко, лежа върху мека постеля.

soften [sɔfn] *v* омеквам, смекчавам (се), омекчавам; омекотявам (се); **troops ~ed by idleness** войски, деморализирани от бездействие.

software ['sɔftwɛə] *n комп.* софтуер, програмно осигуряване.

soil$_1$ [sɔil] **I.** *n* **1.** почва, земя, пръст; **2.** тор, гюбре; **II.** *v* торя, наторявам.

soil$_2$ **I.** *v* изцапвам (се), цапам (се), измърсявам (се), опетнявам (се); **II.** *n* петно, мръсно място, леке.

solar$_1$ ['soulə] *adj астр.* слънчев, соларен.

solar$_2$ *n* дневна стая на горния етаж (*на средновековна къща*).

sold *вж* **sell I.**

soldier ['souldʒə] **I.** *n* **1.** войник; военен; войн; пълководец; **to go (enlist) for a** ~ отивам войник; **2.** пушена херинга; **3.** *sl мор.* моряк, който бяга от работа; • **old** ~ 1) опитен човек; 2) празна бутилка; 3) фас; **II.** *v* **1.** служа войник; **2.** *sl* преструвам се, че работя; симулирам болест.

sole$_1$ [soul] **I.** *n* **1.** табан, долната част на ходилото; **2.** подметка; **3.** долна част; поставка; *тех.* пета; **II.** *v* слагам подметка на.

sole$_2$ *adj* **1.** единствен; **2.** *юрид.* сам, неженен; **3.** *ост.* сам; • ~ **weight** собствена тежест.

solemn ['sɔləm] *adj* **1.** тържествен; **2.** тежък, сериозен (*за вид и пр.*); **to give a ~ warning** сериозно предупреждавам; **3.** официален, формален.

solicitor [sə'lisitə] *n* **1.** адвокат (*който подготвя дела и върши всяка друга адвокатска работа, но има право да пледира само в понизшите инстанции*); **2.** *рядко* проситeл, ходатай; **3.** *ам.* агент, пласьор.

solid ['sɔlid] **I.** *adj* **1.** твърд; материален; ~ **state** твърдо състояние; **2.** плътен, изпълнен (*за стена и пр.*); цял; **3.** непрекъснат, цял, общ (*за редица и пр.*); **II.** *n* **1.** твърдо тяло, вещество; **2.** *pl* твърда (нетечна) храна; **3.** *мат.* триизмерна фигура; **III.** *adv* единодушно; *главно*: **to vote** ~ гласуваме единодушно.

solidarity [sɔli'dæriti] *n* солидарност, сплотеност; единомислие.

solidify [sə'lidifai] *v* **1.** втвърдявам (се); кристализирам; **2.** обединявам (се).

solitary ['sɔlitəri] **I.** *adj* **1.** самотен, сам; самичък; усамотен; **2.** отделен, уединен, откъснат, отстранен; ~ **confinement** изолиране в отделна килия, строг тъмничен затвор; **3.** единствен; **II.** *n* **1.** самотник; **2.** отшелник.

solitude ['sɔlitju:d] *n* **1.** самота; уединение; **2.** уединено, откъснато място.

solo$_1$ ['soulou] **I.** *n* (*pl* **-os** [ouz], **-li** [li]) **1.** *муз.* соло; **2.** *ав.* летене без инструктор или механик; **3.** *attr* солов; **II.** *v ав.* летя сам.

solo$_2$ *n* **1.** игра на карти, подобна на вист; **2.** заявяване на играч, че ще вземе пет взятки (*в тази игра*).

soloist ['soulouist] *n* **1.** солист; **2.** *ав.* летец, който излита сам.

soluble ['sɔljubl] *adj* **1.** разтворим; **2.** *рядко* разрешим.

solution [sə'lju:ʃən] *n* **1.** разтваряне; разтвор; *мед.* солуция, воден разтвор на силно лекарство; **his ideas are in** ~ *прен.* възгледите му не са установени още; **2.** разрешаване; разрешение (*на загадка,* *трудност и пр.*; **of, for, to**); *мат.* решение; отговор; **3.** *мед.* прекратяване на болест.

solve [sɔlv] *v* **1.** решавам (*и мат.*); разрешавам; **2.** *ост., рядко* развързвам.

solvent ['sɔlvənt] **I.** *adj* **1.** платежоспособен; **2.** *хим.* разтварящ; **3.** *прен.* смекчаващ; **II.** *n* **1.** разтворител; **2.** *прен.* нещо, което разтваря.

some [sʌm] **I.** *pron* някой; малко (*за означаване на част от нещо или няколко на брой*); **the wine is excellent, will you have ~** виното е чудесно, ще пийнеш ли малко? **II.** *attr* **1.** някой; някакъв; **~ car or other broke down our fence** някаква кола ни срина оградата; **2.** за значителен брой, количество и пр.: **that is ~ help** това е вече помощ; **3.** няколко; около, приблизително (*с числителни или думи за размер*); **III.** *adv* **1.** *sl* до известна степен; **2.** *ам., разг.* значително, много, доста.

somebody ['sʌmbɔdi] **I.** *pron* някой; **II.** *n* важен човек; **he thinks he is (a) ~** мисли се за нещо голямо.

somehow ['sʌmhau] *adv* по някакъв начин, някак, някак си; **~ or other** така или иначе.

someone ['sʌmwʌn] = **somebody I.**

somersault ['sʌməsɔ:lt] **I.** *n* **1.** премятане презглава; **2.** *прен.* "обръщане на 180 градуса"; **II.** *v* премятам се презглава.

something ['sʌmθiŋ] **I.** *n* нещо; **~ else** още нещо; **II.** *adv* **1.** *ост.* до известна степен, немного; **2.** : **~ like** *разг.* нещо подобно на, почти, приблизително.

some time ['sʌm'taim] *n, adv* доста време.

sometime ['sʌmtaim] **I.** *adv* **1.** някога, по някое време; **I'll do it ~ or other** ще го направя някой ден; **2.** *ост.* някога, преди време; **II.** *adj* бивш; **the ~ professor at the University** бившият професор в университета.

sometimes ['sʌmtaimz] *adv* понякога.

somewhat ['sʌmwɔt] **I.** *adv* до известна степен, малко; **he was ~ hard to follow** донякъде беше трудно да бъде следван (разбран); **II.** *n* известна степен; част от; **he was ~ of a connoisseur** той беше до известна степен познавач.

somewhere ['sʌmwзə] *adv* някъде; **~ else** някъде другаде, на друго място.

son [sʌn] *n* **1.** син; **~ and heir** найвъзрастен син, наследник; **2.** *ам.* зет.

song [sɔŋ] *n* **1.** песен; **not worth an old ~** без стойност; **2.** пеене; **3.** *поет.* поема, стихотворение; поезия.

son-in-law ['sʌninlɔ:] *n* зет.

soon [su:n] *adv* **1.** скоро; **as ~ (as ~ as, so ~ as)** веднага щом като; **2.** рано.

soot [sut] **I.** *n* сажди; **flake of ~** сажда; **II.** *v* покривам (отбелязвам) със сажди.

soothe [su:ð] *v* **1.** утешавам, успокоявам; **2.** облекчавам, утешавам (*болка*); **3.** лаская.

sophisticated [sə'fistikeitid] *adj* **1.** лишен от наивност, (прекалено) изискан, изтънчен; остроумен, субтилен; сложен; светски, с житейски опит; **2.** подправен, неистински.

soprano [sə'pra:nou] *n* (*pl* **-nos** [-nouz], **ni** [-ni:]) *муз.* сопрано, сопран.

sorcery ['sɔ:səri] *n* магьосничество, магии, вълшебство.

sore [sɔ:] **I.** *adj* **1.** болезнен, ранен, възпален; **~ finger (foot)** наранен пръст (крак); **2.** огорчен, скръбен, наскърбен; обиден; **3.** краен, тежък; • **a sight for ~ eyes** мила (приятна) гледка; **II.** *n* язва, възпалено място; **open ~** *прен.* обществена язва; **III.** *adv ост., поет.* тежко, жестоко; **~ troubled** силно обезпокоен.

sorrow ['sɔrou] **I.** *n* **1.** печал, скръб, болка, жал; **to feel ~ for** мъчно ми е за; **2.** съжаление; покаяние; **3.** скърбене; оплакване; жалене, жалейка; **II.** *v* тъгувам, скърбя (**at, over, for**); жаля (**after, for**).

sorrowful ['sɔrouful] *adj* **1.** печален, скърбящ; натъжен, опечален; **2.** тъжен, скръбен; печален.

sorry ['sɔri] *adj* **1.** съжаляващ, каещ се; **to feel ~ for** съжалявам, съчувствам на; **2.** жалък; лош, противен.

sort [sɔ:t] **I.** *n* **1.** вид, качество, разред, разновидност, сорт, категория; **the latest ~ of music** последният музикален жанр; **2.** *рядко* начин, маниер; • **after (in) a ~, in some ~** до известна степен; **II.** *v* **1.** сортирам, отделям, разпределям (*и* **~ over**); **2.** *ост.* подхождам, отивам, отговарям, съответствам (**with**); **3.** *ост.* общувам.

SOS ['es'ou'es] **I.** *n* международен сигнал за помощ, предаван от кораби в бедствено положение; SOS; **II.** *v* давам сигнал SOS.

sough [sau] **I.** *n* шептене, шумолене, стенание (*на вятър през листата дървета*); **II.** *v* шептя, шумоля, стена (*за вятър*).

soul [soul] *n* **1.** душа, дух; **to be the (life and) ~ of** да бъда душата на; **2.** човек, личност; **3.** въплъщение, олицетворение, образец.

sound₁ [saund] **I.** *n* **1.** звук; шум; **within ~ of** на такова разстояние, че да се чува; **2.** тон, смисъл; **3.** *attr* звуков; **II.** *v* **1.** звуча, шумя, издавам звук (шум); **to ~ loud** издавам силен шум (звук); **2.** извличам звук, издавам звук с нещо; **3.** *прен.* имам смисъл, звуча, изглеждам.

sound₂ **I.** *adj* **1.** здрав (*за тяло, орган*); **of ~ body and mind** със здраво тяло и бистър ум; **2.** здрав, нормален; **3.** прав, стабилен, як (*и за сграда*); **II.** *adv* здраво; **to sleep ~** спя добре, имам здрав сън.

sound₃ **I.** *v* **1.** измервам дълбочина (*на вода*); изследвам морско (речно) дъно; **2.** *мед.* изследвам със сонда; прислушвам (*със стетоскоп*); **3.** гмуркам се (*за кит*); **II.** *n* *мед.* сонда.

sound₄ *n* **1.** тесен пролив; **2.** рибен мехур.

soundproof ['saundpru:f] *adj* звуконепроницаем, звукоизолиран.

soup [su:p] *n* **1.** супа; **in the ~** в затруднение; **2.** *sl юрид.* резюмета, раздавани на младите адвокати.

sour [sauə] **I.** *adj* **1.** кисел (*и за почва*); **2.** вкиснал; подквасен; **3.** *прен.* кисел, раздразнителен; **II.** *n ам.* подкиселена напитка (*с лимон и пр.*); **III.** *v* **1.** вкисвам (се); **2.** *прен.* правя (ставам) мрачен, огорчавам, озлобявам (се); **~ed by disappointments** огорчен от много разочарования.

source [sɔ:s] *n* **1.** извор (*на река*); **2.** извор, източник; начало; **~ material** документи, паметници и др. извори, които предоставят материали за изследвания; **3.** *поет.* поточе, ручей.

south [sauθ] **I.** *n* юг (*обикн. с опред. член*); **the S.** Югът, Южните щати; **II.** *adj* южен; **S. America** Южна Америка; **the S. Seas** Тихият океан; **III.** *adv* на юг, южно от; **IV.** *v* **1.** отправям се на юг (*обикн. за кораб*); **2.** пресичам меридиан (*за луна*).

southern ['sʌðən] *adj* южен; **~ habits (customs)** южняшки нрави (обичаи).

souvenir ['su:vəniə] *фр. n* сувенир,

спомен.

sovereign ['sɔvrin] **I.** *n* **1.** суверен; **2.** суверенна (независима) държава; **3.** златна английска монета, равна на една лира стерлинг; златна лира; **II.** *adj* **1.** върховен, независим, суверенен; **~ rights** пълни (суверенни) права; **2.** пълновластен, независим; **3.** висш, върховен; най-висш, най-голям.

Soviet ['souviet] *рус.* **I.** *n* **1.** (S.) Съвети (*орган на държавната власт в бившия СССР*) **2. the ~** Съветският съюз; **II.** *adj* съветски; **~ Union** Съветски съюз.

sow₁ [sou] *v* (**sowed; sown** [soun], **sowed**) **1.** сея, засявам; **to ~ o.'s wild oats** налудувам се на младини; **2.** *само в pp* посипвам, обсипвам.

sow₂ [sau] *n* **1.** свиня; **2.** *мет.* слитък; • **you cannot make a silk purse out of a ~'s ear** от всяко дърво свирка не става.

spa [spa:] *n* **1.** балнеолечебен курорт, курортно място с минерален извор; бани; **2.** минерален извор.

space [speis] **I.** *n* **1.** пространство; **infinite ~** безкрайно пространство; **2.** разстояние, място; **3.** *печ.* интервал; **II.** *v* **1.** оставям място между, поставям на интервали (*и* **~ out**); **2.** *печ.* разреждам, набирам с разредка.

spaceship ['speisʃip] *n* космически кораб.

spade₁ [speid] **I.** *n* **1.** лизгар, бел, казма, права лопата; лопата; **2.** остра лопата (*за рязане на китова мас*); • **to call a ~ a ~** наричам нещата с истинските им имена; казвам, хвърлям истината право в лицето; право, куме, (та) в о̀чи; **II.** *v* прекопавам (*с лопата*).

spade₂ *n* пика (*карта за игра*).

spade₃ *n* кастрирано животно.

Spaniard ['spænjəd] *n* испанец.

Spanish ['spæniʃ] **I.** *adj* испански; **II.** *n* испански език.

spare [spɛə] **I.** *adj* **1.** свободен, незает, излишен, ненужен; **~ time** свободно време; **2.** оскъден (*за диета*); **3.** сух, слаб (*за телосложение*); **II.** *v* **1.** щадя, пощадявам; **~ my life** пощади ме; **2.** жаля, щадя; пазя; **3.** икономисвам; пестя; **III.** *n* **1.** резервна част (*гума и пр.*); **2.** *ам.* игра на кегли.

spark₁ [spa:k] **I.** *n* **1.** искра; **the vital ~** животът; **2.** проблясък, проява (*на интелект и пр.*); **3.** *pl sl мор.* радист; • **as the ~s fly upward** естествено, неизбежно, сякаш по нечия повеля; **II.** *v* **1.** искря; **2.** давам електрическа искра; **3.** разпалвам, давам начало на.

spark₂ **I.** *n* **1.** конте, *обикн.* **gay young ~** луда глава; **2.** *ост., ам.* ухажьор; **II.** *v ост.* ухажвам.

sparkle ['spa:kl] **I.** *v* **1.** блещукам; **2.** искря, святкам (*за вино, очи и пр.*), блестя (*за интелект*); **3.** шумя, искря, кипя (*за шампанско*); **II.** *n* **1.** искрене, блясък, блестене; **2.** оживеност, живост.

sparkling ['spa:kliŋ] *adj* **1.** искрящ; **2.** блестящ; **3.** газиран, искрящ (*за вино*); **~ water** газирана вода.

sparrow ['spærou] *n* врабче.

sparse ['spa:s] *adj* рядък; пръснат (*за растение, население*); **~ beard** рядка брада.

spasm ['spæzəm] *n* **1.** *мед.* спазъм, конвулсия, гърч; **2.** пристъп.

spat₁ [spæt] **I.** *n* **1.** хайвер на стриди; **2.** малка стрида; **II.** *v* хвърлям си хайвера (*за стрида*).

spat₂ *обикн. pl* гети.

spat₃ *вж* **spit₂**.

spat₄ **I.** *n* **1.** скарване; **2.** плясване; **II.** *v* **1.** дърля се; **2.** плясвам, напляскам.

spatter ['spætə] **I.** *v* **1.** изпръсквам;

2. пръскам, плискам (се); 3. *прен.* черня, петня, клеветя; II. *n* плискане, пръскане, опръскване.

speak [spi:k] *v* (**spoke** [spouk], *ост.* **spake** [speik]; **spoken** ['spoukən]) 1. говоря, приказвам (**to, with**; *за нещо* **about, of**); казвам, думам; **to ~ the truth** говоря истината; 2. говоря, произнасям реч; изказвам се; 3. *мор.* разменям сигнали с друг кораб.

speaker ['spi:kə] *n* 1. говорител; 2. радиоговорител, спикер; 3. оратор; **poor ~** лош оратор.

spear [spiə] I. *n* 1. копие; 2. *поет.* копиеносец; 3. харпун; • **~ side** мъжка линия (*в родословие*); II. *v* 1. пронизвам, промушвам (*с копие*); 2. забивам харпун в; 3. *бот.* пускам дълги филизи.

special ['speʃəl] I. *adj* 1. специален, нарочен; **for a ~ purpose** със специална цел; 2. особен, извънреден; 3. определен; II. *n* 1. специално нещо (лице); 2. извънредно издание (*на вестник*); 3. специален влак.

specialist ['speʃəlist] *n* специалист.

speciality [,speʃi'æliti] *n* 1. особеност, характерна, отличителна черта; 2. специалност; **to make a ~ of** специализирам се в; 3. специалитет.

species ['spi:ʃi:z] *n* (*pl неизмен.*) 1. *биол.* вид; 2. род, порода, разновидност; **the (our) ~** човешкият род.

specific [spi'sifik] I. *adj* 1. специфичен, специфически, особен; 2. характерен, свойствен, типичен; 3. определен, точен; ограничен; **he has no ~ aim** той няма определена цел; II. *n* специфично средство (лекарство).

specify ['spesifai] *v* 1. определям точно, установявам; 2. давам спецификация; 3. придавам особен характер, вид.

specimen ['spesimin] *n* 1. образец; мостра; спесимен, екземпляр, експонат; **~ page** пробна страница; 2. *разг., ирон.* екземпляр, субект, тип.

spectacle ['spektəkl] *n* 1. зрелище, гледка; представяне, изложение, изложба; **deplorable ~** жалка картина; 2. спектакъл, представление, постановка; 3. *pl* очила (*и* **a pair of ~s**).

spectacular [spek'tækjulə] *adj* 1. ефектен, импозантен, грандиозен, огромен, грамаден; 2. драматичен, вълнуващ.

spectre ['spektə] *n* видение, привидение, призрак, сянка, фантом.

spectrum ['spektrəm] *n* (*pl* **-tra** [-trə]) 1. спектър; **~ analysis** спектрален анализ (*и* **spectral analysis**); 2. ейдетичен образ.

speculate ['spekjuleit] *v* 1. размишлявам, отдавам се на размисъл, размислям (**on, upon, about**); обмислям; 2. спекулирам.

sped *вж* **speed II**.

speech [spi:tʃ] *n* 1. говор, реч; 2. реч, слово; **to deliver (make) a ~** произнасям реч; 3. език; говор, диалект; сленг, жаргон.

speed [spi:d] I. *n* 1. бързина; скорост; **with all~** много бързо; 2. *тех.* брой на оборотите; 3. *ост.* щастие, успех; II. *v* (**sped** [sped]) 1. *книж.* бързам, тичам; летя; **motors sped past** префучаваха автомобили; 2. *ост.* изпращам (*гости*); запращам (*стрела*); 3. *ост.* преуспявам, правя да преуспее (процъфти); **God ~ him** да го поживи Господ.

speedometer [spi:'dɔmitə] *n тех.* спидометър; тахометър.

speedway ['spi:dwei] *n* 1. писта (*за автомобилни състезания*); 2. *ам.* път за бързо каране (шофиране).

spell$_1$ [spel] *n* 1. заклинание; **under a ~** омагьосан; 2. чар, очарование, обаяние.

spell$_2$ *v* (**spelt, spelled** [spelt]) 1. изричам (пиша) дума буква по буква; буквувам; **how do you ~ your name** как си пишете името? **2.** образувам дума (*за букви*); **3.** означавам, предвещавам; • **to ~ baker** *ам.* срещам (справям се с) трудности.

spell$_3$ **I.** *n* (кратък) период; **to do a ~ of work** работя за малко; **II.** *v рядко* **1.** отменям, сменям; **2.** *ам.* давам отдих на; правя почивка.

spelling ['speliŋ] *n* правопис, ортография; спелинг; **variant ~s of a word** различни начини на писане на дума.

spelt$_1$ [spelt] *n бот.* лимец *Triticum spelta*.

spelt$_2$ *вж* **spell**$_2$.

spend [spend] *v* (**spent** [spent]) **1.** харча, похарчвам; изхарчвам; **2.** изразходвам (*сили и пр.*); **3.** прекарвам; **to ~ the time** прекарвам времето.

sphere [sfiə] **I.** *n* **1.** *мат.* сфера; **doctrine of the ~** сферична геометрия и тригонометрия; **2.** кълбо; **3.** *астр.* небесно тяло; звезда, планета; земното кълбо, глобус; **II.** *v* **1.** затварям в сфера; придавам сферична форма на; **2.** *поет.* въздигам в небесата, превъзнасям.

spherical ['sferikl] *adj* сферичен; сферически.

spice [spais] **I.** *n* **1.** специя, билка, (ароматична) подправка; *събир.* подправки; **dealer in ~** търговец на подправки; **2.** *прен.* оттенък, следа; **3.** *поет.* аромат, приятен мирис; **II.** *v* **1.** подправям, слагам подправка (*на ядене*); **2.** *прен.* придавам пикантност.

spick-and-span ['spikən'spæn] *adj* **1.** спретнат и чист; тип-топ; **2.** пресен, нов.

spider ['spaidə] *n* **1.** паяк; **2.** пиростия; **3.** тиган с крачета.

spill$_1$ [spil] **I.** *v* (**spilt, spilled** [spilt, spild]) **1.** разливам (се), разсипвам (се); проливам (*кръв*); **to ~ the beans** *sl* издавам тайна, раздрънквам; **2.** събирам, изтърсвам, хвърлям (*от кон, кола и пр.*); **3.** *sl ам.* изказвам, издрънквам; **II.** *n разг.* падане, изтърсване, тупване.

spill$_2$ *n* **1.** треска от дърво или ивица хартия за палене на лула; **2.** дървена запушалка, тапа; **3.** *тех.* недозаварка; пукнатина.

spin [spin] **I.** *v* (**span** [spæn], **spun** [spʌn]; **spun**) **1.** преда, изпридам; **to ~ a yarn** разказвам (*обикн. измислена*) история; **2.** въртя (се), завъртам (се); **3.** изработвам на струг; **II.** *n* **1.** предене; **2.** въртене, завъртване; **3.** кратка бърза разходка, раздвижване, разтъпкване; **to go for a ~ in the car** поразхождам се с кола.

spinache, spinage ['spinidʒ] *n бот.* спанак *Spinacia oleracea*.

spinal ['spainl] *adj* спинален, гръбначен; **~ column** гръбначен стълб.

spindle [spindl] **I.** *n* **1.** вретено; **~ side** майчина (женска) линия; **2.** *тех.* вал, ос, шпиндел; **II.** *v* изтънявам се, източвам се, издължавам се.

spine [spain] *n* **1.** *анат.* спина, гръбнак; **2.** игла, бодил (*на таралеж и пр.*); трън; игла (*на бор и пр.*).

spiral ['spaiərəl] **I.** *adj* спирален, спираловиден; винтов, винтовиден; **~ balance** кантар, пружинни везни; **II.** *n* **1.** спирала; **2.** спирална пружина; **3.** *зоол.* спираловидна черупка; **III.** *v* **1.** движа се спираловидно (по спирала); **2.** образувам спирала.

spirit ['spirit] **I.** *n* **1.** дух; духовно начало, душа; **in (the) ~** вътрешно; мислено; **2.** дух, привидение, призрак; **3.** дух, ум; **II. 1.** отвличам тайно, отмъквам (*обикн. с* **away, off**); **2.** ободрявам; развеселявам (*обикн. с* **up**).

spiritual ['spiritjuəl] **I.** *adj* **1.** духовен; душевен; **2.** одухотворен; **a ~ mind** възвишен ум; **3.** духовен, спиритуален, църковен, свещенически; **II.** *n* спиричуъл, негърска религиозна песен (*и* **Negro ~**).

spit[1] [spit] **I.** *n* **1.** шиш; **2.** дълга ивица земя, вдадена в морето; дълъг подводен бряг; **II.** *v* (-**tt**-) набождам на (пробождам с) шиш; набождам като на шиш.

spit[2] [spit] **I.** *v* (**spat** [spæt]) **1.** плюя, храча; **to ~ in s.o.'s face, to ~ at s.o.** заплювам някого (в лицето); **2.** фучи (*за котка*); **3.** съска, цвърти, цвърка, пращи (*за кипяща вода; нещо, което се пържи; свещ и пр.*); пращи, пуска искри (*за огън*); **II.** *n* **1.** плюене, храчене; **2.** плюнка, храчка; **3.** преваляване; • **to be the ~ting image of** *прен.* одрал съм кожата на; отрязал съм главата на.

spit[3] *n* **1.** *провинц.* лопата; бел; **2.** (колкото побира) една лопата; **3.** дълбочина една лопата.

spite [spait] **I.** *n* злоба, злост; **from (out of, in) ~** от злоба; **II.** *v* вредя нарочно, правя напук на; обиждам; дразня, ядосвам; **he did it only to ~ me** направи го само да ме ядоса.

splash [splæʃ] **I.** *v* **1.** пръскам, изпръсквам, напръсквам, опръсквам; **2.** плискам, изплисквам; заливам; **3.** цопвам (се); **II.** *n* **1.** пръскане, изпръскване, напръскване; малко количество, няколко капки (*обикн. за сода в уиски и пр.*); **2.** (кално) петно, напръскано място; цветно петно; **3.** плискане, плисък, плясък.

spleen [spli:n] *n* **1.** *анат.* далак, сплина; **2.** злоба, лошо настроение; **3.** меланхолия, сплин, тъга.

splendid ['splendid] *adj* великолепен, разкошен; прекрасен; блестящ; сплендид.

splinter ['splintə] **I.** *n* отломък, парче; треска; подпалка; **II.** *v* разцепвам (се), нацепвам (се), цепя (се); разбивам (се), разтрошавам (се), натрошавам (се).

split [split] **I.** *v* (**split**) **1.** цепя (се), разцепвам (се) (*и прен.*); съдирам (се), раздирам (се); разделям (се); **the government ~ on the question** правителството не беше единодушно по този въпрос; **2.** *sl* доносничa; **II.** *n* **1.** цепене, разцепване, разделяне; цепка, пукнатина, пукнато; съдрано (скъсано) място; **2.** несъгласие, раздор, разкол; разцепление.

spoil [spɔil] **I.** *n* **1.** плячка (*често pl*); **~s of war** военни трофеи; **2.** печалба, изгода (*получена в резултат на конкуренция с друг*); **3.** държавни служби и пр. привилегии, разпределени между поддръжниците на една партия; **II.** *v* (**spoiled** [spɔild], **spoilt** [spɔilt]) **1.** развалям (се), повреждам (се); **to ~ s.o.'s beauty for him** смачквам нечия муцуна; **2.** разглезвам, разгалвам; **3.** *sl* пребивам, очиствам; размазвам, смазвам от бой.

spoke[1] [spouk] **I.** *n* **1.** спица (*на колело*); **2.** прът за спиране на колело; **a ~ in s.o.'s wheel** пречка, спънка, спирачка, препятствие; **3.** стъпало, дъска на подвижна стълба; **II.** *v* **1.** слагам спици на (*колело*); **2.** запъвам (*колело*).

spoke[2] *вж* **speak**.

spokesman ['spouksmən] *n* (*pl* -**men**) представител, делегат, оратор; човек, който говори от името на някого.

sponge [spʌndʒ] **I.** *n* **1.** гъба, сюнгер (*и зоол.*); **to throw up (throw in, chuck up) the ~** признавам се за победен, вдигам ръце, предавам се (*при бокс и прен.*); **2.** меко втасало тесто; **3.** пандишпан; **II.** *v* **1.** мия (се), измивам (се), изтривам (се) с гъба;

2. живея на чужд гръб, паразитирам, муфтя; **3.** бера (събирам).

sponsor [ˈspɔnsə] **I.** *n* **1.** поръчител; настойник, опекун, попечител; **2.** кръстник, кръстница; **3.** организатор; **II.** *v* **1.** поръчител съм на; **2.** организирам, устройвам (*концерт и пр.*); спонсорирам; **3.** *ам.* плащам за рекламна програма.

spontaneous [spɔnˈteiniəs] *adj* **1.** спонтанен; непринуден, непосредствен; **~ movement** порив; **2.** самопроизволен; доброволен.

spoon₁ [spu:n] **I.** *n* **1.** лъжица; **tea ~** чаена лъжичка; **2.** вид лопата за гребане; **3.** стик за голф; **II.** *v* **1.** греба (загребвам, черпя) с лъжица (**up, out of**); **2.** блъскам (вдигам) с пръчка при крокет; **3.** ловя риба с примамка.

spoon₂ **I.** *n* **1.** глупак, простак; **2.** глупаво или сантиментално влюбен човек; **II.** *v* ухаждвам, занасям се.

sport [spɔ:t] **I.** *n* **1.** спорт; лов, риболов; атлетика; спортни игри; *pl* атлетически състезания; **~s edition** спортно издание; **2.** шега, развлечение; игра; **3.** *биол.* игра на природата, случайна разновидност; **II.** *v* **1.** играя, забавлявам се, развличам се; играя си, шегувам се (**with**); **2.** нося, кича се с; нося за показ; **3.** *биол.* отклонявам се от нормалния тип.

sporting [ˈspɔ:tiŋ] *adj* **1.** спортен; който се занимава със спорт (обича спорта); **a ~ man** любител на спорта, запалянко; спортист; маниак на тема конни състезания и пр.; **2.** спортсменски, честен, благороден; **3.** предприемчив; готов да поеме риск.

sportive [ˈspɔ:tiv] *adj* игрив, весел.

sportsman [ˈspɔ:tsmən] *n* (*pl* **-men**) **1.** спортист; ловец; рибар; **2.** спортсмен; играч, който спазва правилата; честен, благороден противник.

sportswoman [ˈspɔ:tswumən] *n* (*pl* **-women**) спортистка.

spot [spɔt] **I.** *n* **1.** петно (*и прен.*); петънце, леке, пръска; точка (*на плат*); **a reputation without ~ or stain** неопетнено (чисто) име; **2.** пъпка, пришка; **3.** място, местенце; частично, отчасти, до известна степен; • **hot ~** *театр.* светло петно (*от прожектор*); **II.** *v* (**-tt-**) **1.** изцапвам (се), лекьосвам (се), правя (ставам) на петна; опетнявам; **this material ~s easily** тази материя лесно се цапа; **2.** *разг.* забелязвам, съзирам; познавам, усещам, уцелвам (какъв е); **3.** *воен.* откривам неприятелски позиции (*обикн. от въздуха*).

spotlight [ˈspɔtlait] **I.** *n* **1.** *театр.* (светлина от) прожектор; **2.** положение (състояние, нещо), което привлича (концентрира) вниманието; център на вниманието; **to be in the ~** център съм на внимание; **II.** *v театр.* насочвам прожектор към (*актьор*).

spouse [spauz] *n книж., шег.* съпруг, съпруга; *pl* съпрузи, съпружеска двойка.

sprain [sprein] **I.** *v* навяхвам; **II.** *n* навяхване.

sprang *вж* **spring**.

sprat [spræt] *n* **1.** хамсия, килка, цаца (*или друга под. дребна рибка*); **to throw (to risk) a ~ to catch a herring (a mackerel, a whale)** жертвам нещо малко, за да спечеля много; **2.** *шег.* слабо дете, "чироз", "скумрия".

sprawl [sprɔ:l] **I.** *v* просвам (се), изтягам (се), излеврям (се); **~ing shoots** пълзящи на всички страни клони (издънки); **II.** *n* отпусната поза, изтегнато положение.

spray₁ [sprei] *n* клонче, клонка,

гранка, вейка; украса във форма на клонче.

spray₂ **I.** *n* **1.** капчица, пръска; **2.** течност за пръскане (*на дървета, лози и под.*); **3.** спрей, пръскачка; пулверизатор; **II.** *v* пръскам; рося, ръся, ръмя.

spread [spred] **I.** *v* (**spread**) **1.** разстилам (се), настилам, застилам, постилам; **2.** мажа (се), намазвам (се), размазвам (се); **~s like butter** маже се като масло; **3.** разстилам (се), разгръщам (се); настилам; простирам, разпервам, разтварям, разгръщам (*ръце, клони и пр.*) (**out**); • **to ~ it on thick** *sl* преувеличавам, изсилвам се; хваля без мярка; **II.** *n* **1.** разпространение; обхват, обсег; **2.** протежение, пространство; **3.** размах (*на крила*).

sprig [sprig] **I.** *n* **1.** клонче, клонка, вейка, гранка; **2.** украса във форма на клончета; **3.** щифт, малък гвоздей без главичка; **II.** *v* (-**gg**-) украсявам с клончета, бродирам (рисувам) клончета на (върху, по); **~ged muslin** муселин с десен (щампи) на клончета.

spring [spriŋ] **I.** *v* (**sprang** [spræŋ], **sprung** [sprʌŋ]; **sprung**) **1.** скачам, подскачам; отскачам; хвърлям се; **to ~ at (upon) s.o.** (на)хвърлям се на някого; **2.** извирам, бликам, бликвам, руквам; **3.** никна, пониквам, изниквам (*често с* **up**); **II.** *n* **1.** скок; отскачане; подскачане; **2.** пролет; *attr* пролетен; **3.** пружина; ресор.

springboard [ˈspriŋbɔ:d] *n* трамплин.

springtime [ˈspriŋtaim] *n* пролет.

sprint [sprint] **I.** *v* пробягвам бързо късо разстояние; пробягвам с максимална скорост; спринтирам; **II.** *n* бързо бягане на късо разстояние, спринт.

sprinter [ˈsprintə] *n сп.* спринтьор (бегач, плувец, колоездач и пр. на къси разстояния).

sprout [spraut] **I.** *v* никна, изниквам; напъпвам; **II.** *n* издънка, филиз; **(Brussels) ~s** брюкселско зеле.

spruce₁ [spru:s] *n бот.* смърч *Picea* (*и* **~-fir**).

spruce₂ **I.** *adj* спретнат; напет; **II.** *v* придавам спретнат вид на (*обикн. с* **up**).

sprung [sprʌŋ] **I.** *v вж* **spring I.**; **II.** *adj* **1.** пукнат, спукан (*за ракета и пр.*); **2.** *sl* пийнал.

spun [spʌn] **I.** *v вж* **spin I**; **II.** *adj*: **~ glass** стъклени нишки.

spur [spə:] **I.** *n* **1.** шпора (*и бот.*); **to need the ~** бавен съм; **2.** подбуда, подтик, импулс; **3.** шип (*на крак на петел и пр.*); **II.** *v* (-**rr**-) **1.** пришпорвам; **to ~ a willing horse** проявявам излишна настойчивост; **2.** слагам шпори (на); **3.** подтиквам, подбуждам, стимулирам (*често с* **on**).

spurt [spə:t] **I.** *v* **1.** правя усилия, давам силен ход (*при надбягвания и пр.*); **2.** шурвам, (из)бликвам силно; изхвърлям, лумвам (*пламъци и пр.*); **II.** *n* **1.** внезапно усилие, напън; **2.** струя, фонтан; изблик; **3.** порив на вятър.

spy [spai] **I.** *n* шпионин; таен агент; **to play the ~ on s.o.** шпионирам някого; **II.** *v* **1.** виждам, забелязвам; съглеждам, съзирам, сапикасвам; **2.** шпионирам, следя (**on, upon s.o.**).

spy-hole [ˈspaihoul] *n* шпионка (*на врата и пр.*) (*също и* **peephole**).

squad [skwɔd] *n* **1.** *воен.* взвод; отделение; оръдеен разчет; **awkward ~** група новобранци; *прен.* неопитни хора; **2.** група; бригада (*работници*); **3.** *сп.* екип, отбор, тим.

squadron [ˈskwɔdrən] **I.** *n* **1.** ескадрон; *ам.* кавалерийска дивизия; **2.** *мор.* ескадра; **3.** *ав.* ескадрила; **II.** *v* организирам в ескадрон (ескадра, ескадрила).

square [skweə] **I.** *n* **1.** квадрат; квадратно парче; **2.** площад; **3.** *воен.* каре; **II.** *adj* **1.** квадратен, четвъртит, правоъгълен; **~ root** корен квадратен; **2.** успореден; перпендикулярен (**with, to**); **3.** честен, прям; недвусмислен, ясен; • **a ~ meal** солидно ядене; **III.** *v* **1.** правя квадратен (правоъгълен), придавам квадратна форма на; **to ~ o.'s shoulders** изправям рамене; **2.** оправям; балансирам (*сметки*); **3.** поставям (съм) под прав ъгъл; изравнявам.

squash$_1$ [skwɔʃ] **I.** *v* **1.** мачкам, смачквам (се); смазвам; скашквам (се), правя на пулп; ставам на каша; **2.** поставям на място, сразявам (*с отговор и пр.*); **3.** блъскам се, проправям си път с блъскане; **II.** *n* **1.** каша, пулп; **2.** тълпа, блъсканица, навалица; **3.** плодов сок (*като напитка*); **lemon-~** цитронада.

squash$_2$ *n ам.* тиква.

squeeze [skwi:z] **I.** *v* **1.** стискам, изстисквам; изцеждам; **to ~ sb.'s hand** стискам някому ръката; **2.** тъпча, натъпквам; **3.** притискам, мачкам, смачквам; промушвам се, промъквам се, вмъквам се (**into**); измъквам се (**out of**); **II.** *n* **1.** стискане, притискане; **a ~ of lemon** няколко капки лимон; **2.** блъскане, блъсканица, навалица, бутаница; **3.** изнудване; незаконна комисионна.

squire [skwaiə] **I.** *n* **1.** скуайър, земевладелец, дворянин, помешчик (*в Англия*); *ам. учтиво обръщение към длъжностно лице; напр. съдия*; **2.** *ист.* оръженосец; щитоносец; **3.** кавалер; **II.** *v* кавалерствам (на).

squirrel ['skwirəl] *n* катерица.

stab [stæb] **I.** *v* (**-bb-**) **1.** промушвам, пронизвам, намушвам, (на)ръгвам; **to ~ in the back** промушвам в гърба; *прен.* нанасям предателски удар; злословя по адрес на някого; **2.** намушвам, натиквам (*оръжие*) (**into**); **3.** нападам злостно, клеветя; навреждам; **II.** *n* **1.** удар (*с остро оръжие*); **a ~ in the back** удар в гърба (*и прен.*), предателско нападение; клевета; **2.** внезапна остра болка, бодеж; **3.** опит.

stability [stə'biliti] *n* устойчивост; постоянство; стабилност; стабилитет, твърдост, якост.

stable$_1$ [steibl] *adj* **1.** устойчив, стабилен; твърд, здрав; траен, постоянен; **to become ~** стабилизирам се, затвърдявам се; **2.** твърд, постоянен (*за човек*).

stable$_2$ **I.** *n* **1.** конюшня, обор; **Augean ~s** *прен.* Авгиеви обори; **2.** *събир.* породисти коне от една конюшня; **3.** *pl воен.* дежурство в конюшнята; **II.** *v* прибирам (държа) в конюшня; живея в конюшня.

stadium ['steidiəm] *n* **1.** стадион; **2.** стадия, старогръцка мярка за дължина, около 200 м; **3.** *мед.* стадий (*от развитието на болест*).

staff [sta:f] **I.** *n* (*pl и* **staves** [steivz]) **1.** тояга; **2.** жезъл; **3.** стълб, флагщок (*на знаме и пр.*) (*и* **flag~**); **II.** *v* намирам персонал за, осигурявам с персонал; **a well ~ed institution** учреждение с добър, достатъчен персонал.

stage [steidʒ] **I.** *n* **1.** естрада, площадка, подиум; **2.** сцена (*в театър*); **3.** театър, драма, драматургия, драматическо изкуство; **to go on the ~** ставам актьор; **II.** *v* **1.** поставям (*пиеса*); **2.** има сценични качества (*за пиеса*); **3.** организирам, инсценирам.

stagecoach ['steidʒkoutʃ] *n ост.* дилижанс, пощенска кола.

stain [stain] **I.** *v* **1.** цапам (се), изцапвам (се), ставам на петна, лекьосвам се; правя петна; **2.** боядисвам; оцветявам; хващам боя; **3.** петня, опетнявам, очерням; **II.** *n* **1.** петно, леке; *прен.* петно; **2.** боя, багрилно вещество; цветна политура.

stainless ['steinlis] *adj* **1.** чист, без петна; **2.** неопетнен; • **~ steel** неръждаема стомана.

stair [steə] *n* **1.** стъпало (*на стълбище*); **2.** *обикн. pl* стълба, стълбище (*и* **a flight of ~s**).

staircase ['steəkeis] *n* стълбище; **cork-screw (spiral) ~** извито стълбище.

stake [steik] **I.** *n* **1.** кол; **to drive (set, stick) o.'s ~s** заселвам се; **2.** *ист.* стълб на клада; изгаряне на клада; **3.** малка наковалня; **II.** *v* **1.** (при)връзвам за кол(че); **2.** промушвам (се), намушвам (се), набивам (се) на кол; **3.** *обикн. с* **off, out:** заграждам (преграждам) с колчета, очертавам граница с колчета.

stale$_1$ [steil] **I.** *adj* **1.** стар (*за хляб и пр.*); развален, вкиснал (*за храна*); спарен, запарен, нечист (*за въздух*); **2.** изтъркан, изхабен, овехтял изгубил свежестта си; **3.** изтъркан, банален, стар, остарял (*за виц, новина и пр.*); **II.** *v рядко* карам (правя) да остарее, изхабявам (се).

stale$_2$ **I.** *n* пикоч на кон или говедо; **II.** *v* пикая (*за кон, говедо*).

stalemate ['steilmeit] **I.** *n* **1.** пат (*при игра на шах*); **2.** *прен.* задънена улица; **II.** *v* докарвам противника си в пат (в задънена улица).

stall [stɔ:l] **I.** *n* **1.** (отделение, клетка в) обор, краварник; **2.** сергия, щанд; будка, барака, палатка (*на панаир*), дюкянче; **book ~** щанд за книги; **3.** *театр.* място в партера; **II.** *v* **1.** прибирам, държа (*добиче*) в обор; **2.** поставям прегради в (*обор и пр.*); **3.** затъвам; загазвам, запъвам се; **the car was ~ed in the mud** колата затъна в калта.

stallion ['stæljən] *n* жребец.

stammer ['stæmə] **I.** *v* заеквам, пелтеча, запъвам се; **to ~ out** измънквам; **II.** *n* заекване, пелтечене, запъване.

stamp [stæmp] **I.** *v* **1.** тропам (*и с* **about**); тъпча (*с крака*), стъпквам (**on**); удрям земята с копито (*за кон*); **to ~ o.'s foot (on the ground)** тропвам с крак; **2.** щамповсвам, отпечатвам, удрям печат, подпечатвам, поставям щемпел на; сека (*монета*); **3.** залепям (слагам) (пощенска) марка (на); **II.** *n* **1.** печат, щемпел, клеймо, пломба, етикетче (*на стока*); подпечатване; **a rubber ~** гумен печат; **2.** отпечатък; **3.** марка.

stance [stæns] *n* стойка (*при голф, крикет*).

stand [stænd] **I.** *v* (**stood** [stud]) **1.** стоя; стоя прав, стоя (държа се) на краката си; **to ~ fast (firm)** държа се здраво на краката си; не се клатя; *прен.* държа се, запазвам позициите си, не отстъпвам; не се отказвам (**on**); **2.** ставам (*обикн. с* **up**); **3.** заставам, спирам се (*обикн. със* **still**); **II.** *n* **1.** стойка, стоеж (*воен., сп.*); **2.** спиране, преминаване в неподвижно състояние; **to come to a ~** спирам се; **3.** съпротива.

standard ['stændəd] **I.** *n* **1.** знаме, щандарт; **to march under the ~ of** привърженик (последовател) съм на; **2.** мерило, критерий; норма, стандарт, мостра, образец; равнище, ниво, уровен; **3.** еталон; **II.** *adj* **1.** общоприет, установен, стандартен, типов, нормален, образцов, класически; **~ author** класик; **2.** изправен.

standard-bearer ['stændəd,beərə] *n* знаменосец.

standpoint ['stændpɔint] *n* гледище, становище, позиция, гледна точка.

star [sta:] **I.** *n* **1.** звезда; **fixed ~** неподвижна звезда; **2.** звезда (*емблема, орден, значка*); **3.** *печ.* звездичка; • **my ~s!** брей! виж ти! **II.** *v* (**-rr-**) **1.** осейвам (украсявам) със звезди; **2.** отбелязвам със звездичка; **3.** изпълнявам главни роли; звезда съм; **to ~ in the provinces** гастролирам в провинцията в главни роли.

starch [sta:tʃ] **I.** *n* **1.** кòла; скорбяла; нишесте; **2.** *прен.* скованост, официалност; **to take the ~ out of** смачквам фасона на, срязвам; **3.** *attr* нишестен, скован, официален; **II.** *v* колосвам.

stare [steə] **I.** *v* **1.** гледам втренчено (вторачено), вглеждам се, взирам се, втренчвам се, вторачвам се, заглеждам (се), зазяпвам се (**at, upon**); пуля се, опулвам се, блещя се, облещвам се, кокоря се, ококорвам се; опулен (облещен, ококорен) съм (*за очи*); **to ~ sb. in the face** не отвръщам поглед от; очевиден (явен) е, ще ти "извади очите" (*за факт*); неизбежен съм; **2.** *рядко* изпъквам, бия на очи, явен (очевиден, очебиен, очеваден) съм; **II.** *n* втренчен (вторачен) поглед, опулени (облещени, ококорени) очи.

start [sta:t] **I.** *v* **1.** трепвам, сепвам се, стряскам се; **to ~ from o.'s sleep** стряскам се на сън; **2.** скачам; **3.** уплашвам се, изправям се на задните си крака (*за кон*); **II.** *n* **1.** трепване, сепване, стряскане; **to give a ~** трепвам, сепвам се, стряскам се; **2.** тръгване, потегляне, почване, начало; **3.** *сп.* старт.

startle [sta:tl] *v* **1.** сепвам, стряскам, изплашвам, уплашвам; разтревожвам; слисвам, поразявам, удивлявам, учудвам; **2.** разтърсвам, потрисам; **to ~ a person out of his apathy** изваждам някого от състоянието на апатия.

starvation [sta:'veiʃən] *n* глад, гладуване; умиране от глад; **~ wage** много малка надница.

starve [sta:v] *v* **1.** умирам от глад (*и прен.*); гладувам, търпя лишения; **to ~ to death (for food)** умирам от глад; **to be starving** умирам, жадувам, копнея (**for**); *разг.* гладен съм; **2.** уморявам от глад; (*и* **to s.o. ~ to death**); държа гладен, лишавам; (**of**); **3.** умъртвявам, убивам, атрофирам (*чувство и пр.*).

state₁ [steit] **I.** *n* **1.** състояние, положение, условия; **married ~** задоменост; **2.** положение, пост, чин, сан, ранг; **3.** великолепие, разкош, пищност, блясък, церемониалност, тържественост; **II.** *adj* официален, тържествен, параден; **~ ceremony (visit)** официално тържество (посещение); **III.** *v* **1.** излагам, изказвам, предлагам, изразявам, казвам, изявявам, заявявам, представям, обявявам, съобщавам, формулирам; **to ~ o.'s case** казвам каквото имам да казвам; излагам доводите си; **2.** определям, посочвам, уговарям, уточнявам; **3.** *мат.* формулирам, изразявам с условни знаци.

state₂ **I.** *n* **1.** (**S.**) държава; **matters of S.** държавни дела; **2.** щат; **the United States of America** Съединените (северноамерикански) американски щати; **States General** *ист.* Генералните щати; **3.** *pl* законодателно тяло в Джърси и Гърнзи; **II.** *adj* **1.** държавен; **~ criminal** политически престъпник; **S. Department** Държавен департамент, министерството на външните работи на САЩ; **2.** (*в САЩ*) който се отнася до отделен щат (*за разлика от* **federal**); **S. rights** автономията на отделните северноамерикански щати.

statement ['steitmənt] *n* **1.** излагане, изразяване, казване; изказване, твърдение, изявление, изложение; **to make a ~** правя изявление; **2.** свидетелско показание; **3.** официален отчет, бюлетин.

statesman ['steitsmən] *n* (*pl* **-men**) **1.** държавник; *ам.* политик, политически деец; **2.** *диал.* дребен земевладелец.

station ['steiʃən] **I.** *n* **1.** място, позиция, положение, пункт, пост; станция; **coastguard ~** пост на бреговата охрана; **2.** железопътна станция, гара (*и* **railway ~**); **3.** спирка (*автобусна и пр.*); **II.** *v* **1.** поставям (*на определено място*), настанявам; **2.** *воен.* поставям на пост(ове), разставям, настанявам, разквартирувам; **to ~ a guard** поставям караул.

stationary ['steiʃnəri] **I.** *adj* **1.** неподвижен, застанал на едно място, установен, постоянен; **~ air** въздухът, който остава в дробовете при нормално дишане; **2.** закрепен на едно място, непреносим; **3.** неподвижен, инертен, в застой; който не се развива; **II.** *n pl* войски, установени на дадено място.

statistics [stə'tistiks] *n pl* (= *sing*) статистика.

statue ['stætju:] *n* статуя, изваяние.

status ['steitəs] *n* **1.** (обществено) положение, ранг, чин; **people of medium ~** средна ръка хора; **2.** *юрид.* правно или фактическо положение; • **the ~ quo (ante)** статукво.

statute ['stætju:t] *n* **1.** статут, закон, законодателен акт; **declaratory, general, public, private ~** декларативен, общ, публичен, частен статут; **2.** постановление, указ; **3.** *pl* устав, правилник.

stay₁ [stei] **I.** *v* **1.** стоя, оставам; **to ~ at home (indoors), alive, faithful** оставам вкъщи, жив, верен; **2.** отсядам, настанявам се (**at**); престоявам, прекарвам, гостувам (**with**); **3.** *книж.* спирам, възпирам, овладявам, задържам; **II.** *n* **1.** престой, прекарване; пребиваване, спиране, отсядане; **to make a short (long) ~** спирам се за кратко (дълго) време (**in**); **2.** спиране, възпиране, овладяване, обуздаване, укротяване, ограничаване; **3.** спирачка, ограничение, пречка.

stay₂ **I.** *n мор.* щаг; **to be in ~s** лавирам (*за кораб*); **II.** *v* **1.** закрепявам (*мачта с щаги*); **2.** лавирам.

steady ['stedi] **I.** *adj* **1.** устойчив, стабилен; здрав; **a ~ foundation** здрава основа; **2.** твърд, непоклатим, непоколебим; верен, сигурен; **3.** равномерен, отмерен, еднакъв; постоянен, системен, планомерен, редовен; методичен, непрекъснат, непрестанен; неотклоним; • **~!** внимателно! внимавай! опичай си ума! **II.** *v* **1.** закрепвам (се), уравновесявам (се), преставам да се клатя (да треперя, да мигам - *за светлина*); стабилизирам се; **to ~ a ladder** закрепвам стълба; **2.** успокоявам (се); уталожвам (се); **3.** вразумявам (се), улягам, уталожвам се (*и с* **down**); **III.** *n амер., разг.* гадже.

steak [steik] *n* **1.** парче месо (риба) (*за печене на скара*); **2.** бифтек (*и* **beef~**).

steal [sti:l] **I.** *v* (**stole** [stoul]; **stolen** [stoulən]) **1.** крада, открадвам (*и прен.*); **I have had my watch stolen** откраднали са ми часовника; **2.** придобивам тайно, чрез изненада (коварство); **to ~ a glance (at)** поглеждам крадешком; **3.** движа се тихо, крадешком; прокрадвам се, промъквам се; **mist stole over the valley** над долината неусетно падна мъгла; **he stole into the house** той се промъкна в къщата; • **to ~ a nap** дремвам, без да ме усети някой; **II.** *n* **1.** сполучлив удар (*при голф*); **2.** сполучлива, евтина покупка; **it's a ~!** направо без пари!

steam [sti:m] **I.** *n* **1.** пàра, омара, изпарение; *прен., разг.* енергия, сила; **live, exhaust, wet ~** жива (прясна), отпадъчна, влажна пара; **2.** *sl* възторг, ентусиазъм; **3.** *attr* парен, паров; **II.** *v* **1.** пускам пара; издигам се във вид на пара; **to ~ away** извирам, изпарявам се; **2.** движа се с пара; пътувам, плувам; **3.** *разг.* работя енергично, напредвам много, "пердаша" (**ahead, away**).

steel [sti:l] **I.** *n* **1.** стомана, челик; **a grip of ~** желязна хватка; **2.** острило; **3.** огниво (*и* **flint and ~**); **II.** *v* **1.** покривам със стомана, слагам железен накрайник на; **2.** калявам, закалявам (*и прен.*); **to steel oneself (o.'s heart) to action (against fear)** подготвям се да действам решително, приучвам се да не се страхувам.

steep$_1$ [sti:p] **I.** *adj* **1.** стръмен; **2.** прекален, прекомерен, върл, извънреден, краен; неразумен, непоносим; невероятен; "солен" (*за цена*); **II.** *adv* стръмно; **III.** *n поет.* стръмнина.

steep$_2$ **I.** *v* **1.** топя, топвам, натопявам, потопявам, потапям; кисна, накисвам, мокря, намокрям; напоявам, импрегнирам, насищам (**in**); **to be ~ed in** тъна в, предавам се всецяло на; **2.** мия в луга; **II.** *n* **1.** топене, натопяване; киснене, накисване; **2.** течност, в която се натопява (кисне, накисва) нещо.

steeplechase ['sti:pltʃeis] *n сп.* стипъл-чейз, бягане с препятствия на 3000 м за коне.

steer$_1$ [stiə] *v* **1.** управлявам, карам, насочвам, направлявам (*кораб, шейна; велосипед*); **2.** насочвам (се), упътвам се (*и* **to ~ o.'s course**), плувам (**for**).

steer$_2$ *n* биче, млад вол или бик.

stein [stain] *n* халба.

stem$_1$ [stem] **I.** *n* **1.** ствол; стъбло, стрък; **2.** дръжка (*на плод, цвете, лист*); **3.** столче (*на винена чаша*); **II.** *v* (**-mm-**) произлизам, произхождам, родом съм (**from, out of**).

stem$_2$ *v* (**-mm-**) **1.** заприщвам, заграждам, спирам, възпирам, задържам; **2.** движа се (напредвам) срещу (*течението*), съпротивлявам се на; **to ~ the tide (current, flood, torrent) of** задържам, препречвам пътя на, преча, противодействам на.

step [step] **I.** *n* **1.** стъпка; **~ by ~** стъпка по стъпка; **2.** звук от стъпки; вървеж, походка; **3.** следа (*от крак*); **II.** *v* (**-pp-**) **1.** стъпвам, ходя, вървя, крача; **to ~ lightly** стъпвам леко; **2.** правя стъпки (*при танц*); **3.** измервам с крачки (*и с* **out**).

stepbrother ['step,brʌðə] *n* доведен (заварен) брат.

stepchild ['steptʃaild] *n* доведено (заварено) дете; доведеник, доведеница, завареник, завареница.

stepdaughter ['step,dɔ:tə] *n* доведена (заварена) дъщеря.

stepfather ['step,fa:ðə] *n* втори баща, пастрок, отчов.

stepmother ['step,mʌðə] *n* мащеха.

step-sister ['step,sistə] *n* доведена (заварена) сестра.

stepson ['step,sʌn] *n* доведен (заварен) син.

stereo ['steriou] *n рад.* стереоуредба.

sterling ['stə:liŋ] **I.** *adj* **1.** пълноценен, истински, чист; **of ~ gold** от чисто злато; **2.** пълноценен, ценен, истински, солиден, стабилен, здрав, сигурен, верен, надежден; **II.** *n* **1.** фунт стерлинг, лира стерлинг; **2.** *ист.* средновековна английска сребърна монета, стерлинг.

stern₁ [stə:n] *adj* строг, суров, неприветлив, отблъскващ, корав, неумолим, неотстъпчив, непреклонен, твърд; **~ look** твърд поглед.

stern₂ *n* **1.** *мор.* кърма; **~ foremost** който се движи назад; **2.** задник, задна част, дирник; **3.** опашка (*особ. на куче лисичар*).

stew [stju:] **I.** *v* **1.** задушавам (*ядене*); варя на тих огън; къкря; **~ed fruit** компот; **2.** *разг.* увирам, сварявам се (от горещина), топя се, много ми е горещо; **3.** *sl* зубря; **II.** *n* **1.** задушено, рагу, яхния; **Irish ~** овнешко задушено с картофи и лук; **2.** *разг.* безпокойство, угриженост, вълнение, тревога; **3.** *ост.* вертеп, бардак, публичен дом (*обикн. pl*).

steward [ˈstjuəd] *n* **1.** управител, иконом, домакин; **2.** разпоредител; **3.** сервитьор, стюард (*на кораб, самолет*).

stewardess [ˈstjuədis] *n* сервитьорка, стюардеса (*на параход, самолет*).

stick [stik] **I.** *v* (**stuck** [stʌk]) **1.** бода, боцвам, бодвам, забождам, набождам, пробождам; нанизвам, пронизвам; муша, мушкам, мушвам, намушвам; ръгам, наръгвам, ръгвам; забивам, забучвам, втиквам, натиквам, затъквам, натъквам, набивам; пъхам, пъхвам, напъхвам, вмъквам, вкарвам; **to ~ the spurs in** забивам шпори; **2.** коля, заколвам; **3.** *разг.* бутвам, набутвам, тиквам, мушвам, слагам, поставям, турям, наблъсквам; **II.** *n* **1.** пръчка; съчка, клонче, клечка; стрък, стръкче (**of**); пръг, бастун; *прен.* шушка; **~ of celery** стрък целина; **2.** *печ.* компас (*и* **composing-~**); **3.** *муз.* диригентска палка.

sticky [ˈstiki] *adj* **1.** лепкав, леплив, влажен; **to be ~** лепна (**with**); **2.** *разг.* неотстъпчив, педантичен; нелюбезен; **3.** *разг.* мъчителен, опасен, труден, деликатен (*за положение*).

stiff [stif] **I.** *adj* **1.** корав, твърд, нееластичен; плътен, гъст; остър (*за брада*); вдървен, вкочанен, схванат; колосан; **~ cardboard** корава мукава; **2.** който не се движи свободно (заяжда, запъва, закучва се); твърд (*за перо и пр.*); **3.** твърд, решителен, категоричен, непреклонен, непоколебим, неотстъпчив, упорит, инат, твърдоглав; ● **to be ~ with** *sl* омръзва ми да..., “писва ми” да, до гуша ми идва от...; **II.** *n sl* **1.** книжни пари; **2.** труп; ● **(big) ~** (безнадеждно) непоправим човек.

stiffen [ˈstifn] *v* **1.** втвърдявам (се), вкоравявам (се), сгъстявам (се), придавам твърдост (на); ставам потвърд; колосвам (*и* **to ~ with starch**); **2.** усилвам (се); **3.** настръхвам, нежвам се.

still₁ [stil] **I.** *adj* **1.** тих, спокоен, мирен, неподвижен, застоял; **to stand, sit, lie ~** стоя, седя, лежа неподвижно; **2.** безшумен, стихнал; **3.** който не искри (не се пени) (*за вино*); **II.** *n* **1.** *поет.* тишина, покой, безмълвие; **(in) the ~ of night** (сред)нощната тишина; **2.** (фотографска) снимка; *кино* кадър; **III.** *v* **1.** успокоявам, умирявам, утешавам, укротявам, утолявам (*глад*); **to ~ a child** *ост.* приспивам дете; **2.** *рядко* успокоявам се, утихвам; **IV.** *adv* **1.** още, все още, както преди; **2.** все пак, въпреки това, от друга страна; **3.** още (*при сравняване*).

still₂ *n* дестилатор, казан за варене на ракия, уиски и пр.

stimulate [ˈstimjuleit] *v* **1.** подбуждам, подтиквам, тласкам, насъсквам, стимулирам; дразня, възбуждам; **2.** поощрявам, насърчавам.

sting [stiŋ] **I.** *v* (**stung** [stʌŋ]) **1.** жиля, ожилвам (*за пчела, оса и под.*); парвам, опарвам (*за коприва*); причинявам (остра) болка; жуля, "щипя"; **the pepper stung his tongue** залютя му от пипера; **2.** смъдвам, жегвам, уязвявам, обиждам, оскърбявам, огорчавам, засягам, ранявам; мъча, измъчвам; **it ~s me to the heart (to the quick)** това ме засяга дълбоко; **stung with envy (desire)** измъчван от завист (желание); **to be stung by reproaches (with remorse)** изпитвам угризения на съвестта; **the insult stung him into a reply** обидата го накара да отговори; **3.** смъди (*за част от тялото*); **II.** *n* **1.** жило; **the ~ is in the tail** най-неприятното е на края; има сензационна развръзка; **2.** *бот.* парлива власинка; **3.** ужилване, опарване (*от коприва*).

stir₁ [stə:] **I.** *v* (**-rr-**) **1.** движа (се), раздвижвам (се), мърдам (се), помръдвам (се), размърдвам (се), шавам, разшавам (се); **not a breath ~s the leaves** дори най-слаб ветрец не поклаща листата; **2.** бъркам, разбърквам, размесвам; мътя, размътвам; **3.** вълнувам, развълнувам, раздвижвам, възбуждам; покъртвам, трогвам; **II.** *n* **1.** движение; **2.** бъркане, ръчкане; **to give the fire a ~** разбърквам огъня; **3.** раздвижване; шетня, суетене, щуране; уплаха, объркване; вълнение, възбуда; сензация, шум; врява, дандания.

stir₂ *n sl* пандиз; дранголник; **~-crazy** полудял от дълъг престой в затвора.

stitch [stitʃ] **I.** *n* **1.** бод; **long ~** едър шев; **2.** бримка; **3.** плетка (*и* **knitting ~**); **II.** *v* шия; **to ~ up** зашивам; *печ.* подшивам, броширам.

stock [stɔk] **I.** *n* **1.** *рядко* ствол, стъбло, дънер, пън, коренище, присад; **2.** опора, подпора, подставка; *pl* греди, върху които почива кораб в строеж; *прен.* в подготвителна фаза; **3.** дръжка; **II.** *v* **1.** снабдявам, obзавеждам; **to ~ a park with game** развъждам дивеч в парк; **2.** имам на склад, продавам; **3.** затревявам; **III.** *adj* **1.** (винаги) на разположение; наличен, на склад; **2.** постоянен изтъркан, неоригинален, банален, шаблонен; **~ joke** банална шега.

stock breeder [ˈstɔkˌbri:də] *n* скотовъдец, животновъд.

stocking [ˈstɔkiŋ] *n* **1.** (дълъг) чорап; **pair of ~s** чифт чорапи; **2.** долната, различна по цвят, част от крака на кон.

stole₁ [stoul] *n* **1.** *рел.* епитрахил; **2.** дълъг дамски шал.

stole₂, **stolen** *вж* **steel**.

stomach [ˈstʌmək] **I.** *n* **1.** стомах; *разг.* корем, търбух, шкембе; **in the pit of the ~** под лъжичката; **2.** апетит, охота, вкус, наклонност, склонност, желание (**for**); **3.** *ост.* смелост, кураж, сърцатост, мъжество, юнащина, юначество; **II.** *v* **1.** ям с апетит, услажда ми се; **2.** търпя, понасям, преглъщам, "смилам"; **I cannot ~ it** не мога да понеса това.

stone [stoun] **I.** *n* **1.** камък; **precious ~** скъпоценен камък; **2.** камък (*като материал и мед.*); каменна плоча; павè;**3.** зърно град; • **a rolling ~** неспокоен дух; човек, който не се задържа на едно място; който постоянно мени работата си; **II.** *v* **1.** замервам (убивам, пребивам) с камъни; **~ the crows** *sl* възклицание на изненада или отвращение; **2.** иззиждам, облицовам с камъни; слагам каменна настилка на; **3.** чистя от костилки; **III.** *adj* каменен, от камък (*за сечива и пр.*).

stood *вж* **stand I**.

stool [stu:l] **I.** *n* **1.** столче; табуретка; ~ **of repentance** *ист.* позорен стол в шотландските църкви; *прен.* публично унижение; **2.** (*и* **foot~**) столче за коленичене или за краката; **3.** клозет, нужник; специална седалка за ходене по нужда; **II.** *v* **1.** пускам издънки (*за дънер, корен*); **2.** ходя по нужда; **3.** *sl* доносничa.

stop [stɔp] **I.** *v* **(-pp-) 1.** запушвам (се), задръствам (се); преграждам; пломбирам (*зъб*); **to ~ a hole** запушвам дупка; **2.** спирам (се), прекратявам; парирам (*удар*); **3.** спирам (преставам) да (*с ger*); **II.** *n* **1.** спиране; край; **to be at a ~** не напредвам; **2.** (трамвайна и пр.) спирка; престой; пауза; **3.** препинателен знак; точка.

stopper [ˈstɔpə] **I.** *n* **1.** тапа, запушалка; **2.** *тех.* стопор, обтуратор; шибър, савак, затвор; заключалка, запънка, спирачка; **to put a ~ on** *разг.* спирам, слагам край на; **3.** *мор.* стопор; **II.** *v* **1.** запушвам; **2.** *мор.* задържам (*кабел*) със стопор.

storage reservoir [ˈstɔ:ridʒ ˈrezəvwa:] *n* водохранилище.

store [stɔ:] **I.** *n* **1.** запас (*и прен.*); изобилие; **to hold (keep) s.th. in ~** имам запас от нещо; **2.** *pl* припаси; **3.** склад; магазия; • **to set ~ by** отдавам значение на; ценя; **II.** *v* **1.** пълня с; трупам, натрупвам; **to ~ o.'s cupboards with food** пълня долапите си с храна; **2.** (*често с* **up**) запасявам се с; **3.** складирам, държа (оставям) на склад; прибирам (*реколта*).

storey, story [ˈstɔ:ri] *n* етаж; • **the upper ~** *sl* ум, акъл, мозък, глава.

stork [stɔ:k] *n* щъркел.

storm [stɔ:m] **I.** *n* **1.** буря; **thunder~** гръмотевична буря; **2.** *прен.* буря; ураган; град (*от куршуми и под.*); кипеж; изблик; **3.** *воен.* пристъп; щурм; **II.** *v* **1.** щурмувам, превземам с щурм; **2.** бушувам, беснея, вилнея (*за вятър и пр.*); **3.** *прен.* беснея, горещя се; **to ~ at** ругая.

story$_1$ [ˈstɔ:ri] *n* **1.** история; легенда; предание; слух; **the ~ goes that** разказва се, че; **2.** разказ; повест; приказка; **3.** фабула, сюжет.

story$_2$ = **storey**.

stout$_1$ [staut] *adj* **1.** здрав, як; издръжлив; траен; **2.** храбър, смел, юначен, решителен; **a ~ fellow** храбрец, смелчага; **3.** пълен, дебел, корпулентен.

stout$_2$ *n* силна тъмна бира.

stove [stouv] **I.** *n* **1.** печка; **slow-combustion ~** пернишка печка; **2.** *тех.* пещ; **3.** парник, топлик, оранжерия; **II.** *v* **1.** отглеждам (*растения*) в парник; **2.** дезинфекцирам, изварявам (*дрехи и пр.*).

straight [streit] **I.** *adj* **1.** прав; в права посока; **the ~est way to** най-правият (късият) път до; **2.** изправен; **3.** прав, изравнен; оправен; • **~ face** безизразно лице, каменно лице (което не издава чувства); **II.** *n* **1.** изправност; **to be out of the ~** не съм наред, нещо ми е криво, кофти ми е, не съм в добра форма; **2.** права част на път (река); права част от хиподрум преди финала (*при конни надбягвания*); **3.** кента (*покер*); **III.** *adv* **1.** право; направо; **to read a book ~ through** чета книга от кора до кора; • **to let sb. have it ~** право, куме, (та) в очи; **2.** изправено; **3.** незабавно, веднага.

straighten [ˈstreitn] *v* изправям (се); оправям, привеждам в изправност, слагам в ред (*и с* **up**); **to ~ o.'s back, to ~ up** изправям се.

strain [strein] **I.** *v* **1.** опъвам (се); **2.** напрягам (*сили*), напъвам се, навострям (*уши*); **to ~ every nerve** напрягам всички сили, правя всичко възможно; **3.** пресилвам (*очите си* *и пр.*); **II.** *n* **1.** напрежение *(и тех.)*, обтягане, опъване; напън; **2.** голямо усилие, напъване; пресилване, преумора; напрежение; **to write without ~** пиша с лекота, непринудено, без усилие; **3.** измятане, изкълчване, навяхване.

strained [streind] *adj* **1.** опънат, обтегнат (*и прен.*); **2.** навехнат, изкълчен, изметнат; **3.** изкуствен, фалшив, принуден, неестествен, форсиран; пресилен, преувеличен (*за стил и пр.*).

strait [streit] **I.** *adj ост.* **1.** тесен, ограничен; **2.** *ост.* строг, взискателен; **3.** *ам.* затруднен; **II.** *n* **1.** *геогр.* (*и pl*) пролив; **2.** *често pl* затруднение; затруднено положение; нужда; **to be in a ~(in great ~s, in dire ~s)** намирам се в бедствено положение, загазил съм, в затруднение.

strange [streindʒ] *adj* **1.** непознат, неизвестен (**to**); чужд; чуждестранен; **a ~ man** непознат (човек); **2.** особен, странен, чудат, чуден, необикновен; удивителен; **3.** нов, неопитен, непривикнал, аджамия (**to**).

stranger [′streindʒə] *n* **1.** странник, непознат (човек), чужд човек, чужденец; **to make a ~ of sb.** държа се хладно към; **2.** чужденец, чужденка; **3.** човек, непривикнал на, на когото е чуждо (*нещо*) (**to**).

strap [stræp] **I.** *n* **1.** ремък, каиш(ка); лента, ивица; **to give sb. the ~** напердашвам някого; **2.** *тех.* подпорна планка; хомот; спирачна лента; **3.** презрамка; **II.** *v* (**-pp-**) **1.** връзвам, стягам с ремък; **2.** бинтовам с лейкопласт (*рана*); **3.** бия с ремък.

strategy [′strætədʒi] *n* стратегия.

straw [strɔ:] **I.** *n* **1.** сламка; слама; **man of ~** сламено чучело; *разг.* въображаем противник; ненадежден човек; човек без солидно финансово положение; подставено (*фиктивно*) лице; **2.** сламена шапка; **3.** дреболия; **II.** *v ост.* **1.** покривам със слама; **2.** натъпквам (*стол и пр.*) със слама; **3.** разпръсвам.

strawberry [′strɔ:bəri] *n* ягода; **crushed ~** фрезов цвят.

stray [strei] **I.** *v* **1.** отдалечавам се, отделям се (**from**); заблуждавам се; изгубвам се; отклонявам се (**from**); **2.** *прен.* отклонявам се от правия път; изпадам в грях; **3.** *поет.* скитам, бродя; **II.** *n* **1.** изгубено (заблудено) животно; **waifs and ~ s** безпризорни (*бездомни*) деца; **2.** *pl юрид.* имот, останал без наследници; **3.** *рад.* атмосферно смущение; странични сигнали; *ел.* разсейване; **III.** *adj* **1.** изгубен, заблуден, бездомен, безстопанствен; **2.** случаен; отделен; разпръснат; разпилян (*за къщи, мисли и пр.*); **a ~bullet** заблуден куршум.

stream [stri:m] **I.** *n* **1.** поток (*и прен.*); река; течение; струя; **up (down) ~** срещу (по) течението; **2.** насока, направление, тенденция; ход (*на събития и пр.*); **II.** *v* **1.** тека, струя се, лея се; шуртя, бликам; **a wound ~ing blood** рана, от която блика кръв; **2.** движа се в непрекъснат поток (*за коли, хора*); **3.** развявам се.

streamlined [′stri:mlaind] *adj* **1.** аеродинамичен; **2.** *ам.* добре организиран; **3.** *sl* приятно закръглена (*за жена*).

street [stri:t] *n* **1.** улица; **the man in the ~** обикновеният човек; широката публика; общественото мнение; **to live in (on) ... street** живея на ул. ...; **2.** *attr* уличен; за (из) улицата.

streetcar [′stri:tka:] *n ам.* трамвай.

strength [streŋθ] *n* **1.** сила, мощ, мощност; **by ~ of arms** с оръжие; **2.** трайност, здравина; якост; издръжливост; непристъпност; **3.** *тех.*

съпротивление.

strengthen ['streŋθən] *v* **1.** засилвам (се); усилвам (се); заякчавам (се); **2.** укрепявам; закрепвам, подсилвам, заздравявам, укрепвам.

stress [stres] **I.** *n* **1.** натиск; напрежение; давление; **under ~of circumstances** по силата на обстоятелствата; **2.** *ез.* ударение; ударена сричка; **3.** емфаза, изтъкване; значение, важност; **II.** *v* **1.** наблягам на; подчертавам; **2.** чета (изричам) с ударение; **3.** *тех.* подлагам на въздействието на натоварвания.

stretch [stretʃ] **I.** *v* **1.** разтягам (се), разтеглям (се), разширявам (се), удължавам (се); разпъвам; **2.** изпъвам, опъвам (*въже и пр.*); **3.** протягам (*ръка*) (**out**); **to ~ out to reach s.th.** протягам ръка да стигна нещо; **II.** *n* **1.** протягане; разтягане; удължаване; разтег; разпереност (*на самолетно крило*); **a ~ of the imagination** полет на въображението; **2.** напрежение; напрегнато, нервно състояние; **3.** еластичност.

strict [strikt] *adj* **1.** строг, взискателен; **2.** точен; определен, стриктен; **~ sense of a word** тесен смисъл на думата.

strike [straik] **I.** *v* (**struck** [strʌk]; **struck**, *ocm.* **stricken** [strikn]) **1.** удрям (се) (*и с* **at, against**); блъскам; застрелвам; промушвам; **to ~a blow at s.o., to ~ s.o. a blow** удрям някого; нанасям удар; **2.** поемам, отправям се, тръгвам по, хващам (*път*); **3.** натъквам се на; достигам до; *прен.* спечелвам, придобивам; **II.** *n* **1.** стачка; **2.** нападение (*особ. от въздуха*); **3.** *мин.* неочаквана богата находка; *прен.* удар, неочакван успех.

strikebreaker ['straik,breikə] *n* стачкоизменник.

striker ['straikə] *n* **1.** стачник; **2.** *тех.* чукач; **3.** рибар, който мята (изстрелва) харпун.

string [striŋ] **I.** *n* **1.** канап, връв; връзка, шнур; **to have s.o. on a ~** *разг.* държа някого в ръцете си, някой ми е в ръцете; разигравам някого; **2.** тетива; **3.** струна (*на цигулка и пр.; и прен.*); **II.** *v* (**strung** [strʌŋ] **1.** снабдявам с канап (връв, струни, тетива); привързвам, завързвам с канап; слагам струни на (*цигулка, китара и пр.*); **2.** настройвам (*цигулка и под.*); **3.** нанизвам (*гердан, перли*).

strip₁ [strip] *v* (**-pp-**) **1.** лишавам от; смъквам, свалям; обелвам (**of**); оголвам (**of**); одирам (**from**); обирам (*плодно дърво и прен.*); **to ~ s.o. of his clothes** свалям някому дрехите; разсъбличам; **2.** съблičам (се) гол; **3.** издоявам (*крава*) докрай.

strip₂ **I.** *n* ивица; лента; писта (*самолетна*); **metal ~** желязна шина; **II.** *v* (**-pp-**) нарязвам на ивици.

stripe [straip] *n* **1.** рязка; райе; окраска (*на тигър и под.*); **blue material with yellow ~s** син плат на жълти райета; **2.** *воен.* нашивка; **3.** белег (*от камшик*).

striped [straipt] *adj* на рязки (райета).

strive [straiv] *v* (**strove** [strouv]; **striven** [strivn]) **1.** стремя се, старая се, полагам усилия, мъча се (да); **2.** боря се (**with, against**).

stroke [strouk] **I.** *n* **1.** удар (*и сп., мед.*); замах, размах; **heat ~** топлинен удар; **2.** загребване (*при плуване*); стил; **3.** удар (*на часовник*); **II.** *v* **1.** гладя (*с ръка*); милвам, галя; **to ~ o.'s beard** гладя си брадата; **2.** налагм такт (*при гребане*).

stroll [stroul] **I.** *v* разхождам се (бавно, безцелно); бродя, шляя се, разкарвам се; странствам; **II.** *n* разходка; **to go for a ~** разхождам се;

разтъпквам се.

strong [strɔŋ] **I.** *adj* **1.** силен (*и прен.*); **~ candidate** сериозен кандидат; **2.** здрав, як; издръжлив; **3.** убедителен, неоспорим, сериозен; **II.** *adv* силно; здраво; решително; • **he is going ~** той си е все здрав и бодър.

stronghold [ˈstrɔŋhould] *n* крепост (*и прен.*), твърдина, цитадела.

strove *вж* **strive**.

struck *вж* **strike I**.

structure [ˈstrʌktʃə] *n* **1.** структура; строеж; устройство; постройка (*на художествено произведение*); **2.** здание, постройка, съоръжение.

struggle [strʌgl] **I.** *v* **1.** боря се (**with, against**); **2.** *прен.* преборвам се, мъча се (**with**); полагам усилия; старая се с всички сили; **to ~ to o.'s feet** успявам да се надигна; **II.** *n* **1.** борба (*и прен.*) (**with; for**), бой; **hand-to-hand ~** ръкопашен бой; **2.** усилие; напрежение.

stub [stʌb] **I.** *n* **1.** пън; **2.** корен на зъб; **3.** малко парче, остатък от нещо; угарка; **II.** *v* (**-bb-**) **1.** изкоренявам, изтръгвам (*пънове*) (*обикн.* **up**); **2.** удрям си (*крака*); **3.** *sl* подритвам (топка) (**about**); **III.** *adj* набит, нисък.

stubborn [ˈstʌbən] *adj* **1.** упорит, решителен; **2.** инат; **3.** труден за обработване, неподатлив.

stuck *вж* **stick I**.

student [ˈstju:dənt] *n* **1.** студент(ка); **a medical ~** студент по медицина; **2.** учен; човек на книгата; ученолюбив човек; **3.** стипендиант (*в някои университети*).

studio [ˈstju:diou] *n* **1.** ателие, студио (*на художник, фотограф*); **2.** киностудио; телестудио, радиостудио.

study [ˈstʌdi] **I.** *n* **1.** учение; изучаване; изследване, проучване; *pl* следване; придобиване на знания; (учебни) занимания; наука; **to make a~ of** проучвам, изследвам; **to finish o.'s studies** завършвам следването си; **2.** есе; етюд; скица; очерк, ескиз, музикално упражнение; **3.** грижа, внимание; **II.** *v* **1.** уча; изучавам, проучвам, изследвам; следвам (*за студент*); **to ~ for the bar** следвам право; **2.** разглеждам подробно (*карта и пр.*); **3.** старая се, полагам грижи, готвя се за, грижа се за.

stuff [stʌf] **I.** *n* **1.** материал, вещество; "работа", "нещо"; **codliver oil is nasty ~ to take** рибеното масло е ужасно неприятно за вземане; **2.** боклуци; дреболии, сбирщина от предмети; непотребни вещи; **3.** глупости; **II.** *v* **1.** тъпча (*и с ядене*); натъпквам; **to ~o.'s fingers into o.'s ears** запушвам си ушите; **2.** пълня (*кокошка и пр.*); **3.** пломбирам (*зъб*); запушвам (*дупка; ушите си*) (**up**); **III.** *adj* вълнен; (*обр.* **silk gown** на старши адвокат, кралски съветник).

stuffy [ˈstʌfi] *adj* **1.** задушен; застоял, спарен (*за въздух*); **2.** *разг.* тесногръд, старомоден; консервативен; **3.** *разг.* недоволен, ядосан, нелюбезен, сърдит.

stumble [stʌmbl] **I.** *v* **1.** препъвам се; залитам; **it's a good horse that never ~s** и най-умният понякога греши; **2.** запъвам се, обърквам се, казвам (чета) неуверено; **3.** *ост.* озадачавам, обърквам; **II.** *n* препъване, залитане (*и прен.*).

stun [stʌn] *v* (**-nn-**) **1.** зашеметявам; **2.** слисвам, смайвам, потрисам.

stung *вж* **sting I**.

stupid [ˈstju:pid] **I.** *adj* **1.** глупав; тъп; **a ~ fellow** глупак; **2.** зашеметен, вцепенен, притъпен, замаян (*от сън и пр.*); **II.** *n* глупак.

sturgeon [ˈstə:dʒən] *n* есетра.

sty₁ [stai] **I.** *n* свинарник, кочина

(*и прен.*); **II.** *v* затварям, държа в кочина.

sty$_2$, stye [stai] *n* ечемик (*на окото*).

style$_1$ [stail] **I.** *n* **1.** стил; маниер; **2.** начин; **~ of living** начин на живот; **3.** вид, тип; "стил"; направление, школа; **II.** *v* **1.** назовавам, наричам, титулувам; **2.** придавам стил на; **3.** модернизирам.

style$_2$ *n арх. в съчет.* с ... колони.

stylish ['stailiʃ] *adj* моден, стилен, елегантен.

subdue [səb'dju:] *v* **1.** покорявам; подчинявам; **2.** намалявам; снишавам, отслабвам.

subject ['sʌbdʒekt] **I.** *n* **1.** поданик; **2.** *ез.* подлог; **3.** тема, предмет (*на разговор, книга, картина*); сюжет; **a ~ picture** битова картина; **II.** *adj* **1.** подчинен, подвластен (**to**); **2.** подлежащ на (**to**); **the plan is ~ to modifications** планът подлежи на изменение, може да претърпи известни изменения; **3.** предразположен към (**to**); **III.** *adv*: **~ to** при условие (че); ако; **IV.** [səb'dʒekt] *v* **1.** подчинявам, покорявам; **2.** подлагам; излагам (*на присмех и под.*) (**to**); **3.** предлагам, представям, връчвам.

submarine ['sʌbməri:n] **I.** *adj* подводен; **~speed** скорост под водата; **II.** *n* подводница, подводна лодка; подводно растение; **~ base** база на подводници; **III.** *v* потапям, торпилирам (*с подводница*).

submerge [səb'mə:dʒ] *v* потопявам (се), потапям (се), гмурвам (се); потъвам.

submit [səb'mit] *v* **1.** предоставям, отстъпвам; **2.** представям, предявявам; предлагам; **to ~ the case to a court** отнасям случая до съда, завеждам дело по този въпрос; **3.** подчинявам се (*с* **to**); понасям, търпя.

subordinate I. [sə'bɔ:dənit] *adj* подчинен (**to**); второстепенен; нисш, вторичен; **~ clause** *ез.* подчинено изречение; **II.** *n* подчинен; **III.** [sə'bɔ:dineit] *v* подчинявам; правя второстепенен (зависим), поставям в зависимо положение.

subscribe [səb'skraib] *v* **1.** подписвам (се) (**to**); **I ~ myself your humble servant** *ост.* оставам ваш покорен слуга (*в края на писмо*); **2.** взимам участие в подписка; **3.** абонирам се.

subscriber [səb'skraibə] *n* участник в подписка; абонат; **the ~** *търг.* 1) долуподписаният; 2) договарящата страна.

subsequent ['sʌbsikwənt] *adj* последващ, следващ; **~ upon** като резултат на; явяващ се резултат (следствие) от.

subsequently ['sʌbsikwəntli] *adv* впоследствие, после, сетне, след това, по-късно.

subside [səb'said] *v* **1.** утихвам; преставам; **the gale ~d** бурята отмина; **2.** падам; спадам; утаявам се; улягам, слягам се (*за почва*); смъквам се; **3.** (*за човек*) променям се, превръщам се (**into**).

substance ['sʌbstəns] *n* **1.** вещество, материя; **2.** *филос.* субстанция; **3.** същество, съдържание; същност, същина; **in ~** по същество (същина).

substitute ['sʌbstitju:t] **I.** *n* **1.** заместник; **2.** заместител, сурогат, ерзац (**for**); **3.** заместване; замяна; **II.** *v* замествам; заменявам, заменям; подставям; **to ~ A for B** заменям B с A.

subtle [sʌtl] *adj* **1.** тънък, фин, нежен, неуловим; субтилен; **~ irony** незабележима (тънка) ирония; **2.** (*за ум*) остър, тънък, проницателен; **3.** изтънчен, рафиниран.

suburb ['sʌbə:b] *n* **1.** предградие; **2.** *pl* околности.

suburban [sə'bə:bən] *adj* от (за)

предградието или предградията; *прен.* еснафски, буржоазен, ограничен, тесногръд; провинциален.

subway ['sʌbwei] *n* **1.** подземна железница, метро; **2.** подземен проход; тунел (*особ. под улица*).

succeed [sək'si:d] *v* **1.** достигам (постигам) целта си, успявам, преуспявам, имам успех, удава ми се (**in** *с ger*); **nothing ~s like success** успехът влече след себе си нови успехи; **2.** следвам, последвам, заемам мястото на; приемник съм на; наследявам.

success [sək'ses] *n* успех, сполука; **without ~** безуспешно.

succession [sək'seʃən] *n* **1.** последователност; **in ~** подред; **2.** непрекъснатост; непрекъснат ред (редица); **3.** приемственост, наследяване; престолонаследие; **the S. States** *ист.* държавите, образувани след разпадането на Австро-Унгарската империя.

successive [sək'sesiv] *adj* следващ, последователен; който следва един подир (зад) друг.

such [sʌtʃ] **I.** *adj* такъв, подобен; **~ a man** такъв човек; **II.** *pron* **1.** такъв; **as ~** като такъв; по същество; **2.** *търг.* те.

suck [sʌk] **I.** *v* суча, смуквам, всмуквам; бозая; абсорбирам; **the pump ~s** помпата засмуква въздух; **II.** *n* **1.** смукане, бозаене, кърмене; **a child at ~** кърмаче, бозайниче; **2.** смукване, всмукване; **3.** малка глътка.

Sudanese [,su:də'ni:z] **I.** *adj* судански; **II.** *n* суданец, суданка.

sudden [sʌdn] **I.** *adj* внезапен, ненадеен, неочакван; прибързан; стремителен; **to be ~ in o.'s actions** много съм бърз в действията си; **II.** *n*: **all of a ~** изведнъж; ненадейно, неочаквано.

suddenly ['sʌdnli] *adv* внезапно, ненадейно, неочаквано, изведнъж.

suffer ['sʌfə] *v* **1.** страдам, мъча се, измъчвам се; **2.** търпя; претърпявам, изпитвам, понасям; **3.** позволявам, толерирам, търпя; **he does not ~ fools gladly** той не може да понася (търпи) идиоти.

suffering ['sʌfəriŋ] **I.** *adj* страдащ; **II.** *n* страдание, мъка.

sufficient [sə'fiʃənt] **I.** *adj* **1.** достатъчен, задоволителен; **~ unto the day is the evil thereof** нов ден, нов късмет; **2.** *ост.* умел, подходящ; **II.** *n нар.* достатъчно количество.

suffrage ['sʌfridʒ] *n* **1.** *пол.* избирателно право, право на глас; избирателни права; **manhood (womanhood) ~** избирателни права за всички мъже (жени); **2.** глас в полза на, одобрение, съгласие; **3.** *pl рел.* ектения.

sugar ['ʃugə] **I.** *n* **1.** захар; **castor ~** пудра захар; **2.** *хим.* захароза, захарид; **3.** *прен.* хвалба, ласкателство; **II.** *v* **1.** подслаждам; **2.** лаская.

suggest [sə'dʒest] *v* **1.** внушавам; подсказвам; навеждам на мисълта; намеквам; говоря за; **does his name ~ anything to you?** това име говори ли ви нещо? **2.** предлагам, правя предложение; съветвам.

suggestion [sə'dʒestʃən] *n* **1.** внушение; сугестия; намек; подсказване; **~ of a foreign accent** слаб (едва забележим) чуждестранен акцент; **2.** съвет, идея, внушение, предложение?

suicide ['sjuisaid] **I.** *n* **1.** самоубийство; **to commit ~** самоубивам се; **2.** самоубиец, самоубийца; **II.** *v sl* самоубивам се.

suit [sju:t] **I.** *n* **1.** молба, искане, прошение; **to grant s.o.'s ~** изпълнявам нечия молба; **2.** ухажване; **3.** *юрид.* иск, тъжба, процес, дело (*и* **lawsuit**); **II.** *v* **1.** удобен (подходящ) съм; полезен съм; понася ми; прилягам, подхождам; **marriage ~s her** семейният живот (бракът) ѝ понася; **2.** приляга ми, подхожда ми, стои ми; **3.** задоволявам.

suitable ['sju:təbl] *adj* подходящ, съответстващ, отговарящ на, годен; удобен; **a most ~ plan** много подходяща идея.

suitcase ['sju:tkeis] *n* куфар (*ръчен*).

suite [swi:t] *n* **1.** сбирка, комплект, сет; серия; гарнитура; група; **~ of furniture** мебелна гарнитура; **2.** анфилада (*от стаи*); апартамент; луксозна стая, апартамент в хотел; *ост.* покои (*и* **~ of rooms**); **3.** свита, кортеж, ескорт.

sulphur ['sʌlfə] **I.** *n* **1.** сяра; **flowers of ~** *хим.* серен цвят; **2.** жълтозелен цвят; **3.** *зоол.* жълта ливадна пеперуда (*и* **~ butterfly**); **II.** *adj* жълтозелен (*и* **~-coloured**); **III.** *v* опушвам със сяра.

sum [sʌm] **I.** *n* **1.** сбор; сума; количество; **~ total** обща сума, общ сбор; **2.** същност; **3.** *разг.* аритметическа задача; *pl* аритметика; **II.** *v* **1.** сумирам, събирам (*с* **up**); **2.** резюмирам, обобщавам (*с* **up**); **to ~ up the situation at a glance** премервам (преценявам) положението от пръв поглед.

summary ['sʌməri] **I.** *adj* сбит, сумарен, кратък, съкратен; (*за съд*) бърз, със съкратена процедура; без отлагане; **~ account** кратък отчет (доклад); **II.** *n* резюме, сводка, конспект, кратко изложение.

summer₁ [sʌmə] **I.** *n* **1.** лято; **winter and ~ alike I live here** живея тук и зиме, и лете; **2.** *прен.* разцвет, период на бурен растеж; **3.** *поет.* година; **II.** *v* **1.** летувам, прекарвам лятото; **2.** паса (*добитък*) лятно време, изкарвам на лятна паша (*за добитък*).

summer₂ *n* *арх.* напречна греда.

summer₃ *n* човек, който събира добре.

summit ['sʌmit] *n* **1.** връх, било; най-високата част; *прен.* апогей; предел; **~ conference** конференция на най-високо равнище; **2.** = **~ conference**.

summon ['sʌmən] *v* **1.** призовавам, извиквам, повиквам; **to ~ the garrison to surrender** призовавам гарнизона/крепостта да се предаде; **2.** събирам, свиквам.

sun [sʌn] **I.** *n* **1.** слънце; слънчева светлина; слънчеви лъчи; **~'s backstays, ~'s eyelashes**, *мор.* **~ drawing water** сноп слънчеви лъчи през облаци; **2.** *поет.* година; **3.** светило; *астр.* звезда - център на система; **II.** *v* (**-nn-**) излагам на слънце, подлагам на действието на слънчевите лъчи; **to ~ oneself** припичам се; грея се; *прен.* радвам се.

sunbeam ['sʌnbi:m] *n* слънчев лъч; *прен.* жизнерадостен човек; **the ~ of countenance** грейналото му лице.

sunburn ['sʌnbə:n] **I.** *n* изгаряне (почерняване) от слънцето; загар; **II.** *v* изгарям, почернявам (*от слънце*).

sunburned ['sʌnbə:nd] (**sunburnt** ['sʌnbə:nt]) *adj* почернял, загорял, със загар (*от слънце*); **to get (become) ~** почернявам, изгарям (*от слънцето*).

Sunday ['sʌndi] **I.** *n* неделя; **a month of ~s** голям интервал от време; дълго време; **II.** *adj* неделен, празничен; **~-go-to-meeting clothes, ~-best** *разг.* най-хубави (празнични) дрехи, премяна.

sunflower ['sʌnflauə] *n* *бот.* слънчоглед *Jfelianthus annuus*; **the S.State** щатът Канзас.

sung *вж* **sing**.

sunk [sʌŋk] **I.** *вж* **sink**; **II.** *adj* хлътнал; потънал, потопен; *прен.* в затруднено положение; **~ fence** ограда, скрита в ров.

sunlight ['sʌnlait] *n* слънчева светлина.

sunny ['sʌni] *adj* **1.** слънчев; осветен от слънцето; **she is on the ~ side of forty** тя няма още 40 години; **2.** *прен.* радостен, жизнерадостен; весел.

sunrise ['sʌnraiz] *n* изгрев слънце; утринна зора (заря).

sunset ['sʌnset] *n* **1.** залез слънце; вечерни зари; **2.** багрите на небето при залез; **3.** последен период, край; **the ~ of life** есента (залезът) на живота.

sunshade ['sʌnʃeid] *n* **1.** слънчобран, чадър; **2.** сенник, навес, тента.

sunshine ['sʌnʃain] *n* **1.** слънчева светлина; **to bask in the ~** радвам се на благосклонността на; **2.** слънчево време, слънце; **3.** *прен.* радост, щастие; източник на радост.

sunstroke ['sʌnstrouk] *n* слънчев удар; слънчасване.

superficial [,sju:pə'fiʃəl] *adj* **1.** повърхностен; незадълбочен; **2.** *прен.* плитък, безсъдържателен; външен; **3.** *геол.* наносен, алувиален.

superfluous [sju:'pə:fluəs] *adj* **1.** излишен, ненужен, безполезен; **2.** предостатъчен; прекален.

superintend [,sju:pərin'tend] *v* надзиравам, наглеждам; завеждам, управлявам, ръководя.

superintendent [,sju:pərin'tendənt] *n* **1.** надзирател, надзорник; **2.** управител, директор, ръководител, завеждащ; **3.** групов началник (*в полицията*), старши полицейски офицер.

superior [sju'piəriə] **I.** *adj* **1.** по-горен; по-висш, старши; **~ officer** висш офицер; **2.** превъзходен, превъзхождащ, надминаващ (**to**); **3.** самодоволен, високомерен; **II.** *n* **1.** началник, шеф; старши; **2.** игумен, игуменка; управител, управителка; **Mother (Lady) S.** игуменка; **Father S.** игумен; **3.** *печ.* знак над печатния ред.

supermarket ['sju:pəma:kit] *n* магазин на самообслужване, супермаркет.

supersonic [,sju:pə'sɔnik] *adj* свръхзвуков, ултразвуков.

superstition [,sju:pə'stiʃən] *n* суеверие, религиозен предразсъдък.

supervision [,sju:pə'viʒən] *n* надзор, наблюдение; **under the ~ of** под надзора (ръководството) на.

supper ['sʌpə] *n* вечеря; **the Last (holy) S.** *рел.* Тайната вечеря; **to sing for o.'s ~** *прен.* плащам за полученото.

supplement I. ['sʌplimənt] *n* **1.** допълнение, приложение, притурка, прибавка, добавка; **2.** *мат.* допълнителен ъгъл; **II.** [sʌpli'ment] *v* притурям, добавям, допълвам.

supply$_1$ ['sʌpli] *adv* гъвкаво, еластично, ловко и др.

supply$_2$ [sə'plai] **I.** *v* **1.** снабдявам, запасявам (**with**); **2.** доставям, давам; удовлетворявам (нужди); **3.** запълвам, замествам, попълвам; **II.** *n* **1.** снабдяване, продоволствие, продоволстване; **2.** запас, резерва; **food supplies** хранителни припаси; съестни продукти; **3.** *pl* припаси, продоволствие (*особ. за войската*).

support [sə'pɔ:t] **I.** *v* **1.** поддържам, подкрепям, съдействам на; подпирам; **to ~ the motion** подкрепям предложението; **2.** издържам, давам издръжка на; **3.** търпя, понасям; **II.** *n* **1.** поддръжка, подкрепа; **to speak in ~ of** поддържам, подкрепям, защитавам; **2.** издръжка, средства за съществуване; човек, който издържа, храни (*семейство и пр.*); **3.** опора, подпорка, подставка.

supporter [sə'pɔ:tə] *n* поддръжник, сторонник, привърженик.

suppose [sə'pouz] *v* предполагам; допускам; мисля; представям си, въобразявам си; **~we go to bed** хайде да си лягаме; **(always) supposing** в случай че.

suppress [sə'pres] *v* **1.** потъпквам, потушавам; **2.** пресичам, сдържам, подавям (*стон*); **3.** спирам, забранявам (*вестник*); конфискувам, изземвам от печат (*книга пр.*).

suppression [sə'preʃən] *n* потъпкване и пр. *вж* **suppress.**

supreme [sju:pri:m] **I.** *adj* **1.** върховен, най-висш; **To reign ~** властвувам неограничено (като пълен господар); **2.** краен, най-висок; найголям; пределен; **II.** *n* зенит, апогей, връх.

sure [ʃuə] **I.** *adj* **1.** сигурен; **~ shot** точен (сигурен) стрелец; **2.** верен, надежден, доверен; безопасен, безгрешен; **3.** положителен; несъмнен; **II.** *adv* **1.** сигурно, несъмнено; **~ enough** наистина, действително; разбира се; **2.** *разг.* наистина; **III.** *int* и естествено! разбира се! безусловно!

surely ['ʃuəli] *adv* **1.** сигурно, безопасно; **2.** вярно, сигурно, надеждно, непременно; **slowly but ~** бавно, но сигурно; **3.** нима не, нали!

surface ['sə:fis] **I.** *n* повърхност; външност; вънкашност; **on the ~** отвън; на пръв поглед; външно; **II.** *v* **1.** изглаждам, изравнявам; рендосвам; **2.** (*за подводница*) изплувам (излизам) на повърхността; **III.** *adj* външен, вънкашен, повърхностен; **~ tension** *ел.* повърхностно напрежение.

surgeon ['sə:dʒən] *n* **1.** хирург; **2.** военен (морски) лекар, офицер от медицинската служба.

surgery ['sə:dʒəri] *n* **1.** хирургия; **2.** кабинет (приемна) на лекар с аптека; **~ hours** консултационни часове на лекар.

surname ['sə:neim] **I.** *n* **1.** прякор, прозвище; **2.** презиме, фамилно име; **Christian name and ~** име и презиме; **II.** *v* **1.** давам прякор на, викам на прякор, измислям прякор на; наричам; **2.** викам (наричам) по презиме.

surpass [sə:'pa:s] *v* надвишавам, превишавам, надминавам, надхвърлям; превъзхождам.

surpassing [sə:'pa:siŋ] *adj* превъзхождащ, превъзходящ; изключителен; **she was of ~ beauty** тя беше невиждана хубавица.

surprise [sə:'praiz] **I.** *n* **1.** изненадване; изненада, сюрприз; **2.** изненадване, удивление, почуда; **by ~** внезапно, ненадейно; **3.** неочаквано нападение; **II.** *v* **1.** изненадвам, сюрпризирам; **2.** удивлявам, учудвам; поразявам; **I'~d at you** вие ме удивлявате; **3.** нападам (появявам се) внезапно; налитам (връхлитам) върху.

surrender [sə'rendə] **I.** *v* **1.** предавам се, капитулирам; **to ~ o.'s bail** явявам се в определения срок, след като съм бил пуснат под гаранция; **2.** отказвам се от, изоставям; **3.** отстъпвам, отказвам се в полза на (**to**); **II. 1.** предаване, капитулация; **unconditional ~** безусловна (пълна) капитулация; **2.** отказ (от); отстъпване (на).

surround [sə'raund] *v* обграждам, заобикалям, обкръжавам; обсаждам.

survey [sə'vei] **I.** *v* **1.** извършвам землемерна снимка на, измервам (земни участъци), размервам; **2.** оглеждам, преглеждам, изследвам, инспектирам; **to ~ the situation** запознавам се с обстановката (положението); **3.** правя проучвания (обследвания), обследвам; **II.** ['sə:vei] *n* **1.** землемерско измерване, снимка, план; **ordnance ~** официална топографска карта; **2.** преглед, изследване, инспекция; **3.** отчет за направено изследване (проучване).

survive [sə'vaiv] *v* **1.** надживявам, преживявам; **2.** издържам, изтрайвам, изтърпявам; **3.** оцелявам, оставам жив, продължавам да съществувам.

suspect I. [səs'pekt] *v* **1.** подозирам, (у)съмнявам се в; **I ~ the authenticity of the document** съмнява ме истинността (достоверността, автентичността) на документите; **2.** мисля, предполагам; **II.** ['sʌspekt] *n* заподозряно лице, подозрителен човек; **III.** *adj* подозрителен, заподозрян.

suspend [səs'pend] *v* **1.** окачвам, провесвам, обесвам; **2.** преустановявам, прекратявам, отлагам, суспендирам; **to ~ judgement** отлагам присъда; **3.** (временно) отстранявам от длъжност, изключвам (*и* **~ from office**).

suspender [səs'pendə] *n* **1.** жартиера; **2.** *pl* презрамки, тиранти.

suspicion [səs'piʃən] *n* **1.** подозрение; съмнение; **on ~** по подозрение; **2.** *разг.* съвсем слаб дъх; оттенък; привкус.

suspicious [səs'piʃəs] *adj* **1.** подозрителен, съмнителен; **2.** подозрителен, мнителен; **to be ~ of** подозирам, скептичен съм спрямо.

swallow₁ ['swɔlou] **I.** *v* **1.** гълтам, глътвам, преглъщам; **2.** поглъщам (*и прен.*) (*обикн. с* **up**); **3.** *прен.* преглъщам (*обида и пр.*); **to ~ o.'s pride** унизявам се; **II.** *n* **1.** глътка; **at one ~** на една глътка, на един дъх; **2.** *анат.* гърло, глътка.

swallow₂ *n* лястовица; **one ~ does not make a summer** една лястовица пролет не прави.

swam *вж* **swim I.**

swamp [swɔmp] **I.** *n* блато, тресавище; **~ ore** лимонит; **II.** *v* **1.** наводнявам, заливам (*и прен.*); **their failure would ~ me** техният провал (фалит) би повлякъл и мен; **2.** *прен.* отрупвам, обсипвам, засипвам, затрупвам.

swan [swɔn] *n* **1.** лебед; **black ~** *прен.* голяма рядкост; аномалия, странно явление; **the S. of Avon** Шекспир; **2.** съзвездието Лебед.

swear [swɜə] **I.** *v* (**swore** [swɔ:], *ост.* **sware** [swɜə]; **sworn** [swɔ:n]) **1.** кълна се, заклевам се; **to ~ on the Bible (on o.'s soul and consciens)** кълна се в библията (в душата и съвестта си); **2.** заклевам (*някого*); **3.** декларирам под клетва; **II.** *n разг.* клетва, ругатня, псувня, богохулство.

sweat [swet] **I.** *n* **1.** пот; изпотяване; запотяване; **by the ~ of o.'s brow** с труд, с пот на челото; **2.** изпарение, влага (*на стена и пр.*); **3.** *разг.* тежък труд, черна работа, ангария; **II.** *v* **1.** потя се, изпотявам се, запотявам се; овлажнявам (*за повърхност и пр.*); отделям влага; карам да се изпоти; причинявам изпотяване; **to ~ with fear** изпотявам се от страх; избива ме студена пот от страх; **2.** избърсвам (изтривам) потта на (*кон и пр.*); **3.** експлоатирам жестоко.

sweater ['swetə] *n* **1.** човек и пр., който много се поти; **2.** дебел пуловер (*особ. спортен*).

Swede [swi:d] *n* **1.** швед, шведка; **2. s.** шведско цвекло.

Sweden ['swi:d(ə)n] *n* Швеция.

Swedish [swi:diʃ] **I.** *adj* шведски;

II. *n* шведски език.

sweep [swi:p] **I.** *v* (**swept** [swept]) **1.** нося се; понасям се; преминавам бързо, профучавам (*с нар.* **past, along , down** *и пр.*); **the cavalry swept down the hill** кавалерията се понесе (*се устреми*) надолу по баира; **2.** вървя (движа се) тържествено (величествено), нося се (*с нареч.* **in, out, up** *и пр.*); **3.** (пре)минавам; разнасям се; заливам, обхващам; **a wave swept the deck** една вълна заля палубата; **II.** *n* **1.** метене, измитане, помитане; почистване; едно замахване (*на метла и пр.*); **to give the room a good ~** измитам хубаво стаята; **2.** коминочистач (*и* **chimney-~**); **3.** *sl* груб, невъзпитан, противен човек; мръсен тип; негодник.

sweet [swi:t] **I.** *adj* **1.** сладък; **to have a ~ tongue** обичам сладки работи; **2.** пресен; свеж, чист (*за вода, въздух и пр.*); **3.** ароматен, благоуханен; **II.** *n* **1.** бонбон(че); **2.** сладкиш; **3.** *pl* сладости, наслади, удоволствия; наслаждения.

sweetheart ['swi:tha:t] **I.** *n* любим(а), възлюбен(а), скъп(а) (*и в обръщение*); **II.** *v особ.*: **to go ~ing** ходя по любов.

swell [swel] **I.** *v* (**swelled** [sweid]; **swollen** ['swoulən], **swelled** [sweld]) **1.** издувам (се), надувам (се), подувам (се), отичам; набъбвам; **2.** увеличавам (се), разраствам; (се), нараствам (*и за звук*); усилвам (*звук*); *прен.* надувам (*цифри и пр.*); **3.** прииждам; карам да придойде (*река*); **II.** *n* **1.** мъртво вълнение; голяма вълна, която не се разлива на брега; **2.** възвишение; **3.** *муз.* кресчендо и диминуендо; усилване; педал на орган за получаване на кресчендо и диминуендо; **III.** *adj разг.* **1.** шикозен, контешки, елегантен; **you look very ~** много си шик; **2.** отличен, превъзходен, чудесен, забележителен.

swept *вж* **sweep I**.

swift [swift] **I.** *adj* **1.** бърз; който минава бързо (*за време*); бързопреходен; **~ of foot** бързоног; **2.** внезапен; незабавен; **II.** *adv* бързо; **III.** *n* **1.** черен бързолет *Cypselus apus*; **2.** вид дребен гущер; **3.** тритон.

swim [swim] **I.** *v* (**swam** [swæm]; **swum** [swʌm]) **1.** плувам, плавам; преплувам; **to ~ for shore** плувам към брега; **2.** плувам, нося се (*във въздуха, по повърхност и пр.*); **3.** заставям, карам (*някого*) да плува; **II.** *n* **1.** плуване; преплуване; плаване; **to go for (have, take) a ~** (по)плувам, отивам да (по)плувам; **2.** дълбок вир, в който има много риба; **3.** световъртеж, шемет, замайване.

swimmer ['swimə] *n* **1.** плувец; **2.** плавателен мехур; **3.** плувка, тапичка, поплаване (*на въдица*).

swimming pool ['swimiŋ,pul] *n* плавалня, лятна къпалня, открит, плувен басейн.

swing [swiŋ] **I.** *v* (**swung** [swʌŋ]) **1.** люлея (се), олюлявам (се), полюлявам (се); люшкам (се), клатушкам (се); размахвам (се), махам; **2.** провесвам, обесвам; вися, обесват ме; **he'll ~ for it** *разг.* ще го обесят за това; **3.** въртя (се), завъртам (се); обръщам (се); **II.** *n* **1.** люлеене, полюляване, залюляване; люшкане, клатене, клатушкане; **2.** размах, замах; ход (*и прен.*); обсег, обхват; **in full ~** в разгара си; *прен.* в пълна пара; **3.** завъртане.

Swiss [swis] **I.** *adj* швейцарски; **II.** *n* **1.** швейцарец; швейцарци; **2.** портиер, пазач; **~ guards** наемни швейцарски войници във Ватикана (в миналото и при двора на френските крале).

switch [swtʃ] **I.** *n* **1.** вейка, клонка;

пръчка; шибалка; **2.** фалшива плитка; перука; **3.** електрически ключ; *тех.* прекъсвач; превключвател; комутатор; **II.** *v* **1.** шибам, тупам; **2.** махам, размахвам, мятам, въртя, завъртам (*опашка и пр.*); **3.** прехвърлям (се), преминавам на друга линия (*за влак*) (**to**); *прен.* насочвам внезапно (*разговор, мисли и пр.*) в друга насока.

Switzerland ['switsələnd] *n* Швейцария.

swollen *вж* **swell**.

sword [sɔ:d] *n* **1.** меч; шашка; шпага, рапира, сабя; **cavalry ~** сабя; **2.** *воен. sl* щик; **3.** *прен.* война, военна сила, сила на оръжието.

swore *вж* **swear I**.

sworn [swɔ:n] *adj* заклет; **~ brothers** побратими.

swum *вж* **swim I**.

swung *вж* **swing I**.

syllable ['siləbl] **I.** *n* сричка; **not a ~** нито дума, нито звук, ни гък; **II.** *v* **1.** произнасям на срички; **2.** *книж.* изричам, произнасям.

symbol [simbl] *n* **1.** символ, емблема; **2.** знак, обозначение.

symbolic(al) [sim'bɔlik(l)] *adj* символичен, символически.

symmetric(al) [si'metrik(l)] *adj* симетричен, съразмерен.

sympathetic [,simpə'θetik] **I.** *adj* **1.** съчувствен, изпълнен със (предизвикан от) съчувствие, състрадателен, отзивчив; предизвикан по симпатия; **~ pain** болка по симпатия; **2.** сроден, близък, подходящ; който отговаря на вкусовете ми (*за среда и пр.*); **3.** *рядко* симпатичен, приятен; **II.** *n* **1.** симпатичен нерв; **2.** лице, което лесно се поддава на хипноза.

sympathize ['simpəθaiz] *v* **1.** съчувствам; изразявам (изказвам) съчувствията си (**with** на); **2.** имам разбиране за, съгласявам се (**with**); симпатизирам; **I ~ with your point of view** разбирам (споделям) вашето становище.

sympathy ['simpəθi] *n* **1.** съчувствие, състрадание, отзивчивост (**with, for**); **a man of ready ~** отзивчив човек; **2.** симпатия (*и физиол.*); **3.** разбирателство, съгласие, хармония; споделяне, разбиране (**with**).

symphonic [sim'fɔnik] *adj* симфоничен; **~ music** симфонична музика, симфонично произведение.

symphony ['simfəni] *n* **1.** симфония; **2.** *attr* симфоничен; **~ orchestra** симфоничен оркестър.

symptom ['simptəm] *n* симптом, признак (*и мед.*).

synagogue ['sinə,gɔg] *n* синагога.

syndicate ['sindikeit] **I.** *n* синдикат, синдикален съвет; обединение; **II.** *v* **1.** обединявам в синдикат; **2.** публикувам материали чрез синдикат.

synonym ['sinənim] *n* синоним (**of, for**).

synopsis [si'nɔpsis] *n* (*pl* **-ses** [-si:z]) кратък обзор, резюме.

synthetic [sin'θetik] **I.** *adj* **1.** *хим., ез.* синтетичен; **2.** изкуствен, добит по изкуствен начин (*за лекарства, материи и пр.*); **3.** *шег.* престорен, неискрен; **II.** *n* получена по изкуствен начин материя (*пластмаса и пр.*).

syphilis ['sifilis] *n* сифилис.

Syrian ['siriən] **I.** *adj* сирийски; **II.** *n* сириец.

syrup ['sirəp] **I.** *n* **1.** сироп; гликоза; петмез; **2.** *разг.* сладникавост; **II.** *v* сиропирам, заливам със сироп.

system ['sistəm] *n* **1.** система (*философска, политическа и др.*); **2.** метод; организация; ред, порядък; системност, методичност; **on a ~** по дадена система; **3.** организъм, цяло; човешки организъм, тяло.

T

T, t [ti:] **1.** буквата **t**, двадесетата буква в английската азбука; **to a T** точно; както трябва, до съвършенство; точ в точ; **to cross one's t's** проявявам голяма прецизност, поставям точка над **i**-то; **2.** нещо във форма на буквата **T**; **T-beam** Т-образна греда; **T-joint** *техн.* тройник (Т-образен разклонител); **T-shirt** фланелка; тениска; **T-square** Т-линеал; **T-bandage** превръзка във форма на буквата Т.

tab [tæb] **I.** *n* **1.** закачалка (*на дреха*), петелка; петлица, илик, ушенце; **2.** *воен.* петлица; **red** ~ *sl* щабен офицер; **3.** наушник; **II.** *v* (-**bb**-) *разг.* **1.** слагам етикет на; **2.** пришивам закачалка, петелка.

tabacism, **tabacosis** ['tæbəsizəm, tæbə,kəuzis] *n мед.* табакоза, тютюнева пневмокониоза.

tabagism ['tæbədʒizəm] *n мед.* хроничен никотинизъм.

tabaret ['tæbəret] *n* копринен плат на широки ивици за тапициране.

tabasco [tə'bæskou] *n* табаско; вид лютив сос за подправка на ястия.

tabby ['tæbi] *n* **1.** коприна моаре; **2.** сива котка, котка тигър; (женска) котка (*и* ~-**cat**); **3.** свадлива стара клюкарка; сплетница, интригантка, клюкарка, клеветница.

tabefaction [,tæbi'fækʃən] *n* отслабване, измършавяване, *разг.* изпосталяване (*поради болест*).

tabernacle ['tæbənækl] **I.** *n* **1.** временно жилище, временен подслон; шатра, шатър, *нар.* чадър; палатка; **2.** *прен.* човешко тяло (*като временно жилище на душата*); **3.** леко, преносимо светилище у древните евреи; скиния; **feast of** ~ празник на скинопигията; **II.** *v* подслонявам, приютявам (се) временно.

tabinet ['tæbinet] *n* коприна или вълна моаре за тапицерия.

table [teibl] **I.** *n* **1.** маса; **extension (draw, telescope)** ~ разтегателна маса; **2.** маса за хранене; трапеза; **3.** маса, подставка (*за инструмент и пр.*); • **to lay (a bill etc) on the** ~ отлагам разискване, обсъждане (на законопроект и пр.); **II.** *v* **1.** слагам на маса; **2.** поставям за обсъждане; **3.** отлагам (безкрайно) обсъждането на.

tableau ['tæblou] *n* (*pl* ~**x** [z]) **1.** жива картина (*и* ~ **vivant**, *pl* ~**x vivants**); **2.** *прен.* драматично положение, напрегната ситуация; ~! представете си картин(к)ата! ~ **curtains** *театр.* завеса, която се отваря в средата; **3.** живописна картина, ярко, впечатляващо изображение.

table-clamp ['teibəlklæmp] *n* скоба за закрепване нещо на маса.

table-cloth ['teiblklɔθ] *n* покривка за маса.

tablespoon ['teibl,spu:n] *n* супена лъжица.

tabloid ['tæblɔid] **I.** *n* **1.** таблетка (*лекарство*); **2.** сензационен, булеварден вестник; таблоид; **II.** *adj* **1.** във форма на таблетки; **2.** *прен.* сбит, съкратен; лаконичен; компактен; • ~ **journalism** сензационна (булевардна, жълта) преса.

taboo [tə'bu:] **I.** *n* **1.** *рел.* табу; **2.** забрана, запрещение; остракизъм; **II.** *adj predic* **1.** свещен; който не бива да се докосва; **2.** забранен, запретен; **III.** *v* обявявам за табу; забранявам, запрещавам; отбягвам; бойкотирам, противопоставям се, саботирам.

tabular ['tæbjulə] *adj* **1.** с плоска

форма или повърхност; плосък; **2.** на тънки пластове (слоеве); слоест; **3.** във (форма на) таблица (таблици); изложен (изразен) в таблица (таблици).

tabulate ['tæbjuleit] **I.** *v* **1.** нареждам (давам) в таблици (диаграми); **2.** придавам плоска повърхност (на); **II.** *adj* **1.** с широка плоска повърхност; **2.** на тънки пластове (слоеве).

tache [ta:ʃ] *n* петно на кожата; луничка.

tacit ['tæsit] *adj* мълчалив, безмълвен, безсловен, безгласен (*за отговор, съгласие и пр.*); подразбиращ, отгатващ се; ◇ *adv* **tacitly**.

tack$_1$ [tæk] **I.** *n* **1.** гвоздейче с широка главичка, кабарче; • **to come (get) down to brass ~s** говоря за (поглеждам, разлеждам) фактите, виждам нещата такива, каквито са; **2.** тропоска; бод; **3.** *мор.* халс (*въже*); ъгъл на платно; **II.** *v* **1.** закрепвам (прикрепвам; закачам, заковавам) с гвоздейчета (кабарчета); **2.** тропосвам; **to ~ in a lining** тропосвам подплатата на дреха; **3.** *мор.* променям курса на кораба спрямо вятър, лавирам (*и с* **about**).

tack$_2$ *n* храна; **hard ~** *мор.* сухар; **soft ~** хляб; добра храна, хубаво ядене.

tack$_3$ *n* конска амуниция (хамути, седла и пр.).

tackle [tækl] **I.** *n* **1.** принадлежности; такъми; инструменти; оборудване; **fishing ~** рибарски принадлежности; **2.** *тех.* полиспаст; **3.** *мор.* такелаж; **II.** *v* **1.** закрепвам с корабни въжета; вдигам с полиспаст; **2.** нападам, счепквам се с; *сп.* опитвам се да взема топката от; **3.** заемам се (енергично) с (за), захващам се; подхващам, подемам (*въпрос и пр.*); **to ~ s.o. over a matter** подемам (подхващам) въпрос пред някого; опитвам се, стремя се, мъча се да убедя някого по даден въпрос.

tact [tækt] *n* **1.** такт, тактичност; **to use ~** тактичен съм, постъпвам тактично; **2.** *муз.* акцентувано време.

tactician [tæk'tiʃən] *n* тактик; *прен.* дипломат, *прен.* изкусен, ловък, умен.

tactility [tæk'tiliti] *n* осезаемост; осезателност, доловимост, видимост; материалност.

tactless ['tæktlis] *adj* нетактичен.

Tadjik [ta:'dʒik] **I.** *adj* таджикски; **II.** *n* **1.** таджик; **2.** таджикски език.

Tadjikistan [ta:'dʒikistæn] *n* Таджикистан.

tadpole ['tædpoul] *n зоол.* попова лъжичка.

taffeta ['tæfitə] *n* **1.** тафта; **2.** *attr* тафтен.

tag$_1$ [tæg] **I.** *n* **1.** свободен, висящ край; **2.** метални наконечник на връзка за обувка; **3.** петелка отзад на обувка (*за по-лесно обуване*); • **electronic ~** електронно следящо устройство; **II.** *v* (-gg-) **1.** слагам метални наконечник (*на вратовръзка*); слагам етикет (*на багаж*); **2.** маркирам, отбелязвам; **3.** съчинявам (слагам) рефрен на.

tag$_2$ **I.** *n* гоненица (*игра*); **II.** *v* (-**gg**-) хващам (пипвам, докосвам) при гоненица.

tagged [tægd] *adj* **1.** който е с метален накрайник; **2.** белязан (*за атоми*).

tagger$_1$ ['tægə] *n* този, който гони (*при гоненица*).

tagger$_2$ *n* **1.** *pl* (тънка) стоманена ламарина; **black ~** черна ламарина; **2.** накрайник.

tag-tail ['tægteil] *n* **1.** вид червей; **2.** подлизурко, угодник, подмазвач.

Tahiti [ta:'hi:ti, tə'hi:ti] *n* Таити.

taiga [ˈtaigə] *n* тайга, труднопроходима гора в Северна Европа и Азия.

tail$_1$ [teil] **I.** *n* **1.** опашка; **with one's ~ between one's legs** с подвита опашка (*и прен.*); **2.** нещо подобно на опашка; опашка (*на комета, хвърчило, самолет и пр.*); край; завършек; крайчец; долен (заден) край; част (*на керемида и пр.*), която се подава под друга; **3.** опашчица (*на буква*); **II.** *v* **1.** слагам опашка на (*хвърчило и пр.*); **2.** *разг.* следя, вървя по петите на; проследявам; **3.** режа (отрязвам) опашката на (*агне и пр.*).

tail$_2$ **I.** *n* ограничение на условията за наследяване; **~ male (female)** владение с право на предаване само по мъжка (женска) линия; **II.** *adj* ограничен с известни условия (*за право на наследяване*).

tail margin [ˈteil,ma:dʒin] *n* поле на края на страница.

tailor [ˈteilə] **I.** *n* шивач; **the ~ makes the man** дрехите правят човека; **II.** *v* шия (дрехи); шивач съм; **who ~s you?** кой ви шие?

tailor-made [ˈteiləmeid] **I.** *adj* **1.** с мъжка кройка, тайор (*за дамска дреха*); **2.** *прен.* идеален за целта; направен по поръчка; **II.** *n* **1.** костюм, тайор; **2.** *разг.* цигара (*фабрично производство*).

tailor's chair [ˈteiləz,tʃɛə] *n* стол без облегало.

tailor's cramp [ˈteiləz,kræmp] *n* схващане на пръстите на ръката.

tailpiece [ˈteilpi:s] *n* **1.** гриф (*на цигулка и пр.*); **2.** *печ.* винетка на края на глава или книга.

tails [teilz] *n pl* **1.** отпадък, шлак (*от обогатяване*); **2.** остатъчен метал (при топене); **3.** парастъци, мустаци, чаплъци.

taint [teint] **I.** *n* **1.** петно, лекѐ, дамга (*нар.*); белег, знак (*и прен.*); позорно петно; позор; **2.** зараза; разцвала, поквара, безнравственост, корупция; порок; **meat free from ~** прясно месо; **3.** следа (*от нещо лошо*); **with no ~ of bias** без следа от предубеденост; **II.** *v* **1.** заразявам (*въздух, вода и прен.*); покваря(ва)м; опетнявам; **2.** развалям се (*за продукти и пр.*); • **~ed goods** стоки, изработени от неорганизирани в профсъюз работници.

taipan$_1$ [ˈtaipæn] *n* тайпан, чуждестранен бизнесмен в Китай.

taipan$_2$ *n зоол.* тайпан, най-голямата отровна змия в Австралия.

take [teik] *v* (**took** [tuk], **taken** [ˈteikn]) **1.** вземам; *прен.* подпомагам, окуражавам; **to ~ in hand** залавям се (заемам се) за; стягам (*някого*); **2.** водя, завеждам; **3.** хващам, залавям.

take-away [ˈteikəwei] *n* **1.** ресторант, от който може да се взема храна за вкъщи; **2.** (гореща) храна, която се купува от магазин или ресторант за вкъщи.

taken *вж* **take**.

take-off [ˈteikˈɔf] *n* **1.** карикатура, подражание; имитация, пародиране; **2.** *ав.* излитане; откъсване от земята; **3.** място, от което се скача; трамплин; място, от което самолетът се отделя от земята; **a good ~** удобно място за скачане.

taker [ˈteikə] *n* **1.** човек, който взема, приема, прибира, събира; **2.** човек, който се хваща на бас.

taking [ˈteikiŋ] **I.** *adj* **1.** привлекателен, примамлив, съблазнителен, очарователен, приятен; **2.** заразителен, прилепчив (*за болест*); **II.** *n* **1.** *pl* вземания; печалби; **2.** арест, затваряне, задържане; **3.** превземане.

tale [teil] *n* **1.** приказка, разказ; **old wive's ~s** бабини деветини; неправдоподобна история; **2.** слух, клюка; сплетня; **3.** *остар., поет.* брой, число, количество.

talebearing ['teil,beəriŋ] *n* издайничество, доносничество, клюкарство, клеветничество.

talent ['tælənt] *n* **1.** дарба, талант (**for**); талант(лив човек); **to hide one's ~s in a napkin** изоставям дарбите си; **2.** *истор.* талант (*монета и единица за тежина*).

talented ['tæləntid] *adj* талантлив, даровит, надарен.

talent-hunter ['tælənt,hʌntə] *n* търсач на таланти.

taliped ['tæliped] **I.** *adj* с деформирано ходило; кривокрак; **II.** *n* **1.** човек с деформирано ходило; **2.** *зоол.* ленивец *Bradypus, Choloepus.*

talipot ['tælipɔt] *n бот.* вид ветрилообразна палма.

talisman ['tælizmən] *n* талисман, муска, амулет.

talismanic [,tæliz'mænik] *adj* който има сила на муска.

talk [tɔ:k] *v* **1.** говоря; разговарям (се); приказвам (**about, of** за; **with** с); **to ~ big (tall)** хваля се; **2.** говоря, сплетнича, клюкарствам; **3.** говоря (разказвам, приказвам) за.

talkative ['tɔ:kətiv] *adj* приказлив, бъбрив, словоохотлив, сладкодумен; общителен.

talkee-talkee ['tɔ:ki'tɔ:ki] *n* **1.** завален английски, английски с акцент; **2.** празно дърдорене.

talker ['tɔ:kə] *n* **1.** човек, който говори (*добре, зле*); **2.** добър оратор; **3.** бъбривец, бъбрица, дърдорко.

talking ['tɔ:kiŋ] *adj* **1.** говорещ; който умее да говори; **~ point** тема на разговор; **~ shop** говорилня; **~ film** озвучен филм; **2.** изразителен, експресивен (*книж.*).

talking-to ['tɔ:kiŋtu] *n* мъмрене, укор, упрек, "калай", *разг.* скастряне; **to give s.o. a good ~** здравата нарязвам някого, тегля някому хубав калай.

talk show ['tɔ:k'ʃou] *n* радио- или телевизионно интервю (беседа) с поканен гост.

tall [tɔ:l] **I.** *adj* **1.** висок (*за човек, къща, дърво и пр.*); **2.** *разг.* невероятен, преувеличен; **a ~ story** измислица, измишльотина; небивалица; **II.** *adv*: **to talk ~** хваля се; разправям небивалици; преувеличавам.

tallboy ['tɔ:lbɔi] *n* висок скрин, шкаф.

tallith ['tæliθ] *n рел.* шал, с който евреите си покриват главата при молитва.

tallow ['tælou] **I.** *n* **1.** лой, сало; **2.** катран; **mineral ~** *минер.* планински восък, озокерит; **vegetable ~** твърда мазнина (*от растителен произход*); **II.** *v* **1.** намазвам с лой; **2.** угоявам, охранвам; *разг.* тъпча с храна.

tallow chandler ['tælou'tʃa:ndlə] *n* свещар; търговец на свещи.

tallow drop ['tælou,drɔp] *n* кръгло шлифоване (*на камък*).

tallow-faced ['tæloufeist] *adj* с жълтеникав, блед, нездрав цвят на лицето.

tallowy ['tæloui] *adj* лоен; намазан с лой; като лой.

tambour ['tæmbuə] **I.** *n* **1.** голям барабан, тъпан; **2.** гергеф (*за бродерия*); **3.** *архит.* барабан; тамбур; **II.** *v* шия на гергеф.

tambourine ['tæmburin] *n* **1.** вид провансалски барабан; тамбурина; **2.** провансалски танц; **3.** дайре.

tame [teim] **I.** *adj* **1.** питомен, опитомен; дресиран; пасивен, кротък; **2.** скучен, безинтересен; еднообразен, монотонен; банален; **3.** културен, който се култивира (*за растение*); **II.** *v* **1.** опитомявам, дресирам;

2. обуздавам, укротявам, усмирявам; смекчавам; 3. култивирам.

tamable ['teiməbəl] *adj* който може лесно да се опитоми; укротим, обуздаем.

tamer ['teimə] *n* укротител, -ка; дресьор, -ка; усмирител, -ка (*често в съчет.* **lion-~** укротител на лъвове).

tammy ['tæmi] *n* сито от тъкан.

tam-o'-shanter ['tæmə'ʃæntə] *n* (шотландска) барета.

tampan ['tæmpən] *n* отровен южноафрикански кърлеж.

tamper ['tæmpə] **I.** *v* (*обикн. с* **with**) **1.** меся се, пъхам се (бъркам се), навирам се; бърникам, пипам; **2.** подправям, фалшифицирам; **3.** опитвам се да подкупя (*свидетел и пр.*), тайно притискам, принуждавам; **II.** *n* **1.** тапа, пробка; **2.** трамбовка (съоръжение за трамбоване); **3.** чукало (*на хаван*).

tampion ['tæmpiən] *n* втулка; запушалка, тапа.

tampon ['tæmpən] **I.** *n* тампон; **II.** *v* слагам тампон(и).

tan [tæn] **I.** *n* **1.** щава, дъбилно вещество; **2.** дъбилни кори след използването им; **3.** светлокафяв (жълтеникавокафяв) цвят; **II.** *v* **1.** щавя; дъбя; **2.** загарям, обгарям (*от слънцето*); **3.** *sl* бия, налагам, пердаша; **III.** *adj* светлокафяв, жълтеникавокафяв, ръждивокафяв.

tandem ['tændəm] **I.** *adv* впрегнати един зад друг; **to drive ~** карам кола с два коня, впрегнати един зад друг; **II.** *n* **1.** два коня, впрегнати един зад друг; кола с така впрегнати коне; **2.** тандем, двойка; *разг.* комбина (*велосипед за двама*); *attr* за двама (*за велосипед*); **3.** *тех.* тандем, тендем; **III.** *adj* който е съединен последователно; • **in ~** в тандем, в екип, заедно.

tang₁ [tæŋ] **I.** *n* **1.** опашка (*на пила и пр., за която се закрепва дръжката*); **2.** остър вкус или миризма; дъх, лъх; **~ of the soil, native ~** дъх на земя; **3.** характерна черта, особеност; *прен.* нотка, оттенък, отсянка; **a ~ of irony** нотка на ирония; **II.** *v* правя (слагам) заострен край на нож и пр., който да влезе в (за който да се закрепи) дръжката.

tang₂ *n* вид морско водорасло.

Tangerine [,tændʒə'ri:n] **I.** *adj* *геогр.* от Танжер, танжерски; **II.** *n* **1.** жител на Танжер, танжерец; **2.** (**t.**) мандарина (*плод*); **3.** оранжев цвят.

tangibility [,tændʒi'biliti] *n* **1.** осезаемост, доловимост, видимост, осезателност; **2.** реалност, материалност.

tangle [tæŋgəl] **I.** *n* **1.** объркано (заплетено) кълбо, възел; **a ~ of woods** гъсти, непристъпни, непроходими гори; **2.** бъркотия, неразбория; бърканица; заплетеност, забърканост; **to be ~d** (*и* **to be ~s**) намирам се в заплетена ситуация; **to be in a ~** забъркан съм; **3.** драга (*за вадене на водорасли, за изследване на морското дъно и пр.*); **II.** *v* **1.** забърквам (се), обърквам (се), заплитам (се), оплитам (се) (*и прен.*) (*и с* **up**); усложнявам; **2.** *прен.* заплитам, оплитам, хващам (*някого*).

tango ['tæŋgou] **I.** *n* танго; **II.** *v* танцувам танго.

tangram ['tæŋgræm] *n* китайска игра за сглобяване на различни изрязани фигури.

tangy ['tæŋgi] *adj* с остър вкус (миризма, дъх).

tank [tæŋk] **I.** *n* **1.** цистерна, щерна, резервоар; **2.** изкуствен водоем, водохранилище (*в Индия*); **3.** *воен.* танк; *attr* танков; **~ destroyer** самоходно противотанково оръдие; **II.** *v* (*обикн.* **~ up**) пълня резервоара си (*за кораб и пр.*), съхранявам в резервоар; *sl* пийвам, наливам се.

tankage ['tæŋkidʒ] *n* **1.** събиране на вода и пр. в резервоар; **2.** такса за събиране на вода; **3.** вместимост на резервоар.

tankard ['tæŋkəd] *n* половница, халба, голяма чаша; **cold (cool) ~** разхладителна напитка (*от вино, вода и лимонов сок*).

tanker ['tæŋkə] *n* танкер, кораб цистерна.

tannage ['tænidʒ] *n* щавене.

tannate ['tæneit] *n* сол на таниновата киселина.

tanner ['tænə] *n* кожар, кожухар.

tannery ['tænəri] *n* работилница за щавене на кожи; табакхана.

tannic ['tænik] *adj* танинов.

tantalic ['tæntəlik] *adj* танталов.

tantalize ['tæntəlaiz] *v* измъчвам, "надявам се", мамя се с лъжливи надежди; подлагам на танталови мъки.

tantalus ['tæntələs] *n* **1.** поставка за шишета със спиртни напитки с преграда, която се заключва; **2.** *зоол.* вид северноамерикански щъркел.

tap$_1$ [tæp] **I.** *n* **1.** кран; **wine (beer) on ~** наливно вино (бира); **2.** сорт, марка (*вино и пр.*); **II.** *v* (**-pp-**) **1.** слагам кран (на); пробивам (*бъчва и пр.*); **to ~ wine** точа вино; **2.** пробивам, правя пункция на, вадя (*течност*) чрез пункция; **3.** *sl* заемам (измъквам, изпросвам, изкрънквам) пари (от).

tap$_2$ **I.** *v* (**-pp-**) **1.** почуквам; потропвам; потупвам; похлопвам; **to ~ on (at) a door** почуквам (потропвам) на врата; **2.** слагам капаче (*на ток и пр.*); **II.** *n* **1.** почукване; потропване; потупване; **2.** *воен. pl* сигнал за гасене на лампите в казарма; сигнал за обед в столова; сигнал за прекратяване на огъня, отбой; **3.** капаче на ток, подметка и пр.

tap-dance, -dancing ['tæpda:ns, -da:nsiŋ] *n* танц с ритмично тракане на токовете.

tap-dancer ['tæp,da:nsə] *n* танцьор.

tape [teip] **I.** *n* **1.** лента, ширит; **red ~** *прен.* бюрокрация; **2.** *спорт* лента на финал; **3.** телеграфна лента; рулетка; мерна лента; **(adhesive ~)** лепенка; **II.** *v* **1.** връзвам с лента; подшивам (облепвам) с лента (ширит); **2.** подшивам, подлепвам (*кòли на книга*); **3.** измервам с рулетка; **to have someone ~d** *sl* преценявам някого, виждам колко струва (*някой*).

taper ['teipə] **I.** *n* **1.** тънка свещ, свещица; **2.** *поет.* светлинка; **3.** конус, конична форма; **II.** *adj* **1.** *поет.* изострен, заострен, *прен.* напрегнат; **2.** скосен, наклонен; **III.** *v* **1.** изострям (се), заострям (се) (**off, away, down**); заострен съм; **2.** изпилявам на конус, обработвам на конус (**off**).

tapestry ['tæpistri] *n* гоблен; декоративна тъкан, която имитира гоблен.

tapioca [,tæpi'oukə] *n* тапиока, хранителен продукт, приготвян от растението маниока.

tap-off ['tæp'ɔf] *n* разклонение, отклонение.

tappet ['tæpit] *n тех.* **1.** гърбица, палец; ексцентрик; повдигач на клапан; **2.** съединител (муфа, спряг) на чукало; **3.** шийка на мотовилка.

tar [ta:] **I.** *n* **1.** катран, смола; **a touch of the ~ brush** негърска жилка; **2.** *разг.* моряк (*обикн.* **a jolly ~, an old ~**); **II.** *v* (**-rr-**) насмолявам, мажа (намазвам) със смола (катран), катраносвам; **~red with the same brush** същата стока, от един дол дренки.

tardigrade ['ta:digreid] *зоол.* **I.** *adj*

бавен, муден, ленив, мързелив; бавнопридвижващ се; **II.** *n* лениво, мързеливо животно; ленивец.

targe [ta:dʒ] *n* малък кръгъл щит.

target ['ta:git] *n* **1.** цел, мишена; прицел, обект (**for**); **2.** план; запланиран резултат; **~ figures** цифри по плана; **3.** *истор.* щит.

tariff ['tærif] **I.** *n* **1.** тарифа (*за мита, превоз и пр.*); **~ reform** (протекционна) митническа реформа; **2.** разценка, ценоразпис; **II.** *v* **1.** включвам в (митническа) тарифа; **2.** оценявам.

tarnishable ['ta:niʃəbəl] *adj* който лесно потъмнява.

tarnished ['ta:niʃt] *adj* опетнен (*за репутация, име, пр.*).

tarpaulin [ta:'pɔ:lin] *n* **1.** (насмолен) брезент; мушама; **2.** моряшка мушамена дреха или шапка; **3.** *остар.* моряк, матрос.

tarpon ['ta:pɔn] *n* *зоол.* голяма морска риба от рода на херингите.

tarred [ta:d] *adj* насмолен, импрегниран с катран.

tarring ['ta:riŋ] *n* насмоляване, импрегниране с катран.

tarry₁ [ta:ri] *adj* катранист, накатранен, смолист; *прен.* черен, тъмен; насмолен.

tarry₂ ['tæri] **I.** *v* *книж.* **1.** бавя се, закъснявам; забавям (се); **2.** стоя (**at, in**); **3.** *рядко* чакам (**for**); очаквам, дочаквам; **II.** *n* **1.** задръжка (пауза) в края на ход (*напр. на маса на шлифовъчна машина*); **2.** шлифоване без напречно подаване.

tarsus ['ta:səs] *n* (*pl* -i [-ai]) **1.** *анат.* глезен; **2.** *зоол.* пищял на птица; крайният член на насекомо или на членестоного; **3.** съединителна тъкан в клепача.

tart₁ [ta:t] *adj* **1.** кисел; тръпчив; **2.** хаплив, язвителен, рязък.

tart₂ *n* **1.** сладкиш (баница) с плодове (мармалад), флан (*и* **open ~**); **2.** = **pie₂** (*с плодове*); **3.** *sl* проститутка.

tartan₁ ['ta:tən] *n* **1.** кариран вълнен плат (*особ. на шотландски носии*); **2.** *рядко* шотландец (от планинските области).

tartan₂ *n* едномачтов средиземноморски кораб.

tartar ['ta:tə] *n* **1.** винен камък; тригия; **2.** зъбен камък.

Tartar ['ta:tə] **I.** *n* **1.** татарин; **2.** див, буен, невъздържан човек; човек с необуздан нрав; човек, който ни се води, ни се кара; фурия; **young ~** трудно, капризно дете; **II.** *adj* татарски; **~ sauce** (*и* **cream of ~**) сос тартар.

Tartarean [ta:'teəriən] *adj* адски, пъклен.

Tartarian [ta:'teəriən] *adj* татарски, *прен.* див, необуздан (*за характер*).

task [ta:sk] **I.** *n* **1.** работа, задача; урок, домашна работа; **to take someone to ~ for (doing) something** *прен.* дръпвам някому ушите, нахоквам, държа някого отговорен за (че е направил) нещо; **2.** *амер.* норма (*на работник*); **II.** *v* **1.** (за)давам (някому) работа, възлагам работа; **2.** поставям на изпитание; **3.** изпробвам, проверявам.

task force ['ta:sk,fɔ:s] *n* отред със специална задача (с особено назначение).

taskmaster ['ta:skma:stə] *n* строг (неотстъпчив, непреклонен; взискателен) учител (*и* **severe ~**); човек, който възлага работа на други; надзирател на работници.

Tasmania [tæz'meiniə] *n* Тасмания.

Tasmanian [tæz'meiniən] **I.** *adj* тасмански; **~ devil** тасманийски (торбест) дявол, месоядно двуутробно животно *Dasyurus ursinus*;

II. *n* тасманиец, тасманийка.

tassel [tæsəl] **I.** *n* **1.** пискюл, ресни, конци, завързани на снопче; **2.** лентичка, прикачена на книга, за отбелязване докъде е четено; разпределител; **3.** *бот.* брада, коса (*на царевица и пр.*); **II.** *v* (-**ll**-) **1.** украсявам с пискюл(и); **2.** отрязвам брадата на царевица.

taste [teist] **I.** *v* **1.** опитвам (на вкус), вкусвам; *прен.* вкусвам, изпитвам, опитвам; **to ~** (*остар.* **of**) **happiness etc.** вкусвам щастието и пр.; **2.** дегустатор съм; **3.** усещам вкус (на); имам вкус (на), докарвам (на); **II.** *n* **1.** вкус; **to leave a bad ~ in the mouth** оставям неприятен вкус в устата; *прен.* оставям неприятно впечатление; **2.** вкус; склонност; пристрастие; **3.** проба, нещо за опитване; късче, хапка; глътка.

tasteless [ˈteistlis] *adj* **1.** безвкусен; с лош вкус; **2.** нетактичен, нелеп; **3.** *рядко* който е изгубил вкусовите си възприятия.

tasty [ˈteisti] *adj* **1.** вкусен; приятен; **2.** *грубо* елегантен, привлекателен; с вкус.

tat$_1$ [tæt] *v* (-**tt**-) плета дантела със совалка.

tat$_2$ *n* грубо индийско платно.

tat$_3$ [tæt] *n англ., разг.* евтини дрънкулки.

tatter [ˈtætə] *n* **1.** *обикн. pl* дрипа, парцал; **his coat was (hanging) in ~s** палтото му беше цялото в дрипи, окъсано; **2.** дрипльо, голтак, бедняк, парцалан.

tattle [tætl] **I.** *v* клюкарствам, сплетнича; бърборя, дрънкам; одумвам, пресъждам; **II.** *n* (*и* **tittle-tattle**) клюки, сплетни; бърборене, дрънкане.

tattler [ˈtætlə] *n* бърборко; дърдорко; сплетник, клюкар.

tattoo$_1$ [tæˈtu:] **I.** *n* **1.** сигнал за вечерна заря (*с барабан или тръба*); **2.** вечерна заря; **3.** барабанене с пръсти; тропане; **to beat the devil's ~** барабаня с пръсти; **II.** *v* **1.** свиря вечерна заря; **2.** барабаня с пръсти; тропам в такт с ръка или крак.

tattoo$_2$ **I.** *v* татуирам; **II.** *n* татуировка.

tatty [ˈtæti] *adj* мръсен, разхвърлян, занемарен.

tau [tɔ:] *n* **1.** гръцката буква тау; **~ cross** кръст във форма на т; **2.** вид риба с петна във форма на т.

taught *вж* **teach**.

taunt$_1$ [tɔ:nt] **I.** *v* подигравам се на, присмивам се на, надсмивам се над (**with** за), *книж.* иронизирам; **II.** *n* **1.** презрителна насмешка, ирония, подигравка; язвителна забележка; **2.** предмет на насмешка (подигравка).

taunt$_2$ *мор.* **I.** *adj* (много) висок (*за мачта*); **II.** *adv* с всички въжета, рейки и платна.

Taurus [ˈtɔ:rəs] *n* телец (*съзвездие и знак на Зодиака*).

tauten [tɔ:tn] *v* опвам (се), опъвам (се), изпъвам (се).

tautness [ˈtɔ:tnis] *n* степен на опъване, обтягане.

tavern [ˈtævən] *n* кръчма, бар, таверна, *нар.* механа.

taw$_1$ [tɔ:] *v* обработвам кожа (*без дъбилно вещество*).

taw$_2$ *n* **1.** линия, от която се хвърлят топчета при игра; **2.** игра на топчета; **3.** стъклено топче за игра.

tawdry [ˈtɔ:dri] **I.** *adj* безвкусен, евтин, незначителен, кичозен, крещящ (*за облекло*); **II.** *n* евтини безвкусици, безвкусни, кичозни украшения.

tax [tæks] **I.** *v* **1.** облагам с данък; *юрид.* определям разноските (*по процес и пр.*); **2.** подлагам на изпитание, изисквам много (от); преуморявам; **3.** искам, вземам (*цена*);

II. *n* **1.** данък; налог; **to lay (levy) a ~ on something** облагам нещо с данък; **2.** товар, бреме; изпитание.

taxation [tæ'kseiʃən] *n* облагане с данъци; данъци и такси; размер (сума) на налога.

taxi ['tæksi] **I.** *n* таксѝ (*и* **~ cab**); **II.** *v* **1.** пътувам (отивам) с такси; **2.** *ав.* движа се по земята или водата (*за самолет*), рулирам.

tea [ti:] **I.** *n* **1.** чай; **afternoon (5 o'clock) ~** следобеден чай; **2.** силен бульон, настойка, отвара; • **it's not my cup of ~** не е по моя вкус; **II.** *v* **1.** пия чай; **2.** черпя с чай.

teach [ti:tʃ] *v* (**taught** [tɔ:t]) уча, обучавам, давам уроци; научавам; преподавам; **to ~ someone a lesson** давам някому (добър) урок!

teachable ['ti:tʃəbəl] *adj* **1.** схватлив, възприемчив, интелигентен, податлив на обучение, прилежен; **2.** който (лесно) се усвоява, достъпен (*за учебен предмет*).

teacher ['ti:tʃə] *n* учител, -ка, преподавател, -ка; **~ of history, history ~** учител по история.

team [ti:m] **I.** *n* **1.** впряг; **2.** тим, отбор, екип; екипаж (*на плавателен съд*); **~ spirit** дух на колективизъм; **3.** бригада (*работници, артел*); **II.** *v* **1.** впрягам заедно; **2.** обединявам в бригада, група, отбор и др.; **3.** : **to ~ up with** *разг.* обединявам се с.

teammate ['ti:mmeit] *n* (*и* **team-mate**) играч от същия отбор, съотборник; работник от същата бригада.

teamster ['ti:mstə] *n* **1.** кочияш, който кара впряг; **2.** животно от впряг; **3.** *ам.* шофьор на камион.

teapot ['ti:pɔt] *n* съд за запарване на чай.

tear$_1$ [teə] *v* (**tore** [tɔ:], **torn** [tɔ:n]) **1.** късам (се), скъсвам (се), разкъсвам (се), раздирам (се), откъсвам (се), съдирам (се); **to ~ in half (in two)** скъсвам на две; **2.** устремявам се, втурвам се, тичам, летя, нося се (*с разл. предлози и наречия* — **down, along, into, out of** *и пр.*); **3.** *прен.* късам се, раздирам се; колебая се между (*за чувства, мисли и пр.*).

tear$_2$ [tiə] *n* **1.** сълза; **in ~s** разплакан, облян в сълзи; **2.** капка (*роса и др.*).

tear-gas ['tiə,gæs] *n* сълзотворен газ.

tear-proof ['tɛəpru:f] *adj* издръжлив, устойчив на късане.

tea-room ['ti:,rum] *n* малък ресторант, където се сервира чай, кафе и пр.; кафе-сладкарница, *разг.* кафене, кафе.

tease [ti:z] **I.** *v* **1.** чепкам, разчепквам, нищя, разнищвам; **2.** кардирам; **3.** дразня, закачам; дотягам, омръзвам; **II.** *n* **1.** човек, който обича да дразни, закача; **2.** закачка; шега; **it was meant only for a ~** това беше само на шега.

teaspoon ['ti:spu:n] *n* лъжичка за чай.

technic ['teknik] **I.** *adj* = **technical**; **II.** *n* **1.** = **technique**; **2.** *pl* (*обикн.* = *sing*) технология; техника, технически науки; **3.** *pl* техническа терминология; технически подробности.

technical ['teknikl] **I.** *adj* **1.** технически; **~ hitch** техническа повреда; **2.** *юрид.* формален; **II.** *n pl* **1.** специална терминология; техническа терминология; **2.** технически подробности.

techy, tetchy ['tetʃi] *adj* раздразнителен, обидчив, докачлив.

technique [tek'ni:k] *n изк.* техника, технически похвати; метод.

tecnology [tek'nɔlədʒi] *n* наука за развитието на детето.

teddy bear ['tedi,beə] *n* мече (*дет-*

ска играчка).

teddy boy ['tedi,bɔi] *n* суинг, конте, теди бой.

tedious ['ti:diəs] *adj* скучен, досаден, тягостен, безинтересен; еднообразен, един и същ, монотонен, изморителен; ◇ *adv* **tediously**.

teenager, teen ['ti:neidʒə, ti:n] *n* юноша, младеж, девойка (*от 13 до 19 г.*), тийнейджър.

teens [ti:nz] *pl* възраст между 13 и 19 години (включително); **to be still in one's ~** нямам още 20 години.

teeth *вж* **tooth I**.

telegram ['teligræm] *n* телеграма.

telegraph ['teligra:f] **I.** *n* телеграф; **by ~** телеграфически; *attr* телеграфен, телеграфически; **II.** *v* **1.** телеграфирам; изпращам телеграфически; извиквам телеграфически (**for**); **2.** *рядко* сигнализирам; *прен.* давам знак, съобщавам със знаци.

telephone ['telifoun] **I.** *n* телефон; **~ set** телефонен апарат; **II.** *v* телефонирам, съобщавам (предавам) по телефона, говоря по телефона.

telescope ['teliskoup] **I.** *n* телескоп, далекоглед; **II.** *v* **1.** свивам (се), сгъвам (се) (*като една част влиза в друга*); **2.** сплесквам се, връхлитам, врязвам се един в друг (*за влакове и пр.*); **3.** сбивам, стягам, съкращавам (*текст, разказ и пр.*).

teletype, *амер.* **teletypewriter** ['telitaip, -raitə] *n* телетип, телепринтер.

television ['teli'viʒən] *n* **1.** телевизия; **2.** *attr* телевизионен.

tell [tel] *v* (**told** [tould]) **1.** разказвам, разправям (**someone something** някому нещо; **about something** за нещо); **to hear ~ of** чувам да се говори (разказва) за; **2.** казвам, говоря; **3.** казвам, указвам, показвам, обяснявам, посочвам.

temper ['tempə] **I.** *v* **1.** регулирам, темперирам, смекчавам, правя поумерен (по-мек, по-слаб) (*чрез размесване с нещо друго*); **to ~ justice with mercy** смекчавам правосъдието с милост, прилагам не само правосъдие, но и милост; **2.** калявам (*метал*); калявам се (*и прен.*), достигам до състояние на закаленост (*за метал*); **3.** приготвям смес, омесвам (*глина и пр. с вода*), за да може да се обработва; ставам мек и гъвкав; **II.** *n* **1.** *метал.* закалка; съдържание на въглерод; **2.** годност за обработване (*на глина и пр.*); **3.** нрав, характер, природа; **a man of stubborn (fiery etc.) ~** човек с упорит (буен и пр.) нрав, упорит (пламенен и пр.) човек.

temperature ['temprətʃə] *n* температура; степен на нагряване; *разг.* повишена температура; **to take someone's ~** измервам температурата на някого.

template = **templet**.

temple$_1$ [templ] *n* **1.** храм; **2. (the T.)** лондонско адвокатско сдружение и сградата, в която се помещава; (**the Inner and the Middle T.**); **3. (T.)** църква на тамплиерите в Лондон.

temple$_2$ *n анат.* сляпо око, слепоочие.

temple$_3$ *n техн.* широкодържател, разпънка, чампар.

templet ['templit] *n техн.* **1.** шаблон; **2.** подпорна греда на трегер; **3.** клин под подпора на кил на строящ се кораб.

tempo ['tempou] *n муз.* темпо, темп (*и прен.*); ритъм (*на живот и пр.*).

temporary ['tempərəri] **I.** *adj* временен; нетраен; преходен; **II.** *n* временен (сезонен) работник.

temptation [temp'teiʃən] *n* изкушение, съблазън; **to throw (put) ~ in**

someone's way изкушавам някого.

ten [ten] **I.** *num* десет; **~ to one** по всяка вероятност, 90 на сто; **II.** *n* **1.** десеторка, десетица, десетка; **2.** *авт., разг.* кола с десет конски сили; **3.** *разг.* десетдоларова банкнота.

tenant ['tenənt] **I.** *n* **1.** наемател, арендатор; квартирант; временен собственик; **~ farmer** земеделец арендатор; **2.** *прен.* обитател, жител; **3.** *юрид.* владелец (*на къща, земя*); собственик на недвижим имот; **II.** *v* наемам; живея (под наем) (в); държа под наем (*главно в pp*); **a house ~ed by workmen** къща, в която живеят (под наем) работници.

tendency ['tendənsi] **I.** *n* склонност, наклонност, стремеж, тенденция (**to**); **a ~ to corpulence** склонност към напълняване; **II.** *adj* тенденциозен.

tender₁ ['tendə] *n* **1.** човек (болногледач, бавач), който се грижи за болни, деца и пр.; **2.** малък кораб, който придружава по-голям и го снабдява с гориво и пр.; плаваща база; **3.** *жп* тендер.

tender₂ **I.** *v* **1.** предлагам, предоставям (*сума и пр.*); правя оферта; **2.** изказвам, изразявам, поднасям (*благодарност, извинение и пр.*); **3.** (по)давам (*оставка*); **II.** *n* **1.** (официално) предложение; оферта; **2.** сума (*внесена срещу дълг*); *юрид.* законно платежно средство (*и* **legal ~**).

tennis ['tenis] *n* тенис; **a ~ ball (racket)** топка (ракета) за тенис.

tenor₁ ['tenə] *n* **1.** ход; насока, направление, посока, течение, начин (*на живот*); **2.** смисъл, значение, съдържание; тенденция; *юрид.* точно копие, дубликат.

tenor₂ *n* тенор; партия на тенор; **~ violin** виола.

tension ['tenʃən] *n* **1.** обтягане, разтягане, опъване, изпъване; **2.** изпънатост, изопнатост; **3.** напрежение; напрегнатост, напрегнато състояние; изопнатост (*на нерви и пр.*).

tent₁ [tent] **I.** *n* палатка; шатър; тента; **~ coat** палто (рокля) с много широка кройка; **II.** *v рядко* **1.** покривам с палатка (палатки); **a ~ed field** поле, покрито с палатки (шатри); **2.** живея на палатка.

tent₂ **I.** *n* тампон; **II.** *v* поставям тампон; разширявам с тампон.

tent₃ *n* слабо и сладко червено испанско вино, често използвано за причастие.

tenth [tenθ] **I.** *adj* десети; **II.** *n* десета част, десетина.

term [tə:m] **I.** *n* **1.** срок, период; **a ~ of ten years** (период от) десет години; **2.** платежен срок, ден за плащане (*обикн. на 3 месеца*); **3.** семестър, срок; **II.** *v* наричам, назовавам; определям като; изразявам.

terminal ['tə:minl] **I.** *adj* **1.** разположен накрая, краен; заключителен; терминален; пограничен; **2.** платим на известен срок; периодичен; **3.** семестриален; **II.** *n* **1.** *архит.* украса на края на фигура; **2.** последна гара (станция, пункт, спирка); **3.** семестриален изпит, изпит в края на срок.

termination [,tə:mi'neiʃən] *n* **1.** завършване, свършване; прекратяване; **2.** завършек, край; крайна точка; предел; изход, резултат; **3.** *език.* окончание.

terrible ['terəbl] *adj* внушаващ ужас; ужасен, страшен.

terrify ['terifai] *v* вселявам (всявам) ужас; ужасявам; сплашвам; **to be terrified of** ужасно ме е страх от.

territory ['teritəri] *n* **1.** територия, област (*и прен.*), земя; **2.** зависима област (територия); *амер.* територия, област, която няма още правата на щат или провинция.

terror ['terə] *n* **1.** ужас, страх; **to go in ~ of someone** *разг.* умирам от страх от някого; **2.** терор; **The Reign of T.** терорът през Френската революция; **3.** човек или нещо, което вдъхва ужас.

test$_1$ [test] **I.** *n* **1.** изпитание; изпит; класна (контролна) работа; тест; **to put to the ~** подлагам на изпитание; **2.** проверка, проба; изследване; анализ; **3.** мерило, критерий; **II.** *v* **1.** подхвърлям (подлагам) на изпитание; изпитвам, проверявам; **2.** *хим.* анализирам с реактив; подлагам на действието на реактив; **3.** *метал.* купелувам.

test$_2$ *n зоол.* черупка, броня.

testament ['testəmənt] *n* **1.** *юрид.* тестамент, завещание (*и* **last will and ~**); **2.** *рел.* завет (*обикн.* Новият завет); **the New (the Old) T.** Новият (Старият, Ветхият) завет.

testicle ['testikl] *n анат.* тестикул, тестис.

testify ['testifai] *v* **1.** давам показания, свидетелствам; потвърждавам (**to**); **to ~ against** отричам; свидетелствам срещу; **2.** заявявам, потвърждавам (тържествено или под клетва); **3.** показвам, доказвам, свидетелствам (за).

testis ['testis] *n* (*pl* **-tes** [-ti:z]) *анат.* тестис.

text [tekst] *n* **1.** текст; **2.** цитат от Библията (*често като тема на проповед*); тема (*на реч, проповед*); **to stick to one's ~** не се отклонявам от темата; **3.** едър кръгъл почерк (*и* **~-hand**).

text-book, textbook *n* ['tekstbuk] учебник, ръководство.

textile ['tekstail] **I.** *adj* текстилен; тъкачен; **II.** *n* тъкан; *обикн. pl* текстил(ни изделия).

Thames [temz] *n* **: the ~** р. Темза.

than [ðæn, ðən] *cj* от(колкото) (*със сравн. ст.*); **he is taller ~ I am** той е по-висок от мен.

thank [θæŋk] **I.** *n само в pl* благодарност(и); **~s be to God** благодаря на Бога, слава Богу; **II.** *v* благодаря; благодарен съм; **~ God (goodness, heaven(s)** слава Богу.

thankful ['θæŋkful] *adj* благодарен, признателен.

thanksgiving ['θæŋsgiviŋ] *n* **1.** благодарност; **2.** благодарствен молебен (жертвоприношение); **3. (T.)** Ден на благодарността, официален празник в САЩ в памет на първите колонизатори в Масачусетс (*последният четвъртък на ноември*) (*и* **T. Day**).

that I. *pron dem* [ðæt] (*pl* **those** [ðouz]) **1.** този; онзи; **(is) ~ you?** ти ли си? **2.** *замества същ., за да избегне повторение*; **3.** *с ударение*: **at ~** при това, и то; **they're fine fellows! II.** *pron relat* [ðət] който, когото (*с ограничаващо значение; предлогът стои винаги на края на изречението*); **the man ~ we are speaking about** човекът, за когото говорим; **III.** *adv разг., шег.* толкова, така, тъй, до такава степен; **I can't walk ~ far** не мога да вървя толкова далеч; **IV.** *cj* **1.** че; **2.** за да (*и* **so ~, in order ~**); та да; че да; **3.** да (*във възкл. изреч. за желание, съжаление и пр.*)!

thaw [θɔ:] **I.** *v* **1.** топя (се), разтопявам (се); размразявам (се) (*и с* **out**); **2.** *разг.* затоплям се, позатоплям се (*за човек*); **3.** отпускам се, ставам по-приветлив, по-дружелюбен; **II.** *n* топене; размразяване; затопляне (*и в отношенията*).

the [ðə *пред съгласна*; ði *пред гласна*; ði: *под ударение*] **I.** *article* **1.** *с определително значение* **~ man we spoke about** човекът, за когото говорихме; **2.** *с родово значение* ~ **bat is a mammal** прилепът е бозайник; **3.** *с редни числ. и превъзх. ст.* **Edward ~ Seventh** Едуард Седми; **II.** *adv със сравн. ст.*: **it will be ~ easier for you as you are younger** ще ти бъде (още) по-лесно, защото си по-млад.

theatre (*амер.* **theater**) ['θiətə] *n* **1.** театър; **to go to the ~** ходя (отивам) на театър; **2.** драматургия; драма; сценично изкуство; **3.** амфитеатрална аудитория.

theft [θeft] *n* кражба; *остар.* откраднати вещи.

their [ðeə] *pron poss атрибутивна форма* техен.

theirs [ðeəz] *pron poss самост. форма* техен; **that is ~** онова е тяхно.

them [ðem, ðəm, ðm] *pron pers* (*косвен падеж от* **they**) тях, ги.

theme [θi:m] *n* **1.** тема; предмет (*и муз.*); **~ song** *муз.* тема (*на филм, пиеса и пр.*); **2.** *език.* основа; **3.** *амер.* съчинение по зададена тема.

themselves [ðəm'selvz] *pron* **1.** *refl* се, себе си; **they enjoyed ~** те се забавляваха; **2.** *емфатично* самите те, те самите, те лично, сами.

then [ðen] **I.** *adv* **1.** тогава, по това (онова) време; в този (онзи) случай; **there and ~** в същия момент, в момента; на място; **2.** после, тогава; след това; **II.** *cj* **1.** освен това, също, а и; **I havent't the time, and ~ it isn't my business** нямам време, а и (пък и) не е моя работа; **2.** значи; в такъв случай, тогава; • **now ~** *изразява недоволство, предупреждение*; **III.** *adj* тогавашен.

theology [θi'ɔlədʒi] *n* теология, богословие.

theorem ['θiərem] *n* теорема.

theory ['θiəri] *n* **1.** теория; **~ of music** теория на музиката; **2.** *разг.* теория, мнение, предположение.

there [ðeə] **I.** *adv* **1.** там; **here and ~** тук-там; **2.** (*с гл.*): **to be ~** *безл.* има; **3.** *с други глаголи не се превежда, а заема мястото на подлога*: **~ comes a time when** идва време, когато; **II.** *int* **1.** ето (на) вземи! **~ now!** ето ти на! **2.** : **~!** хайде, хайде (*успокоително*); **3.** : **so ~!** пък на! на пък!

therefore ['ðeəfɔ:] *adv* следователно, затова.

thermometer [θə'mɔmitə] *n* термометър, топломер.

thermo-nuclear ['θə:mou'nju:kliə] *adj* термоядрен; **~ weapon** термоядрено оръжие.

these *вж* **this**.

thesis ['θi:sis] *n* (*pl* **theses** ['θi:si:z]) **1.** теза; тезис; положение; тема (*на съчинение, очерк*); **2.** теза, дисертация; **3.** *проз.* неударена сричка в стъпка.

they [ðei] *pron pers* те; **~ who** тези, които.

thick [θik] **I.** *adj* **1.** дебел; черен (*за шрифт*); **an inch ~** дебел един цол; **2.** гъст, плътен, сбит, чест, рунтав; гъст, буен (*за коса*); **3.** изобилен; чест; **II.** *n* **1.** най-гъстата част; **in the ~ of the wood** сред (вдън) гората; **2.** *уч. sl* тъпак; **III.** *adv* **1.** дебело; **to lay it on ~** преувеличавам, прекалявам; лаская; правя комплименти; **2.** гъсто, често, обилно, силно; **3.** неясно; с преплитащ се език; с пресипнал глас; • **~ and fast** много често, едно след друго.

thief [θi:f] *n* (*pl* **thieves** ['θi:vz]) **1.** крадец; **there is honour among thieves** гарван гарвану око не вади; **2.** щръкнал фитил на свещ; нагоряла част от фитил.

thigh [θai] *n* бедро.

thimble [θimbl] *n* **1.** напръстник; **2.** метален край, капаче; накрайник; *техн.* съединител, муфа, спряг, втулка; **3.** *мор.* метален пръстен (*за предпазване на въже от търкане*); **~-pie** удряне с напръстник по главата (*за наказание*).

thin [θin] **I.** *adj* **1.** тънък, тъничък; **to wear ~** изтънявам, изтърквам се; **2.** слаб, слабичък, мършав, мършавичък; **3.** слаб, рядък, разводнен, воднист; • **~ on top** плешив, оплешивяващ; **II.** *v* (**-nn-**) **1.** тънея, изтънявам, слабея, отслабвам; **2.** редея, оредявам, намалявам; опустявам; **3.** намалявам (*броя на*); разредявам, разреждам, прореждам, размивам, разводнявам.

thing [θiŋ] *n* **1.** нещо, предмет, вещ; **2.** *pl* вещи, принадлежности, багаж; дрехи, облекло; **~s personal** *юрид.* движима собственост, движимости; **3.** *pl* сечива, инструменти.

think [θiŋk] *v* (**thought** [θɔ:t]) **1.** мисля, на мнение съм; помислям; замислям се (**over**); **I ~ so** да, имаш право; **2.** мисля, смятам, считам, предполагам; **3.** представям си, въобразявам си; мечтая.

third [θə:d] **I.** *num ord* трети; **~ person** *език.* трето лице; *юрид.* трето лице, свидетел; **II.** *n* **1.** (една) трета; третина; **one-~** една трета; **2.** *муз.* терца.

thirst [θə:st] **I.** *n* жажда (*и прен.* **for, after**); **to slake (quench, satisfy) one's ~** утолявам жаждата си; **II.** *v* жаден съм, искам да пия; *обикн. прен.* жадувам, копнея (**for, after**).

thirsty ['θə:sti] *adj* **1.** жаден, измъчван от жажда; който обича да пие; **a ~ customer (fish)** смукач, къркач; **2.** *разг.* който предизвиква жажда (кара на пиене); **3.** изсъхнал, изгорял (*за земя*), сух (*за годишно време*).

thirteen ['θə:'ti:n] *num* тринадесет.

thirteenth ['θə:'ti:nθ] **I.** *adj* тринадесети; **II.** *n* тринадесета (част).

thirty [θəð:ti] *num* тридесет; **the thirties** тридесетте години; **~-second note** *муз., амер.* тридесетивторинка.

this [ðis] *adj, pron demonstr* (*pl* **these** [ði:z]) тоя, този (*за означаване на нещо, по-близко по отношение на място или време*); **~ one** (ей) тоя.

thorn [θɔ:n] *n* **1.** шип, трън, бодил; **a ~ in someone's side (in the flesh of)** трън в очите на; **2.** трън, трънка, драка; глог; **3.** името на староанглийска и исландска буква, съответстваща на **th**.

thorough ['θʌrə] **I.** *prep, adv остар.* = **through**; **II.** *adj* цял, пълен, съвършен, истински; коренен, основен, радикален, дълбок; щателен, грижлив, усърден, старателен, акуратен, задълбочен; **his work is seldom ~** работата му е рядко задълбочена.

thoroughfare ['θʌrəfeə] *n* **1.** проход, съобщителен път; право на преминаване; **no ~** улицата е затворена (*надпис*); **2.** оживена улица, артерия.

those *вж* **that I**.

though [ðou] **I.** *cj* **1.** макар че, макар и да, ако и да, при все че, въпреки че; **2.** дори и да, макар и да (*и* **even ~**); **II.** *adv разг.* все пак, въпреки това, обаче; **he did not come ~** той обаче не дойде.

thought[1] [θɔ:t] *n* **1.** мисъл, мислене; размисъл, размишление; **as quick as ~** в миг; **2.** начин на мислене, манталитет; **3.** идея.

thought[2] *вж* **think I**.

thousand ['θauzənd] *num, n* **1.** хиляда; **one in a ~** един на хиляда; *прен.* изключителен, чудесен; **2.** множество; маса.

thousandth ['θauzəndθ] **I.** *adj* хиляден; **II.** *n* хилядна (част).

thrash [θræʃ] *v* **1.** бия, бъхтя, удрям, тупам, шибам; **to ~ someone within an inch of his life** пребивам, смазвам, съсипвам някого от бой; **2.** *разг.* бия, надминавам; надвивам, побеждавам (*при борба, състезание*); **3.** (*обикн.* **thresh**) вършея, овършавам.

thread [θred] **I.** *n* **1.** конец, нишка (*и прен.*); **gold ~** сърмен конец; **2.** тънък лъч; **3.** *техн.* нарез, резба; **II.** *v* **1.** нанизвам, вдявам (*игла*); нанизвам (*мъниста и пр.*); **to ~ a needle** нанизвам игла; **2.** провирам се, промъквам се (през); **3.** прошарвам (*коса*).

threat [θret] *n* заплаха (**to**); **~ of rain** признаци на дъжд; кани се да вали.

threaten [θretn] *v* заплашвам, застрашавам (**with, to,** *с inf*); заплашвам (застрашавам) с; заканвам се; предвещавам; **he ~ed me with death (death to me)** той се закани, че ще ме удари.

three [θri:] **I.** *num* три; **~ times ~** три по три; деветократно ура; **II.** *n* тройка (*карта за игра*), три точки (*на зар*); трети номер (размер).

threepence [ˈθrepəns, ˈθripəns] *n* три пени.

thresh [θreʃ] *v* **1.** вършея, овършавам; **2.** = **thrash**.

thresher [ˈθreʃə] *n* вършач.

threshold [ˈθreʃould] *n* праг; *прен.* преддверие, начало; **on the ~ of** пред прага на, в началото на.

threw *вж* **throw I**.

thrill [θril] **I.** *v* **1.** треперя, потрепервам, разтрепервам (се), развълнувам (се); вълнувам (се) силно; изпълвам с трепет, възбуждам, наелектризирам, накарвам някого да му се разтупка сърцето; **~ed with joy (terror)** обзет от радост, ужас; **2.** трептя, треперя (*за глас*); **3.** щипя (*прен.*); **II.** *n* **1.** трепет, треперене, потрепервание, разтреперване, тръпки, вълнение, възбуда; **a ~ of joy** радостни тръпки; **2.** трептящ звук; вибрация, колебание; **3.** *мед.* шум, долавян при преслушване.

thriller [ˈθrilə] *n* **1.** сензационен (криминален, детективски) роман (драма, филм и пр.); трилър; **2.** мелодрама.

throat [θrout] *n* **1.** гърло, гръклян, гръцмул, глътка; гуша, шия, врат; **~ of brass** силен (груб) глас; **2.** тесен проход, тесен отвор, устие, гърло, ждрело; **3.** *техн.* гърло, гърловина, уста.

throb [θrɔb] **I.** *v* (**-bb-**) **1.** туптя, тупкам, тупам, бия, пулсирам; **to ~ with vitality** кипя от живот; **2.** трептя, треперя, вълнувам се (**with**); **II.** *n* **1.** туптене, тупкане, тупане, биене, пулсиране, удар на сърцето; **heart's ~s** удари на сърцето; **2.** трепет, вълнение, възбуда.

throne [θroun] **I.** *n* **1.** трон, престол; **2.** царска (кралска) власт; **3.** високо положение; **II.** *v поет.* качвам на трона; заемам високо положение; превъзнасям.

through [θru:] **I.** *prep* **1.** през; по, из; **to come, go ~** минавам през; **2.** чрез, посредством, по пътя на, с помощта на, благодарение на, заради; **3.** поради, от; • **he has been ~ it** *разг.* той е видял и патил; **II.** *adv* **1.** целият, цялата, цялото; **I am wet ~** аз съм мокър целият; **2.** отначало докрай; • **to be ~ with** свършвам с; **III.** *adj* пряк, директен, без смяна (прекачване); **~ carriage, train, ticket, service** директен вагон, влак, билет, съобщение.

throughout [θru:ˈaut] **I.** *adv* напълно, изцяло, съвсем, открай докрай, във всяко отношение; **II.** *prep* през, из целия; в продължение на; **~ the**

19th century през целия XIX в.

throw [θrou] *v* (**threw** [θru:]; **thrown** [θroun]) **1.** хвърлям, подхвърлям, мятам, запращам; **to ~ stones** хвърлям камъни (**at**); *прен.* съдя хората; **2.** наплискам, плисвам, изливам, поливам; **3.** църкам (*течност*).

thrust [θrʌst] *v* (**thrust**) забивам, муша, мушвам, пъхам, пъхвам, тикам, тиквам, тласкам, бутам, бутвам, ръгам, ръгвам, вкарвам, вȅвирам, завирам; **to ~ one's way** пробивам си път; • **to be ~ from one's right** бивам лишен от правата си.

thumb [θʌm] **I.** *n* палец; **under the ~ of** изцяло под влиянието (във властта) на; под чехъл; **II.** *v* **1.** прелиствам (*и* **~ through**); разглеждам; боравя несръчно (с), изпълнявам небрежно, свиря небрежно (на); изцапвам; **2.** *амер., разг.* спирам автомобил чрез вдигане на палеца си, стопирам.

thunder ['θʌndə] **I.** *n* гръм, гръмотевица, трясък; мълния; гръм, грохот, гърмеж, бумтеж, бумтене, бучене; шум; **~(s) of applause** гръм от аплодисменти, буруни ръкопляскания; **II.** *v* **1.** гърмя, изгърмявам, трясках, трещя, изтрещявам, бумтя, буча, избучавам, удрям, думкам; **it is ~ing** гърми; **2.** заплашвам, заканвам се, сипя (*клетви и пр.*), сипя огън и жупел (**against**); **3.** говоря гръмогласно.

thunder-storm ['θʌndə,stɔ:m] *n* гръмотевична буря.

Thursday ['θə:zdi] *n* четвъртък.

thus [ðʌs] *adv* така (*амер. и* **~ and so, as ~**).

ticket ['tikit] **I.** *n* **1.** билет (**to**); **excursion ~** билет за увеселителен влак; **2.** етикет, картонче (*с означение на цена*); **3.** обява, обявление; • **the ~** *разг.* това, което трябва; **II.** *v* **1.** слагам етикет (картонче с цена) на; **2.** *амер.* снабдявам с билети.

tickle [tikl] **I.** *v* **1.** гъделичкам; гъдел ме е; сърби ме; **to ~ the palm of** *разг.* подкупвам; **2.** *прен.* гъделичкам, угаждам, доставям удоволствие (на), забавлявам, развличам, "веселя"; *амер.* радвам (се), зарадвам (се); **3.** ловя (*риба*) с ръце (**for**); **II.** *n* гъдел, гъделичкане, погъделичкване.

tide [taid] **I.** *n* **1.** прилив и отлив; **high ~** най-високата точка на прилива; **2.** *остар.* време, период; годишно време, сезон (*остар. освен в съчет.* **Christmas-tide** Коледните празници; **noon- tide** времето около обед и пр.); **3.** *прен.* поток, порой, течение, ход, вървеж, насока, направление, тенденция; • **to work double ~s** работя усилено, денонощно; **II.** *v* **1.** *рядко* нося се по течението, влизам в (излизам от) пристанище с помощта на прилива (отлива); **to ~ over** преодолявам временно; оправям; **2.** *остар.* ставам, случвам се.

tidy ['taidi] **I.** *adj* **1.** спретнат, стегнат, прибран, уреден, грижлив, акуратен; приличен, порядъчен; подреден, сресан (*за коса*); **2.** *разг.* значителен; **a ~ fortune (sum)** добро състояние (кръгла сума); **3.** *разг.* доста добре (*със здравето*); **II.** *n* **1.** покривчица, салфетка (*за облегало на стол, маса*); **2.** съд за отпадъци и всякакви дреболии (нещица) (*на тоалетна маса*) (*и* **hair-~**); кош за отпадъци (*и* **street-~**); **III.** *v* разтребвам, оправям, подреждам (*и с* **up**); **to ~ up a mess** оправям каша.

tie [tai] *v* **1.** вържа, връзвам; свързвам; привързвам (**to**); превързвам; **to ~ a knot (a string in a knot)** връзвам възел (връв на възел); **2.** съединявам (*греди и пр.*); **3.** връзвам, обвръзвам, спъвам, преча (на), ограничавам.

tier₁ [taiə] *n* **1.** човек, който свързва; **2.** свързване, заякчаване; **3.** *амер.* детска престилка.

tier₂ [tiə] **I.** *n* **1.** ред, редица; *театр.* ранг; **2.** намотка; *pl* въже, навито на кръгове; **II.** *v* нареждам на редици (*и* **up**).

tiger ['taigə] *n* **1.** тигър; **American ~** ягуар; **2.** грубиян, хулиган; **3.** лакей.

tight [tait] **I.** *adj* **1.** стегнат, опънат, опнат, изопнат, обтегнат; плътен, компактен, натъпкан, сбит; **~ knot** здрав възел; **2.** плътно прилепнал, тесен (*за дрехи, обувки*); **3.** стегнат, спретнат, подреден; акуратен; • **~ match** *амер.* мач с (почти) еднакви шансове; **II.** *adv* **1.** тясно; **2.** здраво, плътно; **to fix, hold screw up, shut, tie ~** закрепвам, държа, затварям, стягам, връзвам здраво; **III.** *n pl* трико.

tile [tail] **I.** *n* **1.** керемида; **he has a ~ loose** едната му дъска хлопа; **2.** (керамична) плочка, кахла; **3.** *разг.* цилиндър (шапка); **II.** *v* **1.** покривам с керемиди; облицовам с плочки; **2.** налагам мълчание на.

till₁ [til] **I.** *prep* до; **~ now** досега; **II.** *cj* догдето, докато.

till₂ *n* чекмедже за пари, каса (*в магазин или банка*).

till₃ *n* обработвам (*земя*), ора.

till₄ *n геол.* глина, примесена с камъни и пясък.

timber ['timbə] **I.** *n* **1.** дървен материал; **building ~** дървен строителен материал; **2.** дървета, гора; **3.** греда, мертек; *мор.* шпанхоут, шпангоут (*обикн. pl*); **II.** *v* **1.** правя (строя) от дърво; **2.** облицовам с дърво.

time [taim] **I.** *n* **1.** време; час, (удобен) момент; **mean ~** средно време; **2.** период; **3.** време, срок; • **against ~** с цел да се свърши навреме; за печелене време; за подобряване на установен рекорд, с най-голяма възможна бързина, лудешки; **II.** *v* **1.** избирам подходящ момент за, върша (нещо), когато трябва; съобразявам с времето; **a well ~d remark (blow)** забележка (удар) точно в подходящ момент; **2.** определям време (срок) за; **3.** отбелязвам (записвам, установявам) времето на (*надбягване и пр.*).

timetable ['taimteibl] *n* програма; разписание; график.

timid ['timid] *adj* плах, боязлив, плашлив, свенлив, срамлив, стеснителен.

tin [tin] **I.** *n* **1.** калай; **2.** ламарина, бяло тенеке; **3.** тенеке; тенекия, тенекиена кутия; консервна кутия; **~ of sardines** кутия сардели; • **~ god** прехвалена величина; "малък бог" (*за човек, който получава незаслужена почит*); **II.** *v* **1.** калайдисвам; **2.** консервирам.

tiny ['taini] *adj* мъничък, много малък.

tip₁ [tip] **I.** *n* **1.** (тънък) край, крайче, крайчец; връх; **to walk on the ~s of one's toes** вървя на пръсти; **2.** железен край, наконечник, шип (*на чадър и пр.*); **3.** четка, употребявана при варакосване; **II.** *v* (**-pp-**) **1.** слагам край (шип) на; **2.** съставям края на нещо; **3.** отрязвам върха (*на храст, дърво*), стрижа, остригвам (*коса*).

tip₂ *v* (**-pp-**) **1.** наклонявам (се), накланям (се), килвам, климвам; **to ~ one's hat** (*жарг.* **lid**) повдигам шапка (*за поздрав*); **2.** докосвам се (допирам се) леко до, бутвам; удрям леко; **3.** обръщам, катурвам, изтърсвам, изсипвам, хвърлям.

tip₃ **I.** *n* **1.** бакшиш, пари за почерпване; **2.** съвет, сведения, получени по частен път; **to miss one's ~** не постигам целта си; нямам успех; **II.** *v* (-**pp**-) **1.** давам бакшиш (пари за почерпване) на; **2.** *sl* хвърлям, подхвърлям, давам (на); **to ~ the wink** давам знак, намигвам, смигвам, подшушвам (на); **3.** осведомявам (информирам) тайно, подшушвам (на) (**about**); давам частна информация.

tiptoe ['tiptou] **I.** *adv* на пръсти (*и* **on ~**); **II.** *v* ходя (отивам, идвам) на пръсти (**to**), излизам на пръсти (**out of**); прокрадвам се.

tire$_1$ ['taiə] **I.** *n* **1.** шина, бандаж; **2.** гума (*велосипедна, автомобилна – и* **pneumatic ~**); **II.** *v* слагам гума (гуми) (на колело).

tire$_2$ **I.** *остар. n* украшение за глава; облекло, премяна; **II.** *v* украсявам; обличам, пременям; издокарвам.

tire$_3$ *v* **1.** уморявам (се), изморявам; **to be ~d (from)** уморен съм (от); **2.** омръзва ми, дотяга ми, става ми скучно; доскучава ми; досажда ми (**of**) (*обикн. pass*).

tiresome ['taiəsəm] *adj* **1.** уморителен; **2.** досаден, отегчителен, скучен; **3.** неприятен; **how ~!** ей че неприятност! колко досадно!

tissue ['tiʃju:] *n* **1.** *текст.* (тънка, прозрачна) тъкан (материя); **2.** *биол.* тъкан; **3.** : **(paper) ~** лигнин; книжен памук.

title [taitl] **I.** *n* **1.** заглавие, наслов; надпис, субтитри (*на филм*); **2.** титла, звание; **3.** право, претенция (**to**); *юрид.* право на собственост; **II.** *v* давам заглавие, поставям надпис; присвоявам звание (титла).

to (*под ударение* [tu:], *без ударение* [tu] *пред гласна,* [tə] *пред съгласна*) **I.** *prep* **1.** *за движение, посока* в; до; на; към; за; при; **to go ~ Liverpool** отивам в Ливърпул; **2.** *за място* до, на; **3.** *със значение на дателен падеж* на; **II.** *частица пред инф.* да; за да; за; **we must eat ~ live** трябва да ядем, за да живеем; **III.** [tu:] *adv* **1.** *в нормалното или исканото положение; до спиране*; **to shut (bang) the door ~** затварям (затръшвам) вратата; **2.** : **~ and fro** назад-напред, нагоре-надолу.

toast [toust] **I.** *v* **1.** припичам (се); **to ~ oneself before the fire** припичам се на огъня; **2.** пия (вдигам, предлагам) наздравица (тост) за; **3.** суша се, грея се (*до огъня*); **II.** *n* **1.** препечен хляб; **on ~** сервиран върху препечен хляб; **2.** наздравица, тост; **3.** лице, събитие и пр., за което се вдига наздравица.

toaster ['toustə] *n* скара и пр. за препичане на хляб; сухарник; тостер.

tobacco [tə'bækou] *n* (*pl* **-s**) тютюн (*и растението*); *attr* тютюнев; за тютюн; **~-box** табакера.

toboggan [tə'bɔgən] **I.** *n* дълга спортна шейна, тобоган; детска шейна; **~-slide** склон за пързаляне с шейна; **II.** *v* **1.** карам (пързалям се с) тобоган; **2.** *амер.* спадам (намалявам) главоломно (*за цени и пр.*).

today, to-day [tə'dei] **I.** *adv* **1.** днес; **a week ago ~** преди една седмица; **2.** в наши дни; **II.** *n* **1.** днес, днешният ден; **2.** днешно време, съвременността; **actors of ~** съвременни актьори.

toe [tou] **I.** *n* **1.** пръст на крак (чорап); нос на обувка; предна част на копито; **the great (big) ~** палецът на крака; **2.** *техн.* пета, петов лагер, лагер на пета; **3.** шип на подкова; **II.** *v* **1.** слагам капаче (*на обувка*), наплитам (закърпвам) пръстите (*на чорап*); **2.** *уч. sl* ритам; **3.** слагам пръстите си наравно с (*напр. на линията при състезания*); **to ~ the line**

спорт заставам на стартовата линия; *прен.* придържам се строго към правилата, спазвам изискванията.

together [tə'geðə] *adv* **1.** заедно; **~ with** заедно с; едновременно с; както и; **2.** един към друг, един до друг; един с друг; **3.** наред, подред, без прекъсване (*за време*).

Togo(land) ['tougou(lænd)] *n геогр.* Того.

toilet ['tɔilit] *n* **1.** тоалет, (дамско) облекло; **2.** обличане, грижи за облеклото, тоалет; **3.** *мед.* измиване и почистване на мястото след операция.

token [toukn] *n* **1.** знак, символ; признак, белег; опознавателен знак; **in ~ of, as a ~ of** в знак на; **2.** (нещо дадено за) спомен, подарък; **3.** жетон.

told *вж* **tell**.

tolerant ['tɔlərənt] *adj* **1.** толерантен; който търпи (толерира), търпелив (**of**); **2.** *мед.* който понася (*дадено лекарство и пр.*).

tolerate ['tɔləreit] *v* **1.** търпя, понасям (*и мед.*); **2.** търпя, допускам, разрешавам, позволявам.

toll$_1$ [toul] **I.** *v* звъня (удрям, бия) равномерно; **to ~ a funeral knell** бия за умряло (за погребение); **II.** *n* камбанен звън; погребален звън.

toll$_2$ *n* **1.** такса, данък (*за използване на път и пр.*); такса за междуградски телефонен разговор; право за събиране на такса (данък); *прен.* дан; **2.** уем; **3.** жертви; *воен.* загуби; **road ~** *журн.* жертви от автомобилни злополуки.

tomato [tə'ma:tou] *n* (*pl* **-es**) домат; *attr* доматен.

tomb [tu:m] **I.** *n* **1.** гроб; смърт; **2.** надгробен паметник (камък); • **The Tombs** затвор в Ню Йорк; смъртта; **II.** *v* погребвам, полагам в гроба.

tomorrow, to-morrow [tə'mɔrou] **I.** *adv* утре; **the day after ~** вдругиден; **II.** *n* утрешният ден, утре; **~ morning** утре сутринта.

ton$_1$ [tʌn] *n* **1.** тон (*мярка*); 1016 кг (*и* **long (gross) ~**);**2.** *разг.* маса; много, сума; **3.** *жарг.* сто лири; сто мили в час.

ton$_2$ [tə:ŋ] *n фр.* стил, мода, тон.

tone [toun] **I.** *n* **1.** тон, музикален звук; **deep (thin) ~** нисък (висок) тон; **2.** тон, глас; **3.** тон, дух, атмосфера, обстановка; **II.** *v* **1.** акордирам, настройвам; придавам необходимия цвят (тон) на; **2.** хармонирам (**with**); **3.** *фот.* придавам (*на снимка*) даден цвят.

tongs [tɔŋz] *pl* маша; щипци, щипка; клещи; **sugar ~** щипци (щипка) за захар.

tongue [tʌŋ] **I.** *n* **1.** език; **furred ~** обложен език (*при заболяване*); **2.** език, реч; **3.** (нещо с форма на) език; езиче (*на инструмент и пр.*); **II.** *v* свиря стакато (*на флейта*), свиря с езика си.

tonic ['tɔnik] **I.** *adj* **1.** *език.* тонически, тоничен; **2.** *муз.* тонически, основен; **~ sol fa** нотна система, при която **do(h)** означава основния тон на гамата; **3.** *мед.* свързан със свиване на мускулите; **II.** *n* **1.** *език.* сричка с най-високо тоническо ударение; **2.** *муз.* основен тон, тоника; **3.** *мед.* средство (лекарство) за усилване.

tonight, to-night [tə'nait] *adv, n* довечера, тази вечер (*рядко* тази нощ).

tonsil [tɔnsl] *n анат.* сливица, тонзила; **to have one's ~s out** вадя си (оперирам си) сливиците.

too [tu:] *adv* **1.** също и; освен това; и то; **did he come ~?** и той ли дойде? **2.** прекалено, прекомерно; твърде (много), извънредно много; **3.** пък (*при спор*).

took *вж* **take I.**

tool [tu:l] **I.** *n* **1.** инструмент, сечиво; **a bad workman always finds fault (quarrels) with his ~s** на лошия майстор все инструментите са му криви; **2.** *техн.* нож; струг; **3.** инструмент за вдълбаване на орнаменти върху кожена подвързия; **II.** *v* **1.** одялвам (*камък*); обработвам (*метал с нож*); украсявам (*кожена и др. подвързия*); **2.** *разг.* закарвам с кола; карам кола; возя се с кола (*обикн. бавно*) (*и с* **along**); **~ up** оборудвам.

tooth [tu:θ] **I.** *n* (*pl* **teeth** [ti:θ]) **1.** зъб; **to have a ~ out** вадят ми (вадя си) зъб; **to cast (throw) something in someone's teeth** обвинявам (упреквам) някого за нещо, натяквам някому за нещо; предизвиквам някого; **in the teeth of** въпреки; **to have the wind in one's teeth** *мор.* плувам срещу вятъра; **to show one's teeth** зъбя се, озъбвам се (*и прен.*); **armed to the teeth** въоръжен до зъби; **2.** *техн.* зъб, зъбец; **II.** *v* **1.** назъбвам, правя зъбци на (*колело и пр.*); **2.** закачам се, скачам се, зацепвам се (*за зъбци*); *разг.* отнасям се с пълно презрение към някого.

toothache ['tu:θeik] *n* зъбобол.

tooth-brush ['tu:θ,brʌʃ] *n* четка за зъби.

tooth-paste ['tu:θ,peist] *n* паста за зъби.

tooth-pick, toothpick ['tu:θpik] *n* **1.** клечка за зъби; **2.** *разг.* нож.

top$_1$ [tɔp] **I.** *n* **1.** връх (*и прен.*); (най-)горна част; горен край; горница (*на чорап, обувка*); повърхност; **at the ~ of the tree (ladder)** *прен.* на върха, сред първите (*в професия и пр.*); **2.** *прен.* връх; висша степен; първо място; най-високо положение; първенец; **3.** капак (*на тенджера и пр.*); запушалка (*на бутилка и пр.*); покрив (*на кола, минна галерия и пр.*); • **to be (the) ~s** *sl* уникален, прекрасен съм; **II.** *adj* **1.** (най-)горен; връхен; **~ garment** връхна дреха; **2.** най-голям, най-висок; • **~ dog** *sl* победител; господар; **III.** *v* (**-pp-**) **1.** слагам връх (капак) на; покривам върха на; **to ~ a cake with icing** слагам глазура на торта; **2.** отрязвам върха на (*дърво и пр.*); **3.** удрям (*топка*) по горната част.

top$_2$ *n* пумпал; **to sleep like a ~** спя дълбоко (като заклан).

topic ['tɔpik] *n* тема, въпрос, предмет на обсъждане; **~ of the day** въпрос на деня, злободневна тема.

torch [tɔ:tʃ] **I.** *n* **1.** факел, факла (*и прен.*); **to hand (pass) on the ~** предавам традицията; **2.** *техн.* поялна лампа; горелка, бренер; **3.** електрическо фенерче (*и* **electric ~**); **II.** *v* осветявам с факел.

tore *вж* **tear**$_1$ **I.**

torn *вж* **tear**$_1$ **I.**

tortoise ['tɔ:təs] *n* (сухоземна) костенурка.

torture ['tɔ:tʃə] **I.** *n* мъка, мъчение, изтезание; агония; **to put to the ~** изтезавам, подлагам на мъчение; **II.** *v* **1.** мъча, измъчвам, изтезавам; **2.** изкълчвам, изопачавам.

Tory ['tɔri] *n полит.* консерватор, тори; *attr* консервативен.

toss [tɔs] *v* **1.** хвърлям (се), подхвърлям, мятам (се); хвърлям (*ездача*) (*за кон*); блъскам (се) (*за вълни*); повдигам (мятам) с рогата си (*за бик*); **~(ing) the caber** шотландски спорт, при който се хвърля голям дънер; **2.** мятам, отмятам, вирвам (*глава*); **3.** подхвърлям (*монета*).

total [toutl] **I.** *adj* **1.** цял (*за сума и пр.*); **2.** пълен, абсолютен; съвкупен, сумарен; цялостен; целокупен;

to be in ~ ignorance of в пълно неведение съм по; **3.** тотален (*за война и пр.*); **II.** *n* сбор; обща сума, цяло, сума; **grand ~** общ сбор; **III.** *v* **1.** събирам; изчислявам; **2.** възлизам; равнявам се на, наброявам; **to ~ (up to)** възлизам на.

touch [tʌtʃ] *v* **1.** докосвам (се до), допирам (се) до; долепен съм (до); в съприкосновение съм (с); пипам; докосвам леко (*клавиши*), дръпвам леко (*струни*); **to ~ one's hat to someone** поздравявам някого, като докосвам шапката си; **2.** слагам в устата си, вкусвам, хапвам, ям, пия (*обикн. отрицателно*); **3.** стигам до, допирам се до, гранича с.

tough [tʌf] **I.** *adj* **1.** жилав; **(as) ~ as leather** жилав като подметка (*за месо и др.*); **2.** жилав, як, здрав, издръжлив (*за човек*); **3.** упорит; мъчен, труден, тежък; **II.** *n sl амер.* бандит, гангстер, главорез; опасен хулиган.

tour [tuə] **I.** *n* **1.** обиколка, тур; турне; пътешествие; екскурзия; разходка; **~ (a)round the world** околосветско пътешествие; **2.** *воен.* караулна обиколка; караул; **3.** оборот; цикъл; **II.** *v* обикалям, обхождам; правя обиколка из; гастролирам; на турне съм (в); пътувам, пътешествам; **the play hasn't been ~ed** тази пиеса не е представяна на турне.

tourist ['tuərist] **I.** *n* турист, туристка; **~ agency** бюро за туризъм; **II.** *adj* туристически, отнасящ се до туризма, свързан с туризма; **~ class** туристическа (втора) класа (*на самолет, кораб и пр.*).

tournament ['tuənəmənt] *n* турнир (*и истор.*); спортни състезания; **tennis (chess) ~** турнир по тенис (шах).

toward(s) [tə'wɔ:d(z), tɔ:d(z)] *prep* **1.** към, в посока (направление) на; **2.** към, по отношение на; **3.** към, около (*за време*).

toward(s) [tə'wɔ:d(z), tɔ:d(z)] *prep* **1.** към, в посока (направление) на; **2.** към, по отношение на; **3.** към, около (*за време*).

towel ['tauəl] **I.** *n* кърпа, пешкир, хавлия; **face-~** кърпа за лице; **II.** *v* (**-ll-**) **1.** избърсвам, изтривам с кърпа; **2.** *sl* пердаша, налагам, бия.

tower$_1$ ['tauə] **I.** *n* **1.** кула; **~ (block)** висока (административна) сграда; **the T. (of London)** Лондонската кула; Тауър; **2.** *техн.* пилон; мачта; **3.** крепост, цитадела; *прен.* защита, опора; **II.** *v* издигам се, извишавам се (**above** над) (*и прен.*).

tower$_2$ ['touə] *n* влекач (*и човек*).

town [taun] *n* **1.** град; градче; **a man about ~** светски човек; човек, който си поживява; **2.** Лондон (*и* **T.**); **3.** *шотл., диал.* селска къща със стопански постройки.

toy [tɔi] **I.** *n* **1.** играчка (*и прен.*); **to make a ~ of** играя си с, забавлявам се с; **2.** детски; ... играчка; малък, мъничък, миниатюрен; **II.** *v* **1.** играя си, забавлявам се (**with**) (*и прен.*); **2.** въртя в ръката си; **3.** флиртувам.

trace$_1$ [treis] *n* ремък на хамут; • **to kick over the ~s** не се подчинявам, не мирувам, разлудувам се.

trace$_2$ **I.** *v* **1.** чертая, начертавам, очертавам, набелязвам, нахвърлям (план), трасирам (*и с* **out**); **2.** копирам, прекопирвам, превеждам, калкирам (*и с* **over**); **3.** пиша (*бавно, внимателно*); **II.** *n* **1.** следа (*и прен.*), диря; **without a ~** безследно; **2.** незначително количество, малко; **3.** черта.

track [træk] **I.** *n* **1.** следа, диря; стъпка, отпечатък; **on the ~ of** по следите на; **2.** път (*и прен.*); пътека; **3.** *жп* релси, железопътна линия; **II.** *v* **1.** следя, проследявам; **2.** вървя (по); *sl* пътувам; **3.** утъпквам (*обикн. с pp*).

tractor ['træktə] *n* **1.** трактор, влекач; **~-driver** тракторист; **2.** *ав.* самолет с предно витло.

trade [treid] **I.** *n* **1.** занаят; занятие, професия; **to follow (carry on, ply) a ~** упражнявам занаят; **2.** търговия; търговия на дребно; **Board of T.** Министерство на търговията (*в Англия*); търговска камара (*в САЩ*); **3.** *събират.* бранш, търговци, занаятчии, предприемачи (*от даден отрасъл*); **II.** *v* **1.** търгувам (**in something** с нещо; **with someone** с някого); **2.** *неодобр.* извличам лични облаги; използвам, злоупотребявам (**on, upon, in** с); **3.** разменям, заменям, обменям (**for** за, с).

trade-mark ['treid,ma:k] **I.** *n* фабрична марка, запазена марка; **II.** *v* поставям фабрична марка (на); регистрирам фабрична марка.

tradition [trə'diʃən] *n* **1.** традиция; стар обичай; **by ~** по традиция; **2.** предание; **3.** *юрид.* прехвърляне.

traffic ['træfik] **I.** *n* **1.** (улично) движение; превозни средства; транспорт, съобщения; трафик; количество превозени пътници за определен период; **2.** търговия, размяна, търговски обмен; незаконна търговия; **3.** *attr* за (по) движението (транспорта); **~ controller** диспечер; **II.** *v* (**-ck-**) **1.** търгувам (**in something** с нещо); върша (*особ.* незаконна) търговия; *прен.* търгувам с; **to ~ away one's honour** продавам си честта; **2.** имам вземане-даване; общувам.

tragedy ['trædʒidi] *n* **1.** трагедия; **2.** *attr* отнасящ се до трагедията.

trail [treil] **I.** *v* **1.** влача (се) по земята (*за дреха и пр.*); влача (се), мъкна (се) (**after someone** след някого); влача се (*за растение*); стеля се; **to ~ one's coat** *прен.* предизвиквам, държа се предизвикателно, търся си белята; **2.** следя, проследявам (*дивеч и пр.*); **3.** правя пътека (*в трева, като газя в нея*); прокарвам си път; **II.** *n* **1.** следа, диря; **on the ~ of** по следите на; **2.** път, пътека; **3.** *воен.* хоризонтално положение на пушката.

trailer ['treilə] *n* **1.** ремарке, прицеп, каравана; **2.** човек, който върви по следите на някого (нещо); **3.** *кино* сцени от следващия филм (*с рекламна цел в кинопреглед и др.*); анонс.

train [trein] **I.** *v* **1.** възпитавам, приучвам на добри навици (дисциплина), дисциплинирам; тренирам (се); подготвям (се); **to be ~ed at ...** възпитаник съм на ... (*училище и пр.*); **2.** дресирам (*куче и пр.*); обяздвам, уча (*кон*); **3.** *воен.* насочвам (*оръжие*) (**on, upon**); **II.** *n* **1.** свита, тълпа; **2.** процесия, кортеж, шествие; керван; конвой; **funeral ~** погребална процесия; **3.** шлейф (*на рокля*); опашка (*на паун и пр.*).

trainer ['treinə] *n* **1.** треньор; инструктор; дресьор; **2.** *истор.* опълченец; **3.** *воен.* хоризонтален мерач.

trait [trei, treit] *n* **1.** (характерна) черта; особеност; **2.** *рядко* елемент, следа; **a ~ of humour** елемент на хумор.

traitor ['treitə] *n* изменник, предател; **(to)**; **to turn ~** ставам предател.

tram₁ [træm] **I.** *n* **1.** трамвай; трамвайна линия (*и* **~-line**); **2.** *мин.* вагонетка; **II.** *v* (**-mm-**) **1.** пътувам, возя се, отивам с трамвай (*и* **to ~ it**); **2.** *мин.* извозвам с вагонетки.

tram₂ *n* *текст.* пресукана коприна.

tram₃ *n* трасажен шублер.

tranquil ['træŋkwil] *adj* спокоен, тих.

tranquillity [træn'kwiliti] *n* спокойствие, тишина.

transaction [trænz'ækʃən] *n* **1.** сделка; **2.** *pl* протоколи; трудове; доклади за трудове (*на научно дружество*); **3.** *юрид.* компромисно решение на спор.

transfer I. [træns'fə:] *v* (**-rr-**) **1.** премествам (**from ... to**); премествам се; **2.** сменям влак (параход и пр.), прекачвам се, прехвърлям се; **3.** прехвърлям (*имот и пр.*); превеждам (*сума и пр.*); **II.** ['trænsfə] *n* **1.** преместване; **~ fee** *спорт* трансферна сума; **2.** прехвърляне (*на имот и пр.*); документ за прехвърляне; пренос (*на сума*); **3.** прекопирана рисунка и пр.; рисунка (чертеж и пр.) за прекопиране; картинка за прекопиране.

transform [træns'fɔ:m] *v* **1.** преобразувам, превръщам; метаморфозирам; преобразувам; правя неузнаваем; **2.** *ел.-техн.* трансформирам.

transistor [træn'zistə] *n техн.* транзистор; **~ radio** транзисторен приемник.

transit ['trænzit] **I.** *n* **1.** преминаване; **2.** *търг.* превоз; **damage in ~** аварии по време на пътуването; **3.** *топогр.* теодолит (*и* **~-compass**); **II.** *v* преминавам.

translate [tra:ns'leit] *v* **1.** превеждам (*от един език на друг*: **from ... into** от ... на); **this ~s badly** това мъчно се превежда; **2.** обяснявам, тълкувам; **3.** преобразявам, трансформирам, превръщам (**into**); осъществявам.

translation [tra:ns'leiʃən] *n* **1.** превод, превеждане и пр. (*вж* **translate**); **2.** *ел.-техн.* препредаване, транслация; **3.** преместване; постъпателно движение.

translator [tra:ns'leitə] *n* преводач (*обикн. писмен*).

transmission [,trænz'miʃən] *n* предаване; *ел.-техн.* радиопредаване; *техн.* трансмисия, предавателна (скоростна) кутия, предаване; **~ case** *техн.* картер на скоростната кутия.

transparent [træns'peərənt] *adj* **1.** прозрачен; прозиращ, просветващ; **~ deception** явна измама; *разг.* измама, съшита с бели конци; **2.** ясен, понятен, очевиден, ясен; **3.** откровен, открит.

transport I. ['trænspɔ:t] *n* **1.** транспорт, пренасяне, превоз; **water-borne ~** воден транспорт; **2.** транспортен кораб (*и* **~-vessel**); транспортно (превозно) средство (самолет и др.); **3.** увлечение, ексцес, изстъпление; възторг, възхищение, порив; **II.** [træns'pɔ:t] *v* **1.** пренасям, превозвам, транспортирам, прекарвам; **2.** увличам, унасям; *обикн. pass* изпадам в състояние на възторг (опиянение, ужас и пр.); **I am ~ed with joy** не мога да си намеря място от радост; **3.** *истор.* изпращам (отвъд океана) на каторга.

trap₁ [træp] **I.** *n* **1.** капан, клопка, примка, уловка; **booby(-)~** 1) закрепена на вратата кана с вода, която се излива върху първия, който отвори вратата; 2) *воен.* безобиден предмет, в който е скрита бомба; **2.** апарат за изхвърляне на глинени панички (*за упражнения по стрелба*); • **to be up to ~** хитър съм, не съм вчерашен; **II.** *v* (**-pp-**) **1.** хващам в капан (*и прен.*); впримчвам; поставям капани за (в); подмамвам; **to ~ someone into an admission** изтръгвам самопризнание от някого чрез уловки; **2.** поставям сифон на, снабдявам със сифон (*и* **to ~ a drain**); **3.** спирам, препречвам пътя на (*течност*).

trap$_2$ *n* (*обикн. pl*) *разг.* партушини.

trap$_3$ *n геол.* **1.** трап, моноклинала; **2.** тъмна еруптивна скала (*и* **traprock**).

trap$_4$ *v* покривам с чул (*кон*).

trapeze [trə'pi:z] *n спорт* трапец.

travel [trævl] **I.** *n* **1.** *рядко* пътуване, странстване, път; **2.** *pl* пътешествия; пътепис, описание на пътешествия (пътувания); **3.** *техн.* придвижване, ход (*на бутало*); **II.** *v* (-**ll**-, *амер.* -**l**-) **1.** пътувам, пътешествам; **these goods ~ well** тези стоки понасят (не се повреждат при) транспорт; **2.** пропътувам, обхождам, обикалям (*и с* **over**); извървявам; вървя по; **3.** пътувам като търговски пътник (*за някого* — **for**, *по продажба на нещо* — **in**).

traveller ['trævlə] *n* **1.** пътник, пътешественик; **~'s cheque** пътнически акредитив; **2.** *техн.* шейна, бегунка, лойфер; **3.** *техн.* мостов кран.

travelling ['trævəliŋ] **I.** *n* пътуване, пътешествие; **II.** *attr* **1.** пътешестващ; **~ salesman** търговски пътник; **2.** подвижен; **3.** пътнически.

tray [trei] *n* **1.** поднос, табла; **2.** корито; **developing ~** *фот.* вана за проявяване.

treacherous ['tretʃərəs] *adj* **1.** предателски, коварен, вероломен; **2.** *прен.* несигурен, слаб; ненадежден; опасен.

treachery ['tretʃəri] *n* предателство; подлост; вероломство; **an act of ~** подлост.

treason ['tri:zən] *n* измяна, предателство; **high ~** държавна измяна.

treasure ['treʒə] **I.** *n* **1.** съкровище, богатство; имане; **buried ~** скрито имане; **2.** *прен.* ценност, ценна вещ, находка, "перла"; **II.** *v* **1.** трупам, скътвам (**up**); **2.** запазвам, съхранявам (**up**); **3.** високо ценя, лелея, милея за.

treasurer ['treʒərə] *n* касиер, ковчежник; **Lord High T.** *истор.* държавен (кралски) ковчежник.

treat [tri:t] **I.** *v* **1.** отнасям се към, държа се с (към), третирам; **to ~ someone like a lord** посрещам някого царски; **2.** подлагам на действието (на **with**); обработвам, третирам; действам с; **3.** разглеждам, разработвам, третирам, изяснявам; занимавам се с; **II.** *n* **1.** угощение, черпня, почерпка; **Dutch ~** *амер.* угощение, при което всеки си заплаща консумацията; **2.** наслада, удоволствие; **3.** *уч.* пикник, екскурзия.

treatment ['tri:tmənt] *n* **1.** третиране, обноска, държание; **I did not expect such (a) ~ at your hands** не очаквах от вас подобно отношение; **2.** разработка, начин на разглеждане; **3.** обработка, манипулация.

treaty ['tri:ti] *n* **1.** договор; **~ port** открито пристанище; **2.** *остар.* преговори; **3.** *attr* дòговорен, основаващ се на договор.

tree [tri:] **I.** *n* **1.** дърво; **Christmas ~** коледна елха; **2.** родословие, потекло (*и* **family ~**); родословно дърво; **3.** *техн.* вал, ос (*и* **axle-~**); **II.** *v* **1.** подгонвам (заставям да се качи) на дърво; покачвам се на дърво; *прен.* имам надмощие; поставям в безизходно положение; **2.** опъвам на калъп.

tremble [trembl] **I.** *v* треперя, треса се; вибрирам; трептя, развявам се (*за знаме*); **to ~ like an aspen leaf, to ~ in every limb** треперя като лист; **II.** *n* **1.** трепет, треперене, тресене; **all in (on, of) a ~** *разг.* треперейки, с трепет, силно развълнуван; **2.** *pl мед., вет.* нервна треска.

tremendous [tri'mendəs] *adj* огромен; страхотен, ужасен, страшен, потресаващ.

trench [trentʃ] **I.** *n* **1.** окоп; **to mount the ~es, to be on ~ duty** влизам (отивам) в окопите; **2.** ров, канавка, канал, траншея, бразда; **3.** *остар.* просека; **II.** *v* **1.** копая окопи в, окопавам; изкопавам; **to ~ around (about)** окопавам (се); **2.** риголвам; **3.** прорязвам (*с бразда и пр.*).

trend [trend] **I.** *n* тенденция, склонност; уклон; направление; **II.** *v* **1.** клоня, вземам направление; имам тенденция; **2.** отклонявам се в някаква посока (направление) (**to, towards**).

trial [ˈtraiəl] *n* **1.** изпитание, опит, проба; **on ~** на изпитание (изпробване); на стаж; **2.** *сп.* опит; **3.** *прен.* несгода, изпитание.

triangle [ˈtraiæŋgl] *n* триъгълник.

tribe [traib] *n* **1.** племе, род; коляно; клан; *истор.* триба; **the featherd ~** *остар., поет.* пернатите, птичият свят; **2.** *биол.* (родов) вид; подразделение; **3.** *разг.* компания, тайфа.

tribune₁ [ˈtribju:n] *n истор.* трибун.

tribune₂ *n* **1.** трибуна, естрада; катедра; **2.** владишки трон.

tributary [ˈtribjutəri] **I.** *adj* **1.** който плаща данък, трибутарен; **2.** подчинен, зависим, трибутарен; второстепенен; **3.** приточен, постъпващ; **II.** *n* **1.** данъкоплатец; **2.** васална държава; **3.** приток.

tribute [ˈtribju:t] *n* **1.** данък, налог, трибут; дан; дължимо; **to pay ~ to** хваля, поднасям почитанията си на, отдавам дължимото (уважение, възхищение); отдавам почит на; **2.** подвластност, подчинение; **3.** *прен.* лепта.

trick [trik] **I.** *n* **1.** хитрост, измама; лъжа; **confidence ~** измама на доверието; **2.** фокус, трик; **3.** шега; • **to do the ~** *жарг.* постигам желания резултат, свършвам работата; **II.** *v* **1.** измамвам, изигравам, излъгвам; подвеждам; **to ~ the truth out of someone** с хитрост научавам от някого истината; **2.** *разг.* труфя, украсявам (**out, up**).

trifle [traifl] **I.** *n* **1.** дреболия; **a ~** немного, малко, леко; **2.** плодова салата с бишкоти и крем; **3.** *метал.* вид месинг; **II.** *v* **1.** прахосвам, губя (с); държа се лекомислено; **to ~ away one's time (energy, money)** пропилявам (губя) си времето (силите, парите); **2.** играя си, отнасям се несериозно, шегувам се; флиртувам (**with**) **3.** въртя, дърпам, пипам (*предмет*).

trimming [ˈtrimiə] *n* **1.** (*обикн. pl*) украшение; гарнитура, украса; **2.** очистване, подкастряне, подстригване; **~-axe** малка брадва (*за окастряне на клонки*); **3.** *pl* отрезки; изрезки; отпадъци (*при рязане*).

trio [ˈtri:ou] *n муз.* трио; *ав.* група от три самолета.

trip [trip] **I.** *n* **1.** екскурзия, късо пътешествие, пътуване; рейс, обиколка; **honeymoon ~** сватбено пътешествие; **2.** спъване, препъване, подлагане на крак; **3.** бърза лека походка; **II.** *v* (**-pp-**) **1.** стъпвам леко и бързо; подтичвам; **to ~ it** *остар., шег.* танцувам (*и* **to ~ a measure**); **2.** *остар.* обикалям, пътувам; **3.** препъвам (се); спъвам, подлагам крак на (**up**).

triumph [ˈtraiəmf] **I.** *n* триумф, тържество, възтържествуване, победа; **II.** *v* тържествувам, възтържествувам, побеждавам (**over**), празнувам победа, ликувам.

triumphant [traiˈʌmfənt] *adj* **1.** триумфиращ, тържествуващ, ликуващ; **2.** побѐден, победоносен.

trolley ['trɔli] *n* **1.** *ел.-техн.* контактно колело (*и* **~-wheel**); тролей; **2.** вагонетка; дрезина; **3.** *амер.* тролейбус (*и* **~-bus**); трамвай (*и* **~-car**); • **to be off one's ~** *амер. разг.* пернат (дръпнат, чалнат) съм, "откачам".

trombone ['trɔmboun] *n* **1.** *муз.* тромбон; **slide ~** цугтромбон; **2.** *разг.* тромбонист.

troop [tru:p] **I.** *n* **1.** трупа; компания, тълпа, множество; група хора; отряд; **2.** стадо; **3.** *воен. pl* войска; **to raise ~s** набирам войска; **II.** *v* **1.** събирам се, трупам се, тълпя се; **to ~ off** разотивам се; **2.** минавам в строй.

trophy ['troufi] *n* трофей, плячка; награда, приз.

tropic ['trɔpik] **I.** *adj* тропически; **II.** *n* тропик; **~ of Cancer (Capricorn)** *геогр.* тропик на Рака (Козирога).

tropical₁ ['trɔpikl] *adj* преносен, фигуративен.

tropical₂ *adj* тропически, тропичен; *прен.* страстен.

trot [trɔt] **I.** *n* **1.** тръс; бърз ход; **gentle ~** лек тръс; **2.** малко дете, което се учи да ходи; **3.** *остар.* стара вещица, бабушкера; **II.** *v* (**-tt-**) **1.** яздя тръс; **to ~ a horse** пускам кон да върви в тръс; **2.** припкам, подтичвам; бързам; **3.** *шег.* вървя пеш; • **to ~ a person round** развеждам някого, играя пред някого ролята на чичероне!

trouble [trʌbl] **I.** *n* **1.** безпокойство; вълнение; неприятност, тревога, грижа, затруднение, беля; **to be a ~** създавам грижи (**to**); **2.** усилие, старание, грижа; **3.** беда, скръб, нещастие; • **don't ~ ~ until ~ ~s you** не си търси сам белята; не дърпай дявола за опашката; • **~s never come singly** нещастието никога не идва само; • **~ and strife** *жарг.* съпруга; **II.** *v* **1.** безпокоя (се), обезпокоявам, тревожа; затруднявам, създавам труд (безпокойство) на; **a ~d look** безпокоен (тревожен) поглед; **2.** *остар.* вълнувам (*вода*), разбърквам, размествам; **3.** *обикн. техн.* повреждам; нарушавам.

trough [trɔf] *n* **1.** корито (*особ. за добитък*); **feeding ~** хранилка; **2.** нощви (*и* **kneading-~**); **3.** улей за вода (*особ. дървен*).

troupe [tru:p] *n фр.* трупа (*актьори и пр.*).

trousers ['trauzə:z] *n pl* панталони.

trout [traut] *n* (*pl* **~**) *зоол.* пъстърва *Trutta fario*.

truce [tru:s] *n* **1.** примирие, спиране на огъня; **2.** край; временно преустановяване, затишие; **~ of God** *истор.* преустановяване на бойни действия на църковни празници (*през Средновековието*)!

truck₁ [trʌk] **I.** *n* **1.** стокообмен, размяна, обмяна; **2.** дребна стока; **~ system** заплащане на труда в натура; **T. Acts** закони, ограничаващи системата на натуралното заплащане; **3.** *амер.* зеленчуци, отглеждани за продан; • **to have no ~ with a person** *разг.* не поддържам връзки с някого; избягвам да се срещам с някого; **II.** *v* **1.** разменям, водя дребна търговия; извършвам разносна търговия; **2.** плащам в натура; **3.** *амер.* отглеждам зеленчуци, занимавам се с градинарство.

truck₂ **I.** *n* **1.** *жп* открита товарна платформа; **2.** багажна количка, талижка, вагонетка; **3.** *амер.* камион, товарен автомобил; **~ tractor** трактор влекач; **II.** *v* **1.** товаря на платформа (камион), натоварвам, вдигам; **2.** *амер.* превозвам (извозвам) с камион(и).

true [tru:] **I.** *adj* **1.** верен, правилен; **quite ~! 2.** истински, истинен; действителен; **3.** предан, лоялен, верен (**to**); • **~ as I stand here!** това е самата истина! **II.** *adv* наистина, вярно, действително, правилно, правдиво, точно; **III.** *v техн.* поставям правилно; регулирам; **IV.** *n техн.*: **out of ~** изкривен, неподравнен, децентриран; (*за дървен материал*) изметнат.

trully [ˈtru:li] *adv* **1.** наистина; **2.** точно, правдиво; искрено; лоялно; **yours ~** искрено ваш, ваш предан (*в края на писмо*).

trumpet [ˈtrʌmpit] **I.** *n* **1.** тръба, тромпет; **to blow one's ~** хваля се, саморекламирам се, "бия барабана", правя си реклама; **2.** рупор, слухова тръба (*и* **ear-~**); **3.** тръбен звук; **II.** *v* **1.** тръбя, разтръбявам (**forth**); завъзвестявам; **2.** рева (*за слон*).

trunk [trʌŋk] *n* **1.** стъбло, ствол, пън, дънер; **2.** туловище, труп; **3.** голям куфар, пътнически сандък; **to live in one's ~s** не разопаковам нещите си; постоянно пътувам.

trust [trʌst] **I.** *n* **1.** доверие, вяра; доверчивост; **to have (put, repose) ~ in** доверявам се на, имам доверие в; **2.** надежда, упование; увереност; **3.** *търг.* кредит; **II.** *v* **1.** доверявам се (на), вярвам (на), поверявам (на); **a man not to be ~ed** човек, на когото не може да се вярва; **2.** поверявам; **3.** надявам се (на), уповавам се (на, в).

truth [tru:θ] *n* (*pl* **~s** [ðz]) **1.** истина; **2.** правдивост, истинност; **3.** действителност.

truthful [ˈtru:θful] *adj* **1.** правдив, честен; **2.** верен, правилен, истински.

try [trai] *v* **1.** изпитвам, опитвам, пробвам; **to ~ one's hand at** (*с ger*) опитвам се да; **2.** измъчвам; поставям на изпитание; **3.** опитвам се, старая се, мъча се.

tsar [tsa:] *n* цар.

T-shirt [ˈtie:ʃə:t] *n* тениска.

tuba [ˈtju:bə] *n муз.* туба, голяма басова тръба.

tube [tju:b] **I.** *n* **1.** тръба, цев; туба; **a ~-fed patient** болен на изкуствено хранене (*със сонда*); **2.** тунел, подземна железница, метро (*и* **~-railway**); **3.** *радиотех.* електронна лампа; **II.** *v* **1.** затварям в тръба; **2.** придавам тръбовидна форма на; **3.** *разг.* возя се в метро.

Tuesday [ˈtju:zdi] *n* вторник.

tulip [ˈtju:lip] *n бот.* лале *Tulipa*; **~ tree** северноамериканска магнолия.

tune [tju:n] **I.** *n* **1.** мелодия, песен; мотив; **to sing another ~, to change one's ~** *прен.* променям тона, заговорвам другояче, обръщам другата страна, "запявам друга песен"; **2.** *муз.* строй; настройка; **3.** съгласие, хармония, унисон; • **to the ~ of** в размер на, на сума (от); **II.** *v* **1.** настройвам, акордирам; **2.** нагласям, приспособявам; **3.** хармонирам, съгласувам (**with**); привеждам в съответствие с.

tuner [ˈtju:nə] *n* **1.** акордьор; **2.** *радиотехн.* тунер.

tunnel [ˈtʌnəl] **I.** *n* **1.** тунел; **2.** *мин.* галерия; **~ disease** *мед.* миньорска болест, анкилостомоза; **3.** фуния; **II.** *v* пробивам (прокарвам) тунел.

turkey₁ [ˈtə:ki] *n* пуйка; • **to talk ~** казвам истината, без да увъртам.

Turkey₂ *n* Турция; **~ carpet** персийски килим.

Turkish [ˈtə:kiʃ] **I.** *adj* турски; **~ delight** локум, рахатлокум; **II.** *n* **1.** турски език; **2.** тюркски.

Turkman [ˈtə:kmən] = **Turkoman**.

Turkmen [ˈtə:kmen] *n* туркменски език.

Turkoman ['tə:kəma:n] *n* туркмен; тюрк.

turn [tə:n] *v* **1.** въртя (се); обръщам (се); отвръщам (*поглед и пр.*); **to ~ the leaves of a book** прелиствам страници; **2.** обръщам дреха; **3.** извивам се.

turner ['tə:nə] *n* **1.** стругар; **2.** *амер.* акробат; гимнастик.

turnip ['tə:nip] *n* **1.** ряпа; **2.** *sl* голям старинен джобен часовник.

turnover ['tə:n,ouvə] *n* **1.** прекатурване; **2.** промяна; **3.** *икон.* оборот.

turtle$_1$ [tə:tl] *n* гургулица (*обикн.* **~-dove**).

turtle$_2$ **I.** *n* (морска) костенурка; супа от костенурка; **to turn ~** *мор. sl* преобръщам се; **II.** *v* ловя морски костенурки.

turtle-dove ['tə:tldʌv] *n* гургулица, гугутка, гълъбица; *прен.* възлюбен, любим.

twelfth [twelfθ] **I.** *num* дванадесети; **II.** *n* **1.** дванадесета част; **2. the ~** *брит.* 12 август (*начало на лова на яребици*).

twelve [twelv] **I.** *num* дванадесет; **II.** *n* дванадесет предмета, единици и пр., дузина; **the ~** дванадесетте апостола.

twentieth ['twentiiθ] **I.** *num* двадесети; **II.** *n* една двадесета част.

twenty ['twenti] *num* двадесет.

twice [twais] *adv* два пъти, дваж; **to think ~** обмислям добре.

twilight ['twailait] *n* **1.** здрач, сумрак; полумрак; дрезгавина; залез (*и прен.*); **~ sleep** *мед.* упойка при раждане (*за обезболяване*); **2.** *прен.* неясност, неяснота, смътност, тайнственост; **3.** далечно, неясно минало.

twin [twin] **I.** *n* **1.** близнак (*обикн. pl*); **2.** двойник, пълно подобие; **II.** *adj* еднакъв; двоен; съставящ чифт; **~ beds** двойни легла; **III.** *v* (**-nn-**) **1.** раждам (близнаци); близня; **2.** слагам на двойки; съешавам, чифтосвам, съединявам.

twine [twain] **I.** *n* **1.** канап, връв; шнур; **2.** усукване; сплитане; **3.** *pl* извивки; извитост; заплетеност, забърканост; **II.** *v* **1.** вия, увивам, плета, оплитам (*венец и пр.*); **2.** обвивам (се), обгръщам (**round, about**), вия се (*за растение*).

twist [twist] **I.** *v* **1.** засуквам, усуквам, пресуквам, суча; въртя; **2.** вия, свивам, сплитам; **3.** вия се, извивам се (*и за път*); криволича; **II.** *n* **1.** извивка, кривина; изкривяване; **2.** ибришим; **3.** гранка.

two [tu:] **I.** *num* две, двама; **~ by ~** по две (двама); **II.** *n* двама, двойка, чифт; **in ~s** по двама; • **in ~s** в много кратко време.

twofold ['tu:fould] **I.** *adj* двоен, от две части; удвоен; **II.** *adv* двойно; удвоено; два пъти повече.

twopence ['tʌpəns] *n* **1.** два пенса; **not to care ~** отнасям се безразлично; **2.** дреболия.

type [taip] **I.** *n* **1.** тип, вид; *биол.* вид; род, клас, група; **true to ~** типичен, характерен; **2.** типичен представител, образец, модел; прототип; пример; символ; **3.** *рядко* знак, отпечатък; образ, изображение (*върху монета, медал*); **II.** *v* **1.** *рядко* типичен съм, типизирам; символизирам; **2.** пиша на пишеща машина; **3.** *мед.* определям (*кръвна група и пр.*).

typewrite ['taiprait] *v* пиша на пишеща машина.

typic(al) ['tipik(əl)] *adj* **1.** типичен; *биол.* видов; **2.** символичен.

typist ['taipist] *n* машинописец; машинописка.

tyrant ['taiərənt] *n* тиранин, деспот.

tyre ['taiə] *n* гума (*автомобилна и пр.*); **~-gauge** манометър за гуми.

U

U, u [ju:] **I.** *n* (*pl* **Us, U's** [ju:z]) буквата **U**; **II.** *adj* U-образен, подковообразен; **U-bolt** болт във формата на U; **U.P** = **up**.

UFO ['ju:'ef'ou] (*pl* **UFOs, UFO's**) НЛО, *особ.* летяща чиния.

ugly ['ʌgli] *adj* **1.** грозен, уродлив, неприятен, противен; **2.** отвратителен, гнусен; безобразен; **3.** опасен, застрашителен; заплашителен; ~ **wound** опасна (лоша) рана.

Ukraine [ju'krein] *n* (**the** ~) Украйна.

Ukrainian [ju'kreiniən] **I.** *adj* украински; **II.** *n* **1.** украинец; **2.** украински език.

ukulele ['ju:kə'leili] *n* хавайска китара.

ulcer ['ʌlsə] *n* язва; *прен.* язва, зло, поквара, развала.

ultimate ['ʌltimit] **I.** *adj* **1.** най-последен, най-краен; най-далечен; **2.** последен, краен, решителен; окончателен; **3.** основен, първичен, елементарен (*за принцип и пр.*); ~ **particle** *физ.* елементарна частица; **II.** *n* **1.** последен резултат; **2.** основен принцип; решаващ факт.

ultimatum [,ʌlti'meitəm] *n* ултиматум.

ultra-violet ['ʌltrə'vaiəlit] *adj* = **UV** ултравиолетов.

umbrella [ʌm'brelə] **I.** *n* **1.** чадър; **2.** тяло на медуза; **3.** *прен., ав.* гъста стрелба за прикритие от неприятелски самолети; **II.** *adj* **1.** чадърест; **2.** широк, всеобхватен; ~ **legislation** *амер.* законодателство, което обхваща редица близки положения.

umpire ['ʌmpaiə] **I.** *n* посредник, арбитър; *сп.* съдия, рефер; **II.** *v* **1.** посреднича; изпълнявам арбитърска служба (**for**); **2.** *сп.* реферирам.

unable ['ʌn'eibl] *adj* **1.** неспособен; **2.** *поет.* слаб, немощен, безсилен.

unanimous [ju'næniməs] *adj* единодушен, единогласие.

unbutton [ʌn'bʌtn] *v* разкопчавам, откопчавам.

uncertain [ʌn'sə:tn] *adj* **1.** несигурен, неуверен, съмнителен; **2.** нестабилен, неустановен, непостоянен, капризен; **3.** неопределен; изменчив, ненадежден.

uncle [ʌŋkl] *n* **1.** чичо, вуйчо, свако; **2.** *sl* собственик на заложна къща; • **Welsh** ~ далечен роднина.

uncomfortable [,ʌn'kʌmfətəbl] *adj* **1.** неудобен, дискомфортен; **2.** неловък; **he felt** ~ той се почувства неловко.

uncommon [ʌn'kɔmn] **I.** *adj* необикновен, забележителен, изключителен; рядък; особен; **II.** *adv разг.* необикновено, изключително.

unconscious [ʌn'kɔnʃəs] *adj* **1.** несъзнаващ; **2.** в безсъзнание; **3.** несъзнателен, неволен; **the** ~ подсъзнание; подсъзнателното.

uncork [ʌn'kɔ:k] *v* **1.** отпушвам; **2.** *разг.* давам воля на (*чувства*).

undeniable [,ʌndi'naiəbl] *adj* **1.** неоспорим, неопровержим, безспорен; несъмнен; явен; **2.** *рядко* превъзходен.

under ['ʌndə] **I.** prep **1.** под, отдолу под; ~ **one's (very) eyes** под носа ми; пред очите ми; под око, наоколо; **2.** в подножието на; **3.** при, в процеса на; **II.** *adv* долу; надолу; **to bring** ~ подчинявам; **III.** *adj* **1.** долен; по-нисък; ~ **jaw** долна челюст; **2.** подчинен, низш.

underclothes ['ʌndə,klouðz] *n pl*

долни дрехи, бельо.

underestimate I. [ˌʌndəˈestimeit] *v* недооценявам, подценявам; **II.** [ˈʌndə ˌestimit] *n* твърде ниска оценка.

undergo [ˌʌndəˈgou] *v* (**underwent** [ˌʌndə ˈwent]; **undergone** [ˌʌndəˈgɔn]) понасям, изпитвам, претърпявам, бивам подложен на.

undergraduate [ˌʌndəˈgrædjuit] **I.** *n* студент; **II.** *attr* студентски.

underground I. [ˌʌndəˈgraund] *adv* **1.** под земята; **2.** подмолно, тайно; **II.** [ˈʌndəgraund] *adj* **1.** подземен; **2.** подмолен, таен, нелегален, задкулисен; **III.** *n* (**the ~**) **1.** метро, подземна железница; **2.** нелегално движение, нелегална организация; **3.** авангард (*в изкуството*).

underline I. [ˌʌndəˈlain] *v* подчертавам; **II.** [ˈʌndəlain] *n* **1.** линия под дума, фраза (*като знак за емфаза*); обяснителен надпис; **2.** *театр.* съобщение за следваща пиеса (*в края на програма, афиш и пр.*).

undermine [ˌʌndəˈmain] *v* **1.** подкопавам; подмивам бряг (*за море*); **2.** *прен.* подравям, подкопавам, разклащам основите на.

undershirt [ˈʌndəˈʃə:t] *n* долна риза.

underskirt [ˈʌndəˌskə:t] *n* долна фуста.

understand [ʌndəˈstænd] *v* (**understood** [ʌndəˈstud]) **1.** разбирам; **to make oneself understood** изяснявам се добре; **2.** подразбирам, предполагам, досещам се; **3.** научавам, чувам; **to give to ~** давам да се разбере; казвам.

understanding [ʌndəˈstændiŋ] **I.** *n* **1.** разбиране, схващане; **2.** разум; схватливост; **a person of ~** човек с разум; **3.** разбирателство; споразумение; **II.** *adj* съчувствен, отзивчив, с разбиране, разбран, разумен.

understood *вж* **understand**.

understudy [ˈʌndəˌstʌdi] **I.** *n* дубльор; **II.** *v* дублирам, изпълнявам дубльорска роля (**for**).

undertake [ˌʌndəˈteik] *v* (**undertook** [ˌʌndəˈtuk]; **undertaken** [ˌʌndəˈteikən]) **1.** заемам се (с); натоварвам се (с); задължавам се, поемам задължение; **2.** предприемам; **3.** захващам (подемам) спор (борба).

undertaking *n* **1.** [ˌʌndəˈteikiŋ] задача, предприятие, начинание, работа; **2.** [ˈʌndəteikiŋ] професия на собственик на погребално бюро; извършване на погребения; погребално бюро.

undertook *вж* **undertake**.

underwear [ˈʌndəweə] *n* долни дрехи, бельо.

underwent *вж* **undergo**.

undesirable [ˈʌndizaiərəbl] **I.** *adj* нежелателен; неподходящ; **II.** *n* **1.** нежелан човек; **2.** тип, тъмна личност; *pl* нежелателни елементи.

undid *вж* **undo**.

undo [ʌnˈdu:] *v* (**undid** [ʌnˈdid]; **undone** [ʌnˈdʌn]) **1.** развалям, отменям; правя да не е било; разглобявам (*машина, автомобил и под.*) **what is done cannot be undone** станалото станало; **to undo the mischief** поправям злото; **2.** разкопчавам; развързвам; отварям (*пакет и пр.*); **3.** *остар.* погубвам.

undress I. [ˈʌnˈdres] *v* събличам (се); **II.** [ˈʌnˌdres] *n* домашно облекло, неглиже; *воен.* делнична (непарадна) униформа; **III.** *adj* всекидневен, неофициален, делничен (*за облекло*).

undying [ˌʌnˈdaiiŋ] *adj* безсмъртен, вечен; **~ hatred** нестихваща омраза.

uneasy [ʌnˈi:zi] *adj* **1.** комуто не е удобно (е неловко); **to feel ~** неловко (неудобно) ми е; **2.** неловък, стеснителен (*за маниер*); неудобен, неловък (*за положение*); **3.** смутен, стеснен, притеснен.

unemployed ['ʌnim'ploid] **I.** *adj* **1.** незает, неангажиран, свободен; неизползван; **2.** безработен; **II.** *n* (**the ~**) *pl* безработните.

unemployment ['ʌnim'ploimənt] *n* безработица.

unequal ['ʌn'i:kwəl] **I.** *adj* **1.** неравен, нееднакъв (*по големина, качество, тегло и пр.*); зле подбран; различен; **2.** неравен, неправилен, нередовен, аритмичен (*за пулс и пр.*); **3.** неравен, зле съчетан; **II.** *n* неравен.

unexpected [ˌʌniks'pektid] *adj* неочакван; непредвиден; внезапен.

unfamiliar ['ʌnfə'miliə] *adj* **1.** непознат, неизвестен, чужд; непривичен; **2.** незапознат; неопитен (**with** с, в); **to be ~ with something** не познавам нещо.

unfasten [ʌn'fa:sn] *v* развързвам, разкопчавам, освобождавам; отхлабям; **to ~ one's hold** отпускам.

unfit I. ['ʌn'fit] *adj* негоден; неподходящ (**for**); **~ to eat, ~ for food** негоден за ядене; **II.** [ʌn'fit] *v* (**-tt-**) правя негоден (**for**).

unforeseen ['ʌnfɔ:'si:n] *adj* непредвиден, неочакван.

unfortunate [ʌn'fɔ:tʃənit] **I.** *adj* нещастен, злочест, неудачен; **it is ~ that** жалко, че; **II.** *n* нещастник, -ница; неудачник; *остар.* проститутка.

unfortunately [ʌn'fo:tʃənətli] *adv* нещастно; за нещастие, за жалост, за съжаление.

unhappy [ʌn'hæpi] *adj* **1.** нещастен, злочест; **2.** неудачен, несполучлив, неподходящ, неуместен; злополучен; **to be ~ in one's choice of words** не умея да си подбирам думите.

unhealthy [ʌn'helθi] *adj* **1.** болен; нездрав, болезнен (*и прен.*); **2.** нездравословен, нехигиеничен, вреден за здравето; **3.** *sl* опасен.

uniform ['ju:nifɔ:m] **I.** *adj* **1.** еднакъв, един и същ; еднообразен; униформен; **2.** постоянен, непроменлив; **3.** еднороден; **II.** *n* униформа, униформено облекло; **in full (dress) ~** в пълна (парадна) униформа; **III.** *v* обличам в униформа; уеднаквявам.

unintentional [ˌʌnin'tenʃənəl] *adj* неумишлен, неволен.

union ['ju:niən] **I.** *n* **1.** съюз (*и брачен*); обединение; **the U.** обединението на Англия с Шотландия, Великобритания; *амер.* Съединените американски щати; **2.** професионален съюз, трейдюнион; **the European U.** Европейският съюз; **closed ~** профсъюз с ограничен брой членове; **3.** обединение на няколко енории за прилагане закон за подпомагане на бедните; приют за бедни; **II.** *adj* профсъюзен.

unit ['ju:nit] *n* **1.** единица; цяло; **bread ~** купонче (точка, изрезка) за хляб; **2.** единица мярка; мерна единица; **3.** *воен.* част, поделение; подразделение.

unite [ju:'nait] *v* **1.** съединявам (се), свързвам (се); свързвам (се) в брак; **2.** обединявам (се); **to ~ in doing something** обединяваме се, за да направи нещо, всички заедно правим нещо.

united [ju:'naitid] *adj* съединен, обединен; единен; свързан; съвместен, (за)дружен; **the U. Kingdom** Обединеното кралство; Великобритания; **the U. States (of America)** Съединените (американски) щати; **U. Nation** Организация на обединените нации.

unity ['ju:niti] *n* **1.** единство; **the dramatic unities** *лит.* трите единства (време, място, действие); **2.** съгласие, хармония; сплотеност, дружба; **3.** *мат.* единица.

universal [ˌju:nivə:sl] **I.** *adj* **1.** световен, всемирен, всесветски; всеобщ; универсален; **2.** (все)общо; широкоразпространен; общоприет; **II.** *n* **1.** *лог.* общо изказване; **2.** *филос.* обща идея; общ термин.

universe [ˈju:nivə:s] *n* **1.** мир, вселена, космос; **2.** човечеството; населението на Земята.

university [ˌju:niˈvə:siti] *n* университет; *attr* университетски, висш; **to be a ~ man** имам висше образование.

unknown [ˈʌnˈnoun] **I.** *adj* непознат, неизвестен (**to**); **~ quantity** *мат.* неизвестна величина (*и прен.*); **II.** *n:* **the ~** неизвестното (*и мат.*); неизвестността; **the Great U.** прозвище на Уолтър Скот, преди да се разкрие кой се крие зад псевдонима му.

unlabel(l)ed [ˌʌnˈleibəld] *adj* неотбелязан, неозначен, небелязан.

unlaboured [ʌnˈleibə:d] *adj* лек, непринуден (*за стил*); постигнат без усилие.

unlade [ˈʌnˈleid] *v* (**unladed** [ʌnˈleidid]; **unladen** [ʌnˈleidən]) разтоварвам; свалям (*товар*); **to ~ o.'s mind of something** освобождавам се от грижа за него; **~n with anxieties** необременен от грижи, без грижи.

unlaid [ʌnˈleid] *adj* **1.** който още не е сложен (*за маса и пр.*); **2.** неспокоен, неуспокоен; **3.** без успоредни водни знаци.

unladylike [ˈʌnˈleidilaik] *adj* неподобаващ на възпитана жена, на дама (на жена от добро общество); просташки, неприличен; неженствен.

unlash [ʌnˈlæʃ] *v* развързвам.

unlatch [ʌnˈlætʃ] *v* отключвам (*врата и пр.*).

unless [ʌnˈles] *cj* ако не, освен ако; **~ and until** докато не.

unlikely [ʌnˈlaikli] **I.** *adj* **1.** невероятен, малко вероятен; неправдоподобен; **a most ~ place** най-неочаквано място; **2.** от който малко може да се очаква нещо; необещаващ; **II.** *adv* едва ли.

unlimited [ʌnˈlimitid] *adj* неограничен; безграничен, безпределен, безкраен; **you can have ~ beer** може да пиете бира колкото искате.

unload [ʌnˈloud] *v* **1.** разтоварвам (се); **2.** изпразвам (*оръжие*); *ав.* хвърлям си бомбите; **3.** отървавам се от, хързулвам, пробутвам; продавам (акциите си); **to ~ one's heart** откривам сърцето си, изказвам си мъката.

unlucky [ʌnˈlʌki] *adj* **1.** нещастен, кутсуз, без късмет; неудачен; **to be ~** нямам късмет; **2.** нещастен; който носи нещастие; **3.** ненавременен.

unmarried [ʌnˈmærid] *adj* неоженен, неомъжена.

unmerciful [ʌnˈmə:siful] *adj* немилостив, безмилостен, безжалостен; ◇ *adv* **unmercifully**.

unmoved [ˈʌnˈmu:vd] *adj* **1.** непреклонен; равнодушен; **to be ~ by** не се трогвам от; **2.** непокътнат, непобутнат, непреместен, неподвижен.

unnatural [ʌnˈnætʃərəl] *adj* **1.** неестествен, престорен; необичаен, странен; **2.** противоестествен, чудовищен.

unnecessary [ʌnˈnesisri] *adj* ненужен, излишен.

UNO *abbr* **(United Nations Organization)** ООН (Организация на обединените нации).

unpack [ˈʌnˈpæk] *v* **1.** разопаковам; изваждам (*от куфар и пр.*); **2.** разшифровам; **3.** облекчавам.

unpleasant [ʌnˈplezənt] *adj* неприятен; противен, отблъскващ.

unpopular ['ʌn'pɔpjulə] *adj* непопулярен; който не се ползва с любов (одобрение) (**with** сред).

unprecedented [ʌn'presidentid] *adj* без прецедент; безпрецедентен; безпримерен; несравним.

unprotected ['ʌnprə'tektid] *adj* **1.** незащитен; беззащитен; **2.** открит, неукрепен (*за град и пр.*); **3.** незащитен с вносни мита.

unreasonable [ʌn'ri:zənəbl] *adj* **1.** неразумен, неблагоразумен, безразсъден; **2.** прекомерен, несъобразен, твърде висок (*за цена и пр.*).

unrestricted ['ʌnris'triktid] *adj* неограничен, свободен; **~ road** път, по който не се ограничава скоростта на превозните средства.

unscrew ['ʌn'skru:] *v* развинтвам (се), отвинтвам (се).

unsettled ['ʌn'setld] *adj* **1.** несигурен, нестабилен; променчив, променлив; неустановен; **2.** неразрешен, неуреден (*за въпрос*); неуреден, неплатен (*за сметка*); **3.** без определено местожителство; неуседнал.

unskilled ['ʌn'skild] *adj* неквалифициран; **~ labour** общи работници, неквалифицирана работна ръка; черна работа.

unsuccessful ['ʌnsək'sesful] *adj* неуспешен; безуспешен; неуспял, пропаднал (*за кандидат и пр.*); **to be ~** не успявам.

untie ['ʌn'tai] *v* развързвам, отвързвам; освобождавам.

until [ʌn'til] **I.** *prep* до; **II.** *cj* докато.

untimely [ʌn'taimli] **I.** *adj* **1.** ненавременен; несвоевременен; преждевременен; **2.** неуместен; **II.** *adv* **1.** не навреме; ненавременно; преждевременно; **2.** не намясто, неуместно.

unusual [ʌn'ju:ʒuəl] *adj* необикновен, необичаен, странен, рядък; забележителен.

unwell [ʌn'wel] *adj* неразположен, болен, нездрав.

unwilling ['ʌn'wiliŋ] *adj* несклонен; неохотен; неблагоразположен; **I am ~ that he should go (for him to go)** не съм съгласен (не ми се ще) той да отиде.

unwind ['ʌn'waind] *v* (**unwound** ['ʌn' waund]) развивам (се), размотавам (се), развъртам (се).

unwinking ['ʌn'wiŋkiŋ] *adj* **1.** който не мига, широко отворен (*за очи*); немигащ, с широко отворени очи, с фиксиран поглед; **2.** *рядко* бдителен.

unwisdom ['ʌn'wizdəm] *n* глупост, неблагоразумие.

unwise [ʌn'waiz] *adj* глупав, неблагоразумен, неразумен; ◇ *adv* **unwisely**.

unwitnessed ['ʌn'witnist] *adj* **1.** невидян от никого; извършен без свидетели; незабелязан; **2.** непотвърден от свидетелски показания; **3.** неподписан от свидетели.

unwrap [ʌn'ræp] *v* (**-pp-**) развивам, разгъвам, отварям (*пакет и пр.*).

unzip [ʌn'zip] *v* (**-pp-**) **1.** отварям, разкопчавам цип (*на дреха*); **2.** пречупвам, преодолявам (*съпротива*); **3.** разрешавам задача; завършвам (*нещо*) успешно.

up [ʌp] **I.** *adv* **1.** нагоре, горе; погоре; **they live three flights ~** те живеят три етажа по-горе; **2.** вдигнат; станал, на крака; не в леглото; **3.** покачен, повишен, увеличен (*за температура, цени и пр.*); • **~ and coming** *амер.* 1) енергичен, предприемчив; 2) (много)обещаващ; **II.** *prep* **1.** (горе) на; (нагоре) по; в посока към; срещу, против; **to walk ~ the mountain** изкачвам се по планината; **2.** към вътрешността (*на страната*); **III.** *adj* **1.** нанагорен; който се изкачва; **on the ~ grade** нанагорен, изкачващ се; **2.** който отива към по-голям център (столица) или на север (*особ. за влак*); **3.** пенлив, газиран (*за напитка*).

upbringing ['ʌp,briŋgiŋ] *n* възпитание.

upcountry ['ʌp'kʌntri] **I.** *n* вътрешността на страната; вътрешните райони на страната; **II.** *adj* **1.** който се намира във вътрешността на страната (*не на морския бряг*); **2.** *пренебр.* прост, непокварен; **III.** *adv* към вътрешността на страната.

upcut ['ʌp'kʌt] *n* горна насечка на пила.

update ['ʌpdeit] **I.** *v* осъвременявам; модернизирам; актуализирам, обновявам; **II.** *n* **1.** модернизация; **2.** нов факт; **3.** последна новина.

updating ['ʌpdeitiŋ] *n* актуализиране, обновяване, модернизиране.

upland ['ʌplænd] **I.** *n* височина, възвишение; хълмиста (планинска) местност; *pl* планинска част (*на дадена страна*); **II.** *adj* планински.

uplift **I.** [ʌp'lift] *v* **1.** издигам, вдигам, повдигам (*настроение*); **2.** *прен.* възвишавам; **II.** ['ʌplift] *n* **1.** издигане, повдигане, вдигане; **2.** *геол.* разместване на пластовете, възсед; **3.** *ам.* облагородяващо влияние; вдъхновение.

upload [ʌp'loud] *v комп.* прехвърляне на данни (*от клиент към сървър в мрежа*).

upon [ə'pɔn] *prep* на, върху; **~ the floor** на пода; **~ my word!** честна дума! ей-богу!; **Christmas is almost ~ us** Коледа наближава (е пак при нас).

upper ['ʌpə] **I.** *adj* горен; по-висш; **~ circle** втори балкон (*в театъра*); **II.** *n* **1.** горница (*на обувки*); **to be down on one's ~s** *разг.* закъсал съм; притиснат съм от обстоятелствата; **2.** *pl* гетри, гамаши (*от плат*); **3.** *амер.* горно легло (*във вана*).

upright **I.** ['ʌprait] *adj* **1.** прав, изправен, вертикален, отвесен; **an ~ piano** пианино; **2.** честен, почтен; **II.** *n* отвесна подпора, колона; **III.** *adv* ['ʌp'rait] право, изправено, вертикално, отвесно.

uproar ['ʌprɔ:] *n* **1.** врява, шум и бъркотия; **2.** вълнение, безпорядък; **the town was in an ~** градът беше с главата надолу.

upset [ʌp'set] **I.** *v* (**upset**) **1.** (пре)обръщам (се), прекатурвам (се); **2.** свалям (*правителство*); **3.** объркback, разстройвам, нарушавам (*планове и пр.*); **II.** *n* **1.** обръщане, прекатурване; **2.** вълнение, смущение; **3.** кавга, недоразумение, спречкване; **III.** *adj* **1.** преобърнат, прекатурен; **2.** разтревожен, развълнуван; разстроен (*и за стомах*); **3.** ['ʌpset]: **~ price** най-ниската цена, определена предварително при търг.

upside, up side ['ʌpsaid] *n* **1.** горна страна или част; **2.** *жп* линия или перон, по който пътуват (на който спират) влаковете за столицата.

upside-down ['ʌpsaid'daun] *adv* наопаки, в безпорядък; *прен.* с главата надолу.

upstair(s) ['ʌpsteə(z)] **I.** *adj* който се намира на горния етаж; **an ~ room** стая на горния етаж; **II.** *adv* (**upstairs**) на горния етаж, горе; *ав.* на голяма височина, във въздуха; **III.** *n* **1.** най-горната част на сграда; **2.** човек, който живее на горния етаж.

upstream ['ʌpstri:m] **I.** *adv* нагоре по течението; срещу течението; **II.** *adj* който се движи (плава) нагоре по течението; който е разположен нагоре по течението.

upsurge ['ʌpsə:dʒ] **I.** *n* подем; ръст, повишение; **II.** *v* надигам се, повишавам се.

upsweep I. ['ʌpswi:p] *n* **1.** възвишение, стръмен склон; **2.** сресана назад коса; **3.** подем, раздвижване; **II.** ['ʌp'swi:p] *v* издигам (се) нагоре; сресвам косата си назад и нагоре.

upswing ['ʌpswiŋ] *n* възстановяване, възвръщане, съвземане.

up-to-date ['ʌptə'deit] *adj* **1.** модерен, най-нов; съвременен; съобразен със съвременните изисквания; **2.** съдържащ последни сведения.

uptown ['ʌp'taun] *амер.* **I.** *adv* към жилищната част на града; **II.** *n* който се намира в жилищната част на града; жилищни квартали.

upturn [ʌp'tə:n] **I.** *v* **1.** (пре)обръщам (*почва и пр.*); **2.** издигам (*очи и пр.*); **II.** *n* **1.** преобръщане (*и прен.*); прелом; **2.** покачване; нарастване (*на цени*); подобрение (*на условия*).

upwards ['ʌpwədz] *adv* нагоре; **and ~** и повече.

urban ['ə:bn] *adj* градски; **~ district** околия, административна секция със седалище в град(че).

urbanize ['ə:bənaiz] *v* превръщам в град, предавам градски характер на; урбанизирам.

urchin ['ə:tʃin] *n* **1.** палавник, хлапак; **2.** *диал.* таралеж; **3.** морски таралеж (*и* **sea- ~**).

Urdu [ə:'du:] *n* езикът урду.

urea ['juəriə] *n хим.* урея.

uredo [juə'ri:dou] *n* **1.** вид плесен по растенията; **2.** *мед.* сърбеж като при копривна треска.

urge [ə:dʒ] **I.** *v* **1.** подтиквам, карам (*често с* **on**); **2.** настоявам пред, подтиквам, убеждавам, подстрекавам; увещавам; **to ~ someone to action** подтиквам някого към действие (да действа); **3.** обръщам внимание на, настоявам за; изтъквам, наблягам на; **II.** *n амер.* импулс; тласък, подтик.

urgent ['ə:dʒənt] *adj* **1.** неотложен, бърз, срочен, спешен; крайно необходим; **2.** настоятелен, настойчив, упорит.

urger ['ə:dʒə] *n* подстрекател, -ка (*и* **~ on**).

uric ['juərik] *adj хим.* пикочен.

urinal ['juərinəl] *n* **1.** писоар; **2.** подлога.

urine ['juərin] *n* урина, пикоч.

urn [ə:n] **I.** *n* **1.** урна; **2.** самовар, кафеварка; **II.** *v рядко* слагам (запазвам) в урна.

urticaceous [,ə:ti'keiʃəs] *adj бот.* от семейството на копривата.

urticaria [ə:ti'kɛəriə] *n* уртикария, копривна треска.

Uruguay ['urugwai] *n* Уругвай.

use I. ['ju:s] *n* **1.** употреба, употребление, (из)ползване; **in ~** в употреба; **2.** възможност за използване (да си служа), право да използвам; **3.** нужда; **II.** [ju:z] *v* **1.** употребявам, използвам (**as, for** за); служа си с, послужвам си с, услужвам си с; възползвам се от; **2.** отнасям се към, третирам (*някого*); **how's the world been using you lately?** *разг.* как си напоследък? **3.** изразходвам (*и с* **up**), изчерпвам; използвам докрай; **to feel ~d up** чувствам се съвсем изтощен.

used *adj* **1.** [ju:st] навикнал, привикнал, свикнал (**to**); **to get ~** навиквам, привиквам, свиквам, добивам навик; **2.** [ju:zd] употребен, износен, изразходван; унищожен (*за марка*); **3.** *техн.* обработен.

useful ['ju:sful] *adj* **1.** полезен, от полза (**to, for**); **the ~ arts** полезните изкуства; **2.** *sl* добър, способен, сръчен, похватен.

useless ['ju:slis] *adj* **1.** безполезен; негоден за нищо; **protest is ~** няма полза от протестиране; **2.** *sl* недобре; в лошо настроение.

user ['ju:zə] *n* **1.** човек, който си

служи с (се ползва от, използва) нещо (**of**); **2.** консуматор, потребител, купувач; **3.** *юрид.* ползване; **right of ~** право на ползване; право по давност; право на достъп.

usher ['ʌʃə] **I.** *n* **1.** вратар; **2.** разпоредител (*в театър, кино*); **3.** разсилен (*в съдилище*); **II.** *v* **1.** предшествам, водя, въвеждам (**in**); **to ~ into the presence of** въвеждам при; **2.** известявам за, възвестявам, обявявам.

usual ['ju:ʒuəl] *adj* обикновен, обичаен; **as ~** както винаги, според обичая си.

usufruct ['ju:sjufrʌkt] *adj* плодоползване, узуфрукт.

usufructuary [ˌju:sju'frʌktʃuəri] **I.** *adj* който се отнася до плодоползване; **II.** *n* човек, който се ползва от узуфрукт.

usurer ['ju:ʒərə] *n* лихвар.

usurpation [ˌju:zə:'peiʃən] *n* узурпиране, заграбване, присвояване, похищаване.

usurper [ju:'zə:pə] *n* узурпатор, похитител.

utensil [ju:'tensl] *n* съд, прибор; принадлежност; **kitchen ~s** кухненски прибори.

uterine ['ju:tərain] *adj* утробен; **~ brother** едноутробен брат.

utilitarian [ˌju:tili'tɛəriən] **I.** *n* утилитарист; **II.** *adj* утилитаристичен; функционален; практичен; **~ flat** функционален апартамент.

utilitarianism [ˌju:tili'tɛəriənizm] *n* утилитаризъм.

utility [ju:'tiliti] *n* **1.** полезност, полза; **of public ~** от обществена полза, народополезен; **2. (public) utilities** комунални (обществени) услуги; предприятия за комунални услуги; **3.** *театр.* актьор, който изпълнява всякакви малки роли (*и* **~ man**).

utilize ['ju:tilaiz] *v* използвам, служа си с, употребявам.

utmost ['ʌtmoust] **I.** *adj* **1.** най-далечен, най-отдалечен, краен; **the ~ limit** крайният предел; **2.** краен, най-голям, най-висок; **II.** *n* най-многото, всичко възможно; **to the ~** до краен предел.

utter₁ ['ʌtə] *v* **1.** издавам (*звук*), изпускам (*въздишка*); **2.** изказвам, изразявам, изричам, издумвам, продумвам, проговарям, произнасям; **3.** пускам (*в обращение*), емитирам.

utter₂ *adj* **1.** пълен, абсолютен, безусловен, съвършен, решителен, категоричен, краен; **an ~ stranger** съвсем непознат (чужд) (**to**); **2.** : **~ barrister** младши адвокат; **3.** странен, чудноват.

utterance ['ʌtərəns] *n* **1.** изказване, изразяване, изричане; **to give ~ to** изказвам, изразявам с думи; давам израз (воля) на; **2.** изговор, начин на изговаряне, дикция, учленяване, произношение; дар слово; **defective ~** лош изговор; **3.** изказване, слово, реч; *pl* думи, изказвания; **public ~** изявление, декларация; • **to the ~** докрай, до смърт.

U-turn ['ju'tə:n] *n* **1.** завой в обратна посока; **you can't do a ~ here** не можеш да завиеш тук в обратна посока; **2.** рязка промяна, обрат.

uvula ['ju:vjulə] *n* (*pl* **-ae** [i:]) *анат.* мъжец.

uvular ['ju:vjulə] *adj* който се отнася до мъжец; *ез.* увуларен.

uxorial [ʌk'sɔ:riəl] *adj* който е на, характерен за съпруга.

uxoricide [ʌk'sɔrisaid] *n* убийство на съпруга.

uxorious [ʌk'sɔriəs] *adj* който обича (слуша) много жена си.

Uzbek [uz'bek] **I.** *n* **1.** узбекистанец; **2.** узбекски език; **II.** *adj* узбекски.

V

V, v [vi:] **I.** *n* **1.** буквата **v**; **2.** нещо с формата на буквата **v**; **3.** *амер., разг.* петдоларова банкнота; **II.** *adj тех.* като буквата **v** по форма; конусообразен, конусовиден.

vacancy ['veikənsi] *n* **1.** пустота, празно пространство (място), празнота, празнина, непълнота, пропуск; **to stare into ~** *разг.* блея, зяпам (гаргите); **2.** свободно, незаето, вакантно място; **3.** безучастие, равнодушие, апатия, апатичност; разсеяност.

vacant ['veikənt] *adj* **1.** празен, пуст, незает, ненаселен, необитаем, свободен, вакантен; **~ hours** свободни часове; **2.** празен, незает с нищо, празноглав, глупав, тъп, безсмислен, апатичен, равнодушен; разсеян, блуждаещ, безучастен, празен (*за поглед*); **3.** празен, бездеен; • **~ possession** заемане веднага (*израз, употребяван в обяви*).

vacation [və'keiʃən] **I.** *n* **1.** напускане, оставяне, опразване, освобождаване, овакантяване; **2.** (училищна, съдебна) ваканция; **the long (summer) ~** лятната ваканция; **3.** *амер.* отпуска; **II.** *v* вземам (излизам в) отпуска.

vaccinate ['væksineit] *v* ваксинирам.

vacuum ['vækjuəm] **I.** *n* (*pl* **vacua** [-kjuə], **-ums**) **1.** празно пространство, вакуум; **nature abhors a ~** природата не търпи празно пространство; **2.** безвъздушно пространство, вакуум; **3.** *прен.* пустота, тъпота; неинтелигентност; **II.** *v* почиствам с прахосмукачка.

vade-mecum ['veidi'mi:kəm] *n* (джобен) справочник, наръчник; пътеводител.

vagarious [və'gεəriəs] *adj* капризен, непостоянен, променлив, колеблив.

vagary [və'gεəri] *n* каприз, прищявка, приумица, случайно хрумване.

vagrancy ['veigrənsi] *n* **1.** скитничество, чергарство; скитнически (чергарски) живот; **2.** *ам.* безцелни мисли, блуждаене, лутане; замечтаност, блянуване, сънуване наяве, унесеност.

vague [veig] *adj* неопределен, неясен, смътен, съмнителен, двусмислен; **~ hopes** неопределени надежди.

vain [vein] *adj* **1.** празен, пуст, безсмислен, безсъдържателен; лъжлив, лъжовен; **~ boasts (hopes)** празни хвалби (надежди); **2.** напразен, безпредметен, неоснователен; безплоден, безполезен, безрезултатен; **3.** суетен, горд, самомнителен, горделив.

vainglorious [vein'glɔ:riəs] *adj* тщеславен, славолюбив; който обича да се хвали, самохвалко, хвалипръцко.

vainly ['veinli] *adv* **1.** напразно; **2.** суетно.

vale$_1$ [veil] *n* **1.** *поет. и в геогр. имена* дол, долина; **2.** канал за изтичане на вода.

vale$_2$ ['veili] *лат.* **I.** *int* сбогом, прощавай(те); **II.** *n* прощаване; **to say (take) one's ~** прощавам се.

valid ['vælid] *adj* **1.** валиден, действителен; който има законна сила; **~ for three months** валиден за три месеца; **2.** обоснован, тежък, сериозен (*за довод, възражение и пр.*).

valise [və'li:z] *n* **1.** *амер., остар.* куфар, куфарче, чанта; **2.** *воен.* войнишка торба.

valley ['væli] *n* **1.** долина; **2.** *архит.*

улама, водоотвеждаща ламарина (*на покрив*).

valour ['vælə] *n* храброст, доблест, мъжество, юначество.

valse [va:ls] *n* (= **waltz**) валс (*особ. концертно изпълнение*).

valuable ['væljuəbl] **I.** *adj* **1.** ценен, скъпоценен; **2.** *рядко* който може да бъде оценен, оценим; **a service not ~ in money** услуга, която не може да се оцени с пари, неоценима услуга; **II.** *n* (*pl*) ценности.

valuate ['væljueit] *v* оценявам, обстойностявам.

value ['vælju:] **I.** *n* **1.** ценност, цена, полза; **to learn the ~ of** разбирам колко е ценен; **2.** стойност; **3.** равностойност, равноценност, еквивалент; **II.** *v* **1.** ценя, оценявам, пресмятам, изчислявам; **to ~ high, low** ценя високо, ниско; **2.** ценя (високо), скъпя, имам високо мнение за.

valve [vælv] **I.** *n* **1.** *техн.* клапа, клапан, вентил; **2.** раковина, черупка на мида (стрида); **3.** *бот.* преградка (*на семенна кутийка*); **II.** *v* **1.** отварям клапа (*за пускане на газ*); **2.** слагам клапа на.

vampire ['væmpaiə] *n* **1.** вампир; **2.** *зоол.* вампир (*и* **~ bat**) *Desmodus*; **3.** *прен.* кръвопиец.

van$_1$ [væn] *n* авангард (*и прен.*); **in the ~ of** в авангарда (предните редици) на.

van$_2$ **I.** *n* **1.** фургон (*и* **luggage-~, guard's ~**); **2.** (покрита) кола за пренасяне, фургон (*и* **removal ~**); **3.** кола за превозване на затворници (*и* **prison ~, felon's ~**); **II.** *v* (**-nn-**) карам (возя, превозвам, пренасям с, транспортирам с) кола.

van$_3$ **I.** *n* **1.** *строит.* веялка, веячка; **2.** *остар., поет.* крило; **II.** *v* (**-nn-**) проверявам качеството на руда.

vandalism ['vændəlizm] *n* вандализъм, вандалщина, варварщина, нецивилизованост, примитивност.

vandalize ['vændəlaiz] *v* постъпвам варварски с, повреждам, унищожавам (*произведения на изкуството*); обезобразявам (*местност*).

vanguard ['vænga:d] *n* авангард (*и прен.*); *прен.* преден (член) отред.

vanish ['væniʃ] *v* **1.** изчезвам (изведнъж), загубвам се, скривам се от погледа; **to ~ from sight** скривам се от погледа; **2.** *мат.* приближавам се до нула, клоня към нула.

vanity ['væniti] *n* **1.** суета, суетност, пустота; външен блясък; **~ fair** панаир на суетата, висшето общество; **2.** самомнение, славолюбие, тщеславие.

vantage ['va:ntidʒ] *n* **1.** превъзходство; **to have (hold) at a (the) ~** имам предимство пред, притискам до стената; **2.** *сп.* (*в тениса*) "пак", "отново" ("авантаж").

vapor *амер.* = **vapour**.

vapour ['veipə] **I.** *n* **1.** пàра; **water ~** водна пàра; **2.** мъгла, изпарения; **3.** нещо недействително, химера, илюзия, фантазия; **II.** *v* **1.** *рядко* изпарявам се; **2.** говоря врели-некипели; **3.** хваля се, фукам се, перча се, надувам се.

variant ['veəriənt] **I.** *adj* **1.** различен, друг; **~ reading** вариант, друга версия (*в ръкопис*); **2.** разни, различни, разнообразни; **3.** променлив; **II.** *n* вариант; варианта.

variety [və'raiəti] *n* **1.** разнообразие, многостранност; **for the sake of ~** за разнообразие; **2.** ред, редица, множество; **3.** разновидност, вид, вариетет (*и биол.*); **varieties of plants** растения, различни по вид; **rare varieties of stamps** редки видове марки.

various ['veəriəs] **I.** *adj* **1.** разни, различни, разнообразни, много; **for**

~ **reasons** по различни причини; **2.** разнообразен, разностранен; **II.** *n разг.* някои (хора).

vary ['veəri] *v* **1.** меня, променям, изменям, видоизменям; разнообразявам; **to ~ one's diet** разнообразявам храната си; **2.** *муз.* въвеждам вариации; **3.** варирам, меня се, променям се, видоизменям се.

vas [væs] *n анат.* (*pl* **vasa** ['veisə]) съд, канал.

vascular ['væskjulə] *adj мед.* васкуларен, съдов; ~ **system** кръвоносна система.

vase [va:z] *n* ваза; ~ **of flowers** ваза с цветя.

vaseline ['væsili:n] *n* вазелин.

vast [va:st] **I.** *adj* **1.** обширен, просторен, пространен, грамаден, огромен, много голям; ~ **plain** обширна равнина; **2.** широк, пълен, изчерпателен, всестранен; **3.** *разг.* голям; **II.** *n поет.* шир, простор.

vat [væt] **I.** *n* (голяма) бъчва, каца; вана; цистерна; **fermenting-~** ферментационен съд; **II.** *v* (**-tt-**) слагам (подлагам на някакъв процес) в бъчва.

vatic ['vætik] *adj* пророчески, предсказващ, предвещаващ.

Vatican ['vætikən] *n* (**the ~**) Ватиканът.

vault$_1$ [vɔ:lt] **I.** *n* **1.** свод; **the ~ of heaven** небесният свод; **2.** изба, маза, мазе, склад; **3.** (подземна) гробница; **II.** *v* строя във вид на свод; издигам свод над, засводявам (*и* ~ **over**).

vault$_2$ **I.** *v* **1.** скачам (**over, upon**); **to ~ into the saddle** мятам се на седлото; **2.** прескачам (*особ. като се опирам на нещо*); **II.** *n* скок.

veal [vi:l] *n* **1.** телешко месо; **2.** *attr* телешки (*за ястие*).

vector ['vektə] **I.** *n* **1.** *мат.* вектор; ~ **equation** векториално уравнение; **2.** *мед.* носител, разпространител, вирусоносител (*на зараза*); **II.** *v* **1.** направлявам, насочвам (*самолет, ракета*); **2.** *прен.* насочвам към определена точка, по определен начин.

vedette [vi'det] *n* **1.** конен часовой; кавалерийски пост; **2.** разузнавателно корабче (*и* ~ **boat**).

vegetable ['vedʒitəbl] **I.** *adj* **1.** растителен; ~ **colic** колики, причинени от ядене на неузрели плодове; **2.** зеленчуков; **3.** *прен.* скучен, неинтересен, вял; **II.** *n* **1.** зеленчук, зарзават; **green ~s** 1) листни зеленчуци; 2) пресни зеленчуци; **2.** скучен човек; вегетиращ човек.

vegetarian [,vedʒi'teəriən] **I.** *n* вегетарианец; **II.** *adj* вегетариански.

vegetation [,vedʒi'teiʃən] *n* **1.** растителност; флора; зеленина; **2.** растеж, прорастване, кълнене, покълване, проникване, вегетация; ~ **period** вегетативен период; **3.** вегетиране, живуркане.

vehicle ['vi:kl] *n* **1.** превозно средство, кола; **2.** (изразно) средство, проводник, носител (**of, for** *с ger*); **language is the ~ of thought** езикът е средство, чрез което се изразяват мисли; **3.** разтворител, спойка.

veil [veil] **I.** *n* **1.** було, воал, воалетка; фередже, яшмак; покривало, покров, саван; **she wore a ~ in front of her face** тя беше с воал; **2.** завеса, перде; **3.** предлог, претекст, прикритие, було, маска; **II.** *v* **1.** забулвам (се), обвивам с було (воал); обвивам, обгръщам; **2.** скривам, прикривам, забулвам, маскирам; **~ed resentment** прикрито лошо чувство.

vein [vein] **I.** *n* **1.** вена; *разг.* жила, кръвоносен съд; жилка; **2.** жилка (*на лист, на крило на насекомо*); **3.** *мин.* жила; **II.** *v* покривам с жили (жилки).

velocity [vi'lɔsiti] *n* **1.** скорост, бързина; **the ~ of sound** скоростта на звука; **2.** *рад.* честота.

velvet ['velvit] **I.** *n* **1.** кадифе; **2.** мъх на еленов рог; **3.** *sl* полза, печалба, келепир; **to be on ~** процъфтявам, преуспявам; има изгледи да спечеля; **II.** *adj* кадифен, мек (като кадифе); **an iron hand in a ~ glove** желязна ръка в кадифена ръкавица.

velveteen ['velvi'ti:n] *n* **1.** памучно кадифе; **2.** *pl* брич от памучно кадифе; *прен.* пазач (*на дивеч*).

venal ['vi:nəl] *adj* **1.** продажен, подкупен, корумпиран; **2.** користен.

venality [vi'næliti] *n* продажност, подкупност, корупция.

venation [vi'neiʃən] *n* жилки по лист.

vend [vend] *v книж.* продавам; търгувам (*особ. като амбулантен търговец*).

vender ['vendə] *n книж.* продавач, амбулантен търговец (*обикн. в съчет.*); **match ~** продавач на кибрит.

vendetta [ven'detə] *n* вендета, кръвно отмъщение.

veneer [vi'niə] **I.** *v* **1.** покривам с фурнир, фурнирам; **2.** облицовам; **3.** придавам външен блясък (на), замазвам, прикривам, лустросвам; **II.** *n* **1.** фурнир; **2.** облицовка; **3.** външен блясък, лустро, шлифовка.

venerable ['venərəbl] *adj* **1.** почтен, уважаван, многоуважаем; **2.** древен, (много) стар, вековен; **~ ruins** вековни развалини; **3.** *рел.* преподобен; блажен.

vengeance ['vendʒəns] *n* отмъщение, мъст; **to take (inflict) ~ on (upon)** отмъщавам си на; • **with a ~** *разг.* здравата.

vent [vent] **I.** *n* **1.** отвор, дупка, отверстие (*и отгоре на бъчва - за влизане на въздух*); комин; бойница, амбразура, мазгал; отдушник; **2.** клапа (*на духов инструмент*); **3.** азлък, подсип; **II.** *v* **1.** пробивам отвор (дупка) в; **2.** изпускам, изтървавам, изтърсвам; **3.** давам израз (воля) на, изливам; **to ~ one's anger on** изливам си яда върху.

ventilate ['ventileit] *v* **1.** проветрявам; **2.** *мед.* пречиствам (*кръв*) чрез дишане и пр.; **3.** *прен.* подлагам на разискване, разисквам, обсъждам, разглеждам, дебатирам, разяснявам.

ventilation [,venti'leiʃən] *n* **1.** проветряване, вентилация; **2.** *прен.* разискване, обсъждане, разглеждане, дебатиране, разясняване, разяснение.

venture ['ventʃə] **I.** *n* **1.** рискована работа (постъпка), риск, авантюра; **at a ~** на късмет, напосоки; **2.** спекулация; **3.** рискувана сума, заложени пари, миза; **II.** *v* **1.** осмелявам се, решавам се, позволявам си, смея, посмявам, дръзвам; **to ~ an opinion** осмелявам се да изкажа мнение; **2.** рискувам, залагам, поставям на карта; **3.** спекулирам (с).

Venus ['vi:nəs] *n* Венера; **~'s basin (bath, cup)** *бот.* лугачка, чесалка *Dipsacus*.

veranda(h) [və'rændə] *n* веранда, чардак.

verdict ['və:dikt] *n* **1.** *юрид.* решение на съд, присъда, вердикт; **open ~** решение, при което не се посочва престъпникът; **2.** мнение, съждение, решение, присъда.

verge [və:dʒ] **I.** *n* **1.** край, предел; **within the ~** *истор.* в пределите на двореца; **2.** *прен.* край, граница; **3.** тревна ивица (*около леха*); трева (*край път*); **II.** *v* клоня, приближавам се, отивам; гранича **(on)**; **the sun is verging towards the horizon** слънцето клони към хоризонта; **the path ~s on the edge of a**

precipice пътеката води към края на пропаст; **he is verging on forty** той ще навърши скоро четиридесет.

verify ['verifai] *v* **1.** проверявам; **to ~ figures, details** проверявам цифри, подробности (детайли); **2.** потвърждавам; **3.** изпълнявам (*обещание*).

vermicelli [,və:mi'seli] *n* фиде.

verse [və:s] **I.** *n* **1.** стих; стихотворна форма, стихосложение; стихове, поезия; **blank ~** бели стихове; **2.** строфа; **3.** стих от Библията; **II.** *v* **1.** изразявам в стихотворна форма (в стихове); **2.** пиша стихове.

version ['və:ʃən] *n* **1.** версия, редакция, (лично) изложение; (форма на) текст; **2.** вариант; **3.** превод.

vertical ['və:tikəl] **I.** *adj* **1.** вертикален, отвесен; **~ fins** вертикални перки (*на риба*); **2.** *анат.* който се отнася до върха на черепа; **3.** зенитен; • **~ union** *амер.* професионален съюз, който обхваща работници по всички процеси на даден отрасъл; **II.** *n* отвес.

very ['veri] **I.** *adv* **1.** много (*с adv, adj*); **~ good** много добър; добре (съгласен съм); **2.** *средство за усилване*: 1) *при превъзходна степен*; **it is the ~ best thing you can do** това е най-хубавото нещо, което можеш да направиш; 2) *при тържественост или противоположност*; **the ~ same** точно същият; **II.** *adj* **1.** същ, същински, истински, пълен, съвършен; **the veriest coward** най-големият страхливец на света; **2.** самият.

vessel [vesl] *n* **1.** съд, съдина; **leaky ~** *прен.* бъбрица, дърдорко, дрънкало; **2.** плавателен съд, кораб; **3.** *анат.* съд, канал.

vest [vest] **I.** *n* **1.** *амер. или търг.* жилетка; **2.** долна риза, потник; **3.** платка (*отпред на рокля*); **II.** *v* **1.** *прен.* обличам; **to ~ with power** обличам във власт; **2.** *остар.* обличам.

veteran ['vetərən] *n* **1.** ветеран, стар воин; **2.** *амер.* бивш фронтовак, участник във война; **3.** *attr* стар, опитен, врял и кипял; **~ service** дългогодишна служба; • **~s Day** Ден на ветераните — официален празник на САЩ (11.XI.).

veterinary ['vetərinəri] **I.** *adj* ветеринарен; **~ surgeon** ветеринарен лекар; **II.** *n* ветеринар, ветеринарен лекар.

veto ['vi:tou] **I.** *n* (*pl* **-oes**) вето; право на вето; забрана, запрещение; **suspensory ~** вето, с което се отлага изпълнението на нещо, отлагателно вето; **II.** *v* налагам вето на, забранявам.

via ['vaiə] *prep* през.

vibrate [vai'breit] *v* **1.** вибрирам, трептя, треперя, трепкам; тупам, туптя (**with**); **2.** люлея се (*за махало и прен.*); колебая се; **3.** клатя, люлея, движа.

vicar ['vikə] *n* **1.** викарий, свещеник, пастор (*който не получава десетък*); наместник; **clerk (lay, secular) ~** псалт; **V. general** архиерейски наместник; **V. of Jesus (Christ)** папата; **2.** *поет.* заместник.

vice$_1$ [vais] *n* **1.** порок; **he has no redeeming ~** той е прекален светец; **2.** недостатък, дефект, кусур; **3.** лош нрав, недостатък (*на кон*).

vice$_2$**, vise** **I.** *n* **1.** менгеме; **bench ~** менгеме на маса; **2.** силно ръкостискане; **II.** *v* слагам на менгеме, стягам.

vice versa ['vais,və:sə] *adv* обратно; **he blames his wife and ~** той укорява жена си и обратно (и тя него).

vicinity [vi'siniti] *n* **1.** околност, околности, съседство; район; **in the ~ of** близо до, в околността (района) на; **2.** близост (**to**); **3.** родство, роднинство, роднински връзки (**to**).

victim ['viktim] *n* жертва; **~s of a flood (an air-crash)** жертви на наводнение (въздушна катастрофа).

victor ['viktə] *n* **1.** победител; **2.** *attr* победоносен; **~ nations** страни победителки.

Victorian [vik'tɔ:riən] **I.** *adj* викториански, от епохата на кралица Виктория; **II.** *n* викторианец, писател от епохата на кралица Виктория.

victorious [vik'tɔ:riəs] *adj* побèден, победоносен; който е победил, победител; **~ army** армия-победителка.

victory ['viktəri] *n* победа; **narrow ~** едва спечелена победа.

video ['vidiou] *амер.* **I.** *n* **1.** телевизия; **2.** видео; **II.** *adj* отнасящ се до изображения на телевизионен екран или компютърен монитор.

Vietnam ['vietnam] *n* Виетнам.

Vietnamese [vjetnə'mi:z] **I.** *n* виетнамец, (виетнамка); **II.** *adj* виетнамски.

view [vju:] **I.** *n* **1.** гледка, изглед, вид; илюстрована картичка; **~ of the sea** гледка към морето; **2.** гледане, зрително поле, кръгозор; **3.** представа, идея; **II.** *v* **1.** гледам, разглеждам; съзерцавам; **to ~ a spectacle** гледам зрелище; **2.** гледам на, имам дадено отношение към; разглеждам; **3.** *юрид.* правя оглед на.

vigilance ['vidʒiləns] *n* **1.** бдителност, вигилност; **~ committee** *амер.* доброволна организация за поддържане на реда и нравствеността; **2.** *мед.* безсъние, вигилия.

vigorous ['vigərəs] *adj* **1.** силен, мощен, могъщ, енергичен; деен, деятелен; **2.** як, здрав, крепък; **3.** буен, избуял.

village ['vilidʒ] *n* **1.** село; **2.** *attr* селски.

villain ['vilən] *n* **1.** подлец, негодник, негодяй, злодей, престъпник; **the ~ of the piece** главният отрицателен герой (*в драма*); *прен.* главният виновник; **2.** *шег.* мискин; **3.** *остар.* селяк, селяндур.

vine [vain] *n* **1.** лоза (*и* **grape-~**); **2.** пълзящо растение.

vinegar ['vinigə] **I.** *n* **1.** оцет; **2.** *прен.* намръщеност, нацупеност, троснат отговор; **3.** *attr* оцетен; *прен.* кисел, намръщен, нацупен, намусен, сърдит; **~ countenance** кисела физиономия; **II.** *v* слагам оцет на, вкиселявам.

vineyard ['vinjəd] *n* **1.** лозе; **2.** сфера (поле) на дейност.

viola₁ [vai'oulə] *n* *муз.* виола.

viola₂ ['vaiələ] *n* *бот.* (трицветна) теменуга *Viola*.

violate ['vaiəleit] *v* **1.** нарушавам, престъпвам; **to ~ someone's privacy** натрапвам се на някого; **2.** осквернявам, опетнявам, опошлявам, профанирам; **3.** нарушавам, смущавам.

violation [ˌvaiə'leiʃən] *n* **1.** нарушаване, нарушение, престъпване; **2.** оскверняване, опетняване, опошляване, профаниране, профанация; **3.** смущаване.

violence ['vaiələns] *n* **1.** сила, буйност, несдържаност, стремителност, ярост; **2.** буйство; насилие (*и юрид.*); **by ~** с насилие, насилствено.

violent ['vaiələnt] *adj* **1.** силен, много голям, буен, бурен, стихиен, бесен, яростен; **~ efforts** отчаяни усилия; **2.** сприхав, раздразнителен, избухлив; **3.** страстен.

violet ['vaiəlit] **I.** *n* **1.** теменуга, теменужка, виолетка *Viola*; **2.** виолетов (теменужен, морав) цвят; **II.** *adj* виолетов, теменужен, морав; **~ wood** амарантово дърво.

violin [ˌvaiə'lin] *n* **1.** цигулка, виолина; **2.** *attr* за цигулка, виолинен, цигулков; **~ case** калъф за цигулка.

violinist [ˌvaiəˈlinist] *n* виолонист, цигулар.

violoncello [ˌvaiələnˈtʃelou] *n* виолончело.

VIP [ˌvi:aiˈpi:] *abbr* (**very important person**) важна личност, високопоставен държавен служител.

virgin [ˈvə:dʒin] **I.** *n* **1.** девица, мома, девойка, девственица; **the V.** Дева Мария; **2.** (**V.**) = **Virgo**; **II.** *adj* **1.** momински; **2.** девствен; **the V. Queen** кралица Елизабет I; **3.** девствен, целомъдрен, чист, неопетнен, непокътнат, нов, още неупотребен; **~ soil** девствена земя, целина (*и прен.*).

Virgo [ˈvə:gou] *n остар.* Дева (*съзвездие и зодиакален знак*).

virtually [ˈvə:tjuəli] *adv* фактически, всъщност; почти, все едно че.

virtue [ˈvə:tju:] *n* **1.** добродетел; **to follow ~** водя порядъчен живот; **2.** целомъдрие; **3.** достойнство, добро качество.

visa [ˈvi:zə] **I.** *n* виза; **II.** *v* визирам, поставям виза върху паспорт.

visible [ˈvizibl] *adj* **1.** видим; който се вижда; **nothing was ~** нищо не се виждаше; **2.** явен, очевиден.

vision [ˈviʒən] **I.** *n* **1.** зрение; **field of ~** зрително поле; **2.** видение, визия; привидение, призрак; **3.** проникновение, проницателност, прозорливост, предвидливост, далновидност, въображение, поглед; **II.** *v* представям си.

visit [ˈvizit] **I.** *v* **1.** посещавам, навестявам, спохождам, ходя (отивам) на гости (у); гостувам (**at, with**); **to be out ~ing** по визити съм, визитирам (*за лекар*); **2.** инспектирам, ревизирам, проверявам; **3.** сполитам, постигам, налягам, нападам; *библ.* наказвам, отмъщавам за (**on; with**); **II.** *n* **1.** посещение, визита; **to be on a ~** гостувам, на гости съм (**at**); **2.** официално посещение, официална визита.

visiting [ˈvizitiŋ] **I.** *n* посещаване, навестяване, спохождане, гостуване; **to have a ~ acquaintance (be on ~ terms) with** ходим си на гости с; **II.** *adj* гостуващ.

visitor [ˈvizitə] *n* **1.** посетител, гост; пансионер; **~'s book** книга за посетители; **2.** инспектор, ревизор.

visual [ˈviʒjuəl] **I.** *adj* зрителен; **~ aids** нагледни пособия; **II.** *n pl амер.* **1.** снимка, филм, видеолента и пр.; **2.** филм за прожектиране.

vital [vaitl] *adj* **1.** жизнен; **~ power** жизнена енергия; **2.** жизнен, насъщен, съществен (**to**); **3.** жив (*за стил*).

vivid [ˈvivid] *adj* **1.** ярък; жив; **2.** ясен, светъл; **3.** блестящ, бляскав, ослепителен.

vocabulary [vəˈkæbjuləri] *n* **1.** речник; словно богатство; лексика; **2.** вокабулатор, кратък речник към учебник или христоматия.

vocal [voukl] **I.** *adj* **1.** гласов, гласен, вокален; **~ cords** гласни струни, гласилки; **2.** звучен, еклив, звънлив, гласовит, надарен с глас; **3.** *език.* гласен, вокален; **II.** *n* гласен звук, гласна, вокал.

vocation [vɔˈkeiʃn] *n* **1.** призвание, склонност, влечение (**for**); **to mistake (miss) one's ~** сърквам призванието си; **2.** занаят, поминък, професия.

vogue [voug] *n* **1.** мода; **in ~** на мода; **2.** популярност, широка известност (разпространение).

voice [vɔis] **I.** *n* **1.** глас; **a good singing ~** хубав глас; **2.** глас, израз, мнение; **3.** *език.* звучност; **II.** *v* **1.** изразявам (с думи), давам израз (ставам тълкувател) на; **2.** регулирам тона на, акордирам, настройвам; **3.** *език.*

произнасям звучно.

volcano [vɔl'keinou] *n* (*pl* **-oes**) вулкан; **active, dormant, extinct ~** действащ, спящ, угаснал вулкан.

volley ball ['vɔlibo:l] *n* волейбол.

volt₁ [voult] *n спорт* **1.** остро обръщане на кон при езда в манеж, волт; **2.** умело обръщане за отбиване на удар, волт (*във фехтовката*).

volt₂ *n ел.-техн.* волт.

voltage ['voultidʒ] *n ел.-техн.* волтаж.

volume ['vɔlju:m] *n* **1.** том, книга, волюм; **2.** *истор.* свитък; **3.** (*обикн. pl*) маса, количество (**of**); **~s of smoke** кълба дим.

voluntary ['vɔləntəri] **I.** *adj* **1.** доброволен; доброволчески; **2.** поддържан чрез волни пожертвования (дарения); **3.** съзнателен, обмислен, преднамерен, умишлен; **~ waste** съзнателно разсипничество; **II.** *n* **1.** *рел.* соло на орган; **2.** привърженик на движението **voluntaryism**; **3.** музикален номер по избор на изпълнителя (*при конкурс*).

volunteer [,vɔlən'tiə] **I.** *n* доброволец; *attr* доброволчески; **~ plant** саморасло растение, саморасляк; **II.** *v* **1.** предлагам (*помощта, услугите си*), предлагам услугите си, заемам се (наемам се, нагърбвам се) доброволно (**for, to** *с inf*); отзовавам се; обаждам се; **to ~ some information** съобщавам нещо, без никой да ме е молил за това; **2.** постъпвам (*в армията*) като доброволец.

voluptuous [və'lʌptjuəs] *adj* чувствен; похотлив, сластолюбив, сладострастен.

vomit ['vɔmit] **I.** *v* **1.** повръщам, бълвам; **2.** изхвърлям, бълвам, изригвам; **II.** *n* **1.** повръщано, бълвано, бълвоч; **black ~** (черно вещество, повръщано при боледуване от жълта треска); **2.** средство за предизвикване на повръщане, вомитив.

vote [vout] **I.** *n* **1.** глас, гласуване, гласоподаване, вот; **close ~** почти равен брой гласове "за" и "против"; **2.** право на гласуване; **3.** (брой на) гласове; **II.** *v* **1.** гласувам (**for, adainst**); **to ~ straight** *амер.* гласувам за всичките кандидати на своята партия; **2.** признавам (обявявам, смятам, считам) за; **3.** *разг.* предлагам, внасям предложение (**that**).

voter ['voutə] *n* гласоподавател, избирател.

voting ['voutiŋ] *n* гласуване, гласоподаване; **absent ~** *амер.* допускане до гласуване на лица, които в момента на избора се намират извън своята избирателна колегия.

vouch [vautʃ] *v* **1.** поддържам, потвърждавам; **2.** свидетелствам, отговарям (**for**); гарантирам, поръчителствам (**for**); **to ~ for the truth** гарантирам за истинността на.

vow [vau] **I.** *n* обет, тържествено обещание, клетва; **lovers' ~s** клетви за вярност (*на влюбени*); **II.** *v* **1.** обещавам тържествено, заклевам се, заричам се; **to ~ vengeance** заклевам се да си отмъстя; **2.** посвещавам, обричам; **3.** *остар.* давам обет (оброк).

voyage ['voidʒ] **I.** *n* пътешествие, пътуване (*особ. по вода*), плаване (*и* **sea ~**); **II.** *v* плавам, пътувам по море.

vulgar ['vʌlgə] **I.** *adj* **1.** прост, просташки, плебейски, долен, груб, вулгарен; **the ~ herd** обикновеният народ, простолюдието; **2.** народен, роден (*за език*); **3.** широко разпространен, общ (*за заблуда*); **II.** *n* *остар.* простият народ, простолюдието.

vulnerable ['vʌlnərəbl] *adj* уязвим.

vulture ['vʌltʃə] *n* **1.** *зоол.* лешояд; **2.** *прен.* хищник.

W

waffle [wɔfl] **I.** *n* **1.** вафла; **2.** *sl* празни приказки, безсмислици; **II.** *v* **1.** *sl* говоря глупости, безсмислени неща; **2.** *ам.* колебая се, изчаквам.

wage [weidʒ] **I.** *n* **1.** (*обикн. pl*) надница, заплата; **living ~** надница, с която може да се живее, екзистенц минимум; **2.** *остар. обикн. pl* възнаграждение, отплата, възмездие; **3.** *attr* надничен; • **Lawrence bids ~s** нищо не ми се прави, налегнал ме е мързелът; **II.** *v* водя, повеждам (*борба, война*).

waist [weist] *n* **1.** кръст, талия; **down (up) to the ~, ~-high (deep)** до кръста; **2.** по-тясната средна част (*на цигулка и пр.*); стеснение; шийка; гърловина.

waistcoat ['weskət] *n* жилетка.

wait [weit] **I.** *v* **1.** чакам, почаквам **(for)**; очаквам; **to ~ and see** чакам да видя какво ще стане, изчаквам; **2.** готов съм, в очакване съм (**for** на); **3.** прислужвам (при хранене), сервирам (*и* **~ at table) (on)**; **II.** *n* **1.** чакане, очакване; **to lie in ~ for** дебна, вардя, причаквам, правя засада на; **2.** *pl* коледари.

waiter ['weitə] *n* **1.** келнер, сервитьор; **2.** поднос, табла.

waiting ['weitiŋ] *n* чакане, очакване; **lady in ~** (дежурна) придворна дама.

waitress ['weitris] **I.** *n* келнерка, сервитьорка; **II.** *v* работя като сервитьорка.

wake₁ [weik] **I.** *v* (**woke** [wouk], **waked** [weikt], **waked, woken** [woukn]) **1.** будя (се), събуждам (се), пробуждам (се), разбуждам (*и с* **up**); **to ~ up to a fact** осъзнавам (проумявам) някакъв факт; **2.** будя, събуждам, разбуждам, възбуждам; съживявам, раздвижвам, развълнувам; **3.** нарушавам спокойствието (тишината) на, смущавам, огласям; **II.** *n* **1.** храмов празник; **2.** погребална процесия; бдение над мъртвец; софра (*след погребение*).

wake₂ *n мор.* килватер, диря; **to follow in the ~ of** вървя по следите (дирите, петите) на; естествена (неизбежна) последица съм от.

walk [wɔ:k] **I.** *v* **1.** ходя, вървя; ходя (вървя, отивам) пеш; ходя по (из), обикалям, кръстосвам, обхождам; разхождам се (*и с* **about**); **to ~ tall** ходя с гордо вдигната глава; **2.** карам, вървя с обикновен ход (*за пешеходец*); вървя ходом (*за кон*); **3.** преминавам, зминавам, пропътувам; • **to ~ the boards** подвизавам се на сцената; **II.** *n* **1.** ход, ходене, вървеж, вървене; **it is a good (three-mile) ~ to there** дотам има доста път (три мили); **2.** обикновен ход; **3.** ход, походка.

walkabout ['wɔ:kə,baut] *n* неофициална разходка на високопоставена особа сред масите.

walker ['wɔ:kə] *n* **1.** пешеходец; човек, който се разхожда; **I am not much of a ~** не издържам много на път; **2.** паяк, датска проходилка.

walking ['wɔ:kiŋ] **I.** *n* ход, ходене, вървеж, вървене; **II.** *adj* който ходи (върви, се разхожда); **it is within ~ distance** близко е.

Walkman ['wɔ:kmən] *n* уокмен.

walkout ['wɔ:k,aut] *n* **1.** стачка; **2.** (масово) напускане (*на събрание*), демонстративно излизане.

walkway ['wɔ:k,wei] *n* **1.** свързващ пасаж между сгради; **2.** пешеходна алея (пътека, път); **3.** туристически маршрут.

wall [wɔ:l] **I.** *n* стена, зид, дувар; **(blind, dead) ~** гола (сляпа) стена, калкан; • **finger (writing, handwriting) on the ~** предвестник на близко зло, лошо предзнаменование (прокоба); • **off the ~** ексцентричен, нетрадиционен, странен; **II.** *v* ограждам със стена (*и* **~ in, round**).

wallet ['wɔlit] *n* **1.** портфейл; **2.** чанта (*за инструменти и пр.*); **3.** *остар.* торба.

wallow ['wɔlou] **I.** *v* **1.** въргалям се, търкалям се, валям се; *прен.* тъна; **to ~ in self-pity** отдавам се на самосъжаление; **2.** *прен.* обичам, душа давам за (**in**); **3.** *разг.* тъпча се; **II.** *n* локва, тиня.

wallpaper ['wɔ:l,peipə] **I.** *n* **1.** тапети; **2.** стенвестник; **3.** лек, несериозен (*за стил, музика*); **II.** *v* слагам тапети на (в).

Wall Street ['wɔ:lstri:t] *n* Уолстрийт.

walnut ['wɔ:lnʌt] *n* **1.** орех; **2.** орехово дърво; **3.** *attr* орехов.

Walpurgis Night [væl'puəgisnait] *n* Валпургиева нощ.

walrus ['wɔ:lrəs] *n* морж.

waltz [wɔ:ls] **I.** *n* валс; **II.** *v* **1.** валсирам, танцувам, играя валс; **2.** скачам (*от радост и пр.*; *и с* **in, out, round**); **3.** карам някого да валсира, въртя го.

wan [wɔn] **I.** *adj* **1.** блед; изпит, изнурен; **2.** блед, мъждив; **II.** *v* *поет.* натъжавам (се); побледнявам; помръквам.

wand [wɔnd] *n* **1.** жезъл; палка; **magic ~** магическа пръчка; **as if touched with a ~** като по чудо, като с магия; **2.** *остар.* скиптър; **3.** гъвкава (тънка, жилава) пръчка.

wander ['wɔndə] *v* **1.** скитам (се), бродя, странствам (*и с* **about**); **2.** загубвам се, заблуждавам се, отклонявам се; блуждая; **to ~ in one's mind** не съм с ума си; **3.** рея се, блуждая (*за мисли, поглед*).

wane₁ [wein] **I.** *v* намалявам, спадам; чезна; бледнея; **II.** *n* намаляване, спадане; чезнене; **to be on the ~** намалявам, нащърбявам се (*особ. за луната*); *прен.* залязвам, в упадък съм.

wane₂ *n* *тех.* "капак" (при бичене).

want [wɔnt] **I.** *v* **1.** искам, желая; **what does he ~ with me?** какво иска той от мен? **2.** нуждая се от, липсва ми, лишен съм от, нямам; **3.** изисквам; издървам; търся; **II.** *n* **1.** липса, недостиг; **2.** нужда, лишение; бедност; **to fall into ~, to come to ~** изпадам (в нужда, бедност); **3.** нужда, потребност; недостиг.

wanton ['wɔntən] **I.** *adj* **1.** безпричинен; безсмислен; ◇ *adv* **wantonly**; **2.** разпуснат, разпътен, покварен, развратен, разгулен; **3.** буен, игрив, необуздан; **II.** *v* **1.** раста буйно; **2.** държа се необуздано; **3.** играя (**with**); **III.** *n* разпуснат (безнравствен, покварен, разпътен) човек; (*за жена*) развратница.

war [wɔ:] **I.** *n* **1.** война; **the Great W., World W. I** Световната война, Първата световна война; **civil ~** гражданска (междуособна) война; **2.** борба; **3.** *attr* военен; **II.** *v* (**-rr-**) *обикн. прен.* воювам, бия се, сражавам се (**with, against**).

warble₁ [wɔ:bəl] **I.** *n* трела; чуруликане; **II.** *v* **1.** пея, чуруликам (*и прен.*); **2.** (*за поток*) бъбля, ромоля, бълбукам.

warble₂ *n* **1.** *вет.* (*обикн. pl*) слинове, втвърдена кожа (*от седло, хомот и пр.*); тумор от ларвите на щръклицата; **2.** *зоол.* щръклица (*и* **~-fly**).

warbler ['wɔ:blə] *n* **1.** пойна птица; **2.** коприварче, шаварче, цвър-кач.

war cry [ˈwɔ:krai] *n* боен вик (зов); *прен.* лозунг; призив.

ward [wɔ:d] **I.** *n* **1.** повереник; **2.** опека, настойничество; протекция; **3.** отделение (*на болница*); килия (*в затвор*); павилион; **II.** *v* **1.** отблъсквам, парирам (**off**); **2.** *книж.* пазя, защитавам (**against**); *рядко* настойничествам; **3.** затварям, пазя, държа заключен.

warden₁ [ˈwɔ:dən] *n* **1.** началник, управител, директор; ректор; губернатор; **2.** надзирател; **3.** църковен настоятел, епитроп; • **air-raid ~** отговорник на местна противовъздушна отбрана.

warden₂ *n* едър сорт зимна круша (*яде се обикн. печена*) (*и* **~-pear**).

wardrobe [ˈwɔ:droub] *n* гардероб, дрешник (*мебел и прен.*); **~-keeper** *театр.* гардеробиер, костюмер.

ware [weə] *n* **1.** изделия; **silver ~** изделия от сребро; **2.** *pl* стока.

warehouse club [ˈwɛəhausˈklʌb] *n* магазин-клуб (*в който постоянните клиенти плащат абонаментна такса и пазаруват на по-ниски цени*).

warily [ˈwɛərili] *adv* внимателно, бдително, предпазливо.

wariness [ˈwɛərinis] *n* внимателност, бдителност, предпазливост.

warlord [ˈwɔ:lɔ:d] *n* **1.** военен диктатор; **2.** върховен началник на армията, военачалник (*и* **war-lord**).

warm [wɔ:m] **I.** *adj* **1.** топъл; **2.** стоплен, затоплен; **~ corner** 1) уютно (топло) ъгълче; 2) *шег.* активен боен участък, "горещо" място; **3.** *прен.* (*за прием и пр.*) сърдечен, топъл; • **~ language, ~ words** *разг.* караница, кавга, счепкване; битка, бой, сбиване; **II.** *v* стоплям (се), затоплям (се) (**up**); грея, загрявам; **my heart ~s to him** съчувствам му; **III.** *n* **1.** стопляне, затопляне; **2.** топлота; топлина.

warmonger [ˈwɔ:ˌmʌŋgə] **I.** *n* подпалвач на война, военноподпалвач, подстрекател към война; **II.** *v* подстрекавам към война.

warn [wɔ:n] *v* **1.** предупреждавам; **be ~ed by me** нека случилото се с мен ти служи за урок; **2.** предизвестявам; уведомявам; **3.** сплашвам, заплашвам (**against**).

warning [ˈwɔ:niŋ] **I.** *n* **1.** предупреждение; **Cassandra ~s** предупреждения, на които не се обръща внимание, но които се сбъдват; **2.** признак, знак, поличба; **II.** *adj* предупредителен.

warp [wɔ:p] **I.** *v* **1.** изкорубвам (се), свивам (се), деформирам (се); *прен.* извратявам, изопачавам; изкривявам; **2.** *текст.* насновавам основа; **3.** наторявам с наносна тиня; **II.** *n* **1.** свиване, извиване; изкорубване; извитост, изкривеност; **2.** *прен.* извратеност (*и* **~ of the mind**); **3.** *текст.* основа.

warpath [ˈwɔ:pa:θ] *n* индиански поход; **to be (go out, go) on the ~** водя борба (война); във войнствено настроение съм.

warrant [ˈwɔrənt] **I.** *v* **1.** давам основание за, оправдавам; **the matter was too small to ~ his attention** въпросът беше твърде маловажен, за да заслужава вниманието му; **2.** гарантирам, поръчителствам; удостоверявам; уверявам, потвърждавам; **3.** упълномощавам, узаконявам; **II.** *n* **1.** съдебно постановление, заповед, писание; постановление; повеля; **2.** основание; **3.** гаранция, поръчителство, препоръка, свидетелство; **travelling ~** *воен.* пътен лист.

warrior [ˈwɔriə] *n* воин, боец, войник; **feather-bed ~** тилов герой.

warship [ˈwɔ:ʃip] *n* военен кораб.

wart [wɔ:t] *n* **1.** брадавица; кокоши трън; **to describe s.o. ~s and all (with his ~s)** описвам, (об)рисувам някого точно (без разкрасяване); **2.** нарастък (израстък) върху ствол на дърво.

was [wɔz, wəz] *1 и 3 л. ед. мин. вр. от глаг.* **to be**.

wash [wɔʃ] **I.** *v* **1.** мия (се), измивам (се); къпя (се); **to ~ one's hands** измивам си ръцете (*и прен.* **of**); **2.** пера, изпирам; **3.** (*за вълни*) блъскам се, плискам се (*и* **to ~ upon**); **II.** *n* **1.** миене, измиване; **2.** пране; **in the ~** на пране; **3.** плискане; разбиване, плясък (*на вълни*); прибой.

washing [ˈwɔʃiŋ] **I.** *n* **1.** пране; миене; **2.** бельо (*за пране*); **3.** *амер., търг.* фиктивна продажба; **II.** *adj* (*за дрехи, платове и пр.*) който се пере.

washstand [ˈwɔʃstænd] *n* умивалник (*мебел*).

wasp [wɔsp] *n* оса.

wassail [wæsəl] **I.** *n* **1.** гощавка, пир, гуляй; **2.** наздравица; **3.** питие; **II.** *v* **1.** пия (вдигам) наздравица; **2.** пирувам, гуляя.

wastage [ˈweistidʒ] *n* **1.** загуба; фира; брак; **2.** (брой на) отпадналите студенти; студенти, незавършили пълния курс на обучение.

waste [weist] **I.** *v* **1.** прахосвам, разсипвам, изхарчвам, пилея (*енергия, пари*); хабя, губя (*време*); разрушавам; **to ~ o.'s breath** говоря на тоя, дето духа; **2.** опустошавам, увреждам, повреждам; изхабявам; разорявам; **3.** чезна, линея, вехна, крея, съхна (*и* **~ away**); **II.** *n* **1.** хабене, изхабяване, губене, разсипване, прахосване; **to run (go) to ~** хабя се напразно, прахосвам се; **2.** остатъци, останки; отпадъци, обрезки; брак; смет, боклук; обработена вода и пр.; **3.** пустиня, пустош; **III.** *adj* **1.** непотребен, негоден, бракуван, безполезен, ненужен; **~ products** отпадъци, отпадъчни продукти; **2.** пустинен, необработен, запуснат; незалесен, опустошен, разоран; пуст, изоставен; **3.** излишен, ненужен, напразен.

wastepaper basket [ˌweistˈpeipə ˌba:skit] *n* кошче за книжни отпадъци.

wasting [ˈweistiŋ] *adj* изтощителна (*за болест*); от която се залинява.

wastrel [ˈweistrəl] **I.** *n* нехранимайко, пройдоха, никаквец, непрокопсаник; **II.** *adj* бракуван.

wasty [ˈweisti] *adj* непотребен, изхабен, захвърлен.

watch₁ [wɔtʃ] **I.** *v* **1.** наблюдавам, следя, пазя; **~ it!** *sl* внимавай, отваряй си очите (на четири); **2.** бдя над; бодърствам, нащрек съм; **3.** очаквам, дебна (**for**); **II.** *n* **1.** наблюдение; бдителност; **to keep ~** 1) наблюдавам; 2) стоя на стража, караулям; **on s.o.'s watch** по времето на, докато някой е бил дежурен (на власт и пр.); **2.** бодърстване; бдение; **3.** *остар.* страж, стража, пост, караул; патрул; пазач, часовой.

watch₂ *n* часовник (*джобен или ръчен*); **self-winding ~** автоматичен (самонавиващ се) часовник.

watchman [ˈwɔtʃmən] *n* (*pl* **-men**) **1.** нощен пазач; **2.** караул, стража.

water [ˈwɔ:tə] **I.** *n* **1.** вода; **~ on the brain** *мед.* воднянка на мозъка, хидроцефалия; • **bubbly ~** *шег.* шампанско; **2.** води; езеро; море, река; **3.** водоем; резервоар; **II.** *v* **1.** оросявам, мокря, намокрям, навлажнявам; **2.** поливам, наводнявам, напоявам, поя; ходя (водя) на водопой, пия вода; **3.** разреждам, разтварям във вода; **~ ed wine** кръстено вино.

waterage [ˈwɔ:təridʒ] *n* доставка по вода; такса (навло) за воден транспорт.

watercolour ['wɔ:tə,kʌlə] *n* **1.** акварел (*рисунка и боя*); **2.** *attr* акварелен.

waterfall ['wɔ:təfɔ:l] *n* **1.** водопад; **2.** *разг.* кок (*от коса*).

waterfront ['wɔ:təfrʌnt] *n* **1.** градски район на речния (морския) бряг; **2.** бряг, брегова линия; • **to cover the ~** засягам (покривам, погрижвам се за) всички фронтове (аспекти).

water glass ['wɔ:təgla:s] *n* **1.** водна чаша; **2.** *хим.* водно стъкло; **3.** тръба за наблюдаване на предмети под водата.

water hole ['wɔ:tə'houl] *n* извор в пустиня.

Waterloo ['wɔ:tə,lu:] *n* Ватерлоу; **to meet o.'s ~** претърпявам поражение (крах).

watermark ['wɔ:təma:k] **I.** *n* **1.** воден знак (*на хартия*); **2.** линията на водния хоризонт; • **high ~** *прен.* висша степен на съвършенство; от най-високо качество; **II.** *v* правя водни знаци в (*хартия*).

watermelon ['wɔ:tə,melən] *n* диня, любеница.

waterproof ['wɔ:təpru:f] **I.** *adj* водонепропусклив, непромокаем (*за вода*), импрегниран; **II.** *n* мушама, непромокаема материя, тренчкот; **III.** *v* правя непромокаем, импрегнирам.

watt [wɔt] *n ел.-тех.* ват.

wave [weiv] **I.** *n* **1.** вълнà; **tidal ~** приливна вълна; **2.** *поет., pl* море, океан; **3.** *прен.* вълнà, изблик; **II.** *v* **1.** размахвам (се), развявам (се); **2.** правя вълнообразен, правя на вълни (лимби); **3.** махам с ръка, ръкомахам; **to ~ away (aside)** отклонявам (предложение); отказвам; махвам с ръка на някого (правя някому знак) да се отдалечи.

wave-length ['weivleŋgθ] *n* дължина на вълната; **on the same ~** с близки (сходни) вкусове, убеждения и пр., в разбирателство.

wavy ['weivi] *adj* **1.** вълнообразен, на вълни, вълнист; **2.** къдрав; **3.** развяващ се, олюляващ се.

wax$_1$ [wæks] **I.** *n* **1.** восък; **mineral ~** планински восък, монтанвакс, озокерит; **2.** ушна кал; **3.** *attr* восъчен; **II.** *v* **1.** покривам (запечатвам) с восък; **2.** *sl* скривам доказателства; **3.** *sl:* **to ~ up** подмазвам се, блюдолизнича.

wax$_2$ *v остар.* **1.** пораствам, раста, увеличавам се (*особ. за луната*), нараствам; **to ~ and wane** последователно расте и намалява (*и прен.*); **2.** ставам.

wax$_3$ *n sl* гняв, ярост; пристъп на ярост, гняв; **to get into a ~** вбесявам се, изпадам в ярост.

way [wei] *n* **1.** начин, способ, метод, маниер; **in every ~** всячески, по всякакъв начин; във всяко отношение; **2.** път, пътека; шосе, място за преминаване; **the W. of the Cross** *рел.* Голгота (*и прен.*); **3.** направление, курс, посока.

waybill ['wei,bil] *n* списък на пътници или стоки, товарителница; **air ~** въздушна товарителница.

WC *abbr* **(water closet)** тоалетна.

we [wi:, wi] *pron pers* ние.

weak [wi:k] *adj* **1.** слаб; нетраен; чуплив; **the ~er sex** жените; **2.** мек; **3.** слабоволен, слабохарактерен; нерешителен; лесно нараним.

weaken ['wi:kən] *v* **1.** отслабвам; отслабям; **2.** разреждам; **3.** поддавам се, отстъпвам.

weakness ['wi:knis] *n* **1.** слабост; нездраво (неустойчиво) състояние; неубедителност; неувереност; **2.** слабост, наклонност, склонност, влечение (**for**).

weald [wi:ld] *n* открита гориста

местност, открито пространство; **the W.** *геогр.* област в Южна Англия, която обхваща четири графства: Kent, Sussex, Surrey, Hampshire.

wealth [welθ] *n* **1.** богатство; състояние; благосъстояние; имущество; **to come to ~, to achieve ~** забогатявам; **2.** изобилие; **3.** *събир.* богаташи.

wealthy ['welθi] *adj* богат, охолен, състоятелен, имотен, заможен; изобилен; **the ~** *събир.* богаташите.

wean [wi:n] **I.** *v* **1.** отбивам (*дете или малко животно от кърмене*); **2.** *прен.* отучвам, отвиквам (**of, from, away**); **II.** *n шотл.* дете.

weapon ['wepən] *n* **1.** оръжие; **2.** (*у животни*) защитни средства; **3.** *прен.* средство.

wear₁ [weə] **I.** *v* (**wore** [wɔ:], **worn** [wɔ:n]) **1.** нося, облечен съм с; **~ing apparel** дреха, дрехи; **2.** носи се, износва се (*за плат*); **3.** хабя (се), изхабявам (се), изтърквам (се), износвам (се); **II.** *n* **1.** носене; **this is now in general ~** това сега се носи от всички, това сега много се носи; **2.** износване, изхабяване, изтъркване; **3.** *търг.* дреха, облекло.

wear₂ *v* (**wore** [wɔ:]) *мор.* обръщам се (*за кораб*) пред вятъра.

weary ['wiəri] **I.** *adj* **1.** изморен, изтощен; **I'm ~ of it** стига ми до гуша; **2.** уморителен; отегчителен, досаден; **3.** отегчен; ◇ *adv* **wearily**; **II.** *v* **1.** уморявам (се), досаждам, отегчавам (се), дотяга ми (**of**); **2.** *шотл.* копнея, стремя се, тъгувам (**for** за *или* **to** *с inf* да).

weather ['weðə] **I.** *n* време (*като атмосферни условия*); **April (broken) ~** *прен.* честа смяна на настроенията; • **to make good (bad) ~** *мор.* срещам хубаво (лошо) време; (*за кораб*) добре (лошо) издържа на буря (*и прен.*); **II.** *v* **1.** излагам на атмосферните влияния; сушà, проветрявам; **2.** руша се, меня се, потъмнявам (*при атмосферни условия*); **3.** променям, потъмнявам (*за атмосферни влияния*); **III.** *adj мор.* обърнат към вятъра; • **to keep one's ~-eye open** отварям си очите (на четири), нащрек съм.

weave [wi:v] **I.** *v* (**wove** [wouv], **woven** [wouvn]) **1.** тъка, изтъкавам; **2.** вплитам, плета, преплитам; **3.** *прен.* измислям, съчинявам; **to ~ a plot** кова заговор; *лит.* нахвърлям (замислям) фабулата (*на лит. произведение*); • **get ~ing!** *sl* започвай! давай! залавяй се! **II.** *n* тъкан, начин на тъкане; сплитка; **honeymoon ~** вафлена сплитка.

weaver ['wi:və] *n* **1.** тъкач, тъкачка; **~ of rhymes** стихоплетец; **2.** : **~(-bird)** *зоол.* тропическа птичка, подобна на сипка *Ploceidae*.

web [web] **I.** *n* **1.** паяжина (*и* **spider's ~**); **2.** тъкан; **3.** мрежа, клопка; **II.** *v* (**-bb-**) **1.** плета паяжина, мрежа; **2.** вплитам в мрежа (*и прен.*).

webbed [webd] *adj* **1.** ципест; подобен на ципа (мембрана); **2.** с паяжина; **3.** *тех.* ребрест, оребрен.

webbing ['webiŋ] *n* тънка, здрава лента (*за тапицерия, колани и пр.*); ширит, гайтан; колан, ива.

wed₁ [wed] *v* (**-dd-**) *pp* (*рядко* **wed**) **1.** женя (се), омъжвам (се), венчавам (се); встъпвам в брак; **2.** *прен.* съчетавам, съединявам (**to**); **3.** привързвам се, прикрепям се за постоянно; обединявам; **to be ~ded to o.'s opinion** държа упорито на мнението си.

Wed₂ *съкр. от* **wednesday**.

we'd [wi:d] *v съкр. от* **we had, we would**.

wedding ['wediŋ] *n* **1.** сватба, венчавка; бракосъчетание; **shotgun ~**

брак по принуда (*когато мъжът е принуден да се ожени за компрометирано от него момиче*); **2.** *остар.* годеж, обручение; **3.** *attr* сватбен.

wedge [wedʒ] **I.** *n* **1.** клин; **to force (drive) a ~** вбивам, забивам клин; **2.** нещо клиновидно; дебел резен; • **to drive a ~ between** всявам раздор между, скарвам, отчуждавам; **II.** *v* **1.** разцепвам (избивам) с клин (**apart**); **2.** закрепвам (затягам) с клин, заклинвам, заклещвам се; **3.** придавам клиновидна форма на.

wedlock ['wedlɔk] *n* съпружество, брак; **born in (out of) ~** законороден (незаконороден, извънбрачен).

Wednesday ['wenzdi] *n* сряда.

weed [wi:d] **I.** *n* **1.** бурен, плевел; **to grow like a ~** раста много бързо; **2.** *разг.* тютюн, пура; **3.** мършав човек; **II.** *v* чистя бурени, плевя; **to ~ out** изкоренявам; отстранявам, изчиствам, прочиствам; прибирам.

week [wi:k] *n* **1.** седмица, неделя; **day of the ~** ден от седмицата (понеделник, вторник и пр.); **2.** *разг.* седмица (*без почивните дни*).

weekday ['wi:kdei] *n* **1.** делник; **2.** *attr* делничен.

weekend ['wi:k'end] **I.** *n* краят на седмицата (*събота и неделя*); **II.** *v* прекарвам (някъде) края на седмицата.

weekly ['wi:kli] **I.** *adj* седмичен; **II.** *adv* седмично; **III.** *n* седмичник (*за вестник, списание*).

weeny ['wi:ni] *adj* малък, миниатюрен.

weep [wi:p] **I.** *v* (**wept** [wept]) **1.** *книж.* плача; ридая; оплаквам (**for, over**); **she wept for joy (with pain)** тя плака от радост (болка); **to ~ one's fill, to ~ oneself out** наплаквам се; **2.** покривам се с капки (силна влага); сълзя; капя, прокапвам; **3.** : **to ~ away** прекарвам (*време*) в плач; **II.** *n* плач, плакане, рев.

weepage ['wi:pidʒ] *n* изтичане, просмукване.

weeper ['wi:pə] *n* **1.** оплаквач; **2.** траурен воал, креп; траурна лента; **3.** *pl* бели маншети (*на траурно облекло*) или черен воал (*на вдовица*).

weeping ['wi:piŋ] **I.** *adj* **1.** плачещ (*за върба и пр.*); **2.** *мед.* мокър; **II.** *n* излизане на циментово мляко на повърхността; излизане на битум на повърхността на път.

weigh [wei] **I.** *v* **1.** тегля, претеглям, меря, премервам; **2.** тежа; **3.** имам значение, тежа; • **to ~ anchor** *мор.* вдигам котва, потеглям; **II.** *n* **1.** претегляне, измерване; **2.** вдигане на котва, отплуване; • **under ~** *мор.* на път (*обикн.* **way**).

weight [weit] **I.** *n* **1.** тегло; тежест; **balance ~** противотежест; • **to be worth o.'s ~ in gold** струвам си парите, много съм ценен (нужен); **2.** тежест, тежък предмет (*за притискане*); **3.** начин на теглене; **II.** *v* **1.** товаря, натоварвам, претоварвам, натежавам, правя по-тежък; **2.** обременявам (**with**); прехвърлям товара (**upon**); **3.** *текст.* апретирам.

weirdness ['wiə:dnis] *n* неестественост; свръхестественост; странност.

Welch$_1$ [weltʃ] *adj* (*само в* **Royal Welch Fusiliers**) уелски.

welch$_2$ *v sl* отказвам да плащам дълговете си.

welcome ['welkʌm] **I.** *int* добре дошъл; **II.** *v* посрещам (*с удоволствие*), приветствам; **III.** *n* **1.** добър прием (посрещане); **to bid ~** поздравявам, приветствам с добре дошъл; **2.** *predic* на когото се разрешава, има свободен достъп до (**to**).

welfare ['welfeə] *n* **1.** благополучие, благоденствие; благосъстояние, богатство; **W. State** държава, обезпечаваща социални грижи за всички свои граждани; **~ work** мероприятия за подобряване условията на живот на бедните, инвалидите и пр.; **2.** *ам.* социални помощи (*за безработни*).

well$_1$ [wel] **I.** *adv* **1.** добре; задоволително; правилно; **~ done (said)** добре свършено, сторено (казано, речено); **2.** напълно, съвсем; **3.** доста; • **as ~** 1) също, освен това; 2) (= **as ~ as not**) също така добре, по-добре; **II.** *adj predic* **1.** здрав; **to be (look, feel) ~** изглеждам (чувствам се) добре; **2.** задоволителен, добър; **3.** желателен, препоръчителен; **III.** *n* добро; **I wish him ~** желая му доброто; **IV.** *int* **1.** (*като уводна частица без особено значение*) е, е добре; **2.** (*за промяна на темата*) **~, let's press on** както и да е, да продължаваме; **3.** (*за смекчаване на отрицателен коментар*) **~, I thought**... всъщност, аз мислех, че...?

well$_2$ *n* **1.** кладенец; дълбока яма; **2.** сондаж; **3.** асансьорна шахта; стълбищна клетка.

we'll [wil] = **we will**.

well-being ['welbiiŋ] *n* **1.** благополучие, благосъстояние; **2.** добро състояние (*физическо*), здраве.

well-disposed ['weldis'pouzd] *adj* благоразположен, благосклонен (**to, towards**).

well-known ['wel'noun] *adj* известен (**to**).

well-to-do ['weltə'du:] *adj* състоятелен, заможен; **the ~** богатите.

wen$_1$ [wen] *n* **1.** липома, доброкачествена буца; **2.** гуша; **3.** огромна, бързо разрастнала се градска площ; • **the Great W.** Лондон.

wen$_2$ *n* руническа буква от староанглийския език, заместена с W през XI в.

went *вж* **go**$_1$.

wept *вж* **weep I**.

we're [wiə] *разг. съкр. от* **we are**.

were [wə: (*пълна форма*); wə (*редуцирана форма*)] *2 л. и мн. мин. вр. от глаг.* **to be**.

west [west] **I.** *n* **1.** запад; **2.** западната част на света (на страна, област, град) (*обикн.* **W.**); **the W.** Западът (*Зап. Европа или (амер.) западната част на Съединените щати между Мисисипи и Тихия океан*); **3.** *attr* западен; **~ country** западната част на страна; **II.** *adv* на запад, западно от; **to look (face) ~** с изглед на запад.

western ['westən] **I.** *adj* западен; който е назапад, от запад; **II.** *n* каубойски филм (разказ), уестърн.

wet [wet] **I.** *adj* **1.** мокър; влажен; намокрен; **~ through (to the skin)** мокър до кости; **2.** дъждовен, дъждолив (*за ден, време и пр.*); **3.** мокър, пресен (*за боя, мастило и под.*); **II.** *n* **1.** течност; влага, влажност, мокрота; **2.** дъжд, дъждовен сезон, време; **3.** *sl* напитка; **III.** *v* (**-tt-**) мокря, намокрям, омокрям; **to ~ a bargain** поливам пазарлък (сделка).

wet dream ['wet'dri:m] *n* **1.** еротичен сън; **2.** *vulg* мечта, бленувано нещо; примамка.

wet nurse ['wetnə:s] **I.** *n* дойка; **II.** *v* **1.** гледам и кърмя чуждо дете; **2.** *прен.* бавя някого, глезя.

whack ['wæk] *v* **1.** *разг.* удрям, фрасвам, тупвам; **2.** *sl* деля (се) на части (*и с* **up**); **3.** *sl*: **to ~ it out** надрасквам, записвам.

whale ['weil] **I.** *n* кит; **bull ~** мъжки кит; • **very like a ~** *ирон.* да, разбира се; **II.** *v* **1.** ходя на лов за китове; **2.** *разг.* бия, троша, удрям, напердашвам; (*и* **to ~ the shit/piss/tar out of s.o.**); шибам (*с камшик*).

wham [wæm] **I.** *int* **1.** хоп! бум! изведнъж; право; **2.** бум! тряс! фрас! (*за звук от удар*); **II.** *n sl* замаяност, възбуда (*причинени от алкохол*).

wharf$_1$ [wɔ:f] **I.** *n* (*pl* **-fs, -ves** [vz]) скеля, пристан, кей; **II.** *v* товаря, разтоварвам стока на кей.

wharf$_2$ *v* закотвям, хвърлям котва в пристан, кей.

wharfage ['wɔ:fidʒ] *n* **1.** пристанищна такса; **2.** разтоварване на стоки от кораб; **3.** кейове.

wharfinger ['wɔ:findʒə] *n* собственик на кей.

wharf rat ['wɔ:f,ræt] *n* **1.** вид кафяв плъх *Rattus norvegicus*; **2.** *разг.* човек, който се навърта покрай пристанище (скитник, крадец).

what [wɔt] **I.** *pron* **1.** *inter* какво, що; какъв; **~ is it?** какво е това? какво има? **2.** *rel* и *cj* това, което; какъвто; • **I know (tell you) ~** знам какво трябва; имам добра идея; **II.** *adj* **1.** *inter* какъв, кой; **~ time is it?** колко е часът? **2.** *rel* какъвто; **3.** *exclam* **~ great news!** чудесна новина! **III.** *adv* какво, каква степен; доколко; **~ does it matter?** какво значение има това!

whatever [wɔt'evə] **I.** *pron* **1.** *cj* каквото и; **~ happens** каквото и да се случи; **2.** *inter* какво (*емфатично*) **~ can you mean?** какво, по дяволите (за Бога) искаш да кажеш?; **II.** *adj* **1.** какъвто и; **~ excuses he makes, don't believe him** каквито и извинения да даде, не му вярвай; **2.** *след същ. в отриц. и въпрос. изречение* никакъв; някакъв; **nothing ~** абсолютно нищо; **is there any chance ~?** няма ли никаква надежда?

what-not ['wɔtnɔt] *n* **1.** етажерка; **2.** *разг.* всякакви неща, какви ли не неща; **give me the ~** *разг.* дай ми ей онова там; кажи го де.

whatsit ['wɔtsit] *n* онова; онази работа; онова, как му беше името.

wheat ['wi:t] *n* пшеница, жито; **German ~** лимец.

wheedle ['wi:dəl] *v* **1.** придумвам, примамвам чрез ласкателство; измамвам; **2.** измъквам, завличам, издрънквам (**out of, from**).

wheel [wi:l] **I.** *n* **1.** колело; **cog ~ (spur ~)** зъбно колело; **2.** велосипед; **3.** щурвал, кормило; волан; • **the ~s of life** жизнените процеси; **II.** *v* **1.** карам (движа) кола, количка; изкарвам (**out**); **2.** карам, прекарвам (*стоки, товари*); поставям колело на; **3.** карам с голяма скорост.

wheeler ['wi:lə] *n* **1.** човек, който върти; **2.** процепен кон; **3.** майстор на колелета.

wheeze [wi:z] **I.** *v* дишам трудно, хъхря, хриптя; **~ out** казвам, изричам с хриптене (свирене на гърдите); **II.** *n* **1.** хъхрене, хриптене; **2.** *sl* реплика или шега, вмъкната от артист; шега; **3.** хитрина.

wheezy ['wi:zi] *adj* хъхрещ, хриптящ, свистящ, свирещ (*за гърди*).

whelp [welp] **I.** *n* **1.** кученце, мече, вълче, лъвче, тигърче и под.; **2.** хъшлак; **II.** *v* **1.** куча се, окучвам се (*за животно*); *презр.* раждам (*за жена*); **2.** *прен.* замислям, кроя (*лоши работи, номера*).

when [wen] **I.** *adv* **1.** *inter* кога; **~ did you leave?** кога тръгнахте? **2.** *rel* когато; **II.** *cj* **1.** когато; след като; **come ~ you like** ела, когато искаш; **2.** тогава (*времето*), когато; **3.** *в елипт. обрати* в същото време; когато, докогато; **III.** *n рядко* време, дата; **the ~ and the how** кога и как?

whenever [wen'evə] *adv* **1.** когато и да; всеки път, когато; **2.** (*емфатично*) кога най-после.

where [weə] **I.** *adv* **1.** *inter* къде? где? откъде? **~ is the way out?** откъде се излиза? **2.** *rel pron* където, в който (*за място*); **II.** *cj* **1.** където,

дето, гдето; **I knew ~ he had gone** зная къде беше отишъл; **2.** там (мястото), където; **3.** и там.

whereabouts I. *n* ['weərəbauts] местонахождение (*с гл. sing или pl*); **II. 1.** *adv inter* ['weərə'bauts] де? где? къде? в кой край? откъде? **~ are you?** откъде (от кой край) сте? **2.** *cj* къде.

whereafter [wɛə'a:ftə] *cj adv* след което.

whereas [wɛər'æz] *cj* **1.** докато; от друга страна; **~ the population increased rapidly in the 80s, ~ today it is barely growing** за разлика от 80[те], когато населението се увеличи значително, днес почти не се наблюдава растеж; **2.** *канц.* вземайки пред вид, като се има пред вид.

wherever [weər'evə] *adv* **1.** *rel* където (и да); накъдето; **2.** *inter* къде ли?

wherefore ['wɛəfɔ:] **I.** *adv inter поет.* защо? по каква причина? за какво? **~ comes he?** защо идва той; **II.** *n* причина.

wherry ['weri] **I.** *n* лека лодка (*за един човек*); ладия; вид лодка за превоз; **II.** *v* превозвам, прекарвам (*обикн.* **~ across**).

whet [wet] **I.** *v* **(-tt-) 1.** точа, наточвам, остря, наострям; **2.** изострям, възбуждам (*апетит, любопитство и пр.*); **II.** *n* **1.** наточване, наостряне; **2.** аперитив.

whether ['weðə] **I.** *cj* **1.** дали (или не); **to be in doubt (uncertain, anxious) ~** не съм сигурен (загрижен съм) дали; **2.** независимо дали, така или иначе; **II.** *pron остар.* кой от двамата.

whetstone ['wetstoun] *n* **1.** точило, камък за точене, брус; **2.** *прен.* някой (нещо), който стимулира (подбужда).

whew [hwju:] *int* бре! фю-ю!

whey [wei] *n* суроватка; **~ faced** *ост.* пребледнял (*от страх*), блед, побелял.

which [witʃ] **I.** *pron* **1.** *inter* кой? (*от няколко*); **~ are the ones you really like?** кои точно харесваш?; **2.** *rel само за неща — остар. и за лица*; който; **II.** *adj* **1.** *inter* кой? (*от няколко*); **~ one?** кой? **2.** *rel* който.

whichever [witʃ'evə] *pron* който (и да) (*от няколко*); **~ speaks first** който пръв проговори.

whiff$_1$ [wif] **I.** *n* **1.** лъх, полъх; **2.** дъх; **a ~ of good cigar** миризма на хубава пура; **a ~ of hypocrisy** нотка на лицемерие; **3.** всмукване; струйка; **to take (have) a ~ or two** смуквам един-два пъти (*от лула*); **II.** *v* **1.** подухвам; **2.** пуша, изпускам кълба дим; **to ~ away at o.'s pipe** пуша си лулата невъзмутимо; **3.** изпускам слаба миризма.

whiff$_2$ *n* вид лека лодка с гребла.

whiff$_3$ *n* плоска риба (подобна на калкан).

whiff$_4$ *v* ловя риба с въдица от движеща се лодка.

whiffle [wifəl] *v* **1.** повявам, полъхвам; свистя, фуча; **2.** раздвижвам, разнасям, разпръсвам; отнасям (*за вятър*); **3.** трепкам, затрепервам (*за пламък, листа*).

Whig [wig] *n* **1.** *истор.* виг; **2.** либерал.

while ['wail] **I.** *cj* **1.** докато, през времето, когато; **~ reading I fell asleep** заспал съм, докато четях; **2.** докато; а; макар и (че); **II.** *n* (кратко) време; момент; **all the ~** през цялото време; **III.** *v* прекарвам неусетно, убивам (*време*) (*обикн.* **~ away**).

whim [wim] *n* **1.** прищявка, каприз, приумица; **passing ~** моментен каприз; **to take a ~ into o.'s head** влиза ми муха в главата; **2.** хрумване; **3.** *мин.* вид макара за качване на въглища (*движена от кон*).

whimper ['wimpə] **I.** *v* хленча, цивря; скимтя; **II.** *n* хленчене, хленч, цивренe; скимтене; **not with a bang but a ~** с далеч по-малък от очаквания ефект; без много шум и ефекти.

whimsical ['wimzikəl] *adj* **1.** капризен, своенравен, непостоянен; **2.** своеобразен, фантастичен, причудлив; ексцентричен.

whine [wain] **I.** *v* **1.** вия; стена; **2.** хленча; **3.** скимтя, вайкам се; **II.** *n* **1.** вой; стенание; **2.** хленчене, хленч; **3.** превзет носов говор.

whinger ['wiŋə] *n* **1.** кинжал, къс меч; **2.** *разг.* човек, който непрекъснато недоволства и се оплаква, "свекърва".

whip [wip] **I.** *n* **1.** камшик, бич; **to have (hold) the ~ hand** (аз) коля и беся (*прен.*), разпореждам се, държа нещата под свой контрол; **2.** кочиаш; **3.** партиен организатор (*който следи за присъствието на парламентарна група*); • **a~ round** събиране на помощи (*за пострадали*); **II.** *v* (**-pp-**) **1.** шибам, бия (*с камшик*), бичувам; бия (*с пръчка*); **2.** разбивам (*яйца и пр.*); **3.** префучавам.

whirlpool ['wə:lpu:l] *n* водовъртеж, въртоп; вихър (*и прен.*).

whirlwind ['wə:lwind] *n* **1.** вихрушка; вихър; **2.** суматоха; вихър; оживление; **3.** *attr* оживен, трескав; много бърз; шеметен.

whisk [wisk] **I.** *n* **1.** малка метличка (*и от пера за прах*); **2.** тел за разбиване на яйца; **3.** бързо движение; махване; размахване; бръсване; **II.** *v* **1.** бръсвам (*трохи, прах и пр.*); **2.** пъдя (гоня) мухи (**away, off**); **3.** откарвам, отнасям бързо (**off**); грабвам; **to ~ past** префучавам, отминавам бързо.

whisker ['wiskə] *n обикн. pl* **1.** мустаци (*на котка, тигър*); **2.** бакенбарди; *остар.* мустаци; **by a ~, within a ~ of** за малко (да), на косъм (от).

whisky$_1$ ['wiski] *n* уиски.

whisky$_2$ *n* двуколка.

whisper ['wispə] **I.** *v* **1.** шепна, пошепвам, нашепвам, пришепвам, шушна; **2.** поверявам (*тайна*); **3.** подшушвам, пускам слух, шушукам; **it is ~ed that** говори се, че; носи се слух, че; **II.** *n* **1.** шепот, шушнене; **in a~, in ~s** шепнешком; **2.** тайна; **3.** шушукане; слух; мълва.

whisperer ['wispərə] *n* **1.** човек, който пуска слухове; сплетник; **2.** доносник.

whistle [wisl] **I.** *n* **1.** свирене, свиркане; подсвиркване; изсвиркване; **to pay for one's ~** плащам скъпо за прищявка, каприз; **2.** свирка; • **as clean as a ~** съвсем чист, чист като нов; невинен; **3.** *sl* гърло; **II.** *v* **1.** свиря (*с уста*), свирвам, свиркам, подсвирквам, изсвирвам; **to ~ a dog back** свирвам на куче да се върне; **2.** свиря, пищя (*за куршум*); **3.** *sl* доносничa; • **you may ~ for it** ще ти се!

whit [wit] *n* частица; **no ~ (not a ~, never a ~)** ни най-малко, никак; **I don't care a ~** пет пари не давам, не ме интересува.

Whit [wit] *adj*: **~ Monday, ~ Tuesday** Петдесетница, Св. Дух; **~ Sunday** седмата неделя след Великден, Петдесетница.

white [wait] **I.** *adj* **1.** бял; **~ frost** скреж; **2.** блед(ен), побледнял, пребелял (*от страх*); **3.** светъл; прозрачен (*за въздух, вода*); **II.** *n* **1.** бял цвят; белота; бяла боя; **2.** бял човек; **3.** бяло облекло; бял плат; **III.** *v* **1.** *остар.* боядисвам бял; **2.** *печ.* оставям празно място.

White Christmas ['wait'krisməs] *n*

Коледа (и периода около празниците) - със сняг и снеговалежи.

white goods ['wait'gudz] *n pl* бяла техника (*перални, хладилници и пр.*).

white-hot ['wait'hɔt] *adj* нажежен до побеляване.

White House ['wait'haus] *n* Белият дом (*резиденцията на президента на САЩ във Вашингтон*).

Whitsun, Whit Sunday ['witsən, 'wit'sʌndi] *n рел.* Св. Троица (*празник*).

who [hu:] *pron* (*косв. п.* **whom** [hu:m], *род. п.* **whose** [hu:z]) **1.** *inter* кой? **~ do you work for?** за кого работиш? **2.** *rel* който.

whoever [hu:'evə] *pron* (**whomever** [hu:m'evə], **whose-ever** [hu:z'evə]) **1.** който и; **~wants it may have it** който и да го поиска, може да го получи; **2.** (*емфатично*) кой, за бога; кой, по дяволите.

whole ['houl] **I.** *adj* **1.** цял; **the ~ lot** всички; **2.** цял, непокътнат, здрав, запазен; невредим; **3.** необезмаслен (*за мляко*); с триците (*за брашно*); **• ~ effect** полезно действие; **II.** *n* **1.** (едно) цяло; **on (upon) the ~** общо взето; **2.** всичко; **3.** сума, сбор.

wholehearted ['houl,ha:tid] *adj* направен от все сърце, искрен; предан; цялостен; ◇ *adv* **wholeheartedly**.

wholesale ['houlseil] **I.** *n* **1.** продажба на едро; **to sell ~** продавам на едро; **2.** *attr* на едро, крупен, в голям мащаб, едромащабен; **II.** *adv* на едро, в голям размер.

wholesome ['houlsəm] *adj* **1.** здрав, здравословен; благотворен, полезен за здравето; **2.** морален; благоприличен, с добро (морално) поведение.

wholly ['houli] *adv* изцяло, напълно, съвсем; **I am ~ yours** аз съм напълно Ваш.

whom [hum] *pron* **1.** *inter* кого? **~ did you expect**? ти кого очакваше? **2.** *rel* когото **the women for ~ work provided an escape from family life** жените, за които работата беше бягство от семейството; **3.** *cj* този, когото **they are free to appoint ~ they like** свободни са да назначат, когото искат.

whomever [hum'evə] *pron* **1.** (на) когото и да; **2.** (на) кого, за бога (*емфатично*).

whooping cough ['hu:piŋkɔf] *n* коклюш, магарешка кашлица.

whore ['hɔ:] **I.** *n* **1.** *остар.* блудница; **2.** *грубо* проститутка, курва; **II.** *v* **1.** блудствам, развратнича, ходя по курви; **2.** развратявам (*жена*).

whose ['hu:z] *pron* **1.** *inter* чий? чия? на кого? (*за притежание*); **~ is this?** чие е това? **2.** *rel* чийто, чиято и пр. **the driver ~ car was blocking the street** шофьорът, чиято кола беше задръстила улицата; **3.** *cj* чий, чия и пр..

whosoever [,hu:sou'evə] *pron* (*косв. пад.* **whomsoever** [,hu:msou'evə], **whosesoever** [,hu:zsou'evə]) който и да (е).

why [wai] **I.** *adv* **1.** *inter* защо? по каква причина? **~ are you late?** защо закъсня; **2.** *cj* защо **I wonder ~ they don't want us** чудя се защо не ни искат; **II.** *pron rel* **this is the reason ~ I left early** тази е причината да тръгна (ето защо тръгнах) рано; **III.** *int* (*за изразяване на удивление, колебание, нерешителност, нетърпение, протест, възражение и пр.*) **~, of course** но, разбира се.

wicked ['wikid] *adj* **1.** грешен, порочен; **2.** лош, зъл, лих, злонамерен; **3.** *разг. диал.* проклет, лош; неприятен.

wide [waid] **I.** *adj* **1.** широк (*и прен.*); **3 feet ~** широк 3 фута; **2.** обширен, просторен, голям; **3.** не в целта; • **to give a ~ berth to** избягвам, отбягвам; **II.** *adv* **1.** широко; **2.** нашироко; навсякъде; **far and ~** надлъж и нашир, надълго и нашироко; **3.** съвсем, напълно; **III.** *n* **1.** *поет.* широта; **the ~** широкият (големият) свят; **2.** (*в крикета*) топка извън чертата.

widespread ['waid'spred] *adj* широко разпространен, ширещ се.

widow ['widou] **I.** *n* вдовица; **grass ~** сламена вдовица; **II.** *v* овдовявам (*и в pass*).

width [widθ] *n* **1.** ширина, широчина; **in ~** по (на) ширина; **2.** широта; **3.** *минер.* мощност (*на жила, пласт*).

wife [waif] *n* (*pl* **wives** [waivz]) **1.** съпруга, жена; **to have a ~** женен съм; **2.** *остар.* жена.

wig₁ [wig] *n* перука; • **~s on the green** груба борба; публична кавга.

wig₂ *v* (**-gg-**) **1.** смъмрям, скарвам се на, порицавам; **2.**: **to ~ out** *sl* откачам, побърквам се.

wild [waild] **I.** *adj* **1.** див (*за животно, растение и пр.*); **2.** див, пуст, необитаем; **3.** буен, бесен, необуздан (*за вятър, кон, гняв и пр.*); недисциплиниран, необуздан, луд (*за човек*); **to run ~** раста без контрол (на свобода) (*за деца и пр.*); вилнея, развилнявам се; **II.** *adv* наслуки, напосоки; **III.** *n* **1.** пустош, пущиняк, пустиня; дива, ненаселена местност; **2.** дива страна (*често pl*).

will₁ [wil] **I.** *n* **1.** воля; твърдост (сила) на волята; **2.** воля, желание; твърдо намерение; **where there's a ~ there's a way** да искаш, значи да можеш; който има желание, намира и начин; **3.** отношение към другите; **II.** *v* **1.** *библ.* пожелавам, повелявам; **2.** заставям (чрез мислите си), внушавам на; **to ~ oneself to fall asleep** заставям се да заспя; **3.** завещавам.

will₂ *v modal* (*съкр.* **'ll**; *отр. съкр.* **won't** [wount]; *2 л. остар.* **wilt**; *past* **would** [wud], *съкр.* **'d**); **1.** ще (*за изразяване на бъдеще време*); **I ~ attend the meeting** ще присъствам на заседанието; **2.** *във всички лица* искам, бих искал; **3.** *особ. в 1 л. ед. и мн. изразява обещание, твърдо решение, намерение*.

willing ['wiliŋ] *adj* **1.** склонен, наклонен, готов; който желае; **to be ~ to** имам желание (съгласен съм) да; **2.** охотен, (даден) от все сърце; готов да помогне (да се подчинява, да изпълнява); ◇ *adv* **willingly**.

willow ['wilou] **I.** *n* **1.** върба; **weeping ~** плачеща върба; **2.** хилка за крикет; **3.** *текст.* барабанен маган (*и* **-ing machine**); **II.** *v* почиствам влакна с маган.

willy-nilly ['wili'nili] *adv* волю-неволю; ща, не ща, от немай къде,назлъм-назлъм.

win [win] **I.** *v* (**won** [wʌn]) **1.** спечелвам, печеля; покорявам (*сърце и пр.*); **to ~ the day (the field)** удържам победа, излизам победител; **2.** побеждавам, излизам победител, удържам победа; (*и* **to ~ a victory**); **3.** достигам, добирам се до (*бряг, връх и пр.*); **II.** *n* победа (*в игра и пр.*).

wind₁ [wind] **I.** *n* **1.** вятър; **the ~ rises (falls)** вятърът се усилва (стихва); **2.** *pl* четирите посоки на света, четирите точки на компаса; **3.** въздушна струя; • **to blow in the ~** разисква се, обсъжда се, премисля се (*без да е взето решение*); **II.** *v* [wind] **1.** подушвам, надушвам; **2.** карам да се задъха; изкарвам въздуха (*за удар*); **to be ~ed by running** задъхан съм от тичане; **3.** давам възможност да си отдъхне (почине).

wind₂ [waind] **I.** *v* (**wound** [waund])

1. вия се, извивам се; лъкатуша, вървя на зигзаг, криволича; 2. навивам (се), увивам (се), обвивам; намотавам; **to ~ one's arms round someone, to ~ someone in someone's arms** обвивам ръце около някого, обгръщам някого с ръце; 3. навивам (*часовник и пр.*); **II.** *n* 1. въртене; завъртане; 2. извивка, завой; намотка; 3. *техн.* изкривяване, измятане (*на дъска*).

windmill plane ['windmil,plein] *n* вид хеликоптер.

window ['windou] *n* 1. прозорец; **blank (blind, false) ~** зазидан прозорец; • **to go (fly) out of the ~** изчезвам, изпарявам се; 2. витрина; 3. прозрачно квадратче на плик (*за да се вижда адресът, написан вътре на писмото*).

window pane ['windou,pein] *n* стъкло на прозорец, прозоречно стъкло.

windy ['windi] *adj* 1. ветровит; 2. празнословен, празен, многословен, многоглаголстващ; 3. *sl* изплашен, бъзлив.

wine ['wain] **I.** *n* 1. вино; **Adam's ~** вода; 2. винен цвят, цвят бордо; 3. *унив.* малък студентски гуляй; **II.** *v* пия вино; черпя с вино; • **to ~ and dine** вечерям в скъп(и) ресторант(и).

wine glass ['waingla:s] *n* винена чаша.

wing [wiŋ] **I.** *n* 1. крило (*и на самолет, сграда и пр.*); *бот.* крилце (*на семе, цвят и пр.*); **to be on the ~** летя, в полет съм; на път съм да тръгна; пътешествам; 2. *воен.* фланг; *спорт* крило; 3. *ав.* ято; **II.** *v* 1. слагам крила на (*стрела*); давам крила на, окрилям; 2. изпращам, изстрелвам (**at**); 3. летя (през, из, в); **to ~ (one's way) through the air** летя във въздуха.

winged [wiŋd] *adj* крилат; пернат; *в съчет.* -крил, с ... крила; **white ~** с бели крила, белокрил.

wink [wiŋk] **I.** *v* 1. мигам, примигвам; намигвам, намигвам, смигвам (**at**); **like ~ing** много бързо, мигновено, докато човек успее да мигне; 2. мигам, трептя (*за звезда*); 3. **to ~ at** затварям си очите за; правя се, че не виждам; **II.** *n* мигане; смигване, намигване; • **I haven't slept a ~, I didn't get a ~ of sleep** не съм мигнал.

winner ['winə] *n* 1. победител (*особ. за кон*); 2. хит, успех; 3. *в съчет.*: **bread ~** този, който поддържа (изкарва хляба в) семейството.

winter ['wintə] **I.** *n* 1. зима; *attr* зимен; 2. *поет.* година; **a man of forty ~s** *шег.* четиридесетгодишен човек; **II.** *v* 1. зимувам, презимувам; прекарвам зимата; 2. отглеждам растения през зимата; гледам (*добитък*) през зимата.

wipe [waip] **I.** *v* бърша, обърсвам, избърсвам, трия, изтривам; **to ~ dry** избърсвам (до сухо); • **to ~ the floor with someone** *разг.* правя някого наравно със земята, правя някого на мат и маскара; **II.** *n* 1. избърсване, изтриване; **give the chair a ~** (по)избърши стола; 2. *sl* удар; подигравка; 3. *sl* носна кърпа.

wire [waiə] **I.** *n* 1. жица, тел; **barbed ~** бодлива тел; 2. *разг.* телеграма; 3. *attr* телен; **II.** *v* 1. свързвам (съединявам) с жица (тел); заякчавам, завързвам, закрепям с тел; нанизвам на тел; 2. хващам, ловя (*птици и пр.*) с примка от тънка жица; 3. слагам (прокарвам) електрическа инсталация на (*къща и пр.*).

wireless ['waiəlis] **I.** *adj* безжичен; радио; **~ set** радиоапарат; **II.** *n* 1. радио; **on (over) the ~** по радиото; 2. съобщение по радиото или безжичния телеграф; **III.** *v* съобщавам (изпращам съобщение) по радиото, изпращам радиограма.

wise$_1$ [waiz] **I.** *adj* **1.** мъдър, умен; (благо)разумен; **~ after the event** след дъжд качулка; ◇ *adv* **wisely**; **2.** знаещ, осведомен; • **~ man** мъдрец; магьосник; маг, влъхва; **II.** *v* *разг.* **to ~ up** осъзнавам, разбирам.

wise$_2$ *n* **1.** *остар.* начин; **in no ~** по никакъв начин, никак; **2.** *в съчет.* по отношение на, относно.

wish [wiʃ] **I.** *v* искам, желая (*и с* **for**); пожелавам; **to ~ for happiness** искам (желая, стремя се към) щастие; **II.** *n* желание, искане; пожелание (**for**; **to** *с inf*); **good (best) ~es** благопожелания.

wit$_1$ [wit] *v остар.* (**I wot** [wɔt], **thou wottest** [wɔt(ə)st], **he wot; wist** [wist]) зная; **to ~** т. е., а именно.

wit$_2$ *n* **1.** ум, разум (*и pl*); **quick (slow) ~s** (не)съобразителност; **2.** остроумие; духовитост; **3.** остроумен (духовит) човек.

with [wið] *prep* **1.** с(ъс); **~ his hands in his pockets** с ръце в джобовете; **2.** (едновременно) с, по; **3.** при, у.

withdraw [wið'drɔ:] *v* (**withdrew** [wið'dru:]; **withdrawn** [wið'drɔ:n]) **1.** оттеглям (се), отдръпвам (се); изтеглям (се); дръпвам (се); отстъпвам (*с* **from**); **2.** вземам (*думи*) назад; оттеглям се; отказвам се (*от обещание*); **3.** вземам, прибирам (*дете от училище, напр. за да го изпратя в друго*).

within [wið'in] **I.** *prep* **1.** (вътре) в; **~ doors** вкъщи; **2.** (вътре) в, за помалко от (*за време*); **3.** в (рамките на); в предела на, в обсега на; **II.** *adv* **1.** вътре; вкъщи; **from ~** отвътре; **2.** вътрешно, душевно.

without [wi'ðaut] **I.** *prep* **1.** без; (*с ger*) без да; **~ end** безкрай; **2.** извън, вън от; **II.** *adv* навън, вън, отвън; **from ~** отвън; **III.** *cj остар., нар.* без да.

witness ['witnis] **I.** *n* **1.** свидетел, -ка, очевидец, очевидка; **I call heaven to ~** призовавам Бог за свидетел; **2.** (свидетелски) показания; **3.** доказателство, свидетелство (**of, to**); **II.** *v* **1.** присъствам на, свидетел съм на, виждам (с очите си); **2.** показвам, свидетелствам за; доказвам; **3.** давам показания (**against** против, срещу; **to** за, относно); потвърждавам верността на (*документ, подпис*); подписвам се като свидетел.

witty ['witi] *adj* остроумен, духовит; ◇ *adv* **wittily**.

wives *вж* **wife**.

woke(n) *вж* **wake**$_1$ **I**.

wolf [wulf] **I.** *n* (*pl* **wolves** [wulvz]) **1.** вълк; **~'s cub** вълче; **2.** алчен човек; **3.** *амер.* женкар; **II.** *v* лапам, гълтам лакомо, поглъщам, нагъвам (*и с* **down**).

woman ['wumən] **I.** *n* (*pl* **women** ['wimin]) **1.** жена; **born of ~** смъртен; **2.** *остар.* придворна дама; **3.** "баба", мекушавец (*за мъж*); **II.** *v рядко* **1.** правя малодушен; трогвам до сълзи; **2.** говоря за някого като за "жена" вместо за "дама".

womb [wu:m] *n* **1.** утроба; **in earth's ~** в недрата на земята, в земните недра; **2.** *анат.* матка.

won *вж* **win I**.

wonder ['wʌndə] **I.** *n* **1.** чудо; **to do (work) ~s** правя чудеса; **2.** учудване, чудене; **3.** *attr* който прави чудеса; **II.** *v* **1.** чудя се, учудвам се (**at**); чудно ми е (**that** че); **can it be ~ ed at?** има ли нещо чудно (за чудене)? **2.** чудя се, питам се, интересувам се.

wonderful ['wʌndəful] *adj* **1.** удивителен, забележителен; **~ to relate** странно; **2.** *разг.* чудесен, великолепен; ◇ *adv* **wonderfully**.

won't [wount] = **will not**.

wood [wud] *n* **1.** гора; **to be out of the ~** *прен.* вън от опасност съм; **2.** дърво (*материал*); дървесина; дървен материал; дърва.

wooden ['wudn] *adj* **1.** дървен, от дърво; дъсчен; **~ walls** (военни) кораби (*като средство за отбрана*); **2.** *прен.* вдървен, замръзнал (*за усмивка и пр.*); **3.** *прен.* дървен, тромав, скован (*за държание*).

woodpecker ['wudpekə] *n зоол.* кълвач.

wool [wul] *n* **1.** вълна; руно; **2.** вълнена прежда; вълнен плат, вълнено трико; вълнени дрехи, вълнено; **3.** ситно къдрава коса (*като у негър*).

word [wə:d] **I.** *n* **1.** дума, слово; **by ~ of mouth** устно; **2.** *често pl* разговор; спор; **3.** дума, обещание; **II.** *v* изразявам (с думи), формулирам, казвам; **I should ~ it rather differently** аз бих го изразил по друг начин.

wording ['wə:diŋ] *n* формулировка, редакция, начин на изразяване; подбор на думите, език.

wore *вж* **wear**.

work [wə:k] **I.** *v* (**worked** *остар.* **wrought** [rɔ:t]) **1.** работя; занимавам се (**on, at** върху, над, с); **to ~ against time** старая се да свърша работа в определен срок; **2.** работя, функционирам, действам; вървя, движа се (*за механизъм и пр.*); **3.** (въз)действам, подействам; постигам (давам) резултат, успявам (*за средство, план и пр.*); **II.** *n* **1.** работа; труд; **to be at ~** работя, на работа съм; **2.** работа, ръкоделие; бродерия; плетиво; **3.** работа, съчинение, произведение; творба; творение; творчество.

worker ['wə:kə] *n* работник; **film ~** кинодеец.

working ['wə:kiŋ] **I.** *adj* **1.** работещ, работен, работнически; който се отнася до работа; **~ capacity** трудоспособност; **2.** с който може да се работи; за временно ползване, временен, практичен; **II.** *n* **1.** работа; действие, функциониране; начин на действие; **2.** движение (*на влаковете*); **3.** управляване (*на машина, кораб*).

world [wə:ld] *n* **1.** свят, мир; **the other (next) ~, the ~ to come** другият (оня) свят; **2.** общество, хора-та; **3.** свят, "царство"; общество, среда.

worldwide ['wə:ld'waid] *adj* разпространен по целия свят; световно известен, световен; **~ fame** световна известност.

worm [wə:m] **I.** *n* **1.** червей (*и прен.*), глист; **intestinal ~** чревен глист; • **a bag (can) of ~s** заплетена (сложна, трудна) ситуация; **2.** нищожество, мизерник, жалко (презряно) същество; **3.** *техн.* безконечен винт, безконечник, червяк; **II.** *v* **1.** : **to ~ one's way (oneself)** промъквам се, провирам се с много усилия, упоритост, нахалство (**into, through**); **2.** изчоплям, изчовърквам (**out**); **3.** очиствам от червеи (глисти).

worn *вж* **wear**₁ **I**.

worried ['wʌrid] *adj* загрижен, разтревожен, неспокоен; ◇ *adv* **worriedly**.

worry ['wʌri] **I.** *v* **1.** мъча (се), измъчвам (се), ядосвам (се), безпокоя (се), грижа се, не давам спокойствие (на), не оставям на мира, вадя душата на, дразня; **to ~ oneself** ям се, кося се, тревожа се; **to be worried (sick)** угрижен, кахърен, неспокоен съм (поболявам се от тревоги, притеснения); **to wear a worried look** изглеждам угрижен (кахърен, неспокоен); • **I shouldn't ~** *разг.* не ме е грижа; **2.** късам, разкъсвам, ръфам; хващам със зъби (*за живот-*

но); **II.** *n* **1.** грижа, грижи, яд, ядове, безпокойство, безпокойства, безпокойствие, безпокойствия, кахър, кахъри, угриженост; **financial worries** финансови неприятности; **2.** нещо, което причинява грижа, безпокойство; **what a ~ that child is!** какво безпокойство (какви ядове) ми причинява това дете!; **3.** късане; разкъсване, ръфане; хващане със зъби.

worse [wə:s] **I.** *adj* (*сравн. ст. от* **bad**); по-лош; по-зле; **he is ~ today** той е по-зле днес (*за болен*); **II.** *adv* по-зле, по-лошо; **~ off than before** по-зле от преди; **III.** *n* нещо по-лошо; **~ cannot happen** нищо по-лошо не може да се случи, по-лошо не може и да бъде.

worship [ˈwə:ʃip] **I.** *v* **1.** почитам, уважавам, тача, вдигам в култ, прекланям се пред, боготворя, обожавам, обожествявам; **2.** моля се (*в храм*); **to ~ at a church** черкувам се; **II.** *n* **1.** преклонение, поклонение, култ, почит, уважение, тачене, боготворене, обожаване, обожествяване; **the ~ of rank (wealth)** преклонение пред чин (богатство); **2.** богослужение, литургия; **3.** *остар.* достойнство, чест, ценни качества; почит, уважение.

worst [ˈwə:st] **I.** *adj* (*превъзх. ст. от* **bad, badly**) най-лош; **II.** *adv* най-зле, най-лошо; **III.** *n* ной-лошото; **the ~ of it is that** най-лошото е, че.

worth₁ [wə:θ] **I.** *adj predic* **1.** със стойност; който струва; **it is ~ much** много е ценно; **2.** който заслужава; **3.** който притежава нещо; **II.** *n* стойност, цена, достойнство, ценност, ценни качества; **a man of ~** човек, който заслужава уважение.

worth₂ *остар.*: **woe (well) ~ the day!** да бъде проклет (благословен) тоя ден!

worthless [ˈwə:θlis] *adj* **1.** който не струва нищо; нищо и никакъв; **2.** безполезен; ненужен.

worthwhile [ˈwə:θwail] *adj* който (си) струва (има смисъл).

worthy [ˈwə:ði] **I.** *adj* **1.** достоен; който заслужава (**of, to** *с inf*); **~ of consideration, ~ to be considered** който заслужава да се обмисли (вземе предвид); **2.** достоен, съответен, подобаващ, подходящ, удобен, способен; **3.** честен, почетен, достопочтен, добър; **II.** *n* **1.** *остар.* достоен (виден, прочут, знаменит) човек, знаменитост; **2.** *шег.* особа.

would [wud] *past от* **will II.**; **1.** *спом. гл. за бъдеще време в миналото и условно наклонение*; **he said he ~ come** той каза, че ще дойде; **2.** *изразява обичайно действие в миналото*; **3.** *модален гл., който изразява* 1) *упорство*: **the window wouldn't open** прозорецът не искаше да се отвори; 2) *желание*: **~ it were otherwise!** де да беше иначе!

wound₁ [wund] **I.** *n* **1.** рана; **festering, running, mortal, green ~** гнойна, жива, смъртоносна, прясна (незарасла) рана; **2.** *прен.* рана; обида, оскърбление; вреда, увреждане, накърняване; **3.** *поет.* любовни мъки (страдания); **II.** *v* ранявам, наранявам (*и прен.*), засягам; **to ~ to death** ранявам смъртоносно.

wound₂ *вж* **wind₂ I.**

wove, woven *вж* **weave I.**

wrap [ræp] **I.** *v* (**-pp-**) **1.** завивам (се), увивам, обгръщам, обвивам, загръщам (се), загъвам (*често с* **up**); **to ~ up a parcel** увивам пакет **to ~ o.'s arms around** прегръщам; **2.** *прен.* (*главно в pp*): **to be ~ped up in** погълнат съм, дълбоко съм заинтересуван от, посветен съм на; завися (изцяло) от; **3.**: **to ~ up** приключвам успешно, довеждам до успешен завършек; • **~ up!** *sl imp* млък!

стига си плямпал! **II.** *n* **1.** (*обикн. pl*) обвивка, амбалаж; **2.** дреха за намятане, наметало, мантел, пардесю, пелерина, шал, шалче, кърпа; **a warm ~** по-дебела дрешка; **3.** одеяло, черга (*за завиване*).

wrapper ['ræpə] *n* **1.** амбалаж, амбалажна хартия; опаковка; **2.** халат; роба; **3.** обвивка; бандерол.

wrath [rɔ:θ, *амер.* ræθ] *n* гняв, яд, ярост; негодуване, възмущение.

wreath [ri:θ] *n* (*pl* [ri:ðz]) **1.** венец, гирлянда; **to lay a ~** полагам венец (**at, on**); **2.** къдрица; **3.** валмо, облаче (*дим и под.*) (**of**).

wrestle [resl] **I.** *v* **1.** боря се; излизам на борба (**with**); **to ~ a fall with** преборвам се, премервам силите си с; **2.** *прен.* боря се, действам (**with, against, for**); **3.** закарвам насила, отвеждам насилствено; **II.** *n* борба (*и прен.*).

wretched ['retʃid] *adj* **1.** нещастен, окаян, злочест; ◇ *adv* **wretchedly; 2.** жалък, нищожен, презрян; **3.** (много) лош, долнокачествен, нищо и никакъв; мизерен, беден, отвратителен; **~ excuse** неприемливо извинение!

wring [riŋ] **I.** *v* (**wrung** [rʌŋ]) **1.** стискам (*силно, с чувство*); **2.** извивам, изкривявам, изкълчвам, навяхвам; **to ~ one's hands** чупя, кърша ръце; **3.** изтръгвам (**from, out of**); **II.** *n* стискане, стисване, извиване, изкривяване; изстискване; **he gave my hand a ~** той ми стисна силно ръката.

wrinkle [riŋkl] **I.** *n* **1.** бръчка, гънка; **2.** производствен похват; полезен съвет; **3.** *sl* идея, мисъл; **II.** *v* бърча, набръчквам (се), сбръчквам, нагъвам (се) (*често с* **up**); **to ~ (up) one's nose** набръчквам нос.

wrist [rist] *n* **1.** китка (*на ръка*); *прен.* хватка при фехтовка и пр.; **a slap on the ~** укор, упрек; **2.** *техн.* цапфа, шийка, шип; бутален болт; кръстоглав болт.

write [rait] *v* (**wrote** [rout], *остар.* **writ** [rit]; **written** [ritn], *остар.* **writ**) пиша (**about, of**) написвам, изписвам; **to ~ with a pen, in ink, on paper** пиша с перо (писалка), с мастило, на хартия.

writer ['raitə] *n* **1.** писател, автор; **the present ~** пишещият тия редове; **2.** писар; секретар; • **~'s cramp (palsy)** болест на мускулите, която не позволява да се пише.

writing ['raitiŋ] *n* **1.** писане; **in ~** писмено; **2.** почерк (*и* **hand~**); **3.** съчинение, произведение, статия, бележка.

written [ritn] **I.** *вж* **write**; **II.** *adj* писмен; **~ answer (authority, agreement)** писмен отговор (разрешение, споразумение).

wrong [rɔŋ] **I.** *adj* **1.** погрешен; не който трябва, друг, неподходящ; **on the ~ track** на крив (погрешен) път; **2.** неправилен, погрешен, неверен, крив, неправ; **3.** нереден, осъдителен, неморален, лош; **II.** *adv* неправилно, невярно, погрешно, криво, накриво, не накъдето трябва; **to do a sum ~** пресмятам погрешно; **III.** *n* **1.** неправда, беззаконие; зло; **to do ~** върша зло (неправда); **2.** несправедливост, злина, обида, оскърбление; **3.** несправедлив съм към, съдя погрешно, имам погрешно мнение за, приписвам погрешно лоши подбуди на.

wrote[1] *вж* **write**.

wrote[2] [rout] *adj поет., шег.* ядосан, разгневен, разлютен.

wrung *вж* **wring I**.

wry [rai] *adj* **1.** крив, изкривен, извит; **to make a ~ face (mouth)** правя кисела физиономия (гримаса); **2.** ироничен; ◇ *adv* **wryly**.

X

xerography [ziə'rɔgrəfi] *n* ксерография.

xerox ['ziəroks] **I.** *n* ксерокс; **II.** *v* правя копие на ксерокс, ксерокопирам.

Xmas ['krisməs] = **Christmas**.

X-ray ['eks'rei] **I.** *n* **1.** (*обикн. pl*) рентгенови лъчи; **fluorescent (secondary) ~s** вторични рентгенови лъчи; **2.** рентгенова снимка; **3.** *attr* рентгенов; **~ apparatus** рентгенов апарат; **~ picture** рентгенова снимка, рентгенограма; **II.** *v* преглеждам на рентген; **to be ~ed** преглеждам се на рентген.

xylograph ['zailəgræf] *n* **1.** гравюра на дърво; **2.** шарка, която наподобява грапавината на дървото.

xylophone ['zailəfoun] *n* ксилофон.

Y

yacht [jot] **I.** *n* яхта; **II.** *v* разхождам се (надбягвам се) с яхта.

Yankee ['jæŋki] *n* **1.** янки, американец от Северните щати; **2.** *attr* американски; **~ notions** американски изобретения.

yard$_1$ [ja:d] *n* **1.** ярд (= *3 фута = 91,4 см*); **~ of caly, clay ~** дълга глинена лула; • **(to go) the whole nine ~s** *ам.* (отивам) до края, (стигам) твърде далеч; **2.** *мор.* рейка; **3.** *sl* сто долара, стотачка.

yard$_2$ **I.** *n* **1.** двор; **2.** склад, склад за дървен материал (*и* **timber ~**); **3.** *жп* парк; разпределителна станция (*и* **railway-~**); • **the Y. = Scotland Yard; II.** *v* закарвам (*добитък*) в кошара (ограда).

yawn [jo:n] **I.** *v* **1.** прозявам се; **to make someone ~** накарвам някого да се прозява (да му се доспи), приспивам някого, досаждам на; **2.** зея, зинал съм; **3.** казвам с прозявка; **II.** *n* **1.** прозявка; **2.** *тех.* хлабина, междина; цепнатина; неплътно прилягане; **3.** *sl* нещо досадно (отегчително); пълна скука.

yea [jei] *int остар.* **1.** да; **~ and nay** и да, и не; **2.** повече, нещо повече.

year [jə:, jiə] *n* **1.** година; **asronomical, solar, leap, common, calendar ~** астрономическа, слънчева, високосна, невисокосна, календарна година; **2.** годишнина (*на периодично издание*); • **a ~ and a day** цяла година.

yearly ['jiəli] **I.** *adv* ежегодно, всяка година, веднъж в годината; **II.** *adj* годишен, ежегоден; **a ~ arrangement** споразумение за една година.

yeast [ji:st] **I.** *n* мая; дрожди; подкваса; **II.** *v* култивирам дрожди; подквасвам.

yellow ['jelou] **I.** *adj* **1.** жълт; **~ fever** (*sl* **~ Jack**) жълта треска; **2.** *разг.* страхлив, долен, низък, подъл, безхарактерен; **3.** *остар.* завистлив, ревнив; подозрителен; • **~ boy** *sl* жълтица, златна монета; **II.** *n* **1.** жълт цвят (боя); **2.** вид пеперуда; **3.** *pl остар.* жълтеница; *прен.* ревност; **III.** *v* **1.** жълтея, пожълтявам; **paper ~ed with age** пожълтяла хартия; **2.** карам (*нещо*) да пожълтее.

Yemen ['jemen] *n* Йемен.

yes [jes] **I.** *adv* да; **II.** *n* (*pl* **yeses**) да; **confine yourself to ~ and no (~es and noes)** отговаряй само с "да" или "не".

yesterday ['jestədei] **I.** *adv* вчера; **it is but of ~** съвсем отскоро е; **II.** *n* вчерашният ден; **all (the whole of) ~** вчера целият ден.

yet [jet] **I.** *adv* **1.** още, все още; **his ~ unfinished task** неговата още неизпълнена задача; **2.** вече; **3.** още (*за усилване*); **II.** *cj* но, обаче, все пак, въпреки това; **and ~** и все пак.

Yiddish ['jidiʃ] **I.** *adj* немско-еврейски; **II.** *n* идиш.

yield [ji:ld] **I.** *v* **1.** отстъпвам (**to**); **to ~ power** отстъпвам власт; **2.** предавам (се); отстъпвам, отказвам се от (**to**); **3.** произвеждам, раждам, давам, нося, донасям; **II.** *n* **1.** реколта, урожай, берекет; **a good ~ of wheat** добра житна реколта; **2.** добив, производство, продукция; рандеман, печалба, приход; **3.** *техн.* полезна работа; дебит (*на кладенец*).

yog(h)urt ['jougə:t] *n* кисело мляко.

yoke [jouk] **I.** *n* **1.** иго, ярем, хомот; **to put to the ~** впрягам, запрягам; **2.** чифт (*волове и пр.*); **3.** *прен.* иго, ярем, хомот, бреме, тежест, товар, гнет, власт, владичество, робство; **II.** *v* **1.** слагам хомот на шията на; впрягам, запрягам; **to ~ together** впрягам (*чифт волове и пр.*); **2.** свързвам, съединявам, съчетавам, комбинирам (**to, with**); **3.** отиваме (подхождаме) си.

yolk [youk] *n* жълтък.

you [ju:, ju] *pron pers* **1.** ти, вие; на тебе, ти, на вас; тебе, те, вас, ви; **all of ~**, *разг.* **~ all** всички вие; **2.** *остар., разг.* = **yourself; 3.** човек, кой да е, всеки?

young [jʌŋ] **I.** *adj* млад, малък, нов, пресен, скорошен, неотдавнашен; **when a ~ man** на младини; **II.** *n* (*употр. като pl*) малки, деца; **an animal and its ~** животно и малките му.

your [jo:] *pron poss attr* **1.** твой, ваш; **~ father and mine, ~ and my father (fathers)** твоят баща и моят; **2.** твой, на човек (*общо, по принцип*); **3.** *разг.* тоя, известен, прехвален?

yours [jo:z, juəz] *pron poss (без съществително)* твой, ваш; **my father and ~** моят баща и твоят.

yourself [jo'self, ˌjuə'self] *pron refl* (*pl* **yourselves** [juə'selvz]) **1.** себе си, сам; **you will hurt ~** ще се удариш; **2.** *за усилване* сам, **you ~ said so, you said so ~** ти сам каза това; • **be ~** *разг.* бъди мъж, не се отпускай, стегни се, успокой се, овладей се.

youth [ju:θ] *n* **1.** младост, младини; **the days of ~** млади години; **2.** (*pl* **~s**) *книж.* младеж, млад човек, юноша; момък; **3.** младеж (*младо поколение*).

youthful ['ju:θful] *adj* **1.** млад, младежки; **~ days** млади години; **2.** младолик.

Yugoslav ['ju:gousla:v] *adj* югославски.

Yugoslavia ['ju:gou'sla:viə] *n* Югославия.

Yugoslavian ['ju:gəsla:viən] *n* югославянин.

zany ['zeini] **I.** *adj* смешник, глупак, глупавичък (смахнат) човек; **II.** *n ист.* шут, лала.

zap [zæp] *разг.* **I.** *v* **1.** убивам, премахвам; унищожавам, отстранявам; **2.** превключвам, щраквам (канали с дистанционното управление); **II.** *n* живост, енергия, ентусиазъм; хъс; **III.** *int* хоп! (*изведнъж*); бум! фрас! (*звук от удар*).

zappy ['zæpi] *adj sl* жив, пъргав,

жизнен, пълен с енергия.

zarzuela [za:su'elə] *n* сарсуела, испански музикален драматичен жанр.

zazzle ['zæzəl] *n ам. sl* страст, похот, желание.

zeal [zi:l] *n* ревност, усърдие, старание, стремеж, жар, увлечение, устрем (**for**); **~ for liberty** стремеж към свобода.

zealous ['zi:ləs] *adj* ревностен, усърден, разпален, пламенен; ◇ *adv* **zealously**.

zebra ['zi:brə] *n* **1.** зебра *Equus zebra*; **2.** *attr* на черти; **~ markings** шарки като на зебра.

zenith ['zeniθ] *n* зенит (*и прен.*); *прен.* кулминационна точка, кулминация, апогей, връх, разцвет; **the sun is at the (its) ~** слънцето е на зенита.

zephyr ['zefə] *n* **1.** (**Z**) западен вятър; **2.** зефир, ветрец; **3.** вид спортна фланелка; **4.** зефир, вид тънка памучна материя.

zero ['ziərou] *n* (*pl* **-oes**) **1.** нула, нищо; **2.** нула (*на термометър и пр.*) (*обикн. = -12° C*); **to drop below ~** падам под нулата; **3.** *attr* нулев.

zero-decrement ['ziərou,dekrimənt] *adj* незатихващ.

zeroing ['zirouiŋ] *n* нагласяване на нула.

zero-sum game ['ziərou,sʌm'geim] *n* ситуация, в която всяка печалба (*на един човек*) се компенсира с равностойна загуба (*на друг*).

zest [zest] *n* **1.** пикантност, вкус; **2.** интерес, увлечение, охота, жар, ищах; **3.** настъргана лимонова или портокалова кора (*за аромат*).

Zeus [zju:s] *n* Зевс.

zigzag ['zigzæg] **I.** *n* зигзаг, криволица; зигзаговиден път; зигзаговидни окопи; **II.** *adj* зигзаговиден, криволичещ; **III.** *adv* зигзаговидно, на зигзаг; **IV.** *v* (**-gg-**) движа се зигзаговидно (на зигзаг).

Zimmer (frame) ['zimə,freim] *n* приспособление, което някои възрастни болни хора използват, за да могат да се придвижват.

zinc [ziŋk] **I.** *n* **1.** цинк; **flowers of ~** бял цинков окис; **2.** *attr* цинков; **II.** *v* покривам с цинк, поцинковам.

zip [zip] **I.** *n* **1.** цип (*и* **~ fastener**); **2.** *разг.* енергия, темперамент; хъс; **3.** свистене (*на куршум и пр.*); звук от скъсване на плат; **II.** *v* (**-pp-**) **1.** закопчавам с цип (**up**), **~ it up**! *sl* затваряй си устата! мълквай! **2.** свистя (*за куршум и пр.*).

zip code ['zip'koud] *n ам.* пощенски код.

zipper ['zipə:] *n* **1.** *ам.* цип; **2.** *sl* силен удар, мятане.

zither(n) ['ziθə(n)] *n* цитра.

zodiac ['zoudiək] *n* **1.** зодиак; **sign of the ~** зодия; **2.** *рядко* път, обиколка.

zodiacal [zo'daiəkl] *adj* зодиакален.

zonal [zounl] *adj* зонален; областен; поясен.

zonate ['zouneit] *v* зонирам, разделям на зони.

zone [zoun] **I.** *n* **1.** *остар., поет.* пояс; **2.** зона, пояс; област; **frigid, temperate, torrid ~** студен, умерен, горещ пояс; **II.** *v* **1.** опасвам, заграждам, ограждам, заобикалям, обкръжавам; **2.** разделям на зони.

Zoo [zu:] *n разг.* зоологическа градина.

zoom [zu:m] **I.** *n* **1.** обектив с променливо фокусно разстояние; **2.** "свещ", фигура от висшия пилотаж; **II.** *v* **1.** *разг.* профучавам; преминавам бързо; стрелвам се; **2.** *комп., фот.* увеличавам; **3.** вдигам се, качвам се, увеличавам се рязко (*и* **~ up**) (*за цени*).